The Washington Post
Der Mueller-Report

DER MUELLER REPORT

Herausgegeben von

The Washington Post

Einführung und Analyse von
Rosalind S. Helderman und Matt Zapotosky

Aus dem Amerikanischen
von Karsten Singelmann, Elisabeth Liebl,
Astrid Becker, Sylvia Bieker, Karl Heinz Siber,
Daniel C. Schmidt, Monika Köpfer,
Christiane Bernhardt, Peter Torberg, Thorsten Schmidt,
David Reinicke, Peter Robert, Sigrid Ruschmeier,
Barbara Steckhan, Bettina Eschenhagen

Ullstein

INHALT

* Der *Bericht über die Untersuchung zu russischer Einmischung in die Präsidentschaftswahlen von 2016* enthält auch eine Liste von Personen und Vereinigungen, die in Anhang B des Berichts wiedergegeben ist.

ERGÄNZENDE DOKUMENTE

Ein Präsident, ein Ankläger und der Kampf um die Bewahrung der Demokratie in Amerika

Von Rosalind S. Helderman
und Matt Zapotosky von *The Washington Post*

Die Ernennung eines Sonderermittlers, der zur Bedrohung von Trumps Präsidentschaft werden konnte, war eine Frucht des Zorns des Oberbefehlshabers.

Im Verlauf seiner ersten Monate im Amt hatte Trump sich immer wieder darüber ereifert, dass FBI-Direktor James B. Comey sich weigerte, der Welt mitzuteilen, dass das FBI im Rahmen seiner Ermittlungen zu der Frage, ob Trumps Wahlkampfteam 2016 gemeinsame Sache mit Russland zwecks Beeinflussung der Präsidentschaftswahl gemacht hatte, nicht gegen den Kandidaten Trump persönlich ermittelte.

Am 9. Mai 2017 rastete Trump aus. Unter flagrantem Verstoß gegen ein ungeschriebenes Gesetz, das jedem FBI-Direktor eine zehnjährige Amtszeit zugestand, um die Unabhängigkeit der Polizeibehörde von der Politik zu gewährleisten, enthob der Präsident James Comey mit einem Federstrich seines Amtes. Die Kündigung erfolgte in Form eines kurz gefassten Briefes, den einer von Trumps Personenschützern persönlich im Washingtoner FBI-Hauptquartier ablieferte.

Trumps engste Mitarbeiter hatten ihn gewarnt, ein solcher Schritt könne ein politisches Erdbeben auslösen und den Anstoß zu einer Ausweitung der Russland-Ermittlungen geben – was dann auch geschah.

Im Kapitol machten Abgeordnete und Senatoren ihrer Empörung Luft. Das FBI, das mit den Ermittlungen zur Beeinflussung der Präsidentenwahl schon weit vorangekommen war, fürchtete, der mächtigste Mann des Landes mache jetzt Ernst mit dem Versuch, die Arbeit der Behörde zu sabotieren. Und Rod J. Rosenstein, die Nummer zwei im Justizministerium und Autor eines Memorandums, das die Entlassung Comeys befürwortet hatte, war höchst verärgert über die Art und Weise, wie das Weiße Haus die Verantwortung für die Maßnahme des Präsidenten ihm in die Schuhe zu schieben versuchte. Er dachte kurz über einen Rücktritt nach, doch dann überlegte er es sich anders und wandte sich an Robert S. Mueller III.

Am 17. Mai 2017 gab der Stellvertretende Justizminister bekannt, dass er den 72-jährigen Vietnamveteran und früheren FBI-Direktor beauftragt hatte, eine unabhängige Untersuchung auf Beeinflussung des Wahlkampfs von 2016 und weiterer sich eventuell im Zuge der Ermittlungen ergebender Sachverhalte durchzuführen.

Der Untersuchungsauftrag war weit gefasst.

Im Verlauf der nächsten zweiundzwanzig Monate unterzog Mueller, der zum Zeitpunkt der Anschläge vom 11. September 2001 an der Spitze des FBI gestanden hatte und die schnörkellose Arbeitsethik und Tradition der Behörde mustergültig verkörperte, Donald Trump und alle in seinem Orbit kreisenden Figuren einer unaufgeregten und methodischen Durchleuchtung in dem Bemühen, herauszufinden, ob einige von ihnen in verdeckter Zusammenarbeit mit dem Kreml die Wahl zu beeinflussen versucht hatten – und ob der Präsident selbst sich der (versuchten oder vollendeten) Justizbehinderung schuldig gemacht hatte.

Das Ermittlungsverfahren endete am 22. März 2019, als Mueller Justizminister William P. Barr seinen Abschlussbericht vorlegte.

Barr hielt am 18. April eine Pressekonferenz ab, keine zwei Stunden bevor das zweibändige Dokument mit Muellers Ergebnissen – *Bericht über die Untersuchung zu russischer Einflussnahme auf die Präsidentschaftswahlen von 2016* – dem Kongress übergeben wurde. Der Justizminister stellte wiederholt fest, es habe keine Absprachen gegeben – »no collusion«, in seinen Verbalattacken gegen die Ermittlungen hatte Trump diesen Ausdruck in Umlauf gebracht – und berichtete, in welcher Form dem

Weißen Haus und Trumps Anwälten eine Vorabinformation über das Dokument übergeben worden waren.

Barrs Beschreibung von Muellers Bericht fiel günstig für Trump aus. Zusätzlich dazu, dass er keinerlei Absprachen zwischen Trumps Wahlkampfteam und Russland gefunden habe, sagte der Justizminister, sei Mueller zu der Frage, ob der Präsident die Justiz behindert habe, zu keinem Ergebnis gelangt.

Doch diese beruhigende Beschreibung täuschte hinweg über das, was bald darauf an die Öffentlichkeit gelangen sollte. Muellers Bericht bietet – trotz Schwärzungen – eine beeindruckende Darstellung der Arbeitsweise, wie Russland Trumps Wahlkampf unterstützte und wie Trumps Verbündete bereit waren, russische Hilfe anzunehmen, und er berichtet plastisch und detailreich davon, wie Trump versuchte, den Ermittlungen ein Ende zu setzen, als er sich Sorgen über deren Auswirkungen zu machen begann.

»Das ist das Ende meiner Präsidentschaft«, sagte Trump, als er von Muellers Ernennung zum Sonderermittler erfuhr, »ich bin am Arsch.«

Manches – wenn auch nicht alles –, was Mueller ans Licht gebracht hat, war bereits öffentlich bekannt gewesen, auch wenn der Bericht schichtenweise Fakten und juristische Analysen hinzufügt. Es ist darin zu lesen, was nach Auffassung des Sonderermittlers während bestimmter Sitzungen wirklich besprochen wurde. Muellers Team schildert zum Beispiel, wie Anfang August 2016 Paul Manafort, Trumps damaliger Wahlkampfchef, sich mit einem Mann traf, von dem das FBI herausgefunden hatte, dass er Verbindungen zum russischen Geheimdienst hatte und dass diese Person, Konstantin Kilimnik, persönlich »einen Friedensplan für die Ukraine unterbreiten wollte, wovon Manafort dem Büro des Sonderermittlers gegenüber einräumte, er sei ein Hintertürchen für Russland, damit es die Herrschaft über die Ost-Ukraine behalte«.

»Beide Männer glaubten, der Plan würde die Zustimmung des Kandidaten Trump erfordern (wenn er denn gewählt sein würde)«, schreibt der Sonderermittler. »Sie sprachen auch über die Aussichten von Trumps Wahlkampf und Manaforts Strategie, im Mittleren Westen Wählerstimmen aus dem Demokratischen Lager zu gewinnen.« Kilimnik bestritt 2017, irgendwelche Beziehungen zu Geheimdiensten zu haben.

Mueller beschreibt in überbordender Ausführlichkeit Gelegenheiten, wo russische Regierungsbeamte und andere versuchten, Verbindungen zu Trumps Wahlkampfteam aufzubauen, einschließlich einer Reihe von Episoden, die bisher noch nicht öffentlich bekannt geworden waren: Ein New Yorker Bankier erzählte dem Wahlkampfteam von der Kontaktaufnahme durch »hohe Kreml-Beamten«; einer von ihnen habe versucht, Trump nach Russland einzuladen; der russische Stellvertretende Premierminister Sergej Prichodko schickte Trumps Assistentin eine E-Mail, um den Kandidaten zu bitten, an einem russischen Wirtschaftsforum teilzunehmen.

Aber der Bericht bestätigt, was Barr vorweggenommen hatte: Dass Mueller keine Verschwörung zwischen dem Trump-Wahlkampf und den Russen gefunden hat – allerdings weist er darauf hin, dass sie ein gemeinsames Ziel hatten.

»Die Untersuchung hat zwar ergeben, dass die russische Regierung der Auffassung war, sie werde von einer Präsidentschaft Trumps profitieren, und daran arbeitete, den Wahlausgang entsprechend zu beeinflussen, und dass das Trump-Team erwartete, die von russischen Stellen gestohlenen und veröffentlichten Informationen würden dem Wahlergebnis zugutekommen, die Untersuchung hat jedoch nicht ergeben, dass sich Mitglieder des Trump-Wahlkampfteams mit der russischen Regierung zu einer Straftat verabredet oder sich mit dieser bezüglich deren Wahlkampfmanipulation abgestimmt hätten«, heißt es in Muellers Bericht.

Mueller stellt klar, dass die Ermittler »collusion« nicht als Rechtsbegriff betrachtet und keine Analyse dieses Themas durchgeführt haben. Stattdessen versuchten sie herauszufinden, ob Wahlkampfmitarbeiter mit Russen Vereinbarungen getroffen hatten, um ihnen dabei zu helfen, sich in die Wahlen einzumischen. Mit dieser Fragestellung haben sie keine Anzeichen einer Absprache zwischen dem Wahlkampfteam und Russland gefunden.

Aus dem Bericht geht auch hervor, dass Mueller es abgelehnt

hatte, im Hinblick auf eine mögliche Justizbehinderung ein Fazit zu ziehen, auch wenn er durchschimmern ließ, dass diese Entscheidung stark von der Richtlinie des Justizministeriums beeinflusst war, aus der hervorgeht, dass ein Präsident im Amt nicht angeklagt werden kann. Muellers Mitarbeiter schreiben, sie hätten dieser und anderen Regelungen des Justizministeriums zufolge beschlossen, »keinen Ansatz zu verfolgen, der potenziell zu dem Urteil führen konnte, der Präsident habe strafbare Handlungen begangen«.

Barr sagte, er und Rosenstein hätten sich die Beweislage selbst angesehen und seien zu dem Ergebnis gekommen, es reiche nicht für eine Anklage aus.

Muellers Report selbst zeichnet ein weniger freundliches Bild von Trump: Der Bericht beschreibt, wie häufig Trumps Mitarbeiter ihren Chef vor seinen schlimmsten Impulshandlungen bewahrten, indem sie seine Weisungen, die Mueller-Ermittlungen zu behindern, einfach ignorierten. Im wohl absurdesten Fall behauptet der Bericht, Trump habe im Juni 2017 den Rechtsberater des Weißen Hauses, Don McGahn, zu sich gerufen und ihn angewiesen, dem amtierenden Justizminister zu sagen, Mueller müsse rausgeschmissen werden. »McGahn folgte der Anweisung jedoch nicht und beschloss, lieber zurückzutreten, als etwas loszutreten, das er (in Erinnerung an die Watergate-Affäre) als ein mögliches ›Saturday Night Massacre‹ betrachtete«, schrieben Muellers Mitarbeiter, wobei sie sich auf die Nacht bezogen, als Präsident Nixon seinem Justizminister befahl, einen Sonderermittler zu feuern, was einen Erdrutsch von Rücktritten zur Folge hatte.

»Die Beweise, die wir über die Handlungen und Absichten des Präsidenten gesammelt haben, stellen schwierige Sachverhalte dar, die uns daran hindern, abschließend festzustellen, dass kein kriminelles Verhalten stattgefunden hat«, schreiben die Ermittler. »Demgemäß kann dieser Bericht, auch wenn er nicht zu dem Ergebnis kommt, dass der Präsident eine strafbare Handlung begangen hat, ihn auch nicht entlasten.«

Muellers Mitarbeiter schreiben, ihre Arbeit sei zeitweise durch die Lügen von Zeugen behindert gewesen und dadurch, dass sie den Kontakt abbrachen oder nicht aufrechterhielten. Und sie sagen, dass Trump selbst, nachdem er ein Interview Auge in Auge ablehnte, »inadäquate« schriftliche Antworten gegeben habe, die über dreißigmal behaupteten, er »erinnere sich nicht« oder habe »nur ungenaue Erinnerungen« zu den Fragen, die die Ermittler ihm stellten.

Muellers Büro hätte eine Vorladung aussprechen können, um seine Aussage zu erzwingen, stattdessen heißt es, dies hätte eine »erhebliche Verzögerung« verursacht, und es lägen bereits »ausreichende Beweise vor, um relevante Ereignisse zu verstehen und bestimmte Einschätzungen vorzunehmen«.

Der Bericht ist schon deshalb bemerkenswert, weil Mueller in einer Stadt, in der gezielte Indiskretionen das Treibmittel des politischen Geschehens sind, das Kunststück fertigbrachte, seine Arbeit größtenteils unter der Decke zu halten. Bis zur Übergabe des Berichts hatte er fast nur durch Anklageschriften und andere bei Gericht eingereichte Schriftsätze mit oft kryptischem Inhalt gesprochen.

Seine Mannschaft vollbrachte eine außergewöhnliche staatsanwaltschaftliche Leistung: Sie erhob Anklagen gegen 34 Personen, darunter 26 Bürger der Russischen Föderation. Sie erwirkte Schuldbekenntnisse von sieben Personen, darunter ein ehemaliger Nationaler Sicherheitsberater und der Geschäftsführer von Trumps Wahlkampforganisation. Muellers Ermittler rekonstruierten den täglichen Austausch zwischen seinen engsten Mitarbeitern und seinen erwachsenen Kindern und durchleuchteten dabei Dutzende Vorgänge, bei denen Leute aus Trumps Wahlkampfteam in Kontakt mit Russen traten. Sie dokumentierten den russischen Angriff auf die amerikanische Demokratie in atemberaubender Detailschärfe, bis hin zur Rekonstruktion einzelner Zeicheneingaben russischer Offiziere auf Moskauer Computertastaturen.

Die vorliegende Einleitung zum Mueller-Report basiert auf Interviews, die Redakteure der *Washington Post* im Lauf von knapp drei Jahren mit Schlüsselfiguren des Dramas aus dem Weißen Haus, dem Justizministerium, aus Trumps Wahlkampfteam sowie mit Akteuren aus Moskau und aus der Schar der Anwälte führten, die von Zielpersonen Muellers zu deren Verteidigung engagiert wurden.

Russische Fußabdrücke

Die Wurzeln des Mueller'schen Ermittlungsverfahrens reichen zurück bis lange vor der Wahl Trumps zum US-Präsidenten.

Im Sommer und Herbst 2016 musste das FBI machtlos und konsterniert mit ansehen, wie die Enthüllungsplattform WikiLeaks Tausende interner Mails der Demokratischen Partei an die Öffentlichkeit brachte – nach Überzeugung des FBI hatten russische Staatshacker die Mailserver der Demokraten gekapert. Es wurden ferner Spuren entdeckt, die auf versuchte ausländische Zugriffe auf die Wahlcomputer-Systeme US-amerikanischer Bundesstaaten hindeuteten, dazu Anzeichen für eine damals noch nicht recht verstandene Kampagne russischer Internet-Trolle, durch Falschmeldungen und hetzerische politische Werbung in Social Media die amerikanische Wählerschaft zu beeinflussen.

Das alles vor dem Hintergrund, dass Trump sich mit Wahlkampf-Aktivisten umgab, die seit Langem finanzielle Verbindungen nach Moskau unterhielten. Der Kandidat äußerte Dinge über die NATO und die Europäische Union, die aus dem Requisitenfundus der Kreml-Propaganda zu stammen schienen. Anstatt die Machenschaften der Russen zu verurteilen oder den russischen Präsidenten Wladimir Putin aufzufordern, dem Spuk ein Ende zu bereiten, tat Trump die Sache mit einem Witzchen ab: »Russland, falls ihr zuhört: Ich hoffe, ihr könnt die dreißigtausend verschwundenen E-Mails finden«, sagte er im Juli 2016 auf einer Pressekonferenz, eine Anspielung auf E-Mails, die seine Kontrahentin Hillary Clinton von einem privaten Server hatte löschen lassen, weil es sich dabei nach ihrer Aussage um private Korrespondenzen handelte, die nichts mit ihrer Tätigkeit als Außenministerin zu tun hatten. WikiLeaks hatte kurz vorher mit der Veröffentlichung Tausender parteiinterner E-Mails den Parteitag der Demokraten aus den Angeln gehoben.

Wenig später erhielt die US-Regierung eine verstörende Mitteilung von ihrem Bündnispartner Australien. Ihr war zu entnehmen, dass George Papadopoulos, ein junger Energieexperte, den das Trump-Lager als außenpolitischen Berater des Kandidaten engagiert hatte, gegenüber einem australischen Diplomaten damit geprahlt hatte, erfahren zu haben, dass die Russen brisantes Material (»dirt«) über Hillary Clinton in Form von Tausenden gestohlenen E-Mails in petto hatten. Papadopoulos hatte sich dessen schon im Mai 2016 gebrüstet, bevor die US-Öffentlichkeit erstmals erfuhr, dass die Server des Democratic National Committee (der Bundeszentrale der Demokratischen Partei) gehackt worden waren.

Ende Juli eröffnete das FBI die Operation »Crossfire Hurricane«, eine offizielle Untersuchung im Rahmen der Spionageabwehr zur Aufklärung der russischen Machenschaften, bei der nicht zuletzt die Rolle von Papadopoulos ausgeleuchtet werden sollte. Als WikiLeaks im Oktober weitere gestohlene E-Mails veröffentlichte, genehmigte ein Bundesrichter dem FBI die Observierung des früheren Trump-Beraters Carter Page, den das FBI verdächtigte, ein russischer Agent zu sein. (Im Bericht heißt es, die Ermittler hätten keine Beweise dafür gefunden, dass es zwischen Page und der russischen Regierung eine Verabredung zu einer strafbaren Handlung gegeben habe.) Im Fokus dieser Ermittlung standen auch Michael T. Flynn, ein pensionierter General, den Trump später als Nationalen Sicherheitsberater berief, und Paul Manafort, der Geschäftsführer von Trumps Wahlkampforganisation.

Die Operation »Crossfire Hurricane« stand von Anfang an unter Strom. Dass das FBI mitten im Wahlkampf ranghohe Berater eines aussichtsreichen Kandidaten unter die Lupe nahm, war äußerst ungewöhnlich. Dazu kam, dass das FBI auch noch eine brisante, aber unbestätigte Kolportage über russische Verwicklungen Trumps ausloten musste, die im Sommer 2016 FBI-Agenten zugespielt worden war, die als »Steele-Dossier« bekannt wurde.

Bestellt hatte das Dossier die Firma Fusion GPS, eine Agentur für »Oppositionsforschung« mit Sitz in Washington, zu deren Geldgebern die Wahlkampforganisation der Clintons gehörte. Laut dem Dossier waren die Russen im Besitz anzüglichen, kompromittierenden Materials über Trump; zugleich schürte es den Verdacht, der Kandidat der Republikaner habe sich mit den Russen auf eine konspirative Zusammenarbeit zwecks Erhöhung seiner Siegeschancen eingelassen. Mit dem Urheber des Dossiers, dem britischen Geheimdienstler Christopher Steele, hatte das

FBI schon bei früheren Gelegenheiten zusammengearbeitet und hielt ihn für glaubwürdig, obwohl sein Dossier parteipolitische Schlagseite hatte und von Trumps Gegenpartei in Auftrag gegeben worden war. Trump und seine Mitstreiter vertraten später den Standpunkt, die Ermittlungen des FBI seien wegen der Bezugnahme auf das Steele-Dossier von Anfang an parteiisch gewesen.

Nicht zuträglich war der Operation auch die SMS-Korrespondenz zwischen zwei an dem Fall mitarbeitenden FBI-Beamten: dem Ermittler Peter Strzok und der Juristin Lisa Page. Was viele ihrer Kollegen nicht wussten, war, dass die beiden in eine außereheliche Affäre verwickelt waren und in Zehntausenden Textnachrichten ihre Bewertungen über Politiker und Amtsträger ausgetauscht und dabei keinen Hehl aus ihrer Verachtung für Trump gemacht hatten. In einer Textnachricht hatte Strzok die Ermittlungen gegen Trumps Wahlkampforganisation als eine »Versicherungspolice« bezeichnet, in einer anderen hatte er geschrieben: »Wir werden [Trump auf dem Weg zur Präsidentschaft] stoppen.« Strzok und Page versicherten zwar, ihre persönlichen Ansichten hätten keinen Einfluss auf ihre Arbeit gehabt, aber ihre SMS-Korrespondenz lieferte, als sie später an die Öffentlichkeit gelangte, dem Trump-Lager Munition für den Vorwurf, die FBI-Ermittlungen seien von Anfang an eine abgekartete Sache gewesen. Strzok wurde später aus dem Ermittlerteam entfernt, und noch später trennte sich das FBI ganz von ihm; Lisa Page schied auf eigenen Wunsch aus dem Team und dem FBI aus.

Hätte das FBI Trump wirklich stoppen wollen, wäre das mit einer gezielten Indiskretion über das angelaufene Ermittlungsverfahren vielleicht gelungen. Stattdessen schaffte es das FBI, die Operation »Crossfire Hurricane« verdeckt und diskret durchzuführen. Das stand in deutlichem Gegensatz zu der Art und Weise, wie das Amt seine Untersuchungen zu Hillary Clintons schlampigem Umgang mit ihrem privaten Mailserver handhabte, zu denen FBI-Chef Comey sich im Sommer 2016 wiederholt öffentlich äußerte, sogar noch in der Schlussphase des Wahlkampfs.

Sessions' Rückzug

Am 8. November 2016 wurde Donald Trump zum 45. Präsidenten der USA gewählt. Doch in den zweieinhalb Monaten seiner Vorbereitung auf die Amtsübernahme wurden die Fragen zu der Rolle, die Russland in seinem Wahlkampf gespielt hatte, immer drängender.

Am 29. Dezember verhängte Präsident Barack Obama neue Sanktionen gegen Russland, zur Strafe für die Einmischungen des Kreml in den Wahlkampf. Im Januar 2017 legten sich die US-Geheimdienste förmlich auf die Schlussfolgerung fest, dass Putin eine verdeckte Operation angeordnet hatte mit dem Ziel, im amerikanischen Wahlvolk Zwietracht zu säen, Hillary Clinton zu schaden und Trump zum Sieg zu verhelfen.

Im Februar sah sich Michael T. Flynn, Trumps neu bestallter Nationaler Sicherheitsberater, zum Rücktritt genötigt, als herauskam, dass seine Aussage gegenüber Vizepräsident Mike Pence, er habe nicht mit einem russischen Gesandten über die Obama-Sanktionen gesprochen, eine Lüge gewesen war. Am folgenden Tag nahm Trump Comey im Oval Office beiseite und bat ihn, die »Sache« (die Ermittlungen des FBI gegen Flynn) »ruhen zu lassen« – so hat Comey es später berichtet.

Wenig später verkündete Justizminister Jeff Sessions seinen Entschluss, sich wegen Befangenheit aus allen Ermittlungen zum Wahlkampf von 2016 herauszuhalten.

Der Rückzug wegen Befangenheit erfolgte, nachdem die *Washington Post* gemeldet hatte, Sessions habe sich im Verlauf des Wahlkampfs zweimal mit dem russischen Botschafter in den USA getroffen. Sessions, zu der Zeit Senator für Alabama, hatte die Treffen mit dem Botschafter nicht erwähnt, als er bei der Bestätigungsanhörung zu seiner Eignung für das Justizressort nach Kontakten von Trump-Leuten zu Russen befragt worden war.

»Man hat mich im Verlauf dieses Wahlkampfs ein oder zwei Mal einen Platzhalter genannt, und ich hatte keine — keinerlei Kommunikation mit den Russen«, hatte Sessions erklärt.

Auf einer eiligst anberaumten Pressekonferenz beteuerte Sessions, sein Rückzug wegen Befangenheit sei keine Reaktion auf den *Post*-Artikel gewesen, sondern das Ergebnis wochenlanger Beratungen mit den Ethikbeauftragten des Justizministeriums; diese hätten ihm geraten, sich für befangen zu erklären.

Der Präsident hatte zuvor, am selben Tag, auf die Frage, ob sein Justizminister sich befangen erklären solle, geantwortet: »Nach meiner Meinung nicht.«

In den nachfolgenden Monaten erklärte Sessions mehrmals, ihm sei in der Angelegenheit keine Wahl geblieben. Die Ermittlungen seien auf Trumps Wahlkampf und auf die Verbindungen des Kandidaten zu einer ausländischen Regierung gerichtet gewesen. Wie hätte er, Sessions, dafür die politische Verantwortung tragen können, ohne dass Fragen nach einem potenziellen Interessenkonflikt aufgekommen wären?

Das nächste Washington erschütternde mediale Beben folgte am 9. Mai 2017 mit der Entlassung Comeys und der Einsetzung Muellers.

Sessions wohnte gerade einer Besprechung mit Trump und anderen im Weißen Haus bei, als die Nachricht eintraf, dass der Stellvertretende Justizminister Rosenstein die Einsetzung eines Sonderermittlers angekündigt hatte.

»Wie konnten Sie das zulassen, Jeff«, sagte Trump laut Muellers Bericht im Verlauf einer längeren Schimpftirade im Oval Office.

Nach dem Eindruck von Leuten, die an diesem Tag mit Sessions sprachen, verließ er das Weiße Haus zutiefst erschüttert; noch am selben Abend gab er sein Rücktrittsschreiben ab. Der Präsident wurde von seinen Beratern bestürmt, er könne Sessions nicht so schnell nach Comey entlassen, ohne ein noch stärkeres politisches Beben zu riskieren. Trump ließ Sessions' Rücktrittsschreiben mit einer handschriftlichen Begleitnotiz an den Absender zurückgehen, die besagte, er werde einen Rücktritt des Justizministers nicht akzeptieren.

Der Präsident hörte freilich nicht auf, seinen Frust abzulassen. Bis zum Rücktritt von Jeff Sessions 18 Monate später ließ er ständig Sticheleien gegen seinen Justizminister und das von ihm geleitete Ressort vom Stapel – und schürte damit die Befürchtung, er werde die Ermittlungen Muellers einstellen lassen.

Mueller war schließlich kein unabhängiger Ermittler und somit nicht völlig autonom. Die Ursache dafür reicht bis in die 1990er-Jahre zurück. Die Juristen, die damals den Iran-Contra-Skandal und die Affäre zwischen Bill Clinton und Monica Lewinsky aufklärten, arbeiteten nach Maßgabe des Ethics in Government Act, eines Gesetzes, das die Stellung unabhängiger Ermittler definierte und diesen Ermittlern weite Ermessensspielräume ließ. Unabhängige Ermittler im Sinne dieses Gesetzes wurden von einem dreiköpfigen Richtergremium bestellt und waren keinem Amtsträger der Exekutive gegenüber rechenschaftspflichtig.

Der Kongress ließ den Ethics in Government Act 1999 auslaufen, nachdem Juristen, die nach seinen Maßgaben gearbeitet hatten – unter ihnen der unabhängige Ermittler Kenneth W. Starr –, zu der Überzeugung gelangt waren, dass mit diesem Gesetz eine nicht gewählte vierte Gewalt im Staat geschaffen worden war mit der Macht, den anderen Gewalten ihre Rechtsauffassungen aufzuzwingen. Als Alternative hatten die Kritiker des Ethics in Government Act die Richtlinien für die Arbeit von Sonderermittlern formuliert, nach deren Vorgaben dann Mueller berufen wurde.

Gemäß diesen Richtlinien wurde Mueller vom Justizminister eingesetzt – bzw. in diesem Fall von dessen Stellvertreter Rosenstein, weil Sessions sich für befangen erklärt hatte – und unterstand dessen Aufsicht. Der Sonderermittler war verpflichtet, den Justizminister über alle wichtigen Verfahrensschritte zu unterrichten, eine Regelung, wie sie ähnlich auch für die 93 US-Attorneys (Bundesanwälte) gilt, die auf US-amerikanischem Boden amtieren; der Justizminister hatte die Vollmacht, gegen Entscheidungen des Sonderermittlers ein Veto einzulegen. Trump hätte Rosenstein die Anweisung erteilen können, Mueller zu entlassen, was allerdings eine ganze Kaskade von Rücktritten im Justizministerium nach sich gezogen hätte.

Mit seiner Entscheidung, einen Außenstehenden mit den politisch brisanten Ermittlungen zu betrauen, holte Rosenstein das Verfahren aus der ressortinternen politischen Giftbrühe im Justizministerium heraus. Für Andrew McCabe, Comeys Stellvertreter, war die Entlassung seines Chefs ein Alarmsignal. Er war überzeugt, vor dem Präsidenten und den Spitzenleuten im Justizministerium auf der Hut sein zu müssen, und begann seine Gespräche und Korrespondenzen mit Rosenstein und anderen akribisch zu dokumentieren. Eine seiner Aufzeichnungen betraf eine Unterredung, bei der Rosenstein ihm vorgeschlagen habe, bei Gesprächen mit dem Präsidenten ein verstecktes Aufnahmegerät mitlaufen zu lassen. Nach der Entlassung Comeys autorisierte McCabe das FBI unverzüglich, Ermittlungen gegen Trump persönlich einzuleiten – etwas, wovon das FBI zuvor monatelang bewusst die Finger gelassen hatte.

Im Justizministerium fürchteten manche, McCabe habe sich von seiner Verärgerung über die Absetzung Comeys leiten lassen. Bei einer Unterredung kurz nach der Berufung Muellers schlugen beide, McCabe und Rosenstein, dem jeweils anderen vor, sich wegen Besorgnis der Befangenheit ganz aus dem Verfahren zurückzuziehen. Beide taten es nicht.

Der G-Man

Zum Zeitpunkt seiner Berufung war Robert Mueller Gesellschafter der noblen Washingtoner Anwaltssozietät WilmerHale; allerdings hatte er sich erst 2014 für eine Tätigkeit in der Privatwirtschaft entschieden. Bis dahin hatte er sich im Verlauf einer Karriere, die ihn in die höchsten Ämter getragen hatte, die das amerikanische Justizwesen zu vergeben hat, die Reputation eines enorm disziplinierten und intelligenten Juristen und Strafverfolgers erworben. Vier US-Präsidenten, zwei von den Demokraten und zwei von den Republikanern, hatten den Republikaner Mueller in Spitzenämter berufen.

Aus gut situierten Verhältnissen stammend, hatte Mueller an der Universität Princeton studiert und sich im Vietnamkrieg den Marines angeschlossen – in einer Zeit, als viele junge Männer seiner Generation, auch Donald Trump, sich nach Möglichkeit vor dem Kriegsdienst drückten. In Vietnam hatte er einen Schützenzug kommandiert und sich zwei Auszeichnungen für Tapferkeit im Kampf verdient: eine Bronze Star Medal und ein Purple Heart.

Nach seiner Heimkehr hatte er sich an der Juristischen Fakultät der Universität von Virginia eingeschrieben, hatte nach Abschluss des Studiums als Staatsanwalt angefangen, zunächst in Kalifornien und anschließend in Massachusetts. Abgesehen von einigen Kurzausflügen ins private Juristenmetier, hatte er die nächsten dreißig Jahre damit verbracht, mehrere Spitzenämter im US-Justizministerium zu durchlaufen, bis Präsident George W. Bush ihn im Juli 2001 zum Direktor des FBI ernannte. Der Kongress bestätigte seine Ernennung im August, und nur wenige Tage nachdem Mueller seinen neuen Job angetreten hatte, rammten Terroristen Passagierflugzeuge in die Türme des World Trade Centers und in die Flanke des Pentagons. In der Folge führte Mueller das FBI zehn Jahre lang durch eine turbulente Phase der Neuorientierung im Sinne des von Bush ausgerufenen Krieges gegen den »internationalen Terrorismus«.

Mueller hatte ein Faible für die traditionelle Dienstkleidung des »G-Man«: gedeckter Anzug, gestärktes weißes Hemd, nichts Buntes. Im FBI war er für seine gnadenlose Arbeitsdisziplin bekannt – oft saß er schon um 6 Uhr morgens an seinem Schreibtisch. Berühmt war er auch für seine Aversionen gegen die Presse und seine Nulltoleranz für Mitarbeiter, die interne Dinge nach außen durchsickern ließen.

Für seine Mission als Sonderermittler rekrutierte Mueller binnen kurzer Zeit eine Mannschaft, der einige der erfahrensten Juristen der Vereinigten Staaten angehörten. Von WilmerHale brachte er James Quarles mit, der als junger Sonderstaatsanwalt schon an der Aufklärung des Watergate-Skandals mitgewirkt hatte, desgleichen Aaron Zebley, der Mueller beim FBI als Stabschef gedient hatte. Quarles fungierte als so etwas wie Muellers Büroleiter und kümmerte sich um viele der Interaktionen mit dem Weißen Haus. Zebley schlüpfte wieder in die Rolle der rechten Hand Muellers.

Im Verlauf des Sommers 2017 wuchs die Mannschaft an. Mueller rekrutierte Andrew Weissmann, einen Strafverfolger, der sich bei den viel beachteten Ermittlungen gegen den Enron-Konzern hervorgetan hatte und in Strafverteidigerkreisen als harter Hund bekannt war; Zainab Ahmad, die sich mit ihren starken Auftritten als Anklägerin in Terrorismusfällen ein glühendes Porträt in der

Zeitschrift *The New Yorker* verdient hatte, und Andrew Goldstein, einen Fachmann für Korruption im öffentlichen Dienst, der mitgeholfen hatte, Anklagen gegen prominente Amtsträger des Staates New York in die Wege zu leiten.

Mueller erweiterte sein Team auch um mehrere Spezialisten für Berufungs- und Revisionsverfahren, ein deutlicher Hinweis darauf, dass er damit rechnete, dass einige seiner Anklagen den Instanzenweg bis zu den höchsten Gerichten durchlaufen würden. Einer dieser Spezialisten war Michael Dreeben, der schon über hundert Fälle vor dem Supreme Court verhandelt hatte und als einer der führenden Strafrechtler der USA galt.

Trump tat sich unterdessen schwer, einen Anwalt zu finden (und bei der Stange zu halten), der es mit Muellers Dreamteam aufnehmen wollte. Viele der angesehensten amerikanischen Strafverteidiger für Wirtschaftssachen waren nicht bereit, den Präsidenten der Vereinigten Staaten anwaltlich zu vertreten – manche machten einen Interessenkonflikt geltend, andere räumten hinter vorgehaltener Hand ein, sich fürchteten eine Rufschädigung, wenn sie sich mit einem unpopulären Präsidenten zusammentaten.

Zum Zeitpunkt der Ernennung Muellers stand an der Spitze von Trumps Anwaltsteam Marc Kasowitz, ein kampferprobter New Yorker Prozessanwalt, der Trump in Zivilprozessen vertreten hatte, aber kaum über Erfahrungen mit Ermittlungsverfahren Washingtoner Stils verfügte. Trump ersetzte Kasowitz nach kurzer Zeit durch John Dowd, einen Fixstern am Washingtoner Justizhimmel, der große Fälle durchgezogen hatte, aber als etwas unkontrolliert galt, und der sich seinem Karriereende näherte.

Als Faktotum für die unausbleiblichen Fälle, in denen Verhörvorladungen an Mitarbeiter des Weißen Hauses und Anforderungen für die Aushändigung von Dokumenten ergehen würden, rekrutierte das Trump-Team Ty Cobb, einen Mann mit Schnauzbart, der entfernt mit der gleichnamigen Baseball-Legende verwandt war.

Gemeinsam entwickelten Dowd und Cobb eine Strategie der diskreten Annäherung an den Sonderermittler. Anstatt gegen jede seiner Ladungen Einspruch zu erheben, stellten sie über zwanzig Mitarbeiter des Weißen Hauses für Vernehmungen frei und gaben mehr als 20 000 amtliche Dokumente heraus. Gleichzeitig gaben sie Erklärungen ab, in denen sie ebenso frohgemut wie unzutreffend den baldigen Abschluss von Muellers Ermittlungen voraussagten. Cobb verkündete einmal, er sei zuversichtlich, das Ermittlungsverfahren werde spätestens an Thanksgiving 2017 beendet sein. Als der Feiertag kam und vorüberging und kein Ende der Ermittlungen in Sicht war, revidierte Cobb seine Voraussage: Er terminierte den Abschluss des Verfahrens zunächst auf Weihnachten, dann auf kurz nach Jahresbeginn 2018. Aber als Cobb im Mai 2018 seinen Posten räumte, waren die Ermittlungen noch immer nicht abgeschlossen. Als seinen Nachfolger präsentierte das Weiße Haus Emmet T. Flood, einen ernsten Taktiker, der gar keine öffentlichen Erklärungen über was auch immer abgab.

Angriffe auf Mueller

Dowd und Cobb hatten die Grenzen ihrer Kooperations-Strategie dort gezogen, wo es um das Einverständnis zu einer Befragung des Präsidenten durch Mueller ging. Trump ließ das Publikum mehrmals wissen, er sei bereit, mit Muellers Ermittlern zu reden, und löste damit eine endlose Wird-er-oder-wird-er-nicht-Diskussion aus. In seiner typischen Kraftmeier-Art glaubte Trump, alles abwehren und entkräften zu können, womit Mueller ihn konfrontieren würde; eine Zeit lang vermittelte er gar den Eindruck, er stände für eine Vernehmung zur Verfügung. Seine Juristen waren strikt dagegen. Sie trauten Mueller und seinen Leuten nicht und fürchteten, ihr Mandant werde aus keiner Vernehmung herauskommen, ohne Dinge gesagt zu haben, die den Tatbestand des Meineids erfüllten.

Zwistigkeiten in diesem Punkt führten zum Rückzug Dowds im März 2018. An seine Stelle trat der frühere Bürgermeister von New York und Bundesanwalt Rudolph W. Giuliani, und der entschied sich für ein juristisches Vorgehen, das eher dem persönlichen Stil des Präsidenten entsprach. Überzeugt davon, dass Mueller sich an eine altehrwürdige Konvention des Justizministeriums halten würde, der zufolge die US-Verfassung strafrechtliche Anklagen gegen einen amtierenden Präsidenten nicht zulässt, hielt Giuliani eine politische Attacke auf Trump in Form eines Amtsenthebungsverfahrens (Impeachment) für möglich, schloss aber die Gefahr einer strafrechtlichen Anklage gegen Trump aus. Die beste Verteidigungsstrategie bestand in seinen Augen darin, mit einer politischen Offensive in Gestalt einer ausdauernden öffentlichen Kampagne die Glaubwürdigkeit Muellers zu untergraben und dem Wahlvolk einzureden, ein auf den Erkenntnissen Muellers fußendes Impeachment-Verfahren könne niemals fair und sauber ablaufen.

Die Strategie Giulianis hatte den zusätzlichen Effekt, dass sie Trump zu der Überzeugung bekehrte, er habe es nicht nötig, sich kooperativ zu geben und in eine Vernehmung einzuwilligen. Diese Herangehensweise passte gut zu Trumps zweiter Natur, jegliche Bedrohung seines Ego mit einem doppelt so harten Gegenschlag zu beantworten. Er nahm die Attacken Giulianis auf, verschärfte sie und richtete sie nicht nur gegen den Sonderermittler, sondern gegen die Justiz als Ganze.

Leute, die in dieser Zeit Gespräche mit Trump führten, erzählten, der Präsident habe seinen Justizminister als »Mr. Magoo« verspottet (die in den 1960er-Jahren beliebte Comicfigur eines älteren Herrn, der nie zugeben wollte, dass er schlecht sah), desgleichen seinen Stellvertreter Rosenstein als »Mr. Peepers« (den bebrillten Oberschullehrer aus einer TV-Komödie der 1950er-Jahre). Als diese Spötteleien an die Öffentlichkeit drangen, bestritt Trump, Derartiges gesagt zu haben. Bei seinen eigenen öffentlichen Auftritten äußerte er sich jedoch kaum weniger ätzend. »Ich habe keinen Justizminister«, lästerte er im September 2018. An Zeugen, die im Zuge der Ermittlungen Muellers vernommen wurden, richtete Trump eine unmissverständliche Botschaft: Wer mit den Ermittlern kooperiert, wird meinen Zorn ernten. Wer sich mit ihnen anlegt, hat meine Unterstützung.

Nachdem Michael Cohen, einst Trumps Anwalt und nach eigenem Bekunden sein Schweigegeldzahler, in seinem Geständnis indirekt den Präsidenten als Mitwisser eines Komplotts zur Umgehung der gesetzlichen Vorschriften zur Walkampffinanzierung benannt hatte, nannte Trump ihn eine »Ratte« und forderte

Ermittlungen gegen Cohens Schwiegervater wegen nicht näher bezeichneter Vergehen.

Dagegen war Trump voll des Lobes für seinen früheren Wahlkampf-Chef Paul Manafort, dessen Anwälte Trump vertraulich zusicherten, ihr Mandant werde den Ermittlern keinerlei für Trump nachteiligen Informationen liefern. Dieses Versprechen hielten sie auch dann noch aufrecht, als Manafort sich diverser Vergehen (u. a. der Steuerhinterziehung) schuldig bekannt und begonnen hatte, mit Mueller zu kooperieren.

»Es tut mir sehr leid um Paul Manafort und seine wunderbare Familie«, schrieb Trump auf Twitter. »Die ›Justiz‹ holte eine 12 Jahre alte Steuersache hervor [...], setzte ihn unter ungeheuren Druck, und anders als Michael Cohen weigerte er sich, ›einzuknicken‹ – Geschichten zu erfinden, um einen ›Deal‹ zu bekommen. Respekt vor einem so mutigen Mann!«

Rechtsexperten äußerten die Ansicht, Trump betreibe womöglich Justizbehinderung in Realzeit und in aller Öffentlichkeit, indem er seine hohe Social-Media-Präsenz und sein Begnadigungsrecht dafür nutze, potenzielle Zeugen von einer Kooperation mit Mueller abzuschrecken.

Was der US-Justiz und den amerikanischen Geheimdiensten ebenfalls Sorge bereitete, waren Trumps Äußerungen zu Russland und sein Auftreten gegenüber diesem Land. Er gab sich größte Mühe, keine Details aus seinen Gesprächen mit Putin preiszugeben, und ging einmal sogar so weit, den Notizzettel seines eigenen Dolmetschers an sich zu nehmen und anzuordnen, dass niemand Einzelheiten über die betreffende Unterredung mit Putin erfahren dürfe, auch nicht Mitglieder seiner eigenen Regierung. Bei einem Treffen mit dem russischen Außenminister und dessen Botschafter in Washington im Mai 2017 offenbarte Trump den beiden Russen offenbar höchst vertrauliche Informationen – darunter Dinge, die eine so hohe Geheimhaltungsstufe hatten, dass nicht einmal enge Verbündete der USA sie erfahren durften.

Bei einer Pressekonferenz ein Jahr später stand Trump neben seinem russischen Amtskollegen und äußerte Zweifel daran, dass Russland überhaupt für irgendwelche verdeckte Einflussnahmen auf den amerikanischen Wahlkampf verantwortlich gewesen war – eine bemerkenswerte Ohrfeige für diejenigen in den US-Geheimdiensten, die zu der Einschätzung gelangt waren, dass die Drahtzieher im Kreml saßen.

»Präsident Putin war ausgesprochen stark und überzeugend in seinem Dementi heute«, verkündete Trump.

Muellers Erkenntnisse

Wenn Trump es darauf anlegte, die Ermittlungen entgleisen zu lassen, so misslang ihm das gründlich. Mueller und seine Leute machten ihr Ding, stellten 2800 Vorladungen aus, vollstreckten fast 500 Durchsuchungsbefehle und befragten rund 500 Beteiligte und Betroffene. Von denen, die als Zeugen vernommen wurden, berichteten anschließend viele, die sorgfältige und detailgenaue Arbeitsweise der Ermittler habe sie überrascht.

»Das Mueller-Team wusste mehr über das, was ich 2016 gemacht hatte, als ich selbst«, erklärte der frühere Trump-Adjutant Michael Caputo auf CNN, als er seine Vernehmung hinter sich hatte. »Ich glaube, sie wissen über den Wahlkampf von Trump mehr als irgendeiner von denen, die dabei waren.«

Die Ermittlungen Muellers nahmen im Juli 2017 weiter Fahrt auf, nachdem herausgekommen war, dass der Sohn des Präsidenten, Donald J. Trump jr., im Verlauf des Wahlkampfs im Trump Tower in New York eine russische Anwältin empfangen hatte, von der es hieß, sie könne kompromittierende Informationen über Hillary Clinton liefern. »Wenn das stimmt – ich wäre begeistert«, hatte Trump jr. dazu in einer E-Mail an einen Mitarbeiter geschrieben.

Alle, die an dem Treffen mit der russischen Anwältin teilnahmen – darunter Manafort und Trumps Schwiegersohn Jared Kushner –, erklärten später, es sei ein Reinfall gewesen; die Frau habe nichts vorzuweisen gehabt, womit man Clinton hätte bewerfen können. Was diese Episode dennoch zu bestätigen schien, war, dass die Wahlkämpfer Trumps willens waren, die Hilfe des russischen Staates anzunehmen, wenn sie angeboten wurde. Als Donald Trump jr. ein Jahr später erstmals zu dem Treffen befragt wurde, gab er dazu eine vom Präsidenten diktierte Erklärung ab, die irreführend und unvollständig war. Bei dem Gespräch mit der russischen Anwältin sei es, so hieß es darin, »hauptsächlich« um Adoptionsthemen gegangen.

Muellers Mannschaft leistete über lange Strecken hinweg emsige Arbeit im Stillen und zündete in periodischen Abständen eine Anklage-Granate.

Zwei dieser Anklagen schienen darauf angelegt, der US-Bevölkerung detailliert darzulegen, wie die Russen im Präsidentschaftswahlkampf agiert hatten. Im Februar 2018 erhob Mueller Anklagen gegen 13 russische Staatsbürger und drei russische Firmen*; der Vorwurf lautete, sie hätten an einem komplizierten, über zwei Jahre laufenden Projekt zur unterschwelligen Einflussnahme auf die amerikanische Politik mitgewirkt; sie hätten sich zu diesem Zweck amerikanische Pseudo-Identitäten zugelegt und unter diesen Namen wahrheitswidrige und polarisierende Meldungen, Berichte und Werbeaussagen auf Social-Media-Plattformen platziert. Aus einem kleinen Bürogebäude in St. Petersburg heraus operierend, hatten diese russischen »Trolle« laut Anklageschrift gutgläubige Amerikaner, mit denen sie kommunizierten, getäuscht und auf die Verschärfung emotional besetzter Debatten über Rassismus, Waffengesetze und sexuelle Identitäten hingearbeitet, hätten Trump-freundliche Propagandabotschaften hinausposaunt und es sogar geschafft, US-Bürger zur Abhaltung und zum Besuch von ihnen eingefädelter Kundgebungen zu animieren. Jewgenij Wiktorowitsch Prigoschin, von russischen Nachrichtenmedien als Finanzier der Gruppe identifiziert, erklärte, von der staatlichen russischen Nachrichtenagentur auf die gemeldete Anklageerhebung angesprochen: »Die Amerikaner sind sehr leicht zu beeindrucken; sie sehen, was sie sehen wollen.« Er fügte hinzu, er sei »überhaupt nicht enttäuscht, auf dieser Liste aufzutauchen. Wenn sie den Teufel sehen wollen – sollen sie doch.« Im Juli 2018 erhoben Mueller und

* In dem am Ende des Buches unter den »Schlüsseldokumenten« abgedruckten Eröffnungsbeschluss zur Anklage gegen die Internet Research Agency et al. werden diese als Trollfabriken agierenden Firmen kurz als »ORGANISATION« bezeichnet. (Anm. d. Ü.)

seine Mannschaft dann Anklagen gegen zwölf Beamte des russischen Militärgeheimdiensts, die sich angeblich in die E-Mail-Accounts von Funktionären der Demokratischen Partei und des Clinton-Wahlkampfteams eingeschlichen hatten und online als Guccifer 2.0 firmierten; unter dieser Signatur veröffentlichten sie das Material, unter anderem indem sie es an WikiLeaks weiterreichten. Das russische Außenministerium wies die Anklagevorwürfe der amerikanischen Ermittler zurück – sie entbehrten jeder Beweisgrundlage und seien ein offensichtlicher Versuch, das bevorstehende Gipfeltreffen Trumps mit Putin in Helsinki zu hintertreiben. »Es ist bedauerlich, dass die Verbreitung von Falschinformation in Washington zum Normalfall geworden ist und dass Strafverfahren aus eindeutig politischen Motiven heraus eröffnet werden«, erklärte das Außenministerium.

Aus Trumps Freundeskreis und aus den Reihen seiner engen Mitarbeiter wurden sechs Männer angeklagt oder legten Geständnisse ab. Die meisten Anklagen hoben darauf ab, dass die Betreffenden gegenüber dem Kongress und dem FBI wahrheitswidrige Aussagen über eine breite Palette von Sachverhalten gemacht hatten. Zwar wurde keiner der Beschuldigten wegen krimineller Konspiration mit den Russen angeklagt, doch wurde gegen die meisten der Vorwurf erhoben, ihre ausdauernden Bemühungen um die Anbahnung von Kontakten zu Russland und um die politische Verwertung der von russischen Hackern erbeuteten E-Mails der Demokratischen Partei hartnäckig geleugnet zu haben.

Roger Stone, altgedienter Strippenzieher der Republikanischen Partei und langjähriger Freund Trumps, wurde im Januar 2019 wegen Falschaussagen vor dem Kongress in Bezug auf seine Kontakte zu WikiLeaks angeklagt. Man warf ihm vor, WikiLeaks in der Phase, in der die Plattform die gehackten E-Mails veröffentlichte, zur Herausgabe von Informationen gedrängt zu haben. Stone erklärte sich für nicht schuldig und kündigte an, er werde die Anklagevorwürfe vor Gericht entkräften.

Cohen gestand, den Kongress über seine Bemühungen um die Errichtung eines Trump Tower in Moskau belogen zu haben, namentlich über ein Telefonat, das er mit dem Assistenten eines ranghohen Putin-Mitarbeiters geführt hatte.

Flynn gab zu, dass er dem FBI nicht die Wahrheit über seine Kontakte zum russischen Botschafter in der Übergangszeit zwischen der Wahl Trumps und seiner Amtseinführung gesagt hatte.

Auch Papadopoulos gestand, gelogen zu haben; er hatte maßgebliche Details seiner Gespräche und Korrespondenz mit einem Londoner Professor verschwiegen, der ihn zu einem frühen Zeitpunkt auf drohende Angriffe russischer Hacker aufmerksam gemacht hatte.

Manafort wurde 2018 von einem Geschworenengericht in Virginia des Bank- und Steuerbetrugs schuldig gesprochen. Es ging dabei um mehr als 60 Millionen Dollar, die er als Berater russlandfreundlicher ukrainischer Politiker verdient hatte, bevor er sich in Trumps Wahlkampfteam einklinkte. Manafort bekannte sich in der Folge mehrerer Straftaten schuldig, unter anderem des vorsätzlichen Nicht-Anzeigens seines Status als »ausländischer Agent« mit Bezug auf seine ukrainische Lobbytätigkeit.

Wie Mueller und seine Ermittler später einem Richter mitteilten, hatte Manafort auch noch nach seinem Geständnis weitergelogen. Interessanterweise betrafen viele seiner Lügen seine Zusammenarbeit mit einem bei ihm angestellten Russen, der nach Feststellungen des FBI vielfältige Beziehungen zu russischen Geheimdiensten pflegte. Der Betreffende bestritt, solche Beziehungen unterhalten zu haben.

Die Übergabe von Muellers Bericht katapultierte den Fall in die Arena der Politik, munitionierte Demokratische Abgeordnete mit einer Unmenge von neuen Informationen, die ihren Angriffen auf Trump Nahrung gaben und möglicherweise neue Fragestellungen für ihre eigenen Ermittlungen aufwarfen.

Trump und seine Verbündeten dagegen lachten sich ins Fäustchen. »Keine Absprachen – keine Justizbehinderung« – der Präsident wiederholte auf Twitter den Satz, den er während der Ermittlungen gebetsmühlenartig gesagt hatte.

Die Demokraten, in dem Bemühen, Muellers umfangreiche Ergebnisse auszuwerten, richteten ihre Aggression auch gegen Barr, der, wie es vielen schien, sich vor Trump stellte, indem er eine Pressekonferenz abhielt, auf der er Muellers Ergebnisse in einer für den Präsidenten günstigen Weise zusammenfasste.

Auch hatte Barr den Abschluss der Untersuchung bereits Wochen vor der Übergabe des Reports angekündigt und Muellers wichtigste Ergebnisse öffentlich gemacht: dass der Sonderermittler keine Absprachen nachweisen konnte, und dass er nicht zum Ergebnis einer Justizbehinderung kam. Damit war eine Interpretation vorgegeben, gegen die anzukommen schwer war.

Daher sagten einige Demokraten sofort, der Bericht liefere Beweise, dass der Präsident eine strafbare Handlung begangen hatte. »Auch ohne vollständig bekannt zu sein«, erklärte der Abgeordnete Jerry Nadler von den New Yorker Demokraten, der Vorsitzende des Justizausschusses des Weißen Hauses, »führt der Mueller-Bericht verstörend vor Augen, dass Präsident Trump an Justizbehinderung und anderen Vergehen beteiligt ist.«

Nadler versprach, die Trump-Ermittlungen weiter voranzutreiben, nachdem die Republikaner sie als abgeschlossen bezeichneten.

»Demokraten, die in den letzten zwei Jahren herumgelaufen sind und seltsame Behauptungen über den Präsidenten und seine Familie aufgestellt haben, sollten sich beim amerikanischen Volk für die Irreführung entschuldigen, und die Presse für die Verleumdungskampagne«, sagte der Republikanische Einpeitscher Steve Scalise aus Louisiana. »Dieser Bericht ... gibt ihren aus der Luft gegriffenen Verschwörungstheorien den Todesstoß.«

Muellers Untersuchung mochte abgeschlossen sein, aber Washingtons politische Kriege tobten heißer denn je.

Mueller und Trump: Reich geboren, zum Führen erzogen, und doch Lebenswege, wie sie unterschiedlicher nicht sein könnten

Von Marc Fisher und Sari Horwitz
von *The Washington Post**

Beide stammen sie aus reichem Haus und wurden in Familien groß, in denen man an Macht gewöhnt war. Sie wurden dazu erzogen, anderen mit Respekt zu begegnen und diesen auch für sich einzufordern. Und sie wurden früh auf Führungsrollen vorbereitet.

Sie stiegen in hohe Machtpositionen auf, zum Präsidenten der Vereinigten Staaten der eine, zu seinem Sonderermittler der andere. Sie kleiden sich förmlicher als die meisten Menschen in ihrer Umgebung und treten in der Öffentlichkeit nur sorgfältig frisiert auf. Die Menschen, die an sie glauben, bringen ihnen außergewöhnlich hohe Loyalität entgegen. Sie haben beide private Eliteschulen für Jungen besucht, waren in der Highschool ausgezeichnete Sportler und haben an Ivy-League-Colleges studiert. Und beide erlebten in jungen Jahren den Tod eines Menschen, den sie sehr bewunderten, als tiefen Einschnitt.

Und doch möchte man meinen, Robert Swan Mueller III und Donald John Trump, geboren im Abstand von 22 Monaten in New York, kämen von verschiedenen Planeten. Der eine ist höflich, klar und präzise, der andere stürmisch und dreist. Der eine wandte sich vom Streben nach immer mehr Reichtum ab, der andere

---

* Aktualisierte Fassung eines Artikels, der am 23. Februar 2018 in *The Washington Post* erschienen ist.

hingegen brachte ein halbes Jahrhundert damit zu, sein Vermögen auf jede nur erdenkliche Weise zu mehren.

In den Schlüsselmomenten ihres Lebens trafen die beiden völlig unterschiedliche Entscheidungen – als Studenten, als junge Männer im wehrfähigen Alter vor dem Dilemma des Vietnamkrieges und als ehrgeizige Alphamännchen, die entscheiden mussten, worauf sie ihre Energie konzentrieren sollten.

Nun standen sie einander gegenüber in einer schleichenden Dauerkonfrontation, deren Ausgang alles mit sich bringen kann, vom vertieften politischen Zwiespalt bis zum tödlichen Schlag für diese Präsidentschaft. In den Russland-Ermittlungen, die sich über mehr als zwei Jahre hinzogen, haben Trump (72) und Mueller (74) sich verhalten, wie sie dies ihr Leben lang gemacht haben: Der Präsident tobte, sprach empört von »Hexenjagd« und beklagte sich darüber bei seinen Anhängern. Der Sonderermittler äußerte sich nicht ein einziges Mal in der Öffentlichkeit, sondern ließ seine Ermittlungen, Anklageschriften und – endlich – einen Abschlussbericht für sich sprechen.

Die Monate vergingen, der finale Showdown zeichnete sich bedrohlich am Horizont ab: Mueller und Trump, der Kriegsheld und der Drückeberger. Zwei Männer, die früh aufstehen und ihr Leben weitgehend im Büro verbringen. Zwei Männer, die zur Entspannung Golf spielen. Sie umkreisten einander, sprachen jedoch nie dieselbe Sprache. Der eine wütete vehement gegen den Verdacht, es könnten Tatbestände existieren, die der Aufklärung bedürfen. Der andere hielt an seiner lebenslangen Überzeugung fest, dass Fakten ans Tageslicht müssen und nur ihre Offenlegung alle Zweifel ausräumt.

Immer wieder gaben ihre Mitarbeiter Kommentare ab, ob und wann es zu einem Treffen der beiden kommen würde. Am Ende kommunizierten sie dann doch nur schriftlich. Der eine schickte seine Fragen, der andere seine Antworten. Beide taten, was ihre Aufgabe erforderte, der eine laut, der andere schweigsam. Und keiner von beiden wusste, wie dieses dramatische und polarisierende Kapitel amerikanischer Geschichte enden würde.

Von Princeton zu den Marines

Mueller wurde in eine Gesellschaftsschicht hineingeboren, die in dieser Form mittlerweile nahezu ausgestorben ist – die einer weißen angelsächsisch-protestantischen Elite im Nordosten des Landes, die ihre Söhne in die Privatschulen von Neuengland schickt, gebaut von ererbtem Reichtum von Generationen.

Muellers Vater war Manager bei DuPont und Teil einer Familie, die fest in der Plutokratie des Landes verankert war. Mueller wuchs in Princeton und der Philadelphia Main Line auf, dem reicheren Landstrich der Metropolregion Philadelphia, und ging in St. Paul's in New Hampshire zur Schule, dort, wo die Astors, Vanderbilts und Mellons ihren männlichen Nachwuchs erziehen lassen. In dieser Schule, die sich der Episcopal Church zurechnet, wurde er Kapitän des Fußball-, Eishockey- und Lacrosseteams. Er spielte Eishockey mit seinem Klassenkameraden John F. Kerry, dem späteren Außenminister und einem von drei St. Paul's-Schülern, die sich später um die Präsidentschaft bewarben.

Mueller war der Inbegriff des »muskelbepackten gläubigen Christen«, wie man sie an der Spitze vieler Prep Schools findet. Der Archetyp des starken, jungen Mannes, der »Werte wie Güte, Respekt und Integrität« verkörperte, wie der 73-jährige Maxwell King meint, der mit Mueller zur Schule ging. »Bob hatte in der Klasse eine starke Stellung ... Man wusste, dass er hohe Ansprüche stellte, sich aber auch um jeden in der Gruppe kümmerte.«

King, Ex-Herausgeber des *Philadelphia Inquirer* und Leiter der Pittsburgh Foundation, die es sich zur Aufgabe gemacht hat, die Lebensqualität der Menschen in der Metropolregion Pittsburgh zu verbessern, meint, Mueller hätte »Sinn für Humor« und sei »trotzdem kein Klugscheißer«. Und weiter: »Er war ein ernsthafter Typ, aber auf eine Weise, dass jeder ihn mochte und gern mit ihm zusammen war.«

Mueller war von frühester Jugend an anderen ein Vorbild. Einmal, als er und ein paar Mitschüler sich vor dem Imbissstand der Schule versammelt hatten, habe einer der Jungs eine abfällige Bemerkung über einen Nicht-Anwesenden gemacht. »Bob unterbrach ihn und meinte, er wolle so etwas nicht hören«, erzählt

King. »Wir sagten uns zwar immer knallhart die Meinung, aber sich über jemanden abfällig zu äußern, der sich nicht wehren konnte, widerstrebte Bob einfach. Das sagte er klar und deutlich und ging dann wieder zur Tagesordnung über.«

In Princeton, wo auch sein Vater studiert hatte, war Mueller Mitglied eines der exklusivsten »Eating Clubs«, in denen sich die Studenten treffen, um gemeinsam zu Abend zu essen und über die unterschiedlichsten Themen zu debattieren. Meist tauchte Mueller schon vor dem Dinner auf und spielte Bridge am Kamin im Salon. Mueller wollte ursprünglich Medizin studieren, aber einer seiner Mitschüler berichtet, dass er sich mit der organischen Chemie nicht recht anfreunden konnte. Irgendwann warf Mueller das Handtuch, weil er einsah, dass er nicht zum Arzt geboren war.

Wenige Wochen nachdem er Princeton 1966 mit einem Abschluss in Politikwissenschaften verlassen hatte, verpflichtete er sich zum Dienst im Marineinfanteriekorps der Vereinigten Staaten, was zu jener Zeit für einen Ivy-League-Absolventen eher ungewöhnlich war. Schließlich versuchten die meisten jungen Männer damals, dem Wehrdienst zu entgehen. Mueller, der ein Interview ablehnte, erzählte häufig, die Idee mit den Marines sei ihm gekommen, als sein Lacrosse-Teamkollege David Hackett, der seinen Abschluss ein Jahr vor Mueller gemacht hatte, als Soldat nach Vietnam gegangen war.

»Als wir uns damals auf die Abschlussprüfungen vorbereiteten, standen wir vor der Frage, wie wir uns zum Vietnamkrieg stellen sollten«, sagte Mueller in einer 2017 gehaltenen Rede. »Eine Reihe von [Hacketts] Freunden und Teamkameraden hatten sich seinem Beispiel folgend zu den Marines gemeldet. Genau wie ich.« Im April 1967 wurde Zugführer Hackett, der mit seinen Kameraden gefallene Soldaten aus der Kampfzone holen sollte, von einem nordvietnamesischen Heckenschützen in den Hinterkopf geschossen. Mueller bezeichnet Hacketts Tod bis heute als Wendepunkt in seinem Leben, als das Erlebnis, das ihn dazu bewog, in den Staatsdienst einzutreten.

Vor Antritt seiner militärischen Ausbildung – Mueller musste zuerst eine Knieverletzung ausheilen lassen –, studierte er Internationale Beziehungen an der New York University. Dem Studium folgte die Ausbildung an der Akademie für Offiziersanwärter beim Marineinfanteriekorps in Quantico, wo er ausgezeichnete Leistungen zeigte – bis auf eine schlechte Note im Delegieren von Aufgaben. Danach durchlief er die berüchtigte Ranger School und die Airborne School – was für einen Marineinfanteristen eine unübliche Fortsetzung seiner Ausbildung war. Schon daran lässt sich ablesen, dass man beabsichtigte, ihn an die Front zu schicken.

Und tatsächlich überantwortete man ihm im November 1968 einen Zug Marineinfanteristen in den Wäldern Vietnams.

Ab zur Militärschule

Wie Mueller wuchs auch Trump in einer Welt voller Annehmlichkeiten auf. Die Trumps hatten einen eigenen Koch und einen Chauffeur, verstanden sich aber nie als Teil der herrschenden Klasse. Sie waren Einwanderer aus Deutschland und Schottland, kühne Unternehmer, die das Land im Eiltempo mit neuen Geschäften überzogen – Restaurants, Hotels und schließlich ein Immobilienunternehmen.

Fred Trump, der Vater des US-Präsidenten, hatte sein Vermögen selbst verdient. Er baute Mittelklassehäuser für die Gewerkschafter und Beamten der Randbezirke von New York. Selbst als er schon zu den größten Bauunternehmern der Stadt gehörte, krempelte Fred Trump noch selbst die Ärmel hoch und nahm den jungen Donald mit, wenn er im Trump Village in Brooklyn von Haus zu Haus ging, um die Miete zu kassieren.

Donald Trump wuchs in einer 23-Zimmer-Villa in Queens auf, in einem den großen Herrenhäusern der Südstaaten nachempfundenen Bauwerk mit einem Cadillac in der Einfahrt. Vom Kindergartenalter an besuchte er Privatschulen. Trump erzählte der *Washington Post* 2016, in der Schule habe er sein Hauptaugenmerk darauf gelegt, »Unfug anzustellen, denn aus irgendeinem Grund machte ich gern Rabatz. Ich testete die Leute aus … Aber nicht aus Bösartigkeit, ich war einfach nur streitsüchtig.«

In der zweiten Klasse, erzählte er, habe er seinen Musiklehrer ins Gesicht geschlagen. Er hatte überhaupt des Öfteren Ärger.

Und so schickte sein Vater ihn noch vor dem achten Schuljahr auf die Militärschule.

In der New York Military Academy, wo die Regeln so rigoros durchgesetzt wurden, dass man sich erzählte, einer der Kadetten sei in den Hudson River gesprungen, nur um dem Drill zu entfliehen, blühte Trump auf. Obwohl er nun in der Kantine aß, statt vom Koch der Familie Steaks serviert zu bekommen, obwohl er in einer Baracke schlief und nicht in der Imitation eines Herrenhauses, entwickelte er zum ersten Mal Stolz auf seine schulischen Leistungen. Er erhielt sogar Medaillen für Sauberkeit und Ordnung.

Seine Kameraden erinnern sich allerdings auch daran, dass er ständig mit dem Reichtum seines Vaters protzte und vor Freunden prahlte: »Ich werde später mal richtig berühmt.«

Trump wetteiferte um die Position des Kadettenführers und genoss seine Autorität. Als Versorgungs-Unteroffizier der E-Kompanie ordnete er einmal an, einem der Kadetten den Hintern zu versohlen, weil er nicht exakt in Grundstellung angetreten war. Ein andermal inspizierte Trump das Quartier der Kompanie und sah, dass Kadett Ted Levine sein Bett nicht gemacht hatte. Wie Levine erzählt, stauchte Trump ihn gnadenlos zusammen. Er riss die Laken herunter und warf sie auf den Boden. Levine warf Trump einen Kampfstiefel an den Kopf und schlug ihn mit einem Besen. Da rastete Trump total aus, ja, er versuchte, Levine aus dem Fenster im zweiten Stock zu werfen. Jedenfalls nach Levines Worten.

Als man ihn zum Kapitän der A-Kompanie machte, brachten ihm einige der anderen Jungs zunehmend Achtung entgegen. Sie erzählten, sie hätten ihn einfach nicht enttäuschen wollen. Trump ließ sie ihren Spaß haben. Er richtete in seiner Stube ein Bräunungsstudio ein, brachte schöne Frauen mit auf den Campus und führte das Baseballteam zum Erfolg.

Andere Kadetten allerdings berichten, Trump habe versucht, die Jungs zu brechen, die sich seinem Willen nicht unterwerfen wollten. In Trumps letztem Jahr an der Schule drängte einer seiner Unteroffiziere einen neuen Kadetten an die Wand, nur weil dieser nicht schnell genug Habtachtstellung eingenommen hatte. Daraufhin entzog man Trump die Leitung der Schlafstuben, erzählt Lee Ains, der Junge, der gegen die Wand gedrückt wurde.

Trump leugnet, abgesetzt worden zu sein. Er behauptet, man habe ihn vielmehr befördert. »Du wirst nicht befördert, wenn du dich auf Schikane einlässt«, erzählte er der *Post* 2016. Man übertrug ihm die Verantwortung für ein Drillteam, das bei der Columbus Day Parade in New York vorexerzieren sollte.

Vergängliche Siege und heiße Rückzugsgefechte

Mutter's Ridge war eine Todeszone, eine zerklüftete Hölle in der Provinz *Quảng Trị*, in der die Marines seit Jahren kämpften, Stützpunkte gründeten und wieder aufgaben, um eine der wichtigsten Routen zu schließen, über die Nordvietnam versuchte, den Süden zu infiltrieren.

Jahr um Jahr war Mutter's Ridge, der Höhenzug nahe der entmilitarisierten Zone, der Norden und Süden trennte, Schauplatz heftiger Gefechte, vergänglicher Siege und heißer Rückzugsschlachten.

Am 11. Dezember 1968 führte Mueller einen Zug Marines in eine achtstündige Schlacht um einen ausgedehnten Komplex nordvietnamesischer Armeebunker. Der Feind griff Muellers Leute an mit »dichtem Feuer von Handfeuerwaffen, automatischen Waffen und Granatwerfern«, heißt es in einem Bericht des Marinekorps.

Während sein Zug schwere Verluste erlitt, »drang Leutnant Mueller unerschrocken von Stellung zu Stellung vor, dirigierte das Gegenfeuer seiner Männer und rief ihnen Worte der Ermutigung zu«, heißt es im Bericht weiter.

So konnte Mueller mit seinen Leuten einen Verteidigungsring bilden und »unter völliger Vernachlässigung seiner eigenen Sicherheit geschickt die Evakuierung der Verwundeten aus der Gefahrenzone sicherstellen«, wie die Marineinfanterie schreibt. Mueller führte eine Gruppe Soldaten durch das immer noch umkämpfte Terrain in das von den Nordvietnamesen kontrollierte Gebiet, um einen tödlich verwundeten Soldaten herauszuholen. Dafür bekam er die Bronze Star Medal mit einem Combat-V für besondere Tapferkeit im Kampfeinsatz. Und er wurde zum Oberleutnant befördert.

Vier Monate später griffen die Nordvietnamesen einen Trupp von etwa einem Dutzend Soldaten aus Muellers Zug an. Mueller reagierte auf den Hinterhalt, indem er dem Trupp mit dem Rest seiner Leute zu Hilfe kam. Sie rückten trotz des starken Feuers vor, und Mueller wurde von einer Kugel in den Oberschenkel getroffen.

»Obwohl er während des Feuergefechts ernsthaft verwundet worden war, hielt er entschlossen seine Position und lenkte das Feuer seines Zugs so geschickt, dass er entscheidend dazu beitrug, die nordvietnamesischen Streitkräfte zu schlagen«, heißt es auf der Medaille, die Mueller dafür verliehen wurde.

Das Jahr in Vietnam wurde für Mueller zum Wendepunkt in seinem Leben, berichten Freunde. »Er redet nie über die Schrecken dort und über seine Taten«, erzählt Thomas B. Wilner, ein Anwalt aus Washington und langjähriger Freund Muellers.

Ein Jugendfreund meint, nach Vietnam sei Mueller verändert gewesen, sei »von dem umgänglichen, netten Jungen und guten Sportler« zu dem »Mann mit Rückgrat und Nerven aus Stahl geworden, der er heute ist«. Und doch spricht er nie über diese qualvollen Monate im Dschungel. »Das ist einfach nicht sein Stil. Er prahlt nicht mit seinen Leistungen.«

Rückstellung vom Militärdienst

Das Land aber fühlte sich, als ginge es aus den Fugen. An der Universität von Pennsylvania, wohin Trump nach zwei Jahren an der Fordham-Universität in der Bronx gegangen war, wurden die Proteste gegen den Vietnamkrieg immer ausgedehnter und massiver. Es gab Sit-ins, Kerzenwachen und Demonstrationen gegen Verträge der Universität mit dem Militär – rasch breitete sich eine Kultur des Konflikts aus, als sich die junge Generation gegen den Krieg, gegen Rassentrennung, Dresscodes und Ausgehverbot zur Wehr setzte.

Trump nahm an solchen Aktionen nicht teil. Seinen Kommilitonen zufolge verwendete er auch nicht viel Energie aufs Studium.

Er verbrachte schon damals fast ebenso viel Zeit im Immobilienunternehmen seines Vaters in New York wie an der Universität in Philadelphia. Und wenn er dort war, durchstreifte er in seiner Freizeit die Stadt auf der Suche nach Wohnungen, die er kaufen und an Studenten vermieten konnte.

Trump verbrannte nie einen Einberufungsbescheid, aber er ging auch nicht zum Militär. Zwischen 1964 und 1968 wurde er insgesamt fünfmal zurückgestellt: viermal wegen seines Studiums, einmal wegen fehlender gesundheitlicher Eignung.

Trump sagte, er hätte einen Fersensporn. Während des Präsidentschaftswahlkampfes meinte er allerdings, er wisse nicht mehr, an welchem Fuß er die Knochenwucherung habe. Später hieß es in einer Verlautbarung seines Wahlkampfteams, er hätte sie an beiden Füßen. Und ein andermal hieß es in einer Erklärung, Trump sei 1969 bereit zum Militärdienst gewesen und »wäre seine Nummer ausgelost worden, hätte er stolz gedient«. Bei der ersten der beiden Auslosungen von 1969 hatte er die Lotterienummer 356 – bei insgesamt 366 Losen hoch genug, dass er mit einiger Sicherheit damit rechnen konnte, nicht einberufen zu werden.

»Mueller, Abteilung Mord«

Mueller brachte die ersten zwei Jahrzehnte seiner Karriere im Justizwesen damit zu, Verbrecher hinter Gitter zu bringen. Er war als Staatsanwalt in San Francisco und Boston tätig. Und in Washington leitete er als Mitarbeiter des Justizministers unter Präsident George H. W. Bush die Abteilung Strafverfolgung im Justizministerium. Er führte die Anklage in Fällen von großem öffentlichen Interesse wie zum Beispiel beim Prozess gegen den panamaischen Diktator Manuel Antonio Noriega und beim Lockerbie-Bombenanschlag.

Im Jahr 1995 aber fand er sich auf einem luxuriösen, mit 400 000 Dollar jährlich dotierten Posten als Anwalt für Wirtschaftskriminalität im Washingtoner Büro einer Bostoner Kanzlei namens Hale und Dorr wieder. Es war keine glückliche Zeit.

»Er hasste diesen Job«, sagt Wilner, sein Jugendfreund. »Er ertrug es einfach nicht, seine Dienste Leuten anzubieten, die er unter Umständen sogar für schuldig hielt ... Und Bob zögerte nicht, den lukrativen Job aufzugeben, um zu tun, was die Welt seiner Ansicht nach zu einem schöneren Ort machen würde.«

Und so rief Mueller eines Tages Eric H. Holder jr. an, den obersten Strafverfolger Washingtons, und fragte ihn, ob er nicht einen Job für ihn hätte. Er müsse ja nicht die großen Fälle von nationaler Tragweite bekommen, sondern könne ganz unten anfangen und Mordfälle in den Straßen Washingtons bearbeiten. Er wollte keinen Einfluss, keine Sonderstellung. Er sagte Holder, dass ihn die vielen Morde in Washington erschütterten – die Stadt hatte zu jener Zeit die höchste Mordrate in den USA – und er deshalb Mordfälle übernehmen wolle.

»Ich war baff«, erinnert sich Holder heute. Er wies Mueller darauf hin, dass die Arbeit im »Triple Nickel« – wie das Büro des Staatsanwalts in der Fourth Street NW 555 scherzhaft genannt würde – für ihn 75 Prozent Gehaltseinbuße bedeuten würde. Das war ein Riesenschritt rückwärts, sowohl was den Status anging als auch die Arbeitsbelastung. Die Hauptstadt litt damals unter einer Crack-Kokain-Epidemie und rund 400 Mordfällen pro Jahr. Ein Albtraum für jeden Staatsanwalt – viel zu viele Fälle und meist Zeugen, die vor lauter Angst den Mund nicht aufmachten.

Mueller meinte nur, er wisse schon, worauf er sich da einlasse. Holder stellte ihn ein, aber er bestand darauf, ihm einen Titel als Senior Litigation Counsel (Leitender Prozessanwalt für Strafsachen) zu geben. Und er machte ihn schließlich zum Leiter der Abteilung Mord. Dort erledigte Mueller jedoch Tag für Tag »die Kärrnerarbeit«, wie Holder sagt. »Er ging in die Bezirke von Washington, wo es am meisten Gewalt gab ... Er redete mit den Leuten direkt am Ort des Verbrechens, besuchte sie zu Hause, wenn er einen Fall niet- und nagelfest machen wollte. Und er arbeitete eng mit den Polizisten in den Straßen zusammen.«

»Mueller, Abteilung Mord« – es machte ihm Spaß, sich am Telefon mit diesen Worten zu melden.

»Ich mag einfach alles an der Ermittlungsarbeit«, sagte Mueller Jahre später in einem Interview mit *UVA Lawyer*, der Fachbereichszeitschrift der juristischen Fakultät an der Universität

Virginia, wo er seinen Abschluss in Jura gemacht hatte. »Ich bin begeistert von Gerichtsmedizin, Fingerabdrücken, Patronenhülsen und alldem.«

Er leitete die Ermittlungen in bedeutenden Fällen, zum Beispiel den grausigen Morden an drei Arbeitern in einem Starbucks-Café in Georgetown. Die Polizei von Washington war nicht begeistert, doch Mueller holte für diesen Fall einen hochkarätigen FBI-Ermittler ins Boot. Drei Jahre nach den Morden wurde ein Washingtoner Bürger zu lebenslänglich ohne Bewährung verurteilt.

»Ohne ihn [Mueller] wäre der Fall nie gelöst worden«, erzählt der langjährige Ermittler im Morddezernat der Kriminalpolizei, James Trainum, der mit Mueller diesen Fall bearbeitete. »Auf seine ruhige Art kam er einfach herein und teilte ganz diplomatisch die Wasser, um den Weg frei zu machen.«

Über die Jahrzehnte wiederholte Mueller des Öfteren, dass es weniger darauf ankomme, welche Arbeit man mache, sondern darauf, wie man sie mache. Das sagte er zumindest 2013 bei einer Rede vor dem Abschlussjahrgang einer Universität. »Sie sind nur so gut wie Ihr Wort. Sie können intelligent sein, aggressiv, wortgewandt, ja sogar überzeugend, aber wenn Sie nicht ehrlich sind, wird Ihr Ruf leiden. Und ein guter Ruf lässt sich nicht wiederherstellen, wenn er einmal zerstört ist.«

Zäh genug, um es nach oben zu schaffen

Trump war wild entschlossen, das Reich seines Vaters in den Außenbezirken von New York zu erweitern: Er wollte es in Manhattan schaffen. Er hatte weder Zeit noch Geduld, die Leiter Sprosse für Sprosse zu erklimmen. Trump glaubte an den großen Wurf, selbst wenn er dafür mit Traditionen oder Regeln brechen musste.

»Der Schlüssel zu meiner Art, Sachen voranzutreiben, ist Wagemut«, schreibt er in seinem Bestseller: *Trump: The Art of the Deal*. »Ich nutze die Fantasien der Menschen zu meinen Gunsten. Die Leute denken selbst nicht immer groß, aber wenn es jemand für sie tut, dann finden sie das toll. Daher schadet es nie, ein bisschen zu übertreiben.«

Dabei war es ursprünglich Trumps älterer Bruder Fred jr., der das Familiengeschäft übernehmen sollte. Doch der wohlerzogene Freddy, der in Donalds Augen nicht zäh genug war, es bis ganz nach oben zu schaffen, hatte Schwierigkeiten, den Ansprüchen seines Vaters gerecht zu werden. Freddy verließ das väterliche Unternehmen, um Pilot zu werden, begann dann aber zu trinken. 1981 starb er nach Jahren der Alkoholsucht im Alter von 43 Jahren an einem Herzinfarkt. Donald hatte seinen älteren Bruder vergöttert und beschloss, nie wieder Alkohol zu trinken. Eine Lehre zog er aus Freddys Versagen: »Ständig hundertprozentig auf der Hut zu sein ... Das Leben ist eine Reihe von Schlachten, die entweder mit Sieg oder Niederlage enden«, sagte er zu jener Zeit. »Du darfst einfach nicht zulassen, dass die Leute einen Idioten aus dir machen.«

Im Gegensatz zu seinem Bruder war Donald Trump entschlossen, alles zu tun, was nötig war, um »ein Killer zu werden«, wie sein Vater es wiederholt gefordert hatte. Während er 1976 an seinem ersten Hotelprojekt arbeitete, brachte Trump einen Journalisten der *New York Times* dazu, ihn der Öffentlichkeit als »New Yorker Baumagnaten« zu porträtieren, obwohl er noch nie ein Gebäude errichtet und für sein Projekt noch keine Finanzierung an Land gezogen hatte.

Er ging mit seinen Beziehungen zu den Mächtigen hausieren. Mitte der 1970er versuchte Trump, das World Trade Center zu kaufen. Zu diesem Zweck aß er mit Peter C. Goldmark jr. zu Mittag, der damals die New Yorker Hafenbehörde leitete, der die Twin Towers gehörten. »Sie werden Ihren Job nicht lange behalten, sollte Gouverneur [Hugh] Carey zu der Auffassung kommen, dass Sie nicht das Richtige tun«, sagte Trump Goldmark zufolge. »Sie sollten wissen, dass mein Wort in Albany Gewicht hat.«

Goldmark erzählt, dass er das Gespräch an diesem Punkt beendete. Trump leugnete später, je so etwas gesagt zu haben: »So rede ich nun wirklich nicht.«

Trumps Talent, die Aufmerksamkeit auf sich zu lenken, brachte diejenigen, an die er seine Forderungen richtete, nicht selten in Verlegenheit, was sie am Ende einlenken ließ. Als die Stadträte von Manhattan, die Trump für die Übernahme und Renovierung des Commodore Hotels keine Steuererleichterung gewähren wollten, vor dem geschlossenen Hotel eine Pressekonferenz einberiefen, kam auch Trump und drohte, das Projekt platzen zu lassen, wenn die Stadt ihm nicht steuerlich entgegenkäme.

Dabei hatte Trump das Ereignis gründlich vorbereitet. Er hatte die Arbeiter angewiesen, die sauberen Verschalbretter vor den Fenstern des riesigen Hotelbaus durch Altholz zu ersetzen. So wirkte der Schandfleck mitten in der New Yorker Innenstadt noch schäbiger und baufälliger. Die dramatische Geste hatte den gewünschten Erfolg. Trump bekam die Steuererleichterung. Er hatte das System geschlagen.

G-Man

Nachdem Mueller sich als U.S-Attorney in San Francisco abgerackert hatte, ernannte ihn Präsident George W. Bush zum Direktor des FBI. Er trat sein Amt am 4. September 2001 an, eine Woche bevor die Flugzeuge in die Twin Towers flogen.

In den nächsten zwölf Jahren steuerte Mueller das FBI unter Republikanischer wie Demokratischer Regierung durch eine der schwierigsten Phasen seiner Geschichte. Die Organisation wandelte sich von einer reinen Ermittlungsbehörde für inländische Kriminalfälle zu einem global tätigen Geheimdienst für Terrorismusbekämpfung.

Obwohl man damals weitere Terroranschläge befürchtete, bemühte sich Mueller nach Aussagen seiner Mitarbeiter sehr darum, die bürgerlichen Freiheitsrechte zu erhalten. »Er erlaubte den FBI-Agenten auch nach dem 11. September nicht, auf Verhörtechniken zurückzugreifen, die seiner Ansicht nach in Widerspruch zur amerikanischen Gesetzeslage und den Traditionen des Landes standen«, sagte Eric Holder, der als Präsident Obamas Justizminister später Muellers unmittelbarer Vorgesetzter wurde.

Mueller arbeitete rund um die Uhr. Er fuhr mit einem schwarzen SUV von seinem Haus in Georgetown ins FBI-Hauptquartier und kam dort um sechs Uhr morgens an, gerade rechtzeitig für die morgendlichen Sicherheitsbesprechungen. Zurück ging es erst wieder spät am Abend. Dabei trug er die klassische »J. Edgar Hoover-Uniform«: dunkler Anzug, rote oder blaue Krawatte, weißes Hemd. Stets weiß.

»Er würde kein blaues Hemd anziehen«, meint sein Freund Wilner. »Er ist so unglaublich konsequent, dass er grundsätzlich nur ein weißes Hemd zur Arbeit trägt. Er kann einen mit seiner Unbeirrbarkeit schon mal nerven ... Aber er ist sich im Klaren, dass er im Licht der Öffentlichkeit steht. Und da will er in nichts hinter die Standards zurückfallen. Nicht mal, indem er ein blaues Hemd anzieht.«

Rund um das J. Edgar Hoover Building, das Hauptquartier des FBI, war Mueller bekannt als »Bobby Dreistrich«. Das bezog sich zum einen auf seinen Namen Robert Swann Mueller III, zum anderen auf den Dreifinger-Pfadfindergruß. Natürlich wagte niemand, ihn in seiner Gegenwart so zu nennen, wie ehemalige Mitarbeiter des Justizministeriums erzählen.

Wo er nur konnte, mied Mueller das Rampenlicht. Er frustrierte seine Redenschreiber ständig, weil er sie gnadenlos jedes »ich« aus den Manuskripten streichen ließ. Schließlich gehe es hier nicht um ihn, meinte er: »Es geht um die Organisation.«

Familie und Politik

Mueller versteckte sich gleichsam in der Bürokratie und gewann Bundesgenossen, eben weil er das Rampenlicht scheute. Trump nahm sich einen Wirtschaftszweig um den anderen vor, vom Casinobetrieb über den Steakverkauf bis hin zu Privatschulen und schließlich zur Politik. Der einzige rote Faden in seiner Karriere war seine Berühmtheit – die Macht und die Faszination, die sein Name ausstrahlte.

In fast allen Belangen, von den familiären Beziehungen bis hin zum politischen Engagement, haben die beiden Männer den exakt entgegengesetzten Weg eingeschlagen.

Mueller heiratete drei Monate nach seinem Universitätsabschluss seine Freundin Ann Standish, die ihre Ahnenlinie bis zu den Pilgervätern auf der *Mayflower* zurückverfolgen kann. Das

Paar, das sich auf einer Party kennenlernte, als sie beide siebzehn waren, hat zwei Töchter. Eine davon kam mit Spina bifida zur Welt, einer Fehlbildung des Rückenmarks. Mueller nahm einen Job bei der Staatsanwaltschaft Boston an, damit seine Tochter die nötige Behandlung bekam und nicht von ihrem Vater getrennt sein musste.

Zu Beginn seiner Karriere und während der gesamten Russland-Ermittlung bat Mueller die Journalisten immer wieder, nicht über sein Familienleben zu schreiben. Trump hingegen war jahrzehntelang regelrecht scharf darauf, in den Klatschspalten zu erscheinen. Sogar mit dem berühmt-berüchtigten Radiomoderator Howard Stern sprach er über sein Liebesleben, seine Dates und seine Schlafzimmeraktivitäten.

Trump hat fünf Kinder von drei Frauen, die alle neu in New York waren. Zwei kamen aus dem östlichen Mitteleuropa, eine aus einer Kleinstadt in Georgia. Keine dieser Frauen stammt aus privilegiertem Milieu. Wie sein Vater vor ihm kümmerte sich Donald wenig um seine Sprösslinge, solange sie klein waren. Eine engere Bindung ging er erst ein, wenn sie erwachsen genug waren, um ins Familiengeschäft einzusteigen und ihn auf seinen täglichen Rundgängen zu begleiten.

Mueller war sein Leben lang Republikaner und arbeitete für Regierungen beider Parteien in den USA. Trump kam aus einem Republikanerhaushalt, sein Vater allerdings verbrachte viel Zeit in den Demokraten-Clubs in Brooklyn und baute Beziehungen zu Politikern auf, die ihm bei seinen Bauprojekten nützlich sein konnten.

Trump wiederum spielte vierzig Jahre lang mit dem Gedanken, in die Politik zu gehen. Er wechselte zwischen 1999 und 2012 siebenmal die Partei: zweimal war er Demokrat, dreimal Republikaner und einmal unabhängig. 2000 zog er unter dem Banner der Reform Party für kurze Zeit ins Rennen um die Präsidentschaft. Als man ihn in einem Fernsehinterview einmal fragte, warum er Republikaner sei, antwortete er: »Ich habe keine Ahnung.«

Ein freundliches Gespräch

Im Rosengarten des Weißen Hauses verkündete Präsident Obama am 21. Juni 2013, dass James B. Comey Mueller als FBI-Direktor ersetzen würde. »Wie zu seiner Zeit als Marine, der er stets blieb, behielt Bob immer seine Aufgabe im Blick«, sagte Obama. »Es gereicht Bobs sprichwörtlicher Bescheidenheit zur Ehre, dass die meisten Amerikaner ihn auf der Straße wohl nicht erkennen würden. Und doch dürfen wir uns alle sicherer fühlen, weil er seinen Dienst getan hat.«

Vier Jahre später, im Mai 2017, lud der neue Präsident Mueller ins Weiße Haus ein. Trump hatte Comey Knall auf Fall gefeuert. Auf Anraten von Justizminister Jeff Sessions sollte Trump mit Mueller über seinen früheren Job sprechen. Auf dem Weg ins Oval Office begegnete Mueller Trumps damaligem Chefstrategen Stephen K. Bannon, einem ehemaligen Navy-Offizier, und zog ihn auf, weil er zugelassen hatte, dass seine Tochter auf die Militärakademie West Point ging.

Mueller und Trump unterhielten sich etwa eine halbe Stunde, wie wir aus verlässlicher Quelle wissen. Es war ein durchaus freundliches Gespräch, aber mehr eine Pro-forma-Unterhaltung, denn Mueller machte gleich zu Anfang klar, dass er den Posten, den er zwölf Jahre lang innegehabt hatte, nicht wieder einnehmen würde.

Unser Informant meinte, Trump hätte Mueller gemocht. »Er hielt ihn für klug und aufrichtig«, was Trump mehr bewundert als alles andere.

Die Frage wurde ohnehin innerhalb weniger Tage hypothetisch, denn der Stellvertretende Justizminister Rod J. Rosenstein ernannte Mueller zum Sonderermittler in der Frage, ob Trump und sein Wahlkampfteam während des Präsidentschaftswahlkampfes 2016 Absprachen mit den Russen getroffen hatten.

Als Trump die Nachrichten hörte, fragte er einen seiner Assistenten. »War das nicht der Typ, der sich hier gerade als FBI-Chef vorgestellt hat?«

Personenverzeichnis nach institutioneller Zugehörigkeit

Der Stab des Sonderermittlers

Zainab Ahmad: Frühere Mitarbeiterin im Brooklyner Büro der Bundesanwaltschaft, bekannt als Strafverfolgerin in Terrorismusfällen.

Greg Andres: Stieß von der Anwaltskanzlei Davis Polk zum Team von Robert S. Mueller III. Zuvor war Greg Andres Beamter im US-Justizministerium und Leiter der Abteilung für Strafsachen im Brooklyner Büro der Bundesanwaltschaft gewesen. Er leitete die Ermittlergruppe, die den früheren Wahlkampf-Chefmanager Trumps, Paul Manafort, in Virginia vor Gericht brachte.

Rush Atkinson: An seiner früheren Wirkungsstätte im Betrugsreferat des US-Justizministeriums befasste sich Rush Atkinson mit Fällen von Wirtschaftskriminalität.

Ryan Dickey: Der erfahrene, auf Cyberkriminalität spezialisierte Mitarbeiter des Referats für Computerstrafsachen und Urheberrecht im US-Justizministerium wurde Ende 2017 in den Stab des Sonderermittlers Robert S. Mueller geholt. Er war zu dem Zeitpunkt der einzige Jurist im Team, von dem bekannt war, dass er sich mit Cyberkriminalität auskannte.

Michael Dreeben: Gilt im US-Justizministerium als Koryphäe für Strafrecht und hat in mehr als hundert Fällen vor dem Supreme Court der USA die Anklage vertreten. Seine frühzeitige Berufung ins Team des Sonderermittlers ist ein Hinweis darauf, dass Robert S. Mueller von Anfang an damit rechnete, mit seinen Ermittlungen gewichtige Strafverfahren auszulösen, die bis in die höchsten Instanzen der amerikanischen Gerichtsbarkeit ausgefochten würden.

Kyle Freeny: Aus dem Strafsachen-Referat des US-Justizministeriums ins Team des Sonderermittlers abgeordnet, galt und gilt Kyle Freeny als Fachmann in Sachen Geldwäsche.

Andrew Goldstein: Auf seinem früheren Posten bei der Niederlassung Manhattan der US-Bundesanwaltschaft war Andrew Goldstein Leiter der Einheit zur Bekämpfung behördlicher Korruption.

Adam Jed: Kam aus dem Referat für Zivilrecht des US-Justizministeriums, wo er mit Berufungsfällen zu tun hatte, zu Muellers Team.

Scott Meisler: Fungierte auf seinem vorherigen Posten im Referat für Strafrecht des US-Justizministeriums als juristischer Bearbeiter von Revisionsverfahren.

Robert S. Mueller III: Vietnam-Veteran, danach Beamter im Justizministerium und von 2001 bis 2013 Direktor des FBI. Im Mai 2017 wurde Mueller zum Sonderermittler ernannt mit dem Auftrag, herauszufinden, ob die Wahlkampforganisation von Donald Trump im Zusammenwirken mit dem Kreml die Präsidentschaftswahl von 2016 beeinflusst hatte. Mueller versuchte auch festzustellen, ob Trump sich einer Behinderung der Justiz schuldig gemacht hatte. Im Rahmen eines der aufsehenerregendsten Ermittlungsverfahren aller Zeiten legte Mueller eine erstaunliche Zurückhaltung an den Tag: Er gab keine einzige Pressekonferenz und gab über das hinaus, was seine Mitarbeiter vor Gericht vortrugen, kaum öffentliche Erklärungen ab.

Elizabeth Prelogar: Die frühere Justizangestellte am Supreme Court arbeitete vor ihrer Abordnung zu Muellers Team im Büro des ranghöchsten Staatssekretärs im Justizministerium der Vereinigten Staaten als Spezialistin für Revisionsverfahren.

James Quarles: Der frühere Stellvertretende Sonderstaatsanwalt bei der SoKo Watergate quittierte zusammen mit Robert S. Mueller den Dienst bei der erlauchten Sozietät WilmerHale, um in den Stab des Sonderermittlers einzutreten. Er war einer der wichtigsten Adjutanten Muellers und hatte häufig direkt mit anwaltlichen Vertretern des Weißen Hauses zu tun.

Jeannie Rhee: Die frühere Gesellschafterin der Sozietät WilmerHale schied, wie Robert S. Mueller und andere, aus der Anwaltsfirma aus, um sich dem Stab des Sonderermittlers anzuschließen. Zu Beginn ihrer Laufbahn hatte sie als Bundesstaatsanwältin in Washington und im US-Justizministerium gearbeitet.

Brian M. Richardson: Ehemals Justizangestellter am Supreme Court der USA und danach Assistent eines Richters am US-Appellationsgericht in New York City, gehörte Brian M. Richardson zu den dienstjüngeren Mitgliedern von Muellers Team. Er wirkte an der Bearbeitung mehrerer Fälle mit, bis er den Dienst im Team quittierte und einen Lehrauftrag an der Juristischen Fakultät der Columbia University annahm.

Brandon Van Grack: In seiner Zeit als Anwalt im US-Justizministerium hatte Van Grack schon vor der Einsetzung Muellers als Sonderermittler an Fällen gearbeitet, die mit Russland zu tun hatten. Er gehörte zu der Ermittlergruppe, die den früheren Wahlkampfmanager Trumps, Paul Manafort, vor Gericht brachte, und war auch an den Ermittlungen gegen Trumps früheren Nationalen Sicherheitsberater Michael T. Flynn beteiligt.

Andrew Weissmann: Der Jurist, der zuletzt das Betrugsreferat im US-Justizministerium geleitet und davor eine Schlüsselrolle im aufsehenerregenden Enron-Verfahren gespielt hatte, galt als einer von Muellers hochkarätigsten Adjutanten und war maßgeblich an den Ermittlungen gegen den ehemaligen Wahlkampfmanager Trumps, Paul Manafort, beteiligt.

Aaron Zebley: Der frühere Staatsanwalt und spätere Stabschef Muellers beim FBI schied zusammen mit seinem ehemaligen Chef aus der Sozietät WilmerHale aus, um in das Team des Sonderermittlers einzutreten. Er galt als einer von Muellers engsten Vertrauten und Beratern.

Aaron Zelinsky: Wurde aus der Niederlassung Maryland der US-Bundesanwaltschaft rekrutiert, wo er mit Rod J. Rosenstein zusammengearbeitet hatte, der nach seiner dortigen Tätigkeit als US-Bundesanwalt zum Stellvertretenden Justizminister aufstieg.

Das Justizministerium

Uzo Asonye: War als Stellvertretender US-Bundesanwalt im Gerichtsbezirk Östliches Virginia an der Anklage und an den Gerichtsverfahren gegen den früheren leitenden Wahlkampfmanager Trumps, Paul Manafort, beteiligt.

William P. Barr: Der von Präsident Trump in der Nachfolge von Jeff Sessions zum Justizminister ernannte William Barr übernahm die Aufsicht über die Sonderermittlungen, als diese in ihre Endphase traten. Barr und Robert S. Mueller waren aus gemeinsamen Zeiten im US-Justizministerium befreundet. Barr hatte allerdings vor Übernahme seiner Aufseherrolle kritische Fragen zu Muellers Beweislage, seine Verfahrensweise und sein Personal gestellt. Er hatte sogar in einer an das Justizministerium gerichteten Denkschrift Kritik an der nach seiner Ansicht »hoffnungslos verfehlten« Theorie geübt, an der Mueller die angebliche Behinderung der Justiz durch Präsident Trump festmachte.

Ed O'Callaghan: Der Spitzenbeamte war einer der ganz wenigen Leute in den Führungsetagen des Justizministeriums, die regelmäßig Sachstandsberichte über den Fortgang von Muellers streng vertraulich geführten Ermittlungen erhielten.

Rod J. Rosenstein: Als die Nummer zwei im US-Justizministerium war Rosenstein derjenige, der Robert S. Mueller zum Sonderermittler ernannte und seine Arbeit beaufsichtigte. Rosenstein war eine zwiespältige Figur. Von Trump auf seinen Posten gehievt, legte er mit einer Denkschrift den rechtlichen Grundstein für die Entlassung des FBI-Chefs James B. Comey, zog aber bald den Zorn des Präsidenten auf sich, sodass das liberale Amerika ihn bald als denjenigen sah, der seine schützende Hand über die Arbeit Muellers hielt.

Jeff Sessions: Der erste US-Senator, der sich öffentlich für eine Präsidentschaft Trumps starkgemacht hatte. Er avancierte daraufhin zu Trumps handverlesenem Kandidaten für das Amt des Justizministers und zur Schlüsselfigur in den Russland-Ermittlungen – freilich nicht durch sein aktives Handeln, sondern durch seinen Verzicht darauf. Nachdem die *Washington Post* über Kontakte Sessions' zum russischen Botschafter in Washington während des Präsidentschaftswahlkampfs berichtet hatte – Kontakte, die Sessions zuvor bei seinen Anhörungen vor dem Senat bestritten hatte –, erklärte er, dass er sich wegen Befangenheit aus dem Ermittlungsverfahren heraushalten werde. Dieser Schritt, mit dem er Trump verärgerte, führte letztlich dazu, dass Rod J. Rosenstein die Aufsicht über die Ermittlungen übertragen bekam.

Das FBI

James B. Comey: Der altgediente Jurist, 2013 von Präsident Obama an die Spitze des FBI berufen, war das Gesicht der Russland-Ermittlungen, bis Präsident Trump ihn im Mai 2017 (lange vor Ablauf seiner zehnjährigen Amtszeit) entließ. Diese Entlassung gab (im Zusammenwirken mit öffentlichen Enthüllungen über Comeys Begegnungen und Gespräche mit Präsident Trump) den Anstoß zur Einsetzung des Sonderermittlers, der Ermittlungsverfahren übernahm und weiterführte, die das FBI schon Monate zuvor eröffnet hatte und bei denen es um mögliche Absprachen zwischen dem Kreml und Trumps Wahlkampfteam ging.

Andrew McCabe: Die Nummer zwei im FBI unter James B. Comey wurde häufig zur Zielscheibe kritischer Anwürfe seitens des Präsidenten, namentlich nachdem McCabe nach der Entlassung Comeys beim FBI das Kommando übernommen hatte. Bevor er schließlich unter dem Vorwurf, Ermittler belogen zu haben, die nach einer undichten Stelle im Ministerium suchten, entlassen wurde, wurde unter seiner Verantwortung ein Verfahren gegen Trump wegen des Verdachts der Behinderung der Justiz eröffnet.

Lisa Page: Die Laufbahnanwältin und Beraterin von Andrew McCabe in seiner Zeit als Stellvertretender FBI-Direktor gehörte für kurze Zeit dem Stab des Sonderermittlers an. Sie schied nach wenigen Monaten aus dem Team aus, und später kam heraus, dass sie mit Peter Strzok, einem FBI-Beamten, der ebenfalls dem Mueller-Team angehörte (und mit dem Page eine Affäre hatte), Trump-kritische Texte per Textnachrichten ausgetauscht hatte.

Peter Strzok: Der altgediente Beamte aus dem Spionageabwehr-Referat des FBI war maßgeblich an den Russland-Ermittlungen beteiligt, schon bevor Robert S. Mueller zum Sonderermittler ernannt wurde. Für kurze Zeit war Strzok der ranghöchste FBI-Mann in Muellers Team. Als herauskam, dass er mit der FBI-Juristin Lisa Page Trump-kritische Texte per Textnachricht ausgetauscht hatte, wurde er von den Ermittlungen abgezogen und später sogar aus dem FBI entfernt.

Das Wahlkampfteam von Donald Trump

Rick Gates: Die Nummer zwei in Trumps Wahlkampfteam war ein langjähriger Weggefährte von Paul Manafort und hatte mit diesem in der Ukraine zusammengearbeitet, bevor er in Trumps Wahlkampfteam eingestiegen war. Im Februar 2018 bekannte sich Gates der Verabredung gegen die USA in verschwörerischer Absicht schuldig; er gestand ferner, dass er Steuern hinterzogen, Manafort bei betrügerischen Bankgeschäften geholfen und es versäumt hatte, sich wegen seiner Tätigkeit für die Ukraine als Auslandslobbyist zu registrieren.

Paul Manafort: Der langjährige politische Berater der Republikaner schloss sich im März 2016 Trumps Wahlkampforganisation an und fungierte von Juni bis August 2016 als deren Geschäftsführer. Davor hatte er fast zehn Jahre als politischer Berater in der Ukraine gewirkt und dabei Geschäfte mit dem russischen Milliardär Oleg Deripaska gemacht. Manafort wurde von einem Geschworenengericht in Virginia im August 2018 des Bank- und Steuerbetrugs in acht Fällen schuldig gesprochen. Einen Monat später bekannte er sich weiterer Vergehen schuldig, darunter der Unterlassung, sich in der Zeit, in der er für den pro-russischen ukrainischen Präsidenten Wiktor Janukowytsch gearbeitet hatte, als Auslandslobbyist zu registrieren.

Carter Page: Der Energie-Experte mit beruflicher Moskau-Erfahrung wurde im März 2016 von Trumps Wahlkampforganisation als Berater für nationale Sicherheit rekrutiert. Im Juli 2016 flog er nach Moskau, hielt dort eine Rede, in der er die Außenpolitik der USA kritisierte, und entbot einen Gruß an einen russischen Spitzenfunktionär. Das FBI konnte einen US-Bundesrichter davon überzeugen, dass Belege für den Verdacht vorlagen, Page könne ein ausländischer Agent sein, und erhielt daraufhin die (nicht öffentliche) Genehmigung, ihn ab Oktober 2016 zu observieren.

George Papadopoulos: Der Energie-Experte wurde im März 2016 von Trumps Wahlkampforganisation als außenpolitischer Berater rekrutiert. Laut seiner Aussage erfuhr er zu dieser Zeit von einem in London lebenden Professor, die Russen seien im Besitz kompromittierender Informationen (in Gestalt Tausender E-Mails) über die Kandidatin der Demokraten, Hillary Clinton. Im Anschluss daran bemühte er sich monatelang vergeblich darum, Treffen zwischen Trump (oder seiner Wahlkampfleitung) und russischen Spitzenleuten zu arrangieren, wie aus Gerichtsakten und von der *Washington Post* veröffentlichten E-Mails hervorgeht. Im Oktober 2017 bekannte sich Papadopoulos schuldig, das FBI in

Bezug auf seine Russland-Kontakte belogen zu haben, und saß zwei Wochen Gefängnisstrafe ab.

Roger Stone: Der Politik-Veteran, der jahrzehntelang Wahlkampfarbeit für die Republikaner gemacht hatte und seit dreißig Jahren mit Donald Trump befreundet war, arbeitete 2015 kurze Zeit für Trumps Wahlkampforganisation, zog sich 2016 aber auf die Position eines informellen Beraters des Kandidaten Trump zurück. Stone, der für seinen Hang zu trickreichen politischen Provokationen bekannt war, lobte WikiLeaks in den höchsten Tönen, als die Enthüllungsplattform ein Riesenkonvolut von E-Mails veröffentlichte, die von den Servern des Democratic National Committee und des Wahlkampfleiters von Hillary Clinton, John Podesta, gestohlen worden waren. Vor der Präsidentschaftswahl behauptete Stone, im Vorhinein von den Plänen von WikiLeaks gewusst zu haben. Später beteuerte er wiederholt, keinen Kontakt zu WikiLeaks und keine genaue Kenntnis von ihren Plänen gehabt zu haben. Im Januar 2019 wurde gegen Stone ein Verfahren wegen Falschaussagen, Zeugenbeeinflussung und Justizbehinderung eingeleitet; er habe versucht, so die Anklage, dem Kongress sein Wissen um die bevorstehende Veröffentlichung gestohlener E-Mails der Demokratischen Partei und seine diesbezüglichen Nachforschungen zu verheimlichen. Stone versicherte nachdrücklich, er werde sich gegen die Vorwürfe zur Wehr setzen.

Die Trump Organization

Michael Cohen: Der Anwalt amtierte ab 2007 als Vizepräsident von Trumps Konzern, der Trump Organization. Im Dezember 2018 bekannte er sich schuldig, während des Präsidentschaftswahlkampfes den Kongress über den Fortgang der Verhandlungen über die Errichtung eines Trump Tower in Moskau getäuscht zu haben. Des Weiteren gestand Cohen, zu seinem persönlichen finanziellen Vorteil Bank- und Steuerbetrug begangen zu haben. Er erklärte ferner, Donald Trump (der in den Gerichtsakten als »Individuum 1« figuriert) habe ihn angewiesen, zwei Frauen, die behauptet hatten, eine Affäre mit Trump gehabt zu haben, illegale Schweigegelder zu zahlen.

Donald J. Trump jr.: Präsident Trumps ältester Sohn sitzt im Vorstand des von seinem Vater gegründeten Immobilienunternehmens und hatte im Präsidentschaftswahlkampf den Status eines informellen Wahlkampfberaters. Im Juni 2016 traf er sich mit einer russischen Anwältin, die ihm, so hatte man es ihm versprochen, kompromittierende Informationen über Hillary Clinton, die Kandidatin der Demokraten, liefern könne. »Wenn das stimmt – ich wäre begeistert«, schrieb Trump jr. in einer E-Mail.

Das Weiße Haus

Steve Bannon: Der ehemalige Chefstratege unter Trump im Weißen Haus äußerte sich ambivalent zu den Ermittlungen Muellers, in deren Verlauf er als Zeuge vernommen wurde. Nach seiner Entfernung aus dem offiziellen Beraterkreis Trumps propagierte Bannon die Idee, die Russland-Ermittlungen durch die Entlassung des Stellvertretenden Justizministers Rod J. Rosenstein, der die Aufsicht darüber führte, aufs Abstellgleis zu manövrieren. Als später öffentlich bekannt wurde, dass man Bannon als Zeugen vernommen hatte, bezeichnete er Muellers Leute als »sehr professionell und zuvorkommend«.

Michael T. Flynn: Der pensionierte Generalleutnant des Heeres fungierte kurze Zeit als oberster Trump-Berater in Fragen der nationalen Sicherheit; im Februar 2017 trat er zurück, als herauskam, dass er die Öffentlichkeit und den Vizepräsidenten Mike Pence über seine Begegnungen mit dem russischen Botschafter in Washington belogen hatte. Im Dezember 2017 bekannte er sich schuldig, auch dem FBI gegenüber diese Begegnungen abgestritten zu haben, und arbeitete in der Folge umfassend mit dem Sonderermittler zusammen.

Jared Kushner: Der Ehemann von Trumps Tochter Ivanka geriet ins Blickfeld der Ermittler, weil er sich in der Zeit zwischen der Präsidentschaftswahl und der Amtseinführung seines Schwiegervaters mit einem russischen Bankier und Diplomaten getroffen hatte. Michael T. Flynn erklärte im Rahmen seines Schuldbekenntnisses wegen seiner eigenen Kontakte zu russischen Diplomaten, diese Kontakte seien in Absprache mit ranghohen Angehörigen des Trump'schen »Übergangskabinetts« erfolgt, darunter mit Kushner. Die *Washington Post* berichtete unter Berufung auf gut über die Ermittlungen Muellers informierte Kreise, Kushner habe Flynn angewiesen, mit dem russischen Botschafter über eine UN-Resolution zu Israel zu sprechen. Kushner hat sich zu der von Flynn geschilderten Episode nie öffentlich geäußert.

K.T. McFarland: Stellvertreterin von Trumps damaligem Nationalen Sicherheitsberater, Michael T. Flynn. McFarland spielte eine maßgebliche Rolle bei Flynns problematischen Kontakten zum russischen Botschafter in den Vereinigten Staaten, Sergej Kisljak. Wie Flynn im Rahmen seines strafmildernden Schuldbekenntnisses mitteilte, hatte er sich vor seinem Treffen mit Kisljak in Trumps Golfresort Mar-a-Lago mit McFarland darüber unterhalten, was man, »wenn überhaupt, dem russischen Botschafter über die US-Sanktionen« gegen Russland mitteilen solle. Flynn erklärte gegenüber dem FBI, er habe mit dem Botschafter nicht über Sanktionen gesprochen; später räumte er allerdings ein, dass dies eine Lüge gewesen war. McFarland wurde später als US-Botschafterin in Singapur vorgeschlagen; ihre Nominierung wurde in der Folge jedoch unter dem Eindruck der Kontroverse um die rechtliche Bewertung ihrer Rolle und der Flynns zurückgezogen.

Don McGahn: Amtierte seit Beginn von Trumps Präsidentschaft bis zum Oktober 2018 als Rechtsberater des Weißen Hauses und hatte dadurch genauesten Einblick in einige der problematischsten Interaktionen des Präsidenten mit Amtsträgern im US-Justizministerium und in die durch die Tätigkeit des Sonderermittlers ausgelösten Turbulenzen. McGahn, der auch der Wahlkampforganisation Trumps als Rechtsberater gedient hatte, kooperierte eng mit dem Sonderermittler und übernahm oft die Rolle des Friedensstifters, wenn Trump sich über Muellers Arbeit ereiferte.

Mike Pence: Der Vizepräsident der Vereinigten Staaten hielt sich aus den Russland-Ermittlungen im Großen und Ganzen heraus, auch wenn er dem Thema nicht immer ausweichen konnte. Als Pence im Januar 2017 vor TV-Kameras erklärte, Sicherheitsberater Flynn habe nicht mit dem russischen Botschafter über Sanktionen gesprochen, schrillten bei den Ermittlern die Alarmglocken, nährte es doch den Verdacht, dass Flynn den Vizepräsidenten womöglich belogen hatte. Flynn gab später zu, dass dem so war.

Reince Priebus: Der erste Stabschef im Weißen Haus unter Trump wurde im Zuge von Muellers Ermittlungen als Zeuge befragt und lieferte als solcher wertvolle Aufschlüsse über die Haltung Trumps zum Justizministerium und zur Arbeit des Sonderermittlers. In der chaotischen Anfangsphase der Trump-Regierung führte Priebus Gespräche mit FBI-Direktor James B. Comey und stellte ihm die direkte Frage, ob das FBI einen Gerichtsbeschluss für die Überwachung des Sicherheitsberaters Michael T. Flynn erwirkt hatte. Priebus, der bis Juli 2017 amtierte, gehörte zu denen, die Flynn zur Rede stellten, nachdem herausgekommen war, dass er über seine Begegnungen mit dem russischen Botschafter die Unwahrheit gesagt hatte.

Donald J. Trump: Der prominente Immobilienhai und TV-Entertainer gewann 2016 die Wahl gegen die Demokratin Hillary Clinton und amtiert seither als 45. Präsident der Vereinigten Staaten. Im März 2017 gab das FBI bekannt, dass es wegen des Verdachts einer russischen Einflussnahme auf die Wahl ermittelte und klären wollte, ob irgendjemand aus Trumps Wahlkampfteam daran mitgewirkt hatte. Der zum Sonderermittler ernannte Robert S. Mueller nahm seine Tätigkeit im Mai 2017 auf; sein Auftrag schloss die Untersuchung der Frage ein, ob Trump als Präsident sich der versuchten Justizbehinderung schuldig gemacht hatte.

Trumps Anwaltsteam

Ty Cobb: Der ehemalige Teilhaber der Sozietät Hogan Lovells trat im Juli 2017 in die Dienste des Weißen Hauses. Seine Aufgabe war es, sämtliche ans Weiße Haus gerichtete Vorladungen oder Anfragen betreffend die Befragung von Mitarbeitern des Weißen Hauses oder die Herausgabe amtlicher Dokumente zu koordinieren. Cobb empfahl dem Weißen Haus, mit dem Stab des Sonderermittlers zu kooperieren, und trat wiederholt mit der (unzutreffenden) Voraussage an die Öffentlichkeit, die Ermittlungen würden nur noch kurze Zeit andauern. Im Mai 2018 erklärte Cobb seinen Rücktritt.

John Dowd: Der frühere Marinesoldat und langjährige Strafverteidiger in Fällen von Wirtschaftskriminalität diente Donald Trump von Juni 2017 bis März 2018 als federführender persönlicher Anwalt in der Auseinandersetzung mit den Ermittlungen Muellers. Wie die *Washington Post* berichtete, war es Dowd, der dem Weißen Haus riet, mit den Ermittlern zu kooperieren, Trump jedoch davon abriet, sich auf eine direkte Befragung einzulassen, obwohl der Präsident dies öffentlich versprochen hatte. Nach einem Streit mit Trump über diese Frage warf Dowd das Handtuch.

Emmet T. Flood: Der ehemalige Gesellschafter der Washingtoner Sozietät Williams & Connolly wurde im Mai 2018 als Mitarbeiter für das Büro des Rechtsberaters des Weißen Hauses rekrutiert und übernahm dort die Aufgaben von Ty Cobb als Koordinator aller Anfragen und Vorladungen, die von der Arbeit des Sonderermittlers ausgingen. Flood, dem es gelang, sich dem öffentlichen Rampenlicht zu entziehen, riet dem Weißen Haus, nicht enger als unbedingt nötig mit den Ermittlern zu kooperieren; nach Angaben der *Washington Post* suchte er nach Mitteln und Wegen, das Exekutivprivileg geltend zu machen, mit dem Ziel, dem Kongress den direkten Zugriff auf Muellers Abschlussbericht zu verwehren.

Rudolph W. Giuliani: Der frühere Bürgermeister von New York wurde im April 2018 von Präsident Trump zum Leiter seines persönlichen Anwaltsteams berufen. In dieser Funktion führte Giuliani einen unerbittlichen PR-Krieg gegen Mueller, offenbar in der Überzeugung, das Untergraben des Vertrauens der Öffentlichkeit in die Ermittlungen sei das beste Mittel, der US-Bevölkerung den Appetit auf ein Amtsenthebungsverfahren (Impeachment) gegen Präsident Trump zu verderben.

Marc Kasowitz: Der New Yorker Rechtsanwalt, der in der Vergangenheit Donald Trump bei geschäftlichen Streitfällen vertreten hatte, fungierte in der Anfangsphase der Ermittlungen als Präsident Trumps persönlicher Rechtsbeistand. Er wurde in dieser Rolle allerdings, als die Ermittlungen nach der Berufung Robert S. Muellers Fahrt aufnahmen, von John Dowd ausgestochen, der weitaus mehr Washington-Erfahrung hatte.

Jane und Marty Raskin: Das Ehepaar betrieb in Florida eine kleine Anwaltskanzlei. Als John Dowd hinwarf und Trump händeringend nach einer neuen anwaltlichen Vertretung suchte, fiel die Wahl auf die Raskins. Während Rudolph W. Giuliani als Trumps Herold die TV-Bildschirme beherrschte und seine Botschaften unter die Leute brachte, feilten die Raskins, namentlich Jane, in aller Stille an Trumps rechtlicher Strategie.

Jay Sekulow: Der konservative Jurist und Aktivist, der über mehr Erfahrung mit Fällen, in denen es um Redefreiheit und Religionsfreiheit ging, verfügte als mit strafrechtlichen Verfahren, wurde im Sommer 2017 engagiert, um als Galionsfigur von Trumps persönlicher Anwaltsriege zu fungieren. Er konnte seine Rolle im Lauf der Zeit ausbauen, da andere Anwälte kamen und gingen und er zum dienstältesten Mitglied der Riege avancierte.

Die Russen

Aras Agalarow: Der aus Aserbaidschan stammende Milliardär, dessen Baukonzern seinen Sitz in Moskau hat, lernte Donald Trump 2013 bei einer von Agalarow gesponsorten Miss-Universum-Wahl kennen. Wie aus E-Mails hervorgeht, die Donald Trump jr. veröffentlicht hat, bat Agalarow im Juni 2016 seinen Sohn, der als Popstar unterwegs ist, der russischen Anwältin Natalja Weselnizkaja einen Gesprächstermin bei Mitgliedern von Trumps Wahlkampfteam zu besorgen.

Emin Agalarow: Der in Moskau lebende Popstar arbeitet auch im Bau- und Immobilienimperium seines Vaters mit, des Milliardärs Aras Agalarow. Er half mit, eine von Donald Trumps Miss-Universum-Wahlen 2013 nach Moskau zu bringen. Anschließend bat er seinen Pressemann Rob Goldstone, der russischen Anwältin Natalja Weselnizkaja einen Gesprächskontakt mit Trumps Wahlkampforganisation zu vermitteln.

Maria Butina: Die russische Waffenlobbyistin bekannte sich im Dezember 2018 schuldig, sich als unregistrierte russische Agentin konspirativ an konservative Amerikaner herangemacht zu haben, insbesondere an Vertreter der National Rifle Association (NRA). 2015 stellte sie bei einem Wahlkampfauftritt Donald Trumps diesem eine Frage zu Russland, und im Mai 2016 lernte sie bei einer NRA-Veranstaltung Donald Trump jr. kennen.

Oleg Deripaska: Der russische Milliardär, der dem russischen Präsidenten Wladimir Putin nahesteht, tat sich schwer damit, Einreisevisa für die Vereinigten Staaten zu erhalten, weil er im Verdacht stand, mit Kreisen der russischen organisierten Kriminalität in Verbindung zu stehen. Oleg Deripaska beschäftigte jahrelang Trumps späteren Wahlkampfleiter Paul Manafort als Investitionsberater. Als Manafort im März 2016 zu Trumps Wahlkampfteam stieß, hatte er Schulden bei Deripaska und bot diesem über einen Mittelsmann »private Briefings« über den Wahlkampf an. Manafort und Deripaska haben erklärt, zu diesen Briefings sei es nie gekommen.

Kirill Dmitriew: Der Vorstandsvorsitzende des Russischen Staatsfonds RDIF (Russian Direct Investment Fund) traf sich im Januar 2017 auf den Seychellen mit Erik Prince, einem mit Trump verbündeten Geschäftsmann.

Sergej Gorkow: Der Vorstandsvorsitzende der staatlichen russischen Vnesheconombank (besser bekannt als VEB) traf sich in der Übergangsphase zwischen Trumps Wahl und seiner Amtseinführung mit Jared Kushner, Donald Trumps Schwiegersohn. Das Weiße Haus und die Bank lieferten abweichende Schilderungen des Treffens: Während die Bank erklärte, man habe geschäftliche Strategien erörtert, bestritt das Weiße Haus, dass es um Geschäfte gegangen sei; vielmehr habe es sich um eines der vielen diplomatischen Treffen gehandelt, die Kushner vor der Vereidigung Trumps als Präsident absolviert habe.

Konstantin Kilimnik: Der russische Ex-Soldat wurde von Paul Manafort als Dolmetscher und als Geschäftsführer seines politischen Beratungsbüros in Kiew engagiert. Nach Aussagen gut informierter Gewährsleute fungierte Kilimnik für Manafort als Anbahner von Kontakten zu wichtigen ukrainischen und russischen Politikern und Geschäftsleuten, darunter Oleg Deripaska. Ein Sprecher Deripaskas hat bestritten, Deripaska habe je etwas mit Kilimnik zu tun gehabt. Das FBI kam zu dem Schluss, Kilimnik habe Verbindungen zu russischen Geheimdiensten unterhalten, und 2018 wurde er wegen Justizbehinderung angeklagt. Kilimnik stand in Kontakt mit Manafort, während dieser für Trumps Wahlkampforganisation arbeitete, und Manafort wurde beschuldigt, Umfragedaten zu Trump an Kilimnik weitergegeben zu haben. Kilimnik hat Verbindungen zu russischen Geheimdiensten stets bestritten. Seit April 2019 hält er sich in Russland auf und äußert sich nicht zu der Anklage wegen Justizbehinderung. Derweil sagte Manafort, wie aus Gerichtsakten hervorgeht, vor der Staatsanwaltschaft aus, Kilimnik bestreite den Vorwurf der Anstiftung zum Meineid und finde es »verrückt«, dass Anklage gegen ihn erhoben worden ist.

Sergej Kisljak: Der russische Botschafter in den Vereinigten Staaten (von 2008 bis 2017) saß in der ersten Reihe, als Donald Trump im April 2016 seine außenpolitische Rede hielt, und verkehrte in den Monaten vor der Wahl mit mehreren Mitgliedern von Trumps Wahlkampfteam, darunter Senator Jeff Sessions. Im Dezember 2016, als Trump sich auf die Amtsübernahme vorbereitete, rief Trumps designierter Nationaler Sicherheitsberater Michael T. Flynn Kisljak an und ersuchte die Russen, auf die neuen Sanktionen, die Präsident Barack Obama gegen Russland zur Strafe für die russische Einflussnahme auf die Wahl verhängt hatte, nicht in gleicher Münze zu antworten.

Wiktor Netykscho: Den Offizier des russischen Militärgeheimdiensts identifizierte die US-Justiz laut Gerichtsakten als Befehlshaber der Einheit 26165, der unterstellt wird, sie habe die Hackerangriffe auf die Mailserver des Democratic National Committee, des Democratic Congressional Campaign Committee und wichtiger Wahlkampfmitarbeiter von Hillary Clinton ausgeführt. Im Juli 2018 erhob der Sonderermittler gegen Wiktor Netykscho und elf weitere russische Staatsbürger Anklage wegen eines konspirativen Hackerangriffs zum Zwecke der Beeinflussung der Präsidentschaftswahl von 2016. Netykscho, der sich seit April 2019 in Russland aufhält und sich wohl kaum einem Prozess auf amerikanischem Boden stellen wird, hat auf die Anklage nicht reagiert.

Dmitrij Peskow: Der Pressesprecher des russischen Präsidenten Wladimir Putin gilt als einer von Putins engsten Vertrauten. Im Januar 2016 bat der Trump-Anwalt Michael Cohen Peskow per Mail um seine Mithilfe bei der Umsetzung des Plans, in Moskau einen Trump Tower zu bauen. Cohen behauptete später bei einer Befragung im Kongress wahrheitswidrig, er habe keine Antwort erhalten. Tatsächlich hatte sich eine Mitarbeiterin Peskows bei ihm gemeldet, und die beiden hatten sich, wie Cohen später in seiner Selbstanzeige zugab, in einem Telefonat über das Projekt unterhalten.

Jewgenij Prigoschin: Dem auch als »Putins Koch« bekannten Geschäftsmann (Besitzer einer vom russischen Präsidenten geschätzten Cateringfirma) warf der Sonderermittler vor, er habe eine in St. Petersburg ansässige »Trollfabrik« namens »Internet Research Agency« finanziert, die angeblich mit einer raffiniert ausgeklügelten Social-Media-Kampagne die Wahl von 2016 beeinflusst hatte. Im Februar 2018 wurde Prigoschin zusammen mit zwölf weiteren russischen Staatsbürgern deswegen der Verabredung zur Begehung einer Straftat gegen die Vereinigten Staaten angeklagt. Von einer russischen Nachrichtenagentur zu der Anklageerhebung befragt, erklärte Prigoschin, er mache sich darüber keinen Kopf. »Amerikaner sehen, was sie sehen wollen«, sagte er.

Wladimir Putin: Präsident der Russischen Föderation von 2000 bis 2008 und erneut seit 2012. Wie die US-Geheimdienste im Januar 2017 bekannt gaben, waren sie zu der Einschätzung gelangt, Wladimir Putin persönlich habe im Verlauf des US-amerikanischen Präsidentschaftswahlkampfs 2016 eine kombinierte Operation angeordnet mit dem Ziel, die Amerikaner zu entzweien, die Wahlchancen der Demokratischen Bewerberin Hillary Clinton zu schmälern und Donald Trump zum Sieg zu verhelfen.

Iwan Timofejew: Der »Programmdirektor« des Moskauer Think Tanks »Russischer Rat für Internationale Angelegenheiten« tauschte sich im Frühjahr 2016 mit Trumps Wahlkampfberater George Papadopoulos über die Möglichkeit eines persönlichen Treffens zwischen Donald Trump und Wladimir Putin aus. Papadopoulos bezeichnete in seiner Selbstanzeige Timofejew als einen »russischen Staatsbürger mit Beziehungen zum russischen Außenministerium«. Timofejew hat diese Charakterisierung seiner Person nicht kommentiert, aber erklärt, bei dem Gedankenaustausch seines Instituts mit Papadopoulos habe es sich um eine routinemäßige akademische Fühlungnahme gehandelt.

Alexander Torschin: Der ehemalige russische Senator und Vizegouverneur der russischen Zentralbank ist Mitglied auf Lebenszeit bei der US-amerikanischen National Rifle Association (NRA) und pflegte, wie seine Assistentin Maria Butina, Kontakte zu amerikanischen Konservativen. Im Mai 2016 fragte ein Funktionär der Republikaner bei Trumps Wahlkampforganisation an, ob sie ein Treffen Donald Trumps mit Torschin am Rande einer NRA-Veranstaltung arrangieren könne – er bezeichnete dabei den russischen Bankier als »Sendboten Putins«. Zu dem Treffen kam es nicht, aber Torschin behauptete später, Trumps Sohn Donald Trump jr. persönlich kennengelernt zu haben.

Natalja Weselnizkaja: Die russische Juristin betrieb in den USA Lobbyarbeit gegen den Magnitsky Act, ein 2012 verabschiedetes Gesetz, das Sanktionen gegen prominente Russen wegen Menschenrechtsverletzungen ermöglichte. Das Gesetz erregte den besonderen Zorn Wladimir Putins, und Russland untersagte im Gegenzug die Adoption russischer Kinder durch US-amerikanische Familien. Donald Trump jr. fand sich im Juni 2016 zu einem Treffen mit Weselnizkaja bereit, nachdem man ihm in Aussicht gestellt hatte, sie könne kompromittierende Informationen über Hillary Clinton liefern. Weselnizkaja wurde 2019 in den USA im Zusammenhang mit ihrer Tätigkeit in einer anderen Rechtssache der Justizbehinderung angeklagt. Sie wies die Vorwürfe zurück und erklärte gegenüber *Yahoo News*, sie werde sich mit »allen Mitteln« von Russland aus verteidigen, aber nicht in die Vereinigten Staaten kommen, um sich vor Gericht gegen die Anklage zu wehren.

Weitere relevante Personen

Julian Assange: Der Gründer der Enthüllungsplattform WikiLeaks, auf der 2016 gestohlene E-Mails von den Servern des Democratic National Committee und der Wahlkampforganisation Hillary Clintons veröffentlicht wurden, war, wie auch seine Mitarbeiter, für die Ermittler aus dem Stab des Sonderermittlers von ganz besonderem Interesse. Gegen Ende 2018 wurde dank eines staatsanwaltschaftlichen Versehens bekannt, dass gegen Assange eine unter Verschluss (»under seal«) gehaltene Anklage erhoben worden war, wobei allerdings unklar ist, ob es dabei um Vorwürfe im Zusammenhang mit dem Auftrag des Sonderermittlers geht oder um andere nach US-Recht strafbare Veröffentlichungen geheimer Materialien durch WikiLeaks. Assange erhielt von Ecuador politisches Asyl und fand Zuflucht in der Londoner Botschaft von Ecuador, die er jahrelang nicht verließ. Am 11. April 2019 entzog ihm Ecuador das Asylrecht, und kurz darauf wurde er von der britischen Polizei verhaftet. Der Rechtsstreit um seine Auslieferung an die USA wird vermutlich jahrelang dauern.

John O. Brennan: Der Direktor der CIA von März 2013 bis Januar 2017 warf gewichtige Einschätzungen zu den Motiven für die russischen Hacker-Operationen im Präsidentschaftswahlkampf 2016 in die Waagschale, etwa die These, eines der anvisierten Ziele sei es gewesen, Donald Trump zur Präsidentschaft zu verhelfen. Brennan war einer der führenden Geheimdienstleute, die Trump im Januar 2017 in die angebliche russische Geheimoperation einweihten. Seit seinem Ausscheiden aus dem Staatsdienst gibt Brennan Gastspiele als TV-Kommentator und übt nicht selten Kritik an Trump.

James Clapper: Während seiner Amtszeit als Direktor der Nationalen Geheimdienste (Director of National Intelligence) von August 2010 bis Januar 2017 koordinierte James Clapper die Bemühungen der einzelnen US-Geheimdienste, das Ausmaß der russischen Einflussnahme auf den Präsidentschaftswahlkampf von 2016 zu analysieren. Er war einer der Spitzenbeamten, die Donald Trump im Januar 2017 darüber ins Bild setzten, wie die Geheimdienste das russische Vorgehen einstuften. In einem nach seinem Ausscheiden aus dem Amt veröffentlichten Buch schrieb Clapper, er habe »keinen Zweifel« daran, dass Russland die Wahl zugunsten Trumps entschieden habe.

Jerome Corsi: Der konservative Autor und Verschwörungstheoretiker trug zur Popularisierung der These bei, Präsident Barack Obama sei nicht auf US-amerikanischem Boden geboren. Vor der

Präsidentschaftswahl korrespondierte Corsi mit Trumps Wahlkampfberater Roger Stone über WikiLeaks. Corsi gab im November 2018 bekannt, er habe eine ihm vom Stab des Sonderermittlers angebotene Absprache abgelehnt, die vorsah, dass er zugeben würde, die Ermittler über einige seiner Gespräche mit Stone belogen zu haben. Stone wurde im Januar 2019 beschuldigt, in Bezug auf seine Gespräche mit Corsi über WikiLeaks den Kongress belogen und Zeugen beeinflusst zu haben. Er zeigt sich entschlossen, sich gegen die Anklage zur Wehr zu setzen.

Randy Credico: Der New Yorker Comedian und Radiomoderator freundete sich vor der Wahl von 2016 mit dem Trump-Vertrauten Roger Stone an. Stone brüstete sich vor der Wahl damit, einen Hintertür-Kontakt zum WikiLeaks-Gründer Julian Assange zu haben. Bei seiner Aussage vor dem Kongress erklärte Stone, sein Mittelsmann sei Credico gewesen, der in seiner Radiosendung Assange interviewt hatte. Credico bestritt, als Mittelsmann zwischen Stone und Assange agiert zu haben. Im Januar 2019 wurde gegen Stone Anklage wegen Falschaussage vor dem Kongress und Zeugenbeeinflussung im Zusammenhang mit seinen Unterredungen mit Credico über WikiLeaks erhoben. Er zeigt sich entschlossen, sich gegen die Anklage zur Wehr zu setzen.

Rob Goldstone: Der britische Musik-Impressario hatte 2013 die Bekanntschaft Trumps gemacht, als auf Vermittlung seines Schützlings Emin Agalarow eine von Trumps Miss-Universum-Wahlen in Moskau Station gemacht hatte. Auf Bitten Agalarows fragte Goldstone per Mail bei Trumps Sohn Donald Trump jr. an, ob er Interesse an einem Treffen mit einer russischen Juristin habe, die, so versicherte Goldstone, brisante Informationen über Hillary Clinton liefern könne. An der daraus resultierenden Zusammenkunft mit der russischen Anwältin Natalja Weselnizkaja im Juni 2016 nahm Goldstone teil.

Wiktor Janukowytsch: Der frühere Präsident der Ukraine war Paul Manaforts wichtigster Kunde in der Zeit, in der Manafort als Politikberater in Kiew wirkte (vor seiner Aufnahme in Trumps Wahlkampfteam). Angeblich trug Manafort maßgeblich dazu bei, Janukowytschs politisches Agieren und Auftreten so weit zu professionalisieren, dass er 2010 die Wahl zum ukrainischen Präsidenten gewann. In der Folge leistete Manafort weiterhin Beraterdienste für Janukowytsch und dessen Partei und verdiente dabei Millionen Dollar. 2014 wurde Janukowytsch nach Massenprotesten aus dem Amt gedrängt und setzte sich nach Russland ab.

Joseph Mifsud: Der aus Malta stammende Wissenschaftler arbeitete am Londoner Centre of International Law Practice, an dem auch der Trump-Berater George Papadopoulos bis zu seiner Rekrutierung für Trumps Wahlkampforganisation gastierte. Nach Erkenntnissen der Staatsanwaltschaft suchte Joseph Mifsud freundschaftlichen Kontakt zu Papadopoulos, nachdem dieser sich dem Trump-Team angeschlossen hatte; er machte Papadopoulos mit einer Russin bekannt, die behauptete, eine Nichte des russischen Präsidenten und eines Direktors einer russischen Denkfabrik mit direkten Verbindungen zum Kreml zu sein. In seiner Selbstanzeige behauptete Papadopoulos, ein in London lehrender Professor – laut späteren Berichten handelte es sich um Mifsud – habe ihm im April 2016 erzählt, die Russen seien im Besitz von brisantem Material (»dirt«) über Hillary Clinton in Form Tausender E-Mails, eine Offenbarung, die später zu einem wesentlichen Auslöser für die Ermittlungen Muellers wurde. Mifsud versicherte der *Washington Post*, keine Beziehungen zu Russland außerhalb des wissenschaftlichen Austauschs zu unterhalten und insbesondere keine Kontakte zur russischen Regierung zu pflegen. Nachdem Papadopoulos sein Schuldbekenntnis abgelegt hatte, bestritt Mifsud jede Verfehlung seinerseits und behauptete, er habe keine Kenntnis von irgendwelchen in russischer Hand befindlichen Clinton-Mails gehabt. »Ich habe ein reines Gewissen«, versicherte er dem *Telegraph*.

George Nader: Der libanesisch-amerikanische Geschäftsmann, der als Berater für die Vereinigten Arabischen Emirate tätig war, kooperierte mit dem Sonderermittler bei der Klärung der Frage nach dem Sinn und Zweck des Geheimtreffens auf den Seychellen zwischen Erik Prince und Kirill Dmitriew, dem Vorstandsvorsitzenden des Russischen Staatsfonds RDIF. Die Ermittler fanden Hinweise darauf, dass das Treffen, das Nader arrangiert hatte, dem Ziel diente, eine Kommunikations-Hintertür zwischen der Trump-Regierung und dem Kreml aufzumachen – Prince hat das allerdings bestritten. Naders Anwalt hat es abgelehnt, sich öffentlich zu dem Thema zu äußern. Nader hat eine eher zwielichtige Vergangenheit, zu der unter anderem eine etliche Jahre zurückliegende Verurteilung wegen der Weitergabe von Kinderpornos gehört.

W. Samuel Patten: Der Politikberater der Republikaner bekannte sich im August 2018 schuldig, von 2014 bis 2018 für eine politische Partei aus der Ukraine tätig gewesen zu sein, ohne sich, wie vorgeschrieben, als Auslandslobbyist registriert zu haben. In seinem Schuldbekenntnis räumte er auch ein, mit einem Ausländer zusammengearbeitet zu haben, den die *Washington Post* als Paul Manaforts langjährige rechte Hand Konstantin Kilimnik identifizierte; dabei sei es darum gegangen, eine (rechtswidrige) Spende eines ukrainischen Politikers an Donald Trumps Projektgruppe für die Amtseinführungszeremonie weiterzuleiten.

Richard Pinedo: Der Kalifornier bekannte sich im Oktober 2018 des Identitätsdiebstahls im Rahmen eines Trickbetrugs schuldig, der mit dem Online-Verkauf von Bankkontonummern zu tun hatte. Nach Ansicht der Staatsanwaltschaft benutzten Russen die Kontonummern, um PayPal-Konten zu eröffnen und Geld in eine Social-Media-Kampagne zu pumpen, mit der die amerikanische Wählerschaft beeinflusst werden sollte.

Erik Prince: Der Gründer der inzwischen aufgelösten privaten Söldnerfirma Blackwater traf sich kurz vor der Amtseinführung von Donald Trump heimlich auf den Seychellen mit einem dem russischen Präsidenten Wladimir Putin nahestehenden russischen Beamten. Die Ermittler sind der Frage nachgegangen, ob das Treffen Teil eines Plans war, eine Kommunikations-Hintertür zwischen dem Kreml und der neuen US-Administration einzurichten. Prince sagte allerdings aus, er habe den russischen Beamten zufällig während eines Aufenthalts in einem Luxushotel auf den Seychellen kennengelernt, wo er Zeit mit Beamten aus den Vereinigten Arabischen Emiraten verbracht habe.

Felix Sater: Der New Yorker Bauunternehmer, der als Kind aus Russland in die USA gekommen war, war ein früherer Geschäftspartner von Donald Trump. Während des Präsidentschaftswahlkampfs setzte er sich in Zusammenarbeit mit Trumps Anwalt Michael Cohen für die Errichtung eines Trump Tower in Moskau ein. Als Vorstandsmitglied der Bayrock Group hatte Sater die Lizenz erworben, den Namen Trump für den Bau von Wohn- und Bürotürmen in aller Welt zu nutzen. Per Mail teilte Sater Cohen mit, das Bauvorhaben in Moskau (das nicht realisiert wurde) sei geeignet, die Wahlchancen Trumps zu verbessern und sein Verhältnis zum russischen Präsidenten Wladimir Putin zu verbessern.

Christopher Steele: Der einstige Agent beim britischen Geheimdienst MI6 wurde von der privaten, auf politische Informationsbeschaffung spezialisierten US-amerikanischen Firma Fusion GPS engagiert und erhielt den Auftrag, die Verbindungen Donald Trumps nach Russland auszuforschen. Zwischen Juni und Dezember 2016 erstellte Steele eine Reihe von Berichten, die in ihrer Gesamtheit als das »Steele-Dossier« in die Geschichte eingegangen sind. Das Dossier besagte, die Russen seien im Besitz kompromittierender Informationen über Trump, und Trumps Wahlkampforganisation arbeite verdeckt mit russischen Elementen zusammen, die Trump zum Wahlsieg verhelfen wollten. Die Recherchen Steeles, die Trump zurückwies, wurden vom Democratic National Committee und von Hillary Clintons Wahlkampforganisation mitfinanziert.

Alex van der Zwaan: Der in London ansässige niederländische Anwalt bekannte sich im Februar 2018 schuldig, das FBI über seine Arbeit für die Sozietät Skadden, Arps, Slate, Meagher & Flom belogen zu haben, der er bei der Erstellung eines Berichts über die Inhaftierung eines ukrainischen Politikers geholfen hatte. Bei

Vernehmungen machte Van der Zwaan Falschaussagen über seine Kontakte zu Trumps Wahlkampfmanagern Paul Manafort und Rick Gates, die ebenfalls in der Ukraine tätig gewesen waren. Van der Zwaan saß dreißig Tage im Gefängnis ab.

Chronik der Sonderermittlung

17. Mai 2017: Der Stellvertretende Justizminister Rod J. Rosenstein ernennt Robert S. Mueller III zum Sonderermittler zur Untersuchung von möglichen Absprachen zwischen Russland und Personen aus dem Trump-Wahlkampfteam sowie von allen damit in Zusammenhang stehenden Tatbeständen.

5. Oktober 2017: George Papadopoulos, ehemaliger Berater des Trump-Wahlkampfteams, bekennt sich schuldig, das FBI über seine Russlandkontakte während des Präsidentschaftswahlkampfs belogen zu haben. Sein Schuldbekenntnis wurde Ende Oktober offiziell freigegeben und veröffentlicht. Er war im Sommer ohne Information der Öffentlichkeit festgenommen worden und hatte mit den Strafverfolgern einen Deal ausgehandelt.

30. Oktober 2017: Gegen Paul Manafort, früherer Wahlkampfmanager von Donald Trump, und Rick Gates, seinen Stellvertreter, wird in Washington Anklage erhoben wegen Verabredung zu einer Straftat gegen die Vereinigten Staaten und anderen strafbaren Handlungen in Verbindung mit ihrer Tätigkeit als Politikberater in der Ukraine vor ihrem Eintritt in Trumps Wahlkampfteam.

1. Dezember 2017: Der frühere Nationale Sicherheitsberater Michael T. Flynn bekennt sich vor dem Bundesgericht in Washington schuldig, das FBI über seine Kontakte mit dem russischen Botschafter Sergej Kisljak während des Wahlkampfs belogen zu haben.

16. Februar 2018: Dreizehn russische Bürger und drei russische Unternehmen werden angeklagt, über zwei Jahre hinweg ein sorgfältig konstruiertes System zur Beeinflussung der US-Wahl betrieben zu haben, über das Fake News und polarisierende Onlinekommentare verbreitet wurden. Zu diesem Zweck hätten die russischen Bürger die Identität von Amerikanern vorgetäuscht, um online Hassbotschaften abzusetzen.

22. Februar 2018: Gegen Manafort und Gates wird erneut Anklage erhoben: dieses Mal in Alexandria in Virginia. Die Anklage umfasst zweiunddreißig Punkte, die größtenteils mit Steuerhinterziehung und Bankbetrug zu tun haben.

23. Februar 2018: Gates bekennt sich der Verabredung zu einer Straftat gegen die Vereinigten Staaten schuldig und gesteht, die FBI-Ermittler belogen zu haben. Er erklärt sich zur Kooperation mit Mueller bereit.

8. Juni 2018: Manafort wird zusammen mit Konstantin Kilimnik, einem Russen mit angeblichen Verbindungen zum russischen Geheimdienst, der mit ihm in der Ukraine zusammenarbeitete, wegen Behinderung der Justiz angeklagt. Man wirft den beiden vor, potenzielle Zeugen gegen Manafort zum Meineid angestiftet zu haben. Kilimnik streitet Kontakte zum russischen Geheimdienst ab, hat sich jedoch zum Vorwurf der Justizbehinderung nicht öffentlich geäußert.

13. Juli 2018: Zwölf russische Geheimdienstoffiziere werden angeklagt, gemeinschaftlich E-Mail-Accounts von Politikern der Demokratischen Partei gehackt und den gestohlenen Mailverkehr über WikiLeaks veröffentlicht zu haben. Es handelt sich um E-Mails des Democratic National Committee, der nationalen Organisation der Partei, und von Hillary Clintons Wahlkampfmanager John Podesta.

16. Juli 2018: Manaforts Freilassung auf Kaution wird nach Erkenntnissen zu einer versuchten Zeugenbeeinflussung aufgehoben. Der ehemalige Wahlkampfmanager Trumps muss ins Gefängnis.

21. August 2018: Nach dreiwöchiger Verhandlungsdauer wird Manafort von den Geschworenen in Alexandria in acht Anklagepunkten wegen Steuerhinterziehung und Bankbetrugs verurteilt. Der Hauptbelastungszeuge ist sein früherer Stellvertreter Rick Gates.

31. August 2018: W. Samuel Patten, Politikberater, gesteht, seine Registrierung im Verzeichnis ausländischer Lobbyisten unterlassen zu haben. In einer Absprache mit den Strafverfolgern bekennt er sich schuldig, 50 000 Dollar von einem ukrainischen Politiker an Trumps Team zur Gestaltung der Amtseinführungsfeierlichkeiten weitergeleitet zu haben. Rein verfahrenstechnisch gesehen ist es die Staatsanwaltschaft in Washington, die in Pattens Fall ermittelt, wenn auch aufgrund eines Hinweises aus Muellers Team.

7. September 2018: Papadopoulos wird wegen Falschaussage vor den Strafverfolgungsbehörden zu 14 Tagen Gefängnis verurteilt. Er ist der erste der Trump-Berater, der aufgrund der Mueller'schen Ermittlungen ins Gefängnis muss.

14. September 2018: Um einem zweiten Prozess in Washington aus dem Weg zu gehen, bekennt Paul Manafort sich der Verabredung zu einer Straftat gegen die Vereinigten Staaten und anderer Vergehen für schuldig. Er gesteht die Steuerhinterziehung und den Bankbetrug sowie die Verletzung der Offenlegungspflicht seiner Lobbytätigkeit als Politikberater während seiner Zeit in der Ukraine. Manafort verpflichtet sich zur Zusammenarbeit mit Mueller.

7. November 2018: Nachdem Trump Justizminister Jeff Sessions monatelang geschurigelt hatte, weil er sich aus der Russland-Ermittlung als befangen zurückgezogen hatte, verlangt er nun Sessions' Rücktritt. Trump ernennt Matthew Whitaker zum Geschäftsführenden Justizminister, der damit de facto die Aufsicht über Muellers Ermittlungen erhält. Eine Empfehlung des Ethikbeauftragten, sich in dieser Sache als befangen zu erklären, lehnt Whitaker ab.

20. November 2018: Nach monatelangen Verhandlungen über eine mögliche Aussage Trumps legen dessen Anwälte schriftliche

Antworten des Präsidenten auf die Fragen der Ermittlungsbeamten zum Wahlkampf vor. Die Anwälte lehnten Fragen, die sich auf Trumps Verhalten nach der Amtseinführung bezogen, ab.

26. November 2018: Muellers Anklagevertreter informieren einen Richter darüber, dass Manafort die Vereinbarungen seines Deals gebrochen und in zwölf Verhören und zwei Sitzungen vor Muellers Grand Jury gelogen hatte.

29. November 2018: Michael Cohen, ehemaliger Trump-Anwalt, bekennt sich schuldig, den Kongress über das Ausmaß seiner Bemühungen um die Errichtung eines Trump Tower in Moskau während des Wahlkampfes belogen und die diesbezüglichen Kontakte mit dem Kreml verschwiegen zu haben. Auch er lässt sich zur Kooperation mit Mueller bewegen. Und er bekennt sich in einer zweiten Sache schuldig: der Verletzung der Gesetze über Wahlkampffinanzierung im Auftrag Trumps.

7. Dezember 2018: Präsident Trump bestätigt, dass er William P. Barr zum Justizminister der Vereinigten Staaten ernennen wird. Er soll Jeff Sessions ersetzen. Barr, der unter George H. W. Bush als Justizminister gedient hatte, wird am 14. Februar 2019 vom Senat mit einer Mehrheit von 54 zu 45 Stimmen in seinem Amt bestätigt. Damit übernimmt er die Aufsicht über Muellers Ermittlungen, die sich dem Ende nähern.

12. Dezember 2018: Cohen wird zu drei Jahren Gefängnis verurteilt und gibt bei der emotionalen Urteilsverkündung an, er habe in einer »persönlichen und mentalen Gefangenschaft« gelebt, seit er für Trump arbeitete.

18. Dezember 2018: Michael Flynn bittet das Gericht, den Urteilsspruch über seine Lügen vor dem FBI zu verschieben, nachdem Richter Emmet G. Sullivan dem Generalleutnant im Ruhestand mitteilt, dass dieser seiner Ansicht nach sein Land verraten habe und mit einer Gefängnisstrafe rechnen müsse, die von Muellers Team empfohlen worden war.

24. Januar 2019: Roger Stone, langjähriger republikanischer Wahlkampfberater und Freund Trumps, für den er im Wahlkampf kurze Zeit gearbeitet hatte, wird beschuldigt, die Ermittlungen des US-Kongresses zu den E-Mail-Hacks der Konten des Democratic National Committee und Hillary Clintons Wahlkampfmanager Podesta behindert zu haben. Stone, der die Beschuldigungen für unzutreffend erklärte, wurde angeklagt, den Kongress belogen zu haben, was seine Rolle bei der Veröffentlichung des Materials durch WikiLeaks anging.

22. März 2019: Justizminister William P. Barr setzt den Kongress darüber in Kenntnis, dass Mueller seine Ermittlungen abgeschlossen und einen vertraulichen Abschlussbericht vorgelegt hat. Ein Beamter des Justizministeriums sagt, aufgrund der Ergebnisse würden keine weiteren Anklagen erhoben.

24. März 2019: Barr übermittelt dem Kongress eine vier Seiten lange Zusammenfassung der Haupterkenntnisse von Mueller. Barr gibt an, Mueller habe keine Hinweise darauf gefunden, dass Trump oder jemand aus dem Umfeld seines Wahlkampfs mit Russland eine Verabredung getroffen habe, sich in den Wahlkampf einzumischen. Laut Barr habe Mueller zwar schlüssige Hinweise auf Justizbehinderung durch Trump gefunden, doch er komme nicht zu dem Schluss, daraus die Empfehlung zu einer Strafverfolgung des Präsidenten abzuleiten. Barr sagt weiter, bei Mueller heiße es, »Dieser Bericht kommt zwar nicht zu dem Ergebnis, dass der Präsident eine strafbare Handlung begangen habe, aber er entlastet ihn auch nicht davon«. Barr sagt vor dem Kongress aus, er und Rosenstein seien nicht der Ansicht, dass ausreichende Beweise vorlägen, um gegen Trump Anklage wegen Justizbehinderung zu erheben.

DER
MUELLER
REPORT

U.S. Department of Justice
~~Attorney Work Product~~ // ~~May Contain Material Protected Under Fed. R. Crim. P. 6(e)~~

Report On The Investigation Into Russian Interference In The 2016 Presidential Election

Volume I of II

Special Counsel Robert S. Mueller, III

Submitted Pursuant to 28 C.F.R. § 600.8(c)

Washington, D.C.

March 2019

US-Justizministerium

~~Juristische Ermittlungen~~ // ~~Kann geschütztes Material gemäß Fed. R. Crim. P. 6(c) enthalten~~

Bericht über die Untersuchung zu russischer Einflussnahme auf die Präsidentschaftswahlen von 2016

Band I von II

Sonderermittler Robert S. Mueller III

Vorgelegt gemäß 28. C.F.R. § 600 8 (c)

Washington, D. C.

März 2019

INHALTSVERZEICHNIS – BAND I

US-Justizministerium
~~Juristische Ermittlungen~~ // ~~Kann geschütztes Material gemäß Fed. R. Crim. P. 6(c) enthalten~~

Einleitung zu Band I

Dieser Bericht wird dem Justizminister gemäß 28 C.F.R. § 600.8(c) übergeben. Dort heißt es: »nach Beendigung der Tätigkeit des Sonderermittlers überreicht er … dem Justizminister einen vertraulichen Bericht, in dem er darlegt, in welchen Fällen er Anklagen eröffnet und in welchen er von einer Strafverfolgung Abstand genommen hat«.

Die russische Regierung mischte sich 2016 tiefgreifend und systematisch in den Präsidentschaftswahlkampf ein. Ab Mitte 2016 tauchten Beweise für die Operationen der russischen Regierung auf, als das Democratic National Committee (oberste Organisation der Demokratischen Partei) und dessen Internetsicherheitsteam publik machten, russische Hacker hätten ihr Computernetzwerk angegriffen. Im selben Monat wurde zum ersten Mal von gehacktem Material berichtet – Hacks, die von der öffentlichen Berichterstattung bald der russischen Regierung zugeschrieben wurden. Im Juli veröffentlichte die Organisation WikiLeaks zusätzliches Material, weitere Veröffentlichungen folgten im Oktober und November.

Ende Juli 2016, kurz nachdem WikiLeaks erste gestohlene Dokumente veröffentlicht hatte, informierte eine ausländische Regierung das FBI über ein Treffen mit dem außenpolitischen Wahlkampfberater George Papadopoulos, das im Mai 2016 stattgefunden hatte. Papadopoulos hatte einem Mitglied dieser ausländischen Regierung gegenüber erwähnt, dass das Trump-Wahlkampfteam Hinweise seitens der russischen Regierung erhalten habe, sie könne den Wahlkampf unterstützen, indem sie anonym Informationen veröffentliche, die der demokratischen Präsidentschaftskandidatin Hillary Clinton schaden würden. Diese Information veranlasste das FBI, am 31. Juli 2016 eine Untersuchung zu eröffnen, um zu klären, ob es Absprachen zwischen Mitgliedern des Trump-Wahlkampfteams und der russischen Regierung in Bezug auf deren Einmischungsaktivitäten gab.

Im Herbst desselben Jahres verkündeten zwei Bundesbehörden in einer gemeinsamen Erklärung, dass die russische Regierung »E-Mail-Compromises [Nutzung gekaperter E-Mail-Adressen] von US-amerikanischen Bürgern und Institutionen, u. a. von politischen Organisationen der USA, lanciert« habe und dass mittels »dieses Diebstahls und der damit verbundenen Enthüllungen der Wahlkampf beeinflusst werden sollte«. Ende Dezember 2016, nach den Wahlen, verhängten die Vereinigten Staaten gegenüber Russland wegen dessen Einmischung in den Wahlkampf Sanktionen. Anfang 2017 untersuchten mehrere Ausschüsse im Kongress die Einmischung Russlands in die Präsidentschaftswahlen.

Diese Ermittlungen veranlassten die zuständigen Exekutivorgane im Mai 2017 schließlich, Robert S. Mueller III als Sonderermittler einzusetzen. Das Dokument, in dem er zum Sonderermittler ernannt wurde, autorisierte ihn, die »Einmischung der russischen Regierung in den Präsidentschaftswahlkampf von 2016« zu untersuchen sowie die Frage, ob es Verbindungen und Absprachen zwischen der russischen Regierung und Akteuren des Trump-Wahlkampfteams gegeben hatte.

Wie in diesem Bericht detailliert dargelegt, förderte die Untersuchung des Sonderermittlers zutage, dass sich Russland hauptsächlich mithilfe zweier Verfahren in den Präsidentschaftswahlkampf von 2016 eingemischt hatte. Erstens lancierte eine russische Organisation eine Social-Media-Kampagne, die den Präsidentschaftskandidaten Donald J. Trump begünstigte und die Präsidentschaftskandidatin Hillary Clinton verunglimpfte. Zweitens führte eine Einheit des russischen Geheimdiensts Operationen durch, in deren Verlauf sie Computer von Organisationen, Angestellten und Freiwilligen hackte, die in den Clinton-Wahlkampf involviert waren, und dann gestohlene Dokumente veröffentlichte. Die Untersuchung brachte zahlreiche Verbindungen zwischen der russischen Regierung und Trumps Wahlkampfteam ans Licht. Die Untersuchung hat zwar ergeben, dass die russische Regierung der Auffassung war, sie werde von einer Präsidentschaft Trumps profitieren, und daran arbeitete, den Wahlausgang entsprechend zu beeinflussen, und dass das Trump-Team erwartete, die von russischen Stellen gestohlenen und veröffentlichten Informationen würden dem Wahlergebnis zugutekommen, die Untersuchung hat jedoch nicht ergeben, dass sich Mitglieder des Trump-Wahlkampfteams mit der russischen Regierung zu einer Straftat verabredet oder sich mit dieser bezüglich deren Wahlkampfmanipulationen abgestimmt hätten.

***

Im Folgenden erläutern wir, basierend auf der Beweisgrundlage, die Ergebnisse unserer Untersuchungen und die Entscheidungen des Sonderermittlers, in bestimmten Fällen Anklage zu erheben. Es folgt eine Zusammenfassung der beiden Bände unseres Berichts.

Im Bericht werden Handlungen und Ereignisse beschrieben, die, wie das Büro des Sonderermittlers nachweisen konnte, von den im Lauf der Untersuchungen gesammelten Beweisen untermauert werden. In manchen Fällen weisen wir in dem Bericht auf mangelnde Beweise oder Beweiskonflikte im Zusammenhang bestimmter Fakten oder Ereignisse hin. In anderen Fällen, wo substanzielle glaubhafte Beweise es dem Büro ermöglichten, zu einer klaren Schlussfolgerung zu gelangen, lautet die Aussage im Bericht, dass bestimmte Aktionen oder Ereignisse tatsächlich stattfanden. Die Aussage, dass durch die Untersuchung bestimmte Fakten nicht bewiesen werden konnten, heißt nicht, dass es keine Beweise für diese Fakten gibt.

Um zu beurteilen, ob die Beweise für eine kollektive Handlung mehrerer Individuen eine Straftat darstellen, wandten wir den Strafgrund der Verabredung zu einer Straftat an und nicht den der »Kollusion«. Das Büro des Sonderermittlers ist sich jedoch bewusst, dass dieser Begriff oder der des »kollusiven Zusammenwirkens« in der Korrespondenz mit dem Justizminister verwendet wurde, um bestimmte Aspekte der Zielsetzung der Untersuchung zu bestätigen, ebenso wie der Tatsache, dass dieser Begriff in der öffentlichen Berichterstattung zu den Ermittlungen häufig herangezogen wurde. »Kollusion« ist jedoch keine im United States Code genannte Straftat oder Haftbarkeit, noch handelt es sich hierbei um einen Fachbegriff aus dem Bundesstrafgesetzbuch. Aus diesen Gründen konzentrierte sich das Büro bei seiner Untersuchung von gemeinsamer krimineller Haftbarkeit auf den Tatbestand der Verabredung zu einer Straftat, wie in den Bundesgesetzen definiert. Im Rahmen dieser Untersuchung gingen wir der Frage nach, ob Mitglieder des Trump-Wahlkampfteams mit den Aktivitäten der russischen Wahlkampfeinmischung »in Absprache« handelten – ein Begriff, von dem in der Ernennungsurkunde des Sonderermittlers die Rede ist. Doch genau wie »Kollusion« ist auch »Absprache« in den Bundesgesetzen nicht genau definiert. Wir gingen davon aus, dass eine »Absprache« eine Verabredung – ob stillschweigend oder ausdrücklich – zwischen dem Trump-Wahlkampfteam und der russischen Regierung bezüglich der Wahlkampfeinmischung voraussetzt. Das erfordert mehr, als dass sich zwei Parteien an Aktionen beteiligen, die durch die Aktionen oder Interessen der einen Partei ausgelöst wurden oder sich daraus ergaben. In diesem Sinn verwendeten wir den Begriff »Absprache«, als wir in dem Bericht darlegten, wir hätten bei der Untersuchung keine Beweise dafür zutage gefördert, dass das Trump-Wahlkampfteam die Einmischungsaktivitäten der russischen Regierung mit dieser absprach.

***

Der Bericht unserer Untersuchung gliedert sich in zwei Bände:

Band I schildert die faktischen Ergebnisse der durch den Sonderermittler geleiteten Untersuchung der russischen Einmischung in den Präsidentschaftswahlkampf von 2016 und deren Interaktionen mit dem Trump-Wahlkampfteam. In Abschnitt I beschreiben wir das Ziel der Untersuchung. Die Abschnitte II und III beinhalten die beiden wesentlichen Vorgehensweisen, mittels derer sich Russland in den Präsidentschaftswahlkampf von 2016 einmischte. In Abschnitt IV werden die Verbindungen aufgezeigt, die zwischen der russischen Regierung und Akteuren des Trump-Wahlkampfteams bestanden. In Abschnitt V beschreiben wir, in welchen Fällen der Sonderermittler Anklage erhoben hat.

Band II beschäftigt sich damit, wie der Präsident auf die Untersuchung des FBI zur Einmischung seitens der russischen Regierung in den Präsidentschaftswahlkampf von 2016 sowie in damit verbundene Angelegenheiten reagierte und welche Handlungen er bezüglich der Untersuchung des Sonderermittlers unternahm. Außerdem legen wir in *Band II* das der Untersuchung zugrunde liegende Konzept und die Erwägungen, die dazu führten, dar.

Zusammenfassung von Band I

Russische Beeinflussungskampagne über Social Media

Die Internet Research Agency (IRA) führte die ersten Operationen russischer Wahleinmischung aus, die durch diese Untersuchung aufgedeckt wurden – eine Social-Media-Kampagne, die zum Ziel hatte, politischen und sozialen Unfrieden in den Vereinigten Staaten zu säen. Die IRA operierte von St. Petersburg aus und wurde von dem russischen Oligarchen Jewgenij Prigoschin und von ihm kontrollierten Firmen finanziert. Prigoschin werden enge Verbindungen zum russischen Präsidenten Wladimir Putin nachgesagt, Gefährdung laufender Verfahren [redacted].

Mitte 2014 schickte die IRA Angestellte in die USA, mit dem Auftrag, Informationen zu sammeln und Gefährdung laufender Verfahren [redacted].

In der Folge bediente sich die IRA verschiedener Social-Media-Accounts und von Interessengruppen, um mit einem »Informationskrieg«, wie sie es selbst bezeichnete, Unfrieden im politischen System der USA zu säen. Die Kampagne geht auf einen allgemeiner gefassten Plan zurück, der 2014 und 2015 entwickelt wurde und zum Ziel hatte, das Wahlsystem der USA zu unterwandern. Daraus entwickelte sich eine zielgerichtete Operation, mit der man ab Anfang 2016 den Präsidentschaftskandidaten Trump begünstigen und die Kandidatin Clinton verunglimpfen wollte. Im Rahmen der Operationen der IRA wurden im Namen von US-amerikanischen Bürgern und Firmen auch politische Anzeigen in Sozialen Netzwerken geschaltet sowie politische Kundgebungen in den USA inszeniert. Um derlei Kundgebungen zu organisieren, gaben sich Angestellte der IRA als US-amerikanische Graswurzelbewegungen oder deren Mitglieder aus und kontaktierten Trump-Unterstützer und Trump-Wahlkampffunktionäre in den USA. Im Rahmen der Untersuchung konnten keine Beweise dafür gefunden werden, dass es Verabredungen zu strafbaren Handlungen oder Abstimmungen zwischen US-Bürgern und der IRA gab. In Teil II dieses Berichts wird die russische Social-Media-Kampagne detailliert beschrieben.

Russische Hacking-Operationen

Anfang 2016, zur gleichen Zeit, in der sich die IRA-Operationen auf den Kandidaten Trump zu konzentrieren begannen, wendete die russische Regierung eine weitere Form der Einmischung an: Cyberangriffe (Hacking) und die Veröffentlichung von gehacktem Material, mit dem Ziel, dem Clinton-Wahlkampf zu schaden. Der russische Militärgeheimdienst GRU (Hauptverwaltung für Aufklärung) führte diese Operationen aus.

Im März 2016 begann der GRU die E-Mail-Accounts von Helfern und Mitarbeitern des Clinton-Wahlkampfs zu hacken, u. a. den des Wahlkampfleiters John Podesta. Im April 2016 hackte der GRU die Computer-Netzwerke des Democratic Congressional Campaign Committee (DCCC) und des Democratic National Committee (DNC). Der GRU stahl Hunderttausende Dokumente von den gehackten E-Mail-Accounts und Netzwerken. Mitte Juni, ungefähr zu der Zeit, als das DNC öffentlich machte, dass für das Hacking ihrer Netzwerke die russische Regierung verantwortlich war, begann der GRU, gestohlenes Material über fiktive Online-Personas »DCLeaks« und »Guccifer 2.0« zu streuen. Später veröffentlichte der GRU weiteres Material über die Organisation WikiLeaks.

Das Präsidentschaftswahlkampfteam von Donald J. Trump (»Trump-Wahlkampfteam« oder »Wahlkampfteam«) zeigte sich an den durch WikiLeaks veröffentlichten Dokumenten interessiert und bekundete seine Freude darüber, dass man der Kandidatin Clinton damit Schaden zufügen konnte. Von Juni 2016 an Gefährdung laufender Verfahren [redacted] sagte leitenden Wahlkampfteammitarbeitern, dass WikiLeaks Informationen veröffentlichen wolle, die der Kandidatin Clinton schaden könnten. Die erste Veröffentlichung durch WikiLeaks erfolgte im Juli 2016. Um diese Zeit herum verkündete Kandidat Trump, er hoffe, Russland werde die E-Mails finden, die, wie es hieß, von einem privaten Server verschwunden waren, den Hillary Clinton in ihrer Zeit als Außenministerin benutzt hatte (später sagte er, das sei sarkastisch gemeint gewesen). Gefährdung laufender Verfahren [redacted] WikiLeaks begann, die gestohlenen E-Mails von Podesta am 7. Oktober 2016 herauszugeben, nicht einmal eine Stunde nachdem ein US-amerikanischer Pressekanal ein Video veröffentlicht hatte, das dem Kandidaten Trump womöglich schaden konnte. In Teil III dieses Berichts ist detailliert dargelegt, wie das Büro des Sonderermittlers über die russischen Hacking-Operationen ermittelte, sowie über die Bestrebungen von Trump-Wahlkampfunterstützern, in den Besitz von Hillary Clinton betreffende E-Mails zu gelangen.

Russische Kontakte mit dem Wahlkampfteam

Die Operationen in den Sozialen Netzwerken und die Hacking-Operationen des GRU fanden zeitgleich zu einer Reihe von Kontakten zwischen Trump-Wahlkampf-Funktionären und Individuen mit Verbindungen zur russischen Regierung statt. Das Büro des Sonderermittlers untersuchte, ob im Rahmen dieser Kontakte Verabredungen in verschwörerischer Absicht oder Abstimmungen des Wahlkampfteams mit Russland bezüglich dessen Wahlkampfeinmischungsaktivitäten stattfanden oder solche aus den Kontakten resultierten. Zwar ergab die Untersuchung, dass die russische Regierung offenbar glaubte, sie würde durch die Präsidentschaft Trumps profitieren, und auf dieses Ziel hinarbeitete, und dass das Wahlkampfteam erwartete, die gestohlenen und auf Betreiben Russlands veröffentlichten Informationen würden den Trump-Wahlkampf begünstigen, aber es wurden keine Belege dafür gefunden, dass Mitglieder des Trump-Wahlkampfteams mit der russischen Regierung deren Wahlkampfeinmischungsaktivitäten verabredet oder abgestimmt hätten.

Bei den »russischen Kontakten« handelte es sich um Geschäftsbeziehungen, Angebote, das Wahlkampfteam zu unterstützen, Einladungen an den Kandidaten Trump, Putin persönlich zu treffen, und Einladungen an Wahlkampffunktionäre, sich mit Vertretern der russischen Regierung zu treffen; außerdem ging es um politische Positionen, die zu verbesserten russisch-amerikanischen Beziehungen führen sollten. In Abschnitt IV von Teil I dieses Berichts werden die Kontakte zwischen Russland und dem Trump-Wahlkampfteam während des Wahlkampfs und in der Übergangsphase detailliert beschrieben, die wichtigsten davon sind im Folgenden chronologisch aufgelistet:

2015. Die frühesten Kontakte fanden im Zuge eines Immobilienprojekts der Trump Organization in Russland statt, das unter dem Namen Trump Tower Moskau bekannt ist. Spätestens November 2015 unterschrieb Kandidat Trump eine Absichtserklärung für die Errichtung des Trump Tower in Moskau, und im Januar 2016 tauschte sich Michael Cohen, ein leitender Manager der Trump Organization, mit dem Büro des russischen Regierungssprechers Dmitrij Peskow per E-Mail und mündlich aus. Die Trump Organization verfolgte das Projekt bis mindestens Juni 2016. Es wurde auch eine Reise Cohens und des Kandidaten Trump nach Russland erwogen.

Frühjahr 2016. Der außenpolitische Wahlkampfberater Trumps, George Papadopoulos, trat früh in Kontakt mit Joseph Mifsud, einem in London wohnenden Professor, der Verbindungen nach Russland hatte und im April 2016 nach Moskau reiste. Unmittelbar nach seiner Rückkehr nach London erzählte Mifsud Papadopoulos, die russische Regierung sei im Besitz brisanter Informationen (»dirt«) über Hillary Clinton in Form Tausender E-Mails. Eine Woche später, in der ersten Maiwoche 2016, erwähnte Papadopoulos gegenüber einem Vertreter einer ausländischen Regierung, das Trump-Wahlkampfteam habe Hinweise von der russischen Regierung erhalten, sie könne den Wahlkampf durch die anonyme Veröffentlichung von Informationen unterstützen, die der Kandidatin Clinton schaden würden. Während dieser Zeit und auch in den folgenden Monaten stand Papadopoulos mit Mifsud und zwei russischen Staatsbürgern in Kontakt, um ein Treffen zwischen dem Wahlkampfteam und der russischen Regierung in die Wege zu leiten. Ein Treffen fand jedoch nicht statt.

Sommer 2016. Die russischen Annäherungsversuche an das Trump-Wahlkampfteam erstreckten sich bis in den Sommer 2016 hinein, als sich herauskristallisierte, dass der Kandidat Trump vermutlich zum Präsidentschaftskandidaten der Republikaner gekürt werden würde. Zum Beispiel traf sich am 9. Juni 2016 ein russischer Anwalt mit den leitenden Wahlkampfmitarbeitern Donald Trump jr. und Jared Kushner sowie dem Wahlkampfleiter Paul Manafort, um ihnen die Dokumente zu übergeben, die in der E-Mail, in der dieses Treffen vorgeschlagen wurde, als »offizielle Dokumente und Informationen, die Hillary belasten würden«, bezeichnet wurden. Dieses Material wurde Trump jr. als »Beitrag Russlands und Unterstützung durch dessen Regierung für Mr. Trump« angepriesen. Aus der Korrespondenz, mittels derer das Treffen vereinbart wurde, geht hervor, dass das Wahlkampfteam damit rechnete, Informationen von Russland zu erhalten, die das Potenzial hatten, die Chancen des Kandidaten Trump zu erhöhen, aber die Präsentation des russischen Anwalts enthielt keine diesbezüglichen Informationen.

Einige Tage nach dem Treffen vom 9. Juni, am 14. Juni 2016, verkündeten eine Internetsicherheitsfirma und das DNC, dass Hacker im Auftrag der russischen Regierung das DNC infiltriert und Zugang zu Recherchen bezüglich des gegnerischen Kandidaten Trump sowie zu weiteren Dokumenten erlangt hatten.

Im Juli 2016 reiste der außenpolitische Wahlkampfberater Carter Page aus persönlichen Gründen nach Moskau und hielt bei einer Veranstaltung in der New Economic School die Keynote-Ansprache. Page hatte von 2003 bis 2007 in Russland gelebt und gearbeitet. Nach seiner Rückkehr in die Vereinigten Staaten machte Page Bekanntschaft mit mindestens zwei russischen Geheimdienstfunktionären, von denen einer später, im Jahr 2015, wegen illegaler Agententätigkeit für Russland angeklagt wurde. Pages Reise nach Moskau im Juli 2016 und die Tatsache, dass er sich für eine prorussische Außenpolitik einsetzte, zog die Aufmerksamkeit der Medien auf sich. Daraufhin distanzierte sich das Wahlkampfteam von Page und entließ ihn Ende September 2016 aus seiner Funktion als Wahlkampfberater.

Der Juli 2016 war auch der Monat, in dem WikiLeaks zum ersten Mal vom GRU gestohlene E-Mails veröffentlichte. Am 22. Juli 2016 postete WikiLeaks Tausende interner Dokumente des DNC, die Informationen über den Clinton-Wahlkampf enthüllten. Binnen weniger Tage wurde darüber berichtet, die US-amerikanischen Geheimdienste seien »sich ziemlich sicher«, dass die russische Regierung hinter dem Diebstahl der E-Mails und anderer Dokumente des DNC stecke. Eine Woche nachdem dies publik wurde, informierte eine ausländische Regierung das FBI über ihre im Mai 2016 stattgefundene Interaktion mit Papadopoulos und dessen Aussage, die russische Regierung könne den Trump-Wahlkampf unterstützen. Am 31. Juli 2016 eröffnete das FBI auf der Grundlage des Berichts dieser ausländischen Regierung eine Untersuchung bezüglich der Frage, ob es Absprachen zwischen der russischen Regierung und Akteuren des Trump-Wahlkampfteams gegeben habe.

Parallel dazu traf sich der Wahlkampfleiter Paul Manafort am 2. August 2016 mit seinem langjährigen Geschäftspartner Konstantin Kilimnik in New York, von dem das FBI annimmt, dass er Verbindungen zum russischen Geheimdienst hat. Kilimnik bat um das Treffen, um ihm persönlich einen Friedensplan für die Ukraine überreichen zu können, der, wie Manafort gegenüber dem Büro des Sonderermittlers einräumte, Russland eine »Hintertür« eröffnet hätte, einen Teil der Ostukraine zu kontrollieren; die beiden Männer waren sich einig, ein solcher Plan würde die Zustimmung des Kandidaten Trump erfordern, um erfolgreich zu sein (sollte dieser zum Präsidenten gewählt werden). Sie erörterten auch den Stand des Trump-Wahlkampfs und Manaforts Strategie, demokratische Stammwähler in den Staaten des mittleren Westens zu gewinnen. Ein paar Monate vor diesem Treffen hatte Manafort dafür gesorgt, dass Kilimnik interne Umfragedaten zur Verfügung gestellt wurden. Dies wurde noch einige Zeit nach dem Treffen im August so gehandhabt.

Herbst 2016. Am 7. Oktober 2016 veröffentlichten die Medien ein Video, in dem sich der Kandidat Trump einige Jahre zuvor auf drastische Weise über Frauen äußerte, ein Video, das seiner Kandidatur hätte schaden können. Keine Stunde später lancierte WikiLeaks die zweite Veröffentlichung: Tausende E-Mails von John Podesta, die Ende März 2016 vom GRU gestohlen worden waren. Währenddessen führten das FBI und andere US-Regierungsbehörden ihre Ermittlungen zur Frage, ob sich die russische Regierung in den Präsidentschaftswahlkampf einmischte, fort. Am selben Tag, dem 7. Oktober 2016, gaben das Heimatschutzministerium und das Büro des Direktors der National Intelligence die gemeinsame Erklärung heraus, »dass die russische Regierung die kürzlich erfolgten Hacks von E-Mails von US-Bürgern und Institutionen, darunter auch US-amerikanische politische Organisationen, steuerte«. Diese »Diebstähle« und »Enthüllungen« von gehacktem Material durch Online-Plattformen wie WikiLeaks, so hieß es in der Erklärung weiter, »dienten dem Zweck der Einmischung in den US-amerikanischen Wahlkampf«.

Nach den Wahlen 2016. Unmittelbar nach den Wahlen am 8. November unternahmen russische Regierungsbeamte und bekannte russische Geschäftsleute Versuche, sich Zugang zur neuen Regierung zu verschaffen. Diese Bestrebungen wurden von höchster russischer Regierungsebene unterstützt. Die russische Botschaft kontaktierte bereits wenige Stunden nach den Wahlen das Umfeld des neu gewählten Präsidenten, um diesem zu gratulieren und ein Telefonat mit Präsident Putin zu arrangieren. Daraufhin unternahmen auch mehrere russische Geschäftsleute diesbezügliche Anstrengungen.

Kirill Dmitriew, der Geschäftsführer des staatlichen Russian Direct Investment Fund, war einer der Russen, die versuchten, eine Verbindung zur künftigen Regierung herzustellen. Anfang Dezember lenkte ein Geschäftspartner Dmitriew in Richtung Erik Prince, einen Unterstützer des Trump'schen Wahlkampfs und Geschäftspartner von Steve Bannon, einem der engsten Berater Trumps. Später, im Januar 2017, trafen sich Dmitriew und Prince persönlich auf den Seychellen und sprachen über die Beziehungen zwischen den Vereinigten Staaten und Russland. Zur gleichen Zeit machte ein weiterer Geschäftspartner Dmitriew mit einem Freund Jared Kushners bekannt, der weder dem Wahlkampfteam noch dem Übergangsteam angehörte. Dmitriew und Kushners Freund erarbeiteten gemeinsam einen kurzen schriftlichen Plan zur Wiederannäherung der Vereinigten Staaten und Russlands, der, wie Dmitriew ihm zu verstehen gab, von Putin abgesegnet sei. Der Freund reichte diesen Vorschlag vor der Inauguration an Kushner weiter, worauf dieser Bannon und dem künftigen Außenminister Rex Tillerson jeweils eine Kopie davon gab.

Am 29. Dezember 2016 verhängte der amtierende Präsident Obama wegen Russlands Einmischung in den Wahlkampf Sanktionen gegen das Land. Der künftige Nationale Sicherheitsberater Michael Flynn rief den russischen Botschafter Sergej Kisljak an und bat ihn, Russland möge doch die Situation als Reaktion auf die Sanktionen nicht weiter eskalieren lassen. Am nächsten Tag verkündete Putin, Russland werde einstweilen keine Vergeltungsmaßnahmen als Antwort auf die verhängten Sanktionen ergreifen. Wenige Stunden später twitterte der designierte Präsident Trump: »Großartige Entscheidung, der Aufschub (durch W. Putin).« Am nächsten Tag, dem 31. Dezember 2016, rief Kisljak Flynn an und informierte ihn, sein Ansinnen habe die höchsten Regierungskreise erreicht und Russland habe beschlossen, aufgrund von Flynns Bitte vorerst auf Vergeltung zu verzichten.

***

Am 6. Januar 2017 setzten die Mitglieder der Intelligence Community, der Gesamtheit aller Nachrichtendienste der USA, den designierten Präsidenten Trump über die von allen Nachrichtendiensten (CIA, FBI und NSA) geteilte Einschätzung in Kenntnis, dass sich Russland mit hoher Wahrscheinlichkeit auf verschiedene Weise in den Wahlkampf eingemischt habe, um Trumps Kandidatur zu unterstützen und Clinton zu schaden. Am selben Tag wurde eine freigegebene Version dieser Einschätzung veröffentlicht.

Zwischen Mitte Januar 2017 und Anfang Februar 2017 verkündeten drei Kongresskomitees – das House Permanent Select Committee on Intelligence (HPSCI, Geheimdienstausschuss des Repräsentantenhauses), das Senate Select Committee on Intelligence (SSCI, Geheimdienstausschuss des Senats) und das Senate

Judiciary Committee (SJC, Justizausschuss des Senats) –, bezüglich der Einmischung Russlands in den Wahlkampf Untersuchungen durchführen zu wollen oder bereits welche in die Wege geleitet zu haben. Später bestätigte der damalige FBI-Direktor James Comey gegenüber dem Kongress, das FBI ermittle in Sachen einer russischen Einmischung, die bereits vor dem Wahlkampf begonnen habe. Am 20. März 2017 erklärte Comey in einer öffentlichen Sitzung vor dem HPSCI:

> Ich wurde vom Justizministerium ermächtigt, zu bestätigen, dass das FBI im Rahmen unserer Spionageabwehr ermittelt, inwieweit sich die russische Regierung in den Präsidentschaftswahlkampf von 2016 eingemischt hat. Dazu zählt die Untersuchung jeglicher Verbindungen zwischen Personen, die mit dem Trump-Wahlkampf zu tun hatten, und der russischen Regierung sowie der Frage, ob es irgendeine Abstimmung zwischen dem Wahlkampfteam und der russischen Seite gab … Wie bei jeder anderen Spionageabwehruntersuchung beinhaltet dies auch die Einschätzung, ob in diesem Zusammenhang Straftaten begangen wurden.

Der damalige FBI-Direktor leitete die Untersuchung noch weitere sieben Wochen, bis zum 9. Mai 2017, dem Tag, an dem Präsident Trump FBI-Direktor Comey entließ – eine Handlung, die in Band II dieses Berichts analysiert wird.

Am 17. Mai 2017 setzte der stellvertretende Justizminister Rod Rosenstein den Sonderermittler ein und ermächtigte ihn, die laufende Untersuchung, die Comey in seiner Aussage vor dem Kongress bestätigt hatte, weiterzuführen, und darüber hinaus jeden Sachverhalt gemäß 28 C.F.R. § 600.4(a) zu untersuchen, einem Artikel des Bundesstrafgesetzbuchs, wo es um Versuche geht, Ermittlungen zu beeinflussen oder zu behindern.

Präsident Trumps Reaktion auf die Einsetzung des Sonderermittlers war ablehnend. Gegenüber Beratern äußerte er die Befürchtung, dies sei das Ende seiner Präsidentschaft; er versuchte, Justizminister Jefferson (Jeff) Sessions zu überreden, seine Befangenheitserklärung zurückzunehmen und den Sonderermittler zu entlassen, und bemühte sich, die Untersuchungsbefugnisse des Sonderermittlers zu beschneiden und die Offenlegung möglicher Beweise zu verhindern, u. a. mittels öffentlicher wie auch privater Kontaktaufnahme mit potenziellen Zeugen. Diese im weiteren Zusammenhang der Untersuchung stehenden Handlungen werden in Band II dieses Berichts beschrieben und analysiert.

***

Die Entscheidungen des Sonderermittlers, in bestimmten Fällen Anklage zu erheben

Um zu entscheiden, ob in bestimmten Fällen, wie in Band I dieses Berichts dargelegt, Anklage erhoben wird, beurteilte das Büro des Sonderermittlers zunächst, ob das ermittelte Verhalten eine Verletzung eines Bundesstrafgesetzes darstellte und gemäß der Grundsätze der Strafverfolgung auf Bundesebene strafbar war. *Siehe* Justice Manual § 9-27.000 ff. (2018). Das im Justice Manual dargelegte Standardprozedere besteht darin zu entscheiden, ob das fragliche Verhalten eine Straftat darstellt; und falls ja, ob es wahrscheinlich ist, dass ausreichend zulässige Beweismittel zusammengetragen werden können, die eine Verurteilung ermöglichen und stützen; und ob die Verfolgung einem wesentlichen bundesstaatlichen Interesse dient, dem durch eine Strafverfolgung durch eine andere Behörde oder durch nicht strafrechtliche Alternativen nicht adäquat Rechnung getragen werden könnte. *Siehe* Justice Manual § 9-27.220.

In Teil V des Berichts werden die Entscheidungen des Büros bezüglich der erhobenen Anklagen detailliert dargelegt, wobei drei Komponenten eine wichtige Rolle spielten.

Erstens: Das Büro kam zu dem Schluss, dass die beiden wichtigsten Einmischungsoperationen Russlands in den Präsidentschaftswahlkampf von 2016 – die Social-Media-Kampagne und die Hacking- und Dumpingoperationen – US-amerikanische Strafgesetze verletzte. Viele der Personen und Organisationen, die an der Social-Media-Kampagne beteiligt waren, wurden angeklagt, sich in betrügerischer Absicht gegenüber den USA verabredet zu haben, indem sie durch Täuschungsaktionen die Arbeit von Bundesbehörden, die mit der Regulierung ausländischer Einflussnahme auf die US-Wahlen befasst waren, untergruben, sowie weiterer, damit im Zusammenhang stehender Anklagepunkte, die den Identitätsdiebstahl betreffen. *Siehe USA vs. Internet Research Agency et al.*, No. 18-cr-32 (D.D.C). Parallel dazu verabredeten sich russische Nachrichtendienstoffiziere, die sich in die Computer und persönlichen E-Mail-Accounts von Personen aus dem Umfeld des Clinton-Wahlkampfs hackten, zum Verstoß gegen das bundesstaatliche Computer-Intrusion-Statute und andere Bundesgesetze, und es wurde entsprechend Anklage gegen sie erhoben. *Siehe USA vs. Wiktor Borissowitsch Netykscho et al.*, No. 18-cr-215 (D.D.C.) Gefährdung laufender Verfahren [redacted] Schutz der Privatsphäre [redacted]

Zweitens: Obgleich die Untersuchung zahlreiche Beziehungen zwischen Personen mit Verbindungen zur russischen Regierung und Personen aus dem Umfeld des Trump-Wahlkampfs offenlegte, lagen nicht ausreichend Beweise vor, um Anklagen zu erheben. Unter anderem gab es nicht genügend Beweise, um jemanden aus dem Wahlkampf-Team anzuklagen, als nicht registrierter Agent der russischen Regierung oder eines anderen russischen Auftraggebers fungiert zu haben. Auch waren unsere Beweismittel zu dem Treffen vom 9. Juni 2016 und den Veröffentlichungen durch WikiLeaks von gehacktem Material nicht ausreichend, um Anklage wegen des Verstoßes gegen die Wahlkampffinanzierungsgesetze zu erheben. Des Weiteren lagen keine ausreichenden Beweise vor, um ein Mitglied des Trump-Wahlkampfteams anzuklagen, sich mit Vertretern der russischen Regierung zur Einmischung in den Wahlkampf von 2016 verabredet zu haben.

Drittens: Die Untersuchung offenbarte, dass mehrere Personen aus dem Umfeld des Trump-Wahlkampfs das Büro des Sonderermittlers und den Kongress bezüglich ihrer Interaktionen mit Personen mit russischen Verbindungen und damit in Verbindung stehenden Angelegenheiten belogen hatten. Diese Lügen beeinträchtigten in erheblichem Maße die Ermittlungen in der Sache der russischen Wahlkampfeinmischung. In einigen dieser Lügen sah das Büro eine Verletzung des Bundesgesetzes, das Falschaussagen unter Strafe stellt. Der frühere Nationale Sicherheitsberater Michael Flynn bekannte sich schuldig, bezüglich seiner Interaktionen mit dem russischen Botschafter Kisljak während der Übergangsphase gelogen zu haben. George Papadopoulos, ein außenpolitischer Berater während des Wahlkampfs, bekannte sich schuldig, die Ermittler belogen zu haben, u. a. hinsichtlich der Natur und des Timings seiner Interaktionen mit Joseph Mifsud, dem Professor, der Papadopoulos erzählt hatte, die Russen hätten brisantes Material (»dirt«) über die Kandidatin Clinton in Form Tausender E-Mails. Michael Cohen, der frühere Anwalt der Trump Organization, bekannte sich der Falschaussagen bezüglich des Moskauer Trump-Projekts gegenüber dem Kongress schuldig. Gefährdung laufender Verfahren [redacted] Und im Februar 2019 fand der U.S. District Court for the District of Columbia heraus, dass Manafort das Büro und die Grand Jury belogen hatte bezüglich seiner Interaktionen und Kommunikation mit Konstantin Kilimnik im Zusammenhang mit Umfragedaten zum Trump-Wahlkampf und einem Friedensplan für die Ukraine.

***

Das Büro untersuchte auch verschiedene andere Vorfälle, von denen es in der öffentlichen Berichterstattung hieß, es ginge dabei um potenzielle Kontakte mit Russland. So kamen die Ermittler z. B. zu dem Schluss, dass die Interaktionen zwischen dem russischen Botschafter Kisljak und Trump-Wahlkampfmitarbeitern sowohl bei der außenpolitischen Rede des Kandidaten im April 2016 in Washington, D.C., als auch während des einwöchigen Konvents der Republikanischen Partei kurz, öffentlich und unwesentlich waren. Auch gab es keine Erkenntnisse darüber, dass die Bemühungen eines Wahlkampfmitarbeiters, den Teil des Grundsatzprogramms der Republikanischen Partei abzuschwächen, bei dem es um die Unterstützung der Ukraine ging, mit dem Kandidaten Trump oder Russland abgesprochen gewesen wären. Ebenso wenig ergaben die Ermittlungen, dass bei einem Treffen von Kisljak und Sessions im September 2016 in Sessions' Senatsbüro der Präsidentschaftswahlkampf mehr als nur beiläufig erwähnt worden wäre.

Nicht in jedem Fall erbrachte die Untersuchung zugängliche Informationen oder Zeugenaussagen oder ein komplettes Bild der jeweiligen Aktivitäten von Zielpersonen der Untersuchung. Einige Personen beriefen sich auf das im 5. Zusatzartikel verankerte Auskunftsverweigerungsrecht und waren laut Einschätzung des Büros auch nicht geeignet für eine Zeugenimmunität. Bei anderen Personen oder Informationen nahm das Büro angesichts interner Richtlinien des Justizministeriums Abstand von weiteren Ermittlungen – wie zum Beispiel bezüglich Informationen, die Anwälte oder Personen besaßen, die für sich in Anspruch nahmen, Medienangehörige zu sein. *Siehe* z. B. Justice Manual §§ 9-13.400, 13.410. Einige der Informationen, die durch diverse Gerichtsprozesse zutage kamen und darüber hinaus mutmaßlich unter den Schutz anwaltlicher Vertraulichkeit fielen, wurden für die Ermittler durch ein Filter- (oder »Schwärzungs-«)team unkenntlich gemacht. Auch wenn die betreffenden Personen aussagten oder sich zu einer Befragung bereit erklärten, gaben sie den Ermittlern manchmal falsche oder unvollständige Informationen, die zu den bereits beschriebenen Anklagen wegen Falschaussage führten. Auch in praktischer Hinsicht stieß das Büro an Grenzen, an relevantes Beweismaterial zu gelangen – zahlreiche Zeugen und Zielpersonen lebten im Ausland, und wichtige Dokumente wurden außerhalb der USA aufbewahrt.

Des Weiteren fand das Büro heraus, dass einige der Personen, die wir befragten oder deren Verhalten wir untersuchten – darunter einige Akteure des Trump-Wahlkampfs –, relevante Korrespondenz gelöscht hatten oder in der fraglichen Zeitspanne bei ihrer Korrespondenz mit Verschlüsselungssoftware arbeiteten oder einer Software, die keine lange Aufbewahrung von Daten oder Korrespondenz ermöglicht. In solchen Fällen war das Büro nicht in der Lage, Zeugenaussagen zu verifizieren, indem sie sie mit zeitgleichen Mitteilungen verglichen oder die Zeugen vollumfänglich zu Aussagen befragten, die im Widerspruch zu anderen bekannten Fakten standen.

In Anbetracht dieser Lücken kann das Büro, auch wenn die in diesem Bericht dargelegten faktischen und rechtlichen Feststellungen unseres Erachtens nach so genau und vollständig wie möglich sind, die Möglichkeit nicht ausschließen, dass die ihm unzugänglichen Informationen ein neues Licht auf die im Bericht beschriebenen Ereignisse werfen würden oder diese in einem anderen Licht zu betrachten wären.

I. Die Untersuchung des Sonderermittlers

Nachdem der damalige Justizminister Jeff Sessions sich am 2. März 2017 für befangen erklärt hatte, berief der daraufhin für die Russland-Untersuchung zuständige Vize-Justizminister Rod J. Rosenstein am 17. Mai 2017 einen Sonderermittler zur »Untersuchung der russischen Einmischung in die Präsidentschaftswahlen von 2016 und in damit verbundene Angelegenheiten«. (Office of the Deputy Attorney General, Auftrags-Nr. 3915-2017, *Ernennung eines Sonderermittlers zur Untersuchung der russischen Einmischung in die Präsidentschaftswahlen von 2016 und in damit verbundene Angelegenheiten*, 17. Mai 2017) (»Ernennungsauftrag«) Kraft seines Amtes, »einschließlich 28 U.S.C. §§ 509, 510 und 515«, ordnete der geschäftsführende Justizminister »in Erfüllung [seiner] Führungs- und Kontrollfunktion im Justizministerium sowie der Aufgabe, eine vollumfängliche und gründliche Untersuchung der möglichen Einmischung der russischen Regierung in die Präsidentschaftswahlen von 2016 zu garantieren«, (Ernennungsauftrag, Einleitung) die Ernennung eines Sonderermittlers an. »Der Sonderermittler«, so heißt es im Auftrag, »ist bevollmächtigt, die Untersuchung durchzuführen, die der damalige FBI-Direktor James B. Comey am 20. März 2017 in seiner Zeugenaussage vor dem House Permanent Select Committee on Intelligence bestätigt hatte.« Diese Untersuchung umfasste

- (i) alle Verbindungen und/oder Absprachen zwischen der russischen Regierung und einzelnen Personen, die in den Wahlkampf von Präsident Donald Trump involviert waren, und
- (ii) alle Angelegenheiten, die sich im Zuge dieser Untersuchung ergaben oder ergeben, und
- (iii) alle anderen Angelegenheiten, die in den Anwendungsbereich von 28 C.F.R. § 600.4(a) fallen.

Ernennungsauftrag ¶(b). Abschnitt 600.4 verleiht dem Sonderermittler »die Befugnis, Straftaten nach Bundesrecht zu untersuchen und zu verfolgen, die im Verlauf der Untersuchung des Sonderermittlers mit der Absicht begangen werden, diese zu behindern, wie zum Beispiel eidliche Falschaussage, Behinderung der Justiz, Vernichtung von Beweismaterial und Einschüchterung von Zeugen«. 28 C.F.R. § 600.4(a) Die Befugnis, »alle Angelegenheiten« zu untersuchen, »die sich im Zuge dieser Untersuchung ergaben« (Ernennungsauftrag ¶(b)(ii)), umfasst ähnliche Straftaten, die möglicherweise im Verlauf der vom FBI bestätigten Untersuchung vor der Ernennung des Sonderermittlers begangen worden sind. »Falls der Sonderermittler es für nötig und angebracht hält«, heißt es weiter im Auftrag, »ist dieser berechtigt, Straftaten, die im Zusammenhang mit dieser Untersuchung aufgedeckt werden und für die das FBI zuständig ist, zu verfolgen.« *ebd.* ¶(c) Schließlich bestätigte der stellvertretende Justizminister die Anwendbarkeit von »Abschnitt 600.4 bis 600.10, Title 28 des Code of Federal Regulations«, *ebd.* ¶(d).

In zwei späteren Aktennotizen hat der in dieser Sache amtierende Justizminister den Umfang der Befugnisse des Sonderermittlers genauer erläutert. In einer Aktennotiz vom 2. August 2017 legte er dar, er habe den Ernennungsauftrag zunächst bewusst »allgemein gefasst, um die Veröffentlichung des Dokuments zu ermöglichen, ohne bestimmte Ermittlungen gegen einzelne Personen offenzulegen«. Anschließend bekräftigt er, dass der Sonderermittler seit seiner Ernennung berechtigt war, sich mit Beschuldigungen zu befassen, denen zufolge drei Mitglieder von Trumps Wahlkampfteam – Carter Page, Paul Manafort und George Papadopoulos – »eine oder mehrere Straftaten begingen, indem sie geheime Absprachen mit Vertretern der russischen Regierung bezüglich der möglichen Einmischung der russischen Regierung in den Präsidentschaftswahlkampf von 2016 trafen«. Die Aktennotiz bekräftigt auch, dass der Sonderermittler befugt war, bestimmte andere Sachverhalte zu untersuchen, darunter Beschuldigungen in zwei weiteren Fällen gegen Manafort (Straftaten im Zusammenhang mit Geldern, die er von der ukrainischen Regierung erhielt, und Straftaten im Zusammenhang mit seiner Kreditaufnahme bei einer Bank, deren Geschäftsführer damals einen Posten in der Trump-Regierung anstrebte); Vorwürfe, Papadopoulos habe eine oder mehrere Straftaten begangen, indem er als nicht registrierter Lobbyist der israelischen Regierung tätig gewesen sei; und Beschuldigungen in vier Fällen gegen Michael Flynn, den ehemaligen nationalen Sicherheitsberater von Präsident Trump.

Am 20. Oktober 2017 bestätigte der Amtierende Justizminister in einer Aktennotiz die Untersuchungsbefugnisse des Sonderermittlers in Bezug auf etliche Personen und Organisationen. Erstens wurde der Sonderermittler ermächtigt, »im Rahmen einer vollumfänglichen und gründlichen Untersuchung der möglichen Einmischung der russischen Regierung in die Präsidentschaftswahlen von 2016 die diesbezüglichen Aktivitäten von Michael Cohen, Richard Gates, Schutz der Privatsphäre [redacted], Roger Stone und Schutz der Privatsphäre [redacted]« zu untersuchen. »Die Bestätigung der Genehmigung, gegen diese Personen zu ermitteln«, wurde in der Aktennotiz betont, »bedeutet nicht, dass der Sonderermittler zu der Entscheidung gelangt ist, eine von ihnen habe eine Straftat begangen.« Zweitens wurde im Hinblick auf Michael Cohen die Befugnis des Sonderermittlers anerkannt, »Hinweisen darauf nachzugehen, dass Cohen Essential Consultants LLC gegründet und unter anderem dazu genutzt hat, finanzielle Mittel von Organisationen zu erhalten, die von Russland unterstützt wurden«. Drittens erinnerte der stellvertretende Justizminister in der Aktennotiz an die Befugnis des Sonderermittlers, Personen und Organisationen in seine Untersuchung einzubeziehen, die möglicherweise an »gemeinsamen Aktivitäten« mit Personen wie z. B. Paul Manafort beteiligt waren, gegen die bereits ermittelt wurde. Zu guter Letzt erwähnte er in der Aktennotiz eine schon vor der Ernennung des Sonderermittlers eingeleitete FBI-Untersuchung von »Vorwürfen, [der damalige Justizminister] Jeff Sessions habe Falschaussagen vor dem Senat der Vereinigten Staaten gemacht«, und bekräftigte die Befugnis des Sonderermittlers, auch in dieser Angelegenheit Untersuchungen anzustellen.

Angesichts seiner Kompetenzen und Befugnisse legte der Sonderermittler die Untersuchung so an, dass er »sämtliche im Ermittlungs- und Strafverfolgungsbereich angesiedelten Funktionen eines Staatsanwalts« übernahm. 28 C.F.R. § 600.6. Gleich einer Staatsanwaltschaft prüfte das Büro des Sonderermittlers eine Reihe geheimer wie auch öffentlich zugänglicher Informationen, die dem FBI im Verlauf der Russland-Untersuchung vorlagen, und konzentrierte sich dabei auf Beweise, die möglicherweise bei der Verfolgung von Straftaten nach Bundesrecht Verwendung finden konnten (vorausgesetzt, es ließen sich eine oder mehrere Straftaten aufdecken, die eine Strafverfolgung rechtfertigten). Zu Beginn der Untersuchung im Mai 2017 stand dem Sonderermittler sofort umfangreiches Beweismaterial zur Verfügung, weil sich das FBI zu diesem Zeitpunkt schon fast zehn Monate lang mit der russischen Einmischung in die Wahlen beschäftigt hatte. Das Büro des Sonderermittlers entschied nach eigenem Ermessen über die Untersuchungsgegenstände und verzichtete beispielsweise darauf, jeder veröffentlichten Meldung über einen Kontakt zwischen Trumps Wahlkampfteam und russlandnahen Personen und Organisationen nachzugehen.

Das Büro hat seine Untersuchung über Verbindungen und Absprachen zwischen der russischen Regierung und Personen aus Trumps Wahlkampfteam nunmehr abgeschlossen. Einige Verfahren, die mit der Arbeit des Büros im Zusammenhang stehen, laufen weiter. Nach Rücksprache mit dem Büro des stellvertretenden Justizministers hat das Büro des Sonderermittlers die Zuständigkeit dafür anderen Abteilungen des Justizministeriums und des FBI übergeben. Diese Übergaben sind in Anhang D aufgeführt.

Zwei Bezirksgerichte haben den Umfang der Untersuchungsbefugnisse des Sonderermittlers bezüglich der Einmischung Russlands in die Wahlen sowie etwaiger Verbindungen und/oder

Absprachen mit Trumps Wahlkampfteam bestätigt. *Siehe Vereinigte Staaten vs. Manafort*, 312 F. Supp. 3d 60, 79-83 (D.D.C. 2018); *Vereinigte Staaten vs. Manafort*, 321 F. Supp. 3d 640, 650-655 (E.D. Va. 2018). Im Verlauf dieser Untersuchung fand das Büro regelmäßig Beweise für potenzielle kriminelle Aktivitäten, die außerhalb des Spektrums der vom stellvertretenden Justizminister eingeräumten Befugnisse des Sonderermittlers lagen. Nach Rücksprache mit dem Büro des stellvertretenden Justizministers leitete das Büro des Sonderermittlers den entsprechenden Strafverfolgungsbehörden – hauptsächlich anderen Abteilungen des Justizministeriums und dem FBI – diese Beweise weiter. In Anhang D sind diese Weiterleitungen zusammenfassend dargestellt.

***

Zur Durchführung der Untersuchungen und Strafverfolgungsmaßnahmen in den ihm übertragenen Angelegenheiten stellte der Sonderermittler ein Team zusammen, dem zu dessen Hochzeiten 19 Anwälte angehörten; fünf von ihnen kamen aus Privatkanzleien, 14 wurden ihm von anderen Abteilungen des Justizministeriums zugewiesen. Diesen Anwälten half ein Filter-Team aus Anwälten des Ministeriums und Mitarbeitern des FBI, das aus Gerichtsverfahren stammende Materialien nach schutzwürdigen Informationen durchsah, bevor es diese Materialien den Ermittlern aushändigte; ein Unterstützungsstab aus drei von der Kartellbehörde des Ministeriums abgestellten Anwaltsgehilfen; und ein neunköpfiges Verwaltungsteam, das für den Etat, Finanzen, Einkäufe, Personal, Unterlagen, technische Hilfsmittel, Sicherheitsvorkehrungen, Informationstechnologie und administrative Unterstützung zuständig war. Die Anwälte und Hilfskräfte des Sonderermittlers arbeiteten in unmittelbarer räumlicher Nachbarschaft mit rund 40 FBI-Agenten, Geheimdienstanalytikern, Wirtschaftsermittlern, einer juristischen Hilfskraft und weiteren qualifizierten Kräften zusammen, die das FBI dem Sonderermittler für seine Ermittlungen zugeteilt hatte. Diese »zugeteilten« FBI-Mitarbeiter unterstanden durchgängig der Aufsicht des FBI; die Angelegenheiten, bei denen sie halfen, fielen jedoch in den Aufgabenbereich des Sonderermittlers.[1]

Im Laufe seiner Untersuchung erließ das Büro unter Aufsicht einer Grand Jury im District of Columbia mehr als 2800 Vorladungen; ließ fast 500 Durchsuchungs- und Beschlagnahmebefehle vollstrecken; erwirkte mehr als 230 Anordnungen zur Aufzeichnung von Kommunikationsvorgängen gemäß 18 U.S.C. § 2703(d) und fast 50 Anordnungen zur Speicherung von Verbindungsnachweisen; stellte 13 Anträge an ausländische Regierungen gemäß Abkommen zur gegenseitigen Rechtshilfe; und befragte annähernd 500 Zeuginnen und Zeugen, darunter fast 80 vor einer Grand Jury.

***

Von seiner Gründung an war sich das Büro darüber im Klaren, dass es bei seiner Untersuchung möglicherweise Informationen über die Tätigkeit ausländischer Geheim- und Abschirmdienste aufspüren würde, die für den umfassenderen Auftrag des FBI, die nationale Sicherheit zu gewährleisten, von Belang sind. Mitarbeiter des FBI, die das Büro unterstützten, entwickelten Verfahren, um solche Informationen zu identifizieren und dem FBI zu übermitteln. Zu diesem Zweck fanden fast während der gesamten Existenzdauer des Büros regelmäßige Treffen mit der Abteilung für Spionageabwehr des FBI statt. Außerdem hatte das FBI zuletzt über ein Jahr lang Mitarbeiter im Büro, die nicht an

[1] Die dem Büro des Sonderermittlers zugeteilten FBI-Mitarbeiter mussten sich an alle geltenden Bundesgesetze sowie an sämtliche Vorschriften, Leitlinien und Richtlinien des Ministeriums und des FBI halten. Ein für das Büro tätiger FBI-Anwalt, zuständig für Angelegenheiten, die das FBI betrafen, sorgte etwa dafür, dass sie sämtliche Richtlinien und Verfahrensweisen des FBI befolgten, einschließlich des FBI Domestic Investigations and Operations Guide (DIOG). Dieser FBI-Anwalt arbeitete unter juristischer Aufsicht des FBI, nicht unter der Aufsicht des Sonderermittlers.

der Untersuchung des Sonderermittlers beteiligt waren; ihre Aufgabe bestand vielmehr darin, die Ergebnisse der Untersuchung zu begutachten und der Zentrale des FBI sowie den Außenstellen des FBI schriftliche Zusammenfassungen von Informationen über die Tätigkeit ausländischer Geheim- und Abschirmdienste zu schicken. Diese Mitteilungen und andere Korrespondenz zwischen dem Büro und dem FBI beinhalten im Rahmen der Untersuchung gewonnene Informationen, die nicht vollständig im vorliegenden Bericht enthalten sind. Dieser Bericht ist eine Zusammenfassung. Nach Ansicht des Büros enthält er die erforderlichen Informationen, um die Entscheidungen des Sonderermittlers zu begründen, Strafverfolgungsmaßnahmen einzuleiten oder abzulehnen, und die wichtigsten faktischen Ergebnisse der Untersuchung darzulegen.

US-Justizministerium
~~Juristische Ermittlungen~~ // ~~Kann geschütztes Material gemäß Fed. R. Crim. P. 6(e) enthalten~~

II. »Aktive Maßnahmen« – russische Social-Media-Kampagnen

Für die erste Form der russischen Einflussnahme auf die Wahlen zeichnet vor allem die Internet Research Agency, LLC (IRA), verantwortlich, eine russische Organisation, die von Jewgenij Wiktorowitsch Prigoschin und von durch ihn kontrollierten Firmen – darunter Concord Management and Consulting LLC und Concord Catering (zusammen »Concord«) – Geldmittel erhielt.[2] Die IRA führte Social-Media-Operationen durch, die ein großes US-amerikanisches Publikum erreichen sollten und darauf abzielten, Unfrieden im politischen System der USA zu säen.[3] Diese Operationen stellten »aktive Maßnahmen« (активные мероприятия) dar. Mit diesem Begriff werden normalerweise Operationen bezeichnet, die von russischen Sicherheitsdiensten durchgeführt werden, um den Verlauf internationaler Angelegenheiten zu beeinflussen.[4]

Die IRA und ihre Mitarbeiter begannen schon im Jahr 2014

---

[2] Dem Büro sind Berichte bekannt, denen zufolge sich auch andere russische Organisationen an ähnlichen gegen die Vereinigten Staaten gerichteten »Aktiven Maßnahmen« beteiligten. Einige vom Büro gesammelte Beweise bestätigen diese Berichte. Das Büro hat diese Beweise an andere Dienststellen im Justizministerium und beim FBI weitergegeben.

[3] Gefährdung laufender Verfahren [redacted] *siehe auch* SM-2230634, Seriennr. 44 (Analyse). Die hier genannte FBI-Fallnummer und andere im Bericht erwähnte FBI-Fallnummern sollten in Anbetracht des Kontexts als strafverfolgungsrelevant behandelt werden. Der Bericht enthält noch weitere strafverfolgungsrelevante Informationen.

[4] Wie unten in Teil V dargelegt, hat die Untersuchung dieser »Aktiven Maßnahmen« zu Anklagen gegen 13 russische Staatsbürger und drei russische Organisationen geführt, hauptsächlich wegen Verabredung zur Begehung einer Straftat gegen die Vereinigten Staaten, unter Zuwiderhandlung gegen 18 U.S.C. § 371. *Siehe* Band 1, Abschnitt V.A, *unten*; Eröffnungsbeschluss zur Anklage, *Vereinigte Staaten vs. Internet Research Agency et. al.*, 1:18-cr-32 (D.D.C., 16. Februar 2018), Dok. 1 (»*Internet Research Agency*-Eröffnungsbeschluss«).

mit Operationen, die darauf abzielten, sich in die Belange der USA einzumischen. IRA-Mitarbeiter, die sich fiktiver US-amerikanischer Personas bedienten, betrieben Accounts und Social-Media-Gruppen, die ein US-amerikanisches Publikum ansprechen sollten. Diese Gruppen und Accounts, die kontroverse politische und soziale Themen aufgriffen, erweckten den irreführenden Eindruck, von US-Aktivisten betrieben zu werden. Im Lauf der Zeit wurden diese Social-Media-Accounts zu wichtigen Werkzeugen, um ein großes US-amerikanisches Publikum zu erreichen. Mitte 2014 reisten IRA-Mitarbeiterinnen in die Vereinigten Staaten, um Informationen und Fotos zu sammeln, die sie in ihren Posts in den Sozialen Netzwerken verwenden wollten.

IRA-Mitarbeiter posteten herabwürdigende Aussagen über mehrere Kandidaten des Präsidentschaftswahlkampfs von 2016. Ab Anfang oder Mitte 2016 unterstützten die IRA-Operationen auch den Wahlkampf von Donald Trump und verunglimpften die Kandidatin Hillary Clinton. Um diese Aktivitäten auszuführen, tätigte die IRA verschiedene Ausgaben, u. a. bezahlte sie Anzeigen in sozialen Netzwerken und verwendete dafür die Namen von US-Bürgern und -Organisationen. Einige IRA-Mitarbeiter, die sich als US-Bürger ausgaben, ohne ihre russischen Verbindungen zu enthüllen, kommunizierten auf elektronischem Wege mit Personen, die sich im Trump-Wahlkampf engagierten, und mit anderen politischen Aktivisten zwecks Koordinierung verschiedener politischer Aktivitäten wie z. B. der Veranstaltung politischer Kundgebungen.[5] Die Untersuchung erbrachte keine Beweise dafür, dass irgendwelche US-Bürger bei diesen Operationen wissentlich oder vorsätzlich mit der IRA zusammenarbeiteten.

---

[5] *Internet Research Agency*-Eröffnungsbeschluss zur Anklage ¶¶ 52, 54, 55(a), 56, 74; Gefährdung laufender Verfahren [redacted].

US-Justizministerium
~~Juristische Ermittlungen~~ // ~~Kann geschütztes Material gemäß Fed. R. Crim. P. 6(e) enthalten~~

Gegen Ende des US-amerikanischen Wahlkampfs von 2016 gelang es der IRA, mithilfe ihrer Social-Media-Accounts Millionen von US-Bürgern zu erreichen. Viele der von der IRA gesteuerten Facebook-Gruppen und Instagram-Accounts hatten mehrere Hunderttausend US-amerikanische Teilnehmer. Von der IRA gesteuerte Twitter-Accounts besaßen jeweils mehrere Zehntausend Follower, darunter zahlreiche Persönlichkeiten aus der US-amerikanischen Politik, die die von der IRA geschaffenen Inhalte retweeteten. Im November 2017 sagte ein Facebook-Vertreter aus, Facebook habe 470 von der IRA gesteuerte Facebook-Accounts ausfindig gemacht, die zwischen Januar 2015 und August 2017 insgesamt 80 000 Posts eingestellt hätten. Facebook schätzte, dass die IRA durch ihre Facebook-Accounts bis zu 126 Millionen Personen erreicht hatte.[6] Im Januar 2018 gab Twitter bekannt, dass es 3814 von der IRA gesteuerte Twitter-Accounts ausfindig gemacht und ungefähr 1,4 Millionen Personen benachrichtigt hatte, die nach Twitters Ansicht in Kontakt mit einem der von der IRA gesteuerten Accounts gekommen sein könnten.[7]

---

6 *Social Media Influence in the 2016 U.S. Election, Hearing Before the Senate Select Committee on Intelligence*, 115. Kongress 13 (1.11.2017) (Aussage von Colin Stretch, Leitender Justiziar von Facebook) (»Wir schätzen, dass im Verlauf dieser zwei Jahre rund 29 Millionen Menschen in ihren News Feeds Content angeboten bekamen, der direkt aus den 80 000 Posts der IRA stammte. Außerdem teilten, likten und folgten Leute Facebook-Posts von diesen Seiten, sodass im Endergebnis möglicherweise noch dreimal so viele Menschen mit einer Story konfrontiert waren, die von der russischen Operation herrührte. Unsere bestmögliche Schätzung lautet, dass ungefähr 126 Millionen Menschen irgendwann in diesen zwei Jahren Inhalte von einer Seite serviert bekommen haben könnten, die mit der IRA in Verbindung stand.«) Der Facebook-Vertreter sagte zudem aus, Facebook habe 170 Instagram-Accounts identifiziert, die während dieser Zeit ungefähr 120 000 Content-Elemente gepostet hätten. Facebook verzichtete auf eine Schätzung, wie groß das über Instagram erreichte Publikum gewesen sein könnte.

7 Twitter, Update von Twitters Rückblick auf die US-amerikanischen Wahlen von 2016 (31. Januar 2018).

A. Struktur der Internet Research Agency

[redacted] Gefährdung laufender Verfahren [redacted][8] Gefährdung laufender Verfahren [redacted][9] Gefährdung laufender Verfahren [redacted][10]

Die Organisation wuchs rasch. Gefährdung laufender Verfahren [redacted][11] Gefährdung laufender Verfahren [redacted][12]

---

8 *Siehe* SM-2230634, Seriennr. 92.

9 Gefährdung laufender Verfahren [redacted]

10 Gefährdung laufender Verfahren [redacted]

11 *Siehe* SM-2230634, Seriennr. 86 Gefährdung laufender Verfahren [redacted]

12 Gefährdung laufender Verfahren [redacted]

Das Wachstum der Organisation führte auch zu einer detaillierteren organisatorischen Struktur. Gefährdung laufender Verfahren [redacted][13]

Zwei Personen standen an der Spitze des IRA-Managements: Generaldirektor Michail Bystrow und Geschäftsführer Michail Burtschik. Gefährdung laufender Verfahren [redacted][14] Gefährdung laufender Verfahren [redacted][15]

Schon im Frühling 2014 begann die IRA, ihre Finanzierungsquellen und ihre Aktivitäten zu verbergen. Gefährdung laufender Verfahren [redacted]

---

13 Gefährdung laufender Verfahren [redacted]

14 *Siehe z. B.* SM-2230634, Seriennr. 9, 113 und 180 Gefährdung laufender Verfahren [redacted]

15 Gefährdung laufender Verfahren [redacted]

[redacted] [16]

Die Operationen der IRA in den Vereinigten Staaten gehören zu einer größer angelegten konzertierten Aktion namens »Lachta-Projekt«. Gefährdung laufender Verfahren [redacted] [17] Gefährdung laufender Verfahren [redacted] [18]

16 Gefährdung laufender Verfahren [redacted], *siehe* SM-2230634, Seriennr. 131 und 204.

17 Gefährdung laufender Verfahren [redacted]

18 Gefährdung laufender Verfahren [redacted]

B. Finanzierung und Beaufsichtigung durch Concord und Prigoschin

Bis mindestens zum Februar 2018 bekam die IRA Geldmittel von Jewgenij Wiktorowitsch Prigoschin und zwei Concord-Firmen. Prigoschin ist ein wohlhabender russischer Geschäftsmann, der als Chef von Concord fungierte. Gefährdung laufender Verfahren [redacted] Im Dezember 2016 verhängte das US-amerikanische Finanzministerium Strafmaßnahmen gegen Prigoschin[19], Gefährdung laufender Verfahren [redacted] [20] Gefährdung laufender Verfahren [redacted] [21] Zahlreiche Medien haben über

---

[19] US-Finanzministerium, »Treasury Sanctions Individuals and Entities in Connection with Russia's Occupation of Crimea and the Conflict in Ukraine« (20. Dezember 2016).

[20] Gefährdung laufender Verfahren [redacted]

[21] Gefährdung laufender Verfahren [redacted]

Prigoschins Verbindungen zu Putin berichtet, und die beiden sind zusammen auf veröffentlichten Fotos zu sehen.[22]

Gefährdung laufender Verfahren [redacted] [23] Gefährdung laufender Verfahren [redacted]

Gefährdung laufender Verfahren [redacted] [24] Gefährdung laufender Verfahren [redacted] [25] Gefährdung laufender Verfahren [redacted]

Gefährdung laufender Verfahren [redacted]

---

22 *Siehe z. B.* Neil MacFarquhar, *Yevgeny Prigoshin, Russian Oligarch Indicted by U.S., Is Known as »Putin's Cook«*, New York Times (16. Februar 2018).

23 Gefährdung laufender Verfahren [redacted]

24 Gefährdung laufender Verfahren [redacted]

25 Gefährdung laufender Verfahren [redacted], *siehe auch* SM-2230634, Seriennr. 113 GIV [redacted]

[redacted] Gefährdung laufender Verfahren [redacted][26] Gefährdung laufender Verfahren [redacted][27] [redacted] Gefährdung laufender Verfahren [redacted]

26 Gefährdung laufender Verfahren [redacted]

27 Gefährdung laufender Verfahren [redacted]

[redacted] Gefährdung laufender Verfahren [redacted] [28] Gefährdung laufender Verfahren [redacted]

Mitarbeiter der IRA wussten darüber Bescheid, dass Prigoschin an den Operationen der IRA in den Vereinigten Staaten beteiligt war, Gefährdung laufender Verfahren [redacted]

---

[28] Mit dem Begriff »Troll« bezeichnet man Internet-Nutzer – in diesem Kontext bezahlte Kräfte –, die hetzerische oder andere destabilisierende Inhalte in sozialen Netzwerken oder auf anderen Websites posten.

[redacted] [29] Gefährdung laufender Verfahren [redacted]

[redacted] [30] Im Mai 2016 heuerten IRA-Mitarbeiter, die sich als US-amerikanische soziale Aktivisten und Administratoren von Facebook-Gruppen ausgaben, US-Bürger an, Schilder in die Höhe zu halten (darunter eins vor dem Weißen Haus), auf denen stand: »Herzlichen Glückwunsch zum 55. Geburtstag, lieber Boss.« Das sollte eine Hommage für Prigoschin sein, der am 1. Juni 2016 seinen 55. Geburtstag feierte.[31] Gefährdung laufender Verfahren [redacted] [32]

Gefährdung laufender Verfahren [redacted]

---

29 Ermittlungstechnische Gründe [redacted] *siehe auch* SM-2230634, Seriennr. 131 und 204.

30 *Siehe* SM-2230634, Seriennr. 156.

31 *Internet Research Agency*-Eröffnungsbeschluss zur Anklage ¶ 12(b); *siehe auch* Facebook-Nachrichten vom 26.5.2016, ID 1479936895656747 (United Muslims of America) und Schutz der Privatsphäre [redacted]

32 Gefährdung laufender Verfahren [redacted] *siehe auch* SM-2230634, Seriennr. 189. Gefährdung laufender Verfahren [redacted]

[redacted]

C. Die IRA nimmt die US-amerikanischen Wahlen ins Visier

1. Die IRA verstärkte ihre US-Operationen bereits 2014

Die US-Operationen der IRA sollten die öffentliche Meinung auf dem Wege über Online-Medien und -Foren beeinflussen. Schon im Frühjahr 2014 konzentrierte die IRA diese Operationen innerhalb einer einzelnen Abteilung, die intern als »Übersetzer« (переводчик)-Abteilung bezeichnet wurde. Gefährdung laufender Verfahren [redacted] Die IRA gliederte die Übersetzer-Abteilung in verschiedene Aufgabenbereiche, von Operationen auf diversen Social-Media-Plattformen über Analytik bis hin zu Grafik und Informationstechnologie.

Gefährdung laufender Verfahren [redacted]

[redacted] [33] Gefährdung laufender Verfahren [redacted] [34] Gefährdung laufender Verfahren [redacted]

---

33 Gefährdung laufender Verfahren [redacted] *siehe* SM-2230634, Seriennr. 205.

34 *Siehe* SM-2230634, Seriennr. 204 Gefährdung laufender Verfahren [redacted]

[redacted]

Gefährdung laufender Verfahren

[redacted]

[redacted][35] Gefährdung laufender Verfahren [redacted][36] Gefährdung laufender Verfahren [redacted]

[redacted]

[redacted]

Gefährdung laufender Verfahren [redacted] Gefährdung laufender Verfahren [redacted] Gefährdung laufender Verfahren [redacted] Gefährdung laufender Verfahren [redacted][37]

Mitarbeiterinnen der IRA reisten auch in die Vereinigten Staaten, um Informationen zu sammeln. Im Juni 2014 beantragten vier IRA-Mitarbeiter Einreisegenehmigungen beim US-ame-

35 Gefährdung laufender Verfahren [redacted]

36 Gefährdung laufender Verfahren [redacted]

37 Gefährdung laufender Verfahren [redacted]

rikanischen Außenministerium, wobei sie die Unwahrheit über den Zweck ihrer Reise sagten und behaupteten, vier Freundinnen und Freunde zu sein, die sich bei einer Party kennengelernt hätten.[38] Schließlich erhielten zwei IRA-Mitarbeiterinnen – Anna Bogatschewa und Alexandra Krylowa – Visa und reisten am 4. Juni 2014 in die Vereinigten Staaten ein.

Bevor sie aufbrachen, stellten Krylowa und Bogatschewa Reiserouten zusammen und sammelten Instruktionen für ihre Reise. Gefährdung laufender Verfahren [redacted] [39] Gefährdung laufender Verfahren [redacted] [40] Gefährdung laufender Verfahren [redacted] [41]

---

[38] *Siehe* SM-2230634, Seriennr. 150 und 172 Gefährdung laufender Verfahren [redacted]

[39] Gefährdung laufender Verfahren [redacted]

[40] Gefährdung laufender Verfahren [redacted]

[41] Gefährdung laufender Verfahren [redacted]

2. US-Operationen mittels IRA-gesteuerter Social-Media-Accounts

Mehrere Dutzend Mitarbeiter der IRA waren für die Pflege der Accounts und Personas auf verschiedenen US-amerikanischen Social-Media-Plattformen zuständig. Diese Mitarbeiter wurden »Spezialisten« genannt.[42] Schon 2014 waren an den US-Operationen der IRA Social-Media-Spezialisten beteiligt, die sich auf Facebook, YouTube und Twitter konzentrierten.[43] Später setzte die IRA weitere Spezialisten ein, die auf Tumblr- und Instagram-Accounts operierten.[44]

Zunächst erstellte die IRA Social-Media-Accounts, die als private Accounts von US-Bürgern getarnt waren.[45] Anfang 2015 begann die IRA dann, größere Social-Media-Gruppen zu erzeugen oder öffentliche Seiten in sozialen Netzwerken zu erstellen, die den (falschen) Eindruck erweckten, zu US-amerikanischen politischen Gruppen und Graswurzelorganisationen zu gehören. In bestimmten Fällen eröffnete die IRA Accounts, die wie Einrichtungen echter US-Organisationen daherkamen. So behauptete beispielsweise ein von der IRA gesteuerter Twitter-Account, @TEN_GOP, mit der Republikanischen Partei von Tennessee

42 Gefährdung laufender Verfahren [redacted]

43 Gefährdung laufender Verfahren [redacted]

44 *Siehe z. B.* SM-2230634, Seriennr. 179 Gefährdung laufender Verfahren [redacted]

45 *Siehe z. B.* Facebook-ID 100011390466802 (Alex Anderson); Facebook-ID 100009626173204 (Andrea Hansen); Facebook-ID 100009728618427 (Gary Williams); Facebook-ID 100013640043337 (Lakisha Richardson).

verbunden zu sein.[46] Häufiger eröffnete sie jedoch Accounts im Namen fiktiver US-amerikanischer Organisationen und Graswurzelgruppen und nutzte sie, um sich als immigrationsfeindliche Gruppen, Tea-Party-Aktivisten, Black-Lives-Matter-Demonstranten und andere US-amerikanische soziale und politische Aktivisten auszugeben.

Die IRA überwachte die Aktivitäten ihrer Social-Media-Accounts sehr genau. Gefährdung laufender Verfahren [redacted] [47] Gefährdung laufender Verfahren [redacted] [48] Gefährdung laufender Verfahren [redacted]

---

[46] Der Account gab sich als »inoffizieller Twitter der Republikaner von Tennessee« aus und postete Tweets, die die »Grand Old Party« (GOP) dieses Staates zu unterstützen schienen. *Siehe z. B.* @TEN_GOP-Tweet vom 3.4.2016 (»GOP von Tennessee unterstützt @realDonaldTrump basta #makeAmericagreatagain #tngop #Tennessee #gop«).

[47] Gefährdung laufender Verfahren [redacted]

[48] *Siehe z. B.* SM-2230634 Seriennr. 131 GIV [redacted]

[redacted]

Bereits im Februar 2016 war in internen IRA-Dokumenten die Rede von der Unterstützung des Trump-Wahlkampfs und vom Widerstand gegen die Kandidatin Clinton.[49] Beispielsweise erteilte GIV [redacted] Anweisungen an die zuständi-

---

[49] Die IRA postete bereits Content über die Clinton-Kandidatur, bevor Clinton öffentlich bekannt gab, dass sie sich um das Präsidentenamt bewerben würde. Von der IRA gesteuerte Accounts in den sozialen Netzwerken kritisierten Clintons Leistungen als Außenministerin und verbreiteten kritische Aussagen bezüglich ihrer Kandidatur. Die IRA benutzte auch noch andere Techniken. Gefährdung laufender Verfahren [redacted] *Siehe* SM-2230634, Seriennr. 70.

gen IRA-Mitarbeiter Gefährdung laufender Verfahren [redacted] »Hauptgedanke: Nutzt jede Möglichkeit, um Hillary [Clinton] und die anderen zu kritisieren (außer Sanders und Trump – die unterstützen wir).«[50] Gefährdung laufender Verfahren [redacted]

Während des gesamten Jahres 2016 blieb der Fokus auf dem US-amerikanischen Präsidentschaftswahlkampf. Im GIV [redacted] 2016 kritisierte der Autor eines internen GIV [redacted] in einer Analyse der von der IRA gesteuerten Facebook-Gruppe »Secured Borders« die »geringere Anzahl von Posts mit Kritik an Hillary Clinton« und ermahnte den Facebook-Spezialisten: »Die Kritik an Hillary Clinton muss unbedingt intensiviert werden.«[51]

Überdies gaben IRA-Mitarbeiter zu, dass bei ihrer Tätigkeit die Beeinflussung der Präsidentschaftswahlen im Mittelpunkt stand. Gefährdung laufender Verfahren [redacted]

Gefährdung laufender Verfahren [redacted]

50 Gefährdung laufender Verfahren [redacted]

51 Gefährdung laufender Verfahren [redacted]

US-Justizministerium

~~Juristische Ermittlungen~~ // ~~Kann geschütztes Material gemäß Fed. R. Crim. P. 6(c) enthalten~~

[redacted][52]

3. US-Operationen via Facebook

Bei vielen IRA-Operationen kamen Facebook-Accounts zum Einsatz, die von den IRA-Spezialisten eröffnet und gepflegt wurden. Gefährdung laufender Verfahren [redacted]

Gefährdung laufender Verfahren [redacted]

---

52 Gefährdung laufender Verfahren [redacted]

US-Justizministerium
~~Juristische Ermittlungen~~ // ~~Kann geschütztes Material gemäß Fed. R. Crim. P. 6(e) enthalten~~

[redacted] [53]

Gefährdung laufender Verfahren [redacted] [54] Während des Wahlkampfs 2016 aktive Facebook-Gruppen der IRA beschäftigten sich mit einem breiten Spektrum politischer Themen. Zu ihnen gehörten auch vermeintlich konservative Gruppen (mit Namen wie »Being Patriotic«, »Stop All Immigrants«, »Secured Borders« und »Tea Party News«), Gruppen, die vorgaben, sich für soziale Gerechtigkeit für Schwarze einzusetzen (»Black Matters«, »Blacktivist« und »Don't Shoot Us«), sowie angebliche LGBTQ-Gruppen (»LGBT United«) und religiöse Gruppen (»United Muslims of America«).

Während des ganzen Jahres 2016 veröffentlichten IRA-Accounts eine wachsende Zahl von Materialien, die den Trump-Wahlkampf unterstützten und sich gegen den Clinton-Wahlkampf stellten. So wandte sich etwa der operationale Account »Matt Skiber« am 31. Mai 2016 privat an Dutzende von Trump-freundlichen Facebook-Gruppen und bat sie um Unterstützung

---

53 Gefährdung laufender Verfahren [redacted]

54 Gefährdung laufender Verfahren [redacted]

bei der Planung einer »Kundgebung für Trump in der Nähe des Trump Tower«.[55]

Um ein größeres US-amerikanisches Publikum zu erreichen, schaltete die IRA bezahlte Anzeigen bei Facebook, um die IRA-Gruppen in den Newsfeeds US-amerikanischer Nutzer zu bewerben. Facebook zufolge schaltete die IRA mehr als 3500 bezahlte Anzeigen und gab dafür insgesamt rund 100 000 Dollar aus.[56]

Während des Präsidentschaftswahlkampfs unterstützten viele von der IRA geschaltete Anzeigen ausdrücklich einen Präsidentschaftskandidaten, sprachen sich gegen ihn aus oder warben für politische Kundgebungen, die von der IRA organisiert wurden (siehe dazu weiter unten). Schon im März 2016 schaltete die IRA Anzeigen, die sich offen gegen den Clinton-Wahlkampf aussprachen. So schaltete die IRA beispielsweise am 18. März 2016 eine Anzeige mit einer Abbildung der Kandidatin Clinton; in der Bildunterschrift hieß es auszugsweise: »Wenn Gott diese Lügnerin eines Tages als Präsidentin ins Weiße Haus einziehen lässt – dieser Tag wäre eine echte nationale Tragödie.«[57] Ebenso schaltete die IRA am 6. April Anzeigen auf ihrem Account »Black Matters«, in denen US-Bürger aufgefordert wurden, einen »Flashmob« zu bilden, um »Fotos mit #HillaryClintonForPrison2016 oder #nohillary2016 zu machen«.[58] IRA-Anzeigen, in denen es um Clinton ging, waren mit sehr wenigen Ausnahmen negativ.[59]

Von der IRA geschaltete Anzeigen zum Kandidaten Trump

---

55 31.5.2016, Facebook-Nachricht, ID 100009922908461 (Matt Skiber) an ID Schutz der Privatsphäre [redacted] 31.5.2016, Facebook-Nachricht, ID 100009922908461 (Matt Skiber) an ID Schutz Schutz der Privatsphäre [redacted]

56 *Social Media Influence in the 2016 U.S. Election, Hearing Before the Senate Select Committee on Intelligence*, 115th Cong. 13 (1.11.2017) (Aussage von Colin Stretch, Leitender Justiziar von Facebook).

57 18.3.2016, Facebook-Anzeige ID 6045505152575.

58 6.4.2016, Facebook-Anzeige ID 6043740225319.

59 *Siehe* SM-2230634, Seriennr. 213 (Dokumentation von politisch orientierten Anzeigen, bereitgestellt von Facebook aus dem Gesamtbestand).

unterstützten größtenteils seinen Wahlkampf. Die erste bekannte IRA-Anzeige, die den Trump-Wahlkampf explizit unterstützte, wurde am 19. April 2016 geschaltet. Die IRA kaufte eine Anzeige für ihren Instagram-Account »Tea Party News«, in der US-Bürger aufgefordert wurden, bei der Aufstellung eines »patriotischen Teams junger Trump-Unterstützer« zu helfen, indem sie Fotos mit dem Hashtag »#KIDS4TRUMP« hochluden.[60] In den darauffolgenden Monaten schaltete die IRA Dutzende von Anzeigen, die den Trump-Wahlkampf unterstützten, hauptsächlich über die Facebook-Gruppen »Being Patriotic«, »Stop All Invaders« und »Secured Borders«.

Insgesamt erreichten die Social-Media-Accounts der IRA Dutzende Millionen US-Bürger. Einzelne Accounts gewannen Hunderttausende Follower. Zum Zeitpunkt, als sie von Facebook Mitte 2017 deaktiviert wurden, hatten etwa die Facebook-Gruppe »United Muslims of America« mehr als 300 000 Follower, die Gruppe »Don't Shoot Us« mehr als 250 000 Follower, die Gruppe »Being Patriotic« mehr als 200 000 Follower und die Gruppe »Secured Borders« mehr als 130 000 Follower.[61] Facebook zufolge stellten die von der IRA gesteuerten Accounts insgesamt mehr als 80 000 Posts ein, bevor sie im August 2017 deaktiviert wurden, und diese Posts erreichten mindestens 29 Millionen

---

60 19.4.2016, Facebook-Anzeige ID 6045151094235.

61 *Siehe* Facebook ID 1479936895656747 (United Muslims of America); Facebook ID 1157233400960126 (Don't Shoot); Facebook ID 1601685693432389 (Being Patriotic); Facebook ID 757183957716200 (Secured Borders). Gefährdung laufender Verfahren [redacted] Gefährdung laufender Verfahren [redacted]

US-Bürger, könnten aber »schätzungsweise 126 Millionen Menschen« erreicht haben.[62]

4. <u>US-Operationen via Twitter</u>

Mehrere in der Übersetzer-Abteilung tätige Mitarbeiter der IRA fungierten als Twitter-Spezialisten. Gefährdung laufender Verfahren [redacted][63]

Die Twitter-Operationen der IRA verfolgten zwei Strategien. Erstens betrieben IRA-Spezialisten bestimmte Twitter-Accouts, um individuelle US-Personas zu erschaffen. Gefährdung laufender Verfahren [redacted][64] Unabhängig davon betrieb die IRA ein Netzwerk automatisierter Twitter-Accounts (gemeinhin als Botnetz bezeichnet), das es ihr ermöglichte, vorhandenen Inhalten größere Reichweite zu verleihen.

---

62 *Social Media Influence in the 2016 U.S. Election, Hearing Before the Senate Select Committee on Intelligence*, 115. Kongress 13 (1.11.2017) (Aussage von Colin Stretch, Leitender Justiziar von Facebook).

63 Gefährdung laufender Verfahren [redacted]

64 Gefährdung laufender Verfahren [redacted]

a. Individualisierte Accounts

Gefährdung laufender Verfahren [redacted] [65] Gefährdung laufender Verfahren [redacted] [66] Die IRA betrieb individualisierte Twitter-Accounts ähnlich wie ihre Facebook-Accounts. Sie postete beständig neue, eigene Inhalte, kommunizierte aber auch direkt mit US-amerikanischen Twitter-Nutzern (über öffentliche Tweets oder über Twitter Direktnachrichten).

Die IRA nutzte viele dieser Accounts für ihre Bemühungen, das US-amerikanische Publikum bezüglich der Wahl zu beeinflussen. Zu den individualisierten Accounts, mit denen die Präsidentschaftswahl beeinflusst werden sollte, gehörten @TEN_GOP (siehe oben), @jenn_abrams (angeblich eine Trump-Unterstützerin aus Virginia mit 70 000 Followern), @Pamela_Moore13 (angeblich eine texanische Trump-Unterstützerin mit 70 000 Followern) und @America_1st_ (eine immigrationsfeindliche Persona mit 24 000 Followern).[67] Im Mai 2016 eröffnete die IRA den Twitter-Account @march_for_trump, der für von der

---

65 Gefährdung laufender Verfahren [redacted]

66 Gefährdung laufender Verfahren [redacted]

67 Zu diesen individualisierten Accounts gehörte auch @MissouriNewsUS (ein Account mit 3800 Followern, der Sanders-freundliches und Clinton-feindliches Material postete).

IRA organisierte Kundgebungen zur Unterstützung des Trump-Wahlkampfs warb (siehe dazu weiter unten).[68]

Gefährdung laufender Verfahren
[redacted]

Gefährdung laufender Verfahren
[redacted][69]

[68] *Siehe* @march_for_trump, Tweet vom 30.5.2016 (erster Post dieses Accounts).

[69] Gefährdung laufender Verfahren [redacted]

Mit den Aktivitäten dieser und anderer Accounts erreichte die IRA Reaktionen bei Nutzern und Medien. Etliche von der IRA gepostete Tweets errangen einen gewissen Bekanntheitsgrad.[70] Auch US-amerikanische Medienkanäle zitierten Tweets IRA-gesteuerter Accounts und interpretierten sie als Reaktionen echter US-Bürger.[71] Ebenso zahlreiche bekannte US-amerikanische Persönlichkeiten, darunter der ehemalige Botschafter Michael McFaul[72], Roger Stone[73], Sean Hannity[74] und Michael Flynn jr.[75], antworteten auf Tweets, die auf diesen von der IRA gesteuerten Accounts gepostet worden waren, oder retweeteten sie. Auch viele Einzelpersonen, die sich im Trump-Wahlkampf engagierten, verbreiteten IRA-Tweets (siehe dazu weiter unten).

---

70 Ein IRA-Account tweetete beispielsweise: »An diejenigen, die die Flagge der Konföderierten hassen. Wusstet ihr, dass es bei der Flagge und dem Krieg nicht um die Sklaverei ging, sondern ausschließlich ums Geld.« Auf diesen Tweet gab es mehr als 40 000 Antworten. Tweet von @Jenn_Abrams, 24.4.2017 (14:37 Uhr).

71 Josephine Lukito und Chris Wells, *Most Major Outlets Have Used Russian Tweets as Sources for Partisan Opinion: Study*, Columbia Journalism Review (8. März 2018); *siehe auch Twitter Steps Up to Explain #NewYorkValues to Ted Cruz*, Washington Post (15. Januar 2016) (darin das Zitat eines IRA-Tweets); *People Are Slamming the CIA for Claiming Russia Tried to Help Donald Trump*, U.S. News & World Report (12. Dezember 2016).

72 Tweet von @McFaul, 30.4.2016 (Antwort auf Tweet von @Jenn_Abrams).

73 Tweet von @RogerJStoneJr vom 30.5.2016 (Retweet von @Pamela_Moore13); Tweet von @RogerJStoneJr vom 26.4.2016 (ebenso).

74 Tweet von @seanhannity vom 21.6.2017 (Retweet von @Pamela_Moore13).

75 Tweet von @mflynnJR vom 22.6.2017 (»RT [Retweet] @Jenn_Abrams: Das passiert, wenn man den Off-Kommentar eines alten Dokumentarfilms zum Thema Geisteskrankheit über Videomaterial von SJWs [Social Justice Warriors, »Gutmenschen«] legt …«).

US-Justizministerium
~~Juristische Ermittlungen~~ // ~~Kann geschütztes Material gemäß Fed. R. Crim. P. 6(c) enthalten~~

b. Botnetz-Aktivitäten der IRA

Gefährdung laufender Verfahren [redacted][76]

Gefährdung laufender Verfahren [redacted][77]

Gefährdung laufender Verfahren [redacted]

---

76 Unter »Botnetz« versteht man ein Netzwerk privat genutzter Computer oder Accounts, die als Gruppe kontrolliert werden, um spezielle automatisierte Nachrichten zu versenden. Im Twitter-Netzwerk kann man bestimmte Tweets oder Hashtags mithilfe von Botnetzen verbreiten oder weiterleiten (»retweet«), damit sie ein größeres Publikum erreichen.

77 Gefährdung laufender Verfahren [redacted]

[redacted][78]

Im Januar 2018 identifizierte Twitter öffentlich 3814 Twitter-Accounts, die mit der IRA verbunden waren.[79] Laut Twitter posteten diese Accounts in den zehn Wochen vor der Präsidentschaftswahl 2016 ungefähr 175 993 Tweets, »von denen sich ungefähr 8,4 % auf die Wahl bezogen«.[80] Darüber hinaus gab Twitter bekannt, ungefähr 1,4 Millionen Menschen benachrichtigt zu haben, die nach Twitters Ansicht in Kontakt mit einem von der IRA gesteuerten Account gekommen sein könnten.[81]

5. <u>US-Operationen im Zusammenhang mit politischen Kundgebungen</u>

Die IRA organisierte und unterstützte politische Kundgebungen in den Vereinigten Staaten unter der Tarnidentität US-amerikanischer Graswurzelaktivisten. Zuerst benutzte sie eine ihrer bereits vorhandenen Social-Media-Personas (z. B. Facebook-Gruppen und Twitter-Accounts), um die Veranstaltung anzukündigen und zu bewerben. Dann schickte sie eine große Anzahl von Direktnachrichten an Follower ihres Social-Media-Accounts und forderte sie auf, an der Veranstaltung teilzunehmen. Unter denen, die antworteten und Interesse an der Teilnahme bekundeten, suchte die IRA dann eine US-Person, die als

---

78 Gefährdung laufender Verfahren [redacted]

79 Eli Rosenberg, *Twitter to Tell 677,000 Users they Were Had by the Russians. Some Signs Show the Problem Continues*, Washington Post (19. Januar 2019).

80 Twitter, »Update on Twitter's Review of the 2016 US Election« (aktualisiert am 31. Januar 2018). Twitter meldete auch, es habe 50 258 automatisierte Accounts identifiziert, die mit der russischen Regierung verbunden waren und in den zehn Wochen vor der Wahl mehr als eine Million Tweets absetzten.

81 Twitter, »Update on Twitter's Review of the 2016 US Election« (aktualisiert am 31. Januar 2018).

Veranstaltungskoordinator fungieren sollte. In den meisten Fällen erklärte der IRA-Account-Betreiber der betreffenden Person, er selbst könne aufgrund irgendeines Konflikts oder weil er sich woanders in den Vereinigten Staaten befände nicht an der Veranstaltung teilnehmen.[82] Anschließend warb die IRA weiter für die Veranstaltung, indem sie Kontakt mit US-amerikanischen Medien aufnahm und den Koordinator als Ansprechpartner präsentierte.[83] Nach der Veranstaltung postete die IRA Videos und Fotos von dem Event in den Social-Media-Accounts der IRA.[84]

Das Büro stieß bei seinen Ermittlungen auf Dutzende von Kundgebungen in den USA, die von der IRA organisiert worden waren. Den Anfang machte offenbar eine »Konföderierten-Kundgebung« im November 2015[85]. Auch nach den Präsidentschaftswahlen organisierte die IRA weiterhin derartige Kundgebungen. Die Teilnehmerzahlen fielen dabei unterschiedlich aus. Einige scheinen nur wenige (falls überhaupt irgendwelche) Teilnehmer angezogen zu haben, andere wiederum zogen Hunderte an. Die Reichweite und der Erfolg dieser Kundgebungen wurden aufmerksam registriert. Gefährdung laufender Verfahren [redacted]

---

82 Facebook-Nachricht vom 20.8.2016, ID 100009922908461 (Matt Skiber) an ID Schutz der Privatsphäre [redacted].

83 *Siehe z. B.* E-Mail von joshmilton024@gmail.com vom 21.7.2016 an Schutz der Privatsphäre [redacted]; E-Mail von joshmilton024@gmail.com vom 21.7.2016 an Schutz der Privatsphäre [redacted]

84 Tweet von @march_for_trump vom 25.6.2016 (mit Fotos von der Kundgebung beim Trump Tower).

85 Instagram ID 2228012168 (Stand for Freedom), Post vom 3.11.2015 (»Guten Abend, Freunde! Also, ich habe vor, eine Konföderierten-Kundgebung zu veranstalten [...] in Houston am 14. November, und ich möchte, dass noch mehr Leute teilnehmen.«).

US-Justizministerium
~~Juristische Ermittlungen~~ // ~~Kann geschütztes Material gemäß Fed. R. Crim. P. 6(c) enthalten~~

[redacted]
Gefährdung laufender Verfahren
[redacted]

US-Justizministerium
~~Juristische Ermittlungen~~ // ~~Kann geschütztes Material gemäß Fed. R. Crim. P. 6(c) enthalten~~

[redacted]

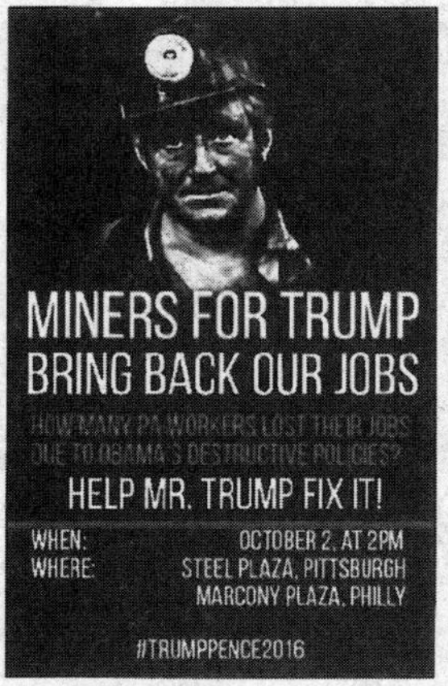

Plakat für von der IRA organisierte Kundgebungen in Pennsylvania

Von Juni 2016 bis zum Ende des Präsidentschaftswahlkampfs konzentrierten sich die von der IRA organisierten Kundgebungen in den Vereinigten Staaten fast ausnahmslos auf die Wahl, wobei sie häufig für Trump warben und sich gegen Clinton aussprachen. Zu den Pro-Trump-Veranstaltungen zählten drei in New York, eine Reihe von Kundgebungen in Florida im August 2016 und mehrere im Oktober 2016 in Pennsylvania. Die Kundgebungen in Florida erregten die Aufmerksamkeit von Trumps Wahlkampfteam, das auf Trumps Facebook-Account einen Post über die Kundgebung in Miami einstellte (siehe dazu weiter unten).[86]

Viele jener IRA-Mitarbeiter, die die Social-Media-Accounts der IRA steuerten, warben auch laufend neue Teilnehmer für politische Kundgebungen in den Vereinigten Staaten an. Gefährdung laufender Verfahren [redacted]

[86] Die Kundgebungen zur Unterstützung von Trump wurden über mehrere Facebook-, Twitter- und E-Mail-Accounts organisiert. *Siehe z. B.* Facebook ID 100009922908461 (Matt Skiber); Facebook ID 1601685693432389 (Being Patriotic); Twitter-Account @march_for_trump; beingpatriotic@gmail.com. (Die Kundgebungen fanden in New York am 25. Juni 2016, in Florida am 20. August 2016 und in Pennsylvania am 2. Oktober 2016 statt).

[redacted][87]

6. Ansprache und Anwerbung von US-Personen

Schon 2014 wies die IRA ihre Mitarbeiter an, US-Personen anzusprechen, mit deren Hilfe sich ihre operativen Ziele besser verfolgen ließen. Anfangs konzentrierte sich die Anwerbung auf US-Personen, die dem von der IRA geposteten Content größere Reichweite verschaffen konnten. Gefährdung laufender Verfahren [redacted]

Gefährdung laufender Verfahren [redacted][88]

Mitarbeiter der IRA nutzten häufig Ermittlungstechnische Gründe [redacted] Twitter, Facebook und Instagram, um Kontakt mit

87 Gefährdung laufender Verfahren [redacted]

88 Gefährdung laufender Verfahren [redacted]

US-Personen aufzunehmen, die der Gruppe folgten, und sie anzuwerben. Die IRA rekrutierte Personen aus dem gesamten politischen Spektrum. So sprach sie beispielsweise die Familie von Schutz der Privatsphäre [redacted] und eine Reihe schwarzer Aktivisten an, die für soziale Gerechtigkeit kämpften; dabei gab sich die IRA als Graswurzelgruppe namens »Black Matters US« aus.[89] Im Februar 2017 engagierte die Persona »Black Fist« (die angeblich Afroamerikanern beibringen wollte, sich beim Kontakt mit Gesetzesvertretern zu schützen) in New York einen Selbstverteidigungslehrer, der von Black Fist gesponsorte Kurse anbieten sollte. Die IRA warb auch Moderatoren konservativer Social-Media-Gruppen an, um von der IRA erstellte Inhalte zu propagieren[90], und rekrutierte Einzelpersonen für politische Aktivitäten (z. B. als Nikolaus mit Trump-Maske verkleidet durch New York City zu laufen).[91]

Gefährdung laufender Verfahren [redacted] [92] Gefährdung laufender Verfahren [redacted]

[89] Facebook-Anzeige vom 11.3.2016, ID 6045078289928, Facebook-Anzeige vom 6.5.2016, ID 6051652423528, Facebook-Anzeige vom 26.10.2016, ID 6055238604687; Facebook-Nachricht vom 27.10.2016, ID Schutz der Privatsphäre [redacted] und ID 100011698576461 (Taylor Brooks).

[90] Facebook-Nachricht vom 19.8.2016, ID 100009922908461 (Matt Skiber) an ID Schutz der Privatsphäre [redacted]

[91] E-Mail vom 8.12.2016, robot@craigslist.org an beingpatriotic@gmail.com (Bestätigung einer Anzeige von Craigslist).

[92] Twitter DMs 18.8.-19.8.2016, @march_for_trump und Schutz der Privatsphäre [redacted]

US-Justizministerium
~~Juristische Ermittlungen~~ // ~~Kann geschütztes Material gemäß Fed. R. Crim. P. 6(c) enthalten~~

[redacted][93] Gefährdung laufender Verfahren [redacted][94] GIV [redacted] als das Online-Publikum der IRA wuchs, beobachtete die IRA US-Personen weiter, mit denen sie kommunizierte und die sie erfolgreich mit Aufträgen betraut hatte (von der Organisierung von Kundgebungen bis zum Erstellen von Fotos mit bestimmten politischen Botschaften). Gefährdung laufender Verfahren [redacted][95] Gefährdung laufender Verfahren [redacted]

[93] *Siehe z. B.* Facebook-Nachrichten vom 11.11.-27.11.2016, ID 100011698576461 (Taylor Brooks) und ID Schutz der Privatsphäre [redacted] (Vereinbarung über die Bezahlung von Flugtickets und einem Megafon).

[94] *Siehe z. B.* Facebook-Nachricht vom 10.9.2016, ID 100009922908461 (Matt Skiber) und ID Schutz der Privatsphäre [redacted] (Diskussion über die Bezahlung von Kundgebungsmaterialien); Twitter-Direktnachricht vom 18.8.2016, @march_for_trump an SdP [redacted] (Diskussion über die Bezahlung von Baumaterial).

[95] Gefährdung laufender Verfahren [redacted]

[redacted]

7. Interaktionen und Kontakte mit Trumps Wahlkampfteam

Bei der Untersuchung stellte sich heraus, dass es zwei verschiedene Arten an Verbindungen zwischen der IRA und Mitgliedern von Trumps Wahlkampfteam gab. (Ähnliche Verbindungen zwischen der IRA und Clintons Wahlkampfteam wurden nicht gefunden.) Erstens propagierten Mitglieder und prominente

Unterstützer von Trumps Wahlkampfteam – normalerweise durch Verlinkung, Retweets oder ähnliche Methoden des Repostings – Trump-freundliche und Clinton-feindliche Inhalte, die die IRA auf von ihr gesteuerten Social-Media-Accounts gepostet hatte. Zusätzlich gaben sich in einigen wenigen Fällen IRA-Mitarbeiter als US-Personen aus, um mit Mitgliedern von Trumps Wahlkampfteam zu kommunizieren, die sie um Unterstützung und Koordinierung von durch die IRA organisierten politischen Kundgebungen in den Vereinigten Staaten baten.

a. Propagierung politischer Materialien der IRA durch Trumps Wahlkampfteam

Unter den von der IRA angesprochenen »Meinungsführern« der Vereinigten Staaten befanden sich etliche Mitglieder und prominente Unterstützer von Trumps Wahlkampfteam. Insgesamt propagierten Personen, die sich für Trumps Wahlkampf engagierten, Dutzende von Tweets, Posts und anderen politischen Inhalten aus der Feder der IRA.

– Posts des von der IRA gesteuerten Twitter-Accounts @TEN_GOP wurden von zahlreichen Mitgliedern und prominenten Unterstützern von Trumps Wahlkampfteam zitiert und retweetet, darunter Donald J. Trump jr. [96], Eric Trump[97], Kel-

---

[96] *Siehe z. B.* Tweet vom 26.10.2016 von @DonaldJTrumpJr (»RT @TEN_GOP: EILMELDUNG Tausende Namen in Wählerverzeichnissen in Indiana geändert. Polizei ermittelt #VoterFraud. #DrainTheSwamp.«); Tweet von @DonaldJTrumpJr vom 2.11.2016 (»RT @TEN_GOP: EILMELDUNG #VoterFraud durch Zählung Zehntausender ungültiger Briefwahl-Stimmen für Hillary aus Broward County, Florida, gemeldet.«); Tweet von @DonaldJTrumpJr vom 8.11.2016 (»RT @TEN_GOP: Dieser Veteran starb letzten Monat, bevor er für Trump stimmen konnte. Hier ist er mit seiner #MAGA-Mütze. #voted #ElectionDay.«). Nach der Wahl retweetete Trump jr. weiteren @TEN_GOP-Content.

[97] Tweet von @Eric Trump vom 20.10.2016 (»RT @TEN_GOP: EILMELDUNG Hillary bricht Pressekonferenz ab wegen Fragen nach Korruption von Mitgliedern des DNC und #VoterFraud #debatenight #TrumpB«).

lyanne Conway[98], Brad Parscale[99] und Michael T. Flynn[100]. Diese Posts beinhalteten Wahlbetrugsvorwürfe[101] und Behauptungen, Clinton sei als Außenministerin falsch mit Geheimsachen umgegangen.[102]

[98] Tweet von @KellyannePolls vom 6.11.2016 (»RT @TEN_GOP: Mutter von inhaftiertem Seemann: ›Legt an Hillary in puncto Geheimsachen dieselben Maßstäbe an wie an meinen Sohn.‹ #hillarysemail #WeinerGate.«).

[99] Tweet von @parscale vom 15.10.2016 (»Tausende von ›Deplorables‹ fordern lautstark von den Medien: ›Sagt die Wahrheit!‹ Retweetet das, wenn ihr auch die Schnauze voll habt von tendenziösen Medien! #FridayFeeling«).

[100] @GenFlynn, 7.11.2016 (Retweet eines Posts von @TEN_GOP, u. a. mit der Aussage: »@realDonaldTrump und @mike_pence werden unser nächster POTUS und VPOTUS [PRÄSIDENT und VIZEPRÄSIDENT] sein.«).

[101] Tweet von @TEN_GOP vom 11.10.2016 (»North Carolina: 2214 Wähler entdeckt, die älter als 110 sind!!«).

[102] Tweet von @TEN_GOP vom 6.11.2016 (»Mutter von inhaftiertem Seemann: ›Legt an Hillary in puncto Geheimsachen dieselben Maßstäbe an wie an meinen Sohn.‹ #hillaryemail #WeinerGate.«).

- Ein Post des von der IRA gesteuerten Twitter-Accounts @Pamela_Moore13 vom 7. November 2016 wurde von Donald J. Trump jr. retweetet.[103]
- Am 19. September 2017 antwortete Präsident Trumps privater Account @realDonaldTrump auf einen Tweet des von der IRA gesteuerten Accounts @10_gop (Backup-Account von @TEN_GOP, der von Twitter bereits deaktiviert worden war). Der Tweet lautete: »Wir lieben Sie, Mr. President!«[104]

Screenshot von Trumps Facebook-Account (von Matt Skiber)

Mitarbeiter der IRA überwachten die Reaktionen von Trumps Wahlkampfteam und später von Trumps Regierungsmitgliedern auf ihre Tweets. So schrieb die von der IRA gesteuerte falsche Identität »Matt Skiber« beispielsweise am 23. August 2016 in einer Nachricht an einen Aktivisten der Tea Party: »Mr. Trump hat etwas über unsere Veranstaltung in Miami gepostet! Das ist toll!«[105] Der IRA-Mitarbeiter hängte einen Screenshot vom Facebook-Account des Kandidaten Trump mit einem Post über die von der IRA organisierten politischen Kundgebungen vom 20. August 2016 an.

---

103 Tweet von @DonaldJTrumpJr vom 7.11.2016 (»RT @Pamela_Moore13: Einwohner von Detroit kritisieren die gescheiterte Politik von Obama, Hillary & Demokraten ….«).

104 Tweet von @realDonaldTrump vom 19.9.2017 (19:33 Uhr) (»DANKE für die Unterstützung, Miami! Mein Team hat mir gerade Fotos von eurem gestrigen TRUMP SIGN WAVING DAY geschickt! Ich liebe euch – und gar keine Frage – GEMEINSAM WERDEN WIR AMERIKA WIEDER GROSS MACHEN!«).

105 Facebook-Nachricht vom 23.8.2016, ID 100009922908461 (Matt Skiber) an ID Schutz der Privatsphäre [redacted]

Gefährdung laufender Verfahren [redacted][106]

b. Kontakt mit leitenden Mitarbeitern von Trumps Wahlkampfteam im Zusammenhang mit Kundgebungen

Ab Juni 2016 nahm die IRA mit verschiedenen US-Personen, die mit Trumps Wahlkampfteam in Verbindung standen, Kontakt auf, um Trump-freundliche, von der IRA organisierte Kundgebungen in den Vereinigten Staaten zu koordinieren. In allen Fällen gab sich die IRA bei ihrer Kontaktaufnahme zum Wahlkampfteam als US-amerikanische politische Aktivisten aus, die für eine konservative Graswurzelbewegung arbeiteten. Dabei bat sie etwa um Schilder und andere Materialien für Kundgebungen[107], äußerte aber auch den Wunsch, dass ihre Gesprächspartner für die Kundgebungen warben und bei der Koordinie-

---

106 Gefährdung laufender Verfahren [redacted]

107 *Siehe z. B.* E-Mail von joshmilton024@gmail.com vom 16.8.2016 an SdP [redacted]@donaldtrump.com (mit der Bitte um Trump/Pence-Schilder für eine Kundgebung in Florida); E-Mail von joshmilton024@gmail.com vom 18.8.2016 an SdP [redacted]@donaldtrump.com (mit der Bitte um Trump/Pence-Schilder für eine Kundgebung in Florida); E-Mail von joshmilton024@gmail.com vom 12.8.2016 an SdP [redacted]@donaldtrump.com (mit der Bitte um »Kontakt-Telefonnummern von Mitarbeitern des Wahlkampfteams« in diversen Städten von Florida sowie um Schilder).

rung der Logistik halfen.[108] Obwohl einige freiwillige Helfer des Wahlkampfteams sich einverstanden erklärten, die gewünschte Unterstützung zu gewähren (zum Beispiel, indem sie eine Anzahl von Schildern bereitstellten), hat die Untersuchung keine Beweise dafür erbracht, dass ein offizieller Vertreter des Wahlkampfteams darüber Bescheid wusste, dass die Anfragen von ausländischen Staatsbürgern kamen.

***

Zusammenfassend hat die Untersuchung ergeben, dass Russland sich durch »Aktive Maßnahmen« in Form einer Social-Media-Kampagne, durchgeführt von der IRA, einer von Prigoschin und von durch ihn kontrollierten Firmen finanzierten Organisation, in den Präsidentschaftswahlkampf 2016 einmischte. Wie in Band I, Abschnitt V.A, *unten*, genauer erläutert, kam das Büro zu dem Ergebnis (und eine Grand Jury hat entsprechend Anklage erhoben), dass Prigoschin, seine Firmen und Mitarbeiter der IRA durch diese Operationen gegen US-amerikanische Gesetze verstießen, hauptsächlich, indem sie durch irreführende Handlungen die Arbeit von Bundesbehörden untergruben, die mit der Regulierung ausländischer Einflussnahmen auf US-Wahlen betraut sind.

108 E-Mail von Schutz der Privatsphäre vom 15.8.2016 an joshmilton024@gmail.com (mit der Bitte, die Liste der »Florida Goes Trump«-Veranstaltungsorte zu ergänzen); E-Mail von Schutz der Privatsphäre vom 16.8.2016 an joshmilton024@gmail.com (mit dem Angebot, eine Massen-E-Mail an Follower zu schicken).

III. Russische Hackerangriffe und Dumpingoperationen

Ab März 2016 hackten Einheiten des russischen Militärnachrichtendienstes (Hauptverwaltung des Generalstabes der Streitkräfte der Russischen Föderation – »GRU«) die Computer und Mail-Accounts von Organisationen, Angestellten und Freiwilligen, die den Clinton-Wahlkampf unterstützten, darunter auch den Mail-Account des Wahlkampfmanagers John Podesta. Ab April 2016 hackte sich die GRU in die Computernetzwerke des Wahlkampfkomitees der Demokraten (Democratic Congressional Campaign Committee – »DCCC«) und der nationalen Organisation der Partei (Democratic National Committee – »DNC«). Die GRU griff auf Hunderte von Mail-Accounts zu, die von Angestellten, Beratern und freiwilligen Helfern des Clinton-Wahlkampfes genutzt wurden. Insgesamt entwendete die GRU Hunderttausende Dokumente aus den betroffenen Mail-Accounts und Netzwerken.[109] Anschließend veröffentlichte die GRU Dokumente, die sie vom Clinton-Wahlkampfteam und dem DNC gestohlen hatte, über die Online-Personas »DCLeaks« und »Guccifer 2.0«, später auch über die Organisation WikiLeaks. Die Veröffentlichung der Dokumente und der Zeitpunkt ihrer Veröffentlichung zielte darauf ab, in die US-Präsidentschaftswahlen 2016 einzugreifen und dem Clinton-Wahlkampf zu schaden.

Das Trump-Wahlkampfteam bekundete Interesse an den WikiLeaks-Veröffentlichungen, und im Sommer und Herbst 2016
Gefährdung laufender Verfahren [redacted]

---

[109] Wie unten in Abschnitt V ausgeführt, erhob unser Büro Anklage gegen 12 GRU-Offiziere aufgrund von Straftaten, die aus diesem Computerhack hervorgingen, in erster Linie die Verabredung zum unerlaubten Eindringen in Computersysteme, die Verletzung von 18 U.S.C. §§ 1030 und 371. *Siehe* Band 1, Abschnitt V.B, *unten*; Eröffnungsbeschluss zur Anklage: *Vereinigte Staaten vs. Netykscho*, Nr. 1:18-cr-215 (D.D.C. 13. Juli 2018), Dok. 1 (»*Netykscho*-Eröffnungsbeschluss zur Anklage«).

[redacted]. Nach GIV [redacted] WikiLeaks' erster Veröffentlichung über Clinton GIV [redacted] blieb das Trump-Wahlkampfteam in Kontakt GIV [redacted] über WikiLeaks-Aktivitäten. Die Ermittlung konnte nicht klären, Gefährdung laufender Verfahren [redacted] WikiLeaks' Veröffentlichung der gestohlenen Podesta-E-Mails am 7. Oktober 2016, am selben Tag wurde ein mehrere Jahre altes Video veröffentlicht, in dem Trump sich in drastischer Sprache über Frauen äußert.

A. Hackerangriffe der GRU auf den Clinton-Wahlkampf

1. <u>GRU-Einheiten nehmen Clinton-Wahlkampf ins Visier</u>

Zwei militärische Einheiten der GRU nahmen Zugriff auf Computer des Clinton-Wahlkampfteams, des DNC und des DCCC, nämlich die Einheiten 26165 und 74455.[110] Die militärische Einheit 26165 ist eine Cyber-Einsatztruppe für den Angriff auf militärische, politische, Regierungs- und Nichtregierungsorganisationen außerhalb Russlands, u. a. in den Vereinigten Staaten.[111] Die Einheit war in zwei unterschiedlich spezialisierte Unterabteilungen aufgegliedert. Eine Abteilung entwickelte z. B. spezialisierte Schadsoftware, während eine andere in großem Umfang

---

110 *Netykscho*-Eröffnungsbeschluss zur Anklage ¶ 1.

111 Unabhängig vom Eröffnungsbeschluss zur Anklage dieses Büros gegen GRU-Offiziere bestätigte eine im Western District of Pennsylvania einberufene Grand Jury einen Eröffnungsbeschluss zur Anklage, in dem gewissen Mitgliedern der Einheit 26165 der unerlaubte Zugriff auf Computer der US-Anti-Doping-Agentur, der Welt-Anti-Doping-Agentur und anderer internationaler Sportverbände zum Vorwurf gemacht wird. *Vereinigte Staaten vs. Alexej Sergejewitsch Morenets*, No. 18-263 (W.D. Pa.).

Spearphishing-Feldzüge führte.[112] Ermittlungstechnische Gründe [redacted] eine Bitcoin-Schürfaktion,[113] um Bitcoins zum Zweck des Erwerbs von Computer-Infrastruktur zur Durchführung von Hackerangriffen zu erlangen.

Die militärische Einheit 74455 gehört zur GRU zusammen mit zahlreichen Abteilungen, die Cyberoperationen durchführen. Einheit 74455 assistierte bei der Veröffentlichung der von Einheit 26165 gestohlenen Dokumente, der Verbreitung dieser Dokumente und der Veröffentlichung von Anti-Clinton-Inhalten auf von der GRU betriebenen Social-Media-Accounts. Offiziere der Einheit 74455 hackten darüber hinaus Computer von Wahlkommissionen der Bundesstaaten, Ministerien und US-Firmen, die Software und andere bei der Durchführung der US-Wahlen zum Einsatz kommende Technik lieferten.[114]

Ab Mitte März 2016 war die Einheit 26165 hauptverantwortlich für das Hacken des DCCC und des DNC wie auch der Mail-Accounts von Personen aus dem Umfeld des Clinton-Wahlkampfes:[115]

– Einheit 26165 nutzte Ermittlungstechnische Gründe [redacted] um etwas zu erfahren über Ermittlungstechnische Gründe [redacted] verschiedene Websites der Demokraten, darunter democrats.org, hillaryclinton.com, dnc.org und dccc.org.

---

112 Eine Spearphishing-Mail erweckt den Anschein, von einem vertrauenswürdigen Absender zu stammen, und fordert Informationen an, die es dem wahren Absender ermöglichen, Zugang zu einem Account oder einem Netzwerk zu erlangen, oder sie veranlasst den Empfänger, Schadsoftware zu laden, der dem Absender den Zugang ermöglicht. *Netykscho*-Eröffnungsbeschluss zur Anklage ¶ 10.

113 Bitcoin-Schürfen ist die Erzeugung neuer Bitcoins durch die Bereitstellung von Rechnerleistung. EG [redacted] lagerte die neu geschürften Coins auf einem Konto bei der Bitcoin-Börse CEX.io. Um Käufe zu tätigen, leitete die GRU Zahlungsmittel auf andere Konten mithilfe von Transaktionen, die darauf angelegt waren, die Herkunft der Mittel zu verschleiern. *Netykscho*-Eröffnungsbeschluss zur Anklage ¶ 62.

114 *Netykscho*-Eröffnungsbeschluss zur Anklage ¶ 69.

115 *Netykscho*-Eröffnungsbeschluss zur Anklage ¶ 9.

Ermittlungstechnische Gründe [redacted] begann, bevor die GRU irgendwelche Anmeldedaten ermittelt oder Zugang zu diesen Netzwerken erlangt hatte, ein Hinweis darauf, dass die späteren Zugriffe auf DCCC und DNC keine Gelegenheitsdelikte waren, sondern sich gezielten Angriffen verdankten.[116]

- GRU-Offiziere verschickten zudem Hunderte von Spearphishing-Mails an dienstliche und private Mail-Adressen von angestellten und freiwilligen Mitarbeitern des Clinton-Wahlkampfes. Zwischen dem 10. und 15. März 2016 scheint die Einheit 26165 annähernd 90 Spearphishing-Mails an Mail-Accounts von hillaryclinton.com gesendet zu haben. Ab dem 15. März 2016 nahm die GRU Google-Mail-Accounts ins Visier, die von Angestellten des Clinton-Wahlkampfes genutzt wurden, und dazu eine kleinere Anzahl von dnc.org-Mail-Accounts.[117]

Durch die Spearphishing-Operation verschaffte die GRU sich Zugang zu zahlreichen Mail-Accounts von angestellten und freiwilligen Wahlkampfhelfern Clintons, darunter Wahlkampfleiter John Podesta, jungen Freiwilligen aus dem Vorbereitungsteam, informellen Beratern und einem DNC-Angestellten.[118] GRU-Offiziere stahlen ihren Spearphishing-Opfern Zehntausende von E-Mails, darunter diverse Nachrichten mit Bezug auf den Clinton-Wahlkampf.

116 *Siehe* SM-2589105, Seriennr. 144 und 495.

117 Ermittlungstechnische Gründe [redacted]

118 Ermittlungstechnische Gründe [redacted]

2. Eindringen in die Netzwerke von DCCC und DNC

a. Erster Zugriff

Spätestens ab dem 12. April 2016 erlangte die GRU Zugang zum DCCC-Computer-Netzwerk, indem sie die bei einem erfolgreichen Spearphishing-Angriff in der Woche zuvor gestohlenen Anmeldedaten einer DCCC-Angestellten nutzten. Im Laufe der folgenden Wochen durchstreifte die GRU das Netzwerk und identifizierte dabei zahlreiche mit dem DCCC-Netzwerk verbundene Computer. Indem sie bei der Gelegenheit weitere Netzwerkanmeldedaten stahl (darunter die eines Systemadministrators mit unbegrenztem Zugang zum System), kompromittierte die GRU ungefähr 29 verschiedene Computer innerhalb des DCCC-Netzwerks.[119]

Etwa sechs Tage nach dem ersten Eindringen ins DCCC-Netzwerk, am 18. April 2016, erlangten GRU-Offiziere Zugang zum DNC-Netzwerk über eine VPN-Verbindung (Virtuelles privates Netzwerk)[120] zwischen den DCCC- und DNC-Netzwerken.[121] Zwischen dem 18. April und dem 8. Juni 2016 kompro-

119 Ermittlungstechnische Gründe [redacted]

120 Ein VPN erweitert ein privates Netzwerk, es erlaubt Nutzern, Daten über öffentliche Netzwerke (etwa das Internet) zu senden und zu empfangen, als wäre der verbindende Computer direkt mit dem privaten Netzwerk verbunden. In diesem Fall sollte das VPN dazu dienen, einer kleinen Zahl von DCCC-Angestellten Zugang zu gewissen Datenbanken im DNC-Netzwerk zu gewähren. Auf diese Weise waren die DCCC-Angestellten zwar vom privaten Netzwerk des DNC ausgeschlossen, konnten aber von ihren DCCC-Computern aus auf Teile des DNC-Netzwerks zugreifen.

121 Ermittlungstechnische Gründe [redacted] SM-2589105-HACK, Seriennr. 5.

US-Justizministerium
~~Juristische Ermittlungen~~ // ~~Kann geschütztes Material gemäß Fed. R. Crim. P. 6(c) enthalten~~

mittierte die Einheit 26165 mehr als dreißig Computer im DNC-Netzwerk, darunter den DNC-Mailserver und den gemeinsam genutzten Dateiserver.[122]

b. Installation von Schadsoftware in den Netzwerken von DCCC und DNC

Einheit 26165 installierte in den Netzwerken von DCCC und DNC zwei Arten von maßgeschneiderten Schadprogrammen[123], bekannt als »X-Agent« und »X-Tunnel«; Mimikatz, ein Tool zum Ermitteln von Authentifizierungsdaten, und rar.exe, ein Tool zum Kompilieren und Komprimieren von Daten zum Zweck der Exfiltration. X-Agent ist ein Multifunktions-Hackerwerkzeug, das es der Einheit 26165 erlaubte, Tastenanschläge zu protokollieren, Screenshots zu machen und andere Daten über die infizierten Computer zu sammeln (z. B. Dateiverzeichnisse, Betriebssysteme).[124] Mit dem Hackerwerkzeug X-Tunnel ließ sich eine verschlüsselte Verbindung zwischen den befallenen DCCC/DNC-Computern und den von der GRU kontrollierten Computern außerhalb der DCCC- und DNC-Netzwerke herstellen, über die ein umfangreicher Datentransfer abgewickelt werden konnte.[125] Entsprechend nutzten GRU-Offiziere X-Tunnel, um gestohlene Daten von den befallenen Computern abzuziehen.

Um X-Agent und X-Tunnel in den DCCC- und DNC-Netz-

122 Ermittlungstechnische Gründe [redacted] M-2589105-HACK, Seriennr. 5.

123 »Schadprogramm«, (auch »Malware« genannt), bezieht sich auf eine Software, die entwickelt wurde, um Dritten ohne Wissen oder Erlaubnis des Computer-Nutzers oder -Betreibers Zugriff auf Computer zu verschaffen.

124 Ermittlungstechnische Gründe [redacted]

125 Ermittlungstechnische Gründe [redacted]

werken steuern zu können, richteten die Offiziere der Einheit 26165 eine Gruppe von Computern außerhalb dieser Netzwerke ein, um mit der installierten Schadsoftware zu kommunizieren.[126] Die erste von der GRU kontrollierte Computergruppe, die von ihr so genannten »mittleren Server«, versendete und empfing Nachrichten an und von der Schadsoftware in den DNC/DCCC-Netzwerken. Die mittleren Server übermittelten ihrerseits Nachrichten an eine zweite von der GRU kontrollierte Computergruppe, intern als »AMS-Systemsteuerung« bezeichnet. Die AMS-Systemsteuerung Ermittlungstechnische Gründe [redacted] diente als Nervenzentrum, mit dessen Hilfe GRU-Offiziere den Einsatz der Schadsoftware in den DNC/DCCC-Netzwerken steuerten und überwachten.[127]

Die den Einsatz von X-Agent beim Hacken von DCCC und DNC kontrollierende AMS-Systemsteuerung arbeitete von einem Computer aus, der in der Nähe von EG [redacted], Arizona, stationiert war.[128] Ermittlungstechnische Gründe [redacted] [129] Ermittlungstechnische Gründe [redacted]

---

[126] In Verbindung mit diesen Zugriffen nutzte die GRU Computer (virtuelle private Netzwerke, von Hostingfirmen betriebene dedizierte Server etc.), die sie von externen Providern in aller Welt mietete. Die Ermittlung förderte Mietvereinbarungen und Zahlungen für Computer u. a. in Ermittlungstechnische Gründe [redacted] zutage, die allesamt für Operationen im Zusammenhang mit den US-Wahlen genutzt wurden.

[127] *Netykscho*-Eröffnungsbeschluss zur Anklage ¶ 25.

[128] *Netykscho*-Eröffnungsbeschluss zur Anklage ¶ 24(c).

[129] *Netykscho*-Eröffnungsbeschluss zur Anklage ¶ 24(b).

US-Justizministerium

~~Juristische Ermittlungen~~ // ~~Kann geschütztes Material gemäß Fed. R. Crim. P. 6(e) enthalten~~

[redacted]

Ermittlungstechnische Gründe

[redacted]

Die in Arizona stationierte AMS-Systemsteuerung speicherte auch Tausende von Dateien, die mithilfe von X-Agent erbeutete Eingabeprotokolle enthielt. Diese Protokolle wurden erstellt, während GRU-Offiziere die Arbeit von DCCC- und DNC-Angestellten auf infizierten Computern überwachten, was zwischen April und Juni 2016 regelmäßig geschah. Zu den Daten, die auf diese Weise erbeutet wurden, gehörten Passwörter, interner Austausch zwischen Angestellten, Bankinformationen und sensible personenbezogene Informationen.

c. Diebstahl von DNC- und DCCC-Dokumenten

Offiziere der Einheit 26165 stahlen Tausende von Dokumenten aus den DCCC- und DNC-Netzwerken, darunter eine erhebliche Menge von Daten, die die Präsidentschaftswahl 2016 betrafen. Zu den gestohlenen Dokumenten gehörten Strategiepapiere für den internen Gebrauch, Daten zur Geldbeschaffung, Material über den politischen Gegner und Mails aus den dienstlichen Posteingängen von DNC-Angestellten.[130]

Kurz nachdem sie Zugang zum Netzwerk erlangt hatte, begann die GRU, DCCC-Daten zu stehlen. Am 14. April 2016 (ungefähr drei Tage nach dem ersten Eindringen) luden GRU-Offiziere die Software rar.exe auf den Dokumentenserver des DCCC. Am Folgetag durchsuchte die GRU einen der kompromittierten DCCC-Computer nach Dateien, die Suchbegriffe enthielten wie »Hillary«, »DNC«, »Cruz« und »Trump«.[131] Am 25. April 2016 sammelte und komprimierte die GRU PDFs und Microsoft-Dokumente aus Ordnern auf dem gemeinsam genutzten Dateiserver des DCCC, die sich auf die Wahl 2016 bezogen.[132] Die GRU

130 *Netyksho*-Eröffnungsbeschluss zur Anklage ¶¶ 27-29; Ermittlungstechnische Gründe

131 Ermittlungstechnische Gründe

132 Ermittlungstechnische Gründe [redacted]

scheint Daten im Umfang von über 70 Gigabyte komprimiert und von diesem Dateiserver abgezogen zu haben.[133]

Auch aus dem DNC-Netzwerk stahl die GRU Dokumente, kurz nachdem sie Zugang erlangt hatte. Am 22. April 2016 kopierte die GRU Dateien aus dem DNC-Netzwerk auf von ihr kontrollierte Computer. Zu den gestohlenen Dokumenten gehörte vom DNC gesammeltes Material über den gegnerischen Kandidaten Trump.[134] Ungefähr zwischen dem 25. Mai und dem 1. Juni 2016 verschafften GRU-Offiziere sich Zugang zum Mail-Server des DNC über einen von der GRU kontrollierten, in den Vereinigten Staaten gemieteten Computer.[135] Während diese Verbindungen bestanden, stahlen Offiziere der Einheit 26165 of-

---

133 Ermittlungstechnische Gründe [redacted]

134 Ermittlungstechnische Gründe [redacted] SM-2589105-HACK, Seriennr. 5 Ermittlungstechnische Gründe [redacted]

135 Ermittlungstechnische Gründe [redacted] *Siehe* SM-2589105-GJ, Seriennr. 649. Im Zuge seiner Ermittlungen empfing das FBI später Abbildungen von DNC-Servern und Kopien relevanter Verkehrsdateien. *Netykscho*-Eröffnungsbeschluss zur Anklage ¶¶ 28-29.

fenbar Tausende von E-Mails und Anhängen, die später, im Juli 2016, von WikiLeaks veröffentlicht wurden.[136]

B. Verbreitung gehackter Inhalte

Die Tätigkeit der GRU ging über den Diebstahl von Inhalten hinaus und umfasste auch die Veröffentlichung von Dokumenten, die dem Clinton-Wahlkampfteam und seinen Unterstützern entwendet worden waren. Für die anonyme Veröffentlichung nutzte die GRU zwei fiktive, von ihr geschaffene Online-Personas – DCLeaks und Guccifer 2.0 – und später die Organisation WikiLeaks.

1. <u>DCLeaks</u>

Mit den Planungen für die Veröffentlichung begann die GRU bereits am 19. April 2016, als die Einheit 26165 die Domain dcleaks.com über einen Dienst anmeldete, der den Registranten anonymisierte.[137] Die Anmeldung bezahlte die Einheit 26165 aus einem Vorrat an Bitcoins, die sie geschürft hatte.[138] Die Landingpage von dcleaks.com verwies auf verschiedene Kategorien gestohlener Dokumente, geordnet nach betroffenen Personen oder nach Themen. Andere dcleaks.com-Seiten enthielten Indizes der veröffentlichten E-Mails (unter Aufführung des Absenders, des Empfängers und des Absendedatums). Um den Zugang und den

---

136 *Netykscho*-Eröffnungsbeschluss zur Anklage ¶ 29. Die zeitlich letzte der von WikiLeaks veröffentlichten DNC-Mails war auf den 25. Mai 2016 datiert, das entspricht dem Zeitraum, in dem die GRU Zugang zum Mail-Server des DNC erlangte. *Netykscho*-Eröffnungsbeschluss zur Anklage ¶ 45.

137 *Netykscho*-Eröffnungsbeschluss zur Anklage ¶ 35. Etwa eine Woche vor der Registrierung von dcleaks.com versuchten dieselben Akteure, die Website electionleaks.com über denselben Domain-Anmeldedienst registrieren zu lassen. Ermittlungstechnische Gründe [redacted]

138 *Siehe* SM-2589105, Seriennr. 181; *Netykscho*-Eröffnungsbeschluss zur Anklage ¶ 21(a).

zeitlichen Ablauf der Veröffentlichung zu kontrollieren, waren einzelne Seiten vorübergehend passwortgeschützt, bevor sie für die Öffentlichkeit entsperrt wurden.

Ab Juni 2016 postete die GRU gestohlene Dokumente auf der Website dcleaks.com, darunter Dokumente, die einer Reihe von Personen aus dem Umfeld des Clinton-Wahlkampfes entwendet worden waren. Diese Dokumente stammten offenbar eher von privaten Mail-Accounts (insbesondere Google- und Microsoft-Accounts) als aus den Computernetzwerken von DCCC und DNC. Zu den DCLeaks-Opfern gehörten ein Berater des Clinton-Wahlkampfteams, ein ehemaliger Angestellter des DNC und des Clinton-Wahlkampfes sowie vier weitere freiwillige Helfer.[139] Über dcleaks.com veröffentlichte die GRU Tausende von Dokumenten, darunter personenbezogene Daten und Finanzinformationen, interne Korrespondenz mit Bezug auf den Clinton-Wahlkampf und andere politische Tätigkeiten sowie Aufstellungen und Informationen über eingeworbene Geldmittel.[140]

GRU-Offiziere betrieben eine Facebook-Seite unter dem DCLeaks-Namen, die sie in erster Linie nutzten, um auf die Veröffentlichung neuen Materials hinzuweisen.[141] Die Facebook-

---

139 Ermittlungstechnische Gründe [redacted]

140 *Siehe* z. B. Internet Archive, »https://dcleaks.com/« (10. Nov. 2016). Ferner veröffentlichte DCLeaks Dokumente mit Bezug auf Schutz der Privatsphäre [redacted], E-Mails von SdP [redacted] und E-Mails aus dem Jahr 2015 mit Bezug auf Angestellte der Republikaner (unter dem Portfolionamen »The United States Republican Party«). Das Portfolio »The United States Republican Party« enthielt ungefähr 300 E-Mails von verschiedenen Parteimitgliedern, Aktionskomitees, Wahlkämpfen, Verbänden auf Bundesstaatsebene und Geschäftstätigkeiten, alles im Zeitraum zwischen Mai und Oktober 2015. Open-Source-Berichten zufolge nutzten alle Betroffenen dieselbe Webhosting-Firma mit Sitz in Tennessee namens Smartech Corporation. William Bastone: *RNC E-Mail Was, In Fact, Hacked By Russians*, The Smoking Gun (13. Dez. 2016).

141 *Netykscho*-Eröffnungsbeschluss zur Anklage ¶ 38.

Seite wurde über eine kleine Anzahl bereits bestehender, von der GRU kontrollierter Facebook-Accounts verwaltet.[142]

Außerdem nutzten GRU-Offiziere den DCLeaks-Facebook-Account, den Twitter-Account @dcleaks_ und den Mail-Account dcleaksproject@gmail.com, um privat mit Reportern und anderen US-Personen zu kommunizieren. Unter Verwendung der DCLeaks-Persona gewährten GRU-Offiziere bestimmten Reportern vorzeitigen Zugang zu Archiven mit geleakten Dateien, indem sie ihnen Links und Passwörter für solche Seiten auf der Website dcleaks.com schickten, die noch nicht für die Öffentlichkeit freigegeben waren. So etwa am 14. Juli 2016, als GRU-Offiziere unter Verwendung der DCLeaks-Persona einem US-Reporter über den Facebook-Account einen Link und ein Passwort für eine nicht öffentliche DCLeaks-Webseite schickten.[143] Ebenso schickten GRU-Offiziere am 14. September 2016 einigen Reportern Direktnachrichten vom Twitter-Account @dcleaks_ mit dem Passwort für einen weiteren nicht öffentlichen Teil der Website dcleaks.com.[144]

Die Website DCLeaks.com blieb bis März 2017 öffentlich und in Betrieb.

2. Guccifer 2.0

Am 14. Juni 2016 verkündete das DNC und sein Cybersicherheitsteam, das DNC-Netzwerk sei gehackt und DNC-Dokumente vermutlich gestohlen worden. In der Erklärung erhob das Sicherheitsteam den Vorwurf, für den Hack seien vom russischen Staat gesponsorte Akteure (von ihnen als »Fancy Bear«

142 *Siehe z. B.* Facebook-Account 100008825623541 (Alice Donovan).

143 14.7.2016 Facebook Message, ID 793058100795341 (DCLeaks) an ID [redacted]

144 *Siehe z. B.* 14.9.16 Twitter DM, @dcleaks_ an [redacted]; 14.9.16 Twitter DM, @dcleaks_ an [redacted]. Die Nachrichten lauteten: »Hi https://t.co/QTvKUjQcOx pass: KvFsg%*14@gPgu& enjoy;).«

bezeichnet) verantwortlich.[145] Offenbar in Reaktion auf diese Erklärung eröffneten GRU-Offiziere am 15. Juni 2016 unter der Verwendung der Persona Guccifer 2.0 einen WordPress-Blog. In den Stunden vor der Einführung dieses WordPress-Blogs loggten GRU-Offiziere sich in einen von der Einheit 74455 genutzten und verwalteten Server mit Sitz in Moskau ein und gaben eine Reihe von bestimmten englischen Wörtern und Wendungen in die Suchfunktion ein, z. B. »some hundred sheets« (einige Hundert Seiten) »illuminati« (Illuminati) und »worldwide known« (weltweit bekannt). Etwa zwei Stunden nach der letzten Suchanfrage veröffentlichte Guccifer 2.0 seinen ersten Post, in dem das Eindringen in den DNC-Server einem einsamen rumänischen Hacker zugeschrieben wird und mehrere der speziellen englischen Wörter und Wendungen auftauchen, nach denen die GRU-Offiziere am selben Tag gesucht hatten.[146]

Am selben Tag, dem 15. Juni 2016, nutzte die GRU den WordPress-Blog von Guccifer 2.0, um die Veröffentlichung von Dokumenten in Gang zu bringen, die aus den Computernetzwerken von DNC und DCCC entwendet worden waren. Insgesamt veröffentlichte die Persona Guccifer 2.0 Tausende dem DNC und dem DCCC gestohlene Dokumente in einer Folge von Blog-Posts zwischen dem 15. Juni und dem 18. Oktober 2016[147]. Zu den veröffentlichten Dokumenten gehörten von der DNC gesammeltes Material über politische Gegner (darunter ein Memorandum, das potenzielle Angriffsflächen des Kandidaten Trump untersuchte), interne Strategievorlagen (z. B. Empfehlungen,

---

145 Dmitri Alperovitch, *Bears in the Midst: Intrusion into the Democratic National Committee*, CrowdStrike Blog (14. Juni 2016). Crowdstrike aktualisierte seinen Post, nachdem Guccifer 2.0 in einem Post vom 15. Juni 2016 den Hack für sich reklamiert hatte.

146 *Netykscho*-Eröffnungsbeschluss zur Anklage ¶¶ 41-42.

147 Dokumente wurden im Blog von Guccifer 2.0 veröffentlicht am 15. Juni, 20. Juni, 21 Juni, 6. Juli, 14. Juli, 12. August, 15. August, 21. August, 31. August, 15. September, 23. September, 4. Okober und 18. Oktober 2016.

wie politisch sensible Themen zu behandeln seien), Analysen zu Aussichten bei bestimmten Kongresswahlen und Dokumente zur Wahlkampffinanzierung. Die Veröffentlichung erfolgte nach thematischen Gesichtspunkten, etwa in Bezug auf bestimmte Bundesstaaten (z. B. Florida und Pennsylvania), die im Hinblick auf die Präsidentschaftswahl 2016 als besonders umkämpft galten.

Ab Ende Juni 2016 nutzte die GRU die Persona Guccifer 2.0 ebenfalls, um Dokumente direkt an Reporter und andere Interessierte zu leiten. So schickte Guccifer 2.0 am 27. Juni 2016 eine E-Mail an den Nachrichtendienst The Smoking Gun mit dem Angebot, »exklusiven Zugang zu einigen E-Mails aus Kreisen des Mitarbeiterstabs von Hillary Clinton« zu gewähren.[148] Später schickte die GRU dem Reporter Passwort und Link zu einem gesperrten Bereich der Website dcleaks.com, der ein Archiv der E-Mails enthielt, die die Einheit 26165 im März 2016 einem Clinton-Wahlkampfhelfer gestohlen hatte.[149] Dass die Persona Guccifer 2.0 Reportern Zugang zu einem gesperrten Bereich der DCLeaks-Website verschaffte, legt die Vermutung nahe, dass beide Personas von ein und derselben oder jedenfalls von zwei eng verbundenen Personengruppen gesteuert wurden.[150]

---

148 27.6.2016 E-Mail, guccifer20@aol.fr an Schutz der Privatsphäre [redacted], Betreff »geleakte mails«; EG [redacted]

149 27.6.2016 E-Mail, guccifer20@aol.fr an Schutz der Privatsphäre [redacted], Betreff: »geleakte mails«); EG [redacted]; *siehe auch* 27.6.2016 E-Mail, guccifer20@aol.fr an Schutz der Privatsphäre [redacted], Betreff: »geleakte mails«); EG [redacted] (mit der Behauptung, DCLeaks sei ein »Unterprojekt von WikiLeaks«).

150 Bevor sie dem Reporter Link und Passwort für die gesperrte DCLeaks-Website zur Verfügung stellte, schickte die Persona Guccifer 2.0, sichtlich im Bemühen, von der Tatsache abzulenken, dass DCLeaks und Guccifer 2.0 von ein und derselben Organisation betrieben wurden, dem Reporter eine E-Mail, in der sie behauptete, DCLeaks sei ein »Unterprojekt von WikiLeaks« und Guccifer 2.0 habe DCLeaks gebeten, die geleakten Mails mit »gesperrtem Zugang« zu veröffentlichen, damit einzelne Reporter sie vorab sichten könnten.

Die GRU setzte ihre Veröffentlichungspolitik bis in den August 2016 fort. So schickte die Persona Guccifer 2.0 am 15. August einem Bewerber für den US-Kongress Dokumente, die sich auf seinen Gegenkandidaten bezogen.[151] Am 22. August 2016 übermittelte die Persona Guccifer 2.0 auf Florida bezogene Daten im Umfang von annähernd 2,5 Gigabyte, die dem DCCC gestohlen worden waren, an einen US-Blogger, der das politische Geschehen in Florida beobachtete.[152] Am 22. August schickte die Persona Guccifer 2.0 einem US-Reporter Dokumente mit Bezug auf die Bewegung Black Lives Matter, die dem DCCC gestohlen worden waren.[153]

Über die Persona Guccifer 2.0 stand die GRU auch in Kontakt mit GIV [redacted], einem früheren Wahlkampfhelfer Trumps Gefährdung laufender Verfahren [redacted][154] Anfang August 2016, GIV [redacted] Aussetzung des Twitter-Accounts von Guccifer 2.0. Nachdem er wieder aktiviert war, schrieben GRU-Offiziere, sich für Guccifer 2.0 ausgebend, GIV [redacted] eine private Nachricht: »danke für die rückmeldung … irgendetwas interessant für euch in den doks, die ich gepostet hab?« Am 17. August fügte die GRU hinzu: »bitte sagt bescheid, wenn ich irgendwie helfen kann … wäre mir eine große freude.« Am 9. September 2016 verwies die GRU – sich wiederum für Guccifer 2.0 ausgebend – auf ein im Internet gepostetes, dem DCCC gestohlenes Dokument und fragte GIV [redacted]: »was halten Sie von der info über die wählermobilisiserung

151 *Netykscho*-Eröffnungsbeschluss zur Anklage ¶ 43(a).
152 *Netykscho*-Eröffnungsbeschluss zur Anklage ¶ 43(b).
153 *Netykscho*-Eröffnungsbeschluss zur Anklage ¶ 43(c).
154 GIV [redacted]

der demokraten im präsidentschaftswahlkampf.« GIV [redacted] antwortete: »ist so ziemlich das übliche.«[155] Die Ermittlung fand keine Hinweise auf weiteren Austausch zwischen GIV [redacted] und Guccifer 2.0.

3. Einsatz von WikiLeaks

Um ihre Einflussnahme auf die US-Präsidentschaftswahl 2016 auszuweiten, leiteten die GRU-Einheiten viele der Dokumente, die sie vom DNC und Clintons Wahlkampfvorsitzenden gestohlen hatten, an WikiLeaks weiter. GRU-Offiziere nutzten die DCLeaks- wie auch die Guccifer-2.0-Persona, um mit WikiLeaks zu kommunizieren, entweder per Direktnachricht über Twitter oder über verschlüsselte Kanäle, darunter möglicherweise auch WikiLeaks' privates Kommunikationssystem.

a. WikiLeaks' explizite Parteinahme gegen die Clinton-Kandidatur

WikiLeaks, insbesondere in Person ihres Gründers Julian Assange, bekundete im privaten Rahmen bereits lange vor der Veröffentlichung erster gestohlener Dokumente seine Abneigung gegen die Kandidatin Clinton. Im November 2015 schrieb Assange an andere Mitglieder und Mitarbeiter von WikiLeaks: »wir glauben, dass die Republikaner gewinnen sollten … Demokraten + Medien + Liberale würden dann einen Block bilden, um ihre übelsten Eigenschaften auszuspielen … Ist Hillary am Ruder, werden die Republikaner ihre übelsten Eigenschaften noch vorantreiben … Demokraten + Medien + Neoliberale

155 Gefährdung laufender Verfahren [redacted]

werden stillhalten … Sie ist eine schlaue, gut vernetzte, sadistische Soziopathin.«[156]

Im März 2016 veröffentlichte WikiLeaks ein durchsuchbares Archiv von annähernd 30 000 Clinton-E-Mails, die unter Berufung auf den Freedom Of Information Act (Gesetz zur Informationsfreiheit) erlangt wurden.[157] Während der Arbeit an dem Archiv erklärte ein WikiLeaks-Mitglied einem anderen Mitarbeiter den Grund, warum es angelegt wurde:

Dieses Depot soll »der Ort« werden, wo man ausgiebig zu Hillarys Umtrieben im Außenministerium zwischen 2009 und 2013 recherchieren kann … Erstens, weil es nützlich ist und Hillary ärgern wird, zweitens aber auch, weil wir uns als Quelle/Player für die US-Wahl darstellen wollen, um die Leute zu ermuntern, uns noch mehr bedeutende Leaks zukommen zu lassen.[158]

b. WikiLeaks' erster Kontakt zu Guccifer 2.0 und DCLeaks

Kurz nachdem die GRU im Juni 2016 erstmals gestohlene Dokumente über dcleaks.com veröffentlicht hatte, nutzten GRU-Offiziere die Persona DCLeaks außerdem, um Kontakt zu WikiLeaks

---

156 19.11.2015 Twitter-Gruppenchat, Gruppen-ID 594242937858486276, @WikiLeaks et al. Assange schrieb ferner: »Die Republikaner würden viel Widerstand hervorrufen, auch durch dumme Aktionen. Hillary natürlich genauso, aber sie hätte die liberale Opposition und die parteiinterne Opposition bei den Republikanern an ihrer Seite. Daher hätte Hillary größere Freiheiten als die Republikaner, Kriege zu beginnen, und auch den Willen dazu.« *ebd.*

157 WikiLeaks, »Hillary Clinton Email Archive«, *verfügbar unter* https.//wikileaks.org/clinton-emails/.

158 14.3.2016 Twitter DM, @WikiLeaks an SdP [redacted]. Knapp zwei Wochen zuvor war derselbe Account genutzt worden, um sich in einer Direktnachricht gegen Clinton »im weißenhaus mit ihrem Blutdurst und Ambitionen von wegen Imperium mit lauter Falken und liberalen Interventionisten im Kabinett« auszusprechen. 19.11.2015 Twitter-Gruppenchat, Gruppen-ID 594242937858486276, @WikiLeaks et al.

hinsichtlich einer möglichen Abstimmung von künftigen Veröffentlichungen gestohlener E-Mails aufzunehmen. Am 14. Juni 2016 sandte @dcleaks_ eine Direktnachricht an @WikiLeaks: »Laut Ankündigung bereitet Ihre Organisation die Herausgabe weiterer Mails von Hillary vor. Wir sind bereit, Sie zu unterstützen. Auch wir haben sensible Informationen, im Speziellen ihre Finanzunterlagen. Tun wir uns doch zusammen. Was halten Sie davon, wenn wir unsere Info gleichzeitig veröffentlichen? Danke.«[159] Ermittlungstechnische Gründe [redacted]

Etwa zur gleichen Zeit nahm WikiLeaks Kontakt zu der GRU-Persona Guccifer 2.0 auf, kurz nachdem diese genutzt worden war, um vom DNC gestohlene Dokumente zu veröffentlichen. Am 22. Juni 2016, sieben Tage nach Guccifer 2.0s ersten Veröffentlichungen gestohlener DNC-Dokumente, nutzte WikiLeaks Twitters Direktnachrichten-Funktion, um den Twitter-Account von Guccifer 2.0 zu kontaktieren und vorzuschlagen: »schicken Sie uns alles neue material [vom DNC gestohlen], damit wir es begutachten können, das wird eine viel größere wirkung haben als das, was Sie tun.«[160]

Am 6. Juli 2016 nahm WikiLeaks erneut per Direktnachricht Kontakt zu Guccifer 2.0 auf: »falls Sie irgendwas über hillary haben, brauchen wir es möglichts [sic] in den nächsten zwie [sic] tagen, weil der parteitag der demokraten ansteht und sie die bernie-anhänger hinter sich scharen will.« Die Persona Guccifer 2.0 antwortete: »ok … verstehe.« WikiLeaks erläuterte zusätzlich: »wir glauben trump hat nur eine chance von 25 %, gegen hillary zu gewinnen … daher ist konflikt zwischen bernie und hillary interessant für uns.«[161]

159 14.6.2016 Twitter DM, @dcleaks_ an @WikiLeaks.
160 *Netykscho*-Eröffnungsbeschluss zur Anklage ¶47(a).
161 6.7.2016 Twitter DMs, @WikiLeaks und @guccifer_2.

US-Justizministerium

~~Juristische Ermittlungen~~ // ~~Kann geschütztes Material gemäß Fed. R. Crim. P. 6(c) enthalten~~

c. Übermittlung gestohlenen Materials an WikiLeaks durch die GRU

Sowohl die GRU als auch WikiLeaks waren darauf bedacht, ihren Kontakt geheim zu halten, wodurch es dem Büro erschwert wurde, auf den gesamten Austausch zwischen den Parteien zuzugreifen. Obwohl kein Zweifel besteht, dass die gestohlenen DNC- und Podesta-Dokumente von der GRU an WikiLeaks übermittelt wurden, Ermittlungstechnische Gründe [redacted]

Das Büro war in der Lage zu bestimmen, wann die GRU (in Gestalt ihrer Personas Guccifer 2.0 und DCLeaks) einige der gestohlenen Dokumente über von der GRU eingerichtete Online-Archive an WikiLeaks übermittelte. Assange hatte von der ecuadorianischen Botschaft in London, England, aus Zugang zum Internet. Ermittlungstechnische Gründe [redacted][162]

Am 14. Juli 2016 nutzten GRU-Offiziere einen Mail-Account von Guccifer 2.0, um WikiLeaks eine E-Mail zu senden mit dem Betreff »großes archiv« und der Nachricht »ein neuer versuch«.[163] Die E-Mail hatte einen verschlüsselten Anhang mit

---

162 Ermittlungstechnische Gründe [redacted]

163 Dies war nicht der erste Versuch der GRU, Daten an WikiLeaks zu übermitteln. Am 29. Juni 2016 nutzte die GRU einen Mail-Account von Guccifer 2.0, um eine große verschlüsselte Datei an einen Mail-Account von WikiLeaks zu senden. 29.6.2016 E-Mail, guccifer2@mail.com EG [redacted] (Die E-Mail wurde offenbar nicht zugestellt.)]

dem Namen »wk dnc link1.txt.gpg«.[164] Unter Verwendung des Twitter-Accounts von Guccifer 2.0 schickten GRU-Offiziere eine verschlüsselte Datei an WikiLeaks und Anweisungen, wie sie zu öffnen sei.[165] Am 18. Juli 2016 bestätigte WikiLeaks in einer Direktnachricht an den Guccifer-2.0-Account, man habe »das archiv von ungefähr 1 GB« geöffnet und werde die gestohlenen Dokumente »noch diese Woche« veröffentlichen.[166] Am 22. Juli 2016 veröffentlichte WikiLeaks mehr als 20 000 E-Mails und andere aus den Computernetzwerken des DNC gestohlene Dokumente.[167] Der Parteitag der Demokraten begann drei Tage später.

Ein ähnlicher Austausch fand zwischen WikiLeaks und der GRU-gesteuerten Persona DCLeaks statt. Am 15. September schrieb @dcleaks an @WikiLeaks: »hallo! Ich bin bei DCLeaks. Wie können wir bestimmte Vorschläge besprechen? Hab versucht euch über euern gesicherten Chat zu erreichen, aber keine Antwort bekommen. Habe etwas, das euch interessieren könnte. Ihr werdet nicht enttäuscht sein, versprochen.«[168] Der WikiLeaks-Account antwortete: »Hallo«, ohne weitere Ausführungen. Der Account dcleaks_ reagierte nicht sofort.

Am selben Tag schickte der Twitter-Account @guccifer_2 eine Direktnachricht an @dcleaks_, dies ist der erste bekannte Kontakt zwischen den beiden Personas.[169] Im Folgenden teilte die Persona Guccifer 2.0 DCLeaks mit, dass WikiLeaks versuche, DCLeaks zu kontaktieren und Möglichkeiten zu erörtern, über verschlüsselte Kanäle zu kommunizieren.[170]

Eine Analyse der von der WikiLeaks-Website gesammelten

164 *Siehe* SM-2589105-DCLEAKS, Seriennr. 28 (Analyse).
165 27.6.2016 Twitter DM, @Guccifer_2 an @WikiLeaks.
166 18.7.2016 Twitter DM, Guccifer_2 und @WikiLeaks.
167 »DNC Email Archive«, WikiLeaks (22. Juli 2016), *verfügbar unter* https://wikileaks.org/dnc-emails.
168 15.9.2016 Twitter DM, @dcleaks_ an @WikiLeaks.
169 15.9.2016 Twitter DM, @guccifer_2 an @dcleaks_.
170 *Siehe* SM-2589105-DCLEAKS, Seriennr. 28; Twitter DM, @Guccifer_2 und WikiLeaks.

Metadaten ergab, dass die gestohlenen Podesta-Mails ein Erstellungsdatum vom 19. September 2016 anzeigen.[171] Unter Berücksichtigung von Informationen über Assanges Computer und dessen mögliches Betriebssystem könnte dies das Datum sein, an dem die GRU die gestohlenen Podesta-Mails zur Übermittlung an WikiLeaks aufbereitete (wie bereits im Juli 2016 im Fall der DNC-Mails geschehen).[172] Die WikiLeaks-Website veröffentlichte außerdem PDFs und andere von Podesta gestohlene Dokumente, die etlichen E-Mails in seinem Account als Anhang beigefügt waren; diese Dokumente zeigten ein Erstellungsdatum vom 2. Oktober 2016, offenbar das Datum, an dem die Anhänge separat auf die WikiLeaks-Website gestellt worden waren.[173]

Ab dem 20. September 2016 traten WikiLeaks und DCLeaks für einen kurzen Austausch erneut in Kontakt. Am 22. September 2016 schickte ein DCLeaks-Mail-Account namens dcleaksproject@gmail.com eine Mail an einen WikiLeaks-Account mit dem Betreff »Vorlage« und der Nachricht »Hallo von DCLeaks«. Die Mail enthielt eine PGP-verschlüsselte Nachricht mit dem Dateinamen »wiki_mail.txt.gpg«.[174] Ermittlungstechnische Gründe [redacted] Die E-Mail weist jedoch manche Ähnlichkeit mit der vom 14. Juli 2016 auf, in der GRU-Offiziere die Persona Guccifer 2.0 nutzten, um WikiLeaks' Zugang zum Archiv gestohlener DNC-Dateien zu verschaffen. Am 22. September 2016 (dem

---

171 *Siehe* SM-2284941, Seriennr. 63 und 64 Ermittlungstechnische Gründe [redacted].

172 Ermittlungstechnische Gründe [redacted] Zu der Zeit verwendeten bestimmte Apple-Betriebssysteme eine Einstellung, die das Erstellungsdatum einer heruntergeladenen Datei dem auf dem Host-Computer angezeigten Erstellungsdatum anglich. Dies würde erklären, warum das Erstellungsdatum der Dateien in der WikiLeaks-Version immer noch der 19. September 2016 war. *Siehe* SM-2284941, Seriennr. 62 Ermittlungstechnische Gründe [redacted]

173 Als WikiLeaks Anhänge getrennt von den gestohlenen E-Mails speicherte, scheint das Computersystem jeden Anhang als eine neue Datei behandelt und ihm ein neues Erstellungsdatum zugewiesen zu haben. *Siehe* SM-2284941, Seriennr. 63 und 64.

174 *Siehe* 22.9.2016 E-Mail, dcleaksproject@gmail.com EG [redacted]

Datum, an dem DCLeaks' E-Mail an WikiLeaks ging) schickte der Twitter-Account @dcleaks eine Einzelnachricht an @Wiki-Leaks mit einer Abfolge von Zeichen Ermittlungstechnische Gründe [redacted].

Das Büro des Sonderermittlers kann nicht ausschließen, dass die gestohlenen Dokumente über Mittelspersonen, die im Sommer 2016 zu Besuch waren, an WikiLeaks übermittelt wurden. So identifizierte die öffentliche Berichterstattung beispielsweise Andy Müller-Maguhn als einen WikiLeaks-Mitarbeiter, der möglicherweise bei der Übermittlung dieser gestohlenen Dokumente an WikiLeaks assistiert hatte.[175] Ermittlungstechnische Gründe [redacted][176]

[175] Ellen Nakashima et al., *A German Hacker Offers a Rare Look Inside the Secretive World of Julian Assange and WikiLeaks*, Washington Post (17.1.2018).

[176] Ermittlungstechnische Gründe [redacted]

Am 7. Oktober 2016 veröffentlichte WikiLeaks die ersten von Podestas Mail-Account gestohlenen E-Mails. Insgesamt veröffentlichte WikiLeaks zwischen dem 7. Oktober und dem 7. November 2016 gestohlene E-Mails in 33 Teillieferungen. Zu dem veröffentlichten Material gehörten private Ansprachen von Clinton[177], interne Kommunikation zwischen Podesta und anderen hochrangigen Mitgliedern des Clinton-Wahlkampfteams[178], und Korrespondenz mit Bezug auf die Clinton-Stiftung.[179] Insgesamt veröffentlichte WikiLeaks über 50 000 von Podestas privatem Mail-Account gestohlene Dokumente. Die zeitlich letzte der von Podestas Account veröffentlichten E-Mails datierte vom 21. März 2016, zwei Tage nachdem Podesta eine von der GRU versandte Spearphishing-Mail erhalten hatte.

d. Irreführende Äußerungen von WikiLeaks über die Quelle des gestohlenen Materials

Während erste Berichte die DNC- und DCCC-Hacks der russischen Regierung zuschrieben, gaben WikiLeaks und Assange öffentliche Erklärungen ab, die offensichtlich den Zweck verfolgten, die Quelle des von WikiLeaks veröffentlichten Materials zu verschleiern. Die oben beschriebenen Nachweise über Dateitransfers und andere im Zuge der Ermittlung aufgedeckte Informationen diskreditieren die Behauptungen von WikiLeaks über die Herkunft des geposteten Materials.

Seit dem Sommer 2016 äußerten Assange und WikiLeaks sich mehrfach über Seth Rich, einen ehemaligen Mitarbeiter

177 Schutz der Privatsphäre [redacted]

178 Schutz der Privatsphäre [redacted]

179 *Netykscho*-Eröffnungsbeschluss zur Anklage ¶ 43.

des DNC, der im Juli 2016 getötet worden war. Die Äußerungen über Rich deuteten wahrheitswidrig an, er sei die Quelle der gestohlenen DNC-Mails gewesen. Am 9. August 2016 postete der Twitter-Account @WikiLeaks: »ANKÜNDIGUNG: WikiLeaks hat beschlossen, eine Belohnung über 20 000 US-Dollar für Hinweise auszusetzen, die zu einer Verurteilung für den Mord an DNC-Mitarbeiter Seth Rich führen.«[180] Als Assange in einem Interview am 25. August 2016 gefragt wurde: »Warum interessieren Sie sich so sehr für Seth Rich' Mörder?«, antwortete er: »Wir interessieren uns für alles, was eine Bedrohung für angebliche WikiLeaks-Quellen darstellen könnte.« Die Interviewerin kommentierte daraufhin: »Ich weiß, dass Sie Ihre Quelle nicht offenlegen möchten, aber das klingt doch sehr danach, als wollten Sie andeuten, dass jemand, der WikiLeaks Informationen zugespielt hat, anschließend ermordet wurde.« Assange erwiderte: »Wenn es jemanden gibt, der möglicherweise etwas mit unserer Veröffentlichung zu tun hat, und wenn dieser Jemand unter verdächtigen Umständen ermordet worden ist, dann müssen diese beiden Dinge nicht notwendig miteinander in Verbindung stehen. Aber das ist eine ernste Angelegenheit ... Behauptungen dieser Art sind sehr schwerwiegend, und wir nehmen sie sehr ernst.«[181]

Nachdem die US-Nachrichtendienstgemeinschaft ihre Einschätzung öffentlich gemacht hatte, wonach Russland hinter den Hacker-Angriffen stehe, bestritt Assange weiterhin, dass das von WikiLeaks veröffentlichte Clinton-Material sich russischem Hacking verdanke. Medienberichten zufolge sagte Assange einem US-Kongressabgeordneten, der DNC-Hack sei ein »Insider-Job«, und er verfüge über »handfeste Beweise«, dass er kein Material von den Russen bekommen habe.[182]

---

180 @WikiLeaks 9.8.2016 Tweet.

181 *Siehe* Assange: »*Murdered DNC Staffer Was ›Potential‹ WikiLeaks Source*«, Fox News (25.8.2016) (mit Videoaufzeichnung des von Megyn Kelly geführten Assange-Interviews).

182 M. Raju und Z. Cohen, *A GOP Congressman's Lonely Quest Defending Julian Assange*, CNN (23.5.2018).

US-Justizministerium
~~Juristische Ermittlungen~~ // ~~Kann geschütztes Material gemäß Fed. R. Crim. P. 6(c) enthalten~~

C. Weitere Cyber-Operationen der GRU

Während sie gestohlene E-Mails und Dokumente über DCLeaks, Guccifer 2.0 und WikiLeaks veröffentlichten, führten GRU-Offiziere weiterhin Hackerangriffe gegen Personen im Umfeld des Clinton-Wahlkampfes und schließlich auch gegen Körperschaften in mehreren Bundesstaaten durch, denen die Durchführung der Wahlen oblag.

1. Angriffe gegen Personen aus dem Umfeld der Demokraten im Sommer und Herbst 2016

Am 27. Juli 2016 nahm die Einheit 26165 Mail-Accounts ins Visier, die mit dem Privatbüro [redacted] der Präsidentschaftskandidatin Clinton verbunden waren. Einige Stunden zuvor hatte der Kandidat Trump öffentliche Erklärungen abgegeben, darunter die folgende: »Russland, falls ihr zuhört: Ich hoffe, ihr könnt die 30 000 fehlenden E-Mails finden, die vermisst werden. Wahrscheinlich würdet ihr von unserer Presse ordentlich belohnt.«[183] Die »30 000 E-Mails« bezogen sich offenbar auf E-Mails, von denen es in Mediendarstellungen hieß, sie seien auf einem Personal Server gespeichert gewesen, den die Kandidatin Clinton während ihrer Amtszeit als Außenministerin genutzt hatte.

Innerhalb von etwa fünf Stunden nach Trumps öffentlicher Äußerung nahmen GRU-Offiziere erstmals Clintons Privatbüro ins Visier. Nach den Bemerkungen des Kandidaten Trump erzeugte und verschickte die Einheit 26165 schädliche Links an 15 Mail-Accounts bei der Domain [redacted], darunter einen Mail-Account des Clinton-Mitarbeiters [redacted]. Die Ermittlung fand keine Belege für frühere Versuche der GRU,

183 »Donald Trump on Russian & Missing Hillary Clinton Emails«, YouTube Channel C-SPAN, Gepostet am 27.7.2016, *verfügbar unter* https://www.youtube.com/watch?v=3kxG8uJUsWU (ab 0:41).

Accounts zu schädigen, die auf dieser Domain gehostet waren. Es ist nicht geklärt, wie die GRU diese Mail-Accounts, die nicht öffentlich waren, identifizieren konnte.[184]

Offiziere der Einheit 26165 hackten sich in einen von einem Cloud-Computing-Dienst Schutz der Privatsphäre [redacted] gehosteten DNC-Account. Am 20. September 2016 begann die GRU, Kopien der DNC-Daten zu erzeugen unter Verwendung einer SdP [redacted]-Funktion, mit deren Hilfe Nutzer Backups von Datenbanken produzieren konnten (SdP [redacted] gegenüber als »Schnappschüsse« bezeichnet). Die GRU stahl dann diese Schnappschüsse, indem sie sie auf SdP [redacted] Account verschob, den sie kontrollierte; von dort wurden die Kopien weitergeleitet auf von der GRU kontrollierte Computer. Die GRU stahl Daten im Umfang von ungefähr 300 Gigabyte von dem Cloud-basierten DNC-Account.[185]

2. Hackerangriffe auf US-Wahlkommissionen

Nicht nur auf Personen aus dem Umfeld des Clinton-Wahlkampfes hatten die GRU-Offiziere es abgesehen, sondern auch auf Personen und Körperschaften, die an der Durchführung der Wahlen beteiligt waren. Zu den Betroffenen gehörten Körperschaften auf bundesstaatlicher und lokaler Ebene, z. B. Wahlkommissionen der Bundesstaaten (SBOEs), hohe Verwaltungsbeamte, Gemeindeverwaltungen sowie Personen, die für diese Körperschaften arbeiteten.[186] Die GRU nahm außerdem private Technologiefirmen ins Visier, die bei Wahlen zum Einsatz kom-

---

184 Ermittlungstechnische Gründe [redacted]

185 *Netykscho*-Eröffnungsbeschluss zur Anklage ¶ 34; *siehe auch* SM-2589105-HACK, Seriennr. 29 Ermittlungstechnische Gründe [redacted].

186 *Netykscho*-Eröffnungsbeschluss zur Anklage ¶ 69.

mende Software und Hardware entwickelten und verwalteten, etwa Software zur Wählerregistrierung oder elektronische Stimmlokale.[187] Die GRU setzte ihre Angriffe gegen die Betroffenen bis nach den Wahlen im November 2016 fort. Obwohl die Ermittlung Beweise für die Angriffe der GRU auf diese Einzelpersonen und Körperschaften erbrachten, führte das Büro die Ermittlungen darüber hinaus nicht weiter. Zum Beispiel requirierte und untersuchte das Büro des Sonderermittlers keine Server oder andere relevante Gegenstände aus dem Besitz der Betroffenen. Das Büro ist sich bewusst, dass das FBI, das US-Heimatschutzministerium und die Bundesstaaten eigene Ermittlungen zu diesen Aktivitäten geführt haben.

Spätestens seit dem Sommer 2016 suchten GRU-Offziere Zugang zu bundesstaatlichen und lokalen Computernetzwerken, indem sie sich bekannte Software-Schwachstellen auf den Websites von bundesstaatlichen und lokalen Behörden zunutze machten. Zum Beispiel nahmen GRU-Offiziere bundesstaatliche und lokale Datenbanken von registrierten Wählern in Visier, indem sie eine als »SQL-Injektion« bekannte Technik einsetzten, durch die Malware an die bundesstaatliche oder lokale Website geschickt wurde, um Befehle auszuführen (etwa den Inhalt der Datenbanken auszuschleusen).[188] In einem Fall etwa im Juni 2016 schädigte die GRU das Computernetzwerk der Wahlkommission von Illinois, indem sie eine Schwachstelle auf der Website der Wahlkommission ausnutzte. Dadurch erlangte die GRU Zugriff auf eine Datenbank, die Informationen über Millionen von registrierten

---

187 *Netykscho*-Eröffnungsbeschluss zur Anklage ¶ 69; Ermittlungstechnische Gründe [redacted]

188 Ermittlungstechnische Gründe [redacted]

Wählern in Illinois enthielt[189], und zog die Daten von Tausenden US-Wählern ab, bevor der bösartige Eingriff entdeckt wurde.[190]

Die GRU-Offiziere Ermittlungstechnische Gründe [redacted] durchsuchten bundesstaatliche und lokale Websites nach Schwachstellen. So etwa an zwei Tagen im Juli 2016, als die GRU-Offiziere Ermittlungstechnische Gründe [redacted] nach Schwachstellen auf den Websites von mehr als zwei Dutzend Bundesstaaten. Ermittlungstechnische Gründe [redacted] Ähnlich EG [redacted] nach Schwachstellen weiter bis nach den Wahlen.

Die Einheit 74455 verschickte auch Spearphishing-Mails an Beamte, die mit der Durchführung von Wahlen zu tun hatten, und an das Personal von Firmen, die die Technik für den Wahlvorgang bereitstellten. Im August 2016 nahmen GRU-Offiziere Angestellte von SdP [redacted] ins Visier, einer Technologiefirma für Wahlsoftware, die für zahlreiche US-Bezirke Software für die Verwaltung von Wählerverzeichnissen entwickelte, und installierten Schadsoftware im Firmennetzwerk. In ähnlicher Weise versandte die GRU im November 2016 Spearphishing-Mails an über 120 Mail-Accounts von Bezirksbeamten in Florida, die für die Durchführung der US-Wahl zuständig waren.[191] Im Anhang

---

189 Ermittlungstechnische Gründe [redacted]

190 Ermittlungstechnische Gründe [redacted]

191 *Netykscho*-Eröffnungsbeschluss zur Anklage ¶ 76; Ermittlungstechnische Gründe [redacted]

der Spearphishing-Mails befand sich ein mit Malware verschlüsseltes Word-Dokument (gemeinhin als Trojaner bezeichnet), das es der GRU ermöglichte, auf den infizierten Computer zuzugreifen.[192] Das FBI führte eigene Ermittlungen in dieser Sache. Nach unserer Kenntnis glaubt das FBI, dass diese Operation die GRU in die Lage versetzte, Zugang zum Netzwerk wenigstens einer Bezirksregierung in Florida zu erlangen. Das Büro hat keine eigenständige Prüfung dieses Sachverhalts vorgenommen und, wie oben erwähnt, auf weitere Ermittlungen, die dafür nötig gewesen wären, verzichtet.

D. Trump-Wahlkampf und die Verbreitung gehackter Inhalte

Den ganzen Sommer und Herbst 2016 über bezeugte das Trump-Wahlkampfteam Interesse an den Veröffentlichungen gehackten Materials von WikiLeaks. Gefährdung laufender Verfahren [redacted]

192 Ermittlungstechnische Gründe [redacted]

1. GIV [redacted]

a. Hintergrund

Gefährdung laufender Verfahren [redacted]

b. Kontakte mit dem Wahlkampfteam betreffs WikiLeaks

Gefährdung laufender Verfahren [redacted] [193] Gefährdung laufender Verfahren [redacted]

---

193 Gefährdung laufender Verfahren [redacted]

[redacted] Am 12. Juni 2016 behauptete Assange in einem im Fernsehen gezeigten Interview, er habe »E-Mails im Zusammenhang mit Hillary Clinton, die zur Veröffentlichung anstehen«[194], ohne sich zu Details zu äußern.

Während der Befragungen durch das Büro sagte der ehemalige stellvertretende Wahlkampfmanager Rick Gates, dass Gefährdung laufender Verfahren [redacted] [195] Gefährdung laufender Verfahren [redacted] Gates erinnerte sich, dass der Kandidat Trump

---

[194] *Siehe* Mahita Gajanan, *Julian Assange Timed DNC Email Release for Democratic Convention*, Time (27.7.2016) (mit Zitaten aus dem Fernsehinterview vom 12. Juni 2016).

[195] Im Februar 2018 bekannte sich Gates gemäß einer Vereinbarung schuldig im Sinne einer Darlegung von Straftaten, der Verabredung zur Begehung einer Straftat sowie zahlreicher anderer Vergehen (*i. e.* Steuerbetrug, Versäumnis der Anmeldung ausländischer Bankkonten und die unangemeldete Vertretung ausländischer Auftraggeber) gegen die Vereinigten Staaten wie auch der Falschaussage gegenüber unserem Büro. Superseding Criminal Information, *Vereinigte Staaten vs. Richard W. Gates III*, 1:17-cr-201 (D.D.C. 23. Feb. 2018), Dok. 195 (»*Gates* Superseding Criminal Information«); Plea Agreement, *Vereinigte Staaten vs. Richard W. Gates III*, 1:17-cr-201 (D.D.C. 23. Feb. 2018), Dok. 205 (»*Gates* Plea Agreement«). Gates hat Angaben und Aussagen vor Gericht gemacht, die das Büro für glaubwürdig hält.

grundsätzlich darüber enttäuscht war, dass die Clinton-E-Mails nicht gefunden worden waren.[196]

Paul Manafort, später zum Wahlkampfmanager ernannt, Gefährdung laufender Verfahren [redacted][197] Gefährdung laufender Verfahren [redacted][198]

Michael Cohen, ehemals Vizepräsident der Trump Organization und persönlicher Anwalt Donald Trumps[199], berichtete dem Büro, er erinnere sich an einen Vorfall, bei dem er im Büro des Kandidaten Trump im Trump Tower gewesen sei Gefährdung laufender Verfahren [redacted]

---

[196] Gates 25.10.2018 302, 1-2.

[197] Wie näher erläutert in Band I, Abschnitt IV.A.8, *unten*, ging Manafort eine Vereinbarung mit unserem Büro ein. Wir stellten fest, dass er diese Vereinbarung verletzte durch wahrheitswidrige Aussagen in Proffer Sessions und vor der Grand Jury. Wir haben seine Version der Ereignisse in diesem Bericht grundsätzlich nur wiedergegeben, soweit seine Aussagen sich ausreichend erhärten ließen; oder um Fragen zu kennzeichnen, für die Manaforts Falschaussagen in sich Beweiswert haben könnten; oder um Manaforts Erklärungen zu bestimmten Ereignissen darzustellen, auch wenn wir nicht bestimmen konnten, inwieweit diese Erklärungen glaubhaft waren. Seine Darstellung erscheint hier in erster Linie, soweit sie sich mit der anderer Zeugen deckt.

[198] Grand Jury [redacted]

[199] Im November 2018 bekannte Cohen sich gemäß einer Vereinbarung schuldig im Sinne der Anklage einer einzelnen Straftat, nämlich der Falschaussage vor dem Kongress, in Verletzung von 18 U.S.C. § 1001(a) und (c). Zuvor hatte er sich im Sinne mehrerer anderer Tatvorwürfe schuldig bekannt, die, nach Überweisung durch dieses Büro, von der Staatsanwaltschaft im Southern District of New York erhoben wurden. In den Monaten vor dem Geständnis der Falschaussage traf Cohen bei zahlreichen Gelegenheiten mit unserem Büro zur Befragung zusammen und machte Aussagen, die das Büro grundsätzlich für glaubwürdig befunden hat und die in diesen Bericht eingehen.

US-Justizministerium
~~Juristische Ermittlungen~~ // ~~Kann geschütztes Material gemäß Fed. R. Crim. P. 6(e) enthalten~~

[redacted] 200 Gefährdung laufender Verfahren [redacted] [201] Weiterhin berichtete Cohen dem Büro, dass der Kandidat Trump nach der Veröffentlichung gestohlener DNC-E-Mails durch WikiLeaks im Juli 2016 sich etwa in dem Sinne geäußert habe, dass GIV [redacted] [202] Gefährdung laufender Verfahren [redacted]

200 GIV [redacted]
201 GIV [redacted]
202 Cohen 18.9.2018 302, 10. Gefährdung laufender Verfahren [redacted] Gefährdung laufender Verfahren [redacted]

US-Justizministerium
~~Juristische Ermittlungen~~ // ~~Kann geschütztes Material gemäß Fed. R. Crim. P. 6(c) enthalten~~

[redacted] Gates zufolge äußerte Manafort sich begeistert über die Veröffentlichung GIV [redacted][203] Manafort berichtete dem Büro seinerseits, dass er, kurz nach der WikiLeaks-Veröffentlichung vom 22. Juli, ebenfalls mit dem Kandidaten Trump gesprochen habe Gefährdung laufender Verfahren [redacted][204] Gefährdung laufender Verfahren [redacted][205] Manafort GIV [redacted] wünschte außerdem über weitere Entwicklungen mit WikiLeaks auf dem Laufenden gehalten zu werden, und bat im Speziellen Gates, sich GIV [redacted] im Falle künftiger WikiLeaks-Veröffentlichungen zu melden.[206]

Nach Gates' Aussage entwarf das Trump-Wahlkampfteam im Spätsommer 2016 eine Strategie für Pressearbeit, Informationskampagnen und Nachrichtenversand, die auf die mögliche Veröffentlichung der Clinton-E-Mails durch WikiLeaks ausgerichtet waren.[207] Gefährdung laufender Verfahren [redacted].[208] Gefährdung laufender Verfahren [redacted] während Trump und Gates zum Flughafen La Guardia fuhren. Gefährdung laufender Verfahren [redacted], kurz nach dem Anruf sagte der Kandidat Trump zu Gates, es stünden weitere Veröffentlichungen kompromittierenden Materials bevor.[209] Gefährdung laufender Verfahren [redacted][210]

[203] Gates 25.10.2018 302 (Seriennr. 241), 4.

[204] Grand Jury [redacted]

[205] Grand Jury [redacted]

[206] Grand Jury [redacted]

[207] Gates 10.4.2018 302, 3; Gates 11.4.18 302, 1-2 (SM-2180998); Gates 25.10.2018 302, 2.

[208] Gefährdung laufender Verfahren [redacted]

[209] Gates 25.10.2018 302 (Seriennr. 241), 4.

[210] Gefährdung laufender Verfahren [redacted]

c. Gefährdung laufender Verfahren [redacted]

Gefährdung laufender Verfahren [redacted][211] Corsi ist ein Autor und promovierter Politikwissenschaftler.[212] 2016 war Corsi außerdem für den Medienkanal WorldNetDaily (WND) tätig. Gefährdung laufender Verfahren [redacted][213]

---

211 Gefährdung laufender Verfahren [redacted]

212 Einem größeren Publikum wurde Corsi im August 2004 durch sein Buch *Unfit for Command: Swift Boat Veterans Speak Out Against John Kerry* bekannt. Während des Wahlzyklus' 2008 erlangte Corsi neuerliche Prominenz als ein führender Verfechter der Behauptung, dass Barack Obama nicht in den Vereinigten Staaten geboren sei. Corsi berichtete dem Büro, Donald Trump habe Interesse an seinen Schriften geäußert, und er habe mindestens sechsmal mit ihm telefoniert. Corsi 6.9.2018 302, 3.

213 Corsi 31.10.2018 302, 2; Grand Jury [redacted]
Corsi wurde erstmals am 6. September 2018 in den Büroräumen des Sonderermittlers in Washington, D.C., befragt. Dabei wurde er durchgehend anwaltlich begleitet. In der Folge wurde Corsi noch am 17. September, am 21. September, am 31. Oktober, am 1. November und am 2. November 2018 befragt. Sein Anwalt war bei allen Befragungen ständig zugegen, und die am 21. September 2018 aufgenommenen Befragungen wurden gemäß eines Proffer Agreement [Zusage eingeschränkter Strafverfolgung des Befragten] geführt, mit der Maßgabe, dass seine Aussagen innerhalb bestimmter Umstände nicht gegen ihn verwendet würden.

Gefährdung laufender Verfahren [redacted][214] Corsi sagte dem Büro während der Befragung, dass er zuvor schon mit Malloch über Assange gesprochen »haben müsse«.[215] Gefährdung laufender Verfahren [redacted] [216] Gefährdung laufender Verfahren [redacted] [217] Grand Jury [redacted] Malloch zufolge wurde er von Corsi gebeten, ihn mit Assange in Kontakt zu bringen, den Corsi interviewen wollte. Malloch erinnerte sich, Corsi habe außerdem angedeutet, dass Personen »in der Umlaufbahn« des britischen Politikers Nigel Farage Kontakt zu Assange herstellen könnten, und Malloch gefragt, ob er sie kenne. Malloch teilte Corsi mit, er werde über die Bitte nachdenken, unternahm dann aber nichts, um Corsi mit Assange zusammenzubringen.[218] Gefährdung laufender Verfahren [redacted]

---

214 Gefährdung laufender Verfahren [redacted]

215 Corsi 31.10.2018 302, 4.

216 Gefährdung laufender Verfahren [redacted]

217 Gefährdung laufender Verfahren [redacted]

218 Grand Jury [redacted] Malloch bestritt, je mit Assange oder WikiLeaks kommuniziert zu haben, und sagte aus, er sei der Bitte, Assange zu kontaktieren, nicht gefolgt, weil er glaubte, keine Verbindungen zu Assange zu haben. Grand Jury [redacted]

[redacted] [219] Gefährdung laufender Verfahren [redacted] [220]

Malloch gab gegenüber Ermittlern an, er und Corsi hätten ab etwa August 2016 über FaceTime zahlreiche Gespräche über WikiLeaks geführt [redacted] Gefährdung laufender Verfahren [redacted] Kontakt zu Assange hergestellt habe

219 Gefährdung laufender Verfahren [redacted]

220 Gefährdung laufender Verfahren [redacted]

und dass die gehackten E-Mails von John Podesta vor dem Wahltag veröffentlicht und für Trumps Wahlkampf sehr hilfreich sein würden. Während einer Unterhaltung im August oder September 2016 teilte Corsi Malloch mit, dass die Veröffentlichung der Podesta-Mails anstehe, und danach würden »wir« die Zügel in der Hand halten.[221]

Gefährdung laufender Verfahren [redacted] [222] Gefährdung laufender Verfahren [redacted] [223] Gefährdung laufender Verfahren [redacted] [224] Gefährdung laufender Verfahren [redacted] [225]

221 Grand Jury [redacted]

222 Gefährdung laufender Verfahren [redacted]

223 Gefährdung laufender Verfahren [redacted]

224 Gefährdung laufender Verfahren [redacted]

225 Gefährdung laufender Verfahren [redacted]

Gefährdung laufender Verfahren [redacted] [226] Gefährdung laufender Verfahren [redacted] [227] Gefährdung laufender Verfahren [redacted] [228])

Gefährdung laufender Verfahren [redacted] [229] Gefährdung laufender Verfahren [redacted] [230] Gefährdung laufender Verfahren [redacted] [231] Gefährdung laufender Verfahren [redacted] [232]

---

226 Gefährdung laufender Verfahren [redacted]

227 Gefährdung laufender Verfahren [redacted]

228 GlV [redacted]

229 Gefährdung laufender Verfahren [redacted]

230 Gefährdung laufender Verfahren [redacted]

231 Gefährdung laufender Verfahren [redacted]

232 GlV [redacted]

US-Justizministerium

~~Juristische Ermittlungen~~ // ~~Kann geschütztes Material gemäß Fed. R. Crim. P. 6(c) enthalten~~

Gefährdung laufender Verfahren [redacted] [233] Gefährdung laufender Verfahren [redacted] [234] Gefährdung laufender Verfahren [redacted] [235] Gefährdung laufender Verfahren [redacted] [236] Gefährdung laufender Verfahren [redacted] [237] Gefährdung laufender [redacted]

---

233 Gefährdung laufender Verfahren [redacted]

234 Gefährdung laufender Verfahren [redacted]

235 Gefährdung laufender Verfahren [redacted]

236 Gefährdung laufender Verfahren [redacted]

237 GIV [redacted]

Verfahren [redacted][238]

d. Veröffentlichung gestohlener Podesta-E-Mails durch WikiLeaks am 7. Oktober 2016

Am 7. Oktober 2016, vier Tage nach Assanges Pressekonferenz Gefährdung laufender Verfahren [redacted], veröffentlichte die *Washington Post* ein Video der Fernsehsendung *Access Hollywood*, das einige Jahre alt war und Kommentare des Kandidaten Trump einfing, von denen zu erwarten war, dass sie seinen Wahlaussichten schaden würden.[239] Weniger als eine Stunde nach der Veröffentlichung des Videos gab WikiLeaks den ersten Teil von E-Mails frei, die die GRU Clintons Wahlkampfmanager John Podesta gestohlen hatte. Gefährdung laufender Verfahren [redacted]

---

238 Gefährdung laufender Verfahren [redacted] Gefährdung laufender Verfahren [redacted]

239 Der Kandidat Trump ist mit drastischen Bemerkungen über Frauen aus dem Off zu hören.

US-Justizministerium
~~Juristische Ermittlungen~~ // ~~Kann geschütztes Material gemäß Fed. R. Crim. P. 6(c) enthalten~~

[redacted] [240] Gefährdung laufender Verfahren [redacted] [241] Gefährdung laufender Verfahren [redacted] [242] Gefährdung laufender Verfahren [redacted] [243] Gefährdung laufender Verfahren [redacted] Corsi gab an, dass er, da er keine Möglichkeit hatte, mit WikiLeaks direkt zu kommunizieren, Mitglieder der Newsseite WND – mit denen er am betreffenden Tag eine Telefonkonferenz abhielt – aufforderte, sofort mit Assange in Verbindung zu

240 GIV [redacted]
241 GIV [redacted]
242 GIV [redacted]
243 GIV [redacted]

treten.[244] Corsi behauptete, der Druck sei gewaltig gewesen, und erinnerte sich, den Konferenzteilnehmern mitgeteilt zu haben, dass das *Access-Hollywood*-Video in Kürze zu erwarten sei.[245] Corsi erklärte, er sei überzeugt gewesen, dass seine Bemühungen WikiLeaks veranlasst hätten, die E-Mail gerade zu diesem Zeitpunkt zu veröffentlichen.[246] Während einer späteren Befragung im November 2018 gab Corsi an, seiner Ansicht nach habe er Teilnehmern einer WND-Telefonkonferenz von dem bald erscheinenden Video erzählt und einen Tweet mit der Frage abgesetzt, ob irgendjemand Assange kontaktieren könne, aber es sei auch möglich, dass er nichts dergleichen getan habe.[247]

Das Büro untersuchte Corsis Angaben über die Ereignisse des 7. Oktober 2016, fand aber wenig, was seine Behauptungen gestützt hätte.[248] Gefährdung laufender Verfahren [redacted]

---

244 Während einer späteren Befragung im November 2018 gab Corsi an, Gefährdung laufender Verfahren [redacted] seiner Ansicht nach habe Malloch an der Konferenz teilgenommen, er aber habe sich auf andere Personen konzentriert, die, im Gegensatz zu Malloch, dazu eingeladen waren. (Unabhängig erhobene Reisedaten zeigen, dass Malloch sich zum Zeitpunkt der Telefonkonferenz auf einem Transatlantikflug befand). Corsi gab ferner an, nach der Veröffentlichung gestohlener E-Mails durch WikiLeaks am 7. Oktober 2016 habe er den Schluss gezogen, dass Malloch mit Assange in Verbindung getreten sei. Corsi 1.11.2018 302, 6.

245 Während derselben Befragung deutete Corsi außerdem an, er habe seine öffentlichen Tweets vielleicht deshalb abgesetzt, weil er wusste, dass Assange seine Tweets verfolgte. Unser Büro konnte keine Belege für derlei Tweets ermitteln.

246 Corsi 21.9.2018 302, 6-7.

247 Corsi 1.11.2018 302, 6.

248 Gefährdung laufender Verfahren [redacted] Grand Jury [redacted]

[249] Gefährdung laufender Verfahren [redacted] [250] Allerdings geben die Telefonaufzeichnungen selbst keinen Hinweis darauf, dass irgendeiner der Reporter, die mit der *Access-Hollywood*-Story herausgekommen waren, an dem Gespräch beteiligt gewesen sei, und das Büro war auch anderweitig nicht in der Lage, den Inhalt des Gesprächs zu ermitteln. Gefährdung laufender Verfahren [redacted] [251] Allerdings hat das Büro weder Teilnehmer an der Telefonkonferenz identifizieren können noch sonst jemanden, der an dem betreffenden Tag mit Corsi gesprochen hat und angibt, von Corsi eine nicht öffentliche Mitteilung über das Video erhalten zu haben, oder bestätigt, er habe am 7. Oktober 2016, nach einer Unterhaltug mit Corsi, ein Mitglied von WikiLeaks kontaktiert.

---

249 Gefährdung laufender Verfahren [redacted]

250 GJV [redacted] Grand Jury [redacted] Gefährdung laufender Verfahren [redacted]

251 GJV [redacted] Grand Jury [redacted] Gefährdung laufender Verfahren [redacted] Grand Jury [redacted] Gefährdung laufender Verfahren [redacted]

US-Justizministerium
~~Juristische Ermittlungen~~ // ~~Kann geschütztes Material gemäß Fed. R. Crim. P. 6(c) enthalten~~

e. Austausch zwischen Donald Trump jr. und WikiLeaks

Donald Trump jr. hatte direkten elektronischen Kontakt mit WikiLeaks während des Wahlkampfs. Am 20. September 2016 schickte eine Person namens Jason Fishbein an WikiLeaks das Passwort für die noch nicht gestartete Website PutinTrump.org, die sich mit Trumps »beispiellosen und gefährlichen« Russlandverbindungen befasste.[252] WikiLeaks twitterte öffentlich: »›Let's bomb Iraq‹-Fortschritt für Amerika, PAC startet ›PutinTrump.org‹ um 9:30 Uhr. Ups, PW ist ›putintrump‹ putintrump.org.« Wenige Stunden später schickte WikiLeaks eine Twitter-Direktnachricht an Donald Trump jr.: »Die von einem PAC betriebene Anti-Trump-Website geht demnächst online. Der PAC ist ein recycelter Pro-Irakkrieg-PAC. Wir haben das Passwort erraten. Es ist ›putintrump‹. Siehe in ›Über uns‹, wer dahintersteckt. Irgendwelche Kommentare?«[253]

Einige Stunden später mailte Trump jr. an mehrere hochrangige Mitglieder des Wahlkampfteams:

> Leute, habe eine seltsame Twitter-DM von wikileaks bekommen. Siehe unten. Hab das Passwort ausprobiert, und es funktioniert, und der Über-uns-Bereich, von dem die Rede ist, bietet das nächste Bild von wegen, wer dahinter steht. Bin mir nicht sicher, ob das hier etwas ist, aber wer mich da anspricht, das scheint wirklich wikileaks zu sein, denn ich folge denen, und es ist eine DM.

---

[252] 20.9.2016 Twitter DM, @JasonFishbein an @WikiLeaks; *siehe* JF00587 (21.9.2016 Nachrichten, SdP [redacted] @jabber.cryptoparty.is & SdP [redacted] @jabber.cryptoparty.is); Fishbein 5.9.2018 302, 4. Befragt von unserem Büro, zeigte Fishbein Protokolle vor, die angeblich aus einem Chatroom stammten, in dem die Teilnehmer über US-Politik diskutierten; einer der anderen Teilnehmer habe Website und Passwort gepostet, die Fishbein an Wikileaks geschickt hatte.

[253] 20.9.2016 Twitter DM, @Wikileaks an @DonaldJTrumpJr.

> Kennt ihr die erwähnten Leute und wisst ihr, was das für eine Verschwörung ist, um die es geht? Das hier sind nur Screenshots, aber es ist eine voll ausgebaute Seite, die ein PAC zu sein behauptet. Lasst mich wissen, was ihr meint, und ob wir uns damit befassen wollen.[254]

Trump jr. hängte einen Screenshot der »Über uns«-Seite der noch nicht gestarteten Website PutinTrump.org an. Am nächsten Tag (nach dem offiziellen Start der Website) schickte Trump jr. eine Direktnachricht an WikiLeaks: »Im Vertrauen gesagt, weiß ich nicht, wer das ist, aber ich werde mich umhören. Danke.«[255]

Am 3. Oktober 2016 schickte WikiLeaks eine weitere Direktnachricht an Trump jr. mit der Bitte an »euch«, einen Link verbreiten zu helfen, in dem der Kandidatin Clinton unterstellt wird, sie habe den Einsatz einer Drohne gegen Julian Assange befürwortet. Trump jr. antwortete, das habe er »bereits getan«, und fragte: »was hat es mit diesem Mittwoch-Leak auf sich, von dem ich ständig lese?«[256] WikiLeaks antwortete darauf nicht.

Am 12. Oktober 2016 schrieb WikiLeaks noch einmal, dass es »toll war zu erleben wie Sie und Ihr Dad über unsere Veröffentlichungen geredet haben. Würde dringend vorschlagen dass Ihr Dad diesen Link tweetet wenn er uns erwähnt wlsearch.tk.«[257] WikiLeaks schrieb, der Link würde Trump helfen, die geleakten E-Mails zu »durchwühlen«, und erklärte: »wir haben gerade

---

254 TRUMPORG_28_000629-33 (21.9.2016 E-Mail, Trump jr. an Conway et al. (Betreff »Wikileaks«)).

255 21.9.2016 Twitter DM, @DonaldJTrumpJr an @WikiLeaks.

256 3.10.2016 Twitter DMs, @DonaldJTrumpJr und @WikiLeaks.

257 Zu der Zeit führte der Link Nutzer zu einem WikiLeaks-Archiv gestohlener Dokumente des Clinton-Wahlkampfteams.

Podesta-Mails Teil 4 veröffentlicht.[258] Zwei Tage später twitterte Trump jr. öffentlich den Link wlsearch.tk.[259]

2. Weitere potenzielle Interessen des Wahlkampfteams am von Russland gehackten Material

Im gesamten Verlauf des Jahres 2016 äußerte das Trump-Wahlkampfteam Interesse an Hillary Clintons privatem E-Mail-Server und der Frage, ob ungefähr 30 000 E-Mails von diesem Server tatsächlich, wie von den Medien berichtet, unwiderruflich zerstört seien. Mehrere mit dem Wahlkampf verbundene Personen wurden 2016 im Hinblick auf diverse Bemühungen kontaktiert, die verschwundenen Clinton-E-Mails und anderes gestohlene Material aufzufinden, um den Trump-Wahlkampf zu befördern. Einige dieser Kontakte wurden mit Skepsis betrachtet und führten zu nichts, andere wurden bis zu einem gewissen Grad weiterverfolgt. Die Ermittlung fand keine Belege dafür, dass das Trump-Wahlkampfteam irgendwelche Clinton-E-Mails zutage gefördert hätte oder die erwähnten Kontakte Teil einer Zusammenarbeit zwischen Russland und dem Trump-Wahlkampfteam gewesen wären.

a. Henry Oknyansky (alias Henry Greenberg)

Im Frühjahr 2016 erfuhr Trumps Wahlkampfberater Michael Caputo von einem in Florida ansässigen russischen Geschäftspartner, dass ein anderer in Florida ansässiger Russe namens Henry Oknyansky (der auch den Namen Henry Greenberg führte) Informationen zu haben behaupte, die Hillary Clinton beträfen. Caputo benachrichtigte Roger Stone und vermittelte einen

---

258 12.10.2016 Twitter DM, @WikiLeaks an @DonaldJTrumpJr.

259 @DonaldJTrumpJr 14.10.2016 (6:34 Uhr) Tweet.

Kontakt zwischen Stone und Oknyansky. Oknyansky und Stone verabredeten ein persönliches Zusammentreffen im Mai 2016.[260]

Zu diesem Treffen erschien Oknyansky in Begleitung von Alexej Rasin, einem ukrainischen Partner, der in Florida in der Immobilienbranche tätig war. Rasin bot Stone an, ihm nachteilige Informationen über Clinton zu verkaufen, die er während seiner Tätigkeit für Clinton gesammelt habe. Rasin behauptete, über Finanzberichte zu verfügen, die Clintons Beteiligung an Geldwäscheaktivitäten mit Rasins Firmen demonstrierten. Laut Oknyansky fragte Stone, ob die fraglichen Summen im Bereich von Dollarmillionen lägen, bekam jedoch zu hören, sie würden sich eher im Hunderttausenderbereich bewegen. Stone lehnte das Angebot ab mit dem Hinweis, Trump würde nicht für Material über den politischen Gegner zahlen.[261]

Oknyansky behauptete gegenüber dem Büro, Rasins Motiv sei finanzieller Natur gewesen. Oknyansky zufolge hatte Rasin vergeblich versucht, die Clinton-Informationen anderen interessierten Parteien zu verkaufen. Im Erfolgsfall sollte Oknyansky einen Anteil erhalten.[262] Rasin ist in öffentlichen Quellen als Geschäftsführer und/oder registrierter Vertreter einer Reihe von Firmen in Florida verzeichnet, von denen keine mit Clinton in Verbindung zu stehen scheint. Das Büro fand auch sonst keine Hinweise, dass Rasin für Clinton oder irgendeine mit Clinton verbundene Einrichtung tätig gewesen wäre.

Gegenüber den Ermittlern schilderten Oknyansky und Caputo einander widersprechende Erinnerungen an das Treffen. Oknyansky behauptete, Caputo habe Stone zu dem Treffen begleitet und sie miteinander bekannt gemacht, während Caputo uns nicht mitteilte, dass er dabei gewesen sei, und stattdessen behauptete, er habe nie erfahren, was für Informationen Oknyansky angeboten hatte. Caputo gab ferner an, ihm sei nicht bewusst

---

260 Caputo 2.5.2018 302, 4; Oknyansky 13.7.2018 302, 1.
261 Oknyansky 13.7.2018 302, 1-2.
262 Oknyansky 13.7.2018 302, 2.

gewesen, dass Oknyansky für die Informationen Geld haben wollte, bis Stone ihn im Nachhinein darüber in Kenntnis gesetzt habe.[263]

Das Büro konnte Rasins Aufenthaltsort in den Vereinigten Staaten nicht ermitteln, obwohl sich bestätigt fand, dass ihm in Florida ein Führerschein ausgestellt worden war. Ansonsten war das Büro nicht in der Lage, Inhalt und Quelle der Information zu bestimmen, die er Stone angeblich angeboten hatte. Schließlich konnte die Ermittlung keine Belege für eine Verbindung zwischen diesem Kontakt und russischen Einmischungsversuchen beibringen.

b. Versuche des Wahlkampfteams, an gelöschte Clinton-E-Mails zu gelangen

Nachdem der Kandidat Trump am 27. Juli 2016 erklärt hatte, er hoffe, Russland könne »die 30 000 fehlenden E-Mails finden«, bat er einzelne Personen, die sich für seinen Wahlkampf engagierten, die gelöschten Clinton-E-Mails aufzuspüren.[264] Michael Flynn – später zum Nationalen Sicherheitsberater in Trumps Kabinett berufen – erinnerte sich, dass Trump diese Bitte wiederholt äußerte, und in der Folge kontaktierte Flynn zahlreiche Personen in dem Bemühen, an die E-Mails heranzukommen.[265]

Barbara Ledeen und Peter Smith gehörten zu den von Flynn kontaktierten Personen. Ledeen, eine langjährige Senatsangestellte, die den Clinton-E-Mails zuvor bereits nachgeforscht hatte, hielt Flynn den ganzen Sommer 2016 hindurch über ihre Bemühungen auf dem Laufenden.[266] Smith, ein Anlageberater, der sich politisch für die Republikaner engagierte, bemühte sich

---

263 Caputo 2.5.2018 302, 4; Oknyansky 13.7.2018 302, 1.
264 Flynn 25.4.2018 302, 5-6; Flynn 1.5.2018 302, 1-3.
265 Flynn 1.5.2018 302, 1-3.
266 Flynn 25.4.2018 302, 7; Flynn 4.5.2018 302, 1-2; Flynn 29.11.2017 302, 7-8.

ebenfalls, die gelöschten Clinton-E-Mails aufzuspüren und zu sichern.[267]

Erste Versuche, an die Clinton-E-Mails zu gelangen, hatte Ledeen noch vor Flynns Anfrage, bereits im Dezember 2015, unternommen.[268] Am 3. Dezember 2015 unterbreitete sie Smith per Mail einen Vorschlag, die E-Mails zu erlangen: »Hier ist der Vorschlag, den ich kurz erwähnte. Die Person, die ich Ihnen beschrieben habe, würde sehr gern mit Ihnen sprechen, persönlich oder telefonisch. Die Person kann die E-Mails besorgen, die 1. Unter Verschluss gehalten und 2. Von unseren Feinden entwendet wurden. Das würde zeigen, was gezeigt werden muss.«[269]

Im Anhang der E-Mail befand sich ein 25-seitiger Vorschlag mit der Feststellung, dass der »Clinton-Mail-Server aller Wahrscheinlichkeit nach schon vor langer Zeit geknackt« worden sei und dass der chinesische, der russische und der iranische Geheimdienst »den Server-Inhalt wiederherstellen« könnten.[270] Der vorgeschlagene Plan skizzierte ein Vorgehen in drei Phasen. Die ersten beiden Phasen bestanden aus einer Open-Source-Analyse. In der dritten Frage gelte es, bestimmte Geheimdienstquellen, »die durch ihre Zusammenarbeit mit diversen ausländischen Diensten Zugang haben«, zu befragen, ob irgendeiner dieser Dienste an den Server herangekommen sei. Es folgte die Anmerkung: »Selbst wenn nur eine einzige E-Mail wiederhergestellt wurde und die Herkunft dieser E-Mail ein ausländischer Dienst wäre, würde das katastrophale Auswirkungen für den Clinton-Wahlkampf haben (...)« Smith leitete die E-Mail an zwei Kollegen weiter und schrieb: »wir können diskutieren, wer damit betraut werden sollte.«[271] Am 16. Dezember 2015 teilte Smith Ledeen mit, dass er sich ihrer »Initiative« nicht anschließen wer-

---

267 Flynn 29.11.17 302, 7.
268 Szobocsan 29.3.2017 302, 1.
269 3.12.2015 E-Mail, Ledeen an Smith.
270 3.12.2015 E-Mail, Ledeen an Smith (Anhang).
271 3.12.2015 E-Mail, Smith an Szobocsan und Safron.

de. Einem von Smiths Geschäftspartnern zufolge glaubte dieser, eine solche Initiative wäre zu dem betreffenden Zeitpunkt nicht durchführbar gewesen.[272]

Doch nur wenige Wochen nach Trumps öffentlichem Aufruf im Juli 2016 versuchte Smith selbst, die E-Mails aufzuspüren und zu sichern. Er gründete eine Firma, brachte Zehntausende von Dollar auf und rekrutierte Sicherheitsexperten und Geschäftspartner. Gegenüber Mitstreitern (und Personen, von denen er Mittel anwerben wollte) behauptete Smith, er stehe in Kontakt zu Hackern »mit Verbindungen nach Russland«, die Zugang zu den E-Mails hätten, und seine Aktivitäten seien mit dem Trump-Wahlkampfteam abgesprochen.[273]

Am 28. August 2016 verschickte Smith von einem verschlüsselten Account eine E-Mail mit dem Betreff »Außenmin. Clintons ungesicherter privater E-Mail-Server« an eine ausgeblendete Liste von Empfängern, darunter Sam Clovis, stellvertretender Vorsitzender des Wahlkampfteams. Darin hieß es, Smith habe »gerade zwei Tage vertrauliche Sitzungen hier in DC hinter mir mit beteiligten Gruppen, um an Obigem herumzuprobieren. Klar ist, dass Clintons heimischer, ungeschützter Server mit Leichtigkeit gehackt wurde, sowohl von Leuten in staatlichem Auftrag als auch von privaten Söldnern. Parteien mit unterschiedlichen Interessen sind darauf aus, vor der Wahl zu veröffentlichen.«[274]

Am 2. September 2016 gründete ein Geschäftspartner nach Smiths Vorgaben die Firma KLS Research LLC, um die Suche nach den gelöschten Clinton-E-Mails zu befördern.[275] Eine der Aufgaben von KLS Research war es, die Mittel zu verwalten, die Smith zur Unterstützung seiner Initiative einwarb.[276] KLS Research erhielt während des Präsidentschaftswahlkampfes über

---

272 Szobocsan 29.3.2018 302, 1.
273 31.8.2016 E-Mail, Smith an Smith.
274 28.8.2016 E-Mail, Smith an Smith.
275 Sozietätsvertrag von KLS Research LLC, 26.7.2017 Grand Jury [redacted] Szobocsan 29.3.2018 302, 2.
276 Szobocsan 29.3.2018 302, 3.

US-Justizministerium
~~Juristische Ermittlungen~~ // ~~Kann geschütztes Material gemäß Fed. R. Crim. P. 6(c) enthalten~~

30 000 US-Dollar, allerdings hat Smith nach eigener Darstellung sogar noch mehr Geld eingeworben.[277]

Smith rekrutierte zahlreiche Personen für seine Initiative, darunter Sicherheitsexperten mit dem Auftrag, nach den E-Mails zu forschen und sie zu authentifizieren.[278] Anfang September 2016 gab Smith, zur Stützung seiner Rekrutierungs- und Geldbeschaffungsaktivitäten, ein Dokument in Umlauf, in dem er erklärte, seine Initiative sei mit dem Trump-Wahlkampf »abgestimmt«, »soweit das einer unabhängigen Aufwandsorganisation gestattet ist«.[279] Das Dokument führte zahlreiche im Trump-Wahlkampf engagierte Personen auf, darunter Flynn, Clovis, Bannon und Kellyanne Conway.[280] Die Ermittlung kam zu dem Ergebnis, dass Smith zumindest mit Flynn und Clovis über seine Suche nach den gelöschten Clinton-E-Mails kommunizierte[281], doch fand das Büro keine Belege dafür, dass eine der verzeichneten Personen Smiths Aktivitäten initiiert oder gelenkt hätte.

Im September 2016 nahmen Smith und Ledeen erneut Kontakt auf, um sich über ihre jeweiligen Bemühungen auszutauschen. Ledeen schrieb an Smith: »hab mich gefragt, ob Sie etwas ausführlichere Berichte oder Memos oder andere Daten zum Austausch hätten, denn es hat sich einiges getan, seit wir zuletzt gesprochen haben … wir bräuchten so viele technische Erkenntnisse wie möglich, damit wir sie mit den neuen Daten, die wir

---

277 Bankunterlagen Peter Smith und KLS Research LLC, 3.10.2017 Grand Jury [redacted] 11.10.2016 E-Mail, Smith an Schutz der Privatsphäre [redacted]

278 Tait 22.8.2017 302, 3; York 12.7.2017 302, 1-2; York 22.11.2017 302, 1.

279 York 13.7.2017 302 (Anhang KLS Research, LLC, »Clinton Email Reconnaissance Initiative«, 9. Septemer 2016).

280 Dieselbe Personalliste verzeichnete Jerome Corsi unter »Unabhängige Gruppen/Organisationen/Einzelpersonen« und beschrieb ihn als »etablierten rechten Autor mit Schriften über Präsident Obama und Außenmin. Clinton«.

281 Flynn 29.11.2017 302, 7-8; 15.10.2016 E-Mail, Smith an Flynn et al.; 28.8.2016 E-Mail, Smith an Smith (bcc: Clovis et al.).

gefunden haben, abgleichen können, um dann alles an Sie ›vertraulich‹ zurückgehen zu lassen.«[282]

Ledeen behauptete, eine Fundgrube an E-Mails ergattert zu haben (aus dem von ihr so bezeichneten »dark web«), angeblich identisch mit den gelöschten Clinton-E-Mails. Ledeen wollte die E-Mails authentifizieren lassen und erbat Spenden zur Finanzierung. Erik Prince stellte Mittel zur Verfügung, um einen technischen Berater zu engagieren, der die Authentizität der E-Mails prüfen sollte. Nach Aussage von Prince kam der technische Berater zu dem Ergebnis, dass die E-Mails nicht authentisch seien.[283]

Ein Backup von Smiths Computer enthielt zwei Dateien, die von WikiLeaks heruntergeladen worden waren und sich ursprünglich im Anhang von E-Mails an John Podesta befunden hatten. Die Dateien auf Smiths Computer trugen ein Erstellungsdatum vom 2. Oktober 2016, was vor dem Datum ihrer Veröffentlichung durch WikiLeaks lag. Die forensische Untersuchung ergab allerdings, dass das Erstellungsdatum nicht den Zeitpunkt wiedergab, an dem die Dateien auf Smiths Computer geladen wurden. (Offenbar entspricht das Erstellungsdatum dem Zeitpunkt, an dem WikiLeaks die Dokumente zur Veröffentlichung vorbereitete, wie in Band I, Abschnitt III.B.3.c, *oben* ausgeführt.[284]) Die Ermittlung fand auch anderweitig keinen Beleg dafür, dass Smith sich die Dateien vor ihrer Veröffentlichung durch WikiLeaks verschafft hätte.

---

282 16.9.2016 E-Mail, Ledeen an Smith.

283 Prince 4.4.2018 302, 4-5.

284 Die forensische Analyse von Smiths Computergeräten ergab, dass Smith ein älteres Apple-Betriebssystem benutzte, das das Erstellungsdatum vom 2. Oktober 2016 beim Download-Vorgang erhalten hätte (unabhängig davon, an welchem Tag die Datei tatsächlich heruntergeladen wurde). *Siehe* Band I, Abschnitt III.B.3.c. *oben*. Das Büro prüfte diese Theorie im März 2019, indem es die beiden auf Smiths Computer gefundenen Dateien mit dem gleichen Apple-Betriebssystem von der WikiLeaks-Site herunterlud, das sich auf Smiths Computer befand; beide Dateien wurden erfolgreich heruntergeladen, unter Erhaltung des Erstellungsdatums vom 2. Oktober 2016. *Siehe* SM-2284941, Seriennr. 62.

Smith schickte auch weiterhin, bis kurz vor der Wahl, E-Mails an eine verborgene Empfängerliste zum Thema der Clinton-Mails. Am 28. Oktober 2016 zum Beispiel schrieb Smith, dass es »ein Tauziehen innerhalb von WikiLeaks [gebe] wegen der geplanten Veröffentlichungen in den nächsten Tagen«, und dass WikiLeaks dabei bleibe, »die besten Enthüllungen für zuletzt« aufzusparen, »unter der Maßgabe, dass dann bis zur Wahl am 8. November wenig Zeit bleibt, um zu reagieren«.[285] Im Anhang der Mail wurde behauptet, WikiLeaks würde »Alle 33 T. gelöschten E-Mails« bis zum »1. November« veröffentlichen. Keine von Clintons Server bezogenen Mails wurden in der Folge veröffentlicht.

Smith verfasste zahlreiche E-Mails, in denen er angab oder andeutete, dass er Kontakt zu russischen Hackern habe. Zum Beispiel behauptete Smith in einer solchen Mail, dass im August 2016 KLS Research Treffen mit Teilnehmern organisiert habe, die Zugang zu den gelöschten Clinton-E-Mails hätten, darunter solche mit »Verbindungen zu Russland«.[286] Die Ermittlung fand keine Belege dafür, dass solche Treffen stattgefunden hätten. Partner und Sicherheitsexperten, die im Rahmen der Initiative mit Smith zusammenarbeiteten, glaubten nicht, dass Smith in Kontakt mit russischen Hackern stand, und waren sich keiner solchen Verbindungen bewusst.[287] Die Ermittlung konnte nicht nachweisen, dass Smith in Kontakt zu russischen Hackern stand oder dass Smith, Ledeen oder andere mit dem Trump-Wahlkampf verbundene Personen letztendlich Zugriff auf die gelöschten Clinton-E-Mails erlangten.

* * *

Zusammengefasst, stellte die Ermittlung fest, dass die GRU sich in Mail-Accounts von Personen aus dem Lager des Clinton-

285 28.10.2016 E-Mail, Smith an Smith.
286 31.8.2016 E-Mail, Smith an Smith.
287 Safron 20.3.2018 302, 3; Szobocsan 29.3.2018 302, 6.

Wahlkampfes wie auch in die Computer von DNC und DCCC hackte. Anschließend zog die GRU Daten mit Bezug auf die Wahlen 2016 von diesen Accounts und Computern ab und verbreitete diese Daten über fiktive Online-Personas (DCLeaks und Guccifer 2.0) und später auch WikiLeaks. Die Ermittlung stellte außerdem fest, dass das Trump-Wahlkampfteam Interesse an den WikiLeaks-Veröffentlichungen zeigte und dass Gefährdung laufender Verfahren [redacted]

Wie in Band I, Abschnitt V.B, *unten* erläutert, waren die gesammelten Beweise ausreichend, um Verfahren wegen unerlaubtem Computerzugriff (und anderer Vorwürfe) gegen GRU-Offiziere aufgrund ihrer Beteiligung an wahlbezogenen Hackerangriffen einzuleiten. Gefährdung laufender Verfahren [redacted]

IV. Verbindungen und Kontakte der russischen Regierung zum Trump-Wahlkampfteam

Das Büro des Sonderermittlers identifizierte zahlreiche Kontakte – in der Ernennungsurkunde als »Verbindungen« bezeichnet – zwischen leitenden Mitgliedern des Trump-Wahlkampfteams und Personen mit Beziehungen zur russischen Regierung. Das Büro des Sonderermittlers untersuchte, ob diese Kontakte bei dem Versuch der russischen Einmischung und Einflussnahme auf die Präsidentschaftswahl 2016 einen dritten Weg darstellten. Die Untersuchung richtete sich insbesondere darauf, ob diese Kontakte Absprachen oder Verabredungen zum Betrug zwischen dem Trump-Wahlkampfteam und Russland beinhalteten oder zur Folge hatten, einschließlich der Frage, ob Russland für die Unterstützung des Wahlkampfs im Gegenzug zukünftige Begünstigungen in Aussicht gestellt wurden. Auf Grundlage der verfügbaren Informationen ergaben die Ermittlungen keine solchen Absprachen.

Der folgende Abschnitt beschreibt die wesentlichen Verbindungen des Trump-Wahlkampfteams zu Personen mit Beziehungen zur russischen Regierung, darunter einige Kontakte von leitenden Mitgliedern oder Mitarbeitern des Wahlkampfteams, von denen öffentlich berichtet wurde, dass sie Kontakte zu Russland unterhalten. Die einzelnen Unterabschnitte beginnen jeweils mit einem Überblick der vorliegenden Russlandkontakte und beschreiben im Weiteren die Einzelheiten der relevanten Fakten in chronologischer Reihenfolge, beginnend mit dem frühen Stadium des Wahlkampfs bis zur Zeit nach der Wahl und der Phase der Amtsübergabe.

A. Wahlkampfperiode (September 2015 – 8. November 2016)

In den Monaten nach Bekanntgabe der Kandidatur im Juni 2015 begannen sowohl Personen als auch Medienunternehmen mit Verbindungen zur russischen Regierung Interesse an Trumps

Wahlkampf zu zeigen.[288] Da Trumps Status als Person des öffentlichen Lebens damals größtenteils auf seine bisherigen Geschäfte in der Wirtschaft und Unterhaltungsindustrie zurückzuführen war, untersuchte das Büro des Sonderermittlers, ob geschäftliche Kontakte zu Russland-nahen Personen oder Unternehmen während des Wahlkampfs – zum Projekt Trump Tower Moskau *siehe* Band I, Abschnitt IV.A.1, *unten* – zu Absprachen bezüglich einer Wahlkampfunterstützung führten oder solche beinhalteten.

Als Trump im Frühjahr und Sommer 2016 weiter aufstieg und schließlich Präsidentschaftskandidat der Republikaner wurde, setzte sich das Engagement von Personen mit Verbindungen nach Russland weiter fort. Wie nachfolgend dargelegt, wertete das Büro des Sonderermittlers innerhalb dieses Zeitraums eine Reihe von Verbindungen aus: Kontaktaufnahme zu zwei damals gerade erst ernannten außenpolitischen Beratern Trumps, einschließlich der Erklärung, dass Russland brisantes Material (»dirt«) über Clinton in Form von zigtausend E-Mails besaß (Band I, Abschnitt IV.A.2 und A.3); geschäftliche Transaktionen mit einem in Washington, D.C., ansässigen und auf Russland spezialisierten Thinktank mit entsprechenden Verbindungen zur russischen Regierung (Band I, Abschnitt IV.A.4); ein Treffen des Wahlkampfteams mit einem russischen Rechtsanwalt im Trump Tower, der »brisantes Material« über die Kandidatin Clinton als »Beitrag Russlands und seiner Regierung zur Unterstützung von [Trump]« zusagte (Band I, Abschnitt IV.A.5); Vorkommnisse im Rahmen der Republican National Convention, dem Nominierungsparteitag des republikanischen Präsidentschaftskandida-

---

288 Zum Beispiel am 18. August 2015 seitens Georgi Asatryan, Chefredakteur der Internet-Zeitung *Vzglyad*, der in einer E-Mail Wahlkampf-Pressesprecherin Hope Hicks um ein telefonisches oder persönliches Interview mit dem Präsidentschaftskandidaten bat. 18.8.2015, E-Mail, Asatryan an Hicks. Einen Tag zuvor hatte der Verlagsgründer (und ehemalige russische Parlamentarier) Konstantin Rykow bereits zwei Internet-Domains mit russischem Länderkürzel registrieren lassen: Trump2016.ru und DonaldTrump2016.ru. Ein Interview fand nicht statt.

ten (Band I, Abschnitt IV.A.6); Kontakte zwischen Mitgliedern des Trump-Wahlkampfteams zum russischen Botschafter in den USA nach dem Nominierungsparteitag (Band I, Abschnitt IV.A.7); und von Wahlkampfleiter Paul Manafort hergestellte Kontakte, der zuvor für einen russischen Oligarchen sowie für eine prorussische Partei in der Ukraine tätig gewesen war (Band I, Abschnitt IV.A.8).

1. Das Projekt Trump Tower in Moskau

Zum Immobilien-Portfolio des Mischkonzerns The Trump Organization gehörte die Entwicklung und Fertigstellung von Bauprojekten außerhalb der USA. Einige Projekte umfassten den Erwerb und Besitz der Immobilie (durch Tochtergesellschaften). In anderen Fällen hat der Konzern oftmals mit im betreffenden Land angesiedelten, lokalen Bauunternehmen und Verwaltungsgesellschaften Lizenzabkommen abgeschlossen.[289]

Zwischen spätestens 2013 und 2016 erwog die Trump Organization einen solchen Lizenzvertrag in Russland, der den Bau eines mit dem Markenzeichen Trumps versehenen Gebäudes in Moskau vorsah. Das Bauwerk, allgemein als »Trump Tower Moskau« oder »Trump Moskau« bezeichnet, sollte sowohl Gewerbeflächen erhalten als auch Hotellerie und Eigentumswohnungen. Zwischen 2013 und Juni 2016 trieben mehrere Angestellte des Konzerns sowie der damalige Konzernchef Donald J. Trump selbst in Moskau Geschäfte mit einer Reihe von russischen Unternehmern voran. Von Herbst 2015 bis Mitte 2016 leitete innerhalb des Konzerns Michael Cohen den Bereich, der sich um das Projekt Trump Tower Moskau kümmerte. Zu seinen Aufgaben gehörte, dem Präsidentschaftskandidaten Trump sowie anderen

---

289 *Siehe z. B. Anhörung von Donald J. Trump jr., Senate Judiciary Committee* (ständiger Ausschuss des US-Senats), 115. Kongress 151-52 (7. September 2017) (Debatte zu Lizenzgeschäften bestimmter Projekte).

Vorständen der Trump Organization fortlaufend über den Stand des Projekts zu berichten.[290]

a. Projektentwicklung Trump Tower Moskau mit der Crocus Group (2013–2014)

Die Trump Organization und die Crocus Group, ein russischer Immobilien-Mischkonzern im Besitz und unter Führung von Aras Agalarow, begannen direkt im Anschluss an die Wahl der Miss Universe 2013 in Moskau über ein in Russland zu errichtendes Bauprojekt zu beraten.[291] Donald J. Trump jr. fungierte bei den Verhandlungen als Hauptansprechpartner der Trump Organization; Emin Agalarow (Sohn von Aras Agalarow) und Irakli »Ike« Kaveladze vertraten die Crocus Group;[292] gelegentlich war Robert Goldstone behilflich.[293]

---

290 Vgl. Band 1, Abschnitt III.D.1, *oben*. Im November 2018 bekannte sich Cohen schuldig der Falschaussage vor dem Kongress, u. a. bezüglich der Vertragslaufzeit des Projekts Trump Tower Moskau. *Siehe* Anhang ¶ 7(a), *Vereinigte Staaten vs. Michael Cohen*, 1:18-cr-850 (S.D.N.Y. 29. November 2018), Dok. 2 (»Cohen Information«).

291 *Siehe Anhörung von Donald J. Trump jr, Senate Judiciary Committee* (ständiger Ausschuss des US-Senats), 115. Kongress 13 (7. September 2017) (»Nach dem Schönheitswettbewerb führten die Trump Organization und Mr. Agalarows Unternehmen, die Crocus Group, erste Gespräche [sic] über mögliche Bauprojekte in Moskau.«). Bereits breit berichtet wurde darüber, dass die Wahl der Miss Universe – die damals zu den Geschäftsfeldern Trumps gehörte – im November 2013 in der zum Besitz von Agalarow gehörenden Crocus City Hall in Moskau stattfand. Beide Seiten hatten mit der Organisation des Schönheitswettbewerbs zu tun, und Aras Agalarows Sohn Emin trat bei der Veranstaltung, bei der Trump anwesend war, als Musical-Darsteller auf.

292 Kaveladze 16.11.2017 302, 2, 4-6; Grand Jury [redacted] OSC-KAV_00385 (06.12.2013 E-Mail, Trump jr. an Kaveladze und E. Agalarow).

293 Grand Jury [redacted]

Im Dezember 2013 wurden sich Kaveladze und Trump jr. einig und unterschrieben die vorläufigen Bedingungen für einen Vertrag bezüglich des Projekts Trump Tower Moskau.[294] Am 13. Dezember 2013, nach Diskussionen mit Donald J. Trump, willigte die Trump Organization ein, ein Arrangement zu akzeptieren, das eine pauschale Provision von 3,5 % auf sämtliche Verkaufsumsätze vorsah, ohne Lizenzgebühren oder sonstige Boni.[295] Beide Vertragsparteien handelten zwischen Januar und Februar 2014 einen »Letter of Intent« aus, also eine gemeinsame Absichtserklärung.[296]

Von Januar 2014 bis einschließlich November 2014 erörterten die Trump Organization und die Crocus Group Entwicklungspläne des Moskau-Projekts. Irgendwann vor dem 24. Januar 2014 schickte die Crocus Group der Trump Organization einen Vorschlag für ein 194 Meter hohes Gebäude mit 800 Wohneinheiten, das auf einem Grundstück von Agalarow in der sogenannten Moskauer »Crocus City«, wo auch die Wahl der Miss Universe stattgefunden hatte, errichtet werden sollte.[297] Im Februar 2014 besuchte Ivanka Trump Moskau, traf sich mit Emin Agalarow und unternahm eine Besichtigungstour durch die Crocus City.[298] Von März 2014 bis einschließlich Juli 2014 sprachen beide Seiten über »Design Standards« und architektonische

294 Grand Jury [redacted]

295 OSC-KAV_00452 (23.12.2013 E-Mail, Trump jr. an Kaveladze und E. Agalarow).

296 *Siehe z. B.* OSC-KAV_01158 (Schriftliche Vereinbarung unterzeichnet von Trump jr. und E. Agalarow); OSC-KAV_01147 (20.1.2014 E-Mail, Kaveladze an Trump jr. et al.).

297 *Siehe z. B.* OSC-KAV_00972 (14.10.2014 E-Mail, McGee an Khoo et al.) (E-Mail der Bauabteilung der Crocus Group bezüglich Leistungsverzeichnis); OSC-KAV_00540 (24.1.2014 E-Mail, McGee an Trump jr. et al.).

298 *Siehe* OSC-KAV_00631 (5.2.2014 E-Mail, E. Agalarow an Ivanka Trump, Trump jr. und Kaveladze); Goldstone Facebook-Post, 4.2.2014 (8:01 Uhr) Ermittlungstechnische Gründe [redacted]

Elemente.[299] Im Juli 2014 beispielsweise schickten Mitarbeiter der Trump Organization den entsprechenden Ansprechpartnern auf der Gegenseite Fragen zu »demografischen Daten der voraussichtlichen Wohnungskäufer« in der Crocus City sowie zu benachbarten Parzellen der Crocus City und zu Konzepten hinsichtlich des Re-Designs von Teilen des Gebäudes.[300] Im August 2014 forderte die Trump Organization Einzelheiten bezüglich eines Hochhauses an, das vom Markenkonkurrenten Marriott in der Crocus City errichtet werden sollte.[301]

Ab September 2014 reagierte die Trump Organization nicht mehr zügig auf Korrespondenz und Vorschläge der Crocus Group.[302] Der Austausch zwischen beiden Seiten bestand noch bis November 2014, allerdings mit abnehmender Frequenz; anscheinend datiert die letzte Korrespondenz auf den 24. November 2014[303]. Das Projekt scheint nicht über die Planungsphase hinaus weiterentwickelt worden zu sein, und das Gebäude wurde nicht errichtet.

---

299 *Siehe z. B.* OSC-KAV_00791 (3.6.2014 E-Mail, Kaveladze an Trump jr. et al.; OSC-KAV_00799 (10.6.2014 E-Mail, Trump jr. an Kaveladze et al.); OSC-KAV_00817 (16.6.2014 E-Mail, Trump jr. an Kaveladze et al.).

300 OSC-KAV_00870 (17.7.2014 E-Mail, Khoo an McGee et al.).

301 OSC-KAV_00855 (4.8.2014 E-Mail, Khoo an McGee et al.).

302 OSC-KAV_00903 (29.9.2014 E-Mail, Tropea an McGee und Kaveladze (mit der Bemerkung, dass die letzte Antwort vom 26. August 2014 stammte); OSC-KAV_00906 (29.9.2014 E-Mail, Kaveladze an Tropea und McGee (mit Bemerkung, dass das Schweigen »meine Befürchtung bestätigt, dass die Leute aus dem Projekt abhauen«); OSC-KAV_00972 (14.10.2014 E-Mail, McGee an Khoo et al.) (E-Mail der Bauabteilung der Crocus Group bezüglich Leistungsverzeichnis)).

303 OSC-KAV_01140 (24.11.2014 E-Mail, Khoo an McGee et al.).

b. Korrespondenz mit der I.C. Expert Investment Company und Giorgi Rtskhiladze (Sommer und Herbst 2015)

Im Spätsommer 2015 erhielt die Trump Organization eine neue Anfrage bezüglich der Entwicklung eines Trump-Tower-Projekts in Moskau. Im September 2015 kontaktierte Felix Sater, ein im Staat New York ansässiger Immobilienberater, Michael Cohen, der damals leitender Vizepräsident der Trump Organization und Rechtsberater von Donald J. Trump war.[304] Sater hatte zuvor schon einmal mit dem Konzern zusammengearbeitet und ihn bei einer Reihe von nationalen und internationalen Projekten beraten. Während seiner Tätigkeit für die Trump Organization hatte er die Möglichkeiten für die Projektentwicklung eines Trump Towers in Moskau ausgelotet und wusste deshalb vom generellen Interesse des Konzerns an einem solchen Geschäft.[305] Darüber hinaus war Sater zuvor als informeller Vertreter der Trump Organization in Moskau aufgetreten und hatte Ivanka Trump und Donald Trump jr. Mitte des ersten Jahrzehnts der 2000er nach Moskau begleitet.[306]

Sater nahm den Kontakt zu Cohen im Auftrag der I.C. Expert Investment Company (I.C. Expert) auf, einem auf Immobilienentwicklung spezialisierten russischen Unternehmen, das von Andrej Wladimirowitsch Rozow geleitet wurde.[307] Sater kannte Rozow ungefähr seit dem Jahr 2007 und war 2014 für Rozow als Vermittler beim Kauf eines Gebäudes in New York City tätig geworden.[308] Später wandte sich Sater an Rozow und schlug I.C. Expert ein Trump-Tower-Projekt in Moskau vor, bei dem I.C. Expert zwar die Lizenz für den Namen und die Marke der

---

304 Sater lieferte unserem Büro 2017 in zwei Befragungen und im Rahmen eines »Proffer Agreements« [Zusage eingeschränkter Strafverfolgung des Befragten] Informationen Grand Jury [redacted]

305 Grand Jury [redacted]

306 Sater 19.9.2017 302, 1-2, 5.

307 Sater 19.9.2017 302, 3.

308 Rozow 25.1.2018 302, 1.

Trump Organization erwerben, aber das Gebäude eigenständig bauen würde. Sater arbeitete an dem Geschäft zusammen mit Rozow und einem weiteren Angestellten der I.C. Expert.[309]

Cohen war der einzige Vertreter der Trump Organization, der auf direktem Wege mit I.C. Expert und deren Mitarbeitern verhandelte. Ungefähr im September 2015 erhielt Cohen vom Präsidentschaftskandidaten Trump, der damals noch CEO des Konzerns war, die Genehmigung, in Verhandlung mit I.C. Expert zu treten. Cohen hielt Trump 2015 bis 2016 durchgehend und auf direktem Wege auf dem Laufenden und sicherte zu, dass das Projekt weiterlief.[310] Außerdem besprach Cohen im Herbst 2015 mit Ivanka Trump das Moskauer Trump-Projekt bezüglich Design-Entwürfen (sowie möglichen Architekten)[311] und ebenfalls mit Donald J. Trump jr. (wegen seiner Erfahrungen in Moskau und seiner möglichen Mitwirkung an dem Projekt).[312]

Über das Trump-Vorhaben in Moskau korrespondierte Cohen ebenfalls im Herbst 2015 mit Giorgi Rtskhiladze, einem Geschäftsführer, der zuvor in ein Projektentwicklungsgeschäft der Trump Organization in Batumi, Georgien, involviert war.[313] Cohen gab an, dass er teils mit Rtskhiladze sprach, weil Rtskhiladze bereits Geschäftsentwicklungen in Moskau vorangetrieben hatte, beispielsweise ein Lizenzgeschäft mit der Crocus Group von

---

309 Rozow 25.1.2018 302, 1; *siehe auch* 2.11.2015 E-Mail, Cohen an Rozow et al. (Letter of Intent).

310 Cohen 12.9.2018 302, 1-2, 4-6.

311 Cohen 12.9.2018 302, 5.

312 Cohen 12.9.2018 302, 4-5.

313 Rtskhiladze war Geschäftsführer des georgischen Unternehmens Silk Road Group und lebte in den USA. Ungefähr 2011 vereinbarten die Silk Road Group und die Trump Organization einen Lizenzvertrag bezüglich eines mit dem Markennamen Trump versehenen Immobilienobjekts in Batumi, Georgien. Rtskhiladze war auch an Gesprächen beteiligt, die sich um ein Projekt unter dem Markennamen Trump in Astana, Kasachstan, drehten. Das Büro des Sonderermittlers hat Rtskhiladze zweimal befragt
Grand Jury [redacted]

Agalarow.[314] Am 22. September 2015 leitete Cohen eine Konzeptstudie für das Moskau-Projekt an Rtskhiladze weiter und schrieb dazu: »Ich freue mich auf Ihre Antwort zu diesem aufsehenerregenden Projekt in Moskau«. Rtskhiladze leitete Cohens E-Mail wiederum an einen Geschäftspartner weiter und ergänzte: »Wenn wir die Besprechung in New York mit Trump und der höchsten politischen Ebene der russischen Regierung organisieren könnten, würde dieses Projekt sicher weltweite Aufmerksamkeit erhalten«.[315]

Am 24. September 2015 schickte Rtskhiladze im Anhang einer E-Mail einen Entwurf, den er selbst als Vorschlag bezeichnete für einen »Brief der Trump Org. an den Bürgermeister von Moskau«, und erklärte, dass »wir diesen Brief an den Bürgermeister von Moskau (zweitwichtigster Typ in Russland) senden müssen, damit er von dem geplanten Projekt erfährt und seine Unterstützung zusagt«.[316] Am selben Tag stellte Rtskhiladze in einer zweiten Mail an Cohen eine Übersetzung des Briefes zur Verfügung, die das Moskauer Trump-Projekt als »Symbol stärkerer wirtschaftlicher, geschäftlicher und kultureller Beziehungen zwischen New York und Moskau und deshalb auch zwischen den Vereinigten Staaten und der Russischen Föderation« beschrieb.[317] Am 27. September 2015 schlug Rtskhiladze in einer weiteren E-Mail an Cohen vor, dass sich die Trump Organization bei dem Moskauer Projekt mit dem Unternehmen »Global Development Group LLC« zusammenschließen sollte, das er als von dem russischen Architekten Michail Posikhin und Simon Nizharadze geleitet darstellte.[318] Cohen erklärte gegenüber dem Büro des Sonderermittlers, dass er den Vorschlag definitiv abge-

---

314 Cohen 12.9.2018 302, 12; *siehe auch* Rtskhiladze 10.5.2018 302, 1.
315 22.9.2015 E-Mail, Rtskhiladze an Nizharadze.
316 24.9.2015 E-Mail, Rtskhiladze an Cohen.
317 24.9.2015 E-Mail, Rtskhiladze an Cohen.
318 27.9.2015 E-Mail, Rtskhiladze an Cohen.

lehnt und stattdessen die Zusammenarbeit mit I.C. Expert, der durch Felix Sater vertretenen Firma, weiterverfolgt hätte.[319]

c. *Absichtserklärung (Letter of Intent) und Kontakte zur russischen Regierung (Oktober 2015 – Januar 2016)*

i. Trump unterzeichnet Absichtserklärung im Namen der Trump Organization

Etwa zwischen 13. Oktober 2015 und 2. November 2015 erstellten die Trump Organization (mittels ihrer Tochterfirma Trump Acquisition LLC) und I.C. Expert bezüglich einer Trump-Liegenschaft in Moskau eine gemeinsame Absichtserklärung (Letter of Intent, LOI). Der LOI, seitens der Trump Organization von Trump und seitens I.C. Expert von Rozow unterzeichnet, »strebte an, weiteren Gesprächen Raum zu geben«, um bezüglich eines mit dem Markennamen Trump versehenen Projekts in Moskau »einvernehmlich zu einer beiderseitig akzeptablen Vereinbarung zu gelangen«.[320] Der LOI erwog ein Projekt mit baulichen Elementen für Wohnen, Hotellerie, Handel und Büros und machte »ungefähr 250 First Class Luxus-Eigentumswohnungen« zur Bedingung sowie ebenfalls »ein circa 15-stöckiges First Class Luxus-Hotel mit mindestens 150 Zimmern«.[321] Hinsichtlich der Eigentumswohnungs- und Gewerbeflächen des Projekts sollte die Trump Organization zwischen 1 % und 5 % Provision aus

319 Cohen 12.9.2018 302, 12.

320 2.11.2015 E-Mail, Cohen an Rozow et al. (Anhang) (im Folgenden »LOI«); *siehe auch* 13.10.2015 E-Mail, Sater an Cohen und Davis (mit dem Anhang zum Vorschlag eines Letter of Intent).

321 LOI, S. 2.

allen Verkäufen[322] erhalten sowie 3 % aus allen Erlösen von Vermietung und anderen Einnahmen.[323] Was das projekteigene Hotel anbelangte, sollte die Trump Organization in den ersten fünf Jahren eine Grundvergütung von 3 % von allen Bruttoeinnahmen bekommen und danach 4 % sowie zusätzlich eine gesonderte Bonuszahlung von 20 % des operativen Gewinns.[324] Der LOI sah darüber hinaus für die Trump Organization noch vor Grundsteinlegung eine Vorauszahlung von 4 Millionen Dollar vor.[325] Diese Bedingungen bedeuteten für die Trump Organization während der gesamten Laufzeit des Projekts Einnahmen in beträchtlicher Höhe, ohne selbst maßgebliche Verbindlichkeiten oder finanzielle Verpflichtungen einzugehen.[326]

Am 3. November 2015, einen Tag nachdem die Trump Organization den LOI verschickt hatte, sandte Sater eine E-Mail an Cohen und legte nahe, dass das Moskauer Trump-Projekt von Nutzen sein könnte, um die Chancen des Kandidaten Trump, gewählt zu werden, zu erhöhen. Er schrieb:

> Buddy, unser Junge kann Präsident der USA werden und wir können das arrangieren. Ich werde dafür sorgen, dass das ganze Putin-Team einsteigt, ich werde den Vorgang managen … Michael, Putin wird gemeinsam mit Donald in Moskau auf der Bühne stehen, um bei der Eröffnung von Trump Moskau das rote Band durchzuschneiden, und Do-

---

322 Der LOI forderte für die Trump Organization 5 % von allen Brutto-Verkaufserlösen bis zu 100 Millionen Dollar; 4 % von allen Brutto-Verkaufserlösen zwischen 100 Millionen und 250 Millionen Dollar; 3 % von allen Brutto-Verkaufserlösen zwischen 250 Millionen und 500 Millionen Dollar; 2 % von allen Brutto-Verkaufserlösen zwischen 500 Millionen und 1 Milliarde Dollar; und 1 % von allen Brutto-Verkaufserlösen über 1 Milliarde Dollar. LOI, Übersicht 2.

323 LOI, Übersicht 2.

324 LOI, Übersicht 1.

325 LOI, Übersicht 2.

326 Cohen 12.9.2018 302, 3.

> nald ist die Nominierung der Republikaner sicher. Und möglicherweise schlägt er Hillary und unser Junge zieht ein ins … Wir werden das besser managen als jeder andere. Du und ich bringen Donald und Wladimir bald auf eine Bühne. Dann wendet sich das Blatt.[327]

Später am Tag legte Sater nach:

> Donald blickt nicht nach unten, er verhandelt und kennt sich in wirtschaftlichen Fragen aus, und Putin will bloß mit einer pragmatischen Führungspersönlichkeit zu tun haben, und ein erfolgreicher Geschäftsmann ist ein guter Kandidat für jemanden, der weiß, wie man verhandelt. »Wirtschaft, Politik, was auch immer, für jemanden, der weiß, wie man Geschäfte macht, ist das ein und dasselbe.«
> Ich glaube, ich kann Putin dazu bringen, das bei der Trump Moskau-Pressekonferenz zu sagen.
> Wenn er das sagt, gewinnen wir diese Wahl. Selbst die hartnäckigsten Gegner in den USA bescheinigen, dass Donald in Sachen Verhandeln verdammt gut ist …
> Wir können diese Wahl gewinnen.
> Meine nächsten Schritte auf Leute zu, die mit Putin sehr, sehr eng verbunden sind, sind heikel, Michael, aber wir können das durchziehen.
> Los, Michael. 2 Jungs aus Brooklyn sorgen dafür, dass ein US-Präsident gewählt wird. Das ist gut wirklich gut.[328]

---

327 3.11.2015 E-Mail, Sater an Cohen (12:14 Uhr).
328 3.11.2015 E-Mail, Sater an Cohen (12:40 Uhr).

Cohen gab an, damals die politische Bedeutung des Moskau-Projekts hinsichtlich der US-amerikanischen Präsidentschaftswahlen 2016 nicht in Erwägung gezogen zu haben. Darüber hinaus konnte sich Cohen nicht erinnern, dass der Kandidat Trump oder irgendjemand aus dem Umfeld des Trump-Wahlkampfs mit ihm über die politischen Implikationen des Moskauer Trump-Projekts gesprochen hat. Allerdings erinnerte sich Cohen an Gespräche mit Trump, in denen der Kandidat andeutete, dass sein Wahlkampf eine wirkungsvolle »Dauerwerbesendung« für die mit dem Markennamen Trump versehenen Immobilien wäre.[329]

ii. Kontakte mit Personen in Russland nach dem LOI

Angesichts der Größenordnung des Trump-Moskau-Projekts glaubten Sater und Cohen, dass das Projekt die (direkte oder indirekte) Zustimmung der russischen Regierung benötigte, einschließlich der russischen Präsidialverwaltung, des Büros des Präsidenten der Russischen Föderation.[330] Sater erklärte, dass er darum mittels eines weiteren Geschäftskontakts in Russland Verbindung zum Büro des russischen Präsidenten aufnahm.[331] Im frühen Stadium der Verhandlungen mit der Trump Organization hatte Sater auf die Notwendigkeit der Zustimmung durch die Regierung hingewiesen und auf seine Versuche, Besprechungstermine mit russischen Funktionären zu arrangieren. Am 12. Oktober 2015 beispielsweise schrieb Sater an Cohen: »wir brauchen nur Putin an Bord, dann sind wir glücklich«, und dass »für den 14. [Oktober] vage ein Termin mit Putin und Top-Funktionären arrangiert ist«.[332] [redacted] wurde diese Besprechung von Partnern in Russland koordiniert, und

329 Cohen 12.9.2018 302, 3-4; Cohen 7.8.2018 302, 15.

330 [redacted] Sater 15.12.2017 302, 2.

331 Sater 15.12.2017 302, 3-4.

332 12.10.2015 E-Mail, Sater an Cohen (8:07 Uhr).

er selbst hatte keine direkte Verbindung zur russischen Regierung.[333]

Ungefähr einen Monat nach Unterzeichnung des LOI mailte Lana Erchowa Ivanka Trump im Namen des damaligen Ehemanns von Erchowa, Dmitrij Klokow, der zu der Zeit Außenkommunikationschef der PJSC Federal Grid Company of Unified Energy System war, einem großen russischen Unternehmen für Elektrizitätsübertragung, und zuvor als Referent und Pressesprecher im russischen Energieministerium angestellt war, und bot Klokows Unterstützung für den Trump-Wahlkampf an.[334] Ivanka Trump leitete die E-Mail an Cohen weiter.[335] Er erklärte gegenüber dem Büro des Sonderermittlers, dass er nach dem Erhalt der Anfrage zu Klokows Namen eine Internet-Recherche durchgeführt hatte und zu dem (falschen) Schluss gekommen war, Klokow sei ein ehemaliger olympischer Gewichtheber.[336]

Zwischen dem 18. und 19. November 2015 haben Klokow und Cohen mindestens ein Mal miteinander telefoniert und etliche E-Mails ausgetauscht. In den E-Mails beschrieb sich Klokow als »Vertrauensperson«, der dem Wahlkampf zu »politischen Synergieeffekten« verhelfen könnte und zu »Synergie auf Regierungsebene«, und er empfahl Cohen, nach Russland zu reisen, um mit ihm und einem nicht identifizierten Mittelsmann zu sprechen. Klokow meinte, dass diese Besprechungen ein späteres Treffen

---

333 Grand Jury [redacted]

334 Ivanka Trump erhielt eine E-Mail von einer Frau, die sich als »Lana E. Alexander« vorstellte, und u. a. schrieb: »Wenn Sie irgendwen bitten, der Russisch kann, meinen Ehemann Dmitrij Klokow zu googeln, werden Sie sehen, mit wem er eng bekannt ist, und dass er Putins Wahlkämpfe betreut hat.« 16.11.2015, E-Mail, Erchowa an I. Trump.

335 16.11.2015 E-Mail, I. Trump an Cohen.

336 Cohen 7.8.2018 302, 17. Während seiner Befragungen im Büro des Sonderermittlers schien Cohen immer noch zu glauben, dass es sich bei dem betreffenden Klokow um den Olympiateilnehmer gehandelt hatte. Allerdings ergaben die Untersuchungen, dass die Mail-Adresse, von der aus mit Cohen kommuniziert wurde, wie oben beschrieben, einem anderen Dmitrij Klokow gehörte.

begünstigen könnten, das in Russland zwischen dem Kandidaten und einem Menschen, den Klokow als »unsere Person von besonderem Interesse« bezeichnete.[337] In einer E-Mail an das Büro des Sonderermittlers identifizierte Erchowa die »Person von besonderem Interesse« als den russischen Präsidenten Wladimir Putin.[338]

Während des Telefonats und in den darauf folgenden E-Mails mit Klokow verdeutlichte Cohen seinen Wunsch, zeitnah eine Reise nach Russland zu unternehmen, um Standorte zu begutachten und mit örtlichen Bauentwicklern über das Moskauer Trump-Projekt zu sprechen. Cohen bekundete seine Bereitschaft, sich auch mit Klokow und dem nicht identifizierten Mittelsmann zu treffen, aber er wies nachdrücklich darauf hin, dass alle Besprechungen in Russland, die ihn oder Kandidat Trump betrafen – einschließlich eines möglichen Treffens von Kandidat Trump mit Putin –, »in Zusammenhang mit der Projektentwicklung und einem offiziellen Besuch stehen müssten«, dass die Trump Organization folglich eine formelle Einladung für den Besuch benötigt.[339] (Klokow hatte zuvor geschrieben, dass »der Besuch [des Kandidaten Trump in Russland] informell sein muss«.)[340]

Klokow hatte Cohen zuvor ebenfalls empfohlen, die Verhandlungen über ein mögliches Treffen von Trump mit »der Person

---

337 18.11.2015 E-Mail, Klokow an Cohen (6:51 Uhr).

338 Im Juli 2018 erhielt das Büro des Sonderermittlers unaufgefordert eine E-Mail, die darauf hindeutete, von Erchowa zu sein, in der sie schrieb, dass »ich Ende 2015 und Anfang 2016 von meinem Ex-Ehemann gebeten wurde, lvanka Trump zu kontaktieren … und Trumps Team im Namen der russischen Funktionäre eine Kooperation anzubieten«, 27.7.2018, E-Mail, Erchowa an das Büro des Sonderermittlers. In der E-Mail wurde behauptet, dass die Funktionäre Kandidat Trump »unter anderem Land auf der Krim und ein inoffizielles Treffen mit Putin« anbieten wollten, *ebd.* Um die in der E-Mail aufgestellten Behauptungen zu durchleuchten, antwortete das Büro des Sonderermittlers und erbat mehr Einzelheiten. Das Büro erhielt keinerlei Antwort.

339 18.11.2015 E-Mail, Cohen an Klokow (7:15 Uhr).

340 18.11.2015 E-Mail, Klokow an Cohen (6:51 Uhr).

von besonderem Interesse« von allen bereits existierenden geschäftlichen Pfaden zu trennen.[341] Erneut betonte Klokow, dass sein Engagement nichts mit irgendeinem Geschäft zu tun hatte, und fügte in einer zweiten E-Mail an Cohen hinzu, dass solch ein Treffen, wenn es gut publik gemacht würde, einen »gewaltigen« Einfluss »in geschäftlicher Dimension« hätte, und dass die »allerwichtigste Unterstützung« von der »Person von besonderem Interesse« erhebliche Auswirkungen auf das »Niveau der Projekte und ihre Kapazität« haben könnte. Klokow kam Cohen gegenüber zu dem Schluss, es gebe »für jegliches Projekt keine größere Erfolgsgarantie als [die] Zustimmung vonseiten der Person von besonderem Interesse«.[342] Cohen wies den Vorschlag zurück, indem er erklärte, dass »momentan unser LOI-Entwickler mit dem Stabschef des Vizepräsidenten in Kontakt steht, um eine offizielle Einladung zu einem Treffen der beiden zu arrangieren«.[343] Bei dieser E-Mail handelt es sich anscheinend um den letzten Austausch zwischen Cohen und Klokow, und die Untersuchung hat keine Beweise erbracht, dass Cohen Klokows ursprüngliches Angebot zur Unterstützung an das Wahlkampfteam herangetragen hat, oder dass irgendjemand aus dem Umfeld der Trump Organization oder dem Wahlkampfteam zu einem späteren Zeitpunkt mit Klokow zu tun hatte. Cohen erklärte, dass er das vorgeschlagene Treffen nicht weiterverfolgt hatte, weil er bereits mit Sater am Moskau-Projekt arbeitete, von dem Cohen annahm, dass er eigene Verbindungen zur russischen Regierung besaß.[344]

Allerdings hat sich Cohen Ende Dezember 2015 beschwert, dass es Sater nicht geschafft hatte, diese Verbindungen zu nutzen,

---

341 18.11.2015 E-Mail, Klokow an Cohen (6:51 Uhr) (»Ich würde vorschlagen, Ihre Verhandlungen und unseren Vorschlag für ein Treffen zu trennen. Ich versichere Ihnen, nach dem Treffen kann das Niveau von Projekten und deren Kapazität vollkommen anders sein und die allerwichtigste Unterstützung erhalten.«).

342 19.11.2015 E-Mail, Klokow an Cohen (7:40 Uhr).

343 19.11.2015 E-Mail, Cohen an Klokow (12:56 Uhr).

344 Cohen 18.9.2018 302, 12.

um das versprochene Treffen mit Angehörigen der russischen Regierung zu arrangieren. Cohen sagte zu Sater, er »arrangiere das Treffen selbst«.[345] Am 11. Januar 2016 mailte Cohen dem Büro von Dmitrij Peskow, Pressesprecher der russischen Regierung, und gab zu verstehen, dass er Kontakt zu Sergej Iwanow, Putins Stabschef, aufnehmen wollte. Irrtümlicherweise nutzte Cohen die Mail-Adresse »Pr_peskova@prpress.gof.ru« statt »Pr_peskova@prpress.gov.ru«, sodass die E-Mail anscheinend nicht zugestellt wurde.[346]

Am 14. Januar 2016 schickte Cohen erneut eine E-Mail, aber an eine andere Mail-Adresse (info@prpress.gov.ru) mit folgendem Inhalt:

> Lieber Mr. Peskow,
> in den vergangenen Monaten habe ich mit einem in Russland ansässigen Unternehmen bezüglich der Konzeptentwicklung für einen Trump Tower in Moskau City gearbeitet.
> Ohne auf langwierige Einzelheiten einzugehen: Die beiderseitige Kommunikation ist zum Stillstand gekommen. Da dieses Projekt aber zu bedeutend ist, bitte ich Sie hiermit um Ihre Unterstützung.
> Mit allem Respekt erbitte ich einen Ansprechpartner, am liebsten Sie selbst; bitte kontaktieren Sie mich, damit ich Ihnen die Einzelheiten darlegen und Treffen mit den entsprechenden Personen arrangieren kann.
> Ich danke Ihnen im Voraus für Ihre Unterstützung und freue mich, bald von Ihnen zu hören.[347]

345 FS00004 (30.12.2015 Textnachricht, Cohen an Sater (18:17 Uhr)).
346 11.1.2016 E-Mail, Cohen an pr_peskova@prpress.gof.ru (9:12 Uhr).
347 14.1.2016 E-Mail, Cohen an info@prpress.gov.ru (9:21 Uhr).

Zwei Tage später schickte Cohen eine E-Mail an Pr_peskova@prpress.gov.ru und wiederholte sein Anliegen, mit Sergej Iwanow in Kontakt treten zu wollen.[348]

Cohen bezeugte vor dem Kongress und erklärte anfänglich auch dem Büro des Sonderermittlers, dass er sich nicht erinnerte, eine Antwort auf seine Anfragen per E-Mail erhalten zu haben, und dass er ab Januar 2016 entschieden hatte, die weitere Tätigkeit für das Moskauer Trump-Projekt einzustellen. Cohen gestand später, dass dies Falschaussagen waren. Tatsächlich hat Cohen eine Antwort auf seine Anfrage erhalten (an die er sich auch erinnerte) und arbeitete bis Juni 2016 weiterhin an dem Projekt und versorgte den Kandidaten Trump diesbezüglich laufend mit Informationen.[349]

Am 20. Januar 2016 erhielt Cohen eine E-Mail von Elena Poljakowa, Peskows persönlicher Assistentin. Sie schrieb von ihrem privaten Mail-Account und erklärte, versucht zu haben, Cohen zu erreichen, und bat ihn, sie unter der angegebenen privaten Telefonnummer anzurufen.[350] Kurz nach Eingang der E-Mail von Poljakowa, rief Cohen sie zurück und sprach zwanzig Minuten mit ihr.[351] Cohen stellte Poljakowa seine Position bei der Trump Organization dar, umriss das geplante Trump-Projekt in

---

348 16.1.2016 E-Mail, Cohen an pr_peskova@prpress.gov.ru (10:28 Uhr).

349 *Cohen* Information, ¶¶ 4, 7. Auf Cohens Austausch mit Präsident Trump und dessen Anwälten im Zuge der Vorbereitung seiner Aussage vor dem Kongress wird nachfolgend weiter eingegangen. *Siehe* Band II, Abschnitt II.K.3, *unten.*

350 20.1.2016 E-Mail, Poljakowa an Cohen (5:57 Uhr) (»Mr. Cohen[,] ich kann Sie unter keiner Ihrer beiden Telefonnummern erreichen. Bitte rufen Sie mich zurück.«

351 Die Liste der Telefonate verzeichnete am 20. Januar 2016 ein 20-minütiges Gespräch von Cohen und der Nummer, die Poljakowa in ihrer E-Mail angegeben hatte. Anrufprotokoll von Michael Cohen Grand Jury [redacted] Nach dem Telefonat sicherte Cohen Poljakowas Kontakt in seiner Outlook-Kontaktliste der Trump Organization. 20.1.2016 Eintrag Cohen Microsoft Outlook (6:22 Uhr).

Moskau und informierte über das russische Unternehmen, mit der die Trump Organization in dieser Sache eine Partnerschaft eingegangen war. Cohen bat um Unterstützung, um das Projekt weiter voranzubringen, sowohl hinsichtlich eines sicheren Baugrundstücks als auch bezüglich der Finanzierung. Laut Cohen stellte Poljakowa detaillierte Fragen, machte sich Notizen und erklärte, dass sie mit anderen in Russland Rücksprache halten müsste.[352]

Cohen konnte sich weder an irgendwelche direkten Nachbereitungen des Telefonats vonseiten Poljakowas oder irgendeines anderen Vertreters der russischen Regierung erinnern, noch erbrachte das Büro des Sonderermittlers einen Beweis direkter Bezugnahme. Allerdings schickte Sater einen Tag nach Cohens Gespräch mit Poljakowa eine Textnachricht an Cohen und bat ihn, »mich anzurufen, wenn du ein paar Minuten hast, um zu reden … Es geht um Putin, sie haben heute angerufen.«[353] Daraufhin schickte Sater einen Entwurf für eine Einladung Cohens nach Moskau, um das Trump-Moskau-Projekt zu besprechen[354] sowie die Anmerkung, »mir mitzuteilen, ob der Brief mit meinen Änderungen gut ist, oder ändere ihn noch nach Deinen Wünschen und schick ihn mir zurück«.[355] Es folgten weitere Durchgänge von Textänderungen und am 25. Januar 2016 schickte Sater Cohen eine – von Andrej Ryabinskij, Unternehmen MHJ, unterschriebene – Einladung, »zu einem Arbeitsbesuch in Moskau«, bezüglich »Perspektiven der Geschäftsentwicklung und des Baugewerbes in Russland« und »den unterschiedlichen verfügbaren

---

352 Cohen 12.9.2018 302, 2-3.

353 FS0001 1 (21.1.2016, Textnachrichten, Sater an Cohen).

354 Die Einladung gab vor, von Genbank zu stammen, einer russischen Bank, die laut Sater im Auftrag einer größeren Bank arbeitete, der VTB, und in Betracht ziehen würde, die Finanzierung zu gewährleisten. FS00008 (31.12.2015, Textnachrichten, Sater und Cohen). Zusätzliche Informationen zu Genbank *siehe unten*.

355 FS00011 (21.1.2016 Textnachricht, Sater an Cohen (19:44 Uhr)); 21.1.2016 E-Mail, Sater an Cohen (18:49 Uhr).

und passenden Liegenschaften zur Errichtung dieses gewaltigen Hochhauses« mit »der Möglichkeit, einen nachfolgenden Besuch von Mr. Donald Trump in Moskau zu organisieren«.[356] Laut Cohen entschied er damals, wegen der wenigen konkreten Vorschläge zu Liegenschaften, die als Option für das Projekt infrage kamen, nicht nach Russland zu reisen.[357]

d. Gespräche von Michael Cohen oder Kandidat Trump über eine Reise nach Russland (Dezember 2015 – Juni 2016)

i. Saters Annäherungsversuche an Cohen bezüglich einer Russlandreise

Die auf Ende Januar datierte Korrespondenz stellte weder den ersten noch den letzten Zeitpunkt dar, zu dem Cohen im Zuge des Trump-Moskau-Projekts erwog, nach Russland zu reisen. Seit Ende 2015 versuchte Sater wiederholt, für Cohen und Kandidat Trump als Vertreter der Trump Organization einen Besuch in Russland zu arrangieren, um dort Mitglieder der russischen Regierung und mögliche Finanzpartner zu treffen. Im Dezember 2015 schickte Sater Cohen etliche E-Mails, in denen es um die Logistik bezüglich einer Russlandreise und dortiger Besprechungen ging.[358] Am 19. Dezember 2015 schrieb Sater:

356 25.1.2016 E-Mail, Sater an Cohen (12:01 Uhr) (Anhang).
357 Cohen 12.9.2018 302, 6-7.
358 *Siehe z. B.* 1.12.2015 E-Mail, Sater an Cohen (12:41 Uhr) (»Bitte scanne deinen Reisepass und schick mir eine Kopie davon für das russische Außenministerium«).

> Bitte ruf mich an, ich habe Jewgenij [Dwoskin] auf der anderen Leitung.[359] Er braucht eine Kopie von deinem und Donalds Reisepass, sie brauchen einen Scan von jeder einzelnen Seite der Pässe. Einladungen und Visaanträge werden diese Woche von der VTB Bank erstellt, um die Finanzierung des Trump Tower Moskau zu besprechen. Auf politischer Seite können weder Putins Büro noch das Außenministerium die Einladung aussprechen, also ist die Einladung wirtschaftlich/geschäftlich. VTB ist die zweitgrößte Bank Russlands und ihr CEO Andrej Kostin wird bei allen Meetings mit Putin dabei sein, sodass es ein Wirtschaftstreffen und kein politisches Treffen ist. Wir werden diese Woche in die russische Botschaft gebeten, wo wir die Einladung und das Visum erhalten.[360]

Cohen schickte Sater ein Foto seines Reisepasses.[361] Cohen erklärte gegenüber dem Büro des Sonderermittlers, dass er damals

---

359 Verbindungsnachweise belegen, dass Sater mit Jewgenij Dwoskin gesprochen hat. Anrufprotokoll von Felix Sater Grand Jury [redacted] Dwoskin ist einer der Geschäftsführer der Genbank, einer Großbank mit Aktivgeschäften vorrangig auf der Krim, Ukraine. Als Sater dieses Finanzschreiben an Cohen sandte, war Genbank Gegenstand von Sanktionen der US-Regierung, *siehe Russia/Ukraine-related Sanctions and Identifications*, Office of Foreign Assets Control (Kontrollbehörde des US-Finanzministeriums) (22. Dezember 2015), *verfügbar unter* https://www.treasury.gov/resource-center /sanctions/OFAC-Enforcement/Pages/20151222.aspx. Dwoskin, der im Jahr 2000 wegen krimineller Aktivitäten aus den USA ausgewiesen wurde, stand in den USA unter Anklage wegen Aktienbetrugs, für die er die Decknamen Eugene Slusker und Gene Shustar genutzt hatte. *Siehe Vereinigte Staaten vs. Rizzo et al.*, 2:03-cr-63 (E.D.N.Y. 6. Februar 2003).

360 19.12.2015 E-Mail, Sater an Cohen (10:50 Uhr); FS00002 (19.12.2015 Textnachrichten, Sater an Cohen, (10:53 Uhr).

361 FS00004 (19.12.2015 Textnachricht, Cohen an Sater); ERT_0198-256 (19.12.2015 Textnachrichten, Cohen und Sater).

Rhona Graff, Trumps Chefsekretärin bei der Trump Organization, um eine Kopie des Reisepasses von Kandidat Trump gebeten hat, woraufhin Graff Trumps Pass zu Cohens Büro brachte.[362] Allerdings ergaben die Untersuchungen nicht den Nachweis, dass der Pass an Sater weitergeleitet wurde.[363]

Sater und Cohen sprachen bis ins Frühjahr 2016 immer wieder im Zusammenhang mit dem Moskauer Trump-Projekt über eine Reise nach Moskau. Am 20. April 2016 schrieb Sater an Cohen: »Die Leute fragen, wann du kommst?«[364] Am 4. Mai 2016 fasste Sater nach:

> Ich habe mit Moskau gesprochen. ANGENOMMEN, der Trip findet statt, ist die Frage, ob vor oder nach dem Parteitag. Ich sagte, ich glaube, weiß es aber nicht mit Sicherheit, dass es vermutlich nach dem Parteitag ist. Selbstverständlich kann das Vorbereitungstreffen (nur mit dir), wann immer du willst, stattfinden, aber fraglich waren die 2 Großen. Ich sagte, ich würde mich erkundigen und wieder melden … Teil mir mit, ob ich mit meiner Einschätzung nach Cleveland richtiglag, und auch, wann du mit denen sprechen und möglicherweise hinfliegen willst.[365]

Cohen antwortete: »Meine Reise vor Cleveland. Wenn Trump nominiert wird, er nach dem Parteitag.«[366]

---

362 Cohen 12.09.2018 302, 5.

363 Am 21. Dezember 2015 schickte Sater Cohen eine Textnachricht folgenden Inhalts: »Die brauchen eine Kopie von DJTs Pass«, auf die Cohen antwortete: »Wenn ich mit dir aus Moskau zurück bin und wir einen Termin für ihn haben.« FS00004 (21.12.2015 Textnachrichten, Cohen und Sater).

364 FS00014 (20.4.2016 Textnachricht, Sater an Cohen (21:06 Uhr)).

365 FS00015 (4.5.2016 Textnachricht, Sater an Cohen (19:38 Uhr)).

366 FS00015 (4.5.2016 Textnachricht, Cohen an Sater (20:03 Uhr)).

Einen Tag nach diesem Nachrichtenaustausch zurrte Sater Cohens Reise zum St. Petersburg International Economic Forum (»Forum«) in Russland fest, einer jährlich stattfindenden Veranstaltung, auf der bedeutende russische Politiker und Geschäftsleute zusammenkommen. Sater erklärte gegenüber dem Büro des Sonderermittlers, von einem Geschäftspartner die Information erhalten zu haben, dass Peskow Cohen zum Forum einladen wollte.[367] Am 5. Mai 2016 schrieb Sater an Cohen:

> Peskow würde dich gern vom 16.–19. Juni als sein Gast zum St. Petersburg Forum einladen, das ist Russlands Davos. Er will dich dort treffen und möglicherweise entweder Putin oder Medwedew vorstellen, noch ist nicht klar, ob 1 oder beide dort sein werden. Das ist perfekt. Die gesamte russische Wirtschaftselite wird auch da sein. Er meinte, alles, worüber du sprechen willst, inklusive Terminen und Themen, kommt auf den Tisch[.][368]

Am nächsten Tag bat Sater Cohen zu bestätigen, dass diese Reisetermine passen; Cohen antwortete: »passt mir«.[369]

Am 9. Juni 2016 schickte Sater eine Textnachricht an Cohen, in der stand, dass er (Sater) die Ausweise für das Forum fertiggestellt hatte, und fügte hinzu: »Putin ist am 17. da, sehr große Chance, dass du ihn ebenfalls triffst.«[370] Am 13. Juni 2016 leitete Sater an Cohen eine Einladung zum Forum weiter, die vom Leiter der Roscongress Foundation unterzeichnet war, der russischen Organisation, die das Forum veranstaltete.[371] Darüber hinaus sandte Sater Cohen einen russischen Visumantrag und bat

---

367 Sater 15.12.2017 302, 4.
368 FS00016 (5.5.2016 Textnachrichten, Sater an Cohen (6:26 Uhr und 6:27 Uhr)).
369 FS00016 (6.5.2016 Textnachrichten, Cohen und Sater).
370 FS00018 (9.6.2016 Textnachrichten, Sater und Cohen).
371 13.6.2016 E-Mail, Sater an Cohen (14:10 Uhr).

darum, ihm zwei Passfotos zu schicken.[372] Laut Cohen enthielt die Einladung keinen Hinweis darauf, dass Peskow etwas mit Cohens Einladung zu tun hatte. Cohen machte sich Gedanken, dass russische Funktionäre in Wirklichkeit gar nicht involviert waren oder (anders als Sater behauptet hatte) kein Interesse daran hatten, ihn zu treffen, und darum entschied er, nicht zum Forum zu reisen.[373] Am 14. Juni 2016 traf Cohen Sater in der Lobby des Trump Tower in New York und teilte ihm mit, dass er zum betreffenden Zeitpunkt nicht nach Russland reisen würde.[374]

ii. Gelegenheiten des Kandidaten Trump, nach Russland zu reisen

Die Ermittlungen lieferten Beweise, dass während des Zeitraums, in der das Trump-Moskau-Projekt Gegenstand der Überlegungen war, die Möglichkeit von Kandidat Trump, Russland zu besuchen, in zweierlei Hinsicht wuchs.

Erstens erklärte Cohen in Befragungen des Büros des Sonderermittlers, zweimal mit Trump das Thema einer Reise nach Russland erörtert zu haben: zunächst Ende 2015 und dann noch einmal im Frühjahr [375]2016. Gemäß Cohens Aussage, zeigte Trump die Bereitschaft zu einer solchen Reise, wenn es das Projekt maßgeblich vorantreiben würde. Bei einer Gelegenheit sagte Trump zu Cohen, er sollte sich an den damaligen Wahlkampfmanager Corey Lewandowski wenden, um es mit dem Terminplan des Kandidaten zu koordinieren. Cohen erinnerte sich, mit Lewandowski gesprochen zu haben, der vorschlug, das Thema mit Cohen erneut zu besprechen, wenn Cohen tatsächliche Reisedaten vorlagen. Cohen gab allerdings an, gewusst zu haben, dass angesichts

---

372 FS00018 (13.6.2016 Textnachricht, Sater an Cohen (14:20 Uhr)); 13.6.2016 E-Mail, Sater an Cohen.

373 Cohen 12.9.2018 302, 6-8.

374 FS00019 (14.6.2016 Textnachrichten, Cohen und Sater (12:06 Uhr und 14:50 Uhr)).

375 Cohen 12.9.2018 302, 2.

der vonseiten des Kandidaten bereits bestehenden Verpflichtungen im Rahmen des Wahlkampfs Reisen vor dem Nominierungsparteitag der Republikaner unmöglich sein würden.[376]

Zweitens erhielt Trump, wie Cohen, eine Einladung zum St. Petersburg International Economic Forum und lehnte diese ab. Ende Dezember 2015 leitete Mira Duma – ein Kontakt von Ivanka Trump aus der Modebranche – zunächst an Ivanka Trump und Kandidat Trump adressierte Einladungen von Sergej Prichodko, dem stellvertretenden Premierminister der Russischen Föderation, weiter.[377] Am 14. Januar 2016 schickte Rhona Graff eine E-Mail an Duma, in der sie erklärte, dass sich Trump »geehrt fühlt, zu der sehr prestigeträchtigen Veranstaltung gebeten zu werden«, jedoch wegen seines als Präsidentschaftskandidaten »äußerst strapaziösen und vollen Reiseterminkalenders« die Einladung zum Forum »absagen müsse«.[378] Graff fragte Duma, ob sie empfahl, dass Graff »ein förmliches Schreiben an den stellvertretenden Premierminister schicken« sollte, um die Einladung abzusagen; Duma antwortete, ein förmliches Schreiben wäre »großartig«.[379]

Offenbar hat Graff dieses Schreiben nicht umgehend verfasst. Laut schriftlicher Antworten von Präsident Trump,[380] erhielt Graff am 17. März 2016 eine E-Mail des stellvertretenden Premierministers Prichodko mit einer erneuten Einladung an

---

376 Cohen 12.9.2018 302, 7.

377 21.12.2015 E-Mai, Mira an Ivanka Trump (6:57 Uhr) (Anhänge); TRUMPORG_16_000057 (7.1.2016 E-Mail, I. Trump an Graff (9:18 Uhr)).

378 14.1.2016 E-Mail Graff an Mira.

379 15.1.2016 E-Mail Mira an Graff.

380 Wie in Band II und Anhang C erläutert, schickte das Büro des Sonderermittlers am 17. September 2017 schriftliche Fragen an den Rechtsberater des Präsidenten. Am 20. November 2018 wurden die schriftlichen Antworten des Präsidenten durch seinen Rechtsberater übermittelt.

Trump, das Forum 2016 in St. Petersburg zu besuchen.[381] Zwei Wochen später, am 31. März 2016, bereitete Graff einen zwei Absätze langen Brief mit der Absage der Einladung zur Unterschrift von Trump vor.[382] Der Brief besagte, dass wegen des Präsidentschaftswahlkampfs Trumps »Terminkalender extrem herausfordernd geworden ist« und er im Zeitraum des Forums »bereits einige Verpflichtungen in den USA« hat, er aber andernfalls »gern jegliche Überlegung angestellt hätte, um an einer solch wichtigen Veranstaltung teilzunehmen«.[383] Graff leitete den Brief an eine andere Vorstandssekretärin der Trump Organization mit der Anweisung weiter, das Schriftstück auf einem Briefbogen mit Briefkopf auszudrucken, damit Trump es unterzeichne.[384]

Ungefähr zur gleichen Zeit, als der Brief verfasst wurde, begann Robert Foresman – ein in New York lebender Investmentbanker – bei Graff anzuklopfen, um ein persönliches Gespräch mit Kandidat Trump zu vereinbaren. Laut Foresman war er von Anton Kobjakow, einem Berater des russischen Präsidenten, der mit der Roscongress Foundation zu tun hatte, gebeten worden zu eruieren, ob Trump bei dem Forum eine Rede halten könnte.[385] Nachdem er sich telefonisch vorgestellt hatte – das Telefonat war von Mark Burnett vermittelt worden, einem Geschäftspartner Trumps, der die Fernsehsendung *The Apprentice* produzierte –, schrieb Foresman erstmals am 31. März 2016 eine E-Mail an Graff. Darin wies Foresman auf seine langjährige private und berufliche Expertise zu Russland und der Ukraine hin und da-

---

381 Schriftliche Antworten von Donald J. Trump (20. November 2018), 17 (Antwort auf Frage IV, Teil (e)) (»Unterlagen zeigen, dass Ms. Graff ein kurzes Antwortschreiben zu meiner Unterschrift vorbereitet hat, in dem sie die Einladung absagte.«).

382 Schriftliche Antworten von Donald J. Trump (20. November 2018), 17 (Antwort auf Frage IV, Teil (e)); *siehe auch* TRUMPORG_16_000134 (nicht unterschriebener Brief vom 31. März 2016).

383 TRUMPORG_16_000134 (nicht unterschriebener Brief).

384 TRUMPORG_16 _000133 (31.3.2016 E-Mail, Graff an Macchia).

385 Foresman 17.10.2018 302 3-4.

rauf, dass sein Wirken schon früh einen »persönlichen Draht« zwischen Wladimir Putin und dem ehemaligen US-Präsidenten George W. Bush gefördert hatte, und erwähnte ein »Konzept«, das er von »leitenden Angehörigen des Kremls« bezüglich des Kandidaten erhalten hatte. Foresman bat Graff um einen Termin mit dem Kandidaten und Corey Lewandowski oder »einer anderen wichtigen Person«, um dies und weitere »konkrete Dinge« zu besprechen, denn Foresman fühlte sich nicht wohl dabei, dies per »unsicherem E-Mail-Verkehr« näher zu erläutern.[386] Am 4. April 2016 leitete Graff die Anfrage von Foresman an Jessica Macchia, eine weitere Vorstandssekretärin von Trump, weiter.[387]

Da er keine Antwort erhielt, schickte Foresman per Mail zwei Erinnerungen an Graff – die erste am 26. April und erneut am 30. April 2016.[388] Graff entschuldigte sich bei Foresman und leitete seine E-Mail vom 26. April (sowie seine erste Nachricht aus dem März 2016) an Lewandowski weiter.[389] Am 2. Mai 2016 leitete Graff die Mail von Foresman vom 30. April – mit dem Vorschlag eines alternativen Treffens mit Donald Trump jr. oder Eric Trump, sodass Foresman die Informationen übermitteln könnte, die dem Kandidaten »persönlich oder jemandem, dem der Kandidat absolut vertraut, übermittelt werden sollten« – an Politikberater Stephen Miller weiter.[390]

Keinerlei Korrespondenz oder sonstige Beweisstücke, die dem Büro des Sonderermittlers zur Verfügung standen, deuten darauf hin, dass das Trump-Wahlkampfteam von Foresmans Ab-

---

386 *Siehe* TRUMPORG_16_00136 (31.3.2016 E-Mail, Foresman an Graff); *siehe auch* Foresman 17.10.2018 302, 3-4.

387 *Siehe* TRUMPORG_16_00136 (4.4.2016 E-Mail, Graff an Macchia).

388 *Siehe* TRUMPORG_16_00137 (26.4.2016 E-Mail, Foresman an Graff); TRUMPORG_16_00141 (30.4.2016 E-Mail, Foresman an Graff).

389 *Siehe* TRUMPORG_16_00139 (27.4.2016 E-Mail, Graff an Foresman); TRUMPORG_16_00137 (27.04.2016 E-Mail, Graff an Lewandowski).

390 TRUMPORG_16_00142 (2.5.2016 E-Mail, Graff an S. Miller); *siehe auch* TRUMPORG_16_00143 (2.5.2016 E-Mail, Graff an S. Miller) (Weiterleitung der E-Mail von Foresman vom März 2016).

sicht erfuhr, den Kandidaten zum Forum einzuladen, oder dass das Wahlkampfteam bis nach der Wahl in anderer Form mit Foresman in Verbindung trat – nach der Wahl wirkte er auf das Übergangsteam ein, da er eine Position in der zukünftigen Regierung anstrebte.[391] Bei seiner Befragung durch das Büro des Sonderermittlers bestritt Foresman, dass das besondere »Konzept« von »leitenden Angehörigen des Kremls«, von denen in seiner Mail vom 31. März 2016 die Rede war, irgendetwas anderes meinte als Kobjakows Einladung zu Roscongress. Die »konkreten Dinge«, auf die er sich in derselben E-Mail bezog, waren laut Foresman eine Kombination aus der Einladung an sich, Foresmans persönlichen Standpunkten hinsichtlich der Einladung und der Russlandpolitik im Allgemeinen sowie Details eines Ukraine-Plans, der von einem US-amerikanischen Thinktank (EastWest Institute) unterstützt wurde. Foresman erklärte dem Büro des Sonderermittlers, dass Kobjakow durch Foresman ähnlich lautende Einladungen an einen weiteren republikanischen Präsidentschaftskandidaten und einen anderen Politiker hatte übermitteln lassen. Darüber hinaus sagte Foresman, dass Kobjakow ihn gebeten hatte, Trump zu einer Rede einzuladen, nachdem der andere Präsidentschaftskandidat aus dem Rennen ausgeschieden war, und die Teilnahme des Politikers nicht klappte.[392] Schließlich gab Foresman an, keine Pläne zu verfolgen, einen inoffiziellen diplomatischen Kanal rund um Trump etablieren zu wollen, und erläuterte, dass die Erwähnung seiner Rolle bei der Schaffung eines solchen Kanals zwischen Bush und Putin allein seine Qualifikationen gegenüber dem Wahlkampfteam aufpolieren sollte. Foresman merkte zudem an, keinen der Experten des im März 2016 angekündigten Trump-Außenpolitikteams gekannt zu haben, und dass er ein persönliches Treffen mit dem Kandidaten vereinbaren wollte, um seinen eigenen be-

---

391 Foresmans Kontakte in der Übergangsphase werden näher erörtert in Band I, Abschnitt IV.B.3, *unten*.

392 Foresman 17.10.2018 302, 4.

ruflichen Background und seine politischen Ansichten zu präsentieren, einschließlich der, dass Trump Kobjakows Einladung, auf dem Forum eine Rede zu halten, ablehnen sollte.[393]

2. George Papadopoulos

George Papadopoulos war von März 2016 bis Anfang Oktober 2016 außenpolitischer Berater in Trumps Wahlkampfteam.[394] Ende April informierte ihn der soeben von einer Moskau-Reise zurückgekehrte, in London wohnhafte Professor Joseph Mifsud, die russische Regierung sei an »brisantes Material« (»dirt«) über die Präsidentschaftskandidatin Clinton gelangt, und zwar in Form von Tausenden E-Mails. Eine Woche später, am 6. Mai 2016, deutete Papadopoulos dem Vertreter einer ausländischen Regierung gegenüber an, Trumps Wahlkampfteam habe von der russischen Regierung Hinweise erhalten, diese könne durch die anonyme Veröffentlichung von Informationen, die für die Präsidentschaftskandidatin Clinton schädlich seien, im Wahlkampf von Nutzen sein.

Papadopoulos berichtete Personen außerhalb des Wahlkampfteams von dem russischen »brisanten Material«, und das Büro des Sonderermittlers stellte Ermittlungen an, ob er seine Informationen auch an ein Mitglied des Wahlkampfteams weitergegeben hatte. Papadopoulos und diejenigen Wahlkampfmitarbeiter, mit denen er zusammenarbeitete, sagten dem Büro,

---

393 Foresman 17.10.2018 302, 8-9.

394 Papadopoulos kam im Sommer und Herbst 2017 mehrfach zu Befragungen in unser Büro, nachdem er verhaftet und Strafantrag (versiegelt) gegen ihn gestellt worden war, weil er in einem Gespräch mit dem FBI im Januar 2017 *unter anderem* zu Zeitpunkt, Ausmaß und Art seiner Interaktionen und Kommunikation mit Joseph Mifsud und zwei russischen Staatsbürgern: Olga Polonskaja und Iwan Timofejew, Falschaussagen gemacht hatte. Nach einer Vereinbarung bekannte sich Papadopoulos später schuldig im Sinne einer formellen Anklage, die ihn der Falschaussagen gegenüber dem FBI bezichtigte, in Verstoß gegen 18 U.S.C. § 1001 (a).

ihrer Erinnerung nach habe Papadopoulos ihnen diese Information nicht weitergegeben. Während der maßgeblichen Zeitspanne und noch einige Monate danach arbeitete Papadopoulos mit Mifsud und den beiden russischen Staatsbürgern daran, ein Treffen zwischen dem Wahlkampfteam und der russischen Regierung in die Wege zu leiten. Dieses Treffen kam nie zustande.

a. Anfänge der Wahlkampfarbeit

Im März 2016 wurde Papadopoulos außenpolitischer Berater in Trumps Wahlkampfteam.[395] Schon im Sommer 2015 hatte er sich um eine Funktion als Politikberater im Wahlkampf bemüht, wurde jedoch per E-Mail vom 30. September 2015 beschieden, dass man für das Wahlkampfteam keine Politikberater einstellen werde.[396] Ende 2015 erhielt er eine bezahlte Stelle im Wahlkampfteam des Republikaners Ben Carson um die republikanische Präsidentschaftskandidatur.[397]

Obwohl Carson bis Anfang März 2016 im Rennen um die Kandidatur blieb, hörte Papadopoulos schon Anfang Februar 2016 effektiv mit der Arbeit in dessen Wahlkampf auf.[398] Zu der Zeit kontaktierte Papadopoulos jemanden im London Centre of International Law Practice (LCILP), das sich anpries als »einzigartige Institution mit hochrangigen internationalen Juristen, die sich der Förderung des globalen Rechtswissens und der Praktizierung internationalen Rechts verschreiben«.[399] Papadopoulos sagte, er habe seine Funktion im Wahlkampf Carsons aufgege-

---

395 *Transkript von Donald Trumps Treffen mit der Redaktionsleitung der Washington Post,* Washington Post (21. März 2016).

396 15.7.2015 LinkedIn-Nachricht, Papadopoulos an Lewandowski (6:57 Uhr); 30.9.2015 E-Mail, Glassner an Papadopoulos (7:42:21 Uhr).

397 Papadopoulos 10.8.2017 302, 2.

398 Papadopoulos 10.8.2017 302, 2; 4.2.2016 E-Mail, Papadopoulos an Idris.

399 London Centre of International Law Practice, https://www.lcilp.org/ (via web.archive.org).

ben, und fragte, ob das LCILP Leute einstelle.[400] Anfang Februar einigte sich Papadopoulos mit dem LCILP und begann in London die Arbeit aufzunehmen.[401]

Schon als er seinen Posten beim LCILP antrat, kontaktierte er Trumps Wahlkampfleiter Corey Lewandowski über LinkedIn und bekundete per E-Mail dem Wahlkampfmitarbeiter Michael Glassner sein Interesse an einer Mitarbeit in Trumps Wahlkampf.[402] Dieses Interesse bekräftigte er mit einer zweiten E-Mail an Glassner am 2. März [403]2016. Glassner informierte eine Wahlkampfmitarbeiterin namens Joy Lutes über Papadopoulos' Interesse, die wiederum Papadopoulos per E-Mail mitteilte, Glassner habe sie angewiesen, ihn, Papadopoulos, mit Sam Clovis bekannt zu machen, Trumps stellvertretendem Wahlkampfleiter und Chefpolitikberater.[404]

Gerade zu der Zeit, als Papadopoulos am 2. März seine E-Mail versandte, kritisierten die Medien Trumps Wahlkampf wegen des Mangels an erfahrenen Außenpolitik- beziehungsweise nationalen Sicherheitsberatern in den Reihen der Mitarbeiter.[405] Um diesem Problem zu begegnen, baten leitende Wahlkampfmitarbeiter Clovis, kurzfristig ein Außenpolitikteam zusammenzustellen.[406] Nachdem Lutes Clovis Papadopoulos' Namen genannt hatte, führte Clovis eine Google-Suche durch, sah, dass Papadopoulos im Hudson Institute gearbeitet hatte, und hielt ihn im Bereich Energiewirtschaft für glaubwürdig.[407] Am 3. März 2016 beraumte Clovis ein Telefongespräch mit Papadopoulos an, um mit ihm über

---

400 4.2.2016 E-Mail, Papadopoulos an Idris.

401 5.2.2016 E-Mail, Idris an Papadopoulos (18:11:25 Uhr); 6.2.2016 E-Mail, Idris an Papadopoulos (17:34:15 Uhr).

402 4.2.2016 LinkedIn Nachricht, Papadopoulos an Lewandowski (13:28 Uhr); 4.2.2016 E-Mail, Papadopoulos an Glassner (14:10:36 Uhr).

403 2.3.2016 E-Mail, Papadopoulos an Glassner (11:17:23 Uhr).

404 2.3.2016 E-Mail, Lutes an Papadopoulos (22:08:15 Uhr).

405 Clovis 3.10.2017 302 (1 von 2), 4.

406 Clovis 3.20.3017 302 (1 von 2), 4.

407 Grand Jury [redacted]; 3.3.2016 E-Mail, Lutes an Clovis und Papadopoulos (18:05:47 Uhr).

dessen Eintritt ins Wahlkampfteam als Außenpolitikberater zu reden. Am 6. März sprachen die beiden miteinander.[408] Papadopoulos erinnerte sich, dass Russland Thema war, jedenfalls entnahm er dem Gespräch, dass Russland im Wahlkampf ein wichtiger außenpolitischer Aspekt sein werde.[409] Zum Schluss des Gesprächs bot Clovis Papadopoulos einen Posten als Außenpolitikberater im Wahlkampfteam an, und Papadopoulos akzeptierte.[410]

b. Erste Kontakte in Sachen Russland

Etwa eine Woche nach seiner Vertragsunterzeichnung als außenpolitischer Berater flog Papadopoulos nach Rom, Italien, weil er dort für das LCILP zu tun hatte.[411] Zweck der Reise war ein Treffen mit Vertretern der Link Campus University, einer gewinnorientierten Institution, deren Leitung einem früheren italienischen Regierungsmitglied oblag.[412] Bei diesem Besuch machte Papadopoulos die Bekanntschaft Joseph Mifsuds.

Mifsud ist maltesischer Staatsbürger, der als Professor an der London Academy of Diplomacy in London, England, tätig war.[413] Mifsud arbeitete von London aus und gehörte auch dem LCILP an, doch traf Papadopoulos ihn bei der Begegnung in Rom das

---

408 6.3.2016 E-Mail, Papadopoulos an Clovis (16:24:21 Uhr).

409 Übereinkunft zum Straftatbestand ¶ 4, *Vereinigte Staaten vs. George Papadopoulos,* 1:17-cr-182 (D.D.C., 5. Okt. 2017), Dok. 19 (»*Papadopoulos* Übereinkunft zum Straftatbestand«*).*

410 Papadopoulos 10.8.2017 302, 2.

411 Papadopoulos 10.8.2017 302, 2-3; *Papadopoulos,* Übereinkunft zum Straftatbestand ¶ 5.

412 Papadopoulos 10.8.2017 302, 2-3; Stephanie Kirchgaessner et al., *Joseph Mifsud: more questions than answers about mystery professor linked to Russia (Josef Mifsud: mehr Fragen als Antworten zu dem mysteriösen Professor mit Russland-Verbindungen),* The Guardian (31. Okt. 2017) (»Die Link Campus University … wird geleitet von dem früheren italienischen Innenminister namens Vincenzo Scotti.«)

413 *Papadopoulos,* Übereinkunft zum Straftatbestand ¶ 5.

erste Mal.[414] Wie weiter unten beschrieben, pflegte Mifsud verschiedene Kontakte zu Russen, obwohl er in London wohnte. Unter seinen Kontakten war EG [redacted][415], ein ehemaliger Mitarbeiter der Internet Research Agency (IRA), die die russische Social-Media-Kampagne durchführte (*siehe* Band I, Abschnitt II, *oben*). Im Januar und Februar 2016 sprachen Mifsud und EG [redacted] über ein mögliches Treffen in Russland. Die Ermittlungen erbrachten keine Beweise dafür, dass ein Treffen stattgefunden hat. Später, im Frühjahr 2016, war EG [redacted] auch in Kontakt EG [redacted], der Verbindungen mit einem Mitarbeiter des russischen Verteidigungsministeriums hatte, und dieser Account verfügte über gemeinsame Kontakte mit einer Gruppe Facebook-Accounts, die vom russischen Militär kontrolliert wurden und unter denen auch solche waren, die für die Veröffentlichungen bei DCLeaks im Laufe der Hacking- und Veröffentlichungsoperationen der GRU (Hauptverwaltung für Aufklärung des Militärnachrichtendienstes der Russischen Föderation) benutzt wurden (*siehe* Band I, Abschnitt III.B.1, *oben*).

Laut Aussage von Papadopoulos zeigte sich Mifsud bei ihrem Treffen in Rom zunächst nicht an ihm interessiert.[416] Doch nachdem Papadopoulos ihn über seine Funktion im Wahlkampf Donald Trumps in Kenntnis gesetzt hatte, schien sich Mifsud deutlich mehr für ihn zu interessieren.[417] Die beiden sprachen über Mifsuds europäische und russische Kontakte und führten ein allgemeines Gespräch über Russland; Mifsud erbot sich auch,

---

414 Papadopoulos 10.8.2017 302, 3.

415 *Siehe z. B.* Ermittlungstechnische Gründe [redacted] Gefährdung laufender Verfahren [redacted]

416 *Papadopoulos*, Übereinkunft zum Straftatbestand ¶ 5.

417 *Papadopoulos*, Übereinkunft zum Straftatbestand ¶ 5.

Papadopoulos mit führenden europäischen Politikern und anderen Personen mit Kontakten zur russischen Regierung bekannt zu machen.[418] Papadopoulos sagte dem Büro, Mifsuds Behauptung, er habe enge Verbindungen zu russischen Regierungsvertretern, habe ihn interessiert, weil er davon ausging, solche Verbindungen könnten ihm als Wahlkampfberater mehr Gewicht verleihen.[419]

Am 17. März 2016 kehrte Papadopoulos nach London zurück.[420] Vier Tage später benannte Kandidat Trump ihn öffentlich als Mitglied des außenpolitischen und nationalen Sicherheitsberaterteams unter Leitung von Senator Jeff Sessions. Dabei bezeichnete Trump ihn als »Öl- und Energieberater« und »astreinen Typen«.[421]

Am 24. März 2016 traf sich Papadopoulos mit Mifsud in London.[422] Mifsud war in Begleitung einer Russin namens Olga Polonskaja. Er stellte sie als ehemalige Studentin von sich vor, die Verbindungen zu Wladimir Putin habe.[423] Damals verstand Papadopoulos es so, dass Polonskaja Putins Nichte sei, erfuhr indes später, dass das nicht zutraf.[424] Bei dem Treffen erbot sich Polonskaja, Papadopoulos dabei zu helfen, in Russland Kontakte zu knüpfen, und erklärte, der russische Botschafter in London

---

418 Papadopoulos 10.8.2017 302, 3; Papadopoulos 11.8.2017 302, 2.
419 *Papadopoulos,* Übereinkunft zum Straftatbestand ¶ 5.
420 Papadopoulos 10.8.2017 302, 2.
421 Phillip Rucker und Robert Costa, *Trump Questions Need for NATO, Outlines Noninterventionist Foreign Policy (Trump stellt Notwendigkeit der NATO infrage, erläutert Außenpolitik der Nichteinmischung),* Washington Post (21. März 2016).
422 Papadopoulos 10.8.2017 302, 3; 24.3.2016 Textnachrichten, Mifsud und Papadopoulos.
423 Papadopoulos 10.8.2017 302, 3.
424 Papadopoulos 10.8.2017 302, 3; Papadopoulos 10.2.2017 302, 2-3; Papadopoulos Internetsuchverlauf (24.3.2016) (am 24. März 2016 erfolgten vormittägliche und frühnachmittägliche Suchvorgänge unter anderem nach Stichworten wie »putins nichte«, »olga putin« und »russischer präsident nichte olga«).

sei ein Freund von ihr.[425] Aufgrund dieser Begegnung rechnete Papadopoulos damit, dass Mifsud und Polonskaja ihn mit dem russischen Botschafter in London bekannt machen würden, doch das geschah nicht.[426]

Nach seinem Treffen mit Mifsud schickte Papadopoulos eine E-Mail an Mitglieder des außenpolitischen Beraterteams in Trumps Wahlkampfmannschaft. Die Betreffzeile lautete »Treffen mit russischer Führung – einschließlich Putins«.[427] Die Mitteilung lautete in den diesbezüglichen Textteilen:

> Ich habe gerade mit einem guten Freund, Joseph Mifsud, sehr erfolgversprechend zu Mittag gegessen. Mifsud leitet die London Academy of Diplomacy – und hat mich sowohl mit Putins Nichte als auch mit dem russischen Botschafter in London bekannt gemacht – der auch als stellvertretender Außenminister fungiert.[428]
> Thema des Lunchs war es, ein Treffen zwischen uns und der russischen Führung herbeizuführen, bei dem die US-amerikanisch-russischen Beziehungen unter Präsident Trump erörtert werden sollten. Sie wollen uns gern in einer »neutralen« Stadt oder direkt in Moskau empfangen. Sie sagten, die Führung einschließlich Putins sei zu einem Treffen mit uns und Mr. Trump bereit, falls Interesse bestehe. Ich warte auf die Überlegungen von allen

---

425 Papadopoulos 10.8.2017 302,3.

426 *Papadopoulos*, Übereinkunft zum Straftatbestand ¶ 8 Fußnote 1.

427 24.3.2016 E-Mail, Papadopoulos an Page et al. (8:48:21 Uhr).

428 Papadopoulos' Angaben gegenüber dem Wahlkampfteam waren falsch. Wie oben erwähnt, war die Frau, die er traf, nicht Putins Nichte, er hatte nicht den russischen Botschafter in London getroffen, und der Botschafter diente auch nicht als Russlands stellvertretender Außenminister.

> dazu, wie wir diese sehr wichtige Angelegenheit weiterverfolgen wollen.[429]

Papadopoulos' Mitteilung kam zu einer Zeit, als Clovis im Wahlkampfteam eine Veränderung in der Haltung zu Russland wahrnahm – statt sich mit Russland im Rahmen der NATO auseinanderzusetzen und zur russischen Aggression in der Ukraine eine harte Haltung einzunehmen, Grand Jury [redacted][430]

In Clovis' Antwort an Papadopoulos kam dieser Wandel jedoch nicht zum Ausdruck. Clovis schrieb in seiner Erwiderung auf Papadopoulos und die anderen Mitglieder des außenpolitischen Beraterteams, die in der ursprünglichen E-Mail im CC standen:

> Das ist sehr aufschlussreich. Ich werde es im Team besprechen. Keine Zusagen, bis wir sehen, wie sich das Ganze entwickelt. Meiner Ansicht nach sollten wir eher keine Treffen mit den Russen anvisieren, solange wir nicht Gelegenheit zu einer Zusammenkunft mit unseren NATO-Verbündeten hatten, insbesondere mit Frankreich, Deutschland und Großbritannien. Unsere Verbündeten müssen von uns die Gewissheit haben, dass wir nichts mit Russland vorantreiben, solange wir nicht alle auf einer Wellenlänge sind.
> Weitere Überlegungen heute zu einem späteren Zeitpunkt. Großartige Arbeit.[431]

---

[429] 24.3.2016 E-Mail, Papadopoulos an Page et al. (8:48:21 Uhr).

[430] Grand Jury [redacted].

[431] 24.3.2016 E-Mail, Clovis an Papadopoulos et al. (8:55:04 Uhr).

c. Sitzung des außenpolitischen Teams am 31. März

Das außenpolitische Beraterteam im Wahlkampf hielt etwa eine Woche später, am 31. März 2016, in Washington, D.C., eine Sitzung mit Senator Sessions und dem Präsidentschaftskandidaten Trump ab.[432] Die Sitzung – die die Presseberichterstattung über den Wahlkampf ankurbeln sollte[433] – fand im Trump International Hotel statt.[434] Papadopoulos flog dazu nach Washington. Bei der Sitzung saß Senator Sessions am einen Ende eines ovalen Tischs und Trump am anderen. Wie auf der Fotografie unten zu sehen ist (sie wurde auf Trumps Instagram Account gepostet), saß Papadopoulos zwischen den beiden, zwei Plätze links von Sessions:

Sitzung des außenpolitischen Teams am 31. März 2016 mit Papadopoulos (vierter rechts von Präsidentschaftskandidat Trump)

---

[432] Papadopoulos 10.8.2017 302, 4; Papadopoulos 11.8.2017 302, 3.
[433] Sessions 17.1.2018 302, 16-17.
[434] Papadopoulos 10.8.2017 302, 4.

Auf der Sitzung stellten sich alle neu ernannten außenpolitischen Berater vor und beschrieben kurz ihre beruflichen Erfahrungen und spezifischen Kenntnisse.[435] Papadopoulos sprach über seine frühere Arbeit im Energiesektor und erwähnte dann ein mögliches Treffen mit russischen Regierungsvertretern.[436] Insbesondere erzählte Papadopoulos der Gruppe, er habe durch seine Kontakte in London erfahren, dass Putin den Kandidaten Trump treffen wolle, und seine Verbindungsleute könnten helfen, ein solches Treffen zu arrangieren.[437]

Sowohl Trump als auch Sessions reagierten auf Papadopoulos' Äußerung. Papadopoulos und Wahlkampfberater J.D. Gordon – der den Ermittlern sagte, dass er sich »glasklar« an die Sitzung erinnere – sagten aus, Trump sei interessiert und für die Idee eines Treffens mit Putin aufgeschlossen gewesen.[438] Papadopoulos verstand darüber hinaus auch Sessions so, dass er seine, Papadopoulos', Bemühungen um ein Treffen unterstützte.[439] Gordon und zwei weitere Anwesende hingegen erinnern sich, dass Sessions den Vorschlag generell ablehnte, berichten allerdings unterschiedlich von den Bedenken, die er äußerte, beziehungsweise davon, wie heftig seine Einwände waren.[440]

---

435 Papadopoulos 10.8.2017 302, 4.
436 Papadopoulos 10.8.2017 302, 4.
437 *Papadopoulos,* Übereinkunft zum Straftatbestand ¶ 9; *siehe* Gordon 29.8.2017 302, 14; Carafano 12.9.2017 302, 2; Hoskins 14.9.2017 302, 1.
438 Papadopoulos 10.8.2017 302, 4-5; Gordon 7.9.2017 302, 4-5.
439 Papadopoulos 10.8.2017 302, 5; Papadopoulos 11.8.2017 302, 3.
440 Sessions 17.1.2018 302, 17; Gordon 7.9.2017 302, 5; Hoskins 14.9.2017 302, 1; Carafano 12.9.2017 302, 2.

d. George Papadopoulos erfährt, dass Russland im Besitz brisanten Materials (»dirt«) in Form von E-Mails von Hillary Clinton ist

Was immer Sessions bei der Sitzung am 31. März genau gesagt hatte, Papadopoulos verstand es nicht so, dass Sessions oder sonst jemand aus dem Wahlkampfteam Trumps ihn angewiesen hatten, von weiteren Bemühungen um ein Treffen zwischen dem Wahlkampfteam und der russischen Regierung abzusehen. Im Gegenteil, Papadopoulos sagte dem Büro, er habe es so verstanden, dass das Wahlkampfteam seine Bemühungen um ein solches Treffen guthieß.[441] Dementsprechend nahm er nach seiner Rückkehr nach London diese Bemühungen wieder auf.[442]

Den ganzen April hindurch korrespondierte Papadopoulos weiter mit Mifsud und bisweilen Polonskaja, traf sich mit ihnen und bemühte sich um russische Kontakte über sie.[443] Zum Beispiel versuchte Polonskaja binnen einer Woche nach ihrem ersten Treffen mit Papadopoulos am 24. März, ihm eine Textnachricht zu schicken – von Mifsud entworfen oder bearbeitet, wie ein E-Mail-Wechsel zeigt –, in der sie auf Papadopoulos' »Wunsch« einging, »ins Gespräch mit der Russischen Föderation zu kommen«.[444] Als Papadopoulos von Mifsud erfuhr, dass Polonskaja versucht hatte, ihm eine Textnachricht zu schicken, schickte er ihr eine E-Mail und bat um ein weiteres Treffen.[445] Polonskaja antwortete am nächsten Tag, dass sie »zurück in St. Petersburg« sei, aber »sehr gern [Papadopoulos'] Initiative im Hinblick auf unsere beiden Länder unterstützen« und »[ihn]

---

441 Papadopoulos 10.8.2017 302, 4-5; Papadopoulos 11.8.2017 302, 3; Papadopoulos 20.9.2017 302, 2.

442 *Papadopoulos*, Übereinkunft zum Straftatbestand ¶10.

443 *Papadopoulos* , Übereinkunft zum Straftatbestand ¶¶ 10-15.

444 29.3.2016 E-Mails, Mifsud an Polonskaja (3:39 und 5:36 Uhr).

445 10.4.2016 E-Mail, Papadopoulos an Polonskaja (14:45:59 Uhr).

wieder treffen würde«.[446] Papadopoulos erwiderte, er halte es für »einen guten Schritt«, ihn mit »dem russischen Botschafter in London bekannt zu machen«, und er würde gern mit dem Botschafter »oder jedem anderen, den Sie empfehlen, über eine mögliche außenpolitische Reise nach Russland« reden.[447]

Mifsud, der in den E-Mails in CC gesetzt worden war, antwortete am Morgen des 11. April 2016. Er schrieb: »Das ist bereits in die Wege geleitet. Ich fliege am 18. nach Moskau zu einem Treffen des Waldai-Clubs sowie weiteren Besprechungen in der Duma. Wir reden morgen.«[448] Die beiden Institutionen, die Mifsud erwähnt, sind Teil der russischen Regierung beziehungsweise ihr nahestehend: Die Duma ist eine russische gesetzgebende Versammlung[449], und »Waldai« bezieht sich auf den Diskussionsclub Waldai, eine Gruppe mit Sitz in Moskau, die »führenden russischen Außenpolitikern nahesteht«.[450] Papadopoulos bedankte sich bei Mifsud und sagte, er werde ihn »morgen« sehen.[451] Polonskaja ihrerseits erwiderte, sie habe »schon meine persönlichen Kontakte auf unsere Unterhaltung und Ihre Bitte aufmerksam gemacht«, »wir freuen uns alle sehr über die Möglichkeit, gute Beziehung zu Mr. Trump zu unterhalten« und »die Russische Föderation werde ihn sehr gern willkommen heißen, sobald seine Kandidatur offiziell verkündet sei«.[452]

Die Erwähnung Papadopoulos' und Mifsuds, sich »morgen« zu sehen, bezog sich auf ein Treffen, das die beiden für den

---

[446] 11.4.2016 E-Mail, Polonskaja an Papadopoulos (3:11:24 Uhr).
[447] 11.4.2016 E-Mail, Papadopoulos an Polonskaja (9:21:56 Uhr).
[448] 11.4.2016 E-Mail, Mifsud an Papadopoulos (11:43:53 Uhr)
[449] *Papadopoulos*, Übereinkunft zum Straftatbestand ¶10(c).
[450] Anton Troianovski, *Putin Ally Warns of Arms Race as Russia Considers Response to U.S. Nuclear Stance (Putin-Verbündeter warnt vor Wettrüsten, während Russland Reaktion auf Haltung der USA in Fragen der Atompolitik überdenkt)*, Washington Post (10. Febr. 2018).
[451] 11.4.2016 E-Mail, Papadopoulos an Mifsud (11:51:53 Uhr).
[452] 12.4.2016 E-Mail, Polonskaja an Papadopoulos (4:47:06 Uhr).

US-Justizministerium
~~Juristische Ermittlungen~~ // ~~Kann geschütztes Material gemäß Fed. R. Crim. P. 6(c) enthalten~~

nächsten Morgen, den 12. April 2016, im Andaz Hotel in London anberaumt hatten. Papadopoulos bestätigte das Treffen in der Befragung im Büro[453], und die Daten von Papadopoulos' britischem Handy und sein Suchverlauf im Internet weisen alle darauf hin, dass es stattfand.[454]

Nach dem Treffen reiste Mifsud wie geplant nach Moskau.[455] Während seines Russlandaufenthalts machte Mifsud Papadopoulos per E-Mail mit Iwan Timofejew bekannt, einem Mitglied des Russischen Rats für Internationale Angelegenheiten (RIAC).[456] Mifsud hatte von Timofejew behauptet, er habe Beziehungen zum russischen Außenministerium,[457] dem Exekutivorgan, das für die russischen Auslandsbeziehungen zuständig ist.[458] Während der nächsten Wochen führten Papadopoulos und Timofejew über Skype und per E-Mail mehrfach Gespräche über die nötige »Vorarbeit« für ein »potenzielles« Treffen zwischen Vertretern des Wahlkampfteams und russischen Re-

453 Papadopoulos 19.9.2017 302, 7.

454 12.4.2016 E-Mail, Mifsud an Papadopoulos (5:44:39 Uhr) (weitergeleitetes, auf Libyen bezogenes Dokument); 12.4.2016 E-Mail, Mifsud an Papadopoulos und Obaid (10:28:20 Uhr); Papadopoulos Internet-Suchverlauf (11. Apr. 2016, 22:56:49 Uhr) (Suche nach »andaz hotel liverpool street«); 12.4.2016 Textnachrichten, Mifsud und Papadopoulos.

455 *Siehe z. B.* 18.4.2016 E-Mail, Mifsud an Papadopoulos (8:04:54 Uhr).

456 Papadopoulos 10.8.2017 302, 5.

457 *Papadopoulos,* Übereinkunft zum Straftatbestand ¶ 11.

458 Während der Dauer des Wahlkampfs hatte Papadopoulos über LindekIn zusätzlich zu Timofejew mit mehreren Personen aus dem russischen Außenministerium Kontakt. Am 25. April 2016 trat er in Verbindung mit Dmitrij Andrejko, der als Erster Sekretär an der russischen Botschaft in Irland eindeutig identifiziert werden konnte. Im Juli 2016 kontaktierte Papadopoulos den Sprecher der russischen Botschaft in Washington, Jurij Melnik, und Alexej Krasilnikow, der eindeutig als Berater des Außenministeriums identifiziert werden konnte. Und am 16. September 2016 trat er in Verbindung mit Sergej Nalobin, der auch als Mitarbeiter des Außenministeriums identifiziert wurde. *Siehe* Papadopoulos, LinkedIn-Kontakte EG [redacted].

gierungsvertretern.[459] Papadopoulos sagte vor dem Büro aus, dass er bei einem der Skype-Anrufe das Gefühl hatte, sein Gespräch mit Timofejew werde von einer unbekannten dritten Seite mitverfolgt beziehungsweise überwacht, denn Timofejew habe einen offiziellen Tonfall angeschlagen, und er, Papadopoulos, merkwürdige Geräusche in der Leitung gehört.[460] In einer E-Mail vom 25. April 2016 schrieb Timofejew Papadopoulos des Weiteren, er habe gerade »mit Igor Iwanow[,] dem Präsidenten des RIAC und ehemaligen Außenminister Russlands« gesprochen, und übermittelte Iwanows Ratschläge, wie ein »Moskau-Besuch« am besten zu arrangieren sei.[461]

Nach einem Zwischenaufenthalt in Rom kehrte Mifsud am 25. April 2016 nach England zurück.[462] Am nächsten Tag trafen sich Papadopoulos und Mifsud zum Frühstück im Andaz Hotel (dem Ort ihrer vorherigen Begegnung).[463] Bei dem Treffen berichtete Mifsud Papadopoulos, er habe während seiner jüngsten Reise hochrangige russische Regierungsvertreter getroffen, und erzählte außerdem, er habe bei dieser Reise erfahren, dass die Russen in den Besitz »brisanten Materials« (»dirt«) über die Präsidentschaftskandidatin Hillary Clinton gelangt seien. Wie Papadopoulos später vor dem FBI aussagte, behauptete Mifsud, das »brisante Material« bestehe aus »E-Mails von Clinton« und sie hätten »Tausende E-Mails«.[464] Am 6. Mai 2016, zehn Tage nach diesem Treffen mit Mifsud, deutete Papadopoulos gegenüber einem Vertreter einer ausländischen Regierung an, das Trump'sche Wahlkampfteam habe von der russischen Regierung Hinweise darauf erhalten, dass diese durch anonyme Veröffentlichung von

459 *Papadopoulos,* Übereinkunft zum Straftatbestand ¶ 11.
460 Papadopoulos 10.8.2017 302, 5; Papadopoulos 19.9.2017 302, 10.
461 25.4.2016 E-Mail, Timofejew an Papadopoulos (8:16:35 Uhr).
462 22.4.2016 E-Mail, Mifsud an Papadopoulos (12:41:01 Uhr).
463 *Papadopoulos,* Übereinkunft zum Straftatbestand ¶ 14; 25.4.2016 Textnachrichten, Mifsud und Papadopoulos.
464 *Papadopoulos,* Übereinkunft zum Straftatbestand ¶ 14.

für Hillary Clinton schädlichen Informationen Trumps Wahlkampf behilflich sein könne.[465]

e. Kommunikation mit dem Wahlkampfteam in Sachen Russland

Während Papadopoulos mit seinen ausländischen Kontakten ein mögliches Treffen von Mitgliedern des Wahlkampfteams mit russischen Regierungsvertretern erörterte, setzte er gleichzeitig Mitglieder des Wahlkampfteams davon in Kenntnis. Am 25. April 2016, dem Tag, bevor Mifsud ihm von den E-Mails erzählte, schrieb er Chefpolitikberater Stephen Miller, »bei der russischen Regierung liegt eine offene Einladung von Putin zu einem Treffen mit Mr. Trump, sobald dieser dazu bereit ist«, und »der Vorteil meiner Anwesenheit in London besteht darin, dass diese Regierungen in ›neutralen‹ Städten meist ein wenig offener sprechen«.[466] Nach seinem Treffen mit Mifsud schickte Papadopoulos am 27. April 2016 eine zweite Mail an Miller, in der er angab, er »habe einige interessante Informationen zu einer möglichen Reise (wenn die Zeit reif dafür ist) aus Moskau erhalten«.[467] Am selben Tag schickte Papadopoulos eine ähnlich lautende E-Mail an den Wahlkampfleiter Corey Lewandowski und schrieb ihm, er habe »im letzten Monat eine Menge Anrufe

---

465 Diese Information ist in dem FBI-Dokument zur Klageeröffnung und dazugehörigem Material enthalten. ~~Diese Information ist nicht öffentlich (law enforcement sensitive, LES), und jede Weitergabe muss vorher entsprechend geprüft werden.~~ Die ausländische Regierung teilte diese Information der US-Regierung am 26. Juli 2016 mit, ein paar Tage, nachdem WikiLeaks mit Clinton in Beziehung stehende E-Mails veröffentlicht hatte. Auf Grundlage dieser Information begann das FBI einige Tage später mit seinen Ermittlungen über eine mögliche Abstimmung zwischen Russland und Trumps Wahlkampfteam.

466 25.4.2016 E-Mail, Papadopoulos an S. Miller (20:12:44 Uhr).

467 27.4.2016 E-Mail, Papadopoulos an S. Miller (18:55:58 Uhr).

bekommen, dass Putin [Trump] und das Team gern empfangen würde, sobald die Zeit reif dafür ist«.[468]

Papadopoulos kommunizierte während des Frühjahrs und Sommers 2016 immer wieder per E-Mail mit Wahlkampfmitgliedern über das Thema Russland. Am 4. Mai 2016 leitete er eine Mail von Timofejew, der die Möglichkeit eines Treffens in Moskau ansprach, an Lewandowski weiter und fragte ihn, ob das »etwas [sei], das wir weiterverfolgen sollten«.[469] Am nächsten Tag leitete Papadopoulos die Mail von Timofejew auch an Sam Clovis weiter, fügte aber oben in der Mail »Aktuelles zu Russland« hinzu.[470] Diese E-Mail schickte er am 21. Mai 2016 in einer Mail an Wahlkampfchef Paul Manafort mit, deren Betreffzeile lautete »Russlands Anfrage, Mr. Trump zu treffen«, und schrieb: »Russland ist schon seit einiger Zeit sehr daran interessiert, Mr. Trump zu treffen, und man hat sich an mich gewandt, um mit mir darüber zu beraten.«[471] Manafort leitete die Nachricht an ein anderes Mitglied des Wahlkampfteams weiter, ließ aber Papadopoulos aus und schrieb: »Lassen Sie uns darüber reden. Wir brauchen jemanden, der die Information weitergibt, dass [Trump] derlei Reisen nicht machen wird. Es sollte kein besonders hochrangiges Mitglied des Wahlkampfteams sein, damit wir keine falschen Signale aussenden.«[472]

Am 1. Juni 2016 antwortete Papadopoulos auf einen früheren Austausch von E-Mails über einen Russlandbesuch mit Lewandowski und fragte diesen, »ob er zu diesem Fragenkomplex mal telefonieren wolle« und »ob wir das weiterverfolgen«.[473] Nachdem Lewandowski Papadopoulos erwiderte, er solle sich mit Clovis »in Verbindung setzen«, weil er »das Ding managt«, mailte Papadopoulos Clovis, »das russische Außenministerium«

---

468 27.4.2016 E-Mail, Papadopoulos an Lewandowski (19:15:14 Uhr).
469 4.5.2016 E-Mail, Papadopoulos an Lewandowski (8:14:49 Uhr).
470 5.5.2016 E-Mail, Papadopoulos an Clovis (19:15:21 Uhr).
471 21.5.2016 E-Mail, Papadopoulos an Manafort (14:20:14 Uhr).
472 *Papadopoulos,* Übereinkunft zum Straftatbestand ¶ 19 n.2.
473 1.6.2016 E-Mail, Papadopoulos an Lewandowski (15:08:18 Uhr).

habe ihn gefragt, »ob Mr. Trump interessiert daran ist, Russland zu einem gegebenen Zeitpunkt zu besuchen«.[474] Papadopoulos schrieb in einer E-Mail, er leite »die Info an Sie weiter, damit Sie entscheiden, was am besten zu tun ist, und welche Antwort ich senden (oder ob ich die Anfrage einfach ignorieren) soll«.[475]

Nach mehreren E-Mail-Wechseln und Skype-Unterredungen mit Timofejew[476] schickte Papadopoulos am 19. Juni 2016 noch eine E-Mail an Lewandowski, an dessen letztem Tag als Wahlkampfleiter.[477] In der Mail stand, dass »das russische Außenministerium« ihn kontaktiert und gefragt habe, ob – falls Mr. Trump nicht nach Russland reisen könne – ein Vertreter des Wahlkampfteams, wie zum Beispiel Papadopoulos, an Treffen teilnehmen könne.[478] Papadopoulos teilte Lewandowski mit, er sei »bereit, inoffiziell zu reisen, falls es im Interesse von Mr. Trump und des Wahlkampfs ist, bestimmte Personen zu treffen«.[479]

---

474 1.6.2016 E-Mail, Lewandowski an Papadopoulos (15:20:03 Uhr); 1.6.2016 E-Mail, Papadopoulos an Clovis (15:29:14 Uhr).

475 1.6.2016 E-Mail, Papadopoulos an Clovis (15:29:14 Uhr). Papadopoulos' Mail fiel zeitlich zusammen mit einer anderen Nachricht an Clovis, in der ein Treffen Trump/Putin vorgeschlagen wurde. Am 15. Mai 2016 hatte David Klein – ein entfernter Verwandter des damaligen Anwalts der Trump Organization, Jason Greenblatt – Clovis betreffs eines möglichen Treffens des Wahlkampfteams mit Berel Lazar, dem Oberrabbiner von Russland, angemailt. Klein schrieb, er habe Lazar im Februar wegen eines eventuellen Treffens von Trump und Putin kontaktiert und »Lazar sei ein sehr enger Vertrauter von Putin«. DJTFP00011547 (15.5.16 E-Mail, Klein an Clovis (17:45:24 Uhr)). Die Ermittlungen erbrachten keinen Beweis dafür, dass Clovis auf Kleins E-Mail antwortete oder dass weitere Kontakte von Bedeutung nach Kleins folgendem Treffen mit Greenblatt und Rabbi Lazar im Trump Tower herauskamen. Klein 30.8.2018 302, 2.

476 *Papadopoulos*, Übereinkunft zum Straftatbestand ¶ 21(a).

477 Grand Jury [redacted]

478 19.6.2016 E-Mail, Papadopoulos an Lewandowski (13:11:11 Uhr).

479 19.6.2016 E-Mail, Papadopoulos an Lewandowski (13:11:11 Uhr).

Nach Lewandowskis Ausscheiden aus dem Wahlkampfteam tauschte sich Papadopoulos mit Clovis und Walid Phares, einem anderen Mitglied des außenpolitischen Beraterteams, über ein inoffizielles Treffen zwischen dem Wahlkampfteam und russischen Regierungsvertretern oder Papadopoulos' anderen russischen Kontakten, Mifsud und Timofejew, aus.[480] Papadopoulos sprach mit Clovis und Phares auch direkt beim Gipfeltreffen der Transatlantischen Parlamentariergruppe zur Terrorismusbekämpfung (TAG), deren Co-Generalsekretär Phares war.[481] Am 16. Juli 2016 nahm Papadopoulos an dem TAG-Gipfel in Washington, D.C., teil und saß neben Clovis (wie abgebildet auf der Fotografie unten).[482]

George Papadopoulos (ganz rechts) und Sam Clovis (Zweiter von rechts)

---

480 *Papadopoulos,* Übereinkunft zum Straftatbestand ¶ 21; 14.7.2016 E-Mail, Papadopoulos an Timofejew (23:57:24 Uhr); 15.7.2016 E-Mail, Papadopoulos an Mifsud; 27.7.2016 E-Mail, Papadopoulos an Mifsud (14:14:18 Uhr).

481 Papadopoulos 19.9.2017 302, 16-17; *9. Gipfeltreffen der TAG in Washington, D.C.*, Transatlantic Parliament Group on Counter Terrorism.

482 *9. Gipfeltreffen der TAG in Washington, D.C.*, Transatlantic Parliament Group on Counter Terrorism.

Obwohl Clovis behauptete, er könne sich nicht erinnern, dass er den TAG-Gipfel besucht habe[483], erinnerte sich Papadopoulos anlässlich dieser Veranstaltung an eine Unterredung mit Clovis und Phares, in der es um Russland und eine außenpolitische Reise ging.[484] Papadopoulos' Erinnerung stimmt mit vor und nach dem TAG-Gipfel versandten E-Mails überein. Unter den Mitteilungen von vor dem Gipfel befindet sich eine Mail vom 11. Juli 2016, in der Phares ein Treffen mit Papadopoulos am Tag nach dem Gipfel vorschlug, damit man sich einmal unterhalten könne[485], und eine Nachricht vom 12. Juli in demselben E-Mail-Wechsel, mit der Phares Papadopoulos darüber informiert, dass andere Teilnehmer an dem Gipfeltreffen »wegen Russland sehr nervös gewesen seien. Also, aufgepasst.«[486] Zehn Tage nach dem Gipfel schickte Papadopoulos eine E-Mail an Mifsud und benannte Phares und Clovis als weitere »Teilnehmer« an einem möglichen Treffen in der London Academy of Diplomacy.[487]

Schließlich stimmt Papadopoulos' Erinnerung auch mit handschriftlichen Notizen in einem Tagebuch überein, das er zu der Zeit führte.[488] Diese Notizen, die teilweise unten abgedruckt sind, scheinen auf mögliche Treffen mit Vertretern des »Büros von Putin« im September 2016 in London hinzudeuten und legen nahe, dass Phares, Clovis und Papadopoulos (»Walid/Sam ich«) ohne die offizielle Rückendeckung durch das Wahlkampfteam teilnehmen würden (»kein offizieller Brief/keine Nachricht von Trump«).[489]

---

483 Grand Jury [redacted]
484 Papadopoulos 19.9.2017 302, 16-17.
485 11.7.2016 E-Mail, Phares an Papadopoulos.
486 12.7.2016 E-Mail, Phares an Papadopoulos (14:52:29 Uhr).
487 27.7.2016 E-Mail, Papadopoulos an Mifsud (14:14:18).
488 Papadopoulos 20.9.2017 302, 3.
489 Papadopoulos weigerte sich, beim Entziffern seiner Notizen zu helfen. Er sagte den Ermittlern, er könne seine eigene Handschrift in dem Tagebuch nicht lesen. Papadopoulos 19.9.2017 302, 21. Doch man kann die Notizen offensichtlich so lesen, wie sie in der linken Spalte der Abbildung oben aufgeführt sind.

US-Justizministerium

~~Juristische Ermittlungen~~ // ~~Kann geschütztes Material gemäß Fed. R. Crim. P. 6(c) enthalten~~

September:

Have an exploratory meeting ~~to~~ or lose. In September – if allowed they will blast Mr. Trump.

We want the meeting in London/England

Walid/Sam me

No official letter/no message from Trump

They are talking to us.

-It is a lot of risk.

-Office of Putin.

-Explore: we are a campaign.

off Israel! EGYPT

Willingness to meet the FM sp with Walid/Sam

-FM coming

-Useful to have a session with him.

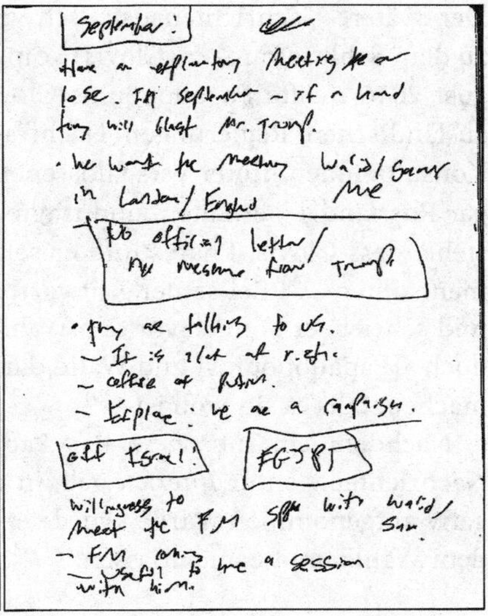

September:

Entweder ein Sondierungstreffen zu oder es wird nichts. Im September – wenn sie können, machen sie Mr. Trump rund.

Wir wollen das Treffen in London/England

Walid/Sam ich

Kein offizieller Brief/keine Nachricht von Trump

Sie reden mit uns.

- Es ist sehr riskant.
- Büro Putins.
- Sondieren: Wir sind ein Wahlkampfteam.

Israel rauslassen! ÄGYPTEN

Bereitschaft, Außenminister zu treffen bes mit Walid/Sam

- Außenmin. kommt
- Besprechung mit ihm nützlich.

Der spätere Nachrichtenaustausch verweist darauf, dass Clovis zu dem Schluss kam, er (Clovis) könne nicht reisen. Am 15. August 2016 mailte Papadopoulos Clovis, er habe von mehreren ausländischen Regierungen Nachfragen nach »Arbeitstreffen/Konsultationen hinter verschlossenen Türen im Ausland«, »sogar Russland[]«, erhalten, und fragte, ob noch das Interesse bestehe, dass Clovis, Phares und er selbst »diese Reise unternehmen sollten«.[490] Bei seiner Antwort setzte Clovis Phares in CC und schrieb, er könne »vor den Wahlen nicht reisen«, werde jedoch »[Papadopoulos] und Walid darin bestärken, die Reisen zu machen, falls es sinnvoll ist«.[491]

Nachdem ein Interview, das Papadopoulos der russischen Nachrichtenagentur *Interfax* gab, in der Öffentlichkeit sehr negativ aufgenommen wurde, wurde er Anfang Oktober 2016 aus dem Wahlkampfteam entlassen.[492]

f. Die Kenntnis der Trump-Wahlkampagne von brisantem Material (»dirt«)

Papadopoulos gab zu, dass er zumindest einer Person außerhalb des Wahlkampfteams – nämlich dem damaligen griechischen Außenminister – erzählt habe, Russland sei an E-Mails von Clinton gelangt.[493] Darüber hinaus informierte eine andere ausländische Regierung das FBI, dass Papadopoulos zehn Tage nach seinem Treffen mit Mifsud Ende April 2016 habe durchblicken lassen, die russische Regierung habe der Trump-Wahlkampagne

---

490 15.8.2016 E-Mail, Papadopoulos an Clovis (11:59:07 Uhr).

491 15.8.2016 E-Mail, Clovis an Papadopoulos (24:01:45 Uhr).

492 *George Papadopoulos: Sanctions Have Done Little More Than to Turn Russia Towards China (George Papadopoulos: Die Sanktionen haben kaum mehr bewirkt als Russlands Hinwendung zu China),* Interfax (30. Sept. 2016).

493 Papadopoulos 19.9.2017 302, 14-15; Def. Sent. Mem., *Vereinigte Staaten vs. George Papadopoulos*, 1:17-cr-182 (D.D.C. 31. Aug. 2018), Dok. 45.

angedeutet, sie könne ihr durch die anonyme Veröffentlichung von für Hillary Clinton schädliche Informationen im Wahlkampf behilflich sein.[494] (Dieses Gespräch fand statt, nachdem die GRU Clintons Wahlkampfmanager John Podesta gephisht und seine E-Mails gestohlen und den Kongressausschuss für die Wahlkampagne der Demokraten (DCCC) und das Demokratische Nationalkomitee (DNC) gehackt hatte, *siehe* Band I, Abschnitt III.A und III.B., *oben.*) Die Aufdeckung dieser Sachverhalte warf Fragen danach auf, ob Papadopoulos überhaupt Mitarbeiter des Trump-Wahlkampfs über die E-Mails in Kenntnis setzte.

In den Befragungen sagten Papadopoulos und die Wahlkampfmitarbeiter, mit denen er zu tun hatte, dem Büro, sie erinnerten sich nicht, dass Papadopoulos ihnen mitgeteilt habe, Russland sei an »brisantes Material« (»dirt«) zur Präsidentschaftskandidatin Clinton in Form von E-Mails gelangt beziehungsweise könne durch die anonyme Veröffentlichung von Informationen über Clinton im Wahlkampf nützlich sein. Papadopoulos erklärte, er könne sich nicht deutlich erinnern, jemanden im Team informiert zu haben, und war sich unsicher, ob er eine Begebenheit exakt in Erinnerung hatte, bei der Clovis unruhig wurde, nachdem er, Papadopoulos, ihm gesagt hatte, er glaube, »sie hätten ihre E-Mails«.[495] Die Wahlkampfmitarbeiter, die mit Papadopoulos zusammenarbeiteten oder korrespondierten, sagten mit unterschiedlich ausgeprägter Gewissheit aus, dass er sie nicht informiert habe. Chefpolitikberater Stephen Miller erinnerte sich zum Beispiel nicht, von Papadopoulos oder Clovis gehört zu haben, Russland besitze E-Mails von beziehungsweise brisantes Material über die Kandidatin Clinton.[496] Clovis erklärte, seiner Erinnerung nach habe ihm niemand, auch Papadopou-

---

494 *Siehe* Fußnote 465 in Band I, Abschnitt IV.A.2.d., *oben.*
495 Papadopoulos 10.8.2017 302, 5; Papadopoulos 11.8.2017 302, 5; Papadopoulos 20.9.2017 302, 2.
496 S. Miller 14.12.2017 302, 10.

US-Justizministerium
~~Juristische Ermittlungen~~ // ~~Kann geschütztes Material gemäß Fed. R. Crim. P. 6(e) enthalten~~

los nicht, nicht öffentliche Informationen darüber gegeben, dass eine fremde Regierung im Besitz von Material sei, das Hillary Clinton schaden könne.[497] Grand Jury [redacted][498] Grand Jury [redacted].[499] Kein vom Büro geprüftes Beweismaterial und nichts in den E-Mail-Accounts beziehungsweise anderen Kommunikationsmedien, das vom Büro geprüft wurde, ergab, dass Papadopoulos seine Informationen mit dem Wahlkampfteam teilte.

g. Weiterer Kontakt von George Papadopoulos

Das Büro untersuchte einen weiteren mit Russland zusammenhängenden Kontakt von Papadopoulos. Das Büro konnte diesen Kontakt nicht in vollem Ausmaß durchleuchten, weil die fragliche Person – Sergej Millian – seit Aufnahme unserer Ermittlungen außer Landes blieb und es trotz unserer wiederholten Bemühungen, ein Gespräch mit ihm zu führen, ablehnte, sich mit Mitarbeitern des Büros zu treffen.

Papadopoulos kontaktierte Millian zum ersten Mal am 15. Juli 2016 über LinkedIn, kurz nachdem er, Papadopoulos, mit Clovis an dem TAG-Gipfel teilgenommen hatte.[500] Millian, ein aus Weißrussland gebürtiger amerikanischer Staatsbürger, stellte

497 Grand Jury [redacted]
498 Grand Jury [redacted]
499 Grand Jury [redacted]
500 15.7.2016 LinkedIn-Nachricht, Millian an Papadopoulos.

sich »als Präsident [der] Russisch-Amerikanischen Handelskammer in New York« vor und behauptete, dass er aufgrund dieser Position »Insiderkenntnisse habe und direkten Zugang bis zu den obersten Rängen der russischen Politik«.[501] Papadopoulos fragte Timofejew, ob ihm der Name Millian bekannt sei.[502] Obwohl Timofejew dies verneinte[503], traf sich Papadopoulos mit Millian in New York.[504] Die Treffen fanden am 30. Juli und am 1. August 2016 statt.[505] Danach lud Millian Papadopoulos ein, zwei internationale Energiekonferenzen zu besuchen – und eventuell dort zu sprechen –, von denen eine im September 2016 in Moskau abgehalten werden sollte.[506] Letztlich nahm Papadopoulos an keiner der beiden Konferenzen teil.

Nach dem ersten persönlichen Treffen mit Millian mailte Papadopoulos am 31. Juli 2016 Bo Denysyk, einem Mitarbeiter des Trump-Wahlkampfteams, dass ihn »einige führende Persönlichkeiten unter den russisch-amerikanischen Wählern hier in den USA« kontaktiert hätten und es sei »um ihr Interesse gegangen, Mr. Trump zu wählen«. Er fragte, ob er »Sie mit ihrer Gruppe (der Amerikanisch-Russischen Handelskammer) in Kontakt bringen solle«.[507] Denysyk dankte Papadopoulos »dafür, dass Sie

501 15.7.2016 LinkedIn-Nachricht, Millian an Papadopoulos.

502 22.7.2016 Facebook-Nachricht, Papadopoulos an Timofejew (19:40:23 Uhr); 26.7.2016 Facebook-Nachricht, Papadopoulos an Timofejew (15:08:57 Uhr).

503 23.7.2016 Facebook-Nachricht, Timofejew an Papadopoulos (4:31:37 Uhr); 26.7.2016 Facebook-Nachricht, Timofejew an Papadopoulos (15:37:16 Uhr).

504 16.7.2016 Textnachrichten, Papadopoulos und Millian (19:55:43 Uhr).

505 30.7.2016 Textnachrichten, Papadopoulos und Millian (17:38 und 18:05 Uhr); 31.7.2016 Textnachrichten, Millian und Papadopoulos (15:48 und 16:18 Uhr); 1.8.2016 Textnachricht, Millian an Papadopoulos (20:19 Uhr).

506 2.8.2016 Textnachrichten, Millian und Papadopoulos (15:04 und 15:05 Uhr); 3.8.2016 Facebook-Nachrichten, Papadopoulos und Millian (4:07:37 und 23:11:58 Uhr).

507 31.7.2016 E-Mail, Papadopoulos an Denysyk (24:29:59 Uhr).

initiativ geworden sind«, bat ihn aber, »mit Kontakten zu russischen Amerikanern abzuwarten«, weil sowohl der Wahlkampf als auch der damalige Wahlkampfleiter Paul Manafort und Präsidentschaftskandidat Trump schon »in zu vielen Artikeln« als »prorussisch« dargestellt worden seien.[508]

Am 23. August 2016 schickte Millian Papadopoulos eine Facebook-Nachricht, in der er ihm versprach, er werde »Sie mit einer umwälzenden Technologie bekannt machen, die Ihre politische Arbeit für den Wahlkampf entscheidend voranbringen kann«.[509] Papadopoulos behauptete, sich in dieser Sache nicht zu erinnern.[510]

Am 9. November 2016, kurz nach den Wahlen, vereinbarte Papadopoulos ein Treffen mit Millian in Chicago, um Geschäftsmöglichkeiten zu diskutieren, unter anderem eine potenzielle Zusammenarbeit mit russischen »Milliardären, die nicht von Sanktionen betroffen sind«.[511] Das Treffen fand am 14. November 2016 im Trump Hotel and Tower in Chicago statt.[512] Laut Aussage von Papadopoulos diskutierten die beiden Männer über eine geschäftliche Zusammenarbeit, doch Papadopoulos bemerkte, dass sich Millians Haltung ihm gegenüber änderte, als er, Papadopoulos, sagte, er sei nur an Geschäften im privaten Sektor interessiert und nicht an einem Job in der Regierung.[513] Dennoch blieben die beiden in Kontakt und führten online ausgedehnte Gespräche über Geschäftsmöglichkeiten in Russ-

---

508 31.7.2016 E-Mail, Denysyk an Papadopoulos (21:54:52 Uhr).
509 23.8.2016 Facebook-Nachricht, Millian an Papadopoulos (2:55:36 Uhr).
510 Papadopoulos 20.9.2017 302, 2.
511 10.11.2016 Facebook-Nachricht, Millian an Papadopoulos (21:35:05 Uhr).
512 14.11.2016 Facebook-Nachricht, Millian an Papadopoulos (1:32:11 Uhr).
513 Papadopoulos 19.9.2017 302, 19.

land.[514] Sie vereinbarten außerdem ein Treffen in einer Bar in Washington, D.C., wenn sie beide Trumps Amtseinführung Ende Januar 2017 besuchen würden.[515]

3. Carter Page

Carter Page arbeitete von Januar 2016 bis September 2016 für Trumps Wahlkampf. Er wurde im März 2016 vom Präsidentschaftskandidaten selbst in aller Form der Öffentlichkeit als außenpolitischer Berater vorgestellt.[516] Page hatte in Russland gelebt und gearbeitet; einige Jahre vor seinem freiwilligen Einsatz für Trumps Wahlkampf wurde er von russischen Geheimdienstoffizieren angesprochen. Während seiner Zeit im Wahlkampfteam vertrat er prorussische außenpolitische Positionen und unternahm Reisen privater Natur nach Moskau. Russische Geheimdienstmitarbeiter nahmen 2008 und 2013 Beziehungen zu Page auf; 2016 könnten sich die russischen Beamten auf Page konzentriert haben, weil er Verbindungen zum Wahlkampfteam hatte. Die Ermittlungen konnten jedoch nicht nachweisen, dass Page mit der russischen Regierung im Zusammenhang mit deren Bestrebungen, sich in die Präsidentschaftswahl 2016 einzumischen, kooperierte.

---

514 *Z. B.* 29.11.2016 Facebook-Nachrichten, Papadopoulos und Millian (17:09 – 17:11 Uhr); 7.12.2016 Facebook-Nachricht, Millian an Papadopoulos (17:10:54 Uhr).

515 20.1.2017 Facebook-Nachrichten, Papadopoulos und Millian (4:37 – 4:39 Uhr).

516 Page wurde vor der Ernennung des Sonderermittlers in fünf Sitzungen im März 2017 vom FBI befragt. Grand Jury [redacted]

a. Hintergrund

Bevor Page im Januar 2016 im Wahlkampf mitarbeitete, hatte er bereits in Moskau gelebt und gearbeitet und sich beträchtliche politische Kenntnisse über Russland angeeignet. Von 2004 bis 2007 war Page stellvertretender Niederlassungsleiter des Büros von Merrill Lynch in Moskau.[517] Dort arbeitete er an Transaktionen, die das russische Energieunternehmen Gazprom betrafen und lernte den stellvertretenden Finanzvorstand Sergei Jatsenko kennen.[518]

2008 gründete Page das Investment-Management- und Beratungs-Unternehmen Global Energy Capital (GEC), spezialisiert auf den Energiesektor in Neuen Märkten.[519] Grand Jury [redacted].[520] Das Unternehmen hatte keine sonstigen Einkommensquellen, sodass Page gezwungen war, für seinen Lebensunterhalt und seine geschäftlichen Vorhaben auf seine persönlichen Ersparnisse zurückzugreifen.[521] Page fragte Jatsenko, ob er bei GEC als Seniorberater auf Erfolgsbasis arbeiten wolle, Grand Jury [redacted].[522]

2008 lernte Page den russischen Regierungsbeamten Alexander Bulatow kennen, der im russischen Konsulat in New York arbeitete.[523] Später erfuhr Page, dass Bulatow ein russischer Geheimdienstoffizier war Grand Jury [redacted]

---

517 Zeugenaussage von Carter Page, Anhörung vor dem Geheimdienstausschuss des Repräsentantenhauses der Vereinigten Staaten. 115. Kongress 40 (2. Nov. 2017) (Anlage).

518 Page 30.3.2017, 10.

519 Grand Jury [redacted]

520 Grand Jury [redacted]

521 Grand Jury [redacted]

522 Page 30.3.2017 302, 10; Grand Jury [redacted]

523 Grand Jury [redacted]

US-Justizministerium
~~Juristische Ermittlungen~~ // ~~Kann geschütztes Material gemäß Fed. R. Crim. P. 6(e) enthalten~~

[redacted].[524]

2013 suchte Wiktor Podobnij, ein weiterer russischer Geheimdienstoffizier, der als Diplomat verdeckt in den Vereinigten Staaten arbeitete, die Bekanntschaft mit Page.[525] Podobnij lernte Page auf einem Energie-Symposium in New York City kennen und begann, ihm Mails zu schreiben.[526] Podobnij und Page trafen sich bei mehreren Gelegenheiten persönlich, und Page führte seine Ansichten über die Zukunft der Energieindustrie aus und stellte Podobnij Dokumente über die Energiebranche zur Verfügung.[527] In einer aufgezeichneten Unterhaltung vom 8. April 2013 erklärte Podobnij einem anderen Geheimdienstoffizier, Page habe Interesse an Geschäftsmöglichkeiten in Russland.[528] Podobnij sagte, Page sei »süchtig nach Gazprom, weil er denkt, dass er … aufsteigen könnte, wenn sie ein Projekt hätten. Vielleicht kann er es auch …. Es ist offensichtlich, dass er einen Haufen Geld verdienen will.«[529] Podobnij sagte außerdem, er habe Page mit der »leeren Versprechung« geködert, dass er seine russischen Geschäftsverbindungen nutzen würde, um Page zu helfen.[530] Podobnij sagte dem anderen Geheimdienstoffizier, dass seine Methode, ausländische Informanten zu gewinnen, darin bestünde, ihnen Gefälligkeiten zu versprechen und sie fallen zu lassen, sobald er die relevanten Informationen erhalten habe.[531]

2015 wurde gegen Podobnij und zwei weitere russische Geheimdienstoffiziere Anklage aufgrund ihrer nicht registrierten

---

524 Grand Jury [redacted]

525 Grand Jury [redacted] Strafanklage ¶¶ 22, 24, 32. *Vereinigte Staaten vs. Burjakow*, 1:15-mj-215 (S.D.N.Y. 23. Jan. 2015), Dok. 1 (»Strafanklage Burjakow«).

526 Strafanklage Burjakow ¶ 34.

527 Strafanklage Burjakow ¶ 34.

528 Strafanklage Burjakow ¶ 32.

529 Strafanklage Burjakow.

530 Strafanklage Burjakow.

531 Strafanklage Burjakow.

und offengelegten Tätigkeit als Agenten einer ausländischen Regierung erhoben.[532] Der Strafantrag führte Podobnijs Interaktionen mit und Unterhaltungen über Page, der nur als »Mann-1« bezeichnet wurde, detailliert auf.[533] Auf Grundlage der Beschreibungen dieser Interaktionen im Strafantrag wusste Page, dass er mit »Mann-1« gemeint war.[534] Page sprach später mit einem russischen Regierungsbeamten bei der Generalversammlung der Vereinten Nationen und identifizierte sich als derjenige, der im Strafantrag gegen Podobnij als »Mann-1« bezeichnet wurde.[535] Page sagte dem Beamten, dass er »nichts getan« habe Grand Jury [redacted].[536]

In Verhören durch das FBI vor der Eröffnung des Büros des Sonderermittlers gestand Page, dass ihm bewusst war, dass die Personen, mit denen er Umgang gepflegt hatte, Mitglieder des russischen Geheimdienstes waren. Er sagte aber auch aus, dass er nur unbedeutende, nicht öffentlich relevante Informationen weitergegeben und diese Beziehung nicht als inoffiziellen Kanal angesehen habe.[537] Page sagte den ermittelnden Beamten, »je mehr unbedeutende, nicht öffentlich relevante Informationen ich denen gebe, desto besser für dieses Land«.[538]

---

532 *Siehe* Strafanklage Burjakow; *siehe auch* Eröffnungsbeschluss zur Anklage. *Vereinigte Staaten vs. Burjakow*, 1:15-cr-73 (S.D.N.Y. 9. Feb. 2015), Dok. 10; Grand Jury [redacted]

533 Strafanklage Burjakow ¶¶ 32-34; Grand Jury [redacted]

534 Grand Jury [redacted]

535 Page 16.3.2017 302, 4; Grand Jury [redacted]

536 Page 16.3.2017 302, 4; Grand Jury [redacted]

537 Page 30.3.2017 302, 6; Page 31.3.2017, 302, 1.

538 Page 31.3.2017 302, 1.

b. Ursprung der Wahlkampftätigkeit und frühe Wahlkampfarbeit

Im Januar 2016 fing Page an, auf informeller und freiwilliger Basis für den Wahlkampf Trumps zu arbeiten, nachdem der republikanische Parteifunktionär Ed Cox ihn Vertretern von Trumps Wahlkampfteam vorgestellt hatte.[539] Page teilte dem Büro des Sonderermittlers mit, sein Ziel als Wahlkampfberater sei es gewesen, den Kandidaten Trump dabei zu unterstützen, seine Beziehungen zu Russland zu verbessern.[540] Zu diesem Zweck schickte Page seine Vorstellungen über die Beziehungen zwischen den USA und Russland per E-Mail an Vertreter des Wahlkampfteams, bereitete Diskussionsansätze und Briefing-Memos vor und schlug ein Treffen des Präsidentschaftskandidaten Trump mit Präsident Wladimir Putin in Moskau vor.[541]

In seiner Kommunikation mit dem Wahlkampfteam pries er wiederholt seine ausgezeichneten Russlandkontakte sowie seine Möglichkeiten, Kontakte zwischen dem Kandidaten Trump und hochrangigen Beamten der russischen Regierung herstellen zu können. Am 30. Januar 2016 schrieb Page z. B. eine E-Mail an hochrangige Vertreter des Wahlkampfteams, in der er erklärte, er habe »die letzte Woche in Europa verbracht und Gespräche mit einigen Personen mit engen Verbindungen zum Kreml geführt«. Diese hätten erkannt, dass Trump einen »bahnbrechenden Effekt haben könne, […] um den neuen Kalten Krieg zu beenden«.[542] In der E-Mail erklärte er, »aufgrund [seiner] Gespräche mit diesen hochrangigen Kontakten« annehmen zu können, dass »ein

539 Page 16.3.2017 302, 1 Grand Jury [redacted]
540 Page 10.3.2017 302, 2.
541 *Siehe z. B.* 30.1.2016 E-Mail, Page an Glassner et al.; 17.3.2016 E-Mail, Page an Clovis (mit einem von Page verfassten, angehängten »täglichen Präsidentenbriefing«, das die »schwerwiegende Verschlechterung der Beziehungen zwischen den USA und Russland nach Washingtons Einmischung in der Ukraine« bespricht); Grand Jury [redacted]
542 30.1.2016 E-Mail, Page an Glassner et al.

direktes Treffen zwischen Mr[.] Trump und Putin in Moskau arrangiert werden könnte«.[543] Page schloss die E-Mail mit einer Kritik an den US-Sanktionen gegen Russland.[544] Grand Jury [redacted][545]

Am 21. März 2016 benannte Kandidat Trump Page formell und öffentlich als Mitglied seines außenpolitischen Teams in der Funktion als Berater in Russlandfragen sowie für den Energiesektor.[546] In den folgenden Monaten erstellte Page weiterhin politische Arbeitsvorlagen für die Vertreter des Wahlkampfteams. Im April 2016 z. B. gab Page sein Feedback zu dem Entwurf einer außenpolitischen Rede, die der Präsidentschaftskandidat im Mayflower Hotel[547] hielt, *siehe* Band I, Abschnitt IV.A.4, *unten*. Im Mai 2016 verfasste Page den Entwurf für eine Wahlkampfrede des Kandidaten über Energiepolitik und reiste dann nach Bismarck, North Dakota, um die Rede zu hören.[548] Der leitende Politikberater Sam Clovis würdigte Pages Arbeit und lobte sie vor anderen Mitgliedern des Wahlkampfteams.[549]

---

543 30.1.2016 E-Mail, Page an Glassner et al.

544 30.1.2016 E-Mail, Page an Glassner et al.

545 Grand Jury [redacted]

546 *A Transcript of Donald Trump's Meeting with the Washington Post Editorial Board (Transkription von Donald Trumps Treffen mit der Chefredaktion der Washington Post)*, Washington Post (21. März 2016); Grand Jury [redacted]

547 Grand Jury [redacted]

548 Grand Jury [redacted]

549 *Siehe z. B.* 28.3.2016 E-Mail, Clovis an Lewandowski et al. (Weiterleitung der von Page verfassten Notizen mit dem Vermerk: »Ich wollte Ihnen zeigen, zu welcher Arbeit einige unserer Berater fähig sind.«).

c. *Carter Pages Moskaureise im Juli 2016*

Nachdem der Kandidat Trump Page zum außenpolitischen Berater ernannt hatte, gewann Pages Zugehörigkeit zu Trumps Wahlkampfteam einen höheren Stellenwert und er zog die Aufmerksamkeit der russischen Beamten auf sich. Infolgedessen erhielt Page Ende April 2016 eine Einladung, im Juli 2016 bei der Abschlusszeremonie der privaten Wirtschaftshochschule New Economic School (NES) in Moskau eine Rede zu halten.[550] Bei diesen Abschlusszeremonien treten im Allgemeinen hochkarätige Redner auf; z. B. hielt Präsident Barack Obama im Jahr 2009 dort eine Abschlussrede.[551] Vertreter der NES sagten dem Büro des Sonderermittlers, dass das Interesse an Page als Redner einzig auf seinem Status als Trumps Wahlkampfberater beruhe, der dem Präsidentschaftskandidaten als Russlandexperte diene.[552] Andrej Krickowitsch, ein Kollege von Page und Assistenzprofessor an der Wirtschaftshochschule Higher School of Economics in Russland, empfahl dem NES Rektor Shlomo Weber, Page aufgrund seiner Verbindung zu Trumps Wahlkampfteam für die Abschlussrede einzuladen.[553] Laut Denis Klimentow, einem Angestellten der NES, versetzte die Nachricht vom März 2016, dass Page in den Trump-Wahlkampf involviert war, die Russen spürbar in Aufregung.[554] Weber erinnerte sich daran, dass im Sommer 2016 in Moskau erhebliches Interesse an Trumps Wahlkampf bestand, und er dachte, dass es nützlich sein könne, ein Mitglied des Wahlkampfteams an sein Institut zu bringen.[555]

Page war erpicht darauf, die Einladung, an der NES zu sprechen, anzunehmen und bat das Wahlkampfteam um Zustim-

---

550 Page 16.3.2017 302, 2-3; Page 10.3.2017 302, 3.
551 S. Weber 28.7.2017 302, 3.
552 Y. Weber 1.6.2017 302, 4-5; S. Weber 28.7.2017 302, 3.
553 *Siehe* Y. Weber 1.6.2017 302, 4; S. Weber 28.7.2017 302, 3.
554 De. Klimentow 9.6.2017, 2.
555 S. Weber 28.7.2017 302, 3.

mung für die geplante Russlandreise.[556] Während diese Anfrage noch überprüft wurde, mailte Page am 16. Mai 2016 an Clovis, J.D. Gordon und Walid Phares und schlug vor, dass Kandidat Trump selbst die Page zugedachte Rolle bei der Abschlusszeremonie in Moskau einnehmen könne.[557] Am 19. Juni 2016 erneuerte Page seine Anfrage auf Zustimmung, bei der NES-Veranstaltung zu sprechen, und bekräftigte, dass die NES es »liebend gerne sehen würde, wenn bei dieser alljährlichen Veranstaltung Mr. Trump reden würde« anstelle von Page.[558] Wahlkampfmanager Corey Lewandowski antwortete am selben Tag: »Wenn Sie das machen wollen, wäre es außer halb [sic] Ihrer Rolle im Präsidentschaftswahlkampf. Ich bin mir sicher, dass Mr. Trump eine Teilnahme nicht einrichten kann.«[559]

Anfang Juli 2016 reiste Page zu der NES-Veranstaltung nach Russland. Am 5. Juli 2016 schrieb Denis Klimentow eine E-Mail an Maria Zacharowa, die Direktorin der Informations- und Presseabteilung des russischen Außenministeriums, und setzte seinen Bruder Dmitrij Klimentow in CC.[560] Darin berichtete er von Pages Besuch und seiner Verbindung zu Trumps Wahlkampf.[561] Denis Klimentow schrieb in der Mail, dass er die Aufmerksamkeit der russischen Regierung auf Pages Moskaubesuch lenken wolle.[562] Weiter hieß es in seiner Nachricht an Zacharowa: »Page ist Trumps Berater für Außenpolitik. Er ist ein bekannter Geschäftsmann; er hat früher in Russland gearbeitet … Sollten Sie Fragen haben, bin ich gerne bei der Kontaktaufnahme behilflich.«[563] Dmitrij Klimentow kontaktierte dann den Pressesprecher der russischen Regie-

---

556 *Siehe* 16.5.2016 E-Mail Page an Phares et al. (mit Bezug auf die Vorlage eines »Antragsformulars für Wahlkampfberater«).

557 Grand Jury [redacted]; 16.5.2016 E-Mail, Page an Phares et al.

558 19.6.2016 E-Mail, Page an Gordon et al.

559 19.6.2016 E-Mail, Lewandowski an Page et al.

560 Dmitrij Klimentow ist ein in New York ansässiger PR-Berater.

561 5.7.2016 E-Mail, Klimentow an Zacharowa (übersetzt).

562 5.7.2016 E-Mail, Klimentow an Zacharowa (übersetzt).

563 5.7.2016 E-Mail, Klimentow an Zacharowa (übersetzt).

rung, Dmitrij Peskow, mit der Anfrage, ob Peskow Pages Besuch zum Anlass nehmen wolle, Page russischen Regierungsbeamten vorzustellen.[564] Am nächsten Tag antwortete Peskow anscheinend auf denselben E-Mail-Verlauf zwischen Denis Klimentow und Zacharowa. Peskow schrieb: »Ich habe über [Page] gelesen. Experten sagen, dass er bei Weitem nicht der Wichtigste sei. Also bahne ich besser kein Treffen mit dem Kreml an.«[565]

Am 7. Juli 2016 hielt Page die erste von zwei Reden an der NES in Moskau.[566] In der Rede kritisierte Page die Außenpolitik der US-Regierung gegenüber Russland und erklärte: »Washington und andere westliche Hauptstädte haben möglichen Fortschritt mit einem oft heuchlerischen Fokus auf Vorstellungen wie Demokratisierung, Ungleichheit, Korruption und Regimewechsel aufgehalten.«[567] Am 8. Juli 2016 hielt Page eine Rede bei der NES Abschlusszeremonie.[568] Danach sprach Arkadi Dworkowitsch, der stellvertretende Ministerpräsident Russlands und NES Vorstandsmitglied. Dieser erklärte, dass die Sanktionen, die die Vereinigten Staaten gegen Russland verhängt hätten, der NES geschadet hätten.[569] Page und Dworkowitsch schüttelten sich bei der Feier die Hände, und Weber erinnerte sich, dass Dworkowitsch Page gegenüber Bemerkungen darüber machte, dass sie in Zukunft zusammenarbeiten würden.[570] Grand Jury [redacted]

---

[564] Dm. Klimentow 27.11.2018 302, 1-2.

[565] 6.7.2016 E-Mail, Peskow an Klimentow (übersetzt).

[566] Page 10.3.2017 302, 3.

[567] *Siehe* Carter W. Page, *The Lecture of Trumps's Advisor Carter Page in Moscow (Der Vortrag von Trumps Berater Carter Page in Moskau)*, YouTube-Kanal Katehon Think Tank, gepostet am 7. Juli 2016, *verfügbar unter* https://www.youtube.com/watch?time_continue=28&v=1CYF29saA9w. Page übergab dem FBI auch eine Abschrift seiner Rede sowie begleitende Folien. *Siehe* Carter Page, »The Evolution of the World Economy: Trends and Potential« (Die Evolution der Weltwirtschaft: Trends und Potenzial«), Rede an der National Economic School (7. Juli 2016).

[568] Page 10.3.2017 302, 3.

[569] Page 16.3.2017 302, 3.

[570] S. Weber 28.7.2017 302, 4.

[redacted].[571]

Page sagte, dass er auf diesem Besuch in Moskau Freunde und Kollegen getroffen habe, die er aus seiner Zeit in Russland kannte. Darunter war Andrej Baranow, der früher bei Gazprom gearbeitet hatte und jetzt Leiter der Abteilung für Anlegerbeziehungen bei Rosneft, einem russischen Energieunternehmen, war.[572] Page erklärte, dass er und Baranow über »unbedeutende, nicht öffentlich relevante« Informationen gesprochen hätten.[573] Page glaubte, dass Baranow und er über den Präsidenten von Rosneft, Igor Setschin, gesprochen hätten und dass Baranow eine beiläufige Bemerkung über die Möglichkeit eines Verkaufs von Rosneft-Anteilen gemacht haben könnte.[574] Page erinnerte sich, dass er seine Beteiligung an Trumps Wahlkampf Baranow gegenüber erwähnt hatte, obwohl er sich an Details dieser Unterhaltung nicht erinnerte.[575] Page traf sich auch mit Mitarbeitern von Tatneft, einem russischen Energieunternehmen, um über mögliche Geschäftsbeziehungen zu verhandeln, u. a. eine spätere Beratertätigkeit Pages.[576]

Während er in Moskau war, mailte Page am 8. Juli 2016 an mehrere Vertreter des Wahlkampfteams, er würde »bald eine Zusammenfassung« schicken »in Bezug auf einige unglaubliche Erkenntnisse und Kontaktanfragen, die ich hier von einigen russischen Parlamentsmitgliedern und hochrangigen Mitgliedern der russischen Präsidialverwaltung erhalten habe«.[577] Am 9. Juli 2016 schrieb Page an Clovis in einer E-Mail entsprechend:

---

571 Grand Jury [redacted]
572 Page 10.3.2017 302, 3; Page 30.3.2017 302, 3; Page 31.3.2017 302, 2.
573 Page 30.3.2017 302, 3.
574 Page 30.3.2017 302, 9. Grand Jury [redacted]
575 Grand Jury [redacted] Page 30.3.2017 302, 3.
576 Page 10.3.2017 302, 3; Page 30.3.2017 302, 7; Page 31.3.2017 302, 2.
577 Grand Jury [redacted] 8.7.2016 E-Mail, Page an Dahl und Gordon.

> Arkadi Dworkowitsch, Stellvertretender russischer Ministerpräsident und NES-Vorstandsmitglied, sprach auch bei der Veranstaltung. In einer privaten Unterhaltung brachte Dworkowitsch seine nachdrückliche Unterstützung für Mr. Trump zum Ausdruck und äußerte den Wunsch nach Zusammenarbeit mit dem Ziel, angesichts der enormen Spannbreite momentaner internationaler Probleme bessere Lösungen zu finden. Aufgrund der Rückmeldungen diverser Quellen aus dem Umfeld der russischen Präsidialverwaltung wurde offensichtlich, dass diese Einschätzung von allen Ebenen der Regierung geteilt wird.[578]

Trotz dieser Erklärungen gegenüber dem Wahlkampfteam, Grand Jury [redacted] [579] Grand Jury [redacted] [580] Grand Jury [redacted]

---

578 Grand Jury [redacted] Page 9.7.2017 E-Mail, Page an Clovis.

579 Grand Jury [redacted]

580 Grand Jury [redacted]

[redacted][581] Grand Jury [redacted][582] Das Büro des Sonderermittlers war nicht in der Lage, zusätzliches Beweismaterial oder Zeugenaussagen darüber zu beschaffen, mit wem Page sich in Moskau getroffen hat oder mit wem er kommuniziert hat; daher wurden Pages Aktivitäten in Russland – wie sie in seinen E-Mails an das Wahlkampfteam beschrieben werden – nicht vollends geklärt.

d. Spätere Wahlkampfarbeit und Ausschluss vom Wahlkampfteam

Nachdem er aus Russland zurückgekehrt war, reiste Page im Juli 2016 zum Nominierungsparteitag der Republikaner in Cleveland.[583] Dort traf Page den russischen Botschafter in den Vereinigten Staaten Sergej Kisljak. Diese Begegnung wird in Band I, Abschnitt IV.A.6.a, *unten* beschrieben.[584] Page schilderte später in einer E-Mail an Vertreter des Wahlkampfteams die Rückmeldung der Botschafter, die er auf dem Parteitag getroffen habe, und schrieb, dass Botschafter Kisljak angesichts der Weltanschauung von Präsidentschaftskandidatin Clinton sehr besorgt sei.[585] Grand Jury [redacted]

---

581 Grand Jury [redacted]

582 Grand Jury [redacted]

583 Page 10.3.2017 302, 4; Page 16.3.2017 302, 3.

584 Page 10.3.2017 302, 4; Page 16.3.2017 302, 3.

585 Grand Jury [redacted]; 23.7.2016 E-Mail, Page an Clovis; 25.7.2016 E-Mail, Page an Gordon und Schmitz.

[redacted].[586]

Nach dem Parteitag zogen Pages Moskaureise und sein Eintreten für eine prorussische Außenpolitik die Aufmerksamkeit der Medien auf sich, was eine umfangreiche Berichterstattung in der Presse zur Folge hatte. Das Wahlkampfteam reagierte, indem es sich von Page distanzierte: Er sei ein »informeller außenpolitischer Berater«, der »nicht für Mr. Trump oder das Wahlkampfteam sprechen« würde.[587] Am 23. September 2016 berichtete Yahoo! News, dass US-amerikanische Geheimdienstmitarbeiter untersuchen würden, ob Page private Gespräche mit hochrangigen russischen Beamten initiiert habe, um die US-Sanktionspolitik unter einer möglichen Trump-Regierung zu besprechen.[588] Ein Sprecher des Wahlkampfteams teilte Yahoo! News mit, dass Page »keine Rolle« im Wahlkampfteam spiele und dass das Wahlkampfteam »über keine seiner Aktivitäten, weder in der Vergangenheit noch in der Gegenwart, informiert« sei.[589] Am

---

586 Grand Jury [redacted]

587 *Siehe z. B.* Steven Mufson und Tom Hamburger, *Trump Advisor's Public Comments, Ties to Moscow Stir Unease in Both Parties (Die öffentlichen Kommentare von Trumps Beratern, Beziehungen nach Moskau erregen in beiden Parteien Besorgnis)*, Washington Post (5. August 2016).

588 Michael Isikoff, *U.S. Intel Officials Probe Ties Between Trump Adviser and Kremlin* (*US-Geheimdienstbeamte untersuchen Verbindungen zwischen Trump-Berater und Kreml)*, Yahoo!-News (23. September 2016).

589 Michael Isikoff, *U.S. Intel Officials Probe Ties Between Trump Adviser and Kremlin* (*US-Geheimdienstbeamte untersuchen Verbindungen zwischen Trump-Berater und Kreml)*, Yahoo! News (23. September 2016); *siehe auch* 25.9.2016 E-Mail, Hicks an Conway und Bannon (mit der Anweisung, dass Nachfragen über Page damit beantwortet werden sollten, dass »er im März zum informellen Berater ernannt wurde. Seitdem hat er keine Rolle gespielt und keinen offiziellen Kontakt mit dem Wahlkampfteam gehabt. Wir wissen nichts über seine Aktivitäten in der Vergangenheit oder Gegenwart, und er ist jetzt offiziell von allen Listen usw. entfernt worden.«).

24. September 2016 wurde Page offiziell aus dem Wahlkampfteam ausgeschlossen.[590]

Obwohl Page aus dem Wahlkampfteam ausgeschlossen worden war, bewarb er sich nach der Wahl um eine Position in der Trump-Regierung.[591] Am 14. November 2016 sandte er eine Bewerbung an das Übergangsteam, in der er seine Fähigkeiten und seine Erfahrungen übertrieb, und behauptete, dass er in seiner Eigenschaft als Trumps außenpolitischer Wahlkampfberater »Spitzenpolitiker der Welt« getroffen habe und »diplomatische Anfragen von hochrangigen Regierungsbeamten aus Asien, Europa, dem Mittleren Osten, Afrika sowie Nord- und Südamerika erfolgreich beantwortet« habe.[592] Page erhielt keine Antwort vom Übergangsteam. Als Page im Dezember 2016 eine Privatreise nach Moskau unternahm, traf er sich wieder mit mindestens einem russischen Regierungsbeamten. Diese Begegnung und ein Gespräch über die Reise vom Dezember werden in Band I, Abschnitt IV.B.6, *unten* beschrieben.

---

590 Page 16.3.2017 302, 2; *siehe z. B.* 23.9.2016 E-Mail, J. Miller an Bannon und S. Miller (in der sie den Plan besprechen, Page aus dem Wahlkampfteam auszuschließen).

591 Grand Jury [redacted], »Transition Online Form« (Übergangsteam Bewerbungsformular), 14.11.2016 Grand Jury [redacted]

592 Grand Jury [redacted], »Transition-Team Bewerbungsformular«, 14.11.2016 Grand Jury [redacted]

4. Dimitri Simes und das Center for the National Interest

Mitglieder des Trump-Wahlkampfteams hatten bei verschiedenen Gelegenheiten Kontakt mit dem Center for the National Interest (CNI), überwiegend über dessen Präsidenten und Geschäftsführer Dimitri Simes. CNI ist ein Thinktank mit Expertise über die russische Regierung und Verbindungen zu ihr. Simes ist in der ehemaligen Sowjetunion geboren und immigrierte in den 1970ern in die Vereinigten Staaten. Im April 2016 hielt Präsidentschaftskandidat Trump bei einer Veranstaltung des *National Interest*, eines Organs des CNI, seine erste Rede über Außenpolitik und nationale Sicherheit. An der Veranstaltung nahmen der damalige Senator Jeff Sessions und der russische Botschafter Kisljak teil; folglich rückte sie im Zusammenhang mit Sessions' Bestätigungsanhörung anlässlich seiner Ernennung zum Justizminister in den Fokus der Aufmerksamkeit. Zur Zeit des Wahlkampfes hatte Sessions bezüglich außenpolitischer Themen, darunter Russland, diverse weitere Kontakte zum CNI. Auch Jared Kushner tauschte sich im Wahlkampf mit Simes über Russlandfragen aus. Die Ermittlung förderte keine Beweise dafür zutage, dass das Wahlkampfteam über das CNI oder Simes Mitteilungen an die russische Regierung gemacht oder von ihr erhalten hat.

a. Das CNI und Dimitri Simes stellen Kontakt mit dem Trump-Wahlkampfteam her

Das CNI ist eine Non-Profit-Organisation mit Sitz in Washington, D. C., die aus einem vom früheren Präsidenten Richard Nixon gegründeten Zentrum hervorgegangen ist.[593] Es versteht sich als »eine Stimme des strategischen Realismus in der US-Außenpolitik« und gibt ein zweimonatlich erscheinendes

593 Simes 8.3.2018 302, 1-2.

außenpolitisches Magazin heraus, das *National Interest.*[594] Das CNI wird von einem Direktorium und einem überwiegend ehrenamtlichen Beirat gemanagt, dem zur fraglichen Zeit Sessions angehörte, der den Kandidaten Trump als Berater in Fragen der nationalen Sicherheit und Außenpolitik unterstützte.[595]

Dimitri Simes ist Präsident und Geschäftsführer des CNI und Herausgeber und Geschäftsführer des *National Interest.*[596] Er stammt aus der ehemaligen Sowjetunion, emigrierte in den frühen 1970er-Jahren in die USA und kam zur Vorläuferorganisation des CNI, nachdem er bei der Carnegie Endowment for International Peace gearbeitet hatte.[597] Simes steht persönlich mit etlichen aktuellen und ehemaligen russischen Regierungsbeamten in Kontakt[598], so wie das gesamte CNI. Wie das CNI erklärte, als es sich 2015 mit der Bitte um Unterstützung an die Carnegie Corporation wandte, verfügt es über »einen beispiellosen Zugang zu russischen Funktionären und Politikern in Washingtoner Thinktanks«[599], u. a., weil es im Rahmen »inoffizieller« diplomatischer Bemühungen (genannt Track-II-Bemühungen) Besuche von US-Delegationen in Russland und von russischen Delegationen in den Vereinigten Staaten organisiert hat.[600]

Am 14. März 2016 arrangierte CNI-Direktoriumsmitglied Richard Plepler für das CNI und dessen Ehrenvorsitzenden Henry Kissinger einen Lunch im Time Warner Building in New

---

594 *About the Center*, CNI, *verfügbar unter* https://cftni.org/about/.

595 *Advisory Counsel*, CNI, *verfügbar unter* https://web.archive.org/web/20161030025331/http://cftni.org/about/advisory-council/; Simes 8.3.2018 302, 3-4; Saunders 15.2.2018 302, 4; Sessions 17.1.2018 302, 16.

596 Simes 8.3.2018 302, 2.

597 Simes 8.3.2018 302, 1-2; Simes 27.3.2018 302, 19.

598 Simes 27.3.2018 302, 10-15.

599 C00011656 (*Rethinking U.S.-Russia Relations*, CNI (18. April 2015)).

600 Simes 8.3.2018 302, 5; Saunders 15.2.2018 302, 29-30; Zakheim 25.1.2018 302, 3.

US-Justizministerium
~~Juristische Ermittlungen~~ // ~~Kann geschütztes Material gemäß Fed. R. Crim. P. 6(c) enthalten~~

York.[601] Dies geschah mit der Absicht, Interesse an der Arbeit des CNI zu wecken und neue CNI-Direktoriumsmitglieder zu rekrutieren.[602] Neben Simes war auch Jared Kushner, der Schwiegersohn des Präsidentschaftskandidaten Trump, anwesend.[603] Wie Kushner dem Büro des Sonderermittlers berichtete, fiel die Veranstaltung in eine Zeit, als das Trump-Wahlkampfteam Probleme hatte, sich Unterstützung durch erfahrene Außenpolitikexperten zu beschaffen, weswegen er beschlossen habe, Simes bei dem Essen am 14. März um Hilfe zu bitten.[604]

Simes und Kushner sprachen dann, per Telefon, am 24. März wieder miteinander[605], drei Tage nachdem Trump öffentlich die Mitglieder seines kurzfristig zusammengestellten Teams außenpolitischer Berater bekannt gegeben hatte.[606] Am 31. März 2016 fand zwischen Simes und Kushner in dessen New Yorker Büro ein Vieraugengespräch statt.[607] Bei diesem Treffen sagte Simes zu Kushner, die beste Möglichkeit, wie sich das Trump-Wahlkampfteam mit außenpolitischen Fragen befassen könnte, sei die Bildung einer Beratergruppe aus Experten, die sich mit dem Kandidaten Trump treffen und einen zu Trumps Stil passenden außenpolitischen Ansatz erarbeiten würde.[608] Nach Simes' Eindruck zeigte Kushner sich diesem Vorschlag gegenüber aufgeschlossen.[609]

---

601 Simes 8.3.2018 302, 6; C00006784 (11.3.2016 E-Mail, Gilbride an Saunders (15:43:12 Uhr); *vgl.* Zakheim 25.1.2018 302, 1 (Kissinger war »Ehrenvorsitzender des Direktoriums« des CNI); Boyd 24.1.2018 302, 2; P. Sanders 15.2.2018 302, 5.

602 Simes 8.3.2018 302, 5-6; Simes 27.3.2018 302, 2.

603 Simes 8.3.2018 302, 6; Kushner 11.4.2018 302, 2.

604 Kushner 11.4.2018 302, 2.

605 Simes 8.3.2018 302, 6-7.

606 Grand Jury [redacted] *siehe* Bd. I, Abschnitt IV.A.2, *oben.*

607 Simes 8.3.2018 302, 7-9.

608 Simes 8.3.2018 302, 7-8.

609 Simes 8.3.2018 302, 8; *siehe auch* Boyd 24.1.2018 302, 2.

Simes hatte hinsichtlich der außenpolitischen Positionen des Wahlkampfteams auch zu anderen Personen Kontakt, die in den Trump-Wahlkampf involviert waren. So schickte er zum Beispiel am 17. Juni 2016 eine E-Mail an J.D. Gordon mit einem »Memo an Senator Sessions, über das wir bei unserem kürzlich stattgefundenen Treffen sprachen«, und bat Gordon, es zu lesen und außerdem an Sessions weiterzuleiten. Das Memorandum enthielt den Vorschlag, eine »kleine Gruppe sorgfältig ausgewählter Experten« zur Unterstützung von Sessions im Wahlkampf zu bilden, die entsprechend der Annahme agieren sollte, »dass Hillary Clinton bezüglich Fragen der nationalen Sicherheit und Außenpolitik sehr verwundbar« sei. Das Memorandum skizzierte Schlüsselthemen des Wahlkampfes, darunter einen »Neuanfang mit Russland«.[610]

b. National Interest veranstaltet im Mayflower Hotel eine außenpolitische Rede

Sowohl in ihrem Telefonat am 24. März als auch bei ihrem persönlichen Treffen am 31. März sprachen Simes und Kushner darüber, dass der Kandidat Trump im CNI eine außenpolitische Rede halten könnte.[611] Im Anschluss an diese Unterredungen versprach Simes, dass er und andere dem CNI nahestehende Personen Insiderinformationen zum Inhalt der Außenpolitikrede liefern und dass CNI-Mitarbeiter mit Sessions und dessen Team, darunter Stabschef Rick Dearborn, die Organisation der Rede übernehmen könnten.[612]

Mitte April 2016 stellte Kushner den Kontakt zwischen Simes und Stephen Miller, dem Chefberater des US-Präsidenten, her und schickte Simes einen Entwurf der Außenpolitikrede aus

---

610 C00008187 (17.6.2016 E-Mail, Simes an Gordon (15:35:45 Uhr)).
611 Simes 8.3.2018 302, 7.
612 Simes 8.3.2018 302, 8-11; C00008923 (6.4.2016 E-Mail, Simes an Burt (14:22:28 Uhr)); Burt 9.2.2018 302, 7.

Millers Feder.[613] Simes ließ dem Wahlkampfteam stichpunktartige Ideen für die Rede zukommen, die er gemeinsam mit dem geschäftsführenden Direktor des CNI, Paul Saunders, und Direktoriumsmitglied Richard Burt formuliert hatte.[614] Simes erhielt von Miller weitere Entwurfsnotizen, und er und Saunders sprachen mit Miller telefonisch über substanzielle Änderungen an der Rede.[615] Ob CNI-Mitarbeiter einen konkreten Entwurf der Rede zur Kommentierung erhielten, ist jedoch unklar; während Saunders sich erinnert, einen solchen bekommen zu haben, konnte Simes sich an Derartiges nicht erinnern, und die E-Mails des CNI, die es dem Büro des Sonderermittlers vorgelegt hat, enthalten keinen solchen Entwurf.[616]

Nachdem Direktoriumsmitglieder gegenüber Simes zu bedenken gegeben hatten, dass es als Unterstützung eines bestimmten Kandidaten aufgefasst werden könnte, wenn die Rede im CNI gehalten würde, beschloss das CNI, sein Publikationsorgan, das *National Interest*, solle als Gastgeber fungieren und die Veranstaltung solle im National Press Club stattfinden.[617] Kushner bat später darum, sie ins Mayflower Hotel – das Simes in ersten Gesprächen mit dem Wahlkampfteam als anderen möglichen Ort erwähnt hatte – zu verlegen, um Bedenken bezüglich Sicherheit und Kapazität zu begegnen.[618]

Am 25. April 2016 buchte Saunders im Mayflower Veranstaltungsräume sowohl für die Rede als auch für einen VIP-Empfang, der vorher stattfinden sollte.[619] Saunders fasste den

---

613 C00008551 (17.4.2016 E-Mail, Kushner an Simes (14:44:25 Uhr)); C00006759 (14.4.2016 E-Mail, Kushner an Simes und S. Miller (12:30 Uhr)).

614 Burt 9.2.2018 302, 7; Saunders 15.2.2018 302, 7-8

615 Simes 8.3.2018 302, 13; Saunders 15.2.2018 302, 7-8.

616 Simes 8.3.2018 302, 13; Saunders 15.2.2018 302, 7-8.

617 Saunders 15.2.2018 302, 8; Simes 8.3.2018 302, 12; C00003834-43 (22.4.2016 E-Mail, Simes an Boyd et. al. (8:47 Uhr)).

618 Simes 8.3.2018 302, 12, 18; Saunders 15.2.2018 302, 11.

619 Saunders 15.2.2018 302, 11-12; C00006651-57 (Mayflower Group Sales Agreement).

Empfang – bei dem die Gäste Gelegenheit haben würden, den Präsidentschaftskandidaten Trump kennenzulernen – als kleines Ereignis auf.[620] Saunders sah die Liste derer durch, die das CNI zu der Rede eingeladen hatte, und wählte daraus eine Teilgruppe aus, die außerdem zum Empfang geladen werden sollte.[621] Zum Kreis der Empfangsgäste gehörten Sessions und Kisljak.[622] In der Woche vor der Rede hatte Simes Kisljak informiert, dass er zu der Rede eingeladen und Gelegenheit haben werde, Trump kennenzulernen.[623]

Zu Beginn des Empfangs vor der Rede am 27. April wurde rasch eine Warteschlange derjenigen gebildet, die mit Trump sprechen wollten.[624] Anfangs stand Sessions neben Trump, um ihn den anwesenden Mitgliedern des Repräsentantenhauses vorzustellen.[625] Nachdem diese Trump vorgestellt worden waren, trat Simes an Trumps Seite und stellte ihn den anwesenden CNI-Gästen vor, darunter Kisljak.[626] Simes nahm die Vorstellung als positiv und freundlich wahr, zweifelte aber nicht daran, dass Kisljak und Trump sich gerade zum ersten Mal begegneten. [627]Kisljak lernte während des Empfangs vor der Rede auch Kushner kennen. Die beiden gaben einander die Hand und unterhielten sich ein oder zwei Minuten lang, und Kushner erinnerte sich an Kisljaks Worte: »Uns gefällt, was Ihr Kandidat sagt … es ist erfrischend.«[628]

Laut mehreren öffentlichen Berichten hat Kisljak bei dem Empfang vor der Rede nicht nur mit Kushner gesprochen, son-

---

620 Saunders 15.2.2018 302, 12-13.
621 Saunders 15.2.2018 302, 12.
622 C00002575 (Teilnehmerliste); C00008536 (25.4.2016 E-Mail, Simes an Kushner (16:53:45 Uhr)).
623 Simes 8.3.2018 302, 19-20.
624 Simes 8.3.2018 302, 21.
625 Simes 8.3.2018 302, 21.
626 Simes 8.3.2018 302, 21.
627 Simes 8.3.2018 302, 21.
628 Kushner 11.4.2018 302, 4.

dern damals auch Sessions kennengelernt oder sich mit ihm unterhalten.[629] Sessions sagte gegenüber Ermittlern jedoch aus, er könne sich an keine derartige Unterhaltung erinnern.[630] Auch niemand anderes vom CNI oder vom *National Interest* konnte sich eindeutig an ein Gespräch oder eine Begegnung von Sessions und Kisljak bei dem Empfang erinnern.[631] Wenn es bei dem Empfang vor der Rede ein solches Gespräch gegeben hat, war es anscheinend kurz und fand vor aller Augen statt, so wie das von Kushner und Kisljak.

Das Büro des Sonderermittlers konnte keine Belege dafür finden, dass Kisljak nach der Rede mit Trump oder Sessions gesprochen oder Gelegenheit dazu gehabt hat. Simes zum Beispiel konnte sich nicht daran erinnern, Kisljak beim Lunch nach der Rede gesehen zu haben[632], und der einzige Zeuge, der etwas zu Sessions' Aufenthaltsort sagen konnte, erklärte, dass Sessions nach der Veranstaltung mit Vertretern der Presse geredet haben mag, dann aber zum Kapitolshügel aufgebrochen sei.[633] Saunders erinnerte sich – u. a. aufgrund eines Anliegens bezüglich des Essens, das ein Wahlkampfteam-Mitglied an ihn herantrug –, dass Trump das Hotel wenige Minuten nach Beendigung seiner Rede verlassen habe, um zum Flughafen aufzubrechen.[634]

---

629 *Siehe z. B.* Ken Dilanian: *Did Trump, Kushner, Sessions Have an Undisclosed Meeting With Russian?*, NBC News (1. Juni 2016); Julia Ioffe: *Why Did Jeff Sessions Really Meet With Sergey Kislyak*, The Atlantic (13. Juni 2017).

630 Sessions 17.1.2018 302, 22.

631 Simes 8.3.2018 302, 21; Saunders 15.2.2018 302, 14, 21; Boyd 24.1.2018 302, 3-4; Heilbrunn 2.1.2018 302, 6; *Statement Regarding President Trump's April 27, 2016 Foreign Policy Speech at the Center for the National Interest*, CNI (8. März 2017).

632 Simes 8.3.2018 302, 22; Heilbrunn 1.2.2018 302, 7.

633 Luff 30.1.2018 302, 4.

634 Saunders 15.2.2018 302, 15.

c. Jeff Sessions' Interaktionen mit dem CNI nach der Rede

Im Zuge von Sessions' Bestätigungsanhörungen als Justizminister kamen Fragen dazu auf, ob Sessions' Wahlkampf-Interaktionen mit dem CNI über die Rede im Mayflower hinaus weitere Treffen mit Botschafter Kisljak oder Russland-bezogene Angelegenheiten einschlossen. Im Hinblick auf Kisljaks Kontakte nahm Sessions am 23. Mai 2016 am Dinner anlässlich der Verleihung des Preises für besondere Verdienste (»Distinguished Service Award«) des CNI im Four Seasons Hotel in Washington, D. C., teil.[635] Sessions besuchte auch einen dem Dinner vorangehenden Empfang und wurde an einer der beiden Ehrentafeln platziert.[636] Laut einer von Saunders erstellten Tischordnung sollte Sessions direkt neben Kisljak sitzen, der auf die Einladung dem Vernehmen nach mit der Ankündigung reagiert hatte, er werde an dem Ereignis teilnehmen.[637] Sessions konnte sich jedoch nicht erinnern, Kisljak bei dem Dinner gesehen, gesprochen oder neben ihm gesessen zu haben.[638] Auch wenn CNI-Direktoriumsmitglied Charles Boyd sagte, er habe Kisljak möglicherweise bei dem Dinner gesehen[639], konnten sich weder Simes noch Saunders noch Jacob Heilbrunn, Redakteur des *National Interest*, erinnern, Kisljak bei der Veranstaltung am 23. Mai gesehen zu haben.[640] Kisljak ist auch auf keinem der Fotos von der Veranstaltung, die dem Büro des Sonderermittlers vorliegen.

Im Sommer 2016 gab das CNI mindestens zwei Dinner in Washington, D. C., um Sessions Gelegenheit zu geben, erfahrene

635 Sessions 17.1.2018 302, 22; Saunders 15.2.2018 302, 17.
636 Saunders 15.2.2018 302, 17; C00004779-80 (23.5.2016 E-Mail, Cantelmo an Saunders und Hagberg (9:30:12 Uhr); C00004362 (23.5.2016 E-Mail, Bauman an Cantelmo et. al. (2:02:32 Uhr).
637 C00004362 (23.5.2016 E-Mail, Bauman an Cantelmo et. al. (2:02:32 Uhr).
638 Sessions 17.1.2018 302, 22.
639 Boyd 24.1.2018 302, 4.
640 Simes 8.3.2018 302, 23; Saunders 15.2.2018 302, 18; Heilbrunn 1.2.2018 302, 7.

Außenpolitikexperten kennenzulernen.[641] An den Abendessen nahmen dem CNI nahestehende Personen wie Richard Burt und Zalmay Khalilzad teil, ein ehemaliger Ständiger Vertreter der USA in Afghanistan und Irak und derjenige, der Trump vor dessen Außenpolitikrede am 27. April 2016 vorgestellt hatte.[642] Khalilzad traf sich auch unabhängig von dem Dinner unter vier Augen mit Sessions.[643] Bei den Essen und den Treffen befassten sich die Teilnehmer mit den US-Beziehungen zu Russland, darunter der Frage des Einflusses der US-Beziehungen zur NATO und europäischen Ländern auf die Russlandstrategie der USA.[644] In den Gesprächen ging es aber nicht nur um Russland.[645] So erinnerte sich Khalilzad zum Beispiel, dass er mit Sessions über »Nationenbildung« und gewalttätigen Extremismus diskutiert habe.[646] Außerdem bat Sessions Saunders (vom CNI) um den Entwurf von zwei nicht Russland-spezifischen Memoranden: einem über Hillary Clintons außenpolitische Defizite und einem über Ägypten.[647]

d. Jared Kushners anhaltende Kontakte mit Simes

Zwischen der Rede im Mayflower Hotel im April 2016 und der Präsidentschaftswahl hatte Jared Kushner regelmäßig Kontakt mit Simes.[648] Dabei handelte es sich sowohl um persönliche Treffen als auch um Telefonate, in denen es darum ging, wie Russlandfragen im Wahlkampf behandelt werden sollten und wie man mit der Beratergruppe der Außenpolitikexperten vorankommen könnte,

641 Simes 8.3.2018 302, 31; Saunders 15.2.2018 302, 19; Burt 9.2.2018 302, 9-10; Khalilzad 9.1.2018 302, 5.
642 9.2.2018 302, 9-10; Khalilzad 9.1.2018 302, 1-2, 5.
643 Khalilzad 9.1.2018 302, 5-6.
644 Simes 8.3.2018 302, 31; Burt 9.2.2018 302, 9-10; Khalilzad 9.1.2018 302, 5.
645 Saunders 15.2.2018 302, 20.
646 Khalilzad 9.1.2018 302, 6.
647 Saunders 15.2.2018 302, 19-20.
648 Simes 8.3.2018 302, 27.

deren Bildung Simes vorgeschlagen hatte.[649] Simes erinnerte sich, dass er selbst, nicht Kushner, alle Gespräche über Russland initiiert und Kushner ihn nie aufgefordert habe, inoffizielle Gespräche mit Russen zu veranlassen.[650] Laut Simes brachte er selbst nach der Mayflower-Rede Ende April Kushner gegenüber das Thema russische Kontakte auf, meinte, dass es das Wahlkampfteam in ein schlechtes Licht setze, wenn es verdeckte Russlandkontakte aufbaue, und sagte Kushner, das Wahlkampfteam solle das Thema Russland nicht in den Mittelpunkt stellen und solle alle Kontakte mit Russen vorsichtig behandeln.[651] Kushner sagte über seine Unterredungen mit Simes weitgehend Ähnliches aus.[652]

Eines der Treffen von Kushner und Simes fand auf Simes' Wunsch hin am 17. August 2016 in Kushners Büro in New York statt. Es ging dabei um die außenpolitische Beratung durch das CNI und darum, wie auf die Russland-bezogenen Angriffe des Clinton-Wahlkampfteams auf den Kandidaten Trump zu reagieren sei.[653] Im Vorfeld des Treffens schickte Simes Kushner

---

649 Simes 8.3.2018 302, 27.

650 Simes 8.3.2018 302, 27.

651 Simes 8.3.2018 302, 27. In diesem Zeitraum erhielt das Wahlkampfteam die Anfrage, ob ein hochrangiger Wahlkampffunktionär sich mit einem leitenden Angestellten einer staatseigenen russischen Bank treffen könne, »um über Präsident Putins Angebot eines Treffens mit [dem Kandidaten Trump] zu sprechen, das [der Beamte] von Präsident Putin zu überbringen behauptete«. NOSC00005653 (17.5.2016 E-Mail, Dearborn an Kushner (8:12 Uhr)). Manafort und Gates ins CC setzend, erwiderte Kushner: »Lassen Sie das sein. Eine Menge Leute behaupten, sie hätten Nachrichten zu überbringen. Aber nur wenige können das verifizieren. Fürs Erste bin ich dafür, derartige Treffen abzulehnen. Aller Voraussicht nach kehren diese Leute nach Hause zurück und behaupten, um sich wichtigzumachen, sie verfügten über besondere Kanäle. Seien Sie vorsichtig.« NOSC00005653 (17.5.2016 E-Mail, Kushner an Dearborn).

652 Kushner 11.4.2018 302, 11-13.

653 Simes 8.3.2018 302, 29-30; Simes 27.3.2018 302, 6; Kushner 11.4.2018 302, 12; C00007269 (10.8.2016 Einladung zu einem Treffen, Vargas an Simes et al.); DJTFP00023484 (11.8.2016 E-Mail, Hagan an Manafort (17:57:15 Uhr)).

US-Justizministerium
~~Juristische Ermittlungen~~ // ~~Kann geschütztes Material gemäß Fed. R. Crim. P. 6(c) enthalten~~

ein »Russlandstrategie-Memo« dazu, »was Mr. Trump vielleicht über Russland sagen möchte«.[654] Im Text der E-Mail, mit der das Memo versandt, und in einem Telefonat, in dem das Treffen vereinbart wurde, erwähnte Simes »eine gut dokumentierte Geschichte über höchst fragwürdige Verbindungen zwischen Bill Clinton« und der russischen Regierung, die sogar (laut Simes) »in den späten 1990ern teilweise mit dem CIA und dem FBI besprochen und am Ende von Clintons Präsidentschaft an den [Unabhängigen Ankläger] weitergegeben worden« sei.[655] Kushner leitete die E-Mail mit der Anmerkung »nur ein Vorschlag« an die hochrangigen Trump-Wahlkampfmitarbeiter Stephen Miller, Paul Manafort und Rick Gates weiter.[656] Manafort leitete die Mail wiederum an seinen Assistenten weiter und vereinbarte ein Treffen mit Simes.[657] (Zum Zeitpunkt des geplanten Treffens mit Simes war Manafort kurz davor, das Wahlkampfteam zu verlassen, sodass Simes sich nur mit Kushner traf.)

Bei dem Treffen am 17. August gab Simes die in Aussicht gestellten Informationen über Clinton an Kushner weiter.[658] Simes erzählte Kushner, dass Schutz der Privatsphäre [redacted]

---

654 C00007981-84 (9.8.2016 E-Mail, Simes an Kushner (18:09:21 Uhr)). Das Memorandum empfahl, »die Bedeutung Russlands für die US-Außenpolitik zu dieser Zeit herunterzuspielen«, und deutete an, dass »manche dazu neigten, Putins Fehler zu übertreiben«. Das Memorandum empfahl außerdem, dass man sich mit Blick auf eine »Zusammenarbeit mit Russland zwecks Förderung wichtiger nationaler Interessen der USA« allgemeinen Russland-bezogenen Fragen widmen und dass eine Trump-Regierung »Spukgestalten, die man zerstören wolle, nicht im Ausland suchen sollte«. Im Memorandum wurden keine Sanktionen erwähnt, wohl aber, wie Ukraine-bezogene Fragen zu behandeln seien, darunter auch solche zu Russlands Einmarsch in die Krim und deren Annexion.

655 C00007981 (9.8.2016 E-Mail, Simes an Kushner (18:09:21 Uhr)).

656 DJTFP00023459 (10.8.2016 E-Mail, Kushner an S. Miller et al. (11:30:13 Uhr)).

657 DJTFP00023484 (11.8.2016 E-Mail, Hagan an Manafort (17:57:15 Uhr)).

658 Simes 8.3.2018 302, 29-30; Simes 27.3.2018 302, 6; Kushner 11.4.2018 302, 12.

[redacted][659] Simes behauptete, er habe diese Information von Fritz Ermarth erhalten, einem ehemaligen Beamten des CIA und des Weißen Hauses unter Reagan, der wiederum angab, er habe davon durch US-Geheimdienstquellen, nicht durch Russen erfahren.[660]

Simes merkte, dass Kushner die Information als für den Wahlkampf nicht interessant oder nützlich einstufte, weil sie, so Simes, »Schnee von gestern« sei.[661] Bei seiner Befragung durch das Büro des Sonderermittlers gab Kushner seiner Überzeugung Ausdruck, angesichts des langen Zeitraums, in dem die Clintons schon Personen öffentlichen Interesses seien, sei die Chance gering gewesen, dass etwas Neues über sie ans Licht komme, und sagte, er habe von Simes nie Informationen erhalten, die für den Trump-Wahlkampf hätten »verwertet« werden können.[662] Simes meinte, er habe trotz Kushners Reaktion dieselbe Information bei einem Treffen einer kleinen Gruppe von Außenpolitikexperten geäußert, das das CNI für Sessions organisiert habe.[663]

5. Treffen im Trump Tower am 9. Juni 2016

In der Hoffnung, von der russischen Regierung negative Informationen über Hillary Clinton zu erhalten, trafen sich am 6. Juni 2016 hochrangige Vertreter der Trump-Kampagne mit einer russischen Anwältin. Der Vorschlag zu diesem Treffen wurde Donald Trump jr. in einer E-Mail von Robert Goldstone unterbrei-

---

659 Simes 8.3.2018 302, 30; Simes 27.3.2018 302, 6.
660 Simes 8.3.2018 302, 30.
661 Simes 8.3.2018 302, 30; Simes 27.3.2018 302, 6.
662 Kushner 11.4.2018 302, 12.
663 Simes 8.3.2018 302, 30.

tet, auf Bitten seines damaligen Mandanten Emin Agalarow, dem Sohn des russischen Bauunternehmers Aras Agalarow. Goldstone übermittelte Trump jr., dass der »russische Staatsanwalt … angeboten hat, die Trump-Kampagne mit einigen offiziellen Dokumenten und Informationen zu versorgen, die Hillary und ihre Beziehungen zu Russland belasten«, und zwar als »Teil der Unterstützung Russlands und seiner Regierung für Mr. Trump«. Trump jr. antwortete darauf umgehend: »Wenn das stimmt, ich wäre begeistert«, und arrangierte über eine Reihe von E-Mails und Telefonanrufe das Treffen.

Trump jr. lud den Wahlkampfleiter Paul Manafort und den Chefberater Jared Kushner ein, an dem Treffen teilzunehmen, was beide taten. Mitarbeiter des Wahlkampfs unterhielten sich über das Treffen, bevor es stattfand, und Michael Cohen erinnerte sich, dass Trump jr. den Präsidentschaftskandidaten Trump womöglich über ein bevorstehendes Treffen informierte, bei dem es um die Weitergabe von negativen Informationen über Clinton gehen sollte, ohne dieses Treffen mit Russland in Verbindung zu bringen. Schriftlichen Antworten zufolge, die Präsident Trump eingereicht hat, verfügt er über keinerlei Erinnerung, zu dem Zeitpunkt von dem Treffen erfahren zu haben, und das Büro des Sonderermittlers hat keinerlei dokumentarische Beweise dafür gefunden, dass er vor dem Ereignis auf dieses Treffen – oder dessen russische Verbindungen – aufmerksam gemacht worden sei.

Natalia Weselnizkaja, die russische Anwältin, hatte zuvor für die russische Regierung gearbeitet und unterhielt in dieser Zeit weiterhin Beziehungen dorthin. Sie behauptete, dass Gelder aus illegalen Aktivitäten in Russland an Hillary Clinton und andere Demokraten geflossen seien. Trump jr. verlangte Beweise, die diese Behauptungen stützten, doch Weselnizkaja legte keinerlei Informationen vor. Sie und ihre Begleiter wandten sich dann einer Kritik der Ursprünge des Magnitsky Act zu, einem Gesetz aus dem Jahre 2012, das russischen Beamten Finanz- und Reisebestimmungen auferlegt und das zu dem als Vergeltung bestimmten Verbot geführt hatte, russische Kinder zu adoptieren. Trump jr.

schlug vor, diese Frage erneut aufzugreifen, wenn und falls der Kandidat Trump gewählt worden sei. Nach der Wahl unternahm Weselnizkaja weitere Anstrengungen, in dieser Sache nachzuhaken, doch das Übergangsteam von Trump ging nicht darauf ein.

a. Vorbereitung des Treffens vom 9. Juni

i. Kontaktaufnahme mit Donald Trump jr.

Aras Agalarow ist ein russischer Bauunternehmer mit Verbindungen zu Putin und anderen Mitgliedern der Regierung, darunter auch Russlands Generalstaatsanwalt Jurij Tschaika.[664] Aras Agalarow ist der Präsident der Crocus Group, eines russischen Unternehmens, das umfangreiche Bauaufträge von der russischen Regierung erhalten hat und das – wie oben besprochen, Band I, Abschnitt IV.A.1, *oben* – mit Trump bei der Miss-Universe-Wahl in Moskau 2013 und einem möglichen Immobilienprojekt Trumps in Moskau in Verbindung steht.[665] Die Beziehung dauerte über längere Zeit an, da die beiden Parteien das Projekt Trump Moskau in den Jahren 2013 und 2014 verfolgten und 2016 Geschenke und Briefe austauschten.[666] So antwortete zum Beispiel Trump auf einen Brief von Aras Agalarow mit einer handschriftlichen Notiz.[667] Aras Agalarow äußerte sein Interesse an Trumps Wahlkampf, sendete »Glückwünsche« zum Gewinn der Vorwahlen und – so eine E-Mail von Goldstone – bot seine »Unterstützung und die vieler seiner bedeutenden rus-

664 Grand Jury [redacted] Goldstone 8.2.2018 302, 4.
665 Grand Jury [redacted] Kaweladse 16.11.2017 3; Shugart 25.9. 2017 302, 2-3; Grand Jury [redacted]
666 Grand Jury [redacted] Goldstone 8.2.2018 302, 10; Grand Jury [redacted] Kaweladse 16.11.2017 302, 5-6; 25.4.2016 E-Mail, Graff an Goldstone.
667 RG000033-34, 25.4.2016 E-Mail, Graff an Goldstone (Anhang).

sischen Freunde und Kollegen an, vor allem im Hinblick auf die amerikanisch-russischen Beziehungen«.[668]

Am 3. Juni 2016 rief Emin Agalarow Goldstone, seinen damaligen Pressesprecher, an.[669] Goldstone ist ein Musikveranstalter und Eventmanager, der Emin Agalarow von etwa Ende 2012 bis spät im Jahre 2016 vertrat.[670] Während er Emin Agalarow vertrat, sorgte Goldstone für den fortdauernden Kontakt zwischen den Trumps und den Agalarows – darunter eine Einladung, die Trump an Putin sendete, er möge doch an der Miss-Universe-Wahl 2013 in Moskau teilnehmen.[671] Grand Jury [redacted].[672] Goldstone verstand Grand Jury [redacted]

---

[668] DJTJR00008 (29.2.2016 E-Mail, Goldstone an Trump jr. et al.); Grand Jury [redacted]

[669] Anrufprotokoll von Robert Goldstone Grand Jury [redacted] Goldstone 8.2.2018 302, 6.

[670] Goldstone 8.2.2018 302, 1-2; Grand Jury [redacted], Benjaminow, 6.1.2018 302, 3.

[671] Goldstone 8.2.2018 302, 1-5; Grand Jury [redacted] DJTJR00008, (29.2.2019 E-Mail, Goldstone an Trump jr.; Benjaminow 6.1.2018 302, 3; Shugart 25.9.2017 302, 2; TRUMPORG_18_001325 (21.6.2013 E-Mail, Goldstone an Graff); TRUMPORG_18_001013 (24.6.2013 E-Mail, Goldstone an Graff); TRUMPORG_18_001014 (24.6.2013 E-Mail, Graff an Shugart); TRUMPORG_18_001018 (26.6.2013 E-Mail, Graff an Goldstone); TRUMPORG_18_001022 (27.6.2013 E-Mail, Graff an L. Kelly); TRUMPORG_18_001333 (12.9.2013 E-Mail, Goldstone an Graff und Shugart); MUO00004289 (27.7.2013 E-Mail, Goldstone an Graff und Shugart).

[672] Grand Jury [redacted] *siehe* Goldstone 8.2.2018 302, 6-7.

[redacted] eine russische politische Verbindung, und Emin Agalarow deutete an, dass der Anwalt ein Staatsanwalt sei.[673] Goldstone erinnerte sich, dass die Informationen, die die Trumps interessieren könnten, Hillary Clinton betrafen Grand Jury [redacted] [674] Grand Jury [redacted] [675]

Die Grand Jury [redacted] Emin Agalarow erwähnt hatte, war Natalia Weselnizkaja.[676] Von etwa 1998 bis 2001 arbeitete Weselnizkaja als Staatsanwältin für den zentralen Verwaltungsbezirk der russischen Staatsanwaltschaft,[677] setzte nach ihrem Abschied aus dem Amt ihre regierungsbezogene Arbeit fort und unterhielt weiter-

---

673 Grand Jury [redacted]

674 Grand Jury [redacted]

675 Grand Jury [redacted]

676 Im Dezember 2018 bestätigte eine Grand Jury im Southern District of New York eine Anklage gegen Weselnizkaja, den Rechtsstreit im Fall *Prevezon*, wie im Text oben besprochen, behindert zu haben. *Siehe* Anklage *Vereinigte Staaten vs. Natalia Wladirimowna Weselnizkaja*, Nr. 18-cr-904 (S.D.N.Y.). Die Anklage bringt unter anderem vor, dass Weselnizkaja vor dem Bezirksgericht über ihre Beziehungen zum Büro des russischen Oberstaatsanwalts und ihre Beteiligung an der Beantwortung einer amerikanischen Dokumentenanfrage an die russische Regierung gelogen habe.

677 Weselnizkaja 20.11.2017 Aussage vor dem Rechtsausschuss des Senats, 2; Grand Jury [redacted]

hin Beziehungen zur russischen Regierung.[678] Sie nahm Einfluss auf den Magnitsky Act und sagte dazu aus, ein Gesetz, das Finanz- und Reisebeschränkungen für russische Vertreter verhängte und nach einem russischen Steuerspezialisten benannt worden war, der einen Skandal aufgedeckt hatte und später in einem russischen Gefängnis gestorben war.[679] Putin nannte das Gesetz »einen unfreundlichen, rein politischen Akt«, und Russland antwortete mit der Veröffentlichung einer Liste von jetzigen und ehemaligen amerikanischen Beamten, die nicht nach Russland einreisen durften, und der Aussetzung der Adoption von

---

678 Aussage von Natalia Weselnizkaja vor dem Rechtsausschuss des Senats (20. November 2917), 33; Keir Simmons und Rachel Elbaum, *Russian Lawyer Veselnitskaya Says She Didn't Give Trump jr. Info on Clinton (Russische Anwältin Weselnizkaja sagt, sie habe Trump jr. keine Informationen über Clinton gegeben)*, NBC News (11. Juli 2017); Maria Tsvetkova und Jack Stubbs, *Moscow Lawyer Who Met Trump jr. Had Russian Spy Agency As Client (Moskauer Anwältin, die Trump jr. traf, hatte russische Spionageagentur als Mandantin)*, Reuters (21. Juli 2017); Andrew E. Kramer und Sharon LaFraniere, *Lawyer Who Said to Have Dirt on Clinton Had Closer Ties to Kremlin than She Let On (Anwältin, die sagte, sie habe brisantes Material gegen Clinton, hatte engere Kontakte zum Kreml als zugegeben)*, New York Times (27. April 2018).

679 *Siehe* Pub. L. Nr. 112-208 §§ 402, 404(a)(1), 126 Stat. 1502, 1502-1506. Sergej Magnitsky war ein russischer Steuerexperte, der für William Browder, einem früheren Investmentfondsmanager in Russland arbeitete. Browder heuerte Magnitsky an, Steuerhinterziehung bei russischen Beamten zu ermitteln, und Magnitsky wurde angeklagt, Browder dabei geholfen zu haben, Geld zu unterschlagen. Nachdem Magnitsky im Gefängnis gestorben war, nahm Browder Einfluss auf den Kongress, um den »Magnitsky Act« durchzubringen. *Siehe z. B.* Andrew E. Kramer, *Turning Tables in Magnitsky Case, Russia accuses Nemesis of Murder (Die Stimmung dreht sich im Fall Magnitsky, Russland beschuldigt Erzfeind des Mordes)*, New York Times (22. Oktober 2017); Aussage von Natalia Weselnizkaja vor dem Rechtsausschuss des Senats (20. November 2017), Beweisstücke 1-4; Rosie Gray, *Bill Browder's Testimony to the Senate Judiciary Committee (Bill Browders Aussage vor dem Rechtsausschuss des Senats)*, The Atlantic (25. Juli 2017).

russischen Kindern durch amerikanische Bürger.[680] Weselnizkaja vertrat als Anwältin Denis Katsyw,[681] Sohn des russischen Geschäftsmanns Peter Katsyw, und dessen Prevezon Holding Ltd., die in einem Prozess zur Einziehung von Vermögenswerten wegen angeblicher Geldwäsche aus dem Betrug, der von Magnitsky aufgedeckt worden war, angeklagt war.[682] Sie scheint zudem daran beteiligt gewesen zu sein, als einer Delegation des US-Kongresses in Moskau »vertrauliche Informationen« des »Generalstaatsanwalts Russlands« über »Interaktionen gewisser politischer Kräfte in unseren beiden Ländern« angeboten wurden.[683]

Kurz nach seinem Telefonat am 3. Juni mit Emin Agalarow, schrieb Goldstone eine E-Mail an Donald Trump jr.[684] Die E-Mail lautete:

---

680 Ellen Barry, *Russia Bars 18 Americans After Sanctions by US (Nach US-Sanktionen sperrt Russland 18 Amerikaner aus)*, New York Times (13. April 2013); Tom Porter, *Supporters of the Magnitsky Act Claim They've Been Targets of Russian Assassination and Kidnapping Bids (Unterstützer des Magnitsky Act behaupten, sie seien Ziel russischer Mord- und Entführungsdrohungen)*, Newsweek (16. Juli 2017).

681 Aussage von Natalia Weselnizkaja vor dem Rechtsausschuss des Senats (20. November 2017), 21.

682 *Siehe* Erklärung Weselnizkaja, *Vereinigte Staaten vs. Prevezon Holdings, Ltd.*, Nr. 13-cv-6326 /S.D.N.Y.; *siehe Prevezon Holdings*, Zweite angehängte Beschwerde; *Prevezon Holdings*, Mem. und Verfügung; *Prevezon Holdings*, eidesstattliche Aussage Oleg Lurie.

683 *Siehe* Gribbin 31.8.2017 302, 1-2 und 1A (ein undatiertes Dokument von einer Seite Länge, das die Kongressdelegation erhalten hat). Der russische Generalstaatsanwalt ist ein Beamter mit weitreichenden nationalen Verantwortlichkeiten im russischen Rechtssystem. *Siehe Federal Law on the Prosecutor's Office of the Russian Federation* (1992, ergänzt 2004).

684 RG000061 (3.6.2016 E-Mail, Goldstone an Trump jr.); DJTJR00446 (3.6.2016 E-Mail, Goldstone an Donald Trump jr.); @DonaldJTrumpJr 11.7.2017 (11:00 Uhr) Tweet.

> Guten Morgen
> Emin hat gerade angerufen und mich gebeten, in einer interessanten Angelegenheit Kontakt mit Ihnen aufzunehmen.
> Der Generalstaatsanwalt Russlands hat sich heute Morgen mit seinem Vater Aras getroffen und bei ihrem Treffen angeboten, die Trump-Kampagne mit einigen offiziellen Dokumenten und Informationen zu versorgen, die Hillary und ihre Beziehung zu Russland belasten und Ihrem Vater sehr nützlich sein würden.
> Dabei handelt es sich offensichtlich um hochrangige und vertrauliche Informationen, doch sind sie Teil der Unterstützung Russlands und seiner Regierung für Mr. Trump – mithilfe von Aras und Emin.
> Wie sollten wir Ihrer Meinung nach mit diesen Informationen umgehen, und würden Sie mit Emin persönlich darüber sprechen?
> Ich kann diese Information Ihrem Vater auch über Rhona zukommen lassen, aber es ist ultra-vertraulich, deshalb wollte ich es Ihnen zuerst schicken.
> Mit freundlichen Grüßen
> Rob Goldstone

Wenige Minuten später antwortete Trump jr. und mailte zurück: »Danke Rob, ich weiß das zu schätzen. Ich bin im Augenblick unterwegs, aber vielleicht rede ich erst mit Emin. Sieht so aus, als hätten wir etwas Zeit und wenn das stimmt, ich wäre begeistert, vor allem später im Sommer. Können wir einen Anruf ausmachen gleich sofort nächste Woche, wenn ich zurück bin?«[685] Goldstone übermittelte Trump jr.s Interesse an Emin Agalarow

685 DJTJR00446 (3.6.2016 E-Mail, Trump jr. an Goldstone); @DonaldJTrumpJr 11.7.2017 (11:00 Uhr) Tweet; RG000061 (3.6.2016 E-Mail, Trump jr. an Goldstone.)

und mailte ihm, dass Trump jr. »persönlich über diese Frage sprechen möchte.«[686]

Am 6. Juni 2016 fragte Emin Agalarow bei Goldstone nach, ob es »irgendwelche Neuigkeiten« gebe, und Goldstone erklärte, dass Trump jr. wohl noch immer »für die letzten Wahlen« umherreisen würde, »bei denen Trump zum offiziellen Kandidaten ›gekrönt‹ wird«.[687] Am selben Tag schrieb Goldstone erneut eine E-Mail an Trump jr. und fragte, wann Trump jr. denn Zeit habe, »mit Emin über diese Hillary-Info« zu reden.[688] Trump jr. fragte, ob sie »jetzt sprechen« könnten, und Goldstone sorgte für ein Telefonat zwischen Trump jr. und Emin Agalarow.[689] Am 6. Juni und 7. Juni führten Trump jr. und Emin Agalarow zahlreiche kurze Telefonate.[690]

Ebenfalls am 6. Juni 2016 rief Aras Agalarow Ike Kaweladse an und bat ihn, bei einem Treffen mit der Trump Organization in New York teilzunehmen.[691] Kaweladse ist ein in Georgien geborener eingebürgerter US-Amerikaner, der in den Vereinigten Staaten für die Crocus Group gearbeitet hat und Aras Agalarow unterstellt war.[692] Kaweladse berichtete dem Büro, dass Aras Agalarow bei einem zweiten Telefonat am 6. Juni 2016 Kawelad-

---

686 Grand Jury [redacted] RG000062 (3.6.2016 E-Mail, Goldstone und Trump jr.).

687 RG000063 (6.6.2016 E-Mail, E. Agalarow an Goldstone); RG000064 (6.6.2016 E-Mail, Goldstone an A. Agalarow).

688 RG000065 (6.6.2016 E-Mail, Goldstone an Trump jr.); DJTJR00446 (6.6.2016 E-Mail, Goldstone an Trump jr.).

689 DJTJR00445 (6.6.2016 E-Mail, Goldstone und Trump jr.); RG000065-67 (6.6.2016 E-Mail, Goldstone und Trump jr.); Grand Jury [redacted]

690 DJTJR00499, Anrufprotokoll von Donald Trump jr. Grand Jury [redacted]); Anrufprotokoll Donald Trump jr. Grand Jury [redacted].

691 Kaweladse 16.11.2017 302, 6; Grand Jury [redacted]

692 Kaweladse 16.11.2017 302, 1-2; Grand Jury [redacted] Benjaminow 6.1.2018 302 2-3; Grand Jury [redacted]

se fragte, ob er etwas über den Magnitsky Act wisse, und Aras schickte ihm eine kurze Zusammenfassung für das Meeting und Weselnizkajas Visitenkarte. Kaweladse zufolge sagte Aras Agalarow, Zweck des Treffens sei die Besprechung des Magnitsky Act, und bat Kaweladse zu dolmetschen.[693]

ii. Kenntnis von dem Treffen während des Wahlkampfs

Am 7. Juni schickte Goldstone eine Mail an Trump jr. und sagte: »Emin bat mich, ein Treffen mit Ihnen und der russischen Regierungsanwältin zu arrangieren, die aus Moskau herübergeflogen kommt.«[694] Trump jr. erwiderte, dass Manafort (identifiziert als »Wahlkampfleiter«), Jared Kushner und Trump jr. wohl ebenfalls teilnehmen würden.[695] Goldstone war überrascht zu erfahren, dass Trump jr., Manafort und Kushner teilnehmen würden.[696] Kaweladse [redacted] »überrascht« angesichts der Teilnehmerliste, und dass er bei Roman Benjaminow, einem von Emin Agalarows Assistenten, nachgefragt hatte, der erklärte, das Treffen habe den Zweck, dass Weselnizkaja »negative Informationen über Hillary Clinton« übermitteln solle.[697] Benjaminow wiederum sagte aus, dass er sich nicht daran erinnern könne, dies gewusst oder gesagt zu haben.[698]

Am 8. Juni 2016 schrieb Kushner früh am Morgen seiner Assistentin eine E-Mail und bat sie, für den folgenden Tag um 15

---

693 Kaweladse 16.11.2017 302, 6.

694 DJTJR00467 (7.6.2016 E-Mail, Goldstone an Trump jr.); @DonaldJTrumpJr 11.7.2017 (11:00) Tweet; RG000068 (7.6.2016 E-Mail, Goldstone an Trump jr.); [redacted]

695 DJTJR00469 (7.6.2016 E-Mail, Trump jr. an Goldstone), @DonaldJTrumpJr, 11.7.2017 (11:00), Tweet; RG000071 (7.6.2016 E-Mail, Trump jr. an Goldstone); OSC-KAV_00048 (7.6.2016 E-Mail, Goldstone an Kaweladse); [redacted]

696 Goldstone 8.2.2018 302, 7; [redacted]

697 [redacted] *siehe* Kaweladse 16.11.2017 302, 7; OSC-KAV_00048 (7.6.2016 E-Mail, Goldstone an Kaweladse).

698 Benjaminow 6.1.2018 302, 3.

Uhr ein Treffen mit Trump jr. anzuregen.[699] Im Verlauf des Tages leitete Trump jr. seine gesamte Mailkorrespondenz zu dem Treffen mit Goldstone an Manafort und Kushner weiter und versah die Mail mit dem Betreff: »FW: Russland – Clinton – privat und vertraulich«, mit dem Zusatz, dass »das Treffen auf 16 Uhr morgen in meinen Büros« verschoben worden sei.[700] Kushner schickte daraufhin seiner Assistentin eine zweite E-Mail und informierte sie darüber, dass das »Treffen mit don jr. um 16 Uhr« sei.[701] Manafort antwortete: »Bis dahin. P.«[702]

Rick Gates, der stellvertretende Wahlkampfleiter, erklärte während der Befragung durch das Büro, dass in den Tagen vor dem 9. Juni 2016 Trump jr. bei einem ordentlichen Meeting der oberen Wahlkampfleitung und Familienangehörigen Donald Trumps angekündigt habe, er habe Hinweise auf negative Informationen über die Clinton Foundation.[703] Gates glaubte, Trump jr. habe gesagt, die Informationen würden von einer Gruppe in Kirgisistan stammen und er sei der Gruppe von einem Freund vorgestellt worden.[704] Gates erinnerte sich, dass an diesem Treffen Trump jr., Eric Trump, Paul Manafort, Hope Hicks und spä-

---

699 NOSC0000007-08 (8.6.2018 E-Mail, Kushner an Vargas).

700 NOSC00000039-42 (8.6.2016 E-Mail, Trump jr. an Kushner und Manafort); DJTJR00485 (8.6.2016 E-Mail, Trump jr. an Kushner und Manafort).

701 NOSC0000004 (8.6.2016 E-Mail, Kushner an Vargas).

702 8.6.2016 E-Mail, Manafort an Trump jr.

703 Gates 30.1.2018 302, 7; Gates 1.3.2018 302, 3-4. Obwohl das Protokoll vom 1. März sich auf »19. Juni« bezieht, handelt es sich wohl eher um einen Tippfehler; externe E-Mails zeigen, dass ein Meeting mit diesen Beteiligten am 6. Juni stattgefunden hat. *Siehe* NOSC00023603 (6.6.2016 E-Mail, Gates an Trump jr. et al.).

704 Gates 30.1.2018 302, 7. Aras Agalarow stammt ursprünglich aus Aserbaidschan, und öffentliche Berichterstattung weist darauf hin, dass seine Firma, die Crocus Group, umfangreiche Arbeiten in Kirgisistan erledigt hat. *Siehe* Neil MacFarquhar, *A Russian Developer Helps Out the Kremlin on Occasion. Was He a Conduit to Trump? (Russischer Bauunternehmer hilft gelegentlich dem Kreml aus. Ist er der Verbindungsmann zu Trump?)*, New York Times (16. Juli 2017).

ter dann noch Ivanka Trump und Jared Kushner teilgenommen haben. Gates zufolge warnte Manafort die Gruppe, dass das Treffen wahrscheinlich keine wichtigen Informationen erbringen werde und sie vorsichtig sein sollten.[705] Hicks bestritt, von dem Treffen am 9. Juni vor 2017 gewusst zu haben,[706] und Kushner konnte sich nicht erinnern, ob das geplante Treffen vom 9. Juni in der Woche davor überhaupt zur Sprache gekommen sei.[707]

Michael Cohen erinnerte sich, am 6. oder 7. Juni in Donald J. Trumps Büro gewesen zu sein, als Trump jr. seinem Vater davon berichtete, dass ein Treffen vereinbart worden sei, bei dem es um die Annahme von negativen Informationen über Clinton gehen solle.[708] Cohen erinnerte sich nicht daran, dass Trump jr. erwähnt habe, dieses Treffen habe mit Russland zu tun.[709] Aus dem Ton der Unterhaltung glaubte Cohen lesen zu können, dass Trump jr. bereits zuvor mit seinem Vater über dieses Treffen gesprochen habe, obwohl Cohen selbst bei keinem solchen Gespräch anwesend gewesen war.[710] Bei einer Befragung vor dem Rechtsausschuss des Senats erklärte Trump jr. allerdings, dass er seinen Vater nicht über die E-Mails oder das bevorstehende Treffen informiert habe.[711] In gleicher Weise erinnerten sich weder Manafort noch Kushner daran, ob irgendjemand, darunter auch Trump jr., den Kandidaten Trump über das Treffen informiert habe.[712] Präsident Trump hat diesem Büro gegenüber in

---

705 Gates 1.3.2018 302, 3-4.
706 Hicks 7.12.2017 302,6.
707 Kushner 11.4.2018 302, 8.
708 Cohen 7.8.2018 302, 4-6.
709 Cohen 7.8.2018 302, 4-5.
710 Cohen 12.9.2018 302, 15-16.
711 *Befragung Donald J. Trump jr., Rechtsausschuss des Senats*, 115. Kongress, 28-29, 84, 94-95 (7. September 2017). Die Befragung durch den Rechtsausschuss des Senats stand nicht unter Eid, doch wurde Trump jr. darauf hingewiesen, dass es einen Verstoß gegen 18 U.S.C. § 1001 darstellen würde, bei einer Anhörung durch den Kongress falsche Aussagen zu machen. *Ebda*, 10-11.
712 Manafort 11.9.2018 302, 3-4; Kushner 11.4.2018 302, 10.

schriftlicher Beantwortung von Fragen erklärt, dass er »keine Erinnerung daran« habe, »zu jenem Zeitpunkt informiert worden zu sein«, dass sein Sohn, Manafort oder »Kushner überlegten, im Juni 2016 an einem Treffen teilzunehmen, bei dem es um mögliche negative Informationen über Hillary Clinton gehen sollte«.[713]

---

[713] Schriftliche Antworten von Donald J. Trump (20. November 2018), 8 (Antwort auf Frage 1, Teil (a)-(c)). Wir untersuchten die Frage, ob der Ablauf der Ereignisse darauf hindeuten könne, dass Kandidat Trump zum damaligen Zeitpunkt Kenntnis vom Treffen des 9. Juni hatte. Am 7. Juni bekundete Trump die Absicht, eine »große Rede« zu halten, »wahrscheinlich Montag kommender Woche« – was der 13. Juni gewesen wäre –, »über all die Dinge, die sich bei den Clintons abgespielt haben«. *Siehe z. B.* Phillip Bump, *What we know about the Trump Tower meeting (Was wir über das Treffen im Trump Tower wissen)*, Washington Post, 7. August 2018. Nach dem Treffen vom 9. Juni änderte Trump das Thema seiner Rede und sprach zur nationalen Sicherheit. Das Büro hat allerdings keine Beweise dafür gefunden, dass die ursprüngliche Idee für die Rede mit dem noch bevorstehenden Treffen am 9. Juni zu tun hatte, oder dass der Themenwechsel damit zu tun hat, dass dieses Treffen keinerlei konkrete Beweise gegen Clinton erbracht hatte. Auch andere Ereignisse, wie die Schießerei im Nachtclub Pulse am 12. Juni könnten diesen Themenwechsel verursacht haben. In den schriftlichen Antworten des Präsidenten wurde festgehalten, dass der zentrale Punkt der Rede »angesichts« der Schießerei in dem Nachtclub geändert wurde. *Siehe* Schriftliche Antworten, *oben*. Was das ursprüngliche Thema der Rede vom 13. Juni betrifft, hat Trump gesagt: »Er habe eine Rede über die öffentlich einsehbaren, negativen Informationen über die Clintons halten wollen«, und dass der Entwurf der Rede von Mitgliedern der Kampagne »auf Grundlage von öffentlich einsehbarem Material« verfasst worden sei, »darunter vor allem Informationen aus dem Buch *Clinton Cash* von Peter Schweizer«. Schriftliche Antworten, *oben*. In einer späteren Rede vom 22. Juni sprach Trump ausführlich über die Korruptionsanschuldigungen gegen Clinton, die dem Buch *Clinton Cash* entnommen waren. *Siehe Vollständige Abschrift: Donald Trump NYC Speech on Stakes of the Election (Donald Trumps Rede in New York City über die Risiken der Wahl)*, politico.com (22.6.2016).

US-Justizministerium
~~Juristische Ermittlungen // Kann geschütztes Material gemäß Fed. R. Crim. P. 6(e) enthalten~~

b. Die Ereignisse vom 9. Juni 2016

i. Vorbereitung des Treffens

Weselnizkaja war am 9. Juni 2016 in New York, um das Berufungsverfahren im Fall der gegen *Prevezon* erlassenen Einziehung der Vermögenswerte zu betreuen.[714]An diesem Tag rief Weselnizkaja Rinat Achmetschin an, einen in der Sowjetunion geborenen US-Lobbyisten, Grand Jury [redacted] und als sie erfuhr, dass er sich in New York befand, lud sie ihn zum Mittagessen ein.[715] Achmetschin erklärte dem Büro, er sei in Angelegenheiten in Zusammenhang mit dem Magnitsky Act und dem Verfahren gegen *Prevezon* tätig gewesen.[716] Kaweladse und Anatoli Samotschornow, ein russischstämmiger Dolmetscher, der Weselnizkaja bei ihrer Lobbyarbeit gegen das Magnitsky- und dem *Prevezon*-Verfahren unterstützt hatte, nahmen ebenfalls an dem Mittagessen teil.[717] Grand Jury [redacted] Weselnizkaja sagte, sie würde Grand Jury [redacted] treffen, und fragte Achmetschin, was sie ihm sagen solle.[718] Nach Aussage mehrerer Teilnehmer

---

714 Aussage Natalia Weselnizkaja vor dem Justizausschuss des Senats (20. Nov. 2017), 41, 42; Alison Frankel, *How Did Russian Lawyer Veselnitskaya Get Into U.S. for Trump Tower Meeting?*, Reuters (6. Nov. 2017); Michael Kranish et al., *Russian Lawyer Who Met With Trump jr. Has Long History Fighting Sanctions*, Washington Post (11. Juli 2017); *siehe* OSC-KA V00113 (8.6.2016 E-Mail, Goldstone an Kaweladse); RG000073 (8.6.2016 E-Mail, Goldstone an Trump jr.); Lieberman 13.12.2017 302, 5; *siehe auch Prevezon Holdings Order* (17. Okt. 2016).

715 Grand Jury [redacted]

716 Achmetschin 14.11.2017 302, 4-6; Grand Jury [redacted]

717 Kaweladse 16.11.2017 302, 7; Grand Jury [redacted] Samotschornow 13.7.2017 302, 2, 4; Grand Jury [redacted]

718 Grand Jury [redacted].

des Essens zeigte Weselnizkaja Achmetschin ein Dokument, das auf finanzielle Unregelmäßigkeiten von Bill Browder und den Ziff-Brüdern (in Russland geschäftlich tätige Amerikaner) sowie von Personen hinwies, die in letzter Zeit das DNC politisch mit Spenden unterstützt hatten.[719] Grand Jury [redacted][720]

Anschließend fuhr die Gruppe zum Treffen im Trump Tower.[721]

ii. Verlauf des Treffens

Trump jr., Manafort und Kushner nahmen aufseiten Trumps daran teil, während Weselnizkaja von Kaweladse, Samotschornow, Achmetschin und Goldstone begleitet wurde.[722] Das Büro sprach mit jedem Teilnehmer außer mit Weselnizkaja und Trump jr. Letzterer verweigerte die freiwillige Teilnahme an einer Befragung durch das Büro Grand Jury [redacted]

---

719 Grand Jury [redacted] Kaweladse 16.11.2017 302, 7; Grand Jury [redacted] Samotschornow konnte sich nicht erinnern, dass das geplante Thema der Unterredung des Treffens im Trump Tower bereits beim Mittagessen zur Sprache kam. Grand Jury [redacted] Samotschornow 12.7.2017 302, 4. In ihren späteren Aussagen gegenüber dem Senat und in Begegnungen mit der Presse berichtete Weselnizkaja von sogenannten Tagesordnungspunkten, die sie zum Treffen am 9. Juni mitnahm.

720 Grand Jury [redacted]

721 *Z. B.* Samotschornow 12.7.2017 302, 4.

722 *Z. B.* Samotschornow 12.7.2017 302, 4.

Das Treffen dauerte in etwa 20 Minuten.[723] Grand Jury [redacted][724] [redacted] Goldstone berichtete, Trump jr. habe Weselnizkaja aufgefordert, das Gespräch zu eröffnen, jedoch nichts zum Thema des Treffens gesagt.[725] Übereinstimmend erklärten die Teilnehmer, Weselnizkaja habe von den Verstößen der Ziff-Brüder gegen russische Gesetze erzählt und gesagt, sie würden ihre Gewinne dem DNC und dem Clinton-Wahlkampf spenden.[726] Sie versicherte, die Ziff-Brüder beteiligten sich an Steuerhinterziehung und Geldwäsche sowohl in den Vereinigten Staaten als auch in Russland,[727] Grand Jury [redacted][728] Nach Aussage von Achmetschin erkundigte sich Trump jr. daraufhin, wie die vermeintlichen Zahlungen definitiv mit dem Clinton-Wahlkampf in Verbindung gebracht werden könnten, doch Weselnizkaja verwies darauf, dass sie das Geld nicht mehr zurückverfolgen könne, sobald es in die Vereinigten Staaten gelangt sei.[729] Kaweladse erinnerte sich desgleichen an Trump jr.s Frage, was sie gegen Clinton in der Hand haben, und dass sich Kushner gereizt zeigte und wissen wollte: »Was tun wir hier überhaupt?«[730]

---

723 *Z. B.* Samotschornow 12.7.2017 302, 4: Goldstone 8.2.2018 302, 9.

724 Grand Jury [redacted]

725 Grand Jury [redacted]

726 Grand Jury [redacted]

727 Grand Jury [redacted]

728 Grand Jury [redacted]

729 Grand Jury [redacted] Achmetschin 14.11.2017 302, 12.

730 Kaweladse 16.11.2017 302, 8; Grand Jury [redacted]

Achmetschin sprach anschließend über die im Rahmen des Magnitsky Act erlassenen US-Sanktionen und Russlands daraufhin ausgesprochenes Verbot der Adoption russischer Kinder durch US-Bürger.[731] Mehrere Teilnehmer erinnerten sich an Trump jr.s Aussage, dass Trump eine Privatperson sei und man zum gegenwärtigen Zeitpunkt nichts tun könne.[732] Außerdem sagte Trump jr., man könne der Sache erneut nachgehen, falls und wenn sie an der Regierung seien.[733] Notizen, die Manafort auf seinem Telefon festhielt, spiegeln den generellen Gesprächsverlauf wider, wenn sie auch nicht alle Einzelheiten enthalten.[734]

An einem Punkt während des Treffens schickte Kushner eine Textnachricht an Manafort mit dem Inhalt »Zeitverschwendung«, unmittelbar gefolgt von separaten E-Mails an in Kushners

---

731 Samotschornow 13.7.2017 302, 3; Grand Jury [redacted]

732 *Z. B.* Achmetschin 14.11.2017 302, 12-13; Grand Jury [redacted]

733 Achmetschin 14.11.2017 302, 12-13 Grand Jury [redacted] Samotschornow 13.7.2017 302, 3. Trump jr. bestätigte dies in einer im Juni 2017 ausgegebenen Erklärung, nachdem sich die Nachricht vom Treffen im Juni herumgesprochen hatte. *Befragung von Donald J. Trump jr., Justizausschuss des US-Senats, Washington, D.C.*, 115. Kongress 57 (7. Sept. 2017).

734 Manaforts Notizen lauten:

Bill browder
Offshore – Zypern
133 m Anteile
Firmen
Keine Investition – Darlehen
Werte in Zypern als Zwischen
Illega
Aktive Sponsoren des RNC
Browders Einstellung von Joanna Glover
Enge Verbindung zu Cheney
Russische Adoption durch amerikanische Familien

PJM-SJC-00000001-02 (Dem Justizausschuss des Senats vorgelegte Notizen).

Unternehmen tätige Mitarbeiter mit dem Wunsch, man möge ihn anrufen, um ihm einen Vorwand zum Aufbruch zu geben.[735] Samotschornow erinnerte sich, dass Kushner noch vor Ende der Unterredung aufbrach; das Gleiche erklärte Weselnizkaja gegenüber der Presse im Juli 2017.[736]

Weselnizkajas Presseinterviews und schriftliche Erklärungen an den Kongress weichen erheblich von anderen Aussagen ab. In einem Presseinterview im Juli behauptete Weselnizkaja, über keinerlei Verbindungen zur russischen Regierung zu verfügen und nicht über nachteilige Informationen bezüglich des Clinton-Wahlkampfs gesprochen zu haben, als sie Repräsentanten von Trumps Wahlkampagne traf.[737] In ihrer schriftlichen Eingabe an den Justizausschuss des Senats vom November 2017 erklärt Weselnizkaja, der Zweck des Treffens vom 9. Juni habe nicht in einer Kontaktaufnahme mit dem »Trump-Wahlkampf« bestanden, sondern vielmehr in »einer privaten Unterredung mit Donald Trump jr. – einem Freund eines Sohnes einer guten Bekannten, bezüglich der Frage, ob sie mir oder meinen Kollegen helfen könnten, die Kongressabgeordneten zur kriminellen Natur von Manipulationen und Eingriffen bei legislativen Maßnahmen des US-Kongresses zu informieren«.[738] Anders ausgedrückt behauptete Weselnizkaja, ihr Schwerpunkt habe auf dem Kongress gelegen und nicht auf dem Wahlkampf. Allerdings erinnerte sich keiner der Zeugen an eine Erwähnung des Kongresses während des Treffens. Weselnizkaja blieb außerdem bei der Behauptung,

---

735 NOSC00003992 (9.6.2016 Textnachricht, Kushner an Manafort); Kushner 11.4.2018 302, 9; Vargas 4.4.2018 302, 7; NOSC00000044 (9.6.2016 E-Mail, Kushner an Vargas); NOSC00000045 (9.6.2016 E-Mail, Kushner an Cain).

736 Samotschornow 12.7.2017 302, 4; Grand Jury [redacted] Kushner 11.4.2018 302, 9-10; *siehe auch: Befragung von Donald J. Trump jr., Justizausschuss des Senats*, 115. Kongress, 48-49 (7. Sept. 2017).

737 *Russian Lawyer Veselnitskaya Says She Didn't Give Trump jr. Info on Clinton*, NBC News (11. Juli 2017).

738 *Aussage von Natalia Weselnizkaja vor dem Justizausschuss des Senats der Vereinigten Staaten*, 115. Kongress 10 (20. Nov. 2017).

sie »habe das Treffen als Rechtsanwältin von Denis Katsyv besucht«, dem bereits erwähnten Inhaber der Prevezon Holdings, ohne sich jedoch »in dieser Funktion vorzustellen«.[739]

In einem Fernsehinterview im Juli 2017 erklärte Trump jr., er hätte zwar keine Möglichkeit gehabt, die Verlässlichkeit, Glaubwürdigkeit und Genauigkeit von Goldstones Ankündigungen zum Zweck des Treffens zu überprüfen, aber für den Fall, »dass jemand Informationen über unsere Gegnerin besitzt … ist das vielleicht etwas. Dann sollte ich es mir anhören.«[740] Außerdem erklärte Trump jr. in seiner Aussage gegenüber dem Büro im September 2017, er habe gemeint, er solle sich »anhören, was Rob und seine Kollegen zu sagen haben«.[741] Falls er Informationen erhalte, könne er, so sagte Trump jr., »den Berater hinzuziehen, um vor dem Hintergrund der Information zu entscheiden, ob sie weiterer Betrachtung wert seien«.[742]

Nach Ende des Treffens vom 9. Juni entschuldigte sich Goldstone bei Trump jr.[743] Nach Aussage Goldstones sagte er zu Trump jr. Grand Jury [redacted][744] und erklärte Emin Agalarow in einem Telefongespräch, bei dem Treffen sei es um Adoption gegangen Grand Jury [redacted]

[739] *Aussage von Natalia Weselnizkaja vor dem Justizausschuss des Senats der Vereinigten Staaten,* 115. Kongress 21 (20. Nov. 2017).
[740] Sean Hannity, *Transcript – Donald Trump jr.*, Fox News (11. Juli 2017).
[741] *Befragung von: Donald J. Trump jr., Justizausschuss des Senats,* 115. Kongress 16 (7. Sept. 2017).
[742] *Befragung von: Donald J. Trump jr., Justizausschuss des Senats,* 115. Kongress 16-17 (7. Sept. 2017).
[743] Kaweladse 16.11.2017 302, 8; Grand Jury [redacted] Goldstone 8.2.2018 302, 9; Grand Jury [redacted]
[744] Grand Jury [redacted]

[redacted][745] Grand Jury [redacted][746]

Aras Agalarow bat Kaweladse nach dem Treffen um einen Bericht, doch ehe Kaweladse ihn anrufen konnte, meldete sich Aras Agalarow telefonisch bei ihm.[747] Im Beisein von Weselnizkaja berichtete Kaweladse, das Treffen sei gut verlaufen, sagte jedoch später zu Aras Agalarow, das Treffen zu dem Magnitsky Act sei Zeitverschwendung gewesen, weil keine Anwälte vor Ort gewesen seien und sie »vor der falschen Meute gepredigt hätten«.[748]

---

745 Grand Jury [redacted] In der Woche nach dem Treffen vom 9. Juni vermeldeten eine Firma für Cybersicherheit und das DNC den russischen Hackerangriff auf das DNC. *Siehe* Band I, Abschnitt III.B.2, *oben.* Grand Jury [redacted] (und eine Textnachricht zeigt), dass kurz nach der Bekanntgabe des DNC Goldstone Äußerungen machte, in denen er die Meldung des DNC zum Hackerangriff mit dem Treffen vom 9. Juni in Zusammenhang brachte. Grand Jury [redacted] OSC-KAV_00029 (14.6.2016 E-Mail, Goldstone an E. Agalarow und Kaweladse (10:09 Uhr)). Die Ermittlungen konnten keine Beweise für einen Zusammenhang zwischen den Ereignissen vom 9. Juni und der Cyberattacke des GRU erbringen. OSC-KAV_00029-30 (14.6.2016 E-Mail, Goldstone an E. Agalarow).

746 Grand Jury [redacted]

747 Kaweladse 16.11.2017 302, 8; Anrufprotokolle von Ike Kaweladse; Grand Jury [redacted].

748 Kaweladse 16.11.2017 302, 8; Anrufprotokolle von Ike Kaweladse Grand Jury [redacted]. Am 14. Juni 2016 erkundigte sich Kaweladses Tochter im Teenageralter per E-Mail bei Kaweladse, wie das Treffen vom 9. Juni verlaufen sei, und Kaweladse antwortete: »Treffen war langweilig. Die Russen hatten keine schlechten Infos über Hilary«. OSC-KAV_00257 (14.6.2016 E-Mail, I. Kaweladse an A. Kaweladse; Grand Jury [redacted].

US-Justizministerium
~~Juristische Ermittlungen~~ // ~~Kann geschütztes Material gemäß Fed. R. Crim. P. 6(c) enthalten~~

c. Ereignisse im Anschluss an den 9. Juni

Nach der Wahl unternahmen Weselnizkaja und Aras Agalarow mindestens zwei erfolglose Versuche, um Vertreter Trumps zu treffen und vergleichbare Informationen über Browder und den Magnitsky Act zu verbreiten.[749] Am 23. November 2016 schickte Kaweladse eine E-Mail an Goldstone mit dem Wunsch, ein weiteres Treffen »mit T-Leuten« zu arrangieren, und sandte ein Dokument mit den gleichen Anschuldigungen wie jene am 9. Juni erhobenen.[750] Kaweladse hakte bei Goldstone nach und erklärte, »Mr. A«, was Goldstone als Aras Agalarow deutete, habe angerufen, um sich nach dem Treffen zu erkundigen.[751] Goldstone mailte das Dokument an Rhonda Graff mit der Erklärung: »Aras Agalarow hat mich um Weiterleitung dieses Dokuments gebeten in der Hoffnung, es könne dem passenden Team unterbreitet werden. Nötigenfalls ist gegenwärtig ein mit dem Fall betrauter Anwalt in New York jederzeit gern bereit, sich mit jedwedem Angehörigen seines Übergangsteams zu treffen.«[752] Nach Aussage von Goldstone setzte sich Kaweladse ungefähr im Januar 2017 ein weiteres Mal mit ihm in Verbindung, um ein neues Treffen zu organisieren, aber Goldstone trug das Anliegen nicht vor.[753] Die Ermittlungen erbrachten keine Beweise, dass das Übergangsteam dergestalt aktiv wurde.

Die Teilnehmer des Treffens vom 9. Juni 2016 erhielten ungefähr ab Juni 2017 Anfragen von Rechtsvertretern der Trump

---

749 Goldstone 8.2.2018 302, 11; Grand Jury [redacted].

750 OSC-KAV_00138 (23.11.2016 E-Mail, Goldstone an Kaweladse); Grand Jury [redacted]

751 RG000196 (26.-29.11.2016 Textnachrichten, Goldstone und Kaweladse); Grand Jury [redacted]

752 Goldstone 8.2.2018 302, 11; Grand Jury [redacted] DJTJR00118 (28.11.2016 E-Mail, Goldstone an Graff).

753 Grand Jury [redacted]

Organization.[754] Um den 2. Juni 2017 sprach Goldstone mit Alan Garten, dem Justiziar der Trump Organization, über seine Teilnahme am Treffen vom 9. Juni.[755] Am gleichen Tag nannte Goldstone Garten in einer E-Mail Weselnizkajas Namen und identifizierte sie als die »Frau, die die Anwältin war, die auf dem Treffen für Moskau gesprochen hat«.[756] Später im Juni 2017 beteiligte sich Goldstone an einem längeren Telefongespräch mit Garten und Alan Futerfas, dem externen Rechtsberater der Trump Organization (und späteren privaten Rechtsbeistand von Trump jr.).[757] Am 27. Juni 2017 schickte Goldstone eine E-Mail an Emin Agalarow mit dem Betreff »Trumps Rechtsanwälte«, in der er erklärte, »von Anwälten befragt« worden zu sein, wobei es um das Treffen am 9. Juni ging. Die Anwälte seien »besorgt, weil es Don jr. mit Repräsentanten Russlands in Verbindung bringt – die zu treffen er stets abgestritten hat«.[758] Goldstone betonte, er habe »schon damals gesagt, dass es eine schlechte Idee und ein schreckliches Treffen war«.[759] Emin Agalarow schickte einen Screenshot der E-Mail an Kaweladse.[760]

Im Juli 2017 wurde das Treffen vom 9. Juni öffentlich bekannt. In einer Textnachricht vom 9. Juli 2017 schrieb Goldstone an Emin Agalarow: »Ich habe dafür gesorgt, dass Sie

754 Grand Jury [redacted]
755 Grand Jury [redacted]
756 RG000256 (2.6.2017 E-Mail, Goldstone an Garten).
757 Grand Jury [redacted]
758 RG000092 (27.6.2017 E-Mail, Goldstone an E. Agalarow).
759 RG000092 (27.6.2017 E-Mail, Goldstone an E. Agalarow); Grand Jury [redacted]
760 OSC-KAV_01190 (27.6.2017, Textnachricht E. Agalarov an Kaweladse).

und Ihr Vater nicht in diese/seine Geschichte hineingezogen werden«,[761] und »falls Sie angesprochen werden, kann ich eine Nummer abziehen und Sie heraushalten«.[762] Goldstone fügte hinzu »FBI-Ermittlungen laufen inzwischen«, und »ich hoffe, dieser Dienst für Ihren Vater zahlt sich aus – es könnte in die Luft gehen«.[763] Am 12. Juli 2017 beklagte sich Emin Agalarow, sein Vater Aras würde »nie [auf ihn] hören«, und ihre Beziehung zu »mr T ist inzwischen im Eimer«.[764] Im darauffolgenden Monat sprach Goldstone mit Emin Agalarow über das Ausmaß des öffentlichen Interesses, das das Treffen vom 9. Juni erzeugt hatte, und stellte fest, dass sein »Ansehen fundamental gelitten hat durch dieses dumme Treffen, auf dem Ihr Vater bestand, obwohl Ike und ich ihm erklärt hatten, dass es nicht gut ankommmen würde, dass man es also besser sein lassen sollte«.[765] Goldstone fügte hinzu: »Ich bin nicht in der Lage, Ihnen und Ihrem Vater gefällig zu sein. So werde ich als rätselhafte Verbindung zu Putin hingestellt.«[766]

Nachdem erste Berichte über das Treffen vom 9. September bekannt wurden, wandten sich Vertreter der Trump Organization erneut an die Teilnehmer. Am 10. Juli 2017 schickte Futerfas Goldstone eine Mail mit dem Vorschlag einer Erklärung, die Goldstone veröffentlichen sollte. Sie lautete:

---

761 RG000286-87 (9.7.2017 Textnachrichten, E. Agalarow und Goldstone); Grand Jury [redacted]

762 Ermittlungstechnische Gründe [redacted]

763 Ermittlungstechnische Gründe [redacted] Grand Jury [redacted]

764 OSC-KAV_01197 (11.–12.7.2017 Textnachrichten, Kaweladse und E. Agalarow); Grand Jury [redacted]

765 Ermittlungstechnische Gründe [redacted]

766 Ermittlungstechnische Gründe [redacted]

US-Justizministerium
~~Juristische Ermittlungen~~ // ~~Kann geschütztes Material gemäß Fed. R. Crim. P. 6(c) enthalten~~

> Als derjenige, der das Treffen organisiert hat, kann ich mit Gewissheit sagen, dass die Erklärungen, die ich von Donald Trump jr. gelesen habe, zu 100 % zutreffen. Das Treffen war reine Zeitverschwendung, und Don war Ms. Weselnizkajas Name im Vorfeld der Zusammenkunft nicht bekannt. Ms. Weselnizkaja sprach vorwiegend über den Magnitsky Act und die russischen Adoptionsgesetze, und das Treffen dauerte nicht länger als 20 bis 30 Minuten. Es gab keine Fortsetzung, und das Treffen erbrachte keinerlei Ergebnisse.[767]

Grand Jury [redacted] die von Vertretern der Trump Organization verfasste Erklärung war Grand Jury [redacted].[768] Er schlug für seine Erklärung einen anderen Text vor, in dem er versicherte, dass er »von [seinem] Klienten in Moskau – Emin Agalarow – gebeten wurde, ein Treffen zwischen einer russischen Anwältin (Natalia Weselnizkaya [sic]) und Donald Trump jr. zu organisieren. Die Anwältin hatte augenscheinlich behauptet, im Besitz von einigen Informationen aus Russland über die Finanzierung des DNC zu sein, die für Mr. Trump jr., wie sie meinte, von Interesse sein könnten.«[769] Goldstone veröffentlichte keine der beiden Erklärungen.[770]

Auch auf russischer Seite gab es Diskussionen darüber, wie sich die Teilnehmer des Treffens am 9. Juni äußern sollten. Konkret erbot sich die Organisation, die Samotschornow eingestellt hatte – eine von Weselnizkaja und dem Besitzer von Preveson kontrollierte Gruppe, die gegen den Magnitsky Act vorging –, 90 000 US-Dollar von Samotschornows Anwalts- und Gerichts-

---

767 10.7.2017 E-Mail, Goldstone an Futerfas und Garten.

768 Grand Jury [redacted]

769 10.7.2017 E-Mail, Goldstone an Futerfas und Garten.

770 Grand Jury [redacted]

kosten zu übernehmen.[771] Auf Weselnizkajas Bitte hin schickte die Organisation Samotschornow ein Transkript von Weselnizkajas Presseinterviews, und Samotschornow interpretierte es in dem Sinne, dass die Organisation seine Anwalts- und Gerichtskosten nur dann übernehmen würde, wenn seine Aussagen mit denen Weselnizkajas übereinstimmten.[772] Dies lehnte Samotschornow ab; gegenüber dem Büro erklärte er, er wolle sich nicht des Meineids schuldig machen.[773] Die Person, die Samotschornow Weselnizkajas Anliegen vortrug, erklärte, er habe die Zahlungen nicht ausdrücklich von der Übereinstimmung mit Weselnizkajas Antworten abhängig gemacht, könne aber rückblickend verstehen, dass Samotschornow das Übersenden des Transkripts dahingehend verstand, dass das Hilfsangebot daran gekoppelt war, Weselnizkajas Aussagen nicht zu widersprechen.[774]

Band II, Abschnitt II.G, *oben*, befasst sich mit den Interaktionen aus der Zeit von Juni und Juli 2017 zwischen Präsident Trump, Trump jr. und anderen im Zusammenhang mit dem Treffen vom 9. Juni.

6. Ereignisse beim Nominierungsparteitag der Republikaner

Mitglieder von Trumps Wahlkampfteam trafen sich mit dem russischen Botschafter Sergej Kisljak in der Woche des Nominierungsparteitages der Republikaner. Das Beweismaterial deutet darauf hin, dass diese Treffen kurz und unbedeutend waren. Während der Sitzungen des Parteiprogrammausschusses unmittelbar vor dem Parteitag schwächte J.D. Gordon, ein hochrangiger Wahlkampfberater für Politik und nationale Sicherheit, einen Änderungsvorschlag für das Grundsatzprogramm der Re-

---

771 Samotschornow 13.7.2017 302, 1; Grand Jury [redacted]

772 Grand Jury [redacted] Samotschornow 13.7.2017 301, 1.

773 Samotschornow 13.7.2017 301, 1

774 Grand Jury [redacted]

publikanischen Partei ab. Der Vorschlag befürwortete »tödliche« Unterstützung für die Ukraine als Reaktion auf russische Aggression. Gordon bat die Programmausschussmitglieder, den Änderungsvorschlag dahingehend zu überarbeiten, dass der Ukraine nur »angemessene« Unterstützung gegeben werden würde. Die Antragstellerin des Änderungsvorschlags der »tödlichen« Unterstützung gab an, dass Gordon ihr mitgeteilt habe, er hätte in Verbindung mit seinem Antrag, die Wortwahl abzuschwächen, mit dem Kandidaten Trump telefoniert. Gordon stritt ab, diese Behauptung gegenüber der Befürworterin gemacht zu haben, räumte aber ein, möglicherweise erwähnt zu haben, dass er mit dem Präsidentschaftskandidaten über dieses Thema gesprochen habe. Die Untersuchung hat nicht ergeben, dass Gordon mit dem Kandidaten gesprochen hat, oder von ihm aufgefordert wurde, diesen Vorschlag einzubringen. Gordon sagte, dass er die Änderung wollte, weil er glaubte, dass die vorgeschlagene Wortwahl im Widerspruch zu Trumps Einstellung zur Ukraine stand.

a. Die Begegnungen des Botschafters Kisljak mit Senator Sessions und J.D. Gordon während der Woche des Nominierungsparteitages

Im Juli 2016 sprachen Senator Sessions und J.D. Gordon bei der Veranstaltung der Global Partners in Diplomacy in Ohio, einer Konferenz, die vom Außenministerium und der US-amerikanischen Denkfabrik Heritage Foundation gemeinsam gesponsort wurde und die in der gleichen Woche wie der Nominierungsparteitag der Republikaner (Republican National Convention, kurz RNC oder Parteitag) stattfand.[775] Etwa 80 ausländische Botschaf-

---

775 Gordon 29.8.2017 302, 9; Sessions 17.1.2018 302, 22; Allan Smith, *We Now Know More About why Sessions and a Russian Ambassador Crossed Paths at the Republican Convention (Jetzt wissen wir mehr darüber, warum sich die Wege von Jeff Sessions und einem russischen Botschafter bei dem Parteitag der Republikaner kreuzten)*, Business Insider (2. März 2017).

ter in den Vereinigten Staaten, darunter auch Kisljak, waren zu der Konferenz eingeladen.[776]

Am 20. Juli 2016 hielten Gordon und Sessions ihre Reden auf der Konferenz.[777] In seiner Rede erklärte Gordon, dass die Vereinigten Staaten bessere Beziehungen zu Russland haben sollten.[778] Sessions ließ während seiner Rede Fragen zu, von denen eine von Kisljak gestellt worden sein könnte.[779] Nach den Reden traten mehrere Botschafter an die Sprecher heran, um sie zu begrüßen.[780] Gordon gab Kisljak die Hand und bekräftigte, dass er gemeint habe, was er über die Verbesserung der amerikanisch-russischen Beziehungen gesagt habe.[781] Sessions sprach einzeln mit zwischen sechs und 12 Botschaftern, einschließlich Kisljak.[782] Obwohl Sessions in seinen Vernehmungen durch das Büro des Sonderermittlers erklärte, er habe keine klare Erinnerung daran, worüber er mit Kisljak gesprochen habe, glaubte er, dass ihre Unterhaltung nur wenige Minuten gedauert habe und dass sie wohl Höflichkeiten und einige Worte über die Beziehungen zwischen den USA und Russland ausgetauscht hätten.[783]

Später am selben Abend nahm Gordon an einem Empfang der Konferenz teil.[784] Gordon stieß auf Kisljak, als sich beide am Buf-

---

776 Gordon 29.8.2017 302, 9; Laura DeMarco, *Global Cleveland and Sen. Bob Corker Welcome International Republican National Convention Guests (Global Cleveland und Senator Bob Corker heißen internationale Gäste des Nominierungsparteitags willkommen)*, Cleveland Plain Dealer (20. Juli 2016).

777 Gordon 29.8.2017 302, 9; Sessions 17.1.2018 302, 22.

778 Gordon 29.8.2017 302, 9.

779 Sessions 17.1.2018 302, 22; Luff 30.1.2018 302, 3.

780 Gordon 29.8.2017 302, 9; Luff 30.1.2018 302, 3.

781 Gordon 29.8.2017 302, 9.

782 Sessions 17.1.2018 302, 22; Luff 30.1.2018 302, 3. *Siehe auch* Band I, Abschnitt IV.A.4.b, *oben* (wo erklärt wird, dass sich Sessions und Kisljak drei Monate vor dieser Begegnung während eines Empfangs im Mayflower Hotel am 26. April 2016 begegnet sein könnten).

783 Sessions 17.1.2018 302, 22.

784 Gordon 29.8.2017 302, 9-10.

fet bedienten, und sie beschlossen, sich zum Essen an denselben Tisch zu setzen.[785] Die Botschafter von Aserbaidschan und Kasachstan sowie Trumps Wahlkampfberater Carter Page gesellten sich an ebendiesen Tisch.[786] Beim Essen sprachen Gordon und Kisljak nach Gordons Einschätzung etwa drei bis fünf Minuten lang miteinander. Dabei erwähnte Gordon wieder, dass er ernst gemeint habe, was er in seiner Rede über die Beziehungen zwischen den USA und Russland gesagt hätte.[787]

b. Veränderung am Grundsatzprogramm der Republikanischen Partei

In Vorbereitung auf den Parteitag im Jahr 2016 überarbeiteten außenpolitische Berater in Trumps Wahlkampfteam in Zusammenarbeit mit dem Republican National Committee das Grundsatzprogramm des Parteitags von 2012, um Abweichungen zwischen dem früheren Grundsatzprogramm und Trumps Position zu identifizieren.[788] Das Wahlkampfteam debattierte über eine Entschärfung der Sprache des Grundsatzprogramms von 2012, in dem Russland als größte Bedrohung des Landes identifiziert worden war, da der Präsidentschaftskandidat der Meinung war, dass die USA ihre Beziehungen zu Russland verbessern sollten.[789] Der RNC-Ausschuss für das Grundsatzprogramm schickte den Programmentwurf für 2016 an den Programmunterausschuss für Nationale Sicherheit und Verteidigung, und zwar am 10. Juli 2016, dem Abend vor dem ersten Treffen, um Änderungsvorschläge einzubringen.[790]

---

785 Gordon 29.8.2017 302, 9-10.

786 Gordon 29.8.2017 302, 10; *siehe auch* Band I, Abschnitt IV.A.3.d, *oben* (wo erklärt wird, dass Page zugab, Kisljak bei dieser Veranstaltung begegnet zu sein).

787 Gordon 29.8.2017 302, 10.

788 Gordon 29.8.2017 302, 10.

789 Gordon 29.8.2017 302, 10.

790 Gordon 29.8.2017 302, 10; Hoff 26.5.2017 302, 1-2.

Obwohl nur Abgeordnete an den formellen Diskussionen teilnehmen und über das Grundsatzprogramm abstimmen konnten, konnte Trumps Wahlkampfteam Veränderungen vorschlagen. Mitglieder von Trumps Wahlkampfteam nahmen an den Treffen des Ausschusses teil.[791] John Mashburn, der Strategische Leiter des Wahlkampfteams, half dabei, die Beteiligung der Wahlkampfmitglieder an den Treffen der Grundsatzprogrammausschüsse zu koordinieren.[792] Er teilte dem Büro des Sonderermittlers mit, dass er die Mitarbeiter des Wahlkampfes, J.D. Gordon eingeschlossen, angewiesen habe, sich auf dem Parteitag zurückzuhalten und nur solche Teile des Grundsatzprogramms infrage zu stellen, die in direktem Widerspruch zu Trumps Wünschen standen.[793]

Am 11. Juli 2016 brachte die Abgeordnete Diana Denman einen Veränderungsvorschlag zum Grundsatzprogramm ein, der eine bewaffnete Unterstützung für die Ukraine beinhaltete.[794] Die Änderung beschrieb Russlands »fortwährende militärische Aggression« in der Ukraine und erklärte »Unterstützung« für eine »Beibehaltung (und wenn nötig, Verschärfung) der Sanktionen gegen Russland, bis die Souveränität und territoriale Unversehrtheit der Ukraine vollständig wiederhergestellt ist«, sowie für die »Bereitstellung tödlicher Verteidigungswaffen zur Unterstützung der ukrainischen Streitkräfte und mehr Koordination mit der NATO in der Verteidigungsplanung«.[795] Gordon überprüfte die vorgeschlagenen Änderungen am Grundsatzprogramm, darunter auch den Vorschlag Denmans.[796] Gordon erklärte, dass er wegen Trumps erklärter Position zur Ukraine diesen Änderungsvorschlag zur Diskussion stellte. Gordon habe persönlich gehört, wie der Kandidat diese Position bei dem

791 Hoff 26.5.2017 302, 1; Gordon 7.9.2017 302, 10.
792 Mashburn 25.6.2018 302, 4; Manafort 20.9.2018 302, 7-8.
793 Mashburn 25.6.2018 302, 4; Gordon 29.8.2017 302, 10.
794 DENMAN 000001-02, DENMAN 000012, DENMAN 000021-22; Denman 4.12.2017 302, 1; Denman 7.6.2017 302, 2.
795 DENMAN 000001-02, DENMAN 000012, DENMAN 000021-22.
796 Gordon 29.8.2017 302, 10-11.

außenpolitischen Treffen vom 31. März geäußert habe, nämlich dass die Europäer die Hauptverantwortung für die Unterstützung der Ukraine übernehmen sollten, dass es verbesserte Beziehungen zwischen den USA und Russland geben sollte und dass er wegen dieser Region keinen dritten Weltkrieg beginnen wollte.[797] Gordon erklärte dem Büro des Sonderermittlers, dass Trumps Äußerungen nach dem Treffen vom März während des Wahlkampfs diese Positionen weiter bekräftigt hätten, sodass Gordon sich bemüßigt fühlte, der vorgeschlagenen Grundsatzänderung zu widersprechen und sie abzuschwächen.[798]

Bei einem Treffen des Programmunterausschusses für Nationale Sicherheit und Verteidigung am 11. Juni 2016 brachte Denman ihren Änderungsvorschlag vor.[799] Gordon und ein weiteres Mitglied des Wahlkampfteams, Matt Miller, traten an einen Co-Vorsitzenden des Ausschusses heran und baten ihn, den Änderungsvorschlag auf den Tisch zu bringen, um eine weitere Diskussion zu erlauben.[800] Gordons Bedenken hinsichtlich des Änderungsvorschlags bezogen sich auf die Wortwahl der »Bereitstellung tödlicher Waffen für die Ukraine«.[801] Miller hatte keine unabhängige Grundlage, um anzunehmen, dass diese Wortwahl Trumps Einstellungen widersprach und verließ sich auf Gordons Erinnerung an Trumps Einstellungen.[802]

Nach Denmans Angaben sagten Gordon und Matt Miller zu ihr, dass sie die Wortwahl bereinigen müssten und dass Gordon »mit New York« im Gespräch sei.[803] Denman sagte gegenüber anderen, dass sie von den beiden Mitarbeitern des Wahlkampf-

---

797 Gordon 29.8.2017 302, 11; Gordon 7.9.2017 302, 11; Gordon 14.2.2019 302, 1-2, 5-6.

798 Gordon 14.2.2017 302, 5-6

799 Denman 7.6.2017 302, 2; *siehe* DENMAN 000014.

800 Denman 7.6.2017 302, 2; Denman 4.12.2017 302, 2; Gordon 7.9.2017 302, 11-12; *siehe* Hoff 26.5.2017 302, 2.

801 Denman 7.6.2017 302, 3.

802 M. Miller 25.10.2017 302, 3.

803 Denman 4.12.2017 302, 2; Denman 7.6.2017 302, 2.

teams aufgefordert worden sei, »tödliche Verteidigungswaffen« aus dem Vorschlag zu streichen, sich aber geweigert habe.[804] Denman erinnerte sich, dass Gordon gesagt habe, er telefoniere mit dem Kandidaten Trump, dass sie selbst aber skeptisch war, ob das der Wahrheit entsprach.[805] Gordon stritt ab, Denman gesagt zu haben, er telefoniere mit Trump, räumte aber ein, es wäre möglich, dass er erwähnt habe, zuvor mit dem Kandidaten über das fragliche Thema gesprochen zu haben.[806] Die Verbindungsnachweise von Gordons Telefon listen für diesen Nachmittag einen Anruf an Sessions' Büro in Washington auf. Eine Nummer, die direkt mit Trump in Verbindung gebracht werden kann, ist jedoch nicht aufgeführt.[807] Und der Präsident erinnert sich laut seinen schriftlichen Antworten auf die Fragen des Büros des Sonderermittlers nicht daran, in die Änderung der Wortwahl des Zusatzes zum Parteiprogramm einbezogen gewesen zu sein.[808]

Gordon sagte aus, dass er versucht habe, Rick Dearborn, einen leitenden außenpolitischen Berater, und Mashburn, den strategischen Leiter des Wahlkampfes, zu erreichen. Gordon erklärte, dass er mit beiden in Verbindung getreten sei (er könne sich nicht erinnern, ob telefonisch oder persönlich) und sie über die Wortwahl informiert habe, mit der er in dem vorgeschlagenen Änderungsantrag nicht übereinstimme. Gordon erinnerte sich an keinen Einwand von Dearborn oder Mashburn; alle drei Wahlkampfberater hätten die alternative Formulierung (»angemessene Unterstützung«) befürwortet.[809] Dearborn erinnerte

---

804 Hoff 26.5.2017 302, 2.

805 Denman 7.6.2017 302, 2-3, 3-4; Denman 4.12.2017 302, 2.

806 Gordon 14.2.2019 302, 7.

807 Anrufprotokolle von J.D. Gordon Grand Jury [redacted]. Gordon erklärte dem Büro des Sonderermittlers, seine Anrufe bei Sessions hätten nichts mit der Änderung des Grundsatzprogramms zu tun gehabt. Gordon 14.2.2019 302, 7.

808 Schriftliche Antworten von Donald J. Trump (20. Nov. 2018), 17 (Antwort auf Frage IV, Teil (f)).

809 Gordon 14.2.2019 302, 6-7; Gordon 7.9.2017 302, 11-12; *siehe* Gordon 29.8.2017 302, 11.

sich daran, dass Gordon ihn wegen der Änderung gewarnt habe, dass er sich aber nicht eingeschaltet habe, weil Gordon besser mit der außenpolitischen Haltung des Wahlkampfs vertraut gewesen sei.[810] Mashburn erklärte, dass Gordon ihn erreicht habe, und er Gordon gesagt habe, dass Trump keine Haltung zu diesem Thema eingenommen hatte und dass das Wahlkampfteam nicht eingreifen sollte.[811]

Als der Änderungsantrag in den Beratungen des Ausschusses erneut zur Sprache kam, modifizierte der Unterausschuss den Antrag, indem er die Wortwahl »tödliche Verteidigungswaffen« strich und durch die Formulierung »angemessene Unterstützung« ersetzte.[812] Gordon erklärte, dass er und der Co-Vorsitzende des Unterausschusses sich schließlich darauf geeinigt hätten, bewaffnete Unterstützung durch »angemessene Unterstützung« zu ersetzen.[813] Dementsprechend billigte der Unterausschuss Denmans Änderung, jedoch mit der Formulierung »angemessene Unterstützung«.[814] Gordon erklärte, dass dies nach seiner Erinnerung die einzige vom Wahlkampfteam angestrebte Änderung gewesen sei.[815] Sam Clovis, der nationale Co-Vorsitzende und leitende Politikberater des Wahlkampfs, erklärte, er sei von der Änderung überrascht gewesen und nicht der Meinung, dass sie mit Trumps Haltung übereinstimme.[816] Mashburn sagte aus, als er den Ausdruck »angemessene Unterstützung« gesehen habe, sei er der Meinung gewesen, dass Gordon gegen Mashburns Direktive, nicht einzugreifen, verstoßen habe.[817]

---

810 Dearborn 28.11.2017 302, 7-8.
811 Mashburn 25.6.2018 302, 4.
812 Hoff 26.5.2017 302, 2-3; *siehe* Denman 4.12.2017 302, 2-3; Gordon 29.8.2017 302, 11.
813 Gordon 29.8.2017 302, 11; Gordon 7.9.2017 302, 12.
814 Hoff 26.5.2017 302, 2-3.
815 Gordon 14.2.2019 302, 6.
816 Clovis 3.10.2017 302, 10-11.
817 Mashburn 25.6.2018 302, 4.

7. Kontakte mit Kisljak nach dem Parteitag

In den Wochen nach dem Parteitag setzte Botschafter Kisljak seine Bemühungen fort, mit den für das außenpolitische Portfolio zuständigen Mitgliedern des Wahlkampfteams – darunter Sessions und Gordon – zusammenzuarbeiten. Das Büro des Sonderermittlers hat in diesen Interaktionen keine Beweise einer Absprache zwischen dem Wahlkampf und der russischen Regierung gefunden.

a. Botschafter Kisljak lädt J.D. Gordon zum Frühstück in die Botschafterresidenz ein

Am 3. August 2016 schrieb ein Beamter der Botschaft der Russischen Föderation in den Vereinigten Staaten an Gordon »im Namen von« Botschafter Kisljak und lud Gordon ein, »mit dem Botschafter in seiner Residenz« in Washington, D.C., in der folgenden Woche zu frühstücken/Tee zu trinken.[818] Gordon antwortete fünf Tage später, um die Einladung abzulehnen. Er schrieb: »[D]iese Tage sind für uns nicht optimal, da wir ununterbrochen gegen einen Strom falscher Geschichten in den Medien ankämpfen und uns gleichzeitig auf die erste Debatte mit HRC vorbereiten. Hoffe, das auf später zu verschieben, wenn es hier etwas ruhiger wird. Bitte übermitteln Sie meine Grüße an den Botschafter.«[819] Die Untersuchung ergab keine Beweise dafür, dass Gordon nach dieser E-Mail andere Vereinbarungen getroffen hat, um sich mit Kisljak zu treffen (oder ihn getroffen hat).

---

818 DJTFP00004828 (3.8.2016 E-Mail, Pscheljakow [embassy@russianembassy.org] an Gordon).

819 DJTFP00004953 (8.8.2016 E-Mail, Gordon an embassy@russianembassy.org).

b. Senator Sessions' Treffen mit Botschafter Kisljak im September 2016

Ebenfalls im August 2016 kontaktierte ein Vertreter der russischen Botschaft das Senatsbüro, um ein Treffen mit Kisljak zu vereinbaren.[820] Zu der Zeit war Sessions ein Mitglied des Ausschusses für Auslandsbeziehungen des Senats und traf sich in dieser Funktion mit ausländischen Beamten.[821] Doch Sessions' Mitarbeiter berichteten, dass Anfragen nach Treffen von Botschaftern 2016 deutlich anstiegen, als Sessions eine prominente Rolle im Wahlkampf Trumps annahm und sein Name im Zusammenhang mit potenziellen Positionen auf Kabinettsebene in einer zukünftigen Trump-Regierung fiel. Sessions selbst bestätigte das.[822]

Am 8. September 2016 traf sich Sessions mit Kisljak in seinem Senatsbüro.[823] Sessions sagte, er glaubte, dass er dem Wahlkampf einen Dienst erweise, indem er sich mit ausländischen Botschaftern treffe, Kisljak eingeschlossen.[824] Er wurde bei der Sitzung von mindestens zwei seiner Senatsmitarbeiter begleitet: Sandra Luff, seiner Legislativberaterin, und Pete Landrum, der für militärische Angelegenheiten zuständig war.[825] Das Treffen dauerte weniger als 30 Minuten.[826] Sessions äußerte Bedenken über den Verkauf eines Raketenabwehrsystems durch Russland an den Iran, über russische Flugzeuge, die im Tiefflug über US-Militäreinrichtungen im Nahen Osten flogen, und über russische Ag-

---

820 Luff 30.1.2018 302, 5.

821 Sessions 17.1.2018 302, 23-24; Luff 30.1.2018 302, 5.

822 Sessions 17.1.2018 302, 23-24; Luff 30.1.2018 302, 5; Landrum 27.2.2018 302, 3-5.

823 Sessions 17.1.2018 302, 23.

824 Sessions 17.1.2018 302, 23.

825 Sessions 17.1.2018 302, 23; Luff 30.1.2018 302, 5-6; Landrum 27.2.2018 302, 4-5 (der aussagte, er könne sich nicht erinnern, ob über die Wahl gesprochen worden sei).

826 Luff 30.1.2018 302, 6; Landrum 27.2.2018 302, 5.

gressionen in aufstrebenden Demokratien wie der Ukraine und Moldawien.[827] Kisljak gab Erklärungen zu diesen Themen ab und beschwerte sich über die NATO-Landstreitkräfte in ehemaligen Sowjetblockstaaten, die an Russland grenzen.[828] Landrum erinnerte sich daran, dass Kisljak den Präsidentschaftswahlkampf als »einen interessanten Wahlkampf« bezeichnete,[829] und Sessions erinnerte sich auch daran, dass Kisljak sagte, dass die russische Regierung offen für die Annäherungsversuche wäre, die Trump während seines Wahlkampfs angesprochen hatte.[830] Keiner der Teilnehmer erinnerte sich jedoch an eine Diskussion über eine russische Wahlintervention oder an eine Bitte, dass Sessions Informationen von der russischen Regierung an Trumps Wahlkampfteam weitergeben solle.[831]

Während des Treffens lud Kisljak Sessions ein, die Beziehungen zwischen den USA und Russland bei einem Essen in der Residenz des Botschafters näher zu erörtern.[832] Sessions blieb unverbindlich, als Kisljak die Einladung aussprach. Nach Beendigung des Treffens riet Luff Sessions von einem Gespräch unter vier Augen mit Kisljak ab, den sie als »KGB-Typen vom alten Schlag« einschätzte.[833] Weder Luff noch Landrum erinnerten sich daran, dass Sessions der Einladung folgte oder vor der Wahl im November 2016 weitere Anstrengungen unternahm, um sich mit Kisljak zu treffen oder mit ihm zu essen.[834] Sessions und Landrum erinnerten sich daran, dass es nach der Wahl einige

---

827 Luff 30.1.2018 302, 6; Landrum 27.2.2018 302, 4-5.

828 Luff 30.1.2018 302, 6; Landrum 27.2.2018 302, 4-5.

829 Landrum 27.2.2018 302, 5.

830 Sessions 17.1.2018 302, 23. Sessions stellte auch fest, dass Botschafter zu ihm kamen, um Informationen über Trump zu erhalten, und hofften, dass er Informationen an Trump weitergeben würde. Sessions 17.1.2018 302, 23-24.

831 Sessions 17.1.2018 302, 23; Luff 30.1.2018 302, 6; Landrum 27.2.2018 302, 5.

832 Luff 30.1.2018 302, 5; Landrum 27.2.2018 302, 4.

833 Luff 30.1.2018 302, 5.

834 Luff 30.1.2018 302, 6; Landrum 27.2.2018 302, 4-5.

Bemühungen gab, ein Treffen zwischen Sessions und Kisljak zu organisieren.[835] Laut Sessions kam die Anfrage über CNI und hätte ein Treffen zwischen Sessions und Kisljak, zwei weiteren Botschaftern und dem Gouverneur von Alabama bedeutet.[836] Sessions war jedoch am Tag des anberaumten Treffens in New York und konnte nicht teilnehmen.[837] Die Untersuchung ergab keine Beweise dafür, dass sich die beiden Männer nach ihrem Treffen am 8. September zu irgendeinem Zeitpunkt trafen.

8. Paul Manafort

Paul Manafort gehörte von März bis August 2016 Trumps Wahlkampfteam an, eine Zeit lang als dessen Leiter.[838] Manafort hatte durch seine vorherige Arbeit für den russischen Oligarchen Oleg

---

835 Sessions 17.1.2018 302, 23.

836 Sessions 17.1.2018 302, 23.

837 Sessions 17.1.2018 302, 23.

838 Am 21. August 2018 wurde Manafort im Eastern District of Virginia in acht Anklagepunkten verurteilt: Steuerhinterziehung, Verstoß gegen das Gesetz zur Registrierungspflicht ausländischer Bankkonten (FBAR) und Bankbetrug verurteilt. Am 14. September 2018 bekannte sich Manafort im District of Columbia schuldig in folgenden Anklagepunkten: 1.) Verabredung gegen die Vereinigten Staaten in verschwörerischer Absicht (Geldwäsche, Steuerbetrug, FBAR, Foreign Agents Registration Act (FARA) und Falschaussage (FARA), und 2.) einer Verschwörung zur Behinderung der Justiz (Zeugenbeeinflussung). Manafort gab auch strafbares Verhalten zu, dessen er im Eastern District of Virginia angeklagt war, an dem die Jury jedoch festhielt. In beiden Fällen war Manaforts Arbeit in der Ukraine betroffen und das Geld, das er für diese Arbeit eingenommen hatte, sowie Straftaten nach Beendigung der Arbeit in der Ukraine. Am 7. März 2019 wurde Manafort von der Staatsanwaltschaft Virginia zu 47 Monaten Haft verurteilt. Am 13. März verurteilte das Amtsgericht im District of Columbia Manafort zu einer gesamten Haftstrafe von 73 Monaten: 60 Monate wegen der Verschwörung (30 dieser Monate waren gleichzeitig mit dem Urteil aus Virginia zu verbüßen) unter Punkt 1.), und 13 Monate wegen der Verschwörung unter Punkt 1), die im Anschluss an die beiden anderen Urteile abgeleistet werden musste. Die beiden Verurteilungen führten zu einer Haftstrafe von 90 Monaten.

Deripaska und später durch seine Arbeit für das prorussische Regime in der Ukraine Verbindungen nach Russland. Manafort pflegte diese Kontakte auch während seiner Wahlkampfzeit über seinen langjährigen Mitarbeiter Konstantin Kilimnik, der zuvor das Büro von Manafort in Kiew geleitet hatte. Das FBI geht davon aus, dass Kilimnik Verbindungen zum russischen Geheimdienst hat.

Manafort beauftragte Rick Gates, seinen stellvertretenden Wahlkampfleiter und langjährigen Mitarbeiter,[839] Kilimnik fortlaufend mit aktuellen Informationen über den Wahlkampf zu versorgen – auch mit internen Umfragedaten –, wenngleich Manafort behauptet, sich nicht an diese spezifische Anweisung zu erinnern. Manafort erwartete von Kilimnik, dass er diese Informationen an Personen in der Ukraine und an Deripaska weitergab. Während des Wahlkampfs schickte Gates diese Daten regelmäßig an Kilimnik.

Manafort traf sich während der Wahlkampfzeit auch zweimal mit Kilimnik in den Vereinigten Staaten und leitete Informationen zum Wahlkampf an ihn weiter. Das zweite Treffen fand am 2. August 2016 in New York City statt. Kilimnik bat um das Treffen, um persönlich eine Botschaft des ehemaligen ukrainischen Präsidenten Wiktor Janukowytsch, der damals in Russland lebte, zu übermitteln. Die Botschaft betraf einen Friedensplan für die Ukraine. Manafort hat zwischenzeitlich eingeräumt, dass dieser Plan eine »Hintertür« für Russland zur Kontrolle der Ostukraine gewesen sei. Einige Monate später, nach den Präsidentschafts-

[839] Wie in Band 1, Abschnitt III.D.1.b, *oben,* festgehalten, bekannte sich Gates im Rahmen einer Verständigung im Strafverfahren im District of Columbia schuldig im Sinne zweier Anklagepunkte, einschließlich einer Falschaussage gegenüber dem FBI. Er hat Informationen bereitgestellt und vor Gericht Aussagen gemacht, die das Büro als zuverlässig erachtet. Siehe auch Transkript 16, *Vereinigte Staaten vs. Paul J. Manafort jr.*, 1:17-cr-201 (D.D.C. 13. Feb. 2019), Dok. 514 (»*Manafort* 13.2.2019 Transkript«) (Erklärung des Gerichts über die Gründe, warum Gates' Aussagen in einer Instanz angerechnet wurden.

wahlen, schrieb Kilimnik eine E-Mail an Manafort und drückte darin die Ansicht aus – von der Manafort später sagte, dass er sie geteilt habe –, dass der Erfolg des Plans von der Unterstützung der USA abhinge: »Alles, was nötig ist, um den Prozess anzuschieben, ist ein sehr kleines Blinzeln (oder ein leichter Schubs) von [Donald Trump].«[840] In der E-Mail führte Kilimnik aus, sollte Manafort als offizieller Vertreter der USA benannt werden und den Prozess in die Wege leiten, würde Janukowytsch seinen Empfang in Russland »auf höchster Ebene« sicherstellen.

Manafort kommunizierte nach ihrem ersten Gespräch über das Thema am 2. August mindestens viermal per E-Mail mit Kilimnik über Friedenspläne für die Ukraine: im Dezember 2016 (die oben genannte E-Mail von Kilimnik), im Januar 2017, im Februar 2017 und erneut im Frühjahr 2018. Das Büro prüfte zahlreiche E-Mails und Textmitteilungen Manaforts und befragte Präsident Trump schriftlich über den Plan.[841] Die Untersuchung ergab keine Beweise dafür, dass Manafort Informationen über ukrainische Friedenspläne an den Präsidentschaftskandidaten oder Mitglieder des Wahlkampfs beziehungsweise der Regierung weitergegeben hat. Das Büro des Sonderermittlers war jedoch nicht in der Lage, sich Zugang zur gesamten elektronischen Kommunikation Manaforts zu verschaffen (einige Nachrichten wurden unter Anwendung von Verschlüsselungssystemen versandt). Manafort stritt ab, mit Mitgliedern des Wahlkampfteams oder der neuen Regierung über den Friedensplan gesprochen zu haben, sagte dem Büro des Sonderermittlers und der Grand Jury

840 Die E-Mail wurde auf Englisch in Kilimniks DMP-Benutzerkonto erstellt Ermittlungstechnische Gründe [redacted]

841 In seinen schriftlichen Antworten gibt der Präsident an, sich nicht daran zu erinnern, dass Manafort ihm bestimmte Positionen mitgeteilt hätte, von

über den Friedensplan und seine Treffen mit Kilimnik jedoch zugleich die Unwahrheit. Seine Unglaubwürdigkeit hinsichtlich dieses Themas war einer der Gründe, warum der Bezirksrichter erklärte, dass er gegen die Vereinbarung im Strafverfahren verstoßen hat.[842]

Das Büro des Sonderermittlers konnte den Grund für Manaforts Weiterleiten interner Umfrageergebnisse an Kilimnik während des Wahlkampfs nicht eindeutig feststellen. Manafort [redacted] sah nichts Negatives darin, Wahlkampfinformationen weiterzuleiten. Er sagte Gates, dass seine Rolle im Wahlkampf nicht nur »gut fürs Geschäft«, sondern potenziell auch eine Möglichkeit sei, für die zuvor in der Ukraine geleistete Arbeit entschädigt zu werden. In Hinsicht auf Deripaska behauptete Manafort, dass Deripaska durch den Erhalt von Wahlkampfinformationen einen Nutzen in ihrer Beziehung sehen könnte, die auch eine »Meinungsverschiedenheit« beilegen könnte – ein Hinweis auf ein oder mehrere ausstehende Gerichtsverfahren. Aufgrund der zweifelhaften Glaubwürdigkeit Manaforts und unserer begrenzten Fähigkeit, Beweise darüber zusammenzutragen, was mit den Umfrageergebnissen gesche-

---

842 Manafort machte bei den Befragungen mehrere Falschaussagen. Aufgrund dieser Verhaltensweise stellte das Büro des Sonderermittlers fest, dass Manafort gegen die Vereinbarung verstoßen hatte und somit kein kooperierender Zeuge sein konnte. Der Richter, der den Vorsitz in Manaforts Strafverfahren im District of Columbia innehatte, stellte aufgrund überzeugender Beweise fest, dass Manafort vorsätzlich mehrere Falschaussagen gegenüber dem FBI, dem Büro des Sonderermittlers und der Grand Jury bezüglich seiner Interaktionen und seiner Kommunikation mit Kilimnik (und bezüglich zweier anderer Sachverhalte) gemacht hatte. Dieser Bericht bezieht sich gelegentlich auf die Aussagen Manaforts. Das geschieht jedoch nur, wenn diese Aussagen hinreichend als glaubwürdig belegt sind oder um Fragestellungen zu erkennen, bei denen selbst die unwahrheitsgemäßen Antworten Manaforts von Beweiskraft sein können, oder um Manaforts Erklärungen zu bestimmten Ereignissen wiederzugeben, selbst wenn wir nicht feststellen konnten, ob seine Erklärungen glaubwürdig waren.

hen ist, nachdem sie an Kilimnik geschickt wurden, konnte das Büro des Sonderermittlers nicht beurteilen, was Kilimnik (oder andere, an die er sie möglicherweise weitergegeben hat) mit den Daten gemacht haben. Das Büro des Sonderermittlers fand keine Beweise für einen Zusammenhang zwischen den von Manafort weitergeleiteten Umfrageergebnissen und der Einmischung Russlands in die Wahlen, die zum Zeitpunkt des Treffens am 2. August bereits von den US-Medien gemeldet worden waren. Die Ermittlung weist nicht nach, dass Manafort sich anderweitig mit der russischen Regierung bei ihren Bemühungen um Wahlinterventionen abgestimmt hat.

a. Paul Manaforts Verbindungen zu Russland und der Ukraine

Manaforts russische Kontakte während des Wahlkampfs und in der Übergangsphase gehen zurück auf seine Beratertätigkeit für Deripaska (ungefähr von 2005 bis 2009) sowie auf seine unabhängige politische Beratertätigkeit in der Ukraine von 2005 bis 2015, einschließlich jene durch seine Firma DMP International LLC (DMI). Kilimnik arbeitete während dieser gesamten Zeit für Manafort in Kiew und kommunizierte noch bis mindestens Juni 2018 mit Manafort. Kilimnik, der Ukrainisch und Russisch spricht und schreibt, hat Manafort oft die Kommunikation mit Deripaska und ukrainischen Oligarchen erleichtert.

i. Beratertätigkeit für Oleg Deripaska

Etwa 2005 begann Manafort, für Deripaska zu arbeiten, einem russischen Oligarchen mit einem globalen Imperium von Aluminium- und Energiekonzernen und enger Verbindung zu Wladimir Putin.[843] In einem Memorandum, in dem die Arbeit

---

843 Pinchuk et al., *Russian Tycoon Deripaska in Putin Delegation to China*, Reuters (8. Juni 2018).

beschrieben wird, die Manafort 2005 für Deripaska in Bezug auf die postsowjetischen Republiken geleistet hat, wird auf die Notwendigkeit hingewiesen, den Kreml zu informieren sowie auf die Vorteile, die die Arbeit der »Regierung Putins« bieten könne.[844] Gates bezeichnete Manaforts Arbeit für Deripaska im Nachhinein als »politische Risikoversicherung«. Laut Gates sollte Manafort für Deripaska Beamte in den Ländern gewinnen, in denen Deripaska Geschäftsinteressen hatte.[845] Manaforts Unternehmen nahm nicht nur zweistellige Millionenbeträge durch die Tätigkeit für Deripaska ein, sondern nahm auch Darlehen bei ihm über Millionenbeträge auf.[846]

Im Jahr 2007 investierte Deripaska über ein anderes Unternehmen in Pericles Emerging Market Partners L.P. (»Pericles«), einen von Manafort und seinem ehemaligen Geschäftspartner Richard Davis aufgelegten Investmentfonds. Der Pericles-Fonds war für Investitionen in Osteuropa vorgesehen.[847] Deripaska war der alleinige Investor.[848] Gates erklärte in Vernehmungen mit dem Büro des Sonderermittlers, dass das Projekt zur Verschlechterung der Beziehung zwischen Manafort und Deripaska führte.[849] Nach dem Scheitern des Fonds kam es zu einem Rechtsstreit zwischen Manafort und Deripaska. Gates erklärte, dass die Geschäftsbeziehung von Manafort zu Deripaska bis 2009 »ausgetrocknet« gewesen sei.[850] Laut Gates waren verschiedene Interaktionen mit Deripaska und seinen Vermittlern in den letzten Jahren mit dem Versuch verbunden, den Rechtsstreit beizule-

844 23.6.2005 Memo, Manafort und Davis an Deripaska und Rothchild.
845 Gates 2.2.2018 302.
846 Manafort 20.9.2018 302, 2-5; Manaforts Einkommen nach Jahr, 2005-2015; Manafort Darlehen aus telegrafischen Banküberweisungen, 2005-2015.
847 Gates 12.3.2018 302, 5.
848 Manafort 16.12.2015 Dep., 157:8-11.
849 Gates 2.2.2018 302, 9.
850 Gates 2.2.2018 302, 6.

gen.[851] Wie unten beschrieben, bemühten sich Manafort, Gates, Kilimnik und andere im Jahr 2016 um die Wiederbelebung der Beziehung zu Deripaska und um die Beilegung des Rechtsstreits.

ii. Politische Beratungsarbeit

Deripaska machte Manafort mit dem ukrainischen Oligarchen Rinat Achmetow bekannt, der Manafort als politischen Berater engagierte.[852] Im Jahr 2005 beauftragte Achmetow Manafort mit der politischen Arbeit zur Unterstützung der Partei der Regionen,[853] einer russlandnahen ukrainischen Partei. Manafort unterstützte diese Partei bei der Wiedererlangung der Macht. Ihr Kandidat, Wiktor Janukowytsch, gewann 2010 die Präsidentschaft, und Manafort war während dessen gesamter Amtszeit sein enger politischer Berater. Janukowytsch floh 2014 aufgrund von Bevölkerungsunruhen nach Russland.[854]

iii. Konstantin Kilimnik

Kilimnik ist ein russischer Staatsangehöriger, der sowohl in Russland als auch in der Ukraine gelebt hat und ein langjähriger Mitarbeiter Manaforts war.[855] Kilimnik stand in direktem und engem Kontakt zu Janukowytsch und seinem Führungspersonal. Er erleichterte Manafort die Kommunikation mit seinen Klienten, zu denen auch Janukowytsch und mehrere ukrainische Oligarchen zählten.[856] Kilimnik unterhielt auch eine Beziehung

---

851 Gates 2.2.2018 302, 9-10.

852 Manafort 30.7.2014 302, 1; Manafort 20.9.2018 302, 2.

853 Manafort 11.9.2018 302, 5-6.

854 Gates 16.3.2018 302, 1; Davis 8.2.2018 302, 9; Devine 6.7.2018 302, 2-3.

855 Patten 22.5.2018 302, 5; Gates 29.1.18 302, 18-19; 28.10.1997 Kilimnik Visa-Register, Außenministerium der Vereinigten Staaten.

856 Gates 29.1.18 302, 18-19; Patten 22.5.2018 302, 8; Gates 31.1.2018 302, 4-5; Gates 30.1.2018 302, 2; Gates 2.2.2018 302, 11.

zu Deripaskas Stellvertreter, dem russischen Staatsangehörigen Wiktor Bojarkin,[857] der zuvor im Büro des Verteidigungsattachés der russischen Botschaft in den Vereinigten Staaten tätig gewesen war.[858]

Manafort sagte dem Büro des Sonderermittlers, er sei nicht der Meinung, dass Kilimnik ein russischer »Spion« sei.[859] Das FBI geht jedoch davon aus, dass Kilimnik Verbindungen zum russischen Geheimdienst hat.[860] Die dem Büro des Sonderermittlers vorliegenden Beweismittel – darunter Zeugenaussagen und E-Mails, die durch Durchsuchungsbefehle erhalten wurden – unterstützen diese Einschätzung:

- Kilimnik wurde am 27. April 1970 in Oblast Dnipropetrovsk (in der damaligen Sowjetunion) geboren und besuchte von 1987 bis 1992 das Militärinstitut des Verteidigungsministeriums.[861] Sam Patten, ein Geschäftspartner Kilimniks,[862] sagte aus, Kilimnik habe ihm erzählt, dass er sieben Jahre lang Übersetzer in der russischen Armee

857 Gates 29.1.2018 302, 18; Patten 22.5.2018 302, 8.
858 Bojarkin Visa-Register, Außenministerium der Vereinigten Staaten.
859 Manafort 11.9.2018 302, 5.
860 Das Büro hat Kilimniks Beziehungen zum russischen Geheimdienst in öffentlich einsehbaren Gerichtsakten festgestellt. *Z. B.* Gov't Opp. to Mot. to Modify, *Vereinigte Staaten vs. Paul J. Manafort* jr., 1:17-cr-201 (D.D.C. 4. Dezember 2017), Dok. 73, 2 (»*Manafort* (D.D.C.) Gov't Opp. to Mot. to Modify«).
861 17.12.2016 Kilimnik Visa-Register, Außenministerium der Vereinigten Staaten.
862 Im August 2018 bekannte sich Patten gemäß einer Absprache in seinem Strafverfahren zum Verstoß gegen das Gesetz zur Registrierungspflicht als ausländischer Agent (FARA) schuldig und gab in der Übereinkunft zum Straftatbestand zu, dass er auch den Senatsausschuss für Nachrichtendienste im Zuge seiner Untersuchung der russischen Wahlintervention irregeführt und ihm Dokumente vorenthalten habe. Absprache im Strafverfahren, *Vereinigte Staaten vs. W. Samuel Patten*, 1:18-cr-260 (D.D.C. 31. August 2018), Dok. 6; Übereinkunft zum Straftatbestand, *Vereinigte Staaten vs. W. Samuel Patten*, 1:18-cr-260 (D.D.C. 31. August 2018), Dok. 7.

gewesen sei und später in der russischen Rüstungsindustrie gearbeitet und Waffen und militärische Ausrüstung verkauft habe.[863]

- Die Visaregister der Vereinigten Staaten belegen, dass Kilimnik 1997 ein Einreisevisum mit einem russischen Diplomatenpass erhalten hat.[864]
- Kilimnik arbeitete für das Moskauer Büro des International Republican Institute (IRI), wo er von 1998 bis 2005 Übersetzungsarbeiten anfertigte und allgemeine Sekretariatstätigkeiten ausführte.[865] Ein ehemaliger Kollege Kilimniks am IRI sagte dem FBI gegenüber, dass Kilimnik seine Stelle verloren habe, weil seine Verbindungen zum russischen Geheimdienst zu eng gewesen seien, wohingegen ein anderer Beamter das Ereignis anders in Erinnerung hatte.[866] Der Kollege erklärte, es sei im IRI allgemein bekannt gewesen, dass Kilimnik Verbindungen zur russischen Regierung unterhielt.[867]
- Jonathan Hawker, ein britischer Staatsbürger, der als Public-Relations-Berater bei FTI Consulting tätig war, arbeitete mit Manaforts Beraterunternehmen DMI an einer PR-Kampagne für Janukowytsch. Nachdem Hawkers Arbeit für DMI beendet war, kontaktierte Kilimnik Hawker bezüglich eines PR-Projekts für eine russische Regierungsbehörde, das die Sicht auf die russische Invasion auf der Krim 2014 in westlichen und ukrainischen Medien verbessern sollte.[868]

---

863 Patten 22.5.2018 302, 5-6.
864 28.10.1997 Kilimnik Visa-Register, Außenministerium der Vereinigten Staaten.
865 Nix 20.3.2018 302, 1-2.
866 Nix 30.3.2018 302, 1-2.
867 Lenzi 30.1.2018 302, 2.
868 Hawker 9.1.2018 302, 13; 18.3.2014 E-Mail, Hawker und Tulukbaew.

- Gates hielt Kilimnik für einen »Spion«. Diese Ansicht teilte er Manafort, Hawker mit sowie Alexander van der Zwaan,[869] der für DMI an einem Bericht für das ukrainische Außenministerium gearbeitet hatte.[870]

Ermittlungstechnische Gründe
[redacted]

b. Kontakte während Paul Manaforts Zeit in Trumps Wahlkampf

i. Paul Manafort tritt in das Wahlkampfteam ein

Manafort gehörte von Ende März bis zum 19. August 2016 Trumps Wahlkampfteam an. Am 29. März 2016 verkündete das Wahlkampfteam, dass Manafort als »Manager des Nominierungsparteitags« fungieren würde.[871] Am 19. Mai 2016 wurde Manafort zum Wahlkampfleiter und Chefstrategen befördert. Gates, der Manafort im Wahlkampf assistiert hatte, wurde zum stellvertretenden Wahlkampfleiter ernannt.[872]

---

[869] van der Zwaan bekannte sich vor dem Bezirksgericht des Districts of Columbia der Falschaussagen gegenüber dem Büro des Sonderermittlers schuldig. Vereinbarung im Strafverfahren, *Vereinigte Staaten vs. Alex van der Zwaan*, 1:18-cr-31 (D.D.C. 20. Feb. 2018), Dok. 8.

[870] Hawker 9.6.2018 302, 4; van der Zwaan 3.11.2017 302, 22. Manafort sagte bei einer Befragung, dass Gates und Kilimnik Witze über ein Treffen Kilimniks mit seinem KGB-Führungsoffizier gemacht hätten. Manafort 16.10.2018 302, 7.

[871] *Press Release – Donald J. Trump Announces Campaign Convention Manager Paul J. Manafort*, The American Presidency Project – U.C. Santa Barbara (29. März 2016).

[872] Gates 29.1.2018 302, 8; Meghan Keneally, *Timeline of Manafort's role in the Trump Campaign*, ABC News (20. Oktober 2017).

Manafort wurde dem Präsidentschaftskandidaten Trump von Thomas Barrack und Roger Stone empfohlen.[873] Auf Manaforts Betreiben schlug Barrack Trump Anfang 2016 vor, Manafort solle ins Wahlkampfteam eintreten, um den Republikanischen Nominierungsparteitag zu leiten.[874] Stone hatte etwa ab 1980 bis Mitte der 1990er-Jahre in verschiedenen Berater- und Lobbyfirmen mit Manafort zusammengearbeitet. Manafort lernte Trump 1982 kennen, als Trump die Lobbyfirma Black, Manafort, Stone and Kelly engagierte.[875] In den folgenden Jahren trafen sich die beiden bei politischen und gesellschaftlichen Veranstaltungen in New York City und bei Stones Hochzeit. Für die Republikanischen Nominierungsparteitage in den Jahren 1988 und 1996, die von Manafort geleitet wurden, forderte Trump VIP-Behandlung.[876]

Laut Aussage von Gates reiste Manafort im März 2016 zu Trumps Anwesen Mar-a-Lago in Florida, wo er von Trump engagiert wurde.[877] Manafort willigte ein, unentgeltlich für den Wahlkampf zu arbeiten. Er hatte zu diesem Zeitpunkt kein nennenswertes Einkommen, aber seine politische Wahlkampfkarriere im Inland wiederzubeleben konnte sich für ihn auszahlen. Gates berichtete, dass Manafort bei einem Wahlsieg Trumps beabsichtigte, seine Beziehungen zur Regierungsmannschaft zu Geld zu machen und nicht selbst einen Posten anzustreben.[878]

ii. Paul Manaforts Kontakte während des Wahlkampfs

Sobald er ins Wahlkampfteam eingetreten war, wies Manafort Gates an, je unterschiedliche Memoranden an Deripaska, Achmetow, Serhij Ljowotschkin und Boris Kolesnikow zu entwer-

---

873 Gates 29.1.2018 302, 7-8; Manafort 11.9.2018 302, 1-2; Barrack 12.12.2017 302, 3.

874 Barrack 12.12.2017 302, 3; Gates 29.1.2018 302, 7-8.

875 Manafort 16.10.2018 302, 6.

876 Manafort 16.10.2018 302, 6.

877 Gates 2.2.2018 302, 10.

878 Gates 30.1.2018 302, 4.

fen.[879] Die drei letztgenannten waren ukrainische Oligarchen und hochrangige Funktionäre des Oppositionsblocks.[880] Die Memoranden stellten Manaforts Ernennung in Trumps Wahlkampfteam dar und bekundeten seine Bereitschaft, auch in Zukunft als Politikberater in der Ukraine tätig sein zu wollen. Am 30. März 2016 schickte Gates die Memoranden, zusammen mit einer Presseerklärung über Manaforts Ernennung, als E-Mail an Kilimnik zur Übersetzung und Weiterleitung.[881] Manafort fragte später bei Kilimnik nach, um sicherzustellen, dass seine Nachrichten angekommen waren. In einer E-Mail vom 11. April 2016 fragte er, ob Kilimnik »unseren Freunden« die Berichterstattung zu seiner neuen Funktion vorgelegt habe.[882] Kilimnik antwortete: »Sicher. Jeden Artikel.« Manafort fragte weiter: »Wie benutzen wir das, um Kasse zu machen? Hat OWD [Oleg Wladimirowitsch Deripaska] es gesehen?« Kilimnik schrieb am selben Tag zurück: »Ja, ich habe alles an Wiktor [Bojarkin, Deripaskas Stellvertreter] geschickt, der die Berichterstattung direkt an OWD weitergeleitet hat.«[883]

Gates berichtete, Manafort habe gesagt, dass seine Berufung ins Wahlkampfteam »gut fürs Geschäft« sei und die Wahrschein-

---

879 Gates 2.2.2018 302, 11.

880 *Siehe* Sharon LaFraniere, *Manafort's Trial Isn't About Russia, but It Will Be in the Air*, New York Times (30. Juli 2018); Tierney Sneed, *Prosecutors Believe Manafort Made $60 Million Consulting in Ukraine*, Talking Points Memo (30. Juli 2018); Mykola Vorobiov: *How Pro-Russian Forces Will Take Revenge on Ukraine*, Atlantic Council (23. September 2018); Sergej Leschtschenko, *Ukraine's Oligarchs Are Still Calling the Shots*, Foreign Policy (14. August 2014); Interfax-Ukraine, *Kolesnikow: Ukraine braucht unumgehbare Strafen für wirksamen Kampf gegen Schmuggel*, Kiew Post (23. Juni 2018); Igor Kossow, *Kiews Hotelindustrie macht Platz für Neuzugänge*, Kiew Post (7. März 2019); Markian Kuzmowycz, *Wie der Kreml die ukrainischen Wahlen gewinnen kann* (19. November 2018, 2018). Die ukrainische Partei Der Oppositionsblock ist im Wesentlichen aus der Partei der Regionen hervorgegangen.

881 30.3.2016 E-Mail, Gates an Kilimnik.

882 11.4.2016 E-Mail, Manafort und Kilimnik.

883 11.4.2016 E-Mail, Manafort und Kilimnik.

lichkeit erhöhen würde, dass Manafort die rund zwei Millionen Dollar erhalten würde, die man ihm für vergangene politische Beratertätigkeiten in der Ukraine noch schuldete.[884] Gates erklärte dem Büro des Sonderermittlers auch, dass Manafort gedacht habe, seine Rolle im Wahlkampf wäre von Nutzen, um zu »bestätigen«, dass Deripaska die Pericles-Klage fallen gelassen hatte. Gates habe angenommen, Manafort habe Umfrageergebnisse an Deripaska geschickt (wie weiter unten erläutert wird), damit dieser seine Klage gegen Manafort fallen ließ.[885] Gates gab außerdem an, dass Deripaska ein Visum für die Vereinigten Staaten gewollt habe. Außerdem habe er annehmen können, dass ihm Manafort durch seine Position im Wahlkampfteam oder in der Regierung und durch seine Beziehung zu Trump in vielerlei Hinsicht nützlich sein könnte.[886] Gates räumte allerdings ein, Manafort habe ihm nie etwas Genaues darüber gesagt, was er Deripaska anbieten würde, oder ob er ihm überhaupt etwas angeboten hätte.[887]

Gates berichtete auch, Manafort habe ihn im April 2016 oder Anfang Mai 2016 angewiesen, wahlkampfinterne Umfrageergebnisse und andere aktuelle Informationen an Kilimnik zu schicken, damit dieser sie an russische Oligarchen weiterleitete.[888] Gates ging davon aus, dass diese Informationen auch an Deripaska weitergeleitet werden sollten. Grand Jury [redacted].[889] Gates sagte dem Büro des Sonderermittlers, er habe nicht gewusst, warum Manafort wollte, dass er die Umfrageergebnisse weiterleitete, sich aber gedacht,

---

884 Gates 2.2.2018 302, 10.

885 Gates 2.2.2018 302, 11; Gates 27.9.2018 302 (Seriennr. 740), 2.

886 Gates 2.2.2018 302, 12.

887 Gates 2.2.2018 302, 12.

888 Gates 31.1.2018 302, 17; Gates 27.9.2018 302 (Seriennr. 740), 2. In einer späteren Befragung durch das Büro des Sonderermittlers erklärte Gates, dass Manafort ihn nach einem Treffen mit Kilimnik am 7. Mai 2016 in New York angewiesen habe, Kilimnik die Umfrageergebnisse zu schicken, wie in Teil I, Abschnitt IV.8.b.iii, *unten* ausgeführt. Gates 7.11.2018 302, 3.

889 Gates 27.9.2018 302, Teil II, 2; Grand Jury [redacted].

Manafort wolle seine Arbeit zur Geltung bringen und sich für die Zeit nach dem Ende des Trump-Wahlkampfes Türen für Jobs öffnen.[890] Gates sagte, dass Manaforts Anweisung auch beinhaltet habe, interne Umfrageergebnisse zu verschicken, die der Meinungsforscher Tony Fabrizio für Trumps Wahlkampf erstellt hatte.[891] Fabrizio hatte jahrelang mit Manafort zusammengearbeitet und war von Manafort ins Wahlkampfteam geholt worden. Gates teilte mit, dass er einer Anweisung von Manafort folgend in regelmäßigem Abstand Umfrageergebnisse an Kilimnik per WhatsApp geschickt und die Kommunikation täglich gelöscht habe.[892] Gates berichtete dem Büro des Sonderermittlers weiter, nach Manaforts Ausscheiden aus dem Wahlkampfteam Mitte August habe er seltener Umfrageergebnisse an Kilimnik geschickt. Er habe außerdem eher öffentlich zugängliche Informationen als interne Daten verschickt.[893]

Gates' Aussagen bezüglich der Umfrageergebnisse stimmen Grand Jury [redacted] [894] [redacted] mit diversen E-Mails überein, die Kilimnik zwischen Juli und Mitte August 2016 an US-amerikanische Geschäftspartner und Pressekontakte schickte. Diese E-Mails mit dem Betreff »interne Umfragen« schilderten den Status des Trump-Wahlkampfes und Manaforts Rolle darin und gelangten zu Einschätzungen über Trumps Aussichten auf

890 Gates 12.2.2018 302, 10; Gates 31.1.2018 302, 17.

891 Gates 27.9.2018 302 (Seriennr. 740), 2; Gates 7.2.2018 302, 15.

892 Gates 31.1.2018 302, 17.

893 Gates 12.2.2018 302, 11-12. Laut Gates war sein Zugriff auf interne Umfrageergebnisse erschwert, da Fabrizio selbst zu diesem Zeitpunkt vom Wahlkampfteam auf Abstand gehalten wurde.

894 Grand Jury [redacted]

einen Sieg.[895] Manafort gab nicht zu, Gates angewiesen zu haben, interne Umfrageergebnisse an Kilimnik zu schicken, Grand Jury [redacted][896]

Das Büro des Sonderermittlers sicherte weiterhin aus derselben Zeit E-Mails, die ein Licht auf den Zweck der Kommunikation mit Deripaska werfen, und die mit Gates' Aussagen übereinstimmen. Zum Beispiel fragte Manafort Kilimnik (in Reaktion auf eine E-Mail vom 7. Juli 2016 von einem ukrainischen Journalisten über Manaforts fehlgeschlagene, von Deripaska unterstützte Investition), ob inzwischen Bewegung »in diesen Fall mit unserem Freund« gekommen sei.[897] Gates erklärte, dass sich »unser Freund« aller Wahrscheinlichkeit nach auf Deripaska bezog.[898] Manafort teilte dem Büro des Sonderermittlers mit, der »Fall« (und »unser größtes Interesse«, wie unten ausgeführt wird) sei die Lösung des Deripaska-Pericles-Fall gewesen.[899] Kilimnik antwortete:

> Ich bin vorsichtig optimistisch, was unser größtes Interesse angeht.
> Unser Freund [Bojarkin] hat gesagt, dass der Wahlkampf seinen Boss [Deripaska] in der letzten Zeit deutlich mehr beschäftigt und dass er höchst-

---

[895] 18.8.2016 E-Mail, Kilimnik an Dirkse; 18.8.2016 E-Mail, Kilimnik an Schultz; 18.8.2016 E-Mail, Kilimnik an Marson; 27.7.2016 E-Mail, Kilimnik an Ash; 18.8.2016 E-Mail, Kilimnik an Ash; 18.8.2016 E-Mail, Kilimnik an Jackson; 18.8.2016 E-Mail, Kilimnik an Mendoza-Wilson; 19.8.2016 E-Mail, Kilimnik an Patten.

[896] Grand Jury [redacted]

[897] 7.7.2016 E-Mail, Manafort an Kilimnik.

[898] Gates 2.2.2018 302, 13.

[899] Manafort 11.9.2018 302, 6.

> wahrscheinlich bald nach Möglichkeiten sucht, Kontakt mit Ihnen aufzunehmen, natürlich mit Rücksicht auf Vertraulichkeit. Ich bin ganz sicher, dass es sich klären lässt und dass wir zurück zu der ursprünglichen Beziehung mit W[iktor Bojarkin]s Boss [Deripaska] finden.[900]

Acht Minuten später antwortete Manafort, Kilimnik solle Bojarkins »Boss« (ein Verweis auf Deripaska) sagen, »wir können private Briefings möglich machen, wenn er sie braucht«.[901] Manafort gab gegenüber dem Büro des Sonderermittlers an, dass er vorhatte, Deripaska nur über öffentliche Wahlkampfangelegenheiten zu informieren, und führte als Beispiel an, warum Trump Mike Pence als Bewerber zum Vizepräsidenten gewählt hatte.[902] Manafort sagte, er habe Deripaska nie gebrieft.[903] Manafort merkte an, dass Deripaska ihn im Fall eines Trump-Sieges hätte benutzen wollen, um seine wie auch immer gearteten Interessen in den Vereinigten Staaten und anderswo voranzutreiben.[904]

iii. Zwei Treffen Paul Manaforts mit Konstantin Kilimnik in den Vereinigten Staaten während des Wahlkampfes

Manafort traf Kilimnik zweimal persönlich in der Wahlkampfzeit – einmal im Mai und einmal im August 2016. Das erste Treffen fand am 7. Mai 2016 in New York City statt.[905] In den Tagen vor dem Treffen hatte Kilimnik Informationen über die politische Situation in der Ukraine zusammengetragen. Darunter waren auch Informationen, die auf einer Moskaureise des früheren Funktionärs der Partei der Regionen, Jurij Boiko, gesammelt

---

900 8.7.2016 E-Mail, Kilimnik an Manafort.
901 8.7.2016 E-Mail, Kilimnik an Manafort; Gates 2.2.2018 302, 13.
902 Manafort 11.9.2018 302, 6.
903 Manafort 11.9.2018 302, 6.
904 Manafort 11.9.2018 302, 6.
905 Ermittlungstechnische Gründe [redacted].

wurden. Auf dieser Reise fanden wahrscheinlich auch Treffen zwischen Boiko und hochrangigen russischen Beamten statt.[906] Am oder um den 5. Mai 2016 reiste Kilimnik nach Washington, D.C., wo er zuvor vereinbarte Treffen mit Angestellten des Außenministeriums wahrnahm.[907]

Gates hatte für Kilimnik am späten Abend des 6. Mai einen Zug um 3 Uhr morgens von Washington nach New York gebucht, wo Kilimnik Manafort am 7. Mai zum Frühstück traf.[908] Laut Manaforts Angaben sprachen sie über die Ereignisse in der Ukraine. Manafort informierte Kilimnik außerdem über Trumps Wahlkampf in der Erwartung, dass Kilimnik die Informationen an Personen in der Ukraine und anderswo weiterleiten würde.[909] Manafort erklärte, dass Mitglieder des Oppositionsblocks erkannt hätten, dass seine Position im Wahlkampf eine günstige Gelegenheit war, aber Kilimnik bat ihn um nichts.[910] Kilimnik sprach über Boikos Plan zur Steigerung der Wahlbeteiligung im Osten der Ukraine – dem Hauptgebiet des Oppositionsblocks.[911] Kilimnik kehrte unmittelbar nach dem Treffen mit Manafort nach Washington, D.C., zurück.

Manafort traf sich am Abend des 2. August 2016 ein zweites Mal mit Kilimnik, diesmal im Grand Havana Club in New York City. Die Ereignisse, die zu diesem Treffen führten, stellen sich so dar: Am 28. Juli 2016 flog Kilimnik von Kiew nach Moskau.[912] Am nächsten Tag bat Kilimnik Manafort schriftlich um ein Treffen, wobei er verschlüsselt eine Unterhaltung beschrieb, die er

---

906 26.4.2016 E-Mail, Kilimnik an Purcell, 2; Gates 2.2.2018 302, 12; Patten 22.5.2018 302, 6-7; Gates 7.11.2018 302, 3.

907 7.5.2016 E-Mail, Kilimnik an Charap und Kimmage; 7.5.2016 E-Mail, Kasanoff an Kilimnik.

908 6.5.2016 E-Mail, Manafort an Gates; 6.5.2016 E-Mail, Gates an Kilimnik.

909 Manafort 11.10.2018 302, 1.

910 Manafort 11.10.2018 302, 1.

911 Manafort 11.10.2018 302, 1.

912 25.7.2016 E-Mail, Kilimnik an katrin@yana.kiev.ua (02:17:34 Uhr).

am selben Tag geführt hatte.[913] In einer E-Mail mit dem Betreff »Schwarzer Kaviar« schrieb Kilimnik:

> Heute habe ich mich mit dem Typ getroffen, der Ihnen vor ein paar Jahren Ihr größtes Glas mit Schwarzem Kaviar geschenkt hat. Wir haben ungefähr 5 Stunden über seine Geschichte geredet, und ich habe mehrere wichtige Nachrichten für Sie von ihm. Er hat mich gebeten, Sie über unser Gespräch zu unterrichten. Ich habe gesagt, ich muss das erst kurz mit Ihnen klären, aber prinzipiell sei ich dazu bereit. ... Es hat mit der Zukunft seines Landes zu tun und ist ziemlich interessant.[914]

Manafort identifizierte »den Typ [...], der Ihnen vor ein paar Jahren Ihr größtes Glas mit Schwarzem Kaviar geschenkt hat«, als Janukowytsch. Er erläuterte, dass Janukowytsch und er im Jahr 2010 die Präsidentschaftswahl, die kurz zuvor stattgefunden hatte, bei einem Mittagessen gefeiert hätten. Janukowytsch habe ihm ein großes Glas Schwarzen Kaviar im Wert von rund 30 000 bis 40 000 Dollar geschenkt.[915] Manaforts Identifizierung von Janukowytsch als »Typ [...], der Ihnen Ihr größtes Glas mit Schwarzem Kaviar gab«, deckt sich mit einer E-Mail Kilimniks aus Moskau, wo Janukowytsch damals lebte: »Heute habe ich mich mit dem Typ getroffen [...]« sowie mit einer E-Mail vom Dezember 2016, in der Kilimnik Janukowytsch als »BG« bezeichnete Grand Jury [redacted][916] Manafort antwortete auf

---

913 29.7.2016 E-Mail, Kilimnik an Manafort (10:51 Uhr).

914 29.7.2016 E-Mail, Kilimnik an Manafort (10:51 Uhr).

915 Manafort 12.9.2018 302, 3.

916 29.7.2016 E-Mail, Manafort an Kilimnik; Ermittlungstechnische Gründe [redacted]; Grand Jury [redacted]

Kilimniks E-Mail vom 29. Juli: »Dienstag [2. August] ist am besten … Di oder Mi in NYC.«[917]

Drei Tage später, am 31. Juli 2016, flog Kilimnik von Moskau zurück nach Kiew und schrieb am selben Tag an Manafort, dass er »rund 2 Stunden« für ihr Treffen benötige, »weil es eine lange Kaviargeschichte« sei.[918] Kilimnik schrieb, er käme am 2. August um 19:30 Uhr am JFK-Flughafen an. Manafort und er verabredeten sich zu einem späten Abendessen am selben Tag.[919] Beweismaterialien – u. a. Flugticket, Telefon- und Hoteldaten sowie die Zeiten der gesendeten Textnachrichten[920] – bestätigen, dass das Abendessen wie geplant am 2. August stattgefunden hat.[921]

Über den Inhalt des Treffens unterscheiden sich die Aussagen von Manafort und Gates, der später dazukam, in einigen Punkten. In der Gesamtschau deuten ihre unterschiedlichen Versionen zusammen mit dem erhältlichen Beweismaterial und dem, was Kilimnik seinem Geschäftspartner Sam Patten erzählte, darauf hin, dass mindestens drei Hauptthemen besprochen wurden.

Erstens erörterten Manafort und Kilimnik einen Plan zur Lösung der anhaltenden politischen Probleme in der Ukraine durch die Gründung einer autonomen Republik in der stärker

---

917 29.7.2016 E-Mail, Manafort an Kilimnik.

918 31.7.2016 E-Mail, Manafort an Kilimnik.

919 31.7.2016 E-Mail, Manafort an Kilimnik.

920 Kilimnik 2.8.2016 CBP Record; Anrufprotokolle von Konstantin Kilimnik Grand Jury [redacted]; Anrufprotokolle von Rick Gates Grand Jury [redacted]; 2.-3.8.2016, Kilimniks Zahlungsbeleg vom Park Lane Hotel.

921 Deripaskas Privatflugzeug landete am Abend des 2. August 2016 auf dem Flughafen Teterboro in New Jersey. Laut Zoll- und Grenzschutzaufzeichnungen waren die einzigen Passagiere Deripaskas Ehefrau, seine Tochter, seine Mutter und sein Schwiegervater. Weitere Dokumente, die sich das Büro des Sonderermittlers beschafft hat, beweisen, dass Kilimnik mit einem Linienflug nach New York geflogen ist.

industrialisierten östlichen Region Donbass.[922] In dieser sollte der 2014 abgesetzte ukrainische Präsident Janukowytsch zum Staatsoberhaupt der Republik gewählt werden.[923] Manafort gab später zu, dass dieser Plan ein »Hintertürchen« darstellte, durch das Russland die Herrschaft über die Ostukraine behalte.[924] Zunächst sagte Manafort jedoch, wenn er das Gespräch darüber an dem Abend des 2. August nicht beendet hätte, hätte Kilimnik ihn gebeten, Trump davon zu überzeugen, diesen Friedensplan offiziell zu unterstützen. Janukowytsch hätte dann von Manafort erwartet, dass er seine Beziehungen in Europa und der Ukraine benutzte, damit der Plan Unterstützer fände.[925] Manafort sagte dem Büro des Sonderermittlers ebenfalls zunächst, er habe Kilimnik gesagt, dass der Plan verrückt sei. Er habe die Diskussion darüber beendet und könne sich nicht erinnern, dass Kilimnik ihn gebeten habe, den Plan nach dem Treffen vom 2. August noch einmal zu überdenken.[926] Manafort sagte Grand Jury [redacted]

---

922 Die Volksrepubliken Luhansk und Donezk, die sich in der Region Donbass in der Ukraine befinden, erklärten sich 2014 infolge der Volksunruhen, die Präsident Janukowytsch entmachteten, für unabhängig. Prorussische ukrainische Milizen besetzen die Region mit Unterstützung des russischen Militärs seit 2014. Im Rahmen des von Janukowytsch unterstützten Plans wäre Russland beim Abzug des Militärs behilflich. Der Donbass würde eine autonome Region innerhalb der Ukraine mit einem eigenen Premierminister werden. Dem Plan zufolge war Janukowytsch der ideale Kandidat, um die Region als Premierminister zu befrieden und die Wiedereingliederung der Region in die Ukraine mit Unterstützung des US-amerikanischen und russischen Präsidenten zu erleichtern. Wie oben erwähnt, war diese Unterstützung Grand Jury [redacted] den schriftlichen Skizzen dieses Plans zufolge unerlässlich für den Erfolg. Grand Jury [redacted]; 21.2.2018 E-Mail, Manafort, Ward und Fabrizio, 3-5.

923 Manafort 11.9.2018 302, 4; Grand Jury [redacted]

924 Grand Jury [redacted]

925 Manafort 11.9.2018 302, 4.

926 Manafort 12.9.2018 302, 4.

[redacted], dass er Jahre später eine »dringende« Bitte um Hilfe von Janukowytsch erhalten und ablehnend reagiert habe.[927] Als er mit einer von Kilimnik am oder um den 8. Dezember 2016 geschriebenen E-Mail konfrontiert wurde, gestand Manafort ein, dass Kilimnik den Friedensplan in dieser E-Mail noch einmal zur Sprache gebracht hat.[928] Schließlich gab Manafort zu, dass Kilimnik den Friedensplan auch in den Treffen vom Januar und Februar 2017 zur Sprache gebracht hatte, Grand Jury [redacted][929]

Zweitens informierte Manafort Kilimnik über den Stand des Wahlkampfes und über seine Strategie, wie er die Wahl gewinnen wollte.[930] In dieser Unterredung ging es auch um die Kernaussagen des Wahlkampfs und die internen Umfragedaten. Laut Gates' Aussage wurde auch über die hart umkämpften Staaten gesprochen, zu denen Manafort Michigan, Wisconsin, Pennsylvania und Minnesota zählte.[931] In seinem Bericht über das Gespräch vom 2. August bezog sich Manafort nicht explizit auf »hart umkämpfte« Staaten, Grand Jury [redacted][932]

Drittens besprachen Manafort und Kilimnik nach Aussagen Gates' und nach Kilimniks Bericht an Patten zwei unterschied-

---

927 Grand Jury [redacted]; Manafort 11.9.2018 302, 5; Manafort 12.9.2018 302, 4.

928 Manafort 12.9.2018 302, 4; Ermittlungstechnische Gründe [redacted]

929 Grand Jury [redacted] Das Beweismaterial belegt die Friedensplandiskussionen im Jahr 2018. 19.2.2018 E-Mail, Fabrizio und Ward (weitergeleitete E-Mail von Manafort); 21.2.2018 E-Mail, Manafort an Ward und Fabrizio.

930 Manafort 11.9.2018 302, 5.

931 Gates 30.1.2018 302, 3, 5.

932 Grand Jury [redacted]

liche finanzielle Streitfälle im Zusammenhang mit Manaforts vorheriger Arbeit in der Region. Diese betrafen das schwebende Verfahren, das Deripaska gegen Manafort angestrengt hatte, sowie die ausstehenden Zahlungen der Partei Der Oppositionsblock an Manafort für seine Arbeit als Politikberater. Sie besprachen auch, wie Manafort an sein Geld kommen könnte.[933]

Gates und Manafort erklärten übereinstimmend, das Restaurant nach dem Treffen getrennt verlassen zu haben, weil die Medien Manafort auf den Fersen gewesen seien und sie eine Berichterstattung über seine Verbindungen mit Kilimnik vermeiden wollten.[934]

c. Aktivitäten nach seinem Rücktritt

Manafort kündigte seine Mitarbeit im Trump-Wahlkampf Mitte August 2016, rund zwei Wochen nach seinem zweiten Treffen mit Kilimnik, aufgrund der negativen Berichterstattung in den Medien über seine politische Beratertätigkeit für die prorussische Partei der Regionen in der Ukraine. Trotz seines Rücktritts beriet Manafort bis zur Wahl im November weiterhin diverse Mitglieder des Wahlkampfteams. Manafort erzählte Gates, dass er weiterhin mit Kushner, Bannon und Trump im Gespräch sei.[935] Einige dieser Kontakte nach seinem Rücktritt sind in E-Mails dokumentiert. Am 21. Oktober 2016 schickte Manafort Kushner zum Beispiel eine E-Mail, an die er ein Memorandum zur Wahlkampfstrategie anhängte, in dem er empfahl, das Wahlkampfteam solle Clinton als »gescheiterte und korrupte Vertreterin des Establishments« darstellen. »Wikileaks liefert dem Trump-Wahlkampf die Möglichkeit, dies durch den Wortlaut Clintons, ihrer Wahlkampfmanager und des DNC äußerst glaubhaft dar-

---

933 Gates 30.1.2018 302, 2-4; Patten 22.5.2018 302, 7.
934 Gates 30.1.2018 302, 5; Manafort 11.9.2018 302, 5.
935 Gates 12.2.2018 302, 12.

stellen zu können.«[936] Später, in einer E-Mail vom 5. November 2016 an Kushner mit dem Betreff »Den Sieg sichern«, erklärte Manafort, dass er ein »wirklich gutes Gefühl zu unseren Aussichten am Dienstag« habe »und sich auf die Erhaltung des Sieges« konzentriere. Er mache sich Sorgen, dass sich das Clinton-Wahlkampfteam bei einer Niederlage »sofort in Bewegung setzen« würde, »um den Sieg von [Trump] zu diskreditieren und sich auf Wählerbetrug und Cyberbetrug zu berufen, einschließlich der Behauptung, dass die Russen sich in die Wahlcomputer gehackt und die Ergebnisse manipuliert« hätten.[937]

Trump wurde am 8. November 2016 zum Präsidenten gewählt. Manafort sagte dem Büro des Sonderermittlers, dass er nach Trumps Sieg nicht an einem Job in der Regierung interessiert gewesen sei. Er habe es stattdessen vorgezogen, »draußen« zu bleiben und seine Wahlkampfposition zu Geld zu machen. Angesichts seiner Bekanntschaft mit Trump und Mitgliedern der neuen Regierung habe er Geschäfte machen wollen.[938] Diesen Plan verfolgte er dem Anschein nach auf seinen Reisen in den Nahen Osten, nach Kuba, Südkorea, Japan und China, für die er sich bezahlen ließ und auf denen er erklärte, was die Präsidentschaft Trumps mit sich bringen würde.[939]

Zu Manaforts Aktivitäten Anfang 2017 gehörten auch Besprechungen über die Ukraine und Russland. Das erste Gespräch fand im Januar 2017 in Madrid mit Georgij Oganow statt. Oganow, der zuvor in der russischen Botschaft in den Vereinigten Staaten gearbeitet hatte, war leitender Angestellter eines Deripaska-Unternehmen. Von ihm wurde angenommen, direkt an Deripaska zu berichten.[940] Manafort stritt die Teilnahme an der Sitzung zu-

---

936 NOSC00021517-20 (21.10.2016 E-Mail, Manafort an Kushner).

937 NOSC00021517-20 (5.11.2016 E-Mail, Manafort an Kushner).

938 Manafort 12.9.2018 302, 1, 4-5; Gates 30.1.2018 302, 4.

939 Manafort 12.9.2018 302, 1.

940 Kalashnikowa 17.5.2018 302, 4; Gary Lee, *Identitätskrise der Sowjetbotschaft*, Washington Post (20.12.1991); *Georgy S. Oganov, Managerprofil und Biografie*, Bloomberg (12. März 2019).

nächst ab. Als er sie später zugab, behauptete er, das Treffen sei von seinen Anwälten arrangiert worden und habe nur die Pericles-Klage betroffen.[941] Andere Beweismittel geben jedoch Anlass, an Manaforts Aussage zu zweifeln, dass das alleinige Thema der Sitzung die Pericles-Klage gewesen sei. Insbesondere Textnachrichten an Manafort von einer Nummer, die mit Kilimnik in Verbindung gebracht wird, deuten darauf hin, dass Kilimnik und Bojarkin – und nicht Manaforts Anwalt – das Treffen zwischen Manafort und Oganov vereinbart hatten.[942] In Kilimniks Nachricht heißt es, dass es bei dem Treffen »nicht um Geld oder Pericles« gehen sollte, sondern um die »Wiederherstellung der alten Freundschaft« – angeblich derjenigen zwischen Manafort und Deripaska – »und um Gespräche über Weltpolitik«.[943] Manafort antwortete mit einem Text, dass er dies »vor dem 20. Januar« brauche,[944] was ein Hinweis auf die Lösung von Pericles vor der Amtseinführung zu sein scheint.

Am 15. Januar 2017, drei Tage nach seiner Rückkehr aus Madrid, schickte Manafort eine E-Mail an K.T. McFarland, der damals zum Stellvertretenden Nationalen Sicherheitsberater benannt und am 20. Januar 2017 formell in diese Position berufen wurde.[945] In einer E-Mail vom 15. Januar an McFarland erklärte Manafort: »Ich habe wichtige Informationen von meinen Reisen im letzten Monat, die ich Ihnen mitteilen möchte.«[946] Manafort sagte dem Büro des Sonderermittlers, dass sich die E-Mail auf ein Problem in Kuba bezog, nicht auf eines in Russland oder der Ukraine. Manafort war im Vormonat nach Kuba gereist.[947] Wie dem auch sei, McFarland – dem Flynn empfohlen hatte, nicht

---

941 Manafort 11.9.2018 302, 7.
942 Textnachricht, Manafort und Kilimnik.
943 Textnachricht, Manafort und Kilimnik; Manafort 12.9.2018 302, 5.
944 Textnachricht, Manafort und Kilimnik.
945 15.1.20 E-Mail, Manafort, McFarland und Flynn.
946 15.1.2017 E-Mail, Manafort, McFarland und Flynn.
947 Manafort 11.9.2018 302, 7.

auf die Anfrage Manaforts zu antworten – scheint Manafort tatsächlich nicht geantwortet zu haben.[948]

Manafort teilte dem Büro des Sonderermittlers mit, er habe sich zur Zeit der Amtseinführung des Präsidenten im Januar mit Kilimnik und dem ukrainischen Oligarchen Serhij Ljowotschkin im Westin Hotel in Alexandria (Virginia) getroffen.[949] Während dieses Treffens diskutierte Kilimnik erneut den Janukowytsch-Friedensplan, den er bei dem Treffen am 2. August und in einer ausführlichen Nachricht vom 8. Dezember 2016 vorgestellt hatte, die sich in Kilimniks DMP-E-Mail-Account fand.[950] Manafort gab zu, diese E-Mail gelesen zu haben,[951] in der Kilimnik schrieb: »[A]lles, was nötig ist, um den Prozess anzuschieben, ist ein sehr kleines Blinzeln (oder ein leichter Schubs) von DT«, eine klare Anspielung auf den gewählten Präsidenten. Kilimnik fährt fort: »[…] und eine Entscheidung, Sie als ›besonderen Repräsentanten‹ zu ermächtigen, diesen Prozess zu leiten«. Kilimnik versicherte Manafort, er könne »den Prozess mit dieser Vollmacht anstoßen und innerhalb von 10 Tagen Russland besuchen. [Janukowytsch] garantiert Ihren Empfang auf höchster Ebene«. Er schrieb weiter, dass DT »praktisch innerhalb weniger Monate nach Amtsantritt Frieden in der Ukraine haben« könnte.[952]

Wie oben erwähnt, versuchte Manafort Grand Jury [redacted] und bei Angaben gegenüber dem Büro des Sonderermittlers, seinen Einsatz und seine Unterstützung für den Plan zu relativieren. Grand Jury [redacted]

---

948 15.1.2017 E-Mail, Manafort, McFarland, und Flynn; McFarland 22.12.2017 302, 18-19.

949 Grand Jury [redacted] Manafort 11.9.2018 302, 7; Manafort 21.9.2018 302, 3; 19.1.2017 und 22.1.2017 Kilimnik CBP Records, 19. und 22. Jan. 2017; 2016-17 Textnachrichten, Kilimnik und Patten, 1-2.

950 Ermittlungstechnische Gründe [redacted]

951 Manafort 11.9.2018 302, 6; Grand Jury [redacted]

952 Ermittlungstechnische Gründe [redacted]

[redacted] [953] Grand Jury [redacted] [954] Grand Jury [redacted] [955] Grand Jury [redacted]

Am 26. Februar 2017 traf sich Manafort mit Kilimnik, der aus Moskau kam, in Madrid.[956] In seinen ersten beiden Befragungen durch das Büro des Sonderermittlers stritt Manafort ab, Kilimnik bei dieser Madridreise getroffen zu haben. Doch nachdem ihm Beweismaterial vorgelegt wurde, dass Kilimnik zur selben Zeit in Madrid war, gab er zu, ihn dort getroffen zu haben. Manafort sagte, Kilimnik habe ihn über eine polizeiliche Ermittlung des Nationalen Anti-Korruptionsbüros der Ukraine zu »blackledger«-Zahlungen [schwarzes Handbuch] an Manafort auf den neusten Stand gebracht.[957] Grand Jury [redacted]

---

953 Grand Jury [redacted]

954 Grand Jury [redacted].

955 Grand Jury [redacted].

956 21.2.2017 E-Mail, Zatynaiko an Kilmnik.

957 Manafort 13.9.2018 302, 1.

[redacted][958]

Während des ganzen Jahres 2017 und bis zum Frühjahr 2018 blieb Manafort mit Kilimnik in Kontakt. Bei diesen Kontakten ging es auch um Angelegenheiten im Zusammenhang mit den vom Büro des Sonderermittlers erhobenen Strafanzeigen[959] und um den ukrainischen Friedensplan. Anfang 2018 betraute er seine langjährige Meinungsforschungsfirma damit, einen Umfrageentwurf in der Ukraine zu erstellen, schickte den Meinungsforschern einen dreiseitigen Leitfaden zu Kilimniks Plan und arbeitete mit Kilimnik daran, Fragen für die Umfrage zu formulieren.[960] Dieser Leitfaden an die Meinungsforscher hob ausdrücklich darauf ab, die Vereinigten Staaten und Präsident Trump aufzurufen, die Autonome Republik Donbass mit Janukowytsch als Premierminister zu unterstützen.[961] Eine Reihe von

---

958 Grand Jury [redacted] Bei der Entscheidung, ob Manafort gegen seine Kooperationsvereinbarung verstoßen hat, stellte das Bezirksgericht fest, er habe die Unwahrheit gesagt, unter anderem über seine Kontakte mit Kilimnik in Hinsicht auf den Friedensplans und auf das Treffen in Madrid. *Manafort* 13.2.2019 Transkript, 29-31, 40.

959 *Manafort* (D.D.C.) Gov't Opp. to Mot. to Modify, 2; Superseding Indictment ¶¶ 48-51, *Vereinigte Staaten vs. Paul J. Manafort jr.*, 1:17-cr-201 (D.D.C. 8. Juni 2018), Dok. 318.

960 12.2.18 E-Mail, Fabrizio an Manafort und Ward; 16.2.2018 E-Mail, Fabrizio an Manafort; 19.2.2018 E-Mail, Fabrizio an Ward; 21.2.2018 E-Mail, Manafort an Ward und Fabrizio.

961 21.2.2018 E-Mail, Manafort an Ward und Fabrizio (7:16:49 Uhr) (Anhang).

Fragen des Umfrageentwurfs zielte auf Meinungen zur Rolle Janukowytschs bei der Lösung des Konflikts im Donbass.[962] (Bei der Umfrage ging es nicht nur um den Donbass; es wurde auch nach Ansichten über andere Spitzenreiter der ukrainischen Präsidentenwahl 2019 gefragt.)

Das Büro des Sonderermittlers hat keine Beweise dafür aufgedeckt, dass Manafort dem Wahlkampfteam oder der Regierung Trumps den ukrainischen Friedensplan vorgelegt hat. Kilimnik trieb seine Bemühungen um Förderung des Friedensplans durch die Exekutive (z. B. durch das Außenministerium der Vereinigten Staaten) bis zum Sommer 2018 voran.[963]

B. Kontakte in der Zeit nach der Wahl und in der Übergangsphase

Trump wurde am 8. November 2016 zum Präsidenten gewählt. Unmittelbar nach der Wahl begannen Personen mit Verbindungen zur russischen Regierung, Mitglieder des Trump-Wahlkampfteams und des Übergangsteams auf vielfältigen Kanälen zu kontaktieren – bisweilen über den russischen Botschafter Kisljak und gelegentlich mittels anderer Personen, die über US-Amerikaner, die bis dahin keine Verbindungen zum Wahlkampf- oder Übergangsteam hatten, verlässlichen Kontakt suchten. Die russische Regierung förderte diese Bemühungen auf ranghöchster Ebene. Die Ermittlungen erbrachten nicht den Beweis, dass diese Bemühungen eine Absprache zwischen dem Trump-Wahlkampfteam und Russlands Aktivitäten hinsichtlich der Einmischung in den Wahlkampf widerspiegelten oder erzeugten.

---

962 9.3.2018 E-Mail, Ward an Manafort und Fabrizio (Anhang).

963 Ermittlungstechnische Gründe [redacted]

1. Aktivitäten unmittelbar nach der Wahl

Nachdem sich die Nachricht verbreitete, dass Trump zum Präsidenten gewählt worden war, begannen Angehörige der russischen Regierung sowie namhafte russische Geschäftsleute umgehend zu versuchen, zur neuen US-Regierung vorzudringen. Anscheinend gab es keine bestehenden Verbindungen und man tat sich schwer, mit leitenden Mitarbeitern rund um den designierten Präsidenten in Kontakt zu treten. Wie nachfolgend erklärt, beinhalteten diese Bemühungen sowohl offizielle Kontakte über die russische Botschaft in den USA als auch darüber hinausgehende – von höchster Ebene der russischen Regierung genehmigte – Kontakte, die eher wirtschaftlicher als politischer Natur waren.

a. Kontaktaufnahme seitens der russischen Regierung

In der Wahlnacht, um ungefähr 3 Uhr morgens, erhielt die Pressesprecherin des Trump-Wahlkampfs Hope Hicks auf ihrem privaten Mobiltelefon einen Anruf von einer Telefonnummer aus dem Vorwahlbereich von Washington, D.C.[964]. Obwohl es Hicks schwerfiel, die Person am anderen Ende der Leitung zu verstehen, da diese mit ausländischem Akzent sprach, konnte Hicks die Wörter »Putin Anruf« heraushören.[965] Hicks bat den Anrufer, ihr eine E-Mail zu senden.[966]

Am darauffolgenden Morgen, dem 9. November 2016, schickte Sergej Kusnezow, ein Mitarbeiter der Botschaft der Russischen Föderation in den USA, von seiner Gmail-Adresse an Hicks eine E-Mail mit dem Betreff »Nachricht von Putin«.[967] Kusnezow bat Hicks, die sich im Anhang der Mail befindende und sowohl auf

[964] Hicks 8.12.2017 302, 3.
[965] Hicks 8.12.2017 302, 3.
[966] Hicks 8.12.2017 302, 3.
[967] NOSC00044381 (9.11.2016 E-Mail, Kusnezow an Hicks (5:27 Uhr)).

Englisch wie auf Russisch formulierte Nachricht von Putin an den designierten Präsidenten zu übermitteln.[968] In der Nachricht gratulierte Putin Trump zu dessen Wahlsieg und erklärte, er »freue sich, gemeinsam mit [Trump] daran zu arbeiten, die amerikanisch-russischen Beziehungen aus der Krise zu führen«.[969]

Hicks leitete die E-Mail an Kushner weiter und fragte: »Kannst du das prüfen? Ich möchte nicht hereingelegt werden, aber auch nicht Putin sausen lassen!«[970] Kushner sagte vor dem Kongress aus, er habe geglaubt, es würde möglich sein, die Echtheit der ihm weitergeleiteten Nachricht durch den russischen Botschafter zu verifizieren, den Kushner im April 2016 kennengelernt hatte.[971] Da er sich nicht an den Namen des russischen Botschafters erinnern konnte, mailte Kushner Dimitri Simes von CNI, den er schon einmal in Sachen Russland um Rat gebeten hatte – *siehe* Band I, Abschnitt IV.A.4, *oben* – und fragte: »Wie lautet der Name des russischen Botschafters?«[972] Kushner leitete Simes' Antwort, die Kisljak namentlich identifizierte, an Hicks weiter.[973] Nach Rücksprache mit Kushner über das, was er herausgefunden hatte, leitete Hicks den Brief an Mitarbeiter des Übergangsteams weiter.[974] Fünf Tage später, am 14. November 2016, telefonierte Trump mit Putin in Anwesenheit von Mit-

---

968 NOSC00044381-82 (9.11.2016 E-Mail, Kusnezow an Hicks (5:27 Uhr)).

969 NOSC00044382 (9.11.2016 Brief von Putin an den designierten Präsidenten Trump (9. November 2016) (Übersetzung)).

970 NOSC00044381 (9.11.2016 E-Mail, Hicks an Kushner (10:26 Uhr)).

971 Aussage von Jared C. Kushner vor den Komitees des Kongresses, 4 (24.7.2017).

972 NOSC00000058 (9.11.2016 E-Mail, Kushner an Simes (10:28 Uhr)); Aussage von Jared C. Kushner vor den Komitees des Kongresses, 4 (24.07.2017).

973 NOSC00000058 (9.11.2016 E-Mail, Kushner an Hicks (11:05:44 Uhr)).

974 Hicks 8.12.2017 302, 3-4.

gliedern des Übergangsteams sowie des designierten Nationalen Sicherheitsberaters Michael Flynn.[975]

b. Hochrangige Förderung von Kontakten mittels weiterer Kanäle

Während Beamte der russischen Regierung in den USA die Fühler in Richtung des designierten Präsidenten und seines Teams ausstreckten, stellten eine Reihe von Russen, die im privatwirtschaftlichen Sektor tätig waren, ihre eigenen Bemühungen an, Kontakt aufzunehmen. Pjotr Awen, ein russischer Staatsangehöriger und Vorstand der Alfa-Bank, Russlands größter Geschäftsbank, schilderte gegenüber dem Büro des Sonderermittlers Interaktionen mit Putin innerhalb dieses Zeitraums, die die Nervosität der russischen Aktivitäten erfassen lassen können.[976]

Awen erklärte gegenüber dem Büro des Sonderermittlers, dass er zu annähernd 50 wohlhabenden russischen Geschäftsleuten gehört, die sich regelmäßig mit Putin im Kreml treffen; diese 50 Männer sind vielfach als »Oligarchen« bekannt.[977] Awen gab an, sich vierteljährlich mit Putin getroffen zu haben, auch im vierten Quartal (4. Qu.) 2016, kurz nach der US-Präsidentschaftswahl.[978] Awen sagte, er nahm diese Besprechungen ernst, und ihm war bewusst, dass alle bei dieser Gelegenheit von Putin vorgebrachten Vorschläge und Kritiken implizite Anweisungen waren, und es für Awen Konsequenzen bedeutet hätte, sie nicht zu befolgen.[979] Wie gewöhnlich war auch dem Gespräch im

---

975 Flynn 16.11.2017 302, 8-10; *siehe* Doug G. Ware, *Trump, Russia's Putin Talk about Syria, Icy Relations in Phone Call*, UPI (14. November 2016).

976 Awen lieferte dem Büro des Sonderermittlers in einer Befragung Informationen, die einem »attorney proffer« [Zusage eingeschränkter Strafverfolgung] unterstanden Grand Jury [redacted]

977 Awen 2.8.2018 302, 7.

978 Grand Jury [redacted]

979 Awen 02.08.2018 302, 2-3.

US-Justizministerium
~~Juristische Ermittlungen~~ // ~~Kann geschütztes Material gemäß Fed. R. Crim. P. 6(c) enthalten~~

4. Qu. 2016 mit Putin ein Vorbereitungstreffen mit Putins Stabschef Anton Waino vorausgegangen.[980]

Bei seinem Vieraugengespräch mit Putin[981] im 4. Qu. 2016 stellte, laut Awen, Putin in Aussicht, dass die USA zusätzliche Sanktionsmaßnahmen gegen russische Interessen, einschließlich gegen Awen und/oder die Alfa-Bank verhängen würden.[982] Putin legte nahe, dass Awen Schritte zu unternehmen hatte, um sich und die Alfa-Bank zu schützen.[983] Darüber hinaus sagte Awen aus, dass Putin von den Schwierigkeiten sprach, mit denen sich die russische Regierung bei der Kontaktaufnahme zur neuen Regierung unter Trump konfrontiert sah[984]. Gemäß Awen deutete Putin an, nicht zu wissen, mit wem er offiziell sprechen sollte, und dass er die Leute um den designierten Präsidenten überhaupt nicht kannte.[985]

Awen Grand Jury [redacted] erklärte gegenüber Putin, dass er Schritte in die Wege leiten würde, um sich und die Aktionäre der Alfa-Bank vor möglichen Sanktionen zu schützen, und einer der Schritte wäre zu versuchen, Kontakt zur neuen Regierung

---

980 Grand Jury [redacted] und bei der Befragung durch das Büro des Sonderermittlers bezog sich Awen auf hochrangige Angehörige der russischen Regierung, indem er sie mit Ziffern (z. B. Amtsträger 1, Amtsträger 2) versah. Gesondert bestätigte Awen im Rahmen eines »attorney proffer« [Zusage eingeschränkter Strafverfolgung], dass es sich bei Amtsträger 1 um Putin und bei Amtsträger 2 um Putins Stabschef Waino handelte. *Siehe* eidesstattliche Erklärung von Ryan Junck (2. August 2018) (Kopie zu den Akten).

981 Zum Zeitpunkt seines 4. Qu. 2016-Treffens mit Putin war sich Awen der Presseberichterstattung über die russische Einmischung in die US-Wahl weitgehend bewusst. Laut Awen hat er zu keinem Zeitpunkt dieses Thema mit Putin besprochen, und Putin hat die Gründe von neuerlichen Sanktionsmaßnahmen nicht ausgeführt. Awen 02.08.2018 302, 5-7.

982 Grand Jury [redacted]

983 Grand Jury [redacted]

984 Grand Jury [redacted]

985 Grand Jury [redacted]

aufzunehmen, um einen Kommunikationskanal herzustellen.[986] Awen beschrieb Putins skeptische Reaktion hinsichtlich Awens Erfolgsaussichten in der Angelegenheit.[987] Obwohl Putin ihn nicht ausdrücklich angewiesen hat, Kontakt zu Trumps Übergangsteam aufzunehmen, verstand Awen laut eigener Aussage, Putin ewarte von ihm, dass er versuche, auf die von ihm geäußerten Befürchtungen zu reagieren.[988] Awens Bemühungen sind in Band I, Abschnitt IV.B.5. *unten,* beschrieben.

2. Kirill Dmitriews Kontaktversuche zur designierten Regierung in der Übergangsphase

Awens Schilderung seiner Begegnungen mit Putin stimmt mit dem Verhalten von Kirill Dmitriew überein, einem russischen Staatsbürger, der Russlands Staatsfonds leitet und mit Putin eng verbunden ist. In den Monaten nach der Wahl stellte Dmitriew Bemühungen an, um mit Mitgliedern der designierten Trump-Regierung in Kontakt zu treten. Dmitriew bat seinen engen Geschäftspartner George Nader, der für den königlichen Hof der Vereinigten Arabischen Emirate (VAE) arbeitete, ihn mit Mitgliedern von Trumps Übergangsteam bekannt zu machen, und Nader arrangierte schließlich zwischen Dmitriew und Erik Prince, einem Unterstützer des Trump-Wahlkampfs und Geschäftsfreund von Steve Bannon, ein Treffen auf den Seychellen.[989] Zusätzlich stellte der Nationale Sicherheitsberater der

986 Grand Jury [redacted]

987 Grand Jury [redacted] Awen 2.8.2018 302, 6.

988 Awen 2.8.2018 302, 4-8; Grand Jury [redacted]

989 Nader lieferte dem Büro des Sonderermittlers in mehrfachen Befragungen Informationen. Alle Befragungen außer einer standen unter Zusicherung eingeschränkter Strafverfolgung Grand Jury [redacted]. Die Ermittler befragten auch Prince unter Zusicherung eingeschränkter Strafverfolgung. Bannon wurde vom Ermittler-Büro befragt Grand Jury [redacted] unter Zusicherung eingeschränkter Strafverfolgung.

VAE Dmitriew Ende November 2016 Rick Gerson vor, einem Hedgefonds-Manager und Freund von Jared Kushner. Im Dezember 2016 und Januar 2017 arbeiteten Dmitriew und Gerson an einem Vorschlag zur Verbesserung der US-amerikanisch-russischen Beziehungen, von dem Dmitriew andeutete, ihn von Putin genehmigt bekommen zu haben. Gerson übermittelte den Vorschlag vor der Amtseinführung Trumps an Kushner, der später Bannon und Außenminister Rex Tillerson Kopien davon übergab.

a. Hintergrund

Dmitriew ist russischer Staatsbürger und 2011 bei der Gründung des russischen Staatsfonds, dem Russian Direct Investment Fund (RDIF), zum CEO des Fonds ernannt worden.[990] Dmitriew berichtete direkt an Putin und bezog sich häufig auf Putin als seinen »Boss«.[991]

Der RDIF tätigte bei mehreren Projekten zusammen mit dem Staatsfonds der VAE Koinvestitionen.[992] Im Zusammenhang von Geschäften des RDIF mit den VAE hatte Dmitriew für gewöhnlich unmittelbar mit Nader zu tun, Chefberater des Kronprinzen der VAE, Mohammed bin Zayed (Kronprinz Mohammed).[993] Putin übertrug Dmitriew die Verantwortung für sowohl die wirtschaftlichen als auch die politischen Beziehungen zwischen Russland und den Golfstaaten unter anderem deshalb, weil

---

990 Kirill Dmitriews Biografie via Russian Direct Investment Fund, *verfügbar unter* https://rdif.ru/Eng_person_ dmitriev_ kiri II/. Für einen Überblick über den Russian Direct Investment Fund *siehe auch* https://rdif.ru/Eng_About/

991 Gerson 15.6.2018 1. *Siehe z. B. auch* 14.12.2016 Textnachricht, Dmitriew an Gerson; 9.1.2017 Textnachricht, Dmitriew an Gerson.

992 Grand Jury [redacted]

993 Nader 22.1.2018 302, 1-2; Nader 23.1.2018 302, 2-3; 3.5.2016 E-Mail, Nader an Phares; Grand Jury [redacted]

Dmitriew im Westen aufgewachsen war und fließend Englisch sprach.[994] Nader betrachtete Dmitriew als Putins Ansprechpartner für die Golfregion und pflegte Dmitriews Ansichten direkt an Kronprinz Mohammed weiterzugeben.[995]

Nader entwickelte zu beiden Wahlkampfteams der US-Präsidentschaftswahl 2016 Kontakte und hielt Dmitriew über seine diesbezüglichen Bemühungen auf dem Laufenden.[996] Laut Nader erklärte Dmitriew, dass er persönlich und auch die russische Regierung Kandidat Trump als Wahlsieger bevorzugten, und bat Nader, ihm dabei behilflich zu sein, Mitglieder des Trump-Wahlkampfteams kennenzulernen.[997] Grand Jury [redacted][998] Vor der Wahl stellte Nader Dmitriew keine Person aus dem Umfeld des Trump-Wahlkampfs vor.[999]

Grand Jury [redacted] [1000] Grand Jury [redacted] [1001] Grand Jury [redacted]

---

994 Nader 22.01.2018 302, 1-2.
995 Nader 22.1.2018 302, 3.
996 Nader 22.1.2018 302, 3; Grand Jury [redacted]
997 Nader 22.1.2018 302, 3; Grand Jury [redacted]
998 Grand Jury [redacted]
999 Nader 22.1.2018 302, 3.
1000 Grand Jury [redacted]
1001 Grand Jury [redacted]

[redacted][1002] Grand Jury [redacted][1003] Grand Jury [redacted][1004]

Erik Prince ist ein Geschäftsmann, der zu zahlreichen Personen aus dem Umfeld des Trump-Wahlkampfs Verbindungen unterhielt, einschließlich Steve Bannon, Donald Trump jr. und Roger Stone.[1005] Prince besaß im Wahlkampf keine offizielle Funktion, trotzdem bot er an, eine Spendenaktion für Trump durchzuführen, und schickte Bannon unaufgefordert Unterlagen zu Themen wie Außenpolitik, Außenhandel und der Einmischung Russlands in die Wahl.[1006]

Nach der Wahl stattete Prince den Büros des Übergangsteams im Trump Tower häufig Besuche ab, vorrangig um Bannon zu treffen, aber gelegentlich auch Michael Flynn und andere.[1007] Prince und Bannon erörterten, unter anderem, außenpolitische Fragen und Princes Empfehlungen, wer bei der Besetzung wichtiger Schlüsselpositionen im Bereich der nationalen Sicherheit bedacht werden sollte.[1008] Obwohl Prince dem Übergangsteam offiziell nicht angehörte, Nader Grand Jury [redacted] erhielt Zusicherungen Grand Jury [redacted], dass die de-

1002 Grand Jury [redacted]
1003 Grand Jury [redacted]
1004 Grand Jury [redacted]
1005 Prince 4.4.2018 302, 1-5; Bannon 14.2.2018 302, 21.
1006 Prince 4.4.2018 302, 1, 3-4; Prince 3.5.2018 302, 2; Bannon 14.2.2018 302, 19-20; 18.1.2016 E-Mail, Prince an Bannon.
1007 Flynn 20.11.2017 302, 6; Flynn 11.1.2018 302, 5; Flynn 24.1.2018 302, 5-6; Flynn 1.5.2018 302, 11; Prince 4.4.2018 302, 5, 8; Bannon 14.2.2018 302, 20-21; 12.11.2016 E-Mail, Prince an Corallo.
1008 Prince 4.4.2018 302, 5; Bannon 14.2.2018 302, 21.

signierte Regierung Prince als zuverlässigen Partner in Betracht zog.[1009]

b. Kirill Dmitriews Kontaktversuche zur designierten Regierung in der Zeit nach der Wahl

Am Wahlabend kurz nach Mitternacht schickte Dmitriew eine Nachricht an Ermittlungstechnische Gründe [redacted] der auf dem Weg zur Schachweltmeisterschaft 2016 in New York war. Ermittlungstechnische Gründe [redacted] Dmitrij Peskow, Pressesprecher der Russischen Föderation, der bei der Schachweltmeisterschaft zu Gast war.[1010] Ermittlungstechnische Gründe [redacted][1011] Ermittlungstechnische Gründe [redacted][1012] Ermittlungstechnische Gründe [redacted][1013]

In der Nacht des 9. November 2016, gegen 2:40 Uhr, berichtete die Presse, dass Clinton den designierten Präsidenten Trump angerufen hatte, um ihre Wahlniederlage einzuräumen. Um Ermittlungstechnische Gründe [redacted]

1009 Grand Jury [redacted]

1010 Ermittlungstechnische Gründe [redacted] Nader 22.1.2018 302, 5-6; Grand Jury [redacted]

1011 Ermittlungstechnische Gründe [redacted]

1012 Ermittlungstechnische Gründe [redacted]

1013 Ermittlungstechnische Gründe [redacted]

[redacted][1014] Ermittlungstechnische Gründe [redacted] schrieb an Dmitriew: »Putin hat gewonnen.«[1015]

Später an diesem Morgen kontaktierte Dmitriew Nader, der sich in New York befand, um in Anbetracht der »großartigen Ergebnisse« schnellstmöglich ein Treffen mit »Schlüsselpersonen« der designierten Regierung zu arrangieren.[1016] Dmitriew bat Nader, der designierten Regierung zu übermitteln, dass »wir beginnen wollen, die Beziehungen wiederaufzubauen, in welchem Tempo auch immer das für sie angenehm ist. Wir haben Verständnis für alle Befindlichkeiten und haben es nicht eilig.«[1017] Zuvor hatten Dmitriew und Nader bereits erörtert, dass Nader Dmitriew mit Kontakten bekannt macht, die Nader zu Trumps Wahlkampfteam geschlossen hatte.[1018] Dmitriew erklärte gegenüber Nader ebenfalls, dass er Putin um Erlaubnis bitten würde, in die USA zu reisen, um mit Pressevertretern über den positiven Effekt von Trumps Wahl und die Notwendigkeit der Verbesserung der Beziehungen zwischen Russland und den USA zu sprechen.[1019]

Noch am gleichen Tag flog Dmitriew nach New York, wohin Peskow unabhängig von ihm gereist war, um das Schachturnier zu besuchen.[1020] Dmitriew lud Nader zur Eröffnung des Turniers ein und bemerkte, wenn die »Möglichkeit besteht, irgendeine

---

1014 Ermittlungstechnische Gründe [redacted]

1015 Ermittlungstechnische Gründe [redacted]

1016 9.11.2016 Textnachricht, Dmitriew an Nader (9:34 Uhr); Nader 22.1.2018 302, 4.

1017 9.11.2016 Textnachricht, Dmitriew an Nader (23:58 Uhr).

1018 Nader 22.1.2018 302, 3.

1019 9.11.2016 Textnachricht, Dmitriew an Nader (10:06 Uhr); 09.11.2016 Textnachricht, Dmitriew an Nader (10:10 Uhr); Grand Jury [redacted]

1020 9.11.2016 Textnachricht, Dmitriew an Nader (10:08 Uhr); 09.11.2016 Textnachricht, Dmitriew an Nader (15:40 Uhr); Nader 22.1.2018 302, 5.

Schlüsselfigur aus dem Trump-Lager zu sehen, würde« er »gern anfangen, etwas für die Zukunft aufzubauen«.[1021] Außerdem bat Dmitriew Nader, Kushner zu der Veranstaltung einzuladen, damit er (Dmitriew) ihn kennenlernen konnte.[1022] Nader reichte Dmitriews Einladung an niemand aus dem Umfeld der designierten Regierung weiter.[1023] Obwohl sich ein offizieller Vertreter der World Chess Federation erinnerte, von einem Besucher gehört zu haben, dass der designierte Präsident Trump bei dem Schachturnier vorbeigeschaut hatte, ergaben die Ermittlungen nicht, dass Trump oder irgendein Mitglied des Wahlkampfteams oder des Übergangsteams offiziell an der Veranstaltung teilnahm.[1024] Und der Präsident dementierte einen Besuch in seinen schriftlichen Antworten.[1025]

Nader gab an, von Dmitriew fortwährend gedrängt worden zu sein, ein Treffen mit Mitgliedern des Übergangsteams zu fixieren, und dass sich Dmitriews Interesse speziell auf Kushner und Trump jr. konzentrierte.[1026] Dmitriew erklärte gegenüber Nader, dass Putin Nader sehr dankbar wäre, und ein solches Treffen Geschichte schreiben würde.[1027] Grand Jury [redacted] [1028] Grand Jury [redacted] [1029] Laut Nader zeigte sich Dmitriew hinsichtlich der Kontaktherstellung zur designierten Regierung

---

[1021] 9.11.2016 Textnachricht, Dmitriew an Nader (19:10 Uhr).

[1022] 1.11.2016 Textnachricht, Dmitriew an Nader (5:20 Uhr).

[1023] Nader 22.1.2018 302, 5-6.

[1024] Marinello 31.5.2018 302, 2-3; Nader 22.1.2018 302, 5-6.

[1025] Schriftliche Antworten von Donald J. Trump (20. November 2018), 17-18 (Antwort auf Frage V, Teil (a).

[1026] Nader 22.1.2018 302, 6; Grand Jury [redacted]

[1027] Nader 22.1.2018 302, 6; Grand Jury [redacted]

[1028] Grand Jury [redacted]

[1029] Grand Jury [redacted]

sehr ungeduldig und sagte zu ihm, dass er neben Nader als Vermittler noch andere Wege ausprobieren würde.[1030] Letztendlich hat Nader Dmitriew während dessen Aufenthalts in New York direkt im Anschluss an die Wahl keiner Person aus dem Umfeld der designierten Regierung vorgestellt.[1031]

Anfang Dezember 2016 schnitt Dmitriew das Thema eines Treffens mit Mitgliedern der designierten Regierung erneut gegenüber Nader an und nannte dafür Januar oder Februar.[1032] Dmitriew schickte, mit der Bemerkung »falls sie hilfreich« sind, eine Auflistung öffentlich verwendbarer Zitate Dmitriews, in denen er sich positiv über Donald Trump äußerte.[1033]

c. Das Treffen von Erik Prince und Kirill Dmitriew auf den Seychellen

i. George Nader und Erik Prince arrangieren Treffen mit Dmitriew auf den Seychellen

Anfang Januar 2017 reiste Nader nach New York und am 3. Januar 2017 traf er sich sowohl zum Mittagessen als auch zum Abendessen mit Erik Prince.[1034] Nader und Prince sprachen über Dmitriew.[1035] Nader teilte Prince mit, dass die Russen versuchten, eine Verbindung zur designierten Trump-Regierung aufzubauen.[1036] Grand Jury [redacted] er schilderte Prince, dass Dmitriew Nader gedrängt hatte, ihn mit jemandem aus der designierten Regierung bekannt zu machen Grand Jury [redacted]

1030 Nader 22.1.2018 302, 6.

1031 Nader 22.1.2018 302, 5-7.

1032 8.2.2016 Textnachrichten, Dmitriew an Nader (12:10:31 Uhr); Nader 22.1.2018 302, 11.

1033 8.12.2016 Textnachricht, Dmitriew an Nader (12:10:31 Uhr); 8.12.2016 Textnachricht, Dmitriew an Nader (12:10:57 Uhr).

1034 Prince 4.4.2018 302, 8.

1035 Prince 4.4.2018 302, 8; Grand Jury [redacted]

1036 Grand Jury [redacted]

US-Justizministerium
~~Juristische Ermittlungen~~ // ~~Kann geschütztes Material gemäß Fed. R. Crim. P. 6(c) enthalten~~

[redacted].[1037] In Anbetracht der Beziehungen, die Prince zu Mitgliedern des Übergangsteams unterhielt, schlug Nader ein Treffen von Prince und Dmitriew vor, bei dem sie Fragen gemeinsamen Interesses besprechen konnten.[1038] Grand Jury [redacted] Prince sagte zu Nader, dass er darüber nachdenken und das zuvor mit Mitgliedern des Übergangsteams prüfen musste.[1039]

Nach dem Abendessen mit Prince schickte Nader ihm einen Link zum Wikipedia-Eintrag über Dmitriew und Dmitriew eine Nachricht, dass er sich soeben mit »einigen Schlüsselfiguren der Familie und des inneren Zirkels« getroffen hatte – eine Referenz auf Prince – und dass er lange und positiv über Dmitriew gesprochen hatte.[1040] Nader teilte Dmitriew mit, dass die Leute, die er getroffen hatte, um Dmitriews Lebenslauf gebeten hatten, und Dmitriew antwortete, dass er seinen Lebenslauf auf neuesten Stand bringen und dann Nader schicken würde.[1041] Nader erhielt daraufhin zwei Dokumente bezüglich Dmitriew; bei einem handelte es sich um einen zweiseitigen Lebenslauf und bei dem anderen um die Auflistung von Dmitriews positiven Zitaten zu Donald Trump.[1042]

Am darauffolgenden Morgen leitete Nader die Nachricht sowie die Dokumente, die Dmitriew geschickt hatte, an Prince weiter.[1043] Nader schrieb dazu Prince, dass diese Dokumente die Versionen waren, »die man mit ein paar zusätzlichen Details für sie verwenden« konnte (mit »sie« waren die Mitglieder der desig-

---

1037 Grand Jury [redacted]
1038 Grand Jury [redacted]
1039 Grand Jury [redacted]
1040 4.1.2017 Textnachricht, Nader an Prince; 4.1.2017 Textnachrichten, Nader an Dmitriew (5:24 bis 5:26 Uhr); Nader 22.1.2018 302, 8-9; Grand Jury [redacted]
1041 4.1.2017 Textnachrichten, Nader und Dmitriew (7:24:27 Uhr).
1042 4.1.2017 Textnachrichten, Dmitriew an Nader (7:25 bis 07:29 Uhr).
1043 4.1.2017 Textnachrichten, Nader an Prince.

nierten Regierung gemeint).[1044] Prince öffnete die Anhänge vom Trump Tower aus innerhalb einer Stunde nach Erhalt.[1045] Prince gab an, an diesem Tag bei seinem Aufenthalt im Trump Tower mit Kellyanne Conway, Wilbur Ross, Steve Mnuchin und anderen gesprochen zu haben, während er auf ein Treffen mit Bannon wartete.[1046] Die Funkzellenabfrage von Prince' Mobiltelefon ergab, dass sich Prince ungefähr drei Stunden im Trump Tower aufgehalten hat.[1047] Prince erklärte, sich nicht erinnern zu können, ob er sich innerhalb dieser drei Stunden mit Bannon getroffen und mit ihm über Dmitriew gesprochen hat.[1048] Grand Jury [redacted][1049]

Am 7. Januar 2017 buchte Prince ein Flugticket zu den Seychellen.[1050] Am nächsten Tag schrieb Nader an Dmitriew, dass er eine »schöne Überraschung« für ihn hatte, nämlich ein Treffen für ihn und »einen Special Guest« aus »dem neuen Team« arrangiert zu haben, und bezog sich dabei auf Prince.[1051] Nader fragte Dmitriew, ob er es einrichten könnte, am 12. Januar 2017 zu einer Besprechung auf die Seychellen zu kommen, und Dmitriew sagte dies zu.[1052]

Am darauffolgenden Tag erbat Dmitriew von Nader die Zusicherung, dass das Seychellen-Treffen den Aufwand wert sei.[1053] Grand Jury [redacted] Dmitriew war von der Vorstellung, Prince zu treffen, nicht begeistert, und dass Nader ihm versicherte,

---

1044 4.1.2017 Textnachrichten, Nader an Prince; Grand Jury [redacted]
1045 Prince 3.5.2018 302, 1-3.
1046 Prince 3.5.2018 302, 2-3.
1047 Funkzellenabfrage für Prince' Mobiltelefon Ermittlungstechnische Gründe [redacted]
1048 Prince 3.5.2018 302, 3.
1049 Grand Jury [redacted]
1050 5.1.2017 E-Mail, Kasbo an Prince.
1051 8.1.2017 Textnachrichten, Nader an Dmitriew (18:05 bis 18:10 Uhr).
1052 8.1.2017 Textnachrichten, Nader und Dmitriew (18:10 bis 19:27 Uhr).
1053 9.1.2017 Textnachricht, Dmitriew an Nader.

Prince übte Einfluss auf die designierte Regierung aus.[1054] Nader schrieb an Dmitriew: »Der Typ [Prince] wurde von Steve [Bannon] bestimmt, um dich zu treffen! Ich kenne ihn und er ist sehr, sehr gut vernetzt und das neue Team vertraut ihm. Seine Schwester wird aktuell als Bildungsministerin gehandelt.«[1055] Laut Nader hatte Prince ihn glauben lassen, dass Bannon von Prince' bevorstehendem Treffen mit Dmitriew wusste, und Prince bestätigte, es war angemessen von Nader zu denken, dass Prince Informationen an das Übergangsteam weitergeben würde.[1056] Bannon hingegen erklärte gegenüber dem Büro des Sonderermittlers, dass Prince ihn vorher nicht von seinem Treffen mit Dmitriew unterrichtet hatte.[1057]

ii. Die Treffen auf den Seychellen

Am 11. Januar 2017 kamen Dmitriew und seine Ehefrau auf den Seychellen an, und die beiden checkten im Four Seasons Resort ein, in dem auch Kronprinz Mohammed und Nader logierten.[1058] Prince traf am gleichen Tag ein.[1059] Prince und Dmitriew begegneten sich zum ersten Mal am Nachmittag in Naders Resort-Villa und Nader war bei dem Kennenlernen anwesend.[1060] Dieses erste Treffen dauerte etwa 30 bis 45 Minuten.[1061]

1054 Grand Jury [redacted]

1055 9.1.2017 Textnachricht, Nader an Dmitriew (14:12:56 Uhr); Nader 19.1.2018 302, 13; Grand Jury [redacted]

1056 Nader 19.1.2018 302, 13; Grand Jury [redacted] Prince 3.5.2018 302, 3.

1057 Bannon 14.2.2018 302, 25-26.

1058 10.1.2017 Textnachrichten, Dmitriew und Nader (14:05:54 bis 15:30:25 Uhr); 11.1.2017 Textnachrichten, Dmitriew und Nader (14:16:16 bis 15:17:59 Uhr.).

1059 7.1.2017 E-Mail, Kasbo an Prince.

1060 11.1.2017 Textnachrichten, Nader und Dmitriew (17:18:24 bis 17:37:14 Uhr); Grand Jury [redacted]

1061 Prince 3.5.2018 302, 4; Grand Jury [redacted]

US-Justizministerium
~~Juristische Ermittlungen // Kann geschütztes Material gemäß Fed. R. Crim. P. 6(e) enthalten~~

Grand Jury [redacted][1062] Prince beschrieb die acht Jahre der Präsidentschaft von Obama negativ und erklärte seine Freude über eine neue Ära der Zusammenarbeit und Konfliktlösung.[1063] Laut Prince erläuterte er Dmitriew, dass Bannon, wenn auch nicht im konventionellen Sinne, wirkungsvoll agierte, und dass Prince Bannon mit politikprogrammatischen Unterlagen versorgte.[1064]

Grand Jury [redacted][1065] Grand Jury [redacted][1066] Grand Jury [redacted][1067] Grand Jury [redacted][1068] Das Thema der russischen Einmischung in die Wahl 2016 kam nicht auf.[1069]

Grand Jury [redacted]

1062 Grand Jury [redacted]
1063 Grand Jury [redacted]
1064 Prince 3.5.2018 302, 4.
1065 Grand Jury [redacted]
1066 Grand Jury [redacted]
1067 Grand Jury [redacted]
1068 Grand Jury [redacted]
1069 Prince 3.5.2018 302, 4-5.

[redacted] [1070] Prince fügte hinzu, Bannon von seinem Treffen mit Dmitriew zu informieren, und falls Interesse bestünde, die Diskussion weiterzuführen, würde Bannon oder eine andere Person aus dem Übergangsteam darauf zurückkommen.[1071] Grand Jury [redacted] [1072]

Danach kehrte Prince in sein Zimmer zurück und erfuhr dort davon, dass ein russischer Flugzeugträger auf dem Weg nach Libyen war, sodass Prince daraufhin Nader anrief und ihn bat, ein erneutes Treffen mit Dmitriew zu vereinbaren.[1073] Laut Nader rief Prince an und erklärte, mit seinen Partnern zu Hause gesprochen zu haben und Dmitriew die Botschaft übermitteln zu müssen, dass Libyen »vom Tisch« war.[1074] Nader schrieb Dmitriew, dass Prince »eine dringende Nachricht erhalten hat, die dir sofort übermittelt werden muss«, und arrangierte für Dmitriew, Prince und sich ein Treffen in einem der Restaurants auf dem Gelände des Four Seasons.[1075]

Bei dieser zweiten Besprechung erklärte Prince Dmitriew, dass die USA keinerlei Einmischung seitens der Russen in Libyen akzeptieren konnten, da dies die Situation dort erheblich

---

1070 Grand Jury [redacted]

1071 Prince 3.5.2018 302, 4; Grand Jury [redacted]

1072 Grand Jury [redacted]

1073 Prince 4.4.2018 302, 10; Prince 3.5.2018 302, 4; Grand Jury [redacted]

1074 Nader 22.1.2018 302, 14; Grand Jury [redacted]

1075 Grand Jury [redacted] 11.1.2017 Textnachrichten, Dmitriew und Nader (21:13:54 bis 22:24:25 Uhr).

verschlechtern würde.[1076] Grand Jury [redacted][1077]

Nach Ende des kurzen zweiten Treffens erörterten Nader und Dmitriew das Geschehene.[1078] Dmitriew erläuterte Nader, dass ihn die Besprechungen mit Prince aus zweierlei Gründen enttäuscht hatten: Erstens war er der Ansicht, dass die Russen mit jemandem kommunizieren sollten, der mehr Macht innerhalb der designierten Regierung innehatte als Prince.[1079] Zweitens hatte er gehofft, eine substanziellere Diskussion zu führen, wie beispielsweise einen strategischen Fahrplan zu erstellen, dem beide Länder folgen konnten.[1080] Dmitriew sagte zu Nader, dass Grand Jury [redacted] Prince' Bemerkungen Grand Jury [redacted] beleidigend waren Grand Jury [redacted][1081]

Einige Stunden nach dem zweiten Treffen schickte Prince von den Seychellen zwei Textnachrichten an Bannon.[1082] Wie weiter

---

1076 Grand Jury [redacted] Prince widersprach dem jedoch und erinnerte sich, diese Bemerkungen gegenüber Dmitriew nicht in offizieller Funktion des Übergangsteams gemacht zu haben, sondern auf Grundlage seiner Erfahrung als ehemaligem Marineoffizier. Prince 3.5.2018 302, 4.

1077 Grand Jury [redacted]

1078 Nader 22.1.2018 302, 15; Grand Jury [redacted]

1079 Nader 22.1.2018 302, 9, 15; Grand Jury [redacted]

1080 Nader 22.1.2018 302, 15.

1081 Grand Jury [redacted] Nader 22.1.2018 302, 15.

1082 Rufdatenaufzeichnung von Erik Prince Grand Jury [redacted]

unten beschrieben, gelang es den Ermittlern nicht, an den Inhalt dieser oder anderer Nachrichten zu gelangen, die zwischen Prince und Bannon ausgetauscht wurden. Darüber hinaus erbrachte die Untersuchung keinen Beweis über einen weiteren Austausch zwischen Prince und Dmitriew nach deren Treffen auf den Seychellen.

iii. Besprechung von Erik Prince und Steve Bannon nach der Seychellen-Reise

Nach den Treffen auf den Seychellen erklärte Prince gegenüber Nader, dass er Bannon über das Gespräch mit Dmitriew informieren und übermitteln würde, dass jemand innerhalb des russischen Machtgefüges Interesse hatte, mit der designierten Regierung für eine Verbesserung der Beziehungen zu sorgen.[1083] Am 12. Januar 2017 kontaktierte Prince Bannons persönliche Assistentin, um für die darauffolgende Woche einen Gesprächstermin zu vereinbaren.[1084] Einige Tage später schrieb Prince ihr erneut eine Nachricht und erkundigte sich nach Bannons Terminkalender.[1085]

Prince gab an, Bannon in seinem Zuhause besucht zu haben, nachdem er Mitte Januar in die USA zurückgekehrt war, und dass er ihn kurz über verschiedene Themen unterrichtete, unter anderem über sein Treffen mit Dmitriew.[1086] Prince erklärte gegenüber dem Büro des Sonderermittlers, dass er Bannon erläuterte, Dmitriew sei Chef eines russischen Staatsfonds und daran interessiert, die Beziehungen zwischen Russland und den USA zu verbessern.[1087] Prince hatte auf seinem Mobiltelefon einen Screenshot von Dmitriews Wikipedia-Eintrag vom 16. Januar

1083 Prince 4.4.2018 302, 10; Prince 3.5.2018 302, 4; Grand Jury [redacted]

1084 12.1.2017 Textnachrichten, Prince an Preate.

1085 15.1.2017 Textnachricht, Prince an Preate.

1086 Prince 4.4.2018 302, 11; Prince 3.5.2018 302, 5.

1087 Prince 4.4.2018 302, 11; Prince 3.5.2018 302, 5.

2017 und er gab gegenüber dem Büro des Sonderermittlers an, dieses Foto Bannon wahrscheinlich gezeigt zu haben.[1088] Prince war zudem der Meinung, Bannon Dmitriews Kontaktdaten übermittelt zu haben.[1089] Laut Prince wies ihn Bannon an, die Angelegenheit mit Dmitriew nicht weiterzuverfolgen, und Prince hatte den Eindruck, dass das Thema für Bannons keine Priorität besaß.[1090] Prince berichtete, dass Bannon nicht verärgert wirkte, sondern schlicht verhältnismäßig uninteressiert.[1091]

Bannon erklärte im Gegensatz dazu gegenüber dem Büro des Sonderermittlers, zu keiner Zeit mit Prince über Dmitriew, den RDIF oder irgendein Treffen mit Russen oder Personen aus dem Umfeld von Putin gesprochen zu haben.[1092] Bannon gab außerdem an, wenn Prince jemals solch ein Treffen erwähnt hätte, hätte Bannon sich daran erinnert, und Bannon hätte Einspruch erhoben, dass solch ein Treffen stattgefunden hätte.[1093]

Die gegensätzlichen Darstellungen von Prince und Bannon konnten anhand der Einsicht in ihren Nachrichtenaustausch nicht unabhängig voneinander aufgeklärt werden, da beide Seiten nicht in der Lage waren, auch nur eine der Nachrichten vorzulegen, die sie in der Zeit um das Seychellen-Treffen ausgetauscht hatten. Das Mobiltelefon von Prince hatte keine Nachricht vor März 2017 gespeichert, obwohl die Aufzeichnungen des Mobilfunkanbieters darauf hindeuten, dass er und Bannon Dutzende von Nachrichten ausgetauscht hatten.[1094] Prince widersprach, Nachrichten gelöscht zu haben, und behauptete, nicht zu wissen, warum auf seinem Gerät keine Nachrichten aus der

---

1088 Prince 3.5.2018 302, 5; 16.1.2017 Foto auf Princes Mobiltelefon (zu den Akten des Büros des Sonderermittlers genommen).
1089 Prince 3.5.2018 302, 5.
1090 Prince 3.5.2018 302, 5.
1091 Prince 3.5.2018 302, 5.
1092 Bannon 26.10.2018 302, 10-11.
1093 Bannon 26.10.2018 302, 10-11.
1094 Anrufprotokoll von Erik Prince Grand Jury [redacted]

Zeit vor März 2017 gespeichert waren.[1095] Genauso verzeichneten Bannons Apparate keine Nachrichten aus der betreffenden Zeit, und Bannon erklärte ebenfalls, nicht zu wissen, warum die Nachrichten nicht in seinem Telefon zu finden waren.[1096] Bannon erklärte gegenüber dem Büro des Sonderermittlers, in den beiden Monaten vor und nach dem Treffen auf den Seychellen für seine berufliche Kommunikation (einschließlich der mit Prince) in der Regel sein privates BlackBerry und seinen privaten E-Mail-Account genutzt zu haben, und dass er keine Schritte unternommen hatte, diese berufliche Korrespondenz zu sichern.[1097]

d. Kirill Dmitriews Kontakt zu Rick Gerson nach der Wahl bezüglich der US-amerikanisch-russischen Beziehungen

Dmitriews Kontakte während der Übergangsphase waren nicht allein auf die von Nader vermittelten beschränkt. Ungefähr Ende November 2016 stellte der Nationale Sicherheitsberater der VAE Dmitriew Rick Gerson vor, einem New Yorker Hedgefonds-Manager und Freund von Jared Kushner.[1098] Gerson erklärte, keine offizielle Rolle im Übergangsteam innegehabt und sich nicht an Trumps Wahlkampf beteiligt zu haben, bis auf gelegentliche, beiläufige Gespräche mit Kushner über den Wahlkampf.[1099] Nach der Wahl unterstützte Gerson das Übergangsteam, indem er für Mitglieder des Übergangsteams Treffen mit dem ehemaligen britischen Premierminister Tony Blair sowie mit einer Delegation der VAE, die von Kronprinz Mohammed angeführt wurde, arrangierte.[1100]

[1095] Prince 4.4.2018 302, 6.
[1096] Bannon 26.10.2018 302, 11; Bannon 14.2.2018 302, 36.
[1097] Bannon 26.10.2018 302, 11.
[1098] Gerson 5.6.2018 302, 1, 3; 26.11.2016 Textnachricht, Dmitriew an Gerson; 25.1.2017 Textnachricht, Dmitriew an Nader.
[1099] Gerson 5.6.2018 302, 1.
[1100] Gerson 5.6.2018 302, 1-2; Kushner 11.4.2018 302, 21.

Als sich Dmitriew und Gerson kennenlernten, sprachen sie hauptsächlich über mögliche Joint Ventures von Gersons Hedgefonds und dem RDIF.[1101] Dmitriew war an der Verbesserung der wirtschaftlichen Zusammenarbeit zwischen den USA und Russland interessiert und fragte Gerson, mit wem aus der designierten Regierung er sich treffen sollte, beziehungsweise wer ihm bei der Erreichung dieses Ziels hilfreich sein würde.[1102] Gerson antwortete, er würde versuchen, den besten Weg für einen angemessenen Erstkontakt herauszufinden und diesen zu arrangieren, aber er merkte an, dass dazu Diskretion vonnöten sei, da solche Besprechungen vor der offiziellen Regierungsübernahme und vor der Bestätigung der nominierten Kabinettsmitglieder durch den Senat als sensibel zu betrachten seien.[1103] Gerson erklärte, Kushner und Michael Flynn zu fragen, wer bezüglich der Themen Verbesserung der Beziehungen zu Russland, gemeinsamer Sicherheitsbelange und wirtschaftlicher Angelegenheiten die »Schlüsselperson oder -personen« seien.[1104]

Dmitriew berichtete Gerson, von Putin den Auftrag erhalten zu haben, einen Plan zu entwickeln und auszuführen, der die Verbesserung der Beziehungen von Russland und den USA betraf. In einer Sprachnachricht an Gerson merkte er an, »wenn Russland mit Respekt begegnet wird und der Bereitschaft, unsere Position zu verstehen, können wir schnell große Durchbrüche erzielen«.[1105] Im Dezember 2016 tauschten Dmitriew und Gerson Ideen aus, was ein solcher Plan zur Verbesserung der

---

1101 Gerson 5.6.2018 302, 3-4; *siehe z. B.* 2.12.2016 Textnachrichten, Dmitriew und Gerson; 14.12.2016 Textnachrichten, Dmitriew und Gerson; 3.1.2017 Textnachricht, Gerson an Dmitriew; 2.12.2016 E-Mail, Tolokonnikow an Gerson.

1102 Gerson 5.6.2018 302, 3; 14.12.2016 Textnachricht, Dmitriew an Gerson.

1103 14.12.2016 Textnachricht, Gerson an Dmitriew.

1104 14.12.2016 Textnachricht, Gerson an Dmitriew.

1105 14.12.2016 Textnachrichten, Dmitriew und Gerson; Gerson 15.6.2018 302, 1.

Beziehungen beinhalten würde.[1106] Gerson erklärte dem Büro des Sonderermittlers, dass das Übergangsteam ihn nicht gebeten hatte, sich hinsichtlich dieser Gespräche mit Dmitriew zu engagieren, und dass er dies auf eigene Initiative und als privater Bürger getan hatte.[1107]

Am 9. Januar 2017, am gleichen Tag, als er Nader gefragt hatte, ob ein Treffen mit Prince den Aufwand wert sei, schickte Dmitriew seinen Lebenslauf an Gerson und fragte ihn, ob er »dies an Jared (oder jemand anderen, der im Team eine sehr hochrangige Position hat) weiterleiten« könnte, »sodass sie wissen, dass wir von unserer Seite auf die Verbesserung der Beziehungen fokussiert sind, und mich mein Boss gebeten hat, in der Sache eine Schlüsselrolle zu spielen«.[1108] Außerdem fragte Dmitriew Gerson, ob er Prince kenne, und ob Prince jemand Wichtiges sei, oder ob er es wert sei, Zeit mit ihm zu verbringen.[1109] Nach seiner Reise auf die Seychellen erzählte Dmitriew Gerson, dass Bannon Prince gebeten hatte, sich mit Dmitriew zu treffen, und dass die beiden ein positives Gespräch geführt hatten.[1110]

Am 16. Januar 2017 fasste Dmitriew die Ideen, die er und Gerson bezüglich der Verbesserung der US-amerikanisch-russischen Beziehungen erörtert hatten, in einem zweiseitigen Dokument mit fünf Eckpunkten zusammen: (1) gemeinsamer Kampf gegen den Terrorismus; (2) gemeinsames Engagement bei der Bekämpfung von Massenvernichtungswaffen; (3) die Entwicklung von »win-win«-Lösungen für Wirtschafts- und Investitions-Initiativen; (4) Pflege eines ehrlichen, offenen und kontinuierlichen Dialogs bei Meinungsverschiedenheiten; und (5) Gewährleistung eines angemessenen Informationsaustauschs

---

[1106] 14.12.2016 Textnachrichten, Dmitriew und Gerson.
[1107] Gerson 15.6.2018 302, 1.
[1108] 9.1.2017 Textnachrichten, Dmitriew an Gerson; 9.1.2017 Textnachricht, Dmitriew an Nader.
[1109] Gerson 5.6.2018 302, 4.
[1110] 18.1.2017 Textnachrichten, Dmitriew und Gerson.

und Vertrauens mittels »Schlüsselfiguren« beider Länder.[1111] Am 18. Januar reichte Gerson eine Kopie des Dokuments an Kushner weiter.[1112] Kushner hatte bis dahin noch nichts von Dmitriew gehört.[1113] Gerson erläuterte, dass Dmitriew der CEO von RDIF war, und Gerson könnte auf Dmitriews gute Verbindungen angespielt haben.[1114] Kushner legte das Dokument in einem Ordner ab und sagte, er würde es den richtigen Leuten zukommen lassen.[1115] Letztlich reichte Kushner eine Kopie an Bannon und eine weitere an Rex Tillerson weiter; laut Kushner sprach keiner der beiden ihn je auf das Dokument an.[1116] Am 19. Januar 2017 schickte Dmitriew eine Kopie des zweiseitigen Dokuments an Nader und fügte hinzu, dass es sich um »unsere Sicht der Dinge handelt, die ich bei meinem Treffen auf den Inseln und mit dir und unseren Freunden besprochen habe. Bitte gib es an sie weiter – wir glauben, das ist eine gute Grundlage für einen Anfang.«[1117]

Gerson informierte Dmitriew, dass er das Dokument zeitnah an Kushner weitergeleitet hatte.[1118] Am 26. Januar 2017 schrieb Dmitriew an Gerson, dass sein »Boss« – ein offensichtlicher Verweis auf Putin – fragte, ob es irgendein Feedback auf den Vorschlag gegeben habe.[1119] Dmitriew meinte: »Wir möchten die Dinge nicht überstürzen und sie in einem angenehmen Tempo bewegen. Gleichzeitig bittet mich aber mein Boss, nach Möglichkeit zu versuchen, die wichtigsten US-Treffen in den kom-

---

1111 16.1.2017 Textnachrichten, Dmitriew und Gerson.
1112 Gerson 5.6.2018 302, 3; Gerson 15.6.2018 302, 2.
1113 Gerson 5.6.2018 302, 3.
1114 Gerson 5.6.2018 302, 3; Gerson 15.6.2018 302, 1-2; Kushner 11.4.2018 302, 22.
1115 Gerson 5.6.2018 302, 3.
1116 Kushner 11.4.2018 302, 32.
1117 19.1.2017 Textnachricht, Dmitriew an Nader (11:11:56 Uhr).
1118 18.1.2017 Textnachricht, Gerson an Dmitriew; Gerson 15.06.2018 302, 2.
1119 26.1.2017 Textnachricht, Dmitriew an Gerson.

menden zwei Wochen abzuhalten.«[1120] Er teilte Gerson mit, dass Putin und Präsident Trump am darauffolgenden Samstag telefonieren würden, und merkte an, dass dies eine »sehr vertrauliche« Information sei.[1121]

Am gleichen Tag schrieb Dmitriew an Nader, dass er seinen »Boss« gestern wiedergesehen hatte, und der »betont hat, dass dies für uns hohe Priorität hat, und wir diesen Kommunikationskanal aufbauen müssen, um Bürokratie zu vermeiden«.[1122] Am 28. Januar 2018 sandte Dmitriew Nader eine Nachricht, in der stand, dass er sich vergewissern wollte, ob er seinem »Boss bestätigen kann, dass deine Freunde in dem Telefonat, das für 12 EST angesetzt ist, einige der Ideen des zweiseitigen Papiers verwenden, das ich dir geschickt habe«[1123] – offenbar ein Bezug auf das vereinbarte Telefonat von Präsident Trump und Putin. Nader antwortete: »Das Papier ist auf jeden Fall so von Rick und mir an das Team geliefert worden. Sie haben es für wichtig erachtet!«[1124] Nach dem Telefonat von Präsident Trump und Putin schrieb Dmitriew an Nader, dass »das Telefonat sehr gut verlaufen ist. Mein Boss möchte, dass ich weiterhin öffentliche Statements abgebe, dass die us [sic] russische Zusammenarbeit gut und wichtig ist.«[1125] Auch Gerson schrieb Dmitriew, dass das Telefonat gut verlaufen war, und Dmitriew antwortete, dass das Dokument, das sie gemeinsam entworfen hatten, dabei »eine bedeutende Rolle gespielt« hatte.[1126]

Als das Investmentgeschäft, an dem Gerson und Dmitriew gemeinsam gearbeitet hatten, keinen Fortschritt zeigte, haben bei-

---

1120 26.1.2017 Textnachricht, Dmitriew an Gerson.
1121 26.1.2017 Textnachricht, Dmitriew an Gerson.
1122 26.1.2017 Textnachricht, Dmitriew an Nader (22:04:41 Uhr).
1123 28.1.2017 Textnachricht, Dmitriew an Nader (11:05:39 Uhr).
1124 28.1.2017 Textnachricht, Nader an Dmitriew (11:11:33 Uhr).
1125 29.1.2017 Textnachricht, Dmitriew an Nader (11:06:35 Uhr).
1126 28.1.2017 Textnachricht, Gerson an Dmitriew; 29.1.2017 Textnachricht, Dmitriew an Gerson.

de ungefähr im März 2017 anscheinend aufgehört, miteinander zu kommunizieren.[1127]

3. Botschafter Kisljaks Treffen mit Jared Kushner und Michael Flynn im Trump Tower nach der Wahl

Am 16. November 2016 erhielt Catherine Vargas, eine Assistentin von Kushner, die Anfrage für ein Treffen mit dem russischen Botschafter Sergej Kisljak.[1128] Am selben Tag schickte Vargas Kushner eine E-Mail mit dem Betreff, »VERPASSTER ANRUF: Russischer Botschafter in den USA, Sergej Iwanowitsch Kisljak ….«[1129] Im Text der E-Mail stand: »BETREFF: Treffen am 1.12. mit Ihnen vereinbaren. Lassen Sie mich wissen, wie wir weiter verfahren.« Kushner antwortete an entsprechender Stelle: »Ich glaube, ich mache das – mit Dimitri [Simes vom CNI, *The Center for the National Interest*] bestätigen, dass das der richtige Mann ist.«[1130] Nach Kontaktaufnahme mit einem Kollegen von Simes am CNI meldete sich Vargas zurück bei Kushner, dass Kisljak »der beste Mann wäre, an den man sich für grundsätzliche Anliegen wenden kann«, während Jurij Uschakow, ein russischer Außenpolitik-Berater, der Kontakt für »direktere/umfangreichere Anliegen« sei.[1131]

Bob Foresman, der Investmentbanker in führender Position bei der UBS, der im Vorfeld versucht hatte, den Kandidaten Trump eine Einladung als Redner an einem Wirtschaftsforum

---

[1127] Gerson 15.6.2018 302, 4; 21.3.2017 Textnachricht, Gerson an Dmitriew.

[1128] *Aussage von Jared C. Kushner im Kongress-Ausschuss* (»Kushner-Aussage«), 6 (24.7.2017) (schriftliche Aussage von Kushner vorm Justizausschuss des Senats).

[1129] NOSC00004356 (16.11.2016 E-Mail, Vargas an Kushner (18:44 Uhr)).

[1130] NOSC00004356 (16.11.2016 E-Mail, Kushner an Vargas (21:54 Uhr)).

[1131] 17.11.2016 E-Mail, Brown an Simes (10:41 Uhr); Brown 13.10.2017 302, 4; 17.11.2016 E-Mail, Vargas an Kushner (12:31:18 Uhr).

in Russland zu übermitteln, siehe Band I, Abschnitt IV.A.1.d.ii, *oben*, hat womöglich ähnliche Informationen an das Übergangsteam übergeben. Am Ende eines Treffens mit dem angehenden Nationalen Sicherheitsberater Michael Flynn und seinem designierten Stellvertreter (K.T. McFarland) Anfang Dezember 2016 in New York fragte, laut Foresman, Flynn Foresman nach seiner Meinung zu Kisljak. Foresman hatte Kisljak nie getroffen, sagte Flynn aber, dass Kisljak zwar ein wichtiger Mann sei, Kisljak aber keinen direkten Draht zu Putin habe.[1132] Foresman reiste anschließend nach Moskau, erkundigte sich bei jemandem, von dem er glaubte, dass er Putin nahestehe, und bekam von diesem Informanten gesagt, dass Uschakow der offizielle Zugang für den angehenden Nationalen Sicherheitsberater der USA sein würde.[1133] Foresman gab zwar an, dass Flynn ihm nicht um diese Anfrage in Russland gebeten hätte, sagte dem Büro des Sonderermittlers aber dennoch, dass er sich verpflichtet gefühlt hätte, Flynn über diese Information zu unterrichten, und dass er sich darum bemühte, ein persönliches Treffen mit Flynn im Januar 2017 zu bekommen, um genau das zu tun.[1134] Rekonstruktionen von E-Mail-Verläufen weisen darauf hin, dass das Treffen schlussendlich stattfand,[1135] aber Flynn konnte sich weder daran noch an das frühere Treffen im Dezember erinnern.[1136] (Die Ermittlungen ergaben keine Hinweise darauf, dass Flynn oder Kushner Uschakow trafen, nachdem sie seinen Namen bekommen hatten.[1137])

1132 Foresman 17.10.2018 302, 17.
1133 Foresman 17.10.2018 302, 17-18.
1134 Foresman 17.10.2018 302, 18.
1135 RMF-SCO-00000015 (5.1.2017 E-Mail, Foresman an Atencio und Flaherty); RMF-SCO-00000015 (5.1.2017 E-Mail, Flaherty an Foresman und Atencio).
1136 26.9.2018 »attorney proffer« [Zusage eingeschränkter Strafverfolgung] der Kanzlei Covington und Burling LLP (erwähnt in einer E-Mail im Datensatz des Büros).
1137 Vargas 4.4.2018 302, 5.

Obwohl er bereits den Eindruck bekommen hatte, dass Kisljak nicht zwangsläufig der beste Ansprechpartner wäre,[1138] gab Kushner währenddessen grünes Licht für das Treffen, das Kisljak am 16. November angefragt hatte. Es fand am 30. November 2016 im Trump Tower statt.[1139] Auf Kushners Einladung hin nahm auch Flynn teil; Bannon war ebenso eingeladen, nahm jedoch nicht teil.[1140] Während des Treffens, das ungefähr 30 Minuten dauerte, drückte Kushner stellvertretend für die neu gewählte Regierung den Wunsch aus, einen frischen Start im amerikanisch-russischen Verhältnis anzustreben.[1141] Kushner fragte Kisljak auch danach, ihm die beste Person zu nennen (ob Kisljak oder jemand anders) für weitere Unterhaltungen in der Zukunft – jemand, der mit Putin in Kontakt stehe und für ihn sprechen könne.[1142]

Die drei Männer diskutierten auch über die amerikanische Politik in Syrien, und Kisljak brachte die Idee ins Spiel, dass russische Generäle das Übergangsteam über das Thema via gesicherte Leitung unterrichten könnten.[1143] Nachdem Flynn erklärt hatte, dass es in den Büros des Übergangsteams keine gesicherten Leitungen gebe, fragte Kushner Kisljak, ob sie die Kommunikation über gesicherte Technik in der Russischen Botschaft herstellen könnten.[1144] Kisljak wies diese Idee schnell zurück.[1145]

[1138] Kushner 1.11.2017 302, 4.
[1139] AKIN_GUMP_BERKOWITZ_0000016-019 (29.11.2016 E-Mail, Vargas an Kuznetsow).
[1140] Flynn 11.1.2018 302, 2; NOS00004240 (Tagesplaner-Einladung, Vargas an Kushner und Flynn).
[1141] Kushner-Aussage 6.
[1142] Kushner-Aussage 6; Kushner 11.4.2018 302, 18.
[1143] Kushner-Aussage 7; Kushner 11.4.2018 302, 18; Flynn 11.1.2018 302, 2.
[1144] Kushner 11.4.2018 302, 18.
[1145] Kushner 11.4.2018 302, 18.

US-Justizministerium
~~Juristische Ermittlungen // Kann geschütztes Material gemäß Fed. R. Crim. P. 6(e) enthalten~~

4. Jared Kushners Treffen mit Sergej Gorkow

Am 6. Dezember 2016 wandte sich die Russische Botschaft an Kushners Assistentin, um ein zweites Treffen zwischen Kisljak und Kushner zu arrangieren.[1146] Kushner sagte diverse vorgeschlagene Termine für das Treffen ab, aber Kushners Assistentin gab an, dass Kisljak beharrlich darauf bestand, ein zweites Treffen zustande zu bringen.[1147] Kushner sagte dem Büro, dass er nicht noch ein Treffen wahrnehmen wollte, weil er bereits für sich entschieden hatte, dass Kisljak nicht der richtige Zugang für ihn wäre, um mit Russland zu kommunizieren, also arrangierte er, dass sich statt ihm einer seiner Assistenten, Avi Berkowitz, mit Kisljak trifft.[1148] Obwohl Botschaftsmitarbeiter Sergej Kusnezow an Berkowitz schrieb, Kisljak denke, es sei »wichtig, … die Unterhaltung mit Mr. Kushner persönlich fortzuführen«,[1149] erklärte sich Kisljak trotzdem dazu bereit, stattdessen Berkowitz zu treffen, als klar wurde, dass Kushner einem Treffen wahrscheinlich nicht zustimmen würde.

Berkowitz traf sich mit Kisljak am 12. Dezember 2016 im Trump Tower.[1150] Das Treffen dauerte nur wenige Minuten, in denen Kisljak andeutete, dass er Kushner jemanden vorstellen wolle, der einen direkten Draht zu Putin habe: Sergej Gorkow, der Vorsitzende der staatseigenen Bank Vnesheconombank (VEB).

1146 Kushner-Aussage 7; NOSC00000123 (6.12.2016 E-Mail, Vargas an Kushner (12:11:40 Uhr)).

1147 Kushner 11.4.2018 302, 19; NOSC00000130 (12.12.2016 E-Mail, Kushner an Vargas (22:41 Uhr)).

1148 Kushner 11.4.2018 302, 19; Kushner-Aussage 7; DJTFP_SCO_01442290 (6.12.2016 E-Mail, Berkowitz an SdP [redacted]

1149 DJTFP-SCO-01442290 (7.12.2016 E-Mail SdP [redacted] an Berkowitz (12:31:39 Uhr)).

1150 Berkowitz 12.1.2018 302, 7; AKIN_GUMP_BERKOWITZ_O00001-04 (12.12.2016 Textnachricht, Berkowitz und 202-701-8532).

Kushner stimmte zu, Gorkow zu treffen.[1151] Das Treffen unter vier Augen fand am nächsten Tag statt, 13. Dezember 2016, im Gebäude von Colony Capital in Manhattan, wo Kushner bereits vorherige Treffen verabredet hatte.[1152] VEB war (und ist) ist Teil der vom Finanzministerium (Department of Treasury) verhängten Wirtschaftssanktionen als Reaktion auf Russlands Annexion der Krim.[1153] Kushner konnte sich jedoch nicht an irgendwelche Unterhaltungen während des Treffens mit Gorkow über die Sanktionen gegen VEB oder Sanktionen im Allgemeinen erinnern.[1154] Kushner gab in einem Interview an, dass er sich in keiner Weise auf das Treffen vorbereitet und im Übergangsteam nicht einmal jemand sich um eine Google-Suche nach Gorkows Namen bemüht hätte.[1155]

Am Anfang des Treffens übergab Gorkow Kushner zwei Geschenke: ein Bild und einen Beutel mit Erde aus der Stadt, aus der Kushners Familie stammt.[1156]

Die Darstellungen darüber, ob das Treffen diplomatischer oder geschäftlicher Natur war, gehen bei Kushner und Gorkow auseinander. Kushner gab beim Büro an, dass es sich um ein diplomatisches Treffen gehandelt habe, während Gorkow sein Bedauern über die amerikanisch-russischen Beziehungen unter Präsident Obama und seine Hoffnung auf ein verbessertes Ver-

---

1151 Kushner 11.4.2018 302, 19; NOSC00000130-135 (12.12.16 E-Mail, Kushner an Berkowitz).

1152 Kushner 11.4.2018 302, 19; NOSC00000130-135 (12.12.16 E-Mail, Kushner an Berkowitz).

1153 *Ankündigung des Finanzministeriums über Sanktionen gegen Organisationen im Finanz- und Energiesektor in Russland, gegen Organisationen im Waffenhandel oder damit verbundene Materialien, und gegen solche, die die Unabhängigkeit der Ukraine untergraben,* Finanzministerium der Vereinigten Staaten (16. Juli 2014).

1154 Kushner 11.4.2018 302, 20.

1155 Kushner 11.4.2018 302, 19. Berkowitz, im Gegensatz, sagte dem Büro gegenüber aus, dass er Gorkows Namen gegoogelt und Kushner gesagt hatte, dass Gorkow ein Banker zu sein scheint. Berkowitz 12.1.2018 302, 8.

1156 Kushner 11.4.2018 302, 19-20.

hältnis mit der neu ernannten Regierung ausdrückte.[1157] Obwohl Gorkow Kushner ein wenig von seiner Bank erzählte und einige Aussagen zur russischen Wirtschaft machte, sprachen die zwei, laut Kushner, nicht über Kushners Unternehmen oder private Firmenangelegenheiten in irgendeiner Weise.[1158] (Zur Zeit des Treffens hatte Kushner Companies ausstehende Schulden für ein Gebäude, das die Firma an der 666 Fifth Avenue besaß, während die Presse über Bemühungen berichtete, für die Immobilie Kredite zu sichern, und über Kushners möglichen Interessenkonflikt, da seine Firma sich Geld bei ausländischen Kreditgebern geliehen hatte.[1159])

Demgegenüber steht eine öffentliche Mitteilung der VEB aus dem Jahr 2017, in der es heißt, dass Gorkow sich mit Kushner in dessen Rolle als Geschäftsführer von Kushner Companies traf, um Geschäftliches zu besprechen, statt Teil eines diplomatischen Unterfangens zu sein. Insbesondere hob VEB Gorkows Treffen mit Kushner als Teil von »Informationsveranstaltungen« mit »Vertretern von führenden amerikanischen Banken und Geschäftsleuten« hervor, die »Verhandlungen« beinhalteten und Diskussionen über »die vielversprechendsten Geschäftszweige und -industrien«.[1160]

Foresman, der Investment-Banker, der in Band I, Abschnitt IV.A.1 and IV.B.3, *oben*, erwähnt wurde, sagte dem Büro, dass er sich mit Gorkow und dem stellvertretenden VEB-Vorsitzenden, Nikolaj Tschechomskij, in Moskau getroffen hatte, kurz bevor Gorkow nach New York aufbracht, um Kushner zu treffen.[1161]

1157 Kushner-Aussage 8.
1158 Kushner-Aussage 8.
1159 *Siehe, z. B.*, Peter Grant, *Donald Trump Son-in-Law Jared Kushner Could Face His Own Conflict-of-Interest Questions*, Wall Street Journal (29. November 2016).
1160 Patrick Reevell und Matthew Mosk, *Russian Banker Sergey Gorkov Brushes off Questions About Meeting with Jared Kushner*, ABC News (1. Juni 2017).
1161 Foresman 17.19.2018 302, 14-15.

Laut Foresman sagten Gorkow und Tschechomskij ihm, dass sie nach New York reisten, um Angelegenheiten nach der Wahl mit amerikanischen Finanzeinrichtungen zu diskutieren, dass die Reise von Putin abgesegnet sei, und dass sie nach ihrer Rückkehr Putin berichten würden.[1162]

Die Ermittlungen haben den offenkundigen Widerspruch in den Aussagen von Kushner und Gorkow klären oder herausfinden können, ob das Treffen diplomatischer Natur war (wie Kushner angab), sich auf geschäftliche Angelegenheiten bezog (wie die öffentliche VEB-Mitteilung andeutete), oder ob es eine Kombination dieser Dinge oder anderer Dinge beinhaltete. Gleichwohl fand die Untersuchung keine Beweise, dass Kushner und Gorkow sich nach dem Treffen in irgendeiner substanziellen Weise mit einem Nachfolgetermin beschäftigten.

Vielmehr schrieb Gorkows Assistent, ein paar Tage nach dem Treffen, eine Textnachricht an Kushners Assistent: »Hi, bitte sagen Sie Ihrer Seite, dass die Informationen über das Treffen eine sehr positive Reaktion erhielten!«[1163] In den darauffolgenden Wochen tauschten die beiden Assistenten eine Handvoll höflicher Nachrichten aus.[1164] Am 8. Februar 2017 schrieb Gorkows Assistent eine Textnachricht an Kushners Assistent (Berkowitz), um ein weiteres Treffen zu arrangieren, und hakte mindestens zweimal via Kurznachricht nach in darauffolgenden Tagen.[1165] Laut Berkowitz reagierte er nicht auf die Aufrage in Hinblick auf die Presseberichterstattung rund um die Russland-Untersuchung und sagte Kushner nichts von der Anfrage für ein Treffen.[1166]

1162 Foresman 17.19.2018 302, 15-16.

1163 AKIN_GUMP_BERKOWITZ_0000011 (19.12.2016 Textnachricht, Iwanschenko an Berkowitz (9:56 Uhr)).

1164 AKIN_GUMP_BERKOWITZ_0000011-15 (19.12.2016 – 16.2.2017 Textnachricht, Iwanschenko und Berkowitz).

1165 AKIN_GUMP_BERKOWITZ_000001S (8.2.2017 Textnachricht, Iwanschenko an Berkowitz (10:41 Uhr)).

1166 Berkowitz 22.3.2018 302, 4-5.

5. Pjotr Awens Kontaktversuche zum Übergangsteam

Im Dezember 2016, Wochen nach dem Vieraugengespräch mit Putin, beschrieben in Band I, Abschnitt IV.B.1.b, *oben*, nahm Pjotr Awen an einem, wie er es nannte, »allseitigen« Oligarchentreffen zwischen Putin und Russlands bekanntesten Geschäftsleuten teil.[1167] Wie schon bei Awens Vieraugengespräch war eines der Hauptthemen bei dem Treffen im Dezember 2016 die Aussicht auf drohende Wirtschaftssanktionen der Amerikaner.[1168]

Nach dem allseitigen Treffen im Dezember 2016 versuchte Awen Kontakt zum Trump-Team aufzunehmen. Awen wies Richard Burt an, Kontakt mit der künftigen Regierung Trump herzustellen. Burt saß im Aufsichtsrat von LetterOne (L 1), einer weiteren Firma, deren Leiter Awen war, und hatte für die Alfa-Bank gearbeitet.[1169] Burt hatte zuvor als amerikanischer Botschafter in der Bundesrepublik Deutschland gedient und war als stellvertretender Außenminister mit den Beziehungen zu Europa und Kanada betraut gewesen. Eine seiner Hauptaufgaben bei der Alfa-Bank und bei L1 bestand darin, Geschäftskontakte in den Vereinigten Staaten und anderen westlichen Ländern zu ermöglichen.[1170]

Bei einem Treffen des Aufsichtsrates von L1 in Luxembourg Ende Dezember 2016 nahm Awen Burt beiseite und berichtete ihm, dass er mit jemandem Hochrangigen in der russischen Regierung gesprochen habe, der Interesse daran äußern würde, einen Kommunikationskanal zwischen dem Kreml und dem Übergangsteam Trumps herzustellen.[1171] Awen bat Burt um

[1167] Awen 2.8.2018 302, 7; Grand Jury [redacted]
[1168] Grand Jury [redacted]
[1169] Grand Jury [redacted] Awen 2.8.2018 302, 6.
[1170] Grand Jury [redacted] Awen 2.8.2018 302, 6; Burt 9.2.2018 302, 2.
[1171] Burt 9.2.2018 302, 2; Grand Jury [redacted]

Hilfe bei der Kontaktaufnahme mit Mitgliedern des Übergangsteams.[1172] Obwohl Burt in der Vergangenheit dafür verantwortlich gewesen war, Awen bei der Kontaktaufnahme behilflich zu sein, hielt Burt Awens Wunsch für recht ungewöhnlich und für außerhalb des üblichen Rahmens seiner Geschäftsbeziehungen mit Awen.[1173]

Burt, der im Aufsichtsrat des CNI sitzt (besprochen in Band I, Abschnitt IV.A.4, *oben*),[1174] beschloss, Dimitri Simes, den Präsidenten des CNI, zu kontaktieren und ihn zu bitten, Awens Wunsch zu erfüllen, da er sich daran erinnerte, dass Simes irgendwelche Beziehungen zu Kushner unterhielt.[1175] Zum damaligen Zeitpunkt war Simes damit beschäftigt, das Übergangsteam Trumps im Auftrag von Burt dahingehend zu beeinflussen, Burt zum amerikanischen Botschafter in Russland zu ernennen.[1176]

Burt rief Simes an und fragte ihn, ob er ein Treffen mit Kushner arrangieren könne, um mit ihm darüber zu reden, wie man einen hochrangigen Kommunikationskanal zwischen Putin und der kommenden Regierung einrichten könne.[1177] Simes erklärte dem Büro gegenüber, dass er das Ansinnen abgelehnt und Burt gesagt habe, dass angesichts der Medienaufmerksamkeit rings um die russische Einflussnahme auf die Präsidentschaftswahl die Einrichtung eines solchen Kanals keine gute Idee sei.[1178] Simes zufolge verstand er, dass Burt sich um einen geheimen Kanal bemühte, doch Simes wollte nicht, dass das CNI als Vermittler zwischen der russischen Regierung und der künftigen amerikanischen Regierung gesehen werden würde.[1179] Simes hielt fest, dass er aufgrund der Meldungen in den Medien, die

---

1172 Grand Jury [redacted]
1173 Burt 9.2.2018 302, 4.
1174 Burt 9.2.2018 302, 5.
1175 Burt 9.2.2018 302, 3.
1176 Burt 9.2.2018 302, 3.
1177 Burt 9.2.2018 302, 3; Simes 27.3.2018 302, 4.
1178 Burt 9.2.2018 302, 3; Simes 27.3.2018 302, 4.
1179 Simes 27.3.2018 302, 5.

er gelesen hatte, bereits Bedenken hatte, dass Trumps Geschäftsverbindungen mit Russland ausgenutzt werden könnten, und er sagte, er wolle nicht, dass das CNI irgendwie daran beteiligt sei oder für beteiligt gehalten werden könnte, bei der Einrichtung einer solchen Verbindung geholfen zu haben.[1180]

In einer E-Mail vom 22. Dezember 2016 ging Burt für Awen noch einmal seine Unterhaltung mit Simes durch:

> Über eine vertrauenswürdige dritte Person habe ich Kontakt zu der sehr einflussreichen Person aufgenommen, die ich hinsichtlich Projekt A in Luxemburg erwähnt habe. Es besteht Interesse an und Verständnis für die Notwendigkeit, einen solchen Kanal zu schaffen. Die Person betonte allerdings, dass Projekt A zum gegebenen Zeitpunkt, angesichts des intensiven Interesses im Kongress und in den Medien für die Frage von Cyber-Hacking (und wer was in Auftrag gegeben hat), zu explosiv sei, um es weiterzuverfolgen. Die Person erklärte sich bereit, nach Neujahr erneut darüber zu sprechen. Ich habe in diesem Fall Vertrauen in die Instinkte dieser Person. Sollte dies unklar sein oder sollten Sie darüber sprechen wollen, zögern Sie nicht, mich anzurufen.[1181]

Burt zufolge handelte es sich bei der »sehr einflussreichen Person« in seiner E-Mail um Simes, und der Verweis auf eine »vertrauenswürdige dritte Person« sei eine Erfindung gewesen, da es eine solche dritte Person nicht gebe. »Projekt A« war ein Begriff, den Burt für Awens Bemühungen erfunden hatte, einen Kommunikationskanal zwischen Russland und dem Trump-Team einzurichten; er benutzte ihn angesichts der Vertraulichkeit des-

---

1180 Simes 27.3.2018 302, 5.
1181 22.12.2016 E-Mail, Burt an Awen (19:23 Uhr).

sen, worum Awen bat, vor allem im Hinblick auf die jüngste Aufmerksamkeit auf den Einfluss Russlands auf die amerikanischen Präsidentschaftswahlen.[1182] Burt zufolge spiegelte sein Bericht, dass »Interesse« an einem Kommunikationskanal bestehe, Simes' Ansichten wider, nicht notwendigerweise jene des Übergangsteams; zudem räumte Burt ein, dass er dem Satz ein wenig »Hype« verliehen habe, damit es so klang, als ob es seitens des Übergangsteams größeres Interesse geben würde, als tatsächlich existiert haben mag.[1183]

Awen antwortete am selben Tag auf Burts E-Mail und schrieb: »Danke. Alles klar.«[1184] Awen zufolge verwies seine Aussage darauf, dass er den Versuch nicht fortzusetzen wünschte.[1185] Burt sprach eine Weile später mit Awen über seinen Versuch, mit dem Trump-Team in Kontakt zu treten, und erklärte Awen, dass die gegenwärtigen Umstände es unmöglich machten, Grand Jury [redacted].[1186] Burt erinnerte sich nicht daran, noch einmal mit Simes oder irgendeiner anderen Person über Awens Wunsch gesprochen zu haben.[1187]

Im ersten Quartal 2017 traf sich Awen erneut mit Putin und anderen russischen Funktionären.[1188] Bei diesem Treffen fragte Putin nach Awens Versuch, eine Beziehung zur Trump-Regierung herzustellen, und Awen berichtete von seinen erfolglosen Bemühungen.[1189] Grand Jury [redacted][1190] Putin fragte bei den folgenden vierteljährlichen

---

1182 Burt 9.2.2018 302, 3.
1183 Burt 9.2.2018 302, 3-4.
1184 22.12.2018 E-Mail, Awen an Burt (16:58:22 Uhr).
1185 Awen 2.8.2018 302, 7.
1186 Grand Jury [redacted]
1187 Burt 9.2.2018 302, 3-4.
1188 Grand Jury [redacted]
1189 Grand Jury [redacted]; Awen 2.8.2018 302, 7.
1190 Grand Jury [redacted]

Treffen erneut nach Awens Bemühungen, Kontakt zur Trump-Regierung aufzunehmen.[1191]

Awen berichtete Putins Stabschef zudem, dass er vom FBI vorgeladen worden sei.[1192] Im Verlauf des Gesprächs berichtete er, dass er vom FBI gefragt worden sei, ob er daran gearbeitet hätte, einen inoffiziellen Kanal zwischen der russischen Regierung und der Trump-Regierung zu schaffen.[1193] Awen zufolge zeigte der Funktionär keinerlei Reaktion auf seinen Bericht und schien auch nicht besorgt.[1194]

6. Carter Pages Kontakt mit dem stellvertretenden Premierminister Arkadi Dworkowitsch

Im Dezember 2016, über zwei Monate nach seinem Ausscheiden aus dem Trump-Wahlkampfteam, besuchte Carter Page, der ehemalige außenpolitische Berater im Wahlkampf, erneut Moskau, um sich dort neue Geschäftsmöglichkeiten zu erschließen.[1195] Grand Jury [redacted] [1196] Laut Konstantin

---

1191 Grand Jury [redacted]

1192 Awen 2.8.2018 302, 8.

1193 Awen 2.8.2018 302, 8; Grand Jury [redacted]

1194 Awen 2.8.2018 302, 8: Grand Jury [redacted]

1195 Page 10.3.2017 302, 4; Page 16.3.2017 302, 3; Grand Jury [redacted] Neben weiteren Treffen setzte sich Page mit Andrej Baranow in Verbindung, dem Leiter der Investorenkontakte bei Rosneft, wo sie den Verkauf von Rosneft ebenso besprachen wie die Treffen, an denen Baranow und Igor Setschin, der Aufsichtsratsvorsitzende von Rosneft, teilgenommen hatten. Grand Jury [redacted]

1196 Grand Jury [redacted]

Kilimnik, Paul Manaforts Partner, hinterließ Page bei einigen Personen in Russland den Eindruck, dass er noch immer in Kontakt mit dem designierten Präsidenten Trump stünde. In einer E-Mail vom 8. Dezember 2016, die für Manafort bestimmt war, schrieb Kilimnik: »Carter Page ist heute in Moskau und verbreitet die Botschaft, dass er unterwegs sei, um im Auftrag von DT mit Russland über eine Reihe von Fragen zu reden, die von gemeinsamem Interesse sind, darunter auch die Ukraine.«[1197]

Am 9. Dezember 2016 ging Page mit den NES-Angestellten Shlomo Weber und Andrej Krickowitsch essen.[1198] Weber hatte Dworkowitsch kontaktiert und ihm mitgeteilt, dass Page in der Stadt sei, und ihn eingeladen, doch bei dem Essen vorbeizuschauen, wenn er wollte. Also kam Dworkowitsch für ein paar Minuten in das Restaurant, um Page zu treffen.[1199] Dworkowitsch gratulierte Page zur Wahl Trumps und brachte sein Interesse zum Ausdruck, in einen Dialog zwischen den Vereinigten Staaten und Russland einzutreten.[1200] Dworkowitsch fragte Page, ob er es bewerkstelligen könne, Dworkowitsch mit Personen aus dem Übergangsteam in Verbindung zu bringen, um über die zukünftige Kooperation ins Gespräch zu kommen.[1201] Grand Jury [redacted] [1202] Grand Jury [redacted]

1197 Ermittlungstechnische Gründe [redacted]

1198 Page 16.3.2017 302, 3; Page 30.3.2017 302, 8.

1199 Weber 28.7.2017 302, 4; Page 16.3.2017 302, 3; Grand Jury [redacted]

1200 Page 16.3.2017 302, 3; Grand Jury [redacted]

1201 Page 16.3.2017 302, 3; Grand Jury [redacted]

1202 Grand Jury [redacted]

[redacted] [1203] Grand Jury [redacted] Dworkowitsch sprach des Weiteren in Hinsicht auf die künftige Zusammenarbeit darüber, eine akademische Partnerschaft zu etablieren.[1204] Grand Jury [redacted] [1205] Grand Jury [redacted] [1206]

7. Kontakte mit und über Michael T. Flynn

Der designierte Nationale Sicherheitsberater Michael Flynn war der hauptsächliche Kontaktmann des Übergangsteams für die Kommunikation mit dem russischen Botschafter. Er verhandelte in der Übergangsphase über zwei heikle Angelegenheiten mit Russland: ein Votum im Sicherheitsrat der Vereinten Nationen und die Reaktion der russischen Regierung auf die von den USA verhängten Sanktionen wegen der russischen Ein-

---

1203 Grand Jury [redacted]

1204 Grand Jury [redacted]

1205 Grand Jury [redacted]

1206 Grand Jury [redacted]

mischung in die Präsidentschaftswahl [1207]2016. Trotz Kushners Schlussfolgerung, Kisljak hätte keinen Einfluss innerhalb der russischen Regierung, machte sich das Übergangsteam Flynns Beziehung zu diesem in beiden Fällen zunutze. Was die Sanktionen anging, telefonierte Flynn mit K.T. McFarland, seiner designierten Stellvertreterin, um sich auf sein Gespräch mit Kisljak vorzubereiten. McFarland hielt sich zu dieser Zeit mit dem designierten Präsidenten und anderen ranghohen Mitgliedern des Übergangsteams im Mar-a-Lago-Club in Florida auf. Obwohl die russische Reaktion auf die Sanktionen den im Mar-a-Lago anwesenden Mitgliedern des Teams Sorge bereitete, haben die Untersuchungen keine Belege zutage gefördert, dass der designierte Präsident Flynn auftrug, Kisljak um Intervention zu bitten. Flynn ersuchte Kisljak, die Situation nach den US-Sanktionen vom 29. Dezember 2016 nicht eskalieren zu lassen, und Kisljak teilte Flynn später mit, dass Russland damit einverstanden sei.

a. Das Votum der Vereinten Nationen zur israelischen Siedlungspolitik

Am 21. Dezember 2016 reichte Ägypten beim UN-Sicherheitsrat eine Resolution ein, die Israel verbieten sollte, mit dem Bau von Siedlungen auf palästinensischem Gebiet fortzufahren.[1208]

1207 Wie schon in Bd. 1, Abschnitt V.C.4., *unten*, berichtet, bekannte Flynn sich in Verletzung von 18 U.S.C. § 1001, der Falschaussage vor dem FBI für schuldig, was die Kommunikation mit Botschafter Kisljak anging. Übereinkunft zum Straftatbestand, *Vereinigte Staaten vs. Michael T. Flynn*, Nr. 1:17-cr-232 (D.D.C., 1. Dezember 2017). Dok. 3. Flynns Übereinkunft verpflichtete ihn dazu, mit dem Büro des Sonderermittlers zusammenzuarbeiten. Die Aussagen von Flynn in diesem Bericht spiegeln seine Kooperation im Laufe mehrerer Sitzungen im Jahr 2017 und 2018 wider.

1208 Karen De Young, *How the U. S. Came to Abstain on a U. N. Resolution Condemning Israeli Settlements*, The Washington Post (28. Dezember 2016).

Der Sicherheitsrat, zu dem auch Russland gehört, sollte am nächsten Tag über die Resolution abstimmen.[1209] Man spekulierte in den Medien, dass die Obama-Regierung der Resolution nicht widersprechen würde.[1210]

Flynn zufolge betrachtete das Übergangsteam das Votum als wichtig und wollte Israel in seiner Opposition dagegen unterstützen.[1211] Am 22. Dezember 2016 standen mehrere Mitglieder des Übergangsteams, darunter auch der designierte Präsident Trump, in Kontakt mit Vertretern ausländischer Regierungen, um ihre Meinung zur Resolution kundzutun und Unterstützer zu finden, um das Votum entweder zu verschieben oder ganz abzulehnen.[1212] Kushner führte das Übergangsteam in diesem Punkt. Flynn war für die russische Regierung zuständig.[1213] Einige Minuten nach einem frühmorgendlichen Gespräch mit Kushner am 22. Dezember 2016 rief Flynn Kisljak an.[1214] Flynns Aussage zufolge informierte er Kisljak über das Votum und die Haltung des Übergangsteams zur Resolution. Er bat darum, dass auch Russland gegen die Resolution stimmen oder beantragen möge, dass der Abstimmungszeitpunkt hinausgeschoben würde.[1215] Später am selben Abend sprach der designierte Präsident Trump mit dem ägyptischen Präsidenten Abdel Fattah al-Sisi

---

1209 Karen De Young, *How the U. S. Came to Abstain on a U. N. Resolution Condemning Israeli Settlements*, The Washington Post (28. Dez. 2016).

1210 Michelle Nichols, Lesley Wroughton, *U. S. Intended to Allow Passage of U. N. Draft Critical of Israel*, Reuters (21. Dezember 2016).

1211 Flynn 16.11.2017 302, 12; Flynn 17.11.2017 302, 2.

1212 Flynn 16.11.207 302, 12-14; Flynn 17.11.2017 302, 2.

1213 Flynn 16.11.2017 302, 12-14; Flynn 17.1.2017 302, 2; Kushner 1.11.2017 302, 3; 22.12.2016 E-Mail, Kushner an Flynn; 22.12.2016 E-Mail, McFarland an Schutz der Privatsphäre [redacted] et al.

1214 Flynn 16.11.2017 302, 13; Anrufprotokoll von Michael Flynn Grand Jury [redacted].

1215 Übereinkunft zum Straftatbestand Flynn ¶ 3(d), *Vereinigte Staaten vs. Michael T. Flynn*, Nr. 1:17-cr-232 (D.D.C. 1. Dezember 2017), Dok. 4 (»*Flynn* Statement of the Offense«); Flynn 16.11.2017 302, 12-13.

über das Votum.[1216] Am Ende stellte Ägypten das Votum zurück.[1217]

Am 23. Dezember 2016 reichten Malaysia, Neuseeland, Senegal und Venezuela die Resolution erneut ein.[1218] Den ganzen Tag über verhandelten die Mitglieder des Übergangsteams mit Vertretern ausländischer Regierungen über die Resolution. Flynn hielt dabei weiter den Kontakt zur russischen Regierung über Kisljak.[1219] Als Flynn wieder mit Kisljak sprach, informierte dieser ihn, dass die russische Regierung nicht gegen die Resolution stimmen würde, sollte sie erneut zur Abstimmung gelangen.[1220] Die Resolution wurde später mit 14 zu 0 Stimmen verabschiedet. Die Vereinigten Staaten enthielten sich der Stimme.[1221]

b. US-Sanktionen gegen Russland

Es war auch Flynn, der aus dem Übergangsteam mit der russischen Regierung sprach, als die Regierung Obama als Reaktion auf die russische Einmischung in den Präsidentschaftswahlkampf 2016 Sanktionen und andere Maßnahmen gegen Russland aussprach. Am 28. Dezember 2016 unterzeichnete der amtierende Präsident Obama die Präsidentenverfügung 13757, die um 12.01 Uhr am folgenden Tag in Kraft trat und Sanktionen gegen neun

---

1216 Flynn 17.11.2017 302, 2; Flynn 16.11.2017 302, 13.

1217 *U.N. Vote on Israeli Settlement Postponed, »Potentially Indefinitely«*, Reuters, (22. Dezember 2016).

1218 Somini Sengupta, Rick Gladstone, *Rebuffing Israel, U. S. Allows Censure Over Settlements*, New York Times (23. Dezember 2016).

1219 Flynn 16.11.2017 302, 12-14; Kushner 1.11.2017 302, 3; 23.12.2016 E-Mail, Flynn an Kushner et al.

1220 *Flynn* Übereinkunft zum Straftatbestand ¶ 3(g).

1221 *Israel's Settlements Have No Legal Validity, Constitute Flagrant Violation of International Law, Security Council Reaffirms*, Beschluss der 7853. Sitzung (PM) des Sicherheitsrates der Vereinten Nationen (23. Dezember 2016).

russische Staatsbürger und Organisationen aussprach.[1222] Am 29. Dezember 2016 wies die Regierung Obama auch 35 Vertreter des russischen Staates aus und schloss zwei Niederlassungen in russischem Staatsbesitz auf amerikanischem Boden.[1223]

Während des Inkrafttretens der Sanktionen waren der designierte Präsident Trump und mehrere Mitglieder seiner Übergangsmannschaft, darunter McFarland, Steve Bannon und Reince Priebus im Mar-a-Lago-Club in Palm Beach, Florida. Flynn machte Urlaub in der Dominikanischen Republik,[1224] stand aber in täglichem Kontakt mit McFarland.[1225]

Die Übergangsmannschaft und der designierte Präsident waren besorgt, dass diese Sanktionen die Beziehung der Vereinigten Staaten zu Russland belasten könnten.[1226] Obwohl die Einzelheiten und das Timing der Sanktionen am 28. Dezember 2016 noch nicht bekannt waren, berichteten die Medien, dass Vergeltungsmaßnahmen der Obama-Regierung gegen Russland bevorstünden.[1227] Als man den künftigen Präsidenten Trump fragte, was er von den Sanktionen wegen des angeblichen russischen Eingriffs in den Wahlkampf hielte, meinte dieser: »Ich denke, wir sollten uns einfach wieder unserem Alltag zuwenden.«[1228]

Es war Russland, das in diesem Punkt versuchte, das Über-

1222 *Taking Additional Steps to Address the National Emergency With Respect to Significant Malicious Cyber-Enabled Activities*, Weißes Haus, Büro des Pressesprechers (29. Dezember 2016).

1223 *Statement by the President on Action in Response to Russian Malicious Cyber Activity and Harassment*, Weißes Haus, Büro des Pressesprechers (29. Dezember 2016).

1224 Flynn 16.11.2017 302, 14; McFarland 22.12.2017 302, 3-8; Bannon 12.2.2018 302, 5.

1225 Flynn 17.11.2017 302, 5; Flynn 19.1.2018 302, 1; McFarland 22.11.2017 302, 3-9.

1226 Flynn 17.11.2017 302, 3.

1227 Christine Wang, *US to announce new sanctions against Russia in response to election hacking*, CNBC (28. Dezember 2016).

1228 John Wagner, *Trump on alleged election interference by Russia: »Get on with our lives«*, The Washington Post (29. Dezember 2016).

gangsteam zu kontaktieren. Am Abend des 28. Dezember 2016 schickte Kisljak Flynn eine Textnachricht: »Können Sie mich bitte baldmöglichst zurückrufen?«[1229] Flynn antwortete an diesem Abend nicht. Jemand von der russischen Botschaft versuchte am nächsten Morgen, Flynn zu erreichen, was nicht gelang.[1230]

Die Sanktionen wurden am 29. Dezember 2016 öffentlich verkündet.[1231] Um 13.53 Uhr am selben Tag begann McFarland einen regen E-Mail-Verkehr mit mehreren Mitgliedern des Übergangsteams und mit einigen Beratern. Es ging um die Auswirkungen der Sanktionen auf die künftige Regierung.[1232] Um 14.07 Uhr desselben Tages schickte ein Mitglied des Übergangsteams Flynn einen Link zu einem Artikel der New York Times über die Sanktionen.[1233] Um 14.29 Uhr versuchte McFarland, Flynn anzurufen, erreichte ihn aber nicht.[1234] Bald darauf besprachen McFarland und Bannon die Sanktionen.[1235] McFarland zufolge meinte Bannon, dass die Sanktionen es schwierig machten, ein gutes Verhältnis zu Russland aufzubauen, und dass eine Eskalation von russischer Seite das Problem noch verschärfen würde.[1236] McFarland war der Ansicht, sie hätte Bannon gesagt, dass Flynn am Abend mit Kisljak sprechen wollte.[1237] McFarland glaubt auch, dass sie mit Priebus über die Sanktionen sprach und ihm sagte, dass Flynn abends mit Kisljak sprechen würde.[1238] Um 15.14 Uhr schickte Flynn eine Textnachricht an ein Mitglied der Übergangsmannschaft, das als Assistent McFarlands tätig

---

1229 SF000006 (28.12.2016 Textnachricht, Kisljak an Flynn).

1230 Anrufprotokolle von Michael Flynn Grand Jury [redacted].

1231 Flynn 17.11.2016 302, 2-3; McFarland 22.12.2017 302, 4-5.

1232 29.12.2016 E-Mail, McFarland an O'Brien et al.; 29.12.2016 E-Mail, McFarland an Flynn et al.

1233 SF000001 (29.12.2016 Textnachricht, Flaherty an Flynn).

1234 Anrufprotokolle von K.T. McFarland Grand Jury [redacted].

1235 McFarland 22.12.2017 302, 5-6.

1236 McFarland 22.12.2017 302, 5-6.

1237 McFarland 22.12.2017 302, 6.

1238 McFarland 22.12.2017 302, 6.

war: »Zeit für einen Anruf???«[1239] Die Person antwortete, dass McFarland gerade mit Tom Bossert telefonierte, einem leitenden Beamten des Übergangsteams. Darauf antwortete Flynn: »Geplänkel wg. Russland nicht gut. Russischer Botschafter versuchte heute, mich zu erreichen.«[1240]

Flynn erinnerte sich, dass er beschloss, mit Kisljak nicht über die Sanktionen zu sprechen, bevor er nicht vom Team im Mar-a-Lago gehört hatte.[1241] Er sprach zuerst 20 Minuten lang mit Michael Ledeen,[1242] einem Mitglied der Übergangsmannschaft, der als Berater für Außenpolitik und nationale Sicherheit zuständig war.[1243] Dann führte Flynn ein zwanzigminütiges Telefonat mit McFarland, um festzulegen, was er, wenn überhaupt, Kisljak über die Sanktionen sagen sollte.[1244] Bei diesem Anruf diskutierten McFarland und Flynn die Auswirkungen, die die Sanktionen auf die gewünschte Außenpolitik der künftigen Regierung Trump haben könnten.[1245] McFarland und Flynn sprachen auch darüber, dass das Team im Mar-a-Lago-Club nicht wollte, dass Russland die Situation eskalieren ließ.[1246] Beide waren sich einig, dass Flynn bei dem Gespräch mit Kisljak sein Möglichstes tun sollte, damit die Situation nicht ausufern würde.[1247]

1239 SF000001 (29.12.2016 Textnachricht, Flynn an Flaherty.)
1240 SF000001 (29.12.2016 Textnachricht, Flynn an Flaherty.)
1241 Flynn 20.11.2017 302, 3.
1242 Michael Ledeen ist mit Barbara Ledeen verheiratet, die Senatsmitarbeiterin, deren Bemühungen aus dem Jahr 2016, Clintons fehlende E-Mails aufzutreiben, in Bd. I, Abschnitt III.D.2., *oben*, beschrieben werden.
1243 Flynn 17.11.2017 302, 3. Anrufprotokolle von Michael Ledeen Grand Jury [redacted].
1244 Flynn 17.11.2017 302, 3-4; *Flynn* Übereinkunft zum Straftatbestand (»statement of offense«) ¶ 3(c); Anrufprotokolle von K.T. McFarland Grand Jury [redacted]; Anrufprotokolle von Michael T. Flynn Grand Jury [redacted].
1245 Flynn 17.11.2017 302, 3-4.
1246 Flynn 17.11.2017 302, 3-4. *Flynn* Übereinkunft zum Straftatbestand ¶ 3(c); McFarland 22.12.2017 302, 6-7.
1247 Flynn 17.11.2017 302, 4; McFarland 22.12.2017 302, 6-7.

Unmittelbar nach dem Telefonat mit McFarland rief Flynn Kisljak an und sprach mit ihm.[1248] Flynn erörterte mit dem Botschafter verschiedene Themen – die Sanktionen, eine Videokonferenz zwischen dem designierten Präsidenten Trump und Putin, eine anstehende Konferenz über Terrorismus und Russlands Meinung zum Nahen Osten.[1249] Was die Sanktionen anging, so bat Flynn die Russen, die Situation nicht weiter aufzuheizen, nicht in den »Retourkutschenmodus« zu schalten und auf die Sanktionen angemessen zu reagieren.[1250]

Mehrere Mitglieder der Übergangsmannschaft wussten, dass Flynn an jenem Abend mit Kisljak sprechen wollte. Neben ihren Gesprächen mit Bannon und Priebus verschickte McFarland um 16.43 Uhr eine E-Mail an das Übergangsteam, in der sie es informierte, dass »General Flynn heute Abend mit dem russischen Botschafter sprechen wird«.[1251] Weniger als eine Stunde später informierte McFarland den designierten Präsidenten. Anwesend waren zudem Bannon, Priebus, Sean Spicer und andere Mitglieder des Übergangsteams.[1252] Während der Besprechung fragte der künftige Präsident McFarland, ob die Russen »es« getan hätten, womit die Hacks zur Beeinflussung der Präsidentschaftswahl gemeint waren.[1253] McFarland beantwortete diese Frage mit Ja, worauf der designierte Präsident meinte, er bezweifle, dass es die Russen gewesen seien.[1254] McFarland stellte auch die Frage nach den möglichen Reaktionen der Russen auf die Sanktionen in den Raum und meinte, sie wären ein Indikator für den Weg,

---

[1248] Flynn Übereinkunft zum Straftatbestand, ¶ 3(d).

[1249] Flynn 17.11.2017 302, 3-4. *Flynn* Übereinkunft zum Straftatbestand, ¶ 3(c); 30.12.2016 E-Mail, Flynn an McFarland.

[1250] Flynn 17.11.2017 302, *1. Flynn* Übereinkunft zum Straftatbestand, ¶ 3(d).

[1251] 29.12.2016 E-Mail, McFarland an Flynn et al.

[1252] 29.12.2016 E-Mail, Westerhout an Flaherty; McFarland 22.12.2017 302, 7.

[1253] McFarland 22.12.2017 302, 7.

[1254] McFarland 22.12.2017 302, 7.

den Russland künftig einschlagen wollte.[1255] Der designierte Präsident Trump verlieh seiner Meinung Ausdruck, dass die Sanktionen ihm ein Druckmittel in die Hand gäben, das er gegen die Russen einsetzen könne.[1256] McFarland erinnert sich, dass am Ende der Besprechung jemand dem künftigen Präsidenten möglicherweise gesagt habe, dass Flynn am Abend mit dem russischen Botschafter sprechen würde.[1257]

Nach der Besprechung telefonierte McFarland mit Flynn.[1258] Flynn fasste sein Gespräch mit Kisljak zusammen, auch im Hinblick auf die Sanktionen.[1259] McFarland zufolge sagte Flynn, die Russen würden nicht überschießend auf die Sanktionen reagieren, weil sie eine gute Beziehung zu der künftigen Regierung aufbauen wollten.[1260] McFarland gab Flynn auch eine kurze Zusammenfassung der Besprechung mit dem künftigen Präsidenten.[1261]

Am nächsten Tag, dem 30. Dezember 2016, verkündete der russische Außenminister Sergej Lawrow, dass Russland in ähnlicher Art und Weise auf die amerikanischen Sanktionen reagieren würde.[1262] Putin schob diesen Kommentar zwei Stunden später zur Seite und ließ verkünden, dass Russland im Augenblick keine Vergeltungsmaßnahmen im Sinn habe.[1263] Einige Stunden später twitterte Trump: »Großartige Entscheidung, der

---

1255 McFarland 22.12.2017 302, 7.
1256 McFarland 22.12.2017 302, 7.
1257 McFarland 22.12.2017 302, 7.
1258 McFarland 22.12.2017 302, 7.
1259 Flynn 17.11.2017 302, 4; *Flynn* Übereinkunft zum Straftatbestand ¶ 3 (e).
1260 McFarland 22.12.2017 302, 8.
1261 McFarland 22.12.2017 302, 8.
1262 *Kommentar am 30. Dezember 2016 von Außenminister Sergej Lawrow zu kürzlich erfolgten US-Sanktionen und zur Ausweisung russischer Diplomaten aus den USA, Moskau, 20. Dezember 2016*, Außenministerium der Russischen Föderation (30. Dezember 2016 (5:32 Uhr)).
1263 *Erklärung des russischen Präsidenten*, Kreml, Präsidialamt (30. Dezember 2016 (7:15 Uhr).

Aufschub (durch W. Putin).«[1264] Kurz danach schickte Flynn eine Textnachricht an McFarland, in der er sein Gespräch mit Kisljak vom Abend zuvor zusammenfasste. Diese schickte sie per E-Mail weiter an Kushner, Bannon, Priebus und andere Mitglieder der Übergangsmannschaft.[1265] Weder in der Textnachricht noch in der E-Mail wurden die Sanktionen als Gesprächsthema mit Kisljak genannt.[1266] Flynn sagte vor dem Sonderermittlungsteam aus, er habe die Diskussion über die Sanktionen nicht protokolliert, damit ihm das Gespräch nicht als Behinderung einer außenpolitischen Maßnahme der Obama-Regierung ausgelegt werden könne.[1267]

Am 31. Dezember 2016 rief Kisljak Flynn an und sagte ihm, er habe sein Ersuchen an höchster Stelle vorgebracht und Russland habe beschlossen, der Bitte entsprechend nicht mit Gegenmaßnahmen auf die Sanktionen zu reagieren.[1268] Zwei Stunden später rief Flynn McFarland an und gab weiter, was Kisljak gesagt hatte.[1269] McFarland zufolge bemerkte Flynn, dass die Russen eine bessere Beziehung zu den USA anstrebten und die Beziehung auf Kurs bringen wollten.[1270] Flynn teilte McFarland auch mit, er glaube, sein Telefonat habe wirklich etwas gebracht.[1271] McFarland erinnert sich, dass sie Flynn dazu gratuliert habe.[1272] Flynn sprach an jenem Tag noch mit anderen Mitgliedern des

---

[1264] @realDonaldTrump, 30.12.2016 (11:41 Uhr) Tweet.

[1265] 30.12.2016 E-Mail, Flynn an McFarland; 30.12.2016 E-Mail, McFarland an Kushner et al.

[1266] 30.12.2016 E-Mail, McFarland an Kushner et al.

[1267] Flynn 17.11.2017 302, 4.

[1268] Anrufprotokolle von Michael T. Flynn Grand Jury [redacted]; Flynn 17.11.2017 302, 1; Flynn 19.1.2017 302, 3; Flynn Übereinkunft zum Straftatbestand ¶ 3(g).

[1269] Anrufprotokolle von Michael T. Flynn Grand Jury [redacted]; Flynn 17.11.2017 302, 5; Flynn 19.1.2017 302, 3; McFarland 22.12.2017 302, 10.

[1270] McFarland 22.12.2017 302, 10.

[1271] McFarland 22.12.2017 302, 10.

[1272] McFarland 22.12.2017 302, 10.

Übergangsteams, erinnert sich aber nicht mehr, ob man da über die Sanktionen gesprochen hätte.[1273] Flynn wusste noch, dass er die Sanktionen am nächsten Tag mit Bannon besprochen hatte, der über Flynns Gespräch mit Kisljak informiert zu sein schien.[1274] Bannon seinerseits erinnert sich noch, dass er Flynn an jenem Tag gesehen hatte, weiß aber nicht mehr, ob sie über die Sanktionen gesprochen haben.[1275]

Weitere Informationen über Flynns Gespräche mit Kisljak im Hinblick auf die Sanktionen und den Umgang des Übergangsteams und der Trump-Regierung damit finden sich in Band II dieses Berichts.

***

Alles in allem erbrachte die Ermittlung, dass es zwischen dem Wahlkampfteam Trumps und Personen aus dem Umfeld der russischen Regierung viele Kontakte gab. Bei diesen Kontakten machten die Russen das Angebot, beim Wahlkampf behilflich zu sein. In manchen Fällen zeigte sich das Wahlkampfteam offen für dieses Angebot, in anderen hingegen scheute man davor zurück. Letztendlich aber ergab die Untersuchung keinen Hinweis, dass das Wahlkampfteam Trumps mit der russischen Regierung Absprachen oder geheime Vereinbarungen im Hinblick auf deren Eingreifen in den Wahlkampf getroffen hätte.

1273 Flynn 17.11.2017 302, 5-6.
1274 Flynn 21.11.2017 302, 1; Flynn 20.11.2017 302, 3; Flynn 19.1.2017 302, 5; *Flynn* Übereinkunft zum Straftatbestand ¶ 3(h).
1275 Bannon 12.2.2018 302, 9.

V. Einleitung und Ablehnung von Strafverfolgungsentscheidungen

Die Einsetzungsverfügung berechtigte das Büro des Sonderermittlers hinsichtlich der ihm zugewiesenen Angelegenheiten, »Verstöße gegen die Bundesgesetze, die im Zusammenhang mit [dieser] Untersuchung aufgedeckt werden, strafrechtlich zu verfolgen«. Bei der Entscheidung darüber, ob es diese strafrechtliche Autorität ausüben solle, wurde das Büro von den Prinzipien der Bundesstaatsanwaltschaft geleitet, wie sie im »Justice Manual« (Handbuch der Justiz) dargelegt sind. Das Büro hat insbesondere bewertet, ob das Verhalten von Einzelpersonen, die für eine strafrechtliche Verfolgung in Erwägung gezogen wurden, einen Verstoß gegen die Bundesgesetze darstellte und ob zulässige Beweismittel voraussichtlich ausreichen würden, um einen Schuldspruch für einen solchen Verstoß zu erwirken und aufrechterhalten zu können. Justice Manual § 9-27.220 (2018). Wann immer die Antwort auf diese Fragen Ja lautete, prüfte das Büro des Weiteren, ob eine Strafverfolgung einem wesentlichen Interesse des Staates diene, ob die betreffenden Personen bereits Gegenstand einer wirksamen Strafverfolgung eines anderen Zuständigkeitsbereichs waren und ob eine adäquate nicht strafrechtliche Alternative zur Anklage vorlag. *Id.*

Wie unten ausgeführt, brachten diese Überlegungen das Büro dazu, Anklage gegen zwei Gruppen russischer Staatsbürger zu erheben für ihr Mitwirken an »Aktiven Maßnahmen«, der russischen Social-Media-Kampagne sowie an Computereinbrüchen.
Gefährdung laufender Verfahren
[redacted] Das Büro kam auf ähnliche Weise zu dem Schluss, dass die Kontakte zwischen Mitarbeitern des Wahlkampfteams und Personen, die in Verbindung zu Russland stehen, entweder keinen Auftrag für einen Tatbestand gegen das Bundesgesetz beinhal-

teten oder, wie im Fall der Verstöße bei der Wahlkampffinanzierung, dass unsere Beweismittel nicht ausreichten, um einen Schuldspruch zu erwirken und aufrechtzuerhalten. Zur gleichen Zeit gelangte das Büro zu dem Schluss, dass die Prinzipien der Bundesstaatsanwaltschaft eine Anklage gegen gewisse, mit dem Wahlkampf in Verbindung stehende, Einzelpersonen befürworten, da diese Falschaussagen abgegeben hatten oder diese oder andere parallel laufende parlamentarische Untersuchungen mit anderen Mitteln behinderten.

A. »Aktive Maßnahmen« – die Russische Social-Media-Kampagne

Am 16. Februar 2018 bestätigte eine Grand Jury im District of Columbia einen Eröffnungsbeschluss zur Anklage gegen 13 russische Staatsbürger und drei russische Organisationen – darunter die Internet Research Agency (IRA) und Concord Management and Consulting (Concord) –, die diesen vorwarf, gegen das US-Strafrecht verstoßen zu haben, um in die US-Wahlen und andere politische Prozesse einzugreifen.[1276] Der Eröffnungsbeschluss zur Anklage wirft allen Beschuldigten vor, konspirativ und in betrügerischer Absicht gegen die Vereinigten Staaten gehandelt zu haben (Anklagepunkt Eins), drei der Beschuldigten werden des konspirativen Zusammenschlusses zum Betrug unter Einsatz von Telekommunikationsmitteln sowie zum Bankenbetrug angeklagt (Anklagepunkt Zwei) und fünf der Beschuldigten wird schwerer Identitätsdiebstahl zur Last gelegt (Anklagepunkte Drei bis Acht). Anklageschrift *Internet Research Agency*. Concord, eine der Organisationen, die des kriminellen Zusammenschlusses unter Anklagepunkt Eins beschuldigt wird,

---

1276 Eine detailliertere Erklärung der Anklageentscheidung dieses Falls ist in einem gesonderten Memorandum festgehalten, das dem Geschäftsführenden Justizminister vor dem Eröffnungsbeschluss zur Anklage vorgelegt wurde.

gibt, vertreten durch den US-Strafverteidiger, eine Stellungnahme ab und weist die Vorwürfe mit verschiedenen Begründungen zurück. In Anordnungen und schriftlichen Stellungnahmen, die am 13. August und 15. November 2018 erstellt wurden, lehnte das Bezirksgericht die von Concord angestrebte Klageabweisung ab. *Vereinigte Staaten vs. Concord Management & Consulting LLC*, 347 F. Supp. 3d 38 (D.D.C. 2018). *Vereinigte Staaten vs. Concord Management & Consulting LLC*, 317 F. Supp. 3d 598 (D.D.C. 2018). Zum Zeitpunkt dieses Schreibens bleibt die Anklage gegen Concord vor dem US-Bezirksgericht des Distrikts Columbia bestehen. Die anderen Angeklagten bleiben auf freiem Fuß.

Obwohl Mitglieder der IRA im Kontakt mit Personen standen, die dem Wahlkampfteam Trumps verbunden waren, erhebt die Anklage weder gegen Mitarbeiter von Trumps Wahlkampfteam noch gegen irgendeine andere US-Person den Vorwurf, Teil eines konspirativen Zusammenschlusses gewesen zu sein. Dies geschah, da die Ermittlungen keine Beweise erbringen konnten, dass irgendeine US-Person, die sich mit der IRA abstimmte oder mit ihr kommunizierte, wusste, dass sie oder er mit russischen Staatsbürgern in einen konspirativen Zusammenschluss verwickelt war. Das Büro entschied daher, dass solche Personen nicht über das Wissen oder die kriminelle Absicht verfügten, die erforderlich wären, um sie des konspirativen Zusammenschlusses mit der Absicht, die Vereinigten Staaten zu hintergehen (Anklagepunkt Eins), anzuklagen oder im Sinne eines weiteren Anklagepunkts, eine Telekommunikations- und Bankenbetrug-Konspiration zu behaupten, in die die IRA und zwei russische Staatsbürger mutmaßlich involviert waren (Anklagepunkt Zwei).

Das Büro klagte jedoch einen amerikanischen Staatsbürger an, der falsche oder gestohlene Kontonummern beschaffte, die es den IRA-Konspiratoren ermöglichten, Zugang zu amerikanischen Onlinezahlungssystemen zu erlangen, da sie deren Sicherheitsmechanismen umgehen konnten. Am 12. Februar 2018 bekannte sich Richard Pinedo, gemäß dem einzigen Vorwurf der Anklage, des Verstoßes gegen 18 U.S.C. §§ 1028(a)(7) und (b)(1)(D) durch Identitätsbetrug für schuldig. Vereinbarung, *Vereinigte Staaten vs. Richard Pinedo*, Nr. 1:18-cr-24 (D.D.C. 12. Feb. 2018), Dok. 10. Die Ermittlungen ergaben nicht, dass Pinedo sich über die Identität der IRA-Mitarbeiter im Klaren war, die ihm Kontonummern abkauften. Pinedos Verkauf von Kontonummern ermöglichte den IRA-Mitarbeitern den anonymen Zugriff auf ein Finanznetzwerk, mittels dessen sie Transaktionen mit US-Personen und Unternehmen durchführten. *Siehe* Gov't Sent. Mem. 3, *Vereinigte Staaten vs. Richard Pinedo*, No. 1:18-cr-24 (D.D.C. 26. September 2018), Dok. 24. Am 10. Oktober 2018 wurde Pinedo zu einer sechsmonatigen Gefängnisstrafe verurteilt, auf die sechs Monate Hausarrest folgen sowie zu 100 Stunden gemeinnütziger Arbeit.

B. Russische Hacker- und Dumpingoperationen

1. Paragraf 1030: Konspirativer Zusammenschluss zum unerlaubten Computerzugriff

a. Hintergrund

Am 13. Juli 2018 bestätigte eine Grand Jury im District of Columbia einen Eröffnungsbeschluss zur Anklage gegen russische Geheimdienstoffiziere der GRU, die diesen vorwirft, sich in mehrere Regierungscomputer gehackt zu haben, die vom Wahlkampfteam Clintons, von der DNC, vom DCCC und anderen US-Personen benutzt wurden, und die somit gegen 18 U.S.C. §§ 1030 und 371 (Anklagepunkt Eins) verstießen; des Verstoßes gegen 18 U.S.C. §§ 1028A und 1956(h) werden sie für Identitätsbetrug und Geldwäsche zur Förderung der Hacker-Konspiration angeklagt (Anklagepunkte Zwei bis Zehn); sowie eines weiteren konspirativen Zusammenschlusses, der es ermöglichte, Computer von US-Personen und anderen Rechtsträgern zu hacken, die für die Verwaltung der US-Wahlen 2016 zuständig waren, somit verstießen sie gegen 18 U.S.C. §§ 1030 und 371 (Anklagepunkt Elf). Eröffnungsbeschluss zur Anklage *Netykscho.*[1277] Zum Zeitpunkt dieses Schreibens bleiben alle 12 Angeklagten auf freiem Fuß.

Der Eröffnungsbeschluss zur Anklage *Netykscho* wirft den Beschuldigten vor, sich miteinander und mit anderen zusammengetan zu haben, um die Computer von juristischen Personen und Vereinigungen zu hacken, die an den US-Wahlen 2016 beteiligt waren, um Dokumente von diesen Computern zu stehlen und um die gestohlenen Dokumente öffentlich zu machen und so in die Wahlen einzugreifen. Eröffnungsbeschluss zur Anklage *Netykscho* ¶ 2. Die Anklageschrift beschreibt, wie die Beschuldigten die Guccifer-2.0-Persona benutzten, um Dokumente durch WikiLeaks zu verbreiten. Am 22. Juli 2016 machte WikiLeaks über 20 000 E-Mails und andere Dokumente öffentlich, die die Hacker von der DNC gestohlen hatten. Eröffnungsbeschluss zur Anklage *Netykscho* ¶ 48. Zusätzlich begann WikiLeaks am 7. Oktober 2016 damit, E-Mails zu veröffentlichen, die die Konspiratoren nach einer erfolgreichen Spear-Phishing-Operation von Clintons Wahlkampfmanager John Podesta gestohlen hatten. Eröffnungsbeschluss zur Anklage *Netykscho* ¶ 49.

Gefährdung laufender Verfahren

[redacted]

[1277] Unsere Behörde stellte dem Büro des amtierenden Justizministers während des Treffens vor dem Eröffnungsbeschluss zur Klage eine detailliertere Erklärung zur Anklageentscheidung dieses Falls zur Verfügung.

US-Justizministerium
~~Juristische Ermittlungen~~ // ~~Kann geschütztes Material gemäß Fed. R. Crim. P. 6(e) enthalten~~

[redacted] Grand Jury [redacted] Gefährdung laufender Verfahren [redacted]

b. Anklageentscheidung betreffs [redacted] Gefährdung laufender Verfahren

Gefährdung laufender Verfahren [redacted]

[1278] Gefährdung laufender Verfahren

[redacted]

1278 Das Büro erwog auch, Anklage zu erheben auf Grundlage der Theorie, dass das Teilen und Verbreiten von E-Mails nach den Hackerangriffen unter dem National Stolen Property Act (NSPA), 18 U.S.C. §§ 2314 und 2315 illegaler Handel mit oder Erhalt von gestohlenem Besitz darstellen könnte. Dies wurde jedoch verworfen. Die Satzung des NSPA deckt »Güter, Waren oder Handelsartikel« ab, und Vorinstanzen fassen diese Formulierung größtenteils als auf materielle Objekte begrenzte auf seit der Supreme-Court-Entscheidung *Dowling vs. Vereinigte Staaten*, 473 U.S. 2017 (1985). *Siehe Vereinigte Staaten vs. Yijia Zhang*, 995 F. Supp. 2d 340, 344-48 (E.D. Pa. 2014) (sowie weitere Fälle) Eine der nach *Dowling* getroffenen Entscheidungen – *Vereinigte Staaten vs. Brown*, 925 F.2d 1301 (10. Cir. 1991) – hielt insbesondere fest, dass das NSPA nicht auf »ein Computerprogramm in Form eines Quellcodes« anwendbar ist, auch nicht, wenn der Code auf einem materiellen Objekt abgespeichert bzw. aufbewahrt war (z. B. auf einer Festplatte oder in einem Aktenordner). *Id.* 1302-03. Der Kongress wiederum zitierte die Stellungnahme *Brown,* um die Notwendigkeit von Zusätzen zu 18 U.S.C. §§ 1030(a)(2) deutlich zu machen, die »sicherstellen würden, dass der Diebstahl immaterieller Information durch den unautorisierten Zugriff auf einen Computer auf gleiche Weise verboten wäre wie der Diebstahl materieller Objekte«. S. Rep. 104-357, 7 (1996). Dieser Hergang würde die Argumentation erschweren, dass gehackte E-Mails in elektronischer Form, in diesem Fall die relevanten gestohlenen Gegenstände, im Rahmen der NSPA als »Güter, Waren oder Handelsartikel« gelten.

US-Justizministerium

~~Juristische Ermittlungen~~ // ~~Kann geschütztes Material gemäß Fed. R. Crim. P. 6(c) enthalten~~

[redacted]

Gefährdung laufender Verfahren

[redacted]

US-Justizministerium
~~Juristische Ermittlungen~~ // ~~Kann geschütztes Material gemäß Fed. R. Crim. P. 6(c) enthalten~~

[redacted] Gefährdung laufender Verfahren [redacted]

US-Justizministerium

~~Juristische Ermittlungen~~ // ~~Kann geschütztes Material gemäß Fed. R. Crim. P. 6(e) enthalten~~

[redacted]

Gefährdung laufender Verfahren

[redacted]

[1279] Gefährdung laufender Verfahren

[redacted]

Gefährdung laufender Verfahren

[redacted]

1279 Gefährdung laufender Verfahren [redacted]

[redacted]

Gefährdung laufender Verfahren

[redacted]

[redacted]

2. Möglicher Verstoß gegen Paragraf 1030 durch [redacted] Schutz der Privatsphäre

Schutz der Privatsphäre

[redacted]

Schutz der Privatsphäre

[redacted]

[redacted] *Siehe Vereinigte Staaten vs. Willis*, 476 F.3d 1121, 1125 n.1 (10. Cir. 2007) (der erklärt, dass die 1986 veranlassten Änderungen von Paragraf 1030 das Bestreben des Kongresses reflektieren, an »vorsätzliche Handlungen, sich unautorisierten Zugang zu verschaffen – vielmehr als an irrtümliche, unabsichtliche und nachlässige« heranzukommen (zitiert S. Rep. 99-432, 5 (1986)). Zusätzlich kann der Computer von Schutz der Privatsphäre [redacted] wahrscheinlich als »geschützter« gelten, gemäß der Satzung, die sich »wirksam auf alle Computer mit Internetzugang« bezieht. *Vereinigte Staaten vs. Nosal*, 676 F.3d 854, 859 (9. Cir. 2012) (Anhörung vor dem versammelten Gericht). Schutz der Privatsphäre [redacted]

Unter Anwendung der Grundsätze der Strafverfolgung auf Bundesebene kam das Büro jedoch zum Schluss, dass die Strafverfolgung seines eventuellen Rechtsbruches nicht gerechtfertigt sei. Diese Prinzipien halten Staatsanwälte dazu an, unter anderem die Art und Schwere eines Vergehens zu prüfen, die Strafbarkeit der Person, die mit dem Vergehen in Verbindung steht und das wahrscheinlich angewandte Strafmaß, sollte die Anklage erfolgreich sein. Leitfaden des Justizministeriums § 9-27, 230. Schutz der Privatsphäre [redacted]

[redacted]

C. Angebot der russischen Regierung und Kontakte

Wie schon in Abschnitt IV oben erklärt, fand das Büro des Sonderermittlers Beweise für zahlreiche Verbindungen (d. h. Kontakte) zwischen Managern von Trumps Wahlkampfteam und Personen, die Kontakte zur russischen Regierung hatten oder dies zumindest behaupteten. Das Büro untersuchte diese Kontakte vor dem Hintergrund verschiedener Bundesgesetze, u. a. des Gesetzes gegen Verschwörung und der rechtlichen Vorschriften für Personen, die auf dem Boden der Vereinigten Staaten für einen fremden Staat handeln. Nach Bewertung der vorliegenden Beweise beschloss das Büro, aufgrund dieser gesetzlichen Vorschriften keine Anklage gegen die in Abschnitt IV oben erwähnten Personen zu erheben – mit Ausnahme der wegen Verstoßes gegen den Foreign Agents Registration Act (FARA) erhobenen Anklage gegen Paul Manafort und Richard Gates in Bezug auf deren Aktivitäten für die Ukraine.

Einer der Kontakte zwischen hochrangigen Wahlkampfmanagern des Kandidaten Trump und Personen, die mit Russland in Verbindung standen, betraf das Treffen vom 9. Juni 2016, bei dem die russische Seite belastende Informationen über Hillary Clinton anbot, und muss vor dem Hintergrund anderer Gesetze betrachtet werden: der gesetzlichen Vorschriften zur Wahlkampffinanzierung. Verabredungen zur Einwerbung und Entgegennahme von Hilfen ausländischer Quellen werfen schwierige gesetzliche und verfassungstechnische Fragen auf. Wie weiter unten erläutert, wertete das Büro die Fragen im Zusammenhang mit dem Treffen vom 9. Juni Gefährdung laufender Verfahre [redacted] aus. Das Büro kam letztendlich zu dem Ergebnis, dass, selbst wenn die wichtigsten gesetzlichen Fragen für die Regierung positiv gelöst würden, die Anklage vor erheblichen Schwierigkeiten stehen würde, den Wahlkampfmanagern oder anderen Mitarbeitern im Wahlkampf nachzuweisen, dass sie das Gesetz vorsätzlich verletzt haben.

Letztendlich mochten die Beweise für die Kontakte zwischen Wahlkampfmanagern und Personen mit Verbindungen zum russischen Staat vielleicht nicht ausreichen, um eine bestandskräftige Verurteilung zu erzielen, doch machten mehrere US-Bürger, die für den Wahlkampf tätig waren, Falschaussagen über diese Kontakte und unternahmen andere Schritte, um die Ermittlungen des Büros und des Kongresses zu behindern. Daher hat das Büro des Sonderermittlers entschieden, dass gegen einige dieser Personen wegen Falschaussage und Behinderung der Justiz Anklage erhoben wird.

1. Mögliche Absprachen: Verschwörung oder geheime Abrede (Kollusion)

Gleich zu Beginn nahm das Büro des Sonderermittlers kriminelles Verhalten in den Blick, bei dem sich mehrere Personen zu gemeinsamem Handeln verabredet hatten, jedoch nicht unter dem Aspekt der »Kollusion« (geheime Abrede), sondern vor dem Hintergrund des Verschwörungsrechts. Dem Büro war klar, dass der Begriff der geheimen Abrede in der Aktennotiz des

Stellvertretenden Justizministers vom 2. August 2017 explizit erwähnt wird. Außerdem wurde er immer wieder in der öffentlichen Berichterstattung zitiert. Auch in den Anti-Trust-Gesetzen wird er immer wieder gebraucht, *siehe z. B. Brooke Group vs. Brown & Williamson Tobacco Corp.*, 509 U.S. 209, 227 (1993). Aber Kollusion ist kein Delikt bzw. keine strafrechtliche Handlung, die im U.S. Code of Laws beschrieben wird. Im US-Strafrecht gilt die geheime Abrede (Kollusion) auch nicht als »term of art«, als juristische Formel. Ganz im Gegenteil, selbst wenn man die Erklärungen in juristischen Fachwörterbüchern heranzieht, ist die »geheime Abrede« weitgehend synonym mit der Verschwörung, soweit sie im Verschwörungsrecht auf Bundesebene definiert ist, siehe 18 U.S.C. § 371. *Siehe Black's Law Dictionary*, 321 (10. Aufl. 2014): Unter Kollusion versteht man »eine Übereinkunft, jemand anderen zu betrügen oder etwas zu tun bzw. zu erlangen, was das Gesetz verbietet.«; Alexander Burrill, *A Law Dictionary and Glossary*, 311 (1871): »Eine Übereinkunft zwischen zwei oder mehr Personen, um eine andere Person um ihre vom Gesetz garantierten Rechte zu betrügen oder diese Rechte als Mittel einzusetzen, um einen etwaigen ungesetzlichen Vorteil zu erlangen.«; *Bouvier's Law Dictionary*, 352 (1897): »Eine Übereinkunft zwischen zwei oder mehr Personen, um eine Person um ihre gesetzlichen Rechte zu betrügen oder sich mithilfe dieser Rechte gesetzeswidrig Vorteile zu erschleichen.«

Aus diesem Grund betrachtet das Büro des Sonderermittlers die Absprachen zu etwaigen kriminellen Handlungen vor dem Hintergrund des Verschwörungsrechts, wie es im Bundesgesetz festgeschrieben ist, und nicht vor dem häufig diskutierten Hintergrund der »geheimen Absprache« (Kollusion). Das Büro untersuchte insbesondere, ob Kontakte zwischen hochrangigen Mitgliedern des Trump-Wahlkampfteams mit Personen, die in Verbindung zum russischen Staat stehen, eine strafbare Handlung im Sinne der Verschwörungsgesetzgebung darstellen können – entweder nach den gesetzlichen Vorschriften, die hierfür eigene Voraussetzungen schaffen (z. B. 18 U.S.C., §§ 1349,

1951(a)) oder nach dem allgemeinen Verbot der Verschwörung (18 U.S.C., § 371). Die Untersuchung stellte nicht fest, dass die Kontakte, die in Band I, Abschnitt IV, *oben,* dargelegt wurden, eine Verabredung zur Begehung einer schwerwiegenderen Straftat im Sinne des Bundesgesetzes darstellen – wobei die Gesetzgebung zur Regelung ausländischer Einflüsse und zur Wahlkampffinanzierung Berücksichtigung fanden. Beide Punkte werden weiter unten ausführlicher diskutiert. Das Büro des Sonderermittlers erhob also aufgrund der Russlandkontakte von Personen, die an der Trump-Wahlkampagne beteiligt waren, keine Anklage wegen Verschwörung zur Begehung einer Straftat nach Bundesrecht – weder im Sinne der spezifischen Rechtsvorschriften noch nach der allgemeinen Formulierung der Verschwörung in § 371 des U. S. Code of Laws.

Das Büro erhob ebenfalls keine Anklage gegen Personen des Trump-Wahlkampfteams wegen einer Verschwörung zum Zwecke des Betrugs, wie er in § 371 genannt wird. Diese Vorschrift stellt unter Strafe die Teilnahme an einer Übereinkunft zur Behinderung der US-Regierung oder ihrer Behörden bei einer gesetzlichen Aufgabe durch Täuschung oder andere unlautere Vorgehensweisen. Siehe *Dennis vs. Vereinigte Staaten*, 384 U.S. 855, 861 (1966); *Hammerschmidt vs. Vereinigte Staaten*, 265 U.S. 182, 188 (1924); *siehe auch Vereinigte Staaten vs. Concord Mgmt. & Consulting LLC*, 347 F. Supp. 3d 38, 46 (D.D.C. 2018). Die Ermittlungen förderten keine Absprachen zwischen Mitgliedern des Trump-Teams oder zwischen Mitgliedern des Teams und Personen mit Verbindungen nach Russland zutage, die dem Zweck gedient hätten, während des Wahlkampfs und in der Übergangsphase die Regierung der USA oder ihre Behörden bei der Ausübung ihrer Aufgaben zu stören oder zu behindern. Wie in Band I, Abschnitt V.A, *oben,* bereits dargestellt, fanden die Ermittler keine Belege dafür, dass Mitglieder des Wahlkampfteams wissentlich und vorsätzlich an der Verschwörung zum Schaden der Vereinigten Staaten teilnahmen, wegen der das Büro des Sonderermittlers Anklage erhob, womit speziell die »Aktiven

Maßnahmen« gemeint sind, die in Band I, Abschnitt II, oben, geschildert werden. Dementsprechend erhob das Büro keine Anklage gegen Wahlkampfmitarbeiter Trumps oder andere US-Bürger wegen einer Verschwörung zum betrügerischen Schaden der Vereinigten Staaten, die mit den in Abschnitt IV oben beschriebenen Russlandkontakten zu tun haben.

2. Mögliche Absprachen: Foreign Agent Statuten (FARA und 18 U.S.C. § 951)

Als Nächstes bewertete das Büro des Sonderermittlers, inwieweit sich Mitarbeiter im Umkreis des Wahlkampfs strafbar gemacht haben vor dem Hintergrund der Bundesgesetze, die Handlungen im Auftrag von einer oder Arbeit für eine ausländische Regierung verrichten.

a. Anwendbare Rechtsvorschriften

Unter Title 18 U. S. Code § 951 ist es allgemein gesetzlich verboten, in den Vereinigten Staaten als Interessenvertreter einer ausländischen Regierung zu agieren, ohne das Justizministerium davon zu informieren. Obwohl der Beschuldigte für eine ausländische Regierung handeln muss (und nicht für eine andere ausländische Organisation), geht es dabei nicht unbedingt um Spionagetätigkeit. Gemeint ist vielmehr jegliche Art von Handlungen, die eine Strafbarkeit begründen. Siehe *Vereinigte Staaten vs. Duran*, 596 F.3d 1283, 1293-1294 (11. Cir. 2010); *Vereinigte Staaten vs. Latchin*, 554 F.3d 709, 715 (7. Cir. 2009); *Vereinigte Staaten vs. Dumeisi*, 424 F.3d 566, 581 (7. Cir. 2005). Ein »Interessenvertreter einer ausländischen Regierung« ist eine »Person«, die »zustimmt«, in den Vereinigten Staaten »tätig zu werden unter Anweisung und Führung einer ausländischen Regierung bzw. deren Vertretern«. 18 U.S.C. § 951(d).

Bei der in Abschnitt 951 definierten Straftat handelt es sich um das wissentliche Handeln in den Vereinigten Staaten als nicht registrierter Interessenvertreter einer ausländischen Regierung nach 18 U.S.C. § 951(a). Der Tatbestand erfordert keinen Vorsatz, und auch das Wissen um das Erfordernis der Registrierung ist kein Teil des Straftatbestandes. Siehe *Vereinigte Staaten vs. Campa*, 529 F3.d, 980, 998-999 (11. Cir. 2008); *Duran*, 596 F3d., 1291-1294; *Dumeisi*, 424 F.3d, 581.

Der Foreign Agents Registration Act (FARA) stellt es unter Strafe, sich als Interessenvertreter eines ausländischen Auftraggebers in bestimmten (weitgehend politischen) Aktivitäten in den Vereinigten Staaten zu engagieren, ohne sich beim Justizministerium registrieren zu lassen. 22 U.S.C. §§ 611-621. Die eine Registrationspflicht erfordernde tätige Beziehung muss zu einem ausländischen Auftraggeber bestehen oder »einer Person, deren Aktivitäten ganz oder teilweise, direkt oder indirekt von einem ausländischen Auftraggeber überwacht, gelenkt, kontrolliert, finanziert oder unterstützt werden«. 22 U.S.C. § 611(c)(1). Dies umfasst ausländische Regierungen, politische Parteien und verschiedene ausländische Personen und Organisationen. 22 U.S.C. § 611(b). Eine heimliche Beziehung besteht, wenn eine Person »als Vertreter, Repräsentant, Angestellter oder Bediensteter« oder »in einer anderen Funktion auf Befehl bzw. Anweisung oder unter Führung bzw. Leitung [des ausländischen Auftraggebers]« handelt. 22 U.S.C. § 611(c)(1). Es reicht aus, wenn die Person »zustimmt, einwilligt, annimmt oder den Anschein erweckt, für einen ausländischen Auftraggeber (oder eine Person, die sich als solchen betrachtet) zu handeln, ob dem nun eine vertragliche Beziehung zugrunde liegt oder nicht«. 22 U.S.C. § 611(c)(2).

Die auslösende Aktivität ist, dass der Interessenvertreter »direkt oder durch andere Personen« in den Vereinigten Staaten (1) »politische Aktivitäten für oder im Interesse des ausländischen Auftraggebers« durchführt, was auch Versuche zur Beeinflussung von Regierungsbeamten, Abgeordneten oder der Öffentlichkeit umfasst; (2) als »PR-Berater, PR-Agent, Informationsdienst-Manager oder politischer Berater für oder im Interesse des ausländischen Auftraggebers« tätig wird; (3) »für oder im

Interesse eines ausländischen Auftraggebers Beteiligungen, Darlehen, Geldmittel oder andere werthaltige Beiträge einwirbt, sammelt, auszahlt oder verteilt«; oder (4) »die Interessen eines ausländischen Auftraggebers« vor Bundesbehörden oder deren Mitarbeitern vertritt. 22 U.S.C. § 611(c)(1).

Es ist eine Straftat, »vorsätzlich gegen die Bestimmungen des FARA oder andere, daraus hervorgehende Vorschriften zu verstoßen«. 22 U.S.C. § 618(a)(1). Es ist ebenso eine Straftat, in den Meldungen zur FARA-Registrierung und den damit verbundenen Formblättern vorsätzlich falsche Angaben zu machen bzw. nach dem Gesetz wesentliche Angaben wegzulassen. 22 U.S.C. § 618(a)(2). Die meisten Verstöße gegen dieses Gesetz sehen eine Maximalstrafe von fünf Jahren Gefängnis und eine Geldbuße in Höhe von 10 000 Dollar vor. 22 U.S.C. § 618.

b. Anwendung

Die Ermittlung förderte umfangreiches Beweismaterial zutage, dass Paul Manafort und Richard Gates vor ihrer Arbeit für Trumps Wahlkampfteam für die Regierung der Ukraine tätig waren und dabei die FARA-Bestimmungen verletzt haben. Gegen Manafort und Gates wurde deshalb Anklage erhoben. Die beiden bekannten sich der Verstöße im Bezirk Columbia (Washington) schuldig, als gegen sie wegen anderer Straftaten Anklage erhoben wurde.[1280] Das Beweismaterial, das dieser Ankla-

---

[1280] Gates, Aufhebende Darlegung der Straftat; Verzicht auf eine formelle Anklage, *Vereinigte Staaten vs. Richard W. Gates III*, 1:17-cr-201 (D.D.C. 23. Feb. 2018), Dok. 203; Verzicht auf eine formelle Anklage durch die Jury, *Vereinigte Staaten vs. Richard W. Gates III*, 1:17-cr-201 (D.D.C. 23. Feb. 2018), Dok. 204; *Gates* Übereinkunft zum Straftatbestand, *Vereinigte Staaten vs. Richard W. Gates III*, 1:17-cr-201 (D.D.C. 23. Feb. 2018), Dok. 206; Übereinkunft zum Straftatbestand, *Vereinigte Staaten vs. Paul J. Manafort jr.*, 1:17-cr-201 (D.D.C. 14. Sept. 2018), Dok. 422; Anklageschrift, *Vereinigte Staaten vs. Paul J. Manafort jr.*, 1:17-cr-201 (D.D.C. 14. Sept. 2018), Dok. 423.

ge zugrunde liegt, wird in diesem Bericht nicht aufgeführt, weil es in offiziellen Gerichtsakten benannt ist und in einer speziellen Aktennotiz dem Stellvertretenden Justizminister vorgelegt wurde, bevor die ursprüngliche Anklageschrift in diesem Fall verfasst wurde.

Darüber hinaus erbrachten die Ermittlungen Beweismaterial, dass Michael T. Flynn ebenfalls gegen die Auflagen des FARA verstoßen hatte. Diese möglichen Verstöße allerdings betrafen ein anderes Land als Russland (d. i. die Türkei) und wurden behoben, als Flynn die Übereinkunft zum Straftatbestand unterzeichnete, in der er sich der Falschaussagen schuldig bekennt. Übereinkunft zum Straftatbestand, *Vereinigte Staaten vs. Michael T. Flynn*, Nr. 1:17-cr-232 (D.D.C. 1. Dezember 2017), Dok. 4 (»*Flynn* Übereinkunft zum Straftatbestand«).[1281]

Die Ermittlungen ergaben allerdings keine hinreichenden Beweise dafür, dass Personen aus dem Trump-Wahlkampfteam als Vertreter einer ausländischen Regierung im Sinne des FARA oder des Abschnitts 951 des U.S. Codes agiert, also auf Anweisung oder unter Führung der russischen Regierung oder deren Vertretern gehandelt hätten. Im Besonderen fand das Büro keine Belege, die über jeden begründeten Zweifel hinaus bewiesen hätten, dass Wahlkampfmitarbeiter wie Paul Manafort, George Papadopoulos und Carter Page im fraglichen Zeitraum als Vertreter der russischen Regierung – oder auf deren Anweisung, Befehle

1281 Gefährdung laufender Verfahren [redacted]

bzw. Forderung hin tätig geworden wären.[1282] Schutz der Privatsphäre [redacted]. Aus diesem Grund erhob das Büro keine Anklage gegen SdP [redacted] oder einen anderen Mitarbeiter des Trump-Wahlkampfteams wegen Verletzungen der FARA-Vorschriften bzw. von Abschnitt 951 bzw. wegen des Versuchs oder der Verschwörung zu einer derartigen Straftat auf der Grundlage der Kontakte mit der russischen Regierung oder einem russischen Auftraggeber.

Schließlich untersuchte das Büro des Sonderermittlers, ob einer der oben genannten Wahlkampfberater – George Papadopoulos – als Vertreter der Regierung von Israel bzw. auf deren Anweisung und Befehl hin handelte. Die Untersuchung ergab zwar eindeutige Beziehungen zwischen Papadopoulos und Israel (zu deren Untersuchung auch mehrere Durchsuchungsbefehle ausgestellt wurden), doch das Büro kam am Ende zu dem Ent-

[1282] Bei vier Gelegenheiten stellte der United States Foreign Intelligence Surveillance Court (FISC: Gericht zur Überwachung der Aktivitäten US-amerikanischer Auslandsgeheimdienste) einen Haftbefehl aus, weil es Anlass zu der Vermutung gab, Page sei Agent einer ausländischen Macht. 50 U.S.C. §§ 1801(b), 1805(a)(2)(A). Dabei ist zu bemerken, dass der Anfangsverdacht des FISC auf einem anderen (und niedrigeren) Standard beruhte als die Entscheidung des Büros des Sonderermittlers, ob man gegen Page Anklage erheben sollte. Letztere beruhte vor allem auf der Überlegung, ob die zulässigen Beweise ausreichen würden, über jeden begründeten Zweifel hinaus zu beweisen, dass Page während der fraglichen Zeit als Agent der russischen Regierung tätig war. *Vgl. Vereinigte Staaten vs. Cardoza*, 713 F.3d 656, 660 (D.C. Cir. 2013), (wo es heißt, dass ein »Anfangsverdacht« nur eine »bloße Vermutung« voraussetze, keineswegs aber die »Gewissheit oder gar den Beweis über jeden begründeten Zweifel hinaus oder einen Beleg durch erdrückendes Beweismaterial«).

schluss, dass die Beweise nicht ausreichen würden, um eine bestandskräftige Verurteilung nach den Bestimmungen des FARA bzw. des Abschnitts 951 U.S. Code of Law zu erreichen.

3. Wahlkampffinanzierung

Ein Teil der Untersuchungen durch den Sonderermittler befasste sich mit Bemühungen oder Angeboten ausländischer Staatsbürger, dem Trump-Wahlkampfteam negative Informationen über die Kandidatin Clinton zu liefern oder diese Informationen an die Öffentlichkeit zu bringen, um so Trumps Wahlkampf möglicherweise zu begünstigen. Wie weiter unten erklärt, konzentrierten sich die Ermittlungen vor allem darauf, ob speziell zwei Vorgänge in diesem Zusammenhang – das Treffen vom 9. Juni 2016 im Trump Tower und Gefährdung laufender Verfahren [redacted] – einen strafrechtlich verfolgbaren Verstoß gegen die Gesetze zur Wahlkampffinanzierung darstellen. Das Büro gelangte zu dem Schluss, dass die Beweislage nicht ausreichend war, um einen der beiden Vorfälle zur Grundlage einer strafrechtlichen Verfolgung zu machen.

a. Überblick über anwendbare Rechtsvorschriften

»Die Vereinigten Staaten haben ein zwingendes Interesse daran, … die Beteilung ausländischer Bürger an den Aktivitäten demokratischer Selbstregierung zu begrenzen und auf diese Weise ausländische Einflüsse auf den politischen Prozess in den Vereinigten Staaten auszuschließen.« *Bluman vs. FEC*, 800 F. Supp. 2d 281, 288 (D.D.C. 2011) (Richter Kavanaugh für eine Kammer von drei Richtern), *bestätigt*, 565 U.S. 1104 (2012). Zu diesem Zweck verbieten die Gesetze zur Wahlkampffinanzierung, dass ausländische Staatsbürger durch Sacheinlagen, Spenden, Kostenersatz oder andere Aufwendungen Kandidaten bei Bundes-, Staats- oder Kommunalwahlen unterstützen. Das Gesetz verbietet außerdem, dass solche Beiträge oder Spenden eingeworben, akzeptiert oder entgegengenommen werden. Wesentlich ist hierbei, dass ausländische Staatsbürger keine »Spende, keinen geldlichen oder anderen werthaltigen Beitrag für Bundes-, Staats- oder Kommunalwahlen leisten dürfen« und dass niemand solche Beiträge »einwirbt, akzeptiert oder entgegennimmt«. Dasselbe gilt für »ein ausdrückliches oder angedeutetes Versprechen, solch einen Beitrag oder eine Spende zu leisten«. 52 U.S.C. § 30121(a)(1)(A), (a)(2).[1283] Der Begriff »Beitrag«, der in den gesetzlichen Regelungen zur Wahlkampffinanzierung durchweg angewendet wird, »umfasst alle Geschenke, Zeichnungssummen, Darlehen, Vorschüsse oder Anzahlungen in geldlicher oder anderweitig werthaltiger Form, die eine Person zum Zweck der Beeinflussung der Wahlen in jedwedes öffentliches Amt tätigt«. 52 U.S.C. § 30101(8)(A)(i). Das Gesetz schließt u. a. auch »den Wert [freiwilliger] Dienstleistungen« aus. 52 U.S.C. § 30101(8)(B)(i).

Ausländischen Staatsbürgern ist es darüber hinaus verboten, »Aufwendungen, unabhängige Aufwendungen oder Zahlungen für Sendungen zur Stimmenwerbung« zu leisten. 52 U.S.C. § 30121(a)(1)(C). Der Begriff »Aufwendungen« umfasst dabei »alle Käufe, Zahlungen, Zuwendungen, Darlehen, Vorschüsse, Anzahlungen oder Geschenke geldlicher oder anderweitig werthaltiger Natur, die zu dem Zweck geleistet werden, die Wahl in ein öffentliches Amt zu beeinflussen«. 52 U.S.C. § 30101(9)(A)(i). Die Regelung schließt u. a. auch Nachrichten-Meldungen und kandidatenunabhängige Werbung für eine höhere Wahlbeteiligung aus, entsprechend 52 U.S.C. § 30101(9)(B)(i)-(ii). Eine »unabhängige Aufwendung« ist eine Aufwendung, die »speziell

---

1283 Die Gesetze zur Wahlkampffinanzierung legen zudem finanzielle Obergrenzen fest, 52 U.S.C. § 30116(a), und verbieten Zuwendungen von Unternehmen, Banken und Gewerkschaften, 52 U.S.C. § 30118(a); *siehe Citizens United vs. FEC*, 558 U.S. 310, 320 (2010). Da der Tatbestand, den das Büro des Sonderermittlers untersuchte, die mögliche Wahlbeeinflussung durch ausländische Personen umfasste, ist die Rechtsvorschrift, die sich gegen deren Beiträge zur Wahlkampffinanzierung richtet, unmittelbar anwendbar.

zu dem Zweck getätigt wird, für die Wahl oder die Wahlniederlage eines klar identifizierten Kandidaten zu sorgen«, aber unabhängig von der Wahlkampfkasse der Kandidaten geleistet wird. *Siehe* 52 U.S.C. § 30101(17). »Sendungen zur Stimmenwerbung« sind Meldungen, die über Rundfunk und Fernsehen ausgestrahlt werden und sich »auf einen klar identifizierten Kandidaten für ein öffentliches Amt beziehen«, innerhalb bestimmter Zeitfenster gesendet werden und sich an die relevante Wählergemeinschaft wenden. 52 U.S.C. § 30104(f)(3).

Das Gesetz definiert »ausländische Staatsbürger« durch Bezug auf den Foreign Agents Registration Act (FARA) und den Immigration and Nationality Act mit minimalen Abweichungen. 52 U.S.C. § 30121(b) sowie 22 U.S.C. § 611(b)(1)-(3) und 8 U.S.C. § 1101(a)(20), (22). Diese Definition umfasst fünf Kategorien ausländischer Staatsbürger, die sich mitunter überschneiden. Diese Kategorien lassen sich auf alle Personen und Organisationen anwenden, die für unsere Zwecke von Belang sind – vor allem ausländische Regierungen und politische Parteien, Einzelpersonen außerhalb der Vereinigten Staaten, die nicht dauerhaft in den Vereinigten Staaten leben, und ganz sicher Nicht-US-Organisationen außerhalb der Vereinigten Staaten.

Eine »wissentliche und vorsätzliche« Verletzung dieser Vorschriften durch Annehmen von 25 000 Dollar oder mehr im Kalenderjahr ist eine Straftat. 52 U.S.C. § 30109(d)(1)(A)(i), *siehe Bluman*, 800 F. Supp. 2d, 292 (hier sei angemerkt, dass eine vorsätzliche Verletzung »Beweise für das Wissen des Angeklagten um die Rechtslage voraussetzt«); *Vereinigte Staaten vs. Danielczyk*, 917 F. Supp. 2d 573, 577 (E.D. Va 2013) (die Klärung des »Vorsatzes« beruht auf *Bryan vs. Vereinigte Staaten*, 524 U.S. 184, 191-192 (1998); *siehe auch Wagner vs. FEC*, 793 F. 3d1, 19 n. 23 (D.C. Cir. 2015) (zur Entscheidung angenommen) (ebenso). Ein »wissentlicher und vorsätzlicher« Verstoß in Höhe einer Summe von 2000 Dollar oder mehr in einem Kalenderjahr, aber weniger als 25 000 Dollar, stellt eine Übertretung dar. 52 U.S.C. § 30109(d)(1)(A)(ii).

b. Anwendung auf das Treffen im Trump Tower am 9. Juni 2016

Zu den Erwägungen des Büros des Sonderermittlers, ob man die Leiter der Trump-Wahlkampagne im Zusammenhang mit dem Treffen am 9. Juni 2016 strafrechtlich zur Rechenschaft ziehen sollte, siehe Band 1, Abschnitt IV.A.5, *oben*. Das Büro kam zu dem Schluss, dass im Lichte der substanziellen Auflagen vonseiten der Regierung im Hinblick auf den Beweis einer kriminellen Absicht (»wissentlich« und »vorsätzlich«) und der Schwierigkeiten, den Wert der vorgebrachten Informationen richtig einzuschätzen, die Anklage nicht die Anweisung des Justice Manual (Leitfaden des Justizministeriums) erfüllen würde, dass »die zulässigen Beweise mit hoher Wahrscheinlichkeit für eine bestandskräftige Verurteilung ausreichen«. Justice Manual § 9-27.220.

Kurz zusammengefasst ist die Faktenlage wie folgt: Am 3. Juni 2016 schickte Robert Goldstone eine E-Mail an Donald Trump jr., in der er über Emin und Aras Agalarow ein »Angebot« des russischen »Kronanwalts« für »die Trump-Kampagne« unterbreitete. Dieses bestand darin, »offizielle Dokumente und Informationen vorzulegen, die Hillary und ihre Russlandkontakte belasten würden und für seinen [Trump jr.s] Vater sehr nützlich wären«. Die E-Mail bezeichnete dieses Material als »sehr sensible Informationen auf höchster Ebene«, die »Teil der Unterstützung Russlands und seiner Regierung für Mr. Trump seien, vermittelt durch Aras und Emin«. Trump jr. antwortete: »wenn es das ist, was Sie sagen, dann hätte ich es gerne gegen Ende des Sommers.« Trump jr. und Emin Agalarow tauschten sich darüber noch mehrmals aus. Einige Tage später wurde ein Treffen mit Vertretern des russischen Staates und Trump jr., Manafort und Kushner vereinbart. Die verschiedenen Mitteilungen zur Terminvereinbarung und die Tatsache, dass drei ranghohe Mitglieder von Trumps Wahlkampfteam daran teilnahmen, stützen die Schlussfolgerung, dass die Wahlkampfmanager darauf setzten, von russischen Informanten Quellen-Dokumente und Informationen zu erhalten, die [für Clinton] nachteilig seien und die Aussichten des Kandidaten Trump verbessern würden.

Diese Reihe von Ereignissen könnte einen Verstoß gegen das durch Bundesgesetz verfügte Verbot von Beiträgen und Spenden ausländischer Mitbürger nach 52 U.S.C. § 30121(a)(1)(A) darstellen. Im Besonderen, da Goldstone ja ein angebliches Angebot eines russischen Regierungsmitglieds weiterleitete, »offizielle Dokumente und Informationen« an Trumps Wahlkampfteam weiterzugeben, um den Ausgang der Präsidentschaftswahl zu beeinflussen. Trump jr. scheint dieses Angebot angenommen und ein Treffen arrangiert zu haben, um dieses Material in Empfang zu nehmen. Urkundenbeweise in der Form von mehreren aufeinanderfolgenden E-Mails legen den Schluss nahe, dass Kushner und Manafort in das Vorhaben eingeweiht waren und das Treffen am 9. Juni dem Zweck diente, für die Kampagne hilfreiche Informationen von den russischen Quellen entgegenzunehmen.

Das Büro des Sonderermittlers erwog die Frage, ob diese Beweise eine Verabredung zum Bruch des Verbots ausländischer Beteiligung nach 18 U.S.C. § 371 hinreichend belegen: die Einwerbung einer illegalen Beteiligung ausländischer Quellen bzw. die Annahme oder Entgegennahme eines »offen ausgesprochenen oder implizierten Versprechens [ausländischer Herkunft], einen Beitrag zu leisten«. Beides würde einen Verstoß gegen 52 U.S.C. § 30121(a)(1)(A), (a)(2) darstellen. Es lassen sich gerechtfertigte Argumente vorbringen, denen zufolge die angebotenen Informationen einen »werthaltigen Beitrag« im Sinne dieser Vorschrift darstellen. Das Büro des Sonderermittlers aber entschied, dass die Regierung in diesem Punkt vermutlich keine bestandskräftige Verurteilung erzielen würde, und dies aus zwei Gründen: Erstens erhielt das Büro keine verwertbaren Beweise, die die Auflage der Regierung erfüllen könnten, über jeden begründeten Zweifel hinaus zu belegen, dass diese Personen »vorsätzlich« handelten, d. h. im allgemeinen Wissen um die Illegalität ihres Tuns; zweitens würde die Regierung vermutlich auf Schwierigkeiten stoßen, über jeden begründeten Zweifel hinaus darzulegen, dass der Wert der versprochenen Informationen die genannte Schwelle für eine Straftat überschreitet, *siehe* 52 U.S.C. § 30109(d)(1)(A)(i).

i. Das Element des »werthaltigen Beitrags«

Eine entscheidende juristische Frage ist in diesem Zusammenhang, ob die Lieferung von »Dokumenten und Informationen«, wie sie hier genannt wurden, an ein Wahlkampfteam einen verbotenen Beitrag zu einer Wahlkampagne darstellen kann. Das Verbot ausländischer Unterstützung beschränkt sich nicht auf geldliche Zuwendungen. Es verbietet explizit einen »geldlichen oder *anderen werthaltigen Beitrag*« nach 52 U.S.C. § 30121(a)(1)(A), (a)(2) (Hervorhebung vom Autor). Dieser Beitrag wird durch die Gesetze zur Wahlkampffinanzierung genauer definiert. Er »umfasst alle Geschenke, Zeichnungssummen, Darlehen, Vorschüsse oder Anzahlungen in geldlicher oder *anderweitig werthaltiger Form.*« 52 U.S.C. § 30101(8)(A)(i) (Hervorhebung durch den Autor).

Die Begriffe »werthaltiger Beitrag« bzw. »anderweitig werthaltige Form« sind breit gefasst, sodass darunter zumindest einige Formen wertvoller Informationen fallen können. Im gesamten Bundesrecht der Vereinigten Staaten (U. S. Code) dienen diese Begriffe als »term[s] of art« (Fachbegriffe), die »breit angelegt« sind. *Vereinigte Staaten vs. Nilsen*, 967 F.2d, 539, 542 (11. Cir. 1992) (per curiam) (ein »werthaltiger Beitrag« umfasst sowohl »materielle wie immaterielle Werte«); *siehe z. B. auch* 18 U.S.C. §§ 201(b)(1), 666(a)(2) (Bestechungsbestimmungen); *ebenso* § 641 (Diebstahl von Regierungseigentum). So umfasst der Begriff »werthaltiger Beitrag« auch: Berichte aus dem Strafvollzug, die den Namen eines Informanten preisgeben, *Vereinigte Staaten vs. Girard*, 601 F.2d 69, 71 (2. Cir. 1979); geheime Verschlusssachen, *Vereinigte Staaten vs. Fowler*, 932 F.2d 306, 310

(4. Cir. 1991); vertrauliche Informationen über ein Angebot in einem Bieterverfahren, *Vereinigte Staaten vs. Matzkin*, 14 F.3d 1014, 1020 (4. Cir. 1994); geheime Informationen aus einer Grand Jury, *Vereinigte Staaten vs. Jeter*, 775 F.2d 670, 680 (6. Cir. 1985); und Informationen über den Aufenthaltsort von Zeugen, *Vereinigte Staaten vs. Sheker*, 618 F.2d 607, 609 (9. Cir. 1980) (per curiam). Im Rahmen der Ermittlungen wegen Korruption in öffentlichen Ämtern wird der »werthaltige Beitrag« breit ausgelegt als »Wert, den der Angeklagte dem erhaltenen Beitrag subjektiv beimisst«. *Vereinigte Staaten vs. Renzi*, 769 F.3d 731, 744 (9. Cir. 2014) (Anführungszeichen in den Anführungszeichen wurden weggelassen).

Die Vorschriften der Bundeskommission zur Kontrolle der Wahlkampffinanzierung (FEC) sehen den werthaltigen Beitrag zu einem Wahlkampf auch in einigen Formen von Information. Dort heißt es explizit, ein »werthaltiger Beitrag« umfasse »die Bereitstellung sämtlicher Güter oder Dienstleistungen ohne Gegenleistung«, zum Beispiel »Mitgliederlisten« und »Mailinglisten«. 11 C.F.R. § 100.52(d)(1). Die FEC urteilt, dass diese Bestimmung sich auch auf eine nach Staaten aufgeschlüsselte Liste politischer Unterstützer bezieht, *siehe Citizens for Responsibility and Ethics in Washington vs. FEC*, 475 F.3d 337, 338 (D.C. Cir. 2007) (mit einer Aufzählung der Ermittlungsergebnisse der FEC). Ein »Beitrag« seien auch die Daten einer Meinungsumfrage. *FEC Advisory Opinion* 1990-12 (Strub), 1990 WL 153454 (worin Art. 11 C.F.R. § 106.4(b) zitiert wird.) Im spezifischen Kontext des Verbotes von Beiträgen ausländischer Staatsbürger und Organisationen folgert die FEC abschließend, dass »Wahlmaterial, das in früheren Kampagnen in Kanada verwendet wurde«, zum Beispiel »Flyer, Werbekampagnen, Türhänger, Prospekte, Plakate und anderes Druckmaterial« einen »werthaltigen Beitrag« darstellt, obwohl »der Wert dieser Materialien nur nominell oder kaum zu ermitteln ist«. FEC Adivsory Opinion 2007-22 (Hurysz), 2007 WL 5172375, *5.

All diese Instanzen stützen also die Ansicht, dass gegen einen Kandidaten gerichtete relevante Recherchen, die man einem Wahlkampfteam zukommen lässt, um den Wahlausgang zu beeinflussen, durchaus einen Straftatbestand im Sinne des Verbots ausländischer Beeinflussung darstellen können. Eine Wahlkampagne kann nicht nur durch Geldmittel unterstützt werden, sondern auch durch die Veröffentlichung schädlicher Materialien im Hinblick auf den gegnerischen Kandidaten. Wahlkampfteams bestellen und bezahlen häufig Recherchen über den politischen Gegner. Eine fremde Macht, die solche Recherchen durchführt und Informationen an ein Wahlkampfteam liefert, kann die Wahl tatsächlich stärker beeinflussen, als Finanzmittel oder andere materielle Geschenke dies tun könnten. Dazu kommt eine massive Tendenz des Empfängers solcher Informationen, sich dafür erkenntlich zu zeigen. Allerdings gibt es bislang keine juristische Entscheidung darüber, ob die freiwillige Bereitstellung von Recherchematerial über die politische Opposition oder ähnlicher Informationen ohne Gegenleistung einen solchen werthaltigen Beitrag darstellt, wie er in den Vorschriften zur Finanzierung von Wahlkampagnen ausgeführt ist. Solch eine Auslegung hätte Implikationen weit über das Verbot ausländischer Beiträge hinaus, *siehe* 52 U.S.C. § 30116(a) (wo es um die betragsmäßigen Grenzen der Kampagnenfinanzierung geht). Es würden damit auch Fragen im Hinblick auf den 1. Zusatzartikel zur Verfassung aufgeworfen. Diese Fragen wären dort besonders schwer zu beantworten, wo die Information nur aus einem Bericht über historisch exakte Fakten besteht. Es ist schwer zu beurteilen, wie Gerichte diese Fragen lösen würden.

ii. Zum Vorsatz

Selbst unter der Annahme, dass die versprochenen »Dokumente und Informationen, die Hillary belasten würden«, vor dem Hintergrund der Rechtsvorschriften zur Wahlkampfunterstützung einen »werthaltigen Beitrag« darstellen würden, sähe sich die Regierung beim Streben nach einer bestandskräftigen Verurteilung vor weitere Herausforderungen gestellt. Im Besonderen konnte die Regierung keine zulässigen Beweise sicherstellen, dass der Verstoß gegen jeden begründeten Zweifel vorsätzlich begangen wurde. Um zu beweisen, dass ein Beschuldigter »wissentlich und vorsätzlich« gehandelt hat, müsste die Regierung belegen, dass der Beschuldigte wusste, dass sein Verhalten gesetzeswidrig war. Justizministerium der Vereinigten Staaten, *Federal Prosecution of Election Offenses* 123 (8. Auflage Dezember 2017) *(»Election Offenses«). Siehe Bluman*, 800 F. Supp. 2d, 292 (wo es heißt, dass eine vorsätzliche Zuwiderhandlung nur gegeben sei, wenn »Beweise für die Kenntnis der Rechtsvorschriften vonseiten des Beschuldigten vorliegen«); *Danielczyk*, 917 F. Supp. 2d, 577 (wo eine »Kenntnis der allgemeinen Gesetzwidrigkeit« gefordert wird). »Diese Norm stellt an diese Kenntnis recht hohe Ansprüche, die zumindest erfordern, dass die Anwendung des Gesetzes auf die fraglichen Fakten klar ist. Wenn es erhebliche Zweifel gibt, ob das Gesetz sich auf die Sachlage eines bestimmten Falles anwenden lässt, wird das Gericht dem Beschuldigten vermutlich zugutehalten, dass sich eine Absicht nicht beweisen lässt.« *Election Offenses* 123.

Bei den hier vorliegenden Fakten könnte die Regierung höchstwahrscheinlich nicht ohne jeden begründeten Zweifel beweisen, dass die Teilnehmer an dem Treffen vom 9. Juni allgemeine Kenntnis davon besaßen, dass ihr Verhalten ungesetzlich war. Die Ermittlungen haben keinerlei Beweis dafür erbracht, dass die Teilnehmer des Treffens mit der Gesetzeslage zum Verbot ausländischer Beiträge zum Wahlkampf oder der Anwendung anderer Bundesgesetze auf die relevante Sachlage vertraut waren. Der Regierung liegen keine klaren Beweise dafür vor, dass das Verhalten am 9. Juni 2016 heimlich geschah oder dass es Bemühungen gab, dieses zu verschleiern. Der Regierung liegen Beweise für spätere Bemühungen vor, die Natur des Treffens vom 9. Juni 2016 zu verheimlichen, die als Beleg für eine Kenntnis gewertet werden könnten, *siehe* Band II, Abschnitt II.G, *unten*. Doch diese Verschleierungsversuche fanden mehr als ein Jahr später statt, betrafen Personen, die an dem Treffen vom 9. Juni 2016 nicht beteiligt waren, und eher das Bemühen zur Vermeidung politischer Konsequenzen erkennen lassen als ein vorher schon vorhandenes Wissen um die Gesetzwidrigkeit des ursprünglichen Verhaltens. Darüber hinaus könnte Donald Trump jr., im Lichte der ungelösten rechtlichen Frage, ob »Dokumente und Informationen« von der Art, wie sie hier vorliegen, tatsächlich einen Beitrag zum Wahlkampf darstellen können, eine Verteidigung vorbringen, die auf einem »mistake of fact« beruht: dass er nämlich nicht gewusst habe, dass seine Reaktion auf das Angebot und das Treffen vom 9. Juni 2016 gegen das Gesetz verstoße. Angesichts seiner weniger direkten Beteiligung am Arrangement des Treffens vom 9. Juni 2016 könnte Kushner auf eine ähnliche Verteidigungsstrategie setzen. Manafort hingegen hat zwar Erfahrung mit Wahlkampfstrategien, doch das Büro des Sonderermittlers konnte keine Beweise finden, dass er von diesen rechtlichen Problemen Kenntnis hatte.

iii. Schwierigkeiten bei der Bewertung der versprochenen Informationen

Das Büro des Sonderermittlers sieht auch Schwierigkeiten, über jeden berechtigten Zweifel hinaus zu beweisen, dass der Wert der versprochenen Dokumente und Informationen die 2000-Dollar-Grenze für eine Ordnungswidrigkeit bzw. die 25 000-Dollar-Grenze für eine Straftat überschreitet. *Siehe* 52 U.S.C. § 30109(d)(1). Die Art der Beweise, die man gewöhnlich vorlegt, um den Wert von nicht geldlichen Beiträgen zu bewerten – wie Preisfindung auf dem Handelsmarkt, Orientierung an möglichen Kosten der Bereitstellung oder Verteilung –, würden bei dieser Sachlage nicht greifen oder sich als ineffektiv erweisen. Obwohl schädliche Informationen über den politischen Gegner für ein Wahlkampfteam durchaus werthaltig sein können, scheinen sich die bei diesem Treffen übergebenen Informationen nicht als wertvoll erwiesen zu haben. Und während der Wert von Informationen bei einer Verschwörung durchaus daran gemessen werden kann, was die Teilnehmer sich zum Zeitpunkt der Abrede davon erhofften, *siehe z. B. Vereinigte Staaten vs. Tombrello*, 666 F.2d 485, 489, (11. Cir. 1982), blieb Goldstones Beschreibung des angebotenen Materials recht vage. Seine Vorstellung vom Wert der Informationen – d. h., dass sie »Hillary belasten« würden und »für seinen [Trump jr.s] Vater sehr nützlich« wären – war unspezifisch und konnte auch als von unsicherer Verwertbarkeit oder Glaubwürdigkeit eingeschätzt werden, da Goldstone ja keinen direkten Zugang zur ursprünglichen Quelle hatte. Die Ungewissheit in Bezug auf das, was da geliefert werden sollte, spiegelt sich wohl auch in Trump jr.s Antwort (»*Wenn es das ist, was Sie sagen* – ich wäre begeistert.« – Hervorhebung durch den Autor) wider.

Angesichts der hohen Anforderungen an den Nachweis der Schuldhaftigkeit in puncto Wahlkampffinanzierung und der Schwierigkeiten der betragsmäßigen Bewertung beschloss das Büro des Sonderermittlers auch hier, wegen des Treffens vom 9. Juni 2016 keine Anklage wegen Verstoßes gegen die Gesetze zur Wahlkampffinanzierung gegen Donald Trump jr. oder andere Mitglieder des Wahlkampfteams zu erheben.

c. Anwendung auf Gefährdung laufender Verfahren [redacted]

Gefährdung laufender Verfahren [redacted]

US-Justizministerium

~~Juristische Ermittlungen~~ // ~~Kann geschütztes Material gemäß Fed. R. Crim. P. 6(c) enthalten~~

[redacted] Gefährdung laufender Verfahren [redacted]

i. Zur Frage, ob [redacted] Gefährdung laufender Verfahren [redacted]

[redacted] Gefährdung laufender Verfahren [redacted]

[redacted]

Gefährdung laufender Verfahren

[redacted]

Gefährdung laufender Verfahren

US-Justizministerium
~~Juristische Ermittlungen~~ // ~~Kann geschütztes Material gemäß Fed. R. Crim. P. 6(e) enthalten~~

[redacted]

ii. Zum Vorsatz

Wie bereits ausgeführt, muss die Regierung, um einen Verstoß gegen die gesetzlichen Vorschriften zur Wahlkampffinanzierung zu begründen, nachweisen, dass der Beschuldigte »wissentlich und vorsätzlich« handelte. 52 U.S.C. § 30109(d)(1)(A)(i). Diese rechtliche Norm fordert einen klaren Beleg dafür, dass der Beschuldigte Kenntnis davon hatte, dass sein Verhalten gesetzwidrig war. *Election Offenses* 123. Angesichts der bereits oben dargelegten Unsicherheiten würde die Anforderung an den Beweis der »Vorsätzlichkeit« für die Anklage ein wesentliches Hindernis darstellen.

iii. Verfassungsrechtliche Überlegungen

Auch der 1. Zusatzartikel zur Verfassung könnte sich für die Anklage als Hindernis erweisen. Gefährdung laufender Verfahren [redacted]

[redacted]

iv. Auswertung im Hinblick auf GIV [redacted]

Gefährdung laufender Verfahren [redacted]

US-Justizministerium

~~Juristische Ermittlungen~~ // ~~Kann geschütztes Material gemäß Fed. R. Crim. P. 6(c) enthalten~~

[redacted]

Gefährdung laufender Verfahren

[redacted]

Gefährdung laufender Verfahren

[redacted]

[redacted]

4. Falschaussagen und Behinderung der Ermittlung

Das Büro des Sonderermittlers hat festgestellt, dass bestimmte Personen, die in Verbindung mit dem Wahlkampf-Team standen, die Ermittler über Kontakte des Wahlkampfs mit Russland belogen haben oder anderweitige Handlungen unternommen haben, um die Untersuchung zu behindern. Wie unten stehend ausgeführt wird, hat das Büro daher einige US-Bürger, die in Verbindung mit dem Wahlkampf standen, wegen Falschaussagen und Justizbehinderung beschuldigt.

a. Überblick über die Rechtslage

Falschaussagen. Das wesentliche Bundesgesetz, gemäß dem Falschaussagen gegenüber staatlichen Ermittlern strafbar sind, ist 18 U.S.C. § 1001. Von besonderer Bedeutung ist hier, dass es nach Paragraf 1001(a)(2) eine Straftat ist, wissentlich und willentlich »wesentliche falsche, erfundene oder betrügerische Angaben oder Erklärungen« »in irgendeiner Angelegenheit innerhalb des rechtlichen Zuständigkeitsbereichs der Exekutive des Staates« zu geben. Eine FBI-Ermittlung ist eine Angelegenheit innerhalb des Rechtsbereichs der Exekutive. *Vereinigte Staaten vs. Rodgers*, 466 U.S. 475, 479 (1984). Das Gesetz gilt auch für einige Unterbereiche von Maßnahmen der Legislative – *nämlich* administrative Angelegenheiten und »Ermittlungen oder Überprüfungen«, die durch einen parlamentarischen Ausschuss oder Unterausschuss durchgeführt werden. 18 U.S.C. § 1001(c)(1) und (2); *siehe Vereinigte Staaten vs. Pickett*, 353 F.3d 62, 66 (D.C. Cir. 2004).

Egal ob die Aussage gegenüber Ermittlern der Exekutive oder des Parlaments gemacht wurde, muss der Staat über einen berechtigten Zweifel hinaus und ungeachtet der Zuständigkeiten die gleichen grundlegenden Tatbestände beweisen: Die Aussage war falsch, erfunden oder betrügerisch; der Beschuldigte wusste sowohl, dass sie falsch war, als auch, dass es gesetzeswidrig ist, eine Falschaussage zu treffen und die Falschaussage war wesentlich. *Siehe z. B. Vereinigte Staaten vs. Smith*, 831 F.3d 1207, 1222 n.27 (9. Cir. 2017) (zur Auflistung von Tatbeständen); *siehe auch* Neunter Berufungsgerichtsbezirk Pattern Instruction 8.73 & cmt. (wo ausgeführt wird, dass die Weisungen an Jurys zu Paragraf 1001 abgeändert wurden, da das Justizministerium der Auffassung ist, dass die Formulierung »wissentlich und willentlich« im Gesetz das Wissen eines Angeklagten voraussetzt, dass seine Handlung gesetzeswidrig war). Im Berufungsgerichtsbezirk des District of Columbia muss der Staat nachweisen, dass die Aussage tatsächlich falsch war; eine Aussage, die irreführend, aber »im wörtlichen Sinne richtig« ist, erfüllt nicht die Anforderungen von Paragraf 1001(a)(2). *Siehe Vereinigte Staaten vs. Milton*, 8 F.3d 39, 45 (D.C. Cir. 1993); *Vereinigte Staaten vs. Dale*, 991 F.2d 819, 823-33 & n.22 (D.C. Cir. 1993). Damit eine Falschaussage als »wesentlich« erachtet wird, muss sie die Anlage dazu haben, eine eigenständige Entscheidung oder eine andere Tätigkeit der Behörde, gegenüber der sie getroffen wurde, zu beeinflussen oder in der Lage sein, sie zu beeinflussen. *Siehe Vereinigte Staaten vs. Gaudin*, 515 U.S. 506, 509 (1995); *Vereinigte Staaten vs. Moore*, 612 F.3d 698, 701 (D.C. Cir. 2010).

Meineid. Gemäß der Bundesgesetzgebung zu Meineid ist es eine Straftat, wenn ein Zeuge, der unter Eid vor einer Grand Jury aussagt, wissentlich eine falsche Aussage mit wesentlichem Gehalt macht. *Siehe* 18 U.S.C. § 1623. Der Staat muss vier Tatbestände über einen berechtigten Zweifel hinaus beweisen, um eine Verurteilung nach Paragraf 1623(a) zu erlangen: Der Angeklagte hat unter Eid vor einer Grand Jury ausgesagt; die Aussage des Angeklagten war in einem oder mehreren Aspekten falsch; die Falschaussage betraf Angelegenheiten, die Gegenstand der Untersuchung der Grand Jury waren und die Falschaussage wurde bewusst gegeben. *Vereinigte Staaten vs. Bridges*, 717 F.2d 1444, 1449 n.30 (D.C. Cir. 1983). Das allgemeine Gesetz zu Meineid, 18 U.S.C. § 1621, betrifft ebenfalls Aussagen vor einer Grand Jury und hat ähnliche Bestandteile, außer, dass es verlangt, dass der Zeuge absichtlich gehandelt hat und dass der Staat »strenge Anforderungen nach dem Gewohnheitsrecht erfüllt, um die Falschheit zu begründen«.

Justizbehinderung. Drei grundlegende Merkmale sind in den einschlägigen Gesetzen zu Justizbehinderung geläufig, die dieses Büro für seine Anklageentscheidungen heranzieht: eine die Justiz behindernde Handlung, eine Verbindung dieser behindernden Handlung zu einem behördlichen Verfahren sowie eine verbrecherische (d. h. korrumpierende) Absicht. Eine eingehende Erörterung dieser Merkmale und der Gesetzeslage zu Justizbehinderung im Allgemeinen ist in Band II dieses Berichts enthalten.

b. Anwendung auf bestimmte Einzelpersonen

i. George Papadopoulos

Aufgrund seiner Funktion als auslandspolitischer Berater für den Trump-Wahlkampf und seiner Andeutungen gegenüber dem Vertreter einer ausländischen Regierung, dass Russland zu verstehen gegeben habe, man könne dem Wahlkampf durch die anonyme Veröffentlichung von Informationen behilflich sein, die für die Kandidatin Clinton schädlich wären, haben Ermittler Papadopoulos um eine Unterredung gebeten. Am 27. Januar 2017 hat Papadopoulos zugestimmt, von FBI-Agenten befragt zu werden, die ihn darüber aufklärten, dass diese Befragung Teil der Untersuchung zur möglichen Einflussnahme der russischen Regierung auf die Präsidentschaftswahl 2016 war.

Während dieser Befragung log Papadopoulos über den zeitlichen Ablauf, das Ausmaß und die Beschaffenheit seiner Unterhaltungen mit Joseph Mifsud, Olga Polonskaja und Iwan Timofejew. In Bezug auf den zeitlichen Ablauf räumte Papadopoulos ein, dass er Mifsud getroffen und Mifsud ihm gesagt hatte, die Russen hätten brisantes Material (»dirt«) über Clinton in Form von »Tausenden E-Mails«. Aber Papadopoulos erklärte mehrere Male, dass diese Unterhaltungen stattgefunden hätten, bevor er zu Trumps Wahlkampf-Team stieß und dass es ein »sehr merkwürdiger Zufall« gewesen sei, dass er von diesem »Dreck« erfahren hatte, bevor er für den Wahlkampf zu arbeiten begann. Diese Darstellung war falsch. Papadopoulos traf Mifsud zum ersten Mal um den 14. März 2016, nachdem Papadopoulos bereits erfahren hatte, dass er auslandspolitischer Berater des Wahlkampfs werden würde. Mifsud zeigte erst Interesse an Papadopoulos, nachdem er von dessen Rolle für den Wahlkampf erfahren hatte. Und Mifsud erzählte Papadopoulos erst Ende April 2016 davon, dass die Russen »Dreck« über die Präsidentschaftsbewerberin Clinton hätten – mehr als einen Monat nachdem Papadopoulos zum Wahlkampf-Team gestoßen und vom Kandidaten Trump offiziell vorgestellt worden war. Übereinkunft zum Straftatbestand ¶¶ 25-26, *Vereinigte Staaten vs. George Papadopoulos*, Nr. 1:17-cr-183 (D.D.C. 5. Okt. 2017), Dok. 19 (»*Papadopoulos* Übereinkunft zum Straftatbestand«).

Papadopoulos hat zudem Falschaussagen gemacht, um das Ausmaß und die Bedeutung seiner Unterhaltungen mit Mifsud geringer erscheinen zu lassen. Papadopoulos erklärte beispielsweise, dass Mifsud »ein Niemand ist«, dass er dachte, Mifsud sei »bloß ein Typ, der seine Verbindungen oder so was hochspielen wollte«, und dass er, »um ehrlich zu sein«, glaubte, Mifsud würde »Scheiß erzählen«. In Wirklichkeit war sich Papadopoulos aber darüber im Klaren, dass Mifsud umfangreiche Verbindungen zu hochrangigen russischen Regierungsvertretern hatte und dass Mifsud mit einigen dieser Beamten in Moskau gesprochen hatte, bevor er Papadopoulos von dem brisanten Material (»dirt«) erzählte. Papadopoulos führte zudem über mehrere Monate hinweg weitreichende Gespräche mit Mifsud zu außenpolitischen Fragen für den Wahlkampf, zu denen Bestrebungen gehörten, ein

»geschichtsträchtiges« Treffen zwischen dem Wahlkampf-Team und russischen Regierungsvertretern zu arrangieren. Darüber hinaus versäumte es Papadopoulos, den Ermittlern mitzuteilen, dass Mifsud ihn mit Timofejew, einem russischen Staatsangehörigen, von dem Papadopoulos annahm, er habe Verbindungen zum russischen Außenministerium, bekannt gemacht hatte, obwohl er gefragt wurde, ob er sich während des Wahlkampfs mit russischen Staatsangehörigen oder »irgendjemandem mit einem russischen Akzent« getroffen habe. *Papadopoulos* Übereinkunft zum Straftatbestand ¶¶ 27-29.

Papadopoulos hat auch fälschlicherweise behauptet, dass er Polonskaja getroffen hätte, bevor er zum Wahlkampf kam, und er erzählte dem FBI wahrheitswidrig, dass er »überhaupt keine« Beziehung zu ihr gehabt habe. Er gab an, ihre Unterhaltungen hätten sich darauf beschränkt, dass sie ihm E-Mails schrieb – »Nur ›Hallo, wie geht's?‹ Das war alles.« In Wirklichkeit traf Papadopoulos Polonskaja jedoch am 24. März 2016, nachdem er zum Wahlkampf-Team gestoßen war; er glaubte, sie hätte Verbindungen zu hochrangigen russischen Regierungsbeamten und könnte ihm helfen, eine angedachte außenpolitische Reise nach Russland zu organisieren. Während des Wahlkampfs schrieb er ihr bei vielen Gelegenheiten E-Mails und telefonierte mit ihr wiederholt über Skype über die angedachte außenpolitische Reise nach Russland. *Papadopoulos* Übereinkunft zum Straftatbestand ¶¶ 30-31.

Papadopoulos' Falschaussagen im Januar 2017 behinderten die Ermittlung des FBI zur Einmischung Russlands in die Präsidentschaftswahl von 2016. Höchst unmittelbar hinderten sie die Ermittler daran, Mifsud wirksam befragen zu können, als er am 10. Februar 2017 in der Lobby eines Hotels in Washington, D.C., vernommen wurde. *Siehe* Gov't Sent Mem. 6, *Vereinigte Staaten vs. George Papadopoulos*, Nr. 1:17-cr-182 (D.D.C. 18. Aug. 2017), Dok. 44. Während dieses Interviews räumte Mifsud ein, dass er Papadopoulos kannte und diesen mit Polonskaja und Timofejew bekannt gemacht hatte. Mifsud bestritt, dass er vorab Kenntnis davon hatte, dass Russland im Besitz von E-Mails war, die für die Präsidentschaftsbewerberin Clinton schädlich waren. Er gab an, Papadopoulos und er hätten sich über Cybersicherheit und Hacking in einem weiteren Sinne unterhalten, und dass Papadopoulos ihre Unterhaltung missverstanden haben müsse. Mifsud gab außerdem wahrheitswidrig an, dass er Papadopoulos seit ihrem Treffen, bei dem Mifsud ihn mit Polonskaja bekannt gemacht hatte, nicht mehr gesehen habe, obwohl E-Mail, Textnachrichten und andere Informationen zeigen, dass Mifsud sich noch mindestens zwei weitere Male mit Papadopoulos traf – am 12. April und 26. April 2016. Darüber hinaus verschwieg Mifsud, dass er die Folgenachricht, die Polonskaja nach ihrem ersten Treffen an Papadopoulos schickte, verfasst (oder überarbeitet) hat und dass Mifsud sich zu diesem Zeitpunkt, wie es sich in der Sprache ihres Mailaustauschs widerspiegelt (»Danke, Baby!«), möglicherweise in einer persönlichen Beziehung mit Polonskaja befand. Die Falschaussagen und Auslassungen durch Papadopoulos in seiner Befragung vom Januar 2017 untergruben die Fähigkeit der Ermittler, Mifsud anzuzweifeln, als er diese unzutreffenden Aussagen machte.

Angesichts der Schwere der Lügen und Auslassungen und deren Auswirkung auf die Ermittlung des FBI, hat dieses Büro Papadopoulos der Falschaussage gegenüber dem FBI, einem Verstoß gegen 18 U.S.C. § 1001, beschuldigt. Information, *Vereinigte Staaten vs. George Papadopoulos*, Nr. 1:17-cr-182 (D.D.C. 3. Okt. 2017), Dok. 8. Am 7. Oktober 2017 hat sich Papadopoulos einer Vereinbarung entsprechend im Sinne der Anklage als schuldig bekannt. Am 7. September 2018 wurde er zu 14 Tagen Gefängnis, einer Geldstrafe von 9.500 $ und 200 Stunden gemeinnütziger Arbeit verurteilt.

ii. SdP [redacted]

Grand Jury [redacted]

Grand Jury [redacted]

iii. Michael Flynn

Michael Flynn stimmte einer Befragung durch das FBI am 24. Januar 2017 zu, vier Tage nachdem er sein Amt als Nationaler Sicherheitsberater angetreten hatte. Während seiner Befragung machte Flynn etliche Falschaussagen, die seine Kommunikation mit dem russischen Botschafter betrafen.

Erstens machte Flynn zwei Falschaussagen über seine Gespräche mit dem russischen Botschafter Sergej Kisljak, die Ende Dezember 2016 stattgefunden hatten. Zu dieser Zeit hatten die Vereinigten Staaten Sanktionen gegen Russland wegen der Einmischung in die Präsidentschaftswahl 2016 verhängt, und Russland dachte über seine Erwiderung nach. *Siehe Flynn* Übereinkunft zum Straftatbestand. Flynn sagte den Beamten, er habe Kisljak nicht darum gebeten, von einer weiteren Eskalation der Gegebenheiten als Reaktion auf die durch die Vereinigten Staaten verhängten Sanktionen abzusehen. Diese Aussage war falsch. Am 29. Dezember 2016 telefonierte Flynn mit Kisljak, um Zurückhaltung von russischer Seite zu erbitten. Flynn tätigte den Anruf, unmittelbar nachdem er mit einer leitenden Mitarbeiterin des Übergangsteams (K.T. McFarland) darüber gesprochen hatte, was er Kisljak mitteilen sollte. Flynn sprach dann nach dem Kisljak-Telefonat erneut mit McFarland, um über den Inhalt der Unterhaltung zu berichten. Flynn sagte dem FBI fälschlicherweise auch, er erinnere sich nicht mehr an ein anschließendes Gespräch, bei dem Kisljak angab, Russland habe sich entschieden, seine Erwiderung auf die US-Sanktionen infolge von Flynns Gesuch abzumildern. In Wahrheit hatte Flynn am 31. Dezember 2016 ein solches Gespräch mit Kisljak, und er sprach erneut innerhalb weniger Stunden nach diesem Telefonat mit McFarland, um ihr den Inhalt seiner Unterhaltung mit Kisljak weiterzugeben. *Siehe Flynn* Übereinkunft zum Straftatbestand ¶ 3.

Zweitens machte Flynn Falschaussagen über Telefonate, die er zuvor mit Vertretern Russlands und anderer Länder bezüglich einer Resolution geführt hatte, die Ägypten dem Sicherheitsrat der Vereinten Nationen am 21. Dezember 2016 vorlegte. Flynn gab insbesondere an, dass er die Länder nur nach dem Standpunkt gefragt habe, wie sie voraussichtlich bei dieser Resolution abstimmen würden, und dass er nicht verlangt habe, dass irgendeines dieser Länder in einer bestimmten Weise bei dieser Resolution verfahren werde. Diese Aussage war falsch. Am 22. Dezember 2016 rief Flynn Ksljak an, setzte ihn vom Widerstand der neu gewählten Trump-Regierung zu dieser Resolution in Kenntnis und ersuchte, dass Russland gegen die Resolution stimmen oder sie verzögern sollte. Flynn erklärte ebenfalls wahrheitswidrig, dass Kisljak niemals die Erwiderung Russlands auf sein Ersuchen vom 22. Dezember mit Bezug auf die Resolution geschildert hätte. In Wahrheit teilte Kisljak Flynn in einem Gespräch am 23. Dezember 2016 mit, dass Russland nicht gegen die Resolution stimmen würde, sollte es zu einer Abstimmung kommen. *Siehe Flynn* Übereinkunft zum Straftatbestand ¶ 4.

Flynn machte diese Falschaussagen gegenüber dem FBI zu einer Zeit, als er als Nationaler Sicherheitsberater fungierte und in der das FBI eine laufende Ermittlung zur Einflussnahme Russlands auf die Präsidentschaftswahl durchführte, die die Beschaffenheit jeglicher Verbindungen zwischen dem Trump-Wahlkampf und Russland mit einschloss. Flynns Falschaussagen und Auslassungen haben diese laufende Ermittlung behindert und sich auch sonst wesentlich darauf ausgewirkt. *Flynn* Übereinkunft zum Straftatbestand ¶¶ 1-2. Kurz darauf machte Flynn gegenüber dem Justizministerium gemäß dem FARA (Registrierungsgesetz für Auslandsvertreter) weitere Angaben, die ebenfalls substanzielle Falschaussagen und Auslassungen enthielten. *Ebd.* ¶ 5. Ausgehend von der Gesamtheit dieser Handlungen, hat sich das Büro entschieden, Flynn der Falschaussage gegenüber dem FBI, einem Verstoß gegen 18 U.S.C. § 1001(a), zu beschuldigen. Am 1. Dezember 2017 hat sich Flynn gemäß einer Vereinbarung in diesem Punkt für schuldig bekannt und die Falschaussagen gegenüber dem Ministerium beim Einreichen seiner

Angaben gemäß dem FARA ebenfalls eingeräumt. *Vgl. ebd.*; Vereinbarung, *Vereinigte Staaten vs. Michael T. Flynn*, Nr. 1:17-cr-232 (D.D.C. 1. Dez. 2017), Dok. 3. Flynn wartet auf seine Strafzumessung.

iv. Michael Cohen

Michael Cohen war geschäftsführender Vizepräsident und Sonderberater der Trump Organization, als Trump Präsident der Trump Organization war. Darlegung der Straftat ¶ 1, *Vereinigte Staaten vs. Cohen*, Nr. 1:18-cr-850 (S.D.N.Y. 29. Nov. 2018), Dok. 2 (»*Cohen* Straftatsdarlegung«). Vom Herbst 2015 an bis ungefähr Juni 2016 war Cohen in ein Projekt eingebunden, in Moskau ein mit der Trump-Marke versehenes Hochhaus zu bauen und damit verbundene Bauvorhaben umzusetzen. Das Projekt war bekannt als Trump Tower Moskau.

2017 wurde Cohen vor den Geheimdienstausschuss des Repräsentantenhauses (House Permanent Select Committee on Intelligence, HPSCI) und den Geheimdienstausschuss des Senats (Senate Select Committee on Intelligence, SSCI) berufen, die beide die Einmischung Russlands in den Präsidentschaftswahlkampf 2016 und mögliche Verbindungen zwischen Russland und den Präsidentschaftswahlkämpfen untersuchten. Ende August 2017, im Vorfeld seiner Zeugenaussage, schickte Cohen eine zweiseitige Stellungnahme an den HPSCI und den SSCI, die den Trump Tower Moskau behandelte. *Cohen* Information ¶¶ 2-3. Das Schreiben enthielt drei Angaben, die hier relevant sind. Erstens bekundete Cohen, dass das Trump-Moskau-Projekt im Januar 2016 beendet wurde und er Präsidentschaftsbewerber Trump nur drei Mal zu dem Projekt unterrichtet hatte, bevor er den einseitigen Beschluss traf, es zu beenden. Zweitens sagte Cohen aus, dass er niemals eingewilligt hatte, im Zusammenhang mit diesem Projekt nach Russland zu reisen, und niemals erwogen hatte, Trump zu bitten, wegen des Projekts eine Reise zu unternehmen. Drittens gab Cohen an, dass er sich an keine

Kontakte mit russischen Regierungsvertretern bezüglich des Projekts erinnern könne. Dies schloss jegliche Rückmeldung auf eine E-Mail ein, die er an ein E-Mail-Konto der russischen Regierung geschickt hatte. *Cohen* Information ¶ 4. Cohen bat später darum, dass diese zweiseitige Stellungnahme in die schriftliche Version seiner Zeugenaussage vor dem SSCI mit aufgenommen würde und letztlich stimmte die Aussage, die er vor dem SSCI gemacht hatte, mit dieser Stellungnahme überein. *Cohen* Straftatsdarlegung ¶ 5.

Jede der vorstehenden Angaben aus Cohens zweiseitiger Stellungnahme war falsch und irreführend. Überlegungen zu dem Projekt hatten bis ungefähr Juni 2016 angedauert und weit mehr als drei Fortschrittsberichte von Cohen an Trump beinhaltet. Cohen hatte mit Felix Sater eine eigene Reise nach Russland als Teil des Projekts besprochen, und er hatte sich nach der Möglichkeit erkundigt, ob Trump selbst dorthin reisen könne – sowohl bei Trump persönlich als auch bei dem leitenden Mitarbeiter seines Wahlkampfs Corey Lewandowski. Cohen erinnerte sich in der Tat an eine Rückmeldung, die er auf seine E-Mail an den Pressesprecher der russischen Regierung, Dmitrij Peskow, erhalten hatte – insbesondere daran, dass er eine Antwortmail bekommen und Mitte Januar 2016 eine daran anschließende Telefonunterhaltung mit einem Englisch sprechenden Assistenten Peskows geführt hatte. *Cohen* Straftatsdarlegung ¶ 7. Cohen war sich seinerzeit bewusst, dass die Aussagen in seinem Schreiben falsch waren und gab zu, sie mit der Absicht getätigt zu haben (1) die Verbindungen zwischen dem Projekt und Trump (der zu dieser Zeit bereits Präsident war) herunterzuspielen, und (2) den falschen Eindruck zu vermitteln, das Projekt sei vor der ersten Abstimmung in den Vorwahlen der Republikanischen Partei beendet worden, in der Hoffnung, so die laufende Russland-Ermittlung klein halten zu können. *Ebd.*

In Anbetracht der Beschaffenheit dieser Falschaussagen und des Umstandes, dass er sie während seiner ersten Befragung durch dieses Büro wiederholte, beschuldigen wir Cohen, gegen

Paragraf 1001 verstoßen zu haben. Am 29. November 2018 hat sich Cohen gemäß einer Absprache zu einer auf einen Anklagepunkt begrenzten Straftatsdarlegung schuldig bekannt. Darin werden ihm Falschaussagen in einer Angelegenheit innerhalb der rechtlichen Zuständigkeit der Legislative vorgeworfen, die einen Verstoß gegen 18 U.S.C. § 1001(a)(2) und (c) darstellen. *Cohen* Straftatsdarlegung. Das Verfahren wurde einem Bezirksrichter übergeben, der bei einer gesonderten Klage gegen Cohen den Vorsitz hat, die vom Southern District des Staates New York angestrengt wird (nachdem sie von unserem Büro dorthin abgegeben wurde). Am 7. Dezember 2018 reichte dieses Büro ein Schreiben bei diesem Richter ein, der empfahl, Cohens Zusammenarbeit bei unseren Ermittlungen bei seiner Strafzumessung zu berücksichtigen; sowohl für die Anklage wegen Falschaussage als auch den Vergehen, die vom Southern District strafrechtlich verfolgt wurden. Am 12. Dezember verurteilte der Richter Cohen zu zwei Monaten Freiheitsstrafe im Anklagepunkt, die gleichzeitig mit einer 36-monatigen Strafe aufgrund der anderen Anklagepunkte abgegolten werden soll.

v. GIV [redacted]

Gefährdung laufender Verfahren [redacted]

[redacted] Gefährdung laufender Verfahren [redacted]

US-Justizministerium

~~Juristische Ermittlungen~~ // ~~Kann geschütztes Material gemäß Fed. R. Crim. P. 6(c) enthalten~~

[redacted]

Gefährdung laufender Verfahren

[redacted]

Gefährdung laufender Verfahren

[redacted]

[redacted]

vi. Jeff Sessions

Wie in Band I, Abschnitt IV.A.6, *oben*, dargelegt wurde, hat diese Ermittlung nachgewiesen, dass der frühere Justizminister Jeff Sessions, zu der Zeit, als er US-Senator und Wahlkampfberater Trumps war, Kontakte zum russischen Botschafter Kisljak hatte; und zwar während der Woche des Nominierungsparteitags der Republikaner und erneut bei einem Treffen in Sessions' Senatsbüro im September 2016. Die Ermittlung hat ebenfalls ergeben, dass Sessions und Kisljak beide bei einem Empfang zugegen waren, der vor einer außenpolitischen Rede des Kandidaten Trump im April 2016 im Mayflower Hotel in Washington, D.C., ausgerichtet wurde, und dass sich die beiden während dieses Empfangs möglicherweise kurz trafen.

Das Büro hat erwogen, ob Sessions vor diesem Hintergrund während seiner Bestätigung als Justizminister gegenüber dem Kongress Meineid begangen oder Falschaussagen getätigt hat. In seiner Aussage im Januar 2017 während der Anhörung für seine Bestätigung, gab Sessions als Erwiderung auf eine Frage über die Kontakte des Trump-Wahlkampfs zur russischen Regierung an, dass er »im Verlauf des Wahlkampfs ein oder zwei Mal ein Platzhalter genannt« wurde »und ich hatte keine – keinerlei Kommunikation mit den Russen«. In schriftlichen Stellungnahmen, die er am 17. Januar 2017 einreichte, beantwortete Sessions die Frage, ob er »wegen der Wahl 2016 mit jemandem, der zu irgendeinem Teil der russischen Regierung Verbindungen hatte, in Kontakt stand, sei es vor oder nach dem Wahltag gewesen«, mit »nein«. In einer Ergänzung seiner Aussage im März 2017 gab Sessions dann zwei der oben erwähnten Treffen mit Botschafter Kisljak aus der Wahlkampfzeit an, über die nach seiner Bestätigungsanhörung vom Januar 2017 in den Medien berichtet worden war. In seiner ergänzenden Stellungnahme gab Sessions weiter an, er könne sich »an keinerlei Unterredungen mit dem russischen Botschafter oder einem anderen Vertreter der russischen Regierung erinnern, bei diesen oder zu anderen Gelegenheiten, die den Wahlkampf betroffen« hätten.

Auch wenn diese Ermittlung ergeben hat, dass Sessions bei den oben beschriebenen Gelegenheiten Kisljak getroffen hat, und dass Kisljak Trumps Präsidentschaftswahlkampf bei mindestens einem dieser Anlässe erwähnte, reichen die Belege aber nicht hinreichend aus, um angesichts der Wortwahl und des Kontexts dieser Fragen zu beweisen, dass Sessions wissentlich falsche Antworten auf russlandbezogene Fragen gegeben hat. In Bezug auf Sessions' Angaben, er könne sich »an keinerlei Unterredungen mit dem russischen Botschafter [...] erinnern, [...] die den Wahlkampf betroffen« hätten, und dass er mit keinem russischen Offiziellen »wegen der Wahl 2016« Kontakt gehabt hätte, lassen die Belege hinsichtlich der Art von Sessions' Aufeinandertreffen mit Kisljak es glaubhaft erscheinen, dass Sessions sich zum Zeitpunkt seiner Aussagen nicht daran erinnern konnte, mit Kisljak über den Wahlkampf gesprochen zu haben. Ebenso gilt, dass Sessions, während er in seiner mündlichen Einlassung im Januar 2017 bekundete, er habe »keine einzige Unterhaltung mit Russen« gehabt, dies in Erwiderung einer Frage tat, die solche Unterhaltungen in Verbindung zu einem vorgeblichen »anhaltenden Austausch von Informationen« zwischen dem Trump-Wahlkampf und Mittelsleuten der russischen Regierung gestellt hatten. Sessions erklärte später gegenüber dem Senat und diesem Büro, er habe die Frage dahingehend verstanden, dass sie auf eine Offenlegung von Beziehungen zu Russen zielte, die den Austausch von Wahlkampfinformationen beinhaltete, im Unterschied zu eher gewöhnlichen Kontakten mit russischen Staatsangehörigen. Angesichts des Zusammenhangs, in dem die Frage gestellt wurde, ist diese Auffassung glaubwürdig.

Dementsprechend ist das Büro zu dem Schluss gekommen, dass die Belege nicht ausreichen, zu beweisen, dass Sessions willentlich wahrheitswidrige Antworten gegeben hat und daher unzureichend sind, um eine Verurteilung wegen Meineid oder Falschaussage zu erreichen oder aufrechtzuerhalten. Im Einklang mit den Grundsätzen der Strafverfolgung auf Bundesebene hat dieses Büro daher beschlossen, keine Anklage gegen Sessions zu erheben und hat seinen Rechtsbeistand über diese Entscheidung im März 2018 informiert.

vii. Andere während der Untersuchung befragte Personen

Das Büro hat erwogen, ob andere Personen, die im Verlauf der Ermittlung befragt wurden, entweder grundlegende Informationen verschwiegen oder Angaben gemacht haben, die sich als falsch herausstellten. In Anwendung der Grundsätze der Strafverfolgung auf Bundesebene hat dieses Büro gegen keine außer den zuvor aufgeführten Personen strafrechtliche Vorwürfe erhoben. In einigen Fällen war diese Entscheidung den Hürden der Beweislast geschuldet, eine Unrichtigkeit nachweisen zu können. In anderen hat das Büro entschieden, dass der Zeuge letztendlich wahrheitsgemäße Angaben gemacht hat und dass Überlegungen zu Strafwürdigkeit, Abschreckung und Quellenschutz gegen eine strafrechtliche Verfolgung wogen. *Siehe* Justice Manual §§ 9-27.220, 9-27.230. [redacted] Schutz der Privatsphäre [redacted]

SdP

Schutz der Privatsphäre [redacted] Grand Jury [redacted] Schutz der Privatsphäre [redacted] Grand Jury

US-Justizministerium
~~Juristische Ermittlungen~~ // ~~Kann geschütztes Material gemäß Fed. R. Crim. P. 6(c) enthalten~~

[redacted] Schutz der Privatsphäre [redacted] SdP

Grand Jury [redacted] Schutz der Privatsphäre [redacted] SdP

Schutz der Privatsphäre [redacted]

U.S. Department of Justice
~~Attorney Work Product~~ // ~~May Contain Material Protected Under Fed. R. Crim. P. 6(e)~~

Report On The Investigation Into Russian Interference In The 2016 Presidential Election

Volume II of II

Special Counsel Robert S. Mueller, III

Submitted Pursuant to 28 C.F.R. § 600.8(c)

Washington, D.C.

March 2019

Bericht über die Untersuchung zu russischer Einflussnahme auf die Präsidentschaftswahlen von 2016

Band II von II

Sonderermittler Robert S. Mueller III

Vorgelegt gemäß 28. C.F.R. § 600 8 (c)

Washington, D. C.

März 2019

Inhaltsverzeichnis – Band II

Einleitung zu Band II

Dieser Bericht wird dem Justizminister gemäß 28 C.F.R. § 600.8(c) vorgelegt, wo es heißt, dass »bei Abschluss seiner Arbeit der Sonderermittler … dem Justizminister einen vertraulichen Bericht zu übergeben hat, in dem die Entscheidungen [des Sonderermittlers] über Strafverfolgung oder Anklageverzicht erläutert werden«.

Seit 2017 ergriff der Präsident der Vereinigten Staaten eine Reihe von Maßnahmen bezüglich der laufenden FBI-Ermittlungen über Russlands Einmischung in die Präsidentschaftswahl 2016 und damit zusammenhängende Angelegenheiten, die die Frage aufwarfen, ob er damit Justizbehinderung betrieben habe. Die Bestellung des Sonderermittlers verlieh diesem Büro die Befugnis, Angelegenheiten zu untersuchen, die sich direkt aus den Russland-Ermittlungen des FBI ergeben. Die Zuständigkeit des Sonderermittlers umfasste auch mögliche Behinderungen in Bezug auf die Untersuchungen des Sonderermittlers selbst. Dieser Band unseres Berichts fasst die Untersuchung einer möglichen Justizbehinderung durch den Präsidenten zusammen.

Wir beschreiben zunächst die Erwägungen, die leitend waren für unsere Untersuchung einer möglichen Justizbehinderung, und geben anschließend einen Überblick über diesen Band.

Erstens erfordert eine herkömmliche Entscheidung über Strafverfolgung oder Anklageverzicht eine binäre Bestimmung darüber, eine Strafverfolgung entweder aufzunehmen oder abzulehnen, wir aber haben beschlossen, eine solche herkömmliche Entscheidung nicht zu treffen. Das Office of Legal Counsel (OLC) im Justizministerium befindet in einem Gutachten, dass »die Anklage oder strafrechtliche Verfolgung eines amtierenden Präsidenten die Fähigkeit der Exekutive, ihre verfassungsgemäßen Aufgaben zu erfüllen, unterminieren« und damit auch »die durch die Verfassung festgelegte Gewaltenteilung« verletzen würde.[1]

---

[1] *A Sitting President's Amenability to Indictment and Criminal Prosecution*, 24 Op. O.L.C. 222, 222, 260 (2000) (OLC Op.).

Unter Berücksichtigung der Rolle des Sonderermittlers als Anwalt im Justizministerium und des Rahmens von Bestimmungen, denen er unterliegt, *siehe* 28 U.S.C. § 515; 28 C.F.R. § 600.7(a), akzeptierte dieses Büro die rechtliche Auffassung des OLC zum Zweck der Ausübung seiner Strafverfolgungszuständigkeit. Und unabhängig von der Verfassungsinterpretation des OLC waren wir uns bewusst, dass von einer Bundesbehörde erhobene strafrechtliche Vorwürfe gegen einen amtierenden Präsidenten die Regierungsfähigkeit des Präsidenten belasten und verfassungsgemäßen Verfahren der Behandlung eines Fehlverhaltens des Präsidenten möglicherweise vorgreifen würden.[2]

Zweitens kommt das OLC-Gutachten zwar zu dem Ergebnis, dass ein amtierender Präsident nicht angeklagt werden dürfe, räumt aber ein, dass strafrechtliche Ermittlungen während seiner Amtszeit zulässig sind.[3] Ferner erkennt das Gutachten an, dass ein Präsident nach seiner Amtszeit keine Immunität mehr genießt.[4] Und falls andere Personen als der Präsident Justizbehinderung betreiben, können sie sogleich verfolgt werden. Im Lichte dieser Erwägungen, der uns bekannten Fakten und des großen öffentlichen Interesses an der Wahrung unseres Strafjustizsystems haben wir eine sorgfältige Tatsachenermittlung durchgeführt, um Beweise festzuhalten, solange die Erinnerungen frisch waren und das Aktenmaterial zur Verfügung stand.

Drittens erwogen wir, ob das Verhalten, das wir untersuchten, nach den im »Justice Manual« (Handbuch der Justiz) aufge-

---

2 *Siehe* U.S. Const. Art. 1 § 2, cl. 5; § 3, cl. 6; *vgl.* OLC Op. 257-258 (Erörterung des Verhältnisses zwischen Amtsenthebungsverfahren und strafrechtlicher Verfolgung eines amtierenden Präsidenten).

3 OLC Op. 257 n. 36 (»Eine Grand Jury könnte im gesamten Zeitraum der Immunität weiterhin Beweise sammeln«).

4 OLC Op. 255 (»Einem amtierenden Präsidenten Immunität gegen Strafverfolgung zuzuerkennen, schließt eine solche Strafverfolgung nicht aus, wenn die Amtszeit des Präsidenten vorbei ist oder er aus anderen Gründen aus dem Amt ausscheidet, durch Rücktritt oder Amtsenthebung«).

führten Normen in Bezug auf Strafverfolgungsentscheidungen zu bewerten sei, beschlossen aber, keinen Ansatz zu verfolgen, der potenziell zu dem Urteil führen konnte, der Präsident habe strafbare Handlungen begangen. Die Schwelle, die das Justice Manual errichtet, liegt in der Beurteilung der Frage, ob das Verhalten einer Person eine »Straftat nach Bundesrecht darstellt« (U.S. Dep't of Justice, Justice Manual § 9-27.220 (2018)). Fairnessbelange sprachen dagegen, diese Frage womöglich zu bejahen, ohne doch Anklage erheben zu können. Für gewöhnlich kann eine Person auf Anschuldigungen reagieren, indem sie sich einer baldigen, öffentlichen Verhandlung stellt, mit allen verfahrensrechtlichen Absicherungen, die eine Strafsache umgeben. Eine Person, die sich zu Unrecht beschuldigt glaubt, kann versuchen, sich in einem solchen Prozess zu rehabilitieren. Im Gegensatz dazu bietet das Urteil eines Strafverfolgers, wonach strafbare Handlungen begangen wurden, aber keine Anklage erhoben wird, keine solche Möglichkeit, sich kontradiktorisch vor einem unparteiischen Richter öffentlich zu rehabilitieren.[5]

Bedenken, ob eine solche Beurteilung fair ist, würden noch verstärkt im Fall eines amtierenden Präsidenten, in dem erhobene Anschuldigungen durch einen Bundesanwalt, und sei es in einem internen Bericht, Folgen zeitigen könnten, die über den Bereich des Strafrechts hinausgehen. Das OLC hielt ähnliche Bedenken hinsichtlich versiegelter Anklageschriften fest. Selbst im Falle, dass eine gegen den Präsidenten gerichtete Anklageschrift während dessen Amtszeit unter Verschluss genommen würde, argumentierte das OLC, »wäre es sehr schwer, die Geheimhaltung zu wahren«, und falls die Anklage öffentlich würde,

---

5 Aus diesem Grund ist Kritik laut geworden an der Praxis, in einer Anklageschrift nicht unter Anklage gestellte Mitverschwörer namentlich zu nennen. *Siehe Vereinigte Staaten vs. Briggs,* 514 F.2d 794, 802 (5. Cir. 1975) (»Die Gerichte haben mit unmissverständlichen Formulierungen Versuche von Grand Jurys unterbunden, Personen einer Straftat zu beschuldigen, ohne ihnen ein Forum zu bieten, vor dem sie sich rechtfertigen können.«); *siehe auch* Justice Manual § 9-11.130.

könnte das »Stigma und die Schande« die Regierungsfähigkeit des Präsidenten gefährden.[6] Obwohl der interne Bericht eines Strafverfolgers keine einer Anklage ähnelnde formelle öffentliche Anschuldigung darstellen würde, sprach die Möglichkeit einer öffentlichen Enthüllung des Berichts und das Fehlen eines neutralen Schiedsgerichts, das die Befunde hätte prüfen können, gegen eine mögliche Feststellung, »dass das Verhalten der Person eine Straftat nach Bundesrecht darstellt«. (Justice Manual § 9-27.220.)

Wenn wir uns, *viertens*, nach einer gründlichen Untersuchung der Fakten sicher wären, dass der Präsident die Justiz offensichtlich nicht behindert hat, würden wir das so feststellen. Auf der Grundlage der Tatsachen und der geltenden Rechtsnormen aber ist es uns nicht möglich, zu diesem Urteil zu gelangen. Die Beweise, die wir über die Handlungen und Absichten des Präsidenten gesammelt haben, stellen schwierige Sachverhalte dar, die uns daran hindern, abschließend festzustellen, dass kein kriminelles Verhalten stattgefunden hat. Demgemäß kann dieser Bericht, auch wenn er nicht zu dem Ergebnis kommt, dass der Präsident eine strafbare Handlung begangen hat, ihn auch nicht entlasten.

* * *

Dieser Ermittlungsbericht besteht aus vier Teilen. Abschnitt I bietet einen Überblick über Grundlagen des Tatbestands »Justizbehinderung« und fasst gewisse untersuchungstechnische und beweiserhebliche Erwägungen zusammen. Abschnitt II trägt die faktischen Ergebnisse unserer Untersuchung einer möglichen Behinderung vor und bewertet die Beweislage. Abschnitt III erörtert gesetzliche und verfassungsrechtliche Schranken unseres Vorgehens. Abschnitt IV legt unsere Schlussfolgerungen dar.

---

6 OLC Op. 259 und n.38 (Zitat ausgelassen).

Zusammenfassung von Band II

Unsere Untersuchung der Frage, ob eine Justizbehinderung vorliegt, richtete ihr Augenmerk auf eine Reihe von Handlungen des Präsidenten, die sich auf die Ermittlungen über russische Einmischungen bezogen, etwa das Verhalten des Präsidenten gegenüber den Strafverfolgungsbeamten, die die Ermittlungen beaufsichtigten, und gegenüber den Zeugen relevanter Ereignisse.

Faktische Ergebnisse der Untersuchung hinsichtlich Justizbehinderung

Zu den Schwerpunktthemen und -ereignissen, die wir untersuchten, gehörten die folgenden:

Die Reaktion der Wahlkampfstrategie auf Berichte über russische Unterstützung für Trump. Während des Präsidentschaftswahlkampfes 2016 wurden Fragen laut hinsichtlich der offenkundigen Unterstützung des Kandidaten Trump durch die russische Regierung. Nachdem WikiLeaks politisch schadenstiftende E-Mails der Demokratischen Partei veröffentlicht hatte, die Berichten zufolge von Russland gehackt worden waren, äußerte Trump sich in der Öffentlichkeit skeptisch darüber, dass die Russen dafür verantwortlich seien, während er und andere Funktionäre seines Wahlkampfes sich privat Informationen zu verschaffen suchten Gefährdung laufender Verfahren [redacted] über weitere geplante WikiLeaks-Veröffentlichungen. Trump bestritt außerdem, geschäftliche Interessen in oder Verbindungen nach Russland zu haben, obwohl die Trump Organization noch bis in den Juni 2016 hinein sich um ein Lizenzabkommen zum Bau eines Wolkenkratzers in Russland unter dem Namen Trump Tower Moskau bemüht hatte. Nach der Wahl äußerte der Präsident sich Beratern gegenüber besorgt darüber, dass Berichte über die Einmischung Russlands die Öffentlichkeit bewegen könnte, die Legitimität seiner Wahl infrage zu stellen.

Verhalten in Bezug auf FBI-Direktor Comey und Michael Flynn. Mitte Januar 2017 bestritt der angehende Nationale Sicherheitsberater Michael Flynn wahrheitswidrig gegenüber dem Vizepräsidenten, anderen Regierungsvertretern und FBI-Agenten, dass er mit dem russischen Botschafter Sergej Kisljak über Russlands Reaktion auf die wegen der Wahlbeeinflussung gegen das Land verhängten US-Sanktionen gesprochen habe. Am 27. Januar, einen Tag nachdem dem Präsidenten berichtet worden war, dass Flynn den Vizepräsidenten belogen und sich in ähnlicher Weise gegenüber dem FBI geäußert hatte, lud der Präsident FBI-Direktor Comey zu einem privaten Abendessen ins Weiße Haus ein und teilte Comey mit, er brauche und erwarte Loyalität. Am 14. Februar, einen Tag nachdem der Präsident Flynn zum Rücktritt gedrängt hatte, sagte der Präsident zu einem externen Berater: »Jetzt, wo wir Flynn gefeuert haben, ist die Russland-Sache vorbei.« Der Berater widersprach und sagte voraus, dass die Ermittlungen weitergehen würden.

Im weiteren Verlauf des Nachmittags ließ der Präsident das Oval Office räumen, um ein Vieraugengespräch mit Comey zu führen. Auf die Ermittlungen des FBI gegen Flynn bezogen, sagte der Präsident: »Ich hoffe, Sie sehen einen Weg, die Sache fallen zu lassen, von Flynn die Finger zu lassen. Er ist ein guter Kerl. Ich hoffe, Sie können es fallen lassen.« Kurz nachdem er Flynn zum Rücktritt gedrängt und privat mit Comey gesprochen hatte, versuchte der Präsident die Stellvertretende Nationale Sicherheitsberaterin K.T. McFarland zu veranlassen, ein internes Schreiben zu entwerfen, in dem festgehalten werden sollte, dass der Präsident Flynn nicht angewiesen habe, mit Kisljak über die Sanktionen zu sprechen. McFarland lehnte ab, weil sie nicht wusste, ob das der Wahrheit entsprach, und ein Mitarbeiter des Rechtsberaterstabes im Weißen Haus wies darauf hin, dass der Auftrag wie eine Gegenleistung für den Botschafterposten wirken könnte, der ihr angeboten worden war.

Die Reaktion des Präsidenten auf die fortlaufenden Russland-Ermittlungen. Im Februar 2017 stellte Justizminister Jeff

Sessions erste Überlegungen an, ob er sich wegen seiner Rolle im Trump-Wahlkampf aus Befangenheitsgründen von der Aufsicht über wahlkampfbezogene Ermittlungen zurückziehen müsse. Anfang März sagte der Präsident zu Donald McGahn, dem Rechtsberater des Weißen Hauses, er möge Sessions von diesem Schritt abbringen. Und nachdem Sessions am 2. März seinen Rückzug verkündet hatte, machte der Präsident seinem Zorn über die Entscheidung Luft und sagte zu Beratern, er bräuchte einen Justizminister, der ihn beschütze. An dem fraglichen Wochenende nahm der Präsident Sessions anlässlich einer Veranstaltung beiseite und drängte ihn, seinen Rückzug rückgängig zu machen. Später im März gab Comey während einer Kongressanhörung bekannt, dass das FBI »die Bemühungen der russischen Regierung, die Präsidentschaftswahl 2016 zu beeinflussen«, und damit im Zusammenhang die Frage untersuche, ob es Verbindungen oder eine Zusammenarbeit zwischen der russischen Regierung und dem Trump-Wahlkampfteam gegeben habe. In den darauffolgenden Tagen wandte der Präsident sich an den Direktor der Nationalen Nachrichtendienste (DNI) und die Leiter der Central Intelligence Agency (CIA) und der National Security Agency (NSA), um sie zu fragen, was sie tun könnten, um öffentlich allen Unterstellungen entgegenzutreten, der Präsident habe irgendetwas mit den russischen Wahleinmischungen zu tun gehabt. Außerdem telefonierte der Präsident zweimal direkt mit Comey, ungeachtet der Ermahnungen McGahns, den direkten Kontakt zum Justizministerium zu vermeiden. Comey hatte dem Präsidenten zuvor versichert, dass das FBI nicht gegen ihn persönlich ermittle, und der Präsident bat Comey, dies öffentlich zu erklären, um »die dunkle Wolke zu vertreiben«, die wegen der Russland-Geschichte über ihm hänge.

Entlassung Comeys durch den Präsidenten. Am 3. Mai 2017 sagte Comey bei einer Anhörung vor dem Kongress aus, lehnte aber die Antwort auf Fragen danach ab, ob der Präsident persönlich Gegenstand von Ermittlungen sei. Wenige Tage später beschloss der Präsident, Comey zu entlassen. Der Präsident bestand darauf, dass im Kündigungsschreiben, das zur Veröffentlichung bestimmt war, festgehalten wurde, dass Comey dem Präsidenten mitgeteilt habe, gegen ihn werde nicht ermittelt. Das Weiße Haus behauptete, die Entlassung Comeys erfolge auf den Rat des Justizministers und seines Stellvertreters, da der FBI-Chef die Ermittlungen zu Hillary Clintons verschwundenen E-Mails fehlerhaft geführt habe. In Wirklichkeit hatte der Präsident schon vor der Empfehlung aus dem Justizministerium den Entschluss gefasst, Comey zu feuern. Am Tag nach der Entlassung erklärte der Präsident gegenüber russischen Offiziellen, er habe »wegen Russland unter großem Druck gestanden«, von dem er jetzt aber »befreit« sei. Am darauffolgenden Tag räumte der Präsident während eines Fernsehinterviews ein, dass er Comey schon längst und unabhängig von der Empfehlung des Justizministeriums habe feuern wollen und dass er, als er »entschied, es einfach zu tun«, sich gesagt habe, »diese Sache mit Trump und Russland ist doch eine ausgedachte Geschichte«. Auf die Frage, ob er auf Comey wütend sei wegen der Russland-Ermittlungen, antwortete der Präsident: »Soweit es mich betrifft, möchte ich, dass alles absolut ordnungsgemäß abläuft«, und fügte hinzu, dass die Entlassung Comeys »die Ermittlungen vielleicht sogar in die Länge zieht«.

Die Berufung eines Sonderermittlers und Versuche, ihn zu entlassen. Am 17. Mai 2017 ernannte der Stellvertretende Justizminister einen Sonderermittler, um die Ermittlungen über Russland und damit zusammenhängende Angelegenheiten zu führen. Auf die Nachricht, dass ein Sonderermittler berufen worden sei, reagierte der Präsident, indem er zu Beratern sagte, das sei »das Ende meiner Präsidentschaft«, und verlangte, dass Sessions zurücktrete. Sessions reichte daraufhin seinen Rücktritt ein, doch der Präsident nahm diesen letzten Endes nicht an. Zu Mitarbeitern sagte der Präsident, der Sonderermittler stehe in einem Interessenkonflikt, und gab zu verstehen, dass dieser sein Amt daher nicht antreten könne. Die Berater des Präsidenten teilten ihm mit, die unterstellten Konflikte seien unerheblich und vom Justizministerium bereits bedacht worden.

Am 14. Juni 2014 berichteten die Medien, dass das Büro des Sonderermittlers untersuche, ob der Präsident die Justiz behindert habe. Presseberichte sahen darin einen »bedeutenden Wendepunkt« in der Untersuchung: Während Comey ihm noch versichert hatte, gegen ihn werde nicht ermittelt, war der Präsident nun, nachdem er Comey gefeuert hatte, Gegenstand von Ermittlungen. Der Präsident reagierte auf diese Meldungen mit einer Serie von Tweets, in denen er das Justizministerium und die Tätigkeit des Sonderermittlers kritisierte. Am 17. Juni 2017 rief der Präsident McGahn zu Hause an, um ihn anzuweisen, dem Stellvertretenden Justizminister zu sagen, der Sonderermittler habe einen Interessenkonflikt und müsse daher entlassen werden. McGahn folgte der Anweisung jedoch nicht und beschloss, lieber zurückzutreten, als etwas loszutreten, das er (in Erinnerung an die Watergate-Affäre) als ein mögliches »Saturday Night Massacre« betrachtete.

Bemühungen, die Untersuchung des Sonderermittlers einzuschränken. Zwei Tage nach der Anweisung an McGahn, den Sonderermittler entfernen zu lassen, unternahm der Präsident einen weiteren Versuch, den Verlauf der Russland-Ermittlungen zu beeinflussen. Am 19. Juni 2017 führte der Präsident im Oval Office ein vertrauliches Gespräch mit seinem ehemaligen Wahlkampfmanager Corey Lewandowski, der ihm ein vertrauter Berater außerhalb der Regierung war und dem er eine Nachricht diktierte, die Lewandowski an Sessions weiterleiten sollte. Darin wurde Sessions aufgefordert, er möge, ungeachtet seines Rückzugs von den Russland-Ermittlungen, öffentlich verkünden, die Ermittlungen seien »sehr unfair« gegenüber dem Präsidenten, der Präsident habe nichts Böses getan, und er, Sessions, beabsichtige, sich mit dem Sonderermittler zusammenzusetzen und ihn »weitermachen zu lassen mit der Untersuchung von Wahleinmischungen für zukünftige Wahlen«. Lewandowski sagte, er verstehe, was der Präsident von Sessions erwarte.

Einen Monat später, bei einem weiteren privaten Treffen mit Lewandowski am 19. Juli 2017, erkundigte sich der Präsident, was aus seiner Aufforderung an Sessions, die Untersuchung des Sonderermittlers auf zukünftige Wahlbeeinflussungen einzugrenzen, geworden sei. Lewandowski erklärte, die Nachricht werde bald übermittelt. Einige Stunden nach dieser Unterredung kritisierte der Präsident Sessions öffentlich in einem Interview mit der New York Times und setzte anschließend eine Reihe von Tweets ab, in denen er keinen Zweifel daran ließ, dass Sessions' Job in Gefahr sei. Lewandowski wollte die Nachricht des Präsidenten nicht persönlich überbringen, daher bat er Rick Dearborn, einen hochrangigen Amtsträger im Weißen Haus, das für ihn zu übernehmen. Dearborn empfand den Auftrag als Zumutung und führte ihn nicht aus.

Bemühungen, die Veröffentlichung von Beweismitteln zu verhindern. Im Sommer 2017 erfuhr der Präsident, dass in einigen Medien Fragen gestellt wurden nach einer Besprechung im Trump Tower am 9. Juni 2016, bei der hochrangige Wahlkampffunktionäre, darunter auch Donald Trump jr., mit einer russischen Anwältin zusammentrafen, die angeblich kompromittierende Informationen über Hillary Clinton anzubieten hatte, als »Teil der Unterstützung Russlands und seiner Regierung für Mr. Trump«. Mehrmals wies der Präsident Mitarbeiter an, nicht die E-Mails öffentlich zu machen, in denen das Treffen vom 9. Juni verabredet wurde, mit dem Hinweis, es würde nichts durchsickern und die Zahl der Anwälte, die Einblick nehmen dürften, sollte begrenzt werden. Bevor die E-Mails an die Öffentlichkeit gelangten, redigierte der Präsident eine Presseerklärung für Trump jr., indem er eine Zeile strich, in der eingeräumt wurde, an dem Treffen habe eine »Person« teilgenommen, »von der [Trump jr.] mitgeteilt wurde, sie habe vielleicht für den Wahlkampf nützliche Informationen«; stattdessen hieß es jetzt nur, bei dem Treffen sei es um Adoptionen russischer Kinder gegangen. Auf Fragen von Pressevertretern nach dem Anteil des Präsidenten an Trump jr.s Erklärung bestritt der persönliche Anwalt des Präsidenten mehrfach, dass der Präsident dabei irgendeine Rolle gespielt habe.

Weitere Bemühungen, den Justizminister zu veranlassen, die Ermittlungen unter seine Kontrolle zu bringen. Im Frühsommer 2017 rief der Präsident Sessions zu Hause an und bat ihn erneut, seinen Rückzug von den Russland-Ermittlungen rückgängig zu machen. Sessions folgte diesem Wunsch nicht. Im Oktober 2017 empfing der Präsident Sessions privat im Oval Office und bat ihn, »sich zu überlegen«, über Clinton zu ermitteln. Im Dezember 2017, kurz nachdem Flynn sich gemäß einer Kooperationsvereinbarung schuldig bekannt hatte, traf der Präsident erneut im Oval Office mit Sessions zusammen und trug ihm die Einschätzung eines hochrangigen Beraters vor, wonach Sessions, falls er seinen Rückzug rückgängig machen und die Aufsicht über die Russland-Ermittlungen wieder übernehmen würde, als »Held« dastünde. Der Präsident sagte zu Sessions: »Ich werde nichts tun oder Ihnen irgendwelche Anweisungen geben. Ich möchte nur fair behandelt werden.« Sessions konzedierte daraufhin, ihm sei während des Wahlkampfes nie irgendetwas »Ungehöriges« aufgefallen, und sagte dem Präsidenten, es gebe ja jetzt ein »ganz neues Führungsteam«. Er machte seinen Rückzug nicht rückgängig.

Bemühungen, McGahn dementieren zu lassen, dass der Präsident ihn angewiesen habe, die Entlassung des Sonderermittlers zu betreiben. Anfang 2018 berichtete die Presse, der Präsident habe McGahn im Juni 2017 angewiesen, für die Entlassung des Sonderermittlers zu sorgen, McGahn aber habe gedroht, lieber selbst zurückzutreten, als der Anweisung zu folgen. In Reaktion darauf wies der Präsident Beamte des Weißen Hauses an, sie sollten McGahn dazu bewegen, derartige Berichte zu bestreiten und ein Protokoll anzufertigen, aus dem hervorgehe, dass er keine Anweisung erhalten habe, den Sonderermittler entfernen zu lassen. McGahn teilte diesen Beamten mit, dass die Berichte zutreffend seien, der Präsident habe ihn in der Tat angewiesen, die Entlassung des Sonderermittlers in die Wege zu leiten. Daraufhin bestellte der Präsident McGahn ins Oval Office und drängte ihn erneut, entsprechende Berichte zu dementieren. Bei der gleichen Gelegenheit fragte der Präsident McGahn, warum er dem Sonderermittler von den Bemühungen des Präsidenten, den Sonderermittler loszuwerden, berichtet habe und warum McGahn Aufzeichnungen von seinen Gesprächen mit dem Präsidenten anfertige. McGahn weigerte sich, von dem abzurücken, was nach seiner Erinnerung geschehen sei, und hatte den Eindruck, der Präsident wolle sein Stehvermögen testen.

Verhalten gegenüber Flynn, Manafort, GIV [redacted]. Nachdem Flynn eine Vereinbarung zur gemeinsamen Verteidigung mit dem Präsidenten, die die Schweigepflicht zwischen den Anwälten aufhebt (»joint defense agreement«), aufgekündigt und begonnen hatte, mit den staatlichen Institutionen zu kooperieren, ließ der persönliche Anwalt des Präsidenten Flynns Rechtsvertretern eine Nachricht zukommen, in der auf die »herzlichen Gefühle« hingewiesen wird, die der Präsident »nach wie vor« für Flynn hege, verbunden mit der Bitte um »Vorwarnung«, falls Flynn über »Informationen, die den Präsidenten belasten«, verfüge. Als Flynns Anwalt entgegnete, dass Flynn keine Informationen gemäß der Vereinbarung zur gemeinsamen Verteidigung (»joint defense agreement«) mehr teilen könne, erklärte der persönliche Anwalt des Präsidenten, er werde den Präsidenten darüber in Kenntnis setzen, dass Flynns Handlungsweise von »Feindseligkeit« gegenüber dem Präsidenten zeuge. Während Manafort in einem Strafprozess vor Gericht stand und die Geschworenen über das Urteil berieten, pries der Präsident Manafort vor der Öffentlichkeit, beklagte, dieser werde unfair behandelt, und wollte eine Begnadigung nicht ausschließen. Nach Manaforts Verurteilung bezeichnete der Präsident ihn als »tapferen Mann«, der sich nicht habe »brechen« lassen, und sagte, »Umfallerei« »sollte eigentlich verboten werden«. Gefährdung laufender Verfahren [redacted]

Verhalten in Bezug auf Michael Cohen. Die Haltung des Präsidenten gegenüber Michael Cohen, einem ehemaligen leitenden Angestellten der Trump Organization, wechselte von höchstem Lob, als Cohen die Beteiligung des Präsidenten am Moskauer Trump-Tower-Projekt wahrheitswidrig herunterspielte, zu bitterer Kritik, als Cohen zum kooperierenden Zeugen wurde. Von September 2015 bis Juni 2016 hatte Cohen das Moskauer Trump-Tower-Projekt im Namen der Trump Organization vorangetrieben und den Kandidaten Trump viele Male über den Stand der Dinge unterrichtet, wobei auch die Frage diskutiert wurde, ob Trump nach Russland reisen solle, um die Sache zu beschleunigen. 2017 machte Cohen Falschaussagen vor dem Kongress, wobei er u. a. behauptete, dass er nur dreimal mit Trump über das Projekt gesprochen und niemals eine mögliche Reise nach Russland erörtert habe. Diese Aussagen wurden im Einklang mit einer »Parteilinie« gemacht, die nach Cohens Worten entworfen wurde, um die Verbindungen des Präsidenten zu Russland zu minimieren. Während er sich auf seine Anhörung vor dem Kongress vorbereitete, führte Cohen ausgiebige Gespräche mit dem persönlichen Anwalt des Präsidenten, der ihm, Cohen zufolge, bedeutete, er solle unbedingt bei seiner Aussage bleiben und dem Präsidenten nicht widersprechen. Nachdem das FBI im April 2018 Haus und Büro Cohens durchsucht hatte, beteuerte der Präsident öffentlich, Cohen werde nicht »umfallen«, nahm direkt Kontakt zu ihm auf, um ihn zu ermuntern, »stark zu bleiben«, und sicherte ihm wiederholt seine Unterstützung zu. Cohen sprach mit dem persönlichen Anwalt des Präsidenten auch über die Möglichkeit einer Begnadigung und glaubte, es werde für ihn gesorgt sein, wenn er standfest bliebe. Als Cohen jedoch im Sommer 2018 zu kooperieren begann, fiel der Präsident öffentlich über ihn her, bezeichnete ihn als »Ratte« und deutete an, Mitglieder seiner Familie hätten sich strafbar gemacht.

Übergreifende Sachfragen. Wir trafen keine herkömmliche Entscheidung zur Anklageerhebung im Hinblick auf diese Fakten, aber das von uns gesammelte Beweismaterial erlaubt einige allgemeine Feststellungen über das Verhalten des Präsidenten.

Mehrere Merkmale des von uns untersuchten Verhaltens unterscheiden es von typischen Fällen der Justizbehinderung. Erstens betraf die Untersuchung den Präsidenten, und einige seiner Schritte, etwa die Entlassung des FBI-Direktors, schlossen augenscheinlich rechtmäßige Handlungen im Rahmen seiner Amtsbefugnis nach Artikel II ein, woraus sich verfassungsrechtliche Fragen ergeben, die weiter unten erörtert werden. Gleichzeitig stattete die Stellung des Präsidenten als Spitze der Exekutive ihn mit einzigartigen und machtvollen Mitteln aus, amtliche Verfahren, untergebene Beamte und potenzielle Zeugen zu beeinflussen – all dies kann für eine Prüfung in Bezug auf Justizbehinderung erheblich sein. Anders als in Fällen, in denen eine Person Justizbehinderung betreibt, um ein Verbrechen zu vertuschen, begründeten zweitens die von uns gesammelten Beweismittel nicht die Feststellung, dass der Präsident in ein vorausgegangenes Verbrechen im Zusammenhang mit russischer Wahleinmischung verwickelt gewesen wäre. Obwohl die Gesetzesbestimmungen den Nachweis einer solchen Straftat nicht verlangen, beeinflusst das Fehlen dieses Nachweises den Befund über einen Vorsatz des Präsidenten und erfordert die Berücksichtigung möglicher anderer Motive für sein Verhalten. Drittens fanden viele der auf Zeugen gerichteten Handlungen des Präsidenten, darunter Appelle, nicht mit den Ermittlungsbehörden zu kooperieren, oder die Inaussichtstellung einer Begnadigung, im Lichte der Öffentlichkeit statt. Ein solcher Umstand ist ungewöhnlich, aber es gibt keinen Rechtsgrundsatz, der öffentliche Handlungen dem Geltungsbereich der einschlägigen Gesetze über Justizbehinderung entziehen würde. Sofern die wahrscheinliche Wirkung öffentlichen Handelns darin besteht, Zeugen zu beeinflussen oder ihre Aussage zu verändern, ist der Schaden für die Integrität des Justizwesens der gleiche.

Obwohl die Folge von Ereignissen, die wir untersuchten, für sich stehende Einzelhandlungen umfasste, kann das allgemeine

Verhaltensmuster des Präsidenten gegenüber den Ermittlungen den Charakter seiner Handlungen erhellen und auf seine Absichten schließen lassen. Insbesondere lassen sich die von uns untersuchten Handlungen zwei Phasen zuordnen, in denen sich eine Verschiebung der Motive des Präsidenten spiegeln könnte. Die erste Phase reichte von den ersten Zusammentreffen des Präsidenten mit Comey bis zu dessen Entlassung durch den Präsidenten. In diesem Zeitraum wurde dem Präsidenten wiederholt mitgeteilt, dass nicht gegen ihn persönlich ermittelt werde. Kurz nach der Entlassung Comeys und der Ernennung des Sonderermittlers wurde dem Präsidenten jedoch bewusst, dass sein eigenes Verhalten im Zusammenhang mit einem Verdacht der Justizbehinderung untersucht wurde. An diesem Punkt, dem Beginn der zweiten Phase, entwickelte der Präsident ein neues Verhaltensmuster, das sich in öffentlichen Angriffen auf die Ermittlungen, nicht öffentlichen Versuchen, sie unter Kontrolle zu bringen, und in sowohl öffentlichen als auch privaten Bemühungen ausdrückte, Zeugen dazu zu bewegen, nicht mit den Ermittlern zu kooperieren. Urteile über den Charakter der Motive des Präsidenten während jeder dieser Phasen hätten sich auf die Gesamtheit der beigebrachten Beweismittel zu stützen.

Gesetzliche und verfassungsrechtliche Einwendungen

Die Rechtsberater des Präsidenten erhoben Einwendungen gegen eine Prüfung des von uns untersuchten Verhaltens auf Vorliegen einer Justizbehinderung. Wir kamen zu dem Schluss, dass keiner der aufgeführten Schutzgründe eine hinreichende Basis für einen Verzicht auf Ermittlung der Fakten schafft.

Gesetzliche Einwendungen. Im Einklang mit Präzedenzfällen und der allgemeinen Tendenz des Justizministeriums bei der Auslegung der Gesetze zur Justizbehinderung schlussfolgern wir, dass mehrere gesetzliche Bestimmungen hier anwendbar sind. *Siehe* 18 U.S.C. §§ 1503, 1505, 1512(b)(3), 1512(c)(2). Der

Abschnitt 1512(c)(2) ist eine Sammelklausel, die eine Bandbreite von justizbehindernden, auf anhängige oder vorgesehene offizielle Verfahren abzielende Handlungen abdeckt. Kein Prinzip der Rechtsauslegung kann die Einengung des Anwendungsbereichs auf ein Verhalten begründen, das die Vollständigkeit oder Verfügbarkeit von Beweismitteln beeinträchtigt. Die Abschnitte 1503 und 1505 bieten außerdem weitreichenden Schutz vor behindernden Handlungen, die sich gegen anhängige Grand Jury-, gerichtliche, behördliche und Kongressverfahren richten, und sie werden ergänzt durch eine Klausel im Abschnitt 1512(b), die speziell auf ein Verhalten abzielt, das darauf ausgerichtet ist, die Weitergabe von Informationen, die im Zusammenhang mit einem Bundesverbrechen stehen, an Strafverfolgungsbehörden zu verhindern oder zu behindern.

Verfassungsrechtliche Einwendungen. Was verfassungsrechtliche Schutzgründe betrifft, die sich aus der Stellung des Präsidenten als oberster exekutiver Gewalt ergeben, stellten wir fest, dass das Justizministerium und die Gerichte noch zu keiner abschließenden Klärung dieser Fragen gelangt sind. Unsere eigenen Überlegungen zu diesem Problem orientieren sich daher an Grundsatzentscheidungen des Supreme Court zu Fragen der Gewaltenteilung. Das Justizministerium und die Rechtsberater des Präsidenten haben anerkannt, dass der Präsident gesetzlichen Bestimmungen unterworfen ist, die eine Behinderung der Justiz durch Bestechung von Zeugen oder Erkaufen eines Meineids verbieten, weil solche Bestimmungen nicht seine verfassungsmäßigen Befugnisse berühren. Im Hinblick auf die Frage, ob der Präsident die Justiz behindern kann, indem er seine Amtsbefugnisse gemäß Artikel II der Verfassung ausübt, schlussfolgerten wir, dass der Kongress die Machtbefugnis besitzt, den korrumpierenden Gebrauch präsidentieller Befugnisse durch einen Präsidenten zu unterbinden, um die Integrität der Rechtspflege zu schützen.

Im Sinne ergangener höchstrichterlicher Entscheidungen spricht die Verfassung dem Präsidenten keine grundsätzliche und dauerhafte Immunität für die Behinderung der Justiz durch den Gebrauch seiner Befugnisse nach Artikel II zu. Der Grundsatz der Gewaltenteilung ermächtigt den Kongress, behördliche Verfahren, darunter die von Gerichten und Grand Jurys, vor korrumpierenden, obstruktiven Handlungen zu schützen, ohne Ansehen deren Urhebers. Wir folgerten ferner, dass ein möglicher Eingriff in die präsidentielle Machtbefugnis durch das Verbot korrumpierender Handlungen nicht die Befähigung des Präsidenten untergraben würde, seine verfassungsmäßigen Aufgaben zu erfüllen. Der Begriff »korrumpierend« setzt einen anspruchsvollen Maßstab. Er erfordert den konkreten Nachweis, dass eine Person mit dem Vorsatz handelt, einen ungebührlichen Vorteil für sich oder jemand anderen zu erlangen, ohne Rücksicht auf die Amtspflicht und die Rechte anderer. Ein Ausschluss »korrumpierender« Amtshandlungen beeinträchtigt nicht die Ausübung präsidentieller Artikel-II-Befugnisse. Die ordnungsgemäße Aufsicht über das Strafrecht beispielsweise erfordert nicht die Freiheit des Präsidenten, mit der korrumpierenden Absicht zu handeln, sich vor strafrechtlicher Verfolgung zu schützen, finanzieller Haftung zu entgehen oder persönliche Blamagen zu vermeiden. Vielmehr ist es so, dass eine gesetzliche Bestimmung, die zu korrumpierenden Zwecken unternommene Amtshandlungen unterbindet, die unparteiische und gerechte Anwendung des Gesetzes fördert, anstatt sie zu behindern. Dies stimmt zudem mit der verfassungsmäßigen Pflicht des Präsidenten überein, die Gesetze gewissenhaft auszuführen. Schließlich folgerten wir, dass in dem seltenen Fall, da eine strafrechtliche Ermittlung gegen den Präsidenten zu rechtfertigen ist, die Prüfung der Frage, ob der Präsident aus korrupten Motiven gehandelt hat, die Ausübung seiner ihm verfassungsrechtlich zugewiesenen Pflichten nicht unzulässig erschwert. Die Feststellung, dass der Kongress die Gesetze zur Justizbehinderung auf eine korrumpierende Machtausübung des Präsidenten anwenden kann, steht im Einklang mit unserer Verfassungsordnung der Checks and Balances (gegenseitigen Kontrolle) und dem Prinzip, dass kein Mensch über dem Gesetz steht.

US-Justizministerium
~~Juristische Ermittlungen~~ // ~~Kann geschütztes Material gemäß Fed. R. Crim. P. 6(e) enthalten~~

Fazit

Weil wir uns entschieden, keine herkömmliche Entscheidung über eine Strafverfolgung zu treffen, zogen wir keine abschließenden Schlüsse zum Verhalten des Präsidenten. Die von uns gesammelten Beweismittel zu den Handlungen und Absichten des Präsidenten werfen schwerwiegende Fragen auf, die zu klären wären, wollten wir eine herkömmliche Strafverfolgungsentscheidung treffen. Gleichwohl würden wir, wenn wir uns nach einer gründlichen Untersuchung der Fakten sicher wären, dass der Präsident die Justiz offensichtlich nicht behindert hat, das so feststellen. Dieser Bericht kommt zwar nicht zu dem Ergebnis, dass der Präsident eine strafbare Handlung begangen habe, aber er entlastet ihn dementsprechend auch nicht davon.

I. Rechtliche und beweistechnische Grundprinzipien

A. Rechtlicher Rahmen der Justizbehinderung

Die Ernennungsverfügung vom 17. Mai 2017 und die Sonderermittlungsbestimmungen verleihen dem Büro des Sonderermittlers die Befugnis, »Straftaten nach Bundesrecht« zu untersuchen, »verübt im Zusammenhang der Untersuchung des Sonderermittlers – und mit der Absicht, diese zu stören –, etwa Meineid, Justizbehinderung, Beweisvernichtung und Einschüchterung von Zeugen«. 28 C.F.R. § 600.4(a). Aufgrund dieser Zuständigkeitsbeschreibung fassten wir bei der Beweissuche im Rahmen unserer Ermittlung jene Merkmale ins Auge, die den Tatbestand einer Justizbehinderung ausmachen. Unsere Beweisprüfung richtete sich dementsprechend auf die Merkmale dieses Tatbestands, auch wenn wir letztendlich in den Fragen, die einen Beschluss zur Strafverfolgung gemäß der Principles of Federal Prosecution bestimmen, auf eine Schlussfolgerung verzichteten. *Siehe* Justice Manual § 9-27.000 *f.* (2018).

An dieser Stelle resümieren wir das Gesetz, indem wir die Merkmale potenziell relevanter Bestimmungen zur Justizbehinderung in einem gewöhnlichen Fall interpretieren. Diese Erörterung bezieht nicht die besonderen verfassungsrechtlichen Fragen mit ein, die sich bei einer Untersuchung von Amtshandlungen des Präsidenten ergeben. Diese Fragen werden in einem späteren Abschnitt dieses Berichts erörtert, der sich mit den von den Rechtsberatern des Präsidenten erhobenen verfassungsrechtlichen Einwendungen befasst. *Siehe* Band II, Abschnitt III.B, *unten*.

Drei Grundmerkmale sind den meisten relevanten Gesetzesbestimmungen zur Behinderung gemeinsam: (1) eine justizbehindernde Handlung; (2) die Verbindung zwischen der behindernden Handlung und einem behördlichen Verfahren; und (3) eine korrumpierende Absicht. *Siehe z. B.* 18 U.S.C. §§ 1503, 1505, 1512(c)(2). Wir beschreiben diese Merkmale, wie sie von den Gerichten ausgelegt worden sind. Anschließend erörtern wir eine speziellere, auf Zeugenmanipulation abzielende Bestimmung, *siehe* 18 U.S.C. § 1512(b), und beschreiben die Anforderungen an das Vorliegen eines Versuchs der Justizbehinderung, *siehe* 18 U.S.C. §§ 1503, 1512(c)(2).

Justizbehindernde Handlung. Die rechtlichen Bestimmungen zur Justizbehinderung »erfassen alles korrumpierende Verhalten, das darauf hinzuwirken geeignet ist, eine ordentliche Rechtsprechung zu verhindern, ungeachtet der eingesetzten Mittel«. *Vereinigte Staaten vs. Silverman*, 745 F.2d 1386, 1393 (11. Cir. [Gerichtsbezirk] 1984) (Auslegung von 18 U.S.C. § 1503). Ein »Versuch der Beeinflussung« eines Verfahrens kann als Unterfangen gelten, die Justiz zu behindern, selbst wenn der Versuch »unaufdringlich oder umständlich« ist, und unabhängig davon, »wie schlau oder wie verdeckt« er ausgeführt wird. *Vereinigte Staaten vs. Roe*, 529 F.2d 629, 632 (4. Cir. 1975); *siehe auch Vereinigte Staaten vs. Quattrone*, 441 F.3d 153, 173 (2. Cir. 2006). Die Tätigkeit des »Behinderns« ist in einem weiten Sinn zu verstehen und »kann sich auf alles beziehen, das blockiert, erschwert oder beeinträchtigt«. *Marinello vs. Vereinigte Staaten*, 138 S. Ct. 1101, 1106 (2018).

Verbunden mit einem ungehörigen Motiv kann das Verhalten eines Akteurs als kriminell gelten, selbst wenn es anderenfalls rechtmäßig wäre und die Befugnisse des Akteurs nicht überschritte. *Siehe Vereinigte Staaten vs. Cueto*, 151 F.3d 620, 631 (7. Cir. 1998) (Bestätigung eines Behinderungsurteils gegen einen Strafverteidiger wegen »prozessbezogenen Verhaltens«); *Vereinigte Staaten vs. Cintolo*, 818 F.2d 980, 992 (1. Cir. 1987) (»jegliche Handlung einer beliebigen Partei – ob augenscheinlich rechtmäßig oder unrechtmäßig – kann, sofern mit korruptem Motiv ausgeführt, § 1503 verletzen«).

Verbindung zu einem anhängigen oder beabsichtigten behördlichen Verfahren. Die Bestimmungen zur Justizbehinderung erfordern eine Verbindung (»nexus«) zu oder einen Zusammenhang mit einem behördlichen Verfahren. Nach Abschnitt 1503 muss die Verbindung zu anhängigen »Gerichts- oder Grand-Jury-Verfahren« bestehen. *Vereinigte Staaten vs. Aguilar*, 515 U.S. 593, 599 (1995). Nach Abschnitt 1505 kann die Verbindung einen Zusammenhang mit einem »anhängigen« Verfahren einer Bundesbehörde oder einer Ermittlung bzw. Untersuchung durch den Kongress einschließen. Beiden Bestimmungen zufolge ist eine »zeitliche, kausale oder logische Beziehung« zwischen der justizbehindernden Handlung und dem zu behindernden Verfahren aufzuzeigen. *Ebd.* 599; *siehe auch Arthur Andersen LLP vs. Vereinigte Staaten*, 544 U.S. 696, 707-708 (2005). Abschnitt 1512(c) verbietet Behinderungsversuche, die sich gegen behördliche Verfahren richten, darunter solche vor Gericht oder einer Grand Jury. 18 U.S.C. § 1515(a)(1)(A). Nach den Bestimmungen von Abschnitt 1512 »muss ein behördliches Verfahren zum Zeitpunkt des Verstoßes nicht anhängig oder eingeleitet sein«. 18 U.S.C. § 1512(f)(1). Auch wenn ein Verfahren noch nicht angelaufen sein muss, um Verantwortlichkeit im Sinne von Abschnitt 1512(c) auszulösen, muss die Verbindung zu einem beabsichtigten Verfahren sichtbar sein. *Vereinigte Staaten vs. Young*, 916 F.3d 368, 386 (4. Cir. 2019); *Vereinigte Staaten vs. Petruk*, 781 F.3d 438, 445 (8. Cir. 2015); *Vereinigte Staaten vs. Phillips*, 583 F.3d 1261, 1264 (10. Cir. 2009); *Vereinigte Staaten vs. Reich*, 479 F.3d 179, 186 (2. Cir. 2007). Das Erfordernis einer Verbindung engt den Anwendungsbereich für die Straftat der Justizbehinderung ein, um sicherzustellen, dass sich niemand ahnungslos einer Straftat schuldig macht. *Aguilar*, 515 U.S. 600.

Das Aufzeigen der Verbindung hat subjektive und objektive Komponenten. Der objektive Sachverhalt ist gegeben, wenn der Beschuldigte »auf eine Weise [handelt], die *voraussichtlich* die Justiz behindert«, sodass die Bestimmung »Beschuldigte ausschließt, die zwar in böser Absicht handeln, aber zu Mitteln greifen, die nur unter unnatürlichen und unwahrscheinlichen Umständen Erfolg hätten«. *Aguilar*, 515 U.S. 601-602. »Das Unterfangen muss die natürliche und wahrscheinliche Wirkung eines Eingriffs in die ordnungsgemäße Rechtspflege haben.« *Ebd.* 599. Der subjektive Sachverhalt ist gegeben, wenn der Akteur »ein besonderes, vorhersehbares Verfahren im Auge« hatte. *Petruk*, 781 F.3d 445-446. Ein Beschuldigter muss das Verfahren nicht direkt behindern. Vielmehr existiert eine Verbindung auch dann, wenn »Ermessenshandlungen einer dritten Partei erforderlich wären, das rechtliche Verfahren zu behindern, sofern es für den Beschuldigten vorhersehbar war, die dritte Partei würde auf Mitteilung [des Beschuldigten] so handeln, dass es zu einer Behinderung des rechtlichen Verfahrens käme«. *Vereinigte Staaten vs. Martinez*, 862 F.3d 223, 238 (2. Cir. 2017).

Korrumpierend. Der Ausdruck »korrumpierend« trägt das Element des Vorsätzlichen der Justizbehinderung in sich und bedeutet, »wissentlich und in unehrlicher Weise« oder »mit einem ungebührlichen Motiv« zu handeln. *Vereinigte Staaten vs. Richardson*, 676 F.3d 491, 508 (5. Cir. 2012); *Vereinigte Staaten vs. Gordon*, 710 F.3d 1124, 1151 (10. Cir. 2013) (korrumpierend handeln bedeutet, »in ungebührlicher Absicht zu handeln und wissentlich und in unehrlicher Weise den Zweck zu verfolgen«, das betreffende Verfahren »zu unterlaufen, zu verzögern oder zu behindern«; *siehe* 18 U.S.C. § 1515(b) (»Wie in Abschnitt 1505 verwendet, bezeichnet der Begriff ›korrumpierend‹ ein Handeln in ungebührlicher Absicht, persönlich oder durch Einfluss auf andere.«); *siehe auch Arthur Andersen*, 544 U.S. 705-706 (wo »korrumpierend« als »unrechtmäßig, unmoralisch, verdorben oder böse« ausgelegt und die Auffassung vertreten wird, dass »wissentlich … korrumpierend« gemäß 18 U.S.C. § 1512(b) zu handeln, ein »Unrechtsbewusstsein« erfordert). Die erforderliche Sichtbarkeit ist gegeben, wenn eine Person mit der Absicht handelte, einen »ungebührlichen Vorteil für sich oder jemand anderen« zu erlangen, »ohne Rücksicht auf Amtspflicht und die Rechte anderer«. BALLANTINE'S LAW DICTIONARY 276 (3. Ausg.1969); *siehe Vereinigte Staaten vs. Pasha*, 797 F.3d 1122, 1132 (D.C. Cir. 2015); *Aguilar*, 515 U.S. 616 (Scalia, J., teils übereinstimmend, teils abweichend) (bezeichnet diese Definition als die »alteingeführte und weithin anerkannte Bedeutung von »korrumpierend«).

Zeugenmanipulation. Eine spezielle Klausel in Abschnitt 1512 verbietet die Manipulation eines Zeugen. *Siehe* 18 U.S.C. § 1512(b)(1),(3) (stellt unter Strafe, »eine andere Person … wissentlich einzuschüchtern … oder auf korrumpierende Weise zu überreden« oder »ein irreführendes Verhalten zu zeigen« mit der Absicht, »die Aussage einer Person in einem amtlichen Verfahren zu beeinflussen, zu verzögern oder zu verhindern« oder »Mitteilungen an einen Rechtspfleger … im Zusammenhang mit dem Begehen oder möglichen Begehen einer Straftat … zu behindern, zu verzögern oder zu unterbinden«). Um korrumpierende Überredung festzustellen, reicht es aus, dass der Beschuldigte im Hinblick auf eine zu erwartende bundesrechtliche Untersuchung seines Verhaltens einen potenziellen Zeugen bittet, gegenüber Ermittlern zu lügen. *Vereinigte Staaten vs. Edlind*, 887 F.3d 166, 174 (4. Cir. 2018); *Vereinigte Staaten vs. Sparks*, 791 F.3d 1188, 1191-1192 (10. Cir. 2015); *Vereinigte Staaten vs. Byrne*, 435 F.3d, 16, 23-26 (1. Cir. 2006); *Vereinigte Staaten vs. LaShay*, 417 F.3d 715, 718-719 (7. Cir. 2005); *Vereinigte Staaten vs. Burns*, 298 F.3d 523, 539-540 (6. Cir. 2002); *Vereinigte Staaten vs. Pennington*, 168 F.3d 1060, 1066 (8. Cir. 1999). Die »Überredung« muss nicht mit Zwang verbunden, einschüchternd oder explizit sein; es ist ausreichend, zu »drängen«, »veranlassen«, »bitten«, »argumentieren«, »begründen«, *Sparks*, 791 F.3d 1192, oder Zeugen »durch irreführende Informationen zu lenken oder zu ermahnen«, *Edlind*, 887 F.3d 174. Korrumpierende Überredung zeigt sich, »wenn ein Beschuldigter einem potenziellen Zeugen Unwahres erzählt, als wäre es wahr, mit der Absicht, dass der Zeuge die Erzählung glaubt und sie bezeugt«. *Vereinigte Staaten vs. Rodolitz*, 786 F.2d 77, 82 (2. Cir. 1986); *siehe Vereinigte Staaten vs. Gabriel*, 125 F.3d 89, 102 (2. Cir. 1997). Sie ist ebenfalls gegeben, wenn ein Zeuge gedrängt wird, sich an eine Tatsache zu erinnern, von der er nichts wusste, selbst dann, wenn es sich um eine wahre Tatsache handelt. *Siehe LaShay* 417

F.3d 719. Korrumpierende Überredung zeigt sich ebenfalls unter gewissen Umständen, wenn eine Person aus ungebührlichen Motiven einen Zeugen drängt, nicht mit Strafverfolgern zu kooperieren. *Siehe Vereinigte Staaten vs. Shotts*, 145 F.3d 1289, 1301 (11. Cir. 1998) (Aufforderung an Sekretärin, »nichts [dem FBI] zu [sagen], und man würde [sie] in Ruhe lassen«).

Handelt der Beschuldigte mit der Absicht, die Übermittlung von Informationen an Strafverfolger nach Abschnitt 1512(b)(3) zu behindern, zu verzögern oder zu unterbinden, ist die »Verbindung« mit einer aktuellen Untersuchung, wie in *Aguilar* formuliert – wonach eine Person »Kenntnis [habe], dass ihre Handlungen das gerichtliche Verfahren wahrscheinlich beeinflussen wird«, 515 U.S. 599 – nicht gegeben, weil die obstruktive Handlung gegen die Weitergabe von Informationen an Ermittler gerichtet ist, nicht aber darauf, ein amtliches Verfahren zu behindern.

»Wissentliches … korrumpierendes« Handeln erfordert den Nachweis, dass die Person ein »Unrechtsbewusstsein« hatte. *Arthur Andersen*, 544 U.S. 705-706 (verzichtet auf eine Erkundung »der äußeren Grenzen dieses Merkmals«, deutet aber an, dass eine Anweisung unbestimmt war, wo sie überzeugend wirken konnte, selbst wenn der Beschuldigte »aufrichtig glaubte, dass sein Verhalten rechtmäßig sei«). Zugunsten des Beklagten ist davon auszugehen, »dass das Verhalten auf ganzer Linie rechtmäßig war und die Absicht des Beklagten einzig darin lag, die andere Person zu ermuntern oder zu veranlassen, wahrheitsgemäß auszusagen«. 18 U.S.C. § 1512(e).

Tatentschluss und Versuch. Abschnitt 1512(c)(2) erfasst sowohl vollendete Justizbehinderungen als auch den Versuch der Justizbehinderung. Nach den allgemeinen Grundsätzen der Bestimmungen über den Versuch macht sich eine Person des Versuches schuldig, wenn sie den Vorsatz hat, eine Straftat zu begehen, und eine offenkundige Handlung unternimmt, die einen substanziellen Schritt in Richtung dieses Ziels darstellt. *Siehe Vereinigte Staaten vs. Resendiz-Ponce*, 549 U.S. 102, 106-107 (2007).

»Die Handlung muss substanziell insofern sein, als sie die kriminelle Absicht des Beschuldigten deutlich bestätigt.« *Vereinigte Staaten vs. Pratt*, 351 F.3d 131, 135 (4. Cir. 2003). Während »rein theoretisches Reden« nicht ausreicht, können »konkrete und gezielte« Handlungen, die den Absichten des Beschuldigten förderlich sind, einen »substanziellen Schritt« begründen. *Vereinigte Staaten vs. Irving*, 665 F.3d 1184, 1198-1205 (10. Cir. 2011). »Einen arglosen Dritten zu einem Verhalten anzustiften, das ein Merkmal der Straftat begründet«, kann daher als ein substanzieller Schritt gelten. Model Penal Code (Musterstrafgesetzbuch) § 5.01(2)(g); *siehe Vereinigte Staaten vs. Lucas*, 499 F.3d 769, 781 (8. Cir. 2007).

Die Sammelklausel in 18 U.S.C. § 1503 richtet sich gegen ein »Bestreben«, die Justiz zu behindern, und deckt einen größeren Bereich ab als die Versuchsbestimmungen des Abschnitts *1512. Siehe Vereinigte Staaten vs. Sampson*, 898 F.3d 287 302 (2. Cir. 2018); *Vereinigte Staaten vs. Leisure*, 844 F.2d 1347, 1366-1367 (8. Cir. 1988) (Fällesammlung). »Nach herrschender Meinung ist ein [Justizbehinderungs-]Vergehen vollendet, wenn ein korrumpierendes Bestreben vorliegt, die ordnungsgemäße Rechtspflege zu behindern oder zu erschweren; die Anklage muss nicht nachweisen, dass die ordnungsgemäße Rechtspflege tatsächlich behindert oder erschwert wurde.« *Vereinigte Staaten vs. Davis*, 854 F.3d 1276, 1292 (11. Cir. 2017).

B. Ermittlungs- und beweistechnische Überlegungen

Nach der Ernennung des Sonderermittlers sammelte dieses Büro Beweismittel in Bezug auf die folgenden Ereignisse, aus denen sich Fragen nach einer möglichen Justizbehinderung unter Beteiligung des Präsidenten ergeben.

(a) Das Abendessen des Präsidenten mit FBI-Direktor James Comey vom 27. Januar 2017, bei dem der Präsident, wie berichtet wurde, sich von Comey Loyalität erbat, einen Tag nachdem das Weiße Haus vom Justizministerium über Kontakte zwischen dem ehemaligen Nationalen Sicherheitsberater Michael Flynn und dem russischen Botschafter informiert worden war;

(b) Die Besprechung des Präsidenten mit Comey vom 14. Februar 2017, in deren Verlauf der Präsident Comey gebeten haben soll, keine Ermittlungen gegen Flynn durchzuführen;

(c) Die persönlichen Ersuchen des Präsidenten an Comey, vor der Öffentlichkeit zu erklären, dass der Präsident nicht Gegenstand von FBI-Ermittlungen sei, und damit die vom Präsidenten so bezeichneten dunklen Wolken zu vertreiben;

(d) Die Anfragen des Präsidenten an den Direktor der Nationalen Sicherheitsdienste (DNI) und die Direktoren von NSA und CIA zum Thema der Russland-Ermittlungen des FBI;

(e) Die Begründungen des Präsidenten für die Entlassung Comeys am 9. Mai 2017, darunter Aussagen, die billigerweise als Anerkenntnis der Tatsache verstanden werden konnten, dass die Russland-Ermittlungen des FBI bei der Entlassung Comeys eine Rolle gespielt hätten; und

(f) Die angebliche Beteiligung des Präsidenten bei der Herausgabe einer Erklärung zu einer am 9. Juni 2016 im Trump Tower stattgefunden habenden Besprechung zwischen Russen und hochrangigen Mitarbeitern des Trump-Wahlkampfteams, die behauptete, es sei dort um Adoptionen gegangen, und verschwieg, dass die Russen angeboten hatten, dem Trump-Wahlkampfteam nachteilige Informationen über Hillary Clinton zur Verfügung zu stellen.

Unter Berücksichtigung dieser Informationen und unserer Prüfung geltender gesetzlicher und verfassungsrechtlicher Grundsätze (im Folgenden erörtert in Band II, Abschnitt III, *unten*) stellten wir fest, dass eine ausreichende faktische und rechtliche

Grundlage für eine weitergehende Untersuchung möglicher Justizbehinderungen im Zusammenhang mit dem Präsidenten gegeben war.

Die Kernfragen in einer Untersuchung auf Justizbehinderung betreffen im Wesentlichen die Handlungen und Absichten einer Person. Daher richteten wir die Bitte an das Weiße Haus, uns das in seinem Besitz befindliche Beweismaterial zu den fraglichen Ereignissen zur Verfügung zu stellen. Auch erbaten und erlangten wir die Zustimmung des Weißen Hauses, Befragungen der Mitarbeiterschaft durchzuführen, soweit sie über relevante Informationen verfügte. Und wir befragten andere Zeugen, die sachdienliche Kenntnisse hatten, bezogen Dokumente auf freiwilliger Basis, wenn möglich, und beschritten den Rechtsweg, wo es angezeigt war. Diese Ermittlungsschritte ermöglichten es uns, Beweismaterial in beträchtlichem Umfang zu sammeln.

Auch bemühten wir uns um eine freiwillige Unterredung mit dem Präsidenten. Nach mehr als einem Jahr diesbezüglicher Diskussionen lehnte der Präsident es ab, befragt zu werden. Grand Jury [redacted] Im Zuge unserer Diskussionen fand der Präsident sich immerhin bereit, auf schriftlich gestellte Fragen zu bestimmten auf Russland bezogenen Themen zu antworten, und lieferte uns auch Antworten. Dagegen war er nicht bereit, schriftliche Antworten auf Fragen zu Aspekten der Justizbehinderung oder Fragen zu Ereignissen in der Übergangszeit (zwischen Wahl und Amtsantritt) zu liefern. Zwar glaubten wir die Befugnis und zureichende Rechtsgründe zu besitzen, eine Vorladung zu erwirken, um Aussagen des Präsidenten zu erlangen, entschieden uns aber letzten Endes dagegen. Wir trafen diese Entscheidung im Hinblick auf die erhebliche Verzögerung, die ein solcher Schritt in einem fortgeschrittenen Stadium unserer Ermittlungen wahrscheinlich verursachen würde. Angesichts des umfangreichen, von uns bereits gesammelten Beweismaterials zu den Handlungen des Präsidenten und seinen öffentlichen und privaten Erklärungen dazu, verfügten wir nach unserer Einschätzung über eine ausreichende Grundlage, um relevante Ereignisse zu verstehen und bestimmte Bewertungen auch ohne Aussage des Präsidenten vornehmen zu können. Der Entscheidungsprozess des Büros in dieser Frage ist näher beschrieben in Anhang C, *unten*, in einer Vorbemerkung zu den schriftlichen Antworten des Präsidenten.

Bei der Bewertung des gesammelten Beweismaterials stützten wir uns auf allgemeine Grundsätze, die für jede Ermittlung gelten. Die Frage des kriminellen Vorsatzes wird oft über Indizienbeweise erschlossen. *Siehe z. B. Vereinigte Staaten vs. Croteau*, 819 F.3d 1293, 1305 (11. Cir. 2016) (»Schuldhaftes Wissen kann selten durch direkten Beweis konstatiert werden … Daher dürfen subjektive Tatbestandsmerkmale wie Wissen oder Vorsatz durch Indizienbeweis nachgewiesen werden.«) *Vereinigte Staaten vs. Robinson*, 702 F.3d 22, 36 (2. Cir. 2012) (»Die Staatsanwaltschaft stützte sich auf Indizienbeweise, aber die subjektiven Tatbestandsmerkmale Wissen und Vorsatz können oft durch Indizienbeweis nachgewiesen und plausible Schlussfolgerungen daraus gezogen werden.«) Der Grundsatz, dass ein Vorsatz aus Indizien gefolgert werden kann, ist im Strafrecht unverzichtbar vor dem Hintergrund, dass nach dem Fünften Verfassungszusatz ein jeder das Recht hat, die Aussage zu verweigern, um sich nicht selbst zu belasten. Dementsprechend erfolgt die Bestimmung des Vorsatzes oft ohne die Möglichkeit, die beschuldigte Person zu befragen.

Diese Regel gilt auch für Fälle von Justizbehinderung. *Siehe z. B. Edlind*, 887 F.3d 174, 176 (stützt sich in einem Behinderungsfall auf »erhebliche Indizien dafür, dass [die Angeklagte] ein Unrechtsbewusstsein hatte«; »weil der Nachweis des Vorsatzes fast immer auf Indizien beruhen wird, kann eine Angeklagte schuldig befunden werden, sofern eine Behinderung der Justiz die billigerweise zu erwartende Folge ihrer Handlungen ist«); *Quattrone*, 441 F.3d 173-174. Zu den Indizien, die den Nachweis eines Vorsatzes stützen, kann auch ein Muster potenziell obstruktiver Handlungen gehören. Fed. R. Evid. 404(b) (»Der Nachweis eines Verbrechens, eines Unrechts oder einer anderen Handlung … kann zulässig sein …, um Motiv, Gelegenheit,

Vorsatz, Vorbereitung, Plan, Wissen, Identität, Fehlen eines Irrtums oder Unfalls zu belegen.«); *siehe z. B. Vereinigte Staaten vs. Frankhauser*, 80 F.3d 641, 648-650 (1. Cir. 1996); *Vereinigte Staaten vs. Arnold*, 773 F.2d 823, 832-834 (7. Cir. 1985); *Cintolo*, 818 F.2d 1000.

Glaubwürdigkeitsbeurteilungen können ebenfalls auf der Grundlage objektiver Fakten und Indizien vorgenommen werden. Standardrichtlinien für Geschworene heben eine Reihe von Faktoren hervor, die bei der Einschätzung von Glaubwürdigkeit oft maßgeblich sind. Dazu gehört die Überlegung, ob ein Zeuge einen Grund hatte, nicht die Wahrheit zu sagen; ob der Zeuge ein gutes Gedächtnis hatte; ob der Zeuge Gelegenheit hatte, die Vorgänge zu beobachten, zu denen er ausgesagt hat; ob die Aussage des Zeugen von anderen Zeugen bestätigt wurde; und ob irgendetwas, das der Zeuge zuvor gesagt oder geschrieben hat, im Widerspruch zu seiner Aussage steht. *Siehe z. B. First Circuit Pattern Jury Instructions* § 1.06 (2018); *Fifth Circuit Pattern Jury Instructions (Strafrechtsfälle)* § 1.08 (2012); *Seventh Circuit Pattern Jury Instructions* § 3.01 (2012) (Musterrichtlinien für Geschworene des Ersten (Fünften, Siebten) Gerichtsbezirks)

Zusätzlich zu diesen allgemeinen waren auch speziellere Faktoren zu berücksichtigen, wenn es darum ging, widerstreitende Darstellungen auf ihre Glaubwürdigkeit zu prüfen. So lassen sich etwa schriftliche Aufzeichnungen aus dem fraglichen Zeitraum als unterstützendes Beweismaterial heranziehen. *Siehe Vereinigte Staaten vs. Nobles*, 422 U.S. 225, 232 (1975) (die Tatsache, dass eine »Aussage in dem zeitgleich aufgezeichneten Bericht erschien … würde in aller Regel den Ermittler in seiner Auslegung der Befragung stützen«). Gleichermaßen spricht es für die Glaubwürdigkeit eines Zeugen, wenn seine Aussage erfolgt ist, bevor er ein Motiv hatte, etwas zu erfinden. *Siehe Tome vs. Vereinigte Staaten*, 513 U.S. 150, 158 (1995) (»Ist eine in sich stimmige Aussage älter als das Motiv, liegt darin eine wirksame Entkräftung des Vorwurfs, dass die Zeugenaussage durch dieses Motiv bestimmt wurde.«). Schließlich kann eine falsche Darstellung einer Begegnung durch einen Zeugen auf Unrechtsbewusstsein hindeuten. *Siehe Al-Adahi vs. Obama*, 613 F.3d 1102, 1107 (D.C. Cir. 2010) (vermerkt »das anerkannte Prinzip, dass falsche Schutzbehauptungen ein Hinweis – oft ein starker Hinweis – auf Schuld sind«). Bei der Bewertung der faktischen Ergebnisse unserer Ermittlung wendeten wir diese anerkannten Rechtsgrundsätze an.

II. Faktische Ergebnisse der Untersuchung hinsichtlich Justizbehinderung

Dieser Abschnitt des Berichts geht näher auf das von uns gesammelte Beweismaterial ein. Zunächst schildern wir im Überblick, wie Russland im Präsidentschaftswahlkampf 2016 zum Thema wurde und wie Präsidentschaftskandidat Trump darauf reagierte. Danach wenden wir uns den Schlüsselereignissen zu, die Gegenstand unserer Ermittlungen waren: das Verhalten des Präsidenten in Bezug auf die FBI-Ermittlungen gegen Michael Flynn; die Reaktion des Präsidenten auf die öffentliche Bestätigung der Russland-Untersuchung durch das FBI; Ereignisse im Vorfeld und im Zusammenhang mit der Entlassung des FBI-Direktors Comey; Bemühungen, den Sonderermittler zu entlassen; Bemühungen, den Tätigkeitsbereich des Sonderermittlers einzuschränken; Bemühungen, die Offenlegung von Informationen über das Treffen zwischen Russen und hochrangigen Vertretern des Wahlkampfteams am 9. Juni 2016 im Trump Tower zu verhindern; das Einwirken auf den Justizminister, seine Befangenheitserklärung zurückzunehmen; sowie das Verhalten gegenüber McGahn, Cohen und anderen Zeugen.

Wir fassen das erlangte Beweismaterial zusammen und bewerten es anschließend im Hinblick auf die drei Tatbestandsmerkmale der Justizbehinderung: die behindernde Handlung selbst, die Verbindung zu einem Verfahren und der Vorsatz. Wir konzentrieren uns auf diese Merkmale, denn der Sonderermittler hat, den Bestimmungen zufolge, »die Befugnis … bundesrechtliche Straftaten, die im Zusammenhang mit der Ermittlung stehen und die Arbeit des Sonderermittlers behindern sollen, insbesondere Meineid, Behinderung der Justiz, Verdunkelung und Einschüchterung von Zeugen«, zu untersuchen. 28 C.F.R. § 600.4(a). Entsprechend der Ermächtigung, bundesrechtliche Behinderungsstraftaten zu untersuchen, sammelten wir Beweise, die in Bezug auf die Tatbestandsmerkmale dieser Straftaten erheblich sind, und bewerteten sie innerhalb eines durch die Rechtsprechung gesetzten Rahmens – während wir, aus den oben erläuterten Gründen, auf ein endgültiges Urteil darüber verzichteten, ob Straftaten begangen wurden. Dieser Abschnitt befasst sich auch nicht mit den von der Rechtsvertretung des Präsidenten erhobenen gesetzlichen und verfassungsrechtlichen Einreden; diese werden in Band II, Abschnitt III, *unten*, erörtert.

A. Die Reaktion des Wahlkampfteams auf Berichte über russische Unterstützung für Trump

Während des Präsidentschaftswahlkampfs 2016 wurden in einigen Medien Fragen laut hinsichtlich einer möglichen Verbindung zwischen dem Trump-Wahlkampf und Russland.[7] Die Fragen wurden noch drängender, nachdem WikiLeaks politisch schädliche E-Mails der Demokratischen Partei veröffentlicht hatte, die Berichten zufolge von Russland gehackt worden waren. Auf Nachfragen wegen einer möglichen Verbindung zu Russland reagierte Trump, indem er jegliche geschäftliche Interessen in Russland bestritt – obwohl die Trump Organization noch bis in den Juni 2016 hinein sich um die Realisierung eines Geschäftsprojekts in Moskau bemüht hatte. Ebenso äußerte Trump sich in der Öffentlichkeit skeptisch darüber, dass die Russen die E-Mails gehackt hätten, während gleichzeitig er und andere Funktionäre seines Wahlkampfes sich privat Informationen zu verschaffen suchten [redacted] Gefährdung laufender Verfahren über weitere geplante WikiLeaks-Veröffentlichungen. Als nach der Wahl die Fragen nach einer möglichen Verbindung zwischen Russland und dem Trump-Wahlkampf nicht abrissen, bestritt der designierte Präsi-

---

7 Wenn dieser Abschnitt diverse Pressemeldungen zitiert und zusammenfasst, dann nicht um deren Wahrheitsgehalt willen, sondern nur, um die Reaktionen des Kandidaten auf diese Meldungen in ihrem Kontext zu betrachten. Band I dieses Berichts untersucht die zugrunde liegenden Fakten zu mehreren relevanten Ereignissen, die während des Wahlkampfs von den Medien thematisiert wurden.

dent weiterhin jegliche Russland-Beziehungen und äußerte sich in privatem Kreis besorgt darüber, dass Berichte über die Einmischung Russlands in der Öffentlichkeit dazu führen könnten, die Legitimität seiner Wahl infrage zu stellen.[8]

1. Presseberichte ziehen Verbindungen zwischen dem Trump-Wahlkampf und Russland

Am 16. Juni 2015 verkündete Donald J. Trump seine Absicht, sich um die Nominierung als Kandidat der Republikaner für die Präsidentschaft zu bewerben.[9] Anfang 2016 profilierte er sich im Kreis der Republikanischen Kandidaten, indem er engere Beziehungen zu Russland thematisierte[10] und etwa davon sprach, er komme gut mit dem russischen Präsidenten Wladimir Putin aus,[11] ferner die Frage stellte, ob das Verteidigungsbündnis der NATO nicht überholt sei,[12] und Putin als »starken Führer«

---

8 Wie in Band I erörtert, machte die Untersuchung zwar zahlreiche Kontakte zwischen Personen mit Verbindungen zur russischen Regierung und Personen aus dem Umfeld des Trump-Wahlkampfes fest, doch waren die Beweise nicht ausreichend, um gegen Mitglieder des Wahlkampfteams Vorwürfe zu erheben, dass sie sich mit Vertretern der russischen Regierung verabredet oder koordiniert hätten, die Wahl 2016 zu beeinflussen.

9 @realDonaldTrump 16.6.2015 (11:57 Uhr Eastern Time) Tweet.

10 *Siehe z. B.* Meet the Press Interview mit Donald J. Trump, NBC (20.12.2015) (Trump: »Ich glaube, es wäre eine gute Sache, wenn Russland und die Vereinigten Staaten gut miteinander auskämen.«) *Presidential Candidate Donald Trump News Conference, Hanahan, South Carolina*, C-SPAN (15.2.2016) (»Man will doch einen guten Deal für das Land erreichen, man will mit Russland klarkommen.«)

11 *Siehe z. B. Anderson Cooper 360 Degrees*, CNN (8.7.2015) (»Ich glaube, ich komme gut mit [Putin] aus.«); Andrew Rafferty: *Trump Says He Would »Get Along Very Well« With Putin*, NBC (30.7.2015) (zitiert Trump so: »Ich glaube, ich würde sehr gut mit Wladimir Putin auskommen.«).

12 *Siehe z. B.*: @realDonaldTrump Tweet 24.3.2016 (7:47 Uhr ET); @realDonaldTrump Tweet 24.3.2016 (7:59 Uhr ET).

pries.[13] Die Presse berichtete, dass russische Politikexperten und Kommentatoren Trump als russlandfreundlich einstuften.[14]

Ab Februar 2016 und den ganzen Sommer hindurch berichteten die Medien, dass mehrere Wahlkampfberater Trumps anscheinend Verbindungen zu Russland unterhielten. Zum Beispiel berichtete die Presse, dass Wahlkampfberater Michael Flynn bei einer Fernsehgala in Moskau im Dezember 2015 direkt neben Wladimir Putin gesessen habe und dass Flynn regelmäßig im russischen Fernsehen als Experte aufgetreten sei.[15] Ebenfalls wurde berichtet, dass der außenpolitische Berater Carter Page Verbindungen zu einer staatlichen russischen Erdgasfirma habe[16] und dass Wahlkampfmanager Paul Manafort für den »von Russland unterstützten ehemaligen ukrainischen Präsidenten Wiktor Janukowytsch« tätig gewesen sei.[17] Darüber hinaus warf die

---

13 *Siehe z. B.* Meet the Press Interview mit Donald J. Trump, NBC (20.12.2015) (»[Putin] ist ein starker Führer. Was soll ich denn sagen – dass er ein schwacher Führer ist? Er macht Hackfleisch aus unserem Präsidenten.«); *Donald Trump Campaign Rally in Vandalia, Ohio,* C-SPAN (12.3.2016) (»Ich hab' gesagt, dass [Putin] ein starker Führer ist, und das ist er auch. Ich meine, er mag schlecht sein, er mag gut sein. Aber er ist ein starker Führer.«).

14 *Siehe z. B.* Andrew Osborn, *From Russia with love: why the Kremlin backs Trump*, Reuters (24.3.2016); Robert Zubrin, *Trump: The Kremlin's Candidate*, National Review (4.4.2016).

15 *Siehe z. B.* Mark Hosenball und Steve Holland, *Trump being advised by ex-U.S. Lieutenant General who favors closer Russia ties*, Reuters (26.2.2016); Tom Hamburger et al., *Inside Trump's financial ties to Russia and his unusual flattery of Vladimir Putin*, Washington Post (7.6.2016). Gewisse Flynn betreffende Angelegenheiten sind in Band I, Abschnitt IV.B.7, *oben*, beschrieben.

16 *Siehe z. B.* Zachary Mider, *Trump's New Russia Advisor Has Deep Ties To Kremlin's Gazprom*, Bloomberg (30.3.2016); Julia Iofee, *Who is Carter Page?*, Politico (23.9.2016). Gewisse Page betreffende Angelegenheiten sind in Band I, Abschnitt IV.A.3, *oben*, beschrieben.

17 Tracy Wilkinson, *In a shift, Republican platform doesn't call for arming Ukraine against Russia, spurring outrage*, Los Angeles Times (21.7.2016); Josh Rogin, *Trump campaign guts GOP's anti-Russia stance on Ukraine*, Washington Post (18.7.2016).

Presse während des Nominierungsparteitages der Republikaner Fragen auf hinsichtlich der Beteiligung des Trump-Wahlkampfteams an einer Änderung des Parteiprogramms zugunsten von »Waffenlieferungen an die Ukraine, um russische und Rebellentruppen bekämpfen zu können«.[18]

2. Trumps Wahlkampfteam reagiert auf WikiLeaks' Veröffentlichung der gehackten E-Mails

Am 14. Juni 2016 gab eine Firma für Internetsicherheit, die eine interne Untersuchung für das Democratic National Committee (DNC) durchgeführt hatte, bekannt, dass Hacker der russischen Regierung die Computer gehackt und Zugriff auf Daten erlangt hätten.[19]

Am 22. Juli 2016, dem Tag vor dem Parteitag der Demokraten, postete WikiLeaks Tausende von gehackten DNC-Dokumenten, die sensible interne Überlegungen enthielten.[20] Bald darauf behauptete Hillary Clintons Wahlkampfmanager öffentlich, Russland habe die DNC-Mails gehackt und für ihre Veröffentlichung gesorgt, um den Kandidaten zu unterstützen.[21] Am 26. Juli 2016 berichtete die New York Times, US-»Geheimdienste [hätten] dem Weißen Haus mitgeteilt, sie seien inzwischen ›weitgehend

---

[18] Josh Rogin, *Trump campaign guts GOP's anti-Russia stance on Ukraine*, Washington Post, Meinungen (18.7.2016). Die Ereignisse rund um das Parteiprogramm der Republikaner sind in Band I, Abschnitt IV.A.6, *oben*, beschrieben.

[19] *Bears in the Midst: Intrusion into the Democratic National Committee*, CrowdStrike (15.6.2016) (ursprünglich am 14.6.2016 erschienener Post, lt. Zeitprotokollen von CrowdStrike); Ellen Nakashima, *Russian government hackers penetrated DNC, stole opposition research on Trump*, Washington Post (22.7.2016).

[20] Tom Hamburger und Karen Tumulty, *WikiLeaks releases thousands of documents about Clinton and internal deliberations*, Washington Post (22.7.2016).

[21] Amber Phillips, *Clinton campaign manager: Russians leaked Democrats' emails to help Donald Trump*, Washington Post (24.7.2016).

überzeugt‹, dass die russische Regierung hinter dem Diebstahl von E-Mails und Dokumenten aus dem Besitz des Democratic National Committee stecke«.[22]

Mitarbeiter des Trump-Wahlkampfteams reagierten mit Begeisterung auf Berichte über die Hacks.[23] Gefährdung laufender Verfahren [redacted] diskutierte mit Wahlkampffunktionären, dass WikiLeaks das gehackte Material veröffentlichen würde.[24] Einige Zeugen sagten, Trump selbst habe die Möglichkeit weiterer Veröffentlichungen GIV [redacted] erörtert. Michael Cohen, seinerzeit Vizepräsident der Trump Organization und persönlicher Anwalt Trumps, erinnerte sich, er habe gehört Gefährdung laufender Verfahren [redacted].[25] Nach Cohens Erinnerung antwortete Trump: »oh, gut, in Ordnung«, und Gefährdung laufender Verfahren [redacted].[26] Manafort sagte, dass er kurz nach WikiLeaks' Veröffentlichung gehackter Dokumente mit Trump gesprochen habe Gefährdung laufender Verfahren [redacted]; nach Manaforts Erinnerung antwortete Trump, Manafort solle

---

[22] David E. Sanger und Eric Schmitt, *Spy Agency Consensus Grows That Russia Hacked D.N.C.*, New York Times (26.7.2016).

[23] Gates 10.4.2018 302, 5; Newman 23.8.2018 302, 1.

[24] Gates 11.4.2018 302, 2-3 (SM-2180998); Gates 25.10.2018 302, 2; *s. a.* Band I, Abschnitt III.D.1, *oben*.

[25] Cohen 7.8.2018 302, 8; *s. a.* Band I, Abschnitt III.D.1, *oben*. Lt. Cohen sagte Trump zu ihm nach WikiLeaks' anschließender Veröffentlichung gestohlener DNC-Mails am 22. Juli 2016 so viel wie GIV [redacted] Cohen 18.9.2018 302, 10. Cohens Rolle bei den Aktivitäten des Kandidaten und späteren Präsidenten sowie sein eigenes kriminelles Verhalten ist in Band II, Abschnitt II.K, *unten*, und in Band I, Abschnitt IV.A.1, *oben*, beschrieben.

[26] Cohen 7.8.2018 302, 8.

GIV [redacted] Trump auf dem Laufenden halten.[27] Der stellvertretende Wahlkampfmanager Rick Gates sagte, dass Manafort unter Druck gestanden habe wegen GIV [redacted] Informationen und dass er Gates instruiert habe, GIV [redacted] Statusmeldungen über bevorstehende Veröffentlichungen zu.[28] Etwa zur gleichen Zeit war Gates mit Trump unterwegs zu einem Flughafen GIV [redacted], und kurz nach Beendigung des Telefonats teilte Trump Gates mit, dass weitere Veröffentlichungen belastender Informationen bevorstünden.[29] Gefährdung laufender Verfahren [redacted] wurden innerhalb des Wahlkampfteams diskutiert,[30] und im Sommer 2016 entwarf man eine Kommunikationsstrategie, die sich auf die mögliche Veröffentlichung der Clinton-E-Mails durch WikiLeaks stützen sollte.[31]

3. <u>Das Trump-Wahlkampfteam reagiert auf Behauptungen, dass Russland den Kandidaten Trump unterstützen wolle</u>

Nachdem WikiLeaks am 22. Juli 2016 gehackte DNC-Mails veröffentlicht hatte, wies das Trump-Wahlkampfteam in den folgenden Tagen Unterstellungen zurück, wonach es das Ziel Russlands sei, dem Kandidaten Trump zu nützen. Am 26. Juli 2016 twitterte Trump, es sei »verrückt«, zu meinen, die Russen würden sich

---

27 Grand Jury [redacted]. Wie in Fußnote 197 in Band I, Abschnitt III.D.1.b, *oben*, erläutert, hat dieses Büro Manaforts Darstellung dieser Ereignisse einbezogen, weil sie sich mit derjenigen anderer Zeugen deckt und insoweit erhärtet ist.

28 Gates 25.10.2018 302, 4.

29 Gates 25.10.2018 302, 4

30 Bannon 18.1.2019 302, 3.

31 Gates 11.4.2018 302, 1-2 (SM-2180998); Gates 25.10.2018 302, 2 (lt. Behauptungen Assanges vom 12. Juni 2016 Gefährdung laufender Verfahren [redacted] wurde die Nachrichtenstrategie im Zeitrahmen Juni bis Juli entworfen).

»mit Trump abgeben«[32], und fügte »[f]ürs Protokoll« hinzu, er habe »NULL Investitionen in Russland«.[33]

In einer Pressekonferenz am nächsten Tag, dem 27. Juli 2016, charakterisierte Trump »diese ganze Russland-Geschichte« als ein »totales Ablenkungsmanöver«, das er als »an den Haaren herbeigezogen« und »lächerlich« bezeichnete.[34] Trump sagte, die Behauptung, dass Russland die E-Mail gehackt habe, sei nicht bewiesen, erklärte aber, es würde ihm »kein Kopfzerbrechen« bereiten, wenn Russland Clintons E-Mails hätte.[35] Trump fügte hinzu: »Russland, falls ihr zuhört: Ich hoffe, ihr könnt die 30 000 fehlenden E-Mails finden. Ich schätze, ihr würdet von unserer Presse reichlich belohnt werden.«[36] Trump erklärte ferner, »ich kann mir nichts Besseres vorstellen, als Russland freundlich zu stimmen, im Gegensatz zu dem, was sie jetzt sind«, und auf eine Frage, ob er die Krim als Teil Russlands anerkennen und in Erwägung ziehen würde, die Sanktionen aufzuheben, antwortete er: »Das werden wir in Betracht ziehen. Yeah, wir werden das in Betracht ziehen.«[37]

---

32 @realDonaldTrump 26.7.2016 (18:47 Uhr ET) Tweet.

33 @realDonaldTrump 26.7.2016 (18:50 Uhr ET) Tweet.

34 *Donald Trump News Conference, Doral, Florida,* C-SPAN (27.7.2016).

35 *Donald Trump News Conference, Doral, Florida,* C-SPAN (27.7.2016).

36 *Donald Trump News Conference, Doral, Florida,* C-SPAN (27.7.2016) Innerhalb von fünf Stunden nach Trumps Bemerkung begann ein russischer Geheimdienst, Mail-Accounts aus dem Umfeld von Hillary Clinton im Hinblick auf mögliche Hacks ins Visier zu nehmen. *Siehe* Band I, Abschnitt III, *oben*. In seinen dieser Untersuchung vorliegenden schriftlichen Stellungnahmen erklärte der Präsident, die »Russland, falls ihr zuhört«-Äußerung habe er »im Scherz und sarkastisch« gemacht, »wie für jeden objektiven Beobachter deutlich war«. Schriftliche Antworten von Donald J. Trump (20.11.2018), 13 (Antwort auf Frage II, Teil (d)).

37 *Donald Trump, News Conference, Doral, Florida,* C-SPAN (27.7.2016). In seinen dieser Untersuchung vorliegenden schriftlichen Stellungnahmen erklärte der Präsident, dass seine Äußerung, man werde die Frage der Krim und der Sanktionen »untersuchen«, »keinen politischen Standpunkt kommunizierte«. Schriftliche Antworten von Donald J. Trump (20.11.2018), 17 (Antwort auf Frage IV, Teil (g)).

Während der Pressekonferenz wiederholte Trump fünfmal: »Ich habe nichts mit Russland zu tun.«[38] Er erklärte, sein »engster« Kontakt zu Russland bestünde darin, dass vielleicht irgendwelche Russen ein Haus oder Eigentumswohnungen von ihm gekauft hätten.[39] Nachdem er 2013 die Miss-Universe-Wahl in Moskau abgehalten habe, sei er daran interessiert gewesen, mit russischen Firmen zu kooperieren, die »viel Geld in Bauprojekte in Russland stecken wollten«, aber es habe »nie geklappt«.[40] Er führte aus: »[e]hrlich gesagt, wollte ich es aus verschiedenen Gründen nicht tun. Aber wir hatten einen großen Bauunternehmer an der Hand … der Grundstücke in Moskau und anderswo erschließen wollte. Aber wir haben uns dann dagegen entschieden.«[41] Die Trump Organization hatte allerdings ein Bauprojekt in Moskau – das »Trump Tower Moscow«-Projekt – von etwa September 2015 bis weit in den Juni 2016 hinein verfolgt, und der Kandidat wurde regelmäßig über die Entwicklung auf dem Laufenden gehalten, auch über mögliche Reisen von Michael Cohen nach Moskau, um den Deal voranzutreiben, und von Trump selbst, um ihn unter Dach und Fach zu bringen.[42]

Cohen erinnerte sich, nach der Pressekonferenz mit Trump über dessen Erklärung, keine geschäftlichen Beziehungen in Russland zu unterhalten, gesprochen zu haben, da er diese als unwahr betrachtete.[43] Trump sagte zu Cohen, dass der Trump Tower in Moskau noch nicht abgemacht sei, und meinte: »Warum davon sprechen, wenn es nicht abgemacht ist?«[44] Cohen zufolge hatten etwa zu dieser Zeit, als Reaktion auf Trumps Ver-

---

38 *Donald Trump News Conference, Doral, Florida,* C-SPAN (27.7.2016).
39 *Donald Trump News Conference, Doral, Florida,* C-SPAN (27.7.2016).
40 *Donald Trump News Conference, Doral, Florida,* C-SPAN (27.7.2016).
41 *Donald Trump News Conference, Doral, Florida,* C-SPAN (27.7.2016).
42 Das »Trump Tower Moscow«-Projekt und Trumps Beteiligung daran wird ausführlich erörtert in Band I, Abschnitt IV.A.1, *oben*, und Band II, Abschnitt II.K, *unten*.
43 Cohen 18.9.2018 302, 4.
44 Cohen 18.9.2018 302, 4-5.

leugnung jeglicher Beziehungen zu Russland, Wahlkampfberater eine »Parteilinie« formuliert, wonach Trump keine Geschäfte in Russland und keine Verbindungen nach Russland habe.[45]

Das Trump-Wahlkampfteam bestritt nicht nur jegliche Verbindungen nach Russland, man reagierte auch auf Berichte über russische Wahleinmischung zugunsten der eigenen Kampagne, indem man sich von russischen Kontakten distanzierte. So lehnte zum Beispiel der außenpolitische Berater J.D. Gordon es im August 2016 ab, den russischen Botschafter Sergej Kisljak einzuladen, mit der Begründung, der Zeitpunkt sei »nicht optimal« angesichts der Medienberichte über russische Einflussnahme.[46] Am 19. August 2016 wurde Manafort, während die Medien seine Verbindungen zu einer prorussischen politischen Partei in der Ukraine und zur russischen Geschäftswelt unter die Lupe nahmen, zum Rücktritt aufgefordert.[47] Und als im September 2016 Berichte über Pages Beziehungen zu Russland erschienen, beendeten führende Funktionäre der Trump-Kampagne die Zusammenarbeit mit Page und teilten der Presse mit, Page habe »keine Rolle« in ihrem Wahlkampf gespielt.[48]

---

[45] Cohen 20.11.2018 302, 1; Cohen 18.9.2018 302, 3-5. Die Festsetzung der »Parteilinie« ist ausführlicher beschrieben in Band II, Abschnitt II.K, *unten*.

[46] DJTFP00004953 (8.8.2016 E-Mail, Gordon an Pscheljakow) (»Zurzeit ist es nicht optimal für uns, weil wir schwer damit zu tun haben, eine Schwemme von falschen Medienberichten abzuwehren.«) Die Einladung und Gordons Reaktion sind in Band I, Abschnitt IV.A.7.*a*, *oben*, erörtert.

[47] *Siehe z. B.* Amber Phillips, *Paul Manafort's complicated ties to Ukraine, explained*, Washington Post (19.8.2016) (»Es gab auch eine Welle von aktuellen Schlagzeilen zu Ermittlungen über [Manaforts] Beziehung zu einer prorussischen Partei in der Ukraine.«); Tom Winter und Ken Dilanian, *Donald Trump Aide Paul Manafort Scrutinized for Russian Business Ties*, NBC (18.8.2016). Relevante Vorgänge unter Beteiligung Manaforts sind in Band I, Abschnitt IV. A.8, *oben*, erörtert.

[48] Michael Isikoff, *U.S. intel officials probe ties between Trump adviser and Kremlin*, Yahoo News (23.9.2016); *siehe z. B.* 25.9.2016 E-Mail, Hicks an Conway und Bannon; 23.9.2016 E-Mail, J. Miller an Bannon und S. Miller; Page 16.3.2017 302, 2.

Am 7. Oktober 2016 veröffentlichte WikiLeaks den ersten Satz von E-Mails, die dem Clinton-Wahlkampfmanager John Podesta von einem russischen Geheimdienst gestohlen worden waren.[49] Am selben Tag verkündete die US-Regierung, dass »die russische Regierung die jüngsten Angriffe auf E-Mails von US-Personen und -Institutionen, darunter auch politischen Organisationen, gesteuert hat«.[50] In ihrer Erklärung zog die Regierung eine direkte Verbindung zwischen russischen Hacks und den Veröffentlichungen durch WikiLeaks zum Zweck der Einmischung in die Präsidentschaftswahl und schlussfolgerte, »dass nur höchste russische Regierungsvertreter diese Aktivitäten autorisiert haben können«, ausgehend von deren »Ausmaß und Sensibilität«.[51]

Am 11. Oktober 2016 gab Podesta bekannt, dass das FBI die russischen Hackerangriffe untersuche, und sagte, der Kandidat Trump könne im Voraus gewusst haben, dass die gehackten E-Mails veröffentlicht würden.[52] Vizepräsidentschaftskandidat Mike Pence wurde gefragt, ob das Trump-Wahlkampfteam bei der Veröffentlichung abträglicher Informationen über Clinton mit WikiLeaks »unter einer Decke« stecke, und antwortete: »Nichts könnte weiter von der Wahrheit entfernt sein.«[53]

---

49 @WikiLeaks 7.10.2016 (16:32 Uhr ET) Tweet.

50 Gemeinsame Erklärung des Heimatschutzministeriums und der Gemeinschaft der Nachrichtendienste zur Wahlsicherheit, DHS (7.10.2016).

51 Gemeinsame Erklärung des Heimatschutzministeriums und der Gemeinschaft der Nachrichtendienste zur Wahlsicherheit, DHS (7.10.2016).

52 John Wagner und Anne Gearan, *Clinton campaign chairman ties email hack to Russians, suggests Trump had early warning*, Washington Post (11.10.2016).

53 Louis Nelson, *Pence denies Trump camp in cahoots with WikiLeaks*, Politico (14.10.2016).

4. Nach der Wahl bestreitet Trump weiterhin jegliche Kontakte oder Beziehungen zu Russland oder dass Russland seine Wahl befördert hätte

Am 8. November 2016 wurde Trump zum Präsidenten gewählt. Zwei Tage später teilten russische Amtsträger der Presse mit, die russische Regierung habe während des Wahlkampfs Kontakte zu Trumps »unmittelbarer Umgebung« unterhalten.[54] Hope Hicks, Sprecherin des Trump-Wahlkampfteams, erklärte daraufhin: »Wir haben keine Kenntnis von irgendwelchen Mitgliedern des Wahlkampfteams, die in Kontakt mit ausländischen Vereinigungen gestanden hätten, jedenfalls bis gestern, als Mr. Trump mit führenden Politikern aus aller Welt gesprochen hat.«[55] In einer zusätzlichen Erklärung bestritt sie jegliche Kontakte zwischen dem Wahlkampfteam und Russland. »Das hat es nicht gegeben. Es gab während des Wahlkampfs keine Kommunikation zwischen dem Wahlkampfteam und ausländischen Vereinigungen.«[56]

---

54 Ivan Nechepurenko, *Russian Officials Were in Contact With Trump Allies, Diplomat Says*, New York Times (10.11.2016) (zitiert den Stellvertretenden russischen Außenminister Sergej Rjabkow mit den Worten: »es gab Kontakte« und »ich kann nicht sagen, alle, aber eine Menge von ihnen hielten Kontakt zu Vertretern Russlands«); Jim Heintz und Matthew Lee, *Russia eyes better ties with Trump; says contacts underway*, Associated Press (11.11.2016) (zitiert Rjabkow mit den Worten: »Ich spreche nicht von allen, aber eine ganze Reihe von ihnen unterstützten Kontakte zu russischen Vertretern«).

55 Ivan Nechepurenko, *Russian Officials Were in Contact With Trump Allies, Diplomat Says*, New York Times (11.11.2016) (zitiert Hicks).

56 Jim Heintz und Matthew Lee, *Russia eyes better ties with Trump; says contacts underway*, Associated Press (10.11.2016) (zitiert Hicks) (Hicks erinnerte sich, dass sie nach Abgabe dieser Erklärung mit den Wahlkampfberatern Kellyanne Conway, Stephen Miller, Jason Miller und wahrscheinlich Kushner und Bannon gesprochen habe, um sich von der Richtigkeit ihrer Aussage zu überzeugen, und es habe bei keinem von ihnen irgendein Zögern oder Widerspruch gegeben. Hicks 8.12.2017 302, 4.

Am 10. Dezember 2016 berichtete die Presse, US-Geheimdienste seien »zu dem Ergebnis gekommen, dass Russland sich in die Präsidentschaftswahl im vergangenen Monat einmischte, um Donald Trumps Einzug ins Weiße Haus zu befördern«.[57] In einer Stellungnahme am folgenden Tag sagte der designierte Präsident Trump: »Ich halte das für lächerlich. Ich glaube, das ist nur wieder eine Ausrede.«[58] Niemand, fuhr er fort, wisse im Grunde, wer für die Hacks verantwortlich sei, und äußerte die Vermutung, die Nachrichtendienste haben »keine Ahnung, ob es Russland ist oder China oder sonst wer. Es könnte auch jemand sein, der irgendwo zu Hause in seinem Bett sitzt.«[59] Der designierte Präsident bemerkte außerdem, dass die Demokraten jetzt mit der Story von der russischen Einmischung herauskämen, »weil sie eine der größten Niederlagen in der Geschichte der Politik erlitten haben«.[60]

Am 18. Dezember 2016 sagte Podesta vor der Presse, die Wahl sei »durch die russischen Eingriffe verfälscht« worden, und stellte die Frage, ob Vertreter des Trump-Wahlkampfes »mit den Russen in Verbindung« gewesen seien.[61] Am selben Tag trat der künftige Stabschef Reince Priebus bei Fox News Sunday auf, wo er sich nicht dazu äußern wollte, ob der designierte Präsident die Feststellung der Nachrichtendienstgemeinschaft akzeptiere, wonach Russland in die Wahl eingegriffen habe.[62] Auf die Frage nach Kontakten oder einer Absprache zwischen dem Wahl-

---

57 Damien Gayle, *CIA concludes Russia interfered to help Trump win election, says report,* Guardian (10.12.2016).

58 *Chris Wallace Hosts »Fox News Sunday«, Interview with President-Elect Donald Trump*, CQ Newsmaker Transcripts (11.12.2016).

59 *Chris Wallace Hosts »Fox News Sunday«, Interview with President-Elect Donald Trump*, CQ Newsmaker Transcripts (11.12.2016).

60 *Chris Wallace Hosts »Fox News Sunday«, Interview with President-Elect Donald Trump*, CQ Newsmaker Transcripts (11.12.2016).

61 David Morgan, *Clinton campaign: It's an ›open question‹ if Trump Team colluded with Russia,* Reuters Business Insider (18.12.2016).

62 *Chris Wallace Hosts »Fox News Sunday«, Interview with Incoming White House Chief of Staff Reince Priebus*, Fox News (18.12.2016).

kampfteam und Russland sagte Priebus: »Schon allein diese Frage ist verrückt. Natürlich haben wir uns nicht mit den Russen verbunden.«[63] Priebus fügte hinzu, »diese ganze Sache« sei »ein Ablenkungsmanöver« und »die eigentliche Frage« sei, »warum die Demokraten … alles nur Erdenkliche tun, um das Wahlergebnis zu delegitimieren?«.[64]

Am 29. Dezember 2016 verkündete die Regierung Obama, sie werde als Reaktion auf die gegen die US-Wahl gerichteten russischen Hackerangriffe Sanktionen und andere Maßnahmen gegen mehrere russische Personen und Organisationen verhängen.[65] Auf die Sanktionen angesprochen, sagte der designierte Präsident Trump zunächst: »Ich finde, wir sollten unser Leben weiterleben.«[66] In einer kurz darauf veröffentlichten Erklärung teilte er mit: »Es ist an der Zeit für unser Land, sich größeren und besseren Dingen zu widmen«, ließ aber erkennen, dass er in der darauffolgenden Woche mit den Direktoren der Nachrichtendienste zusammentreffen werde, um sich über russische Einmischungsversuche unterrichten zu lassen.[67] Diese Besprechung fand am 6. Januar 2017 statt.[68] Anschließend gab die Gemeinschaft der Nachrichtendienste ihre Einschätzung an die Öffentlichkeit, wonach Russland mit hoher Wahrscheinlichkeit mittels einer Reihe von Maßnahmen in die Wahl eingegriffen habe

63 *Chris Wallace Hosts »Fox News Sunday«, Interview with Incoming White House Chief of Staff Reince Priebus*, Fox News (18.12.2016).

64 *Chris Wallace Hosts »Fox News Sunday«, Interview with Incoming White House Chief of Staff Reince Priebus*, Fox News (18.12.2016).

65 *Statement by the President on Actions in Response to Russian Malicious Cyber Activity and Harassment*, White House (29.12.2016); *siehe auch* Missy Ryan et al., *Obama administration announces measures to punish Russia for 2016 election interference*, Washington Post (29.12.2016).

66 John Wagner, *Trump on alleged election interference by Russia: ›Get on with our lives‹*, Washington Post (29.12.2016).

67 Missy Ryan et al., *Obama administration announces measures to punish Russia for 2016 election interference*, Washington Post (29.12.2016).

68 Comey 15.11.2017 302, 3.

mit der Absicht, Clintons Wählbarkeit zu beschädigen.[69] Ferner brachte sie ihre Überzeugung zum Ausdruck, dass Putin und die russische Regierung eine eindeutige Vorliebe für Trump entwickelt hätten.[70]

Einige Tage später veröffentlichte BuzzFeed ungeprüfte Behauptungen über die Russland-Verbindungen des Kandidaten Trump, die der ehemalige britische Geheimdienstler Christopher Steele während des Wahlkampfes unter der Überschrift »Diese Berichte behaupten, dass Trump enge Verbindungen nach Russland hat« zusammengestellt hatte.[71] Auf einer Pressekonferenz am Folgetag bezeichnete der designierte Präsident die Veröffentlichung als »absolute Schande« und sagte: »Ich habe nichts mit Russland zu tun. Ich habe keine Geschäfte, die in Russland laufen könnten, weil wir uns ferngehalten haben … Also, ich habe keine Geschäfte, ich habe keine Kredite und ich habe keine Beziehungen. Wir könnten ganz leicht Geschäfte machen in Russland, wenn wir wollten, es ist nur so, dass ich nicht will, weil ich glaube, das wäre ein Interessenkonflikt.«[72]

Mehrere Berater erinnerten sich, dass der designierte Präsident aufgrund der Berichte über seine russischen Verbindungen, die Russland-Ermittlungen und die Einschätzung der Nachrichtendienste über russische Einmischung die Legitimität seines Wahlsiegs bedroht sah.[73] Hicks berichtete zum Beispiel, der de-

---

69 Office of the Director of National Intelligence, *Russia's Influence Campaign Targeting the 2016 US Presidential Election*, 1 (6.1.2017).

70 Office of the Director of National Intelligence, *Russia's Influence Campaign Targeting the 2016 US Presidential Election*, 1 (6.1.2017).

71 Ken Bensinger et al., *These Reports Allege Trump Has Deep Ties To Russia*, BuzzFeed (10.1.2017).

72 *Donald Trump's News Conference: Full Transcript and Video*. New York Times (11.1.2017), *verfügbar unter* https://nytimes.com/2017/01/11/us/politics/trump-press-conference-transcript.html.

73 Priebus 13.10.2017 302, 7; Hicks 13.3.2018 302, 18; Spicer 16.10.2017 302, 6; Bannon 14.2.2018 302, 2; Gates 18.4.2018 302, 3; *siehe* Pompeo 28.6.2017 302, 2 (der Präsident glaubte, Zweck der Russland-Ermittlung sei es, seine Präsidentschaft zu delegitimieren).

signierte Präsident habe die Einschätzung der Nachrichtendienste als seine »Achillesferse« betrachtet, weil die Leute, auch wenn Russland gar keinen Einfluss auf die Wahl hatte, denken würden, die Russen hätten ihm zum Sieg verholfen, und damit wäre ihm alles genommen, was er erreicht hatte.[74] Sean Spicer, der erste Pressesprecher des Weißen Hauses, erinnerte sich, dass der Präsident der Meinung war, die Russland-Geschichte sei erarbeitet worden, um die Legitimität seiner Wahl zu unterminieren.[75] Gates zufolge betrachtete der Präsident die Russland-Ermittlungen als einen Angriff auf die Rechtmäßigkeit seines Sieges.[76] Und auch Priebus erinnerte sich, dass der designierte Präsident, als die Bewertung durch die Geheimdienste bekannt wurde, Sorge hatte, dass die Leute die Rechtmäßigkeit seines Sieges infrage stellen würden.[77]

74 Hicks 13.3.2018 302, 18.
75 Spicer 17.10.2017 302, 6.
76 Gates 18.4.2018 302, 3.
77 Priebus 13.10.2017 302, 7.

B. Das Verhalten des Präsidenten im Zuge der Ermittlungen gegen Michael Flynn

Übersicht

Während der Übergangsphase nach der Wahl führte der designierte Nationale Sicherheitsberater Michael Flynn zwei Telefonate mit dem russischen Botschafter in den USA über Russlands Reaktion auf die von amerikanischer Seite erhobenen Sanktionen aufgrund von Russlands Einflussnahme auf die Wahl. Nach Presseberichten über Flynns Kontakte zum russischen Botschafter log Flynn gegenüber Vertretern der neu gewählten Regierung, indem er ihnen versicherte, in den Gesprächen nicht über die Sanktionen diskutiert zu haben. Die Regierungsvertreter wiederholten diese Lügen in Interviews mit der Presse. Das FBI, das in anderen Angelegenheiten bereits vorab Untersuchungen über Flynn angestellt hatte, befragte ihn zu den Telefongesprächen in der Woche nach der Vereidigung des Präsidenten, und Flynn erzählte dem FBI ähnliche Lügen. Am 26. Januar 2017 wiesen Vertreter des Justizministeriums das Weiße Haus darauf hin, dass Flynn und der russische Botschafter über Sanktionen gesprochen hätten und dass Flynn vom FBI befragt worden war. Am Abend darauf traf der Präsident FBI-Direktor James Comey zu einem privaten Abendessen, in dem er Comey um Loyalität ihm gegenüber bat. Am 13. Februar 2017 forderte der Präsident Flynn auf, sein Amt niederzulegen. Am nächsten Tag hatte der Präsident ein Gespräch mit Comey unter vier Augen, in dessen Verlauf er sagte: »Ich hoffe, Sie sehen einen Weg, die Sache fallen zu lassen, von Flynn die Finger zu lassen.«

Beweislage

1. Der designierte Nationale Sicherheitsberater Flynn spricht mit dem Russischen Botschafter Sergej Kisljak über die Sanktionen gegen Russland

Kurz nach der Wahl gab der neu gewählte Präsident Trump bekannt, dass er Michael Flynn zu seinem Nationalen Sicherheitsberater berufen würde.[78] In den darauffolgenden zwei Monaten übernahm Flynn eine aktive Rolle im Übergangsteam des Präsidenten bei der Koordinierung von politischen Positionen und der Kommunikation mit Vertretern ausländischer Regierungen, einschließlich dem russischen Botschafter in den Vereinigten Staaten, Sergej Kisljak.[79]

Am 29. Dezember 2016, wie erwähnt in Band II, Abschnitt II.A.4, *unten*, gab die Obama-Regierung bekannt, dass sie gegen verschiedene russische Personen und Organisationen Sanktionen und andere Maßnahmen verhängen würde.[80] An diesem Tag tauschten mehrere Mitglieder von Trumps Übergangsteam E-Mails aus über die Sanktionen und deren Auswirkungen auf die neu gewählte Regierung, während Flynn Teile des Über-

---

78 Flynn 16.11.2017 302, 7; *President-Elect Donald J. Trump Selects U.S. Senator Jeff Sessions for Attorney General, Lt. Gen. Michael Flynn as Assistant to the President for National Security Affairs and U.S. Rep. Mike Pompeo as Director of the Central Intelligence Agency,* Pressemitteilung des designierten Präsidenten Donald J. Trump (18. November 2016); *siehe auch z. B.* Bryan Bender, *Trump names Mike Flynn national security adviser*, Politico, (17. November 2016).

79 Flynn 16.11.2017 302, 8-14; Priebus 13.10.2017 302, 3-5.

80 *Statement by the President on Actions in Response to Russian Malicious Cyber Activity and Harassment*, White House, Büro des Pressesprechers (29. Dezember 2016).

gangsteams informierte, dass er noch am selben Tag mit dem russischen Botschafter sprechen würde.[81]

Flynn, der sich zu der Zeit in der Dominikanischen Republik befand, und K.T. McFarland, die als stellvertretende Nationale Sicherheitsberaterin vorgesehen war und sich in der Urlaubsunterkunft Mar-a-Lago in Florida mit dem neu gewählten Präsidenten und anderen ranghohen Mitarbeitern aufhielt, sprachen am Telefon darüber, was, wenn überhaupt, Flynn zu Kisljak über die Sanktionen sagen sollte.[82] McFarland hatte mit kürzlich ernannten Regierungsvertretern über die Sanktionen sowie Russlands mögliche Reaktionen darauf gesprochen und war der Meinung, in diesen Unterhaltungen erwähnt zu haben, dass Flynn ein Gespräch mit Kisljak vereinbart hatte.[83] Auf Grundlage dieser Unterhaltungen informierte McFarland Flynn, dass die Vertreter der neuen Regierung in Mar-a-Lago nicht darauf aus waren, dass Russland die Situation eskalieren lassen würde.[84] Um 16:43 Uhr an jenem Nachmittag schickte McFarland eine E-Mail an verschiedene Regierungsvertreter über die Sanktionen und informierte die Gruppe, dass »Gen [F]lynn heute Abend mit dem russischen Botschafter spricht.«[85]

Etwa eine Stunde später traf McFarland sich mit dem neu gewählten Präsidenten und ranghohen Vertretern der Regierung

---

[81] 29.12.2016 E-Mail, O'Brien an McFarland et al.; 29.12.2016 E-Mail, Bossert an Flynn et al.; 29.12.2016 E-Mail, McFarland an Flynn et al.; SF000001 (29.12.2016 Textnachricht, Flynn an Flaherty) (»Wie du mir, so ich dir m Russland nicht gut. Russischer Botschafter meldet sich heute bei mir.«); Flynn 19.1.2018 302, 2.

[82] Übereinkunft zum Straftatbestand 2-3, *Vereinigte Staaten vs. Michael T. Flynn*, 1:17-cr-232 (D.D.C. 1. Dezember 2017), Dok. 4 (*Flynn* Übereinkunft zum Straftatbestand); Flynn 17.11.2017 302, 3-4; Flynn 20.11.2017 302, 3; McFarland 22.12.17 302, 6-7.

[83] McFarland 22.12.2017 302, 4-7 (erinnert sich, über diese Angelegenheit mit Bannon und Priebus gesprochen zu haben).

[84] *Flynn* Übereinkunft zum Straftatbestand, 3; Flynn 17.11.2017 302, 3-4; McFarland 22.12.2017 302, 6-7.

[85] 29.12.2016 E-Mail, McFarland an Flynn et al.

und unterrichtete sie über die Sanktionen und Russlands mögliche Reaktionen.[86] Der designierte Stabschef Reince Priebus erinnerte sich, dass McFarland womöglich bei dem Treffen erwähnt hätte, dass die Sanktionen-Situation »beschwichtigt« werden könnte und nicht eskalieren müsste.[87] McFarland erinnerte sich, dass am Ende der Sitzungsrunde jemand dem neu gewählten Präsidenten gesagt haben könnte, dass Flynn an jenem Abend mit dem Russischen Botschafter sprechen würde.[88] McFarland erinnerte sich nicht an eine Reaktion des Präsidenten.[89] Priebus erinnerte sich, dass der neu gewählte Präsident die Sanktionen als Versuch der Obama-Regierung ansah, ihn zu blamieren, indem sie seinen Wahlsieg infrage stellte.[90]

Direkt nachdem er mit McFarland am 29. Dezember 2016 über die Sanktionen gesprochen hatte, rief Flynn Kisljak an und verlangte, dass Russland auf die Sanktionen angemessen reagieren sollte, ohne die Situation eskalieren zu lassen.[91] Nach dem Anruf informierte Flynn McFarland über dessen Inhalt.[92] Flynn teilte McFarland mit, dass die russische Reaktion auf die Sanktionen nicht auf Eskalation bedacht sei, weil Russland ein gutes Verhältnis mit der Trump-Regierung anstrebe.[93] Am 30. Dezember 2016 gab Russlands Präsident Wladimir Putin bekannt, dass Russland keine Vergeltungsmaßnahmen als Reaktion auf die Sanktionen implementieren würde und stattdessen »… weitere Schritte zur Instandsetzung des russisch-amerikanischen Ver-

---

86 McFarland 22.12.2017 302, 7.

87 Priebus 18.1.2018 302, 3.

88 McFarland 22.12.2017 302, 7. Priebus glaubte, dass McFarland Flynns verabredetes Gespräch mit Kisljak in diesem Treffen erwähnt haben könnte, war sich aber nicht sicher. Priebus 18.1.2018 302, 3.

89 McFarland 22.12.2017 302, 7.

90 Priebus 18.1.2018 302, 3.

91 *Flynn* Übereinkunft zum Straftatbestand, 3; Flynn 17.11.2017 302, 3-4.

92 *Flynn* Übereinkunft zum Straftatbestand, 3; McFarland 22.12.2017 302, 7-8; Flynn 17.11.2017 302, 4.

93 McFarland 22.12.2017 302, 8.

hältnis entlang der politischen Entscheidungen der Trump-Regierung« planen würde.[94] Im Verlauf dieser Bekanntgabe schrieb der neu gewählte Präsident auf Twitter: »Großartige Entscheidung, der Aufschub (von W. Putin). – ich wusste schon immer, dass er sehr klug ist!«[95]

Am 31. Dezember 2016 rief Kisljak Flynn an und sagte ihm, dass Flynns Bitte auf höchster Ebene angekommen sei und dass Russland seiner Bitte entsprechend entschieden hätte, keine Vergeltung zu üben.[96] Noch am selben Tag unterrichtete Flynn McFarland von seinem Folgegespräch mit Kisljak und Russlands Entscheidung, die Situation rund um die Sanktionen auf seine Bitte hin nicht eskalieren zu lassen.[97] McFarland erinnerte sich daran, dass Flynn der Meinung war, dass sein Telefongespräch diese Entscheidung beeinflusst hätte.[98] Flynn sprach am selben Tag noch mit anderen angehenden Regierungsvertretern, erinnert sich jedoch nicht daran, ob sie über die Sanktionen sprachen.[99]

Flynn erinnerte sich daran, die Angelegenheit mit den Sanktionen mit dem designierten Regierungsberater Stephen Bannon am nächsten Tag besprochen zu haben.[100] Flynn sagte, dass Bannon von Flynns Gespräch mit Kisljak gewusst zu haben schien, und er und Bannon waren sich einig, dass sie »den Zug mit Russlands Vergeltungsantworten gestoppt« hätten.[101] Am 3. Januar 2017 traf Flynn den neu gewählten Präsidenten persönlich und

---

94 *Mitteilung des russischen Präsidenten*, Russischer Präsident (30. Dezember 2016) 30.12.2016.

95 @realDonaldTrump 30.12.2016 (14:41 Uhr ET) Tweet.

96 Flynn 19.1.2018 302, 3; *Flynn* Übereinkunft zum Straftatbestand, 3.

97 Flynn 19.1.2018 302, 3; Flynn 17.11.2017 302, 6; McFarland 22.12.2017 302, 10; *Flynn* Übereinkunft zum Straftatbestand, 3.

98 McFarland 22.12.2017 302, 10; *siehe* Flynn 19.1.2018 302, 4.

99 Flynn 17.11.2017 302, 5-6.

100 Flynn 19.1.2018 302, 4-5. Bannon erinnerte sich, Flynn an diesem Tag getroffen zu haben, er sagte jedoch, dass er sich nicht erinnere, über die Sanktionen mit ihm gesprochen zu haben. Bannon 12.2.2018 302, 9.

101 Flynn 21.11.2017 302, 1; Flynn 19.1.2018 302, 5.

dachte, sie hätten über Russlands Reaktionen auf die Sanktionen gesprochen, konnte sich aber nicht wirklich daran erinnern, dem designierten Präsidenten über den Inhalt der Gespräche mit Kisljak unterrichtet zu haben.[102]

Mitglieder der Geheimdienstbehörden waren überrascht von Russlands Entscheidung, als Antwort auf die Sanktionen keine Vergeltung zu verüben.[103] Bei der Analyse von Russlands Reaktion erfuhren sie, dass Flynn mit Kisljak über die Sanktionen diskutiert hatte.[104] In der Vergangenheit hatte das FBI Ermittlungen gegen Flynn in Gang gesetzt aufgrund seiner Beziehungen zur russischen Regierung.[105] Flynns Kontakte zu Kisljak wurden ein entscheidender Anteil dieser Untersuchungen.[106]

2. Der designierte Präsident Trump wird über die Einschätzung der Geheimdienstbehörden rund um Russlands Einflussnahme bei der Wahl unterrichtet, und der Kongress eröffnet Ermittlungen zu Wahlmanipulationen

Am 6. Januar 2017, wie in Band II, Abschnitt II.A.4, *oben*, erwähnt, unterrichteten Vertreter der Geheimdienste den designierten Präsidenten Trump und seine künftige Regierung über die Einschätzung der Behörden, dass Russland die Präsidentschaftswahl 2016 beeinflusst hat.[107] Nach Ende der Unterrichtung sprach Comey mit dem neu gewählten Präsidenten unter vier Augen, um ihn über unbestätigte, sensible persönliche Anschuldigungen, die Steele zusammengetragen hatte, zu informie-

102 Flynn 19.1.2018 302, 6; Flynn 17.11.2017 302, 6.
103 McCord 17.7.2017 302, 2.
104 McCord 17.7.2017 302, 2.
105 McCord 17.7.2017 302, 2-3; Comey 15.11.2017 302, 5.
106 McCord 17.7.2017 302, 2-3.
107 *Anhörung vor dem Geheimdienstausschuss des Repräsentantenhauses (HPSCI) über russische Einflussnahme,* 115. Kongress (8. Juni 2017) (Aussage für das Protokoll von James B. Comey, ehemaliger Direktor des FBI, 1-2).

ren.[108] Laut einem Gedächtnisprotokoll, das Comey direkt nach dieser privaten Unterredung erstellte, begann der designierte Präsident das Treffen damit, Comey zu sagen, dass er sich im vergangenen Jahr ehrenhaft verhalten habe und einen großartigen Ruf genieße.[109] Der neu gewählte Präsident erklärte, dass er eine hohe Meinung von Comey habe, dass er sich darauf freue, mit ihm zusammenzuarbeiten, und dass er hoffe, er plane, als FBI-Direktor im Amt zu bleiben.[110] Comey antwortete, dass er

---

[108] Comey 15.11.2017 302, 3; *Anhörung vor dem Geheimdienstausschuss des Repräsentantenhauses (HPSCI) über russische Einflussnahme,* 115. Kongress (8. Juni 2017) (Aussage für das Protokoll von James B. Comey, ehemaliger Direktor des FBI, 1-2).

[109] Comey 7.1.2017 Gesprächsprotokoll, 1. Comey begann, ein Gesprächsprotokoll anzufertigen, das das Treffen zusammenfasste, direkt nachdem es stattfand. Comey 15.11.2017 302, 4. Er stellte das Gesprächsprotokoll noch am selben Abend fertig und redigierte es am darauffolgenden Morgen. Comey 15.11.2017 302, 4.

[110] Comey 7.1.2017 Gesprächsprotokoll, 1; Comey 15.112017 302, 3. Comey wies eine Reihe weiterer Anlässe im Januar 2017 aus, bei denen der Präsident wiederholte, er hoffe, dass Comey als FBI-Direktor im Amt bleibe. Am 11. Januar rief der designierte Präsident Trump Comey an, um den Steele-Report zu besprechen, und erklärte, dass er denke, dass Comey einen guten Job mache und dass der neu gewählte Präsident hoffe, er würde als FBI-Direktor im Amt bleiben. Comey 15.11.2017 302, 4; *Anhörung vor dem Geheimdienstausschuss des Repräsentantenhauses (HPSCI) über russische Einflussnahme,* 115. Kongress (8. Juni 2017) (Aussage von James B. Comey, ehemaliger Direktor des FBI) CQ Kongress Abschrift, 90. (»[W]ährend dieses Gesprächs fragte er mich noch einmal: ›Hoffe, Sie bleiben, Sie machen großartige Arbeit.‹ Und ich sagte ihm, dass ich das vorhätte.«). Am 22. Januar, während eines Empfangs im Weißen Haus zu Ehren der Vollzugsbehörden begrüßte der Präsident Comey und sagte, dass er sich darauf freue, mit ihm zusammenzuarbeiten. *Anhörung vor dem Geheimdienstausschuss des Repräsentantenhauses (HPSCI) über russische Einflussnahme,* 115. Kongress (8. Juni 2017) (Aussage von James B. Comey, ehemaliger Direktor des FBI), CQ Kongress Abschrift, 22. Und wie ausführlicher besprochen in Band II, Abschnitt II.D, *unten*, lud der Präsident am 27. Januar Comey zum Abendessen im Weißen Haus ein und sagte, er sei froh, dass Comey als FBI-Direktor im Amt bleiben wolle.

die Absicht habe, in dieser Funktion dem Land weiterhin zu dienen.[111] Anschließend unterrichtete Comey den designierten Präsidenten über das heikle Material in dem Steele-Bericht.[112] Comey erinnerte sich, dass der Präsident eine verbale Abwehrhaltung einnahm, sodass Comey sich dazu entschied, ihm zu versichern, dass das FBI nicht gegen ihn selbst ermittle.[113] Comey erinnerte sich, dass er nicht wollte, dass der designierte Präsident das Gespräch als einen »J.-Edgar-Hoover-Spielzug« ansehen könnte.[114]

Am 10. Januar 2017 berichteten die Medien, dass Comey den neu gewählten Präsidenten über den Steele-Bericht unterrichtet

---

111 Comey 7.1.2017 Gesprächsprotokoll, 1; Comey 15.11.2017 302, 3.

112 Comey 7.1.2017 Gesprächsprotokoll, 1-2; Comey 15.11.2017 302, 3. Comeys Briefing umfasste die unbestätigten Anschuldigungen im Steele-Report, dass die Russen kompromittierende Aufnahmen vom Präsidenten hätten, die sein Verhalten aufzeichneten, als er 2013 als Privatperson für den Miss-Universe-Schönheitswettbewerb nach Moskau gereist war. Während des Präsidentschaftswahlkampfes 2016 hat womöglich eine ähnliche Anschuldigung den Kandidaten Trump erreicht. Am 30. Oktober 2016 erhielt Michael Cohen eine Textnachricht von dem russischen Geschäftsmann Giorgi Rtskhiladze, in der stand: »Habe Umlauf von Aufnahmen aus Russland gestoppt, bin aber nicht sicher, ob da noch mehr ist. Nur damit Sie Bescheid wissen ….« 30.10.2016 Textnachricht, Rtskhiladze an Cohen. Rtskhiladze sagte, die »Aufnahmen« bezogen sich auf kompromittierende Videoaufnahmen von Trump, die sich gerüchtehalber im Besitz von Personen befanden, die mit dem russischen Immobilienkonzern Crocus Group in Verbindung standen, der wiederum geholfen hatte, den Miss-Universe-Schönheitswettbewerb 2013 in Russland auszurichten. Rtskhiladze 4.4.2018 302, 12. Cohen sagte, er habe mit Trump über die Angelegenheit gesprochen, nachdem er die Textnachrichten von Rtskhiladze erhalten hatte. Cohen 12.9.2018 302, 13. Rtskhiladze sagte, ihm wurde gesagt, dass die Aufnahmen eine Fälschung seien, dass er das aber nicht an Cohen weitergegeben hätte. Rtskhiladze 10.5.2018 302, 7.

113 Comey 15.11.2017 302, 3-4; *Anhörung vor dem Geheimdienstausschuss des Repräsentantenhauses (HPSCI) über russische Einflussnahme*, 115. Kongress (8. Juni 2017) (Aussage für das Protokoll von James B. Comey, ehemaliger Direktor des FBI, 2).

114 Comey 15.11.2017 302, 3.

hätte,[115] und BuzzFeed News veröffentlichte online Informationen zusammengestellt von Steele in einem Artikel, in dem von »gezielten, unbestätigten, und womöglich nicht nachweisbaren Anschuldigungen über Kontakte zwischen Trumps Beratern und russischen Agenten« die Rede ist.[116] Am nächsten Tag äußerte der designierte Präsident Bedenken gegenüber den Chefs der Geheimdienstbehörden über die Tatsache, dass die Informationen an die Öffentlichkeit gedrungen seien und fragte, ob sie in einem öffentlichen Statement die Anschuldigungen aus dem Steele-Bericht zurückweisen könnten.[117]

In den folgenden Wochen begannen drei Ausschüsse im Kongress Ermittlungen einzuleiten, um Russlands Einmischung in die Wahl zu untersuchen und ob Trumps Wahlkampfteam mit Russland unter einer Decke steckt.[118] Am 13. Januar 2017 kündigte der Geheimdienstausschuss des Senats (Senate Select Committee on Intelligence, SSCI) an, dass er eine überparteiliche Untersuchung der Wahlbeeinflussung durch Russland einleiten würde, samt jeglicher »Verbindungen zwischen Russland und Einzelpersonen, die in den Wahlkampf involviert waren«.[119] Am 25. Januar 2017 gab der Permanente Geheimdienstausschuss des

---

115 *Siehe z. B.*, Evan Perez et al., *Intel chiefs presented Trump with claims of Russian efforts to compromise him*, CNN (10. Januar 2017; editiert 12. Januar 2017).

116 Ken Bensinger et al., *These Reports Allege Trump Has Deep Ties To Russia*, BuzzFeed News (10. Januar 2017).

117 *Siehe* 11.1.2017 E-Mail, Clapper an Comey (»Er hat gefragt, ob ich eine Mitteilung rausgeben könnte. Er würde natürlich bevorzugen, dass ich sage, die Dokumente wären gefälscht, was ich, logisch, nicht tun kann.«); 12.1.2017 E-Mail, Comey an Clapper (»Er rief mich gestern um 17 Uhr an und wir hatten eine ganz ähnliche Unterhaltung.«); Comey 15.11.2017 302, 4-5.

118 *Siehe 2016 Presidential Election Investigation Fast Facts*, CNN (ursprünglich publiziert am 12. Oktober 2017; editiert am 1. März 2019) (Zusammenfassung von Anfangszeitpunkten von Ermittlungen im Russland-Zusammenhang).

119 *Joint Statement on Committee Inquiry into Russian Intelligence Activities*, SSCI (Geheimdienstausschuss des Senats) (13. Januar 2017).

Repräsentantenhauses (House Permanent Select Committee on Intelligence, HPSCI) bekannt, dass er eine Untersuchung in die Wege geleitet hat, um herauszufinden, auf welche Weise Russland versucht hätte, die Wahlen zu beeinflussen, und ob es Absprachen mit den Wahlkampfteams gab.[120] Und am 2. Februar 2017 kündigte der Justizausschuss im Senat an, ebenfalls Russlands Versuche, die Wahlen zu beeinflussen, zu untersuchen.[121]

3. Flynn macht Falschaussagen über seine Kontakte mit Kisljak gegenüber neu gewählten Regierungsmitgliedern, den Medien und dem FBI

Am 12. Januar 2017 berichtete ein Kolumnist der Washington Post, dass Flynn und Kisljak am selben Tag kommuniziert hätten, an dem die Obama-Regierung die Russland-Sanktionen angekündigt hatte.[122] In der Kolumne stellte er die Frage, ob Flynn irgendetwas gesagt haben könnte, was »die amerikanischen Sanktionen unterhöhlt«, und ob Flynns Kontakte Buchstabe und Geist des Logan Act verletzt hätte.[123]

Der neu gewählte Präsident Trump rief Priebus an, nachdem die Geschichte veröffentlicht war, und drückte seinen Frust da-

---

120 *Joint Statement on Progress of Bipartisan HPSCI Inquiry into Russian Active Measures,* HPSCI (Permanenter Geheimdienstausschuss des Repräsentantenhauses) (25. Januar 2017).

121 *Joint Statement from Senators Graham and Whitehouse on Investigation into Russian Influence on Democratic Nations' Elections* (2. Februar 2017).

122 David Ignatius, *Why did Obama dawdle on Russia's hacking?*, Washington Post (12. Januar 2017).

123 David Ignatius, *Why did Obama dawdle on Russia's hacking?*, Washington Post (12. Januar 2017). Der Logan Act stellt »[j]eden Bürger der Vereinigten Staaten, egal wo er sich befindet«, unter Strafe, der »ohne Erlaubnis der Vereinigten Staaten, direkt oder indirekt, jegliche Form von Korrespondenz oder Interaktion mit einer ausländischen Regierung oder deren Beamten oder Agenten initiiert oder ausführt, im Zuge irgendeiner Auseinandersetzung oder Streitigkeit mit den Vereinigten Staaten, oder der versucht, das Verhältnis zu den Vereinigten Staaten zu zerrütten«. 18 U.S.C. § 953.

rüber aus.[124] Priebus erinnerte sich, dass der designierte Präsident fragte: »Wovon zum Teufel ist hier die Rede?«[125] Priebus rief Flynn an und teilte ihm mit, dass der neu gewählte Präsident über den Bericht über Flynns Gespräche mit Kisljak wütend sei.[126] Flynn erinnerte sich, dass er hohen Druck auf sich lasten spürte, weil Priebus mit dem »Boss« gesprochen hatte und Flynn »die Geschichte im Keim ersticken« müsse.[127] Flynn wies McFarland an, den Kolumnisten der Washington Post anzurufen und ihn zu informieren, dass keine Unterredung über Sanktionen stattgefunden hätte.[128] McFarland erinnerte sich, dass Flynn Worte benutzt hätte im Sinne von »Ich will die Geschichte abwürgen«.[129] McFarland tätigte den Anruf wie von Flynn angewiesen, obwohl sie wusste, dass sie Falschinformationen liefern würde, woraufhin die Washington Post die Kolumne aktualisierte um den Hinweis, ein »Trump-Regierungsmitglied« hätte geleugnet, dass Flynn und Kisljak Sanktionen diskutiert hätten.[130]

Als Priebus und weitere designierte Regierungsmitglieder Flynn intern nach der Kolumne in der Washington Post befragten, bestand Flynn weiterhin darauf, nicht mit Kisljak über die Sanktionen diskutiert zu haben.[131] Flynn wiederholte die Aussage vor dem designierten Vizepräsidenten Michael Pence und dem designierten Pressesprecher Sean Spicer.[132] In darauf folgenden Presse-Interviews Mitte Januar leugneten Pence, Priebus, und Spicer, dass

---

124 Priebus 18.1.2018 302, 6.
125 Priebus 18.1.2018 302, 6.
126 Priebus 18.1.2018 302, 6.
127 Flynn 21.11.2017 302, 1; Flynn 20.11.2017 302, 6.
128 McFarland 22.12.2017 302, 12-13.
129 McFarland 22.12.2017 302, 12.
130 McFarland 22.12.2017 302, 12-13; McFarland 29.8.2017 302, 8; *siehe* David Ignatius, *Why did Obama dawdle on Russia's hacking?*, Washington Post (12. Januar 2017).
131 Flynn 17.11.2017 302, 1, 8; Flynn 19.1.2018 302, 7; Priebus 13.10.2017 302, 7-8; S. Miller 31.8.2017 302, 8-11.
132 Flynn 17.11.2017 302, 1, 8; Flynn 19.1.2018 302, 7; S. Miller 31.8.2017 302, 10-11.

Flynn und Kisljak über Sanktionen gesprochen hätten, wobei sie ihre Dementi auf ihre Gespräche mit Flynn stützten.[133]

Die öffentlichen Erklärungen der neu gewählten Regierungsmitglieder, in denen sie leugneten, dass Flynn und Kisljak über die Sanktionen gesprochen hätten, beunruhigten führende Mitglieder des Justizministeriums, die Kenntnis davon hatten, dass diese Statements nicht den Tatsachen entsprachen.[134] Die Beamten waren besorgt, dass Flynn seine Kollegen angelogen hatte, die wiederum unwissentlich die amerikanische Öffentlichkeit in die Irre führten, was Flynn somit in eine kompromittierende Lage brachte, da nach Einschätzung des Justizministeriums die russische Regierung beweisen konnte, dass Flynn gelogen hatte.[135] Das Ermittlerteam des FBI war zudem der Ansicht, dass Flynns Gespräche mit Kisljak und die darauf folgenden Leugnungsversuche, je über Sanktionen gesprochen zu haben, potenziell im Konflikt mit dem Logan Act stünden und Relevanz für die allgemeinen Russland-Ermittlungen des FBI besaßen.[136]

Am 20. Januar 2017 legte Präsident Trump den Amtseid ab, und Flynn wurde als Nationaler Sicherheitsberater vereidigt. Am 23. Januar 2017 hielt Spicer seine erste Pressekonferenz ab und gab an, dass er mit Flynn am Vorabend gesprochen habe, der ihm bestätigt habe, dass die Gespräche mit Kisljak nur Themen beinhalteten, die nichts mit den Sanktionen zu tun hatten.[137] Spicers Aussage führte im Justizministerium zusätzlich zu Bedenken, dass Russland aufgrund seiner Lügen nun Einfluss auf

---

[133] *Face the Nation Interview with Vice President-Elect Pence*, CBS (15. Januar 2017); Julie Hirschfield Davis et al., *Trump National Security Advisor Called Russian Envoy Day Before Sanctions Were Imposed*, Washington Post (13. Januar 2017); *Meet the Press Interview with Reince Priebus*, NBC (15. Januar 2017).

[134] Yates 15.8.2017 302, 2-3; McCord 17.7.2017 302, 3-4; McCabe 17.8.2017 302, 5 (Beamte des Justizministeriums waren »deshalb total panisch«).

[135] Yates 15.8.2017 302, 3; McCord 17.7.2017 302, 4.

[136] McCord 17.7.2017 302, 4; McCabe 17.8.2017 302, 5-6.

[137] Sean Spicer, *White House Daily Briefing*, C-SPAN (23. Januar 2017).

Flynn habe und diese nachteiligen Informationen nutzen könne, um ihn zu kompromittieren.[138]

Am 24. Januar 2017 erklärte sich Flynn dazu bereit, sich von Agenten des FBI interviewen zu lassen.[139] Während des Interviews, das im Weißen Haus stattfand, sagte Flynn wahrheitswidrig aus, dass er Kisljak nicht gebeten hätte, davon Abstand zu nehmen, die Situation als Reaktion auf die Sanktionen gegen Russland durch die Obama-Regierung eskalieren zu lassen.[140] Flynn gab ebenfalls wahrheitswidrig an, dass er sich nicht an ein weiteres Gespräch erinnern könne, in dem Kisljak sagte, dass Russland entschieden hätte, die Reaktion auf die Sanktionen aufgrund von Flynns Bitte zu mäßigen.[141]

4. Beamte des Justizministeriums unterrichten das Weiße Haus über ihre Bedenken in Bezug auf Flynn

Am 26. Januar 2017 trat die geschäftsführende Justizministerin Sally Yates in Kontakt mit Donald McGahn, dem Rechtsbeistand des Weißen Hauses, und informierte ihn, dass sie vertrauliche Dinge mit ihm unter vier Augen besprechen müsse.[142] Noch am selben Tag trafen Yates und Mary McCord, eine ranghohe Nationale Sicherheitsberaterin im Justizministerium, im Weißen Haus McGahn und James Burnham, einen Anwalt im Rechts-

---

138 Yates 15.8.2017 302, 4; Axelrod 20.7.2017 302, 5.
139 *Flynn* Übereinkunft zum Straftatbestand, 2.
140 *Flynn* Übereinkunft zum Straftatbestand, 2.
141 *Flynn* Übereinkunft zum Straftatbestand, 2. Am 1. Dezember 2017 gab Flynn zu, diese Falschaussagen gemacht zu haben und bekannte sich schuldig, gegen 18 U.S.C. § 1001 verstoßen zu haben, das unter Strafe stellt, wissentlich und vorsätzlich, »jegliche wahrheitswidrige, erfundene, oder betrügerische Aussagen oder Darstellungen« gegenüber Bundesbeamten des Strafvollzugs zu machen. *Siehe* Band I, Abschnitt IV.A.7, *oben*.
142 Yates 15.8.2017 302, 6.

beraterteam des Weißen Hauses.[143] Yates sagte, dass die öffentlichen Aussagen des Vizepräsidenten, in denen er leugnete, dass Flynn und Kisljak über Sanktionen gesprochen hätten, nicht den Tatsachen entsprachen und Flynn womöglich in eine kompromittierende Lage versetzten, da die Russen wussten, dass er gelogen hatte.[144] Yates offenbarte zudem, dass Flynn vom FBI befragt worden war.[145] Sie lehnte ab, genauere Angabe darüber zu machen, wie Flynn sich während des Gesprächs geschlagen hätte[146], ließ jedoch durchblicken, dass Flynns Aussagen in der Befragung des FBI ähnlich klangen wie die Angaben, die er gegenüber Pence und Spicer gemacht hatte, als er leugnete, die Sanktionen diskutiert zu haben.[147] McGahn verließ das Gespräch unter dem Eindruck, dass das FBI Flynn nicht der Lüge bezichtigt hatte[148], beauftragte dennoch John Eisenberg, der als juristischer Berater des Nationalen Sicherheitsrates fungierte, mögliche juristische Schwierigkeiten auszuloten, die sich durch Flynns Aussage beim FBI und seine Kontakte zu Kisljak ergeben könnten.[149]

Am Nachmittag benachrichtigte McGahn den Präsidenten, dass Yates ins Weiße Haus gekommen war, um ihre Bedenken

---

143 Yates 15.8.2017 302, 6; McCord 17.7.2017 302, 6; SCR015_000198 (15.2.2017 Protokollentwurf in den Akten des Büros des Rechtsbeistands des Präsidenten).

144 Yates 15.8.2017 302, 6-8; McCord 17.7.2017 302, 6-7; Burnham 3.11.2017 302, 4; SCR015_000198 (15.2.2017 Protokollentwurf in den Akten des Büros des Rechtsbeistands des Präsidenten).

145 McGahn 30.11.2017 302, 5; Yates 15.8.2017 302, 7; McCord 17.7.2017 302, 7; Burnham 3.11.2017 302, 4.

146 Yates 15.8.2017 302, 7; McCord 17.7.2017 302, 7.

147 SCR015_000198 (15.2.2017 Protokollentwurf in den Akten des Büros des Rechtsbeistands des Präsidenten); Burnham 3.11. 2017 302, 4.

148 McGahn 30.11.2017 302, 5.

149 SCR015_000198 (15.2.2017 Protokollentwurf in den Akten des Büros des Rechtsbeistands des Präsidenten); McGahn 30.11.2017 302, 6, 8.

zu Flynn zu äußern.[150] McGahn beschrieb, was Yates ihm gesagt hatte, und der Präsident bat ihn, ihre Aussagen noch einmal zu wiederholen, also tat er das.[151] McGahn erinnerte sich daran, dass er Flynns Interview mit dem FBI beschrieb; er sagte, dass Flynn nicht offengelegt hatte, dass er mit Kisljak über die Sanktionen gesprochen hatte, es aber eventuell keinen klaren Verstoß gegen 18 U.S.C § 1001 darstelle.[152] Der Präsident erkundigte sich nach Abschnitt 1001, und McGahn erklärte ihm sowohl den Inhalt dieses Gesetzes als auch den Logan Act.[153] Der Präsident wies McGahn an, sich mit Priebus und Bannon zusammenzutun, um die Angelegenheit im Detail zu prüfen, und ordnete an, die Sache nicht mit anderen Regierungsmitgliedern zu besprechen.[154] Priebus erinnerte sich, dass der Präsident wegen Flynn sauer gewesen sei in Hinblick auf das, was Yates dem

[150] McGahn 30.11.2017 302, 6; SCR015_000278 (Büro des Rechtsbeistands des Weißen Hauses BETREFF: »Flynn Tick Tock«) (am 26. Januar, »McGahn IMMEDIATELY advises POTUS«); SCR015_000198 (15.2.2017 Protokollentwurf in den Akten des Büros des Rechtsbeistands des Präsidenten).

[151] McGahn 30.11.2017 302, 6.

[152] McGahn 30.11.2017 302, 7.

[153] McGahn 30.11.2017 302, 7.

[154] McGahn 30.11.2017 302, 7; SCR015_000198-99 (15.2.2017 Protokollentwurf in den Akten des Büros des Rechtsbeistands des Präsidenten).

Weißen Haus mitgeteilt hatte, und sagte: »Nicht schon wieder, dieser Typ, diese Angelegenheit.«[155]

Am selben Abend aß der Präsident mit einer Reihe von ranghohen Beratern zu Abend und fragte die Gruppe, was sie von FBI-Direktor Comey hielten.[156] Laut Dan Coats, Direktor der nationalen Nachrichtendienste, der bei dem Essen anwesend war, machte sich niemand offen dafür stark, Comey abzusägen, aber die allgemeine Meinung über ihn war nicht positiv.[157] Coats sagte der Runde, dass er Comey für einen guten Direktor halte.[158] Coats bestärkte den Präsidenten, Comey persönlich zu treffen und Zeit mit ihm zu verbringen, bevor er eine Entscheidung treffe, ob er ihn im Amt behalten wolle.[159]

---

155 Priebus 13.10.2017 302, 8. Diverse Zeugen sagten, dass der Präsident zu der Zeit mit Flynn aus anderen Gründen unzufrieden gewesen sei. Bannon sagte, dass Flynns Stellung beim Präsidenten nicht gut war seit Dezember 2016. Bannon 12.2.2018 302, 12. Der designierte Präsident hatte Bedenken, weil Präsident Obama ihn kurz nach der Wahl vor Flynn gewarnt hatte. Bannon 12.2.2018 302, 4-5; Hicks 8.12.2017 302, 7 (der Kommentar von Präsident Obama beschäftigte den neu gewählten Präsidenten Trump mehr, als Hicks erwartet hatte). Priebus sagte, dass der Präsident angefangen hätte, mit Flynn unzufrieden zu sein, noch bevor der Artikel über die Gespräche mit Kisljak herauskam, und dass er so aufgebracht über Flynn gewesen sei, dass er ihm während der Geheimdienst-Lagebesprechungen nicht in die Augen geschaut hätte. Priebus 18.1.2018 302, 8. Hicks sagte, dass der Präsident glaubte, dass Flynn kein gutes Gespür für Entscheidungen hätte und er verärgert gewesen sei über Tweets, die Flynn und sein Sohn abgeschickt hätten, und sie erwähnte, dass Flynn seit Februar 2017 »auf dünnem Eis« wandelte. Hicks 8.12.2018 302, 7, 10.

156 Coats 14.6.2017 302, 2.

157 Coats 14.6.2017 302, 2.

158 Coats 14.6.2017 302, 2.

159 Coats 14.6.2017 302, 2.

5. McGahn trifft sich mit Yates ein weiteres Mal wegen Flynn; Präsident Trump hat ein Abendessen mit FBI-Direktor Comey

Am nächsten Tag, den 27. Januar 2017, sprachen McGahn und Eisenberg über das Ergebnis von Eisenbergs erster juristischer Prüfung von Flynns Verhalten, insbesondere, ob Flynn den Espionage Act, den Logan Act, oder 18 U.S.C. § 1001 verletzt haben könnte.[160] Gestützt auf erste Untersuchungen, informierte Eisenberg McGahn über die Möglichkeit, dass Flynn 18 U.S.C. § 1001 und den Logan Act verletzt haben könnte.[161] Eisenberg fügte an, dass die Vereinigten Staaten noch nie eine erfolgreiche Anklage im Sinne des Logan Act gegen eine Privatperson geführt hätten und dass Flynn verschiedene Verteidigungsstrategien zur Verfügung stünden, und obendrein sagte er McGahn, dass er glaube, dass es eher unwahrscheinlich sei, dass ein Staatsanwalt eine Klage im Sinne des Logan Act unter diesen Umständen strafrechtlich vorantreiben würde.[162]

Am selben Morgen noch bat McGahn Yates, noch einmal ins Weiße Haus zu kommen, um über Flynn zu sprechen.[163] Bei diesem zweiten Treffen führte McGahn Zweifel an, dass das Justizministerium eine Klage im Sinne des Logan Act gegen Flynn anstreben würde, sagte aber, dass das Weiße Haus nichts unternehmen würde, was die fortlaufenden Ermittlungen des FBI gegen Flynn beeinträchtigen könnte.[164] Yates erwiderte, dass das

---

160 SCR015_000199 (15.2.2017 Protokollentwurf in den Akten des Büros des Rechtsbeistands des Präsidenten); McGahn 30.11.2017 302, 8.

161 SCR015_000199 (15.2.2017 Protokollentwurf in den Akten des Büros des Rechtsbeistands des Präsidenten); Eisenberg 29.11.2017 302, 9.

162 SCR015_000199 (15.2.2017 Protokollentwurf in den Akten des Büros des Rechtsbeistands des Präsidenten); Eisenberg 29.11.2017 302, 9.

163 SCR015_000199 (15.2.2017 Protokollentwurf in den Akten des Büros des Rechtsbeistands des Präsidenten); McGahn 30.11.2017 302, 8; Yates 15.8.2017 302, 8.

164 Yates 15.8.2017 302, 9; McGahn 30.11.2017 302, 8.

Justizministerium dem Weißen Haus den Hinweis gegeben hätte, damit dort angemessene Maßnahmen getroffen werden können.[165] McGahn bat gegen Ende des Treffens Yates um Zugang zu den Informationen, die dem Justizministerium im Zusammenhang mit Flynns Gesprächen mit Kisljak vorlagen.[166]

Ebenfalls am 27. Januar meldete sich der Präsident bei FBI-Direktor Comey und lud ihn zu einem Essen am selben Abend ein.[167] Priebus erinnerte sich, dass er vor dem Essen zum Präsidenten in etwa gesagt hatte, »Reden Sie nicht über Russland, unter keinen Umständen«, und dass der Präsident versprach, dass er beim Essen Russland nicht erwähnen würde.[168] McGahn hatte bereits in der Vergangenheit dem Präsidenten geraten, nicht direkt mit dem Justizministerium zu kommunizieren, um nicht den Eindruck politischer Einmischung in Strafverfolgungsangelegenheiten zu erwecken oder sich dessen tatsächlich schuldig zu machen.[169] Als Bannon von dem geplanten Abendessen des Präsidenten mit Comey erfuhr, schlug er vor, dass er oder Priebus

---

165 Yates 15.8.2017 302, 9; Burnham 3.11.2017 302, 5; *siehe* SCR015_00199 (15.2.2017 Protokollentwurf in den Akten des Büros des Rechtsbeistands des Präsidenten) (»Yates war nicht dazu bereit, zu bestätigen oder zu dementieren, dass es eine fortlaufende Ermittlung gab, ließ jedoch durchblicken, dass das Justizministerium keine Einwände haben, falls das Weiße Haus Maßnahmen im Fall einleiten sollte.«).

166 Yates 15.9.2017 302, 9; Burnham 3.11.2017 302, 5. Entsprechend McGahns Bitte gab das Justizministerium die grundlegenden Informationen frei, und Eisenberg schaute die gesammelten Informationen Anfang Februar durch. Eisenberg 29.11.2017 302, 5; FBI 7.2.2017 Elektronische Kommunikation, 1 (Aufzeichnung vom 2.2.2017 des Treffens mit Eisenberg).

167 Comey 15.11.2017 302, 6; SCR012b_000001 (Terminkalender des Präsidenten, 27.1.2017); *Anhörung vor dem Geheimdienstausschuss des Repräsentantenhauses (HPSCI) über russische Einflussnahme*, 115. Kongress (8. Juni 2017) (Aussage für das Protokoll von James B. Comey, ehemaliger Direktor des FBI, 2-3).

168 Priebus 13.10.2017 302, 17.

169 *Siehe* McGahn 30.11.2017 302, 9; Dhillon 21.11.2017 302, 2; Bannon 12.2.2018 302, 17.

teilnehmen sollten, aber der Präsident bestand darauf, allein mit Comey zu essen.[170] Comey sagte, dass er überrascht und besorgt war, als er ankam und sah, dass niemand sonst zu dem Essen eingeladen worden war.[171]

Comey stellte eine Beschreibung des Abendessens zur Verfügung in einem zeitnah verfassten Gesprächsprotokoll, einem Interview mit dem Büro des Sonderermittlers und in einer Aussage vor dem Kongress. Laut Comeys Beschreibung des Abendessens kam der Präsident wiederholt auf Comeys Zukunft zu sprechen, und fragte, ob er als FBI-Direktor im Amt bleiben wolle.[172] Da der Präsident jedoch in der Vergangenheit bereits erwähnt hatte, dass er Comey als FBI-Direktor behalten wolle, interpretierte Comey den Kommentar des Präsidenten als Versuch, sich ihm gegenüber als Gönner geben zu können, indem er Comey unterschwellig aufforderte, den Präsidenten zu bitten, sein Amt behalten zu dürfen.[173] Der Präsident erwähnte auch den Steele-Bericht, über den Comey ihn am 6. Januar 2017 informiert hatte, und erklärte, dass er darüber nachdenke, das FBI anzuordnen, die Anschuldigungen zu untersuchen, um zu beweisen, dass sie falsch waren.[174] Comey erwiderte, dass der Präsident gut darü-

---

170 Bannon 12.2.2018 302, 17.

171 *Anhörung vor dem Geheimdienstausschuss des Repräsentantenhauses (HPSCI) über russische Einflussnahme*, 115. Kongress (8. Juni 2017) (Aussage für das Protokoll von James B. Comey, ehemaliger Direktor des FBI, 3); *siehe* Comey 15.11.2017 302, 6.

172 Comey 15.11.2017 302, 7; Comey 28.1.2017 Gesprächsprotokoll, 1, 3; *Anhörung vor dem Geheimdienstausschuss des Repräsentantenhauses (HPSCI) über russische Einflussnahme*, 115. Kongress (8. Juni 2017) (Aussage für das Protokoll von James B. Comey, ehemaliger Direktor des FBI, 3).

173 Comey 15.11.2017 302, 7; *Anhörung vor dem Geheimdienstausschuss des Repräsentantenhauses (HPSCI) über russische Einflussnahme*, 115. Kongress (8. Juni 2017) (Aussage für das Protokoll von James B. Comey, ehemaliger Direktor des FBI, 3).

174 Comey 28.1.2017 Gesprächsprotokoll, 3; *Anhörung vor dem Geheimdienstausschuss des Repräsentantenhauses (HPSCI) über russische Einflussnahme*, 115. Kongress (8. Juni 2017) (Aussage für das Protokoll von James B. Comey, ehemaliger Direktor des FBI, 4).

ber nachdenken sollte, bevor er eine solche Maßnahme anordne, da es den Eindruck erwecken könne, dass das FBI gegen ihn persönlich ermittle, was nicht zutraf.[175] Zu einem späteren Zeitpunkt während des Essens kam der Präsident auf Flynn zu sprechen und sagte: »Der Typ hat ernsthafte Probleme, vernünftige Entscheidungen zu treffen.«[176] Comey gab keinen Kommentar zu Flynn ab, und der Präsident erwähnte in keiner Weise das Interesse des FBI an Flynn oder irgendwelche Kontakte mit ihm.[177]

Laut Comeys Darstellung erklärte der Präsident einmal während des Essens: »Ich brauche Loyalität, ich erwarte Loyalität.«[178] Comey gab keine Antwort, und so wandte sich die Unterhaltung anderen Themen zu, aber der Präsident kam gegen Ende des Essens noch einmal auf Comeys Amt zu sprechen und wiederholte den Satz: »Ich brauche Loyalität.«[179] Comey antwortete: »Sie werden von mir immer Ehrlichkeit bekommen.«[180] Der Prä-

---

175 Comey 28.1.2017 Gesprächsprotokoll, 3; *Anhörung vor dem Geheimdienstausschuss des Repräsentantenhauses (HPSCI) über russische Einflussnahme*, 115. Kongress (8. Juni 2017) (Aussage für das Protokoll von James B. Comey, ehemaliger Direktor des FBI, 4).

176 Comey 28.1.2017 Gesprächsprotokoll, 4; Comey 15.11.2017 302, 7.

177 Comey 28.1.2017 Gesprächsprotokoll, 4; Comey 15.11.2017 302, 7.

178 Comey 28.1.2017 Gesprächsprotokoll, 2; Comey 15.11.2017 302, 7; *Anhörung vor dem Geheimdienstausschuss des Repräsentantenhauses (HPSCI) über russische Einflussnahme*, 115. Kongress (8. Juni 2017) (Aussage für das Protokoll von James B. Comey, ehemaliger Direktor des FBI, 3).

179 Comey 28.1.2017 Gesprächsprotokoll, 3; Comey 15.11.2017 302, 7; *Anhörung vor dem Geheimdienstausschuss des Repräsentantenhauses (HPSCI) über russische Einflussnahme*, 115. Kongress (8. Juni 2017) (Aussage für das Protokoll von James B. Comey, ehemaliger Direktor des FBI, 3-4).

180 Comey 28.1.2017 Gesprächsprotokoll, 2; Comey 15.11.2017 302, 7; *Anhörung vor dem Geheimdienstausschuss des Repräsentantenhauses (HPSCI) über russische Einflussnahme*, 115. Kongress (8. Juni 2017) (Aussage für das Protokoll von James B. Comey, ehemaliger Direktor des FBI, 4).

sident sagte: »Das ist, was ich haben will, ehrliche Loyalität.«[181] Comey sagte: »Das werden Sie von mir bekommen.«[182]

Nachdem Comeys Darstellung über die Geschehnisse während des Abendessens an die Öffentlichkeit gelangt war, leugneten der Präsident und seine Berater, dass er Comey um Loyalität gebeten habe.[183] Der Präsident deutete ebenso an, dass er Comey nicht zum Essen eingeladen habe, als er einem Reporter erzählte, dass er dachte, Comey hätte »um das Essen gebeten«, weil »er im Amt bleiben wollte«.[184] Es gibt jedoch gewichtige Beweise, die Comeys Darstellung der Einladung zu dem Essen und den Loyalitätsersuch stützen. Der Terminkalender des Präsidenten

---

181 Comey 28.1.2017 Gesprächsprotokoll, 3; Comey 15.11.2017 302, 7; *Anhörung vor dem Geheimdienstausschuss des Repräsentantenhauses (HPSCI) über russische Einflussnahme*, 115. Kongress (8. Juni 2017) (Aussage für das Protokoll von James B. Comey, ehemaliger Direktor des FBI, 4).

182 Comey 28.1.2017 Gesprächsprotokoll, 3; Comey 15.11.2017 302, 7; *Anhörung vor dem Geheimdienstausschuss des Repräsentantenhauses (HPSCI) über russische Einflussnahme*, 115. Kongress (8. Juni 2017) (Aussage für das Protokoll von James B. Comey, ehemaliger Direktor des FBI, 4).

183 *Siehe z. B.*, Michael S. Schmidt, *In a Private Dinner, Trump Demanded Loyalty. Comey Demurred.*, New York Times (11. Mai 2017) (darin wird Sarah Sanders zitiert mit: »[Der Präsident] würde nicht einmal andeuten, persönliche Loyalität ihm gegenüber zu erwarten«); Ali Vitali, *Trump Never Asked for Comey's Loyalty, President's Personal Lawyer Says*, NBC (8. Juni 2017) (darin wird der persönliche Rechtsbeistand des Präsidenten zitiert mit: »Der Präsident hat auch niemals zu Mr. Comey gesagt: ›Ich brauche Loyalität, ich erwarte Loyalität‹, weder wörtlich noch inhaltlich.«); Äußerungen von Präsident Trump in einer Pressekonferenz, Weißes Haus (9. Juni 2017) (»Ich kenne den Mann kaum. Ich sage doch nicht: ›Ich will, dass Sie einen Treueschwur ablegen.‹ Wer würde das tun? Wer würde jemanden bitten, Treue zu schwören unter Eid?«). In einer privaten Unterhaltung mit Spicer gab der Präsident an, dass er Comey nie um seine Loyalität gebeten hätte, fügte aber hinzu, falls er ihn um seine Loyalität gebeten hätte: »Wen kümmert's?« Spicer 16.10.2017 302, 4. Der Präsident sagte McGahn, dass er nie gesagt habe, was Comey behauptet hatte, das er gesagt habe. McGahn 12.12.2017 302, 17.

184 *Interview of Donald J. Trump*, NBC (11 Mai 2017).

bestätigt, dass der Präsident am 27. Januar Comey gegenüber »eine Einladung zum Abendessen aus[sprach]«.[185] In Bezug auf den Inhalt der Unterredung während des Essens dokumentierte Comey die Bitte des Präsidenten, ihm Loyalität zu erweisen, in einer Gesprächsnotiz, die er in der Nacht des Abendessens anfertigte;[186] ranghohe FBI-Beamte erinnerten sich, dass Comey ihnen von dem Loyalitätsersuch kurz nach dem Essen erzählt hatte;[187] und zudem beschrieb Comey die Loyalitätsaufforderung unter Eid in Sitzungsprotokollen im Kongress sowie in einem nachfolgenden Interview mit Ermittlern, in dem er gemäß 18 U.S.C. § 1001 unter Strafe für Meineid gestanden hätte. Co-

---

[185] SCR012b_000001 (Terminkalender des Präsidenten, 27.1.2017) (woraus ersichtlich wird, dass der Präsident Comey am Morgen des 27. Januar anrief und »[d]er Grund des Anrufs war, eine Einladung zum Abendessen auszusprechen«). Zudem bestätigten zwei Zeugen Comeys Darstellung, dass der Präsident sich gemeldet hätte, um einen Termin für das Essen zu vereinbaren, ohne dass Comey danach gefragt hatte. Priebus 13.10.2017 302, 17 (der Präsident bat, das Essen am 27. Januar zu vereinbaren, weil er wenig über Comey wusste und vorhatte, ihn zu fragen, ob er im Amt als FBI-Direktor bleiben wolle); Rybicki 21.11.2018 302, 3 (er erinnerte sich, dass Comey ihm von der Einladung zum Abendessen beim Präsidenten am Tag des Essens erzählt hatte).

[186] Comey 15.11.2017 302, 8; *Anhörung vor dem Geheimdienstausschuss des Repräsentantenhauses (HPSCI) über russische Einflussnahme*, 115. Kongress (8. Juni 2017) (Aussage für das Protokoll von James B. Comey, ehemaliger Direktor des FBI, 4).

[187] McCabe 17.8.2017 302, 9-10; Rybicki 21.11.2018 302, 3. Nachdem er das Weiße Haus verlassen hatte, wandte sich Comey an den stellvertretenden Direktor des FBI, Andrew McCabe, fasste zusammen, worüber er und der Präsident gesprochen hatten, samt der Loyalitätsbitte des Präsidenten, und drückte sein Unbehagen über die Bitte des Präsidenten aus. McCabe 17.8.2017 302, 9. Comey berief zudem ein Treffen ein mit seinem Führungsstab, um zu besprechen, was der Präsident ihn während des Essens gefragt hatte und ob er mit der Loyalitätsbitte angemessen umgegangen war. McCabe 17.8.2017 302, 10; Rybicki 21.11.2018 302, 3. Zusätzlich verteilte Comey sein Gesprächsprotokoll, das das Abendessen zusammenfasste, an seinen Führungsstab, und McCabe bestätigte, dass das Protokoll einfing, was Comey ihm direkt nach dem Essen am Telefon gesagt hatte. McCabe 17.8.2017 302, 9-10.

meys Erinnerung an die Details aus dem Abendessen, inklusive dem Loyalitätsersuch des Präsidenten, haben sich durchweg als nicht widersprüchlich erwiesen.[188]

6. Flynns Rücktritt

Am 2. Februar 2017 überprüfte Eisenberg die grundlegenden Informationen im Zusammenhang mit Flynns Gesprächen mit Kisljak.[189] Eisenberg erinnerte sich, dass er eine Notiz über mögliche Strafgesetze, die Flynns Verhalten betreffen könnten, vorbereitet hatte, er glaubte jedoch nicht, dass das Weiße Haus genug Informationen besaß, um dem Präsidenten eine maßgebliche Handlungsempfehlung mitzuteilen.[190] Eisenberg und McGahn kamen überein, dass Eisenbergs Überprüfung der grundlegenden Informationen zu dem Fall seine vorläufigen Ergebnisse, nämlich die geringe Wahrscheinlichkeit, dass Flynn für einen Verstoß gegen den Logan Act rechtlich belangt würde, untermauerten.[191] Da sich die Mitarbeiter des Weißen Hauses unsicher waren, was

---

[188] Es gibt zudem Beweise, die andere Aspekte der Protokolle stützen, die Comey anfertigte, und in denen er seine Begegnungen mit dem Präsidenten dokumentierte. Comey erinnerte sich beispielsweise, und seine Protokolle spiegeln das wider, dass er dem Präsidenten in seinem Treffen am 6. Januar 2017 sowie in den Telefongesprächen vom 30. März und 11. April 2017 sagte, dass das FBI nicht gegen den Präsidenten persönlich ermittele. Am 8. Mai 2017, während einer Unterhaltung über den Rausschmiss von Comey im Weißen Haus, erzählte der Präsident Rosenstein und anderen, dass Comey ihm dreimal gesagt hätte, dass gegen ihn nicht ermittelt werde, einmal persönlich und zweimal am Telefon. Gauhar-000058 (Gauhar 16.5.2017 Notizen).

[189] Eisenberg 29.11.2017 302, 5; FBI 7.2.2017 Elektronische Kommunikation, 1 (wobei das Treffen am 2.2.2017 mit Eisenberg dokumentiert wurde).

[190] Eisenberg 29.11.2017 302, 6.

[191] Eisenberg 29.11.2017 302, 9; SCR015_000200 (15.2.2017 Protokollentwurf in den Akten des Büros des Rechtsbeistands des Präsidenten).

Flynn dem FBI gesagt hatte, konnten sie nicht beurteilen, ob eine Strafverfolgung im Sinne des 18 U.S.C § 1001 infrage käme.[192]

In der Woche des 6. Februar hatte Flynn ein Gespräch mit dem Präsidenten unter vier Augen im Oval Office über die negative Presseberichterstattung zu seinen Kontakten mit Kisljak.[193] Flynn erinnerte sich, dass der Präsident aufgebracht war und ihn nach Informationen über die Gespräche fragte.[194] Flynn zählte die einzelnen Termine auf, an denen er sich erinnerte, mit Kisljak gesprochen zu haben, doch der Präsident korrigierte ein Datum, das er aufgezählt hatte.[195] Der Präsident fragte Flynn, was er und Kisljak besprochen hätten, und Flynn antwortete, dass er womöglich über die Sanktionen gesprochen hatte.[196]

Am 9. Februar 2017 berichtete die Washington Post, dass Flynn mit Kisljak über Sanktionen gesprochen hätte, in dem Monat, bevor der Präsident seine Amtsgeschäfte aufnahm.[197] Nachdem der Artikel publiziert worden war, erfuhr Vizepräsident Pence, dass das Justizministerium das Weiße Haus über den Inhalt von Flynns Gesprächen unterrichtet hatte.[198] Er und weitere Berater bemühten sich daraufhin um Zugang zu den grundlegenden Informationen über Flynns Kontakte zu Kisljak und werteten diese aus.[199] Andrew McCabe, Vizedirektor des FBI, der den Mitgliedern des Weißen Hauses Zugang zu den Informationen gab und anwesend war, als sie sie begutachteten,

192 Eisenberg 29.11.2017 302, 9.
193 Flynn 21.11.2017 302, 2.
194 Flynn 21.11.2017 302, 2.
195 Flynn 21.11.2017 302, 2.
196 Flynn 21.11.2017 302, 2-3.
197 Greg Miller et al., *National security adviser Flynn discussed sanctions with Russian ambassador, despite denials, officials say*, Washington Post (9. Februar 2017).
198 SCR015_000202 (15.2.2017 Protokollentwurf in den Akten des Büros des Rechtsbeistands des Präsidenten); McGahn 30.11.2017 302, 12.
199 SCR015_000202 (15.2.2017 Protokollentwurf in den Akten des Büros des Rechtsbeistands des Präsidenten); McCabe 17.8.2017 302, 11-13; Priebus 13.10.2017 302, 10; McGahn 30.11.2017 302, 12.

erinnerte sich, dass die Regierungsmitglieder ihn danach fragten, ob Flynns Verhalten gegen den Logan Act verstoßen habe.[200] McCabe antwortete, dass er das nicht wisse, das FBI den Fall aber untersuche, weil diese Möglichkeit durchaus bestehe.[201] Auf Grundlage der Beweise aus Flynns Kontakten zu Kisljak stellten McGahn und Priebus fest, dass er die Details der Gespräche über Sanktionen nicht vergessen haben könnte und stattdessen darüber gelogen hätte, was er mit Kisljak besprochen hätte.[202] Flynn hatte den Mitgliedern des Weißen Hauses zudem erzählt, dass das FBI ihm gesagt habe, das FBI sei im Inbegriff, die Ermittlungen einzustellen,[203] was Eisenberg ihm jedoch nicht glauben wollte.[204] Nach Einsicht in das gesammelte Material und einem Gespräch mit Flynn befanden McGahn und Priebus, dass Flynn gekündigt werden solle und gaben diese Empfehlung an den Präsidenten weiter.[205]

An diesem Wochenende begleitete Flynn den Präsidenten nach Mar-a-Lago.[206] Flynn erinnerte sich, dass ihn der Präsident an Bord der Air Force One auf dem Rückflug nach D.C. am 12. Februar 2017 fragte, ob er den Vizepräsidenten angelogen habe.[207] Flynn antwortete, dass er möglicherweise Details aus seinen Gesprächen vergessen hätte, er jedoch nicht denke,

---

200 McCabe 17.8.2017 302, 13.

201 McCabe 17.8.2017 302, 13.

202 McGahn 30.11.2017 302, 12; Priebus 18.1.2018 302, 8; Priebus 13.10.2017 302, 10; SCR015_000202 (15.2.2017 Protokollentwurf in den Akten des Büros des Rechtsbeistands des Präsidenten).

203 McGahn 30.11.2017 302, 11; Eisenberg 29.11.2017 302, 9; Priebus 13.10.2017 302, 11.

204 Eisenberg 29.11.2017 302, 9.

205 SCR015_000202 (15.2.2017 Protokollentwurf in den Akten des Büros des Rechtsbeistands des Präsidenten); Priebus 13.10.2017 302, 10; McGahn 30.11.2017 302, 12.

206 Flynn 17.11.2017 302, 8.

207 Flynn 19.1.2018 302, 9; Flynn 17.11.2017 302, 8.

dass er gelogen habe.[208] Der Präsident antwortete: »In Ordnung. Schon gut. Ich verstehe.«[209]

Am 13. Februar 2017 sagte Priebus zu Flynn, dass er sein Amt niederlegen müsse.[210] Flynn sagte, er wolle sich vom Präsidenten verabschieden, also brachte Priebus ihn zum Oval Office.[211] Priebus erinnerte sich, dass der Präsident Flynn umarmte, seine Hand schüttelte, und sagte: »Wir stellen Ihnen ein gutes Empfehlungsschreiben aus. Sie sind ein guter Mann. Wir kümmern uns um Sie.«[212]

In den Erklärungen zur Amtsniederlegung, die das Büro des Rechtsbeistand des Weißen Hauses vorbereitet und an das Presseamt des Weißen Hauses weitergeleitet hatte, hieß es, dass McGahn dem Präsidenten mitgeteilt hatte, dass es eher unwahrscheinlich sei, dass Flynn strafrechtlich verfolgt werden würde, für den Präsidenten sei Flynns Fall eine Vertrauensfrage.[213] Spicer teilte der Presse am nächsten Tag mit, dass Flynn gezwungen wurde, sein Amt niederzulegen, »nicht aus juristischen Gründen, sondern aus Vertrauensgründen, [da] die Vertrauensbasis zwischen dem Präsidenten und General Flynn in einem Maße verloren gegangen sei, dass [der Präsident] das Gefühl hatte, etwas unternehmen zu müssen«.[214]

---

208 Flynn 17.11.2017 302, 8; Flynn 19.1.2018 302, 9.
209 Flynn 19.1.2018 302, 9.
210 Priebus 18.1.2018 302, 9.
211 Priebus 18.1.2018 302, 9; Flynn 17.11.2017 302, 10.
212 Priebus 18.1.2018 302, 9; Flynn 17.11.2017 302, 10.
213 SCR004_00600 (16.2.2017 E-Mail, Burnham an Donaldson).
214 Sean Spicer, *White House Daily Briefing*, C-SPAN (14. Februar 2017). Nachdem Flynn sich im Dezember 2017 schuldig bekannte, gegen 18 U.S.C. § 1001 verstoßen zu haben, schrieb der Präsident auf Twitter: »Ich musste General Flynn feuern, weil er den Vizepräsidenten und das FBI belogen hat.« @realDonaldTrump 2.12.2017 (12:14 Uhr) Tweet. Am darauffolgenden Tag sagte der persönliche Rechtsbeistand des Präsidenten der Presse, dass er den Tweet formuliert hätte. Maegan Vazquez et al., *Trump's lawyer says he was behind President's tweet about firing Flynn*, CNN (3. Dezember 2017).

7. Der Präsident bespricht den Fall Flynn mit FBI-Direktor Comey

Am 14. Februar 2017, am Tag nach Flynns Rücktritt, aß der Präsident im Weißen Haus mit Chris Christie, dem Gouverneur von New Jersey, zu Mittag.[215] Laut Christie sagte der Präsident während des Essens: »Jetzt da wir Flynn gefeuert haben, ist diese Russland-Sache vorbei.«[216] Christie lachte und erwiderte: »Auf gar keinen Fall.«[217] Er sagte: »Diese Russland-Angelegenheit ist weit davon entfernt, vorbei zu sein«, und »Wir sitzen hier am Valentinstag 2018 und werden immer noch davon reden.«[218] Der Präsident sagte: »[W]as meinst du damit? Flynn hat sich mit den Russen getroffen. Das war das Problem. Ich habe Flynn gefeuert. Das ist durch.«[219] Christie erinnerte sich, ihm geantwortet zu haben, dass aus seiner Erfahrung als Staatsanwalt sowie als jemand, gegen den selbst schon ermittelt wurde, Flynns Rausschmiss nicht dazu führe, dass die Ermittlungen eingestellt würden.[220] Christie sagte, dass es kein Mittel gebe, Ermittlungen abzukürzen, aber jede Menge Wege, sie zu verlängern.[221] Der Präsident fragte Christie, was er damit meine, und Christie riet dem Präsidenten, nicht über die Ermittlungen zu reden, selbst wenn es zeitweise frustrierend für ihn sei.[222] Christie sagte dem

---

215 Christie 13.2.2019 302, 2-3; SCR012b_000022 (Terminkalender des Präsidenten, 14.2.2017).

216 Christie 13.2.2019 302, 3.

217 Christie 13.2.2019 302, 3.

218 Christie 13.2.2019 302, 3. Christie sagte, dass er dachte, wenn der Präsident von »der Russland-Angelegenheit« sprach, dass er nicht nur die Ermittlungen meinte, sondern auch die Berichterstattung in der Presse über Russland. Christie dachte, die wichtigere Angelegenheit wäre, dass es eine Untersuchung gab. Christie 13.2.2019 302, 4.

219 Christie 13.2.2019 302, 3.

220 Christie 13.2.2019 302, 3.

221 Christie 13.2.2019 302, 3.

222 Christie 13.2.2019 302, 3-4.

Präsident dann noch, dass er Flynn niemals ganz loswürde, »wie Kaugummi unter der Schuhsohle«.[223]

Gegen Ende des Mittagessens brachte der Präsident noch einmal Comey ins Gespräch und fragte, ob Christie noch gut mit ihm gestellt sei.[224] Christie sagt, dass er das sei.[225] Der Präsident sagte Christie, er solle Comey anrufen und ihm mitteilen, dass der Präsident »ihn wirklich mag. Sag ihm, dass er Teil des Teams ist.«[226] Am Ende des Mittagessens wiederholte der Präsident seine Bitte an Christie, sich bei Comey zu melden.[227] Christie hatte nicht die Absicht, die Bitte des Präsidenten zu befolgen und sich mit Comey in Verbindung zu setzen.[228] Er hielt die Bitte des Präsidenten für »sinnlos« und Christie wollte Comey nicht in die Lage versetzen, einen solchen Anruf annehmen zu müssen.[229] Christie hatte das Gefühl, dass es unangenehm wäre, eine solche Nachricht zu übermitteln.[230]

Um 16 Uhr am selben Nachmittag traf sich der Präsident mit Comey, Sessions und anderen Regierungsmitgliedern zur

---

223 Christie 13.2.2019 302, 3. Christie erinnerte sich ebenso daran, dass während des Mittagessens Flynn Kushner anrief, der bei dem Essen anwesend war, und sich darüber beschwerte, was Spicer am selben Tag in der Pressekonferenz über Flynn gesagt hatte. Kushner sagte Flynn sinngemäß: »Sie wissen, dass der Präsident Sie respektiert. Sie sind dem Präsidenten wichtig. Ich sorge dafür, dass der Präsident später einen freundlich gesinnten Tweet über Sie absetzt.« Kushner sah den Präsidenten an, als er den Tweet erwähnte, und der Präsident nickte zustimmend. Christie 13.2.2019 302, 3. Flynn erinnerte sich, dass er sich über Spicers Kommentar in der Pressekonferenz aufgeregt hatte und dass er Kushner anrief, um zum Ausdruck zu bringen, dass er die Aussagen nicht gut fand. Flynn 19.1.2018 302, 9.

224 Christie 13.2.2019 302, 4.

225 Christie 13.2.2019 302, 4.

226 Christie 13.2.2019 302, 4-5.

227 Christie 13.2.2019 302, 5.

228 Christie 13.2.2019 302, 5.

229 Christie 13.2.2019 302, 5.

230 Christie 13.2.2019 302, 5.

Heimatschutz-Besprechung.[231] Am Ende der Besprechung entließ der Präsident die anderen Anwesenden und erklärte, dass er Comey allein sprechen wolle.[232] Sessions und Jared Kushner, führender Berater des Präsidenten, blieben im Oval Office, als die anderen Teilnehmer den Raum verließen, aber der Präsident entschuldigte sich und wiederholte, dass er Comey allein sprechen wolle.[233] Irgendwann, nachdem die anderen das Oval Office verlassen hatte, öffnete Priebus die Tür, der Präsident schickte ihn jedoch weg.[234]

Laut Comeys Darstellung dieses Treffens begann der Präsident, sobald sie allein waren, das Gespräch mit dem Satz: »Ich will über Mike Flynn sprechen.«[235] Der Präsident erklärte, dass Flynn nichts Anrüchiges getan habe mit seinen Kontakten zu den Russen, er aber gefeuert werden musste, weil er den Vize-

---

231 SCR0 I 26_000022 (Terminkalender des Präsidenten 14.2.2017); Comey 15.11.2017 302, 9.

232 Comey 15.11.2017 302, 10; 14.2.2017 Comey-Gesprächsprotokoll, 1; *Anhörung vor dem Geheimdienstausschuss des Repräsentantenhauses (HPSCI) über russische Einflussnahme*, 115. Kongress (8. Juni 2017) (Aussage für das Protokoll von James B. Comey, ehemaliger Direktor des FBI, 4); Priebus 13.10.2017 302, 18 (wobei er bestätigte, dass alle hinausbeordert wurden, »wie Comey gesagt hatte« in seiner Aussage vom Juni).

233 Comey 15.11.2017 302, 10; Comey 14.2.2017 Gesprächsprotokoll, 1; *Anhörung vor dem Geheimdienstausschuss des Repräsentantenhauses (HPSCI) über russische Einflussnahme*, 115. Kongress (8. Juni 2017) (Aussage für das Protokoll von James B. Comey, ehemaliger Direktor des FBI, 4); Sessions erinnerte sich, dass der Präsident verlangte, mit Comey allein zu sprechen und dass Sessions einer der Letzten war, der den Raum verließ; er beschrieb Comeys Aussage über die Umstände, wie es zu dem Treffen mit dem Präsidenten unter vier Augen kam, als »ziemlich präzise«. Sessions 17.1.2018 302, 6. Kushner hatte keine Erinnerung daran, ob der Präsident Comey bat dazubleiben. Kushner 11.4.2018 302, 24.

234 Comey 14.2.2017 Gesprächsprotokoll, 2; Priebus 13.10.2017 302, 18.

235 Comey 15.11.2017 302, 10; Comey 14.2.2017 Gesprächsprotokoll, 1; *Anhörung vor dem Geheimdienstausschuss des Repräsentantenhauses (HPSCI) über russische Einflussnahme*, 115. Kongress (8. Juni 2017) (Aussage für das Aktenarchiv von James B. Comey, ehemaliger Direktor des FBI, 4).

präsidenten belogen hatte.[236] Die Unterhaltung kam dann auf die Weitergabe von als geheim eingestuften Informationen zu sprechen, wobei der Präsident das Gespräch wieder auf Flynn lenkte und sagte: »Er ist ein guter Kerl und er hat eine Menge durchgemacht.«[237] Der Präsident erklärte: »Ich hoffe, Sie sehen einen Weg, die Sache fallen zu lassen, von Flynn die Finger zu lassen. Er ist ein guter Kerl. Ich hoffe, Sie können es fallen lassen.«[238] Comey stimmte zu, dass Flynn »ein guter Kerl ist«, legte sich jedoch nicht dazu fest, die Ermittlungen gegen Flynn einzustellen.[239] Comey sagte unter Eid aus, dass er den Satz des Präsidenten »als Anweisung« auffasste, aufgrund der Stellung des Präsidenten und der Umstände ihres Vieraugengesprächs.[240]

---

236 Comey 14.2.2017 Gesprächsprotokoll, 1; *Anhörung vor dem Geheimdienstausschuss des Repräsentantenhauses (HPSCI) über russische Einflussnahme*, 115. Kongress (8. Juni 2017) (Aussage für das Protokoll von James B. Comey, ehemaliger Direktor des FBI, 5).

237 Comey 15.11.2017 302, 10; Comey 14.2.2017 Gesprächsprotokoll, 2; *Anhörung vor dem Geheimdienstausschuss des Repräsentantenhauses (HPSCI) über russische Einflussnahme*, 115. Kongress (8. Juni 2017) (Aussage für das Protokoll von James B. Comey, ehemaliger Direktor des FBI, 5).

238 *Anhörung vor dem Geheimdienstausschuss des Repräsentantenhauses (HPSCI) über russische Einflussnahme*, 115. Kongress (8. Juni 2017) (Aussage für das Protokoll von James B. Comey, ehemaliger Direktor des FBI, 5); Comey 14.2.2017 Gesprächsprotokoll, 2. Comey sagte, er sei sich sicher, dass die Worte in Anführungszeichen in seinem Gesprächsprotokoll, das dieses Treffen zusammenfasste, die genauen Worte des Präsidenten waren. Er sagte, dass er von vornherein bei dem Treffen wusste, dass er gleich eine Unterhaltung führen würde, die mit Konsequenzen verbunden sei, und er merkte sich die Worte, die der Präsident benutzte, und schrieb sie gleich im Anschluss an das Treffen auf. Comey 15.11.2017 302, 10-11.

239 Comey 15.11.2017 302, 10; Comey 14.2.2017 Gesprächsprotokoll, 2;

240 *Anhörung vor dem Geheimdienstausschuss des Repräsentantenhauses (HPSCI) über russische Einflussnahme*, 115. Kongress (8. Juni 2017) (CQ Kongress Abschriften, 31) (Aussage von James B. Comey, ehemaliger Direktor des FBI). Comey sagte zudem aus: »Also, wir reden hier vom Präsidenten der Vereinigten Staaten, der allein mit mir ist und sagt, ›ich hoffe‹ das. Ich fasste es als das auf, was er von mir wollte.« *Ebd.; siehe auch* Comey 15.11.2017 302, 10 (Comey fasste die Aussage als eine Anweisung auf, die Flynn-Ermittlungen einzustellen).

Kurz nach dem Treffen mit dem Präsidenten fing Comey an, ein Gesprächsprotokoll anzufertigen, in dem er ihre Unterhaltungen dokumentierte.[241] Comey traf sich zudem mit seinem Führungsstab, um die Bitte des Präsidenten zu besprechen, und sie stimmten überein, die FBI-Beamten, die an dem Fall Flynn arbeiteten, nicht über die Aussagen des Präsidenten zu informieren, damit die Beamten von der Bitte nicht beeinflusst werden könnten.[242] Comey bat zudem um ein Treffen mit Sessions und forderte Sessions auf, Comey nicht noch einmal mit dem Präsidenten allein zu lassen.[243]

---

[241] Comey 15.11.2017 302, 11; *Anhörung vor dem Geheimdienstausschuss des Repräsentantenhauses (HPSCI) über russische Einflussnahme*, 115. Kongress (8. Juni 2017) (Aussage für das Protokoll von James B. Comey, ehemaliger Direktor des FBI, 5).

[242] Comey 15.11.2017 302, 11; Rybicki 9.6.2017 302, 4; Rybicki 22.6.2017 302, 1; *Anhörung vor dem Geheimdienstausschuss des Repräsentantenhauses (HPSCI) über russische Einflussnahme*, 115. Kongress (8. Juni 2017) (Aussage für das Protokoll von James B. Comey, ehemaliger Direktor des FBI, 5-6).

[243] Comey 15.11.2017 302, 11; Rybicki 9.6.2017 302, 4-5; Rybicki 22.6.2017 302, 1-2; Sessions 17.1.2018 302, 6 (er bestätigte, dass in der Woche nach Comeys Treffen mit dem Präsidenten im Oval Office unter vier Augen Comey dem Justizminister sagte, dass er nicht mit dem Präsidenten allein sein wolle); Hunt 1.2.2018 302, 6 (wenige Tage nach dem Treffen im Oval Office am 14. Februar sagte Comey Sessions, dass er es nicht für angebracht halte, als FBI-Direktor mit dem Präsidenten allein zu sein); Rybicki 21.11.2018 302, 4 (Rybicki half dabei, einen Termin für das Treffen mit Sessions zu finden, weil Comey über seine Bedenken bezüglich des Vieraugengesprächs mit dem Präsidenten sprechen wollte); *Anhörung vor dem Geheimdienstausschuss des Repräsentantenhauses (HPSCI) über russische Einflussnahme*, 115. Kongress (8. Juni 2017) (Aussage für das Protokoll von James B. Comey, ehemaliger Direktor des FBI, 6).

8. Die Presse spekuliert über die Gründe des Präsidenten für die verzögerte Entlassung Flynns

Nachdem Flynn gezwungen wurde, sein Amt aufzugeben, warfen die Medien Fragen auf, warum der Präsident mehr als zwei Wochen nach Benachrichtigung des Justizministeriums damit gewartet hatte, Flynn zu entlassen, und ob der Präsident von Flynns Kontakten zu Kisljak bereits vor der Mitteilung des Justizministeriums wusste.[244] Die Presse hörte zudem nicht auf, Fragen nach Verbindungen zwischen Russland und dem Wahlkampfteam des Präsidenten zu stellen.[245] Am 15. Februar 2017 sagte der Präsident den Reportern: »General Flynn ist ein wunderbarer Mann. Ich glaube, dass er sehr, sehr unfair von den Medien behandelt worden ist.«[246] Am 16. Februar 2017 hielt der

---

244 *Siehe z. B.*, Sean Spicer, *White House Daily Briefing*, C-SPAN (14. Februar 2017) (Fragen aufseiten der Presse lauteten, »wenn [der Präsident] vor 17 Tagen unterrichtet wurde, dass Flynn den Vizepräsidenten in die Irre geführt hatte, sowie andere Berater, und er möglicherweise erpressbar war durch die Russen, warum wurde er noch fast drei Wochen im Amt belassen?« und »Hat der Präsident [Flynn] angewiesen, über Sanktionen mit dem [russischen Botschafter] zu sprechen?«). Priebus erinnerte sich, dass der Präsident anfangs zweideutige Äußerungen zu Flynns Entlassung machte, da es negative Berichterstattung nach sich ziehen würde, wenn der Nationale Sicherheitsberater so früh nach der Wahl sein Amt räumen würde. Priebus 18.1.2018 302, 8.

245 *Z. B.*, Sean Sullivan et al., *Senators from both parties pledge to deepen probe of Russia and the 2016 election*, Washington Post (14. Februar 2017); Aaron Blake, *5 times Donald Trump's team denied contact with Russia*, Washington Post (15. Februar 2017); Oren Dorell, *Donald Trump's ties to Russia go back 30 years*, USA Today (Feb. 15, 2017); Pamela Brown et al., *Trump aides were in constant touch with senior Russian officials during campaign*, CNN (15. Februar 2017); Austin Wright, *Comey briefs senators amid furor over Trump-Russia ties*, Politico (17. Februar 2017); Megan Twohey, Scott Shane, *A Back-Channel Plan for Ukraine and Russia, Courtesy of Trump Associates*, New York Times (19. Februar 2017).

246 Bemerkungen von Präsident Trump und Israels Premierminister Netanyahu in einer gemeinsamen Pressekonferenz, Weißes Haus (15 Februar 2017).

Präsident eine Pressekonferenz und sagte, dass er Flynn entlassen habe, weil Flynn »dem Vizepräsidenten der Vereinigten Staaten nicht die Wahrheit gesagt hatte und sich daran nicht erinnere. Und das war einfach nicht akzeptabel für mich.«[247] Der Präsident sagte, dass er Flynn nicht dazu angewiesen hätte, Sanktionen mit Kisljak zu besprechen, jedoch »wäre es sicherlich in Ordnung für mich gewesen, wenn er es getan hätte. Ich hätte ihn angewiesen, wenn ich gedacht hätte, dass er es nicht tun würde. Ich habe ihn dazu nicht angewiesen, aber ich hätte ihn dazu angewiesen, weil das seine Aufgabe ist.«[248] Beim Auflisten der Gründe für Flynns Entlassung erwähnte der Präsident nicht, dass Flynn ihn angelogen hatte.[249] Der Präsident leugnete gleichwohl, irgendwelche Beziehungen zu Russland zu haben: »Ich habe nichts mit Russland zu tun. Ich habe Ihnen gesagt, ich habe keine Geschäftsbeziehungen dort. Ich habe nichts.«[250] Der Präsident sagte auch noch, dass er »nichts zu tun« habe mit WikiLeaks' Veröffentlichung von gehackten Informationen, die aus dem Clinton-Wahlkampfteam stammten.[251]

---

247 Bemerkungen von Präsident Trump in einer Pressekonferenz, Weißes Haus (16. Februar 2017).

248 Bemerkungen von Präsident Trump in einer Pressekonferenz, Weißes Haus (16. Februar 2017). Der Präsident sagte zudem, dass Flynns Verhalten »nicht falsch war – was er getan hat in Bezug auf die Informationen, die er sah«. Der Präsident sagte, dass Flynn nur seinen »Job gemacht« hätte, und »wenn überhaupt, hat er etwas richtig gemacht«.

249 Bemerkungen von Präsident Trump in einer Pressekonferenz, Weißes Haus (16. Februar 2017); Priebus 18.1.2018 302, 9.

250 Bemerkungen von Präsident Trump in einer Pressekonferenz, Weißes Haus (16. Februar 2017).

251 Bemerkungen von Präsident Trump in einer Pressekonferenz, Weißes Haus (16. Februar 2017).

9. Der Präsident versucht, K.T. McFarland eine Zeugenaussage aufsetzen zu lassen, in der geleugnet wird, dass er Flynns Gespräche mit Kisljak angewiesen hätte

Am 22. Februar 2017 teilten Priebus und Bannon McFarland mit, dass der Präsident von ihr verlangen würde, ihr Amt als Stellvertretende Nationale Sicherheitsberaterin niederzulegen, stellten aber in Aussicht, dass die Regierung sie zur Botschafterin in Singapur ernennen könne.[252] Am nächsten Tag wies der Präsident Priebus an, McFarland eine interne E-Mail aufzusetzen, die bestätigen würde, dass der Präsident Flynn nicht angewiesen hätte, den russischen Botschafter der Sanktionen wegen zu kontaktieren.[253] Priebus berichtete, er hätte dem Präsidenten gesagt, McFarland die Anweisung, einen solchen Brief aufzusetzen, nur zu erteilen, wenn sie sich dabei wohlfühlen würde.[254] Priebus rief McFarland in sein Büro, um ihr die Bitte des Präsidenten mitzuteilen, sie solle protokollarisch festhalten, dass der Präsident Flynn nicht angewiesen hätte, mit Kisljak zu reden.[255] McFarland sagte Priebus, dass sie nicht wisse, ob der Präsident Flynn angewiesen hätte, mit Kisljak über Sanktionen zu sprechen, und so lehnte sie es ab, Ja oder Nein zu der Bitte zu sagen.[256] Priebus konnte nachvollziehen, dass McFarland die Bitte des Präsiden-

---

252 KTMF_00000047 (McFarland 26.2.2017 Vermerk für das Protokoll); McFarland 22.12.2017 302, 16-17.

253 *Siehe* Priebus 18.1.2018 302, 11; *siehe auch* KTMF_00000048 (McFarland 26.2.2017 Vermerk für das Protokoll); McFarland 22.12.2017 302, 17.

254 Priebus 18.1.2018 302, 11.

255 KTMF_00000048 (McFarland 26.2.2017 Vermerk für das Protokoll); McFarland 22.12.2017 302, 17.

256 KTMF_00000047 (McFarland 26.2.2017 Vermerk für das Protokoll) (»Ich sagte, dass ich nicht wisse, ob er es getan oder nicht getan hatte, war aber in Maralago in der Woche zwischen Weihnachten und Neujahr (während Flynn im Urlaub in der Karibik war), und ich wusste nichts von irgendwelchen Flynn-Trump- oder Trump-Russen-Telefongesprächen«); McFarland 22.12.2017 302, 17.

ten unangenehm war, und empfahl ihr, mit Juristen im Büro des Rechtsbeistands des Weißen Hauses zu sprechen.[257]

McFarland meldete sich bei Eisenberg.[258] McFarland sagte ihm, dass sie aus dem Amt als Stellvertretende Nationale Sicherheitsberaterin entlassen wurde und ein Amt als Botschafterin von Singapur angeboten bekommen hatte, dass der Präsident und Priebus aber von ihr verlangt hatten, ein Schreiben aufzusetzen, in dem sie leugnete, dass der Präsident Flynn dazu angewiesen hätte, die Sanktionen mit Kisljak zu besprechen.[259] Eisenberg riet McFarland, den gewünschten Brief nicht aufzusetzen.[260] In einem von McFarland zeitnah verfassten »Protokoll fürs Archiv«, das sie schrieb, weil die Bitte des Präsidenten sie beunruhigte, heißt es: »Eisenberg … war der Meinung, dass die erbetene E-Mail und Brief eine schlechte Idee seien – von meiner Seite, weil die E-Mail misslich wäre. Warum sollte ich eine E-Mail an Priebus schreiben mit einer Mitteilung fürs Aktenarchiv? Aber es wäre auch für den Präsidenten eine schlechte Idee, weil es wirkt, als wäre meine Botschaftsberufung in gewisser Weise ein quid pro quo.«[261] Am selben Abend schaute Priebus in McFarlands Büro vorbei und sagte ihr, dass sie die E-Mail nicht schreiben und vergessen solle, dass er es überhaupt erwähnt hätte.[262]

Etwa zur gleichen Zeit bat der Präsident Priebus, sich an Flynn zu wenden und ihn wissen zu lassen, dass der Präsident sich immer noch um ihn sorge.[263] Priebus rief Flynn an und sagte, dass er mal hören wolle und dass Flynn ein amerikanischer

257 Priebus 18.1.2018 302, 11.
258 McFarland 22.12.2017 302, 17.
259 McFarland 22.12.2017 302, 17.
260 KTMF_00000048 (McFarland 26.2.2017 Vermerk für das Protokoll); McFarland 22.12.2017 302, 17.
261 KTMF_00000048 (McFarland 26.2.2017 Vermerk für das Protokoll); *siehe* McFarland 22.12.2017 302, 17.
262 McFarland 22.12.2017 302, 17; KTMF_00000048 (McFarland 26.2.2017 Vermerk für das Protokoll).
263 Priebus 18.1.2018 302, 9.

Held sei.[264] Priebus dachte, der Präsident wollte nicht, dass Flynn Negatives über ihn sagen würde.[265]

Am 31. März 2017, nachdem Medienberichte meldeten, dass Flynn angeboten hätte, vor FBI-Ermittlern und im Kongress als Gegenleistung für Immunität auszusagen, schrieb der Präsident auf Twitter: »Mike Flynn sollte Immunität verlangen, weil das eine Hexenjagd ist (Ausrede für eine schwere Wahlniederlage), von Medien & Demokraten, in historischem Ausmaß!«[266] Ende März oder Anfang April bat der Präsident McFarland, Flynn eine Nachricht zu überbringen und ihm zu sagen, dass er dem Präsidenten leidtue und dass er sich nicht unterkriegen lassen solle.[267]

Auswertung

Für die Bewertung des Verhaltens des Präsidenten im Zusammenhang mit den Ermittlungen gegen Flynn ergeben sich folgende Beweise, die als Merkmale für einen Fall von Justizbehinderung relevant sind:

a. Tatbestand der Justizbehinderung. Laut Comeys Darstellung des Treffens vom 14. Februar 2017 im Oval Office sagte der Präsident: »Ich hoffe, Sie sehen einen Weg, die Sache fallen zu lassen, von Flynn die Finger zu lassen … Ich hoffe, Sie können es fallen lassen.« Bei der Prüfung, ob diese Aussagen ein behinderndes Verhalten darstellen, ist eine entscheidende Frage, ob Comeys Darstellung dieser Szene korrekt ist, und, falls dem so ist, ob die Aussagen des Präsidenten tendenziell im Sinn hatten, die Arbeit der Justiz durch das Einstellen einer Untersuchung

264 Priebus 18.1.2018 302, 9; Flynn 19.1.2018 302, 9.
265 Priebus 18.1.2018 302, 9-10.
266 @realDonaldTrump 31.3.2017 (7:04 Uhr ET) Tweet; *siehe* Shane Harris at al., *Mike Flynn Offers to Testify in Exchange for Immunity*, Wall Street Journal (30. März 2017).
267 McFarland 22.12.2017 302, 18.

zu behindern, die vor der Grand Jury oder in einer juristischen Anschuldigung hätte enden können.

Nachdem Comeys Darstellung der Bitte des Präsidenten, »von Flynn die Finger zu lassen«, publik wurde, leugnete der Präsident öffentlich diverse Passagen der Geschichte. Der Präsident sagte der New York Times, dass er nicht »andere aus dem Raum verscheucht« hätte, als er mit Comey sprach, und dass er sich nicht erinnere, ein Vieraugengespräch mit Comey geführt zu haben.[268] Der Präsident zweifelte ebenfalls öffentlich an, dass er Comey gesagt hätte, er solle »die Finger von Flynn lassen«, oder dass er auf andere Weise Comey gebeten hätte, die Ermittlungen einzustellen.[269] Außerhalb der Öffentlichkeit leugnete der Präsident Teile von Comeys Darstellung gegenüber Beratern im Weißen Haus, gab jedoch Priebus gegenüber zu, dass er Flynn in dem Treffen mit Comey erwähnt und gesagt hätte, dass Flynn

---

268 *Excerpts From The Times's Interview With Trump,* New York Times (19. Juli 2017). Hicks erinnerte sich, dass der Präsident ihr gesagt hatte, dass er nie zu Comey gesagt hätte, im Raum zu bleiben. Hicks 8.12.2017 302, 12.

269 In einer Mitteilung vom 16. Mai 2017 schrieb das Weiße Haus: »Während der Präsident wiederholt seine Sichtweise ausgedrückt hat, dass General Flynn ein anständiger Mann ist, der unserem Land gedient und es verteidigt hat, hat der Präsident weder Mr. Comey noch sonst irgendwen jemals darum gebeten, irgendeine Untersuchung zu beenden, auch nicht irgendeine Untersuchung, die General Flynn betrifft … Das ist keine ehrliche und den Tatsachen entsprechende Darstellung der Unterhaltung zwischen dem Präsidenten und Mr. Comey.« *Siehe* Michael S. Schmidt, *Comey Memorandum Says Trump Asked Him to End Flynn Investigation*, New York Times (16. Mai 2017) (Zitat der Mitteilung aus dem Weißen Haus); @realDonaldTrump 3.12.2017 (6:15 Uhr ET) Tweet (»Ich habe Comey niemals gebeten, damit aufzuhören, Flynn zu untersuchen. Nur noch mehr Fake News, die eine weitere Comey-Lüge überdecken!«).

ein guter Kerl sei.[270] Trotz dieser Dementi gibt es ausreichende Belege, die Comeys Darstellung stützen.

Erstens fertigte Comey noch am selben Tag ein detailliertes Gesprächsprotokoll von seinem Treffen mit dem Präsidenten an. Comey erzählte an dem Tag zudem führenden FBI-Beamten von dem Treffen mit dem Präsidenten, und deren Erinnerung an das, was Comey ihnen mitgeteilt hatte, deckt sich mit Comeys Darstellung.[271]

Zweitens legte Comey unter Eid eine Aussage im Untersuchungsausschuss des Kongress über die Bitte des Präsidenten ab, dass er »von Flynn die Finger lasse[]«, sowie in Interviews mit ermittelnden Bundesbeamten, in denen er gemäß 18 U.S.C. § 1001 unter Strafe für Meineid gestanden hätte. Comeys Erinnerungen an das Treffen blieben in dieser Zeit widerspruchsfrei.

Drittens untermauern die objektiven, bestätigten Umstände, wie das Treffen unter vier Augen zustande kam, Comeys Beschreibung der Ereignisse. Comey erinnerte sich daran, dass der Präsident den Raum nach der Heimatschutz-Lagebesprechung im Oval Office räumen ließ, um mit Comey allein zu sprechen, dass Kushner und Sessions im Raum verweilten und vom Präsidenten hinausgeschickt werden mussten, und dass Priebus kurzzeitig die Tür während des Treffens öffnete und der Präsident ihn wegwinkte. Obwohl der Präsident öffentlich diese Details dementierte, haben andere Regierungsmitglieder, die zugegen waren, Comeys Darstellung bestätigt, wie es zu dem Vieraugen-

---

270 Priebus erinnerte sich, dass der Präsident zugegeben hatte, Comey gesagt zu haben, dass Flynn ein guter Mann sei und dass er hoffe, dass »sich bei ihm wieder alles einrenkt«. Priebus 13.10.2017 302, 19. McGahn erinnerte sich, dass der Präsident dementierte, zu Comey gesagt zu haben, er hoffe, Comey würde die Finger von Flynn lassen, aber fügte hinzu, dass man »ja noch hoffen [dürfe]«. Der Präsident sagte McGahn, dass er nicht der Meinung war, gegen irgendwelche Normen verstoßen zu haben. McGahn 14.12.2017 302, 8.

271 Rybicki 21.11.2018 302, 4; McCabe 17.8.2017 302, 13-14.

gespräch mit dem Präsidenten kam.[272] Außerdem gab der Präsident vor Priebus und McGahn zu, dass er in der Tat mit Comey bei dem Vieraugengespräch über Flynn gesprochen hätte.

Viertens deutete die Entscheidung des Präsidenten, den Raum zu leeren und – vor allem – den Justizminister von dem Gespräch auszuschließen, darauf hin, dass der Präsident mit Comey allein sein wollte, was zum Überbringen dieser Art von Aussage, an die sich Comey erinnert, passen würde, weniger zu einer eher harmlosen Unterredung, die man auch im Beisein des Justizministers hätte führen können.

Schließlich steht Comeys Reaktion auf die Aussage des Präsidenten im Einklang mit der Bitte des Präsidenten, »von Flynn die Finger zu lassen«. Comey traf sich mit seinem FBI-Führungsstab, der zustimmte, die Aussagen des Präsidenten im kleinen Kreis zu halten und den Beamten, die rund um die Ermittlungen gegen Flynn arbeiteten, nichts davon mitzuteilen, damit sie von der Bitte des Präsidenten nicht beeinflusst werden könnten. Comey traf sich zudem kurz danach mit dem Justizminister, um ihn zu bitten, ihn nicht mehr allein mit dem Präsidenten sprechen zu lassen, eine Darstellung, die Sessions, FBI-Stabschef James Rybicki sowie Jody Hunt, der damalige Stabschef des Justizministers, bestätigten.

Die zweite Frage, die sich auftut, ist, ob die Aussagen des Präsidenten, die nicht als direkte Anweisung an Comey formuliert wurden, die Ermittlungen des FBI gegen Flynn behindern oder beeinträchtigen konnten. Obwohl der Präsident sagte, er »hoff[t]«, Comey könne »von Flynn die Finger lassen«, ohne ihn direkt dazu aufzufordern, deuten die Umstände der Unterhaltung darauf hin, dass der Präsident Comey anwies, die Ermittlungen gegen Flynn einzustellen. Erstens traf der Präsident die Vorkehrungen für das Treffen mit Comey so, dass sie allein waren und schloss den Justizminister absichtlich davon aus, was darauf hindeutet, dass der Präsident eine Bitte an Comey richten

---

272 *Siehe* Priebus 13.10.2017 302, 18; Sessions 17.1.2018 302, 6.

wollte, von der er nicht wollte, dass eine weitere Person sie hörte. Da zweitens der Präsident Chef der Exekutive ist, darf man davon ausgehen, wenn er sagt, er »hoffe«, ein ihm unterstehender Mitarbeiter würde etwas Bestimmtes tun, dass dieser unterstehende Mitarbeiter auch tut, was der Präsident verlangt. In der Tat wiederholte der Präsident Varianten des Satzes »die Sache fallen lassen« drei Mal, und Comey sagte aus, dass er die Worte des Präsidenten als Anweisung verstand, was sich mit Comeys direkter Reaktion darauf deckt.

b. Verbindung zu einem Verfahren. Um eine Verbindung zu einem Verfahren herzustellen, wäre es nötig zu beweisen, dass der Präsident damit rechnen musste und tatsächlich in Betracht zog, dass die Ermittlungen gegen Flynn vor der Grand Jury landen oder in einer Anklage münden würden.

Zum Zeitpunkt des Vieraugengesprächs mit Comey waren keine Vorladungen der Grand Jury als Teil einer FBI-Ermittlung gegen Flynn ausgestellt worden. Flynns Lügen vor dem FBI waren jedoch Strafrechtsverletzungen, Grand Jury [redacted], und hatten Flynns Anklage gemäß 18 U.S.C. § 1001 zur Folge. Als der Präsident mit Comey über Flynn sprach, hatten Beamte des Justizministeriums McGahn informiert, der es dem Präsidenten mitteilte, dass Flynns Aussagen gegenüber ranghohen Mitgliedern des Weißen Hauses über seine Kontakte mit Kisljak nicht der Wahrheit entsprachen und dass Flynn die gleiche Version der Abläufe dem FBI geschildert hatte. McGahn hatte den Präsidenten ebenfalls informiert, dass Flynns Verhalten gegen 18 U.S.C. § 1001 verstoßen könnte. Nachdem der Vizepräsident und ranghohe Mitglieder des Weißen Hauses die zugrunde liegenden Informationen über Flynns Gespräche am 10. Februar 2017 gesichtet hatten, glaubten sie nicht, dass Flynn seine Unterhaltung mit Kisljak vergessen haben könnte, und sie kamen zu dem Schluss, dass er gelogen hatte. Zusätzlich erweckt die Anweisung des Präsidenten gegenüber dem FBI-Direktor, »von Flynn die Finger zu lassen«, den Eindruck, dass ihm bewusst war, Flynn könne für sein Verhalten strafrechtlich verfolgt werden und dass ihm eine Anklage drohte.

c. Vorsatz. Als Teil unserer Ermittlungen haben wir untersucht, ob der Präsident ein persönliches Interesse am Ergebnis der Ermittlungen gegen Flynn hatte – zum Beispiel, ob der Präsident über Flynns Kommunikation mit Kisljak informiert war, unmittelbar nachdem sie stattgefunden hatte, sodass der Präsident wusste, dass Flynn ranghohe Mitglieder des Weißen Hauses angelogen hatte und dass diese Lügen an die Öffentlichkeit weitergereicht wurden. Gewisse Beweise deuten darauf hin, dass der Präsident von Flynns Anrufen und deren Inhalt wusste, als sie stattfanden, jedoch ist die Beweislage uneindeutig und konnte nicht als verlässliche Grundlage dienen, um nachzuweisen, dass der Präsidenten Bescheid wusste. Vor Flynns ursprünglichem Gespräch mit Kisljak wohnte der Präsident einem Treffen bei, in dem über die Sanktionen gesprochen wurde und einer seiner Berater erwähnt haben könnte, dass Flynn ein Telefongespräch mit Kisljak vereinbart hatte. Flynn berichtete McFarland den Inhalt des Gesprächs mit Kisljak und sagte, dass es möglicherweise Russlands Reaktion beeinflusst habe, und Flynn erinnerte sich zudem daran, mit Bannon Anfang Januar 2017 darüber gesprochen zu haben, dass sie »den Zug mit Russlands Vergeltungsantworten gestoppt« hätten. Es hätte für Flynn Sinn ergeben, wenn der Präsident von seinem Austausch mit Kisljak erfahren hätte, weil Kisljak Flynn erzählt hatte, dass seine Bitte an höchster Stelle in Russland aufgenommen worden war und dass die Russen sich infolge der Bitte entschieden hatten, sich nicht zu revanchieren, zudem zeigte sich der Präsident zufrieden mit der russischen Reaktion, die er eine »großartige Entscheidung« nannte. Und der Präsident äußerte nie, weder öffentlich noch intern, dass Flynn ihn im Zuge der Gespräche mit Kisljak belogen hätte.

McFarland erinnerte sich jedoch nicht, dem designierten Präsidenten ein Gesprächsprotokoll von Flynns Gesprächen mit Kisljak bereitgestellt zu haben, und Flynn hat keine genaue Erinnerung daran, dem kürzlich gewählten Präsidenten von den Gesprächen erzählt zu haben. Bannon sagte ebenfalls, dass er sich nicht daran erinnere, von den Anrufen von Flynn gehört zu haben. Und im Februar 2017 fragte der Präsident Flynn, was in den Gesprächen besprochen worden sei und ob er den Vizepräsidenten belogen habe, was darauf hindeutet, dass er vorher nicht davon gewusst hatte. Dementsprechend erbrachten unsere Ermittlungen keine Beweise, die belegen, dass der Präsident von Flynns Gesprächen über die Sanktionen wusste, bevor das Justizministerium das Weiße Haus über diese Unterredungen Ende Januar 2017 informierte. Das Beweismaterial belegt ebenfalls nicht, dass Flynn ansonsten für den Präsidenten kompromittierende Informationen besaß, die für den Präsidenten persönlicher Anreiz gewesen wären, die FBI-Ermittlungen rund um Flynns Verhalten zu stoppen.

Die Beweise ergeben aber, dass der Präsident die Untersuchungen gegen Flynn mit den grundsätzlicheren FBI-Ermittlungen gegen Russland in Verbindung brachte und dass er glaubte, wie er Christie erzählte, dass Flynns Entlassung »die ganze Russland-Sache« beenden würde. Flynns Rausschmiss geschah zu einer Zeit, als die Medien und der Kongress Fragen zu Russlands Einmischung in die Wahlen aufwarfen und ob Mitglieder des Wahlkampfteams des Präsidenten mit Russland gemeinsame Sache gemacht hätten. Mehrere Zeugen erinnern sich daran, dass der Präsident die Russland-Ermittlungen als ernsthafte Zweifel an der Rechtmäßigkeit seines Wahlsiegs betrachtete. Der Präsident achtete genau auf die negative Berichterstattung über Flynn und reagierte genervt und verärgert, als die Geschichte herauskam, dass Flynn mit Kisljak über die Sanktionen gesprochen hätte. Wenige Stunden vor dem Treffen unter vier Augen mit Comey, sagte der Präsident Christie, dass mit Flynns Entlassung die Russland-Ermittlungen eingestellt würden. Und nachdem Christie widersprach, indem er meinte, Flynns Entlassung würde die Russland-Ermittlungen nicht beenden, bat der Präsident Christie, sich an Comey zu wenden und ihm mitzuteilen, dass der Präsident ihn möge und er Teil »des Teams« sei. Am selben Nachmittag ließ der Präsident das Zimmer räumen und bat Comey, »von Flynn die Finger zu lassen«.

Wir machten zudem Beweise ausfindig, die uns halfen, zu beurteilen, ob die Anweisung des Präsidenten für Comey aus Mitgefühl für Flynn kam. In öffentlichen Aussagen beschrieb der Präsident Flynn wiederholt als guten Menschen, dem durch die Russland-Ermittlungen Unrecht getan worden sei, und der Präsident wies seine Berater an, sich bei Flynn zu melden, um ihm mitzuteilen, dass sich der Präsident um ihn »sorg[e]« und er ihm leidtat. Gleichzeitig sagten mehrere Berater des Präsidenten aus, inklusive Bannon, Priebus und Hicks, dass der Präsident mit Flynn unzufrieden gewesen sei, lange bevor Flynn gezwungen wurde, sein Amt niederzulegen, und dass Flynn den Präsidenten häufig verärgert hätte. Priebus sagte, er glaube, dass das ursprüngliche Zögern des Präsidenten, Flynn zu feuern, nicht aus persönlicher Rücksichtnahme entsprang, sondern aus der Sorge über die negative Berichterstattung, die eine Entlassung des Nationalen Sicherheitsberaters so kurz nach der Amtsübernahme zur Folge hätte. Und Priebus ließ durchblicken, dass die Mitleidsbekundung des Präsidenten für Flynn nach dessen Entlassung nur vom Wunsch des Präsidenten gespeist war, dass Flynn sich nicht negativ über ihn äußere.

Die Art, wie der Präsident seine Bitte vor Comey vortrug, ist maßgeblich, um die Absicht des Präsidenten zu verstehen. Als der Präsident zunächst von den FBI-Ermittlungen gegen Flynn erfuhr, bat er McGahn, Bannon und Priebus, die Angelegenheit mit niemanden sonst im Weißen Haus zu besprechen. Am nächsten Tag lud der Präsident Comey zu einem Abendessen unter vier Augen ein gegen den Rat eines seiner Berater, der ihm empfahl, dass andere Mitglieder des Weißen Hauses ebenfalls daran teilnehmen sollten. Während des Essens bat der Präsident Comey um »Loyalität« und – zu einem anderen Zeitpunkt in der Unterhaltung – erwähnte, dass Flynn Probleme habe, vernünftige Entscheidungen zu fällen. Als der Präsident Comey am Tag nach Flynns Entlassung traf – kurz nachdem Christie ihm gesagt hatte, dass Flynns Entlassung die Russland-Ermittlungen nicht beenden würde –, ließ der Präsident das Zimmer räumen, selbst den Justizminister schickte er hinaus, um allein mit Comey sprechen zu können. Die Entscheidung des Präsidenten, Comey unter vier Augen zu sprechen, stand im Widerspruch zum Rat des Rechtsbeistands des Weißen Hauses, dass der Präsident nicht direkt mit dem Justizministerium kommunizieren solle, um den Eindruck zu vermeiden, er mische sich in Angelegenheiten der Vollzugsbehörden ein. Und der Präsident dementierte später, dass er das Zimmer habe räumen lassen und Comey gebeten hätte, »von Flynn die Finger zu lassen« – ein Dementi, das unnötig gewesen wäre, wenn er geglaubt hätte, seine Anweisung stünde dem Prinzip des staatsanwaltlichen Ermessens nicht entgegen.

Zu guter Letzt unterstrichen die Bemühungen des Präsidenten, McFarland eine interne E-Mail schreiben zu lassen, in der dementiert werden sollte, dass der Präsident Flynn angewiesen hätte, Sanktionen mit Kisljak zu diskutieren, die Sorgen des Präsidenten, mit Flynns Verhalten in Verbindung gebracht zu werden. Die Beweislage legt nicht dar, dass der Präsident versuchte, McFarland zu einer Lüge anzustiften. Die Anweisung des Präsidenten war jedoch ungewöhnlich genug, dass McFarland, die nicht über den genauen Austausch zwischen Flynn und dem Präsidenten informiert war, sich genötigt sah, ein internes Gedächtnisprotokoll über die Anordnung des Präsidenten zu verfassen, und Eisenberg war besorgt, dass die Anweisung wie ein quid pro quo im Tausch für eine Botschaftsstelle wirken könnte.

C. Die Reaktion des Präsidenten auf die öffentliche Bestätigung der Russland-Ermittlungen des FBI

Überblick

Anfang März 2017 erfuhr der Präsident, dass Sessions erwog, sich aufgrund von Befangenheit aus den Russland-Ermittlungen zurückzuziehen, und er versuchte, die Befangenheitserklärung zu verhindern. Nachdem Sessions seine Befangenheitserklärung am 2. März bekannt gegeben hatte, äußerte der Präsident seinen Ärger über Sessions' Entscheidung und ersuchte Sessions dann im privaten Gespräch, diese rückgängig zu machen (»to unrecuse«). Am 20. März 2017 gab Comey die Russland-Ermittlungen öffentlich bekannt. In den darauffolgenden Tagen kontaktierte Trump Comey und andere Führungskräfte der Geheimdienste und forderte sie dazu auf, die Vermutung zu entkräften, der Präsident stünde in Verbindung mit den russischen Bemühungen der Wahlbeeinflussung, um »die Wolke zu vertreiben«, die die laufenden Ermittlungen für ihn darstellten.

Beweislage

1. <u>Justizminister Jeff Sessions zieht sich aufgrund von Befangenheit von den Russland-Ermittlungen zurück</u>

Ende Februar 2017 begann das Justizministerium mit einer internen Analyse darüber, ob Sessions sich aufgrund seiner Rolle in Trumps Wahlkampf 2016 aus den Russland-Ermittlungen zurückziehen solle.[273] Am 1. März 2017 berichteten die Medien, Senator Sessions habe während der abschließenden Anhörung vor seiner Ernennung zum Justizminister darauf verzichtet, zwei Treffen offenzulegen, die er mit dem russischen Botschafter Kislјak vor der Präsidentschaftswahl abgehalten hatte; dies führte

273 Sessions 17.1.2018 302, 1; Hunt 1.2.2018 302, 3.

dazu, dass der Kongress forderte, Sessions solle sich aufgrund von Befangenheit zurückziehen oder es solle ein Sonderermittler zur Untersuchung der russischen Beeinflussung der Präsidentschaftswahl eingesetzt werden.[274]

Ebenfalls am 1. März rief der Präsident bei Comey an und sagte, er wolle sich erkundigen, wie es ihm geht.[275] Einer E-Mail zufolge, die Comey nach dem Telefonat an seinen Stabschef schickte, »sprach der Präsident ein bisschen über Sessions« und sagte außerdem, er habe gehört, Comey »ginge es großartig«, und dass er hoffe, Comey würde vorbeikommen und Hallo sagen, wenn er im Weißen Haus wäre.[276] Comey interpretierte den Anruf als Versuch des Präsidenten, »[ihn] einzuwickeln«, nicht aber als Versuch des Präsidenten, herauszufinden, wie Comey mit den Flynn-Ermittlungen verfuhr.[277]

Am nächsten Morgen rief der Präsident McGahn an und forderte ihn auf, Sessions zu kontaktieren, um diesem zu sagen, er solle sich nicht aus den Russland-Ermittlungen zurückziehen.[278] Nach Auffassung McGahns war der Präsident besorgt, Sessions könnte sich durch eine Befangenheitserklärung verdächtig machen, bei der abschließenden Anhörung zu seiner Ernennung als Justizminister Details vertuscht zu haben; der Präsident stünde dann einer Untersuchung schutzlos gegenüber, die sein Amt behindern und seine politischen Ziele entgleisen lassen könn-

---

274 *Z. B.* Adam Entous et al., *Sessions met with Russian envoy twice last year, encounters he later did not disclose*, Washington Post (1.3.2017).

275 1.3.2017 E-Mail, Comey an Rybicki; SCR012b_000030 (tägliche Notiz des Präsidenten, die das Telefonat mit Comey um 11:55 Uhr wiedergibt).

276 1.3.2017 E-Mail, Comey an Rybicki; *siehe Anhörung über die russische Wahbeeinflussung vor dem Geheimdienstausschuss des Senats*, 115. Kong. (8.6.2017) (CQ Kong. Protokolle, 86) (Aussage von James Comey, früherer FBI-Direktor) (»[E]r rief mich eines Tages an … [E]r riefe nur an, um mal reinzuhören und sagte zu mir, ich würde großartige Arbeit leisten, und er wolle wissen, wie es mir geht.«).

277 Comey 15.11.2017 302, 17-18.

278 McGahn 30.11.2017 302, 16.

te; außerdem könnte die wohlwollene Presseberichterstattung über eine Rede, die der Präsident Anfang der Woche vor dem Kongress gehalten hatte, geschmälert werden.[279] McGahn setzte sich mit Sessions in Verbindung und ließ diesen wissen, dass der Präsident über die Möglichkeit einer Befangenheitserklärung nicht glücklich sei.[280] Sessions erwiderte, dass er vorhabe, den Vorschriften, die im Fall eines Interessenkonflikts gelten, zu folgen.[281] McGahn berichtete dem Präsidenten über sein Telefonat mit Sessions, und der Präsident wiederholte, er wolle nicht, dass Sessions sich aufgrund von Befangenheit von den Ermittlungen zurückziehe.[282] Im Laufe des Tages versuchte McGahn im Namen des Präsidenten, Sessions' Befangenheitserklärung abzuwenden; hierfür sprach er mit Sessions' persönlichem Berater, mit Sessions' Stabschef und mit dem Mehrheitsführer des Senats, Mitch McConnell; auch Sessions selbst kontaktierte er zwei weitere Male.[283] Sessions erinnerte sich daran, dass an diesem Tag auch noch andere Berater des Weißen Hauses bei ihm anriefen, um sich gegen die Befangenheitserklärung auszusprechen.[284]

Am Nachmittag desselben Tages gab Sessions seine Entscheidung bekannt, sich aufgrund von Befangenheit zurückzuziehen »von allen laufenden oder künftigen Ermittlungen, die auf irgendeine Weise mit dem Wahlkampf des amerikanischen

---

279 McGahn 30.11.2017 302, 16-17, *siehe* SC_AD_00123 (Donaldson 2.3.2017) (»Einfach mitten in einem weiteren Russland-Fiasko.«).
280 Sessions 17.1.2018 302, 3.
281 McGahn 30.11.2017 302, 17.
282 McGahn 30.11.2017 302, 17.
283 McGahn 30.11.2017 302, 18-19; Sessions 17.1.2018 302, 3; Hunt 1.2.2018 302; 4; Donaldson 16.11.2017 302, 8-10; *siehe* Hunt-000017; SC_AD_00121 (Donaldson 2.3.2017 Anmerkungen).
284 Sessions 17.1.2018 302, 3.

Präsidenten zu tun haben«.[285] Aufgrund der geltenden Sprache des Code of Federal Regulations (CFR), der Sammlung der Bundesverordnungen, die Sessions als klar und präzise erachtete, glaubte Sessions, seine Entscheidung, sich aufgrund von Befangenheit zurückzuziehen, wäre nichts, was ihn in die Enge treiben würde.[286] Sessions dachte, dass jede Entgegnung, der CFR gelte für ihn nicht, »sehr dünn« wäre.[287] Aufgrund der Anrufe von

---

[285] Befangenheitserklärung von Justizminister Jeff Sessions, Pressemeldung des Justizministeriums (2. März 2017) (»Im Laufe der vergangenen Wochen habe ich die zuständigen leitenden Beamten der Personalabteilung getroffen, um zu diskutieren, ob ich mich aufgrund von Befangenheit von jeglichen Belangen, die mit der Präsidentschaftswahl zusammenhängen, zurückziehen sollte. Mit dem heutigen Tag sind diese Treffen abgeschlossen und ich habe mich dazu entschieden, mich aufgrund von Befangenheit aus allen laufenden und künftigen Ermittlungen, die auf irgendeine Weise mit der US-Präsidentschaftswahl zusammenhängen, zurückzuziehen.«). Zur selben Zeit wie Sessions' Befangenheitserklärung wurde Dana Boente, damals im Amt als Stellvertretender Justizminister und Bundesanwalt für den östlichen Bezirk Virginias, gemäß einer Präsidentenverfügung, die die Nachfolge der Amtsträger im Justizministerium festlegte, zum Geschäftsführenden Justizminister in allen den Wahlkampf betreffenden Angelegenheiten. *Id.* (»In Übereinstimmung mit der Nachfolgeregelung für das Justizministerium, … soll Dana Boente die Funktionen des Justizministers bezüglich aller Angelegenheiten ausüben, von denen ich mich aufgrund von Befangenheit zurückgezogen habe, sofern diese vorliegen.«); *siehe* Präsidentenverfügung No. 133775, 82 Fed. Reg. 10697 (14. Februar 2017).

[286] Sessions 17.1.2018 302, 1-2. 28 C.F.R. § 45.2 ordnet an, dass »sich kein Angestellter an einem Ermittlungsverfahren oder einer Strafverfolgung beteiligen soll, sofern er in einer persönlichen oder politischen Beziehung zu … [i]rgendeiner Person oder Organisation steht, die maßgeblich an der Durchführung beteiligt ist, die Gegenstand des Ermittlungsverfahrens oder der Strafverfolgung ist«, und definiert »politische Beziehung« als »eine starke Identifikation mit einem Mandatsträger, mit einem Kandidaten (unabhängig davon, ob dieser erfolgreich ist oder nicht) für ein öffentliches Wahlamt, eine politische Partei oder eine Wahlkampforganisation, die in beratender Funktion oder als offizielle Vertretung tätig ist«.

[287] Sessions 17.2.2018 302, 3.

Beamten des Weißen Hauses, die bei ihm eingingen, gewann Sessions den Eindruck, der Präsident sei sehr verärgert über ihn und sei der Meinung, er sei seiner Pflicht als Justizminister nicht nachgekommen.[288]

Kurz nachdem Sessions seinen Rückzug aufgrund von Befangenheit bekannt machte, gab das Büro des Rechtsberaters des Weißen Hauses die Anweisung, er solle in der Sache nicht kontaktiert werden.[289] In internen Vermerken des Büros des Rechtsberaters des Weißen Hauses vom 2. März 2017 heißt es »Kein Kontakt m/ Sessions« und »Keine Kommunikation / ernsthafte Bedenken der Justizbehinderung«.[290]

Am 3. März, dem Tag nach Sessions' Befangenheitserklärung, wurde McGahn ins Oval Office gerufen.[291] Dort waren weitere Berater anwesend, darunter Priebus und Bannon.[292] Der Präsident begann das Gespräch mit der Aussage »Ich habe keinen Anwalt«.[293] An McGahn gerichtet, äußerte der Präsident seinen Ärger über die Befangenheitserklärung und brachte Roy Cohn ins

288 Sessions 17.1.2018 302, 3.

289 Donaldson 6.11.2017 302, 11; SC_AD_00123 (Donaldson 2.3.2017 Anmerkungen). Es ist nicht klar, ob der Präsident Kenntnis von der Anweisung des Rechtsberaters des Weißen Hauses hatte, Sessions bezüglich seiner Befangenheitserklärung nicht zu kontaktieren.

290 SC_AD_00123 (Donaldson 2.3.2017 Anmerkungen). McGahn sagte aus, dass er glaubte, der Vermerk »Keine Kommunikation / Ernsthafte Bedenken der Justizbehinderung« habe sich auf McGahns Sorge darüber bezogen, das Presseteam könne »verrückte Sachen« sagen und versuchen, Sessions' Befangenheitserklärung so zu drehen, dass Bedenken über eine Justizbehinderung aufkommen könnten. McGahn 30.11.2017 302, 19. Donaldson erinnerte, dass sich »Keine Kommunikation« auf die Anweisung bezog, dass niemand Kontakt mit Sessions aufnehmen solle. Donaldson 16.11.2017 302, 11.

291 McGahn 12.12.2017 302, 2.

292 McGahn 12.12.2017 203, 2.

293 McGahn 12.12.2017 203, 2.

Spiel, als er sagte, er wünschte sich, Cohn wäre sein Anwalt.[294] McGahn interpretierte diesen Kommentar als an ihn gerichtete Andeutung, Cohn würde für den Präsidenten kämpfen, er hingegen würde das nicht tun.[295] Der Präsident wies McGahn an, mit Sessions über die Befangenheitserklärung zu sprechen, doch McGahn berichtete dem Präsidenten, dass Beamte der Ethikkommission sich bezüglich Sessions' Entscheidung, sich aufgrund von Befangenheit zurückzuziehen, eingeschaltet hätten.[296] Daraufhin erwähnte der Präsident die ehemaligen Justizminister Robert Kennedy und Eric Holder und sagte, die beiden hätten ihre Präsidenten verteidigt.[297] Der Präsident widersprach auch den Kontaktrichtlinien des Justizministeriums, und sagte dem Wortlaut nach etwas wie: »Du willst mir erzählen, Bobby und Jack hätten sich nicht über Ermittlungen unterhalten? Oder, dass Obama Eric Holder nicht angewiesen hätte, über wen Recherchen angestellt werden sollen?«[298] Bannon erinnerte sich, dass er

---

294 McGahn 12.12.2017 302, 2. Früher, während der Karriere des Präsidenten als Geschäftsmann, war Cohn als Anwalt für ihn tätig gewesen. Priebus erinnerte sich daran, dass der Präsident, als er von Cohn erzählte, sagte, Cohn habe für ihn aussichtslose Fälle gewonnen, und dass Cohn Unglaubliches für ihn getan hätte. Priebus 3.4.2018 302, 5. Bannon erinnerte, dass der Präsident Cohn als Gewinner und Macher beschrieb, jemand, der Sachen anpackte. Bannon 14.2.2018 302, 6.

295 McGahn 12.12.2017 302, 2.

296 McGahn 12.12.2017 302, 2.

297 McGahn 12.12.2017 302, 3. Bannon sagte aus, in den Augen des Präsidenten seien Robert Kennedy und Eric Holder Justizminister gewesen, die die Präsidenten verteidigten, unter denen sie dienten. Der Präsident war davon überzeugt, dass Holder immer für Präsident Obama Stellung genommen und für ihn sogar eine Missachtungsklage auf sich genommen hatte; und dass Robert Kennedy seinem Bruder immer Rückendeckung gab. Bannon 14.2.2018 302, 5. Priebus erinnerte, dass der Präsident erzählte, ihm sei sein ganzes Leben lang gesagt worden, dass er einen großartigen Anwalt brauche, eine »Bulldogge«, und er fügte hinzu, dass Holder bereit gewesen war, für Präsident Obama eine Anklage wegen »Missbilligung des Kongresses« auf sich zu nehmen. Priebus 3.4.2018 302, 5.

298 McGahn 12.12.2017 302, 3.

den Präsidenten noch nie zuvor so wütend erlebt hatte, und dass er McGahn anbrüllte, wie schwach Sessions sei.[299] Bannon erinnerte sich daran, dass er dem Präsidenten sagte, dass Sessions' Befangenheitserklärung keine Überraschung sei und dass sie vor seiner Ernennung darüber gesprochen hatten, dass Sessions sich aufgrund seiner Beteiligung an der Trump-Kampagne von Ermittlungen über den Wahlkampf zurückziehen müsse.[300]

An diesem Wochenende flogen Sessions und McGahn nach Mar-a-Lago, um den Präsidenten zu treffen.[301] Sessions erinnerte sich daran, dass der Präsident ihn zur Seite nahm, um mit ihm unter vier Augen zu sprechen, und vorschlug, Sessions solle seinen Rückzug von den Russland-Ermittlungen rückgängig machen.[302] Der Präsident verglich Sessions mit den Justizministern Holder und Kennedy, die im Gegensatz zu ihm Strategien entwickelt hätten, ihren Präsidenten zur Seite zu stehen.[303] Sessions erwiderte, er habe den Eindruck, der Präsident befürchte, dass die Ermittlungen außer Kontrolle geraten und seine Fähigkeit zu regieren behindern könnten, und dass er unterstelle, Sessions hätte dies verhindern können, würde er die Ermittlung weiterhin beaufsichtigen.[304]

Am 5. März 2017 wurde das Büro des Rechtsberaters des Weißen Hauses darüber informiert, dass das FBI die Akten der Übergangszeit, die sich auf Flynn bezogen, erbat – was nahelegte, dass das FBI weiterhin Ermittlungen über ihn anstellte.[305] Am

---

299 Bannon 14.2.2018 302, 5.
300 Bannon 14.2.2018 302, 5.
301 Sessions 17.1.2018 302, 3; Hunt 1.2.2018 302, 5; McGahn 12.12.2017 302, 3.
302 Sessions 17.1.2018 302, 3-4.
303 Sessions 17.1.2018 302, 3-4.
304 Sessions 17.1.2018 302, 3-4. Hicks erinnerte, dass der Präsident nach Sessions' Befangenheitserklärung wütend war und Sessions in ihrer Anwesenheit schalt, sie konnte sich jedoch nicht genau daran erinnern, wann die Unterhaltung stattgefunden hatte. Hicks 8.12.2017 302, 13.
305 SC_AD_000137 (Donaldson 5.3.2017 Anmerkungen); *siehe* Donaldson 6.11.2017 302, 13.

6. März teilte der Präsident Beratern mit, er wolle den Geschäftsführenden Justizminister anrufen, um herauszufinden, ob über das Weiße Haus oder den Präsidenten Ermittlungen angestellt würden, es ist dabei nicht klar, ob der Präsident zu der Zeit über die Anfrage des FBI Flynn betreffend Bescheid wusste.[306]

2. FBI-Direktor Comey bestätigt die Existenz der Russland-Ermittlungen öffentlich vor dem HPSCI

Am 9. März 2017 wies Comey die Kongressführer der »Gang of Eight« in die Ermittlungen des FBI über die russische Wahlbeeinflussung ein, einschließlich der wesentlichen US-Bürger, die Gegenstand der Untersuchung waren.[307] Obwohl nicht klar ist, ob der Präsident zu diesem Zeitpunkt über die Unterweisung Kenntnis hatte, stellt Annie Donaldson, damals Stabschefin McGahns, am 12. März 2017 in einer Aktennotiz fest: »POTUS ist panisch / durcheinander … Muss POTUS die Ordner vorlegen. (1) Alles, was mit Russland zu tun hat.«[308] In der Woche nach Comeys Unterrichtung verständigte sich das Büro des Rechtsberaters des Weißen Hauses mit dem Vorsitzenden des Geheimdienstausschusses des Senats, Senator Richard Burr, über

---

306 Donaldson 6.11.2017 302, 14; *siehe* SC_AD_000168 (Donaldson 6.3.2017 Anmerkungen) (»POTUS möchte Dana [zu der Zeit Geschäftsführender Justizminister mit Zuständigkeit für auf den Wahlkampf bezogene Ermittlungen] / Gibt es Ermittlungen / Nein / Wir wissen etwas über Flynn / GSA wurde vom FBI kontaktiert / Da ist etwas heiß«).

307 Comey 15.11.2017 302, 13-14; SNS-Classified-0000140-44 (8.3.2017 E-Mail, Gauhar an Page et al.).

308 SC_AD_00188 (Donaldson 12.3.2018 Anmerkungen) Donaldson sagte aus, sie sei nicht an dem Gespräch beteiligt gewesen, das zu diesen Notizen geführt hatte, sie hatte darüber wohl von anderen gehört. Donaldson 6.11.2017 302, 13.

die Russland-Ermittlungen und scheint Informationen über den Status der FBI-Ermittlung erhalten zu haben.[309]

Für den 20. März 2017 war Comeys Zeugenaussage vor dem HPSCI angesetzt.[310] Im Vorfeld von Comeys Aussage machten Kongressabgeordnete deutlich, dass Sie wünschten, Comey solle Informationen über die laufenden FBI-Ermittlungen liefern.[311] Dana Boente, zu der Zeit Geschäftsführender Justizminister mit Zuständigkeit für die Russland-Ermittlungen, ermächtigte Comey, die Existenz der Russland-Ermittlungen zu bestätigen, und vereinbarte, dass Comey keinen Kommentar darüber abgeben sollte, ob bestimmte Einzelpersonen, einschließlich des Präsidenten, untersucht würden.[312]

---

309 Donaldson 6.11.2017 302, 14-15. Am 16. März 2017 wurde das Büro des Rechtsberaters des Weißen Hauses von Senator Burr über die Existenz von »4-5 Zielen« unterrichtet. Donaldson 6.11.2017 302, 15. Die »Ziele« wurden in Notizen von Donaldson identifiziert »Flynn (FBI war da – fasste alles zusammen)→DOJ sucht nach den Anrufprotokollen«; »Comey→Manafort (Ukr. + Russland, nicht Wahlkampf)«; GIV [redacted] »Carter Page ($ Game)«; und »Greek Guy« (bezieht sich möglicherweise auf George Papadopoulos, der später angeklagt wurde 18 U.S.C. § 1001 durch Lügen gegenüber dem FBI verletzt zu haben). SC_AD_00198 (Notizen Donaldson 16.3.2017). Donaldson und McGahn sagten beide, sie glaubten, sie seien Ziele des SSCI. Donaldson 6.11.2017 302, 15; McGahn 12.12.2017 302, 4. Allerdings stellt der SSCI keine formellen Untersuchungen über Individuen als »Ziele« an; die Vermerke auf ihren Deckblättern geben das FBI, das Justizministerium und Comey an; und die Vermerke beziehen sich auf die Hintergrundmaterialien, die das FBI für Comeys Unterweisung der »Gang of Eight« am 9. März vorbereitet hatte. *Siehe* SNS-Classified-0000140-44 (8.3.2017 E-Mail, Gauhar an Page et al.); *siehe* auch Donaldson 6.11.2017 302, 15 (Donaldson konnte nicht ausschließen, dass Burr McGahn erzählt hatte, dass diese Personen Ziele des FBI waren).

310 *Anhörung vor dem Geheimdienstausschuss des Repräsentantenhauses (HPSCI) über russische Wahlfälschung*, 115. Kong. (20. März 2017).

311 Comey 15.11.2017 302, 16; McCabe 17.8.2017 302, 15; McGahn 14.12.2017 302, 1.

312 Boente 31.1.2018 302, 5; Comey 15.11.2017 302, 16-17.

In seiner Eröffnungsrede bei der HPSCI-Anhörung, die in Abstimmung mit dem Justizministerium verfasst worden war, gab Comey an, dass er »durch das Justizministerium autorisiert sei, zu bestätigen, dass das FBI als Teil seiner Gegenspionagemission die Bemühungen der russischen Regierung untersuche, in die Präsidentschaftswahl von 2016 einzugreifen, und dass dies auch die Untersuchung jeglicher Verbindungen zwischen Einzelpersonen, die mit der Trump-Kampagne zu tun hatten, und der russischen Regierung beinhalte, und auch, ob es irgendeine Abstimmung zwischen dem Wahlkampfteam und der russischen Regierung gegeben habe. So wie jede Gegenspionageermittlung wird auch diese eine Beurteilung darüber enthalten, ob irgendein Verbrechen begangen wurde.«[313] Comey fügte hinzu, dass er nicht weiter kommentiere, »was das FBI tue und wessen Verhalten [es] untersuche«, da die Ermittlungen laufend und geheim seien – er stellte jedoch fest, dass er »in Abstimmung mit dem Justizministerium den ungewöhnlichen Schritt unternommen habe, die Kongressführer … in vertraulichem Rahmen über die Ermittlung zu unterrichten«.[314] Comey wurde ausdrücklich gefragt, ob zu Präsident Trump »während des Wahlkampfes oder aktuell Nachforschungen angestellt würden«.[315] Comey verweigerte die Antwort und sagte: »Bitte überinterpretieren Sie nicht, was ich gesagt habe, wie – wie der Vorsitzende und das ranghöchste Mitglied des Ausschusses wissen, haben wir ihn sehr ausführlich über die Themen der Ermittlungen informiert und

---

[313] *Anhörung vor dem Geheimdienstausschuss des Repräsentantenhauses (HPSCI) über russische Wahlfälschung*, 115. Kong. (20. März 2017) (CQ Kong. Protokolle, 11) (Zeugenaussage von FBI-Direktor James B. Comey); Comey 15.11.2017 302, 17; Boente 31.1.2018 302, 5 (Bestätigung darüber, dass das Justizministerium Comeys Kommentare autorisierte).

[314] *Anhörung vor dem Geheimdienstausschuss des Repräsentantenhauses (HPSCI) über russische Wahlfälschung*, 115. Kong. (20. März 2017) (CQ Kong. Protokolle, 11) (Zeugenaussage von FBI-Direktor James B. Comey).

[315] *Anhörung vor dem Geheimdienstausschuss des Repräsentantenhauses (HPSCI) über russische Wahlfälschung*, 115. Kong. (20. März 2017) (CQ Kong. Protokolle, 130) (Frage von Rep. Swalwell).

darüber, was wir tun, aber ich werde vor diesem Gericht keine Auskunft über jemanden geben.«[316] Comey wurde auch gefragt, ob das FBI die Informationen untersuche, die im Steele-Dossier enthalten sind, doch er verweigerte die Antwort.[317] McGahn und Donaldson zufolge hatte der Präsident seine Enttäuschung über Comey bereits vor dessen Zeugenaussage am 20. März geäußert, und die Zeugenaussage machte alles noch schlimmer.[318] Der Präsident hatte Comey bereits dafür kritisiert, dass er zu oft Schlagzeilen produziere, und dafür, dass er Geheimdienstbriefings im Weißen Haus ferngeblieben war; der Präsident verdächtigte Comey außerdem, der Presse gewisse Informationen zugespielt zu haben.[319] McGahn sagte aus, der Präsident habe den Eindruck gehabt, Comey benehme sich, »als wäre er die vierte Gewalt«.[320]

Im Gegensatz zu dem, was Comey dem Präsidenten gegen Ende des Geheimdienstbriefings am 6. Januar 2017 vortrug, legten Presseberichte, die Comeys Aussage vom 20. März folgten, nahe, dass das FBI gegen den Präsidenten ermittelte.[321] McGahn, Donaldson und Chefberater Stephen Miller erinnerten sich daran, dass der Präsident über Comeys Zeugenaussage und die folgende Presseberichterstattung verärgert war, da diese nahelegte, dass

---

[316] *Anhörung vor dem Geheimdienstausschuss des Repräsentantenhauses (HPSCI) über russische Wahlfälschung*, 115. Kong. (20. März 2017) (CQ Kong. Protokolle, 130) (Zeugenaussage von FBI-Direktor James B. Comey).

[317] *Anhörung vor dem Geheimdienstausschuss des Repräsentantenhauses (HPSCI) über russische Wahlfälschung*, 115. Kong. (20. März 2017) (CQ Kong. Protokolle, 143) (Zeugenaussage von FBI-Direktor James B. Comey).

[318] Donaldson 6.11.2017 302, 21; McGahn 12.12.2017 302, 7.

[319] Donaldson 6.11.2017 302, 21; McGahn 12.12.2017 302, 6-9.

[320] Donaldson 6.11.2017 302, 21; McGahn 12.12.2017 302, 6-9.

[321] *Z. B.* Matt Apuzzo et al., *F.B.I. Is Investigating Trump's Russia Ties, Comey Confirms*, New York Times (20. März 2017); Andy Greenberg, *The FBI Has Been Investigating Trump's Russia Ties Since July*, Wired (20. März 2017); Julie Borger und Spencer Ackerman, *Trump-Russia collusion is being investigated by FBI, Comey confirms*, Guardian (20. März 2017); *siehe* Comey 6.1.2017 Memorandum, 2.

Ermittlungen über den Präsidenten angestellt würden.[322] Auf den 21. März 2017 datierte Aktenvermerke aus dem Büro des Rechtsberaters des Weißen Hauses geben an, der Präsident sei aufgrund von Comeys Aussage »außer sich« gewesen.[323] Der Präsident rief an dem Tag wiederholt bei McGahn an und forderte ihn auf, im Justizministerium einzugreifen, und, laut dieser Vermerke, wurde der Präsident »immer aufbrausender, loswerden?«.[324] Beamte des Weißen Hauses machten sich so große Sorgen darüber, dass der Präsident Comey feuern könnte, dass sie damit begannen, ein Memorandum aufzusetzen, das prüfte, ob der Präsident einen Anlass bräuchte, um dem FBI-Direktor zu kündigen.[325]

Auf Druck des Präsidenten, kontaktierte McGahn Boente mehrmals am 21. März 2017, um Boentes Unterstützung für das Vorhaben zu gewinnen, Comey oder das Justizministerium zu einer Richtigstellung des Fehlglaubens, der Präsident sei Gegenstand von Ermittlungen, zu bewegen.[326] Boente konnte sich an die Unterhaltungen nicht im Einzelnen erinnern, doch ein Gespräch mit McGahn, das zu betreffender Zeit stattgefunden hatte, fiel ihm ein; in diesem hatte McGahn gefragt, ob es eine Möglichkeit gäbe, die Russland-Ermittlungen zu beschleunigen oder so schnell wie möglich zu beenden.[327] Boente sagte, McGahn

---

322 Donaldson 6.11.2017 302, 16-17; S. Miller 31.10.2017 302, 4; McGahn 12.12.2017 302, 5-7.

323 SC_AD_00213 (Donaldson 31.3.2017 Anmerkungen). Die Vermerke dieses Tages halten auch fest, dass der Präsident sich auf die »Comey-Bombe« bezog, die »ihn wie einen Idioten aussehen ließ«. SC_AD_00206 (Donaldson 21.3.2017 Anmerkungen).

324 SC_AD_00210 (Donaldson 21.3.2017 Anmerkungen).

325 SCR016_000002-05 (Memorandum des Beraterbüros des Weißen Hauses). Der gesetzliche Vertreter des Beraterbüros des Weißen Hauses, Uttam Dhillon, kann sich an kein Ereignis erinnern, das die Nachforschungen des Beraterbüros auslöste. Dhillon 21.11.2017 302, 5. Metadaten des Dokuments, die vom Weißen Haus zur Verfügung gestellt wurden, weisen nach, dass es am 21. März 2017 erstellt wurde.

326 Donaldson 6.11.2017 302, 16-21; McGahn 12.12.2017 302, 5-7.

327 Boente 31.1.2018 302, 5.

habe ihm erzählt, über der Präsidentschaft hänge eine Wolke und es wäre für den Präsidenten schwierig, zu regieren.[328] Boente erinnerte sich daran, McGahn gesagt zu haben, dass es keinen guten Weg gebe, die Ermittlungen zu verkürzen, und dass der Versuch, dies zu tun, das Vertrauen in die Ermittlungsergebnisse schwächen könnte.[329] Boente sagte aus, McGahn habe dem zugestimmt und das Thema fallen gelassen.[330] Der Präsident versuchte auch, mit Boente selbst zu sprechen, doch McGahn teilte ihm mit, dass Boente über die Forderung, auf Comey einzuwirken, nicht mit dem Präsidenten sprechen wolle.[331] McGahn erinnerte sich daran, dass Boente ihm in einem der Telefonate an dem Tag erzählte, er glaube nicht, es sei tragfähig, dass Comey für weitere vier Jahre im Amt als FBI-Direktor bleibe, was McGahn seiner Aussage zufolge dem Präsidenten mitteilte.[332] Boente hat keine Erinnerung daran, sich mit McGahn oder jemand anderem über den Gedanken ausgetauscht zu haben, dass Comey nicht als FBI-Direktor weitermachen solle.[333]

3. Der Präsident fordert die Führungsriege der Geheimdienste dazu auf, öffentlich bekannt zu geben, dass er keine Verbindungen zu Russland pflege

In den Wochen nach Comeys Zeugenaussage vom 20. März 2017 forderte der Präsident Beamte der Geheimdienste wiederholt dazu auf, die Vermutung öffentlichkeitswirksam zurückzuweisen, der Präsident stehe in irgendeiner Verbindung zu Russlands Bemühungen, die Wahl zu beeinflussen.

---

328 Boente 31.1.2018 302, 5.
329 Boente 31.1.2018 302, 5.
330 Boente 31.1.2018 302, 5.
331 SC_AD_00210 (Donaldson 21.3.2017 Anmerkungen); McGahn 12.12.2017 302, 7; Donaldson 6.11.2017 302, 19.
332 McGahn 12.12.2017 302, 7; Burnham 3.11.2017 302, 11.
333 Boente 31.1.2018 302, 3.

Am 22. März 2017 bat der Präsident den Direktor der nationalen Nachrichtendienste, Daniel Coats, und CIA-Direktor Michael Pompeo nach seinem täglichen Briefing, noch bei ihm im Oval Office zu bleiben.[334] Coats zufolge fragte der Präsident die beiden, ob sie öffentlich bekannt geben könnten, dass zwischen ihm und Russland keine Verbindung bestehe.[335] Coats erwiderte, das Büro des Direktors der nationalen Nachrichtendienste (ODNI) habe mit den Ermittlungen nichts zu tun und es entspräche nicht seiner Rolle, eine öffentliche Stellungnahme bezüglich der Ermittlungen abzugeben.[336] Pompeo konnte sich nicht daran erinnern, gebeten worden zu sein, nach dem Briefing am 22. März zurückzubleiben, doch er erinnerte sich daran, dass der Präsident andere Amtsinhaber regelmäßig dazu drängte, zu bekunden, er habe nichts Falsches in Bezug auf Russland getan.[337]

Coats sagte vor dieser Behörde aus, der Präsident habe ihn nie darum gebeten mit Comey über die FBI-Ermittlungen zu sprechen.[338] Einige ODNI-Mitarbeiter haben jedoch eine andere Erinnerung daran, wie Coats das Treffen beschrieb, kurz nachdem es stattgefunden hatte. Dem leitenden ODNI-Beamten Michael Dempsey zufolge berichtete Coats nach dem Meeting, der Präsident habe die Russland-Ermittlungen zur Sprache gebracht und ihn gebeten, mit Comey Kontakt aufzunehmen, um nachzufragen, ob es einen Weg gäbe, hier folgt eine sinngemäße Wiedergabe seiner Worte, um die Ermittlungen herumzukommen, sie schnell hinter sich zu bringen oder sie zu beenden.[339] Dempsey sagte aus, nach Coats' Beschreibung hätten sich die Aussagen des Präsidenten »zwischen darüber sinnieren, dass er die Ermittlungen hasse«, und der Aufforderung an Coats, »etwas zu tun, da-

---

334 Coats 14.6.2017 302, 3; Culver 14.6.2017 302, 2.
335 Coats 16.6.2017 302, 3.
336 Coats 16.6.2017 302, 3.
337 Pompeo 14.6.2017 302, 1-3.
338 Coats 14.6.2017 302, 3.
339 Dempsey 14.6.2017 302, 2.

mit sie aufhören«, bewegt.[340] Dempsey sagte, Coats habe deutlich gemacht, dass er sich nicht in eine laufende FBI-Ermittlung einmischen würde.[341] Edward Gistaro, ein weiterer ODNI-Beamter, erinnerte, dass Coats zu ihm unmittelbar nach seinem Treffen mit dem Präsidenten auf dem Weg vom Oval Office zurück zum Eisenhower Executive Office Building gesagt habe, der Präsident habe ihn zurückgehalten, um ihn zu fragen, was er tun könne, »um ihm wegen der Ermittlungen zu helfen«.[342] Ein weiterer Beamter des ODNI erinnerte sich daran, dass Gistaro erzählt habe, Coats sei aufgebracht gewesen, weil der Präsident ihn ersucht hatte, Comey davon zu überzeugen, dass die Russland-Ermittlungen umsonst seien.[343]

Am Samstag, den 25. März 2017, drei Tage nach dem Meeting im Oval Office, rief der Präsident bei Coats an und beklagte sich erneut über die Russland-Ermittlungen, sinngemäß sagte er: »Ich kann nichts mit Russland unternehmen, es gibt Dinge, die ich gerne gemeinsam mit Russland tun würde, bezogen auf den Handel, auf ISIS, sie beknien mich geradezu damit.«[344] Coats sagte zum Präsidenten, dass die Ermittlungen fortgesetzt würden und dass es am besten sei, den Dingen ihren Lauf zu lassen.[345] Coats sagte später während einer Anhörung vor dem Kongress aus, das er »niemals den Druck verspürte, sich in irgendeiner Form einzumischen oder einzugreifen und den Geheimdienst so

---

340 Dempsey 14.6.2017 302, 2-3.
341 Dempsey 14.6.2017 302, 3.
342 Gistaro 14.6.2017 302, 2.
343 Culver 14.6.2017 302, 2-3.
344 Coats 14.6.2017 302, 4.
345 Coats 14.6.2017 302, 4. Dempsey 14.6.2017 302, 3 (Coats übermittelte, der Präsident habe ihn mehrere Male gefragt, was Coats tun könne, um zu helfen »[die Ermittlungen] zu beenden«, und Coats hatte dem Präsidenten darauf mehrmals geantwortet, am schnellsten »ginge es«, wenn man den Dingen ihren Lauf ließe).

in politischer Weise oder bezogen … auf laufende Ermittlungen zu beeinflussen«.[346]

Am 26. März 2017, der Tag nachdem der Präsident mit Coats telefoniert hatte, rief er beim NSA-Direktor Admiral Michael Rogers an.[347] Der Präsident verlieh seiner Enttäuschung über die Russland-Ermittlungen Ausdruck und sagte, diese würden die Beziehungen zu Russland erschweren.[348] Der Präsident sagte zu Rogers, »die Sache mit den Russen vermassle ihm« seine Möglichkeit, etwas mit Russland gebacken zu kriegen.[349] Der Präsident sagte auch, die Nachrichtenmeldungen, die ihn mit Russland in Verbindung brächten, wären nicht wahr und ob Rogers etwas tun könne, diese zu entkräften.[350] Der stellvertretende NSA-Direktor Richard Ledgett, der bei dem Anruf anwesend war, sagte aus, es wäre das Ungewöhnlichste gewesen, was er während seiner 40-jährigen Laufbahn als Staatsdiener erlebt hätte.[351] Nach Beendigung des Telefonats setzte Ledgett ein Memorandum auf, das sowohl er als auch Rogers unterzeichneten und das den Inhalt des Gesprächs und die Anfrage des Präsidenten dokumentierte; dann legten sie das Dokument in einen Safe.[352] Rogers fasste das Ersuchen des Präsidenten jedoch nicht als Forderung auf, und der Präsident fragte Rogers nicht direkt, in der Angelegenheit der Russland-Ermittlungen zurückzurudern.[353] Rogers machte später in einer Anhörung vor dem Kongress die Aussage, dass er als NSA-Direktor »niemals dazu angewiesen

---

346 *Anhörung vor dem Geheimdienstausschuss des Repräsentantenhauses (HPSCI) über das Gericht zur Überwachung der Aktivitäten US-amerikanischer Auslandsgeheimdienste (FISC)*, 115. Kong. (7. Juni 2017) (CQ Kong. Protokolle, 25) (Zeugenaussage von Daniel Coats, Direktor der Nationalen Nachrichtendienste).

347 Rogers 12.6.2017 302, 3-4.

348 Rogers 12.6.2017 302, 4.

349 Ledgett 13.6.2017 302, 1-2; *siehe* Rogers 12.6.2017 302, 4.

350 Rogers 12.6.2017 302, 4-5; Ledgett 13.6.2017 302, 2.

351 Ledgett 13.6.2017 302, 2.

352 Ledgett 13.6.2017 302, 2-3; Rogers 12.6.2017 302, 4.

353 Rogers 12.6.2017 302, 5; Ledgett 13.6.2017 302, 2.

wurde, irgendetwas zu tun, wovon [er] glaubt[e], es sei illegal, unmoralisch, unethisch oder unangemessen«, und »er erinnerte sich nicht daran, jemals unter Druck gesetzt worden zu sein, so etwas zu tun«.[354]

Zusätzlich zu den dargelegten Bemerkungen gegenüber Coats, Pompeo und Rogers, äußerte sich der Präsident auch bei anderen Gelegenheiten in Anwesenheit von Geheimdienstmitarbeitern über die Russland-Ermittlungen und bekundete, diese würden sein Vermögen beeinträchtigen, Auslandsbeziehungen aufzunehmen.[355] Mindestens zwei Mal begann der Präsident das tägliche Präsidentenbriefing mit der Aussage, es gebe keine geheimen Absprachen mit Russland und er hoffe, eine Pressemitteilung könnte dazu veröffentlicht werden.[356] Pompeo erinnerte sich daran, dass der Präsident seinen Dampf über die Ermittlungen bei verschiedenen Anlässen abließ, und dabei beklagte, dass keine Beweise gegen ihn vorlägen und er von niemandem öffentlich verteidigt würde.[357] Rogers erinnerte eine private Unterhaltung mit dem Präsidenten, während derer dieser seinem Ärger über die Ermittlungen »Luft macht[e]« und sagte, er habe nichts Falsches getan, und etwas wie »diese Russlandsache muss verschwinden« von sich gab.[358] Coats erinnerte sich daran, dass der Präsident die Russland-Ermittlungen mehrere Male zur Sprache brachte, und Coats sagte aus, er habe den Präsidenten wissen lassen, sein Job sei es, Geheimdienstinformationen zu beschaffen und nicht, sich in Ermittlungen einzumischen.[359]

---

354 *Anhörung vor dem Geheimdienstausschuss des Repräsentantenhauses (HPSCI) über das Gericht zur Überwachung der Aktivitäten US-amerikanischer Auslandsgeheimdienste (FISC)*, 115. Kong. (7. Juni 2017) (CQ Kong. Protokolle, 20) (Zeugenaussage von Admiral Michael Rogers, Direktor der NSA)

355 Gistaro 14.6.2017 302, 1, 3; Pompeo 28.6.2017 302, 2-3.

356 Gistaro 14.6.2017 302, 1.

357 Pompeo 28.6.2017 302, 2.

358 Rogers 12.6.2017 302, 6.

359 Coats 14.6.2017 302, 3-4.

4. Der Präsident fordert Comey auf, die »Wolke zu vertreiben«, die aufgrund der Russland-Ermittlungen über ihm hänge

Am Morgen des 30. März 2017 wandte sich der Präsident bezüglich der Russland-Ermittlungen direkt an Comey.[360] Der von Comey simultan erstellten Aufzeichnung zufolge, sagte der Präsident, »er würde versuchen, das Land zu führen, doch die Russlandwolke mache dies schwierig«.[361] Der Präsident fragte Comey, ob er etwas tun könne, um »die Wolke zu vertreiben«.[362] Comey erklärte ihm, »wir führen sie so schnell wie möglich durch und dass sie von großem Nutzen seien, wenn nichts gefunden würde, ganz wie das Gütesiegel von Good-Housekeeping-Produkten, aber wir müssten nun unsere Arbeit tun«.[363] Comey fügte hinzu, dass den Kongressführern bewusst sei, dass das FBI nicht gegen den Präsidenten persönlich ermittle.[364] Der Präsident wieder-

---

360 SCR012b_000044 (tägliche Notiz des Präsidenten 30.3.2017, in der dieser den Anruf von 8:14 – 8:24 Uhr bei Comey wiedergibt); Comey 30.3.2017 Memorandum, 1. (»Der Präsident rief mich heute Morgen um 8:14 Uhr auf meinem Handy an ... Der Anruf dauerte 11 Minuten (etwa 10 Minuten mit ihm direkt).«; *Anhörung vor dem Geheimdienstausschuss des Repräsentantenhauses (HPSCI) über russische Einflussnahme*; 115. Kong. (8. Juni 2017) (Aussage zu Protokoll gegeben von James B. Comey, ehemaliger FBI-Direktor, 6).

361 Comey 30.3.2017 Memorandum, 1. Comey sagte über diese Unterhaltung im Folgenden vor dem Kongress aus und beschrieb sie unserer Behörde; seine Erinnerungen stimmten mit seinem Memorandum überein. *Anhörung vor dem Geheimdienstausschuss des Repräsentantenhauses (HPSCI) über russische Einflussnahme*, 115. Kong. (8. Juni 2017) (Aussage zu Protokoll gegeben von James B. Comey, ehemaliger FBI-Direktor, 6); Comey 15.11.2017 302, 18.

362 Comey 30.3.2017 Memorandum, 1; Comey 15.11.2017 302, 18.

363 Comey 30.3.2017 Memorandum, 1; Comey 15.11.2017 302, 18.

364 Comey 30.3.2017 Memorandum, 1; *Anhörung vor dem Geheimdienstausschuss des Repräsentantenhauses (HPSCI) über russische Einflussnahme*, 115. Kong. (8. Juni 2017) (Aussage zu Protokoll gegeben von James B. Comey, ehemaliger FBI-Direktor, 6).

holte mehrmals, »Wir müssen diese Tatsache an die Öffentlichkeit bringen«.[365] Der Präsident bemerkte, dass wenn es »irgendein Anhängsel« gebe (Comey interpretierte dies als Mitarbeiter des Präsidenten oder seines Wahlkampfteams), das etwas getan hätte, »wäre es gut, darüber Bescheid zu wissen«, aber dass er selbst nichts Falsches getan habe und er hoffe, Comey »würde einen Weg finden, an die Öffentlichkeit zu bringen, dass wir nicht gegen ihn ermittelten«.[366] Nach dem Telefonat rief Comey Boente an und berichtete ihm über das Gespräch, er bat um Beratung, wie er darauf reagieren solle, und sagte, er fühle sich nicht wohl damit, vom Präsidenten selbst in der Angelegenheit der Ermittlungen kontaktiert worden zu sein.[367]

Am Morgen des 11. April 2017 rief der Präsident erneut bei Comey an.[368] Der von Comey simultan verfassten Aufzeichnung zufolge, weil er »nochmals nachfassen und sich erkundigen wolle, ob [Comey] tue, worum [der Präsident] ihn beim letzten Mal gebeten hatte – also, öffentlich zu kommunizieren, dass

---

365 Comey 30.3.2017 Memorandum, 1; *Anhörung vor dem Geheimdienstausschuss des Repräsentantenhauses (HPSCI) über russische Einflussnahme*, 115. Kong. (8. Juni 2017) (Aussage zu Protokoll gegeben von James B. Comey, ehemaliger FBI-Direktor, 6).

366 Comey 30.3.2017 Memorandum, 1; *Anhörung vor dem Geheimdienstausschuss des Repräsentantenhauses (HPSCI) über russische Einflussnahme*, 115. Kong. (8. Juni 2017) (Aussage zu Protokoll gegeben von James B. Comey, ehemaliger FBI-Direktor, 6-7).

367 Comey 30.3.2017 Memorandum, 2; Boente 31.1.2018 302, 6-7; *Anhörung vor dem Geheimdienstausschuss des Repräsentantenhauses (HPSCI) über russische Einflussnahme*, 115. Kong. (8. Juni 2017) (Aussage zu Protokoll gegeben von James B. Comey, ehemaliger FBI-Direktor, 7).

368 SCR012b_000053 (Terminkalender des Präsidenten, 11.4.2017, der über den Anruf von 8:27 – 8:31 Uhr bei Comey reflektiert); Comey 11.4.2017 Memorandum, 1 (»Ich rief den Präsidenten heute Morgen um 8:26 Uhr zurück. Wir unterhielten uns etwa vier Minuten lang.«).

nicht gegen ihn persönlich ermittelt werde.[369] Comey erwiderte, er habe die Anfrage an Boente weitergeleitet, aber noch keine Rückmeldung erhalten, und er informierte den Präsidenten darüber, dass der übliche Dienstweg für eine solche Anfrage es vorsehe, dass der Berater des Weißen Hauses Kontakt zur Leitung des DOJ aufnehme.[370] Der Präsident erwiderte, er würde diesen Schritt einleiten.[371] Dann fügte der Präsident hinzu, »Weil ich Ihnen gegenüber sehr loyal war, sehr loyal, wir hatten da diese Sache, Sie wissen schon«.[372] In einem Fernsehinterview, das am frühen Nachmittag aufgezeichnet wurde, wurde der Präsident gefragt, ob es nun zu spät für ihn sei, Comey um seinen Rücktritt zu bitten; der Präsident antwortete: »Nein, es ist nicht zu spät, aber wissen Sie, ich setze Vertrauen in ihn. Wir werden sehen, was passiert. Also, es wird interessant werden.«[373] Nach dem Interview sagte Hicks zum Präsidenten, sie sei der Meinung, der Kommentar des Präsidenten über Comey solle aus dem Interview herausgeschnitten werden, doch der Präsident bestand darauf, es so beizubehalten, was Hicks ungewöhnlich fand.[374]

Noch am selben Tag, berichtete der Präsident seinen leitenden Beratern, darunter McGahn und Priebus, er habe Comey

---

369 Comey 11.4.2017 Memorandum, 1. Comey sagte über diese Unterhaltung im Folgenden vor dem Kongress aus und seine Erinnerungen stimmten mit seinem Memorandum überein. *Anhörung vor dem Geheimdienstausschuss des Repräsentantenhauses (HPSCI) über russische Einflussnahme*, 115. Kong. (8. Juni 2017) (Aussage zu Protokoll gegeben von James B. Comey, ehemaliger FBI-Direktor, 7).

370 Comey 11.4.2017 Memorandum, 1.

371 Comey 11.4.2017 Memorandum, 1.

372 Comey 11.4.2017 Memorandum, 1. In einer Fußnote dieser Aussage schrieb Comey: »Seine Wortwahl passte nicht zum Rest des Anrufs, der zu diesem Punkt nichts mehr mit einer Anfrage an mich zu tun hatte, aber ich habe all das hier festgehalten, wie es sich zugetragen hat.«

373 Maria Bartiromo, *Interview with President Trump*, Fox Business Network (12. Apr. 2017); SCR012b_000054 (Terminkalender des Präsidenten, 11.4.2017, in dem er das Interview von 12:30 – 12:55 Uhr mit Bartiromo wiedergibt).

374 Hicks 8.12.2017 302, 13.

in den vergangenen Wochen zwei Mal kontaktiert.[375] Der Präsident räumte ein, dass McGahn die Kontaktaufnahme nicht guthieß, da McGahn den Präsidenten kurz zuvor ermahnt hatte, nicht persönlich mit Comey zu sprechen, um jeden Verdacht abzuwenden, das Weiße Haus mische sich in die Ermittlungen ein.[376] Der Präsident erzählte McGahn, Comey habe angedeutet, das FBI könne öffentlich machen, dass keine Ermittlungen über den Präsidenten angestellt werden, wenn das Justizministerium damit einverstanden wäre.[377] Nachdem er mit dem Präsidenten gesprochen hatte, setzte McGahn Boente von der Auffassung des Präsidenten in Kenntnis, das FBI könne eine öffentliche Stellungnahme abgeben, sofern das Justizministerium grünes Licht gebe.[378] McGahn erinnerte sich daran, dass Boente sagte, Comey habe ihm zu verstehen gegeben, dass die Anrufe des Präsidenten zwar nicht regelwidrig seien, ihm aber ein unangenehmes Gefühl bereiteten.[379] McGahn zufolge antwortete Boente, er wolle keine Stellungnahme dazu auf den Weg bringen, dass keine Ermittlungen gegen den Präsidenten liefen, da dies politische Folgen haben könne, und dass er davon absehen wolle, Comey damit zu beordern, da dies die Ernennung eines Sonderermitt-

---

375 Priebus 13.10.2017 302, 23; McGahn 12.12.2017 302, 9.

376 Priebus 13.10.2017 302, 23; McGahn 12.12.2017 302, 9; *siehe* McGahn 30.11.2017 302, 9; Dhillon 21.11.2017 302, 2 (Verlautbarung darüber, dass die Rechtsberater des Weißen Hauses dem Präsidenten geraten hatten, den FBI-Direktor nicht direkt zu kontaktieren, da dies den Eindruck erwecken könne, dass er sich in die Ermittlungen einmischen wolle). Später im April erzählte der Präsident anderen Beamten des Büros des Rechtsberaters des Weißen Hauses, dass er Comey anrief, obwohl ihm wohl bewusst war, dass sie ihm davon abgeraten hatten. Dhillon 21.11.2017 302, 2 (erinnert sich daran, dass der Präsident sagte: »Ich weiß, dass Sie mir davon abrieten, aber ich habe Comey trotzdem angerufen.«).

377 McGahn 12.12.2017 302, 9

378 McGahn 12.12.2017 302, 9.

379 McGahn 12.12.2017 302, 9; *siehe* Boente 31.1.2018 302, 6 (erinnert sich daran, dass Comey ihn nach dem Anruf am 30. März 2017 wissen ließ, dass dieser nicht regelwidrig war).

lers nach sich ziehen könne.[380] Boente konnte sich an dieses Gesprächsmoment mit McGahn nicht erinnern, doch er erinnerte sich daran, gesagt zu haben, die direkte Kontaktaufnahme des Präsidenten sei ein Problem.[381] Boente erinnerte sich daran, dass McGahn ihm zustimmte und sagte, er werde tun, was in seiner Macht stehe, um dieses Problem anzusprechen.[382]

Auswertung

Die Bewertung der Reaktion des Präsidenten auf Sessions' Befangenheitserklärung und die Forderungen, die er gegenüber Coats, Pompeo, Rogers und Comey stellte, hat ergeben, dass die folgenden Beweise für den Tatbestand der Justizbehinderung maßgeblich sind:

a. Tatbestand der Justizbehinderung. Die Beweismittel zeigen, dass der Präsident nach Comeys Zeugenaussage am 20. März 2017 wiederholt versuchte, Führungskräfte der Geheimdienste zu kontaktieren, um die Ermittlungen des FBI zu diskutieren. Die befragten Zeugen erinnerten den Inhalt dieser Kontaktgesuche jedoch unterschiedlich. Einige ODNI-Beamte erinnerten sich daran, dass Coats ihnen direkt nach seinem Meeting mit dem Präsidenten im Oval Office am 22. März berichtete, der Präsident habe ihn aufgefordert, sich bei Comey dafür einzusetzen, dass die Ermittlungen »gestoppt« würden. Doch die Zeugen, die selbst bei dem Meeting anwesend waren, erinnern die Unterhaltung anders. Pompeo konnte sich an das konkrete Treffen nicht erinnern, doch er erinnerte sich daran, dass der Präsident ganz generell versuchte, Amtsträger dazu zu bringen, öffentlich bekannt zu geben, der Präsident habe bezüglich Russlands nichts Falsches getan. Coats' Erinnerung zufolge, bat ihn der Präsident darum,

380 McGahn 12.12.2017 302, 9-10.
381 Boente 31.1.2018 302, 7; McGahn 12.12.2017 302, 9.
382 Boente 31.1.2018 302, 7.

an die Öffentlichkeit zu bringen, dass zwischen dem Präsidenten und Russland keine Verbindungen bestünden, aber er forderte ihn nicht dazu auf, mit Comey zu sprechen oder dabei zu helfen, die Ermittlungen zu beenden. Die anderen Kontaktaufnahmen des Präsidenten während dieser Zeit waren ähnlicher Natur. Der Präsident fragte Rogers, ob er etwas unternehmen könne, um die Geschichten zu entkräften, die den Präsidenten mit Russland in Verbindung brachten, und der Präsident forderte Comey dazu auf, eine öffentliche Erklärung abzugeben, die deutlich machte, dass nicht gegen den Präsidenten persönlich ermittelt werde, die »die Wolke« der laufenden Ermittlungen »vertreiben würde«. Diese Anfragen wurden, obwohl von Rogers als wichtig genug erachtet, das Treffen in einem schriftlich verfassten Memorandum festzuhalten, von den Amtsträgern nicht als Weisungen interpretiert, sich unvorschriftsmäßig in die Ermittlungen einzumischen.

b. Verbindung zu einem Verfahren. Als der Präsident Kontakt zur Führungsriege der Geheimdienste aufnahm, Ende März und Anfang April 2017, umfassten die Russland-Ermittlungen des FBI noch kein Verfahren vor der Grand Jury. Die Kontaktaufnahmen fanden jedoch erst nach Comeys Bekanntgabe vom 20. März 2017, und als direkte Reaktion auf diese, statt, in der das FBI öffentlich machte, dass es als Teil seiner Gegenspionagemission die Beeinflussung Russlands auf die Präsidentschaftswahl 2016 untersuchte. Comey sagte aus, dass die Ermittlungen alle Verbindungen oder Absprachen mit Vertretern von Trumps Wahlkampfteam beinhalteten und »die Beurteilung, ob irgendwelche Verbrechen begangen wurden«.

c. Vorsatz. Wie oben beschrieben, stützen die Beweismittel nicht die Annahme, der Präsident habe leitende Beamten der Geheimdienste gefragt oder dazu aufgefordert, sich in die Russland-Ermittlungen des FBI einzumischen oder diese zu beenden – und der Präsident stimmte Comey zu, indem er ihm sagte, falls »irgendein Anhängsel« an der Wahlbeeinflussung durch Russland beteiligt sei, »wäre es gut, das herauszufinden«. Doch die Absicht des Präsidenten, Sessions von seiner Befangenheitserklärung abzuhalten, und seine Kontaktaufnahme mit Coats, Pompeo, Rogers und Comey, nach Comeys öffentlicher Bekanntgabe der Russland-Ermittlungen des FBI, sind dennoch relevant dafür, nachvollziehen zu können, was den Präsidenten zu seinen weiteren Handlungen in Bezug auf die Ermittlungen veranlasste.

Die Beweise zeigen, dass der Präsident darauf fixiert war, welche Auswirkungen die Russland-Ermittlungen auf seine Präsidentschaft haben könnten – und vor allem darauf, die Vermutungen zu zerstreuen, es werde gegen ihn ermittelt oder er habe Verbindungen zu Russland. Anfang März versuchte der Präsident Sessions' Befangenheitserklärung abzuwenden, sogar noch nachdem ihm berichtet worden war, dass Sessions den Vorschriften des DOJ, die im Falle eines Interessenkonflikts Gültigkeit haben, folgte. Nachdem Sessions sich von den Ermittlungen zurückgezogen hatte, versuchte das Büro des Rechtsberaters des Weißen Hauses den Kontakt zu Sessions in dieser Sache zu unterbinden, dabei ist jedoch nicht klar, ob diese Weisung dem Präsidenten bekannt war. Der Präsident brachte Sessions' Befangenheitserklärung weiterhin zur Sprache, und als er die Gelegenheit dazu hatte, zog er Sessions beiseite und drängte ihn, seinen Rückzug von den Ermittlungen rückgängig zu machen. Der Präsident sprach mit seinen Beratern auch darüber, dass er sich einen Justizminister wünsche, der ihn verteidige, so wie Robert Kennedy und Eric Holder ihre Präsidenten verteidigt hatten. Der Präsident behauptete, er könne den Ablauf strafrechtlicher Untersuchungen steuern, dem Wortlaut nach sagte er: »Sie wollen mir erzählen, Bobby und Jack haben sich nicht über Ermittlungen ausgetauscht? Oder, dass Obama Eric Holder nicht angewiesen hat, über wen er Recherchen anstellen soll?«

Nachdem Comey die Russland-Ermittlungen des FBI am 20. März 2017 offiziell bestätigte, war der Präsident »außer sich« und äußerte seinen Ärger darüber, dass Comey keine Erklärung abgegeben hatte, die den falschen Eindruck korrigierte, er selbst wäre Gegenstand der Ermittlungen. Unmittelbar danach versuchte der Präsident, mit dem Geschäftsführenden Justizminister General Boente persönlich zu sprechen und wies McGahn an, Boente mit der Forderung zu kontaktieren, Comey solle eine klarstellende Erklärung abgeben. Der Präsident forderte dann weitere Führungskräfte der Geheimdienste dazu auf, öffentlich Stellung zu beziehen und die Unterstellung auszuräumen, der Präsident habe Verbindungen nach Russland, doch die Führungskräfte erklärten ihm, sie könnten keinen öffentlichen Kommentar zu den Ermittlungen abgeben. Am 30. März und 11. April versuchte der Präsident, gegen die Empfehlung der Berater des Weißen Hauses, die ihn darüber informiert hatten, dass direkter Kontakt mit dem FBI als unangemessene Einmischung in eine laufende Ermittlung interpretiert werden könnte, Comey persönlich zu erreichen, um ihn zu bitten, »die Wolke«, die die Russland-Ermittlungen darstellten, »zu vertreiben«, indem er die Tatsache, dass nicht gegen den Präsidenten persönlich ermittelt werde, öffentlich machte.

Beweismittel legen nahe, dass der Präsident sowohl über die Russland-Ermittlungen als auch darüber, dass berichtet wurde, es werde gegen ihn selbst ermittelt, verärgert war, obwohl er durch Comeys Darstellung wusste, dass letzteres nicht der Fall war. Der Präsident beklagte sich bei Beratern darüber, dass es von seinen Erfolgen ablenke, wenn die Menschen glaubten, Russland hätte ihm zur Wahl verholfen.

Andere Beweismittel legen nahe, dass der Präsident sich darüber Sorgen machte, die Russland-Ermittlungen könnten sich auf seine Regierungsfähigkeit auswirken. Der Präsident beklagte sich darüber, der Eindruck, es würde gegen ihn ermittelt werden, behindere seine Fähigkeit, Auslandsbeziehungen auszubauen, vor allem die zu Russland. Der Präsident sagte zu Coats, »er könne nichts mit Russland in die Wege leiten«, zu Rogers sagte er, »die Sache mit den Russen« würde seinen Auslandsbeziehungen schaden, und Comey ließ er wissen, dass »er versuche ein Land zu regieren, und dass die Wolke dieser Russlandsache das schwierig mache«.

D. Ereignisse, die zur Entlassung des FBI-Direktors Comey führten und mit ihr in Zusammenhang stehen

Überblick

Comeys Aussage vor dem Kongress war für den 3. Mai 2017 angesetzt. Im Vorfeld der Aussage erklärte der Präsident seinen Beratern wiederholt, Comey müsse öffentlich bekannt geben, dass nicht gegen den Präsidenten ermittelt werde. Bei der Anhörung weigerte sich Comey, Fragen über Umfang und Inhalt der Russland-Ermittlungen zu beantworten und öffentlich zu erklären, dass nicht gegen den Präsidenten ermittelt werde. Zwei Tage später, am 5. Mai 2017, sagte der Präsident engen Beratern, er werde Comey entlassen. Am 9. Mai setzte er das in die Tat um; und er nutzte das offizielle Absetzungsschreiben, um bekannt zu geben, Comey habe ihn drei Mal zu verschiedenen Gelegenheiten informiert, dass nicht gegen ihn ermittelt werde. Der Präsident entschloss sich, Comey zu entlassen, ohne einen Rat oder eine Empfehlung des Justizministeriums abzuwarten. Er billigte jedoch eine erste öffentliche Darstellung der Kündigung, die die Entlassung Comeys auf eine Empfehlung des Justizministeriums aufgrund von Comeys Umgang mit der Clinton-E-Mail-Untersuchung zurückführte. Nachdem sich der Stellvertretende Justizminister Rod Rosenstein geweigert hatte, die Kündigung seiner Empfehlung zuschreiben zu lassen, räumte der Präsident ein, er habe die beabsichtigte Kündigung Comeys nicht von einer Empfehlung des Justizministeriums abhängig gemacht. Bei seiner Entscheidung habe er an die Russland-Ermittlungen gedacht. Zum russischen Außenminister sagte der Präsident auch: »Ich habe gerade den FBI-Chef gefeuert. Er war verrückt, ein echter Vollidiot. Ich stand wegen Russland unter großem Druck. Der ist weg … Es wird nicht gegen mich ermittelt.«

Beweislage

1. Comey sagt vor dem Justizausschuss des Senats aus und weigert sich, Fragen zu beantworten, ob gegen den Präsidenten ermittelt werde

Comeys Aussage vor dem Geheimdienstausschuss des Senats war für den 3. Mai 2017 angesetzt.[383] McGahn erinnerte sich, dass der Präsident in der Woche vor der Anhörung gesagt habe, es bedeute das Aus für Comey, wenn er bei dieser Gelegenheit den Sachverhalt nicht richtigstelle und öffentlich mache, dass nicht gegen den Präsidenten ermittelt werde.[384] Der Präsident hatte McGahn zuvor gesagt, der Eindruck, es werde gegen ihn ermittelt, hindere ihn an der Wahrnehmung seiner präsidialen Pflichten und erschwere den Umgang mit fremden Staatoberhäuptern.[385] Bei der Anhörung lehnte Comey es ab, Fragen zum Stand der Russland-Ermittlungen zu beantworten. Er verwies darauf, dass »das Justizministerium ihn autorisiert« hätte, zu bestätigen, dass es »die Russland-Ermittlungen gibt«, dass er aber bis zur Beendigung der Ermittlungen »kein weiteres Wort darüber sagen« werde.[386]

---

383 *Anhörung zur FBI-Aufsicht vor dem Justizausschuss des Senats*, 115. Kongress (3. Mai 2017).

384 McGahn 12.12.2017 302, 10-11.

385 McGahn 12.12.2017 302, 7, 10-11 (McGahn nahm an, dass zwei ausländische Staatsoberhäupter dem Präsidenten gegenüber ihr Bedauern darüber ausgedrückt hätten, dass gegen ihn ermittelt werde.); SC_AD_00265 (Donaldson 11.4.2017 Notizen) (»P rief Comey an – an dem Tag, an dem er nicht anrufen sollte? ›Gegen Sie wird nicht ermittelt‹ NK/China/Unterminierung der Glaubwürdigkeit«)

386 *Anhörung zur FBI-Aufsicht vor dem Justizausschuss des Senats*, 115. Kongress (CQ Kongress-Transkripte, 70) (3. Mai 2017) (Aussage von FBI-Direktor James Comey). Comey wiederholte dies mehrfach während seiner Aussage. *Siehe ebenda*, 26 (Er erklärte, dass er »kein weiteres Wort [über die Ermittlungen] verlieren« werde, »bis wir fertig sind«.); *ebd.* 90 (Er konstatierte, dass er keinerlei Auskünfte über den Stand der Ermittlungen geben werde, »bis die Sache beendet ist«.).

Comey weigerte sich ebenso, Auskunft darüber zu geben, ob die Ermittler »irgendjemanden aus Trumps Wahlkampfteam als infrage kommende Person strafrechtlicher Ermittlungen ausgeschlossen« hätten, beziehungsweise ob das FBI »den Präsidenten der Vereinigten Staaten ausgeschlossen« habe.[387]

Bei der Anhörung wurde Comey auch zu seiner Entscheidung befragt, elf Tage vor der Präsidentschaftswahl die Wiederaufnahme der Clinton-E-Mail-Untersuchung durch das FBI bekannt zu geben.[388] Comey sagte aus, ihm bereite es eine »leichte Übelkeit, daran zu denken, dass wir möglicherweise einen gewissen Einfluss auf die Wahl hatten«. Er fügte aber hinzu, dass er »auch im Nachhinein dieselbe Entscheidung treffen« würde.[389] Im weiteren Verlauf wiederholte er, er bereue nicht, wie er die E-Mail-Untersuchung gehandhabt habe, und sei der Ansicht, »stets das Richtige getan« zu haben.[390]

Am Nachmittag nach Comeys Aussage traf sich der Präsident mit McGahn, Sessions und Sessions' Stabschef Jody Hunt.[391] Bei diesem Treffen fragte der Präsident McGahn, wie sich Comey bei seiner Aussage gemacht habe. McGahn teilte ihm mit, dass Comey es abgelehnt habe, Fragen darüber zu beantworten, ob gegen den Präsidenten ermittelt werde.[392] Der Präsident war sehr

---

387 *Anhörung zur FBI-Aufsicht vor dem Justizausschuss des Senats*, 115. Kongress (3. Mai 2017) (CQ Kongress-Transkripte, 87-88) (Fragen von Sen. Blumenthal und Aussage von FBI-Direktor James B. Comey).

388 *Anhörung zur FBI-Aufsicht vor dem Justizausschuss des Senats*, 115. Kongress (CQ Kongress-Transkripte, 15) (Fragen von Sen. Feinstein).

389 *Anhörung zur FBI-Aufsicht vor dem Justizausschuss des Senats*, 115. Kongress (CQ Kongress-Transkripte, 17) (Aussage von FBI-Direktor James B. Comey).

390 *Anhörung zur FBI-Aufsicht vor dem Justizausschuss des Senats*, 115. Kongress (CQ Kongress-Transkripte, 92) (Aussage von FBI-Direktor James B. Comey).

391 Sessions 17.1.2018 302, 8; Hunt 1.2.2018 302, 8.

392 Sessions 17.1.2018 302, 8; Hunt-000021 (Hunt 3.5.2017 Notizen); McGahn 8.3.2018 302, 6.

aufgebracht und ließ seinen Ärger an Sessions aus.[393] Laut Hunts Notizen sagte der Präsident: »Das ist furchtbar, Jeff. Und alles nur, weil Sie sich für befangen erklärt haben. Der Justizminister ist der wichtigste Posten. Kennedy hat seinen Bruder ernannt. Obama hat Holder ernannt. Ich habe Sie ernannt und Sie haben sich für befangen erklärt. Sie haben mich auf einer Insel zurückgelassen. Ich kann nichts tun.«[394] Der Präsident sagte, Sessions' Befangenheitserklärung sei unfair, sie hindere ihn am Regieren und untergrabe seine Autorität gegenüber ausländischen Staatsoberhäuptern.[395] Sessions erwiderte, er habe keine Wahl gehabt. Es sei eine zwingend notwendige und keine Ermessensentscheidung gewesen.[396] Hunt erinnerte sich daran, dass Sessions im Laufe des Gesprächs erklärt habe, ein Neuanfang im FBI wäre angebracht. Der Präsident solle erwägen, Comey als Direktor des FBI zu ersetzen.[397] Laut Sessions sei es am Ende des Treffens zwar augenscheinlich gewesen, dass der Präsident unzufrieden mit Comey gewesen sei, Sessions hatte aber nicht den Eindruck, der Präsident hätte die Entscheidung getroffen, Comey zu entlassen.[398]

Bannon erinnerte sich, dass der Präsident in Gesprächen mit ihm am 4. und 5. Mai 2017 mindestens acht Mal auf Comey zu sprechen gekommen sei.[399] Laut Bannon habe der Präsident jedes Mal dasselbe gesagt: »Er hat mir drei Mal gesagt, dass gegen

---

393 Sessions 17.1.2018 302, 8-9.

394 Hunt-000021 (Hunt 3.5.2017 Notizen). Hunt sagte, er habe sich im Anschluss an dieses und an andere Treffen mit dem Präsidenten Notizen gemacht. Hunt 1.2.2017 302, 2.

395 Hunt-000021-22 (Hunt 3.5.2017 Notizen) (»Es gibt ausländische Staatschefs, die sagen mir, dass es ihnen leidtut, dass ich überprüft werde.«); Sessions 17.1.2018 302, 8 (Sessions erinnerte sich, dass ein führender chinesischer Funktionär dem Präsidenten gesagt habe, er bedaure, dass gegen ihn ermittelt werde. Der Präsident habe das als Untergrabung seiner Autorität wahrgenommen.); Hunt 1.2.2018 302, 8.

396 Sessions 17.1.2018 302, 8; Hunt-000022 (Hunt 3.5.2017 Notizen).

397 Hunt-000022 (Hunt 3.5.2017 Notizen).

398 Sessions 17.1.2018 302, 9.

399 Bannon 12.2.2018 302, 20.

mich nicht ermittelt wird. Er ist ein Angeber, ein Wichtigtuer. Ich kenne keine Russen. Es gab keine Verschwörung.«[400] Bannon sagte dem Präsidenten, er könne Comey nicht entlassen, da »dieser Zug abgefahren« sei.[401] Zudem sagte Bannon, eine Entlassung Comeys werde die Ermittlungen nicht beenden und warnte den Präsidenten, dass er zwar den Direktor des FBI, nicht aber das FBI entlassen könne.[402]

2. Der Präsident trifft die Entscheidung, Comey zu entlassen

Am Wochenende nach Comeys Aussage vom 3. Mai 2017 reiste der Präsident zu seinem Anwesen in Bedminster in New Jersey.[403] Am Freitag, dem 5. Mai, aß der Präsident in Gesellschaft verschiedener Berater und Familienmitglieder (unter ihnen auch Jared Kushner und Trumps Chefberater Stephen Miller) zu Abend. Dabei erklärte er, dass er beabsichtige, Comey aus dem Amt zu entfernen, und bereits Ideen habe für die öffentliche Verlautbarung.[404] Der Präsident diktierte seine Argumente und konkrete Formulierungen für das Schreiben, und Miller machte sich Notizen.[405] Diesen Aufzeichnungen gemäß sollte der Brief wie folgt beginnen: »Obwohl ich es sehr zu schätzen weiß, dass Sie mich darüber unterrichtet haben, dass ich nicht Gegenstand von Ermittlungen bin, die ich oft als konstruierte Geschichte einer Trump-Russland-Beziehung, die bis zu den Präsidentschaftswahlen 2016 angedauert haben soll, bezeichnet habe, bedaure ich, Ihnen mitteilen zu müssen, dass ich und ich glaube auch die amerikanische Öffentlichkeit – Demokraten und Re-

---

400 Bannon 12.2.2018 302, 20.
401 Bannon 12.2.2018 302, 20.
402 Bannon 12.2.2018 302, 20-21; *siehe* Priebus 13.10.2017 302, 28.
403 S. Miller 31.10.2017 302, 4-5; SCR025_000019 (Terminkalender des Präsidenten 4.5.2017).
404 S. Miller 31.10.2017 302, 5.
405 S. Miller 31.10.2017 302, 5-6.

publikaner – das Vertrauen in Sie als Direktor des FBI verloren haben.«[406] Im Anschluss an das Abendessen formulierte Miller ein Entlassungsschreiben auf der Grundlage seiner Notizen und durchgeführter Recherchen zur Untermauerung der Argumente des Präsidenten.[407] Im Laufe des Wochenendes verlangte der Präsident wiederholt eine Reihe von Nachbesserungen des Briefentwurfs.[408] Miller sagte, der Präsident habe darauf bestanden, niemanden im Weißen Haus über ihre Vorbereitungen zu informieren, weil er befürchtet habe, es könne etwas aus dem Weißen Haus an die Öffentlichkeit dringen.[409]

In seinen Unterredungen mit Miller machte der Präsident deutlich, dass der Brief mit einem Hinweis darauf beginnen müsse, dass nicht gegen ihn ermittelt werde.[410] Miller sagte, seiner Ansicht nach sei dem Präsidenten dieser Aspekt wichtig gewesen, um klarzustellen, dass Comey nicht aufgrund einer solchen Untersuchung entlassen werden sollte.[411] Laut Miller wollte der Präsident es als Tatsache hinstellen, dass Comey noch in der »Probephase« gewesen sei und der Präsident ihm nie zugesichert hätte, sein Amt behalten zu dürfen.[412]

Der Beginn der endgültigen Version des von Miller und dem Präsidenten entworfenen Entlassungsschreibens ähnelt sehr stark der Fassung, die der Präsident Miller beim Abendessen am 5. Mai vorgegeben hatte: »Sehr geehrter Direktor Comey, obwohl ich es sehr zu schätzen weiß, dass Sie mich an drei verschiedenen Anlässen darüber unterrichteten, dass ich nicht Gegenstand von Er-

---

406 S. Miller 5.5.2017 Notizen, 1; *siehe* S. Miller 31.10.2017 302, 8.
407 S. Miller 31.10.2017 302, 6.
408 S. Miller 31.10.2017 302, 6-8.
409 S. Miller 31.10.2017 302, 7. Miller wollte nach eigenen Angaben eine Überrumpelung von Priebus verhindern. Deswegen habe er Priebus am Sonntagabend angerufen, um ihm mitzuteilen, dass der Präsident über die »Comey-Situation« nachgedacht habe und dass es eine wichtige Besprechung am Montag geben werde. S. Miller 31.10.2017 302, 7.
410 S. Miller 31.10.2017 302, 8.
411 S. Miller 31.10.2017 302, 8.
412 S. Miller 31.10.2017 302, 10.

mittlungen bin, welche sich mit den konstruierten und politisch motivierten Anschuldigungen einer Trump-Russland-Verbindung in Zusammenhang mit den Präsidentschaftswahlen 2016 befasst, bedaure ich, Ihnen mitteilen zu müssen, dass sowohl ich als auch Mitglieder beider politischer Parteien und vor allem die amerikanische Öffentlichkeit das Vertrauen in Sie als Direktor des FBI verloren haben und Sie hiermit entlassen sind.«[413] Der vierseitige Brief übte zudem Kritik an Comeys Urteilsvermögen und Verhalten, vor allem im Zusammenhang mit seiner Aussage vor dem Justizausschuss des Senats am 3. Mai, mit seiner Handhabung der Clinton-E-Mail-Untersuchung und mit seinem Unvermögen, Mitarbeiter zur Rechenschaft zu ziehen, die für das Durchsickern von Informationen verantwortlich gewesen seien.[414] Im Brief wird auch erklärt, Comey habe den Präsidenten bei einem Abendessen kurz nach dessen Amtseinführung darum »gebeten, weiterhin den Direktor-Posten bekleiden zu dürfen, und dass der Präsident erwiderte, dass er es sich überlegen werde«. Der Präsident sei nun aber »zu der Schlussfolgerung gelangt, dass er keine Alternative habe, als eine neue Leitung für das FBI zu suchen – einen Direktor, der das Vertrauen wiederherstellt«.[415]

Am Montagmorgen, dem 8. Mai 2017, teilte der Präsident McGahn, Priebus, Miller und anderen leitenden Beratern bei einer Besprechung im Oval Office mit, er habe sich entschieden, Comey zu entlassen.[416] Der Präsident las die ersten Absätze des mit Miller verfassten Entlassungsschreibens vor und machte

---

413 SCR013c_000003-06 (Entwurf des Kündigungsschreibens an FBI-Direktor Comey).

414 SCR013c_000003-06 (Entwurf des Kündigungsschreibens an FBI-Direktor Comey). Laut Kushner benennt das Kündigungsschreiben die Gründe, aus denen der Präsident Comey entlassen wollte. Zudem sei es die wahrheitsgetreueste Darstellung dessen, was der Präsident während des Abendessens vom 5. Mai gesagt habe. Kushner 11.4.2018, 25.

415 SCR013c_000003 (Entwurf des Kündigungsbriefes an FBI-Direktor Comey).

416 McGahn 12.12.2017 302, 11; Priebus 13.10.2017 302, 24; S. Miller 31.10.2017 302, 11; Dhillon 21.11.2017 302, 6; Eisenberg 29.11.2017 302, 13.

deutlich, dass seine Entscheidung nicht zur Diskussion stehe.[417] Der Präsident teilte den Anwesenden mit, Miller habe recherchiert und festgestellt, dass der Präsident die Befugnis habe, Comey grundlos zu entlassen.[418] Um den Entscheidungsprozess zu verzögern, sagte McGahn, die Leitung des Justizministeriums würde Comeys Stellung gerade prüfen, und riet zu einer Besprechung zwischen den Anwälten des Büros des Rechtsberaters des Weißen Hauses und Sessions sowie Rod Rosenstein, der kurz zuvor als Stellvertretender Justizminister im Amt bestätigt worden war.[419] McGahn sagte, bereits für denselben Tag geplante Treffen mit Sessions und Rosenstein seien eine gute Gelegenheit herauszufinden, was sie von einer Entlassung Comeys hielten.[420]

Mittags trafen sich Sessions, Rosenstein und Hunt mit McGahn und Uttam Dhillon, einem Anwalt des Rechtsberaters des Weißes Hauses.[421] McGahn informierte sie über den Entschluss des Prä-

---

417 S. Miller 31.10.2017 302, 11 (mit der Bemerkung, dass der Präsident das Treffen mit den Worten begann: »Ich lese Ihnen jetzt einen Brief vor. Sie können mich nicht davon abbringen. Ich habe meine Entscheidung getroffen.«); Dhillon 21.11.2017 302, 6 (der Präsident erklärte seine unabänderliche Entscheidung, dass er Comey entlassen werde); Eisenberg 29.11.2017 302, 13 (der Präsident stellte nicht zur Diskussion, ob Comey entlassen werden sollte oder nicht); Priebus 13.10.2017 302, 25; McGahn 12.12.2017 302, 11-12.

418 Dhillon 21.11.2017 302, 6; Eisenberg 29.11.2017 302, 13; McGahn 12.12.2017 302, 11.

419 McGahn 12.12.2017 302, 12, 13; S. Miller 31.10.2017 302, 11; Dhillon 21.11.2017 302, 7. Nach der Befangenheitserklärung des Justizministers Sessions wurde der Stellvertretende Justizminister Rosenstein zum amtierenden Justizminister in Sachen Russland-Ermittlungen. *Siehe* U.S.C. § 508(a) (»Wenn die Stelle des Justizministers nicht besetzt ist oder wenn dieser abwesend oder verhindert ist, kann der Stellvertretende Justizminister alle Aufgaben dieses Amtes übernehmen.«).

420 McGahn 12.12.2017 302, 12.

421 Dhillon 21.11.2017 302, 7; McGahn 12.12.2017 302, 13; Gauhar-000056 (Gauhar 16.5.2017 Notizen); *siehe* Gauhar-000056-72 (11.2.2019 Anmerkung zu der Akte mit Gauhars handschriftlichen Notizen.) (»Ms. Gauhar bestätigt, diese Notizen wahrscheinlich während eines oder mehrerer Treffen am Dienstag, dem 26. Mai 2017, geschrieben zu haben.«).

sidenten, Comey zu entlassen, und bat Sessions und Rosenstein um ihre Meinung.[422] Beide sahen Comey kritisch und äußerten keine Bedenken, ihn zu ersetzen.[423] McGahn und Dhillon sagten, da weder Sessions noch Rosenstein Einwände gegen eine Entlassung gehabt hätten, seien sie beruhigt gewesen, dass die Entscheidung des Präsidenten nicht als Versuch gewertet wurde, die Justiz zu behindern.[424] Für denselben Tag wurde ein Treffen im Oval Office anberaumt, damit Sessions und Rosenstein die Angelegenheit mit dem Präsidenten besprechen konnten.[425]

Gegen 17 Uhr trafen sich der Präsident und mehrere Mitarbeiter des Weißen Hauses mit Sessions und Rosenstein, um über Comey zu sprechen.[426] Der Präsident sagte den Anwesenden, er habe sich am Wochenende Comeys Aussage vom 3. Mai angesehen und sei der Meinung, mit Comey sei etwas »nicht richtig«.[427] Der Präsident erklärte wieder, Comey solle aus dem Amt entfernt werden und fragte Sessions und Rosenstein nach ihrer Meinung.[428] Der ebenfalls anwesende Hunt erinnerte sich später, dass Sessions geantwortet habe, er habe Comeys Ablösung bereits empfohlen.[429] McGahn und Dhillon berichteten, Rosenstein habe seine Bedenken im Zusammenhang mit Comeys Handhabung der Untersuchung zu Clintons E-Mails vorgetragen.[430]

Der Präsident verteilte Kopien des Entlassungsschreibens, das

---

422 McGahn 12.12.2017 302, 13; *siehe* Gauhar-000056 (Gauhar 16.5.2017 Notizen).
423 Dhillon 21.11.2017 302, 7-9; Sessions 17.1.2018 302, 9; McGahn 12.12.2017 302, 13.
424 McGahn 12.12.2017 302, 13; Dhillon 21.11.2017 302, 9.
425 Hunt-000026 (Hunt 8.5.2017 Notizen); *siehe* Gauhar-000057 (Gauhar 16.5.2017 Notizen).
426 Rosenstein 23.5.2017 302, 2; McGahn 12.12.2017 302, 14; *siehe* Gauhar-000057 (Gauhar 16.5.2017 Notizen)
427 Hunt-000026-27 (Hunt 8.5.2017 Notizen).
428 Sessions 17.1.2018 302, 10; *siehe* Gauhar-000058 (Gauhar 16.5.2017 Notizen) (»POTUS an JM: Was ist Ihre Empf?«).
429 Hunt-000027 (Hunt 8.5.2017 Notizen).
430 McGahn 12.12.2017 302, 14; Dhillon 21.11.2017 302, 7.

US-Justizministerium
~~Juristische Ermittlungen~~ // ~~Kann geschütztes Material gemäß Fed. R. Crim. P. 6(c) enthalten~~

er mit Miller aufgesetzt hatte. Die Diskussion wandte sich der Art und Weise zu, wie Comeys Entlassung in die Wege geleitet werden und ob man dazu den Brief des Präsidenten benutzen solle.[431] McGahn und Dhillon drängten den Präsidenten, er solle Comey gestatten, selbst zu kündigen, aber der Präsident bestand auf einer Entlassung.[432] Die Anwesenden besprachen die Möglichkeit einer schriftlichen Empfehlung zur Abberufung Comeys durch Rosenstein und Sessions.[433] Der Präsident war einverstanden und wies Rosenstein an, ein entsprechendes Memorandum aufzusetzen, das er ihm am nächsten Morgen als Erstes vorlegen solle.[434] Laut Hunts Notizen forderte der Präsident Rosenstein dazu auf, in seiner Empfehlung zu erwähnen, dass Comey sich geweigert habe zu bekräftigen, dass der Präsident nicht persönlich Gegenstand der Ermittlungen sei.[435] Ein hochrangiger Mitarbeiter des Justizministeriums hielt Rosensteins Zusammenfassung des Treffens fest. Danach habe der Präsident zu Rosenstein gesagt: »Tun Sie das Russlandzeug ins Memo.«[436] Rosenstein habe geantwortet, die Russland-Ermittlungen seien nicht der Grund für seine Empfehlung zur Entlassung Comeys, und deshalb sei er der Ansicht, Russland solle unerwähnt bleiben.[437] Der Präsident sagte, er würde es zu schätzen wissen, wenn Rosenstein

---

431 Hunt-000028 (Hunt 8.5.2017 Notizen).

432 McGahn 12.12.2017 302, 13.

433 Hunt-000028-29 (Hunt 8.5.2017 Notizen).

434 McCabe 26.9.2017 302, 13; Rosenstein 23.5.2017 302, 2; *siehe* Gauhar-000059 (Gauhar 16.5.2017 Notizen) (»POTUS weist JM an, Memo zu schreiben«).

435 Hunt-000028-29 (Hunt 8.5.2017 Notizen) (»POTUS fragte, ob Rods Empfehlung die Tatsache erwähnen würde, dass Comey, obwohl er über die Ermittlung spricht, nicht sagen will, dass sich die Ermittlung nicht gegen den Präsidenten richtet … Also wäre es gut, wenn Ihre Empfehlung die Tatsache erwähnen würde, dass Comey sich weigert, öffentlich zu sagen, was er privat drei Mal gesagt hat.«).

436 Gauhar-000059 (Gauhar 16.5.52017 Notizen).

437 Sessions 17.1.2018 302 10; McCabe 26.9.2017 302, 13; *siehe* Gauhar-000059 (Gauhar 16.5.2017 Notizen).

das Thema trotzdem in seinem Schreiben erwähnen würde.[438] Als Rosenstein das Oval Office verließ, wusste er, dass Comey entlassen werden würde. Er berichtete Mitarbeitern im Justizministerium, seine eigenen Gründe für die Abberufung Comeys seien »nicht die Gründe des Präsidenten«.[439]

Am 9. Mai überbrachte Hunt dem Weißen Haus einen Brief von Sessions mit der Empfehlung, Comey abzuberufen, sowie ein an den Justizminister adressiertes Memorandum von Rosenstein mit dem Titel »Wiederherstellung des öffentlichen Vertrauens in das FBI«.[440] McGahn erinnerte sich, dass dem Präsidenten die Briefe des Justizministeriums gefielen und dass sie die Grundlage für ein neues Anschreiben des Präsidenten bilden sollten, in dem er sich auf diese Empfehlungen zu Comeys Entlassung berief.[441] Von Donaldson am 9. Mai erstellte Notizen geben die Auffassung des Büros des Rechtsberaters des Weißen Hauses wieder, dass der ursprüngliche Entlassungsbrief des Prä-

---

438 Gauhar-000059 (Gauhar 16.5.2017 Notizen); McCabe 16.5.2017 Memorandum 1; McCabe 26.9.2017 302, 13.

439 Rosenstein 23.5.2017 302, 2; Gauhar-000059 (Gauhar 16.5.2017 Notizen) (»JMs Gründe nicht seine Gründe [POTUS]«); Gauhar-000060 (Gauhar 16.5.2017 Notizen) (»1. Entwurf hatte eine Empfehlung. Nahm es raus, weil ich wusste, Entscheidung schon getroffen.«).

440 Rosenstein 23.5.2017 302, 4; McGahn 12.12.2017 302, 15; 9.5.2017 Brief, Sessions an den Präsidenten Trump (»Aufgrund meiner Einschätzung und aus den in dem angehängten Memorandum des Stellvertretenden Justizministers genannten Gründen bin ich zu dem Schluss gekommen, dass ein Neubeginn in der Führung des FBI notwendig ist.«); 9.5.2017 Memorandum, Rosenstein an Sessions (schließt mit: »Die Art und Weise, wie der Direktor mit dem Abschluss der E-Mail-Untersuchungen umgegangen ist, war falsch. Infolgedessen ist es unwahrscheinlich, dass das Vertrauen der Öffentlichkeit und des Kongresses in das FBI wiederhergestellt wird, solange es keinen Direktor hat, der die Reichweite seiner Fehler erkennt und sich dazu verpflichtet, sie nicht zu wiederholen. Da der Direktor seine Fehler nicht eingestanden hat, kann von ihm nicht erwartet werden, die notwendigen Maßnahmen zur Korrektur seiner Handlungen durchzuführen.«).

441 S. Miller 31.10.2017 302, 12; McGahn 12.12.2017 302, 15; Hunt-000031 (Hunt 9.5.2017 Notizen).

sidenten »nicht ans Licht kommen sollte« und dass es besser wäre, »keine weiteren Begründungen« für die Entlassung zu geben als die in den Memoranda von Rosenstein und Sessions genannten.[442] Der Präsident wies Miller an, einen neuen Entlassungsbrief aufzusetzen, in dem er schreiben solle, dass Comey dem Präsidenten dreimal mitgeteilt habe, gegen ihn werde nicht ermittelt.[443] McGahn, Priebus und Dhillon äußerten Einwände dagegen, diese Formulierung aufzunehmen, aber der Präsident bestand darauf.[444] Auf McGahn, Priebus und andere wirkte es, als sei diese Aussage für den Präsidenten der wichtigste Aspekt des Briefes.[445] Dhillon versuchte ein letztes Mal, den Präsidenten davon zu überzeugen, Comey eine Kündigung zu ermöglichen, aber der Präsident lehnte das ab.[446]

---

442 SC_AD_00342 (Donaldson 9.5.2017 Notizen). Donaldson schrieb weiter: »Ist das der Anfang vom Ende?« Sie befürchtete, dass Comeys Entlassung und die Art und Weise, in der sie vonstattenging, das Ende der Präsidentschaft bedeuten würde. Donaldson 6.11.2017 302, 25.

443 S. Miller 31.10.2017 302, 12; McGahn 12.12.2017 302, 15; Hunt-000032 (Hunt 9.5.2017 Notizen).

444 McGahn 12.12.2017 302, 15; S. Miller 31.10.2017 302, 12; Dhillon 21.11.2017 302, 8, 10; Priebus 13.10.2017 302, 27; Hunt 1.2.2018 302, 14-15; Hunt-000032 (Hunt 9.5.2017 Notizen).

445 Dhillon 21.11.2017 302, 10; Eisenberg 29.11.2017 302, 15 (mit der Ansicht, die »treibende Kraft des Ganzen« sei der Wille des Präsidenten gewesen, die Aussage unterzubringen, dass nicht gegen ihn ermittelt werde); Burnham 3.11.2017 302, 16 (Burnham wusste, dass es dem Präsidenten nur auf eine Zeile ankam: dass Comey dem Präsidenten bei drei verschiedenen Gelegenheiten gesagt habe, gegen ihn werde nicht ermittelt.) Laut Hunts Aufzeichnungen sollte der Verweis auf Comeys Aussagen zeigen, dass der Präsident Comey entließ, »obwohl« Comey den Präsidenten darüber informiert habe, dass gegen ihn nicht ermittelt werde. Hunt-000032 (Hunt 9.5.2017 Notizen). McGahn gab an, er glaube, dass der Präsident die Worte einfügen wollte, damit die Leute nicht denken würden, er hätte Comey entlassen, weil er Gegenstand der Ermittlungen sei. McGahn 12.12.2017 302, 15.

446 McGahn 12.12.2017 302, 15; Donaldson 6.11.2017 302, 25; *siehe* SC AD_00342 (Donaldson 9.5.2017 Notizen) (»Rücktritt vs. Entlassung. – POTUS/Entlassung.«).

Etwa zu der Zeit, als der Brief des Präsidenten fertiggestellt wurde, rief Priebus Spicer und andere Mitarbeiter der Presseabteilung ins Oval Office. Dort wurde ihnen mitgeteilt, dass Comey aus den in den Briefen von Rosenstein und Sessions genannten Gründen entlassen worden war.[447] Um Comeys Entlassung bekannt zu geben, veröffentlichte das Weiße Haus eine Erklärung, von der Priebus annahm, der Präsident habe sie diktiert.[448] Die vollständige Erklärung lautete: »Heute hat Präsident Donald J. Trump den FBI-Direktor James Comey darüber informiert, dass er entlassen und seines Amtes enthoben worden ist. Präsident Trump folgte damit der eindeutigen Empfehlung des Stellvertretenden Justizministers Rod Rosenstein sowie des Justizministers Jeff Sessions.«[449]

Am selben Abend wurde der Stellvertretende FBI-Direktor Andrew McCabe zu einer Besprechung mit dem Präsidenten ins Weiße Haus bestellt.[450] Der Präsident teilte McCabe mit, er habe Comey wegen seiner Entscheidungen in der Untersuchung zu Clintons E-Mails sowie aus vielen anderen Gründen entlassen.[451] Der Präsident fragte McCabe, ob ihm bewusst sei, dass Comey dem Präsidenten dreimal gesagt habe, gegen ihn werde nicht ermittelt.[452] Der Präsident fragte McCabe auch, ob es viele Mitarbeiter des FBI gebe, die Comey nicht leiden könnten, und ob McCabe zum »Widerstand« gehöre, der mit Comeys Entscheidungen in der Clinton-Untersuchung nicht einverstanden gewesen sei.[453] McCabe antwortete, er habe gewusst, dass Comey dem Präsidenten gesagt habe, gegen ihn werde nicht ermittelt, dass

447 Spicer 16.10.2017 302, 9; McGahn 12.12.2017 302, 16.
448 Priebus 13.10.2017 302, 28.
449 *Erklärung des Pressesprechers*, Das Weiße Haus, Büro des Pressesprechers (9. Mai 2017).
450 McCabe 26.9.2017 302, 4; SCR025_000044 (Terminkalender des Präsidenten, 9.5.2017); McCabe 10.5.2017 Memorandum, 1.
451 McCabe 26.9.2017 302, 5; McCabe 10.5.2017 Memorandum, 1.
452 McCabe 26.9.2017 302, 5; McCabe 10.5.2017 Memorandum, 1-2.
453 McCabe 26.9.2017 302, 5; McCabe 10.5.2017 Memorandum, 1-2.

die meisten Mitarbeiter im FBI Comey positiv sähen und dass McCabe »sehr eng« mit Comey zusammengearbeitet hätte und an allen Entscheidungen beteiligt gewesen sei, die in der Clinton-Untersuchung gemacht worden seien.[454]

Später am selben Abend erklärte der Präsident seinem Presseteam, er sei unglücklich über die Berichterstattung über Comeys Kündigung und forderte sie auf, ihn in der Öffentlichkeit zu verteidigen.[455] Er rief Chris Christie an und sagte ihm laut Christie, die Presse würde ihn wegen Comeys Kündigung »umbringen«.[456] Der Präsident habe ihn gefragt, was er tun solle.[457] Christie fragte: »Haben Sie [Comey] aufgrund dessen rausgeworfen, was Rod in dem Memo geschrieben hat?« Der Präsident habe geantwortet: »Ja.«[458] Christie habe gesagt, der Präsident solle »Rod da rausschicken« und ihn die Entscheidung vertreten lassen.[459] Der Präsident habe gesagt, das sei eine »gute Idee«, er wolle Rosenstein gleich anrufen.[460]

Am selben Abend rief das Presseamt des Weißen Hauses im Justizministerium an und sagte, man beabsichtige, eine Presseerklärung herauszugeben, dass es Rosensteins Idee gewesen sei, Comey zu entlassen.[461] Rosenstein äußerte Mitarbeitern des Justizministeriums gegenüber, er werde sich nicht daran beteiligen, eine »falsche Geschichte« zu lancieren.[462] Dann rief der Präsident Rosenstein direkt an und sagte ihm, er sehe gerade Fox News, die Berichterstattung sei großartig gewesen und

---

454 McCabe 26.9.2017 302, 5; McCabe 10.5.2017 Memorandum, 1-2.
455 Spicer 16.10.2017 302, 11; Hicks 8.12.2017, 18; Sanders 3.7.2018 302, 2.
456 Christie 13.2.2019 302, 6.
457 Christie 13.2.2019 302, 6.
458 Christie 13.2.2019 302, 6.
459 Christie 13.2.2019 302, 6.
460 Christie 13.2.2019 302, 6.
461 Gauhar-000071 (Gauhar 16.5.2017 Notizen); Page Memorandum, 3 (Protokollierung der Ereignisse des 16.5.2017); McCabe 26.9.2017 302, 14.
462 Rosenstein 23.5.2017 302, 4-5; Gauhar-000059 (Gauhar 16.5.2017 Notizen).

Rosenstein solle eine Pressekonferenz abhalten.[463] Rosenstein antwortete, das sei kein guter Plan, denn auf Nachfragen der Presse würde er wahrheitsgemäß antworten, dass der Rauswurf Comeys nicht auf seine Initiative zurückgehe.[464] Sessions informierte das Büro des Rechtsberaters des Weißen Hauses am selben Abend, Rosenstein sei aufgebracht darüber, dass sein Memorandum als Grund für den Rauswurf Comeys dargestellt werde.[465]

In einer ungeplanten Pressekonferenz am späten Abend des 9. Mai 2017 erklärte Spicer den Journalisten: »Das war alles [Rosenstein]. Niemand vom Weißen Haus. Es war eine Entscheidung des Justizministeriums.«[466] An diesem Abend und am nächsten Morgen blieben Sprecher und Beamte des Weißen Hauses bei ihrer Behauptung, dass die Entscheidung des Präsidenten, Comey zu entlassen, auf die Empfehlungen von Rosenstein und Sessions zurückzuführen sei.[467]

---

[463] Rosenstein 23.5.2017 302, 4-5; Gauhar-000071 (Gauhar 16.5.2017 Notizen).

[464] Gauhar-000071 (Gauhar 16.5.2017 Notizen). Notizen aus dem Justizministerium aus der Woche von Comeys Kündigung lassen erkennen, dass Priebus jemanden in der Pressestelle des Justizministeriums »anbrüllte«, um Rosenstein dazu zu bewegen, eine Pressekonferenz einzuberufen. Die Pressestelle des Justizministeriums berief sich aber darauf, dass Rosenstein dem Präsidenten gesagt hätte, er werde das nicht tun. Gauhar-000071-72 (Gauhar 16.5.2017 Notizen).

[465] McGahn 12.12.2017 302, 16-17; Donaldson 6.11.2017 302, 26-27; Dhillon 21.11.2017 302, 11.

[466] Jenna Johnson, *After Trump fired Comey, White House staff scrambled to explain why* (Nach Trumps Rauswurf von Comey gerät das Weiße Haus in Erklärungsnot), Washington Post (10. Mai 2017) (unter Berufung auf ein Zitat von Spicer).

[467] *Siehe z. B. Sarah Sanders, White House Daily Briefing* (Tägliches Pressebriefing des Weißen Hauses), C-SPAN (10. Mai 2017); SCR013_001088 (10.5.2017 E-Mail, Hemming an Cheung et al.) (Interne E-Mail des Weißen Hauses zu Vizepräsident Pence' Kommentaren zur Entlassung Comeys).

Am Morgen des 10. Mai 2017 kam Präsident Trump mit dem russischen Außenminister Sergej Lawrow und dem russischen Botschafter Sergej Kisljak im Oval Office zusammen.[468] Die Medien berichteten anschließend, dass der Präsident während der Sitzung am 10. Mai über seine am Vortag getroffene Entscheidung, Comey zu kündigen, gesprochen habe. Er habe zu Lawrow und Kisljak gesagt: »Ich habe gerade den FBI-Chef gefeuert. Er war verrückt, ein echter Vollidiot. Ich stand wegen Russland unter großem Druck. Der ist weg … Es wird nicht gegen mich ermittelt.«[469] Der Präsident leugnete nie, diese Aussagen gemacht zu haben. Das Weiße Haus widersprach dieser Darstellung nicht, sondern gab stattdessen eine Stellungnahme mit folgendem Wortlaut heraus: »Indem James Comey die Untersuchung russischer Aktivitäten großgeredet und politisiert hat, hat er unnötigen Druck auf unsere Gespräche und Verhandlungen mit Russland ausgeübt. Die Untersuchung wird ohnehin weitergehen, und selbstverständlich wird die Entlassung von Comey sie nicht beenden. Noch einmal, die wahre Geschichte ist die, dass unsere nationale Sicherheit durch das Durchsickern privater und streng vertraulicher Informationen in Gefahr

---

468 SCR08_000353 (9.5.2017 Dokument des Weißen Hauses, »Arbeitsbesuch des russischen Außenministers Sergej Lawrow«; SCR08_001274 (10.5.2017 E-Mail, Ciaramella an Kelly et al.). Das Treffen war am 2. Mai 2017 während eines Telefonats zwischen Präsident Trump und dem russischen Präsidenten Wladimir Putin geplant worden. Der Termin wurde am 5. Mai 2017 bestätigt, an dem Tag, an dem der Präsident Stephen Miller einen Entwurf für das Kündigungsschreiben an Comey diktierte. SCR08_001274 (10.5.2017 E-Mail, Ciaramella an Kelly et al.).

469 Matt Apuzzo et al., *Trump Told Russians That Firing »Nut Job« Comey Eased Pressure From Investigation* (Trump sagte den Russen, dass der Rauswurf des »Vollidioten« Comey den Druck von den Ermittlungen nehme), New York Times (19. Mai 2017).

geraten war.«[470] Hicks sagte aus, als sie dem Präsidenten von den Berichten über sein Treffen mit Lawrow erzählt habe, habe er nicht besorgt ausgesehen. Über Comey habe er gesagt: »Er *ist* verrückt.«[471] Als McGahn den Präsidenten nach seinem Kommentar gegenüber Lawrow fragte, sagte der Präsident, es sei gut, dass Comey gefeuert worden wäre, weil das den Druck nehme. Denn so sei klar, dass nicht gegen ihn ermittelt werde und deswegen könne er mehr Arbeit erledigen.[472]

An demselben Morgen des 10. Mai 2017 rief der Präsident McCabe an.[473] Nach einer Gesprächsnotiz McCabes im Anschluss an das Telefonat bat der Präsident McCabe, ins Weiße Haus zu kommen, um zu besprechen, ob der Präsident in der FBI-Zentrale eine Rede vor den Mitarbeitern halten solle.[474] Der Präsident gab an, »Hunderte« Nachrichten von FBI-Mitarbeitern erhalten zu haben, aus denen die Unterstützung der Entlassung Comeys ersichtlich sei.[475] Der Präsident sagte McCabe auch, dass man Comey nach seiner Entlassung nicht hätte erlauben dürfen, mit dem Flugzeug des FBI zurück nach Washington zu fliegen; außerdem solle Comey das »Gebäude nie wieder« be-

---

470 SCR08_002117 (19.5.2017 E-Mail, Walters an Farhi (CBS News); *siehe* Spicer 16.10.2017 302, 13 (mit der Bemerkung, es wäre von ihm erwartet worden, die Berichterstattung über das Treffen mit dem russischen Außenminister zu »bereinigen«, wenn sie unzutreffend gewesen wäre. Dazu sei er aber nie aufgefordert worden.); Hicks 8.12.2017 302, 19 (unter Hinweis darauf, dass der Präsident nie bestritten habe, die ihm in der Lawrow-Sitzung zugeschriebenen Erklärungen abgegeben zu haben, und dass der Präsident ähnliche Dinge über Comey in einem vertraulichen Treffen mit Reportern am 18. Mai 2017 gesagt habe, bei dem er Comey als »Vollidioten« und als »verrückt« bezeichnet habe.).

471 Hicks 8.12.2017 302, 19.

472 McGahn 12.12.2017 302, 18.

473 SCR025_000046 (Terminkalender des Präsidenten, 10.5.2017); McCabe 10.5.2017 Memorandum, 1.

474 McCabe 10.5.2017 Memorandum, 1.

475 McCabe 10.5.2017 Memorandum, 1.

treten, auch nicht um seine persönlichen Sachen abzuholen.[476] Als McCabe sich an diesem Nachmittag mit dem Präsidenten traf, sagte der Präsident ohne Veranlassung, dass ihn die Leute im FBI liebten. Er schätzte, dass ihn mindestens 80 Prozent der Angestellten gewählt hätten, und fragte McCabe, für wen er bei den Präsidentschaftswahlen 2016 gestimmt habe.[477]

Am Nachmittag des 10. Mai 2017 sprach die Stellvertretende Pressesprecherin Sarah Sanders mit dem Präsidenten über seine Entscheidung, Comey zu entlassen, und stellte sich dann in einer im Fernsehen übertragenen Pressekonferenz den Journalisten.[478] Sanders sagte, dass der Präsident, das Justizministerium und Kongressmitglieder beider Parteien das Vertrauen in Comey verloren hätten. »Am wichtigsten ist, dass eine große Mehrheit im FBI das Vertrauen in ihren Direktor verloren hat. Dementsprechend ist der Präsident der Empfehlung seines Stellvertretenden Justizministers gefolgt, James Comey von seinem Amt zu entbinden.«[479] Fragen von Journalisten beantwortete Sanders dahingehend, dass Rosenstein »von sich aus« beschlossen habe, Comeys Arbeit zu überprüfen, und ebenso »von sich aus« entschieden habe, dem Präsidenten am Montag, dem 8. Mai, seine Bedenken über Comey vorzutragen. Als ein Journalist darauf verwies, dass die »große Mehrheit« der FBI-Mitarbeiter Comey unterstütze, sagte Sanders: »Sehen Sie, wir haben von unzähligen

---

476 McCabe 10.5.2017 Memorandum, 1; Rybicki 13.6.2017 302, 2. Comey hielt sich in der Dienststelle des FBI in Los Angeles auf, als er von seiner Entlassung erfuhr. Comey 15.11.2017 302, 22.

477 McCabe 10.5.2017 Memorandum, 1-2. McCabes Memorandum, das sein Treffen mit dem Präsidenten dokumentiert, deckt sich mit den Notizen des Büros des Rechtsberaters des Weißen Hauses. *Siehe* SC_AD_00347 (Donaldson 10.5.2017 Notizen).

478 Sanders 3.7.2018 302, 4; Sarah Sanders, *Tägliches Pressebriefing des Weißen Hauses*, C-SPAN (10. Mai 2017).

479 Sarah Sanders, *Tägliches Pressebriefing des Weißen Hauses*, C-SPAN (10. Mai 2017); Sanders 3.7.2018 302, 4.

Mitarbeitern des FBI gehört, die ganz andere Dinge sagen.«[480] Im Anschluss an die Pressekonferenz sprach Sanders mit dem Präsidenten, der ihr bescheinigte, gute Arbeit geleistet zu haben und sie auf keine Ungenauigkeiten in ihren Bemerkungen hinwies.[481] Sanders erklärte dem Büro des Sonderermittlers, dass ihr Verweis auf die »unzähligen Angestellten des FBI« ein »Versprecher« gewesen sei.[482] Sie rief sich ins Gedächtnis, dass ihre Aussage in einem anderen Pressegespräch, die Mehrheit der FBI-Mitarbeiter habe das Vertrauen in Comey verloren, eine Bemerkung »in der Hitze des Gefechts« gewesen sei, die auf nichts beruhte.[483]

Ebenfalls am 10. Mai 2017 äußerten sich Sessions und Rosenstein in getrennten Gesprächen mit McGahn besorgt über die Darstellung des Weißen Hauses, Rosenstein habe die Entscheidung initiiert, Comey zu entlassen.[484] Das Büro des Rechtsberaters des Weißen Hauses gab ihnen recht, es wäre sachlich falsch zu sagen, das Justizministerium habe Comeys Entlassung initiiert.[485] McGahn forderte seine Juristen auf, mit dem Pressebüro zusammenzuarbeiten, um diese Darstellung zu korrigieren.[486]

Am nächsten Tag, dem 11. Mai 2017, gab der Präsident dem Journalisten Lester Holt ein Interview. Der Präsident erklärte den Anwälten des Rechtsberaters des Weißen Hauses im Vorfeld des Interviews, dass das Presseteam nicht in der Lage sei, die Geschichte richtig zu erzählen, und deswegen würde er Lester Holt sagen, was wirklich passiert sei.[487] Während des Interviews

---

480 Sarah Sanders, *Tägliches Pressebriefing des Weißen Hauses*, C-SPAN (10. Mai 2017).
481 Sanders, 3.7.2018, 4.
482 Sanders, 3.7.2018, 4.
483 Sanders, 3.7.2018, 3.
484 McGahn 12.12.2017 302, 16-17; Donaldson 6.11.2017 302, 26; *siehe* Dhillon 21.11.2017 302, 11.
485 Donaldson 6.11.2017 302, 27.
486 McGahn 12.12.2017 302, 17.
487 Dhillon 21.11.2017 302, 11.

erklärte der Präsident, dass die Entscheidung zu Comeys Entlassung festgestanden habe, bevor er sich mit Rosenstein und Sessions getroffen habe. Der Präsident sagte zu Holt: »Ich wollte ihn feuern unabhängig von einer Empfehlung … [Rosenstein] gab eine Empfehlung ab. Aber ich wollte Comey unabhängig von Empfehlungen feuern, weil ich wusste, dass es keine gute Zeit dafür gab.«[488] Der Präsident fuhr fort: »Und tatsächlich, als ich mich entschieden hatte, es einfach zu tun, sagte ich zu mir selbst – ich sagte, wissen Sie, diese Russland-Sache mit Trump und Russland ist eine erfundene Geschichte. Es ist eine Ausrede von den Demokraten, weil sie eine Wahl verloren haben, die sie hätten gewinnen sollen.«[489]

Als Antwort auf eine Frage, ob er über Comey wegen der Russland-Ermittlungen verärgert sei, sagte der Präsident: »Was mich betrifft, so möchte ich, dass diese Sache absolut richtig gemacht wird.«[490] Er fügte hinzu, ihm sei klar, dass seine Entlassung von Comey »die Leute wahrscheinlich vielleicht verwirrt« und dass sie »die Untersuchung sogar in die Länge ziehen« könnte. Aber er habe »das Richtige für das amerikanische Volk tun« müssen, und Comey sei »der falsche Mann für diese Stelle« gewesen«.[491] Der Präsident nannte Comey einen »Angeber« und »Wichtigtuer« und sagte: »Das FBI war in Aufruhr.« Er wolle »einen wirklich kompetenten, fähigen Direktor haben«.[492] Der Präsident

---

488 *Interview mit Präsident Donald Trump*, NBC (11. Mai 2017) Transkript, 2.
489 *Interview mit Präsident Donald Trump*, NBC (11. Mai 2017) Transkript, 2.
490 *Interview mit Präsident Donald Trump*, NBC (11. Mai 2017) Transkript, 3.
491 *Interview mit Präsident Donald Trump*, NBC (11. Mai 2017) Transkript, 3.
492 *Interview mit Präsident Donald Trump*, NBC (11. Mai 2017) Transkript, 1, 5.

bestätigte, er gehe davon aus, dass der neue FBI-Direktor die Russland-Ermittlungen fortsetzen werde.[493]

Nach dem Interview mit Lester Holt twitterte der Präsident am Abend des 11. Mai 2017: »Die Russen lachen sich bestimmt ins Fäustchen, wenn sie sehen, wie sich die USA über eine AUSREDE der Demokraten für ihre Wahlniederlage zerfleischen.«[494] Am selben Tag berichteten die Medien, der Präsident habe bei einem privaten Abendessen kurz nach seiner Vereidigung von Comey verlangt, er solle ihm seine Loyalität zusichern.[495] Am späten Vormittag des 12. Mai 2017 twitterte der Präsident: »Schon wieder wurde die Geschichte, dass es Absprachen zwischen den Russen und dem Trump-Wahlkampfteam gab, von Demokraten als Ausrede für ihre Niederlage bei der Wahl fabriziert.«[496] Kurz darauf twitterte er: »James Comey sollte hoffen, dass es keine ›Tonbänder‹ unserer Gespräche gibt, bevor er etwas an die Presse durchsickern lässt!« Und: »Wenn selbst James Clapper und wirklich jeder mit Ahnung von dieser Hexenjagd sagt, dass es keine Verschwörung gibt, wann hört das auf?«[497]

Auswertung

Für die Bewertung der Entscheidung des Präsidenten, Comey zu entlassen, ist das folgende Beweismaterial als Merkmal der Justizbehinderung von Bedeutung:

---

493 *Interview mit Präsident Donald Trump*, NBC (11. Mai 2017) Transkript, 7.

494 @realDonald Trump 11.5.2017 (16:34 Uhr ET) Tweet.

495 Michael S. Schmidt, *In a Private Dinner, Trump Demanded Loyalty. Comey Demurred* (*Bei einem privaten Abendessen forderte Trump Loyalität von Comey. Der hatte Bedenken*), New York Times (11. Mai 2017).

496 @realDonald Trump 12.5.2017 (7:51 Uhr ET) Tweet.

497 @realDonald Trump 12.5.2017 (8:26 Uhr ET) Tweet; @realDonald Trump 12.5.2017 (8:54 Uhr ET) Tweet.

a. Tatbestand der Justizbehinderung. Mit der Entlassung Comeys wurde der Verantwortliche für die Beaufsichtigung der Russland-Ermittlungen des FBI abgesetzt. Der Präsident wusste, dass Comey persönlich an den Ermittlungen beteiligt war – und zwar aufgrund von Comeys Briefing der Gang of Eight, Comeys Aussage vor dem Kongress am 20. März 2017 über den Stand der Ermittlungen sowie aufgrund seiner Gespräche mit Comey unter vier Augen.

Die Entlassung von Comey erfüllt dann die Merkmale einer justizbehindernden Handlung, wenn sie die offensichtliche und wahrscheinliche Wirkung eines störenden oder behindernden Eingriffs in die Ermittlungen hat. Zum Beispiel wenn die Entlassung die Ermittlungen verzögern oder unterbrechen würde, oder wenn der Präsident die Gelegenheit nutzen würde, einen Direktor zu ernennen, der die Ermittlungen auf eine Art und Weise weiterführen würde, die die persönlichen Interessen des Präsidenten seiner eigenen Wahrnehmung nach stärker schützen würden. Relevante Umstände von Bedeutung wären unter anderem Handlungen des Präsidenten mit dem Potenzial, einen neuen Direktor oder andere Strafverfolgungsbehörden von der Durchführung der Russland-Ermittlungen abzuhalten. Der Präsident entließ Comey Knall auf Fall, ohne ihm die Möglichkeit zum Rücktritt anzubieten, und untersagte ihm den Zutritt zum FBI-Gebäude. Er kritisierte ihn öffentlich, nannte ihn einen »Angeber« und behauptete, das FBI sei unter seiner Führung »in Aufruhr« gewesen. Außerdem machte der Präsident nach der Entlassung in der Öffentlichkeit äußerst kritische Bemerkungen über die Ermittlungen. So bezeichnete er sie beispielsweise drei Tage nach Comeys Entlassung als »Hexenjagd« und stellte die Frage: »Wann hört das auf?« Diese Maßnahmen hatten das Potenzial, das Verhalten des nächsten Direktors bei der Durchführung der Ermittlung zu beeinflussen.

Die zu erwartende Wirkung einer Entlassung des FBI-Direktors lag jedoch nicht zwingend darin, die Fortführung der Ermittlungen des FBI zu verhindern oder zu erschweren. Im Allgemeinen werden FBI-Untersuchungen unter der operativen Leitung von FBI-Personalebenen unterhalb des FBI-Direktors durchgeführt. Darauf wollte Bannon hinaus, als er dem Präsidenten sagte, dass er den FBI-Direktor feuern könne, aber nicht das FBI. Das Weiße Haus gab am Tag nach der Entlassung von Comey eine Pressemitteilung mit folgendem Wortlaut heraus: »Die Untersuchung wird ohnehin weitergehen, und selbstverständlich wird die Entlassung von Comey sie nicht beenden.« Darüber hinaus erklärte der Präsident in seinem Interview mit Lester Holt vom 11. Mai, als er die Entscheidung zur Entlassung Comeys traf, habe er gewusst, dass dies die Ermittlungen zusätzlich in die Länge ziehen könne. Und der Präsident setzte McCabe als Interimsdirektor des FBI ein, obwohl dieser dem Präsidenten gesagt hatte, dass er »sehr eng« mit Comey zusammengearbeitet habe und an allen Entscheidungen der Clinton-Ermittlungen beteiligt gewesen sei.

b. Verbindung zu einem Verfahren. Das Merkmal einer solchen Verbindung wäre erfüllt durch Beweise, die zeigen, dass ein Grand-Jury-Verfahren oder eine Strafverfolgung, die sich aus einer FBI-Untersuchung ergibt, objektiv vorhersehbar war und tatsächlich vom Präsidenten erwogen wurde, als er Comey entließ.

Mehrere Fakten wären für eine solche Darstellung relevant. Als der Präsident Comey entließ, hatte noch keine Grand Jury damit begonnen, Beweise im Zusammenhang mit den russischen Ermittlungen zu sichten und Vorladungen zu verschicken. Am 20. März 2017 hatte Comey jedoch bekannt gegeben, dass das FBI eine Beeinflussung der Wahlen durch Russland untersuche und dazu gehöre »auch eine Überprüfung, ob Straftaten begangen wurden«. Es war allgemein bekannt, dass das FBI im Rahmen der russischen Untersuchung das Hacken der Computer der DNC untersuchte – ein eindeutiger Straftatbestand.

Darüber hinaus deuten Beweise darauf hin, dass der Präsident zum Zeitpunkt von Comeys Entlassung wusste, dass Flynn noch immer unter strafrechtlicher Ermittlung stand und dass er möglicherweise strafrechtlich verfolgt werden könnte, obwohl der Präsident am 14. Februar 2017 gefordert hatte, Comey solle »die Finger von Flynn lassen«. Am 5. März 2017 wurde das Büro des Rechtsberaters des Weißen Hauses darüber informiert, dass das FBI die Herausgabe von Unterlagen über die Übergangszeit verlangte, die mit Flynn in Verbindung standen – woraus zu schließen war, dass das FBI in dessen Fall noch aktiv ermittelte. Am selben Tag sagte der Präsident den Beratern, er wolle Dana Boente anrufen, der damals amtierender Generalstaatsanwalt für die russische Untersuchung war, um herauszufinden, ob gegen das Weiße Haus oder den Präsidenten ermittelt werde. Am 31. März 2017 signalisierte der Präsident, dass ihm Flynns juristische Gefährdung bewusst war, als er twitterte, dass »Mike Flynn Immunität beanspruchen sollte«, bevor er sich darauf einließ, vor dem FBI oder dem Kongress auszusagen. Und Ende März oder Anfang April bat der Präsident McFarland, Flynn eine Botschaft des Inhalts zu übermitteln, es gehe ihm seinetwegen nicht gut und Flynn solle stark bleiben – ein weiterer Hinweis darauf, dass dem Präsidenten eine Aufdeckung von Flynns mutmaßlichen kriminellen Taten bewusst war.

c. Vorsatz. Umfangreiches Beweismaterial deutet darauf hin, dass der Auslöser für die Entscheidung des Präsidenten, Comey zu entlassen, dessen mangelnde Bereitschaft war, öffentlich zu erklären, dass nicht gegen den Präsidenten persönlich ermittelt werde. Und das, obwohl der Präsident Comey wiederholt darum gebeten hatte. In der Woche vor dessen Aussage vor dem Geheimdienstausschuss des Senates vom 3. Mai 2017 sagte der Präsident zu McGahn, es bedeute das Aus für Comey, wenn er die Sache nicht richtigstellen und öffentlich bekannt geben würde, dass nicht gegen den Präsidenten persönlich ermittelt werde. Aber während seiner Aussage vom 3. Mai weigerte sich Comey, auf Fragen zu antworten, ob gegen den Präsidenten ermittelt werde. Comeys Weigerung verärgerte den Präsidenten.

Er warf Sessions vor, ihn isoliert und bloßgestellt zu haben: »Sie haben mich auf einer Insel zurückgelassen.« Zwei Tage später teilte der Präsident Beratern mit, dass er sich entschieden habe, Comey zu entlassen, und diktierte einen Brief an Stephen Miller, der mit dem Hinweis darauf begann, dass nicht gegen ihn ermittelt werde: »Obwohl ich es sehr zu schätzen weiß, dass Sie mich darüber unterrichtet haben, dass ich nicht Gegenstand von Ermittlungen bin, die ich oft als konstruierte Geschichte einer Trump-Russland Beziehung […]«. Der Präsident bat Rosenstein später, »Russland« in sein Memorandum aufzunehmen und zu schreiben, dass Comey dem Präsidenten gesagt habe, dass nicht gegen ihn ermittelt werde. Und das endgültige Kündigungsschreiben des Präsidenten enthielt auf dessen Drängen und gegen McGahns Rat den Satz, dass Comey dem Präsidenten bei drei verschiedenen Gelegenheiten mitgeteilt hatte, dass nicht gegen ihn ermittelt werde.

Die anderen Begründungen, die der Präsident für die Entlassung Comeys angegeben hat, werden nicht in ähnlicher Weise durch Beweise gestützt. Das Kündigungsschreiben, das der Präsident und Stephen Miller in Bedminster entworfen hatten, verwies auf Comeys Umgang mit der E-Mail-Untersuchung gegen Clinton. Der Präsident hatte zu McCabe gesagt, dass er Comey aus diesem Grund entlassen habe. Aber Comeys Umgang mit der E-Mail-Untersuchung gegen Clinton war dem Präsidenten zum Zeitpunkt seines Amtsantritts in allen Fakten hinlänglich bekannt. Außerdem hatte der Präsident sowohl Comey als auch seinem eigenen Führungspersonal gegenüber Anfang 2017 klar geäußert, dass Comey Direktor des FBI bleiben sollte. Rosenstein artikulierte seine Kritik an Comeys Umgang mit der Clinton-Untersuchung erst, nachdem der Präsident bereits beschlossen hatte, Comey zu entlassen. Im Entwurf des Kündigungsschreibens des Präsidenten wurde auch behauptet, die Stimmung im FBI sei auf einem historischen Tiefstand. Sanders sagte der Presse nach Comeys Kündigung, das Weiße Haus habe von »unzähligen« FBI-Agenten gehört, sie hätten das Vertrauen in Comey verloren. Aber das Beweismaterial unterstützt diese Behauptungen nicht. Der Präsident hatte Comey bei dem Abendessen am 27. Januar gesagt, dass ihn »die Leute beim FBI wirklich mögen« würden. Keine Indizien deuten darauf hin, dass der Präsident etwas anderes gehört hatte, bevor er sich dazu entschloss, Comey zu entlassen. Sanders bekannte den Ermittlern, dass ihre Bemerkungen jeder Grundlage entbehrten.

Wir haben auch geprüft, warum es dem Präsidenten wichtig war, öffentlich bekannt zu geben, dass nicht gegen ihn ermittelt werde. Einige Indizien deuten darauf hin, dass der Präsident glaubte, die unzutreffende Wahrnehmung, es werde gegen ihn ermittelt, beeinträchtige seine Möglichkeiten, innere und äußere Angelegenheiten zu regeln, insbesondere den Umgang mit Russland. Der Präsident sagte Comey, die »Wolke« »dieser Russlandsache« erschwere es ihm, das Land zu regieren. Der Präsident sagte Sessions und McGahn, dass ausländische Staatsoberhäupter ihm gegenüber Mitgefühl bekundet hätten, dass gegen ihn ermittelt werde, und dass diese Wahrnehmung seine Möglichkeiten beeinträchtige, sich mit außenpolitischen Fragen zu befassen. Der Präsident beschwerte sich bei Rogers, dass »die Sache mit den Russen« seine Möglichkeiten, Dinge mit Russland gebacken zu kriegen, »vermasselt« habe. Zu Coats sagte er: »Ich kann mit Russland nichts machen, es gibt Dinge, die ich mit Russland machen will, beim Handel, mit dem IS; sie haben es alle auf mich abgesehen deswegen.« Der Präsident könnte Comey die Unterlassung der Aussage am 3. Mai, dass nicht gegen den Präsidenten ermittelt werde, auch als Gehorsamsverweigerung angelastet haben.

Andere Indizien deuten jedoch darauf hin, dass der Präsident sich vor einer Untersuchung seines Wahlkampfs schützen wollte. Einen Tag nachdem er von Flynns Befragung durch das FBI erfahren hatte, aß der Präsident – entgegen dem Rat leitender Berater – mit Comey unter vier Augen zu Abend. Er sagte zu Comey, er brauche seine »Loyalität«. Als der Präsident Comey später ein zweites Mal bat, öffentlich bekannt zu geben, dass nicht gegen ihn ermittelt werde, brachte er wieder Loyalität zur Sprache: »Weil ich Ihnen gegenüber sehr loyal war, sehr loyal, wir hatten dieses Ding, das wissen Sie doch.« Nachdem der Präsident von der Befangenheitserklärung Sessions' in den Russland-Ermittlungen Kenntnis erlangt hatte, war er sehr aufgebracht. Er sagte ihm, er wolle einen Justizminister, der ihn so schütze, wie Robert Kennedy und Eric Holder ihre Präsidenten seinem Eindruck nach geschützt hätten. Der Präsident fuhr fort, er wolle seinem Justizminister sagen können, »wen er untersuchen soll«.

Darüber hinaus hatte der Präsident ein Motiv, die Russland-Ermittlungen des FBI hinter sich zu bringen. Die Untersuchung weist nicht nach, dass durch Comeys Entlassung Absprachen zwischen dem Trump-Wahlkampf und Russland vertuscht werden sollten: Wie in Band I beschrieben, haben die bei den Ermittlungen aufgedeckten Beweise nicht ergeben, dass der Präsident oder ihm nahestehende Personen an den vorgeworfenen Absprachen im Zusammenhang mit den russischen Computer-Hacking-Operationen oder den »Aktiven Maßnahmen« in verschwörerischer Absicht beteiligt waren oder dass der Präsident anderweitig eine rechtswidrige Beziehung mit einem russischen Beamten eingegangen war. Das Beweismaterial deutet jedoch darauf hin, dass eine gründliche FBI-Ermittlung Fakten über den Wahlkampf und den Präsidenten persönlich aufgedeckt hätte, die der Präsident als Straftaten hätte ansehen oder die Anlass zu persönlichen und politischen Bedenken hätten geben können. Obwohl der Präsident während und nach der Wahl öffentlich erklärte, keine Verbindungen zu Russland zu haben, verfolgte die Trump-Organisation durch Michael Cohen das geplante Trump-Tower-Projekt in Moskau bis Juni 2016, und der Präsidentschaftskandidat Trump wurde mehrfach über den Fortschritt des Vorhabens informiert.[498] Des Weiteren sagten einige Zeugen aus, Trump sei sich bewusst gewesen, dass Gefährdung laufender Verfahren [redacted]

[498] *Siehe* Band II, Abschnitt II.K.1, *unten*.

[redacted] zu einer Zeit, als öffentlich zugängige Berichte feststellten, dass russische Geheimdienstler hinter den Hacks steckten, und dass Trump privat Informationen über zukünftige WikiLeaks-Veröffentlichungen verlangte.[499] Etwas allgemeiner gesagt, schilderten mehrere Zeugen die Besorgnis des Präsidenten über die Berichterstattung über die Russland-Ermittlungen und seine anhaltende Befürchtung, dass sie Fragen über die Legitimität seiner Wahl aufwerfen könnte.[500]

Letztendlich haben der Präsident und die Mitarbeiter des Weißen Hauses der Presse und der Öffentlichkeit zunächst einen vorgeschobenen Grund für die Entlassung Comeys genannt. Unmittelbar nach der Entlassung diktierte der Präsident eine Presseerklärung, die nahelegte, dass er auf Grundlage der Empfehlungen des Justizministeriums gehandelt habe. Die Pressevertreter des Weißen Hauses wiederholten diese Darstellung. Der Präsident hatte jedoch beschlossen, Comey zu entlassen, bevor

---

499 *Siehe* Band I, Abschnitt III.D.1, *oben*.

500 Zusätzlich zu der Frage, ob der Präsident ein Motiv in Bezug auf Angelegenheiten hatte, die mit Russland in Verbindung standen und die eine FBI-Untersuchung hätte aufdecken können, haben wir geprüft, ob die Absicht des Präsidenten, Comey zu entlassen, mit anderen Verhaltensweisen in Verbindung gebracht werden kann, die als Ergebnis der Untersuchung der russischen Einmischung durch das FBI ans Licht kommen könnten. Insbesondere Michael Cohen war aufgrund seiner Verantwortlichkeit für das Trump-Tower-Projekt in Moskau und seiner Beteiligung an anderen Aktivitäten eine potenzielle Zielperson von Ermittlungen. Und Tatsachen, die in der Russland-Untersuchung aufgedeckt wurden und die unser Büro an die Staatsanwaltschaft für den Southern District of New York weiterleiteten, führten schließlich zur Verurteilung von Cohen im Southern District of New York wegen Wahlkampffinanzierungsdelikten im Zusammenhang mit Zahlungen, die laut seiner Aussage auf Anweisungen des Präsidenten zurückgingen. *Siehe* Band II, Abschnitt II.K.5, *unten*. Die Untersuchung stellte jedoch nicht fest, dass der Präsident bei der Entlassung Comeys die Möglichkeit in Betracht zog, dass die Untersuchung des FBI diese Zahlungen aufdecken würde. Sie stellte auch nicht fest, dass die Absicht des Präsidenten bei der Entlassung Comeys anderweitig auf die Befürchtung zurückzuführen war, diese Angelegenheiten könnten ans Licht kommen.

das Weiße Haus diese Empfehlungen anforderte. Obgleich der Präsident schließlich bestätigte, er hätte Comey unabhängig von der Empfehlung des Justizministeriums entlassen, tat er dies erst, nachdem ihm Beamte des Justizministeriums deutlich gemacht hatten, sie würden sich der Unterstellung des Weißen Hauses widersetzen, das Justizministerium habe den zu Comeys Entlassung führenden Prozess angestoßen. Dass der Präsident anfänglich auf eine vorgeschobene Rechtfertigung setzte, könnte Rückschlüsse darauf zulassen, dass er Bedenken hatte, den wahren Grund für die Entlassung anzugeben, auch wenn die Beweislage nicht klärt, ob diese Bedenken persönlicher, politischer oder beiderlei Art waren.

E. Die Bemühungen des Präsidenten, den Sonderermittler abzusetzen

Überblick

Der Vize-Justizminister ernannte am 17. Mai 2017 einen Sonderermittler, was den Präsidenten zu den Aussagen veranlasste, dies sei das Ende seiner Präsidentschaft und Justizminister Sessions sei nicht in der Lage gewesen, ihn zu schützen, und sollte daher zurücktreten. Sessions reichte daraufhin sein Rücktrittsgesuch ein, das der Präsident am Ende jedoch nicht annahm. Der Präsident meinte zu einigen hochrangigen Beratern, der Sonderermittler sei in einem Interessenkonflikt befangen. Diese antworteten ihm, eine solche Behauptung sei »lächerlich« und stelle kein Hindernis für das Mandat des Sonderermittlers dar. Die Ethikbeauftragten des Justizministeriums machten ebenfalls deutlich, dass dem Auftrag des Sonderermittlers nichts im Wege stünde. Am 14. Juni 2017 berichtete die Presse, gegen den Präsidenten als Person würde wegen Justizbehinderung ermittelt. Der Präsident antwortete mit einer Reihe von Tweets, in denen er die Untersuchungen des Sonderermittlers heftig kritisierte. Am Wochenende darauf rief der Präsident den Rechtsberater

McGahn an und befahl ihm, den Sonderermittler absetzen zu lassen, weil er in einem Interessenkonflikt stünde. McGahn führte diesen Befehl nicht aus, weil er ein »Saturday Night Massacre« befürchtete, wie es in der Watergate-Affäre stattgefunden hatte, als Präsident Nixon den Justizminister und seinen Stellvertreter ebenfalls massiv unter Druck gesetzt hatte. Stattdessen bereitete McGahn sich auf seinen Rücktritt vor. McGahn trat am Ende nicht zurück, weil der Präsident nicht weiter auf seinem Ansinnen bestand, den Sonderermittler absetzen zu lassen.

Beweislage

1. Die Ernennung des Sonderermittlers und die Reaktion des Präsidenten

Am 17. Mai 2017 ernannte der Stellvertretende Justizminister Rosenstein Robert S. Mueller III zum Sonderermittler und beauftragte ihn mit der Untersuchung der Russland-Ermittlungen und aller Angelegenheiten, die sich aus der Untersuchung möglicherweise ergaben.[501] Der Präsident erfuhr von der Ernennung des Sonderermittlers durch Sessions, der mit dem Präsidenten, Hunt und McGahn zusammen die Bewerbungsgespräche für die Besetzung des Amtes als FBI-Direktor führte.[502] Sessions verließ das Oval Office, um einen Anruf von Rosenstein entgegenzunehmen, der ihn über die Ernennung des Sonderermittlers unterrichtete. Dann kehrte er ins Oval Office zurück, um den Präsidenten zu informieren.[503] Hunts Notizen zufolge sackte der

---

501 Büro des Stellvertretenden Justizministers, Verfügung Nr. 3915-2017, *Ernennung eines Sonderermittlers zur Untersuchung von russischer Einmischung in die Präsidentschaftswahlen von 2016 und in damit verbundene Angelegenheiten* (17. Mai 2017).

502 Sessions 17.1.2018 302, 13; Hunt 1.2.2018 302, 18; McGahn 14.12.2017 302, 4; Hunt-000039 (Hunt 17.5.2017 Notizen).

503 Sessions 17.1.2018 302, 13; Hunt 1.2.2018 302, 18; McGahn 14.12.2017 302, 4; Hunt-000039 (Hunt 17.5.2017 Notizen).

Präsident in sich zusammen, als er von der Ernennung des Sonderermittlers erfuhr, und sagte: »Mein Gott, das ist ja furchtbar. Das ist das Ende meiner Präsidentschaft. Ich bin im Arsch.«[504] Der Präsident wurde wütend und griff den Justizminister verbal an, weil dieser entschieden hatte, sich aus der Ermittlung rauszuhalten. Er sagte: »Wie konnten Sie das zulassen, Jeff?«[505] Der Präsident meinte, die Position des Justizministers sei seine wichtigste Ernennung und Sessions habe ihn »im Stich gelassen«. Dabei verglich er ihn mit Eric Holder und Robert Kennedy.[506] Sessions erinnerte sich, dass der Präsident zu ihm sagte: »Sie hätten mich schützen müssen«, oder etwas in dieser Richtung.[507] Dann ließ sich der Präsident über die Konsequenzen der Ernennung des Sonderermittlers aus und sagte: »Jeder erzählt mir, dass es mit der Präsidentschaft aus ist, wenn einer von diesen unabhängigen Ermittlern ernannt wird. Das dauert Jahre und Jahre, und ich werde gar nichts tun können. Das ist das Schlimmste, was mir je passiert ist.«[508]

Dann sagte der Präsident zu Sessions, dass er als Justizminister zurücktreten solle.[509] Sessions erklärte sich einverstanden, sein Rücktrittsgesuch einzureichen, und verließ das Oval Office.[510] Hicks sah den Präsidenten kurz nach Sessions' Abgang und beschrieb den Präsidenten als extrem aufgebracht über die Ernennung des Sonderermittlers.[511] Hicks gab an, sie hätte den Präsidenten nur einmal so gesehen, und das sei gewesen,

---

504 Hunt-000039 (Hunt 17.5.2017 Notizen).

505 Hunt-000039 (Hunt 17.5.2017 Notizen); Sessions 17.1.2018 302, 13-14.

506 Hunt-000040; *siehe* Sessions 17.1.2018 302, 14.

507 Sessions 17.1.2018 302, 14.

508 Hunt-000040 (Hunt 17.5.2017 Notizen); *siehe* Sessions 17.1.2018 302, 14. Früh am nächsten Morgen tweetete der Präsident: »Ihr erlebt hier die größte Solo-Hexenjagd in der Geschichte der Politik Amerikas!« @realDonaldTrump 18.5.2017 (7.52 Uhr ET) Tweet.

509 Hunt-000041 (Hunt 17.5.2017 Notizen); Sessions 17.1.2018 302, 14.

510 Hunt-000041 (Hunt 17.5.2017 Notizen); Sessions 17.1.2018 302, 14

511 Hicks 8.12.2017 302, 21.

als während des Wahlkampfes das Access-Hollywood-Band veröffentlicht wurde.[512]

Am nächsten Tag, den 18. Mai 2017, stellten FBI-Mitarbeiter McGahn eine Verfügung zur Aufbewahrung von Dokumenten zu. Im Rahmen der Ermittlungen rund um Comeys Absetzung wurde das Weiße Haus aufgefordert, alle relevanten Dokumente zur Verfügung zu halten.[513] Als McGahn die Verfügung erhielt, erteilte er allen Mitarbeitern des Weißen Hauses den Befehl, über das Wochenende keine Dokumente zum Verbrennen zu geben, bevor er nicht alles aussortiert hätte.[514]

Am gleichen Tag verfasste Sessions ein Rücktrittsgesuch, in dem es hieß: »Unserem gestrigen Gespräch entsprechend und auf Ihren Wunsch hin, biete ich hiermit meinen Rücktritt an.«[515] Sessions überbrachte den Brief persönlich und überreichte ihn, begleitet von Hunt, dem Präsidenten.[516] Der Präsident schob den Brief in seine Tasche und fragte Sessions mehrmals, ob er weiter als Justizminister tätig sein wolle.[517] Schließlich sagte Sessions zum Präsidenten, er würde durchaus weitermachen, aber dies sei

---

512 Hicks 8.12.2017 302, 21. Das Access-Hollywood-Band wurde am 7. Oktober 2016 veröffentlicht, wie in Band I, Abschnitt III.D.1, *oben*, aufgeführt.

513 McGahn 14.12.2017 302, 9; SCR015_000175-82 (Undatierter Entwurf eines Memorandums für den Mitarbeiterstab des Weißen Hauses).

514 McGahn 14.12.2017 302, 9; SCR015_000175-82 (Undatierter Entwurf eines Memorandums für den Mitarbeiterstab des Weißen Hauses). Das Büro des Rechtsberaters des Weißen Hauses hatte vorher schon ein Vernichtungsverbot für alle Schriftstücke am 27.2.2017 angeordnet. SCR015_000171 (Memorandum vom 17.2.2017 von McGahn an das Geschäftsführende Büro des Präsidentenstabs.)

515 Hunt-000047 (Hunt 18.5.2017 Notizen); 18.5.2017 Brief von Sessions an Präsident Trump (Rücktrittsgesuch als Justizminister).

516 Hunt-000047-49 (Hunt 18.5.2017 Notizen); Sessions 17.1.2018 302, 14.

517 Hunt-000047-49 (Hunt 18.5.2017 Notizen); Sessions 17.1.2018 302, 14.

allein Sache des Präsidenten.[518] Der Präsident antwortete, er hätte gerne, dass Sessions bliebe.[519] Am Ende des Treffens schüttelte der Präsident Sessions' Hand, gab ihm aber das Rücktrittsgesuch nicht zurück.[520]

Als Priebus und Bannon erfuhren, dass der Präsident Sessions' Rücktrittsgesuch behalten hatte, machten sie sich Sorgen, dass er es verwenden könnte, um auf das Justizministerium Einfluss zu nehmen.[521] Priebus teilte Sessions mit, es sei nicht gut für den Präsidenten, dass er das Gesuch behalten habe, denn auf diese Weise könne der Präsident es wie ein »Elektrohalsband« benutzen, wann immer es ihm einfiele; Priebus sagte, der Präsident hätte das Justizministerium »am Kragen«.[522] Priebus und Bannon sagten Sessions, sie würden versuchen, das Rücktrittsgesuch vom Präsidenten zurückzubekommen unter Hinweis darauf, dass der Präsident Sessions' Rücktritt nicht akzeptieren würde.[523]

Am 19. Mai 2017 flog der Präsident in den Nahen Osten.[524] Hicks erinnerte sich, dass der Präsident auf dem Flug von Saudi-Arabien nach Tel Aviv Sessions' Gesuch aus der Tasche zog, es einigen hochrangigen Beratern zeigte und sie fragte, was er damit anfangen solle.[525] Während dieser Reise fragte Priebus nach dem Rücktrittsgesuch, um es Sessions zurückzugeben, doch der Präsident sagte ihm, der Brief sei im Weißen Haus zurückgeblieben,

---

518 Hunt-000048-49 (Hunt 18.5.2017 Notizen); Sessions 17.1.2018 302, 14.
519 Sessions 17.1.2018 302, 14.
520 Hunt-000049 (Hunt 18.5.2017 Notizen).
521 Hunt-000050-51 (Hunt 18.5.2017 Notizen).
522 Hunt-000050 (Hunt 18.5.2017 Notizen); Priebus 13.10.2017 302, 21; Hunt 1.2.2018 302, 21.
523 Hunt-000051 (Hunt 18.5.2017 Notizen).
524 SCR026_000110 (Terminkalender des Präsidenten, 19.5.2017).
525 Hicks 8.12.2017 302, 22.

irgendwo in den Amtsräumen.[526] Erst am 30. Mai, also drei Tage nach seiner Rückkehr aus dem Nahen Osten, gab der Präsident Sessions den Brief zurück mit einem Vermerk: »Nicht angenommen«.[527]

2. Der Präsident behauptet einen Interessenkonflikt des Sonderermittlers

In den Tagen nach der Ernennung des Sonderermittlers teilte der Präsident seinen Beratern – darunter Priebus, Bannon und McGahn – wiederholt mit, dass Sonderermittler Mueller in einem Interessenkonflikt stehe.[528] Als Konflikte nannte der Präsident die Tatsache, dass Mueller sich kurz vor seiner Ernennung zum Sonderermittler auf die Position des FBI-Direktors beworben hatte, dass er für eine Anwaltskanzlei gearbeitet hätte, die Personen aus dem Umfeld Trumps vertreten hätte und dass er gegen bestimmte Gebühren im Zusammenhang mit seiner Mitgliedschaft in einem von Trumps Golfclubs im nördlichen

---

[526] Priebus 13.10.2017 302, 21. Hunts Notizen besagen, dass Priebus nach der Rückkehr von der Reise erzählte, der Präsident hätte ihm den Brief geben sollen, doch als er danach fragte, habe er »mit der Hand auf den Tisch gehauen« und behauptet, er hätte ihn im Hotel vergessen. Hunt-000052 (Hunt Notizen, undatiert).

[527] Hunt-000052-52 (Hunt 30.5.2017 Notizen); 18.5.2017 Brief von Sessions an den Präsidenten (Rücktrittsgesuch). Robert Porter, der zu jener Zeit Stabssekretär im Weißen Haus war, sagte, dass der Präsident in den Tagen, nachdem er von seiner Reise in den Nahen Osten zurückgekehrt war, Sessions' Brief aus einer Schublade im Oval Office zog und ihn Porter zeigte. Porter 13.4.2018 302, 8. Schutz der Privatsphäre [redacted].

[528] Priebus 18.1.2018 302, 12; Bannon 14.2.2018 302, 10; McGahn 8.3.2018 302, 1; McGahn 14.12.2017 302, 10; Bannon 26.10.2018 302, 12.

Virginia rechtlich vorgegangen sei.[529] Die Berater des Präsidenten rieten von diesem Vorgehen ab und erklärten ihm, dass die genannten Punkte nicht als Interessenkonflikte zählen würden.[530] Bannon gab an, er habe dem Präsidenten gesagt, dass die genannten Konflikte »lächerlich« seien, keiner von ihnen sei realistisch und würde auch nur den Hauch einer Chance bieten, Mueller aus seinem Amt als Sonderermittler zu drängen.[531] Was Muellers Vorstellungsgespräch für den Posten des FBI-Direktors anging, so erinnerte sich Bannon daran, dass das Weiße Haus Mueller eingeladen hatte, dem Präsidenten einen Überblick über die Institution des FBI zu vermitteln.[532] Bannon meinte, dass das Weiße Haus Mueller zwar bekniet hatte, erneut den Posten zu übernehmen, doch sei dieser nicht gekommen, um sich vorzustellen.[533] Bannon teilte dem Präsidenten auch mit, dass Muellers Job in der Anwaltskanzlei keinen Konflikt unter Juristen darstellte.[534] Des Weiteren informierte Bannon

529 Priebus 18.1.2018 302, 12; Bannon 14.2.2018 302, 10. Im Oktober 2011 kündigte Mueller die Mitgliedschaft seiner Familie im Trump National Golf Club in Sterling, Virginia, mit einem Brief, in dem es heißt, dass »wir in Washington leben und finden, dass wir den Club nicht voll nutzen können«. Dann wurde die Frage gestellt, ob »wir Anrecht auf Rückerstattung eines Teils unserer ursprünglichen Aufnahmegebühr haben«, die 1994 gezahlt worden waren. Brief Muellers an den Trump National Golf Club vom 12.10.2011. Etwa zwei Wochen später antwortete der Disponent des Clubs, dass die Kündigung zum 31. Oktober 2011 gültig sei und dass man die Familie auf eine Warteliste setzen würde, die eine eventuelle Rückerstattung vom Kündigungszeitpunkt abhängig mache, was mit den Statuten des Clubs im Einklang stand. Brief Muellers an den Trump National Golf Club vom 27.10.2011. Die Muellers hatten danach keinen Kontakt mehr zum Club.

530 Priebus 3.4.2018 302, 3; Bannon 26.10.2018 302, 13 (der bestätigte, dass er, Priebus und McGahn dem Präsidenten abrieten, den behaupteten Interessenkonflikt weiterzuverfolgen).

531 Bannon 26.10.2018 302, 12-13.

532 Bannon 26.10.2018 302, 12.

533 Bannon 26.10.2018 302, 12.

534 Bannon 26.10.2018 302, 12.

den Präsidenten, dass der Golfclub-Streit sich nicht zu einem Interessenkonflikt machen ließe und dass es »lächerlich und kleinlich« sei, dies zu versuchen.[535] Der Präsident antwortete nicht, als Bannon die angeblichen Interessenkonflikte widerlegte.[536]

Am 23. Mai 2017 gab das Justizministerium bekannt, seine Ethikbeauftragten hätten festgestellt, dass Muellers Tätigkeit in einer Anwaltskanzlei kein Hindernis für das Amt des Sonderermittlers darstellte, woraufhin die Medien berichteten, Mueller habe seine Bevollmächtigung als Sonderermittler erhalten.[537] McGahn entsann sich, dass der Präsident etwa um dieselbe Zeit über die angeblichen Konflikte klagte und McGahn aufforderte, sich mit diesem Thema an Rosenstein zu wenden.[538] McGahn meinte, er habe geantwortet, er könne diesen Anruf nicht tätigen, und dem Präsidenten geraten, seinen persönlichen Anwalt zu konsultieren, weil dies letztlich keine Sache des Weißen Hauses sei.[539] Zeitgleich verfasste Notizen vom 23. Mai 2017 über ein Gespräch zwischen McGahn und dem Präsidenten belegen, dass McGahn dem Präsidenten mitteilte, dass er Rosenstein nicht anrufen wollte und auch dem Präsidenten empfahl, einen solchen Anruf nicht zu tätigen.[540] McGahn riet dem Präsidenten vielmehr, die Sache mit seinem persönlichen Anwalt zu klären, doch das würde »immer noch so aussehen, als würde er sich in die

---

535 Bannon 26.10.2018 302, 13.

536 Bannon 26.10.2018 302, 13.

537 Matt Zapotosky und Matea Gold, *Justice Department ethics experts clear Mueller to lead Russia probe*, Washington Post (23. Mai 2017).

538 McGahn 8.3.2018 302, 1; McGahn 14.12.2017 302, 10; Priebus 18.1.2018 302, 12.

539 McGahn 8.3.2018 302, 1. McGahn und Donaldson gaben an, dass sie sich nach der Ernennung des Sonderermittlers als potenzielle Zeugen betrachteten und dem Präsidenten dementsprechend mitteilten, dass Anfragen in Bezug auf die Ermittlungen an seinen persönlichen Rechtsberater erfolgen sollten. McGahn 14.12.2017 302, 7; Donaldson 2.4.2018 302, 5.

540 SC_AD_00361 (Donaldson 31.5.2017 Notizen).

Ermittlungen einmischen«, und »Mueller auszuknocken« wäre »nur ein weiteres Faktum, das man als Just[iz]behind[erung] deuten könnte«.[541] McGahn sagte dem Präsidenten, dass »seine größte Blöße« nicht der Hinauswurf Comeys sei, sondern seine »anderen Kontakte« und »Anrufe« und sein »Rücksprache: Flynn«.[542] Als McGahn dem Präsidenten diesen Ratschlag gab, war schon umfassend darüber berichtet worden, dass der Präsident Comey um Loyalität gebeten hatte, was der Präsident öffentlich abstritt; auch über sein Ersuchen, Comey möge »von Flynn die Finger lassen«, was der Präsident ebenfalls leugnete; und über die Aussage des Präsidenten gegenüber dem russischen Außenminister, dass die Absetzung Comeys »großen Druck« in puncto Russland weggenommen hätte, was der Präsident nicht abstritt.[543]

Am 8. Juni 2017 sagte Comey vor dem Kongress über seine Interaktionen mit dem Präsidenten aus, bevor er abgesetzt worden war. Er bezeugte die Bitte um Loyalität, das Ansuchen, Comey möge »von Flynn die Finger lassen«, und die Aufforderung, Comey möge »die dunkle Wolke vertreiben«, die seit Beginn der

---

541 SC_AD_00361 (Donaldson 31.5.2017 Notizen).

542 SC_AD_00361 (Donaldson 31.5.2017 Notizen).

543 *Siehe z. B.* Michael S. Schmidt, *In a Private Dinner, Trump Demanded Loyalty. Comey Demurred*, New York Times (11. Mai 2017); Michael S. Schmidt, *Comey Memorandum Says Trump Asked Him to End Flynn Investigation*, New York Times (16. Mai 2017). Matt Apuzzo et al., *Trump Told Russians That Firing ›Nut Job‹ Comey Eased Pressure From Investigation*, New York Times (19. Mai 2017).

Untersuchungen über der Präsidentschaft schwebe.[544] Comeys Zeugenaussage führte zu einer Reihe von Medienberichten, die die Frage aufwarfen, ob der Präsident sich der Justizbehinderung schuldig gemacht habe.[545] Am 9. Juni 2017 informierte das Büro des Sonderermittlers das Büro des Rechtsberaters des Weißen Hauses, dass die Ermittler Angehörige der Geheimdienste befragen würden, die angeblich vom Präsidenten gebeten worden waren, gegen die Russland-Ermittlungen Druck auszuüben.[546]

---

544 *Anhörung vor dem Geheimdienstausschuss des Repräsentantenhauses (HPSCI) über russische Einflussnahme*, 115. Kongress, 8. Juni 2017. (Protokollierte Aussage von James B. Comey, ehemaliger Direktor des FBI, 5-6). Comey sagte aus, dass er das Memorandum zu dem Treffen vom 14. Februar 2017 ganz bewusst an die New York Times weitergeleitet hatte, nachdem der Präsident am 12. Mai 2017 einen Tweet abgesetzt hatte, in dem er schrieb: »James Comey soll mal besser hoffen, dass es keine ›Aufnahmen‹ von unserem Gespräch gibt, bevor er anfängt, Sachen an die Presse durchzureichen!« Und weil Comey dachte, wenn er diese Sachverhalte an einen Journalisten weitergäbe, würde es vielleicht zur Ernennung eines Sonderermittlers kommen. *Anhörung vor dem Geheimdienstausschuss des Repräsentantenhauses (HPSCI) über russische Einflussnahme,* 115. Kongress (8. Juni 2017) (CQ Kongress-Transkripte, 55) (Zeugenaussage von James B. Comey, ehemaliger FBI-Direktor).

545 *Siehe z. B.* Matt Zapotosky, *Comey lays out the case that Trump obstructed justice*, Washington Post (8. Juni 2017) (»Juristische Sachverständige gehen davon aus, dass Comeys Zeugenaussage den Weg frei macht für eine Untersuchung der Frage, ob der Präsident Justizbehinderung betrieben habe.«).

546 9.6.2017, E-Mail vom Büro des Sonderermittlers an das Büro des Rechtsberaters des Weißen Hauses. Dieses Büro übermittelte die entsprechenden Informationen, um dem Weißen Haus die Möglichkeit zu geben, vor Beginn der Befragungen vom Amtsprivileg Gebrauch zu machen. Am 12. Juni 2017 führte das Büro des Sonderermittlers ein Gespräch mit dem NSA-Direktor Admiral Rogers in Gegenwart eines Rechtsbeistandes der NSA. Rogers 12.6.2017 302, 1. Am 13. Juni führte das Büro des Sonderermittlers ein Gespräch mit dem stellvertretenden NSA-Direktor Ledgett. Ledgett 13.6.2017 302, 1. Am 14. Juni sprach das Büro des Sonderermittlers mit dem Direktor der nationalen Nachrichtendienste Coats und einigen Mitarbeitern seines Büros. Coats 14.6.2017 302, 1; Gistaro 14.6.2017 302, 1; Culver 14.6.2017 302, 1.

Am Montag, den 12. Juni 2017, traf sich Christopher Ruddy, der Geschäftsführer von Newsmax Media und langjähriger Freund des Präsidenten im Weißen Haus mit Priebus und Bannon.[547] Ruddy entsann sich, die beiden hätten ihm gesagt, der Präsident überlege ernsthaft, den Sonderermittler zu feuern, und er würde es übereilt tun, ohne dies von den zuständigen Regierungsbeamten prüfen zu lassen.[548] Ruddy fragte Priebus, ob er denn öffentlich machen dürfe, was man hier über den Sonderermittler besprochen habe, und Priebus bejahte dies.[549] Priebus sagte zu Ruddy, er hoffe sehr, dass es keinen weiteren solchen Aufstand wie nach der Abberufung Comeys geben würde.[550] Später am selben Tag erklärte Ruddy in einem Fernsehinterview, der Präsident »erwäge die Absetzung des Sonderermittlers« aufgrund von möglichen Interessenkonflikten.[551] Später erzählte Ruddy einem anderen Nachrichtensender, »Trump erwäge definitiv« die Absetzung des Sonderermittlers, und »das sollte man nicht auf die leichte Schulter nehmen«.[552] Ruddys Aussagen führten zu unzähligen Medienberichten darüber, dass der Präsident überlege, den Sonderermittler zu feuern.[553]

Die Beamten im Weißen Haus waren nicht besonders glücklich mit diesen Medienberichten, und Ruddy hörte von Freun-

---

547 Ruddy 6.6.2018 302, 5.
548 Ruddy 6.6.2018 302, 5-6.
549 Ruddy 6.6.2018 302, 6.
550 Ruddy 6.6.2018 302, 6.
551 *Trump Confident Christopher Ruddy says Mueller has »real conflicts« as special counsel*, PBS (12. Juni 2017). Michael D. Shear und Maggie Haberman, *Friend Says Trump is Considering Firing Mueller as Special Counsel*, New York Times (12. Juni 2017).
552 Katherine Faulders und Veronica Stracqualursi, *Trump friend Chris Ruddy says Spicer's ›bizarre‹ statement doesn't deny claim Trump seeking Mueller firing*, ABC (13. Juni 2017).
553 Siehe zum Beispiel: Michael D. Shear und Maggie Haberman, *Friend Says Trump is Considering Firing Mueller as Special Counsel*, New York Times (12. Juni 2017)

den, der Präsident sei wütend auf ihn.[554] Am 13. Juni 2017 bat Sanders den Präsidenten um Anweisungen, wie sie auf Presseanfragen in Bezug auf die mögliche Absetzung des Sonderermittlers reagieren solle.[555] Der Präsident diktierte eine Antwort, die Sanders verlas. Darin hieß es: »Der Präsident hat jedes Recht«, den Sonderermittler zu feuern, »doch er habe nicht die Absicht, dies zu tun«.[556]

Ebenfalls am 13. Juni 2017 kontaktierte der persönliche Rechtsberater des Präsidenten das Büro des Sonderermittlers und brachte seine Bedenken über mögliche Interessenkonflikte vor.[557] Der Berater des Präsidenten nannte dabei Muellers vorherige Partnerschaft in einer Anwaltskanzlei, sein Vorstellungsgespräch als FBI-Direktor und die persönliche Beziehung, die er angeblich zu Comey habe.[558] Am selben Tag sagte Rosenstein öffentlich vor dem Kongress aus, er sähe keinen Beleg für einen hinreichenden Grund, den Sonderermittler wegen angeblicher Interessenkonflikte abzuberufen.[559] Zwei Tage später, am 15. Juni 2017, informierte das Büro des Sonderermittlers das Büro des Justizministers über die Bedenken des persönlichen Rechtsberaters des Präsidenten und teilte dem Berater mit, dass seine Bedenken dem Justizminister vorgetragen worden seien, damit das Justizministerium eventuell Maßnahmen ergreifen könne.[560]

---

554 Ruddy 6.6.2018 302, 6-7.

555 Sanders 3.7.2018 302, 6-7.

556 Glenn Thrush et al., *Trump Stews, Staff Steps In, and Mueller is Safe for Now*, New York Times (13. Juni 2017); *siehe* Sanders 3.7.2018 302, 6 (Sanders sprach mit dem Präsidenten an Bord der Air Force One, unmittelbar bevor sie mit der Presse sprach. Die Antwort, die sie dann gab, ist die Antwort, die der Präsident sie zu geben angewiesen hat.).

557 Büro des Sonderermittlers, 13.6.2017 Notizen.

558 Büro des Sonderermittlers, 13.6.2017 Notizen.

559 *Anhörung zum Budget 2018 des Haushalt-Unterausschusses für Handel, Justiz und Wissenschaft*, 115. Kongress (13. Juni 2017) (CQ Kongress-Transkripte, 14) (Zeugenaussage von Justizminister Rod Rosenstein).

560 Büro des Sonderermittlers, 15.6.2017 Notizen.

3. Die Presse berichtet, dass gegen den Präsidenten wegen Justizbehinderung ermittelt werde, und der Präsident weist den Rechtsberater des Weißen Hauses an, den Sonderermittler abberufen zu lassen

Am Abend des 14. Juni 2017 veröffentlichte die Washington Post einen Artikel, in dem es hieß, der Sonderermittler untersuche, ob der Präsident versucht habe, die Justiz zu behindern.[561] Dies war der erste öffentliche Bericht darüber, dass der Präsident selbst Gegenstand der Untersuchungen des Sonderermittlers war, und die Nachrichten im Kabelfernsehen nahmen die Neuigkeit schnell auf.[562] Der Bericht in der Washington Post besagte, dass der Sonderermittler führende Geheimdienstbeamte, darunter Coats und Rogers, daraufhin befragte, was der Präsident nach Comeys Aussage vom 20. März 2017 von ihnen verlangt hatte. Und dass die Untersuchung einer möglichen Justizbehinderung »einen Wendepunkt« in den Ermittlungen darstellte. Und dass »Trump vom damaligen FBI-Direktor Comey die Versicherung erhalten habe, gegen ihn persönlich würde nicht ermittelt«, dass »Beamte jedoch aussagen, dass sich dies kurz nach Comeys Entlassung geändert habe«.[563] Am selben Abend, etwa um 22.31 Uhr, rief der Präsident McGahn auf dessen persönlichem Handy an, und die beiden unterhielten sich etwa 15 Minuten lang.[564] McGahn erinnerte sich nicht mehr in allen Einzelheiten an den Anruf, glaubt aber, man habe dabei über die Meldungen gespro-

[561] Devlin Barrett et al., *Special counsel is investigating Trump for possible obstruction of justice, officials say*, Washington Post (14. Juni 2017).

[562] CNN zum Beispiel ließ ab 18.55 Uhr am unteren Bildrand eine Meldung durchlaufen, in der es hieß: »WASH POST: MUELLER INVESTIGATING TRUMP FOR OBSTRUCTION OF JUSTICE.« CNN (14. Juni 2017, online veröffentlicht um 19.15 Uhr ET).

[563] Devlin Barrett et al., *Special counsel is investigating Trump for possible obstruction of justice, officials say*, Washington Post (14. Juni 2017).

[564] SCR26_000183 (Terminkalender des Präsidenten, 14.6.2017) (Anruf des Präsidenten bei McGahn am 14.6.2017, der um 22.31 Uhr begann und um 22.46 Uhr endete); Anrufprotokolle von Don McGahn.

chen, dass der Präsident selbst Gegenstand der Ermittlungen sei.[565]

Am nächsten Tag, dem 15. Juni 2017, setzte der Präsident schon früh am Morgen eine Reihe von Tweets ab, in denen er die Ermittlung wegen Justizbehinderung bestätigte, sie aber heftig kritisierte. Er schrieb: »Sie haben eine falsche Geschichte über Absprachen mit den Russen ausgeheckt, keinerlei Beweis gefunden und jetzt sind sie auf Justizbehinderung im Zusammenhang mit der erfundenen Geschichte aus. Nett.«[566] Und: »Ihr erlebt hier die größte Solo-Hexenjagd in der Geschichte der Politik Amerikas mit – angeführt von einigen sehr schlechten und gestörten Leuten!«[567] Oder: »Die betrügerische H[illary] zerschlug Telefone mit einem Hammer, ›schredderte‹ E-Mails und ließ ihren Mann ein Treffen mit JM [Justizministerin Loretta Lynch] organisieren, wenige Tage, bevor sie freigesprochen wurde – und da reden die über Justizbehinderung?«[568] Am nächsten Tag, den 16. Juni 2017, schrieb der Präsident weitere Tweets, die die Ermittlungen aufs Korn nahmen: »Nach 7 Monaten Untersuchungen & Komitee-Hearings über meine ›Absprachen mit den Russen‹, konnte niemand einen Beweis vorlegen. Traurig!«[569] Und: »Gegen mich wird ermittelt, weil ich den FBI-Direktor gefeuert habe. Und zwar von dem Mann, der mir sagte, ich solle den FBI-Direktor feuern! Hexenjagd.«[570]

Am Samstag, den 17. Juni 2017, rief der Präsident McGahn an und befahl ihm, den Sonderermittler abzusetzen.[571] McGahn

---

565 McGahn 28.2.2019 302, 1-2. McGahn glaubte, er und der Präsident hätten möglicherweise auch über den Festakt zur Amtseinführung für den Richter am Supreme Court Neil Gorsuch gesprochen, die für den nächsten Tag angesetzt war. McGahn 28.2.2018 302, 2.
566 @realDonaldTrump, 15.6.2017 (6.55 Uhr ET) Tweet.
567 @realDonaldTrump, 15.6.2017 (7.57 Uhr ET) Tweet.
568 @realDonaldTrump, 15.6.2017 (15.56 Uhr ET) Tweet.
569 @realDonaldTrump, 16.6.2017 (7.53 Uhr ET) Tweet.
570 @realDonaldTrump, 16.6.2017 (9.07 Uhr ET) Tweet
571 McGahn, 8.3.2018 302, 1-2; McGahn 14.12.2017 302, 10.

war zu Hause und der Präsident in Camp David.[572] In Gesprächen mit dem Büro des Sonderermittlers erinnerte McGahn sich, dass der Präsident ihn zweimal zu Hause angerufen habe und beide Male verlangte, er solle Rosenstein anrufen und ihm sagen, dass Mueller in einem Interessenkonflikt stünde, der ihn für sein Amt als Sonderermittler ungeeignet mache.[573]

Beim ersten Anruf, so McGahn, habe der Präsident etwa gesagt: »Sie müssen das tun. Sie müssen Rod anrufen.«[574] McGahn sagte, er habe dem Präsidenten mitgeteilt, er würde sehen, was sich machen ließe.[575] McGahn war von dem Anruf irritiert und beabsichtigte nicht, die Forderung zu erfüllen.[576] Er und andere Berater gingen davon aus, dass die angeblichen Interessenkonflikte »dumm« und »nicht realistisch« waren. Diese Ansicht hät-

---

572 McGahn, 8.3.2018 302, 1, 3; SCR026_000196 (Terminkalender des Präsidenten, 17.6.2017) (Die Aufzeichnungen zeigen, dass der Präsident das Weiße Haus am 17. Juni 2017 um 11.07 Uhr verließ und in Camp David um 11.37 Uhr ankam.).

573 McGahn, 8.3.2018 302, 1-2; McGahn 14.12.2017 302, 10. Anrufprotokolle zeigen, dass der Präsident McGahn am Nachmittag des 17. Juni 2017 anrief, und die beiden ungefähr 23 Minuten miteinander sprachen. SCR026_000196 (Terminkalender des Präsidenten, 17.6.2017) (Beleg, dass der Präsident McGahn am 17.6.2017 um 14.23 Uhr anrief und bis 14.46 Uhr mit ihm sprach); (Anrufprotokoll von Don McGahn). Die Anrufprotokolle zeigen kein weiteres Gespräch zwischen dem Präsidenten und McGahn an diesem Tag. Obwohl McGahn sich zu erinnern glaubte, dass der Präsident ihn am selben Tag mehrfach angerufen habe, meinte er, als man ihn mit den Anrufprotokollen konfrontierte, dass der erste Anruf durchaus am 14. Juni 2017 stattgefunden haben könnte, kurz nachdem die Presse berichtet habe, gegen den Präsidenten werde wegen Justizbehinderung ermittelt. McGahn 28.2.2019 302, 1-3. McGahn war sich zwar nicht sicher, wann die Telefonate genau stattgefunden hatten, doch er erinnerte sich mit Gewissheit, dass er mindestens zwei Telefonate mit dem Präsidenten geführt hatte, in denen dieser ihn anwies, mit dem Justizminister zu sprechen, damit der Sonderermittler abgesetzt würde. McGahn 28.2.2019 302, 1-3.

574 McGahn 8.3.2018 302, 1.

575 McGahn 8.3.2018 302, 1.

576 McGahn 8.3.2018 302, 1.

ten sie dem Präsidenten bereits mitgeteilt.[577] McGahn hatte dem Präsidenten darüber hinaus klargemacht, dass der Rechtsberater des Weißen Hauses nicht in die Bemühungen um den Nachweis solcher Interessenkonflikte verstrickt werden sollte.[578] McGahn war beunruhigt, weil er sich nicht aktiv daran beteiligen wollte, den Justizminister zu bitten, den Sonderermittler abzusetzen, schließlich war McGahn in der Reagan-Ära aufgewachsen und wollte eher wie Richter Robert Bork agieren und nicht wie der Robert Bork des »Saturday Night Massacre«.[579] McGahn betrachtete das Ansinnen des Präsidenten als kritischen Wendepunkt und wollte auf die Bremse treten.[580]

Als der Präsident McGahn ein zweites Mal anrief, um die Sache mit dem Anruf beim Justizminister weiterzuverfolgen, verwendete er laut McGahn direktere Worte und sagte so etwas wie: »Rufen Sie Rod an, sagen Sie Rod, dass Mueller Konflikte hat und dass er nicht Sonderermittler sein kann.«[581] McGahn erinnert sich auch, dass der Präsident gesagt hatte: »Mueller muss gehen.« Und: »Rufen Sie mich an, wenn Sie es tun.«[582] McGahn jedenfalls verstand den Präsidenten so, dass der Sonderermittler von Rosenstein abgesetzt werden müsse.[583] Um das Gespräch mit dem Präsidenten zu beenden, beließ McGahn diesen in dem Glauben, dass McGahn Rosenstein anrufen würde.[584] McGahn entsann sich, dass er das Ersuchen des Präsidenten ja bereits abgelehnt hatte und dass er mittlerweile zermürbt war. Er wollte einfach nur vom Telefon weg.[585]

McGahn gab an, er habe sich in einer Zwickmühle gefühlt,

---

577 McGahn 8.3.2018 302, 1-2.
578 McGahn 8.3.2018 302, 1-2.
579 McGahn 8.3.2018 302, 2.
580 McGahn 8.3.2018 302, 2.
581 McGahn 8.3.2018 302, 5.
582 McGahn 8.3.2018 302, 2, 5; McGahn 28.2.2019 302, 3.
583 McGahn 8.3.2018 302, 1-2, 5.
584 McGahn 8.3.2018 302, 2.
585 McGahn 28.2.2019 302, 3; McGahn 8.3.2018 302, 2.

weil er die Anordnung des Präsidenten nicht befolgen wollte, andererseits nicht wusste, was er beim nächsten Anruf des Präsidenten sagen sollte.[586] So beschloss McGahn seinen Rücktritt.[587] Er rief seinen persönlichen Rechtsvertreter an und seine Stabschefin Annie Donaldson, um sie über seine Entscheidung zu informieren.[588] Dann fuhr er ins Büro, um seine Sachen zu packen und sein Rücktrittsgesuch einzureichen.[589] Donaldson gab an, McGahn hätte ihr gesagt, der Präsident hätte ihn angerufen und verlangt, dass er das Justizministerium kontaktiere. Und dass der Präsident etwas von ihm verlangt hätte, was McGahn nicht tun wollte.[590] McGahn erzählte Donaldson, der Präsident habe ihn mindestens zweimal angerufen und bei einem dieser Anrufe gefragt: »Haben Sie es schon getan?«[591] McGahn erzählte Donaldson nicht, worum es bei dem Ersuchen des Präsidenten genau ging, weil er sie nicht in die Ermittlungen verwickeln wollte, doch Donaldson zog den Schluss, dass die Anweisung des Präsidenten mit den Russland-Ermittlungen zu tun hätte.[592] Donaldson bereitete sich darauf vor, zusammen mit McGahn zurückzutreten.[593]

An jenem Abend rief McGahn sowohl Priebus als auch Bannon an und sagte ihnen, dass er die Absicht habe, zurückzutreten.[594] McGahn erinnerte sich, dass er nach dem Gespräch mit

---

586 McGahn 8.3.2018 302, 2.
587 McGahn 8.3.2018 302, 2.
588 McGahn 8.3.2018 302, 2-3; McGahn 28.2.2019 302, 3; Donaldson 2.4.2018 302, 4; Anrufprotokolle von Don McGahn.
589 McGahn 8.3.2018 302, 2; Donaldson 2.4.2018 302, 4.
590 Donaldson 2.4.2018 302, 4.
591 Donaldson 2.4.2018 302, 4.
592 McGahn 28.2.2019 302, 3-4; Donaldson 2.4.2018 302, 4-5; Donaldson sagte, sie glaube, dass McGahn ihr ganz bewusst keine Einzelheiten mitteilte, weil er sie nicht in diese Ermittlungen hineinziehen wollte. Donaldson 2.4.2018 302, 5; *siehe* McGahn 28.2.2019 302, 3.
593 Donaldson 2.4.2018 302, 5.
594 McGahn 14.12.2017 302, 10; Anrufprotokolle von Don McGahn; McGahn 28.2.2019 302, 3-4; Priebus 3.4.2018 302, 6-7.

seinem persönlichen Rechtsvertreter und angesichts der Natur der präsidentiellen Anweisung beschloss, andere Mitarbeiter im Weißen Haus nicht in die genauen Vorgänge einzuweihen.[595] Priebus gab an, McGahn hätte ihm gesagt, dass der Präsident »verrückten Scheiß« von ihm verlange. Priebus aber dachte, McGahn weihe ihn nicht in die Details ein, um ihn vor dem zu schützen, was Priebus nicht zu wissen brauchte.[596] Priebus und Bannon drängten McGahn, nicht zurückzutreten, und McGahn kehrte schließlich am Montag an seinen Arbeitsplatz zurück und blieb weiter in seiner Stellung.[597] Er hatte dem Präsidenten nicht direkt mitgeteilt, dass er plante zurückzutreten, und als die beiden sich das nächste Mal sahen, fragte der Präsident McGahn nicht, ob dieser Rosenstein angerufen hätte.[598]

Etwa um dieselbe Zeit, so erinnerte sich Chris Christie, habe er ein Telefonat mit dem Präsidenten geführt, in dem dieser ihn fragte, was Christie davon hielte, wenn der Präsident den Sonderermittler feuern ließe.[599] Christie riet ihm davon ab, weil es keine substanzielle Grundlage gebe, auf der der Präsident den Sonderermittler absetzen könnte, und weil der Präsident auf diese Weise die Unterstützung der Republikaner im Senat verlieren könnte.[600]

---

595 McGahn 28.2.2019 302, 4. Priebus und Bannon bestätigten, dass McGahn ihnen die Einzelheiten der Anweisung des Präsidenten nicht mitteilte. Priebus 3.4.2018 302, 7; Bannon 14.2.2018 302, 10.

596 Priebus 3.4.2018 302, 7.

597 McGahn 8.3.2018 302, 3; McGahn 28.2.2019 302, 3-4.

598 McGahn 8.3.2018 302, 3.

599 Christie 13.2.2019 302, 7. Christie erinnerte sich nicht an das genaue Datum des Anrufs, glaubte aber, er sei erfolgt, nachdem Christopher Wray offiziell als Nachfolger auf dem Posten des neuen FBI-Direktors nominiert worden sei, was am 7. Juni 2017 stattfand. Christie 13.2.2019 302, 7. Anrufprotokolle zeigen, dass der Präsident Christie nach diesem Zeitpunkt zweimal anrief, am 4. Juli 2017 und am 14. Juli 2017. Anrufprotokolle von Chris Christie.

600 Christie 13.2.2019 302, 7.

Auswertung

Für die Bewertung der Anweisung des Präsidenten an McGahn, den Sonderermittler absetzen zu lassen, sind folgende Beweismittel wesentlich für den Tatbestand der Justizbehinderung:

a. Tatbestand der Justizbehinderung. Wie bei der Entlassung Comeys erfüllt der Versuch, den Sonderermittler absetzen zu lassen, dann die Voraussetzungen der Justizbehinderung, wenn dadurch tatsächlich die Untersuchungen behindert würden ebenso wie das eventuelle Eingreifen einer Grand Jury, das sich aus den Ermittlungen ergeben würde. Selbst wenn die Absetzung des führenden Ermittlers nicht verhindern würde, dass die Untersuchungen unter neuer Führung weitergingen, müsste bei der Einschätzung der Faktenlage berücksichtigt werden, ob diese Maßnahme das Potenzial hätte, das Fortschreiten der Ermittlungen zu verzögern, einen eventuellen Nachfolger als Sonderermittler abzuschrecken oder die Untersuchungen anderweitig zu behindern.

Eine entscheidende Frage ist dabei, ob der Präsident McGahn angewiesen hat, den Sonderermittler absetzen zu lassen. Nachdem Nachrichtenagenturen im Juni 2017 berichtet hatten, der Präsident habe McGahn befohlen, den Sonderermittler absetzen zu lassen, stritt der Präsident dies öffentlich ab und sagte McGahn privat, er hätte nur gewünscht, dass McGahn das Justizministerium auf die möglichen Interessenkonflikte aufmerksam macht. *Siehe* Band II, Abschnitt II.I, *unten*. McGahns Erinnerung an typische Formulierungen des Präsidenten passen zu dieser Erklärung. Doch es gibt stichhaltige Beweise dafür, dass der Präsident weiterging und tatsächlich McGahn befahl, Rosenstein anzurufen, um den Sonderermittler absetzen zu lassen.

Erstens erinnert sich McGahn eindeutig daran, dass der Präsident ihn anwies, Rosenstein nicht nur über mögliche Interessenkonflikte zu informieren, sondern ihm zu sagen: »Mueller muss gehen.« McGahn ist ein glaubwürdiger Zeuge, der angesichts seiner Stellung im Weißen Haus keinen Grund hat, zu lügen oder zu übertreiben.[601] McGahn sprach zweimal mit dem Präsidenten und verstand die Anweisung beide Male auf die gleiche Weise, was es unwahrscheinlich erscheinen lässt, dass er die Forderung des Präsidenten falsch gehört oder verstanden haben soll. Als Reaktion auf diese Anweisung beschloss McGahn, zurückzutreten, weil er nicht an Ereignissen teilhaben wollte, die er als dem »Saturday Night Massacre« ähnlich beschrieb. Er rief seinen Anwalt an, fuhr ins Weiße Haus, packte dort seine Sachen im Büro, bereitete sich darauf vor, mit seiner Stabschefin ein Rücktrittsgesuch zu verfassen, sagte Priebus, der Präsident hätte von ihm verlangt, »verrückten Scheiß« zu machen, und informierte Priebus und Bannon, dass er zurücktreten würde. All diese Handlungen wären eine höchst ungewöhnliche Reaktion auf die Weisung, dem Justizministerium bestimmte Informationen zukommen zu lassen.

Zweitens hatte der Präsident in den Tagen vor seinen Anrufen bei McGahn veranlasst, dass sein persönlicher Berater das Justizministerium auf die angeblichen Interessenkonflikte aufmerksam machte. Dementsprechend hatte der Präsident keinen Grund, an diesem Wochenende McGahn wiederholt anzurufen, um ihm zu befehlen, Interessenkonflikte anzusprechen, über die das Justizministerium bereits informiert war.

Drittens stützen sowohl das Drängen des Präsidenten sowie die wiederholten Aufforderungen an McGahn, noch am Wochenende tätig zu werden – »Sie müssen das tun. Sie müssen Rod anrufen.« – die Angabe McGahns, der Präsident hätte gewünscht, dass das Justizministerium einschreiten und den Sonderermittler absetzen sollte. Hätte der Präsident also versucht, das Justizministerium zu einer erneuten Überprüfung angeb-

[601] Als das Büro des Sonderermittlers McGahn zum ersten Mal auf dieses Thema ansprach, redete er nur sehr zögerlich über die Ereignisse. Er lieferte die Informationen erst nach wiederholter Befragung. *Siehe* McGahn 14.12.2017 302 (Notizen der Ermittler).

licher Konflikte zu veranlassen, um festzustellen, ob diese ein ethisches Hindernis darstellen könnten, wäre es unnötig gewesen, diesen Vorgang am Samstag einzuleiten und McGahn deshalb mehrfach anzurufen.

Schließlich hatte der Präsident schon bei einem Telefonat mit McGahn am 23. Mai 2017 darüber gesprochen, dass man »Mueller ausknocken« müsste und dass es eventuelle Interessenkonflikte geben könnte. Dies zeigt, dass der Präsident diese Konflikte als Mittel sah, den Sonderermittler abberufen zu lassen. In den Tagen vor dem 17. Juni 2017 machte der Präsident Priebus und Bannon klar, dass er ernsthaft überlege, den Sonderermittler abzusetzen, was diese beiden dann auch Ruddy mitteilten. Im selben Zeitraum kontaktierte der Präsident Christie, um ihn zu fragen, wie er über einen Hinauswurf des Sonderermittlers dachte. Die Beweislage zeigt, dass der Präsident also keineswegs nur auf eine Überprüfung der Tatsache drängte, ob es Interessenkonflikte geben könnte, sondern stattdessen die angeblichen Konflikte nutzen wollte, um den Sonderermittler abzusetzen.

b. Verbindung zu einem behördlichen Verfahren. Um die Erfordernisse für eine Anklage zu erfüllen, wäre es nötig, eine Verbindung zwischen den Bemühungen des Präsidenten zur Absetzung des Sonderermittlers und einem anhängigen oder erwartbaren Verfahren vor einer Grand Jury festzustellen.

Stichhaltige Beweise zeigen, dass der Präsident am 17. Juni 2017 wusste, dass sein Verhalten Gegenstand einer Bundesermittlung war und dass der leitende Ermittler einer Grand Jury jederzeit Beweise für Straftaten auf Bundesebene vorlegen konnte. Am 23. Mai 2017 warnte McGahn den Präsidenten ausdrücklich, seine »größte Blöße« sei nicht der Hinauswurf Comeys, sondern seine »anderen Kontakte« und »Anrufe« und sein »Rücksprache: Flynn«. Anfang Juni wurde in den Medien umfassend darüber berichtet, dass Bundesermittler in der Flynn-Untersuchung mehrere Vorladungen vor eine Grand Jury ausgesprochen hatten und der Sonderermittler nun auch den Fall

Flynn übernehmen würde.[602] Am 9. Juni 2017 informierte das Büro des Sonderermittlers das Weiße Haus, dass die Ermittler Geheimdienstmitarbeiter befragen würden, die angeblich vom Präsidenten gebeten worden waren, Druck auf die Russland-Ermittler auszuüben. Am 14. Juni 2017 berichteten die Nachrichtenagenturen, der Präsident selbst sei Gegenstand von Ermittlungen wegen Justizbehinderung. Aufgrund der umfassenden Medienberichte wusste der Präsident, dass diese Untersuchung auf die Bitte um Comeys Loyalität abzielen würde, auf seine Bitte, Comey möge »die Finger von Flynn lassen«, auf seine Anweisungen an Coats und Rogers sowie die Abberufung Comeys und seine Aussage gegenüber dem russischen Außenminister, Comeys Absetzung habe »großen Druck« in puncto Russland weggenommen. Am 16. Juni 2017, am Tag, bevor der Präsident McGahn anwies, den Sonderermittler absetzen zu lassen, bestätigte der Präsident öffentlich, dass ein Bundesermittler gegen ihn wegen seines Verhaltens ermittle, indem er einen Tweet absetzte: »Gegen mich wird ermittelt, weil ich den FBI-Direktor gefeuert habe. Und zwar von dem Mann, der mir sagte, ich solle den FBI-Direktor feuern!«

c. Vorsatz. Es gibt stichhaltige Beweise, dass die Versuche des Präsidenten, den Sonderermittler abzusetzen, damit zu tun haben, dass der Sonderermittler die Aufsicht über Ermittlungen führte, die auch auf das Verhalten des Präsidenten abzielten – und, noch unmittelbarer, mit den Berichten, dass gegen den Präsidenten wegen möglicher Justizbehinderung ermittelt wurde.

Bevor der Präsident Comey abberief, war es für ihn von entscheidender Bedeutung, dass gegen ihn selbst nicht ermittelt wurde und die Öffentlichkeit nicht etwa fälschlich dachte, er

---

602 *Siehe z. B.* Evan Perez et al., *CNN exclusive: Grand Jury subpoenas issued in FBI's Russia investigation*, CNN (9. Mai 2017); Matt Ford, *Why Mueller Is Taking Over the Michael Flynn Grand Jury*, The Atlantic (2. Juni 2017).

selbst sei Mittelpunkt strafrechtlicher Untersuchungen. Wie in Band II, Abschnitt II.D, *oben,* beschrieben, bestätigten seine Berater, dass es dem Präsidenten, während er die Absetzungsverfügung für Comey aufsetzte, in erster Linie darum ging, öffentlich zu machen, dass gegen ihn nicht ermittelt wurde. Als der Präsident am 17. Mai 2017 von der Ernennung des Sonderermittlers erfuhr, verlieh er weiteren Sorgen über die Untersuchung Ausdruck, indem er sagte: »Das ist das Ende meiner Präsidentschaft.« Außerdem rügte der Präsident Sessions, weil dieser sich für befangen erklärt hatte, und meinte: »Sie hätten mich schützen müssen.«

Am 14. Juni 2017, als die Washington Post berichtete, der Sonderermittler ermittle gegen den Präsidenten wegen Justizbehinderung, war der Präsident mit ebenjener Tatsache konfrontiert, die er unbedingt hatte verhindern wollen: eine strafrechtliche Untersuchung seines eigenen Verhaltens, über die in den Medien umfassend berichtet wurde. Die Beweise deuten darauf hin, dass es die Berichte über die Untersuchung wegen Justizbehinderung waren, die den Präsidenten dazu veranlassten, McGahn anzurufen, um den Sonderermittler absetzen zu lassen. Mitte Juni hatte das Justizministerium den Sonderermittler längst offiziell autorisiert, und die Berater des Präsidenten hatten ihm bereits erklärt, dass die angegebenen Interessenkonflikte »dumm« seien und keine Grundlage darstellten, um den Sonderermittler absetzen zu lassen. Am 13. Juni 2017 sagte der Justizminister vor dem Kongress aus, es gebe keinen hinreichenden Grund, den Sonderermittler abzuberufen. Der Präsident wiederum diktierte Sanders ein Statement, in dem es heißt, er hätte nicht die Absicht, den Sonderermittler zu feuern. Am nächsten Tag aber berichteten die Medien, dass gegen den Präsidenten wegen Justizbehinderung ermittelt würde und der Sonderermittler Zeugen im Hinblick auf eine solche befrage – was den Präsidenten dazu trieb, kritische Tweets über den Sonderermittler abzusetzen. Der Präsident rief McGahn noch am selben Abend an und dann wieder am Samstag von Camp David aus. Die Beweislage zeigt also klar, dass es die Berichte über die Eröffnung eines Ermittlungsverfahrens wegen Justizbehinderung waren, die den Präsidenten dazu veranlassten, McGahn anzurufen, um den Sonderermittler absetzen zu lassen.

Es gibt auch stichhaltige Beweise dafür, dass der Präsident wusste, er hätte solche Anrufe bei McGahn nicht tätigen sollen. Der Präsident rief bei McGahn an, nachdem McGahn ihm ausdrücklich gesagt hatte, dass der Rechtsberater des Weißen Hauses – McGahn selbst – nicht in die Behauptung von Interessenkonflikten verwickelt werden solle, dass der Präsident vielmehr seinen persönlichen Rechtsberater konsultieren müsse, wenn er solche Konflikte vorbringen wolle. Statt sich also an seinen persönlichen Rechtsberater zu wenden, um die behaupteten Konflikte vorzubringen, versuchte der Präsident, seine Amtsgewalt einzusetzen, um den Sonderermittler abzuberufen. Nachdem die Medien über die Versuche des Präsidenten berichtet hatten, leugnete er, McGahn je gebeten zu haben, den Sonderermittler abberufen zu lassen, und machte wiederholte Versuche, McGahn dazu zu bringen, die Geschichte abzustreiten, wie in Band II, Abschnitt II.I, *unten*, aufgezeigt. Die leugnenden Aussagen stehen im Widerspruch zu den Beweisen und lassen annehmen, dass sich der Präsident bewusst war, dass seine Anweisungen an McGahn als ungebührlich betrachtet werden könnten.

F. Die Bemühungen des Präsidenten, die Untersuchungen des Sonderermittlers zu beschneiden

Überblick

Zwei Tage nachdem der Präsident McGahn angewiesen hatte, den Sonderermittler zu entlassen, unternahm der Präsident einen weiteren Versuch, den Verlauf der Russland-Ermittlungen zu beeinflussen. Am 19. Juni 2017 traf sich der Präsident mit Corey Lewandowski zu einem Vieraugengespräch im Oval Office und diktierte ihm eine Botschaft, die an Justizminister Jeff

Sessions übermittelt werden sollte; diese hätte zur Folge gehabt, dass die Russland-Ermittlungen auf zukünftige Wahlbeeinflussung begrenzt worden wären. Einen Monat später traf sich der Präsident erneut mit Lewandowski und hakte nach, wie es um seine Aufforderung an Sessions stehe, den Rahmen der Russland-Ermittlungen zu begrenzen. Lewandwoski sagte dem Präsidenten, die Botschaft würde bald überbracht werden. Einige Stunden später kritisierte der Präsident Sessions in einem außerplanmäßigen Presseinterview öffentlich und warf Fragen auf, ob Sessions' Arbeitsplatz noch sicher sei.

1. Der Präsident bittet Corey Lewandowski, Sessions eine Botschaft zu übermitteln, die die Untersuchungen des Sonderermittlers beschneiden soll

Am 19. Juni 2017, zwei Tage nachdem der Präsident McGahn angewiesen hatte, den Sonderermittler zu entlassen, traf sich der Präsident mit seinem ehemaligen Wahlkampfmanager Corey Lewandowski zu einem Vieraugengespräch im Oval Office.[603] Leitende Berater des Weißen Hauses beschrieben Lewandowski als »Bewunderer« des Präsidenten und sagten, die Beziehung zwischen dem Präsidenten und Lewandoswki sei »eng« gewesen.[604]

Während des Treffens am 19. Juni, so erinnert sich Lewandowski, brachte der Präsident nach ein bisschen Small Talk das Thema »Sessions« zur Sprache und kritisierte seine Befangenheits-

---

603 Lewandowski 6.4.2018 302, 2; SCR026_00201 (Terminkalender des Präsidenten, 19.6.2017). Schutz der Privatsphäre [redacted]

604 Kelly 2.8.2018 302, 7; Dearborn 20.6.2018 302, 1 (beschreibt Lewandowski als eine »Stütze des Präsidenten«, dessen Loyalität geschätzt wurde). Kelly sagte, dass er sich, als er Stabschef war, zurückgezogen habe, wenn der Präsident sich mit Freunden wie Lewandowski traf, Kelly habe nicht versucht, die Treffen in die privaten Räumlichkeiten zu verlegen, um Distanz zum West Wing herzustellen. Kelly 2.8.2018 302, 7.

erklärung in Zusammenhang mit den Russland-Ermittlungen.[605] Der Präsident sagte zu Lewandowski, Sessions sei schwach und dass der Präsident, wenn er schon früher von der Wahrscheinlichkeit seiner Befangenheitserklärung gewusst hätte, er Sessions nicht ernannt hätte.[606] Der Präsident forderte Lewandowski daraufhin auf, Sessions eine Nachricht zu überbringen und sagte, »schreiben Sie Folgendes auf«.[607] Es war das erste Mal, dass der Präsident Lewandowski aufforderte, ein Diktat entgegenzunehmen, und Lewandowski schrieb so schnell er konnte, um sicherzugehen, dass er den Inhalt korrekt wiedergab.[608]

Der Präsident ordnete an, Sessions solle eine öffentliche Rede halten und bekannt machen:

> Ich weiß, ich habe mich in gewissen Dingen, die mit bestimmten Bereichen zu tun haben, für befangen erklärt. Aber unser POTUS ... wird sehr unfair behandelt. Es sollte kein Sonderermittler gegen ihn eingesetzt werden, wl. er nichts Falsches getan hat. Neun Monate lang habe ich m. ihm Wahlkampf gemacht, es waren daran keine Russen beteiligt. Ich weiß das sicher, wl. ich dabei war. Er hat sich nichts zuschulden kommen lassen, außer dass er den bedeutendsten Wahlkampf der amerikanischen Geschichte geführt hat.«[609]

Die diktierte Nachricht ging damit weiter, Sessions würde sich mit dem Sonderermittler treffen, um dessen Zuständigkeitsbereich auf zukünftige Wahlbeeinflussung zu begrenzen:

---

605 Lewandowski 6.4.2018 302, 2.
606 Lewandowski 6.4.2018 302, 2.
607 Lewandowski 6.4.2018 302, 2.
608 Lewandowski 6.4.2018 302, 3.
609 Lewandowski 6.4.2018 302, 2-3, Lewandowski 19.6.2017 Notizen, 1-2.

> Ein gewisser Personenkreis möchte derzeit die Verfassung der Vereinigten Staaten untergraben. Ich werde den Sonderermittler treffen und ihm deutlich machen, dass das sehr ungerecht ist, ich werde den Sonderermittler die Beeinflussung künftiger Wahlen untersuchen lassen, damit in Zukunft bei Wahlen nichts passieren kann.[610]

Der Präsident sagte, Sessions wäre der »beliebteste Typ im ganzen Land«, wenn er diese Erklärung abgebe.[611] Lewandowski ließ den Präsidenten wissen, er verstehe, was der Präsident von Sessions wolle.[612]

Lewandowski wollte Sessions die Nachricht lieber persönlich überbringen als am Telefon.[613] Er wollte ihn nicht im Justizministerium treffen, um einen Eintrag ins Besucherbuch zu vermeiden und weil er, in Lewandowskis Worten, verhindern wollte, Sessions einen »Heimvorteil« zu geben.[614] Lewandowski rief Sessions an und vereinbarte ein Treffen für den darauffolgenden Abend in Lewandowskis Büro, doch Sessions musste aufgrund eines Terminkonflikts in letzter Minute absagen.[615] Kurze Zeit später verließ Lewandowski Washington, D.C., ohne zuvor nochmals die Gelegenheit gehabt zu haben, Sessions zu treffen, um ihm die Nachricht des Präsidenten zu überbringen.[616] Lewandowski bewahrte die Notiz in einem Safe bei sich zu Hause auf, was, wie er erklärte, sein Standardvorgehen bei heiklen Angelegenheiten sei.[617]

---

610 Lewandowski 6.4.2018 302, 3; Lewandowski 19.6.2017 Notizen, 3.
611 Lewandowski 6.4.2018 302, 3; Lewandowski 19.6.2017 Notizen, 4.
612 Lewandowski 6.4.2018 302, 3.
613 Lewandowski 6.4.2018 302, 3-4.
614 Lewandowski 6.4.2018 302, 4.
615 Lewandowski 6.4.2018 302, 4.
616 Lewandowski 6.4.2018 302, 4.
617 Lewandowski 6.4.2018 302, 4.

2. Der Präsident fasst bei Lewandowski nach

Nach seinem Treffen mit dem Präsidenten im Juni, kontaktierte Lewandowski Rick Dearborn, zu der Zeit ein leitender Beamte im Weißen Haus, und fragte ihn, ob er Sessions eine Nachricht übermitteln könne.[618] Dearborn bejahte, ohne zu wissen, was in der Nachricht stand, und Lewandowski bestätigte später, dass sich Dearborn Ende Juli mit Sessions zum Abendessen treffen würde und die Nachricht dann übermitteln könne.[619] Lewandowski erinnerte sich daran, dass er damals dachte, der Präsident habe ihn damit betraut, die Nachricht weiterzugeben, da der Präsident wusste, dass er sich auf Lewandowski verlassen könne, doch Lewandowski war der Überzeugung, Dearborn wäre ein besserer Bote, da er bereits seit langer Zeit mit Sessions in Kontakt stand und weil Dearborn Teil der Regierung war, Lewandowski hingegen nicht.[620]

Am 19. Juli 2017 traf sich der Präsident erneut allein mit Lewandowski im Oval Office.[621] Wie in Band II, Abschnitt II.G, *unten*, beschrieben, wurden in den folgenden Tagen E-Mails und andere Informationen über das Treffen vom 9. Juni 2016 zwischen einigen Russen, Donald Trump jr., Jared Kushner und Paul Manafort öffentlich bekannt. Während des Treffens mit Lewandowski am 19. Juli kam der Präsident wieder auf seine Bitte zurück und fragte Lewandowski, ob er mit Sessions gesprochen habe.[622] Lewandowski sagte dem Präsidenten, dass die Nachricht bald überliefert werde.[623] Laut Lewandowski sagte der Präsident zu ihm, dass Lewandowski, würde sich Sessions nicht auf ein

---

618 Lewandowski 6.4.2018 302, 4; *siehe* Dearborn 20.6.2018 302, 3.
619 Lewandowski 6.4.2018 302, 4-5.
620 Lewandowski 6.4.2018 302, 4, 6.
621 Lewandowski 6.4.2018 302, 5; SCR029b_000002-03 (5.6.2018 Zusätzliche Rückmeldung auf den Ersuch des Sonderermittlers nach Anmeldeinformationen eines gewissen Besuchers).
622 Lewandowski 6.4.2018 302, 5.
623 Lewandowski 6.4.2018 302, 5.

Treffen mit ihm einlassen, Sessions darüber in Kenntnis setzen solle, dass er gefeuert sei.[624]

Gleich nach seinem Treffen mit dem Präsidenten sah Lewandowski Dearborn im Vorraum des Oval Offices und gab ihm eine maschinengeschriebene Ausfertigung der Botschaft, die ihm der Präsident, mit der Aufforderung sie an Sessions weiterzugeben, diktiert hatte.[625] Lewandowski sagte zu Dearborn, dass es sich bei den Notizen um die Nachricht handle, über die sie gesprochen hatten, aber Dearborn konnte sich nicht entsinnen, ob Lewandowski sagte, die Botschaft sei vom Präsidenten.[626] Die Botschaft sorgte bei Dearborn »definitiv für Stirnrunzeln«, und er erinnerte sich daran, dass er nicht fragen wollte, woher sie kam, oder weiter darüber nachdenken wollte, was er mit ihr anstellen solle.[627] Dearborn sagte auch aus, es sei ihm unangenehm gewesen, als Bote an Sessions zu dienen.[628] Er erinnerte sich daran, später zu Lewandowski gesagt zu haben, er habe die Sache erledigt, dabei hatte er die Nachricht gar nicht an Sessions übergeben, und er bewahrte auch keine Ausfertigung der maschinengeschriebenen Notizen auf, die Lewandowski ihm gegeben hatte.[629]

---

624 Lewandowski 6.4.2018 302, 6. Priebus erinnerte sich vage daran, dass Lewandowski ihm erzählt habe, der Präsident hätte Lewandowski etwa im März oder Juni 2017 gebeten, Sessions' Rücktritt zu erwirken. Priebus erinnerte sich daran, dass Lewandowski seine Reaktion darauf folgendermaßen beschrieb »Was kann ich schon tun? Ich bin kein Mitarbeiter der Regierung. Ich bin ein Niemand.« Priebus 3.4.2018 302, 6.

625 Lewandowski 6.4.2018 302, 5. Lewandowski sagte, er habe Hope Hicks gebeten, die Notizen abzutippen, als er ins Oval Office ging, und er bekam die Notizen von ihr während seines Treffens mit dem Präsidenten zurück. Lewandowski 6.4.2018 302, 5.

626 Lewandowski 6.4.2018 302, 5; Dearborn 20.6.2018 302, 3.

627 Dearborn 20.6.2018 302, 3.

628 Dearborn 20.6.2018 302, 3.

629 Dearborn 20.6.2018 302, 3-4.

3. Der Präsident übt in einem Interview mit der New York Times öffentlich Kritik an Sessions

Nur wenige Stunden nach dem Treffen zwischen dem Präsidenten und Lewandowski am 19. Juli 2017 gab der Präsident der New York Times ein außerplanmäßiges Interview, in dem er Sessions' Entscheidung kritisierte, sich wegen Befangenheit von den Russland-Ermittlungen zurückzuziehen.[630] Der Präsident sagte, dass »Sessions sich niemals von den Russland-Ermittlungen hätte zurückziehen dürfen und dass er, wenn er bereits geplant hatte, sich für befangen zu erklären, mit mir hätte sprechen sollen, bevor er das Amt antrat, dann hätte ich jemand anderen ausgesucht«.[631] Sessions' Befangenheitserklärung, so der Präsident, war »dem Präsidenten gegenüber sehr unfair. Wie kann man einen Job annehmen und sich dann als befangen zurückziehen? Hätte er sich vor Amtsantritt zurückgezogen, hätte ich gesagt: ›Danke, Jeff, aber, weißt du, ich kann dann nicht, ich kann dich nicht einstellen.‹ Das Ganze ist extrem unfair, und das ist für den Präsidenten eine milde Ausdrucksweise.«[632] Hicks, die während des Interviews zugegen war, erinnerte sich an ihren Versuch, »sich zwischen die Reporter und den Präsidenten zu werfen«, um Teile des Interviews zu verhindern, aber der Präsident »liebte das Interview«.[633]

Später am selben Tag traf sich Lewandowski mit Hicks, und sie berieten sich über das Interview des Präsidenten mit der New York Times.[634] Lewandowski erinnerte, dass er Hicks von der Aufforderung des Präsidenten erzählt habe, er solle sich mit

---

630 Peter Baker et al., *Excerpts From The Times's Interview With Trump*, New York Times (19. Juli 2017).
631 Peter Baker et al., *Excerpts From The Times's Interview With Trump*, New York Times (19. Juli 2017).
632 Peter Baker et al., *Excerpts From The Times's Interview With Trump*, New York Times (19. Juli 2017).
633 Hicks 8.12.2017 302, 23.
634 Hicks 13.3.2018 302, 10; Lewandowski 6.4.2018 302, 6.

Sessions treffen, und dass er mit ihr über die Vorstellung witzelte, er als Privatmann würde Sessions feuern, wenn der sich nicht mit ihm träfe.[635] Laut Hicks erzählte ihr Lewandowski während ihrer Unterhaltung, der Präsident habe ihn vor Kurzem ersucht, Sessions zu treffen und ihm die Botschaft zu überbringen, er müsse das »Richtige tun« und zurücktreten.[636] Während Hicks und Lewandowski zusammensaßen, rief der Präsident Hicks an und richtete ihr aus, er sei sehr zufrieden damit, wie sich die Berichterstattung über sein New-York-Times-Interview und seine Kritik an Sessions entwickle.[637]

4. Der Präsident weist Priebus an, Sessions' Rücktritt zu fordern

Drei Tage später, am 21. Juli 2017, berichtete die Washington Post, Überwachungsaufzeichnungen der US-Geheimdienste zeigten, dass Sessions mit dem russischen Botschafter über wahlkampfbezogene Themen diskutiert habe, im Gegensatz zu dem, was Sessions öffentlich gesagt hatte.[638] Noch am selben Abend rief Priebus Hunt an, um darüber zu sprechen, ob Sessions wohl gefeuert würde oder zurückträte.[639] Priebus hatte bereits zuvor

---

635 Lewandowski 6.4.2018 302, 6.

636 Hicks 13.3.2018 302, 10. Hicks dachte, der Präsident könne eine Ernennung eines neuen Justizministers während der Sitzungspause ohne Zustimmung des Senats erwirken (»recess appointment«), da der Senat gerade dabei war, sich in die Sitzungspause zu verabschieden. Hicks 13.3.2018 302, 10. Lewandowski erinnerte sich, dass er am Nachmittag des 19. Juli 2017, nach seinem Treffen mit dem Präsidenten, Nachforschungen zu Ernennungen während der Sitzungspause anstellte, aber er teilte seine Recherche nicht mit dem Präsidenten. Lewandowski 6.4.2018 302, 7.

637 Lewandowski 6.4.2018 302, 6.

638 Adam Entous et al., *Sessions discussed Trump campaign-related matters with Russian ambassador, U.S. intelligence intercepts show*, Washington Post (21. Juli 2017). Die dem Kontakt zwischen Sessions und Kisljak zugrundeliegenden Ereignisse, werden in Band I, Abschnitt IV.A.4.c, *oben*, behandelt.

639 Hunt 1.2.2018 302, 23.

mit Hunt gesprochen, als die Medien über Spannungen zwischen Sessions und dem Präsidenten berichteten, und nachdem er mit Sessions geredet hatte, ließ Hunt Priebus wissen, der Präsident müsse Sessions feuern, wenn er Sessions loswerden wolle, da Sessions sein Amt nicht aufgeben würde.[640] Hunt zufolge, der sich während des Anrufs am 21. Juli Notizen gemacht hatte, sagte Hunt zu Priebus, dass Sessions, genauso wie sie es zuvor besprochen hatten, nicht beabsichtige, zurückzutreten.[641] Hunt fragte Priebus, was der Präsident mit dem Rauswurf Sessions' erreichen würde, und wies darauf hin, dass die Ermittlungen bereits angelaufen waren und danach weiterlaufen würden.[642]

Früh am darauffolgenden Morgen, dem 22. Juli 2017, twitterte der Präsident: »Ein neues GEHEIMDIENST-LEAK in Amazons Washington Post richtet sich diesmal gegen J.M. Jeff Sessions. Diese illegalen Leaks, wie das von Comey, müssen aufhören!«[643] Etwa eine Stunde später twitterte der Präsident: »So viele Menschen fragen, warum der J.M. oder der Sonderermittler nicht die Verbrechen von Hillary Clinton oder Comey unter die Lupe nehmen. 33 000 gelöschte E-Mails?«[644] Später an diesem Morgen, an Bord eines Marine One auf dem Weg nach Norfolk, Virginia, sagte der Präsident zu Priebus, er müsse Sessions dazu bringen, sein Amt auf der Stelle niederzulegen.[645] Der Präsident sagte, das Land habe sein Vertrauen in Sessions verloren und die negative Presse sei untragbar.[646] Laut Notizen, die Priebus zeit-

---

640 Hunt 1.2.2018 302, 23.
641 Hunt 1.2.2018 302, 23-24; Hunt 21.7.2017 Notizen, 1.
642 Hunt 1.2.2018 302, 23-24; Hunt 21.7.2017 Notizen, 1-2.
643 @realDonaldTrump 22.7.2017 (6:33 Uhr ET) Tweet.
644 @realDonaldTrump 22.7.2017 (7:44 Uhr ET) Tweet. Drei Minuten danach twitterte der Präsident: »Was ist eigentlich mit all den Beziehungen von Clinton zu Russland, einschließlich der Podesta Company, dem Uran-Deal, dem Russian Reset, der hoch bezahlten Reden etc.« @realDonaldTrump 22.7.2017 (7:47 Uhr ET) Tweet.
645 Priebus 18.1.2018 302, 13-14.
646 Priebus 18.1.2018 302, 14; Priebus 3.4.2018 302, 4-5; *siehe* RP_000073 (Priebus 22.7.2017 Notizen).

gleich anfertigte, teilte der Präsident Priebus mit, dass er »sofort ein Rücktrittsschreiben auf [seinem] Schreibtisch sehen wolle« und dass Sessions »keine Wahl« habe und »unverzüglich zurücktreten müsse«.[647] Priebus antwortete, dass sie nach einer Entlassung Sessions' niemals einen neuen Justizminister bestätigt bekommen und dass das Justizministerium und der Kongress sich vom Präsidenten abwenden würden, aber der Präsident behauptete, er könne Sessions ersetzen durch eine Ernennung während der Sitzungspause ohne Zustimmung des Senats (»recess apointment«).[648]

Priebus sah in der Forderung des Präsidenten ein Problem; aus diesem Grund rief er McGahn an und fragte um Rat, wobei er erklärte, er wolle nicht den Abzug betätigen, bei einer Sache, die »vollkommen falsch« sei.[649] Obwohl der Präsident seinen Wunsch nach Sessions' Rücktritt mit der Negativberichterstattung über diesen und mit dessen schlechtem Auftritt vor dem Kongress in Verbindung brachte, glaubte Priebus, dass der wahre Grund in der Feindseligkeit des Präsidenten läge, die dieser seit Sessions' Befangenheitserklärung in Zusammenhang mit den Russland-Ermittlungen hege.[650] McGahn riet Priebus, die Anweisung des Präsidenten nicht zu befolgen, und sagte, sie sollten ihren persönlichen Berater hinzuziehen, der unter Schweigepflicht stehe.[651] McGahn und Priebus diskutierten darüber, dass beide eher zurücktreten würden, als die Anordnung des Präsidenten, Sessions zu feuern, auszuführen.[652]

---

647 RP_000073 (Priebus 22.7.2017 Notizen).

648 Priebus 3.4.2018 302, 5.

649 Priebus 18.1.2018 302, 14; Priebus 3.4.2018 302, 4-5.

650 Priebus 3.4.2018 302, 5.

651 RP_000074 (Priebus 22.7.2017 Notizen); McGahn 14.12.2017 302, 11; Priebus 18.1.2018 302, 14. Priebus folgte dem Rat McGahns und rief seinen persönlichen Anwalt an, um die Forderung des Präsidenten zu besprechen, er war der Meinung, dies sei eine Angelegenheit, über die man sich am besten mit einem Anwalt berät. Priebus 18.1.2018 302, 14.

652 McGahn 14.12.2017 302, 11; RP_000074 (Priebus 22.7.2017 Notizen) (»gemeinsamen Rücktritt diskutiert«).

An diesem Nachmittag fasste der Präsident wegen seiner Forderung nach Sessions' Rücktritt bei Priebus nach, wörtlich sagte er: »Haben Sie das verstanden? Arbeiten Sie daran?«[653] Priebus sagte, er sei sich sicher gewesen, sein Job hinge davon ab, ob er die Anordnung, Sessions loszuwerden, befolgte, auch wenn der Präsident das nicht direkt gesagt hatte.[654] Obwohl Priebus nicht vorhatte, die Weisung des Präsidenten zu befolgen, sicherte er dem Präsidenten zu, er würde Sessions dazu bringen, zurückzutreten.[655] Am selben Tag noch rief Priebus den Präsidenten an und erklärte ihm, dass es eine Katastrophe wäre, wenn Sessions zurückträte, da seiner Meinung nach dann auch Rosenstein und die 2. stellvertretende Justizministerin Rachel Brand ihre Ämter niederlegen würden und der Präsident niemand anderen bestätigt bekommen würde.[656] Der Präsident war damit einverstanden, den Rücktritt Sessions' bis nach den sonntäglichen Talkshows ruhen zu lassen, um zu verhindern, dass sich die Talkshows auf die Entlassung stürzten.[657]

Gegen Ende der Woche, so erinnerte sich Priebus, lenkte der Präsident ein und stimmte zu, Sessions nicht zum Rücktritt aufzufordern.[658] Während der nächsten Tage twitterte der Präsident über Sessions. Am Morgen des 24. Juli 2017 kritisierte der Präsident Sessions, er habe es vernachlässigt, gegen Clinton zu ermitteln, und nannte ihn »in Bedrängnis«.[659] Am 25. Juli twitterte der Präsident: »Justizminister Jeff Sessions hat eine SEHR schwache Position eingenommen, was Hillary Clintons Verbrechen

---

653 Priebus 18.1.2018 302, 14; Priebus 3.4.2018 302, 4.
654 Priebus 3.4.2018 302, 4.
655 Priebus 18.1.2018 302, 15.
656 Priebus 18.1.2018 302, 15.
657 Priebus 18.1.2018 302, 15.
658 Priebus 18.1.2018 302, 15.
659 @realDonaldTrump 24.7.2017 (8:49 Uhr ET) Tweet (»Und warum sehen sich die Ausschüsse, die Ermittler und natürlich unser in Bedrängnis geratener J.M. die Straftaten und die Russlandbeziehungen von der Betrügerischen Hillary nicht an?«).

(wo sind die E-Mails und die DNC-Server) & die Geheimdienst-Leaker angeht«.[660] Am Tag darauf, dem 26. Juli, twitterte der Präsident: »Warum hat J.M. Sessions den Amtierenden FBI-Direktor Andrew McCabe nicht abgelöst, ein Comey-Freund, der für die Clinton-Ermittlungen verantwortlich war.«[661] Hunt zufolge, und vor dem Hintergrund der regelmäßigen öffentlichen Attacken des Präsidenten, bereitete Sessions ein weiteres Rücktrittsgesuch vor und trug dieses für den Rest des Jahres bei sich, wann immer er das Weiße Haus betrat.[662]

Auswertung

Für die Bewertung der Bemühungen des Präsidenten, Lewandowski dazu anzuhalten, eine Botschaft an Sessions zu übermitteln, die diesen dazu bringen sollte, öffentlich bekannt zu machen, dass sich die Untersuchungen des Sonderermittlers auf zukünftige Wahlbeeinflussung beschränken würden, sind die folgenden Beweise für den Tatbestand einer Justizbehinderung maßgeblich:

a. Tatbestand der Justizbehinderung. Die Bemühungen des Präsidenten, Sessions eine Nachricht durch Lewandowski zukommen zu lassen, wäre als eine die Justiz behindernde Handlung zu bewerten, wenn daraus tatsächlich eine Behinderung der Ermittlungen oder eines Verfahrens der Grand Jury, das sich aus den Ermittlungen ergeben würde, folgen würde.

Der Präsident ersuchte Sessions bekannt zu geben, dass für den Präsidenten »kein Sonderermittler/Berater eingesetzt werden sollte« und dass Sessions »den Sonderermittler treffen soll,

---

660 @realDonaldTrump 25.7.2017 (6:12 Uhr ET) Tweet. Der Präsident veröffentlichte kurz vor dem angeführten einen weiteren Tweet, in dem er fragte: »wo bleiben die Ermittlungen J.M.« @realDonalTrump 25.7.2017 (6:03 Uhr ET) Tweet.

661 @realDonaldTrump 26.7.2017 (9:48 Uhr ET) Tweet.

662 Hunt 1.2.2018 302, 24-25.

um ihm zu erklären, dass dies sehr ungerecht ist« und den Sonderermittler »die Beeinflussung künftiger Wahlen untersuchen lassen, damit in Zukunft bei Wahlen nichts passieren kann«. Der Präsident wollte, dass Sessions seine Befangenheitserklärung in Zusammenhang mit den Ermittlungen außer Acht lässt, die einer offiziellen Ethikprüfung des Justizministeriums gefolgt war, und dass er bekannt geben solle, er kenne die »Tatsachen« und wisse, dass »keine Russen in den Wahlkampf verstrickt gewesen wären«, da er »vor Ort war«. Der Präsident wies außerdem an, Sessions solle erklären, dass der Präsident nicht Gegenstand von Ermittlungen sein solle, »weil er nichts Falsches getan hätte«. Zusammengenommen legen die Weisungen des Präsidenten nahe, dass Sessions instruiert werden sollte, dem Sonderermittler mitzuteilen, er habe seine laufenden Ermittlungen gegen den Präsidenten und dessen Wahlkampf einzustellen, zugleich sollte dem Sonderermittler zugestanden werden, »Ermittlungen wegen Wahlbeeinflussung künftiger Wahlen fortzuführen«.

b. Verbindung zu einem behördlichen Verfahren. Wie oben beschrieben, war die Existenz einer von einem Sonderermittler beaufsichtigten Grand-Jury-Ermittlung bereits öffentlich bekannt, als der Präsident am 19. Juli 2017 mit Lewandowski ein Vieraugengespräch hatte. Als sich der Präsident zu einem Folgegespräch mit Lewandowski traf Grand Jury [redacted] *Siehe* Band II, Abschnitt II.G, *unten.* Um das Merkmal einer Verbindung zu erfüllen, wäre es notwendig, nachzuweisen, dass die Beschneidung der Ermittlungen des Sonderermittlers als logische und wahrscheinliche Konsequenz eine Behinderung des Verfahrens der Grand Jury zur Folge hätte.

c. Vorsatz. Es liegen ausreichend Beweise vor, die darauf hindeuten, dass die Bemühungen des Präsidenten, den Geltungsbereich der Ermittlungen des Sonderermittlers auf künftige Wahlbeeinflussung zu beschränken, zum Ziel hatten, die weitere Überprüfung des Präsidenten und der Durchführung seines Wahlkampfes zu verhindern.

Wie vorausgehend beschrieben, *siehe* Band II, Abschnitt II.B., *oben*, wusste der Präsident, dass die Russland-Ermittlungen teilweise auf seinen Wahlkampf abzielten, und ihm war klar, dass die Vorwürfe einer russischen Einmischung Zweifel an der Legitimation seiner Wahl säten. Der Präsident war sich außerdem darüber im Klaren, dass die Ermittlungen auf die Untersuchung seines eigenen Verhaltens ausgeweitet worden waren und darauf, ob er die Justiz behindert habe. Diese Ermittlungen würden nicht fortgeführt werden, wenn der Geltungsbereich des Sonderermittlers nur auf zukünftige Wahlen beschränkt würde.

Der Zeitpunkt und die Umstände der Handlungen des Präsidenten stützen die Schlussfolgerung, dass er genau dieses Ergebnis beabsichtigte. Die ursprüngliche Anweisung des Präsidenten, Sessions solle die Untersuchungen des Sonderermittlers einschränken, kam nur zwei Tage nachdem der Präsident McGahn beordert hatte, den Sonderermittler zu entlassen, dies wiederum folgte auf die öffentliche Berichterstattung, laut derer gegen den Präsidenten persönlich wegen Justizbehinderung ermittelt werde. Die Abfolge dieser Ereignisse legt die Schlussfolgerung nahe, dass der Präsident, nach seiner Anstrengung, dem Sonderermittler zu kündigen, versuchte, sich selbst und die Durchführung seines Wahlkampfes von den Ermittlungen auszuschließen. Der Präsident brachte die Angelegenheit gegenüber Lewandowski am 19. Juli 2017 wieder auf, nur wenige Tage nachdem E-Mails und Informationen über das Treffen vom 9. Juni 2016 zwischen Russen und leitenden Wahlkampfmitarbeitern an die Öffentlichkeit gelangt waren und erhebliches Medien- sowie Ermittlungsinteresse ausgelöst hatten.

Das Verhalten des Präsidenten liefert zusätzliche Anhaltspunkte über seine Absicht. Anstatt auf die offiziellen Kanäle zu vertrauen, zog der Präsident es vor, sich mit Lewandowski allein im Oval Office zu treffen. Der Präsident wählte einen loyalen »Anhänger« von außerhalb des Weißen Hauses aus, um die Nachricht zu überbringen, was die Schlussfolgerung nahelegt, dass er außerhalb der Behördenwege des Weißen Hauses arbeitete, inklusive McGahn, der sich erst kurz zuvor dagegen gewehrt hatte, im Justizministerium wegen des Sonderermittlers vorzusprechen. Der Präsident informierte auch den Amtierenden Justizminister nicht, der gerade erst öffentlich bezeugt hatte, dass es keinen Grund gebe, den Sonderermittler abzuziehen. Stattdessen versuchte der Präsident, Sessions dazu zu benutzen, die Untersuchungen des Sonderermittlers zu begrenzen und umzuleiten; all das geschah, nachdem Sessions sich für befangen erklärt hatte und gemäß den Vorschriften in dieser Sache nicht handeln konnte.

Die Ereignisse vom 19. Juli 2017 liefern weitere Beweise für die Absicht des Präsidenten. Der Präsident traf sich, einen Monat nachdem er ursprünglich die Botschaft für Sessions diktiert hatte, mit Lewandowski zu einer Folgebesprechung unter vier Augen, und machte deutlich, dass er seine Forderung aufrechterhalte. Nur wenige Stunden nachdem Lewandowski dem Präsidenten versichert hatte, dass die Nachricht bald an Sessions übermittelt würde, gab der Präsident der New York Times ein außerplanmäßiges Interview, in dem er Sessions öffentlich angriff und Fragen bezüglich dessen Arbeitsplatzsicherheit aufwarf. Vier Tage später, am 22. Juli 2017, wies der Präsident Priebus an, Sessions' Rücktritt zu erwirken. Dieses Beweismittel könnte die Schlussfolgerung zulassen, dass es in der Absicht des Präsidenten lag, Sessions zu verdeutlichen, dass sein Arbeitsplatz der nächste auf der Abschussliste sein könne, wenn Sessions abwog, ob er der Weisung des Präsidenten nachkommen solle, unabhängig von seiner Befangenheitserklärung, öffentlich bekannt zu geben, die Untersuchungen des Sonderermittlers sollen auf zukünftige Wahlbeeinflussung beschränkt werden.

G. Die Bemühungen des Präsidenten, die Veröffentlichung der E-Mails bezüglich des Treffens von russischen Staatsangehörigen und leitenden Mitarbeitern des Wahlkampfteams am 9. Juni 2016 zu verhindern

Überblick

Im Juni 2017 erhielt der Präsident Kenntnis von E-Mails bezüglich des Treffens am 9. Juni 2016 von leitenden Mitarbeitern des Wahlkampfteams und russischen Staatsangehörigen, die herabwürdigende Informationen über Hillary Clinton als »Beitrag Russlands und seiner Regierung zur Unterstützung von Mr. Trump« in Aussicht stellten. Ende Juni und Anfang Juli 2017 wies der Präsident seine Berater mehrfach an, diese E-Mails nicht an die Öffentlichkeit gelangen zu lassen, und diktierte dann ein Statement, das von Donald Trump jr. veröffentlicht werden sollte und als Anlass für die betreffende Besprechung das Thema Adoption russischer Kinder nannte.

Beweislage

1. Der Präsident erfährt von der Existenz der E-Mails bezüglich der Besprechung am 9. Juni 2016 im Trump Tower

Mitte Juni 2017 – in der gleichen Woche, in der der Präsident Lewandowski erstmals bat, Sessions eine Nachricht weiterzuleiten – erfuhren leitende Regierungsmitglieder von einem E-Mail-Austausch während des Wahlkampfs, in dem es um ein Treffen von Donald Trump jr., Paul Manafort, Jared Kushner und einer russischen Rechtsanwältin ging.[663] Wie in Band I, Abschnitt IV. A.5, *oben*, beschrieben, ging aus den E-Mails hervor, dass der »Crown [P]rosecutor of Russia«, der Generalsstaatsanwalt Russ-

[663] Hicks, 13.3.2018 302, 1; Raffel, 8.2.2018 302, 2.

lands, als »Beitrag Russlands und seiner Regierung zur Unterstützung von Mr. Trump« angeboten hatte, »das Trump-Wahlkampfteam mit offiziellen Unterlagen und Informationen zu versorgen, die Hillary und ihre Beziehungen zu Russland belasten würden«.[664] Trump jr. antwortete, »wenn das stimmt – ich wäre begeistert«,[665] und er, Kushner sowie Manafort trafen sich am 9. Juni 2016 im Trump Tower mit der russischen Rechtsanwältin und einigen anderen Russen.[666] Bei der Besprechung behauptete die Anwältin, dass Hillary Clinton und andere Demokraten Finanzmittel zur Verfügung standen, die aus illegalen Aktivitäten in Russland stammten, und sprach dann den Magnitsky Act an, ein 2012 verabschiedetes US-Gesetz, das russischen Funktionären finanzielle und reisefreiheitliche Grenzen auferlegte, und als Gegenmaßnahme Russlands dazu geführt hatte, dass es US-amerikanischen Bürgern verboten war, russische Kinder zu adoptieren.[667]

Laut der schriftlichen Antworten, die der Präsident auf die Fragen des Büros des Sonderermittlers vorlegte, erinnerte sich der Präsident nicht daran, zum Zeitpunkt der Besprechung oder zu irgendeinem anderen Zeitpunkt vor der Wahl von dem Treffen oder den E-Mails zur Vereinbarung der Besprechung erfahren zu haben.[668]

Das Wahlkampfteam Trumps hatte bereits zuvor eine Aufforderung des Geheimdienstausschusses des Senats (SSCI) auf Akteneinsicht erhalten, um an diverse Informationen zu ge-

---

664 RG000061 (3.6.2016 E-Mail, Goldstone an Trump jr.); @DonaldJTrumpJR, 11.7.2017 (11:01 Uhr ET) Tweet.

665 RG000061 (3.6.2016 E-Mail, Trump jr. an Goldstone); @DonaldJTrumpJR, 11.7.2017 (11:01 Uhr ET) Tweet.

666 Samotschornow 12.7.2017 302, 4.

667 *Siehe* Band I, Abschnitt IV.A.5., *oben* (Beschreibung des Treffens im Detail).

668 Schriftliche Antworten von Donald J. Trump (20. November 2018), 8 (Antwort auf Frage I, Teile (a) bis (c)). Der Präsident verweigerte Antworten auf Fragen hinsichtlich seiner Kenntnis des Treffens am 9. Juni oder ähnlicher Besprechungen nach der Wahl.

langen, einschließlich aller Unterlagen und einer »Liste und Begründung aller Besprechungen«, die im Zeitraum »zwischen dem 16. Juni 2015 und dem 20. Januar 2017, 24 Uhr« stattfanden, und alle Treffen jedes einzelnen »Mitglieds des Trump-Wahlkampfteams« mit »jeder einzelnen Person, die offiziell oder inoffiziell mit der russischen Regierung oder russischen Wirtschaftsinteressen in Verbindung steht«, darlegten.[669] Die Rechtsanwälte der Trump Organization erhielten von dem Treffen am 9. Juni 2016 spätestens in der ersten Juni-Woche 2017 Kenntnis, als sie begannen, die Teilnehmer der Besprechung zu befragen, und die Rechtsanwälte der Trump Organization die E-Mails zur Vereinbarung des Treffens an den persönlichen Rechtsbeistand des Präsidenten weiterleiteten.[670] Mark Corallo, der als Sprecher des Anwaltsteams des Präsidenten angeheuert worden war, erinnerte sich, von dem Treffen am 9. Juni 2016 ungefähr am 21. oder 22. Juni 2017 erfahren zu haben.[671] Priebus erinnerte sich, Ende Juni 2017 von Sean Hannity, Nachrichtenmoderator des Fernsehsenders Fox, über das Treffen am 9. Juni 2016 unterrichtet worden zu sein.[672] Priebus informierte daraufhin einen der Rechtsanwälte des Präsidenten und erfuhr, dass der Anwalt schon in der Sache tätig war.[673] Einige Berater erinnerten sich, gegen Ende Juni etliche Presseanfragen erhalten zu haben, die sich wohl auf das Treffen am 6. Juni 2016 bezogen hätten.[674]

---

669 DJTFP_SCO_PDF_00000001-02 (17.5.2017 Brief, SSCI an Donald J. Trump for President, Inc.).

670 Goldstone 8.2.2018 302, 12; 2.6.2017 und 5.6.2017 E-Mails, Goldstone und Garten; Raffel 8.2.2018 302, 3; Hicks 13.3.2018 302, 2.

671 Corallo 15.2.2018 302, 3.

672 Priebus 3.4.2018 302, 7.

673 Priebus 3.4.2018 302, 7.

674 Corallo 15.2.2018 302, 3; Hicks 7.12.2017 302, 8; Raffel 8.2.2018 302, 3.

2. Der Präsident weist die Mitarbeiter der Presseabteilung an, keine Informationen über das Treffen am 9. Juni an die Öffentlichkeit gelangen zu lassen

Die PR-Berater Hope Hicks und Josh Raffel erinnerten sich, mit Jared Kushner und Ivanka Trump erörtert zu haben, dass die E-Mails Schaden anrichten und unvermeidlich durchsickern würden.[675] Hicks und Raffel hielten es für die beste Strategie, die E-Mails proaktiv an die Presse zu geben.[676] Etwa am 22. Juni 2017 nahm Hicks an einer Besprechung in den privaten Räumlichkeiten des Präsidenten im Weißen Haus teil, bei der, neben ihr selbst, der Präsident, Kushner und Ivanka Trump anwesend waren.[677] Laut Hicks erklärte Kushner, er wolle den Präsidenten über etwas ins Bild setzen, das er in den Unterlagen entdeckt hatte, die er den Kongressausschüssen bezüglich eines Treffens von ihm, Manafort und Trump jr. zur Verfügung stellen sollte.[678] Kushner brachte eine Dokumentenmappe zur Besprechung mit und versuchte, dem Präsidenten die Unterlagen zu zeigen, doch der Präsident hielt Kushner auf und sagte, er wolle davon nichts wissen, und beendete das Gespräch.[679]

Am 28. Juni 2017 erhielt Hicks in Kushners Kanzlei Einblick in die E-Mails.[680] Sie erinnerte sich, von den E-Mails schockiert

---

675 Raffel 8.2.2018 302, 2-3; Hicks 13.3.2018 302, 2.

676 Raffel 8.2.2018 302, 2-3, 5; Hicks 13.3.2018 302, 2; Hicks 7.12.2017 302, 8.

677 Hicks 7.12.2017 302, 6-7; Hicks 13.3.2018 302, 1.

678 Hicks 7.12.2017 302, 7; Hicks 13.3.2018 302, 1.

679 Hicks 7.12.2017 302, 7; Hicks 13.3.2018 302, 1. Ivanka Trump wurde eine Vereinbarung zur eingeschränkten Strafverfolgung (»attorney proffer«) angeboten, die der von Hicks entsprach, und ebenfalls alle anderen Gelegenheiten miteinschloss, an denen Ivanka Trump beteiligt war, wie im Folgenden dieses Abschnitts des Reports erwähnt. Kushner gab an, sich nicht erinnern zu können, zu jenem Zeitpunkt mit dem Präsidenten über das Treffen am 9. Juni 2016 oder die zugrunde liegenden E-Mails gesprochen zu haben. Kushner 11.4.2018 302, 30.

680 Hicks 13.3.2018 302, 1-2.

gewesen zu sein, denn deren Inhalt wirkte »sehr schlimm«.[681] Am darauffolgenden Tag sprach Hicks unter vier Augen mit dem Präsidenten und formulierte ihre Bedenken hinsichtlich der E-Mails, von denen sie annahm, dass sie bald an den Kongress weitergegeben würden.[682] Der Präsident schien aufgebracht, weil zu viele Leute von den E-Mails wussten, und er sagte zu Hicks, dass sich eigentlich bloß ein einziger Rechtsanwalt mit der Angelegenheit befassen sollte.[683] Der Präsident deutete an, er glaube nicht, dass die E-Mails an die Öffentlichkeit dringen würden, meinte aber, dies würde dennoch geschehen, wenn jeder Zugang zu den E-Mails besaß.[684]

Später am Tag sprachen Hicks, Kushner und Ivanka Trump noch einmal gemeinsam mit dem Präsidenten.[685] Hicks erinnerte sich, dass Kushner dem Präsidenten erläuterte, die Besprechung des 9. Juni 2016 sei keine große Sache gewesen und habe sich um das Thema Adoptionen in Russland gedreht, doch es existierten E-Mails, in denen das Treffen vereinbart worden war.[686] Hicks sagte, sie habe einer Veröffentlichung zuvorkommen wollen, und Trump jr. sollte die E-Mails als Teil eines Presse-Interviews mit »leichten Fragen« offenlegen.[687] Der Präsident erklärte, nichts davon wissen zu wollen, und dass man sich nicht an die Presse wenden sollte.[688] Hicks warnte den Präsidenten, die E-Mails seien »sehr schlimm«, und sollten sie durchsickern, würde daraus eine »gigantische« Geschichte, aber der Präsident bestand darauf, nicht weiter darüber sprechen zu wollen, und teilte mit, keine Einzelheiten wissen zu wollen.[689] Hicks erin-

---

681 Hicks 13.3.2018 302, 2.
682 Hicks 7.12.2017 302, 8.
683 Hicks 13.3.2018 302, 2-3; Hicks 7.12.2017 302, 8.
684 Hicks 7.12.2017 302, 8.
685 Hicks 7.12.2017 302, 8; Hicks 13.3.2018 302, 2.
686 Hicks 13.3.2018 302, 2; Hicks 7.12.2017 302, 9.
687 Hicks 13.3.2018 302, 2-3.
688 Hicks 13.3.2018 302, 2-3; Hicks 7.12.2017 302, 9.
689 Hicks 13.3.2018 302, 3; Hicks 7.12.2017 302, 9.

nerte sich, dass der Präsident Kushner fragte, bis wann er die Dokumente abzuliefern hatte.[690] Kushner antwortete, das sei in ein paar Wochen der Fall, und der Präsident entgegnete daraufhin: »Dann lasst es gut sein.«[691] Darüber hinaus erinnerte sich Hicks, dass der Präsident sagte, Kushners Rechtsanwalt sollte die E-Mails an wen auch immer es nötig sei aushändigen, doch der Präsident war nicht der Ansicht, dass die E-Mails an die Presse durchsickern würden.[692] Raffel erfuhr später von Hicks, dass der Präsident Kushner, Ivanka Trump und Hicks angewiesen hatte, die E-Mails nicht proaktiv zu veröffentlichen, da der Präsident nicht glaubte, dass sie an die Öffentlichkeit gelangen würden.[693]

3. Der Präsident legt die Antwort von Trump jr. auf Anfragen der Presse bezüglich des Treffens am 9. Juni 2016 fest

In der darauffolgenden Woche unternahm der Präsident eine Auslandsreise zum G-20-Gipfel in Hamburg, Deutschland, und wurde unter anderem von Hicks, Raffel, Kushner sowie Ivanka Trump begleitet.[694] Am 7. Juli 2017, während des Auslandaufenthalts des Präsidenten, erfuhren Hicks und Raffel davon, dass die New York Times an einem Artikel bezüglich des Treffens am 9. Juni 2016 arbeitete.[695] Am nächsten Tag informierte Hicks den Präsidenten über den Artikel, und er wies sie an, keinen Kommentar dazu abzugeben.[696] Hicks fand die Entgegnung des Präsidenten sonderbar, weil er normalerweise der Meinung war, nicht auf die Presse zu reagieren, sei die größte Sünde, die man

690 Hicks 13.3.2018 302, 3.
691 Hicks 13.3.2018 302, 3.
692 Hicks 7.12.2017 302, 9.
693 Raffel 8.2.2018 302, 5.
694 Raffel 8.2.2018 302, 6.
695 Raffel 8.2.2018 302, 6-7; Hicks 13.3.2018 302, 3.
696 Hicks 7.12.2017 302, 10; Hicks 13.3.2018 302, 3.

begehen konnte.[697] Später am Tag sprachen Hicks und der Präsident erneut über den Artikel.[698] Hicks erinnerte sich, dass der Präsident sie gefragt hatte, worum es in dem Treffen gegangen war, und sie antwortete, man hatte ihr erklärt, es war um das Thema Adoptionen in Russland gegangen.[699] Der Präsident entgegnete: »Dann sagen Sie das doch einfach.«[700]

Auf dem Rückflug vom G-20-Gipfel am 8. Juli 2017 erhielt Hicks den Entwurf für ein Statement bezüglich des Treffens, das von Trump jr. veröffentlicht werden sollte, und übergab es dem Präsidenten.[701] Der Entwurf begann mit einem Verweis auf die Informationen, die im Zuge der Vorbereitung des Treffens von den Russen angeboten worden waren: »Ich erhielt von einem Bekannten, den ich bei der Miss-Universe-Wahl 2013 kennengelernt habe, die Anfrage zu einem Treffen mit einer Person, von der es hieß, sie besitze möglicherweise für den Wahlkampf hilfreiche Informationen.«[702] Hicks wollte nach wie vor die ganze Geschichte offenlegen, doch der Präsident ordnete an, diese Erklärung nicht zu veröffentlichen, da sie zu aussagekräftig war.[703] Der Präsident wies Hicks an, etwas zu formulieren, aus dem hervorging, dass Trump jr. an einer kurzen Besprechung teilnahm, die sich um das Thema Adoptionen in Russland drehte.[704] Nach dem Gespräch mit dem Präsidenten schickte Hicks eine Nachricht an Trump jr. mit dem überarbeiteten Text für das Statement bezüglich des Treffens am 9. Juni 2016:

697 Hicks 7.12.2017 302, 10.
698 Hicks 13.3.2018 302, 3.
699 Hicks 13.3.2018 302, 3; Hicks 7.12.2017 302, 10.
700 Hicks 13.3.2018 302, 3; s. Hicks 7.12.2017 302, 10.
701 Hicks 13.3.2018 302, 4.
702 Hicks 8.7.2017 Notizen.
703 Hicks 13.3.2018 302, 4-5; Hicks 7.12.2017 302, 11.
704 Hicks 7.12.2017 302, 11.

> Es war ein kurzes Treffen. Ich bat Jared und Paul vorbeizukommen. Wir sprachen über ein Hilfsprogramm zur Adoption russischer Kinder, das vor Jahren bei US-amerikanischen Familien beliebt war und viel genutzt wurde, jedoch von der russischen Regierung beendet worden war, aber wir erörterten damals keine Aspekte des Wahlkampfs, und es gab keine Folgegespräche.[705]

Hicks schloss ihre Nachricht mit: »Ist das in Ordnung für Sie? Ihr Stil.«[706] Trump jr. antwortete ebenfalls mit einer Textnachricht, in der er darum bat, das Wort »hauptsächlich« hinter »sprachen« einzufügen, sodass der Satz des Statements lautete: »Wir sprachen <u>hauptsächlich</u> über ein Hilfsprogramm zur Adoption russischer Kinder.«[707] Trump jr. schrieb, er wünschte diese Änderung, weil »sie mit irgendwelchem Hillary-Zeug anfingen, das Bullshit war, und irgendwelchem anderen Unsinn, dem wir ein schnelles Ende bereiteten«.[708] Hicks schrieb zurück: »Ich finde das auch richtig, aber der Boss sorgt sich, dass das zu einer Menge weiterer Fragen einlädt[.] Was das zusätzliche Wort angeht, bin ich ganz bei dir [und deinem Anwalt], ich weiß, dass es wichtig ist, denn ich denke, die Erwähnung des Wahlkampfaspekts ergänzt etwas, falls wir noch ausführlicher werden müssen.«[709] Trump jr. antwortete: »Wenn ich das jetzt nicht sage, wirkt es später, wenn unweigerlich etwas durchsickert, doch so, als würde ich lügen.«[710] Das Statement von Trump jr. – mit dem Wort »hauptsächlich« und weiteren kleineren Ergänzungen –

---

705 SCR011a_000004 (8.7.2017 Textnachricht, Hicks an Trump jr.).
706 SCR011a_000004 (8.7.2017 Textnachricht, Hicks an Trump jr.).
707 SCR011a_000005 (8.7.2017 Textnachricht, Trump jr. an Hicks).
708 SCR011a_000005 (8.7.2017 Textnachricht, Trump jr. an Hicks).
709 SCR011a_000005 (8.7.2017 Textnachricht, Hicks an Trump jr.).
710 SCR011a_000006 (8.7.2017 Textnachricht, Trump jr. an Hicks).

urde daraufhin der New York Times zur Verfügung gestellt.[711] Das der New York Times übermittelte Statement lautete:

> Es war ein kurzes einführendes Treffen. Ich bat Jared und Paul vorbeizukommen. Wir sprachen hauptsächlich über ein Hilfsprogramm zur Adoption russischer Kinder, das vor Jahren bei US-amerikanischen Familien beliebt war und viel genutzt wurde, jedoch von der russischen Regierung beendet worden war, aber wir erörterten damals keine Aspekte des Wahlkampfs, und es gab keine Folgegespräche. Ich war von einem Bekannten gebeten worden, an der Besprechung teilzunehmen, habe jedoch vorher nicht den Namen der Person erfahren, die ich treffen würde.[712]

Das Statement erwähnte nicht die in Aussicht gestellten herabwürdigenden Informationen über Clinton oder Erörterungen des Magnitsky Act oder US-Sanktionsmaßnahmen, die – wie in Band I, Abschnitt IV.A.5, *oben*, beschrieben – das wesentliche Thema des Treffens waren.

Anschließend, immer noch auf dem Rückflug in der Air Force One, erfuhr Hicks, dass Priebus von den E-Mails wusste, was sie noch mehr davon überzeugte, dass sich weitere Informationen zum Treffen am 9. Juni 2016 verbreiten würden, und das Weiße Haus proaktiv vorgehen sollte, um einer Veröffentlichung zuvorzukommen.[713] Hicks erinnerte sich, daraufhin ein

---

711 Hicks 13.3.2018 302, 6; *siehe* Jo Becker et al., *Trump Team Met With Lawyer Linked to Kremlin During Campaign* (Trump-Team traf sich während des Wahlkampfs mit Kreml-naher Anwältin), New York Times (8. Juli 2017).

712 *Siehe* Jo Becker et al., *Trump Team Met With Lawyer Linked to Kremlin During Campaign* (Trump-Team traf sich während des Wahlkampfs mit Kreml-naher Anwältin), New York Times (8. Juli 2017).

713 Hicks 13.3.2018 302, 6; Raffel 8.2.2018 302, 9-10.

weiteres Mal zum Präsidenten gegangen zu sein, um ihn dazu zu bewegen, mit dem Treffen am 9. Juni vollständig transparent umzugehen, doch erneut lehnte er ab und sagte zu Hicks: »Sie haben ein Statement herausgegeben. Die Sache ist für uns erledigt.«[714]

Auf dem Heimflug von Deutschland begab sie sich zur Präsidenten-Kabine, wo der Präsident gerade mit einem seiner Rechtsanwälte telefonierte.[715] Irgendwann im Verlauf des Telefonats reichte der Präsident den Hörer an Hicks weiter, und der Anwalt erklärte ihr, dass er mit dem Online-Nachrichtendienst Circa News an einem gesonderten Artikel gearbeitet hatte, und sie nicht mit der New York Times sprechen solle.[716]

4. Die Medienberichterstattung über das Treffen am 9. Juni 2016

Bevor das Flugzeug des Präsidenten auf der Rückreise vom G-20-Gipfel landete, veröffentlichte die New York Times einen Artikel über das Treffen am 9. Juni 2016.[717] Zusätzlich zu der Erklärung von Trump jr. wurde in der Geschichte Corallo als Vertreter des Rechtsbeistands des Präsidenten zitiert, der nahelegte, die Besprechung könnte möglicherweise eine Falle der Personen gewesen sein, die mit dem Unternehmen kooperierten, das den Steele-Report erstellte.[718] Corallo arbeitete zudem mit Circa News an einem Artikel, der eine Stunde später erschien und die

---

714 Hicks 7.12.2017 302, 12; Raffel 8.2.2018 302, 10.

715 Hicks 13.3.2018 302, 7.

716 Hicks 13.3.2018 302, 7.

717 *Siehe:* Jo Becker et al., *Trump Team Met With Lawyer Linked to Kremlin During Campaign* (Trump-Team traf sich während des Wahlkampfs mit Kreml-naher Anwältin), New York Times (8. Juli 2017); Raffel 8.2.2018 302, 10.

718 *Siehe* Jo Becker et al., *Trump Team Met With Lawyer Linked to Kremlin During Campaign* (Trump-Team traf sich während des Wahlkampfs mit Kreml-naher Anwältin), New York Times (8. Juli 2017).

Frage aufwarf, ob Mitarbeiter der Demokraten das Treffen am 9. Juni 2016 arrangiert hatten, um den Anschein von unangemessenen Verbindungen zwischen Russland und Mitgliedern der Familie Trump zu erwecken.[719] Hicks war verärgert über Corallos öffentliche Erklärung und rief ihn noch am gleichen Abend an, um ihm mitzuteilen, dass der Präsident das Statement nicht freigegeben hatte.[720]

Am darauffolgenden Tag, dem 9. Juli 2017, riefen Hicks und der Präsident gemeinsam Corallo an und der Präsident kritisierte Corallo bezüglich der von ihm veröffentlichten Erklärung.[721] Corallo teilte dem Präsidenten mit, dass es sich um ein genehmigtes Statement handelte, und merkte darüber hinaus an, der Inhalt der Erklärung von Trump jr. sei unzutreffend und es gebe ein Schriftstück, das diese Darstellung widerlegte.[722] Corallo gab an, den Begriff »Schriftstück« absichtlich gewählt zu haben, um auf die E-Mails zur Vereinbarung des Treffens am 9. Juni 2016 zu verweisen, da er nicht wusste, was dem Präsidenten hinsichtlich der E-Mails bekannt war.[723] Corallo erinnerte sich, Hicks habe, als er das »Schriftstück« in dem Telefonat mit dem Präsidenten erwähnte, geantwortet, es haben nur wenige Personen Zugang dazu, und hinzugefügt: »Es wird niemals rauskommen.«[724] Corallo hat sich während des Telefonats Notizen gemacht: »Auch Existenz von Schriftstück erwähnt. Hope sagt:

---

719 *Siehe Donald Trump jr. gathered members of campaign for meeting with Russian lawyer before Election* (Donald Trump jr. versammelte Mitglieder des Wahlkampfteams zu einem Treffen mit russischer Anwältin vor der Wahl), Circa News (8. Juli 2017).

720 Hicks 13.3.2018 302, 8; Corallo 15.2.20218 302, 6-7.

721 Corallo 15.2.20218 302, 7.

722 Corallo 15.2.20218 302, 7.

723 Corallo 15.2.20218 302, 7-9.

724 Corallo 15.2.20218 302, 8.

Nur wenige besitzen es. Es wird niemals rauskommen.«[725] Hicks erklärte später gegenüber den Ermittlern, sie könne sich nicht erinnern, diese Bemerkung gemacht zu haben, und sie habe immer angenommen, die E-Mails würden eines Tages an die Öffentlichkeit gelangen, aber vielleicht hätte sie den Präsidenten bei dem Telefonat in eine bestimmte Richtung lenken wollen, denn aufgrund ihrer vorherigen Gespräche mit dem Präsidenten war ihr klar, dass er nicht der Ansicht war, die E-Mails würden durchsickern.[726]

Am 11. Juli 2017 postete Trump jr. auf Twitter teilweise geschwärzte Fotos von den E-Mails zur Vereinbarung des Treffens am 9. Juni 2016; die New York Times berichtete, er hätte sich dazu entschlossen, »nachdem er erfahren hatte, dass die New York Times im Begriff war, den Inhalt der E-Mails zu veröffentlichen«.[727] Im Laufe des Tages berichteten die Medien, dass der Präsident persönlich an der Vorbereitung des ursprünglichen Statements von Trump jr. für die New York Times beteiligt gewesen war, in dem behauptet wurde, die Besprechung hätte »hauptsächlich« das Thema »Hilfsprogramm zur Adoption russischer Kinder« behandelt.[728] In den darauffolgenden Tagen leugnete der Rechtsbeistand des Präsidenten wiederholt und unzutref-

---

725 Corallo 15.2.2018 302, 8; Corallo 9.7.2017 Notizen (»Sonntag, 9. Juli, – Hope ruft an zus. m. POTUS« (Präsident der Vereinigten Staaten); Corallo sagte, er ist sich »zu 100 % sicher«, dass Hicks während des Telefonats sagte: »Es wird niemals rauskommen«; Corallo 15.2.2018 302, 9.

726 Hicks 13.3.2018 302, 9.

727 @DonaldJTrumpJR 11.7.2017 (11:01 Uhr ET) Tweet; Jo Becker et al., *Russian Dirt on Clinton? ›I Love It,‹ Donald Trump jr. Said* (Russischer Schatten auf Clinton? ›Ich bin begeistert‹, sagte Donald Trump jr.), New York Times (11. Juli 2017).

728 *Siehe z. B.* Peter Baker und Maggie Haberman, *Rancor at White House as Russia Story Refuses to Let the Page Turn* (Groll im Weißen Haus, weil die Russland-Geschichte nicht schlicht übergangen wird), New York Times (11. Juli 2017) (darin Erwähnung, dass der Präsident das Statement von Trump jr. abgezeichnet hat).

fend, dass der Präsident irgendeine Rolle bei der Formulierung des Statements von Trump jr. gespielt habe.[729] Nach einer Beratung mit dem Präsidenten zu der Angelegenheit erklärte die Pressesprecherin des Weißen Hauses, Sarah Sanders, gegenüber den Medien, der Präsident habe die Erklärung »keinesfalls diktiert«, habe jedoch »seine Meinung geäußert« und »Vorschläge gemacht, wie es jeder Vater tun würde«.[730] Einige Monate danach gab der persönliche Rechtsbeistand des Präsidenten in einem vertraulichen Schreiben gegenüber dem Büro des Sonderermittlers an, der Präsident habe »im Namen seines Sohnes Donald Trump jr. eine kurze, aber inhaltlich korrekte Reaktion auf den Artikel der New York Times diktiert«.[731] Später sagte der Präsident gegenüber Pressevertretern, es sei »irrelevant«, ob er das Statement diktiert hatte, und fügte hinzu: »Es ist eine Erklärung für die New York Times … Es ist keine Aussage vor einem hohen Gericht.«[732]

Am 12. Juli 2017, das Büro des Sonderermittlers Grand Jury [redacted] Trump jr. Grand Jury [redacted] bezüglich des Treffens am 9. Juni 2016 und den Teilnehmern daran.[733]

---

729 *Siehe z. B.* David Wright, *Trump lawyer: President was aware of »nothing«* (Trump-Anwalt: Präsident wusste von »nichts«), CNN (12. Juli 2017) (Zitat des Anwalts des Präsidenten: »Ich hatte mit dem Entwurf des Statements überhaupt nichts zu tun, und der Präsident genauso wenig«.); *siehe auch* Good Morning America, ABC (12. Juli 2017) (»Der Präsident hat überhaupt nichts freigegeben … Der Präsident hatte damit nichts zu tun.«); Meet the Press, NBC (16. Juli 2017) (»Ich sage ganz klar: Der Präsident hatte mit dem Entwurf des Statements nichts zu tun.«).

730 Sarah Sanders, *White House Daily Briefing*, C-SPAN (1. August 2017); Sanders 3.7.2018 302, 9 (der Präsident sagte zu Sanders, er »äußerte seine Meinung, wie es jeder Vater tun würde«, und sie wusste, sie sollte diese Aussage der Presse mitteilen).

731 29.1.2018 Brief, Rechtsanwalt des Präsidenten an das Büro des Sonderermittlers, 18.

732 Bemerkungen von Präsident Trump beim informellen Pressegespräch »Press Gaggle« im Weißen Haus (15. Juni 2018).

733 Grand Jury [redacted].

Am 19. Juli 2017 fand das Folgegespräch des Präsidenten mit Lewandowski statt, und danach traf er sich mit Berichterstattern der New York Times. Zusätzlich zu seiner Kritik am New-York-Times-Interview von Sessions kam der Präsident auf das Treffen am 9. Juni 2016 zu sprechen und erklärte, dass er damals »gar nichts von dem Treffen wusste«.[734] Der Präsident ergänzte: »Wie gesagt – die meisten anderen Leute, verstehen Sie, wenn die anrufen und sagen, ›Übrigens, wir haben da Informationen über deinen Gegner‹, ich denke, die meisten Politiker – ich war einfach mit vielen Leuten zusammen, die meinten … ›Wer hätte sich ein Treffen wie das schon entgehen lassen?‹«.[735]

Auswertung

Die Bewertung der Handlungen des Präsidenten hinsichtlich der Offenlegung von Informationen bezüglich des Treffens am 9. Juli 2016 ergab, dass die folgenden Erkenntnisse bedeutende Merkmale des Straftatbestands der Justizbehinderung erfüllen:

a. Tatbestand der Justizbehinderung. Zwischen dem 29. Juni 2017 und dem 9. Juli 2017 wies der Präsident bei mindestens drei Gelegenheiten Hicks und weitere Personen an, keine Informationen über das Treffen von leitenden Mitarbeitern des Wahlkampfs mit einer russischen Anwältin am 9. Juni 2016 zu veröffentlichen. Am 29. Juni warnte Hicks den Präsidenten, die E-Mails zur Vereinbarung dieses Treffens seien »sehr schlimm«, und wenn das herauskomme, werde daraus eine »gigantische« Geschichte entstehen, doch der Präsident sagte zu Kushner und ihr, »lasst es gut sein«. Nachdem Hicks den Präsidenten unter-

---

734 Peter Baker et al., *Excerpts From The Times's Interview With Trump* (Auszüge aus dem Interview der New York Times mit Trump), New York Times (19. Juli 2017).

735 Peter Baker et al., *Excerpts From The Times's Interview With Trump* (Auszüge aus dem Interview der New York Times mit Trump), New York Times (19. Juli 2017).

richtete, dass die New York Times an einem Artikel über das Treffen am 9. Juni 2016 arbeitete, erteilte der Präsident am Morgen des 8. Juli Hicks die Anweisung, dazu keinen Kommentar abzugeben, obwohl Hicks angab, dass der Präsident normalerweise der Meinung war, nicht auf die Presse zu reagieren, sei die größte Sünde, die man begehen konnte. Etwas später am gleichen Tag lehnte der Präsident den Entwurf für das Statement von Trump jr. ab, das eingeräumt hätte, dass die Besprechung »mit einer Person, von der es hieß, sie besaß möglicherweise für den Wahlkampf hilfreiche Informationen«, stattfand. Daraufhin diktierte der Präsident Hicks ein Statement, in dem es hieß, bei dem Treffen war es um das Thema Adoptionen in Russland gegangen (was zuvor gegenüber dem Präsidenten zweimal so dargestellt wurde). Die vom Präsidenten diktierte Erklärung erwähnte nicht die in Aussicht gestellten herabwürdigenden Informationen über Clinton.

An jeder dieser Bemühungen des Präsidenten war sein PR-Team beteiligt und die Handlungen zielten auf die Presse. Sie würden nur dann als justizbehindernde Handlungen gelten, wenn der Präsident diese Maßnahmen ergriff, um den Versuch zu unternehmen, Ermittlern des Kongresses oder dem Sonderermittler Informationen vorzuenthalten oder sie zu täuschen. Am 17. Mai 2017 erhielt das Wahlkampfteam des Präsidenten eine Aufforderung des Geheimdienstausschusses des Senats (SSCI) auf Akteneinsicht, die sich eindeutig auf das Treffen am 9. Juni 2016 und die zugrunde liegenden E-Mails bezog, und diese Unterlagen wären ebenfalls für die Untersuchungen des Sonderermittlers eindeutig relevant gewesen.

Doch die Erkenntnisse belegen nicht, dass der Präsident Schritte unternahm, um zu verhindern, dass E-Mails oder andere Informationen über das Treffen am 9. Juni 2016 an den Kongress oder den Sonderermittler geliefert wurden. Die Reihe von Gesprächen, in denen der Präsident verlangte, den Kreis derer, die Zugang zu den E-Mails hatten, zu begrenzen und ihre Veröffentlichung zu verhindern, standen im Zusammenhang mit der Entwicklung einer PR-Strategie. Der einzige Beleg, den wir bezüglich der Zusammenstellung von Unterlagen für den Kongress oder für den Sonderermittler besitzen, ist das Gespräch vom 29. Juni 2017, von dem sich Hicks erinnerte, der Präsident habe eingewilligt, dass Kushners Rechtsanwalt die E-Mails an wen auch immer es nötig sei aushändigen sollte. Uns liegen keine Erkenntnisse dazu vor, was der Präsident zur damaligen Zeit mit seinen eigenen Anwälten besprochen hat.

b. Verbindung zu einem behördlichen Verfahren. Wie oben beschrieben, war im Zeitraum der Versuche des Präsidenten, die Veröffentlichung der E-Mails bezüglich des Treffens vom 9. Juni 2016 zu verhindern, die Untersuchung der Grand Jury unter der Leitung des Sonderermittlers allgemein bekannt, zudem war dem Präsidenten mitgeteilt worden, dass die E-Mails Bestandteil der Aufforderung des Kongresses waren. Um den Tatbestand des Merkmals einer Verbindung als Grundlage für ein offizielles Strafverfahren zu erfüllen, wäre es allerdings notwendig zu belegen, dass das Verwehren der Veröffentlichung der E-Mails naturgemäß und voraussichtlich zur Folge haben würde, das Verfahren der Grand Jury oder die Untersuchungen des Kongresses zu behindern. Wie oben stehend erläutert, belegen die Erkenntnisse nicht, dass der Präsident im Rahmen der offiziellen Strafverfahren darum bemüht war, die Veröffentlichung der E-Mails zu verhindern.

c. Vorsatz. Es erhärtet sich der Beweis von der grundlegenden Beteiligung des Präsidenten an der PR-Strategie hinsichtlich der Informationen zu den Beziehungen seines Wahlkampfteams zu Russland und seinem Wunsch, die öffentlichen Enthüllungen dieser Verbindungen so gering wie möglich zu halten. Der Präsident erlangte spätestens am 29. Juni 2017 Kenntnis von den E-Mails, als er deren Existenz mit Hicks und Kushner besprach, und er könnte schon am 2. Juni 2017 von den E-Mails erfahren haben, als Anwälte der Trump Organization begannen, Zeugen des Treffens vom 9. Juni 2016 zu befragen, die daran teilgenommen hatten. Anschließend lehnte der Präsident wiederholt die Empfehlungen von Hicks und anderen Mitarbeitern ab, Informationen über das Treffen am 9. Juni 2016 zu veröffentlichen. Der Präsident drückte seine Besorgnis aus, dass zahlreiche Leute Zugang zu den E-Mails hatten, und instruierte Hicks, es solle nur ein einziger Anwalt sich mit der Angelegenheit befassen. Darüber hinaus diktierte der Präsident ein Statement, das von Trump jr. als Reaktion auf erste Medienberichte zum Treffen am 9. Juni 2016 veröffentlicht werden sollte, und als Anlass der Besprechung das Thema Adoption russischer Kinder nannte.

Doch wie oben beschrieben, belegen die Erkenntnisse nicht, dass der Präsident dem Büro des Sonderermittlers oder dem Kongress die E-Mails zur Vereinbarung des Treffens am 9. Juni 2016 oder andere diesbezügliche Informationen vorsätzlich vorenthalten hat. Die von Corallo notierte Aussage, dass die E-Mails »niemals herauskommen werden«, erklärt sich möglicherweise als Wiedergabe des Standpunkts des Präsidenten, dass die E-Mails nicht an die Öffentlichkeit dringen würden, solange man der PR-Strategie des Präsidenten folgte, sogar wenn die E-Mails dem Kongress und dem Sonderermittler zur Verfügung gestellt worden wären.

H. Die weiteren Bemühungen des Präsidenten, den Justizminister zur Übernahme der Untersuchung zu bewegen

Überblick

Von Sommer 2017 bis Ende 2018 versuchte der Präsident, den Justizminister dazu zu bewegen, seine Befangenheitserklärung zurückzunehmen, die Kontrolle über die Untersuchung des Sonderermittlers zu übernehmen und Ermittlungen gegen Hillary Clinton anzuordnen.

Beweislage

1. Der Präsident versucht erneut, Sessions zur Rücknahme seiner Befangenheitserklärung zu bewegen

Nachdem er Sessions' Rücktrittsgesuch Ende Mai 2017 abgelehnt hatte, aber noch bevor der Präsident Sessions am 19. Juli 2017 in einem New-York-Times-Interview öffentlich für seine Befangenheitserklärung in der Russland-Ermittlung kritisierte, unternahm der Präsident weitere Schritte, um Sessions zur Rücknahme seiner Befangenheitserklärung zu bewegen. Im Einzelnen erinnerte sich Sessions, dass der Präsident ihn in der Zeit nach der Ernennung des Sonderermittlers am 17. Mai 2017 zu Hause anrief und forderte, dass Sessions sich »für unbefangen erklären« sollte.[736] Sessions zufolge forderte der Präsident ihn auf, seine Befangenheitserklärung zurückzunehmen, sodass er das Justizministerium anweisen könne, gegen Hilary Clinton zu ermitteln und sie strafrechtlich zu verfolgen. Die »Quintessenz« dieser Unterhaltung war, dass der Präsident verlangte, Sessions solle seine Befangenheitserklärung zu »allem« aufheben, einschließlich der Russlanduntersuchung des Sonderermittlers.[737] Sessions hörte sich dies an, erwiderte darauf aber nichts, und er nahm weder seine Befangenheitserklärung zurück, noch ordnete er eine Ermittlung gegen Clinton an.[738]

Anfang Juli 2017 fragte der Präsident Stabssekretär Rob Porter, was er von der Zweiten Stellvertretenden Justizministe-

---

736 Sessions 17.1.2018 302, 15. Dies war das zweite Mal, dass der Präsident Sessions aufforderte, seine Befangenheitserklärung bei Ermittlungen in Bezug auf den Wahlkampf rückgängig zu machen. *Siehe* Band II, Abschnitt II.C.1, *oben* (wo die Aufforderung des Präsidenten vom März 2017 in Mar-a-Lago, dass Sessions seine Befangenheitserklärung zurücknehmen solle, beschrieben wird).
737 Sessions 17.1.2018 302, 15.
738 Sessions 17.1.2018 302, 15.

rin Rachel Brand hielte.[739] Porter erinnerte sich, dass der Präsident ihn gefragt hatte, ob Brand gut, hartnäckig und »in unserem Team« sei.[740] Der Präsident fragte Porter außerdem, ob er glaubte, Brand wäre daran interessiert, für die Untersuchung des Sonderermittlers zuständig zu sein und ob sie eines Tages Justizministerin werden wolle.[741] Weil Porter Brand privat kannte, forderte der Präsident ihn dazu auf, bei ihr vorzufühlen, ob sie bereit wäre, die Verantwortlichkeit für die Untersuchung und den Posten des Justizministers zu übernehmen.[742] Aus dieser Zeit stammende Notizen Porters zeigen, dass der Präsident zu Porter in Bezug auf Brand sagte: »Bleiben Sie mit Ihrer Freundin in Verbindung.«[743] Später fragte der Präsident Porter noch einige Male im Vorbeigehen, ob er mit Brand geredet hätte, aber Porter sprach sie diesbezüglich nicht an, weil ihm die Aufgabe unangenehm war.[744] Die Aufforderung, er solle Brand ansprechen, verstand Porter dahingehend, dass der Präsident jemanden finden wollte, der die Russland-Ermittlungen beenden oder den Sonderermittler feuern würde, auch wenn der Präsident dies nie explizit aussprach.[745] Porter setzte sich nicht mit Brand in Verbindung, da ihm die Konsequenzen dieser Handlung heikel erschienen und er nicht in eine Folge von Ereignissen verwickelt

---

739 Porter 13.4.2018 302, 11; Porter 8.5.2018 302, 6.

740 Porter 13.4.2018 302, 11; Porter 8.5.2018 302, 6.

741 Porter 13.4.2018 302, 11; Porter 8.5.2018 302, 6. Aufgrund der Befangenheitserklärung von Sessions würde Brand, sollte Rosenstein nicht mehr auf seinem Posten sein, automatisch zur zuständigen Ministerialbeamtin für die Beaufsichtigung der Untersuchung des Sonderermittlers werden. Sollten sowohl Sessions als auch Rosenstein entlassen werden, wäre Brand die Nächste in der Rangfolge, um kommissarische Justizministerin für sämtliche ministerialen Angelegenheiten zu werden. *Siehe* 28 U.S.C. § 508.

742 Porter 13.4.2018 302, 11; Porter 8.5.2018 302, 6.

743 SC_RRP000020 (Porter 10.7.2017 Notizen).

744 Porter 13.4.2018 302, 11-12.

745 Porter 13.4.2018 302, 11-12.

werden wollte, die mit dem Versuch, die Ermittlungen zu beenden oder den Sonderermittler zu feuern, in Verbindung stand.[746]

McGahn erinnerte sich, dass er im Sommer 2017 mit dem Präsidenten den Umstand erörterte, dass der Sonderermittler, falls Sessions nicht mehr im Amt wäre, direkt einem nicht befangenen Justizminister unterstehen würde.[747] McGahn sagte dem Präsidenten, die Dinge würden sich unter einem neuen Justizminister womöglich nicht großartig ändern.[748] McGahn erinnerte sich außerdem, dass der Präsident im oder um den Juli 2017 immer wieder sein Missfallen gegenüber Sessions zur Sprache brachte.[749] Hicks erinnerte sich, dass der Präsident Sessions' Befangenheitserklärung in der Russland-Ermittlung als einen Akt der Illoyalität ansah.[750] Zusätzlich zu seiner Kritik an Sessions' Befangenheitserklärung äußerte der Präsident weitere Bedenken mit Bezug auf Sessions und seine Amtsführung gegenüber McGahn und Hicks.[751]

2. Weitere Bemühungen, Sessions dazu zu bewegen, seine Befangenheit zurückzunehmen oder Ermittlungen zu lenken, die unter seine Befangenheitserklärung fielen

Im weiteren Verlauf des Jahres 2017 fuhr der Präsident damit fort, Sessions zu drängen, seine Befangenheitserklärung bei Ermittlungen mit Bezug zum Wahlkampf rückgängig zu machen, und überlegte, Sessions durch einen Justizminister zu ersetzen, der nicht befangen wäre.

---

746 Porter 13.4.2018 302, 11-12. Brand bestätigte, dass nie jemand ihr gegenüber die Aussicht aufbrachte, die Russland-Ermittlungen zu übernehmen oder Justizministerin zu werden. Brand 29.1.2019 302, 2.
747 McGahn 14.12.2017 302, 11.
748 McGahn 14.12.2017 302, 11.
749 McGahn 14.12.2017 302, 9.
750 Hicks 13.3.2018 302, 10.
751 McGahn 14.12.2017 302, 9; Hicks 13.3.2018 302, 10.

Am 16. Oktober 2017 sagte der Präsident in einem vertraulichen Treffen mit Sessions, das Justizministerium untersuche nicht diejenigen Personen und Ereignisse, von denen der Präsident dachte, dass das Ministerium sie untersuchen solle.[752] Den Notizen Porters aus dieser Zeit zufolge, der bei diesem Treffen anwesend war, sprach der Präsident Clintons E-Mails an und sagte: »Müssen nichts feststellen, schauen Sie einfach nur drauf.«[753] Sessions gab dem Präsidenten gegenüber keine Zusagen oder Versprechungen, dass das Justizministerium dieser Aufforderung nachkommen würde.[754] Zwei Tage später, am 18. Oktober 2017, twitterte der Präsident: »Wow, das FBI bestätigt die Meldung, dass James Comey das Schreiben, das die Betrügerische Hillary Clinton entlastet hat, lange vor Abschluss der Ermittlungen verfasste. Viele Leute nicht befragt, darunter Clinton selbst. Comey hat unter Eid ausgesagt, er hätte keine so offensichtliche Manipulation gemacht? Wo bleibt das Justizministerium?«[755] Am 29. Oktober tweetete der Präsident, dass es »WUT & GESCHLOSSENHEIT« über den »Mangel an Untersuchung« zu Clinton und »der Comey Manipulation« gebe, und er fasste es zusammen mit: »MACHT ETWAS!«[756]

Am 6. Dezember 2017, fünf Tage nachdem sich Flynn schuldig bekannt hatte, über seine Verbindungen zur russischen Regierung gelogen zu haben, verlangte der Präsident am Ende einer

752 Porter 8.5.2018 302, 10.

753 SC_RRP000024 (Porter 16.10.2017 Notizen), *siehe* Porter 8.5.2018 302, 10.

754 Porter 8.5.2018 302, 10.

755 @realDonaldTrump 18.10.2017 (6:21 Uhr ET) Tweet; @realDonaldTrump 18.10.2017 (6:27 Uhr ET) Tweet.

756 @realDonaldTrump 29.10.2017 (9:53 Uhr ET) Tweet; @realDonaldTrump 29.10.2017 (10:02 Uhr ET) Tweet; @realDonaldTrump (10:17 Uhr ET) Tweet.

Kabinettssitzung, mit Sessions im Oval Office zu sprechen.[757] Während dieser Besprechung im Oval Office, bei der Porter anwesend war, schlug der Präsident erneut vor, Sessions könnte seine Befangenheitserklärung doch zurücknehmen, was Porter damit verband, die Aufsicht über die Russland-Ermittlungen wieder zu übernehmen und Ermittlungen gegen Hillary Clinton anzuordnen.[758] Aus der damaligen Zeit stammenden Notizen Porters zufolge sagte der Präsident: »Ich weiß nicht, ob du deine Befangenheit zurücknehmen könntest. Du wärst ein Held. Ich sage dir nicht, was du tun sollst. Dershowitz sagt, der Präsident kann sich einmischen. Kann den Justizminister anweisen zu ermitteln. Ich will mich nicht einmischen. Ich werde mich nicht einmischen. Ich werde nichts tun und dir nichts vorschreiben. Ich will nur fair behandelt werden.«[759] Porters Notizen zufolge erwiderte Sessions: »Wir unternehmen Schritte; komplett neues Führungsteam. Fachleute, die in Übereinstimmung mit dem Gesetz vorgehen werden.«[760] Sessions sagte ebenfalls: »Ich habe nie etwas gesehen, das unzulässig war«, was Porter bemerkenswert fand, weil es nicht zu den vorangegangenen Unterhaltungen über Clinton passte.[761] Porter verstand Sessions dahingehend, dass er dem Präsidenten versichern wollte, er sei Teil von dessen Team.[762]

---

757 Porter 13.4.2018 302, 5-6; *siehe* SC_RRP000031 (Porter 6.12.2017 Notizen) (»12:45 Uhr mit dem Präsidenten, General Kelly und Sessions (den ich nach der Kabinettssitzung hereinholte)«); SC_RRP000033 (Porter 6.12.2017 Notizen) (»Nach der Kabinettssitzung – der Präsident bat mich, Justizminister Sessions zu holen. Forderte mich auf zu bleiben. Auch Stabschef Kelly.«).

758 Porter 8.5.2018 302, 12; Porter 13.4.2018 302, 5-6.

759 SC_RRP000033 (Porter 6.12.2017 Notizen); *siehe* Porter 13.4.2018 302, 6; Porter 5.8.2018 302, 12.

760 SC_RRP000033 (Porter 6.12.2017 Notizen); *siehe* Porter 13.4.2018 302, 6.

761 SC_RRP000033 (Porter 6.12.2017 Notizen); Porter 13.4.2018 302, 6.

762 Porter 13.4.2018 302, 6-7.

Ende Dezember meinte der Präsident gegenüber der New York Times, es sei »richtig schlecht«, dass Sessions sich in der Russland-Ermittlung für befangen erklärt hatte.[763] Als er gefragt wurde, ob Holder als Justizminister gegenüber Präsident Obama loyaler gewesen sei als Sessions gegenüber ihm, sagte der Präsident: »Ich will nicht groß über Loyalität reden, aber ich sage Ihnen das, ich werde dieses sagen: Holder hat Präsident Obama beschützt. Hat ihn vollkommen beschützt. Wenn man sich die Sachen ansieht, die die gemacht haben – und Holder hat den Präsidenten beschützt. Und ich habe größten Respekt vor so etwas, da bin ich ehrlich.«[764] Ende Januar brachte der Präsident die Idee ins Gespräch, Sessions zu ersetzen, und er sagte zu Porter, er wolle im Justizministerium »aufräumen«.[765] Bei einem Treffen im Wohnbereich des Weißen Hauses, an dem Porter am 27. Januar 2018 teilnahm, sprach der Präsident, wie sich Porter erinnerte, über die großartigen Anwälte mit erfolgreichen Sieg-Bilanzen, die er in der Vergangenheit gehabt hatte, wie Roy Cohn und Jay Goldberg. Er sagte, einer seiner größten Fehler als Präsident wäre, dass er sich nicht mit guten Anwälten umgeben hätte, wobei er Sessions als Beispiel nannte.[766] Der Präsident brachte Sessions' Befangenheitserklärung auf und erwähnte und kritisierte die Untersuchung des Sonderermittlers.[767]

Im Verlauf der nächsten Monate fuhr der Präsident fort, Sessions in Tweets und Medieninterviews zu kritisieren und schien ihn bei mehreren Anlässen öffentlich zu ermutigen, trotz der Befangenheitserklärung bezüglich der Russland-Ermittlungen

---

763 Michael S. Schmidt und Michael D. Shear: *Trump Says Russia Inquiry Makes U.S. »Look Very Bad«*, New York Times (28. Dez. 2017).

764 Michael S. Schmidt und Michael D. Shear: *Trump Says Russia Inquiry Makes U.S. »Look Very Bad«*, New York Times (28. Dez. 2017).

765 Porter 13.4.2018 302, 14.

766 Porter 8.5.2018 302, 15. Zeitgleiche Notizen Porters geben an: »Roy Cohn (14:0) / Jay Goldberg 12:0).« SC_RRP000047 (Porter 27.1.2018 Notizen).

767 Porter 8.5.2018 302, 15-16.

aktiv zu werden.[768] Am 5. Juni 2018 twitterte der Präsident beispielsweise: »Der Schwindel der Russland-Hexenjagd geht weiter, alles nur, weil Jeff Sessions mir nicht gesagt hat, dass er sich befangen erklären würde … Ich hätte schnell jemanden anderen ausgewählt. So viel Zeit und Geld verschwendet, so viele Leben zerstört … und Sessions wusste besser als die meisten Menschen, dass es KEINE ABSPRACHEN gegeben hat!«[769] Am 1. August 2018 twitterte der Präsident, »Justizminister Jeff Sessions sollte diese Inszenierte Hexenjagd augenblicklich beenden.«[770] Am 23. August 2018 kritisierte der Präsident Sessions öffentlich in einem Medieninterview und unterstellte, dass die Ermittlungen des Justizministeriums politisch motiviert wären, da Paul Manafort strafrechtlich verfolgt worden war, Angehörige der Demokraten hingegen nicht.[771] Der Präsident sagte dabei: »Ich habe

---

768 *Siehe z. B.* @realDonaldTrump 28.2.2018 (9:34 Uhr ET) Tweet (»Warum fordert Justizminister Jeff Sessions den Generalinspekteur auf, möglicherweise massiven Missbrauch des Gesetzes zur Überwachung in der Auslandsaufklärung zu untersuchen? Wird ewig brauchen, hat keine Strafverfolgungsbefugnis und braucht schon zu lange mit Berichten zu Comey etc. Ist der Generalinspekteur nicht einer von Obamas Leuten? Warum nicht Anwälte des Justizministeriums einsetzen? SCHÄNDLICH!«); @realDonaldTrump 7.4.2018 (16:52 Uhr ET) Tweet (»Abgeordnete vom Justizausschuss des Repräsentantenhauses machen dem Justizministerium verärgert Vorwürfe, weil es am Dienstag den Stichtag verpasst hat, ungeschwärzte Dokumente zu übergeben, die im Zusammenhang mit dem Missbrauch des Gesetzes zur Überwachung in der Auslandsaufklärung, dem FBI, Comey, Lynch, McCabe, Clintons E-Mails und vielem mehr stehen. Verschleppen – was geht da vor? SCHLECHT!«); @realDonaldTrump 22.4.2018 (8:22 Uhr ET) Tweet (»›republikanische Abgeordnete fordern Sessions auf, gegen Comey und Hillary Clinton zu ermitteln.‹ @FoxNews Viel Glück mit dieser Anfrage!«); @realDonaldTrump 16.12.2018 (15:37 Uhr ET) Tweet (»Jeff Sessions sollte sich schämen, dass er diesen völligen SCHWINDEL von vorneherein zugelassen hat!«).

769 @realDonaldTrump 5.6.2018 (7:31 Uhr ET) Tweet.

770 @realDonaldTrump 1.8.2018 (9:24 Uhr ET) Tweet.

771 Fox & Friends Interview mit Präsident Trump, Fox News (23. August 2018).

einen Justizminister eingesetzt, der niemals die Kontrolle über das Justizministerium übernommen hat, Jeff Sessions.«[772] Am gleichen Tag veröffentlichte Sessions eine Pressemitteilung, in der es hieß: »Ich habe am Tag meiner Vereidigung die Kontrolle über das Justizministerium übernommen … . Solange ich Justizminister bin, wird das Vorgehen des Justizministeriums nicht in ungehöriger Weise durch politische Erwägungen beeinflusst werden.[773] Am nächsten Tag twitterte der Präsident seine Erwiderung: »›Das Justizministerium wird nicht in ungehöriger Weise durch politische Erwägungen beeinflusst werden.‹ Jeff, das ist GROSSARTIG, was jeder will, also geh der ganzen Korruption auf der ›anderen Seite‹ nach, einschließlich gelöschter E-Mails, Comeys Lügen & Durchstechereien, Mueller Interessenkonflikten, McCabe, Strzok, Page, Ohr, Missbrauch des Gesetzes zur Überwachung in der Auslandsaufklärung, Christopher Steele & seines verlogenen und fehlerhaften Dossiers, der Clinton Foundation, illegaler Überwachung des Trump-Wahlkampfs, geheimer Absprachen mit Russland durch die Demokraten – und so vielem mehr. Gib die Papiere und Dokumente ohne Schwärzungen frei? Komm schon, Jeff, du kannst das, das Land wartet darauf!«[774]

Am 7. November 2018, dem Tag nach den Zwischenwahlen, ersetzte der Präsident Sessions durch dessen Stabschef als Geschäftsführenden Justizminister.[775]

---

772 Fox & Friends Interview mit Präsident Trump, Fox News (23. August 2018).

773 Sessions 23.8.2018 Press Statement.

774 @realDonaldTrump 24.8.2018 (6:17 Uhr ET) Tweet; @realDonaldTrump 24.8.2018 (6:28 Uhr ET) Tweet.

775 @realDonaldTrump 7.11.2018 (14:44 Uhr ET) Tweet.

Auswertung

Für die Bewertung der Bemühungen des Präsidenten, Sessions dazu zu bewegen, seine Befangenheitserklärung zurückzunehmen und die Kontrolle über die Russland-Ermittlungen wiederzuerlangen, sind die folgenden Überlegungen und Belege für den Tatbestand einer Justizbehinderung maßgeblich:

a. Tatbestand der Justizbehinderung. Um festzulegen, ob die Bemühungen des Präsidenten, den Justizminister zur Rücknahme seiner Befangenheitserklärung zu bringen, die Kriterien für eine justizbehindernde Handlung erfüllen könnten, wäre es erforderlich, die Beweismittel dahingehend einzuschätzen, ob diese Handlungen naturgemäß die Russland-Ermittlungen behindern würden. Diese Prüfung würde die Aufsichtsrolle berücksichtigen müssen, die der Justizminister, vorausgesetzt, er ist nicht befangen, für die Russland-Ermittlungen wahrnehmen würde. Sie würde ebenfalls berücksichtigen müssen, dass die Befangenheitserklärung des Justizministers andere Angelegenheiten mit Bezug zum Wahlkampf umfasste. Die Prüfung würde nicht davon abhängen, was Justizminister Jeff Sessions tatsächlich unternommen hätte, wenn er seine Befangenheit aufgehoben hätte, sondern davon, ob die Bemühungen, seine Befangenheitserklärung zurückzunehmen, tatsächlich eine Behinderung der Russland-Ermittlungen zur Folge gehabt hätten.

Bei mehreren Gelegenheiten im Lauf des Jahres 2017 sprach der Präsident mit Sessions darüber, seine Befangenheitserklärung zurückzunehmen, sodass er die Russland-Ermittlungen übernehmen und Ermittlungen gegen sowie eine strafrechtliche Verfolgung von Hillary Clinton anordnen könne. Zum Beispiel erinnerte sich Sessions, dass der Präsident ihn im Frühsommer 2017 aufforderte, seine Befangenheitserklärung zurückzunehmen, allerdings fasste Sessions dies nicht als Weisung auf. Als der Präsident die Angelegenheit im Dezember 2017 erneut aufbrachte, sagte der Präsident gemäß Porters Aufzeichnungen: »Ich sage dir nicht, was du tun sollst. … Ich werde mich nicht einmischen. Ich werde nichts tun und dir nichts vorschreiben. Ich will nur fair behandelt werden.« Die Dauer der Bemühungen des Präsidenten – die sich von März 2017 bis August 2018 erstreckte – und der Umstand, dass der Präsident Sessions sowohl öffentlich als auch privat wiederholt für sein Versagen kritisierte, weil er dem Präsidenten nicht mitgeteilt habe, dass er sich für befangen erklären müsste, ist für die Einschätzung bedeutsam, ob die Bemühungen des Präsidenten, Sessions zur Rücknahme seiner Befangenheitserklärung zu bewegen, als die Justiz behindernde Handlungen gelten könnten.

b. <u>Verbindung zu einem behördlichen Verfahren.</u> Wie oben geschildert war das Vorhandensein einer Grand-Jury-Ermittlung unter Aufsicht des Sonderermittlers ab Mitte Juni 2017 öffentlich bekannt. Darüber hinaus wurde im Juli 2017 eine weitere Grand Jury unter Aufsicht des Sonderermittlers im District of Columbia zusammengestellt, und die Medien berichteten über das Bestehen dieser Grand Jury Anfang August 2017.[776] Inwiefern das Verhalten gegenüber dem Justizminister einen erkennbaren Einfluss auf diese Vorgänge gehabt haben würde, hängt vielfach von den gleichen Belegen ab, die oben hinsichtlich des Merkmals einer die Justiz behindernden Handlung erläutert wurden.

c. <u>Vorsatz.</u> Es gibt Belege, dass zumindest ein Ziel des Verhaltens des Präsidenten gegenüber Sessions war, Sessions zu veranlassen, die Kontrolle über die Russland-Ermittlungen zu übernehmen und diese in einer Art und Weise zu beaufsichtigen, die ihren Umfang begrenzen würde. Spätestens im Sommer 2017

---

776 *Z .B.* Del Quentin Wilbur & Byron Tau, *Special Counsel Robert Mueller Impanels Washington Grand Jury in Russia Probe*, Wall Street Journal (3. August 2017); Carol D. Leonnig et. al., *Special Counsel Mueller using grand jury in federal court in Washington as part of Russia investigation*, Washington Post (3. August 2017).

war sich der Präsident dessen bewusst, dass der Sonderermittler gegen ihn persönlich wegen Justizbehinderung ermittelte. Und infolge der Enthüllung von E-Mails über das Treffen von russischen Staatsangehörigen und ranghohen Vertretern seines Wahlkampf-Teams am 9. Juni, *siehe* Band II, Abschnitt II.G, *oben*, war es offensichtlich, dass die Ermittlungen zu seinem Wahlkampf sich nun auch auf den Sohn des Präsidenten, seinen Schwiegersohn und den ehemaligen Wahlkampfmanager richteten. Der Präsident hatte zuvor ohne Erfolg versucht, Sessions zu einer öffentlichen Bekanntmachung zu bewegen, dass sich die Untersuchung des Sonderermittlers auf zukünftige Wahlkampf-Beeinflussungen beschränken würde. Dennoch blieb Sessions bei seiner Befangenheitserklärung. Im Dezember 2017, kurz nachdem sich Flynn schuldig bekannt hatte, arrangierte der Präsident ein Gespräch mit Sessions im Oval Office, bei dem sonst nur Porter anwesend war und er Sessions sagte, dieser wäre ein Held, wenn er seine Befangenheitserklärung zurücknähme. Porter sah diese Anfrage im Zusammenhang mit dem Wunsch des Präsidenten, dass Sessions die Beaufsichtigung der Russland-Ermittlungen wieder übernehmen und Ermittlungen gegen Hillary Clinton anordnen sollte. Der Präsident sagte bei diesem Treffen, dass er »nur fair behandelt werden« wolle, was seine Auffassung wiedergeben mag, es sei unfair, dass gegen ihn ermittelt wurde und gegen Hillary Clinton nicht. Aber eine wesentliche Folge dieser Handlung wäre es gewesen, die Beaufsichtigung der Russland-Ermittlungen durch den Justizminister wiederherzustellen – eine Position, zu der der Präsident vielfach geäußert hatte, sie solle mit jemandem wie Eric Holder oder Bobby Kennedy besetzt sein, die der Präsident dahingehend beschrieb, dass sie ihre Präsidenten geschützt hätten. Es ist eine begründete Schlussfolgerung aus diesen Aussagen und Handlungen des Präsidenten, dass der Präsident glaubte, ein nicht befangener Justizminister würde eine schützende Funktion einnehmen und den Präsidenten von den laufenden Russland-Ermittlungen abschirmen.

I. Auf Anweisung des Präsidenten soll McGahn dementieren, dass der Präsident versucht habe, den Sonderermittler zu feuern

Überblick

Ende Januar 2018 berichteten die Medien, der Präsident habe im Juni 2017 von McGahn verlangt, den Sonderermittler aufgrund eines angeblichen Interessenkonflikts zu feuern, McGahn aber habe sich geweigert und erklärt, er werde lieber selbst zurücktreten. Nach Bekanntwerden dieses Vorgangs bemühte sich der Präsident mithilfe seines persönlichen Anwalts und zweier Mitarbeiter, McGahn dazu zu bewegen, alle Berichte zu dementieren, wonach er angewiesen worden sei, den Sonderermittler zu entlassen. Auf entsprechende Appelle antwortete McGahn jedes Mal, er werde die Presseberichte nicht zurückweisen, da sie die Bemühungen des Präsidenten, sich des Sonderermittlers zu entledigen, zutreffend schilderten. Später traf der Präsident im Beisein lediglich des Stabschefs persönlich mit McGahn im Oval Office zusammen und versuchte ihn zu der Aussage zu bewegen, der Präsident habe ihn zu keiner Zeit angewiesen, den Sonderermittler zu feuern. McGahn lehnte dies mit dem Hinweis ab, er könne sich genau an die Anweisung des Präsidenten erinnern, den Sonderermittler zu entlassen. Während derselben Sitzung fragte der Präsident McGahn, warum er sich Notizen über seine Gespräche mit dem Präsidenten mache und warum er dem Team des Sonderermittlers erzählt habe, er sei angewiesen worden, den Sonderermittler zu entlassen.

Beweislage

1. Die Presse berichtet, dass der Präsident den Sonderermittler zu feuern versuchte

Am 25. Januar 2018 berichtete die New York Times, der Präsident habe McGahn im Juni 2017 angewiesen, den Sonderermittler durch das Justizministerium feuern zu lassen.[777] In dem Artikel hieß es: »… nach Einsetzen der ersten Welle von Medienberichten, wonach Mr. Mueller einen möglichen Fall von Justizbehinderung untersuchte, begann der Präsident zu argumentieren, dass Mr. Mueller in dreierlei Hinsicht in einem Interessenkonflikt stehe und daher nicht geeignet sei, die Ermittlungen zu beaufsichtigen«.[778] Weiter führte der Artikel aus, dass »[n]achdem er vom Präsidenten angewiesen worden war, Mr. Mueller zu feuern, der Rechtsberater des Weißen Hauses … sich weigerte, diese Anordnung an das Justizministerium weiterzugeben, und sagte, er werde lieber selbst zurücktreten«.[779] Der Präsident, schloss der Artikel, »gab letzten Endes nach, nachdem der Rechtsberater des Weißen Hauses angedroht hatte, er werde lieber selbst zurücktreten, als der Anweisung Folge zu leisten«.[780] Nach Erscheinen des Artikels tat der Präsident, von Reportern

---

777 Michael S. Schmidt und Maggie Haberman, *Trump Ordered Mueller Fired, but Backed Off When White House Counsel Threatened to Quit*, New York Times (25.1.2018).

778 Michael S. Schmidt und Maggie Haberman, *Trump Ordered Mueller Fired, but Backed Off When White House Counsel Threatened to Quit*, New York Times (25.1.2018).

779 Michael S. Schmidt und Maggie Haberman, *Trump Ordered Mueller Fired, but Backed Off When White House Counsel Threatened to Quit*, New York Times (25.1.2018).

780 Michael S. Schmidt und Maggie Haberman, *Trump Ordered Mueller Fired, but Backed Off When White House Counsel Threatened to Quit*, New York Times (25.1.2018).

dazu befragt, ihn mit den Worten ab: »Fake News, Leute. Fake News. Ein typischer Fake der New York Times.«[781]

Am nächsten Tag berichtete auch die Washington Post über den gleichen Vorgang, führte aber ergänzend aus, dass McGahn dem Präsidenten nicht direkt mitgeteilt habe, er werde lieber sein Amt aufgeben, als die Anordnung zur Entlassung des Sonderermittlers zu befolgen.[782] In dieser Hinsicht bot der Post-Bericht eine Klarstellung gegenüber dem der New York Times, der so verstanden werden konnte, als hätte McGahn den Präsidenten über seine Rücktrittabsicht informiert und ihn damit veranlasst, die Anweisung, den Sonderermittler zu feuern, zurückzuziehen.[783]

2. Der Präsident möchte, dass McGahn die Presseberichte dementiert

Am 26. Januar 2018 rief der persönliche Anwalt des Präsidenten McGahns Anwalt an und trug den Wunsch des Präsidenten vor, McGahn möge in einer öffentlichen Erklärung Berichte zurückweisen, wonach er aufgefordert worden sei, den Sonderermittler

---

781 Sophie Tatum und Kara Scannel, *Trump denies he called for Mueller's firing*, CNN (26.1.2018); Michael S. Schmidt und Maggie Haberman, *Trump Ordered Mueller Fired, but Backed Off When White House Counsel Threatened to Quit*, New York Times (25.1.2018).

782 In dem *Post*-Artikel hieß es: »Trotz interner Einwände hielt Trump daran fest, dass Mueller nicht hinnehmbare Interessenkonflikte habe, und unternahm Schritte, ihn aus seinem Amt zu entfernen … McGahn sagte daraufhin, er werde nicht im Weißen Haus bleiben, wenn Trump bei seinem Vorgehen bleibe … McGahn äußerte seine Rücktrittdrohung nicht direkt Trump gegenüber, aber es war ihm ernst damit.« Rosalind S. Helderman und Josh Dawsey, *Trump moved to fire Mueller in June, bringing White House counsel to the brink of leaving*, Washington Post (26.1.2018).

783 Rosalind S. Helderman und Josh Dawsey, *Trump moved to fire Mueller in June, bringing White House counsel to the brink of leaving*, Washington Post (26.1.2018); *siehe* McGahn 8.3.2017 302, 3-4.

zu feuern, und im Protest dagegen mit seinem Rücktritt gedroht habe.[784] McGahns Anwalt besprach dieses Ansinnen mit seinem Mandanten und meldete sich anschließend beim persönlichen Anwalt des Präsidenten zurück, um mitzuteilen, dass McGahn eine solche Erklärung nicht abgeben werde.[785] McGahns Anwalt gab dem persönlichen Anwalt des Präsidenten zur Kenntnis, der Bericht der Times sei im Hinblick darauf, dass der Präsident den Sonderermittler aus dem Amt habe entfernen wollen, zutreffend.[786] Dementsprechend, führte McGahns Anwalt aus, könne McGahn, obwohl der Artikel in manch anderer Hinsicht ungenau sei, nicht dem Wunsch des Präsidenten entsprechen, ihn im Ganzen zurückzuweisen.[787] Hicks erinnerte sich, dem Präsidenten zugetragen zu haben, dass einer seiner Anwälte mit McGahns Anwalt über die Sache gesprochen habe.[788]

Ebenfalls am 26. Januar, erinnerte sich Hicks, bat der Präsident Sanders, in der Sache Kontakt zu McGahn aufzunehmen.[789] McGahn teilte Sanders mit, es liege kein Grund für eine Reaktion vor, und ließ erkennen, dass der Artikel in weiten Teilen korrekt sei.[790] Im Einklang mit dieser Haltung erhob McGahn keinen Widerspruch gegen den *Times*-Bericht.

Am 4. Februar 2018 trat Priebus in der Sendung Meet the

---

784 McGahn 8.3.2018 302, 3 (Ermittlernotiz).
785 McGahn 8.3.2018 302, 3 (Ermittlernotiz).
786 McGahn 8.3.2018 302, 3-4 (Ermittlernotiz).
787 McGahn 8.3.2018 302, 4 (Ermittlernotiz).
788 Hicks 13.3.2018 302, 11. Hicks erinnerte sich auch, dass der Präsident an jenem Tag mit Stabschef John Kelly telefonierte und der Präsident später sagte, Kelly habe ihm erzählt, dass McGahn die Berichte komplett zurückweise und eine entsprechende Erklärung abgeben werde. Hicks 13.3.2018 302, 11. Kelly dagegen sagte, er habe nicht mit McGahn gesprochen, als der Artikel erschienen war, und auch niemandem gegenüber etwas anderes behauptet. Kelly 2.8.2018 302, 1-2.
789 Hicks 13.3.2018 302, 11. Sanders erinnerte sich nicht, ob der Präsident sie gebeten habe, mit McGahn zu sprechen, oder ob sie es aus eigenem Antrieb tat. Sanders 23.7.2018 302, 2.
790 Sanders 23.7.2018 302, 1-2.

Press auf und erklärte, er habe den Präsidenten nicht sagen hören, dass der Sonderermittler gefeuert werden solle.[791] Nach der Sendung rief der Präsident Priebus an und sagte, das sei ein großartiger Auftritt von ihm gewesen.[792] Außerdem versicherte der Präsident Priebus, er habe »nie irgend so etwas« über den Sonderermittler gesagt.[793]

Am nächsten Tag, dem 5. Februar 2018, beklagte der Präsident sich bei Porter über den *Times*-Artikel.[794] Der Präsident sagte zu Porter, der Artikel sei »Quatsch« und er habe den Sonderermittler nicht rausschmeißen wollen.[795] Der Präsident sagte, McGahn lasse Sachen an die Medien durchsickern, um selber gut dazustehen.[796] Dann wies der Präsident Porter an, McGahn zu sagen, er solle eine Akte anlegen, aus der klar hervorgehe,

---

[791] Meet the Press Interview with Reince Priebus, NBC (4.2.2018).

[792] Priebus 3.4.2018 302, 10.

[793] Priebus 3.4.2018 302, 10.

[794] Porter 13.4.2018 302, 16-17. Porter konnte sich nicht an den genauen Zeitpunkt dieser Besprechung mit dem Präsidenten erinnern. Hinweise sprechen dafür, dass es der 5. Februar 2018 war. Auf der Rückseite eines auf den 5. Februar datierten Kärtchens machte Porter Notizen, die seiner Wiedergabe des Gesprächs entsprechen: »COS: (1) Brief von DM – Nie gedroht zu gehen – DJT ihm nie gesagt soll M. feuern«. SC_RRP000053 (Porter undatierte Notizen). Porter hielt es für möglich, dass er die Notizen an einem anderen Tag als dem 5. Februar gemacht hatte. Porter 13.4.2018 302, 17. Porter sagte aber auch, dass »COS« sich auf Dinge bezog, die er mit Stabschef (Chief of Staff) Kelly besprechen wollte, Porter 13.4.2018 302, 17, und Kelly machte Notizen, die auf den 5. Februar 2018 datiert sind und besagen: »POTUS – Don McGahn Brief – Mueller + Rücktritt.« WH000017684 (Kelly 5.2.18 Notizen). Kelly sagte, er wisse nicht mehr, was die Notizen bedeuteten, denke aber, der Präsident habe vielleicht »darüber nachgedacht«, McGahn einen Brief schreiben zu lassen. Kelly 2.8.2018 302, 3. McGahn erinnerte sich, dass Porter etwa zwei Wochen nach Erscheinen des New-York-Times-Artikels mit ihm über den Wunsch des Präsidenten gesprochen habe, was ebenfalls dafür sprechen würde, dass das Gespräch am oder um den 5. Februar stattfand. McGahn 8.3.2018 302, 4.

[795] Porter 13.4.2018 302, 17.

[796] Porter 13.4.2018 302, 17.

dass der Präsident McGahn nie angewiesen habe, den Sonderermittler zu feuern.[797] Porter war der Meinung, die Angelegenheit solle vom Kommunikationsbüro des Weißen Hauses in die Hand genommen werden, doch der Präsident sagte, er wolle, dass McGahn einen Brief schreibe »für unsere Unterlagen«, er wolle etwas, das über eine Presseerklärung hinausgehe, um zu demonstrieren, dass die Berichterstattung unzutreffend gewesen sei.[798] Der Präsident bezeichnete McGahn als einen »verlogenen Bastard« und sagte, er wolle ein Dokument von ihm haben.[799] Porter erinnerte sich, dass der Präsident etwas sagte im Sinne von »wenn er keinen Brief schreibt, dann muss ich vielleicht zusehen, dass ich ihn loswerde«.[800]

Noch am gleichen Tag sprach Porter mit McGahn, um ihm die Botschaft des Präsidenten zu überbringen.[801] Porter sagte, McGahn müsse einen Brief schreiben, um zu dementieren, dass er je Anweisung bekommen habe, den Sonderermittler zu entlassen.[802] McGahn quittierte das Ansinnen mit einem Achselzucken und erklärte, die Medienberichte seien korrekt.[803] Er informierte Porter, dass der Präsident darauf bestanden habe, den Sonderermittler zu feuern, und dass er, McGahn, lieber zurückgetreten wäre, als der Anweisung Folge zu leisten, auch wenn er dies dem Präsidenten nicht persönlich mitgeteilt habe.[804] Porter sagte, der Präsident habe durchblicken lassen, dass McGahn gefeuert würde, wenn er den Brief nicht schriebe.[805] McGahn ließ diese Drohung unbeeindruckt, er wies darauf hin, dass ein verheerender Eindruck entstehen würde, wenn der Präsident ihn

---

797 Porter 13.4.2018 302, 17.
798 Porter 13.4.2018 302, 17; Porter 8.5.2018 302, 18.
799 Porter 13.4.2018 302, 17; Porter 8.5.2018 302, 18.
800 Porter 13.4.2018 302, 17.
801 Porter 13.4. 2018 302 17; McGahn 8.3.2018 302, 4.
802 Porter 13.4. 2018 302 17; McGahn 8.3.2018 302, 4.
803 Porter 13.4. 2018 302 17; McGahn 8.3.2018 302, 4.
804 Porter 13.4. 2018 302 17; McGahn 8.3.2018 302, 4.
805 Porter 13.4. 2018 302 17; McGahn 8.3.2018 302, 4.

auf dieser Grundlage feuerte.[806] McGahn erklärte, er werde den vom Präsidenten angeforderten Brief nicht schreiben.[807] Porter sagte aus, seines Wissens habe der Präsident das Thema danach nie wieder angesprochen, er erinnerte sich jedoch, dass er Kelly von seinem Gespräch mit McGahn erzählte.[808]

Am nächsten Tag, dem 6. Februar 2018, setzte Kelly einen Termin im Oval Office fest, um mit dem Präsidenten und McGahn zusammen den Times-Artikel zu erörtern.[809] Am Morgen vor dem Treffen rief der persönliche Anwalt des Präsidenten den Anwalt McGahns an und sagte, der Präsident werde mit McGahn sprechen, und McGahn könne nicht zurücktreten, ganz gleich, was bei dem Treffen herauskommen würde.[810]

Der Präsident begann die Sitzung im Oval Office mit der Feststellung, dass das, was in der New York Times stehe, »keinen guten Eindruck« mache und McGahn die Sache richtigstellen müsse.[811] Nach McGahns Erinnerung sagte der Präsident: »Ich habe nie gesagt, Mueller soll gefeuert werden. Ich habe nie von ›feuern‹ gesprochen. Diese Geschichte macht keinen guten Eindruck. Sie müssen das richtigstellen. Sie sind der Rechtsberater des Weißen Hauses.«[812]

McGahn gestand daraufhin zu, dass er den Präsidenten zwar nicht direkt über seine Rücktrittabsicht informiert habe, doch ansonsten, sagte er, sei der Bericht zutreffend gewesen.[813] Der

---

806 Porter 13.4. 2018 302, 17-18; McGahn 8.3.2018 302, 4.
807 McGahn 8.3.2018 302, 4.
808 Porter 13.4. 2018 302, 18.
809 McGahn 8.3.2018 302, 4; WH000017685 (Kelly 6.2.2018 Notizen). McGahn erinnerte sich, dass er Kelly vor der Sitzung mitgeteilt habe, er sei nicht geneigt, dem Artikel zu widersprechen. McGahn 8.3.2018 302, 4.
810 McGahn 8.3.2018 302, 5 (Ermittlernotiz); 26.2.2019 E-Mail, Anwalt McGahns an Büro des Sonderermittlers (bestätigt 6. Februar 2018 als Datum des Anrufs vom persönlichen Anwalt des Präsidenten).
811 McGahn 8.3.2018 302, 4; Kelly 2.8.2018 302, 2.
812 McGahn 8.3.2018 302, 4; Kelly 2.8.2018 302, 2.
813 McGahn 8.3.2018 302, 4.

Präsident fragte McGahn: »Habe ich das Wort ›feuern‹ benutzt?«[814] McGahn antwortete: »Gesagt haben Sie: »Rufen Sie Rod [Rosenstein] an, sagen Sie Rod, Mueller hat Konflikte und kann nicht Sonderermittler sein.«[815] Der Präsident erwiderte: »Das habe ich nie gesagt.«[816] Der Präsident sagte, sein Wunsch sei es nur gewesen, dass McGahn Rosenstein auf das Thema der Konflikte anspreche und dann ihm die Entscheidung überlasse, was in der Sache zu tun sei.[817] McGahn sagte dem Präsidenten, er habe das Gespräch anders aufgefasst und erinnere sich, gehört zu haben: »Rufen Sie Rod an. Es gibt Konflikte. Mueller muss gehen.«[818] Der Präsident fragte McGahn, ob er zu einer »Richtigstellung« bereit sei, was McGahn verneinte.[819] McGahn hatte den Eindruck, der Präsident wolle seine Standhaftigkeit prüfen, um zu sehen, wie ernst es ihm mit der Angelegenheit war.[820] Kelly beschrieb die Sitzung als »etwas angespannt«.[821]

Der Präsident fragte McGahn bei gleicher Gelegenheit auch, warum er dem Büro des Sonderermittlers gesagt habe, er sei vom Präsidenten aufgefordert worden, den Sonderermittler loszuwerden.[822] McGahn antwortete, das habe er tun müssen, denn seine Gespräche mit dem Präsidenten fielen nicht unter das Anwaltsgeheimnis.[823] Daraufhin fragte der Präsident: »Was ist mit diesen Notizen? Warum machen Sie sich Notizen? Anwälte machen sich keine Notizen. Ich hatte noch nie einen Anwalt, der

---

814 McGahn 8.3.2018 302, 4; Kelly 2.8.2018 302, 2.
815 McGahn 8.3.2018 302, 5.
816 McGahn 8.3.2018 302, 5.
817 McGahn 8.3.2018 302, 5.
818 McGahn 8.3.2018 302, 5.
819 McGahn 8.3.2018 302, 5; Kelly 2.8.2018 302, 2.
820 McGahn 8.3.2018 302, 5.
821 Kelly 2.8.2018 302, 2.
822 McGahn 8.3.2018 302, 5.
823 McGahn 8.3.2018 302, 5.

sich Notizen gemacht hat.«[824] McGahn antwortete, dass er sich Notizen mache, weil er ein »echter Anwalt« sei, und erläuterte, dass Notizen ein Nachweisdokument darstellten und überhaupt nichts Schlechtes seien.[825] Der Präsident sagte: »Ich hatte viele großartige Anwälte, Roy Cohn zum Beispiel. Der hat sich keine Notizen gemacht.«[826]

Kelly erinnerte sich, dass McGahn ihm nach Beendigung der Sitzung mittteilte, dass er und der Präsident »wirklich dieses Gespräch hatten«, in dem es darum ging, den Sonderermittler zu entlassen.[827] McGahn erinnerte sich, dass Kelly gesagt habe, er hätte dem Präsidenten nach der Sitzung im Oval Office deutlich gemacht, dass McGahn nicht nachgegeben habe und auch nicht einknicken werde.[828] Im Anschluss an die Besprechung im Oval Office rief der persönliche Anwalt des Präsidenten McGahns Anwalt an und berichtete, der Präsident sei »sehr zufrieden« mit McGahn.[829]

Auswertung

Für die Bewertung der Bemühungen des Präsidenten, McGahn dementieren zu lassen, dass er angewiesen worden sei, die Entlassung des Sonderermittlers in die Wege zu leiten, sind folgende Beweismittel erheblich im Hinblick auf die Tatbestandsmerkmale einer Behinderung der Justiz.

---

824 McGahn 8.3.2018 302, 5. McGahn sagte, der Präsident habe sich auf Donaldsons Notizen bezogen, die er für McGahns Notizen hielt. McGahn 8.3.2018 302, 5.

825 McGahn 8.3.2018 302, 5.

826 McGahn 8.3.2018 302, 5.

827 Kelly 2.8.2018 302, 2.

828 McGahn 8.3.2018 302, 5. Kelly erinnerte sich nicht daran, die Sitzung im Oval Office mit dem Präsidenten resümiert zu haben. Kelly 2.8.2018 302, 2. Handschriftliche Notizen Kellys besagen: »Don[:] Mueller-Diskussion im Juni. – Bannon Priebus – Ergebnis okay.« WH000017685 (Kelly 6.2.2018 Notizen).

829 McGahn 8.3.2018 302, 5 (Ermittlernotiz).

a. Tatbestand der Justizbehinderung. Die wiederholten Aufforderungen des Präsidenten an McGahn, er möge dokumentieren, dass der Präsident nicht von ihm verlangt habe, den Sonderermittler zu entlassen, wären als justizbehindernde Handlung zu werten, sofern sie die natürliche Tendenz hätten, McGahn von einer wahrheitsgemäßen Aussage abzuhalten oder seine Glaubwürdigkeit als potenzieller Zeuge zu untergraben, falls er im Einklang mit seiner Erinnerung, und insoweit abweichend von dem vorgelegten Dokument, aussagen würde.

Es gibt einige Hinweise darauf, dass zu dem Zeitpunkt Ende Januar 2018, als die Berichte in der New York Times und der Washington Post erschienen, der Präsident sich in dem Glauben befand, die Berichte seien falsch und er habe McGahn nie angewiesen, bei Rosenstein auf die Entlassung des Sonderermittlers hinzuwirken. Der Präsident ging richtigerweise davon aus, dass McGahn ihm nicht direkt mitgeteilt hatte, er trage sich mit Rücktrittsgedanken. Darüber hinaus sagte der Präsident zu Priebus und Porter, er habe sich nicht um die Entlassung des Sonderermittlers bemüht, und bei ihrem Zusammentreffen im Oval Office sagte der Präsident zu McGahn: »Ich habe nie gesagt, Mueller soll gefeuert werden. Ich habe nie ›feuern‹ gesagt.« Diese Hinweise könnten dafür sprechen, dass der Präsident nicht McGahn zu überreden versuchte, von seiner Version abzurücken, sondern stattdessen seine eigene – aber abweichende – Erinnerung an den Inhalt ihres Gesprächs vom Juni 2017 und McGahns Reaktion darauf darlegen wollte.

Andere Beweismittel sprechen dagegen, das Verhalten des Präsidenten auf diese Art zu interpretieren. Wie zuvor beschrieben, *siehe* Band II, Abschnitt II.E, *oben*, stützen deutliche Hinweise McGahns Aussage, dass der Präsident ihn angewiesen habe, die Entlassung des Sonderermittlers in die Wege zu leiten, darunter der Zeitpunkt und der Kontext der präsidentiellen Anweisung; die Art, wie McGahn reagierte; und die Tatsache, dass der Präsident unterrichtet worden war, dass die Konflikte vom Justizministerium bereits untersucht und als unerheblich eingestuft worden seien und ohnehin eher mit dem persönlichen Anwalt des Präsidenten beraten, als McGahn angetragen werden sollten. Darüber hinaus waren die wiederholten Erklärungen des Präsidenten, er habe McGahn nicht angewiesen, den Sonderermittler entfernen zu lassen, sorgsam formuliert. Als er erstmalig auf den Bericht der New York Times angesprochen wurde, sagte der Präsident: »Fake News, Leute. Fake News. Ein typischer Fake der New York Times.« Und als der Präsident im Oval Office mit McGahn sprach, legte er das Schwergewicht darauf, ob er das Wort »feuern« gebraucht hatte: »Ich habe nie gesagt, Mueller soll gefeuert werden. Ich habe nie ›feuern‹ gesagt«, und »Habe ich das Wort ›feuern‹ benutzt?« Die Beteuerung des Präsidenten beim Treffen im Oval Office, er habe McGahn zu keiner Zeit angewiesen, für die Entlassung des Sonderermittlers zu sorgen, befindet sich daher im Widerspruch zu den vorliegenden Hinweisen.

Hinzu kommt, dass der Präsident, selbst wenn er McGahns Erinnerung an die Ereignisse vom 17. Juni 2017 aufrichtig für falsch hielt, zum Zeitpunkt des Treffens im Oval Office wusste, dass McGahns Darstellung von der seinen abwich und von McGahn mit fester Überzeugung vertreten wurde. Kurz nach Erscheinen des Berichts teilte der Anwalt des Präsidenten McGahns Anwalt mit, dass der Präsident von McGahn eine Erklärung wünsche, in der er dementieren solle, zur Entlassung des Sonderermittlers aufgefordert worden zu sein, doch McGahn antwortete über seinen Anwalt, dass dieser Aspekt des Berichts zutreffend sei und er dem Wunsch des Präsidenten daher nicht entsprechen könne. Daraufhin wies der Präsident Sanders an, McGahn zu sagen, er möge den Bericht richtigstellen, doch McGahn antwortete ihr, das werde er nicht tun, denn der Bericht sei, soweit er die Weisung des Präsidenten behandle, zutreffend. Im Einklang mit dieser Haltung gab McGahn keine Richtigstellung heraus. Über eine Woche später sprach der Präsident Porter noch einmal auf das Thema an, gab zu erkennen, dass seiner Meinung nach McGahn die Story lanciert habe, und wies Porter an, McGahn zur Erstellung eines Dokuments zu bewegen, in dem er dementiere, dass der Präsident den Sonderermittler zu feuern versucht habe. An diesem Punkt sagte der Präsident, dass er McGahn womöglich »loswerden« müsse, falls dieser nicht einlenke. McGahn weigerte sich erneut und teilte Porter mit, wie er zuvor Sanders und wie sein Anwalt dem Anwalt des Präsidenten mitgeteilt hatte, dass der Präsident ihn in der Tat angewiesen habe, die Abberufung des Sonderermittlers durch Rosenstein zu veranlassen. Diese Erkenntnisse deuten darauf hin, dass dem Präsidenten zum Zeitpunkt des Treffens im Oval Office bewusst war, dass McGahn den Bericht nicht für unwahr hielt und nicht die Absicht hatte, eine Erklärung abzugeben oder ein Schriftstück zu erstellen, in dem Fakten dementiert würden, die McGahn für korrekt erachtete. Dennoch blieb der Präsident hartnäckig und bat McGahn, Fakten zu bestreiten, die dieser wiederholt für zutreffend erklärt hatte.

b. <u>Verbindung zu einem behördlichen Verfahren.</u> Bis zum Januar 2018 war die Einsetzung einer Grand Jury durch den Sonderermittler durch mehrere Anklageerhebungen zusätzlich bestätigt worden. Auch war dem Präsidenten bewusst, dass der Sonderermittler Vorgänge im Hinblick auf eine Behinderung untersuchte, unter anderem weil das Büro des Sonderermittlers seinem Anwalt am 8. Januar 2018 eine detaillierte Themenliste für eine mögliche Befragung des Präsidenten zukommen ließ.[830] Der Präsident wusste, dass McGahn persönlich Kenntnis von vielen der Vorgänge hatte, die der Sonderermittler untersuchte, und von Mitarbeitern des Sonderermittlers bereits befragt worden war. Und anlässlich des Treffens im Oval Office ließ der Präsident erkennen, dass er von McGahns Aussage gegenüber

---

830 29.1.2018 Brief, Persönlicher Anwalt des Präsidenten an Büro des Sonderermittlers, 1-2 (»In unserem Gespräch vom 8. Januar bestimmte Ihr Büro die folgenden Punkte als Teile eines Fragenkomplexes, den Sie mit dem Präsidenten zu erörtern wünschten, um Ihre Untersuchung zu den Vorwürfen der Kollusion und der Justizbehinderung abzuschließen«; führt 16 Themenpunkte auf).

dem Büro des Sonderermittlers wusste, wonach der Präsident versucht habe, den Sonderermittler loszuwerden. Der Präsident sprach McGahn offensiv auf diese Aussage an und darauf, dass er sich Notizen gemacht habe, die nach Auffassung des Präsidenten nur unnötige juristische Angriffsflächen schufen. Diese Hinweise sprechen für ein Bewusstsein aufseiten des Präsidenten, dass die Ereignisse vom 17. Juni 2017 relevant waren für die Untersuchung des Sonderermittlers und die möglicherweise daraus erwachsende Untersuchung einer Grand Jury.

Um eine Verbindung festzustellen, wäre zu zeigen, dass die Handlungen des Präsidenten die natürliche Tendenz hätten, ein solches Verfahren zu beeinflussen, oder dass sie die Übermittlung von Informationen an Ermittler behinderten, verzögerten oder vereitelten. Da McGahn vor dem Januar 2018 mit Mitarbeitern des Sonderermittlers gesprochen hatte, konnte es nicht in der Absicht des Präsidenten liegen, Einfluss auf die bereits erfolgten Aussagen zu nehmen. Da aber McGahn bereits mehrmals mit Ermittlern gesprochen hatte und die Ermittlungen zur Justizbehinderung noch nicht abgeschlossen waren, war absehbar, dass er zu diesem Thema erneut befragt werden würde. Im Falle, dass es dem Präsidenten bei seinem Unterfangen, McGahn den Artikel in der New York Times dementieren zu lassen, allein um eine Pressestrategie gegangen sei, wäre eine Verbindung mit einem Verfahren oder weiteren Befragungen nicht erkennbar. Doch die Bemühungen des Präsidenten, McGahn zum Verfassen eines Briefes »für unsere Unterlagen« zu bewegen, und zwar etwa zehn Tage nach Erscheinen der Berichte – also deutlich nach dem Ende der für die Richtigstellung von Berichten üblichen Frist –, deutet darauf hin, dass es dem Präsidenten nicht lediglich um eine Pressestrategie zu tun war, sondern dass er die fortlaufenden Ermittlungen und möglicherweise daraus folgende Verfahren im Auge hatte.

c. <u>Vorsatz.</u> Deutliche Hinweise sprechen dafür, dass der Präsident, indem er McGahn wiederholt aufforderte zu bestreiten, dass er angewiesen worden sei, die Entlassung des Sonderermittlers in die Wege zu leiten, den Zweck verfolgte, Einfluss auf McGahns Darstellung zu nehmen, um eine nähere Prüfung des Verhaltens des Präsidenten gegenüber der Ermittlung abzuwenden oder zu verhindern.

Mehrere Fakten stützen diese Schlussfolgerung. Der Präsident machte wiederholt den Versuch, McGahn zur Änderung seiner Darstellung zu bewegen. Wie oben beschrieben, deutet vieles darauf hin, dass dem Präsidenten zum Zeitpunkt seines letzten Versuches mehrfach berichtet worden war, McGahn sei der Ansicht, der Präsident habe ihn angewiesen, die Entlassung des Sonderermittlers in die Wege zu leiten. McGahn interpretierte das Zusammentreffen mit dem Präsidenten im Oval Office als einen Versuch, seine Standhaftigkeit zu prüfen und zu sehen, wie entschlossen er an seiner Erinnerung der Vorgänge festhielt. Den Druck auf McGahn, seine Darstellung zu ändern, hatte der Präsident bereits aufgebaut, indem er Porter gegenüber davon sprach, dass es nötig werden könnte, McGahn zu feuern, falls er die Berichte nicht dementiere, und Porter diese Bemerkung an McGahn weitergab. Weitere Hinweise auf die Absichten des Präsidenten mögen sich aus der Tatsache ergeben, dass sein Anwalt im Vorfeld des Treffens zwischen dem Präsidenten und McGahn alarmiert genug war, McGahns Anwalt anzurufen und zu erklären, dass McGahn nicht zurücktreten könne, ganz gleich, was an dem betreffenden Tag im Oval Office passieren möge. Der Anwalt des Präsidenten war sich der Entschlossenheit McGahns bewusst, keine vom Präsidenten gewünschte Erklärung abzugeben, die er selbst für nicht korrekt hielt. Schließlich sprach der Präsident, wie oben festgehalten, bei der Sitzung im Oval Office die Untersuchung des Sonderermittlers an und kritisierte McGahn dafür, dass er diesem Büro von den Ereignissen des 17. Juni 2017 berichtet hatte. In den Äußerungen des Präsidenten drückt sich die Erkenntnis – und sein Unmut darüber – aus, dass diese Ereignisse Gegenstand von Ermittlungen zu einer möglichen Justizbehinderung sein würden.

J. Das Verhalten des Präsidenten gegenüber Flynn, Manafort, GIV [redacted]

Überblick

Zusätzlich zu dem oben beschriebenen Umgang mit McGahn hat der Präsident weitere Handlungen unternommen, die sich an mögliche Zeugen für das Büro des Sonderermittlers richteten, einschließlich Flynn, Manafort, GIV [redacted] und, wie im nächsten Abschnitt dargestellt, Cohen. Als Flynn von einer juristischen Vereinbarung mit dem Präsidenten zur gemeinsamen Verteidigung, die die Geheimhaltungspflicht zwischen den Verteidigern aufhebt (»joint defense agreement«), zurücktrat, erklärte der Rechtsanwalt des Präsidenten, dass Flynns Handlungen als Ausdruck von »Feindseligkeit« gegenüber dem Präsidenten zu betrachten seien. Während des strafrechtlichen Verfahrens gegen Manafort, und als die Grand Jury über ihn beriet, behauptete der Präsident wiederholt, dass Manafort ungerecht behandelt würde und gab bekannt, Manafort könnte begnadigt werden. Gefährdung laufender Verfahren [redacted].

Beweislage

1. <u>Verhalten gegenüber Michael Flynn</u>

Wie bereits festgestellt, *siehe* Band II, Abschnitt II.B, *oben*, forderte der Präsident am 13. Februar 2017 Flynn zum Rücktritt auf. Danach sprach der Präsident öffentlich wohlwollend über Flynn, beschrieb ihn als einen »wundervollen Mann«, »einen feinen Menschen« und als einen »sehr guten Menschen«.[831] Darüber hinaus bat der Präsident inoffiziell einige Mitarbeiter, Flynn Nachrichten zukommen zu lassen, dass Flynn dem Präsidenten noch immer wichtig sei, und er ihn ermutige, stark zu bleiben.[832]

Ende November 2017 begann Flynn, mit dem Büro des Sonderermittlers zusammenzuarbeiten. Am 22. November 2017 trat Flynn von der juristischen Vereinbarung mit dem Präsidenten (»joint defense agreement«) zurück.[833] Flynns Rechtsanwalt teilte dem persönlichen Anwalt des Präsidenten sowie der Rechtsabteilung des Weißen Hauses mit, dass zwischen Flynn und dem Weißen Haus oder dem Präsidenten keine vertraulichen Infor-

---

831 *Siehe z. B. Anmerkungen des Präsidenten Trump während der Pressekonferenz*, Weißes Haus (16. Februar 2018) (Zitat: »Flynn ist ein feiner Mensch« und »ich glaube nicht, dass [Flynn] irgendetwas falsch gemacht hat. Wenn überhaupt, hat er etwas richtig gemacht … Sehen Sie, er hat bloß seinen Job gemacht«); *Interview mit Donald J Trump*, NBC (11. Mai 2017) (Zitat: Flynn ist ein »sehr guter Mensch«).

832 *Siehe* Priebus 18.1.2017 302, 9-10 (In der Woche, in der Flynn zurücktrat, bat der Präsident Priebus, Flynn mitzuteilen, dass Flynn dem Präsidenten immer noch wichtig sei, und dass er sich wegen der Ereignisse schlecht fühle; Priebus nahm an, der Präsident wollte kein Problem mit Flynn heraufbeschwören); McFarland 22.12.2017 302, 18 (Ungefähr einen oder zwei Monate nach Flynns Rücktritt bat der Präsident McFarland, sich mit Flynn in Verbindung zu setzen, um ihm mitzuteilen, dass er ein guter Kerl sei, stark bleiben solle, und dass er dem Präsidenten leidtäte); Flynn 19.1.2018 302, 9 (Er erinnerte sich an den Anruf von Priebus und einen weiteren von Hicks, die sagte, sie wollte eine Nachricht des Präsidenten übermitteln, dass der Präsident hoffe, es ginge Flynn gut); Christie 13.2.2019 302, 3 (Beschreibung eines Telefonats zwischen Kushner und Flynn am Tag, nachdem Flynn entlassen worden war, und bei dem Kushner sagte: »Sie wissen, der Präsident hat Respekt vor Ihnen. Sie sind dem Präsidenten wichtig. Ich werde den Präsidenten dazu bringen, später etwas Positives über Sie zu twittern.« Und der Präsident nickte zustimmend bei Kushners Bemerkung bezüglich des versprochenen Tweets).

833 Flynns Rechtsbeistand 1.3.2018 302, 1.

mationen mehr ausgetauscht werden könnten.[834] Am gleichen Abend hinterließ der Anwalt des Präsidenten eine Nachricht auf der Mailbox von Flynns Rechtsanwalt. Sie lautete:

> Ich verstehe Ihre Lage, aber lassen Sie es mich deutlicher formulieren … [E]s würde mich nicht überraschen, wenn Sie einen Deal vorbereitet hätten mit … den Behörden … [W]enn es dabei um Informationen geht, die den Präsidenten betreffen, haben wir es mit einem Problem der nationalen Sicherheit zu tun … also, sehen Sie … wir benötigen eine Art Vorwarnung. Ähm, einfach zum Schutz aller unserer Interessen, wenn möglich … [B]edenken Sie, was wir immer bezüglich des Präsidenten und seiner Verbundenheit gegenüber Flynn gesagt haben, und das ist auch nach wie vor so …[835]

Am 23. November 2017 riefen Flynns Rechtsanwälte den Anwalt des Präsidenten zurück, um den Eingang der Nachricht auf der Mailbox zu bestätigen.[836] Flynns Anwälte bekräftigten, dass sie im Rahmen ihrer anwaltlichen Schweigepflicht in keiner Weise mehr in der Lage waren, Informationen zu teilen.[837] Laut Flynns Anwälten war der Rechtsanwalt des Präsidenten empört und äußerte seine Missbilligung lautstark.[838] Der Rechtsanwalt des Präsidenten sagte, er deutete die Aussage der Flynn-Anwälte als Ausdruck von Flynns Feindseligkeit gegenüber dem Präsidenten und dass er vorhatte, seinen Mandanten über diese Deutung des

834 Flynns Rechtsbeistand 1.3.2018 302, 1.
835 22.11.2017 Mailbox-Nachricht Abschrift, Anwalt des Präsidenten an den Rechtsanwalt von Michael Flynn.
836 Flynns Rechtsbeistand 1.3.2018 302, 1.
837 Flynns Rechtsbeistand 1.3.2018 302, 1.
838 Flynns Rechtsbeistand 1.3.2018 302, 1.

Gesprächs zu unterrichten.[839] Flynns Anwälte nahmen diese Bemerkung als einen Versuch auf, ihren Standpunkt noch einmal zu überdenken, denn der Rechtsanwalt des Präsidenten glaubte, Flynn wäre sicher beunruhigt zu wissen, dass dem Präsidenten eine solche Botschaft übermittelt würde.[840]

Am 1. Dezember 2017 bekannte sich Flynn im Rahmen einer Kooperationsvereinbarung der Falschaussage schuldig.[841] Am darauffolgenden Tag erklärte der Präsident vor Medienvertretern, wegen der möglichen Aussagen Flynns gegenüber dem Sonderermittler nicht beunruhigt zu sein.[842] Auf die Frage, ob der Präsident immer noch hinter Flynn stand, antwortete er: »Wir werden sehen, was passiert.«[843] In den folgenden Tagen gab der Präsident öffentliche Erklärungen ab, in denen er sein Mitgefühl für Flynn zum Ausdruck brachte und andeutete, dass Flynn nicht gerecht behandelt worden sei.[844] Am 15. Dezember 2017 antwortete der Präsident auf die Frage eines Pressever-

---

839 Flynns Rechtsbeistand 1.3.2018 302, 2. Wegen des Anwaltsgeheimnisses haben wir nicht versucht, den Rechtsanwalt des Präsidenten zum Umfang der Diskussion mit dem Präsidenten hinsichtlich der Bemerkungen von Flynns Anwälten zu befragen.

840 Flynns Rechtsbeistand 1.3.2018 302, 2.

841 Amtliche Mitteilung, *Vereinigte Staaten vs. Michael T. Flynn*, 1:17-cr-232 (D.D.C. 1. Dezember 2017), Dok. 1; Strafmindernde Vereinbarung, *Vereinigte Staaten vs. Michael T. Flynn*, 1:17-cr-232 (D.D.C. 1. Dezember 2017), Dok. 3.

842 *Bemerkungen des Präsidenten Trump zur Steuerreform und Michael Flynns Schuldbekenntnis*, C-SPAN (2. Dezember 2017).

843 *Bemerkungen des Präsidenten Trump zur Steuerreform und Michael Flynns Schuldbekenntnis*, C-SPAN (2. Dezember 2017).

844 *Siehe* @realDonaldTrump 2.12.2017 (21:06 Uhr ET) Tweet (»General Flynn belügt also das FBI, und jetzt ist sein Leben zerstört, während die Betrügerische Hillary Clinton in neuerdings beliebten Urlaubs-›Befragungen‹ des FBI, ohne Schwur und Aufzeichnung, immer wieder lügt … und ihr passiert nichts? Manipuliertes System oder nur Doppelmoral?«); Bemerkung des Präsidenten Trump zum Rücktritt Flynns, C-SPAN (4. Dezember 2017) (»Nun, ich fühle mit General Flynn. Ich fühle sehr mit ihm. Er hat ein sehr überzeugendes Leben geführt. Und ich fühle sehr mit ihm.«).

treters, ob er eine Begnadigung Flynns in Erwägung zog: »Ich will zu diesem Zeitpunkt nicht über Begnadigungen für Michael Flynn sprechen. Wir werden sehen, was passiert. Lassen Sie uns abwarten. Ich kann nur sagen: Wenn man sich anguckt, was aus dem FBI und dem Justizministerium geworden ist, dann sind die Leute sehr, sehr wütend.«[845]

2. Verhalten gegenüber Paul Manafort

Am 27. Oktober 2017 klagte eine Grand Jury im District of Columbia Paul Manafort und den ehemaligen stellvertretenden Wahlkampfmanager Richard Gates in mehreren Punkten schwerer Straftaten an, und am 22. Februar 2018 klagte eine Grand Jury im Eastern District of Virginia Manafort und Gates weiterer schwerer Straftaten an.[846] In beiden Fällen warf die Anklage Manafort vor, sich durchgängig von Anfang 2005 bis zum Jahr 2018 strafrechtlich schuldig gemacht zu haben.[847]

Im Januar 2018 erklärte Manafort Gates, mit dem Rechtsanwalt des Präsidenten gesprochen zu haben und dass sie sich

---

845 *Präsident Trump zum Rücktritt Flynns*, C-SPAN (15. Dezember 2017).

846 Anklageschrift, *Vereinigte Staaten vs. Paul J. Manafort jr. und Richard W. Gates III*, 1:17-cr-201 (D.D.C. 27. Oktober 2017), Dok. 13 (»Manafort und Gates D.D.C. Anklageschrift«); Anklageschrift, *Vereinigte Staaten vs. Paul J. Manafort jr. und Richard W. Gates III*, 1:18-cr-83 (E.D. Va. 22. Februar 2018), Dok. 9 (»Manafort und Gates E.D. Va. Anklageschrift)

847 *Manafort und Gates* D.D.C. Anklageschrift; *Manafort und Gates* E.D. Va. Anklageschrift.

»um uns kümmern werden«.[848] Manafort sagte zu Gates, es wäre dumm, sich schuldig zu bekennen; er erläuterte, dass er mit dem persönlichen Anwalt des Präsidenten in Kontakt stand und wiederholte dessen Bemerkungen, sie sollten »abwarten« und »wir werden uns darum kümmern«.[849] Gates fragte Manafort geradeheraus, ob irgendwer den Begriff Begnadigung erwähnt hatte, und Manafort antwortete, niemand hatte das Wort verwendet.[850]

Im Verlauf des Gerichtsverfahrens gegen Manafort erklärte der Präsident gegenüber Porter, dass er Manafort noch nie leiden konnte, und Manafort während des Wahlkampfs keine

---

848 Gates 18.4.2018 302, 4. Im Februar 2018 bekannte sich Gates gegenüber den Vereinigten Staaten von Amerika im Rahmen einer Kooperationsvereinbarung schuldig im Sinne der ersetzenden Darlegung der Straftat, die ihn wegen Verabredung zum Betrug und vielfacher weiterer Vergehen anklagt (z. B. Steuerhinterziehung, Unterschlagung ausländischer Konten und Tätigkeit als nicht registrierter Lobbyist eines ausländischen Auftraggebers), als auch wegen Falschaussagen gegenüber dem Büro des Sonderermittlers. Ersetzende Darlegung der Straftat, *Vereinigte Staaten vs. Richard W. Gates III*, 1:17-cr-201 (D.D.C. 23. Februar 2018), Dok. 195; Vereinbarung, *Vereinigte Staaten vs. Richard W. Gates III* , 1:17-cr-201 (D.D.C. 23. Februar 2018), Dok. 205. Gates hat Angaben gemacht und Aussagen vor Gericht getätigt, die das Büro des Sonderermittlers für glaubwürdig erachtete.

849 Gates 18.4.2018 302, 4.

850 Gates 18.4.2018 302, 4. Manafort erklärte gegenüber dem Büro des Sonderermittlers, dass er Gates niemals von einem Gespräch mit dem Anwalt des Präsidenten berichtet hatte oder hatte anklingen lassen, dass sie sich kümmern würden. Manafort erklärte zudem, auf Begnadigung gehofft zu haben, dies jedoch niemals mit dem Präsidenten besprochen zu haben, obwohl er von den öffentlichen Bemerkungen des Präsidenten zu Begnadigungen Kenntnis hatte. Manafort 1.10.2018 302, 11. Wie in Band I, Abschnitt IV.A.8, *oben*, erläutert, stimmte Manafort einer Vereinbarung zur Strafminderung mit dem Büro des Sonderermittlers zu. Der U.S. District Court für den District of Columbia entschied, dass er die Vereinbarung gebrochen hatte, weil Manafort in den Treffen mit den Strafverfolgern und vor der Grand Jury die Unwahrheit gesagt hatte. Strafbefehl, *Vereinigte Staaten vs. Manafort*, 1:17-cr-201 (D.D.C. 13. Februar 2019), Dok. 503.

Ahnung hatte, was er überhaupt tat.[851] Der Präsident besprach mit Mitarbeitern, ob und inwieweit Manafort mit dem Büro des Sonderermittlers zusammenarbeiten würde und ob Manafort über irgendwelche Informationen verfügte, die dem Präsidenten schaden könnten.[852]

In der Öffentlichkeit verbreitete der Präsident Statements, in denen er die Ermittlungen kritisierte und andeutete, dass Manafort ungerecht behandelt würde. Am 15. Juni 2018, vor einer für diesen Tag anberaumten Anhörung vor Gericht, bei der es darum ging, ob Manaforts Freilassung auf Kaution aufgrund neuer Anschuldigungen, Manafort habe während dieser Zeit Zeugen manipuliert, widerrufen werden sollte, sagte der Präsident vor Medienvertretern: »Viele tun mir leid, weil ich finde, vieles ist sehr unfair. Ich meine, wenn ich bei manchen sehe, dass sie 12 Jahre zurückgehen. Da hatte Manafort nichts mit unserem Wahlkampf zu tun. Aber ich habe – ich sage Ihnen, ich habe ein bisschen ein schlechtes Gefühl dabei. Sie gehen zwölf Jahre zurück, um Dinge zu finden, die er vor 12 Jahren getan hat? … Manche Leute tun mir leid, wenn sie 12 Jahre zurückgehen, um etwas über jemanden herauszufinden, und ich finde das nicht richtig.«[853] Auf die Frage, ob er eine Begnadigung Manaforts oder anderer in die Untersuchungen des Sonderermittlers verwickelter Personen erwäge, antwortete der Präsident: »Ich will darüber nicht reden. Nein, ich will darüber nicht reden … Aber, schauen Sie, ich will sehen, dass die Leute fair behandelt

---

851 Porter 8.5.2018 302, 11. Priebus erinnerte sich, dass der Präsident Manafort nie richtig leiden konnte. *Siehe* Priebus 3.4.2018 302, 11. Hicks erklärte, Kandidat Trump hatte Manaforts Einschätzungen während des Wahlkampfs vertraut, doch sie hatte ebenfalls gehört, dass Trump Gates angewiesen hatte, Manafort im Auge zu behalten. Hicks 13.3.2018 302, 16.

852 Porter 8.5.2018 302, 11; McGahn 14.12.2017 302, 14.

853 Anmerkungen von Präsident Trump beim informellen Pressegespräch im Weißen Haus, Press Gaggle, Weißes Haus (15. Juni 2018).

werden. Das ist alles, worum es geht«.[854] Einige Stunden später wurde Manaforts Freilassung auf Kaution widerrufen, und der Präsident twitterte: »Wow, was für eine harte Strafe gegen Paul Manafort, der Ronald Reagan, Bob Dole und viele andere Top-Politiker-Leute und Wahlkämpfe vertreten hat. Wusste gar nicht, dass Manafort der Anführer der Bande war. Was ist mit Comey und der Betrügerischen Hillary und den anderen? Sehr unfair!«[855]

Umgehend nach dem Widerruf von Manaforts Freilassung auf Kaution gab der persönliche Rechtsanwalt des Präsidenten Rudolph Giuliani eine Reihe von Interviews, in denen er das Thema einer möglichen Begnadigung Manaforts aufbrachte. So sagte Giuliani der New York Daily News, dass »nach Ende der ganzen Angelegenheit die Dinge vielleicht durch ein paar Begnadigungen vonseiten des Präsidenten wieder bereinigt werden«.[856] In einem weiteren Interview erklärte Giuliani, dass obwohl der Präsident während der laufenden Untersuchungen des Sonderermittlers keine Begnadigungen aussprechen sollte, »er nach Abschluss der Ermittlungen machen kann, was er will, oder?«.[857] In einem Interview mit dem Fernsehsender CNN zwei Tage danach äußerte sich Giuliani: »Ich denke, ich sollte das ein für alle Mal klarstellen … Der Präsident hat im Rahmen der Ermittlung keine Begnadigungen erteilt. Der Präsident wird im Verlauf der Ermittlung keine Begnadigungen erteilen …

854 Anmerkungen von Präsident Trump beim informellen Pressegespräch im Weißen Haus, Press Gaggle, Weißes Haus (15. Juni 2018).
855 @realDonaldTrump 15.6.2018 (13:41 Uhr ET) Tweet.
856 Chris Sommerfeldt, *Rudy Giuliani says Mueller probe ›might get cleaned up‹ with ›presidential pardons‹ in light of Paul Manafort going to jail (Angesichts Paul Manaforts Gefängnisstrafe sagt Rudy Giuliani: Mueller-Untersuchung »wird vielleicht bereinigt« durch »Begnadigungen des Präsidenten«)*, New York Daily News (15. Juni 2018).
857 Sharon LaFraniere, *Judge Orders Paul Manafort Jailed Before Trial, Citing New Obstruction Charges (Richter ordnet Paul Manaforts Inhaftierung vor der Verhandlung an; neue Anklagepunkte wegen Justizbehinderung)*, New York Times (15. Juni 2018) (Giuliani zitierend).

Wenn das Ganze vorbei ist, hey, er ist der Präsident der USA. Er behält seine Macht, jederzeit zu begnadigen. Niemand nimmt ihm das.«[858] Giuliani lehnte den Hinweis ab, dass seine und die Bemerkungen des Präsidenten den Angeklagten signalisieren könnten, bei der Strafverfolgung nicht mitzuwirken, da eine Begnadigung folgen könnte, denn, so Giuliani, die Anmerkungen waren »sicherlich nicht derart gemeint«.[859] Giuliani erklärte, die Bemerkungen räumten nur ein, dass in die Untersuchungen verwickelte Menschen nicht von der Möglichkeit »einer [Begnadigung] ausgeschlossen« wären, »wenn der Präsident oder seine juristischen Berater ... zu dem Schluss kommen, dass man unfair behandelt wurde«.[860] Giuliani betonte, Begnadigungen seien bei politisch motivierten Ermittlungen nicht ungewöhnlich, führte aber aus: »Das bedeutet nicht, dass sie in diesem Fall stattfinden. Es bedeutet nicht, dass sich jemand darauf verlassen sollte ... Der wichtige Hinweis ist: Es wurde noch niemand begnadigt.«[861]

Am 31. Juli 2018 begann Manaforts Strafrechtsprozess im Eastern District of Virginia und zog erhebliche Medienberichterstattung nach sich.[862] Am nächsten Tag twitterte der Präsident:

---

858 *State of the Union* mit Jake Tapper, Transkript, CNN (17. Juni 2018); *siehe* Karoun Demitjian, *Giuliani suggests Trump may pardon Manafort after Mueller's probe* (*Giuliani deutet an, Trump könnte Manafort nach Muellers Untersuchung begnadigen*), Washington Post (17. Juni 2018).

859 *State of the Union* mit Jake Tapper, Transkript, CNN (17. Juni 2018).

860 *State of the Union* mit Jake Tapper, Transkript, CNN (17. Juni 2018).

861 *State of the Union* mit Jake Tapper, Transkript, CNN (17. Juni 2018).

862 *Siehe z. B.*: Katelyn Polantz, *Takeaways from day one of the Paul Manafort trial (Erkenntnisse des ersten Prozesstags gegen Paul Manafort)*, CNN (31. Juli 2018); Frank Bruni, *Paul Manafort's Trial Is Donald Trump's, Too (Paul Manaforts Prozess ist auch der von Trump)*, New York Times Opinion (31. Juli 2018); Rachel Weiner et al., *Paul Manafort trial Day 2: Witnesses describe extravagant clothing purchases, home remodels, lavish cars paid with wire transfers (Paul Manaforts zweiter Prozesstag: Zeugen beschreiben Einkaufstouren extravaganten Kleidungsstils, Umbauten des Hauses, teure Autos, die per telegrafischer Überweisung bezahlt wurden)*, Washington Post (1. August 2018).

»Das ist eine schreckliche Situation. Justizminister Jeff Sessions sollte diese Inszenierte Hexenjagd sofort stoppen, bevor sie unserem Land weiter schadet. Bob Mueller weiß nicht, was er will, und seine 17 Wütenden Demokraten, die seine dreckige Arbeit machen, sind eine Schande für die USA!«[863] Einige Minuten danach twitterte der Präsident: »Paul Manafort hat für Ronald Reagan, Bob Dole und viele andere sehr berühmte und respektierte führende Politiker gearbeitet. Er hat für mich eine sehr kurze Zeit gearbeitet. Warum haben mir die Behörden nicht gesagt, dass gegen ihn ermittelt wurde. Diese alten Vorwürfe haben nichts zu tun mit geheimer Abrede – ein schlechter Scherz!«[864] Später am gleichen Tag twitterte der Präsident: »Wenn man in der Geschichte zurückblickt, wer mieser behandelt wurde, Alfonse Capone, legendärer Mafia-Boss, Killer und ›Staatsfeind Nr. 1‹, oder Paul Manafort, Politik-Arbeiter & Reagan/Dole-Liebling, jetzt bald in Einzelhaft – obwohl für nichts schuldig gesprochen? Wo ist die geheime Abrede mit Russland?«[865] Über die Tweets des Präsidenten bezüglich des Manafort-Prozesses berichteten die Medien umfassend.[866] Als Sanders zu den Tweets des Präsidenten befragt wurde, erklärte sie Pressevertretern: »Zweifellos hat sich der Präsident klar ausgedrückt. Er findet, Paul Manafort wird unfair behandelt.«[867]

---

863 @realDonaldTrump 1.8.2018 (9:24 Uhr ET) Tweet. Als Sanders später am gleichen Tag zu dem Tweet des Präsidenten befragt wurde, sagte sie Journalisten: »Das ist kein Befehl. Das ist die Meinung des Präsidenten«, Sarah Sanders, *White House Daily Briefing*, C-SPAN (1. August 2018).
864 @realDonaldTrump 1.8.2018 (9:34 Uhr ET) Tweet.
865 @realDonaldTrump 1.8.2018 (11:35 Uhr ET) Tweet.
866 *Siehe z. B.* Carol D. Leonnig et al., *Trump calls Manafort prosecution »a hoax«, says Sessions should stop Mueller investigation »right now« (Trump nennt Manaforts Strafverfolgung »einen schlechten Scherz« und sagt, Sessions soll die Mueller-Untersuchung »sofort« stoppen)*, Washington Post (1. August 2018); Louis Nelson, *Trump claims Manafort case has »nothing to do with collusion« (Trump behauptet, Manaforts Fall hat »nichts mit geheimer Abrede zu tun«)*, Politico (1. August 2018).
867 Sarah Sanders, *White House Daily Briefing*, C-SPAN (1. August 2018).

Am 16. August 2018 wurde der Fall Manafort der Grand Jury überstellt, und die Beratungen begannen. Zu der Zeit hatte Giuliani angefangen, gegenüber Journalisten anzudeuten, dass die Untersuchungen des Sonderermittlers »in den nächsten ein oder zwei Wochen erledigt«[868] sein sollten, und die Medien berichteten, ein Freispruch Manaforts würde die Kritik fördern, dass die Untersuchung des Sonderermittlers weder die Zeit noch die Kosten wert wäre, während eine Verurteilung Manaforts zeigen würde, dass eine Beendigung der Untersuchung voreilig wäre.[869]

Am 17. August 2018, während die Beratungen der Grand Jury andauerten, gab der Präsident auf dem Südrasen des Weißen Hauses einen Kommentar zu Manaforts Strafprozess ab. In einer spontanen Begegnung mit Pressevertretern, die ungefähr fünf Minuten dauerte, nannte der Präsident die Untersuchung des Sonderermittlers zweimal eine »inszenierte Hexenjagd«.[870] Als er gefragt wurde, ob er Manafort bei einer Verurteilung begnadigen würde, sagte der Präsident: »Darüber rede ich jetzt nicht. Ich rede darüber nicht.«[871] Dann, ohne weiter gefragt worden zu sein, fügte der Präsident hinzu: »Ich finde, der ganze Manafort-Prozess ist sehr traurig, wenn man sieht, was da so vor sich geht.

---

868 Chris Strohm und Shannon Pettypiece, *Mueller Probe Doesn't Need to Shut Down Before Midterms, Officials Say (Mueller-Untersuchung muss nicht vor den Midterm-Wahlen beendet sein, heißt es von offiziellen Stellen)*, Bloomberg (Aug. 15, 2018).

869 *Siehe z. B.* Katelyn Polantz et al., *Manafort jury ends first day of deliberations without a verdict (Manafort-Jury beendet ersten Tag der Beratungen ohne Urteil)*, CNN (16. August 2018); David Voreacos, *What Mueller's Manafort Case Means for the Trump Battle to Come (Was Muellers Manafort-Fall für Trumps Kampf um die Zukunft bedeutet)*, Bloomberg (2. August 2018); Gabby Morrongiello, *What a guilty verdict for Manafort would mean for Trump and Mueller (Was ein Schuldspruch Manaforts für Trump und Mueller bedeutet)*, Washington Examiner (18. August 2018).

870 Präsident Trumps Bemerkungen zu John Brennan und zur Mueller-Untersuchung, C-SPAN (17. August 2018).

871 Präsident Trumps Bemerkungen zu John Brennan und zur Mueller-Untersuchung, C-SPAN (17. August 2018).

Ich finde, es ist ein sehr trauriger Tag für unser Land. Er hat für sehr kurze Zeit für mich gearbeitet. Aber wissen Sie was? Er ist zufällig ein sehr guter Mensch. Und ich finde es sehr traurig, was sie Paul Manafort angetan haben.«[872] Daraufhin beantwortete der Präsident keine weiteren Fragen.[873] Auf die Statements des Präsidenten angesprochen, erklärte Manaforts Rechtsanwalt, dass »Mr. Manafort für die Unterstützung von Präsident Trump wirklich dankbar ist«.[874]

Am 21. August 2018 befand die Grand Jury Manafort in acht Anklagepunkten für schuldig. Ebenfalls am 21. August bekannte sich Michael Cohen schuldig für acht Straftaten, einschließlich eines Verstoßes gegen die Gesetze zur Wahlkampffinanzierung, und gab an, dass der Verstoß »in Abstimmung mit und auf Veranlassung eines Kandidaten für ein öffentliches Amt«[875] geschehen war. Der Präsident reagierte am gleichen Tag gegenüber Pressevertretern auf Manaforts Verurteilung mit: »Paul Manafort ist ein guter Mensch«, und »was da passiert ist, ist eine sehr traurige Sache«.[876] Zudem beschrieb der Präsident die Untersuchungen des Sonderermittlers als »Hexenjagd, die als Schande endet«.[877] Am darauffolgenden Tag twitterte der Präsident: »Paul

---

872 Präsident Trumps Bemerkungen zu John Brennan und zur Mueller-Untersuchung, C-SPAN (17. August 2018).

873 Präsident Trumps Bemerkungen zu John Brennan und zur Mueller-Untersuchung, C-SPAN (17. August 2018).

874 *Trump calls Manafort „very good person“* (*Trump nennt Manafort einen »sehr guten Menschen«*), All In mit Chris Hayes (17. August 2018) (Transkript); Manafort Anwalt: Wir sind für Trumps Unterstützung dankbar, CNN (17. August 2018) (https://www.cnn.com/videos/politics/2018/08/17/paul-manafort-attorney-trump-jury-deliberations-schneider-lead-vpx.cnn).

875 Transkript 23, *Vereinigte Staaten vs. Michael Cohen,* 1:18-cr-602 (S.D.N.Y. 21. August 2018), Dok. 7 (*Cohen* 21.8.2018 Transkript).

876 *Anmerkungen von Präsident Trump zu Manaforts Prozess,* C-SPAN (21. August 2018).

877 *Anmerkungen von Präsident Trump zu Manaforts Prozess,* C-SPAN (21. August 2018).

Manafort und seine wundervolle Familie tun mir sehr leid. Die ›Justiz‹ hat sich neben anderen Sachen einen 12 Jahre alten Steuerfall vorgenommen, ihn enorm unter Druck gesetzt und, anders als Michael Cohen, weigerte er sich ›einzuknicken‹ – erfundene Geschichten, um einen ›Deal‹ zu kriegen. Großen Respekt für einen mutigen Mann!«[878]

In einem Interview mit Fox News am 22. August 2018 sagte der Präsident: »[Cohen] bekommt einen besseren Deal, wenn er mich benutzt, wie jeder andere auch. Und einer der Gründe, warum ich Respekt für Paul Manafort habe, ist, weil er den Prozess durchgestanden hat – wie Sie wissen, werden Geschichten erfunden. Die Leute erfinden Geschichten. Diese ganze Sache mit der Umfallerei, wie die es nennen, ich weiß alles über Umfallerei«.[879] Der Präsident nannte Umfallerei »unfair«, und dass sie »fast für ungesetzlich erklärt werden sollte«.[880] Auf die Frage, ob er für Manafort eine Begnadigung erwog, antwortete der Präsident: »Ich habe großen Respekt für sein Verhalten, wenn man bedenkt, was er durchgemacht hat … Er hat für viele, viele Leute viele, viele Jahre gearbeitet, und ich würde sagen, was er getan hat, einiges, von dem, was sie ihm vorwerfen, macht wahrscheinlich jeder Berater, jeder Lobbyist in Washington.«[881] Giuliani erklärte gegenüber Journalisten, der Präsident »ist wirklich der Meinung, dass Manafort schrecklich behandelt wurde«, und dass er und der Präsident bereits über die politischen Konsequenzen gesprochen hatten, falls der Präsident Manafort begnadigen würde.[882]

---

878 @realDonaldTrump 22.8.2018 (9:21 Uhr ET) Tweet.

879 *Fox & Friends Exklusiv-Interview mit Präsident Trump*, Fox News (23. August 2018) (aufgezeichnet am Tag davor).

880 *Fox & Friends Exklusiv-Interview mit Präsident Trump*, Fox News (23. August 2018) (aufgezeichnet am Tag davor).

881 *Fox & Friends Exklusiv-Interview mit Präsident Trump*, Fox News (23. August 2018) (aufgezeichnet am Tag davor).

882 Maggie Haberman und Katie Rogers, *„How Did We End Up Here?" Trump Wonders as the White House Soldiers On* (*»Wie konnte es so weit kommen?«, fragt sich Trump, während das Weiße Haus einfach weitermacht*), New York Times (22. August 2018).

Am nächsten Tag berichtete Giuliani der Washington Post, dass der Präsident seine Anwälte in Sachen Begnadigung für Manafort und andere Mitarbeiter um Rat gebeten hatte, und man ihm empfohlen hatte, von Begnadigungen abzusehen, bis die Untersuchungen abgeschlossen waren.[883]

Am 14. September 2018 bekannte sich Manafort vor der Grand Jury im District of Columbia in allen Anklagepunkten schuldig und unterschrieb eine Vereinbarung, die ihn dazu verpflichtete, mit den Ermittlern zusammenzuarbeiten.[884] Giuliani soll öffentlich gesagt haben, dass es selbst nach Manaforts Schuldeingeständnis und seiner Kooperationszusage mit den Behörden bei der mit dem Präsidenten geschlossenen anwaltlichen Vereinbarung zur gemeinsamen Verteidigung (»joint defense agreement«) blieb, und Manaforts Anwälte den Rechtsbeistand des Präsidenten regelmäßig über die zur Diskussion stehenden Themen und die Informationen, die Manafort in den Befragungen

[883] Carol D. Leonnig und Josh Dawsey, *Trump recently sought his lawyers' advice on possibility of pardoning Manafort, Giuliani says (Trump suchte unlängst Rat seiner Anwälte zu Manaforts Begnadigung, sagt Giuliani)*, Washington Post (23. August 2018).

[884] Vereinbarung, *Vereinigte Staaten vs. Paul J Manafort jr.*, 1:17-cr-201 (D.D.C. 14. September 2018), Dok. 422.

des Büros des Sonderermittlers geliefert hat, unterrichteten.[885] Am 26. November 2018 verlautbarte das Büro des Sonderermittlers in einer öffentlichen Gerichtsmitteilung, dass Manafort in vielen Punkten die Unwahrheit gesagt und damit die strafrechtliche Vereinbarung gebrochen hatte.[886] Am darauffolgenden Tag erklärte Giuliani, der Präsident war »seit Wochen verärgert« über die seiner Ansicht nach »un-amerikanische, schreckliche Behandlung von Manafort«.[887] In einem Interview am 28. November äußerte der Präsident, dass es von Manafort »sehr mutig« war, nicht »umzufallen«:

> Wenn man die Wahrheit sagt, kommt man ins Gefängnis. Sehen Sie, diese Umfallerei ist fürchterlich. Man fällt um, man lügt und man kriegt dafür – die Ermittler werden einem 99 Prozent der Zeit sagen, sie kriegen Leute dazu, umzufallen. Aber ich hat-

---

[885] Karen Freifeld und Nathan Layne, *Trump lawyer: Manafort said nothing damaging in Mueller Interviews (Trump Anwalt: Manafort sagte nichts Schädigendes in Mueller-Befragungen)*, Reuters (22. Oktober 2018); Michael S. Schmidt et al., *Manafort's Lawyer Said to Brief Trump Attorneys on What He Told Mueller (Manaforts Anwalt gibt Zusage, Trumps Anwälte über die Aussagen gegenüber Mueller zu informieren)*, New York Times (27. November 2018); Dana Bash, *Manafort team briefed Giuliani on Mueller meetings (Manafort-Team unterrichtet Giuliani über Mueller-Gespräche)*, CNN, veröffentlicht am 28.11.2018, verfügbar unter: https://www.cnn.com/videos/politics/2018/11/28/manafort-lawyers-keeping-trump-lawyers-giuliani-updated-mueller-probe-bash-sot-nr-vpx.cnn; *siehe* Sean Hannity, *Interview mit Rudy Giuliani*, Fox News (14. September 2018) (Giuliani: »Laut einer Manafort nahestehenden Quelle hat die Vereinbarung und Zusage zu kooperieren nichts mit dem Trump-Wahlkampf zu tun … Nun, das weiß ich, weil ich Zugang zu geheimen Unterlagen habe, über die ich nicht sprechen darf.«).

[886] Joint Status Report, *Vereinigte Staaten vs. Paul J. Manafort jr.*, (D.D.C 26. November 2018), Dok. 455.

[887] Stephen Collinson, *Trump appears consumed by Mueller investigation as details emerge (Trump scheint erschöpft von Mueller-Untersuchung, da Einzelheiten ans Licht kommen)*, CNN (29. November 2018).

> te drei Leute: Manafort, Corsi – ich kenne Corsi nicht, aber er weigerte sich zu sagen, was sie hören wollten.[888] Manafort, Corsi GIV [redacted]. Das ist tatsächlich sehr mutig.[889]

Auf die Frage einer möglichen Begnadigung von Manafort sagte der Präsident: »Darüber wurde nie geredet, aber ich würde es nicht einfach vom Tisch wischen. Warum sollte ich das vom Tisch wischen?«[890]

3. Gefährdung laufender Verfahren [redacted]

Gefährdung laufender Verfahren [redacted][891] Gefährdung [redacted]

---

[888] »Corsi« meint Jerome Corsi, Gefährdung laufender Verfahren [redacted] der an den Bemühungen beteiligt war, sich mit WikiLeaks und Assange abzustimmen, und der damals öffentlich erklärte, er hätte eine Vereinbarung mit dem Büro des Sonderermittlers abgelehnt, weil er »keine Lügen unterschreiben« wollte. Sara Murray und Eli Watkins, GIV [redacted] *sagt, er wird keiner Vereinbarung zustimmen*, CNN (26. November 2018).

[889] Marisa Schultz und Nikki Schwab, *Oval Office Interview with President Trump: Trump says pardon for Paul Manafort still a possibility (Interview mit Präsident Trump im Oval Office: Trump sagt, Begnadigung für Manafort ist immer noch eine Möglichkeit)*, New York Post (28. November 2018). Am gleichen Tag twitterte der Präsident: »Während die ekelhafte Fake News alles in ihrer Macht stehende tut, um nicht zu berichten, wie mindestens 3 Hauptfiguren andeuten, dass die Wütende Mueller-Gang der Demokraten Zeugen unmoralisch auffordert, sie sollen über die Tatsachen lügen & dann bekommen sie Unterstützung. Das ist unsere Joseph McCarthy-Ära!« @rea!DonaldTrump 28.11.2018 (8:39 Uhr ET) Tweet.

[890] Marisa Schultz und Nikki Schwab, *New York Post Oval Office Interview with President Trump: Trump says pardon for Paul Manafort still a possibility (Interview mit Präsident Trump im Oval Office: Trump sagt, Begnadigung für Manafort ist immer noch eine Möglichkeit)*, New York Post (28. November 2018).

[891] Gefährdung laufender Verfahren [redacted]

US-Justizministerium
~~Juristische Ermittlungen~~ // ~~Kann geschütztes Material gemäß Fed. R. Crim. P. 6(c) enthalten~~

laufender Verfahren [redacted] [892] Gefährdung laufender Verfahren [redacted] [893] Gefährdung laufender Verfahren [redacted] [894] Gefährdung laufender Verfahren [redacted] [895] Gefährdung laufender Verfahren [redacted]

---

892 Gefährdung laufender Verfahren [redacted]

893 Gefährdung laufender Verfahren [redacted]

894 Gefährdung laufender Verfahren [redacted]

895 Gefährdung laufender Verfahren [redacted]

[redacted] 896 Gefährdung laufender Verfahren [redacted]

Gefährdung laufender Verfahren [redacted] 897 Gefährdung laufender Verfahren [redacted] 898 Gefährdung laufender

896 Gefährdung laufender Verfahren [redacted]

897 Gefährdung laufender Verfahren [redacted]

898 Gefährdung laufender Verfahren [redacted]

Verfahren [redacted] [899] Gefährdung laufender Verfahren [redacted] [900] [redacted] Gefährdung laufender Verfahren [redacted] [901] Gefährdung laufender Verfahren [redacted] [902] Gefährdung laufender Verfahren [redacted]

---

899 Gefährdung laufender Verfahren [redacted]

900 Gefährdung laufender Verfahren [redacted]

901 Gefährdung laufender Verfahren [redacted]

902 Gefährdung laufender Verfahren [redacted]

[redacted][903] Gefährdung laufender Verfahren [redacted][904] Gefährdung laufender Verfahren [redacted][905] Gefährdung laufender Verfahren [redacted][906] Gefährdung laufender Verfahren [redacted][907] Gefährdung laufender Verfahren [redacted]

---

903 Gefährdung laufender Verfahren [redacted]

904 Gefährdung laufender Verfahren [redacted]

905 Gefährdung laufender Verfahren [redacted]

906 Gefährdung laufender Verfahren [redacted]

907 Gefährdung laufender Verfahren [redacted]

[redacted] [908]

Auswertung

Die Bewertung des Verhaltens des Präsidenten gegenüber Flynn, Manafort, GIV [redacted] ergab, dass die folgenden Erkenntnisse bedeutende Merkmale des Straftatbestands der Justizbehinderung erfüllen:

a. <u>Tatbestand der Justizbehinderung.</u> Die Handlungen des Präsidenten gegenüber Zeugen der Sonderermittlung gelten als justizbehindernd, wenn sie unmittelbar dazu tendieren, einzelne Zeugen zu hindern, wahrheitsgemäß auszusagen, oder ansonsten mutmaßlich darauf zielten, die Aussagen gegenüber Organen der Strafverfolgung zu beeinflussen, zu verzögern oder zu vereiteln.

Was Flynn betrifft, übermittelte der Präsident vertrauliche und öffentliche Nachrichten an Flynn, in denen der Präsident ihn ermutigte, stark zu bleiben, und ließ ihn – vor Flynns Kooperation mit den Behörden – wissen, dass er dem Präsidenten immer noch wichtig war. Als Flynns Anwälte ihn aus der Vereinbarung zur gemeinsamen Verteidigung (»joint defense agreement«) mit dem Präsidenten lösten und auf diese Weise signalisierten, möglicherweise mit den Behörden zusammenzuarbeiten, erinnerte der persönliche Anwalt des Präsidenten Flynns Rechtsbeistand zunächst an die herzliche Verbundenheit des Präsidenten zu Flynn und sagte: »das ist auch nach wie vor so«. Doch als Flynns Anwalt bekräftigte, dass Flynn nicht mehr im Rahmen des »joint defense agreement« Informationen teilen konnte, erklärte der Anwalt des Präsidenten, diese Entscheidung würde als Ausdruck von Flynns Feindseligkeit gegenüber dem Präsidenten interpretiert. Die Abfolge dieser Ereignisse könnte das Potenzial

908 Gefährdung laufender Verfahren [redacted]

gehabt haben, den Entschluss Flynns zur Zusammenarbeit sowie den Umfang dieser Zusammenarbeit zu beeinflussen. Aufgrund des Amtsprivilegs konnten wir jedoch nicht feststellen, ob der Präsident persönlich an der betreffenden Botschaft, die sein Anwalt Flynns Rechtsbeistand übermittelte, beteiligt war oder von ihr wusste.

Bezüglich Manafort gibt es Belege, die zeigen, dass das Verhalten des Präsidenten das Potenzial besaß, Manaforts Entscheidung, ob er mit den Strafverfolgungsbehörden kooperieren soll, zu beeinflussen. Der Präsident und sein Anwalt gaben wiederholt Erklärungen ab, in denen sie eine mögliche Begnadigung Manaforts durchblicken ließen und gleichzeitig verdeutlichten, dass der Präsidenten nicht wolle, dass Manafort »umfällt« und mit den Behörden zusammenarbeitet. Am 15. Juni 2018, dem Tag, als der vorsitzende Richter von Manaforts D. C.-Anklage prüfte, ob dessen Freilassung auf Kaution zu widerrufen sei, erklärte der Präsident, dass Manafort ihm »leidtat« und »ich finde, vieles ist sehr unfair«. Nach einer Begnadigung Manaforts gefragt, antwortete der Präsident: »[I]ch will sehen, dass Leute fair behandelt werden. Das ist alles, worum es geht.« Am gleichen Tag, nachdem Manaforts Freilassung auf Kaution widerrufen worden war, nannte der Präsident dies eine »harte Strafe«, die »[s]ehr unfair!« sei. Zwei Tage später deutete der persönliche Anwalt des Präsidenten an, dass in die Untersuchungen des Sonderermittlers verwickelte Personen eine Begnadigung erhalten könnten, »wenn der Präsident oder seine juristischen Berater … zu dem Schluss kommen, dass man unfair behandelt wurde« – und benutzte dafür eine ähnliche Formulierung wie zuvor der Präsident hinsichtlich Manaforts Behandlung während der strafrechtlichen Verfolgung. Diese Erklärungen zusammen mit den lobenden Worten des Präsidenten, die Manafort als »mutigen Mann«, der »nicht einknickt«, bezeichneten, ließen anklingen, dass eine Begnadigung wahrscheinlicher sei, wenn Manafort dabei blieb, nicht mit den Behörden zusammenzuarbeiten. Und als sich Manafort im Rahmen einer Kooperationsvereinbarung mit den Behörden schließlich schuldig bekannte, verstieß er sogleich mit Falschaussagen gegenüber den Ermittlern gegen diese Vereinbarung.

Die öffentlichen Erklärungen des Präsidenten während des Prozesses gegen Manafort, einschließlich des Zeitraums der Beratungen der Grand Jury, hatten darüber hinaus das Potenzial, die Jury zu beeinflussen. Am zweiten Verhandlungstag beispielsweise bezeichnete der Präsident die Ermittlungen als »schreckliche Situation« und einen »schlechten Scherz«, der »unserem Land weiter schadet«, und bezog sich auf Manafort als »Reagan/Dole-Liebling, jetzt bald in Einzelhaft«, obwohl »für nichts schuldig gesprochen«. Diese Statements wurden von den Medien weit verbreitet. Auch wenn die Geschworenen belehrt wurden, keine Artikel zu dem Fall zu lesen oder Nachrichten anzuschauen, und man davon ausgehen kann, dass sie sich an die Anweisungen hielten, führten die Statements des Präsidenten im Laufe des Prozesses zu einer erheblichen Medienberichterstattung, die die Geschworenen unweigerlich mitbekommen haben oder die ihnen durch Dritte zu Ohren kommen konnten. Die Äußerungen des Präsidenten im Zeitraum der Beratungen der Grand Jury, in denen er Manafort »zufällig einen sehr guten Menschen« nannte, und erklärte, es ist »sehr traurig, was sie Paul Manafort angetan haben«, besaßen das Potenzial, die Geschworenen, die von den Statements des Präsidenten gehört hatten, genau dann zu beeinflussen, als sie darüber zu befinden hatten, ob Manafort schuldig oder freizusprechen war.

Gefährdung laufender Verfahren

[redacted]

b. Verbindung zu einem behördlichen Verfahren. Die Flynn, Manafort, [redacted] betreffenden Handlungen des Präsidenten erfolgten in Verbindung mit anhänigen behördlichen Verfahren oder griffen ihnen vor. Der Präsident trat hinsichtlich Flynn [redacted] grundsätzlich dann in Erscheinung, wenn die beiden Gegenstand strafrechtlicher Untersuchungen des Sonderermittlers wurden, und die Medien spekulierten, ob sie mit dem Büro des Sonderermittlers zusammenarbeiten würden. Und das Verhalten des Präsidenten bezüglich Manafort war unmittelbar mit Manaforts öffentlichen Strafverfahren verknüpft. Der Präsident gab während Manaforts Strafprozess Erklärungen über ihn und die Anklage ab. Darüber hinaus nahm der Präsident Stellung zu Manaforts möglichem »Umfallen«, als klar war, dass der Sonderermittler weiterhin den Verlauf der Grand-Jury-Verhandlung beaufsichtigte.

c. Vorsatz. Bezüglich Flynn als potentiellem Zeugen ist die Beweislage des vorsätzlichen Verhaltens des Präsidenten nicht schlüssig. Wie bereits erwähnt, haben wir aufgrund des Amtsprivilegs keine Belege ermitteln können, ob der Präsident vom Informationsaustausch seines Anwalts mit dem Rechtsanwalt von Flynn wusste oder darin einbezogen war, als es um Flynns Entschluss ging, sich aus der Vereinbarung zur gemeinsamen Verteidigung (»joint defense agreement«) zurückzuziehen, und die Zusammenarbeit mit den Behörden als Ausdruck von »Feindseligkeit« gegenüber dem Präsidenten betrachtet wurde. Unabhängig davon, was der Rechtsanwalt des Präsidenten übermittelte, brachte der Präsident, auch nachdem sich Flynn im Rahmen einer Kooperationsvereinbarung schuldig bekannt hatte, weiterhin seine Verbundenheit zu Flynn zum Ausdruck, indem er äußerte, dass Flynn »ein sehr überzeugendes Leben geführt hat«, und der Präsident wegen der Geschehnisse »sehr mit ihm fühl[t]e«.

Das Verhalten des Präsidenten bezüglich Manafort deutet darauf hin, dass der Präsident beabsichtigte, Manafort zu ermutigen, nicht mit den Strafverfolgungsbehörden zusammenzuarbeiten. Vor Manaforts Verurteilung erklärte der Präsident wiederholt, Manafort würde ungerecht behandelt. Einen Tag nach Manaforts Schuldspruch in acht Anklagepunkten und einer daraus resultierenden möglicherweise längeren Gefängnisstrafe nannte der Präsident Manafort »einen mutigen Mann«, weil er sich geweigert hatte »einzuknicken«, und sagte, dass »Umfallen« »eigentlich für ungesetzlich erklärt werden sollte«. Obwohl der Präsident gegenüber Mitarbeitern im Vertrauen äußerte, dass er Manafort nicht leiden konnte, bezeichnete er ihn gleichzeitig öffentlich als »einen guten Menschen« mit einer »wundervollen Familie«. Und als der Präsident gefragt wurde, ob er erwog, Manafort zu begnadigen, antwortete der Präsident indirekt, indem er ausführte, er empfinde »großen Respekt für [Manaforts] Verhalten, wenn man bedenkt, was er durchgemacht hat«. Der Präsident fügte hinzu: »[E]iniges, von dem, was sie ihm vorwerfen, macht wahrscheinlich jeder Berater, jeder Lobbyist in Washington«. Angesichts der Erklärungen des persönlichen Anwalts des Präsidenten, dass die Ermittlungen »vielleicht durch ein paar Begnadigungen vonseiten des Präsidenten wieder bereinigt werden« und eine Begnadigung möglich wäre, wenn der Präsident »zu dem Schluss komm[t], dass man unfair behandelt wurde«, lassen die Beweise den Rückschluss zu, der Präsident beabsichtigte, Manafort im Glauben zu lassen, begnadigt werden zu können, was seine Zusammenarbeit mit den Behörden zur Erlangung einer Strafminderung unnötig machen würde.

Darüber hinaus haben wir Beweise für den Vorsatz des Präsidenten geprüft, zu Beginn von Manaforts Prozess und während der Beratungen der Grand Jury öffentliche Statements über Manafort abzugeben. Einige Belege stützen die Schlussfolgerung, dass der Präsident, zumindest teilweise, vorhatte, die Jury zu beeinflussen. Die Gerichtsverhandlung sorgte für breite Medienberichterstattung, und als die Grand Jury mit ihren Beratungen begann, wurde in den Medien erörtert, dass ein Freispruch den Druck erhöhen würde, die Untersuchungen des

Sonderermittlers einzustellen. Gleich nachdem der Präsident die Untersuchungen des Sonderermittlers als eine »inszenierte Hexenjagd« bezeichnet hatte, sagte er über Manafort am zweiten Tag der Grand-Jury-Beratungen, dass er »zufällig ein sehr guter Mensch« war, und dass »es sehr traurig [ist], was sie Paul Manafort angetan haben«. Sollten diese Bemerkungen des Präsidenten die Geschworenen erreicht haben, hätten sie die unmittelbare Tendenz, unter den Geschworenen Mitgefühl für Manafort zu wecken, und sachlich betrachtet, wäre daraus zu schließen, dass der Präsident diesen Effekt beabsichtigte. Allerdings gibt es noch andere Erklärungen für die Bemerkungen des Präsidenten, einschließlich der, dass ihm Manafort aufrichtig leidtat, oder dass er nicht darauf abzielte, die Grand Jury, sondern die allgemeine öffentliche Meinung zu beeinflussen. Die Statements des Präsidenten konnten ebenfalls bezwecken, Manafort immer wieder die Botschaft zukommen zu lassen, dass eine Begnadigung möglich war. Wie oben beschrieben, bezeichnete der Präsident Manafort sofort als »einen sehr guten Menschen«, nachdem er eine Antwort auf die Frage, ob er Manafort begnadigen würde, verweigert hatte.

Gefährdung laufender Verfahren

[redacted]

[redacted]

K. Das Verhalten des Präsidenten im Umgang mit Michael Cohen

Überblick

Die Beschäftigung mit dem Verhalten des Präsidenten gegenüber Michael Cohen zieht sich durch den gesamten Untersuchungszeitraum. In der Zeit des Wahlkampfs trieb Cohen im Auftrag der Trump Organization das Projekt eines Hochhauses (»Trump Tower«) in Moskau voran. Cohen informierte Trump viele Male über den Fortgang des Projekts; dabei wurde auch erörtert, ob Trump nach Russland reisen sollte, um das Geschäft voranzubringen. Als die Medien kritische Fragen zu Trumps Beziehungen nach Russland zu stellen begannen, machte Cohen sich für eine »Parteilinie« stark, die besagte, Trump solle sich von Russland distanzieren und öffentlich erklären, er mache dort keine Geschäfte. An dieser »Parteilinie« hielt Cohen auch noch 2017 fest, als der Kongress ihn im Zuge seiner Russland-Untersuchung aufforderte, sich einer Befragung zu stellen und Dokumente vorzulegen. In dem Bemühen, die Beziehungen des Präsidenten nach Russland zu bagatellisieren, ließ Cohen dem Kongress einen Schriftsatz zukommen, in dem er wahrheitswidrig behauptete, er habe Trump nur dreimal über den Sachstand beim Trump-Moskau-Projekt informiert, habe nie daran gedacht, Trump eine Reise nach Russland vorzuschlagen, habe auf eine Eingabe an die russische Regierung nie eine Antwort erhalten und das Projekt im Januar 2016 beendet, also schon vor den ersten innerparteilichen Vorwahlen der Republikaner. Während Cohen an dem Schriftsatz für den Kongress arbeitete, führte er ausgiebige Gespräche mit dem persönlichen Rechtsbeistand des Präsidenten, der ihm, so Cohen, riet, sich nicht öffentlich in Widerspruch zum Präsidenten zu setzen und seinen Text knapp und »straff« zu halten. Nachdem das FBI im April 2018 Cohens Privathaus und sein Büro durchsucht hatte, erklärte der Präsident öffentlich, Cohen werde nicht »umfallen«, und übermittelte ihm persönliche Unterstützungszusagen. Mit dem persönlichen Rechtsbeistand des Präsidenten erörterte Cohen auch dessen Begnadigungsrecht und kam zu der Überzeugung, er könne, wenn er bei der Stange bleibe, mit einer Begnadigung rechnen, oder der Präsident werde »etwas anderes« tun, um die Untersuchung abzuwürgen. Im Juli 2018 begann Cohen jedoch mit den Behörden zu kooperieren, woraufhin der Präsident dazu überging, ihn öffentlich zu verunglimpfen, ihn eine »Ratte« zu nennen und zu suggerieren, Cohen und Mitglieder seiner Familie hätten Verbrechen begangen.

Beweislage

1. Kandidat Trumps Kenntnis von und Eingebundensein in das Projekt »Trump Tower Moskau«

Die Interaktionen des Präsidenten mit dem Zeugen Cohen müssen vor dem Hintergrund des Einbezogenseins des Präsidenten in das Projekt »Trump Tower Moskau« gesehen werden.

Wie in Band I, Abschnitt IV.A.1, *oben*, eingehend dargelegt, arbeitete die Trump Organization von September 2015 bis mindestens Juni 2016 in Russland an dem Vorhaben, in Moskau einen »Trump Tower« zu errichten; Verhandlungsführer war dabei Cohen, zu der Zeit geschäftsführender Vizepräsident der Trump

Organization und Vertrauensanwalt von Donald J. Trump.[909] Die Trump Organization hatte zuvor ohne Erfolg versucht, ein Bauprojekt in Moskau zu realisieren.[910] Nach Aussage Cohens hatte

[909] Im August und November 2018 bekannte sich Cohen einer ganzen Palette von Vergehen schuldig, u. a. wahrheitswidriger Angaben gegenüber dem Kongress zum Projekt »Trump Tower Moskau«. (Näheres dazu *siehe* weiter unten in diesem Abschnitt.) Bei seiner ersten Befragung durch Mitarbeiter unseres Büros, wiederholte er die Lügen über das Trump-Tower-Projekt, die er dem Kongress aufgetischt hatte. (Cohen 7.8.2018 302, 12-17) Doch nachdem er gegenüber den Ermittlern des Southern District of New York am 21. August 2018 Schuldbekenntnisse abgelegt hatte, bereinigte er in weiteren Unterredungen mit den Ermittlern seine früheren Angaben. Unser Büro stellte fest, dass die Aussagen, die Cohen in diesen nachfolgenden Proffer Sessions machte, mit anderen von uns im Zuge unserer Ermittlungen erhobenen Informationen übereinstimmten und von diesen erhärtet wurden. In der Anklageschrift, die unser Büro für das Strafverfahren gegen Cohen erstellt hat, heißt es: »Ab der zweiten Sitzung mit dem [Stab des Sonderermittlers] im September 2018 hat der Angeklagte die Verantwortung übernommen nicht nur für seine falschen Angaben zum [Moskauer Trump-Tower-Projekt], sondern auch für seine generellen Versuche, durch öffentliche Erklärungen und Aussagen vor dem Kongress seine Rolle bei den – und seine Kenntnisse zu den – Kontakten zwischen der [Trump Organization] und russischen Interessengruppen im Verlauf des Wahlkampfs kleinzureden. […]. Was Cohen in diesen Proffer Sessions über das [Moskauer Trump-Tower-Projekt] sagte, deckt sich mit anderen im Zuge unserer Ermittlungen gewonnenen Erkenntnissen und wird von diesen bestätigt. […] Der Angeklagte korrigierte darüber hinaus von sich aus weitere falsche und irreführende Angaben, die er zu seinen Fühlungnahmen und Kontakten mit russischen Beamten während des Wahlkampfs gemacht hatte.« *Gov't Sentencing Submission 4, Vereinigte Staaten vs. Michael Cohen*, 1:18-cr-850 (S.D.N.Y., 7. Dez. 2018), Dok. 14. Bei Gelegenheit von Cohens Verurteilung unterstrich unser Büro, dass Cohen »wertvolle Informationen geliefert« und sich bemüht hatte, »sorgfältig festzuhalten, was er weiß und was er nicht weiß«. Transkript, 19, *Vereinigte Staaten vs. Michael Cohen*, 1:18-cr-850 (S.D.N.Y. 12. Dez. 2018), Dok. 17 (Cohen 12.12.2018 Transkript).

[910] *Siehe* Band. I, Abschnitt IV.A.1, *oben* (woraus hervorgeht, dass seit spätestens 2013 mehrere Mitarbeiter der Trump Organization, einschließlich des damaligen Präsidenten der Organisation, Donald J. Trump, an der Aushandlung eines Vertrags mit mehreren russischen Partnerfirmen über den Bau eines Trump Towers in Moskau arbeiteten).

er etwa im September 2015 von Trump die vertrauliche Bewilligung erhalten, im Namen und Auftrag der Trump Organization eine russische Firma mit dem Bau eines von Trump lizenzierten und seinen Namen tragenden Hochhauses in Moskau zu beauftragen.[911] In der Folge führte Cohen zahlreiche kurze Gespräche mit Trump über das Projekt.[912] Wie Cohen sich erinnerte, wollte Trump über alle Entwicklungen in Sachen Trump Tower Moskau auf dem Laufenden gehalten werden, sprach Cohen bei mehreren Gelegenheiten auf das Projekt an und erkundigte sich nach dessen Fortgang.[913] Cohen erörterte das Projekt auch mehrmals mit Donald Trump jr. und Ivanka Trump.[914]

Im Herbst 2015 unterzeichnete Trump einen »Letter of Intent« für das Projekt, in dem äußerst lukrative Konditionen für die Trump Organization festgeschrieben waren.[915] Im Dezember 2015 bat Felix Sater, der die Verhandlungen zwischen Cohen und der russischen Firma in Gang hielt, Cohen um eine Kopie von Cohens und Trumps Reisepass, um vereinfachte Einreiseformalitäten im Hinblick auf ein Treffen mit Staatsbeamten und potenziellen Finanzierungspartnern in Moskau zu erlangen.[916] Nach Cohens Erinnerung sprach er mit Trump über eine solche Reise und erbat von Trumps persönlicher Sekretärin Rhona Graff eine Kopie von Trumps Reisepass.[917]

Spätestens im Januar 2016 wuchs bei Cohen der Frust darüber, dass Sater noch kein Treffen mit russischen Staatsbeamten zustande gebracht hatte; daher wandte sich Cohen per E-Mail

---

911 Cohen 12.9.2018 302, 1-4; Cohen 7.8.2018 302, 15.
912 Cohen 12.9.2018 302, 2, 4.
913 Cohen 12.9.2018 302, 4.
914 Cohen 12.9.2018 302, 4, 10.
915 MDC-H-OOO618-25 (28.10.2015 Letter of lntent, unterzeichnet von Donald J. Trump, Trump Acquisition, LLC und Andrej Rozov, LC. Expert Investment Company); Cohen 12.9.2018 302, 3; Schriftliche Antworten Donald J. Trumps (20. Nov. 2018), 15 (Antwort auf Frage III, (a) bis (g)).
916 MDC-H-000600 (19.12.2015 E-Mail, Sater an Cohen).
917 Cohen 12.9.2018 302, 5.

direkt an das Büro von Dmitri Peskow, Putins Pressesprecher und Stellvertretenden Stabschef.[918] Am 20. Januar 2016 traf bei Cohen eine Antwortmail von Elena Poljakowa ein, Peskows persönlicher Assistentin, und anschließend führten die beiden, wie aus Verbindungsprotokollen hervorgeht, ein etwa zwanzigminütiges Telefongespräch, in dessen Verlauf Cohen das Projekt »Trump Tower Moskau« vorstellte und um Hilfe bei dessen Verwirklichung bat.[919] Cohen erinnerte sich, den Präsidentschaftskandidaten Trump wenig später über das Telefonat informiert zu haben.[920] Er habe Trump erzählt, dass er mit einer Frau gesprochen hatte, die er als »jemand aus dem Kreml« bezeichnete und die ihn, wie er betonte, mit ihrer hohen Professionalität beeindruckt hatte. Sie habe konkrete, ins Einzelne gehende Fragen zu dem Projekt gestellt.[921] Nach Cohens Erinnerung sagte er zu Trump, er wünsche sich, die Trump Organization verfüge über Mitarbeiter von so hoher Kompetenz wie diese Frau aus dem Kreml.[922]

Cohen hatte den Eindruck, sein Telefonat mit Frau Poliakowa habe auf Moskauer Seite das Interesse an dem Projekt wiederbelebt.[923] Am folgenden Tag schickte Sater eine Textnachricht an

---

918 *Siehe* FS 00004 (30.12.2015 Textnachricht, Cohen an Sater); TRUMPORG_MC_000233 (11.1.2016 E-Mail, Cohen an pr _peskova@prpress.gof.ru); MDC-H-000690 (14.1.2016 E-Mail, Cohen an info@prpress.gov.ru); TRUMPORG_MC_000235 (16.1.2016 E-Mail, Cohen an pr_peskova@prpress.gov.ru).

919 20.1.2016 E-Mail, Poliakowa an Cohen; Verbindungsdaten von Michael Cohen. (22-minütiges Telefonat am 20. Januar 2016, zwischen Cohen und der von Poliakowa in ihrer E-Mail genannten Nummer); Cohen 12.9.2018 302, 2-3. Nach dem Gespräch speicherte Cohen die Kontaktdaten von Poliakowa im Kontakte-Ordner des Outlook-Tools der Trump Organization: Outlook contact list, 20.1.2016, Cohens Eintrag in Microsoft Outlook (6:22 Uhr).

920 Cohen 20.11.2018 302, 5.

921 Cohen 20.11.2018 302, 5-6; Cohen 12.11.2018 302, 4.

922 Cohen 20.11.2018 302, 5.

923 Cohen 12.9.2018 302, 5.

Cohen mit der Bitte um einen Anruf, »wenn du ein paar Minuten zum Plaudern hast. […] Es geht um Putin, die haben heute angerufen.«[924] Sater ließ Cohen wissen, die russische Regierung finde Gefallen an dem Projekt, und am 25. Januar 2016 schickte er Cohen eine Einladung zu einem »Arbeitsbesuch« in Moskau.[925] Unter dem Eindruck dieser Initiative Saters teilte Cohen nach seiner Erinnerung Trump mit, er warte auf Rückmeldungen zum Fortgang des Projekts.[926]

Nach dem Januar 2016 führte Cohen weitere Verhandlungen mit Sater über den Trump Tower Moskau und hielt den Kandidaten Trump weiterhin auf dem Laufenden über seine Gespräche und über den Stand der Dinge.[927] Wie Cohen sich erinnerte, wünschten er und Trump sich einen Erfolg des Projekts Trump Tower Moskau; Trump habe ihm nie geraten, wegen des Wahlkampfs die Arbeit an dem Projekt einzustellen.[928] Im März oder April 2016 habe Trump ihn gefragt, ob sich in Russland etwas tue.[929] Cohen erinnerte sich ferner, im Frühjahr 2016 Donald Trump jr. über den Sachstand informiert zu haben – in einer Unterredung, die keine »belanglose Plauderstunde« gewesen sei, denn beim Projekt Trump Tower Moskau sei es um ein potenzielles Geschäft in der Größenordnung von einer Milliarde Dollar gegangen.[930]

---

924 FS 00011 (21.1.2016 Textnachrichten, Sater und Cohen).

925 Cohen 12.9.2018 302, 5; 25.1.2016 E-Mail, Sater an Cohen (mit Anhang).

926 Cohen 20.11.2018 302, 5.}

927 Cohen 12.9.2018 302, 6. Bei seiner späteren Zeugenaussage vor dem Kongress erklärte Cohen, er habe Trump nach Januar 2016 ungefähr sechsmal einen Zwischenbericht über den Fortgang des Projekts erstattet. Anhörung zu Vorgängen im Zusammenhang mit der Trump Organization vor dem Kontroll- und Reformausschuss des Repräsentantenhauses, 116. Kongress (27.2.2019) (CQ Kongress-Transkripte, 24) (Aussage von Michael Cohen).

928 Cohen 12.9.2018 302, 6.

929 Cohen 18.9.2018 302, 4.

930 Cohen 12.9.2018 302, 10.

Wie sich Cohen erinnerte, sprach er um den Mai 2016 herum den Kandidaten Trump erneut auf die Möglichkeit einer Reise nach Russland an, um das Projekt Trump Tower Moskau voranzubringen.[931] Cohen hatte in dieser Zeit mehrere Textnachrichten von Sater erhalten mit dem Anliegen, mögliche Termine für eine solche Reise abzustecken.[932] Am 4. Mai 2016 schrieb Sater an Cohen: »Ich hatte eine Unterredung mit Moskau. ANGENOMMEN, die Reise fände statt, lautet die Frage: vor oder nach dem Parteitag? […] Die vorbereitende Reise (du allein) kann selbstverständlich zu jedem dir genehmen Zeitpunkt stattfinden, aber die 2 großen Nummern sind die Frage. Ich habe gesagt, ich würde eine Bestätigung einholen und mich wieder melden.«[933] Cohen erwiderte: »Meine Reise vor [dem Parteitag in] Cleveland. Trump nach seiner Nominierung auf dem Parteitag.«[934] Am 5. Mai 2016 legte Sater mit einer Textnachricht nach, von der Cohen glaubt, er habe sie Trump vorgelesen:

> Peskow würde Sie gerne als seine Gäste zum St. Petersburger Forum einladen, das ist das russische Davos und findet 16.-19. Juni statt. Er will euch dort kennenlernen und euch womöglich entweder mit Putin oder mit Medwedew bekannt machen. […] Das ist perfekt. Die gesamte große Geschäftswelt Russlands wird ebenfalls zugegen sein. Er sagte, alles, worüber ihr reden wollt, einschließlich Terminen und Angelegenheiten, ist auf dem Tisch und kann diskutiert werden.[935]

---

[931] Cohen 12.9.2018 302, 7.
[932] Cohen 12.9.2018 302, 7.
[933] FS 00015 (4.5.2016 Textnachricht, Sater an Cohen).
[934] FS 00015 (4.5.2016 Textnachricht, Cohen an Sater).
[935] FS 00016-17 (5.5.2016 Textnachrichten, Sater und Cohen).

Cohen erinnerte sich, mit dem Kandidaten Trump über die Einladung zum St. Petersburger Wirtschaftsforum gesprochen und ihm gesagt zu haben, dass möglicherweise Putin oder der russische Ministerpräsident Dmitri Medwedew teilnehmen würden.[936] Nach Cohens Erinnerung sagte Trump, er sei willens, nach Russland zu reisen, wenn Cohen das Geschäft »hieb- und stichfest« machen könne.[937] Im Juni 2016 beschloss Cohen, nicht zum St. Petersburger Wirtschaftsforum zu fahren, weil Sater keine förmliche Einladung Peskows an ihn beigebracht hatte.[938] Cohen sagte, er habe in der Zeit ein kurzes Gespräch mit Trump geführt, ihm jedoch nicht gesagt, dass das Projekt tot war – er wollte Trump keinen Anlass liefern, sich im Falle einer Wiederbelebung des Projekts über ein »ewiges Hin und Her« zu beklagen.[939]

Im Verlauf des Sommers 2016 erklärte der Kandidat Trump öffentlich, er habe mit Russland nichts zu tun, fragte aber wenig später persönlich bei Cohen nach, wie es um das Projekt Trump Tower Moskau stehe – was Cohen als »interessant« empfand.[940] Irgendwann in diesem Sommer hatte Cohen seiner Erinnerung nach eine kurze Unterredung mit Trump, bei der er Trump wissen ließ, das Projekt Trump Tower Moskau sei in der Sackgasse gelandet, weil die russische Baufirma sich kein Grundstück für das Hochhaus gesichert habe.[941] Trump habe das mit einem lakonischen »richtig schlecht« quittiert, und Cohen erinnerte sich nicht, danach noch jemals mit ihm über das Projekt gesprochen

---

936 Cohen 12.9.2018 302, 7.
937 Cohen 12.9.2018 302, 7.
938 Cohen 12.9.2018 302, 7-8.
939 Cohen 12.9.2018 302, 8.
940 Cohen 19.3.2019 302, 2.
941 Cohen 19.3.2019 302, 2. An das genaue Datum dieser Unterredung konnte Cohen sich nicht erinnern; er sagte, sie habe im Juni oder Juli 2016 stattgefunden, nicht lange nachdem der Kandidat Trump begonnen hatte, öffentlich zu versichern, er habe nichts mit Russland zu tun. Cohen 19.3.2019 302, 2.

zu haben.[942] Cohen betonte jedoch, Trump habe ihn zu keinem Zeitpunkt im Verlauf des Wahlkampfs angewiesen, das Projekt nicht weiterzuverfolgen oder es abzublasen.[943]

2. Cohens Entschluss, sich an die »Parteilinie« zu halten: Abgrenzung des Kandidaten Trump von Russland

Wie weiter oben (Band II, Abschnitt II.A, *oben*) thematisiert, verneinte Trump, wann immer im Verlauf des Präsidentschaftswahlkampfs von 2016 Fragen zu einer möglichen russischen Hilfestellung für den Kandidaten Trump aufkamen, kategorisch jegliche persönlichen, finanziellen oder geschäftlichen Beziehungen zu Russland; Cohen nannte das die »Parteilinie« oder die »Botschaft«, an die sich Trump und seine oberste Beraterriege zu halten hätten.[944]

Nach der Wahl bemühte sich die Trump Organization, bestimmte Geschäfte noch vor dem Termin der Amtseinführung abzuwickeln.[945] Auf dieser Liste der abzuwickelnden Geschäftsprojekte stand nach Cohens Erinnerung u. a. der Trump Tower Moskau.[946] Um den Januar 2017 herum gingen bei Cohen Anfragen von Medienvertretern bezüglich dieses Projekts ein, und er erinnerte sich, unter dem Eindruck dieser Anfragen ein Gespräch mit dem gewählten Präsidenten geführt zu haben.[947] Cohens Sorge war, dass wahrheitsgemäße Angaben zu diesem Hochhausprojekt womöglich unvereinbar mit der Botschaft sein würden, der gewählte Präsident unterhalte keine Beziehungen nach Russland.[948]

---

942 Cohen 19.3.2019 302, 2.
943 Cohen 19.3.2019 302, 2
944 Cohen 20.11.2018 302, l; Cohen 18.9.2018 302, 3, 5; Cohen 12.9.2018 302, 9.
945 Cohen 18.9.2018 302, 1-2; *siehe auch* Riskhiladze 4.4.2018 302, 8-9.
946 Cohen 18.9.2018 302, 1-2.
947 Cohen 18.9.2018 302, 3.
948 Cohen 20.11.2018 302, 4.

In dem Bemühen, »auf Linie zu bleiben«, ließ Cohen einen Reporter der New York Times wissen, die Errichtung des Trump Towers Moskau sei nicht möglich gewesen, man habe das Projekt im Januar 2016 eingestellt.[949] Wie Cohen sich erinnerte, war diese Aussage Teil eines »Drehbuchs« oder einer Sprachregelung, die er zusammen mit dem gewählten Präsidenten und Anderen erarbeitet hatte, um den Verdacht einer substanziellen Verbindung zwischen Trump und Russland zu entkräften.[950] Cohen sagte, er habe die Sprachregelung mit Trump besprochen, ihn aber nicht ausdrücklich auf deren Wahrheitswidrigkeit hingewiesen, weil Trump ja selbst gewusst habe, dass sie nicht der Wahrheit entsprach.[951] Nach Cohens Meinung war es wichtig, zu erklären, man habe das Projekt im Januar 2016 zu den Akten gelegt, und nicht einzuräumen, dass die Verhandlungen darüber noch im Mai und Juni 2016 weitergeführt worden waren; auf diese Weise konnte man die Zeitspanne, für die dem Kandidaten Trump eine Beziehung zu Russland nachgesagt werden konnte, auf eine frühe Phase seines Wahlkampfs begrenzen, nämlich auf die Zeit, bevor er im Rennen um die Nominierung zum Präsidentschaftskandidaten seiner Partei die Führung übernahm.[952]

---

949 Cohen 18.9.2018 302, 5. Der Artikel erschien am 19. Februar 2017 und vermeldete, Sater und Cohen hätten noch »im Herbst 2015« an den Planungen für einen Trump Tower in Moskau gearbeitet; die Arbeit sei jedoch wegen des Präsidentschaftswahlkampfs zum Erliegen gekommen. Getreu der vorgegebenen »Parteilinie«, an die sich Cohen damals hielt, hieß es in dem Artikel: »Cohen sagte, die Trump Organization habe seinerzeit von einem russischen Bauunternehmen einen Letter of intent für ein Projekt in Moskau erhalten, sei aber zu der Einsicht gelangt, dass das Projekt nicht realisierbar war.« Megan Twohey u. Scott Shane, *A Back-Channel Plan for Ukraine and Russia, Courtesy of Trump Associates* (*»Ein Rückkanal-Plan für die Ukraine und Russland, dank Fa. Trump Associates«*), New York Times (19. Feb. 2017).

950 Cohen 18.9.2018 302, 5-6.

951 Cohen 18.9.2018 302, 6.

952 Cohen 12.9.2018 302, I 0.

3. Cohen macht gegenüber dem Kongress falsche Angaben, mit denen das Projekt Trump Tower Moskau in Übereinstimmung mit der »Parteilinie« bagatellisiert wird

Anfang Mai 2017 erhielt Cohen vom Kongress die Aufforderung, im Rahmen der parlamentarischen Untersuchung zur eventuellen Einmischung Russlands in die Präsidentschaftswahl von 2016 auszusagen und Dokumente zur Verfügung zu stellen.[953] Zu diesem Zeitpunkt ging Cohen davon aus, dass sich der Kongress vor allem für die im Steele-Report enthaltenen Behauptungen über ein angebliches Treffen Cohens mit russischen Beamten in Prag während des Wahlkampfs interessierte.[954] Cohen war nie in Prag gewesen und machte sich keine Sorgen wegen dieser Unterstellungen, die in seinen Augen nachweislich falsch waren.[955] Am 18. Mai 2017 traf sich Cohen mit dem Präsidenten, um über die Anfragen aus dem Kongress zu sprechen, und der Präsident wies ihn an, zu kooperieren, weil an den Verdächtigungen nichts dran war.[956]

Cohen schloss am Ende mit dem Präsidenten und anderen Personen, die Zielobjekte der Russland-Ermittlungen waren, eine Vereinbarung zur gemeinsamen Verteidigung, die die Geheimhaltung zwischen den Verteidigern aufhebt (»joint defense agreement«, JDA).[957] In den Monaten vor seiner Aussage vor dem Kongress besprach sich Cohen viele Male mit dem

953 P-SCO-000000328 (9.5.2017 Brief, HPSCI an Cohen); P-SCO-000000331 (12.5.2017 Brief, SSCI an Cohen).
954 Cohen 20.11.2018 302, 2-3.
955 Cohen 20.11.2018 302, 2-3.
956 Cohen 12.11.2018 302, 2; Cohen 20.11.2018 302, 3.
957 Cohen 12.11.2018 302, 2.

persönlichen Rechtsbeistand des Präsidenten.[958] Nach Angaben

---

[958] Cohen 12.11.2018 302, 2-3; Cohen 20.11.2018, 2-6. Cohen berichtete den Ermittlern von seinen Gesprächen mit dem persönlichen Rechtsbeistand des Präsidenten, nachdem er zuvor auf jeden Immunitätsanspruch verzichtet hatte und nachdem unser Büro seinen Anwalt ermahnt hatte, keine Schriftstücke vorzulegen, die möglichweise durch andere Schweigepflichtvereinbarungen geschützt sind, etwa durch eine Vereinbarung zur gemeinsamen Verteidigung oder Common-Interest-Privilegien. Das führte dazu, dass das Gros dessen, was Cohen uns über seine Gespräche und Schriftwechsel mit dem persönlichen Rechtsbeistand des Präsidenten mitteilte, aus seinen eigenen Beiträgen zu dieser Kommunikation bestand, während wir nichts oder wenig darüber erfuhren, was an Antworten zurückgekommen war. Cohen referierte allerdings in indirekter Rede bestimmte Aussagen des persönlichen Rechtsbeistands des Präsidenten, und diese Aussagen werden in diesem Abschnitt wiedergegeben. Cohen und sein Anwalt waren besser als wir in der Lage, zu beurteilen, ob diese Aussagen durch irgendeine Geheimhaltungspflicht geschützt sind, denn sie kennen die Reichweite ihrer Vereinbarung zur gemeinsamen Verteidigung (»joint defense agreement«, JDA) und haben Zugang zu geschützten Kommunikationsinhalten, die womöglich den Kontext für ein besseres Verständnis der Schriftstücke liefern, die sie zur Verfügung gestellt haben. Nach unseren Unterredungen mit Cohen zu dieser Thematik fragten wir den persönlichen Rechtsbeistand des Präsidenten, ob er uns Informationen über seine Gespräche und seinen Mailverkehr mit Cohen im Zusammenhang mit dessen Aussagen vor dem Kongress über das Projekt Trump Tower Moskau zugänglich machen wolle. Über seinen Anwalt ließ der persönliche Rechtsbeistand des Präsidenten uns wissen, dass er das nicht tun wolle; er erklärte, er könne keine Trennung vornehmen zwischen Informationen, die er von Cohen erhalten hatte, und Informationen, die von anderen Mitgliedern des JDA-Teams stammten. Unter Berücksichtigung der Rechtsbelehrung, die wir Cohens Anwalt erteilt haben (Schriftstücke, die einem privilegierten Schutz unterliegen könnten, im Zweifelsfall zurückzuhalten), der Unsicherheit des persönlichen Rechtsbeistands des Präsidenten über die Herkunft seiner eigenen Kenntnisse, die Verpflichtung des Nutznießers eines Privilegs, die für eine Geltendmachung seines Privilegs nötigen Elemente beizubringen, und schließlich der inhaltlichen Substanz der Schriftstücke selbst haben wir relevante Teile der uns von Cohen zur Verfügung gestellten Materialien in diesem Bericht verwendet. Falls diese Materialien in einem über diesen Bericht hinausgehenden Kontext verwendet werden sollen, könnten weitere rechtliche Prüfungen angezeigt sein.

Cohens sagte ihm der persönliche Rechtsbeistand des Präsidenten einige Male, er sei gerade beim Präsidenten gewesen.[959] Nach Cohens Erinnerung erfuhr er vom persönlichen Rechtsbeistand des Präsidenten, die Anwälte des JDA-Teams arbeiteten gut zusammen; er versicherte, an den Vorwürfen sei nichts dran, und wenn er auf Linie bleibe, würden die Ermittlungen bald ihr Ende finden.[960] In dieser Zeit wurden Cohens Anwaltsrechnungen von der Trump Organization bezahlt,[961] und man sagte Cohen, er brauche sich keine Sorgen zu machen, denn die Untersuchungen würden spätestens im Sommer oder Herbst 2017 abgeschlossen sein.[962] Nach Angaben Cohens erhielt er vom persönlichen Rechtsbeistand des Präsidenten die Zusicherung, als Mitglied des JDA-Teams genieße er einen Schutz, den er verlieren würde, falls er sich als »Einzelgänger versuchte«.[963] Wie sich Cohen später erinnerte, versicherte ihm der persönliche Rechtsbeistand des Präsidenten: »Der Präsident steht auf dich.« Solange er auf Linie bleibe, habe er die Rückendeckung des Präsidenten.[964]

Im August 2017 begann Cohen mit der Niederschrift einer Erklärung zum Projekt Trump Tower Moskau, die er später zusammen mit seinem Dokumente-Kompilat dem Kongress vorlegte.[965] In ihrer Endfassung enthielt diese Erklärung mehrere unwahre Aussagen über das Projekt.[966] Obwohl die Trump Organization das Projekt bis mindestens Juni 2016 aktiv vorangetrieben hatte, hieß es in der Erklärung: »Der Vorschlag wur-

959 Cohen 20.11.2018 302, 6.
960 Cohen 20.11.2018 302, 2, 4.
961 Cohen 20.11.2018 302, 4.
962 Cohen 18.9.2018 302, 8; Cohen 20.11.2018 302, 3-4.
963 Cohen 20.11.2018 302, 4.
964 Cohen 18.9.2018 302, 11; Cohen 20.11.2018 302, 2.
965 P-SCO-000003680 und P-SCO-0000003687 (16.8.2017 E-Mail mit Anlage, Michael Cohens Anwalt an Cohen). Cohen sagte, es sei nicht seine Idee gewesen, zum Thema Trump Tower Moskau einen Brief an den Kongress zu schreiben. Cohen 18.9.2018 302, 7.
966 P-SCO-00009478 (Erklärung von Michael D. Cohen, Esq. (28. August 2017)).

de von der Trump Organization von September 2015 bis Ende Januar 2016 in Betracht gezogen. Ende Januar 2016 kam ich zu der Überzeugung, dass die Idee aus einer Reihe wirtschaftlicher Gründe nicht umsetzbar war und nicht weiterverfolgt werden sollte. Auf der Grundlage meiner betriebswirtschaftlichen Einschätzung verabschiedete sich die Trump Organization von der Idee.«[967] Damit nicht genug: Obwohl Cohen und der Kandidat Trump sich über die Möglichkeit verständigt hatten, dass Trump nach Moskau reisen würde, um das Projekt voranzubringen, schrieb Cohen in seiner Erklärung: »Trotz aller Avancen des Mr. Sater dachte ich nie ernsthaft daran, Mr. Trump eine Reise nach Moskau im Zusammenhang mit diesem Projektvorschlag zu empfehlen. Ich sagte Mr. Sater, Mr. Trump werde nicht nach Russland reisen, ehe nicht eine unterschriftsreife Vereinbarung vorliege.«[968] Und weiter: Obwohl Cohen Trump regelmäßig über den Stand des Projekts unterrichtet und die beiden zahlreiche Gespräche darüber geführt hatten, behauptete Cohen in der Erklärung: »Mr. Trump stand, was das Projekt betrifft, nie im Benehmen mit irgendjemandem außer mit mir bei drei Gelegenheiten, darunter bei der Unterzeichnung eines unverbindlichen ›Letter of Intent‹ im Jahr 2015.«[969] Und schließlich: Obwohl Cohens Kontaktaufnahme zu Peskow im Januar 2016 in ein längeres Telefonat mit einer Kreml-Mitarbeiterin gemündet hatte, behauptete Cohen in der Erklärung, er könne sich »an keine Antwort auf meine E-Mail [an Peskow] erinnern, ebenso wenig an irgendeinen weiteren Austausch zwischen mir und

---

[967] P-SCO-00009478 (Erklärung von Michael D. Cohen, Esq. (28. August 2017)).
[968] P-SCO-00009478 (Erklärung von Michael D. Cohen, Esq. (28. August 2017)).
[969] P-SCO-00009478 (Erklärung von Michael D. Cohen, Esq. (28. August 2017)).

Mr. Peskow oder anderen russischen Regierungsvertretern über den Projektvorschlag.«[970]

Cohens Erklärung wurde im Voraus Mitgliedern des JDA-Teams zugeleitet und von ihnen überarbeitet.[971] Vor Abschluss der Endredaktion enthielten mehrere Entwurfsfassungen die Aussage: »Das Bauprojekt veranlasste mich zur Aufnahme begrenzter Kontakte zu russischen Regierungsvertretern.«[972] In der Endfassung der Erklärung war dieser Satz nicht mehr enthalten.[973] Cohen glaubte sich zu erinnern, dass es die Entscheidung des JDA-Teams war, den Satz zu streichen, er selbst wehrte sich nicht gegen die Streichung.[974] Nach seiner Erinnerung sagte

---

970 P-SCO-00009478 (Erklärung von Michael D. Cohen, Esq. (28. August 2017)).

971 Cohen 12.9.2018 302, 8-9. Wie Cohen vor dem Kongress aussagte, hatte der Rechtsbeistand des Präsidenten den Schriftsatz durchgesehen und redigiert. *Anhörung zu Vorgängen im Zusammenhang mit der Trump Organization vor dem Kontroll- und Reformausschuss des Repräsentantenhauses*, 116. Kongress (27.2.2019) (CQ Kongress-Transkripte, 24-25) (Aussage von Michael Cohen). Aus Rücksicht auf ein hier womöglich vorliegendes »Common Interest Privilege« beschafften und begutachteten wir nicht alle Entwürfe von Cohens Schriftsatz. Nach den Entwürfen zu urteilen, die nach Durchlaufen des Filterprozesses unseres Büros veröffentlicht wurden, gehen wir davon aus, dass die vier gewichtigsten Falschangaben, die weiter oben referiert werden, bereits in einer frühen, von Cohen und seinem Anwalt erstellten Textfassung enthalten waren. P-SCO-0000003680 und P-SCO-0000003687 (16.8.2017 E-Mail mit Anlage, Cohens Anwalt an Cohen).

972 P-SCO-0000003687 (16.8.2017 Erklärungsentwurf von Michael Cohen); Cohen 20.11.2018 302, 4.

973 Cohen 20.11.2018 302, 4. Ein abweichender Satz, in dem es heißt, Cohen erinnere sich »nicht an irgendeine Antwort auf meine E-Mail [vom Januar 2016 an Peskow] oder an irgendwelche anderen Kontakte meiner Person zu Mr. Peskow oder zu anderen russischen Regierungsbeamten über den Projektvorschlag«, blieb in dem Entwurf stehen. *Siehe* P-SCO-0000009478 (Erklärung von Michael D. Cohen, Esq. (28. August 2017)).

974 Cohen 20.11.2018 302, 4.

er dem persönlichen Rechtsbeistand des Präsidenten, er werde einer Entscheidung des JDA-Teams nicht widersprechen.[975]

Cohen erinnerte sich ferner, dass er bei der Abfassung seiner Erklärung für den Kongress mit dem persönlichen Rechtsbeistand des Präsidenten ein weiteres Thema besprochen hatte, das einen Berührungspunkt Trumps mit Russland betraf: die Bemühungen Cohens, anlässlich der UN-Vollversammlung 2015 ein Treffen zwischen Trump und Putin in New York zu arrangieren.[976] Im September 2015 hatte Cohen Trump ein solches Treffen mit Putin schmackhaft gemacht, und Trump hatte ihm grünes Licht für eine Kontaktaufnahme zu Putins Präsidialbüro gegeben.[977] Cohen hatte sich per Telefon und E-Mail mit einer russischen Beamtin über die Möglichkeit eines Treffens ausgetauscht, und seiner Erinnerung nach hatte Trump ihn in der Folge mehrmals gefragt, ob es in Bezug auf das Treffen mit Putin Neues gebe.[978] Bei einem zweiten Anruf Cohens hatte die russische Beamtin ihm erklärt, es sei für Putin protokollarisch unangebracht, sich mit Trump zu treffen; Cohen hatte diesen Bescheid an Trump weitergegeben.[979] Cohen rechnete damit, bei seiner Befragung vor dem Kongress möglicherweise mit Fragen zu dem anvisierten Treffen Trumps mit Putin konfrontiert zu werden, weil er als Gast von Sean Hannitys Radiosendung darüber geredet hatte.[980] Nach seiner Erinnerung erzählte Cohen dem persönlichen Rechtsbeistand des Präsidenten die »ganze Geschichte« der versuchten Herbeiführung einer Begegnung zwischen Trump und Putin, einschließlich der Rolle, die Trump dabei gespielt hatte.[981] Wie Cohen sich erinnerte, hatten er und der persönliche Rechtsbeistand des Präsidenten darüber disku-

---

975 Cohen 20.11.2018 302, 5.
976 Cohen 18.9.2018 302, 10-11.
977 Cohen 18.9.2018 302, 11; Cohen 12.11.2018 302, 4.
978 Cohen 18.9.2018 302, 11; Cohen 12.11.2018 302, 5.
979 Cohen 12.11.2018 302, 5.
980 Cohen 18.9.2018 302, 11.
981 Cohen 19.3.2019 302, 2.

tiert, ob man die Person Trump aus der Wiedergabe dieser Geschichte heraushalten konnte. Schließlich habe der persönliche Rechtsbeistand des Präsidenten Cohen erklärt, die Geschichte sei so unbedeutend, dass sie in Cohens Schriftsatz an den Kongress gar nicht enthalten sein müsse.[982]

Cohen erklärte, er habe mit den Falschdarstellungen in seinem Schriftsatz für den Kongress die »Agenda« verfolgt, das Eingebundensein des Präsidenten in das Projekt Trump Tower Moskau zu bagatellisieren, den falschen Eindruck zu vermitteln, man habe das Projekt schon vor den ersten Vorwahlen für die Präsidentschaftskandidatur beerdigt, und weitere Nachforschungen zu dem Moskauer Projekt zu unterbinden, alles mit dem Ziel, die angelaufenen Ermittlungen zum Thema Russland und Trump einzugrenzen.[983] Wie Cohen erläuterte, wollte er den Präsidenten schützen und hätte es als illoyal empfunden, irgendetwas zu sagen, das einer Aussage des Präsidenten widersprochen hätte.[984] Nach seiner Erinnerung machte ihm der Gedanke zu schaffen, er hätte, wenn er wahrheitsgemäß angegeben hätte, dass er eine Antwort aus dem Kreml erhalten oder dass er mit dem Kandidaten Trump über die Möglichkeit einer Reise nach Moskau gesprochen hatte, um das Projekt voranzubringen, der offiziellen Sprachregelung des Trump-Lagers widersprochen, der zufolge keine Beziehungen zwischen Trump und Russland bestanden; er rechtfertigte seine Entscheidung, die Sache falsch darzustellen, für sich damit, dass das Geschäft nicht zustande gekommen war.[985] Dass womöglich Dritte, die die Wahrheit

---

982 Cohen 19.3.2019 302, 2; *siehe* Cohen 18.9.2018 302, 11 (worin er sich erinnert, dass man ihm gesagt hatte, wenn er auf Linie bleibe und den Präsidenten aus der Geschichte heraushalte, werde der Präsident ihm volle Rückendeckung geben).

983 Cohen 12.9.2018 302, 8; Info *siehe* 4-5, *Vereinigte Staaten vs. Michael Cohen*, 1:18-cr-850 (S.D.N.Y. 29. November 2018), Dok. 2 (Mitteilung *Cohen*).

984 Cohen 20.11.2018 302, 4.

985 Cohen 20.11.2018 302, 4; Cohen 12.11.2018 302, 2-4, 6.

kannten, seiner Darstellung widersprechen würden, bereitete ihm keine Sorgen, hielt er sich doch mit seiner Version der Geschichte an die »Parteilinie«, auf die das gesamte Trump-Lager eingeschworen war.[986] Cohen wollte sich die Rückendeckung des Präsidenten und des Weißen Hauses bewahren und war überzeugt, das Festhalten an der »Parteilinie« sei das beste Mittel, den Untersuchungen des Sonderermittlers und des Kongresses ein Ende zu bereiten.[987]

Zwischen dem 18. August 2017, als der Schriftsatz Cohens sich noch in einem frühen Entwurfsstadium befand, und dem 28. August 2017, dem Tag, an dem er dem Kongress zugeleitet wurde, telefonierte Cohen laut Verbindungsprotokollen fast jeden Tag mit dem persönlichen Rechtsbeistand des Präsidenten.[988] Am 27. August, einen Tag bevor Cohen den Schriftsatz an den Kongress übermittelte, fanden zahlreiche Telefonate zwischen Cohen und dem persönlichen Rechtsbeistand des Präsidenten statt, darunter welche von drei, vier, sechs, elf und achtzehn Minuten Dauer.[989] Nach Cohens Erinnerung machte er den

---

986 Cohen 12.9.2018 302, 9.

987 Cohen 12.9.2018 302, 8-9.

988 Cohen 12.11.2018 302, 2-3; Cohen 20.11.2018 302, 5; Telefondaten von Michael Cohen (Bezeugt sind drei Telefonkontakte am 18. August 2017 (24 Sekunden; 5 Minuten 25 Sekunden; und 10 Minuten 58 Sekunden); zwei am 19. August (23 Sekunden und 24 Minuten 26 Sekunden); drei am 23. August (8 Sekunden; 20 Minuten 33 Sekunden; und 5 Minuten 8 Sekunden); einen am 24. August (11 Minuten 59 Sekunden); 14 am 27. August (28 Sekunden; 4 Minuten 37 Sekunden; 1 Minute 16 Sekunden; 1 Minute 35 Sekunden; 6 Minuten 16 Sekunden; 1 Minute 10 Sekunden; 3 Minuten 5 Sekunden; 18 Minuten 55 Sekunden; 4 Minuten 56 Sekunden; 11 Minuten 6 Sekunden; 8 Sekunden; 3 Sekunden; 2 Sekunden; 2 Sekunden).)

989 Cohen 20.11.2018 302, 5; Telefondaten von Michael Cohen. (Bezeugt sind 14 Telefonkontakte am 27. August 2017 (28 Sekunden; 4 Minuten 37 Sekunden; 1 Minute 16 Sekunden; 1 Minute 35 Sekunden; 6 Minuten 16 Sekunden; 1 Minute 10 Sekunden; 3 Minuten 5 Sekunden; 18 Minuten 55 Sekunden; 4 Minuten 56 Sekunden; 11 Minuten 6 Sekunden; 8 Sekunden; 3 Sekunden; 2 Sekunden; 2 Sekunden).)

persönlichen Rechtsbeistand des Präsidenten, der selbst keinen unmittelbaren Einblick in das Thema Trump Tower Moskau hatte, darauf aufmerksam, dass er in seiner Darstellung für den Kongress einiges weggelassen hatte, was es über das Projekt zu berichten gäbe, etwa dass mehr Korrespondenz mit den Russen und mehr Gespräche mit dem Kandidaten Trump stattgefunden hatten, als in seinem Bericht aufgeführt.[990] Nach Aussage Cohens entgegnete der persönliche Rechtsbeistand des Präsidenten darauf, es sei unnötig, auf diese Details ausführlicher einzugehen, da das Projekt ja nicht zustande gekommen sei. Cohen solle seine Darstellung knapp und »straff« halten, und außerdem werde die Angelegenheit ohnehin bald zum Abschluss kommen.[991] Nach Cohens Erinnerung sagte ihm der persönliche Rechtsbeistand des Präsidenten, sein »Mandant« halte große Stücke auf ihn (Cohen), er solle auf Linie bleiben und nichts sagen, was im Widerspruch zu Äußerungen des Präsidenten stünde; es sei nicht nötig, Verwirrung zu stiften, vielmehr sei es an der Zeit, nach vorne zu blicken.[992] Cohen sagte, er habe dem zugestimmt, weil man das so von ihm erwartet habe.[993] Als Cohen später eingestand, dem Kongress falsche Angaben zum Projekt Trump Tower Moskau gemacht zu haben, bemühte sich unser Büro um ein Gespräch mit dem persönlichen Rechtsbeistand des Präsidenten über seine Unterredungen mit Cohen, doch der Rechtsbeistand verweigerte dies unter Hinweis auf eine mögliche Geltendmachung des Amtsprivilegs.[994]

---

990 Cohen 20.11.2018 302, 5.

991 Cohen 20.11.2018 302, 5. Wie Cohen sich vage erinnerte, sagte er dem persönlichen Rechtsbeistand des Präsidenten, er habe mit einer Frau aus dem Kreml gesprochen; der persönliche Rechtsbeistand des Präsidenten habe das mit einem flapsigen »Na und« abgetan, weil das Geschäft nie zustande kam. Cohen 20.11.2018 302, 5.

992 Cohen 20.11.2018 302, 5.

993 Cohen 20.11.2018 302, 5.

994 8.2.2019 E-Mail, Persönlicher Rechtsbeistand des Präsidenten an das Büro des Sonderermittlers.

In derselben Zeit, in der Cohen seinen Schriftsatz für den Kongress fertigstellte, diente er sich der Washington Post als Informant an für einen Artikel, der am 27. August 2017 erschien und aus dem die Öffentlichkeit erstmals erfuhr, dass zu der Zeit, als Donald Trump »Ende 2015 und Anfang 2016 ins Rennen um die Präsidentschaft ging«, die Trump Organization »den Plan verfolgte, einen großen Trump Tower in Moskau zu errichten«.[995] Der Artikel vermeldete, das Projekt sei »nach Aussage mehrerer mit dem Projekt vertrauter Personen Ende Januar 2016 eingestellt worden, unmittelbar bevor die Vorwahlen für die Präsidentschaftskandidatur begannen«.[996] Nach Cohens Erinnerung hielt er im Gespräch mit der Washington Post an der falschen Darstellung fest, die Verhandlungen über das Projekt seien im Januar 2016 beendet worden.[997]

Am 28. August 2017 übermittelte Cohen seinen Schriftsatz zum Projekt Trump Tower Moskau an den Kongress.[998] Später sagte er, er erinnere sich nicht, mit dem Präsidenten detailliert besprochen zu haben, was in dem Schriftsatz stand oder was Cohen später zum Thema Trump Tower Moskau aussagen würde.[999] Seiner Erinnerung nach unterhielt er sich mit dem Präsidenten eher allgemein über seine Absicht, in seiner Aussage auf Linie zu bleiben.[1000] Am 19. September 2017 orchestrierte Cohen mit

---

995 Cohen 18.9.2018 302, 7; Carol D. Leonnig u. a., *Trump's business sought deal on a Trump Tower in Moscow while he ran for president (Trumps Firma bewarb sich um Auftrag für einen Trump Tower in Moskau, während er fürs Präsidentenamt kandidierte)*, Washington Post (27. August 2017).

996 Carol D. Leonnig u. a., *Trump's business sought deal on a Trump Tower in Moscow while he ran for president (Trumps Firma bewarb sich um Auftrag für einen Trump Tower in Moskau, während er fürs Präsidentenamt kandidierte)*, Washington Post (27. August 2017).

997 Cohen 18.9.2018 302, 7.

998 P-SCO-000009477 – 9478 (28.8.2017 Brief mit Anlage, Cohen an SSCI).

999 Cohen 12.11.2018 302, 2; Cohen 12.9.2018 302, 9.

1000 Cohen 12.9.2018 302, 9.

Blick auf seine bevorstehende Aussage die Veröffentlichung seiner einleitenden Erklärung vor dem Kongress, in der er die Unterstellungen des Steele-Reports kritisierte und behauptete, das Projekt Trump Tower Moskau sei »im Januar des Jahres 2016 eingestellt worden; das war vor der Parteisitzung in Iowa und Monate vor den allerersten Vorwahlen«.[1001] Nach Aussage Cohens diente die Veröffentlichung seiner Eingangserklärung dem Zweck, die Deutungshoheit über die Vorgänge zu gewinnen und Dritte, die als Beteiligte den wahren Sachverhalt kannten, wissen zu lassen, was Cohen aussagen würde, sodass sie dieselbe Linie verfolgen würden.[1002] Cohen sagte, sein Entschluss sei eine Art spiegelbildlicher Antwort auf die Entscheidung Jared Kushners gewesen, im Vorfeld seiner Aussage vor dem Kongress eine Erklärung zu veröffentlichen – vom persönlichen Rechtsbeistand des Präsidenten hatte Cohen erfahren, dass der Präsident das gut gefunden hatte.[1003] Wie Cohen sich erinnerte, meldete sich bei ihm am 20. September 2017, nachdem die Medien über seine einleitende Erklärung berichtet hatten, der persönliche Rechtsbeistand des Präsidenten und sagte ihm, der Präsident sei mit der Darstellung des Moskauer Tower-Projekts, so wie sie der Öffentlichkeit vermittelt worden sei, sehr zufrieden.[1004]

Am 24. und 25. Oktober 2017 sagte Cohen vor dem Kongress aus und wiederholte die wahrheitswidrigen Angaben aus seinem

---

1001 Cohen 18.9.2018 302, 7; *siehe z. B. READ: Michael Cohen's statement to the Senate intelligence committee (GELESEN: Michael Cohens Schriftsatz an den Geheimdienstausschuss des Senats)*, CNN (19. September 2017).

1002 Cohen 18.9.2018 302, 7.

1003 Cohen 18.9.2018 302, 7; Cohen 20.11.2018 302, 6.

1004 Cohen 20.11.2018 302, 6. Wie aus Telefondaten hervorgeht, rief der persönliche Rechtsbeistand des Präsidenten am Morgen des 20. September 2017 bei Cohen an, das Gespräch dauerte rund 11 Minuten; die beiden führten an diesem Tag zwei weitere Gespräche, von denen eines rund 18 Minuten dauerte. Verbindungsdaten von Michael Cohen. (Bezeugt sind drei Telefonkontakte am 20. September 2017, mit einer Anrufdauer von 11 Minuten 3 Sekunden; 2 Sekunden; und 18 Minuten 38 Sekunden.)

Schriftsatz zum Projekt Trump Tower Moskau.[1005] Wie aus Verbindungsprotokollen hervorgeht, telefonierte Cohen an beiden Tagen unmittelbar nach seiner Aussage mit dem persönlichen Rechtsbeistand des Präsidenten.[1006]

4. Der Präsident sendet Cohen Unterstützungsbotschaften

Im Januar 2018 berichteten die Medien, Cohen habe in der Zeit des Wahlkampfs eine Zahlung in Höhe von 130 000 US-Dollar arrangiert, um eine Frau davon abzubringen, öffentlich über eine sexuelle Affäre zu berichten, die sie mit Donald Trump vor dessen Präsidentschaftskandidatur angeblich gehabt hatte.[1007] Unser Büro hat keine Ermittlungen zu Cohens Geldzahlungen an Frauen in der Zeit des Wahlkampfs durchgeführt.[1008] Gleichwohl sind diese Vorgänge, so wie sie hier geschildert werden, von potenzieller Bedeutung für den Umgang des Präsidenten und seines persönlichen Rechtsbeistandes mit Cohen als einem Zeugen, der später mit den Behörden zu kooperieren begann.

[1005] Mitteilung *Cohen*, 4; »Executive Session«, Permanenter Geheimdienst-Ausschuss des US-Repräsentantenhauses, Befragung von Michael Cohen (24. Oktober 2017), 10-11, 117-119.

[1006] Anrufprotokolle von Michael Cohen. (Bezeugt sind zwei Kontakte am 24. Oktober 2017 (12 Minuten 8 Sekunden und 8 Minuten 27 Sekunden), drei am 25. Oktober 25 2017 (1 Sekunde; 4 Minuten 6 Sekunden; und 6 Minuten 6 Sekunden).)

[1007] *Siehe z. B.* Michael Rothfeld und Joe Palazzolo, *Trump Lawyer Arranged $ 130,000 Payment for Adult-Film Star's Silence (Trump-Anwalt arrangierte Zahlung von 130 000 Dollar als Schweigegeld für Pornostar)*, Wall Street Journal (12. Januar 2018).

[1008] Unser Büro wurde ermächtigt, Nachforschungen über den Aufbau und die Nutzung der Firma Essential Consultants LLC anzustellen, die Cohen gegründet hatte, um die Zahlung der 130 000 Dollar im Verlauf des Wahlkampfs abzuwickeln. Die Ermächtigung erfolgte aufgrund von Indizien dafür, dass die Firma Gelder aus von Russland gespeisten Quellen erhielt, und war Teil einer Rochade, mittels derer unser Büro bestimmte mit Cohen zusammenhängende Angelegenheiten an die US-Bundesanwaltschaft des Southern District of New York überwies.

Am 13. Februar 2018 erklärte Cohen in einer den Medien zugeleiteten Pressemitteilung: »In einer privaten Transaktion habe ich 2016 meine persönlichen Geldmittel genutzt, um eine Zahlung von 130 000 Dollar an [die Frau] zu ermöglichen. Weder die Trump Organization noch Trumps Wahlkampfteam waren an der Transaktion [an die Frau] beteiligt, und von keiner der beiden Seiten habe ich eine direkte oder indirekte Rückvergütung erhalten.«[1009] In seiner Aussage vor dem Kongress am 27. Februar 2019 gab Cohen zu Protokoll, er habe mit dem Präsidenten die Frage erörtert, was er über die Zahlung sagen solle, und Trump habe ihn angewiesen, zu erklären, der Präsident habe »keine Kenntnis von [Cohens] Vorgehen« bei der Zahlung der Geldsumme.[1010] Am 19. Februar 2018, einen Tag nach Erscheinen eines ausführlichen Artikels in der New York Times, in dem die Zahlung Cohen zugeschrieben und er als der »Fixer« (Schweigegeldzahler) des Präsidenten bezeichnet wurde, erhielt Cohen eine Textnachricht vom persönlichen Rechtsbeistand des Präsidenten mit dem Wortlaut: »Mandant sagt danke für das, was du tust.«[1011]

1009 *Siehe z. B.* Mark Berman, *Longtime Trump attorney says he made $ 130,000 payment to Stormy Daniels with his money (»Langjähriger Trump-Anwalt sagt, er habe die 130 000 Dollar an Stormy Daniels aus eigener Tasche gezahlt«)*, Washington Post (14. Feb. 2018).

1010 *Anhörung zu Vorgängen im Zusammenhang mit der Trump Organization vor dem Kontroll- und Reformausschuss des Repräsentantenhauses*, 116. Kongress (27.2.2019) (CQ Kongress-Transkripte, 147-8) (Aussage von Michael Cohen).« Wie aus Verbindungsprotokollen hervorgeht, war Cohen am 19. Januar 2018 rund fünf Minuten lang mit einer Nebenstelle des Weißen Hauses verbunden, desgleichen am 30. Januar 2018 rund sieben Minuten lang. Cohen rief zwischen dem 26. und dem 30. Januar mehrere Male auf Melania Trumps Mobiltelefon an. *Siehe* die Verbindungsprotokolle von Michael Cohen.

1011 19.2.2018 Textnachricht, persönlicher Rechtsbeistand des Präsidenten an Cohen; *siehe* Jim Rutenberg et al., *Tools of Trump's Fixer: Payouts, Intimidation and the Tabloids (Werkzeuge von Trumps Schweigegeldzahler. Zahlungen, Einschüchterung und die Regenbogenpresse)*, New York Times (18. Feb. 2018).

Am 9. April 2018 vollstreckten FBI-Beamte in Zusammenarbeit mit der US-Bundesanwaltschaft für den Southern District of New York Durchsuchungsbefehle: Sie filzten Cohens Wohnung, sein Hotelzimmer und sein Büro.[1012] Am selben Tag sprach der Präsident mit Reportern und erklärte, er habe »soeben erfahren, dass sie ins Büro eines meiner persönlichen Anwälte eingebrochen sind – ein guter Mann«.[1013] Der Präsident nannte die Durchsuchungen »eine echte Schande« und sagte: »Das ist ein Angriff auf unser Land, im wahrsten Sinn. Es ist ein Angriff auf das, wofür wir alle stehen.«[1014] Cohen sagte, er habe nach den Durchsuchungen befürchtet, zu einem »offenen Buch« geworden zu sein; er habe verhindern wollen, dass als Folge aus seinen Geldzahlungen an Frauen Dinge »herauskommen« würden. Seine Falschaussagen vor dem Kongress bezeichnete er als etwas, das ihn sehr belastete.[1015]

Ein paar Tage nach den Durchsuchungen bekam Cohen einen Anruf vom Präsidenten.[1016] Nach Angaben Cohens sagte der Präsident, er wolle sich »ein Bild machen«, fragte Cohen, ob er okay sei, und redete ihm gut zu, »durchzuhalten« und »stark zu bleiben«.[1017] Nach Cohens Erinnerung meldeten sich nach den Durchsuchungen bei ihm Leute, die mit dem Präsidenten verkehrten, und ließen ihn wissen, dass der Präsident

---

[1012] Gov't Opp. to Def. Mot. for Temp. Restraining Order, *In the Matter of Search Warrants Executed on April 9, 2018*, 18-mj-3161 (S.D.N.Y. 13. Apr. 2018), Dok. 1 (»Am 9. April 2018 vollstreckten Beamte von der New Yorker Außenstelle des Federal Bureau of Investigation [FBI] […] Durchsuchungsbefehle. Durchsucht wurden Michael Cohens Wohnung, Hotelzimmer und Büro, ferner sein Safe und seine elektronischen Geräte.«).
[1013] Bemerkungen von Präsident Trump vor seinem Treffen mit ranghohen Militärführern, Weißes Haus (9. April 2018).
[1014] Bemerkungen von Präsident Trump vor seinem Treffen mit ranghohen Militärführern, Weißes Haus (9. April 2018).
[1015] Cohen, 17.10.2018 302, 11.
[1016] Cohen 19.3.2019 302, 4.
[1017] Cohen 19.3.2019 302, 4.

ihm die Stange hielt.[1018] Cohen erinnerte sich an eine Äußerung von Schutz der Privatsphäre [redacted], einem mit dem Präsidenten befreundeten Mann, der berichtete, mit dem »Boss« in Mar-a-Lago gewesen zu sein und gehört zu haben, dass der Präsident über Cohen gesagt habe, er stehe voll auf ihn. Cohen brauche sich also keine Sorgen zu machen.[1019] Nach Cohens Erinnerung versicherte ihm auch Schutz der Privatsphäre [redacted], der in der Trump Organization als SdP [redacted] fungierte: »Der Boss liebt Sie.«[1020] Cohen berichtete des Weiteren, SdP [redacted], ein Freund des Präsidenten, habe ihm gesagt: »Jeder weiß, dass der Boss voll hinter Ihnen steht.«[1021]

Am oder um den 17. April 2018 begann Cohen sich mit dem Anwalt Robert Costello zu besprechen, der in enger Beziehung zu Rudolph Giuliani stand, einem der persönlichen Anwälte des Präsidenten.[1022] Costello sagte Cohen, er sei mit Giuliani durch einen »rückwärtigen Kommunikationskanal« verbunden, und Giuliani habe ihm gesagt, dieser »Kanal« sei »lebenswichtig« und »müsse aufrechterhalten werden«.[1023] Am 20. April 2018 veröffentlichte die New York Times einen Artikel über das Verhältnis des Präsidenten zu Cohen und über seinen Umgang mit ihm.[1024] Der Präsident reagierte darauf mit einer Serie von Tweets, in denen er die Überzeugung äußerte, Cohen werde nicht »umfallen«:

1018 Cohen 12.9.2018 302, 11.
1019 Cohen 12.9.2018 302, 11.
1020 Cohen 12.9.2018 302, 11.
1021 Cohen 12.9.2018 302, 11.
1022 17.4.2018 E-Mail, Citron an Cohen; 19.4.2018 E-Mail, Costello an Cohen; MC-SCO-001 (7.7.2018 redigierter Rechnungsbeleg von Davidoff, Hutcher & Citron an Cohen).
1023 21.4.2018 E-Mail, Costello an Cohen.
1024 *Siehe* Maggie Haberman u a., *Michael Cohen Has Said He Would Take a Bullet for Trump. Maybe Not Anymore. (»Michael Cohen sagte einmal, er würde für Trump eine Kugel abfangen. Vielleicht nicht mehr«)*, New York Times (20. Apr 2018).

> Die New York Times und ein drittklassiger Reporter […] geben sich alle Mühe, Michael Cohen und sein Verhältnis zu mir zu zerstören, in der Hoffnung, dass er ›umfällt‹. Sie berufen sich auf nicht existierende ›Informanten‹ und einen besoffenen/bekifften Loser, der Michael hasst, einen feinen Menschen mit einer wunderbaren Familie. Michael ist ein selbstständiger Geschäftsmann /Anwalt, den ich immer gemocht und respektiert habe. Die meisten Menschen neigen dazu, umzufallen, wenn der Staat sie dafür aus dem Schwitzkasten lässt, auch wenn sie lügen oder Geschichten erfinden müssen. Tut mir leid, aber ich bin überzeugt, dass Michael das nicht tun wird, trotz der schrecklichen Hexenjagd und der verlogenen Medien![1025]

In einer am selben Tag versandten E-Mail an Cohen berichtete Costello über ein Gespräch mit Giuliani.[1026] Dieses sei »sehr, sehr positiv« verlaufen. »Sie werden ›geliebt‹, […] die sind in unserer Ecke. […] Schlafen Sie gut heute Nacht, Sie haben Freunde ganz oben.«[1027]

Cohen sagte, er sei nach diesen Botschaften überzeugt gewesen, die volle Rückendeckung des Weißen Hauses zu haben, wenn er sich nur weiterhin an die »Parteilinie« hielt; daher habe er beschlossen, dieser Linie treu und loyales Mitglied des Teams zu bleiben.[1028] Er sei zu diesem Zeitpunkt noch davon ausgegangen, dass seine Anwaltsrechnungen von der Trump Organization be-

---

1025 @realDonaldTrump 21.4.2018 (9: 10 Uhr ET) Tweets.
1026 21.4.2018 E-Mail , Costello an Cohen.
1027 21.4.2018 E-Mail, Costello an Cohen. Gefährdung laufender Verfahren [redacted]
1028 Cohen 12.9.2018 302, 11.

zahlt wurden, was für ihn, wie er betonte, wichtig war.[1029] Nach seiner Überzeugung brauchte er für seinen Schutz die Macht des Präsidentenamts, und daraus folgte, dass er seinerseits zum Präsidenten stehen und auf dessen Linie bleiben musste.[1030]

Cohen erinnerte sich auch an Gespräche mit dem persönlichen Rechtsbeistand des Präsidenten über Begnadigungen im Gefolge der polizeilichen Durchsuchung seiner Wohnung und seines Büros; diese Gespräche fielen in eine Zeit, in der die Medien berichteten, im Weißen Haus würden Diskussionen über Begnadigungen geführt.[1031] Cohen erklärte dem persönlichen Rechtsbeistand des Präsidenten, er sei stets ein loyaler Anwalt und Gefolgsmann gewesen, der sich jetzt infolge der Durchsuchungen in einer unangenehmen Lage befinde; er wolle wissen, womit er zu rechnen habe.[1032] Nach Angaben Cohens bekam er vom persönlichen Rechtsbeistand des Präsidenten die Antwort, er solle auf Linie bleiben; die Ermittlungen seien eine Hexenjagd, und alles werde gut ausgehen.[1033] Auf der Basis dieses Gesprächs und früherer Gespräche mit dem persönlichen Rechtsbeistand des Präsidenten über Begnadigungen ging Cohen davon aus, dass der Präsident seine schützende Hand über ihn halten werde,

---

1029 Cohen 12.9.2018 302, 10.

1030 Cohen 12.9.2018 302, 10.

1031 Cohen 20.11.2018 302, 7. Beim täglichen Pressebriefing im Weißen Haus am 23. April 2018 sagte Trumps Pressesprecherin Sanders in Beantwortung der Frage, ob das Weiße Haus »in der Frage, ob der Präsident Michael Cohen begnadigen wird oder nicht, auf die eine oder andere Weise die Tür zugeschlagen« habe: »Es ist schwierig, die Tür vor etwas zuzuschlagen, das noch nicht geschehen ist. Ich erörtere oder kommentiere ungern hypothetische Situationen, die vielleicht eintreten können, vielleicht aber auch nie. Ich würde Sie an persönliche Anwälte verweisen, wenn es um die Kommentierung irgendwelcher konkreter Aspekte des Falls geht. Wir haben jedenfalls im Moment dazu nichts zu sagen.« Sarah Sanders, *White House Daily Briefing*, C-SPAN (23. April 2018).

1032 Cohen 20.11.2018 302, 7; Cohen 19.3.2019 302, 3.

1033 Cohen 19.3.2019 302, 3.

solange er auf Linie blieb, sei es durch eine Begnadigung oder durch die Einstellung des Ermittlungsverfahrens.[1034]

Am 24. April 2018 antwortete der Präsident auf die Frage eines Reporters, ob er an eine Begnadigung Cohens denke: »Dumme Frage.«[1035] Am 8. Juni erklärte der Präsident, er habe über Begnadigungserlasse für Manafort oder Cohen »noch nicht einmal nachgedacht«, und setzte hinzu: »Es ist viel zu früh, darüber nachzudenken. Sie sind noch für nichts verurteilt worden. Es gibt nichts zu begnadigen.«[1036] Am 15. Juni äußerte der Präsident auf einer Pressekonferenz sein Mitgefühl für Cohen, Manafort und Flynn. »Es tut mir um viele dieser Leute sehr leid, weil ich glaube, dass viel davon sehr unfair ist.«[1037]

5. Das Verhalten des Präsidenten ab dem Zeitpunkt, als Cohen mit den Behörden zu kooperieren begann

Am 2. Juli 2018 berichtete ABC News unter Berufung auf ein »exklusives« Interview mit Cohen, dieser habe ein »deutliches Signal seiner Bereitschaft zur Zusammenarbeit mit Sonderermittler Robert Mueller und den Bundesanwälten des Southern District of New York ausgesandt – auch wenn er damit Präsident

---

[1034] Cohen 19.3.2019 302, 3-4.

[1035] Bemerkungen von Präsident Trump und dem französischen Präsidenten Macron vor nicht öffentlichem bilateralen Treffen, Weißes Haus (24. April 2018).

[1036] *President Donald Trump Holds Media Availability Before Departing for the G-7 Summit (Präsident Trump stellt sich den Medien vor seiner Abreise zum G-7-Gipfel)* CQ Newsmaker Transkripte (8. Juni 2018).

[1037] Bemerkungen von Präsident Trump im Rahmen eines Press Gaggle, Weißes Haus (15. Juni 2018).

Trump in Bedrängnis brächte«.[1038] In derselben Woche meldeten die Medien, Cohen habe in sein Anwaltsteam einen Juristen berufen, der früher als Rechtsberater für den Präsidenten Bill Clinton tätig gewesen sei.[1039]

Vom 20. Juli 2018 an berichteten die Medien über einen angeblich von Cohen gemachten Audiomitschnitt einer Unterredung mit dem damaligen Präsidentschaftskandidaten Trump über eine Geldzahlung an eine zweite Frau, die behauptete, eine Affäre mit Trump gehabt zu haben.[1040] Der Präsident reagierte darauf am 21. Juli mit dem Tweet: »Unvorstellbar, dass der Staat in ein Anwaltsbüro einbrechen würde (frühmorgens) – fast nie da gewesen. Noch unvorstellbarer, dass ein Anwalt ein [Mandantengespräch] aufnimmt – noch gar nie da gewesen & vielleicht illegal. Die gute Nachricht ist die, dass euer Lieblingspräsident nichts Unrechtes getan hat!«[1041] Am 27. Juli 2018, nachdem die Medien gemeldet hatten, Cohen sei bereit, den Ermittlern zu erzählen, dass Donald Trump jr. seinem Vater über das Treffen am 9. Juni 2016 berichtet hatte, in dem dem Trump-Team »Schmutz« über Hillary Clinton angeboten worden war,[1042] twitterte der Präsident: »Nur damit die Fake News nicht meine Zeit

---

1038 *EXCLUSIVE: Michael Cohen says family and country, not President Trump, is his ›first loyalty‹ (EXKLUSIV: Michael Cohen sagt, seine Loyalität gilt zuerst Familie und Land, nicht Präsident Trump)*, ABC (2. Juli 2018). In dem Interview sagte Cohen: »Um es glasklar zu sagen: Meiner Frau, meiner Tochter und meinem Sohn und diesem Land gehört meine Loyalität zuallererst.«

1039 *Siehe z. B.* Darren Samuelsohn, *Michael Cohen hires Clinton scandal veteran Lanny Davis (Michael Cohen engagiert Lanny Davis, Veteran des Clinton-Skandals)*, Politico (5. Juli 2018).

1040 *Siehe z. B.* Matt Apuzzo et al., *Michael Cohen Secretly Taped Trump Discussing Payment to Playboy Model (Michael Cohen nahm heimlich Gespräch mit Trump über Zahlung an Playboy-Modell auf)*, New York Times (20. Juli 2018).

1041 @realDonaldTrump 21.7.2018 (8:10 Uhr ET) Tweet.

1042 *Siehe z. B.* Jim Sciutto, *Cuomo Prime Time Transcript*, CNN (26. Juli 2018).

mit dummen Fragen verschwenden : NEIN, ich weiß NICHTS von dem Treffen mit meinem Sohn Don jr. Klingt für mich so, als versuchte da jemand, Geschichten zu erfinden, um selbst aus einem ganz anderen Verkehrschaos (vielleicht mit Taxis?) herauszukommen. Er hat sogar einen Anwalt von Bill und der betrügerischen Hillary engagiert. Mannomann, ob die da wohl mit einer Empfehlung nachgeholfen haben?«[1043]

Am 21. August 2018 bekannte sich Cohen schuldig im Sinne von acht Anklagevorwürfen, darunter zwei Verstößen gegen Vorschriften zur Wahlkampffinanzierung – es handelte sich um in der Schlussphase des Wahlkampfs getätigte Zahlungen an zwei Frauen, die über Sexaffären mit Trump berichtet hatten.[1044] Bei seiner Anhörung zu den Vorwürfen erklärte Cohen, er habe diese Zahlungen »auf Anweisung« des Kandidaten getätigt.[1045] Am Tag danach stellte der Präsident die Kooperationsbereitschaft Cohens der Weigerung Manaforts gegenüber, mit der Justiz zusammenzuarbeiten: »Ich habe sehr großes Mitgefühl mit Paul Manafort und seiner wunderbaren Familie«, twitterte er. »Die ›Justiz‹ holte u. a. einen 12 Jahre alten Steuerfall hervor, setzte ihn mächtig unter Druck, aber anders als Michael Cohen, weigerte er sich ›einzuknicken‹ – Geschichten zu erfinden, um sich einen ›Deal‹ zu sichern. So viel Respekt für einen tapferen Mann!«[1046]

Am 17. September 2018 übermittelte unser Büro dem Präsidenten eine Liste von Fragen, darunter nach dem Projekt

---

[1043] @realDonaldTrump 27.7.2018 (7:26 Uhr ET) Tweet; @realDonaldTrump 27.7.2018 (7:38 Uhr ET) Tweet; @realDonaldTrump 27.7.2018 (7:56 Uhr ET) Tweet. Zum Zeitpunkt dieser Tweets hatte die Presse gemeldet, dass die Ermittler sich für Cohens Finanztransaktionen mit Taxi-Lizenzen interessierten. *Siehe z. B.* Matt Apuzzo et al., *Michael Cohen Secretly Taped Trump Discussing Payment to Playboy Model (Michael Cohen nahm heimlich Gespräch mit Trump über Zahlung an Playboy-Modell auf)*, New York Times (20. Juli 2018).

[1044] Mitteilung *Cohen*.

[1045] *Cohen* 21.8.2018 Transkript, 23.

[1046] @realDonaldTrump 22.8.2018 (9:21 Uhr ET) Tweet.

Trump Tower Moskau, unter Beilage des von Cohen für den Kongress erstellten Schriftsatzes und des vom Präsidenten unterzeichneten »Letter of Intent«.[1047] Zusätzlich zu anderen Themen betrafen die Fragen an den Präsidenten die Zeitabläufe und den Inhalt von Diskussionen, die er mit Cohen über das Projekt geführt hatte – ob sie über eine potenzielle Reise nach Moskau gesprochen hatten, ob der Präsident »zu irgendeinem Zeitpunkt die Anweisung oder den Rat erteilt [habe], die Gespräche über das Projekt Trump Tower Moskau zu beenden«, oder ob der Präsident »zu irgendeinem Zeitpunkt darüber informiert wurde, dass das Projekt abgeblasen war«.[1048]

Am 20. November 2018 übermittelte der Präsident Antworten, die keine eindeutigen Aussagen in Bezug auf die Fragen zum Trump Tower Moskau lieferten und keine Informationen über den zeitlichen Ablauf der Diskussionen über das Projekt mit Cohen oder darüber, ob der Präsident sich an Erörterungen darüber beteiligt hatte, ob das Projekt abgeblasen oder nicht länger weiterverfolgt werden sollte.[1049] Stattdessen führte der Präsident zu den einschlägigen Fragen aus:

> Ich hatte nur wenige Gespräche mit Mr. Cohen zu diesem Thema. Soweit ich mich entsinne, waren sie kurz und wenig erinnernswert. Ich war von dem Vorschlag nicht begeistert und erinnere mich an keine Diskussion über eine Reise nach Moskau in diesem Zusammenhang. Ich erinnere mich nicht, mit irgendeinem anderen Mitarbeiter der Trump Organization darüber gesprochen zu

---

1047 17.9.2018 Brief vom Büro des Sonderermittlers an den persönlichen Rechtsbeistand des Präsidenten (mit beigelegtem Fragebogen für den Präsidenten und Anlagen).

1048 17.9.2018 Brief vom Büro des Sonderermittlers an den persönlichen Rechtsbeistand des Präsidenten (mit beigelegtem Fragebogen für den Präsidenten), Frage III, Teile (a) bis (g).

1049 Schriftliche Antworten von Donald J. Trump (20. November 2018).

> haben, schließe es aber auch nicht völlig aus. Ich erinnere mich nicht, zu der Zeit irgendetwas von Gesprächen zwischen Mr. Cohen und Felix Sater und irgendeinem russischen Staatsbeamten in Bezug auf den Letter of Intent erfahren zu haben.[1050]

Am 29. November 2018 bekannte sich Cohen schuldig, in seiner dem Kongress vorgelegten Darstellung Falschaussagen über das Projekt Trump Tower Moskau getätigt zu haben.[1051] In einer Stellungnahme zu den Anklagevorwürfen an die Adresse unseres Büros äußerte Cohen seine Bereitschaft, »wahrheitsgemäße Auskünfte zu allen erdenklichen Themen zu erteilen, die das Büro für wichtig erachtet«.[1052] Noch am selben Tag, als Cohens Schuldbekenntnis öffentlich bekannt geworden war, äußerte sich der Präsident im Gespräch mit Reportern zum Projekt Trump Tower Moskau:

> Ich entschied mich gegen das Projekt. [...] Ich entschloss mich schließlich, es nicht zu machen. Es wäre nichts Unrechtes dabei gewesen, wenn ich es gemacht hätte. Wenn ich es gemacht hätte, hätte es nichts dagegen einzuwenden gegeben. Das war meine geschäftliche Angelegenheit. [...] Es war eine Option, die ich beschloss, nicht zu wählen. [...] Ich habe mich entschieden, es nicht zu machen. Vor allem aus einem Grund. [...] Ich konzentrierte mich auf meine Präsidentschaftskandidatur. [...] Ich führte meine Firma weiter, während ich Wahlkampf machte. Es gab ja eine hohe Wahr-

---

1050 Schriftliche Antworten von Donald J. Trump (20. November 2018), 15 (Antwort auf Frage III, Teile (a) bis (g)).
1051 Mitteilung *Cohen*; Cohen 21.8.2018 Transkript.
1052 Vereinbarung im Strafverfahren, 4, *Vereinigte Staaten vs. Michael Cohen*, 1:18-cr-850 (S.D.N.Y. 29. Nov. 2018).

> scheinlichkeit, dass ich nicht gewonnen hätte, und dann wäre ich wieder ins Geschäftsleben zurückgegangen. Warum hätte ich mir jede Menge Chancen entgehen lassen sollen?[1053]

Der Präsident bezeichnete bei dieser Gelegenheit Cohen als einen »schwachen Menschen. Und weil er schwach ist – anders als andere Leute, die man verfolgt, ist er ein schwacher Mensch. Worauf er es abgesehen hat, ist, eine mildere Strafe zu bekommen. Deshalb verbreitet er Lügen über ein Projekt, über das alle Welt Bescheid wusste.«[1054] Der Präsident äußerte sich auch zu Cohens Schriftsatz an den Kongress über das Projekt Trump Tower Moskau: »Hier ist die Geschichte: Werfen Sie einen Blick zurück auf das Papier, das Michael Cohen aufgeschrieben hat, bevor er vor dem Repräsentantenhaus und/oder dem Senat aussagte. Da stand was drin über seine Position.«[1055] Dann fügte der Präsident hinzu: »Und selbst wenn [Cohen] recht hatte, tut das nichts zur Sache, denn ich durfte während des Wahlkampfs alles machen, was ich wollte.«[1056]

[1053] *Präsident Trump, Bemerkungen vor Abreise,* C-SPAN (29. November 2018). Anders als der Präsident es nach Cohens Schuldeingeständnis dargestellt hatte, erklärte Cohen in seinem Schriftsatz an den Kongress vom 28. August 2017, er (Cohen) und nicht der Präsident habe Ende Januar 2016 »beschlossen, das Projekt einzustellen«; er habe »Mr. Trump nicht gefragt oder informiert, […] bevor ich die Entscheidung traf, die Weiterarbeit an dem Projekt zu beenden«. Der Entschluss, das Projekt aufzugeben, habe nichts mit dem Wahlkampf zu tun gehabt. P-SCO-000009477 (Aussage von Michael D. Cohen, Esq. (28. August 2017)).

[1054] Präsident Trump, Bemerkungen vor Abreise, C-SPAN (29. Nov. 2018).

[1055] Präsident Trump, Bemerkungen vor Abreise, C-SPAN (29. Nov. 2018).

[1056] Präsident Trump, Bemerkungen vor Abreise, C-SPAN (29. Nov. 2018).

Angesichts der öffentlichen Äußerungen des Präsidenten nach dem Schuldeingeständnis Cohens, wonach er »beschlossen« hatte, »das Projekt nicht zu machen«, bemühte sich unser Büro erneut um Auskünfte des Präsidenten zu der Frage, ob er an irgendwelchen Gesprächen über die Frage, ob das Projekt beerdigt oder nicht mehr weiterverfolgt werden solle, teilgenommen hatte, einschließlich der Frage, wann genau er »beschlossen [hatte], das Projekt nicht zu machen«, mit wem er über diese Entscheidung geredet hatte und welche Beweggründe für seine Entscheidung maßgeblich waren.[1057] Unser Büro erkundigte sich auch erneut nach dem zeitlichen Ablauf der Diskussionen des Präsidenten mit Cohen über den Trump Tower Moskau und bat ihn, konkret darzulegen, »in welcher Zeitspanne während des Wahlkampfs« er an Gesprächen über das Projekt beteiligt gewesen war.[1058] Der persönliche Rechtsbeistand des Präsidenten lehnte es in seinem Antwortschreiben ab, zusätzliche Auskünfte vom Präsidenten einzuholen. »Der Präsident hat die diesbezüglichen Fragen vollständig beantwortet«, schrieb er.[1059]

In den Wochen nach Cohens Schuldeingeständnis und seinem Angebot, mit unserem Büro zu kooperieren, unterstellte der Präsident mehrmals indirekt, die Familie Cohens habe Straftaten begangen. Am 3. Dezember 2018, nachdem Cohen seine Stellungnahme zum Urteil eingereicht hatte, twitterte der Präsident: »›Michael Cohen bittet den Richter um Verzicht auf Freiheitsstrafe.‹ Heißt das etwa, man kann alle diese SCHRECKLICHEN, nichts mit Trump, aber umso mehr mit Betrug, Großkrediten, Taxis etc. zu tun habenden Dinge tun, ohne eine lange Gefängnisstrafe dafür zu bekommen? Er erfindet Geschichten, um für sich einen GROSSEN & SCHON rabattierten Deal heraus-

---

1057 23.1.2019 Brief des Sonderermittlers an den persönlichen Rechtsbeistand des Präsidenten.

1058 23.1.2019 Brief des Sonderermittlers an den persönlichen Rechtsbeistand des Präsidenten.

1059 6.2.2019 Brief des persönlichen Rechtsbeistands des Präsidenten an das Büro des Sonderermittlers.

zuholen und *seine Frau und seinen Schwiegervater (der das Geld hat?) ungestraft davonkommen zu lassen.* Er hat für diesen Ausgang des Verfahrens gelogen und sollte meiner Meinung nach eine vollständige und ungekürzte Strafe bekommen.«[1060] Gefährdung laufender Verfahren [redacted].[1061]

Am 12. Dezember 2018 wurde Cohen zu drei Jahren Gefängnis verurteilt.[1062] Am Tag darauf versandte der Präsident eine Serie von Tweets mit folgender Botschaft:

> Ich habe Michael Cohen nie Anweisung gegeben, gegen das Gesetz zu verstoßen. […] Er erklärte sich in diesen Anklagepunkten nur schuldig, um den Präsidenten zu kompromittieren und für sich selbst eine stark abgemilderte Gefängnisstrafe herauszuholen, was er auch geschafft hat – einschließlich der Tatsache, dass *seine Familie vorübergehend aus dem Schneider ist.* Als Anwalt hat sich Michael mir gegenüber einiges zuschulden kommen lassen![1063]

1060 @realDonaldTrump 3.12.2018 (10:24 Uhr ET und 10:29 Uhr ET) Tweets. (Hervorhebung hinzugefügt)

1061 @realDonaldTrump 3.12.2018 (10:48 Uhr ET) Tweet.

1062 *Cohen* 12.12.2018 Transkript.

1063 @realDonaldTrump 13.12.2018 (8:17 Uhr ET, 8:25 Uhr ET, und 8:39 Uhr ET) Tweets (Hervorhebung hinzugefügt).

Am 16. Dezember 2018 twitterte der Präsident: »Man erinnere sich: Michael Cohen wurde erst zur ›Ratte‹, nachdem das FBI etwas getan hatte, das absolut undenkbar und unerhört war, bis die Hexenjagd widerrechtlich in Gang gesetzt wurde. Sie sind IN EIN ANWALTSBÜRO EINGEBROCHEN! Warum sind sie nicht beim DNC eingebrochen, um sich den Server zu holen, oder in das Büro der Betrügerin?«[1064]

Im Januar 2019, nachdem die Medien gemeldet hatten, Cohen werde bei einer Anhörung im Kongress öffentlich Rede und Antwort stehen, tat der Präsident weitere öffentliche Äußerungen, die unterstellten, Familienangehörige von Michael Cohen hätten Verbrechen begangen. In einem Interview beim TV-Sender Fox am 12. Januar 2019 wurde der Präsident gefragt, ob er sich wegen der angekündigten Aussage Cohens Sorgen mache. Er antwortete:

> Um ein milderes Urteil zu bekommen, sagt [Cohen]: »Ich habe eine Idee. Ich werde, ah, reden – ich werde euch Informationen über den Präsidenten geben.« Na schön, aber es gibt keine Informationen. Aber *vielleicht sollte er Informationen über seinen Schwiegervater liefern, denn das ist derjenige, den sich die Leute anschauen wollen, weil woher kommt das Geld – das ist das Geld in der Familie. Und ich schätze, über seinen Schwiegervater* wollte er nicht reden, er bemüht sich ja um eine Strafmilderung. Somit ist das alles, ja, ziemlich traurig. Eine schwache Leistung, und es macht einen traurig, bei so etwas zuzuschauen.[1065]

1064 @realDonaldTrump 16.12.2018 (9:39 Uhr ET) Tweet.

1065 Jeanine Pirro, *Interview mit Präsident Trump*, Fox News (12. Januar 2019) (Hervorhebung hinzugefügt).

Am 18. Januar 2019 twitterte der Präsident: »Kevin Corke, @ FoxNews – ›Vergiss nicht, dass Michael Cohen schon wegen Meineids und Urkundenfälschung verurteilt worden ist; und gerade erst in dieser Woche hat das Wall Street Journal angedeutet, dass er womöglich Zehntausende Dollars gestohlen hat …‹ Lügen zwecks Strafverkürzung! *Beobachtet den Schwiegervater*!«[1066]

Am 23. Januar 2019 bat Cohen um eine Verschiebung seiner Aussage vor dem Kongress unter Hinweis auf Drohungen gegen seine Familie.[1067] Am folgenden Tag twitterte der Präsident: »Wie interessant, dass sich der miese Anwalt Michael Cohen, der bedauerlicherweise nicht vor dem Kongress aussagen wird, vom Anwalt der betrügerischen Hillary Clinton vertreten lässt – hallo, wie konnte das passieren?«[1068]

Ebenfalls noch im Januar 2019 gab Giuliani Presseinterviews, die die Darstellung Cohens zu bestätigen schienen, wonach die Trump Organization das Projekt Trump Tower Moskau noch deutlich über den Januar 2016 hinaus betrieben hatte. Wie Giuliani erklärte: »Nach unserem Wissen zogen sich [die Diskussionen über das Moskauer Projekt] über das ganze Jahr 2016 hin. Es waren nicht viele Gespräche, aber es gab welche. Exakte Daten lassen sich nicht feststellen. Aber der Präsident erinnert sich, dass Gespräche darüber mit ihm stattfanden. […] Der Präsident erinnert sich auch – na ja, wahrscheinlich bis – vielleicht sogar bis in den Oktober, November hinein.«[1069] In einem Interview mit der New York Times zitierte Giuliani den Präsidenten mit der Aussage, die Gespräche über das Hochhaus in Moskau seien »von dem Tag, an dem ich meine Kandidatur bekannt gab,

---

1066 @realDonaldTrump 18.1.2019 (10:02 Uhr ET) Tweet (Hervorhebung hinzugefügt).

1067 Aussage von Lanny Davis, Cohens persönlichem Rechtsbeistand (23. Januar 2019).

1068 @realDonaldTrump 24.1.2019 (7:48 Uhr ET) Tweet.

1069 Interview mit Rudy Giuliani, Meet the Press, NBC (20. Januar 2019).

bis zum Tag meines Sieges« weitergeführt worden.[1070] Am 21. Januar 2019 gab Giuliani eine Erklärung heraus, die besagte: »Meine jüngsten Äußerungen zu Gesprächen im Verlauf des Wahlkampfs von 2016 zwischen Michael Cohen und dem Kandidaten Donald Trump über ein angedachtes Projekt ›Trump Moskau‹ waren hypothetisch und beruhten nicht auf Unterredungen zwischen mir und dem Präsidenten.«[1071]

Auswertung

Für die Bewertung des Verhaltens des Präsidenten gegenüber Michael Cohen ergeben sich aus den nachfolgend angeführten Indizien einschlägige Anhaltspunkte für eine Behinderung der Justiz.

a. Tatbestand der Justizbehinderung. Wir haben Belege für das Verhalten des Präsidenten gegenüber Cohen in Bezug auf zwei Fragenkomplexe gesammelt: (i) ob der Präsident oder andere Einfluss auf die Falschaussagen Cohens gegenüber dem Kongress genommen haben, und (ii) ob der Präsident Dinge tat und sagte, die darauf hinausliefen, dass Cohen sich gehindert sah, den Behörden und dem Kongress die Wahrheit zu sagen.

1070 Mark Mazzetti et al., *Moscow Skyscraper Talks Continued Through »the Day I Won«, Trump Is Said to Acknowledge (Trump gibt angeblich zu, dass Wolkenkratzer-Gespräche bis »zum Tag meines Sieges« andauerten)*, New York Times (20. Januar 2019).

1071 Maggie Haberman, *Giuliani Says His Moscow Trump Tower Comments Were »Hypothetical« (Giuliani sagt, seine Äußerungen zum Moskauer Trump Tower waren »hypothetisch«)*, New York Times (21. Januar 2019). In einem Brief an diese Behörde erklärte der Anwalt des Präsidenten, die öffentlichen Äußerungen Giulianis »reflektierten keine über die Aussagen des Präsidenten [in seinen schriftlichen Antworten an die Behörde des Sonderermittlers] hinausgehenden Kenntnisse darüber, ob und zu welchen Zeitpunkten Gespräche stattfanden«. 6.2.2019, Brief des persönlichen Rechtsbeistands des Präsidenten an das Amt des Sonderermittlers.

i. Mit Blick auf die Falschdarstellungen Cohens gegenüber dem Kongress stellen wir fest, dass zwar (wie weiter unten aufgeführt) Hinweise darauf vorliegen, dass der Präsident wusste, dass Cohen dem Kongress die Unwahrheit über das Projekt Trump Tower Moskau sagte, dass die uns vorliegenden Indizien aber nicht beweisen, dass der Präsident Cohen zu diesen Falschaussagen gedrängt oder ihn darin bestärkt hat.

Cohen sagte aus, er habe sich bei seiner Darstellung an eine »Parteilinie« gehalten, die sich im Zuge des Wahlkampfs herausbildete und dem Zweck diente, die öffentlichen Äußerungen des Präsidenten, denen zufolge keine Nähe des Präsidenten zu Russland bestand, zu untermauern. Cohen erinnerte sich daran, dass er dem Präsidenten in den Gesprächen, die er mit ihm vor seiner Aussage führte, zusicherte, er werde »auf Linie« bleiben – was nach Überzeugung Cohens beide so verstanden, dass dafür wahrheitswidrige Aussagen gemacht werden mussten. Zugleich sagte Cohen aber, er und der Präsident hätten nicht explizit darüber gesprochen, ob Cohens Darstellung des Projekts Trump Tower Moskau wahr oder unwahr sein würde; der Präsident habe ihn nicht ausdrücklich angewiesen, die Unwahrheit zu sagen. Cohen erklärte ferner, er habe dem Präsidenten keine Einzelheiten zu seiner bevorstehenden Aussage mitgeteilt. In dem Zeitraum, in dem sein für den Kongress ausgearbeiteter Schriftsatz redigiert und unter den Mitgliedern des JDA-Teams verteilt wurde, sprach Cohen mit dem Präsidenten nicht gezielt über den Schriftsatz; vielmehr kommunizierte er mit dem persönlichen Rechtsbeistand des Präsidenten, was Telefonverbindungsprotokolle bestätigen, die eine ausgiebige telefonische Kommunikation zwischen Cohen und dem persönlichen Rechtsbeistand des Präsidenten in der Zeit vor der Einreichung von Cohens Schriftsatz und in den Tagen seiner Aussage vor dem Kongress belegen.

Cohen erinnerte sich, dass er dem persönlichen Rechtsbeistand des Präsidenten am 27. August 2017 – einen Tag vor der Übermittlung von Cohens Schriftsatz an den Kongress – deutlich gemacht hatte, dass es mehr Gespräche und Korrespondenzen mit Russland (und auch mehr Kommunikation mit dem Kandidaten Trump) gegeben hatte als in dem Schriftsatz aufgeführt. Er, Cohen, habe damals Bedenken deswegen geäußert. Nach Cohens Erinnerung reagierte der persönliche Rechtsbeistand des Präsidenten – der selbst keinen unmittelbaren Einblick in das Thema hatte – mit der Bemerkung, es sei nicht angebracht, Verwirrung zu stiften; ins Detail zu gehen, sei nicht nötig, da das Projekt ja nicht zustande gekommen sei. Cohen solle nicht dozieren, sondern seine Ausführungen knapp und straff halten, solle auf Linie bleiben und nichts sagen, was der Darstellung des Präsidenten widersprach. Die Erinnerungen Cohens an die Inhalte dieser Gespräche decken sich mit Kommentaren zu den Grundaussagen in Cohens Entwurf, die offenbar von Mitgliedern des JDA-Teams stammten. So strich Cohen beispielsweise alle Hinweise auf seine Kontaktaufnahme mit russischen Staatsbeamten, um ein Treffen zwischen Trump und Putin am Rande der UN-Vollversammlung zu arrangieren – nach Ansicht Cohens war es wohl eine Entscheidung des JDA-Teams, den folgenden Satz ganz wegzulassen: »Das Bauprojekt veranlasste mich zur Aufnahme begrenzter Kontakte zu russischen Regierungsvertretern.«

Der persönliche Rechtsbeistand des Präsidenten war nicht bereit, uns seine Version seiner Gespräche mit Cohen zu liefern, und so liegen uns keine Belege vor, aus denen sich schließen ließe, dass der Präsident über alles informiert wurde, was Cohen dem persönlichen Rechtsbeistand des Präsidenten anvertraute. Die Unterredungen des Präsidenten mit seinem persönlichen Rechtsbeistand standen mutmaßlich unter dem Schutz des Anwaltsgeheimnisses, und wir machten keinen Versuch, an den Inhalt ihrer Telefonate oder Textnachrichten heranzukommen. Das Fehlen von Belegen zu den Gesprächen des Präsidenten mit seinem persönlichen Rechtsbeistand über die Überarbeitung von Cohens Schriftsatz hindert uns daran, einzuschätzen, welche Rolle – wenn überhaupt eine – der Präsident dabei spielte.

ii. Wir beschäftigten uns mit der Frage, ob der Präsident Dinge tat und sagte, die darauf hinausliefen, dass Cohen sich gehindert sah, den Ermittlern und dem Kongress die Wahrheit zu sagen.

Bevor Cohen mit der Justiz zu kooperieren begann, ermahnte ihn der Präsident sowohl öffentlich als auch persönlich, »auf Linie« zu bleiben und nicht »umzufallen«. Nach Erinnerung Cohens gab ihm der persönliche Rechtsbeistand des Präsidenten zu verstehen, dass man ihn schützen werde, solange er nicht »ausscherte«. In den Tagen und Wochen nach der Durchsuchung von Cohens Wohnung und Büro im April 2018 erklärte der Präsident vor Reportern, Cohen sei ein »guter Mann«, »ein feiner Mensch mit einer wunderbaren Familie, […] den ich immer gemocht und respektiert habe«. Unter vier Augen forderte der Präsident Cohen auf, »durchzuhalten« und »stark zu bleiben«. Personen, die sowohl Cohen als auch dem Präsidenten nahestanden, übermittelten Cohen Botschaften wie »der Präsident steht auf dich«, »der Boss liebt Sie« oder »alle wissen, dass der Boss voll hinter Ihnen steht«. Über den persönlichen Rechtsbeistand des Präsidenten hatte der Präsident selbst Cohen schon zuvor seinen Dank »für das, was du tust« ausrichten lassen – nachdem Cohen die Medien über Geldzahlungen an Frauen in einer Weise informiert hatte, von der Cohen zufolge sowohl er als auch der Präsident wussten, dass sie nicht der Wahrheit entsprach. Zu diesem Zeitpunkt kam noch die Trump Organization für Cohens Anwaltshonorare auf, was für Cohen ein wichtiger Punkt war. Cohen erinnerte sich auch an Gespräche mit dem persönlichen Rechtsbeistand des Präsidenten über die Möglichkeit von Begnadigungen, und dass sein Gesprächspartner ihm sagte, er solle auf Linie bleiben, alles werde gut ausgehen. Der Präsident ließ in seinen öffentlichen Äußerungen durchblicken, dass er eine Begnadigung nicht ausschloss, und erklärte ferner öffentlich: »Die meisten Menschen neigen dazu, umzufallen, wenn der Staat sie dafür aus dem Schwitzkasten lässt.« Er sei jedoch überzeugt, »dass Michael das nicht tun wird«.

Kaum hatten jedoch die Medien gemeldet, dass Cohen sich

entschlossen hatte, mit den Behörden zu kooperieren, da warf der Präsident Cohen vor, er erfinde »Geschichten, um selbst aus einem ganz anderen Verkehrschaos (vielleicht mit Taxis?) herauszukommen«. Er nannte Cohen eine »Ratte« und insinuierte bei mehreren Gelegenheiten öffentlich, Mitglieder von Cohens Familie hätten Verbrechen begangen. Die Belege, die uns zu dieser Ereignisabfolge vorliegen, stützen möglicherweise die Mutmaßung, der Präsident habe Anreize in Form positiver Botschaften eingesetzt, um Cohen von einer Kooperation mit der Justiz abzubringen, und habe dann, als Cohen zu kooperieren begann, zu Attacken und Einschüchterungen gegriffen, um potenzielle Hinweisgeber abzuschrecken oder die Glaubwürdigkeit Cohens zu untergraben.

b. <u>Verbindung zu einem behördlichen Verfahren.</u> Die einschlägigen Verhaltensweisen des Präsidenten im Umgang mit Cohen traten in Erscheinung, als der Präsident erfuhr, dass der Stab des Sonderermittlers, der Kongress und die Bundesanwaltschaft des Southern District of New York die Machenschaften Cohens zu untersuchen begannen. Der Präsident gab durch seine öffentlichen Äußerungen und Tweets zu erkennen, dass er mit der Möglichkeit einer Kooperation Cohens mit den ermittelnden Behörden rechnete.

c. <u>Vorsatz.</u> Die analytische Deduktion der Absichten, die der Präsident mit seinem Verhalten gegenüber Cohen als einem potenziellen Zeugen verfolgte, liefert Indizien für die Vermutung, der Präsident habe es darauf angelegt, Cohen von einer Kooperation mit der Justiz abzubringen, weil die Informationen, die Cohen in petto hatte, ein ungünstiges Licht auf das Verhalten des Präsidenten während des Wahlkampfs und auf seine Äußerungen werfen würden.

i. Cohens wahrheitswidrige Darstellung des Projekts Trump Tower Moskau gegenüber dem Kongress zielte darauf ab, die

Beziehungen und Verbindungen zwischen dem Präsidenten und Russland zu bagatellisieren und die Russland-Ermittlungen des Kongresses und des Justizministeriums einzudämmen – ein Ziel, das im Interesse des Präsidenten lag, wie aus seinen eigenen Äußerungen hervorging. Während des Wahlkampfs und danach versicherte der Präsident wiederholt, er mache »keine Geschäfte« in Russland, und es gebe »keine Deals, die in Russland zustande kommen könnten, weil wir uns davon ferngehalten haben«. Wie Cohen wusste und seiner Erinnerung nach dem Präsidenten im Verlauf des Wahlkampfs auch mitgeteilt hatte, waren seine Aktivitäten für die Realisierung des Projekts Trump Tower Moskau geeignet, Zweifel am Wahrheitsgehalt und an der Vollständigkeit dieser Aussagen zu wecken.

Im Zuge seines Schuldbekenntnisses räumte Cohen ein, dass er dem Kandidaten Trump in mehreren Unterredungen Sachstandsberichte zum Projekt Trump Tower Moskau vorgetragen hatte, dass die Gespräche darüber mindestens bis Juni 2016 angedauert und dass er mit Trump über eine angedachte Reise nach Russland zur Beschleunigung des Projekts gesprochen hatte. Es hatte sich dabei, so versicherte Cohen, nicht um unverbindliche Plaudereien gehandelt, denn das Projekt hatte das Potenzial, viel Geld einzubringen. Textnachrichten von und an Cohen und andere Belege lassen kaum einen anderen Schluss zu, als dass die Bemühungen Cohens, das Projekt voranzubringen, nicht im Januar 2016 endeten, und dass im Mai und Juni 2016 über Termine für eine mögliche Moskau-Reise Cohens und Trumps im Zusammenhang mit dem Projekt diskutiert wurde.

Die Indizien könnten den Schluss zulassen, dass der Präsident zum Zeitpunkt der wahrheitswidrigen Aussagen Cohens gegenüber dem Kongress diese Faktenlage kannte. Cohen erörterte das Projekt mit dem Präsidenten noch Anfang 2017, nachdem die Presse Fragen zu stellen begonnen hatte. Wie Cohen sich erinnerte, erfuhr er am 20. September 2017, einen Tag nachdem er seine einleitende Erklärung an den Kongress an die Öffentlichkeit lanciert hatte – mit der Aussage, das Projekt sei »im Januar 2016 beendet« worden –, vom persönlichen Rechtsbeistand des Präsidenten, der Präsident sei mit Cohens Äußerungen zum Trump Tower Moskau sehr zufrieden. Und auch noch nach Cohens Schuldbekenntnis erzählte der Präsident der Presse, er selbst habe letzten Endes die Entscheidung getroffen, das Projekt nicht weiterzuverfolgen – was den Schluss zulässt, dass er sich zu diesem Zeitpunkt noch gut an sein eigenes Eingebundensein in das Projekt erinnerte.

ii. Die öffentlichen Äußerungen des Präsidenten nach Cohens Schuldbekenntnis lassen ferner darauf schließen, dass das, was Cohen den Ermittlern über das Projekt Trump Tower Moskau erzählt hatte, dem Präsidenten womöglich ein gewisses Unbehagen bereitete. In der Zeit, in der der Präsident schriftliche Antworten auf Fragen unseres Büros zu dem Moskauer Projekt und zu anderen Untersuchungsthemen übermittelte, hatten die Medien zwar bereits gemeldet, dass Cohen mit der Justiz kooperierte, doch hatte Cohen sich noch nicht schuldig bekannt, dem Kongress wahrheitswidrige Auskünfte erteilt zu haben. Demgemäß war noch nicht öffentlich bekannt, welche Informationen über das Projekt Cohen den Behörden gegeben hatte. Der Präsident lieferte in seinen schriftlichen Antworten keine Details über Termine und Inhalte seiner Besprechungen mit Cohen über das Projekt und ließ nicht erkennen, dass er beschlossen hatte, das Projekt nicht weiterzuverfolgen. Dann jedoch, nach Cohens Schuldbekenntnis, erklärte der Präsident öffentlich, er habe persönlich die Entscheidung getroffen, das Projekt einzustellen. Im Anschluss daran lehnte der Präsident es ab, uns diese augenscheinliche Diskrepanz zu erklären oder zusätzliche Fragen zu beantworten. Die Zeitpunkte und Inhalte der Auskünfte, die der Präsident über seinen Wissensstand und seine Handlungen in Bezug auf das Moskauer Projekt gab, deuten darauf hin, dass ihm der Gedanke daran, welche Informationen Cohen als Zeuge womöglich liefern würde, Kopfzerbrechen bereitete.

iii. Es ist denkbar, dass sich der Unmut des Präsidenten über die Kooperationsbereitschaft Cohens auch auf das von der Bundesanwaltschaft des Southern District of New York eingeleitete Ermittlungsverfahren bezog, in dem es um andere Aspekte der geschäftlichen Beziehungen des Präsidenten zu Cohen ging und nicht so sehr um das Projekt Trump Tower Moskau. Einige Indizien sprechen auch dafür, dass das Unbehagen des Präsidenten über Cohens Kooperationsbereitschaft aus der erklärten Überzeugung des Präsidenten herrührte, Cohen werde unwahre Beschuldigungen gegen den Präsidenten erheben, um sich damit eine mildere Strafe für seine anderweitigen Straftaten zu erkaufen. Der Präsident erklärte in einem Tweet, im Gegensatz zu Cohen habe sich Manafort geweigert, »einzuknicken – Geschichten zu erfinden, um sich einen ›Deal‹ zu sichern«. Und nachdem Cohen sich schuldig bekannt hatte, dem Kongress die Unwahrheit gesagt zu haben, erklärte der Präsident: »Worauf [Cohen] es abgesehen hat, ist eine mildere Strafe zu bekommen. Deshalb verbreitet er Lügen über ein Projekt, über das alle Welt Bescheid wusste.« Aber der Präsident sagte auch etwas, das wie eine Verteidigung des in Rede stehenden Verhaltens anmutet: »Selbst wenn [Cohen] recht hatte, tut das nichts zur Sache, denn ich durfte während des Wahlkampfs alles machen, was ich wollte.« Einiges deutet, wie weiter oben dargelegt, darauf hin, dass der Präsident wusste, dass Cohen falsche Angaben zum Projekt Trump Tower Moskau gemacht hatte, um den Präsidenten zu schützen und die geschäftlichen Beziehungen, die der Präsident während des Wahlkampfs nach Russland unterhielt, zu bagatellisieren.

iv. Die Äußerungen des Präsidenten, in denen er unterstellte, Mitglieder von Cohens Familie hätten Straftaten begangen, fielen, nachdem Cohen mit der Justiz zu kooperieren begonnen hatte, und ließen sich als Versuch deuten, Vergeltung gegen Cohen zu üben, oder auch als ernste Warnung an die Adresse Cohens und anderer potenzieller Zeugen, ihr Wissen für sich zu behalten. Es ist denkbar, dass der Präsident, wie seine Tweets nahelegen, glaubte, Cohen habe »Geschichten [erfunden]«, um sich eine Strafmilderung zu erkaufen »und seine Frau und seinen Schwiegervater [...] ungestraft davonkommen zu lassen«. Ebenfalls vorstellbar ist, dass der Präsident mit der Erwähnung von Cohens Frau und Schwiegervater nicht die Absicht verband, den Zeugen Cohen ins Wanken zu bringen, sondern dass diese Unterstellungen Teil einer PR-Strategie waren, die darauf abzielte, Cohen zu diskreditieren und die Aufmerksamkeit vom Präsidenten weg auf Affären zu lenken, die mit Cohen zu tun hatten. Allerdings äußerte der Präsident die Unterstellung, Mitglieder von Cohens Familie hätten Verbrechen begangen, mehr als einmal, so etwa unmittelbar bevor das Urteil gegen Cohen erging (und gleichzeitig mit der Aufforderung an die Justiz, gegen Cohen müsse eine »vollständige und ungekürzte Strafe« verhängt werden), und ein weiteres Mal unmittelbar vor der Befragung Cohens im Kongress. Die Zeitpunkte, zu denen die Äußerungen fielen, legen den Schluss nahe, dass der Präsident damit zumindest teilweise den Zweck verfolgte, Cohen von jeder weiteren Kooperation mit der Justiz abzubringen.

L. Übergeordnete Sachfragen

Obgleich dieser Bericht keine Entscheidung im herkömmlichen Sinne über die Einleitung bzw. Nichteinleitung eines Strafverfahrens enthält, stützt das Beweismaterial mehrere allgemeine Schlussfolgerungen, die für die sachliche Analyse des Verhaltens des Präsidenten von Belang sind.

1. Drei Merkmale dieses Falls machen ihn atypisch im Vergleich zu den üblichen Strafverfahren wegen Behinderung der Justiz, die vom Justizministerium bislang angestrengt worden sind.

Erstens betraf das Verhalten auch (Amts-)Handlungen des Präsidenten. Ein Teil des Verhaltens stand nicht in direktem Zusammenhang mit der verfassungsrechtlich verbürgten Amtsgewalt des Präsidenten und wirft die üblichen Fragen bezüglich des Tatbestands der Justizbehinderung auf. Bei anderen von uns untersuchten Ereignissen wiederum spielte die Amtsgewalt des Präsidenten gemäß Artikel II eine Rolle; dies warf verfassungsrechtliche Fragen auf, auf die wir in Band II, Abschnitt III.B, *unten*, eingehen. Eine sachbezogene Analyse dieses Verhaltens müsste einerseits der Tatsache Rechnung tragen, dass die Handlungen des Präsidenten dem Anschein nach rechtmäßig waren, und andererseits dem Umstand, dass ihm seine Stellung als Leiter der Exekutive einzigartige Machtmittel verleiht, mit denen er behördliche Verfahren, nachgeordnete Amtsträger und potenzielle Zeugen beeinflussen kann.

Zweitens geht es bei vielen Verfahren wegen Justizbehinderung um die versuchte oder tatsächliche Vertuschung einer zugrunde liegenden Straftat. Strafbares persönliches Verhalten kann stichhaltige Hinweise dafür liefern, dass der oder die Betreffende eine unzulässige Behinderungsabsicht hatte, *siehe z. B. USA vs. Willoughby*, 860 F.2d 15, 24 (2. Cir. 1988), oder dass er oder sie beabsichtigte, Einfluss auf ein Verfahren zu nehmen, *siehe z. B. USA vs. Binday,* 804 F.3d 558, 591 (2. Cir. 2015). Aber der Beweis einer solchen Straftat ist kein Tatbestandsmerkmal von Justizbehinderung. *Siehe USA vs. Greer*, 872 F.3d 790, 798 (6. Cir. 2017) (wo es heißt, dass bei der Anwendung der Richtlinien für die Strafmaßpraxis »die Behinderung staatsanwaltlicher Ermittlungen auch dann strafbar ist, wenn das Strafverfahren letztlich erfolglos bleibt, oder sogar dann, wenn die Ermittlungen letztlich keine zugrunde liegende Straftat aufdecken«). Eine Behinderung der Justiz kann durch den Wunsch motiviert sein, nicht strafbare persönliche Interessen zu schützen, sich vor Ermittlungen zu schützen, bei denen die zugrunde liegende strafrechtliche Verantwortlichkeit in einen Graubereich fällt, oder persönliche Kompromittierung zu verhindern. Die Verletzung der Integrität des Rechtssystems ist die gleiche, unabhängig davon, ob eine Person ein zugrunde liegendes Delikt begangen hat.

Mit dem in diesen Ermittlungen beigebrachten Beweismaterial lässt sich nicht schlüssig nachweisen, dass der Präsident an einer zugrunde liegenden Straftat im Zusammenhang mit der Einmischung Russlands in die Präsidentschaftswahl beteiligt gewesen ist. Aber das Beweismaterial deutet auf eine Reihe anderer möglicher persönlicher Beweggründe für das Verhalten des Präsidenten hin. Dazu gehören die Sorge, dass die Fortführung der Ermittlungen die Legitimität seiner Wahl in Zweifel ziehen könnte, und die potenzielle Ungewissheit darüber, ob bestimmte Ereignisse wie die vorherige Benachrichtigung über die Veröffentlichung gehackter Informationen durch WikiLeaks oder über das Treffen am 9. Juni 2016 zwischen hochrangigen Mitgliedern des Wahlkampfteams und Russen als eine Straftat des Präsidenten, seines Wahlkampfteams oder seiner Familie angesehen werden könnten.

Drittens fanden viele der auf Zeugen ausgerichteten Handlungen des Präsidenten, einschließlich des Bemühens, diese von der Kooperation mit Behörden abzuhalten, sowie das Andeuten möglicher zukünftiger Begnadigungen unter den Augen der Öffentlichkeit statt. Auch wenn möglicherweise schwerer nachweisbar ist, dass Handlungen, die sich an die Öffentlichkeit richteten, in korrumpierender Absicht erfolgten, wird die Macht des Präsidenten, Handlungen, Personen und Ereignisse zu beeinflussen, durch seine einzigartige Fähigkeit verstärkt, durch Nutzung von Massenkommunikationsmitteln Aufmerksamkeit zu erregen. Und kein Rechtsgrundsatz schließt öffentliche Handlungen aus dem Geltungsbereich von Gesetzesvorschriften über Justizbehinderung aus. Wenn die Handlungen erkennbar darauf gerichtet sind, Zeugen einzuschüchtern oder sie zur Änderung ihrer Aussagen zu bewegen, dann ist die Integrität des Justizsystems in gleicher Weise bedroht.

2. Obgleich die Ereignisse, die wir im Rahmen der Ermittlungen untersuchten, einzelne Handlungen betrafen – z. B. die Äußerung des Präsidenten gegenüber Comey bezüglich der Ermittlungen gegen Flynn, dass er Comey entließ und seine Be-

mühungen, den Sonderermittler aus seinem Amt zu entfernen –, ist es wichtig, das Verhaltensmuster des Präsidenten insgesamt zu betrachten. Dieses Muster gibt Aufschluss über die Natur der Handlungen des Präsidenten und lässt Rückschlüsse auf seine Absichten zu.

a. Bei unseren Ermittlungen stießen wir auf mehrere Handlungen des Präsidenten, die geeignet waren, strafrechtliche Ermittlungen aufzunehmen, etwa wegen der Einmischung Russlands oder wegen Justizbehinderung. Diese Vorfälle ereigneten sich oftmals im Rahmen von Vieraugengesprächen, in denen der Präsident seine Amtsbefugnisse außerhalb der üblichen Kanäle zur Geltung brachte. Diese Handlungen reichten von Bemühungen, den Sonderermittler seines Amtes zu entheben und die Folgen der Tatsache, dass sich der Justizminister selbst für befangen erklärte, rückgängig zu machen, über die versuchte Inanspruchnahme von Amtsbefugnissen zur Einschränkung des Umfangs der Ermittlungen bis hin zu direkten und indirekten Kontakten mit Zeugen, mit der Möglichkeit, Einfluss auf ihre Aussagen zu nehmen. Die Betrachtung der Handlungen in ihrer Gesamtheit kann helfen, ihre Bedeutung besser zu verstehen. So folgte zum Beispiel auf die Anweisung des Präsidenten an McGahn, die Entlassung des Sonderermittlers in die Wege zu leiten, fast unverzüglich die Anweisung an Lewandowski, den Justizminister aufzufordern, den Umfang der Russland-Ermittlungen auf mögliche Einmischungen in die Wahl zu begrenzen – ein zeitlicher Zusammenhang, der darauf hindeutet, dass beide Handlungen mit einer ähnlichen Absicht in Bezug auf die Ermittlungen ausgeführt wurden.

Die Bemühungen des Präsidenten, Einfluss auf die Ermittlungen zu nehmen, blieben größtenteils erfolglos, aber das ist vor allem darauf zurückzuführen, dass die Personen im Umfeld des Präsidenten Anweisungen nicht ausführten beziehungsweise seinen Ersuchen nicht entsprachen. Comey stellte die Ermittlungen gegen Flynn nicht ein, die schließlich zu einer Anklageerhebung und zur Verurteilung Flynns wegen Falschaussage gegenüber dem FBI führten. McGahn forderte den Geschäftsführenden Justizminister nicht auf, den Sonderermittler zu entlassen, vielmehr war er bereit, wegen der Anweisung des Präsidenten zurückzutreten. Lewandowski und Dearborn haben Sessions nicht die Aufforderung des Präsidenten übermittelt, er solle die Russland-Ermittlungen auf zukünftige Einmischungsversuche in Wahlen beschränken. Und McGahn wollte nicht von seinen Erinnerungen an Ereignisse im Zusammenhang mit der Anweisung des Präsidenten, den Sonderermittler zu entlassen, abrücken, obwohl ihn der Präsident mehrfach dazu aufforderte. Entsprechend diesem Muster stützt das von uns beigebrachte Beweismaterial – über die bereits erhobenen Anklagen hinaus – keine weiteren Anklagen wegen Justizbehinderung gegen Berater und enge Mitarbeiter des Präsidenten.

b. Wenn man das gesamte Spektrum der von uns untersuchten Verhaltensweisen betrachtet, dann lassen sich die Handlungen des Präsidenten in zwei verschiedene Phasen einteilen, in denen sich ein möglicher Wandel seiner Motive widerspiegelt. In der ersten Phase, vor der Entlassung Comeys, konnte der Präsident sicher sein, dass das FBI kein Ermittlungsverfahren gegen ihn persönlich eröffnet hatte. Der Präsident hielt es für äußerst wichtig, öffentlich bekannt zu machen, dass nicht gegen ihn ermittelt werde, und er nahm diese Information in sein Entlassungsschreiben an Comey auf, nachdem andere Bemühungen, diese Information publik zu machen, erfolglos geblieben waren.

Bald nach der Entlassung Comeys erlangte der Präsident jedoch Kenntnis davon, dass Ermittler wegen des Verdachts auf Justizbehinderung gegen ihn selbst ermittelten. Diese Erkenntnis markierte eine bedeutsame Zäsur im Verhalten des Präsidenten und den Beginn einer zweiten Handlungsphase. Der Präsident begann mit öffentlichen Angriffen auf die Ermittlungen und auf Personen, die daran beteiligt waren und die möglicherweise im Besitz von Beweismitteln waren, die den Präsidenten belasteten, während der Präsident hinter den Kulissen eine Reihe gezielter Anstrengungen unternahm, um die Ermittlungen zu kontrollieren. So versuchte der Präsident beispielsweise, den Sonderermittler zu entlassen; er bemühte sich darum, Justizminister Sessions dazu zu bewegen, seine Befangenheitserklärung zu widerrufen und den Rahmen der Ermittlungen zu begrenzen; er bemühte sich, die öffentliche Bekanntgabe von Informationen über das Treffen am 9. Juni 2016 zwischen russischen Staatsbürgern und hochrangigen Mitarbeitern seines Wahlkampfteams zu verhindern, und er nutzte öffentliche Foren, um potenzielle Zeugen anzugreifen, die möglicherweise belastende Informationen preisgeben könnten, und sich lobend über Zeugen zu äußern, die nicht mit Behörden zusammenarbeiten wollten. Bei Einschätzungen der Art der Beweggründe des Präsidenten in jeder Phase wurde die Gesamtheit der Beweismittel zugrunde gelegt.

III. Rechtliche Einwendungen gegen die Anwendung der Gesetze zur Justizbehinderung auf den Präsidenten

In einer schriftlichen Eingabe an dieses Büro hat der persönliche Anwalt des Präsidenten gesetzliche und verfassungsrechtliche Einwendungen gegen die mögliche Anwendung der gesetzlichen Bestimmungen zur Justizbehinderung auf das Verhalten des Präsidenten erhoben.[1072] In gesetzlicher Hinsicht argumentiert der Rechtsbeistand des Präsidenten, dass eine zentrale Bestimmung der Justizbehinderung, 18 U.S.C. § 1512(c)(2), die Handlungen des Präsidenten nicht erfasst.[1073] In verfassungsrechtlicher Hinsicht argumentiert der Rechtsbeistand des Präsidenten, der Präsident könne in Ausübung seiner verfassungsgemäßen Befugnis, Untersuchungen des Justizministeriums einzustellen oder den FBI-Direktor zu entlassen, keine Justizbehinderung begehen.[1074] Nach dieser Auffassung würde jede gesetzliche Bestimmung, die den Präsidenten in der Ausübung dieser Befugnisse einschränkt, auf unzulässige Weise in die verfassungsmäßige Stellung des Präsidenten eingreifen. Der Rechtsbeistand des Präsidenten

---

1072 23.6.2017 Brief, Persönlicher Anwalt des Präsidenten an Büro des Sonderermittlers; *siehe auch* 29.1.2018 Brief, Persönlicher Anwalt des Präsidenten an Büro des Sonderermittlers; 6.2.2018 Brief, Persönlicher Anwalt des Präsidenten an Büro des Sonderermittlers; 8.8.2018 Brief, Persönlicher Anwalt des Präsidenten an Büro des Sonderermittlers, 4.

1073 6.2.2018 Brief, Persönlicher Anwalt des Präsidenten an Büro des Sonderermittlers, 2-9. Der Rechtsbeistand merkt ferner an, dass andere infrage kommende Behinderungsbestimmungen, etwa 18 U.S.C. § 1505, nur anhängige Verfahren schützen. 23.6.2017 Brief, Persönlicher Anwalt des Präsidenten an Büro des Sonderermittlers, 7-8. Abschnitt 1512(c)(2) ist nicht auf anhängige Verfahren beschränkt, sondern gilt auch für vorhersehbare Verfahren in der Zukunft. *Siehe* Band II, Abschnitt III.A, *oben*.

1074 23.6.2017 Brief, Persönlicher Anwalt des Präsidenten an Büro des Sonderermittlers, 1 (»[D]er Präsident kann nicht behindern … indem er lediglich die ihm von der Verfassung verliehene Macht ausübt.«).

konzediert, dass der Präsident Strafgesetzen unterworfen sein kann, die nicht direkt mit der Ausübung seiner Befugnisse nach Artikel II in Zusammenhang stehen, so etwa das Verbot, Zeugen zu bestechen oder sich einen Meineid zu erkaufen.[1075] Dennoch kommt der Rechtsbeistand zu dem kategorischen Schluss, dass »die Ausübung der verfassungsrechtlichen Befugnisse durch den Präsidenten, hier: den FBI-Direktor zu entlassen und Untersuchungen einzustellen, gemäß der Verfassung keine Behinderung der Justiz darstellen kann«.[1076]

Nach Prüfung der gesetzlichen Einlassungen des Rechtsbeistands kamen wir zu dem Schluss, dass die von präsidentieller Seite vorgebrachte Interpretation des Abschnitts 1512(c)(2) im Widerspruch zum prozessualen Standpunkt des Justizministeriums steht und von den Prinzipien der Gesetzesgrundlage nicht gestützt wird.

Was die verfassungsrechtlichen Argumente betrifft, erkennen wir an, dass das Justizministerium und die Gerichte über diese verfassungsrechtlichen Fragen noch nicht abschließend befunden haben. Wir prüften die präsidentielle Position daher anhand des Rahmens, der von Präzedenzentscheidungen des Supreme Court zu Fragen der Gewaltenteilung vorgegeben wird. Daran gemessen, so unsere Schlussfolgerung, enthebt Artikel II der Verfassung den Präsidenten nicht kategorisch und dauerhaft einer möglichen Verantwortung für das von uns untersuchte Verhalten. Vielmehr kam unsere Untersuchung zu dem Ergebnis, dass die Gesetzesbestimmungen über die Justizbehinderung ein

---

1075 23.6.2017 Brief, Persönlicher Anwalt des Präsidenten an Büro des Sonderermittlers, 2 n. 1.

1076 23.6.2017 Brief, Persönlicher Anwalt des Präsidenten an Büro des Sonderermittlers, 2 n. 1; (»[D]ie Justizbehinderungsbestimmungen können nicht so weit gefasst werden, dass sie eine mögliche Verantwortung herstellen aufgrund von augenscheinlich rechtmäßigen Handlungen des Präsidenten, die er zur Unterstützung seiner Entscheidungsbefugnis nach Artikel II ergreift, hohe Beamte zu entlassen oder die Strafverfolgungsfunktion auszuüben.«).

wirksames Verbot für korrumpierende Bemühungen eines Präsidenten darstellen, seine Amtsbefugnisse zum Zweck der Beschränkung, Beendigung oder Störung einer Untersuchung einzusetzen.

A. Gesetzliche Einwendungen gegen die Anwendung der Bestimmungen zur Justizbehinderung auf das hier untersuchte Verhalten

Die für unsere Untersuchung am unmittelbarsten anwendbare Bestimmung zur Justizbehinderung ist 18 U.S.C. § 1512(c)(2). Abschnitt 1512(c) führt aus:

(c) Wer in korrumpierender Absicht –

(1) eine Akte, ein Dokument oder sonst einen Gegenstand abändert, zerstört, verstümmelt oder verbirgt bzw. den Versuch dazu unternimmt, mit dem Vorsatz, die Unversehrtheit oder Verfügbarkeit des Gegenstands zur Verwendung in einem behördlichen Verfahren zu beeinträchtigen; oder

(2) anderweitig ein Verfahren behindert, beeinflusst oder erschwert bzw. den Versuch dazu unternimmt,

wird mit Freiheitsstrafe von nicht über 20 Jahren oder einer Geldstrafe oder beidem bestraft.

Das Justizministerium hat den Standpunkt vertreten, dass Abschnitt 1512(c)(2) ein weitgefasstes, unabhängiges und unbeschränktes Verbot der Justizbehinderung begründet.[1077] Zwar haben beschuldigte Parteien vorgebracht, der Unterabschnitt (c)(2) sei so zu verstehen, dass er nur Handlungen erfasse, die

---

[1077] *Siehe* U.S. Br., *Vereinigte Staaten vs. Kumar*, 06-5482-cr(L), 06-5654-cr(CON) (2. Cir., zu den Akten 26.10.2017), 15-28; *Vereinigte Staaten vs. Singleton*, H-04-CR-514SS, H-06-cr-80 (S.D. Tex., zu den Akten 5.6.2006).

die Verfügbarkeit und Unversehrtheit von Beweismitteln beeinträchtige, denn auf diese ziele der Unterabschnitt (c)(1) ab, doch sprechen gewichtige Argumente gegen eine solche Beschränkung. Der Text in Abschnitt 1512(c)(2) bekräftigt, dass sein Geltungsbereich nicht an die Bestimmung in Abschnitt 1512(c)(1) gebunden ist; in diesem Sinne ist er von Gerichten ausgelegt worden; seine Geschichte legt nichts anderes nahe; und kein Prinzip der gesetzlichen Grundlage schreibt eine gegenteilige Auffassung vor. Somit gilt Abschnitt 1512(c)(2) allem Anschein nach für alle korrumpierenden Mittel, ein Verfahren, ob anhängig oder absehbar, zu behindern – auch durch unangemessene Ausübung der Amtsgewalt. Zusätzlich begründen weitere gesetzliche Bestimmungen, die möglicherweise anwendbar sind auf ein bestimmtes von uns untersuchtes Verhalten, ein umfassendes Verbot der Behinderung von Verfahren, die vor Gerichten, Grand Jurys und dem Kongress anhängig sind. *Siehe* 18 U.S.C. §§ 1503, 1505. Der Kongress hat zudem ausdrücklich die Manipulation von Zeugen unter Strafe gestellt. *Siehe* 18 U.S.C. § 1512(b).

1. Der Text in Abschnitt 1512(c)(2) erfasst eine breite Palette justizbehindernder Tatbestände

Mehrere textliche Merkmale des Abschnitts 1512(c)(2) stützen die Auffassung, dass diese Bestimmung ein umfassendes Verbot korrumpierender Mittel der Justizbehinderung intendiert und nicht im Sinne der spezieller gefassten, auf die Schädigung von Beweismitteln abstellenden Verbote in Abschnitt 1512(c)(1) beschränkt ist.

Zum einen formuliert Abschnitt 1512(c)(2) keine näheren Bedingungen: Er umfasst Handlungen, die »ein behördliches Verfahren behinder[n], beeinfluss[en] oder erschwer[en]«, sofern sie in korrumpierender Absicht vorgenommen werden. In keiner Weise beschränkt der Wortlaut von Abschnitt 1512(c)(2) die Bestimmung auf Handlungen, die die Unversehrtheit und Verfügbarkeit von Beweismitteln zur Verwendung in einem behördlichen Verfahren beeinträchtigen würden. Vielmehr enthält Abschnitt 1512(c)(1) ausdrücklich die Anforderung, dass der Beschuldigte »mit dem Vorsatz, die Unversehrtheit oder Verfügbarkeit des Gegenstands zur Verwendung in einem offiziellen Verfahren zu beeinträchtigen«, handelt, ein Gebot, das der Kongress auch in zwei anderen Unterabschnitten des Abschnitts 1512 formuliert hat. *Siehe* 18 U.S.C. §§ 1512(a)(2)(B)(ii) (Gewaltanwendung mit dem Vorsatz, eine Person zu veranlassen, einen Gegenstand zu zerstören »mit dem Vorsatz, die Unversehrtheit oder Verfügbarkeit des Gegenstands zur Verwendung in einem behördlichen Verfahren zu beeinträchtigen«); 1512(b)(2)(B) (eine Person mittels Einschüchterung, Drohungen, korrumpierendem Zureden oder irreführendem Verhalten zu veranlassen, einen Gegenstand zu zerstören »mit der Absicht, die Unversehrtheit oder Verfügbarkeit des Gegenstands zur Verwendung in einem amtlichen Verfahren zu beeinträchtigen«). Aber kein vergleichbares, auf die Beeinträchtigung von Beweismitteln gerichtetes Absichts- oder Verhaltensmerkmal taucht in Abschnitt 1512(c)(2) auf. Das Merkmal eines Vorsatzes in Abschnitt 1512(c)(2) ist der Wendung »in korrumpierender Weise« zu entnehmen. *Siehe z. B. Vereinigte Staaten vs. McKibbins*, 656 F.3d 707, 711 (7. Cir. 2011) (»Das Merkmal eines Vorsatzes ist bedeutsam, weil die Wendung »in korrumpierender Weise« die Unterscheidung einer kriminellen von unschuldigen Behinderungshandlungen ermöglicht.«) (unter Weglassung im Text enthaltener Anführungszeichen). Und zum Verhaltensmerkmal in Abschnitt 1512(c)(2) heißt es »behinder[nd], beeinfluss[end] oder erschwer[end]«. Anzunehmen ist, dass der Kongress die Unterscheidung – die Beeinträchtigung von Beweismitteln in dem einen Fall aufzuführen, in dem anderen wegzulassen – bewusst vorgenommen hat. *Siehe Loughrin vs. Vereinigte Staaten*, 573 U.S. 351, 358 (2014) (»[W]enn ›der Kongress eine bestimmte Formulierung in einem Abschnitt einer Gesetzesbestimmung verwendet, in einem anderen aber darauf verzichtet‹ – zumal in der unmittelbar darauf folgenden –, geht dieses Gericht davon aus, dass der Kongress einen Bedeutungsunterschied setzen wollte«) (zitiert *Russello vs. Vereinigte Staaten,* 464 U.S. 16, 23 (1983)); *Vergleich Digital Realty Trust, Inc. vs. Somers*, 138 S. Ct. 767, 777 (2018).

Zum Zweiten stützt die Struktur von Abschnitt 1512 die Schlussfolgerung, dass Abschnitt 1512(c)(2) eine selbstständige Straftat definiert. Abschnitt 1512(c)(2) umreißt eine voll_ständige Straftat mit eigenen, von Abschnitt 1512(c)(1) unterschiedenen Tatbestandsmerkmalen – und jeder Unterabschnitt von Abschnitt 1512(c) enthält einen eigenen Hinweis auf die Strafbarkeit eines »Versuchs«, was unterstreicht, dass es sich um unabhängige Strafhandlungen handelt. Die zwei Unter_abschnitte von Abschnitt 1512(c) sind durch die Konjunktion »oder« verbunden, ein Hinweis darauf, dass sie jeweils eine alternative Strafbarkeitsgrundlage darstellen. *Siehe Loughrin*, 573 U.S., 357 (»gewöhnlicher Gebrauch [von »oder«] ist fast immer disjunktiv, d. h., die Wendungen, die es verbindet, sind als bedeutungsverschieden anzusehen«) (unter Weglassung im Text enthaltener Anführungszeichen). Im *Loughrin*-Urteil etwa stützte der Supreme Court sich auf den Gebrauch des Wortes »oder«, um zu befinden, dass benachbarte und sich überschneidende Abschnitte des Bankbetrug-Paragrafen, 18 U.S.C. § 1344, getrennte Straftatbestände formulieren und dass Unterabschnitt 1344(2) daher nicht als zusätzliches Merkmal zu interpretieren sei, das nur in Unterabschnitt 1344(1) spezifiziert würde. *Dass.; siehe auch Shaw vs. Vereinigte Staaten*, 137 S. Ct. 462, 465-469 (2016) (erkennt an, dass die Unterabschnitte des Bankbetrug-Paragrafen »sich substanziell überschneiden«, sieht aber auch klare Unterscheidungen in den jeweils erfassten

Sachverhalten).[1078] Und auch hier in Abschnitt 1512(c) haben wir, wie im *Loughrin*-Fall, »zwei Klauseln (…) [mit] getrennten Abschnittsnummern, Zeilenumbrüchen davor, dazwischen und danach und gleiche Einrückungen – was auch visuell die Gleichrangigkeit anzeigt und darauf hinweist, dass sie verschiedene Sachverhalte beinhalten«. 573 U.S., 359.

Drittens signalisiert die einleitende Wendung »anderweitig« in Abschnitt 1512(c)(2), dass die Bestimmung obstruktive Handlungen umfasst, die sich von den in Abschnitt 1512(c)(1) genannten unterscheiden. *Siehe* Black's Law Dictionary 1101 (6. Aufl. 1990) (»anderweitig« bedeutet »auf unterschiedliche Art«, »auf anderem Weg«, »in anderer Weise«); *siehe auch z. B.* American Heritage College Dictionary Online (»1. Auf andere Weise; abweichend; 2. Unter anderen Umständen«); *siehe auch Gooch vs. Vereinigte Staaten*, 297 U.S. 124, 128 (1936) (charakterisiert »anderweitig« als einen »weitgefassten Begriff« und befindet, dass ein gesetzliches Verbot der Entführung »gegen Lösegeld oder Belohnung oder anderweitig« durch die Worte »Lösegeld« und »Belohnung« nicht auf Entführungen aus finanziellen Beweggründen beschränkt ist); *Collazos vs. Vereinigte Staaten*, 368 F.3d 190, 200 (2. Cir. 2004) (legt »anderweitig« in 28 U.S.C. § 2466(1)(C) so aus, dass es über die in vorherigen Abschnitten aufgeführten »besonderen Beispiele« hinausgeht und somit »die unzähligen Wege« umfasst, »die menschliche Erfindungsgabe ersinnen mag, um es einer Person zu ermöglichen, der Ju-

---

[1078] Das Büro des Rechtsberaters im Justizministerium befand kürzlich, gestützt auf einige derselben Interpretationsprinzipien, dass eine Formulierung aus dem ersten Paragrafen des Wire Acts, 18 U.S.C. § 1084, die das Verbot bestimmter Wettgeschäfte auf »Sportereignisse oder -wettkämpfe« beschränkt, sich nicht auf die zweite Klausel desselben Gesetzes bezieht, der andere Wettgeschäfte erfasst. *Siehe Reconsidering Whether the Wire Act Applies to Non-Sports Gambling* (2.11.2018), slip op. 7 (unter Berufung auf die klare Formulierung); *dass.* 11 (erklärt es für nicht »vertretbar, in den zweiten Paragrafen die Kennzeichnung ›alle Sportereignisse oder -wettkämpfe‹ hineinzulesen, die in der ersten Klausel erscheint«); *dass.* 12 (unter Berufung auf das *Digital Realty*-Urteil).

risdiktion eines Gerichts zu entgehen«); *vgl. Begay vs. Vereinigte Staaten,* 553 U.S. 137, 144 (2006) (anerkennt, dass »anderweitig« per definitionem für »auf andere Art und/oder Weise« steht, und befindet, dass das Wort »anderweitig«, das die Generalklausel im Armed Career Criminal Act, 18 U.S.C. § 924(e)(2)(B)(ii), einleitet, »eine Straftat, die den aufgeführten Beispielen in einigen Aspekten ähnelt, sich in anderen jedoch unterscheidet, bezeichnen« kann, aber nicht zwingend muss«)[1079]. Die Funktion des Wortes »anderweitig« in Abschnitt 1512(c)(2) ist es daher, zu verdeutlichen, dass die Bestimmung auch *andere* obstruktive Handlungen umfasst als lediglich die Zerstörung objektiver Beweise mit der Absicht, deren Unversehrtheit oder Verfügbarkeit zu beeinträchtigen, also das Verhalten, auf das Abschnitt 1512(c)(1) abstellt. Das Wort »anderweitig« signalisiert nicht, dass der Geltungsbereich des Abschnitts 1512(c)(2) weniger umfassend ist, als der Wortlaut der Bestimmung impliziert.

2. Gerichtliche Entscheidungen stützen eine weite Auslegung des Abschnitts 1512(c)(2)

Die Rechtsprechung hat die Geltung von Abschnitt 1512(c)(2) nicht auf ein Verhalten beschränkt, das Beweismittel beeinträchtigt, sondern so ausgelegt, dass er justizbehindernde Handlungen jeglicher Art umfasst.

Wie es in einer Urteilsbegründung heißt, »fungiert dieser umfassende Unterabschnitt als Auffangbestimmung, um ›anderweitig‹ obstruktives Verhalten abzudecken, das u. U. keine konkreter gefasste Straftat begründet wie etwa die Zerstörung von Dokumenten, wie sie in (c)(1) aufgeführt ist«. *Vereinigte*

[1079] In *Sykes vs. Vereinigte Staaten*, 564 U.S. 1, 15 (2011), verwirft der Supreme Court im Wesentlichen die im *Begay*-Urteil entfaltete Auslegung der Residualklausel, und in *Johnson vs. Vereinigte Staaten*, 135 S. Ct. 2551 (2015) erklärt das Gericht die Residualklausel wegen Unbestimmtheit für verfassungswidrig. Die Auslegung des Wortes »anderweitig« im *Begay*-Urteil ist daher von nur beschränktem Wert.

Staaten vs. Volpendesto, 746 F.3d 273, 286 (7. Cir. 2014) (unter Weglassung einiger Anführungszeichen). In *Vereinigte Staaten vs. Ring*, 628 F. Supp. 2d 195 (D.D.C. 2009) zum Beispiel wies das Gericht die Auffassung zurück, dass »die Bezugnahme von § 1512 (c)(2) auf ein Verhalten, das ›anderweitig ein behördliches Verfahren behindert, beeinflusst oder erschwert‹, auf solches Verhalten beschränkt ist, das dem in Unterabschnitt (c)(1) untersagten ähnelt – namentlich einem Verhalten, das die Unversehrtheit oder Verfügbarkeit von Akten, Dokumenten oder sonstigen Gegenständen zur Verwendung in einem amtlichen Verfahren beeinträchtigt«. *Dass.* 224. Das Gericht erläutert, dass »die Bedeutung von § 1512(c)(2) offenkundig ist«. *Dass.* (Hervorhebungen im Original). Ebenso haben Gerichte Schuldsprüche nach Abschnitt 1512(c)(2) bestätigt, die nicht mit der Beeinträchtigung von Beweismitteln befasst waren, sondern ein Verhalten sanktionierten, das in allgemeinerer Weise Festnahmen oder Ermittlungen behinderte. *Siehe z. B. Vereinigte Staaten vs. Martinez*, 862 F.3d 223, 238 (2. Cir. 2017) (Polizeibeamter informierte Verdächtige über die Ausstellung von Haftbefehlen, bevor »ausstehende Haftbefehle vollstreckt werden konnten, und griff damit u. U. in ein laufendes Grand-Jury-Verfahren ein«); *Vereinigte Staaten vs. Ahrensfield*, 698 F.3d 1310, 1324-1326 (10. Cir. 2012) (Polizeibeamter enthüllte die Existenz verdeckter Ermittlungen gegenüber der Zielperson); *Vereinigte Staaten vs. Phillips*, 583 F.3d 1261, 1265 (10. Cir. 2009) (Beschuldigter enthüllte die Identität eines verdeckten Ermittlers und hinderte ihn so daran, Scheinkäufe bei Methamphetamindealern zu tätigen). Diese Fälle verdeutlichen, dass Abschnitt 1512(c)(2) anwendbar ist auf korrumpierende Handlungen – auch von Beamten –, die den Beginn oder Verlauf eines Verfahrens vereiteln, und nicht lediglich auf Handlungen, die Beweismittel entziehen oder ihre Unversehrtheit beeinträchtigen.

Die skizzierte Reichweite des Abschnitts 1512(c)(2) wird bestärkt durch ähnliche Formulierungen in der Sammelklausel von 18 U.S.C. § 1503, die anwendbar ist auf jeden, der »in korrumpierender Weise … die ordnungsgemäße Rechtspflege behindert oder erschwert oder den Versuch unternimmt, sie zu beeinflussen, zu behindern oder zu erschweren«. Diese Klausel in Abschnitt 1503 folgt zwei spezielleren Klauseln, die Geschworene, Richter und Gerichtsbeamte schützen. Die Sammelklausel ist dennoch so ausgelegt worden, dass sie »einen erheblich weiteren Geltungsbereich besitzt als die vorherigen Klauseln des Gesetzes«. *Vereinigte Staaten vs. Aguilar*, 515 U.S. 593, 599 (1995). »Die Sammelklausel ist im Wesentlichen eine Auffangbestimmung, die generell ein Verhalten untersagt, das die ordnungsgemäße Rechtspflege stört.« *Vereinigte Staaten vs. Brenson*, 104 F.3d 1267, 1275 (11. Cir. 1997). Dementsprechend ist sie in Gerichtsverfahren »nicht einschränkend« ausgelegt worden. *Vereinigte Staaten vs. Kumar,* 617 F.3d 612, 620 (2. Cir. 2010); *dass.* 620 n.7 (Fallsammlung aus den Dritten, Vierten, Sechsten, Siebten und Elften Berufungsgerichtsbezirken). Die Sammelklausel, wie es in einer Urteilsbegründung heißt, »verbietet Handlungen, die im Ergebnis, wenn auch nicht unbedingt in der Ausführung, dem im ersten Teil der Bestimmung beschriebenen Verhalten ähneln«. *Vereinigte Staaten vs. Howard*, 569 F.2d 1331, 1333 (5. Cir. 1978). Während die Einzelklauseln »bestimmte Methoden der Justizbehinderung verbieten … zielt die Sammelklausel auf die Justizbehinderung an sich, unabhängig der Mittel, die zu diesem Zweck eingesetzt wurden«. *Dass.* (Fallsammlung). Angesichts der Ähnlichkeit zwischen Abschnitt 1512(c)(2) und der Sammelklausel in Abschnitt 1503 wird der Kongress davon ausgegangen sein, dass Abschnitt 1512(c)(2) Handlungen umfasst, die im Ergebnis – nämlich dem der Justizbehinderung – denen in den Bestimmungen über die Beweisschädigung ähneln, und sich nicht lediglich auf Handlungen bezieht, die ähnlich in der Ausführung sind. So aufgefasst, erfüllt Abschnitt 1512(c)(2) eine klar umrissene Funktion in den Bundesgesetzen zur Justizbehinderung: Er erfasst korrumpierendes, nicht auf die Zerstörung von Dokumenten beschränktes Verhalten, das die erwartbare Konsequenz hat, vorgesehene ebenso wie anhängige Verfahren zu behindern.

Abschnitt 1512(c)(2) überschneidet sich mit anderen Behinderungsbestimmungen, macht sie jedoch nicht entbehrlich. Abschnitt 1503 etwa, der sich auf anhängige Grand-Jury- und gerichtliche Verfahren bezieht, sowie Abschnitt 1505, der anhängige Verwaltungs- und Kongressverfahren behandelt, erfassen »*Bestrebungen*«, die Verfahren »zu beeinflussen, zu behindern oder zu erschweren« – eine breitere Prüfung von einleitenden Straftaten als der »Versuch« in Abschnitt 1512(c)(2), der einen erheblichen Schritt in Richtung der vollendeten Straftat erfordert. *Siehe Vereinigte Staaten vs. Sampson,* 898 F.3d 287 302 (2. Cir. 2018) (»Bemühungen (efforts), Zeugen zu manipulieren, die sich auf das Niveau eines ›Tatentschlusses‹ (endeavor) steigern, jedoch nicht an einen ›Versuch‹ (attempt) heranreichen, können nicht nach § 1512 verfolgt werden.«); *Vereinigte Staaten vs. Leisure,* 844 F.2d 1347, 1366-67 (8. Cir. 1988) (sammelt Fälle, in denen der Unterschied zwischen einer »Endeavour«- und »Attempt«-Norm zum Tragen kommt). Und 18 U.S.C. § 1519, der die Zerstörung von Dokumenten oder Aufzeichnungen im Zusammenhang mit einer Untersuchung oder einem Verfahren verbietet, erfordert nicht die im *Aguilar*-Urteil erkannte »Verbindung«, die Abschnitt 1512(c)(2) verlangt. *Siehe z. B. Vereinigte Staaten vs. Yielding,* 657 F.3d 688, 712 (8. Cir. 2011) (»Das erforderliche Wissen und der Vorsatz [gemäß Abschnitt 1519] können auch dann gegeben sein, wenn der Beschuldigte sich nicht bewusst ist, dass er die Angelegenheit wahrscheinlich behindern wird.«); *Vereinigte Staaten vs. Gray,* 642 F.3d 371, 376-77 (2. Cir. 2011) (»Durch den Erlass von § 1519 verwarf der Kongress das Erfordernis, dass die Staatsanwaltschaft eine Verbindung zwischen dem Verhalten des Beschuldigten und einem unmittelbar bevorstehenden oder anhängigen behördlichen Verfahren nachzuweisen habe.«). Das Vorliegen selbst einer »erheblichen« Überschneidung ist nicht »ungewöhnlich« im Strafgesetz. *Loughrin,* 573 U.S., 359 n.4; *siehe Shaw,* 137 S. Ct. 458-469; *Aguilar,* 515 U.S., 616 (Scalia, J., abweichendes Votum) (»Die Tatsache, dass es nunmehr eine gewisse Überschneidung zwischen § 1503 und § 1512 gibt, ist nicht weniger untragbar als die Tatsache, dass es eine gewisse Überschneidung zwischen der Sammelklausel von § 1503 und den anderen Bestimmungen von § 1503 selbst gibt.«). Doch angesichts dessen, dass die Abschnitte 1503, 1505 und 1519 jeweils ein Verhalten erfassen, das Abschnitt 1512(c)(2) nicht abdeckt, liefert die Überschneidung keinen Grund für eine künstlich eingeschränkte Auslegung des Abschnitts 1512(c)(2). *Siehe Shaw*, 137 S. Ct., 469.[1080]

3. Gesetzeshistorie von Paragraf 1512(c)(2) rechtfertigt keine enge Auslegung des Wortlauts

»Angesichts der glasklaren Stoßrichtung des Gesetzestexts« von Paragraf 1512(c)(2) »gibt es keinen Grund, die Historie des Gesetzes zurate zu ziehen«. *Vereinigte Staaten vs. Gonzales*, 520 U.S. 1, 6 (1997). In keinem Fall kann die Gesetzeshistorie von Paragraf 1512(c)(2) als Grund dafür dienen, seinen Geltungsbereich über den Gesetzestext hinaus zu beschränken.

1080 Die Entscheidung des Supreme Court in *Marinello vs. Vereinigte Staaten*, 138 S. Ct. 1101 (2018), lässt sich nicht zur Begründung einer nicht wörtlichen Einschränkung für Abschnitt 1512(c)(2) heranziehen. Dort wurde das Gesetz zur »Steuer-Obstruktion«, 26 U.S.C. § 7212(a), dergestalt ausgelegt, dass es »eine ›Verbindung‹ zwischen dem Verhalten des Beschuldigten und einem konkreten Verwaltungsverfahren« erfordert.« *Dass.*, 1109. Das Gericht eignete sich diese Auslegung an in Anbetracht ähnlicher Interpretationen in Bezug auf »andere Obstruktionsbestimmungen«, *dass.* (zitiert *Aguilar* und *Arthur Andersen*), sowie unter Berücksichtigung von Kontext, Entstehungsgeschichte, Struktur der Steuerstrafgesetze, angemessener Information und Nachsicht. *Dass.*, 1106-1108. Verbindungsmerkmale der vom Gericht im *Marinello*-Urteil festgesetzten Art sind bereits gemäß Abschnitt 1512(c)(2) anwendbar, und die übrigen vom Gericht herangezogenen Erwägungen rechtfertigen nicht, Formulierungen in Abschnitt 1512(c)(2) hineinzulesen, die es dort nicht gibt. *Siehe Bates vs. Vereinigte Staaten*, 522 U.S. 23, 29 (1997) (dem Gericht »widerstrebt es für gewöhnlich, Worte oder Merkmale in eine Bestimmung hineinzulesen, die dort nicht im Wortlaut erscheinen«.).

Der Kongress verabschiedete Paragraf 1512(c)(2) als Teil des Sarbanes-Oxley Act von 2002, Pub. L. No. 107-204, Tit. XI, § 1102, 116 Stat. 807. Der einschlägige Abschnitt dieses Gesetzeswerks war überschrieben mit »Verfälschung von Akten *oder anderweitige Behinderung eines behördlichen Verfahrens*«. 116 Stat. 807 (eigene Hervorhebung). Wie aus dieser Überschrift hervorgeht, war es der Wille des Gesetzgebers, dass die beiden Klauseln in unterschiedliche Richtung zielen. Paragraf 1512(c) wurde als Beschlussvorlage im Senat eingebracht und ins Gesetz eingefügt, mit der Erläuterung, es solle damit ein bestehendes »Schlupfloch« hinsichtlich des »Schredderns von Akten« geschlossen werden. *Siehe* 148 Cong. Rec. S 6545 (10. Juli 2002) (Senator Lott); *dass.* S 6549-S 6550 (Senator Hatch). Diese Erläuterung schränkt jedoch den Geltungsbereich des verabschiedeten Gesetzestextes nicht ein. *Siehe Pittston Coal Group vs. Sebben*, 488 U.S. 105, 115 (1988) (»Nirgendwo steht geschrieben, dass ein Gesetz nur auf Tatbestände angewendet werden darf, die in der Gesetzeshistorie ausdrücklich benannt sind.«); *siehe auch Encino Motorcars, LLC vs. Navarro*, 138 S. Ct. 1134, 1143 (20 18) (»Auch wenn der Kongress nicht alle Anwendungsfälle für dieses Gesetz vorausgesehen hat, ist das kein Grund, dem Gesetzestext keine angemessene Beachtung zu schenken.«). Die Aussagen bei der parlamentarischen Lesung eines Gesetzes können also nichts an der Auslegung des verabschiedeten Gesetzestexts ändern. *Siehe Barnhart vs. Sigmon Coal Co.*, 534 U.S. 438, 457 (2002) (»Aussagen zweier Senatoren in der parlamentarischen Debatte können die klare und eindeutige Aussage eines Gesetzes nicht umdeuten. Wir sehen keinen Grund, den Ansichten zweier Senatoren größeres Gewicht beizulegen als den Plenar-Beschlüssen beider Häuser, die sich in einem eindeutig formulierten Gesetzestext niedergeschlagen haben.«). Dieser Grundsatz entfaltet besondere Kraft dort, wo einer der Abgeordneten, die den Zusatz zu Artikel 1512 vorlegten, am Beginn seiner Einbringungsrede erklärte, er wolle »auf einige der konkreten in der Vorlage enthaltenen Bestimmungen nur in aller Kürze« eingehen. 148 Cong. Rec. S 6550 (Senator Hatch).

Der Wortlaut, den der Kongress für Paragraf 1512(c)(2) wählte, indem er jede »korrumpierende […] Behinderung, Beeinflussung oder Beeinträchtigung behördlicher Verfahren« bzw. jeden Versuch dazu untersagte, ähnelt einer Bestimmung, die der Kongress einige Jahre zuvor in eine Gesetzesvorlage eingefügt hatte, mit der der Schutz vor Zeugenbeeinflussung und Behinderung der Justiz gestärkt werden sollten. Es handelte sich bei dieser Bestimmung zwar nicht um eine direkte Vorwegnahme des Paragrafen 1512(c)(2), doch können wir daraus ersehen, wie weit der Kongress damals die einschlägigen Tatbestände gefasst sehen wollte. Dadurch wird anerkannt, dass die Rechtsprechung durch eine »Vielzahl korrumpierender Mittel beeinträchtigt oder vereitelt werden kann, deren einzige Grenze die kriminelle Fantasie der entsprechend Veranlagten ist«. S. Rep. No. 532, 97. Kong., 2. Sitzung 17-18 (1982), beriet der Kongress über einen Gesetzentwurf, der eine Verschärfung von Paragraf 1512 gebracht hätte, insofern als er es als Straftat definierte unter anderem, wenn ein Mensch »die Durchsetzung und den Vollzug geltender Bundesgesetze … [die] Anwendung eines Gesetzes, nach dessen Maßgabe ein amtliches Verfahren durchgeführt wird oder werden könnte«, oder »die Ausübung eines Aufklärungsmandates des Bundesparlaments in korrumpierender Weise […] beeinflusst, behindert oder erschwert«. *Dass.* 17-19 (Zitat S. 2420).

Der zuständige Senatsausschuss erläuterte:

> Der Wille, eine Behinderung oder Fehlleitung der Justiz zu verhindern, lässt sich durch eine einfache Aufzählung der am häufigsten verfolgten, einschlägigen Verstöße nicht voll und ganz gewährleisten. Sichergestellt sein muss auch der Schutz vor selten vorkommenden Straftaten, die das Produkt einer erfindungsreichen kriminellen Fantasie sind und die ebenfalls das Potenzial haben, die Durchsetzung des Rechts zu vereiteln.

Dass., 18. In dem Bericht werden Beispiele genannt für Straftaten, die »gegenwärtig unter Anwendung der aktuell geltenden Generalklausel [in 18 U.S.C. § 1503] verfolgt werden – Fälle, die wahrscheinlich nicht verfolgt würden, wenn es keine Generalklausel gäbe«. *Dass.* Ein bekanntes Beispiel war die »Verabredung zur Vertuschung des Watergate-Einbruchs und seine Nachwirkungen durch die Anweisung an die Central Intelligence Agency, ein laufendes Ermittlungsverfahren des FBI zu dem Einbruch zu sabotieren«. *Dass.* (zitiert nach *Vereinigte Staaten vs. Haldeman*, 559 F.2d 31 (D.C. Cir. 1976)). Der Bericht deutet mithin darauf hin, dass es im Kongress ein Bewusstsein dafür gab, dass Formulierungen aus Generalklauseln, die Analogien zu Paragraf 1512(c)(2) aufweisen, nicht nur eine breite Vielfalt justizbehindernden Verhaltens abdecken, sondern auch, dass solche Formulierungen gerade auch den ungehörigen Einsatz staatlichen Handelns zur Behinderung der Justiz einschließen – insbesondere Vorgänge wie die von Mitarbeitern des Weißen Hauses, bis hin zum Präsidenten persönlich inszenierte Vertuschung der Watergate-Affäre. *Siehe Haldeman*, 559 F 3d, 51, 86-87, 120-129, 162.[1081]

1081 Der Senat akzeptierte schließlich die Gesetzesvorlage in der vom Repräsentantenhaus verabschiedeten Fassung, die eine Sammelklausel ausschloss. *Siehe United States vs. Poindexter*, 951 F.2d 369, 382-383 (D.C. Cir. 1991) (worin die Geschichte der vorgeschlagenen Sammelbestimmung in der Gesetzgebung zum Zeugenschutz nachgezeichnet wird). Im Verlauf der Plenardebatte zu der Vorlage erklärte Senator Heinz, einer der Initiatoren und führenden Vorkämpfer des Gesetzeswerks, eine Sammelklausel läge außerhalb der Anwendungszwecke der strittigen Zeugenschutzmaßnahmen und würde wahrscheinlich andere Gesetze gegen Justizbehinderung »duplizieren«, 128 Cong. Rec. 26,810 (1982) (Senator Heinz), hier vermutlich Bezug nehmend auf Art. 1503 und 1505.

4. Die Grundprinzipien der Gesetzesauslegung lassen nicht den Schluss zu, Paragraf 1512(c)(2) sei auf die Durchführung dieses Ermittlungsverfahrens nicht anwendbar

Das im Strafrecht enthaltene Gebot des »fair warning«, das Interesse daran, bei Vorliegen potenziell unklarer gesetzlicher Regelungen verfahrensrechtlichen Beanstandungen vorzubeugen, und die Regel, Milde walten zu lassen, rechtfertigen allesamt nicht, den Geltungsbereichs von Paragraf 1512(c)(2) einzuschränken.[1082]

a. Wie bei der Beurteilung anderer Strafgesetze, hat der Supreme Court auch bei der Auslegung von Bestimmungen zum Tatbestand der Justizbehinderung »Zurückhaltung geübt«, einerseits aus Respekt davor, dass es Aufgabe des Parlaments ist, Straftatbestände zu definieren, andererseits um den einzelnen Akteuren ein »fair warning« darüber zu erteilen, was strafrechtlich verboten ist. *Marinello vs. Vereinigte Staaten*, 138 S. Ct. 1101, 1106 (2018); *Arthur Andersen*, 544 U.S., 703; *Aguilar*, 515 U.S., 599-602. In mehreren Fällen von Justizbehinderung hat der Supreme Court einen »Nexus-Test« vorgeschrieben, der einen Beleg verlangt, dass das vermeintlich rechtswidrige Verhalten in ausreichendem Maß auf ein behördliches Verfahren abzielt, um die erforderliche Schuld festzustellen; nur dann sei die Strafbarkeit mit ausreichender Gewissheit gegeben. *Marinello*, 138 S. Ct., 1109; *Arthur Andersen*, 544 U.S., 707-708; *Aguilar*, 515 U.S., 600-602. Auch Paragraf 1512(c)(2) wurde in dem Sinne interpretiert, einen ähnlichen Nachweis einer Verbindung führen zu müssen. *Siehe z. B. Vereinigte Staaten vs. Young*, 916 F.3d 368,

---

[1082] In einem anderen Teil dieser Abhandlung, in dem wir Überlegungen anstellen, die einzig und allein das Präsidentenamt betreffen, beschäftigen wir uns mit den Rechtsgrundsätzen, die in dem betreffenden Kontext relevant erscheinen. *Siehe* Band II, Abschnitt III.B.1, *unten*.

386 (4. Cir. 2019); *Vereinigte Staaten vs. Petruk*, 781 F.3d 438, 445 (8. Cir. 2015); *Vereinigte Staaten vs. Phillips*, 583 F.3d 1261, 1264 (10. Cir. 2009); *Vereinigte Staaten vs. Reich*, 479 F.3d 179, 186 (2. Cir. 2007). Um der Forderung einer Verbindung zu einem Verfahren gerecht zu werden, muss die Justizbehörde objektive Indizien dafür vorlegen, dass das Vorgehen des Beschuldigten »mit einer gewissen Wahrscheinlichkeit zur Behinderung der Justiz« führen würde oder geführt hätte. In diesem Sinn würde das Gesetz »Beschuldigte ausschließen, die zwar unlautere Absichten verfolgen, aber Mittel anwenden, die nur im unnatürlichsten und unwahrscheinlichsten Fall zum Erfolg führen« würden. *Aguilar*, 515 U.S., 601-602 (unter Weglassung im Text enthaltener Anführungszeichen); *siehe dass.*, 599 (»Das Bestreben muss als natürliche und wahrscheinliche Folge eine Störung des gebotenen Justizhandelns nach sich ziehen.« (unter Weglassung im Text enthaltener Anführungszeichen). Damit nicht genug, muss die Justiz auch im Hinblick auf den subjektiven Faktor glaubhaft machen, dass der Beschuldigte »ein konkretes, vorhersehbares Verfahren in Betracht zog«. *Petruk*, 781 F.3d, 445. Diese einschränkenden Bedingungen ermöglichen ein »fair warning«, indem sie sicherstellen, dass zwischen dem justizbehindernden Verhalten und einem laufenden oder zukünftigen Verfahren eine ausreichend enge Verbindung besteht, um die Gefahren einzubeziehen, auf die die Gesetze zur Justizbehinderung abzielen, und dass der Beschuldigte tatsächlich auf eine Behinderung hinwirkt.

b. Gerichte bemühen sich zudem, Rechtsgrundsätze so zu formulieren, dass Bedenken wegen unklarer Bestimmungen bei rechtsstaatlichen Verfahren vermieden werden. *Siehe z. B. McDonnell vs. Vereinigte Staaten*, 136 S. Ct. 2355, 2373 (2016); *Skilling vs. Vereinigte Staaten*, 561 U.S. 358, 368, 402-404 (2010). Es kommt hier der sogenannte Klarheitsgrundsatz zum Tragen, dem zufolge ein Straftatbestand vom Gesetz »mit einer so ausreichenden Klarheit definiert werden muss, dass der gewöhnliche Bürger verstehen kann, welches Verhalten untersagt ist«, und dies möglichst »auf eine Art und Weise, die nicht etwa einem willkürlichen und diskriminierenden Gesetzesvollzug Vorschub leistet«. *Dass.*, 402-403 (unter Weglassung im Text enthaltener Anführungszeichen). Das gemäß dem Gesetz zur Justizbehinderung erforderliche Tatmerkmal »korrumpierend« erfüllt diese Forderung.

»Unter ›korrumpierendem Handeln‹ im Sinne des Paragrafen 1512(c)(2) ist ein vorsätzliches und unlauteres Handeln zu verstehen, das einem missbräuchlichen Zweck dient mit dem konkreten Vorsatz, ein wichtiges Verfahren zu sabotieren, zu behindern oder zu erschweren.« *Vereinigte Staaten vs. Gordon*, 710 F.3d 1124, 1151 (10. Cir. 2013) (unter Weglassung einiger Anführungszeichen). Die Mehrheit der Richter im Verfahren *Vereinigte Staaten vs. Aguilar* äußerte keine Meinung zu dem von der Verteidigung erhobenen Einwand, der Begriff »korrumpierend« sei unscharf. 515 U.S., 600 n. 1, doch Richter Scalia ging in seiner abweichenden Stellungnahme auf diesen Punkt ein und ließ erkennen, dass er den Einwand zurückgewiesen hätte. *Dass.* 616-617 (Scalia, J., dem sich die Richter Kennedy und Thomas, JJ., teilweise anschlossen). »Gesetzestexte müssen nicht umgangssprachlich formuliert sein«, erläuterte Richter Scalia und fuhr fort: »Der Ausdruck ›korrumpierend‹ hat im Strafrecht eine bewährte und weithin akzeptierte Bedeutung. Er steht für ein Handeln, das mit dem Vorsatz erfolgt, einen Vorteil mit den Amtspflichten und den Rechten Dritter unvereinbaren Vorteil zu erzielen.« *Dass.*, 616 (unter Weglassung im Text enthaltener Anführungszeichen; unter Berufung auf Urteile niedriger Instanzen und auf juristische Wörterbücher). Richter Scalia führte weiter aus, dass »im Bereich der Behinderung von Grand-Jury-Verfahren jedes Vorschützen einer Unkenntnis der Unrechtmäßigkeit unglaubwürdig« ist. *Dass.*, 617. Auch Gerichte niederer Instanz haben Einwände bezüglich der vermeintlichen Unschärfe des Begriffs »korrumpierend« zurückgewiesen. *Siehe z. B. Vereinigte Staaten vs. Edwards*, 869 F.3d 490, 501-502 (7. Cir. 2017); *Vereinigte Staaten vs. Brenson*, 104 F.3d 1267, 1280-1281 (11. Cir.

1997); *Vereinigte Staaten vs. Howard*, 569 F.2d 1331, 1336 n. 9 (5. Cir. 1978). Es liegt ein so solide fundierter Maßstab für den korrumpierenden Vorsatz vor, dass keine Notwendigkeit besteht, die Geltung des Tatbestands »Justizbehinderung« auf ganz bestimmte Arten immanent rechtswidrigen Handelns zu beschränken.[1083]

c. Der Grundsatz, Milde walten zu lassen, kann keine Rechtfertigung dafür sein, in Paragraf 1512(c)(2) lediglich als Verbotsvorschrift gegen die Entwertung von Beweismitteln (anstelle einer Pauschalvorschrift) zu betrachten. Das Mildegebot ist ein interpretativer Grundsatz, der im Strafrecht Uneindeutigkeit

---

[1083] In *Vereinigte Staaten vs. Poindexter*, 951 F.2d 369 (D.C. Cir. 1991) befand die Berufungsinstanz, der Ausdruck »korrumpierend« in 18 U.S.C. § 1505 sei in seiner Anwendung auf eine Person, die dem Kongress unwahre Auskünfte erteilt hatte, unscharf. Das Gericht qualifizierte zunächst das Wort »korrumpierend« als auf den ersten Blick unscharf, 951 F.2d, 378, um sodann festzustellen, das betreffende Gesetz lasse sich nicht zweifelsfrei auf ein korrumpierendes Verhalten der Person selbst beziehen; vielmehr sei das »eigentliche« Verhalten, auf welches Artikel 1505 im Einklang mit der Verfassung angewendet werden könne, dann gegeben, wenn eine Person eine andere Person durch Beeinflussung dazu bringe, einer rechtlichen Verpflichtung zuwider zu handeln. *Dass.*, 379-386. Der Kongress verabschiedete später eine Bestimmung, die diese Interpretation gegenstandslos machte: Darin heißt es, der Ausdruck »korrumpierend«, wie in Artikel 1505 gebraucht, stehe für »ein Handeln in unredlicher Absicht, sei es persönlich oder durch Beeinflussung von Dritten, u. a. durch wahrheitswidrige oder irreführende Aussagen, durch Zurückhalten, Verbergen, Fälschen oder Vernichten von Dokumenten oder anderen Informationsträgern«. 18 U.S.C. § 1515(b). Andere Gerichte haben es abgelehnt, die Argumentation aus *Poindexter* zu übernehmen; sie haben sie entweder als eine auf Artikel 1505 und den speziell im Fall *Poindexter* zu beurteilenden Sachverhalt begrenzte Sichtweise eingestuft, *siehe Brenson*, 104 F.3d, 1280-1281, ihre Geltung auf ganz bestimmte Arten unredlichen Verhaltens eingegrenzt, *siehe Vereinigte Staaten vs. Morrison*, 98 F.3d 619, 629-630 (D.C. Cir. I 996), oder festgestellt, dass sie aus der Zeit vor *Arthur Andersens* Interpretation des Ausdrucks »korrumpierend« stammen; *siehe Edwards*, 869 F.3d, 501-502.

zugunsten einer weniger belastenden Konstruktion klären soll. *Cleveland vs. Vereinigte Staaten*, 531 U.S. 12, 25 (2000). Jedoch greift das Mildegebot, wie »[das Gericht] wiederholt hervorgehoben hat«, nur wenn »nach Würdigung von Wortlaut, Struktur, Historie und Zweck des betreffenden Gesetzes eine gravierende Uneindeutigkeit oder Unbestimmtheit des Gesetzestextes bestehen bleibt, sodass das Gericht den Willen des Kongresses erraten muss«. *Abramski vs. Vereinigte Staaten*, 573 U.S. 169, 188 n.10 (2014) (unter Weglassung im Text enthaltener Hervorhebungen). Gerichte haben sich auf das Mildegebot berufen, um z. B. dem in einer Gesetzesvorschrift gegen Justizbehinderung enthaltenen Begriff »greifbares Objekt« ein enges Bedeutungskorsett zu verpassen, wenn aus der Überschrift und Historie der Vorschrift und aus der Liste der rechtswidrigen Handlungen hervorgeht, dass hauptsächlich die Vernichtung von Unterlagen gemeint ist. *Siehe Yates vs. Vereinigte Staaten*, 135 S. Ct. 1074, 1088 (2015) (Mehrheitsmeinung) (unter Definition des Begriffs »greifbares Objekt« im Kontext der Aufzählung »Akte, Dokument oder greifbares Objekt« in 18 U.S.C. § 1519 als Gegenstand, der Informationen aufnehmen oder aufbewahren kann.) Wortlaut, Struktur und Historie von Paragraf 1512(c)(2) lassen, wie oben dargelegt, keine »gravierende Uneindeutigkeit« hinsichtlich der Stoßrichtung des Gesetzes offen. Paragraf 1512(c)(2) definiert ein strukturell unabhängiges generelles Verbot der Behinderung behördlicher Verfahren und Vorgänge.

5. Weitere Gesetzesvorschriften gegen Justizbehinderung könnten auf diese Ermittlungen anwendbar sein

Unabhängig davon, ob Paragraf 1512(c)(2) alle korrumpierenden Handlungen abdeckt, mit denen aktuelles oder beabsichtigtes behördliches Handeln behindert, beeinflusst oder erschwert werden soll, könnten andere gesetzliche Vorschriften auf solche gegen laufende Verfahren gerichtete Handlungsweisen anwendbar sein, vorausgesetzt, die verbleibenden gesetzlichen Regelungselemente finden Beachtung. Wie weiter oben erörtert, gilt die Sammelklausel in 18 U.S.C. § 1503(a) generell für die Behinderung laufender Justizverfahren.[1084] *Siehe Aguilar*, 515 U.S., 598 (mit der Anmerkung, die Klausel sei »sehr viel umfassender in ihrem Geltungsanspruch« als frühere Bestimmungen). Die Schutzbestimmungen von Paragraf 1503(a) erstrecken sich bis hin zum Tatbestand der Zeugenbeeinflussung und zu weiteren justizbehindernden Handlungen mit einer Verbindung zu laufenden Verfahren. *Siehe Sampson*, 898 F.3d, 298-303 und n.6 (das einen Überblick gibt über Fälle aus acht Gerichtsbezirken, die zeigen, dass Paragraf 1503 auch zeugenbezogenes obstruktives Verhalten abdeckt, und das vorausgegangene Rechtsprechung auf Bezirksebene in die Schranken weist). Paragraf 1505 kriminalisiert auf breiter Front justizbehinderndes Handeln, das auf laufende Verfahren von Behörden und des Kongresses abzielt.[1085] *Siehe z. B. Vereinigte Staaten vs. Rainey*, 757 F.3d 234, 241-247 (5. Cir. 2014).

Zu guter Letzt kriminalisiert 18 U.S.C. § 1512(b)(3) jede Beeinflussung von Zeugen mit dem Ziel, zu verhindern, dass Zeugen Informationen über eine Straftat an die Justiz weitergeben. Die in *Aguilar* angeführte Nexus-Prämisse – die verlangt, der

[1084] Artikel 1503(a) sieht eine Bestrafung vor für jede Person, die:
in korrumpierender Weise, durch Drohung oder Zwang oder durch schriftlich oder anderweitig kommunizierte Drohungen den rechtmäßigen Ablauf eines Justizverfahrens zu beeinflussen, zu behindern oder zu vereiteln unternimmt oder versucht.

[1085] Artikel 1505 sieht eine Bestrafung vor für jede Person, die:
in korrumpierender Weise … den rechtmäßigen Ablauf eines Justizverfahrens, die Gesetze, denen gemäß jegliche anhängigen Verfahren durch jedwede Behörde oder Organ der Vereinigten Staaten durchgeführt werden, oder die rechtmäßige und angemessene Ausübung von Untersuchungsvollmachten, denen gemäß jedwede Kammer des Kongresses oder jedweder Ausschuss der einen oder anderen Kammer oder jedweder gemeinsame Kongressausschuss eine Anhörung oder Untersuchung durchführt, zu beeinflussen, zu behindern oder zu vereiteln unternimmt oder versucht.

einzelne Beschuldigte müsse »wissen, dass sein Handeln wahrscheinlich den Gang des Verfahrens beeinflussen wird«, 515 U.S., 599 –, findet auf Paragraf 1512(6)(3) keine Anwendung. *Siehe Vereinigte Staaten vs. Byrne*, 435 F.3d 16, 24-25 (1. Cir. 2006). Stattdessen wird die Erfordernis einer Verbindung zu einem Verfahren (»nexus«) auf den Vorsatz des Handelnden ausgerichtet, eine Informationsweitergabe an einen Vertreter der Justizbehörden zu unterbinden. *Siehe Fowler vs. Vereinigte Staaten*, 563 U.S. 668, 673-678 (2011).

***

Fazit: Angesichts der Weitgefasstheit von Paragraf 1512(c)(2) und der anderen gesetzlichen Bestimmungen gegen Justizbehinderung kommt dem Argument, das Verhalten, das Gegenstand der vorliegenden Ermittlungen ist, liege außerhalb des Geltungsbereichs der besagten gesetzlichen Bestimmungen, kein Gewicht zu.

B. Verfassungsrechtliche Einwendungen, die Gesetze zur Justizbehinderung auf den Präsidenten anzuwenden

Der Präsident verfügt über einen weitreichenden Ermessensspielraum, Strafermittlungen anzuordnen. Die Verfassung stattet den Präsidenten mit Exekutivgewalt (»executive Power«) aus und verpflichtet ihn, »darauf zu achten, dass das Gesetz gewissenhaft angewendet wird«. U.S. Const. Art. II, §§ 1, 3. Diese Machtbefugnisse und Verpflichtungen bilden die Grundlage des strafrechtlichen Ermessens. *Siehe Vereinigte Staaten vs. Armstrong*, 517 U.S. 456, 464 (1996) (der Justizminister und die US-Bundesanwälte »besitzen diesen Spielraum, da sie qua Gesetz dazu bestimmt sind, als Bevollmächtigte des Präsidenten ihm dabei zu helfen, seiner Verpflichtung nachzugehen, ›darauf zu achten, dass das Gesetz gewissenhaft angewendet wird‹«). Der Präsident besitzt zudem die Amtsbefugnis, US-Beamte zu ernennen und vom Präsidenten ernannte abzuberufen. U.S. Const. Art. II, § 2, cl. 2 (worin dem Präsidenten die Amtsbefugnis erteilt wird, alle Beamten in Abstimmung und mit Zustimmung des Senats zu ernennen, aber gleichzeitig dafür gesorgt wird, dass der Kongress die Ernennung von untergeordneten Beamten dem Präsidenten allein, Behördenleitern oder Gerichten übertragen kann); *siehe auch Free Enterprise Fund vs. Public Company Accounting Oversight Board*, 561 U.S. 477, 492-493, 509 (2010) (worin die Entlassungsbefugnis beschrieben wird als Quell der präsidialen »Verantwortung, darauf zu achten, dass das Gesetz gewissenhaft angewendet wird«).

Obwohl der Präsident weitreichende Amtsbefugnis laut Artikel II besitzt, besteht diese gleichberechtigt mit der Befugnis des Kongresses aus Artikel I, Gesetze zu beschließen zum Schutz von Kongressausschüssen, Bundesermittlungen, Gerichten sowie Grand Jurys vor korrumpierenden Maßnahmen, die ihre Arbeit untergraben. Für gewöhnlich erfüllen diese Verfassungsrechte ihre Funktion im Einklang miteinander, wobei der Präsident Strafgesetze unter Artikel I zum Schutz gegen korrumpierende Behinderungsmaßnahmen geltend macht. Sobald jedoch die Amtshandlungen des Präsidenten in Konflikt mit den Justizbehinderungsgesetzen geraten, werden die verfassungsbedingten Spannungen durch eine Untersuchung, ob die Gewaltenteilung gewährleistet ist, ausgeglichen.

Der Rechtsbeistand des Präsidenten hat eingewendet, dass »die Ausübung der verfassungsrechtlichen Amtsbefugnis durch den Präsidenten … den FBI-Direktor zu entlassen und Ermittlungen einzustellen … verfassungsrechtlich keine Justizbehinderung darstellen kann.«[1086] Wie oben erwähnt löst weder eine Stellungnahme des Justizministeriums noch ein Präzedenzfall des Supreme Court diese Frage direkt. Wir fanden jedoch nicht, dass die Behauptung des Rechtsbeistandes sich mit unserer Interpretation der Befassung des Supreme Court mit der Gewaltenteilung deckt.

1086 23.6.2017 Brief, persönlicher Rechtsbeistand des Präsidenten an das Büro des Sonderermittlers, 2 n. I.

Bei Anwendung des rechtlichen Rahmens des Supreme Court kamen wir zu dem Schluss, dass der Kongress rechtsgültig verfügen kann, die Amtshandlungen des Präsidenten zu beschneiden, um Verhalten zu unterbinden, das mit korrumpierendem Vorsatz darauf gerichtet ist, die Justiz zu behindern. Die begrenzende Wirkung auf die Machtbefugnisse des Präsidenten, die diese Einschränkung zur Folge hat, schwächt nicht in unzulässiger Weise das Recht des Präsidenten, sein Amt unter Artikel II auszuüben.

1. Die Clear-Statement-Regel schränkt die Anwendung der Gesetze zur Justizbehinderung auf das Verhalten des Präsidenten nicht ein

Bevor wir direkt auf Fragen bezüglich Artikel II eingehen, wenden wir uns einem Sonderprinzip des Rechts zu, das einzig für den Präsidenten gilt: »Der Grundsatz, dass die allgemeinen Gesetze als nicht für den Präsidenten geltend angesehen werden dürfen, sofern nicht ausdrücklich festgehalten ist, dass sie auch da gelten, wo ihre Anwendung die verfassungsmäßige Rolle des Präsidenten möglicherweise einschränken würde.« OLC, *Application of 28 U.S.C. § 458 to Presidential Appointments of Federal Judges (Anwendung von 28 USC. § 458 auf die Ernennung von Bundesrichtern durch den Präsidenten)*, 19 Op. O.L.C. 350, 352 (1995). Diese »Clear-Statement-Regel«, *dass.*, hat ihren Ursprung in zwei Grundprinzipien: Gesetze sollten so gefasst sein, dass ernsthafte verfassungsrechtliche Fragen vermieden werden, und es sollte nicht angenommen werden, dass der Kongress die verfassungsrechtliche Gewaltenteilung verändert hat, ohne die eindeutige Gewissheit, dass er dieses Ergebnis auch anstrebte. OLC, *The Constitutional Separation of Powers Between the President and Congress (Verfassungsrechtliche Gewaltenteilung zwischen Präsident und Kongress)*, 20 Op. O.L.C. 124, 178 (1996).

Der Supreme Court hat die Clear-Statement-Regel in verschiedenen Fällen angewendet. In einem maßgeblichen Fall deutete das Gericht den Administrative Procedure Act, 5 U.S.C. § 701 *ff.*, als nicht anwendbar auf juristische Prüfungen des Verhaltens des Präsidenten. *Franklin vs. Massachusetts*, 505 U.S. 788, 800-801 (1992). Das Gericht erklärte, dass es »eine Eilerklärung vom Kongress benötigen würde, bevor es voraussetzen könne, dass er beabsichtige, die Erfüllung der gesetzlichen Aufgaben des Präsidenten auf Missbrauch von Ermessensentscheidungen zu prüfen«. *Dass.* 801. In einem anderen Fall interpretierte das Gericht den Begriff »genutzt« im Federal Advisory Committee Act (FACA), 5 U.S.C. App., als nur zutreffend für den Gebrauch von Beratungsausschüssen, die direkt oder indirekt von der Regierung eingerichtet wurden, und schloss dadurch aus, dass die American Bar Association (der größte amerikanische Berufsverband für Juristen) dem Justizministerium Empfehlungen für angehende Bundesangestellte ausspricht. *Public Citizen vs. Vereinigte Staaten Justizministerium*, 491 U.S. 440, 455, 462-467 (1989). Das Gericht erklärte, dass eine umfassendere Interpretation des Begriffs »genutzt« im FACA schwerwiegende Fragen aufwerfen würde, ob das Gesetz »über Gebühr gegen die Befugnis des Präsidenten unter Artikel II verstößt, Bundesrichter zu nominieren und das Konzept der Gewaltenteilung verletzt«. *Dass.* 466-467. In einem anderen Fall stellte sich heraus, dass geltende Regeln der Gesetzesauslegung mit »besonderem Nachdruck« auf Bestimmungen angewendet wurden, die bei großzügiger Auslegung in die außenpolitischen Befugnisse des Präsidenten eingreifen würden. *Sale vs. Haitian Centers Council*, 509 U.S. 155, 188 (1993) (Vermutung der extraterritorialen Anwendung in Auslegung des Refugee Act von 1980 als nicht in einem Übersee-Kontext geltend, wo es »auswärtige und militärische Angelegenheiten« betreffen könnte, für die der Präsident die alleinige Verantwortung trägt). *Siehe Anwendung von 28 U.S.C. § 458 auf die Ernennung von Bundesrichtern durch den Präsidenten*, 19 Op. O.L.C. at 353-354 (Erörterung von *Franklin, Public Citizen*, und *Sale*).

Das Justizministerium hat sich auf das Clear-Statement-Prinzip gestützt, wenn es bestimmte Gesetze so auslegt, dass sie in keiner Weise für den Präsidenten zu gelten haben, ähnlich wie beim

Vorgehen bei *Franklin. Siehe, z. B.* Memorandum für Richard T. Burress, Büro des Präsidenten, von Laurence H. Silberman, Stellvertretender Justizminister, *Betr.: Interessenkonflikt durch die Ernennung von Nelson A. Rockefeller als Vizepräsident durch den Präsidenten gemäß Zusatzartikel 25 der Verfassung*, 2, 5 (28. August 1974) (strafbare Interessenskonfliktgesetze, 18 U.S.C. § 208, gelten nicht für den Präsidenten). Andere OLC-Urteilsbegründungen interpretieren Gesetzestexte als nicht anwendbar auf bestimmte Handlungen des Präsidenten oder der Exekutive aufgrund von verfassungsrechtlichen Bedenken. *Siehe Anwendung von 28 U.S.C. § 458 auf die Ernennung von Bundesrichtern durch den Präsidenten*, 19 Op. O.L.C. 350-357 (Einschränkungen in Fällen von Blutsverwandtschaft bei Gerichtsnominierungen, 28 U.S.C. § 458, wurde als nicht anwendbar eingestuft für »präsidiale Ernennungen von Bundesrichtern«); *Restriktionen auf der Grundlage von 18 U.S.C. § 1913 für Bemühungen zur Beeinflussung*, 13 Op. O.L.C. 300, 304-306 (1989) (Einschränkungen für den Gebrauch von zweckgebundenen Mitteln für bestimmte Lobby-Programme wurden als nicht anwendbar befunden für bestimmte Kontakte zwischen dem Präsidenten und Beamten der Exekutive).

Aber das OLC hat ebenfalls verstanden, dass diese Clear-Statement-Regel »nicht gilt in Bezug auf ein Gesetz, das keine Zweifel an der Gewaltenteilung aufwirft, wenn man es beim Präsidenten anwenden würde«, wie zum Beispiel bei bundesweiten Bestechungsgesetzen, 18 U.S.C. § *201. Application of 28 U.S.C. § 458 to Presidential Appointments of Federal Judges*, 19 Op. O.L.C. 357 n.11. Das Büro des Rechtsberaters im Justizministerium erklärte, dass »die Anwendung von § 201 keine Zweifel an der Gewaltenteilung aufwirft, geschweige denn eine ernste«, da »die Verfassung dem Präsidenten nicht die Befugnis überträgt, Bestechungsgelder anzunehmen«. *Dass.* Zur Unterstützung dieser Einschätzung erwähnte das OLC verfassungsrechtliche Bestimmungen, die es verbieten, die Entlohnung des Präsidenten während seiner Amtszeit zu erhöhen, »was genau das wäre, was eine Bestechungszahlung ausmachen würde«, *dass.* (zitiert nach U.S. Const., Art. II, § 1, cl. 7), und die konstitutionelle Eilbefugnis des »Kongress, ein Amtsenthebungsverfahren gegen den Präsidenten anzustreben [und ihn zu verurteilen] für, *inter alia*, Bestechlichkeit«, *dass.* (zitiert nach U.S. Const. Art. II, § 4).

Nach Einschätzung des Büros des Rechtsberaters im Justizministerium darf der Kongress sehr wohl den Präsidenten für behinderndes Verhalten belangen, wie bei Anstiftung zum Meineid, Einschüchterung von Zeugen oder Fälschung von Beweisen, da diese Bestimmungen keine Zweifel an der Gewaltenteilung hervorrufen. *Siehe Anwendung von 28 U.S.C. § 458 auf die Ernennung von Bundesrichtern durch den Präsidenten*, 19 Op. O.L.C. 357 n.11. Die Verfassung erlaubt es dem Präsidenten nicht, ein derartiges Verhalten einzugehen, ein solches Handeln würde zudem die Pflicht des Präsidenten verletzen, »darauf zu achten, dass das Gesetz gewissenhaft angewendet wird«. U.S. Const. Art. II, §§ 3. Angesichts dieser eindeutig zulässigen Anwendungen der Justizbehinderungsgesetze auf den Präsidenten findet *Franklins* Feststellung, dass der Präsident von einem Gesetz ganz ausgenommen ist, wenn kein Clear Statement getroffen wurde, in diesem Zusammenhang keine Anwendung.

Eine etwas deutlicher eingeschränkte Anwendung der Clear-Statement-Regel, mit der nur bestimmte Handlungen des Präsidenten von den Justizbehinderungsgesetzen ausgenommen werden sollen – zum Beispiel die Entlassung von Staatsanwälten oder die Einstellung von Ermittlungen aus korrupten Gründen –, wäre aus gesetzlicher Sicht schwierig umzusetzen. Es ist nicht offensichtlich, wie die Clear-Statement-Regel bei einer Vorschrift wie Abschnitt 1512(c)(2) angewendet werden sollte, um Justizbehinderung aus korrupten Beweggründen nur dann auszuklammern, wenn sie als Amtshandlung des Präsidenten vollzogen wird. Mit keinem juristischen Begriff ließe sich eine solche spezifische Bedeutung ohne Weiteres ausdrücken. Der Begriff »korrupt« hat beispielsweise eine gut eingeführte Bedeutung, die die Ausübung von Amtsgewalt für korrumpierende

Zwecke nicht ausklammert. In der Tat besagt eine gängige Definition, dass »korrumpierende Handlung« ein Verhalten mit dem Vorsatz bezeichnet, sich einen unzulässigen Vorteil zu verschaffen, der »*unvereinbar ist mit amtlichen Verpflichtungen* und den Rechten Dritter«. Ballentine's Law Dictionary 276 (3. Aufl. 1969) (Hervorhebung hinzugefügt). Zudem liefe es den gängigen Regeln der Gesetzesauslegung zuwider, eine ungebräuchliche Bedeutung für einen juristischen Begriff zu verwenden, sobald er auf den Präsidenten angewendet wird. *Siehe Vereinigte Staaten vs. Santos*, 553 U.S. 507, 522 (2008) (Mehrheitsbegründung von Scalia, J.) (unter Ablehnung des Vorschlags, »dem gleichen Begriff in der gleichen gesetzlichen Bestimmung in verschiedenen sachlichen Kontexten unterschiedliche Bedeutungen zu verleihen«); *vgl. Public Citizen*, 491 U.S. 462467 (wo der Begriff »genutzt« im FACA einheitlich verwendet wird, um verfassungsrechtliche Zweifel zu vermeiden). Ein solcher Ausschluss könnte sich auch nicht auf eine gesonderte, bewährte zugrunde liegende Interpretationsannahme beziehen, so wie die Annahme der Extraterritorialität, die in *Sale* angewendet wurde. Der Grundsatz der Gerichte, Gesetze so auszulegen, dass dabei ernsthafte verfassungsrechtliche Zweifel vermieden werden, »ist keine Lizenz für die Judikative, Texte umzuformulieren, die von der Legislative erlassen wurden«. *Salinas vs. Vereinigte Staaten*, 522 U.S. 52, 59-60 (1997). »Es ist die eine Sache, klar festgelegte (oder sogar neu formulierte), allgemein anwendbare zugrunde liegende Prinzipien vermuteter gesetzgeberischer Absicht … anzuerkennen und zu akzeptieren. Eine andere dagegen ist es, den weitreichenden Vorschlag zu unterstützen, dass Strafgesetze nicht so umfassend gelesen werden müssen, wie sie geschrieben wurden, sondern von Fall zu Fall Ausnahmen zulassen.« *Brogan vs. Vereinigte Staaten*, 522 U.S. 398, 406 (1998).

Wenn ein Interpretationsvorschlag »demnach also als Grenze für die Ausrichtung [eines Gesetzes] jenseits des Inhalts dienen würde«, und das Gesetz davon abhält, »auf eine Reihe von Fällen angewendet zu werden, die eindeutig unter dessen Bedingungen fallen«, *Loughrin*, 573 U.S., 357, ist es zweifelhaft, dass diese Auslegung die Absicht des Kongresses wiedergeben würde. Das ist besonders der Fall in Bezug auf die Justizbehinderungsgesetze, denen »eine weitreichende und allumfassende Bedeutung zugesprochen wurde«. *Rainey*, 757 F.3d, 245 (Erörterung der Abschnitte 1503 und 1505) (unter Weglassung im Text enthaltener Anführungszeichen). Da kein bestehender Interpretationsgrundsatz das Verhalten des Präsidenten, das wir untersucht haben, von Gesetzen wie Paragrafen 1503, 1505, I512(b) und 1512(c)(2) ausklammert, fahren wir dementsprechend mit der Untersuchung der Problematik der Gewaltenteilung fort, die sich aus Artikel II in Bezug auf die Anwendung dieser Gesetze ergeben könnte.

2. Der Grundsatz der Gewaltenteilung unterstützt die Feststellung, dass der Kongress das Recht hat, korrumpierende Maßnahmen zur Justizbehinderung des Präsidenten mithilfe seiner Amtsbefugnisse zu unterbinden

Wenn der Kongress Einschränkungen für die Ausübung der in Artikel II festgehaltenen Amtsbefugnisse vorsieht, hängt die Gültigkeit dieser Einschränkungen davon ab, ob die Maßnahme »das Gleichgewicht zwischen den gleichrangigen Staatsgewalten stört«. *Nixon vs. Administrator of General Services*, 433 U.S. 425, 443 (1977). »Selbst wenn eine der Staatsgewalten keine Macht für sich fordert, … verlangt das Konzept der Gewaltenteilung, dass keine Staatsgewalt die andere in der Ausübung ihrer verfassungsrechtlichen Pflichten beeinträchtigt.« *Loving vs. Vereinigte Staaten*, 517 U.S. 748, 757 (1996). Aber »Gewaltenteilung bedeutet nicht«, »dass die einzelnen Staatsgewalten ›keine partielle Handlungsvollmacht für oder Kontrolle über die Vorgänge der jeweils anderen haben sollten‹«. *Clinton vs. Jones*, 520 U.S. 681, 703 (1997) (zitiert nach James Madison, The Federalist No.47, S. 325-326 (J. Cooke ed. 1961) (Hervorhebung weggelassen)).

In diesem Kontext ist zur Beurteilung der Gewaltenteilungsproblematik die Prüfung des Gleichgewichts geboten. Der Ausgewogenheitstest hat in unserem Fall ergeben, dass der Kongress rechtswirksam Justizbehinderungsgesetze gegen aus korrumpierendem Interesse ausgeführte Amtshandlungen des Präsidenten in Anwendung bringen darf, ohne unzulässig dessen Befugnisse aus Artikel II zu untergraben.

a. Der Ausgewogenheitstest des Supreme Court zur Gewaltenteilung findet in diesem Zusammenhang Anwendung

Die vom Kongress verhängte Einschränkung des Handelns des Präsidenten wird geprüft, um zu bestimmen, »in welchem Ausmaß es die Exekutive davon abhält, ihre von der Verfassung zugewiesenen Aufgaben zu erfüllen«, und falls »die Möglichkeit einer Störung besteht[,] … ob dieser Einfluss durch ein übergeordnetes Bedürfnis, Ziele innerhalb der verfassungsrechtlichen Machtbefugnis des Kongresses voranzutreiben, gerechtfertigt ist«. *Administrator of General Services*, 433 U.S. 443; *siehe Nixon vs. Fitzgerald*, 457 U.S. 731, 753-754 (1982); *Vereinigte Staaten vs. Nixon*, 418 U.S. 683, 706-707 (1974). Der Ausgewogenheitstest gilt für die Regulierung der Machtbefugnisse des Präsidenten durch den Kongress mittels der Justizbehinderungsgesetze.[1087]

1087 Das OLC hat einen solchen Abwägungstest durchgeführt, um zu dem Schluss zu gelangen, dass der Präsident im Amt nicht strafrechtlich verfolgt wird, und sich dabei auf viele der in diesem Abschnitt erörterten Präzedenzfälle stützt. *Siehe A Sitting President's Amenability to Indictment and Criminal Prosecution*, 24 Op. O.L.C. 222, 237-238, 244-245 (2000) (beruft sich auf, *inter alia, Vereinigte Staaten vs. Nixon, Nixon vs. Fitzgerald,* und *Clinton vs. Jones*, und zitiert den juristischen Standard aus *Administrator of General Services vs. Nixon,* was im Text angewendet wird). Das OLC erkennt, dass »[d]ie Abwägungsanalyse«, auf die es sich ursprünglich stützte, als es feststellte, dass ein amtierender Präsident vor Strafverfolgung gefeit ist, »vom Gericht als geeignete Analysemethode übernommen worden ist«. *Ebd.*, 244.

Wenn eine Befugnis aus Artikel II nicht »explizit laut Verfassungstext in den alleinigen Aufgabenbereich des Präsidenten fällt, sondern vielmehr so konzipiert war, Teil der Verleihung »exekutiver Macht« an den Präsidenten zu sein«, hat der Supreme Court konkurrierende verfassungsrechtliche Betrachtungen ausgeglichen. *Public Citizen*, 491 U.S., 484 (Kennedy, J. stimmte dem Urteil zu, gemeinsam mit Rehnquist, C.J., und O'Connor, J.). Wie Supreme-Court-Richter Kennedy in *Public Citizen* schrieb, hat der oberste Gerichtshof einen Ausgewogenheitstest eingerichtet für Einschränkungen »der Befugnis des Präsidenten, Beamte der Exekutive zu entlassen, eine Befugnis, die … nicht durch eine ausdrückliche Vorschrift im Text der Verfassung übertragen wird (wie die Ernennungsbefugnis), sondern sich als notwendiger Teil der Verleihung ›exekutiver Macht‹ ableiten lässt«. *Dass.* (Zitat aus *Morrison vs. Olson*, 487 U.S. 654, 694 (1988), und *Myers vs. Vereinigte Staaten*, 272 U.S. 52, 115-116 (1926)). Übereinstimmend mit dieser Aussage hielt *Morrison* eine Einschränkung aus triftigen Gründen aufrecht bei der Entlassung eines untergeordneten Beamten mit genau festgelegten strafrechtlichen Zuständigkeiten, nachdem festgelegt wurde, dass die Einschränkung nicht unzulässigerweise die Fähigkeit des Präsidenten untergräbt, sein Amt gemäß Artikel II auszuüben. 487 U.S., 691-693, 695-696. Der Supreme Court hat mit dem Ausgewogenheitstest noch weitere Machtbefugnisse der Exekutive ausgewertet. Zum Beispiel bewertete der Supreme Court das Sonderrecht des Präsidenten, über präsidiale Unterredungen, die sich um seine Amtshandlungen drehen, schweigen zu dürfen, indem es dieses Interesse gegen die Notwendigkeit der Judikative abwägte, in einem Strafprozess Beweise liefern zu können. *Vereinigte Staaten vs. Nixon*, *oben* (wobei eine eingeschränkte verfassungsrechtliche Immunität für präsidiale Kommunikation in amtlichen Angelegenheiten zuerkannt wird.) Der Supreme Court hat zudem ein Gesetz unterstützt, das archivarischen Zugang zu Akten des Präsidenten ermöglicht, trotz des Anspruchs auf das absolute Recht des Präsidenten, die Akten verschlossen zu halten. *Administrator of General Services*, 433 U.S., 443-445, 451-455. Die Bewertung dieser Fälle stützt den Einsatz eines Ausgewogenheitstests, um die Verfassungsmäßigkeit der Anwendung der Justizbehinderungsgesetze auf die präsidiale Ausübung der Exekutivgewalt zu überprüfen.

Nur in wenigen Fällen hat der Supreme Court einen abweichenden Rechtsrahmen angewendet. Wenn die Amtsgewalt des Präsidenten »beides ist, ›exklusiv‹ und ›entscheidend‹ in der strittigen Frage«, wird der Kongress gehindert, seine Aufgaben zu kontrollieren. *Zivotofsky vs. Kerry*, 135 S. Ct. 2076, 2084 (2015). In *Zivotofsky* folgte der Supreme Court beispielsweise »Richter Jacksons gängigem dreigliedrigem Rechtsrahmen« in *Youngstown Sheet & Tube Co. vs. Sawyer*, 343 U.S. 579, 635-638 (1952) (Zustimmung von Jackson, J.), und vertrat die Ansicht, dass die Befugnis des Präsidenten, ausländische Nationen anzuerkennen, exklusiv sei. *Dass.*, 2083, 2094. *Siehe auch Public Citizen* 491 U.S. 485-486 (Urteilszustimmung von Kennedy, J.) (worin die Befugnis zitiert wird, Begnadigungen auszustellen unter U.S. CONST., ART. II, § 2, cl. 1, und die Einwendungsklauseln für die Gesetzgebung, U.S. CONST., ART. I, § 7, Cls. 2, 3, als Beispiele für exklusive Amtsbefugnisse des Präsidenten kraft Verfassung).

Aber selbst, wenn eine Befugnis exklusiv ist, »erteilen die Befugnisse des Kongresses und seine zentrale Rolle in der Gesetzgebung ihm erhebliche Rechte in Bezug auf politische Entscheidungen, die dem Handeln des Präsidenten »vorangehen und darauf folgen«. *Zivotofsky*, 135 S. Ct., 2087. Obwohl das Recht des Präsidenten, Begnadigungen zu erteilen, ausschließlich bei ihm liegt und keiner Regulierung durch den Kongress unterliegt, *siehe Vereinigte Staaten vs. Klein*, 80 U.S. (13 Wall.) 128, 147-148 (1872), hat der Kongress die Befugnis, den korrumpierenden Gebrauch von »jeglichem Wert«, um damit die Aussage einer anderen Person in einem juristischen, den Kongress betreffenden oder behördlichen Verfahren zu beeinflussen, zu unterbinden, 18 U.S.C. § 201(b)(3) – was das Angebot oder das Versprechen einer Begnadigung einschließt, um eine Person dazu zu bringen, falsch oder gar nicht auszusagen. Das Angebot einer Begnadigung würde dem Akt der Begnadigung vorangehen und so in die Befugnis des Kongresses fallen, den Vorgang zu kontrollieren, auch wenn die Begnadigung selbst nicht darunter fällt. Genauso wie die Speech or Debate Clause [das Recht der Abgeordneten, sich in Rede und Debatten im Kongress frei zu äußern], U.S. CONST., ART. I, § 6, cl. 1, gesetzgebende Handlungen absolut schützt, nicht aber einen Gesetzgeber, »der Geld entgegennimmt oder zustimmt, Geld entgegenzunehmen für das Versprechen, in bestimmter Weise zu handeln … da der Straftatbestand darin besteht, Bestechungsgelder anzunehmen, nicht im Verhalten der rechtswidrigen Einflussnahme«, *Vereinigte Staaten vs. Brewster*, 408 U.S. 501, 526 (1972) (Hervorhebungen weggelassen), das Versprechen einer Begnadigung, um auf korrumpierende Weise eine Zeugenaussage zu beeinflussen, wäre kein von der Verfassung gedeckter, der Immunität unterliegender Vorgang. Die Anwendung der Justizbehinderungsgesetze auf solche Versprechen würde deshalb keine ernsthaften Probleme mit der Gewaltenteilung hervorrufen.

b. Der Einfluss der Justizbehinderungsgesetze auf die Ausübung der Pflichten des Präsidenten gemäß Artikel II ist begrenzt

Die erste Aufgabe des Ausgewogenheitstests des Supreme Court zur Analyse von Problemen mit der Gewaltenteilung ist, zu ermitteln, inwieweit die Anwendung der Justizbehinderungsgesetze den Präsidenten in der Ausübung seiner Pflichten gemäß Artikel II einschränkt. *Administrator of General Services*, 433 U.S., 443. Wie oben bereits erörtert, stellt sich die Anwendung der Justizbehinderungsgesetze auf das Verhalten des Präsidenten, das sich nicht auf Amtshandlungen bezieht – wie etwa die Beeinflussung von Zeugen –, als verfassungsrechtlich unproblematisch dar. Der Präsident hat nicht mehr Rechte als jeder andere

Bürger, behördliche Verfahren durch korrumpierende Einflussnahme auf Zeugenaussagen zu behindern. Dieses Verhalten ist unzulässig, egal ob es durch direkte Bemühungen darauf abzielt, Falschaussagen zu produzieren oder die Wahrheit zu unterdrücken, oder ob es zur Erreichung desselben Ziels Amtsbefugnisse einsetzt oder einzusetzen androht oder verspricht.

Handlungen des Präsidenten, die die Beschneidung strafrechtlicher Ermittlungen oder die Entlassung von Vollzugsbeamten zur Folge haben, werfen andere Fragen auf. Solche Handlungen beruhen auf der Ausübung exekutiver Ermessensfreiheit zur Umsetzung der Pflicht des Präsidenten, »darauf zu achten, dass das Gesetz gewissenhaft angewendet wird«. U.S. CONST., ART. II, § 3. Der Kongress darf die Ausübung der präsidialen Machtbefugnisse, Anklagen zu beaufsichtigen oder Beamte zu entlassen, die im Vollzug arbeiten, nicht übernehmen. *Siehe Bowsher vs. Synar*, 478 U.S. 714, 726-727 (1986) (»Der Kongress kann sich nicht die Befugnis vorbehalten, einen Beamten zu entlassen, der damit beauftragt ist, das Gesetz auszuüben, es sei denn durch ein Amtsenthebungsverfahren … [Weil d]er Aufbau der Verfassung es dem Kongress nicht erlaubt, das Gesetz zu vollstrecken, … ist diese Art der Kontrolle über die Vollstreckung des Gesetzes, die vom Kongress ausgeht, … verfassungsrechtlich unzulässig.«). Zugleich erweitern die Justizbehinderungsgesetze weder die Befugnisse des Kongresses, noch verdrängen sie die Vollstreckungsgewalt an sich. Stattdessen erlegen sie eine fallbezogene Verhaltenseinschränkung nur dann auf, wenn der »korrumpierende« Vorsatz vorliegt, die Justiz zu behindern. Die Justizbehinderungsgesetze schränken somit das Handeln des Präsidenten lediglich dadurch ein, dass sie dem Präsidenten Handlungen verbieten, mit denen er das unzulässige Ziel verfolgt, behördliche Verfahren zu behindern, um seine Eigeninteressen zu schützen. *Siehe* Band II, Abschnitt III.A.3, *oben*.

Der direkte Einfluss auf die Handlungsfreiheit des Präsidenten wäre entsprechend ein begrenzter. Der Ausschluss von »korrumpierendem« Handeln von behördlicher Seite ist kein wesentlicher Eingriff in die Amtsbefugnisse gemäß Artikel II. Beispielsweise erfordert die ordnungsgemäße Aufsicht über das Strafrecht nicht, dem Präsidenten die Freiheit zu gewähren, mit der Absicht zu handeln, sich vor strafrechtlicher Verfolgung zu schützen, finanzieller Haftung zu entgehen oder persönliche Kompromittierung zu vermeiden. Im Gegenteil, ein Gesetz, das offizielles Handeln aus solchen persönlichen Gründen unterbindet, fördert vielmehr die unparteiische und gerechte Ausübung des Gesetzes, statt sie zu verhindern. Und die Verfassung räumt dem Präsidenten keine unbegrenzte Macht ein, Ermittlungen oder Verfahren zu lenken, ohne jegliche Einschränkungen, um seinen Pflichten gemäß Artikel II nachzukommen. *Siehe Heckler vs. Chaney*, 470 U.S. 821, 833 (1985) (»Der Kongress darf unter Umständen die Durchsetzungsbefugnis einer Behörde beschränken, wenn er das wünscht, entweder aufgrund wesentlicher Prioritäten oder durch anderweitige Beschränkung von Befugnissen einer Behörde, um zwischen Angelegenheiten oder Fällen differenzieren zu können, die er weiterverfolgen will.«); *Vereinigte Staaten vs. Nixon*, 418 U.S. 707 (»[w]enn die Machtbefugnisse des Präsidenten gemäß Artikel II so verstanden würden, dass sie absolute Immunität liefern [um vertrauliche Kommunikation einem Strafprozess vorzuenthalten] … würde das die verfassungsrechtliche Ausgewogenheit ›einer funktionsfähigen Regierung‹ erschüttern und ernsthaft die Rolle der Gerichte gemäß Artikel III beeinträchtigen«).

Auch darf der Präsident nicht unbegrenzte Macht haben, alle Beamten der Exekutive zu entlassen, die in die Ausübung des Gesetzes involviert sind. Die Verfassung sorgt dafür, dass der Kongress die legislative Befugnis besitzt, die Exekutive zu gliedern, indem sie den Kongress bevollmächtigt, ausführende Behörden und Beamtenstellen zu schaffen und zu bestimmen, wie Beamte ernannt werden. *Z. B.* U.S. CONST., ART. I, § 8, cl. 18 (Necessary and Proper Clause); ART. II, § 2, cl. 1 (Opinions Clause); ART. II, § 2, cl. 2 (Appointments Clause); *siehe Free Enterprise Fund*, 561 U.S., 499. Während die Entlassungsbefugnis des Präsidenten ein wichtiges Mittel ist, um sicherzustellen, dass Beamte pflichtgetreu das Gesetz ausüben, hat der Kongress die anerkannte Befugnis, gewisse Einschränkungen für Entlassungen zu erlassen. *Dass.*, 493-495.

Der Höhepunkt der Entlassungsbefugnis des Präsidenten liegt bei den bevollmächtigten Beamten – also US-Beamten, die vom Präsidenten ernannt werden und an ihn direkt berichten. *Siehe Free Enterprise Fund*, 561 U.S., 493, 500. Die »ausschließliche und unbegrenzte Entlassungsbefugnis« des Präsidenten dieser bevollmächtigten Beamten stärkt »die Möglichkeiten des Präsidenten, das Gesetz gewissenhaft auszuüben«. *Dass.*, 493, 498 (unter Weglassung der Anführungszeichen im Text); *Myers*, 272 U.S., 627. Folglich »gibt es ›reine Exekutivbeamte‹, die gemäß dem Willen des Präsidenten zu entlassen sind, sofern er die Möglichkeit hat, seine verfassungsrechtliche Rolle zu erfüllen«. *Morrison*, 487 U.S., 690; *Myers*, 272 U.S. 134 («Kabinettsmitglieder müssen dem Willen des Präsidenten folgen«, und »[s]obald er das Vertrauen in den Verstand, die Eignung, das Urteilsvermögen oder die Loyalität in einen von ihnen verliert, muss ihm die Befugnis zu eigen sein, ihn ohne Verzögerung zu entlassen«); *vgl. Humphrey's Executor vs. Vereinigte Staaten*, 295 U.S. 602 (1935) (Der Kongress hat die Befugnis, unabhängige Behörden zu schaffen, die von bevollmächtigten Beamten geleitet werden, die nur aus gutem Grund entlassen werden können). Im Licht dieser verfassungsrechtlichen Präzedenzfälle kann es sein, dass die Justizbehinderungsgesetze verfassungsrechtlich nicht angewendet werden konnten, um die Entlassung eines Kabinettsmitglieds, wie die des Justizministers, zu verhindern. *Siehe* 5 U.S.C. § 101; 28 U.S.C. § 503. In diesem Kontext, zumindest mangels Umständen, die darauf hinweisen, dass der Präsident eindeutig versuchte, Rechenschaftspflichten für sein persönliches Verhalten zu vereiteln, während er die gewöhnlichen politischen Checks and Balances (gegenseitige Kontrolle) umging, könnte selbst die von den Justizbehinderungsgesetzen hochgradig eingeschränkte Verordnung die Freiheit des Präsidenten zu sehr behindern, die Mitglieder seines Kabinetts auszuwählen und zu beaufsichtigen.

Der Präsident muss nicht notwendig über die Entlassung von untergeordneten Beamten zu entscheiden haben, um die ihm verfassungsrechtlich zugeschriebene Rolle als Leiter der Exekutive erfüllen zu können. »[U]ntergeordnete Beamte sind Beamte, deren Aufgaben auf einer bestimmten Ebene von Beamten, die vom Präsidenten mit der Zustimmung des Senats ernannt wurden, angeordnet und überwacht werden.« *Free Enterprise Fund*, 561 U.S. 510 (zitiert nach *Edmond vs. Vereinigte Staaten*, 520 U.S. 651, 663 (1997)) (unter Weglassung der Anführungszeichen im Text). Der Supreme Court hat schon vor Langem die Befugnis des Kongresses anerkannt, Einschränkungen aus triftigem Grund gegen die Entlassung von »untergeordneten Beamten« durch den Präsidenten einzubringen, deren Ernennung beim Chef einer Behörde liegt. U.S. Const. Art. II, § 2, cl. 2. *Siehe Vereinigte Staaten vs. Perkins*, 116 U.S. 483, 485 (1886) (»Die verfassungsrechtliche Befugnis des Kongresses, auf diese Weise [Beamte an der Spitze von Behörden] zu ernennen, beinhaltet die Befugnis, Entlassungen von Beamten, die durch die Gesetze, die der Kongress erlassen darf, ernannt wurden, zu beschränken, zu befristen und zu regulieren.«) (Zitat aus Vorinstanz-Urteil); *Morrison*, 487 U.S. 689 n. 27 (zitiert nach *Perkins*); *accord id.*, 723-724 und n.4 (Scalia, J. widerspricht) (wobei anerkannt wird, dass *Perkins* »bestehendes« Recht ist); *siehe auch Free Enterprise Fund*, 561 U.S. 493-495 (zitiert nach *Perkins* und *Morrison*). Zur Kategorie untergeordneter Beamter gehört sowohl der FBI-Direktor wie auch der Sonderermittler, die beide an den Justizminister berichten. *Siehe* 28 U.S.C. §§ 509, 515(a), 531; 28 C.F.R. Part 600. Deren Arbeit wird folglich »angewiesen und überwacht« von einem durch den Präsidenten ernannten, vom Senat bestätigten Beamten. *Siehe In re: Grand Jury Investigation*, __ F.3d __, 2019 WL 921692, *3-*4 (D.C. Cir. 26. Februar 2019) (woraus hervorgeht, dass der Sonderermittler ein »untergeordneter Beamter« ist für verfassungsrechtliche Einsatzzwecke).

Wo es die Verfassung dem Kongress erlaubt, wohlbegründete Einschränkungen für die Entlassung von Beamten der Exekutive einzubringen, wird die Verfassung dem Kongress gleichzeitig erlauben, Entlassungen zu verhindern, die mit dem korrumpierenden Ziel erfolgen, die Justiz zu behindern. Eine Beschränkung des Spektrums zulässiger Gründe für eine Entlassung, um eine »korrumpierende« Zielverfolgung auszuschließen, stellt für den Präsidenten ein kleineres Hemmnis dar, als es die Forderung einer positiven Darlegung des triftigen Grundes wäre. Daraus folgt, dass für solche untergeordneten US-Beamten der Kongress die Entlassungsbefugnis des Präsidenten dann verfassungsgemäß einschränken darf, wenn diese Befugnis mit dem korrumpierenden Ziel angewendet wurde, die Justiz zu behindern. Und selbst wenn die Position eines bestimmten untergeordneten US-Beamten von so großer Bedeutung für die Umsetzung des Gesetzes wäre, dass der Präsident die Entlassungsbefugnis nach seinem Willen benötigt, könnten verfassungsrechtlich immer noch die Justizbehinderungsgesetze zur Anwendung kommen, um eine Entlassung mit korrumpierenden Zielen zu unterbinden.[1088] Eine enge und fallbezogene Einschränkung von Entlassungen, die korrumpierende Handlungen ausschließt, würde genügend Raum für alle anderen Erwägungen lassen, einschließlich politische Meinungsverschiedenheiten oder den Vertrauensverlust in das Urteil oder die Einsatzbereitschaft des Beamten. Ein

1088 Obwohl der FBI-Direktor ein untergeordneter Beamter ist, wird er vom Präsidenten ernannt und kann von ihm nach Belieben entlassen werden, *siehe* 28 U.S.C. § 532 note, und es ist nicht klar, dass der Kongress den FBI-Direktor verfassungsrechtlich aus gutem Grund mit fester Amtszeit schützen könnte. *Siehe* OLC, *Constitutionality of Legislation Extending the Term of the FBI Director*, 2011 WL 2566125, *3 (O.L.C. 20. Juni 2011) (»fester Amtszeitschutz für einen Beamten, der wie der FBI-Direktor über umfassende Ermittlungs-, Verwaltungs- und Entscheidungskompetenzen verfügt, würde eine ernsthafte verfassungsrechtliche Frage aufwerfen, ob der Kongress ›die Fähigkeit des Präsidenten zur Erfüllung seiner verfassungsrechtlichen Verpflichtung beeinträchtigt‹ hätte, das Gesetz gewissenhaft auszuüben«) (zitiert *Morrison*, 487 U.S. 691).

Verbot korrumpierender Ziele würde daher den Spielraum des Präsidenten, seinen Pflichten gemäß Artikel II nachzukommen, nicht einengen. Das heißt, da sich die Frage der Gewaltenteilung darum dreht, ob »die Einschränkungen von Entlassungen den Spielraum des Präsidenten einengen, seinen verfassungsrechtlichen Pflichten nachzugehen«, *Morrison*, 487 U.S. 691, dass eine Einschränkung von Entlassungen untergeordneter US-Beamter aus korrumpierenden Gründen – Gründe, die eher persönliche als amtliche Ziele verfolgen – den Präsidenten nicht ernsthaft in der Erfüllung seiner Pflichten beeinträchtigt. Der Präsident bewahrt sich einen weiten Handlungsspielraum, um Ermittlungen zu überblicken und Beamte zu entlassen, der in diesem Kontext nur durch die Anforderung eingeschränkt ist, dass er nicht in korrumpierendem persönlichen Sinne handelt.[1089]

c. Der Kongress besitzt das Recht, Kongress-, Grand-Jury- und Gerichtsverfahren gegen korrumpierende Handlungen von beliebiger Seite zu schützen

Wenn ein Gesetz es dem Präsidenten erschwert, seine Pflichten gemäß Artikel II wahrzunehmen, wird durch eine Bewertung hinsichtlich der Gewaltenteilung geprüft, ob die gesetzliche Maßnahme »durch das vorrangige Erfordernis gerechtfertigt ist, Ziele, die in der verfassungsrechtlichen Befugnis des Kon-

---

[1089] Die Justizbehinderungsgesetze schließen nicht aus, dass der Präsident in einem Fall handelt, nur weil er ein persönliches Interesse daran hat oder weil es um sein eigenes Verhalten geht. Wie das Justizministerium klargestellt hat, kann eine alleinstehende Behauptung eines Interessenkonflikts dem Präsidenten nicht die Fähigkeit nehmen, seine verfassungsrechtliche Funktion zu erfüllen. *Siehe z. B.* OLC, *Application of 28 U.S.C. § 458 to Presidential Appointments of Federal Judges*, 19 O.L.C. Op., 356 (zitiert Protokoll für Richard T. Burress, Büro des Präsidenten, von Laurence H. Silberman, Vize-Justizminister, *Re: Conflict of Interest Problems Arising out of the President's Nomination of Nelson A. Rockefeller to be Vice President under the Twenty-Fifth Amendment to the Constitution*, 2, 5 (28. August 1974)).

gresses liegen, zu befördern«. *Administrator of General Services*, 433 U.S. 443. Hier erließ der Kongress Justizbehinderungsgesetze, um unter anderem die Integrität seiner eigenen Verfahren, Untersuchungen der Grand Jury sowie von bundesweiten Strafverfahren zu schützen. Diese Ziele liegen im Befugnisbereich des Kongresses und dienen starken Staatsinteressen.

i. Gemäß Artikel I ist der Kongress dazu befugt, das allgemein geltende Strafrecht festzulegen und auf alle Personen – einschließlich des Präsidenten – anzuwenden. Der Kongress besitzt die klare Befugnis, seine eigenen Gesetzgebungsaufgaben vor korrumpierenden Bemühungen zu schützen, die eine gesetzliche Faktenerhebung und gesetzgeberische Maßnahmen behindern. *Siehe Watkins vs. Vereinigte Staaten*, 354 U.S. 178, 187, 206-207 (1957); *Chapman vs. Vereinigte Staaten*, 5 App. D.C. 122, 130 (1895). Der Kongress hat ebenfalls die Befugnis, ein System von Bundesgerichten einzurichten, was die Befugnis einschließt, das Justizwesen vor justizbehindernden Handlungen zu schützen. *Siehe* U.S. CONST. ART. I, § 8, cls. 9, 18 (»Der Kongress hat die Befugnis, … dem Supreme Court untergeordnete Gerichte einzusetzen« und »alle Gesetze zu erlassen, die erforderlich und angemessen sind, um die vorangehenden Befugnisse in die Tat umzusetzen«). Die lange Tradition der Justizbehinderungsgesetze, die mindestens bis 1831 zurückreicht, belegt die Notwendigkeit eines solchen Schutzes. *Siehe An Act Declaratory of the Law Concerning Contempts of Court*, 4 Stat. 487-488 § 2 (1831) (worin als Straftat gilt, wenn »eine oder mehrere Personen auf korrumpierende Weise … versuchen, Geschworene, Zeugen oder Beamte vor jedem beliebigen Gericht der Vereinigten Staaten in der Erfüllung ihrer Pflicht zu beeinflussen, einzuschüchtern oder zu behindern, oder in korrumpierender Weise … die ordnungsgemäße Rechtsprechung behindern oder erschweren oder sich bemühen, diese zu behindern oder zu erschweren«).

ii. Gerichte, die sich mit Artikel III befassen, haben gleichermaßen starkes Interesse daran, vor justizbehindernden Handlungen geschützt zu werden, egal woher sie stammen. Wie der Supreme Court in *Vereinigte Staaten vs. Nixon* erklärte, besteht eine »vorrangige verfassungsrechtliche Pflicht der Judikative« darin, »in strafrechtlichen Verfahren für Gerechtigkeit zu sorgen «. 418 U.S. 707; gemäß *Cheney vs. U.S. District Court for the District of Columbia*, 542 U.S. 367, 384 (2004). In *Nixon* lehnte das Gericht die Forderung des Präsidenten eines absoluten Exekutivprivilegs ab, da »die Gewährung dieses Privilegs, Beweise zurückzuhalten, die nachweislich in einem Strafverfahren relevant sind, die Gewährleistung eines ordnungsgemäßen Verfahren zutiefst beeinträchtigen und die grundlegende Arbeit der Gerichte erheblich gefährden würde«. 407 U.S., 712. Wie *Nixon* zeigt, ist die Notwendigkeit, die Integrität des Justizwesens zu garantieren, von zwingendem verfassungsrechtlichen Interesse. *Siehe dass.* 709 (worin erklärt wird, dass die Verweigerung der vollständigen Offenlegung der Tatsachen in Bezug auf relevante Kommunikation des Präsidenten »die Integrität des Justizwesens und das öffentliche Vertrauen in das System« bedroht).

iii. Zu guter Letzt kann die Grand Jury ihren verfassungsrechtlichen Zweck ohne Schutz vor korrumpierenden Handlungen nicht erfüllen. Schwerwiegende Anklagen auf Bundesebene erreichen Gerichte, die sich mit Artikel III auseinandersetzen, im Allgemeinen durch einen Eröffnungsbeschluss zur Anklage, der von einer Grand Jury ausgestellt wurde. *Cobbledick vs. Vereinigte Staaten*, 309 U.S. 323, 327 (1940) (»Die Verfassung selbst macht die Grand Jury zu einem Teil des gerichtlichen Verfahrens.«). Die Funktion der Grand Jury ist im fünften Zusatzartikel der Verfassung verankert. U.S. CONST. AMEND. V. (»[N]iemand muss sich« für ein schweres Verbrechen »verantworten, ohne eine Anklage oder einen Eröffnungsbeschluss zur Anklage durch eine Grand Jury«). »[D]ie ganze Theorie zur Funktion [der Grand Jury] besagt, dass sie keinem Bereich einer staatlichen Institution angehört, um so als eine Art Puffer oder Schiedsrichter zwischen Staat und Volk zu dienen«, *Vereinigte Staaten vs. Williams*, 504 U.S. 36, 47 (1992), »mit dem Versprechen, niemanden aufgrund von Vorurteilen anzuklagen und niemanden für eine besondere Gefälligkeit freizusprechen«. *Costello vs. Vereinigte Staaten*, 350 U.S. 359, 362 (1956). Wenn die Grand Jury nicht vor korrumpierender Beeinflussung durch jegliche Person geschützt wäre, würde ihre Funktion als unabhängige Anklagebehörde vereitelt. Zudem ist eine unparteiische Untersuchung der Grand Jury, die feststellt, ob ein Anhaltspunkt für eine Anklage vorliegt, ein wesentlicher Bestandteil der Strafjustiz.

* * *

Der letzte Schritt bei der Prüfung der verfassungsrechtlichen Ausgewogenheit ist, zu ermitteln, ob es der Grundsatz der Gewaltenteilung dem Kongress erlaubt, innerhalb seiner verfassungsrechtlichen Befugnisse zu handeln, ungeachtet der möglichen Auswirkungen auf seine Amtsaufgaben gemäß Artikel II. *Siehe Administrator of General Services,* 433 U.S. 443; *siehe auch Morrison*, 487 U.S. 691-693, 695-696; *Vereinigte Staaten vs. Nixon*, 418 U.S. 711-712. Im Fall der Justizbehinderungsgesetze lässt unsere Bewertung der Interessenabwägung den Schluss zu, dass der Kongress die Befugnis hat, die begrenzten Einschränkungen, die diese Gesetze beinhalten, auf das Amtsverhalten des Präsidenten anzuwenden, um die Integrität wichtiger Funktionen der anderen Staatsgewalten zu schützen.

Ein generelles Verbot für korrumpierende Handlungen greift nicht in unangemessener Weise in die Amtspflicht des Präsidenten ein, »darauf zu achten, dass das Gesetz gewissenhaft angewendet wird«. U.S. Const. Art II, §§ 3.[1090] Im Gegenteil, der Begriff der »gewissenhaften Anwendung« bedeutet Machtausübung

1090 Wie bereits erwähnt, hat die Auswahl und Abberufung von wichtigen leitenden Beamten durch den Präsidenten möglicherweise einen besonderen verfassungsrechtlichen Status.

im Interesse der Öffentlichkeit und nicht im persönlichen Interesse des Amtsinhabers. *Siehe* 1 Samuel Johnson, *A Dictionary of the English Language* 763 (1755) (»gewissenhaft« def. 3: «[u]nter strikter Einhaltung von Pflicht und Treue«). Und die Immunität des Präsidenten gegenüber dem allgemeingültigen strafrechtlichen Verbot korrumpierender Behinderung von behördlichen Verfahren würde die Befugnisse des Kongresses erheblich einschränken, Gesetze zu erlassen, »um Ziele, die in [seiner] verfassungsrechtlichen Befugnis liegen, zu befördern«, *Administrator of General Services*, 433 U.S. 425 –, zum Schutz der Integrität seiner eigenen Verfahren sowie von Verfahren vor Gerichten, die sich mit Artikel III auseinandersetzen, und von Grand Jurys.

Dementsprechend waren wir auf der Grundlage der obigen Bewertung nicht von der Argumentation überzeugt, dass der Präsident umfassende verfassungsrechtliche Immunität besitzt, um sich auf Handlungen einzulassen, die in korrumpierender Weise die Justiz behindern würden durch die Ausübung von ansonsten gültigen Befugnissen gemäß Artikel II.[1091]

[1091] Ein mögliches Gegenmittel durch ein Amtsenthebungsverfahren aufgrund von Machtmissbrauch würde eine mögliche strafrechtliche Verantwortlichkeit nach dem Ausscheiden eines Präsidenten nicht ersetzen. Das Amtsenthebungsverfahren würde einen Präsidenten aus dem Amt entlassen, jedoch nicht die zugrunde liegende Schuld des Verhaltens beseitigen oder den üblichen Zwecken des Strafrechts dienen. In der Tat erkennt die Impeachment Judgement Clause an, dass das Strafrecht eine unabhängige Rolle bei der Behandlung des Verhaltens eines Beamten spielt, die sich vom politischen Gegenmittel der Amtsenthebung unterscheidet. *Siehe* U.S. Const., Art. I, § 3, cl. 7. Amtsenthebung ist auch ein drastisches und selten geltend gemachtes Mittel, und der Kongress beschränkt sich nicht darauf, sich nur auf die Amtsenthebung zu verlassen, sondern das Strafrecht auf einen ehemaligen Präsidenten anzuwenden, wie das OLC anerkannt hat. *A Sitting President's Amenability to Indictment and Criminal Prosecution*, 24 Op. O.L.C., 255 (»Immunität eines amtierenden Präsidenten von der Strafverfolgung anzuerkennen, würde eine solche Strafverfolgung nicht ausschließen, wenn die Amtszeit des Präsidenten vorbei ist oder er auf andere Weise durch Rücktritt oder Amtsenthebung aus dem Amt entfernt wird.«).

3. Die Ermittlung, ob der Präsident gegen die Justizbehinderungsgesetze verstoßen hat, würde die Erfüllung seiner Pflichten gemäß Artikel II nicht beeinträchtigen

Die Anwendung der Justizbehinderungsgesetze in Bezug auf das offizielle Verhalten des Präsidenten würde die faktische Feststellung beinhalten, ob sein Verhalten behindernd war, ob die Handlung in Verbindung mit offiziellen Ermittlungsverfahren stand, und ob er durch korrumpierende Absichten motiviert war. Aber die Anwendung dieser Standards in Bezug auf das offizielle Verhalten des Präsidenten sollte jedoch seine Fähigkeit nicht beeinträchtigen, seine Amtspflichten gemäß Artikel II zu erfüllen. *Vgl. Nixon vs. Fitzgerald*, 457 U.S. 752-753 und n.32 (worin eine abschreckende Wirkung auf den Präsidenten in Betracht gezogen wird, seine offiziellen Amtspflichten auszuüben, wenn die verfassungsrechtliche Regel für präsidiale Immunität gegenüber zivilrechtlichen Schadenersatzklagen auf die Folgen von Amtshandlungen ausgedehnt wird. Mehrere Schutzmaßnahmen würden einen abschreckenden Effekt verhindern: das Bestehen festgelegter rechtlicher Standards, die Vermutung der Ordnungsmäßigkeit von strafrechtlichen Prozessen, und das Bestehen offensichtlicher Einschränkungen bei der Prüfung der Motive des Präsidenten. Und die historische Erfahrung bestätigt, dass es wohl keinen unzulässigen Abschreckungseffekt gibt.

a. Zuerst einmal setzt der Begriff »korrumpierend« einen hohen Maßstab. Es bedarf konkreter Beweise, dass eine Person in der Absicht gehandelt hat, »einen unangemessenen Vorteil für sich selbst oder eine andere Person zu erlangen, der im Widerspruch steht zu den Pflichten und Rechten anderer«. BALLENTINE'S LAW DICTIONARY 276 (3. Aufl. 1969); *siehe Vereinigte Staaten vs. Pasha*, 797 F.3d 1122, 1132 (D.C. Cir. 2015); *Aguilar*, 515 U.S. 616 (Scalia, J. stimmt in Teilen überein und weicht in Teilen ab). Dieser Standard entspricht der verfassungsrechtlichen Verpflichtung des Präsidenten, die ordnungsgemäße Umsetzung der Gesetze zu gewährleisten. Und praktisch alles, was der Präsident in der Routine seines Amtes unternimmt, hat eine klare regierungsgebundene Absicht und widerspricht nicht dem, was seine offiziellen Pflichten ausmachen. Entsprechend gibt es für den Präsident keinen Grund, sich von diesen Handlungen abschrecken zu lassen, da es in praktisch allen Fällen keine glaubwürdige Grundlage für den Verdacht auf ein korruptes persönliches Motiv gibt.

Dieser Punkt wird durch Verhaltensbeispiele veranschaulicht, die den strengen Standard für korrupte Motive erfüllen beziehungsweise nicht erfüllen würden. Direktes oder indirektes Handeln des Präsidenten, um eine strafrechtliche Untersuchung seines eigenen Verhaltens oder des Verhaltens seiner Familienangehörigen zu stoppen zum Schutz vor persönlicher Verlegenheit oder rechtlicher Haftung, würde ein Kernbeispiel für korrupt motiviertes Verhalten darstellen. Dies gilt auch für Maßnahmen zur Beendigung eines die finanziellen Interessen des Präsidenten unmittelbar und nachteilig beeinflussenden Verfahrens, um diese Interessen des Präsidenten zu schützen. In diesen Beispielen wird die Amtsgewalt zum Schutz der persönlichen Interessen des Präsidenten benutzt. Im Gegensatz dazu wurden die Handlungen des Präsidenten, die politischen oder politikgestaltenden Interessen dienen, nicht als korrumpierend eingestuft. Die Rolle des Präsidenten als Regierungschef erfordert zwangsläufig von ihm, politische Faktoren bei politikgestaltenden Entscheidungen zu berücksichtigen, die sich auf Strafverfolgungsmaßnahmen und Verfahren auswirken. Zum Beispiel würde die Entscheidung des Präsidenten, eine Strafverfolgungsuntersuchung einzuschränken, um internationale Spannungen zu vermeiden, nicht von den Justizbehinderungsgesetzen tangiert. Das Strafrecht versucht nicht, die Berücksichtigung derartiger politischer oder politikgestaltender Faktoren im Regierungsverhalten zu regeln. Und wenn berechtigte Interessen den Präsidenten zum Handeln ermuntern, lassen sich diese Interessen fast ausnahmslos anhand objektiver Faktoren ausmachen. Da das Verhalten des Präsidenten in diesen Fällen offensichtlich außerhalb des Bereichs des Justizbehinderungsgesetztes liegt, ist von abschreckenden Bedenken nicht auszugehen.

b. Es gibt auch keinen Grund anzunehmen, dass Ermittlungen, geschweige denn Strafverfolgungsmaßnahmen, stattfinden würden, mit Ausnahme von äußerst ungewöhnlichen Umständen, wenn eine glaubwürdige sachliche Grundlage für die Annahme der Behinderung vorliegt. Strafrechtliches Vorgehen unterliegt der Vermutung der Ordnungsmäßigkeit: Fehlen »eindeutige gegenteilige Beweise, gehen die Gerichte davon aus, dass [Staatsanwälte] ihre Amtspflichten ordnungsgemäß entrichtet haben«. *Armstrong*, 517 U.S. 464 (Zitat aus *Vereinigte Staaten vs. Chemical Foundation, Inc.*, 272 U.S. I, 14-15 (1926)). Die Vermutung der Ordnungsmäßigkeit der Staatsanwaltschaft würde dem Präsidenten einen noch größeren Schutz bieten, als dies in Routinefällen der Fall ist, aufgrund der Wichtigkeit und Sensibilität aller Angelegenheiten, an denen der Präsident beteiligt ist, und die Wahrscheinlichkeit besteht, dass solche Angelegenheiten auf höchster Ebene im Justizministerium einer gründlichen und sorgfältigen Prüfung unterzogen werden. Nach Ansicht vom OLC, dass ein amtierender Präsident Anspruch auf Immunität gegen Anklagen hat, kann nur eine nachfolgende Regierung einen ehemaligen Präsidenten strafrechtlich verfolgen. Diese Betrachtungsweise deutet jedoch nicht darauf hin, dass ein Präsident nach seinem Ausscheiden Grund zur Befürchtung missbräuchlicher Ermittlungen oder strafrechtlicher Verfolgungen hat. Es gibt »offensichtliche politische Kontrollmechanismen« gegen die Einleitung einer unbegründeten Untersuchung oder Strafverfolgung eines ehemaligen Präsidenten. *Siehe Administrator of General Services*, 433 U.S., 448 (wobei politische Kontrollmechanismen hinsichtlich der Gewaltenteilung analysiert werden). Zudem hält der Justizminister »die Befugnis, Strafprozesse für die Regierung der Vereinigten Staaten zu führen«, *Vereinigte*

Staaten vs. Nixon, 418 U.S. 694 (Zitat aus 28 U.S.C. § 516), was einen starken institutionellen Schutz vor politisierten Ermittlungen oder Strafverfolgungsmaßnahmen bietet.[1092]

Diese Überlegungen heben die Feststellung des Supreme Court in *Nixon vs. Fitzgerald* hervor, dass, da Ermittlungen nach den Motiven des Präsidenten teilweise »höchst aufdringlich« wären, der Präsident absolut immun gegen private Zivilschadenersatzklagen ist, die auf seinem offiziellen Amtsumgang beruhen. 457 U.S. 756-757. Wie *Fitzgerald* festhielt, »besteht ein geringeres öffentliches Interesse an zivilrechtlichen Schadensersatzklagen als beispielsweise an strafrechtlichen Verfolgungen«. *Fitzgerald*, 457 U.S. 754 n.37; *siehe Cheney*, 542 U.S. 384. Und privates Vorgehen unterliegt nicht dem institutionellen Schutz

---

[1092] Ähnliche institutionelle Schutzmaßnahmen schützen Beamte des Justizministeriums und Staatsanwälte vor unbegründeten Ermittlungen gegen Strafverfolgungsprozesse. Staatsanwälte dürfen in der Regel nicht an Angelegenheiten teilnehmen, die ihre persönlichen Interessen betreffen, *siehe* 28 C.F.R. § 45.2, und werden angewiesen, sich nicht von ihren »eigenen beruflichen oder persönlichen Umständen« beeinflussen zu lassen, Justice Manual § 9-27.260, daher würden Staatsanwälte nicht häufig in die Lage kommen, Maßnahmen zu ergreifen, die als korrumpierend und persönlich motiviert wahrgenommen werden könnten. Und in solchen Fällen würden Ermittlungen von Beamten des Justizministeriums geleitet, bei denen man davon ausgehen kann, dass sie ohne glaubwürdige Faktengrundlage keine Ermittlungen aufnehmen. Diese Tatsachen unterscheiden den strafrechtlichen Kontext von der allgemein geltenden Regel der Immunität der Staatsanwaltschaft, die vor der Androhung einer Klage schützt durch »einen Angeklagten, [der] häufig seine Abneigung gegen die strafrechtliche Verfolgung in die Zuschreibung unzulässiger und arglistiger Handlungen umwandelt«. *Imbler vs. Pachtman*, 424 U.S. 409,425 (1976). Wie der Supreme Court festgestellt hat, rechtfertigt das Bestehen einer zivilen Immunität keine strafrechtliche Immunität. *Siehe O'Shea vs. Littleton*, 414 U.S. 488, 503 (1974) (»Egal, wie der Fall in Bezug auf die zivilrechtliche Haftung im Allgemeinen liegen mag, … wir sind nie davon ausgegangen, dass die Erfüllung der Pflichten von Justiz-, Gesetzgebungs- oder Exekutivbeamten die Immunisierung gegen eine anderweitig strafrechtliche Verfassungsentziehung erfordert oder in Betracht zieht.«) (Zitate weggelassen).

einer Handlung unter Aufsicht des Justizministers und steht nicht in Abhängigkeit zu einer Vermutung der Ordnungsmäßigkeit. *Armstrong*, 517 U.S. 464.

c. In den seltenen Fällen, in denen eine substanzielle und glaubwürdige Grundlage die Durchführung einer Untersuchung des Präsidenten rechtfertigt, muss die Prüfung seiner Motive, um festzustellen, ob er für einen korrumpierenden Zweck gehandelt hat, keine abschreckende Wirkung haben. Beim Ermitteln der Gründe des Präsidenten würde der Blick auf jede Erläuterung fallen, die er gegeben hat, um sein Handeln zu rechtfertigen, den Ratschlag, den er bekam, die Umstände seines Handelns und die Regelmäßigkeit oder Unregelmäßigkeit des Ablaufes, wie er seine Entscheidungen getroffen hat. Grand Jurys und Gerichte hätten jedoch keinen automatischen Zugang zu vertraulichen Unterredungen des Präsidenten über diese Angelegenheiten; diese könnten in amtlichen Verfahren allenfalls vorgelegt werden, wenn ein ausreichender Bedarf nachgewiesen würde. *Nixon*, 418 U.S. 712; *In re Sealed Case*, 121 F.3d 729, 754, 756-757 (D.C. Cir. 1997); *siehe auch Administrator of General Services*, 433 U.S. 448-449 (ehemaliger Präsident kann sich auf das Kommunikationsprivileg des Präsidenten berufen, obwohl das Versäumnis des Nachfolgers, diese Behauptung zu unterstützen, »deren Gewicht mindert«).

In jedem Fall ist die Untersuchung der Absicht des Präsidenten in einer Strafsache zweifelsohne in mindestens einem Zusammenhang verfassungskonform: Der Strafbestand der Bestechung setzt die korrumpierende Absicht voraus, einen Wert als Gegenleistung für Beeinflussbarkeit innerhalb einer behördlichen Maßnahme zu erhalten. 18 U.S.C. § 20 1 (b)(2). Es kann kein ernstes Argument gegen die potenzielle strafrechtliche Verantwortlichkeit des Präsidenten für Bestechungsdelikte geben, ungeachtet der Notwendigkeit, seinen Zweck und seine Absicht festzustellen. *Siehe* U.S. Const. Art. I, § 3; Art. II, § 4; *siehe auch Application of 28 U.S.C. § 458 to Presidential Appointments of Federal Judges*, 19 Op. O.L.C., 357 n.11 (»Die Anwendung von

§ 201 [im Fall des Präsidenten] wirft keine Probleme mit der Gewaltenteilung auf, geschweige denn ernste.«).

d. Zu guter Letzt liefert die Geschichte keinen Anlass zu der Annahme, dass ein angeblicher Abschreckungseffekt es rechtfertigt, den Präsidenten von den Justizbehinderungsgesetzen auszunehmen. In der Vergangenheit waren die Präsidenten nur sehr selten Gegenstand von Untersuchungen einer Grand Jury. Und es ist sogar noch seltener, dass die Umstände sogar die Möglichkeit eines korrupten persönlichen Motivs für ein möglicherweise justizbehinderndes Verhalten in Form von Einsatz offizieller Machtbefugnis durch den Präsidenten ins Spiel bringen. Entsprechend sollte das Verhalten des Präsidenten im Amt nicht abschreckend beeinflusst werden durch hypothetische Bedenken hinsichtlich der möglichen Anwendung eines korrupten Motivkomplexes in diesem Zusammenhang.

* * *

Insgesamt sind wir im Gegensatz zur Auffassung, die der Rechtsbeistand des Präsidenten vertritt, zu dem Schluss gekommen, dass wir angesichts des Präzedenzfalls aus dem Supreme Court, der maßgeblich für Sachverhalte rund um die Gewaltenteilung ist, eine zulässige Grundlage für die Untersuchung des strittigen Verhaltens in diesem Bericht hatten. Aus unserer Sicht würde die Anwendung der Justizbehinderungsgesetze den Präsidenten bei der Wahrnehmung seiner Amtsbefugnisse gemäß Artikel II nicht unzulässig dabei beeinträchtigen, den Strafverfolgungsprozess zu überwachen oder um untergeordnete Beamte zu entlassen. Und der Schutz der Strafjustiz vor korrupten Handlungen durch jedermann – einschließlich des Präsidenten – entspricht dem Grundprinzip unserer Regierung, dass «[k]eine [Person] in diesem Land so einen hohen Stand hat, dass sie über dem Gesetz steht«. *Vereinigte Staaten vs. Lee*, 106 U.S. 196, 220 (1882); *siehe auch Clinton vs. Jones*, 520 U.S. 697; *Vereinigte Staaten vs. Nixon, oben.*

IV. Fazit

Da wir uns entschlossen haben, kein traditionelles strafrechtliches Urteil zu fällen, haben wir keine endgültigen Schlussfolgerungen über das Verhalten des Präsidenten gezogen. Die Beweislage, die wir über die Handlungen und Absichten des Präsidenten hergestellt haben, wirft schwierige Fragen auf, die beantwortet werden müssten, wenn wir ein traditionelles strafrechtliches Urteil zu fällen hätten. Gleichzeitig gilt: Wenn wir nach einer gründlichen Untersuchung der Fakten genug Vertrauen hätten, dass der Präsident offensichtlich keine Justizbehinderung begangen hat, würden wir das so darlegen. Gemessen an den Fakten und den geltenden gesetzlichen Bestimmungen, können wir dieses Urteil nicht fällen. Obwohl dieser Bericht nicht zu dem Schluss kommt, dass der Präsident ein Verbrechen begangen hat, entlastet er ihn daher auch nicht.

ANHANG A

US-Justizministerium

~~Juristische Ermittlungen~~ // ~~Kann geschütztes Material gemäß Fed. R. Crim. P. 6(e) enthalten~~

ANHANG A

Office of the Deputy Attorney General
Washington, D.C. 20530

AUFTRAGS-NR. 3915-2017

ERNENNUNG EINES SONDERERMITTLERS
ZUR UNTERSUCHUNG VON RUSSISCHER
EINMISCHUNG IN DIE PRÄSIDENTSCHAFTSWAHLEN VON
2016 UND IN DAMIT VERBUNDENE ANGELEGENHEITEN

Kraft meines Amtes als stellvertretender Justizminister, einschließlich §§ 509, 510 und 515 von Title 28 U.S.C., und in Erfüllung meiner Führungs- und Kontrollfunktion im Justizministerium sowie der Aufgabe, eine voll umfängliche und gründliche Untersuchung der möglichen Einmischung der russischen Regierung in die Präsidentschaftswahlen von 2016 zu garantieren, ordne ich Folgendes an:

a. Robert S. Mueller III wird als Sonderermittler des Justizministeriums der Vereinigten Staaten eingesetzt.
b. Der Sonderermittler ist bevollmächtigt, die Untersuchung durchzuführen, die der damalige FBI-Direktor James B. Comey am 20. März 2017 in seiner Zeugenaussage vor dem House Permanent Select Committee on Intelligence bestätigt hatte. Die Untersuchung beinhaltet:
    i. alle Verbindungen und/oder Absprachen zwischen der russischen Regierung und einzelnen Personen, die in den Wahlkampf von Präsident Donald Trump involviert waren; und
    ii. alle Angelegenheiten, die sich im Zuge dieser Untersuchung ergaben oder ergeben; und

   iii. alle anderen Angelegenheiten, die in den Anwendungsbereich von 28 C.F.R. § 600.4(a) fallen.

c. Falls der Sonderermittler es für nötig und angebracht hält, ist dieser berechtigt, Straftaten, die im Zusammenhang mit dieser Untersuchung aufgedeckt werden und für die das FBI zuständig ist, zu verfolgen.

d. Abschnitte 600.4 bis 600.10 von Verordnung 28 des Code of Federal Regulations sind vom Sonderermittler anwendbar.

17. Mai 2017 *Rod J. Rosenstein*
Acting Attorney General

ANHANG B

ANHANG B: GLOSSAR

Das folgende Verzeichnis enthält Namen und Kurzbeschreibungen von Personen und Institutionen, auf die sich dieser Bericht in seinen zwei Bänden bezieht. Es erhebt keinen Anspruch auf Vollständigkeit und soll lediglich der Lektürehilfe dienen.

Erwähnte Personen

Agalarow, Aras Russischer Bauunternehmer (Gründer und Präsident der Crocus Group); begegnete Donald Trump aus Anlass der Miss-Universum-Wahl und half bei der Vereinbarung des Treffens vom 9. Juni 2016 zwischen Natalia Weselnizkaja und Mitgliedern von Trumps Wahlkampfteam im Trump Tower.

Agalarow, Emin Popmusiker, Vizepräsident der Crocus Group und Sohn von Aras Agalarow; half bei der Vereinbarung des Treffens vom 9. Juni 2016 zwischen Natalia Weselnizkaja und Mitgliedern von Trumps Wahlkampfteam im Trump Tower.

Achmetow, Rinat Ehemaliger Abgeordneter des ukrainischen Parlaments; engagierte Paul Manafort, um für die ukrainische Partei der Regionen tätig zu werden.

Achmetschin, Rinat Amerikanischer Lobbyist und Mitarbeiter von Natalia Weselnizkaja, der beim Treffen am 9. Juni 2016 zwischen Weselnizkaja und Mitgliedern von Trumps Wahlkampfteam im Trump Tower anwesend war.

Aslanow, Dschejschun (Jay)	Leiter der US-Abteilung der Internet Research Agency (russische »Troll-Armee«), die eine »Aktive Maßnahmen«-Social-Media-Kampagne zur Einmischung in die Präsidentschaftswahl 2016 initiierte.
Assange, Julian	Gründer der Enthüllungsplattform Wiki-Leaks, die 2016 Dokumente im Internet postete, die der Demokratischen Partei und mit ihr verbundenen Organisationen und Personen gestohlen worden waren.
Awen, Pjotr	Vorstandsvorsitzender der Alfa-Bank, der versuchte, mit dem Team des Präsidentschaftsübergangs im Zusammenhang mit erwarteten Sanktionen nach der Wahl Kontakt aufzunehmen.
Bannon, Stephen (Steve)	Chefstratege im Weißen Haus und hochrangiger Berater von Donald Trump (Januar bis August 2017); Wahlkampfleiter von Trump.
Baranow, Andrej	Leiter der Abteilung Anlegerbeziehungen der staatlichen russischen Ölfirma Rosneft und Mitarbeiter von Carter Page.
Berkowitz, Avi	Jared Kushners Assistent.
Boente, Dana	Geschäftsführender Justizminister (Januar bis Februar 2017), Stellvertretender Justizminister (Februar bis April 2017).
Bogatschewa, Anna	Angestellte der Internet Reseach Agency, die die russische »Aktive Maßnahmen«-Social-Media-Kampagne zur Einmischung in die Präsidentschaftswahl 2016 initiierte; reiste 2014 unter Vortäuschung falscher Tatsachen in die USA ein.

Boiko, Jurij	Mitglied der ukrainischen Partei »Oppositionsblock« und Abgeordneter des ukrainischen Parlaments.
Bojarkin, Wiktor	Angestellter des russischen Oligarchen Oleg Deripaska.
Bossert, Thomas (Tom)	Ehemaliger Berater des Präsidenten für Innere Sicherheit, der auch ein hohes Amt im Übergangsteam des Präsidenten bekleidete.
Boyd, Charles	Vorstandsvorsitzender des Center for the National Interest (CNI), einer politischen Denkfabrik in Washington, D.C., mit Verbindungen nach und Aktivitäten in Russland.
Brand, Rachel	Associate Attorney General (das dritthöchste Amt im US-Justizministerium) (Mai 2017 bis Februar 2018).
Browder, William (Bill)	Gründer der Fondsgesellschaft Hermitage Capital Management; seine Lobbykampagne führte zum Erlass des »Magnitsky Act«, der eine Reihe von russischen Beamten mit finanziellen Sanktionen und Einreisesperren belegte.
Bulatow, Alexander	Russischer Geheimdienstmitarbeiter; tat sich 2008 mit Carter Page zusammen.
Burck, William	Persönlicher Anwalt von Don McGahn, dem Rechtsberater des Weißen Hauses.
Burnham, James	Anwalt im Rechtsberaterteam des Weißen Hauses; nahm im Januar 2017 an Besprechungen zwischen Sally Yates und Donald McGahn teil.

Burt, Richard Ehemaliger US-Botschafter; war für die Alfa-Bank tätig, später Vorstandsmitglied des Center for the National Interest.

Burtschik, Michail Geschäftsführer der Internet Reseach Agency, die die russische »Aktive Maßnahmen«-Social-Media-Kampagne zur Einmischung in die Präsidentschaftswahl 2016 initiierte.

Bystrow, Michail Generaldirektor der Internet Reseach Agency, die die russische »Aktive Maßnahmen«-Social-Media-Kampagne zur Einmischung in die Präsidentschaftswahl 2016 initiierte.

Calamari, Matt Leitender Geschäftsführer der Trump Organization.

Caputo, Michael Berater des Trump-Wahlkampfteams.

Christie, Chris Ehemaliger Gouverneur von New Jersey.

Clapper, James Direktor der Nationalen Geheimdienste (August 2010 bis Januar 2017).

Clovis, Samuel jr. Politischer Chefberater und einer von Trumps Wahlkampfmanagern.

Coats, Dan Direktor der Nationalen Geheimdienste.

Cobb, Ty Rechtsberater des Präsidenten (Juli 2017 bis Mai 2018).

Cohen, Michael Ehemaliger Vizepräsident der Trump Organization und Berater von Donald Trump; betrieb federführend das Projekt, ein Gebäude unter dem Markennamen Trump in Moskau zu bauen. Gestand, dem Kongress darüber die Unwahrheit gesagt zu haben.

Comey, James jr. Direktor des FBI (4. September 2013 bis 9. Mai 2017).

Conway, Kellyanne Beraterin des Präsidenten und Wahlkampfmanagerin für Trump.

Corallo, Mark Sprecher des persönlichen Anwaltsteams von Präsident Trump (Juni 2017 bis Juli 2017).

Corsi, Jerome Autor und politischer Kommentator; ehemals für WorldNetDaily und Info Wars tätig. Gefährdung laufender Verfahren [redacted]

Costello, Robert Anwalt, der angab, enge Verbindungen zu Rudolph Giuliani, dem persönlichen Anwalt des Präsidenten, zu unterhalten.

Credico, Randolph (Randy) Radiomoderator; führte 2016 ein Interview mit Julian Assange. Gefährdung laufender Verfahren [redacted]

Davis, Richard (Rick) jr. Gesellschafter der Pegasus Sustainable Century Merchant Bank, Geschäftspartner von Paul Manafort und Mitgründer der Lobbyfirma Davis Manafort.

Dearborn, Rick Ehemaliger stellvertretender Stabschef im Weißen Haus, diente zuvor als Stabschef für Senator Jeff Sessions.

Dempsey, Michael Beamter im Büro des Direktors der Nationalen Sicherheitsdienste; erinnerte sich an Diskussionen mit Dan Coats nach dessen Treffen mit Präsident Trump am 22. März 2017.

Denman, Diana	Delegierte auf dem Parteitag der Republikaner 2016; trat für einen neuen Passus im Parteiprogramm ein, in dem der Ukraine Waffenlieferungen in Aussicht gestellt wurden.
Deripaska, Oleg	Russischer Geschäftsmann mit Verbindungen zu Wladimir Putin; verpflichtete Paul Manafort zwischen 2005 und 2009 für Beratertätigkeiten.
Dhillon, Uttam	Anwalt im Rechtsberaterteam des Weißen Hauses (Januar 2017 bis Juni 2018).
Dmitriew, Kirill	Geschäftsführer des Russischen Direct Investment Fund (RDIF); traf sich im Januar 2017 auf den Seychellen mit Erik Prince und entwarf, unabhängig davon, mit Rick Gerson einen Plan für eine Aussöhnung zwischen Russland und den USA.
Donaldson, Annie	Stabschefin von Donald McGahn, dem Rechtsberater des Weißen Hauses (Januar 2017 bis Dezember 2018).
Dworkowitsch, Arkadi	Stellvertretender Ministerpräsident der Russischen Föderation und Vorsitzender des Direktoriums der Moskauer Wirtschaftshochschule New Economic School. 2016 traf er zweimal mit Carter Page zusammen.
Dwoskin, Jewgenij	Manager der Genbank auf der Krim und Mitarbeiter von Felix Sater.
Eisenberg, John	Anwalt im Rechtsberaterteam des Weißen Hauses und Justiziar des National Security Council (Nationaler Sicherheitsrat).

Erkowa, Lana (alias Lana Alexander)	Ex-Frau von Dmitrij Klokow; schickte Ivanka Trump im Herbst 2015 eine E-Mail, um Klokow beim Trump-Wahlkampfteam einzuführen.
Fabrizio, Anthony (Tony)	Partner beim Meinungsforschungs- und Beratungsunternehmen Fabrizio, Lee & Associates. Er war als Demoskop für den Trump-Wahlkampf tätig und arbeitete nach der Wahl bei Umfragen die Ukraine betreffend mit Paul Manafort zusammen.
Fishbein, Jason	Anwalt; war für Julian Assange tätig und übermittelte WikiLeaks am 20. September 2016 ein Passwort für die noch nicht online gegangene Website PutinTrump.org.
Flynn, Michael G. (alias Michael Flynn jr.)	Sohn von Michael T. Flynn, dem Nationalen Sicherheitsberater (20. Januar bis 13. Februar 2017).
Flynn, Michael T.	Nationaler Sicherheitsberater (20. Januar bis 13. Februar 2017), Direktor der Defense Intelligence Agency (Juli 2012 bis 7. August 2014) und Wahlkampfberater für Trump. Er bekannte sich schuldig, das FBI über Kontakte zu Botschafter Sergej Kisljak im Dezember 2016 belogen zu haben.
Foresman, Robert (Bob)	Investmentbanker; suchte im Frühjahr 2016 Kontakt zum Trump-Wahlkampfteam, um über russische Außenpolitik zu sprechen; traf sich nach der Wahl mit Michael Flynn.
Futerfas, Alan	Externer Rechtsberater der Trump Organization und später persönlicher Anwalt von Donald Trump jr.
Garten, Alan	Leiter der Rechtsabteilung bei der Trump Organization.

Gates, Richard (Rick) III	Stellvertretender Wahlkampfmanager für Trump, stellvertretender Leiter des Inaugural Committee (Amtseinführung) und langjähriger Angestellter von Paul Manafort. Er bekannte sich der Verschwörung gegen die Vereinigten Staaten und der Falschaussage gegenüber dem FBI für schuldig.
Gerson, Richard (Rick)	New Yorker Hedgefonds-Manager und Mitarbeiter von Jared Kushner. Während der Übergangszeit arbeitete er zusammen mit Kirill Dmitriew an einem Vorschlag zur Verbesserung der Beziehungen zwischen den USA und Russland.
Gistaro, Edward	Stellvertretender Direktor der Nationalen Nachrichtendienste (zuständig für »Intelligence Integration«).
Glassner, Michael	Politischer Geschäftsführer des Trump-Wahlkampfteams; half George Papadopoulos, Kontakte zu anderen Teammitgliedern zu knüpfen.
Goldstone, Robert	Presseagent von Emin Agalarow; nahm Kontakt zu Donald Trump jr. auf, um das Treffen im Trump Tower am 9. Juni 2016 zwischen Natalia Weselnizkaja und Funktionären des Trump-Wahlkampfteams zu arrangieren.
Gordon Jeffrey (J.D.)	Nationaler Sicherheitsberater des Trump-Wahlkampfteams; war an Änderungen des Parteiprogramms der Republikaner beteiligt und kommunizierte während des Parteitags mit dem russischen Botschafter Sergej Kisljak.

Gorkow, Sergej Präsident der Vnesheconombank (VEB), einer russischen staatlichen Bank; traf während der Übergangszeit mit Jared Kushner zusammen.

Graff, Rhona Vizepräsidentin der Trump Organization und Donald J. Trumps geschäftsführende Assistentin.

GIV [redacted] Gefährdung laufender Verfahren [redacted]

Hawker, Jonathan PR-Berater bei FTI Consulting; gestaltete eine PR-Kampagne in der Ukraine zusammen mit Davis Manafort LLC.

Heilbrunn, Jacob Redakteur der Zeitschrift »National Interest«, die die außenpolitische Grundsatzrede des Kandidaten Trump im April 2016 offiziell ausrichtete.

Hicks, Hope Pressesprecherin des Weißen Hauses (August 2017 bis März 2018), zuvor Sprecherin des Trump-Wahlkampfteams.

Holt, Lester NBC-Nachrichtenmoderator; führte am 11. Mai 2017 ein Interview mit Präsident Trump.

Hunt, Jody Stabschef des Justizministers Jeff Sessions (Februar bis Oktober 2017).

Iwanow, Igor Präsident des Russian International Affairs Council und ehemaliger russischer Außenminister. Iwan Timofejew berichtete George Papadopoulos, Iwanow habe dazu geraten, einen »Moskau-Besuch« im Rahmen des Trump-Wahlkampfes zu arrangieren.

Iwanow, Sergej Sonderbeauftragter von Wladimir Putin, ehemals stellvertretender russischer Ministerpräsident und stellvertretender FSB-Direktor. Im Januar 2016 schickte Michael Cohen eine E-Mail an den Kreml mit der Bitte um ein Gespräch mit Iwanow.

Janukowytsch, Wiktor Ehemaliger Präsident der Ukraine, der mit Paul Manafort zusammenarbeitete.

Jatsenko, Sergej Stellvertretender Finanzchef von Gazprom, einem russischen, mehrheitlich in Staatsbesitz befindlichen Erdgasförderunternehmen, und Mitarbeiter von Carter Page.

Kasowitz, Marc Präsident Trumps persönlicher Anwalt (Mai bis Juli 2017).

Katsyw, Denis Sohn von Pjotr Katsyw; Inhaber der russischen Firma Prevezon Holdings Ltd. und Mitarbeiter von Natalia Weselnizkaja.

Katsyw, Pjotr Russischer Geschäftsmann und Vater von Denis Katsyw.

GIV [redacted] Gefährdung laufender Verfahren [redacted]

Kaweladse, Irakli (Ike) Vizepräsident der Crocus Group und Aras Agalarows Stellvertreter in den Vereinigten Staaten. Er nahm an dem Treffen zwischen Natalia Weselnizkaja und Funktionären des Trump-Wahlkampfteams am 9. Juni 2016 im Trump Tower teil.

Kawersina, Irina Angestellte der Internet Research Agency, die die russische »Aktive Maßnahmen«-Social-Media-Kampagne zur Einmischung in die Präsidentschaftswahl 2016 initiierte.

Kelly, John Stabschef im Weißen Haus (Juli 2017 bis Januar 2019).

Khalilzad, Zalmay US-Sondergesandter für Afghanistan und ehemaliger US-Botschafter. Er traf bei außenpolitischen Banketten, die unter Beteiligung des Center for the National Interest organisiert wurden, mit Senator Jeff Sessions zusammen.

Kilimnik, Konstantin Russisch-ukrainischer Politikberater und langjähriger Angestellter von Paul Manafort; hat nach Einschätzung des FBI Verbindungen zum russischen Geheimdienst.

Kisljak, Sergej Ehemaliger russischer Botschafter in den Vereinigten Staaten und derzeit Abgeordneter der Republik Mordwinien im russischen Föderationsrat.

Klimentow, Denis Angestellter der New Economic School; informierte hochrangige russische Regierungsbeamte über Carter Pages Moskau-Besuch im Juli 2016.

Klimentow, Dmitrij Bruder von Denis Klimentow; kontaktierte Dmitrij Peskow, Pressesekretär des Kreml, über Carter Pages Moskau-Besuch im Juli 2016.

Klokow, Dmitrij Manager bei der PSJC Federal Grid Company of Unified Energy Systems und ehemaliger Referent des russischen Energieministers. Er kommunizierte mit Michael Cohen über ein mögliches Treffen zwischen Wladimir Putin und dem Präsidentschaftskandidaten Trump.

Kobyakow, Anton	Berater Wladimir Putins und Mitglied der Roscongress-Stiftung; lud den Kandidaten Trump zum Internationalen Wirtschaftsforum in St. Petersburg ein.
Krickowitsch, Andrej	Professor an der Moskauer Hochschule für Wirtschaft (Higher School of Economics); gab die Empfehlung, Carter Page im Juli 2016 eine Rede vor Hochschulabsolventen halten zu lassen.
Krylowa, Alexandra	Angestellte der Internet Reseach Agency, die die russische »Aktive Maßnahmen«-Social-Media-Kampagne zur Einmischung in die Präsidentschaftswahl 2016 initiierte; reiste 2014 unter Vorspiegelung falscher Tatsachen in die USA ein.
Kushner, Jared	Präsident Trumps Schwiegersohn und enger Berater des Präsidenten.
Kusnezow, Sergej	Russischer Regierungsbeamter an der russischen Botschaft in Washington, der dem designierten Präsidenten Trump die Glückwünsche Wladimir Putins zu seiner Wahl am 9. November 2016 übermittelte.
Landrum, Pete	Berater des Senators Jeff Sessions; nahm an dem Treffen zwischen Sessions und dem russischen Botschafter Sergej Kisljak im September 2016 teil.
Lawrow, Sergej	Russischer Außenminister und vormals Ständiger Vertreter Russlands bei den Vereinten Nationen.
Ledeen, Barbara	Senatsangestellte und Mitarbeiterin von Michael Flynn; während des Präsidentschaftswahlkampfes 2016 versuchte sie an Hillary Clintons E-Mails zu gelangen.

Ledeen, Michael Mitglied des Vorbereitungsteams für den Präsidentschaftsübergang; war Berater für Außenpolitik und Fragen der nationalen Sicherheit.

Ledgett, Richard Stellvertretender Direktor der National Security Agency (NSA) (Januar 2014 bis April 2017); war anwesend, als Präsident Trump am 26. März 2017 Michael Rogers anrief.

Lewandowski, Corey Wahlkampfmanager für Trump (Januar 2015 bis Juni 2016).

Luff, Sandra Leitende Mitarbeiterin des Senators Jeff Sessions; nahm an einem Treffen zwischen Sessions und dem russischen Botschafter Sergej Kisljak im September 2016 teil.

Ljowotschkin, Serhij Abgeordneter des ukrainischen Parlaments und Mitglied der politischen Partei Oppositionsblock.

Magnitsky, Sergej Russischer Wirtschaftsprüfer; erhob Korruptionsvorwürfe gegen die russische Regierung und starb 2009 in russischer Untersuchungshaft. Sein Tod war Anlass für den »Magnitsky Act«, eine Verordnung, die finanzielle Sanktionen und Einreisesperren gegen russische Amtsträger verhängte.

Malloch, Theodore (Ted) Vorstandsvorsitzender der Global Fiduciary Governance und der Roosevelt Group. War Mitarbeiter von Jerome Corsi in London.

Manafort, Paul jr. Mitglied des Trump-Wahlkampfteams (März bis August 2017), dessen Manager und Chefstratege (Mai bis August 2016).

Mashburn, John Beamter der Trump-Regierung und ehemaliger politischer Direktor des Wahlkampfteams.

McCabe, Andrew Geschäftsführender Direktor des FBI (Mai bis August 2017), stellvertretender Direktor des FBI (Februar 2016 bis Januar 2018).

McCord, Mary Amtierende Stellvertretende Justizministerin (Oktober 2016 bis Mai 2017).

McFarland, Kathleen (K.T.) Stellvertretende Nationale Sicherheitsberaterin (Januar bis Mai 2017).

McGahn, Donald (Don) Rechtsberater des Weißen Hauses (Januar 2017 bis Oktober 2018).

Medwedew, Dmitri Ministerpräsident von Russland.

Melnik, Jurij Sprecher der russischen Botschaft in Washington, D.C.; nahm über soziale Medien Kontakt zu George Papadopoulos auf.

Mifsud, Joseph Maltesischer Staatsangehöriger und ehemals Professor in London; unmittelbar nach seiner Rückkehr aus Moskau im April 2016 teilte er George Papadopoulos mit, die Russen hätten »brisantes Material« (»dirt«) über Hillary Clinton in Gestalt von Tausenden von E-Mails.

Miller, Matt Mitglied des Trump-Wahlkampfteams; war bei dem Treffen des Programmausschusses für Nationale Sicherheit und Verteidigung im Juli 2016 anwesend.

Miller, Stephen Enger Berater des Präsidenten.

Millian, Sergej Gründer der Russisch-Amerikanischen Handelskammer; traf während des Wahlkampfes mit George Papadopoulos zusammen.

Mnuchin, Steven US-Finanzminister.

GIV Gefährdung laufender Verfahren [redacted]

Müller-Maguhn, Andy	Mitglied des Hackervereins Chaos Computer Club und Mitarbeiter von Julian Assange, dem Gründer von WikiLeaks.
Nader, George	Berater des Kronprinzen der Vereinigten Arabischen Emirate; arrangierte während der Übergangszeit ein Treffen zwischen Kirill Dmitriew und Erik Prince.
Netykscho, Wiktor	Russischer Militäroffizier und Leiter einer Einheit, die Daten ausspähte und veröffentlichte mit der Absicht, sich in den US-Präsidentschaftswahlkampf einzumischen.
Oganow, Georgij	Berater von Oleg Deripaska und Vorstandsmitglied der Investmentfirma Basic Element. Er traf Anfang 2017 in Spanien mit Paul Manafort zusammen.
Oknyansky, Henry (alias Henry Greenberg)	Russe mit Wohnsitz in Florida; behauptete, kompromittierende Informationen über Hillary Clinton zu haben. Traf sich im Mai 2016 mit Roger Stone.
Page, Carter	Außenpolitischer Berater des Trump-Wahlkampfteams; vertrat pro-russische Positionen und besuchte Moskau im Juli und Dezember 2016.
Papadopoulos, George	Außenpolitischer Berater des Trump-Wahlkampfteams; erhielt von Joseph Mifsud die Information, die Russen hätten »brisantes Material« (»dirt«) über Hillary Clinton in Form von Tausenden von E-Mails. Bekannte sich schuldig, das FBI über seinen Kontakt mit Mifsud belogen zu haben.
Parscale, Bradley	Leiter der Abteilung Digitale Medien im Trump-Wahlkampfteam 2016.

Patten, William (Sam) jr. Lobbyist und Geschäftspartner von Konstantin Kilimnik.

Peskow, Dmitrij Stellvertretender Stabschef und Pressesprecher des russischen Präsidialamts.

Phares, Walid Außenpolitischer Berater des Trump-Wahlkampfteams und Co-Generalsekretär der Transatlantic Parliamentary Group on Counterterrorism (TAG).

Pinedo, Richard US-Amerikaner, der sich des Identitätsbetrugs für schuldig bekannte.

Podesta, John jr. Clinton-Wahlkampfmanager, dessen Mail-Account von der GRU gehackt wurde. WikiLeaks veröffentlichte die ihm gestohlenen E-Mails während des Wahlkampfes 2016.

Podobnij, Wiktor Russischer Geheimdienstoffizier; interagierte mit Carter Page während seiner Aktivitäten in den Vereinigten Staaten; 2015 beschuldigt, als unregistrierter Interessenvertreter Russlands gewirkt zu haben.

Poljakowa, Elena Persönliche Assistentin von Dmitrij Peskow; antwortete auf Michael Cohens Kontaktversuch bezüglich des Trump-Tower-Projekts im Januar 2016.

Polonskaja, Olga Russische Staatsbürgerin, die George Papadopoulos von Joseph Mifsud als Person mit Verbindungen zu Wladimir Putin vorgestellt wurde.

Pompeo, Michael US-Außenminister; Direktor der CIA (Januar 2017 bis April 2018).

Porter, Robert Stabssekretär im Weißen Haus (Januar 2017 bis Februar 2018).

Prichodko, Sergej	Erster Stellvertretender Leiter des Regierungsapparats der Russischen Föderation; ehemaliger stellvertretender Regierungsvorsitzender. Im Januar 2016 lud er den Kandidaten Trump zum Internationalen Wirtschaftsforum nach St. Petersburg ein.
Priebus, Reince	Stabschef des Weißen Hauses (Januar bis Juli 2017); Vorsitzender des Republican National Committee (bundesweite Parteiorganisation der Republikaner) (Januar 2011 bis Januar 2017).
Prigoschin, Jewgenij	Inhaber des Gastronomieunternehmens Concord; unterstützte und finanzierte die Internet Reseach Agency, die die russische Social-Media-Kampagne »Aktive Maßnahmen« zur Einmischung in die Präsidentschaftswahl 2016 initiierte.
Prince, Erik	Geschäftsmann und Unterstützer des Trump-Wahlkampfes; traf nach der Wahl mit Funktionären des Präsidentschaftsübergangsteams und im Januar 2017 auf den Seychellen mit Kirill Dmitriew zusammen.
Raffel, Josh	Kommunikationsberater im Weißen Haus (April 2017 bis Februar 2018).
Rasin, Alexej	Ukrainischer Mitarbeiter von Henry Oknyansky; behauptete, kompromittierende Informationen über Hillary Clinton zu besitzen.
Rogers, Michael	Direktor des Bundesnachrichtendienstes NSA (April 2017 bis Mai 2018).
Rosenstein, Rod	Stellvertretender Justizminister (seit April 2017); führte die Aufsicht über die Sonderermittlung zur russischen Einflussnahme (Mai 2017 bis November 2018).

Rosow, Andrej	Vorstandsvorsitzender des Bauunternehmens I.C. Expert Investment Company; unterzeichnete 2015 eine Absichtserklärung zum Bau des Trump Towers in Moskau.
Rtskhiladze, Giorgi	Manager der Silk Road Transatlantic Alliance, LLC; kommunizierte mit Cohen über das Projekt eines Trump Towers in Moskau.
Ruddy, Christopher	Geschäftsführer von Newsmax Media und Mitarbeiter von Präsident Trump.
Rybicki, James	Stabschef des FBI (Mai 2015 bis Februar 2018).
Samotschornow, Anatoli	Dolmetscher; war für Natalia Weselnizkaja tätig, u. a. bei einem Treffen mit Funktionären des Trump-Wahlkampfes im Trump Tower am 9. Juni 2016.
Sanders, Sarah Huckabee	Pressesprecherin des Weißen Hauses (seit Juli 2017).
Sater, Felix	Immobilienberater; verfolgte in Zusammenarbeit mit Michael Cohen das Projekt eines Trump Towers in Moskau.
Saunders, Paul J.	Manager des Center for the National Interest; war mit Entwürfen und der Logistik der außenpolitischen Grundsatzrede des Kandidaten Trump im April 2016 befasst.
Schoigu, Sergej	Russischer Verteidigungsminister.
Setschin, Igor	Vorstandsvorsitzender von Rosneft, einem Mineralölkonzern, dessen Mehrheitseigner der russische Staat ist.
Sessions, Jefferson III (Jeff)	Justizminister (Februar 2017 bis November 2018); US-Senator (Januar 1997 bis Februar 2017); Leiter des außenpolitischen Beraterstabs im Trump-Wahlkampf.

Simes, Dimitri Präsident und Geschäftsführer der politischen Denkfabrik Center for the National Interest (CNI).

Smith, Peter Investmentbanker, parteipolitisch für die Republikaner aktiv. Im Präsidentschaftswahlkampf 2016 versuchte er an die verschwundenen E-Mails von Hillary Clinton heranzukommen.

Spicer, Sean Pressesprecher und Kommunikationsdirektor des Weißen Hauses (Januar 2017 bis Juli 2017).

Stone, Roger Berater des Trump-Wahlkampfteams Gefährdung laufender Verfahren [redacted]

Tillerson, Rex US-Außenminister (Februar 2017 bis März 2018).

Timofejew, Iwan Programmdirektor des Thinktanks Russian International Affairs Council und des Diskussionsforums Waldai; kommunizierte 2016 mit George Papadopoulos, um ein Treffen zwischen Vertretern der russischen Regierung und des Trump-Wahlkampfteams zu arrangieren.

Trump, Donald jr. Präsident Trumps Sohn; Treuhänder und leitender Vizepräsident der Trump Organization; Teilnehmer des von ihm mit arrangierten Treffens zwischen Natalia Weselnizkaja und Funktionären des Trump-Wahlkampfteams am 9. Juni 2016 im Trump Tower.

US-Justizministerium
~~Juristische Ermittlungen~~ // ~~Kann geschütztes Material gemäß Fed. R. Crim. P. 6(c) enthalten~~

Trump, Eric Präsident Trumps Sohn; Treuhänder und leitender Vizepräsident der Trump Organization.

Trump, Ivanka Präsident Trumps Tochter; Beraterin des Präsidenten und ehemalige leitende Vizepräsidentin der Trump Organization.

Tschaika, Jurij Generalstaatsanwalt der Russischen Föderation; pflegte Beziehungen zu Aras Agalarow.

Uschakow, Jurij Wiktorowitsch Berater Wladimir Putins und ehemaliger russischer Botschafter in den Vereinigten Staaten; wurde dem Präsidentschaftsübergangsteam als Verbindungsmann zu Russland vorgeschlagen.

Van der Zwaan, Alexander Ehemaliger Anwalt bei der Kanzlei Skadden, Arps, Slate, Meagher & Flom, LLP; arbeitete mit Paul Manafort und Rick Gates zusammen.

Vargas, Catherine Vorstandsassistentin von Jared Kushner.

Waino, Anton Vorsitzender der Präsidialverwaltung von Präsident Wladimir Putin.

Wasiltschenko, Gleb Angestellter der Internet Reseach Agency, die die russische »Aktive Maßnahmen«-Social-Media-Kampagne zur Einmischung in die Präsidentschaftswahl 2016 initiierte.

Weselnizkaja, Natalia Russische Anwältin, die für die Aufhebung des »Magnitsky Act« eintrat und Wortführerin beim Treffen mit Funktionären des Trump-Wahlkampfteams am 9. Juni 2016 im Trump Tower war.

Weber, Shlomo Rektor der New Economic School (NES) in Moskau; lud Carter Page ein, im Juli 2016 eine Rede vor Hochschulabsolventen zu halten.

Yates, Sally Geschäftsführende Justizministerin (20. Januar bis 30. Januar 2017); Stellvertretende Justizministerin (10. Januar 2015 bis 30. Januar 2017).

Zacharowa, Maria Leiterin der Abteilung für Information und Presse im Außenministerium der Russischen Föderation; wurde im Juli 2016 von Denis Klimentow über die Rede von Carter Page informiert.

Zayed al Nahyan, Muhammad bin Kronprinz von Abu Dhabi und stellvertretender Kommandant der Streitkräfte der Vereinigten Arabischen Emirate (VAE).

Körperschaften und Organisationen

Alfa-Bank Russlands größte Privatbank, geleitet von Pjotr Awen.

Center for the National Interest (CNI) US-amerikanische Denkfabrik; schwerpunktmäßige Beschäftigung mit Russland und Verbindungen dorthin. Die vom CNI herausgegebene Zeitschrift »National Interest« war Gastgeber der Veranstaltung im April 2016, auf der Präsidentschaftskandidat Trump eine außenpolitische Grundsatzrede hielt.

Concord Sammelbegriff für Concord Management and Consulting, LLC und Concord Catering, von Jewgenij Prigoschin geleiteten russische Firmen.

Crocus Group oder Crocus International Russische Immobilienentwicklungsgesellschaft, 2013 Ausrichterin des Miss-Universe-Schönheitswettbewerbs, von 2013 – 2014 Zusammenarbeit mit der Trump Organization bei einem Bauprojekt in Moskau.

DCLeaks Fiktive, von der GRU gelenkte Online-Persona, die während des Präsidentschaftswahlkampfes 2016 gestohlene Dokumente veröffentlichte.

Democratic Congressional Campaign Committee Politisches Komitee, das Kandidaten der Demokraten bei den Wahlen zum Repräsentantenhaus unterstützt; wurde im April 2016 von der GRU gehackt.

Democratic National Committee Nationale Organisation der Demokratischen Partei; wurde im April 2016 von der GRU gehackt.

Duma 2. Parlamentskammer (Unterhaus) der Föderationsversammlung von Russland.

Einheit 26165 (GRU) Militärische Cybereinheit der GRU, deren Angriffsziele militärische, politische, Regierungs- und Nichtregierungsorganisationen sind. Sie hackte die Computer von US-Personen und -Organisationen und sorgte für die Verbreitung der gestohlenen Daten, um sich in die US-Präsidentschaftswahl 2016 einzumischen.

Einheit 74455 (GRU) Militäreinheit der GRU mit zahlreichen Unterabteilungen, die sich an Cyberoperationen beteiligen. Sie hackte die Computer von US-Personen und -Organisationen und sorgte für die Verbreitung der gestohlenen Daten, um sich in die US-Präsidentschaftswahl 2016 einzumischen.

Gazprom	Russisches Erdgasförderunternehmen, dessen Mehrheitseigner der russische Staat ist.
Global Energy Capital, LLC	Von Carter Page gegründete Investment- und Verwaltungsgesellschaft.
Global Partners in Diplomacy	Eine vom US-Außenministerium und dem Republikanischen Nominierungsparteitag gemeinsam ausgerichtete Veranstaltung, bei der 2016 Jeff Sessions und J.D. Gordon als Redner auftraten und sich mit dem russischen Botschafter Sergej Kisljak trafen.
Guccifer 2.0	Fiktive, von der GRU gelenkte Online-Persona, die während des Präsidentschaftswahlkampfs 2016 gestohlene Dokumente veröffentlichte.
Hauptverwaltung für Aufklärung (GRU)	Leitendes Zentralorgan des Militärnachrichtendienstes der Russischen Föderation.
I.C. Expert Investment Company	Russische Immobilien- und Erschließungsfirma; unterzeichnete eine Absichtserklärung mit einer Tochtergesellschaft der Trump Organization, um ein Trump-Bauprojekt in Moskau voranzutreiben.
Internet Research Agency (IRA)	»Agentur für Internet-Forschung« – in St. Petersburg ansässige, von Concord finanzierte »Troll-Armee«, die die »Aktive Maßnahmen«-Social-Media-Kampagne zur Einmischung in die Präsidentschaftswahl 2016 initiierte.
KLS Research LLC	Eine von einem Mitarbeiter von Peter Smith nach dessen Anweisungen gegründete Firma mit dem Zweck, Smiths Suche nach Hillary Clintons E-Mails zu befördern.

Kreml	Offizieller Amtssitz des Präsidenten der Russischen Föderation; umgangssprachlich auch als Synonym für die gesamte politische Führung Russlands verwendet.
LetterOne	Unternehmen, zu dessen Vorstandmitgliedern Pjotr Awen und Richard Burt gehören. Während einer Vorstandssitzung im Dezember 2016 bat Awen um Burts Hilfe bei der Kontaktaufnahme zum Präsidentschaftsübergangsteam.
Link Campus University	Universität in Rom, Italien, wo George Papadopoulos und Joseph Mifsud einander vorgestellt wurden.
London Centre of International Law Practice (LCILP)	In London ansässige internationale Firma für Rechtsdienstleistungen, bei der Joseph Mifsud und George Papadopoulos beschäftigt waren.
New Economic School in Moskau (NES)	Private Moskauer Wirtschaftshochschule, die Carter Page einlud, im Juli 2016 auf der Entlassungsfeier der Absolventen zu sprechen.
Oppositionsblock	Politische Partei in der Ukraine, diente als Auffangbecken für viele Mitglieder der zersplitterten Partei der Regionen.
Partei der Regionen	Politische Partei des ehemaligen ukrainischen Präsidenten Janukowytsch. Die politische Ausrichtung wurde gemeinhin als pro-russisch verstanden.
Pericles Emerging Market Partners LLP	Auf den Kaimaninseln registrierte Firma von Paul Manafort und seinem Geschäftspartner Rick Davis. Oleg Deripaska investierte in den Fonds.

Prevezon Holdings Ltd. Russische Firma, die im Rahmen einer US-Zivilklage der Geldwäsche im Zusammenhang mit einem von Sergej Magnitsky aufgedeckten Betrug beschuldigt wurde.

Roscongress Foundation Russische Stiftung, die das Internationale Wirtschaftsforum in St. Petersburg organisierte.

Rosneft Russischer Mineralölkonzern, mehrheitlich im Besitz des russischen Staates.

Russian Direct Investment Fund 2011 aufgelegter russischer Staatsfonds, geleitet von Kirill Dmitriew.

Russian International Affairs Council Auf Erlass der russischen Regierung gegründete gemeinnützige Organisation. Sie ist mit dem Außenministerium verbunden; zu ihren Mitgliedern zählen Iwan Timofejew, Dmitrij Peskow und Pjotr Awen.

Silk Road Group Private Beteiligungsgesellschaft, die eine Lizenzvereinbarung einging, um in Georgien ein Hotel unter dem Markennamen Trump zu bauen.

St. Petersburg International Economic Forum Jährlich stattfindendes, von prominenten russischen Politikern und Geschäftsleuten besuchtes Wirtschaftsforum.

Tatneft Russisches Energieunternehmen.

Transatlantic Parliamentary Group on Counterterrorism Europäische Vereinigung, die ein Gipfeltreffen zwischen Abgeordneten des EU-Parlaments und US-Personen und -Organisationen sponsorte. Teilnehmer des TAG-Gipfels im Juli 2016 waren auch George Papadopoulos, Sam Clovis und Walid Phares.

Waldai-Club	Internationaler Diskussionszirkel, der alljährlich eine auch von russischen Regierungsvertretern, u. a. Präsident Putin, besuchte Tagung veranstaltet.
WikiLeaks	Von Julian Assange gegründete Organisation, die Informationsmaterial im Internet postet, darunter Daten, die Privatpersonen, Unternehmen und US-Regierungseinrichtungen gestohlen wurden. Veröffentlichte während des Präsidentschaftswahlkampfes 2016 von der GRU gestohlene Daten.

Verzeichnis der Abkürzungen

CNI Center for the National Interest

DCCC Democratic Congressional Campaign Committee

DNC Democratic National Committee

FBI Federal Bureau of Investigation

FSB Inlandsgeheimdienst der Russischen Föderation

GEC Global Energy Capital, LLC

GRU Hauptverwaltung für Aufklärung (russischer Militärnachrichtendienst)

HPSCI Geheimdienstausschuss des US-Repräsentantenhauses

HRC Hillary Rodham Clinton

IRA Internet Research Agency

LCILP London Center of International Law Practice

NATO North Atlantic Treaty Organization (Atlantisches Bündnis)

NES New Economic School

NSA National Security Agency

ODNI Office of the Director of National Intelligence

PTT Presidential Transition Team (Präsidentschaftsübergangsteam)

RDIF Russian Direct Investment Fund

RIAC Russian International Affairs Council

SBOE State boards of elections (Wahlkommissionen)

SCO Special Counsel's Office (Büro des Sonderermittlers)

SJC Rechtsausschuss des US-Senats

SSCI Geheimdienstausschuss des US-Senats

TAG Transatlantic Parliamentary Group on Counterterrorism

VEB Vnesheconombank

ANHANG C

ANHANG C

Einführende Bemerkung

Der Präsident übermittelte durch seinen persönlichen Rechtsberater schriftliche Antworten auf Fragen, die ihm das Büro des Sonderermittlers vorlegte. Wir erläutern zunächst, wie es zur Vorlage schriftlicher Fragen kam, und fügen dann die Antworten des Präsidenten bei.

Beginnend im Dezember 2017, bemühte sich das Büro des Sonderermittlers über ein Jahr lang darum, den Präsidenten zu Themenfeldern zu befragen, die sowohl bezüglich der Einmischung Russlands in den Wahlkampf als auch bezüglich des Vorwurfs der Justizbehinderung von Belang sind. Wir setzten den Rechtsberater davon in Kenntnis, dass der Präsident »Betroffener« im Sinne der Definition im Justice Manual sei, nämlich »eine Person, deren Verhalten Gegenstand der Untersuchungen einer Grand Jury ist«. Justice Manual § 9-11.151 (2018). Wir setzten den Rechtsberater auch davon in Kenntnis, dass »eine Befragung des Präsidenten von zentraler Bedeutung für unsere Ermittlungen ist« und dass dieses Büro »die verfassungsrechtlichen und anderweitigen Argumente, die … von dem Rechtsberater vorgebracht wurden, sorgfältig abgewogen hat und zu dem Schluss gelangt ist, dass sie keine stichhaltigen Gründe für einen Verzicht auf eine Befragung liefern«.[1] Wir erklärten außerdem, dass »es im Interesse der Präsidentschaft und der Öffentlichkeit ist, dass eine Befragung stattfindet«, und wir boten »umfangreiche Erleichterungen an, um dem Präsidenten bei der Vorbereitung zu helfen und Überraschungen zu vermeiden«.[2] Nach

---

1 16.5.2018 Brief, Sonderermittler an den persönlichen Rechtsberater des Präsidenten, 1.

2 16.5.2018 Brief, Büro des Sonderermittlers an den persönlichen Rechtsberater des Präsidenten, 1; *siehe* 30.7.2018 Brief, Büro des Sonderermittlers an den persönlichen Rechtsberater des Präsidenten, 1 (wo die Erleichterungen beschrieben werden).

ausführlichen Gesprächen mit dem Justizministerium über die Absicht des Sonderermittlers, eine Zeugenaussage des Präsidenten zu erhalten, bestand eine dieser Erleichterungen darin, dem Präsidenten schriftliche Fragen zu einigen Themen mit Russland-Bezug vorzulegen.[3]

Wir erhielten die schriftlichen Antworten des Präsidenten Ende November [4]2018. Im Dezember 2018 unterrichteten wir den Rechtsberater, dass diese Antworten in mehrerlei Hinsicht unzureichend seien.[5] Uns fiel unter anderem auf, dass der Präsident über dreißigmal aussagte, er könne »sich nicht ›erinnern‹ oder es ›sei ihm nicht erinnerlich‹ oder er habe keine ›eigene Erinnerung‹« in Bezug auf Informationen, um welche die Fragen ersuchten.[6] Andere Antworten waren »unvollständig oder ungenau«.[7] Wir setzten den Rechtsberater davon in Kenntnis, dass die schriftlichen Antworten »die Unzulänglichkeit des schriftlichen Formats belegten, da wir keine Gelegenheit hatten, Anschlussfragen zu stellen, um vollständige Antworten zu erhalten und womöglich das Gedächtnis Ihres Mandanten aufzufrischen beziehungsweise das Ausmaß oder die Natur seiner Gedächtnislücken genauer zu ergründen«.[8] Wir ersuchten abermals um

---

[3] 17.9.2018 Brief, Büro des Sonderermittlers an den persönlichen Rechtsberater des Präsidenten, 1 (Vorlage schriftlicher Fragen).

[4] 20.11.2018 Brief, persönlicher Rechtsberater des Präsidenten an das Büro des Sonderermittlers (Übermittlung der schriftlichen Antworten von Donald J. Trump).

[5] 3.12.2018 Brief, Büro des Sonderermittlers an persönlichen Rechtsberater des Präsidenten, 3.

[6] 3.12.2018 Brief, Büro des Sonderermittlers an den persönlichen Rechtsberater des Präsidenten, 3.

[7] 3.12.2018 Brief, Büro des Sonderermittlers an den persönlichen Rechtsberater des Präsidenten, 3, *siehe* (wo, »zum Beispiel« darauf hingewiesen wird, dass der Präsident »die Frage nicht beantwortet hat, ob er zu irgendeinem Zeitpunkt angeordnet oder geraten hat, dass die Gespräche über das Trump-Moskau-Projekt beendet werden sollten … dabei hat er sich mittlerweile öffentlich zu diesem Thema geäußert«).

[8] 3.12.2018 Brief, Büro des Sonderermittlers an den persönlichen Rechtsberater des Präsidenten, 3.

eine persönlichen Befragung, begrenzt auf bestimmte Themenkomplexe, und wir teilten dem Rechtsberater des Präsidenten mit, der »Präsident erhalte dadurch die Gelegenheit, uns freiwillig Informationen zur Verfügung zu stellen, die wir im Kontext sämtlicher Beweismittel, die wir zusammengetragen haben, bewerten würden«.[9] Der Präsident lehnte dies ab.[10]

Grand Jury [redacted] [11] Grand Jury [redacted] [12]

In Anbetracht der Tatsache, dass sich der Präsident nicht freiwillig befragen lassen wollte, erwogen wir die Möglichkeit, ihn unter Strafandrohung zu einer Aussage vorzuladen. Wir hielten die schriftlichen Antworten für unzureichend. Aber wir waren mittlerweile bei unseren Ermittlungen weit vorangekommen und hatten umfangreiches Beweismaterial für unseren Bericht beigebracht. Daher wogen wir die Kosten eines womöglich langwierigen verfassungsrechtlichen Rechtsstreits und der damit einhergehenden Verzögerung beim Abschluss unserer Ermittlungen gegen den erwarteten Nutzen für unsere Ermittlungen und unseren Bericht ab. Wie in Band 2, Abschnitt II.B., dargelegt, gelangten wir zu dem Schluss, dass uns die erhebliche Menge

---

9 3.12.2018 Brief, Sonderermittler an den persönlichen Rechtsberater des Präsidenten.

10 12.12.2018 Brief, persönlicher Berater des Präsidenten an das Büro des Sonderermittlers, 2.

11 Grand Jury [redacted]

12 Grand Jury [redacted]

an Informationen, die wir aus anderen Quellen erhalten hatten, erlaubte, relevante Schlussfolgerungen bezüglich Absichten und Glaubwürdigkeit zu ziehen, die oftmals aus Indizienbeweisen abgeleitet werden und ohne direkte Zeugenaussage desjenigen, gegen den sich die Ermittlungen richten, bewertet werden.

***

US-Justizministerium

~~Juristische Ermittlungen // Kann geschütztes Material gemäß Fed. R. Crim. P. 6(c) enthalten~~

SCHRIFTLICHE FRAGEN, DIE PRÄSIDENT DONALD J. TRUMP UNTER EID BEANTWORTEN SOLL

I. Das Treffen im Trump Tower am 9. Juni 2016

a. Wann haben Sie erfahren, dass Donald Trump jr., Paul Manafort oder Jared Kushner in Betracht zogen, an einem Treffen im Juni 2016 teilzunehmen, bei dem es um potenziell negative Informationen über Hillary Clinton gehen sollte? Von wem haben Sie diese Information erhalten? Beschreiben Sie den Inhalt des Gesprächs.

b. Diesem Dokument sind als Anhang A eine Reihe von E-Mails ab Juni 2016 zwischen, unter anderen, Donald Trump jr. und Rob Goldstone beigefügt. Über die E-Mails, die in Anhang A wiedergegeben sind, hinaus hatte Donald Trump jr. zwischen dem 3. Juni 2016 und dem 9. Juni 2016 weitere Kommunikationen mit Rob Goldstone und Emin Agalarow.

  i. Hat Mr. Trump jr. oder eine andere Person Ihnen von diesen Kommunikationen erzählt oder Ihnen eine dieser Kommunikationen gezeigt? Falls ja, beschreiben Sie, wer mit Ihnen über die Kommunikationen gesprochen hat, wann und den Inhalt des Gesprächs / der Gespräche.

  ii. Wann haben Sie zum ersten Mal alle beziehungsweise einen Teil der in Anhang A wiedergegebenen E-Mails gesehen beziehungsweise davon erfahren?

  iii. Wann haben Sie erfahren, dass es bei dem vorgeschlagenen Treffen um Russland und die Unterstützung der russischen Regierung für Ihre Präsidentschaftskandidatur gehen sollte, beziehungsweise wann wurde dieses Treffen Ihnen gegenüber erstmals in dieser Weise beschrieben?

iv. Haben Sie jemandem vorgeschlagen oder jemanden angewiesen, sämtliche oder einen Teil der in Anhang A wiedergegebenen E-Mails nicht öffentlich zu erörtern bzw. nicht zu veröffentlichen? Falls ja, beschreiben Sie, mit wem Sie kommunizierten, wann, den Inhalt der Kommunikation(en) und warum Sie so gehandelt haben.

c. Am 9. Juni 2016 nahmen Donald Trump jr., Paul Manafort und Jared Kushner an einem Treffen mit mehreren Personen, darunter auch einer russischen Anwältin namens Natalia Weselnizkaja im Trump Tower teil (das »Treffen vom 9. Juni«).

i. Abgesehen von dem, was Sie in Ihren Antworten auf I.a und I.b ausführten: Was wurde Ihnen gegebenenfalls über dieses mögliche Treffen beziehungsweise über die Planungen für ein solches Treffen mitgeteilt? Beschreiben Sie, mit wem Sie darüber gesprochen haben, wann, und was Ihnen über dieses Treffen mitgeteilt wurde.

ii. Wann erfuhren Sie, dass einige der Personen, die an dem Treffen am 9. Juni teilnahmen, Russen waren beziehungsweise Verbindungen zur russischen Regierung hatten? Beschreiben Sie, von wem Sie dies erfuhren, und den Inhalt des Gesprächs / der Gespräche.

iii. Was sagte man Ihnen darüber, was bei dem Treffen am 9. Juni besprochen worden war? Beschreiben Sie jedes Gespräch, in dem Ihnen mitgeteilt wurde, was bei dem Treffen besprochen worden war, mit wem dieses Gespräch geführt wurde, wann, und den Inhalt der Aussagen der Betreffenden über das Gespräch.

iv. Wurde Ihnen mitgeteilt, dass es bei dem Treffen am 9. Juni ausschließlich oder teilweise um das Thema Adoptionen und/oder den Magnitsky Act ging? Falls ja, beschreiben Sie, mit wem Sie darüber gesprochen haben, wann, und den Inhalt des Gesprächs.

d. Wie lange hielten Sie sich in der Zeit zwischen dem 6. Juni 2016 und dem 9. Juni 2016 jeden Tag im Trump Tower auf?
   i. Haben Sie am 9. Juni 2016 mit Donald Trump jr., Paul Manafort oder Jared Kushner gesprochen oder sich mit einem oder mehreren von ihnen getroffen? Falls ja, wurde bei einem dieser Gespräche oder Treffen in irgendeiner Weise auf irgendeinen Aspekt des Treffens am 9. Juni Bezug genommen? Falls ja, beschreiben Sie, mit wem Sie gesprochen haben, und den Inhalt des Gesprächs.

e. Haben Sie nach dem 3. Juni 2016 direkt oder indirekt mit einem Mitglied oder Vertreter der Familie Agalarow kommuniziert? Falls ja, beschreiben Sie, mit wem Sie gesprochen haben, wann, und den Inhalt der Kommunikation.

f. Haben Sie Kenntnis erlangt von irgendwelchen Kommunikationen nach dem 9. Juni 2016 zwischen Donald Trump jr., Paul Manafort oder Jared Kushner und einem Mitglied oder Vertreter der Familie Agalarow, Natalia Weselnizkaja, Rob Goldstone oder einem russischen Amtsträger oder einer russischen Kontaktperson über das Treffen am 9. Juni oder Bemühungen Russlands, Ihren Wahlkampf zu unterstützen? Falls ja, beschreiben Sie, von wem und wann Sie die Information bekamen und den Inhalt dieser Information.

g. Am 7. Juni 2016 hielten Sie eine Rede, in der Sie unter anderem sagten: »Ich werde vermutlich Montag nächster Woche eine größere Rede halten, und wir werden über all die Dinge sprechen, die den Clintons passierten.«
   i. Warum haben Sie diese Aussage gemacht?
   ii. Was wollten Sie über die Clintons mitteilen?

iii. Woher, glaubten Sie, würden Sie diese Information(en) beziehen?
iv. Erwarteten Sie, dass das Treffen am 9. Juni solche Informationen liefern würde?
v. Hat Ihnen jemand bei der Abfassung der von Ihnen erwähnten Rede geholfen? Falls ja, wer?
vi. Weshalb haben Sie die Rede, die Sie am 7. Juni 2016 erwähnten, letztlich nicht gehalten?

h. Hat Sie eine Person oder Organisation während des Wahlkampfs darüber informiert, dass Wladimir Putin oder die russische Regierung Ihre Kandidatur unterstützte beziehungsweise die Kandidatur von Hillary Clinton zu hintertreiben suchte? Falls ja, beschreiben Sie die Quelle(n) der Information, wann Sie informiert wurden und den Inhalt dieses Gesprächs / dieser Gespräche.
i. Hat Sie eine Person oder Organisation während des Wahlkampfs darüber informiert, dass, abgesehen von Russland oder Wladimir Putin, eine ausländische Regierung oder eine ausländische Führungspersönlichkeit Ihrem Wahlkampf konkrete Unterstützung zukommen ließ, dies zu tun wünschte oder ein entsprechendes Angebot machte, womöglich auch dadurch, dass sie anbot, negative Informationen über Hillary Clinton zur Verfügung zu stellen? Falls ja, beschreiben Sie die Quelle(n) der Information, wann Sie informiert wurden und den Inhalt dieses Gesprächs / dieser Gespräche.

II. <u>Russische Hackerangriffe/russische Aktivitäten in Social Media/WikiLeaks</u>

a. am 14. Juni 2016 wurde öffentlich berichtet, dass Computerhacker in das Computernetzwerk des Democratic National Committee (DNC) eingedrungen seien und dass

US-Justizministerium
~~Juristische Ermittlungen~~ // ~~Kann geschütztes Material gemäß Fed. R. Crim. P. 6(e) enthalten~~

russische Nachrichtendienste hinter diesem unbefugten Zugriff bzw. Hackerangriff stünden. Erhielten Sie vor dem 14. Juni 2016 irgendwelche Informationen über potenzielle oder laufende Hackerangriffe auf die Computersysteme oder E-Mail-Konten des DNC, des Democratic Congressional Campaign Committee, des Clinton-Wahlkampfs, Hillary Clintons oder von Personen, die mit dem Clinton-Wahlkampfteam in Verbindung standen? Falls ja, beschreiben Sie, wer diese Information zur Verfügung stellte, wann und den Inhalt dieser Information.

b. Am 22. Juli 2016 veröffentlichte WikiLeaks fast 20 000 E-Mails, die von Funktionären der Demokratischen Partei gesendet oder empfangen worden waren.
   i. Hatten Sie vor der Veröffentlichung am 22. Juli 2016 aus irgendeiner Quelle Kenntnis davon, dass WikiLeaks, Guccifer 2.0, DCLeaks oder Russen im Besitz oder möglichweise im Besitz von E-Mails oder Informationen waren, die Ihrem Wahlkampf helfen beziehungsweise dem Clinton-Wahlkampf schaden könnten, beziehungsweise beabsichtigten, solche E-Mails oder Informationen zu veröffentlichen? Falls ja, beschreiben Sie, mit wem Sie über diese Angelegenheit sprachen und wann sowie den Inhalt des Gesprächs / der Gespräche.
   ii. Hat man Ihnen nach der Veröffentlichung von E-Mails durch WikiLeaks am 22. Juli 2016 mitgeteilt, dass WikiLeaks weitere Informationen besitze oder besitzen könnte, die während des Wahlkampfs veröffentlicht werden könnten? Falls ja, beschreiben Sie, wer Ihnen diese Auskunft gab, wann und was genau Ihnen mitgeteilt wurde.

c. Haben Sie Kenntnis von irgendwelchen direkten oder indirekten Kommunikationen während des Wahlkampfs zwischen Roger Stone, Donald Trump jr., Paul Manafort oder Rick Gates und (a) WikiLeaks, (b) Julian Assange, (c) anderen Vertretern von WikiLeaks, (d) Guccifer 2.0, (e) Vertretern von Guccifer 2.0 oder (f) Vertretern von DCLeaks? Falls ja, beschreiben Sie, wer Ihnen diese Auskunft gab und was Sie über diese Kommunikationen wissen.

d. Am 27. Juli 2016 erklärten Sie auf einer Pressekonferenz: »Russland, falls du zuhören solltest, so hoffe ich, dass du die 30 000 verschwundenen E-Mails finden kannst. Ich glaube, unsere Presse würde dich wahrscheinlich fürstlich dafür belohnen.«
   i. Wieso haben Sie diese Bitte an Russland gerichtet und nicht an ein anderes Land, eine andere Organisation oder Person?
   ii. Haben Sie, bevor Sie diese Aussage machten, gegebenenfalls mit jemandem über den Inhalt der Aussage gesprochen?
   iii. Hat man Ihnen zu irgendeinem Zeitpunkt, bevor oder nachdem Sie diese Aussage machten, mitgeteilt, dass Russland versuche, in Computersysteme oder E-Mail-Konten von Hillary Clinton oder ihrem Wahlkampfteam einzudringen beziehungsweise diese zu hacken? Falls ja, beschreiben Sie, wer Ihnen diese Auskunft gab, wann, und was genau Ihnen gesagt wurde.

e. Am 7. Oktober 2016 wurden E-Mails, die vom Konto von John Podesta gehackt worden waren, von WikiLeaks veröffentlicht.
   i. Wo waren Sie am 7. Oktober 2016?
   ii. Wurde Ihnen zu irgendeinem Zeitpunkt vor beziehungsweise am Tag der Veröffentlichung, dem 7. Oktober, mitgeteilt, dass WikiLeaks im Besitz oder möglicherweise im Besitz von E-Mails mit Bezug zu John

Podesta sei? Falls ja, beschreiben Sie, wer Ihnen dies mitgeteilt hat, wann, und was genau Ihnen mitgeteilt wurde.

iii. Haben Sie Kenntnis davon, dass jemand, der in Verbindung mit Ihnen oder Ihrem Wahlkampfteam steht, einschließlich Roger Stone, am oder um den 7. Oktober 2016 entweder direkt oder durch eine Mittelsperson mit WikiLeaks in Kontakt getreten ist? Falls ja, identifizieren Sie diese Person und beschreiben Sie den Inhalt der Gespräche oder Kontakte.

f. Wurde Ihnen von jemandem, der mit Ihnen oder Ihrem Wahlkampfteam in Verbindung steht, einschließlich Roger Stone, mitgeteilt, dass er/sie direkt oder indirekt Gespräche mit WikiLeaks, Guccifer 2.0 oder DCLeaks über den Inhalt oder den zeitlichen Ablauf der Veröffentlichung gehackter E-Mails geführt hat? Falls ja, beschreiben Sie, wer solche Kontakte hatte, wie und wann Sie Kenntnis von den Kontakten erlangten, und den Inhalt der Kontakte.

g. Wie oft haben Sie zwischen dem 1. Juni 2016 und dem Ende des Wahlkampfs mit Roger Stone kommuniziert? Beschreiben Sie die Art Ihrer Kommunikation(en) mit Mr. Stone.

i. Welche Anstrengungen hat Mr. Stone während dieser Zeit laut eigenem Bekunden Ihnen gegenüber unternommen, um Ihren Wahlkampf zu unterstützen, und worum haben Sie Mr. Stone gegebenenfalls gebeten?

ii. Hat Mr. Stone jemals mit Ihnen beziehungsweise, nach Ihrem Kenntnisstand, mit sonst jemandem, der mit Ihrem Wahlkampfteam in Verbindung stand, über WikiLeaks gesprochen? Falls ja, beschreiben Sie, was Ihnen gesagt wurde, von wem und wann.

iii. Hat Mr. Stone Sie zu irgendeinem Zeitpunkt über Kontakte informiert, die er zu WikiLeaks oder einer Mittelsperson von WikiLeaks hatte, oder über bevorstehende Veröffentlichungen von Informationen? Falls ja, beschreiben Sie, was Stone Ihnen sagte und wann.

h. Haben Sie vor dem 20. Januar 2017 Gespräche über eine mögliche Begnadigung oder eine andere Julian Assange begünstigende Handlung geführt? Falls ja, beschreiben Sie, mit wem Sie diese(s) Gespräch(e) führten, wann, und den Inhalt des Gesprächs / der Gespräche.
    i. Hatten Sie Kenntnis von Bestrebungen ausländischer Personen oder Unternehmen einschließlich solcher in Russland, Ihren Wahlkampf durch Postings in Social Media oder Organisation von Kundgebungen zu unterstützen? Falls ja, identifizieren Sie die Person(en), mit der/denen Sie über diese Unterstützung gesprochen haben, wann, und beschreiben Sie den Inhalt des Gesprächs / der Gespräche.

III. <u>Das Moskau-Projekt der Trump Organization</u>

a. Im Oktober 2015 wurde eine »Absichtserklärung«, von der eine Kopie diesem Schriftstück als Anhang B beigefügt ist, über ein geplantes Projekt der Trump Organization in Moskau (das »Trump-Moskau-Projekt«) unterzeichnet.
    i. Wann wurden Sie erstmals über Gespräche über das Moskau-Projekt der Trump Organization unterrichtet? Von wem? Was wurde Ihnen über das Projekt gesagt?
    ii. Haben Sie die Absichtserklärung unterzeichnet?

b. In einer Erklärung gegenüber dem Kongress, die als Anhang C beigefügt ist, erklärte Michael Cohen: »Nach meinem besten Wissen stand Mr. Trump wegen dieses Vorschlags niemals mit jemandem in Kontakt, außer bei drei Gelegenheiten mit mir, wobei er im Jahr 2015 eine nicht bindende Absichtserklärung unterzeichnete.« Beschreiben Sie alle Gespräche, die Sie mit Mr. Cohen oder einer anderen Person, die mit der Trump Organization in Verbindung steht, über das Trump-Moskau-Projekt führten, einschließlich der Personen, mit denen Sie sprachen, wann, und den Inhalt des Gesprächs / der Gespräche.

c. Haben Sie von Kommunikationen zwischen Michael Cohen, Felix Sater und russischen Regierungsvertretern einschließlich Amtsträgern in der Dienststelle von Dmitrij Peskow in Bezug auf das Trump-Moskau-Projekt erfahren? Falls ja, identifizieren Sie die Person(en), die Ihnen diese Information gaben, wann sie dies tat(en), und beschreiben Sie den Inhalt dieser Information.

d. Haben Sie zwischen Juni 2015 und Juni 2016 irgendwelche Gespräche über eine mögliche Reise von Ihnen selbst und/oder von Michael Cohen nach Russland geführt, deren Gründe mit dem Trump-Moskau-Projekt zusammenhingen? Falls ja, beschreiben Sie, mit wem Sie gesprochen haben, wann und den Inhalt des Gesprächs / der Gespräche.

e. Haben Sie zu irgendeinem Zeitpunkt angeordnet oder vorgeschlagen, die Gespräche über das Trump-Moskau-Projekt zu beenden, oder wurden Sie zu irgendeinem Zeitpunkt davon in Kenntnis gesetzt, dass das Projekt aufgegeben worden war? Falls ja, beschreiben Sie, mit wem Sie gesprochen haben, wann, den Inhalt des Gesprächs / der Gespräche und warum diese Entscheidung getroffen wurde.

f. Haben Sie irgendwelche Gespräche bezüglich der Frage geführt, welche Informationen öffentlich oder aufgrund von investigativen Untersuchungen über potenzielle oder tatsächliche Investitionen oder Geschäfte der Trump Organization in Russland einschließlich des Trump-Moskau-

Projekts zur Verfügung gestellt werden sollten? Falls ja, beschreiben Sie, mit wem Sie gesprochen haben, wann und den Inhalt des Gesprächs / der Gespräche.

g. Haben Sie oder die Trump Organization, abgesehen von dem Trump-Moskau-Projekt, während des Wahlkampfs weitere Geschäfte, Investitionen oder Vereinbarungen mit Russland oder mit russischen Interessen oder russischen Staatsbürgern getätigt oder ins Auge gefasst? Falls ja, beschreiben Sie diese Geschäftsinteressen, Investitionen oder Vereinbarungen.

IV. Kontakte mit Russland und Angelegenheiten mit Russland-Bezug während des Wahlkampfs

a. Erfuhren Sie vor Mitte August 2016, dass Paul Manafort Verbindungen zur ukrainischen Regierung hatte? Falls ja, beschreiben Sie, von wem Sie diese Information erhielten, wann, und den Inhalt dessen, was Ihnen mitgeteilt wurde. Spielten die Beziehungen von Mr. Manafort zur ukrainischen oder russischen Regierung irgendeine Rolle in Ihrer Entscheidung, ihn zu bitten, Ihrem Wahlkampfteam beizutreten? Falls ja, beschreiben Sie diese Rolle.

b. Wussten Sie, dass Paul Manafort Oleg Deripaska anbot, ihn über den Fortschritt Ihres Wahlkampfs zu unterrichten? Falls ja, beschreiben Sie, von wem Sie diese Information erhielten, wann, den Inhalt dessen, was Ihnen gesagt wurde, welcher Zweck Ihrer Einschätzung nach damit verfolgt wurde, Mr. Deripaska derartige Informationen zukommen zu lassen, und wie Sie reagierten, als Sie davon erfuhren.

c. Hatten Sie Kenntnis davon, ob Paul Manafort oder eine andere Person, die mit Ihrem Wahlkampfteam in Verbindung stand, interne Informationen des Trump-Wahlkampfteams an eine Person, die sich in der Ukraine oder in Russland aufhielt oder die mit der ukrainischen oder der russischen Regierung in Verbindung stand, weitergeleitet oder andere angewiesen hat, dies zu tun? Falls ja, identifizieren Sie die Person(en), die Ihnen diese Information gab(en), wann, den Inhalt des Gesprächs / der Gespräche, welcher Zweck Ihres Erachtens damit verfolgt wurde, interne Informationen aus dem Wahlkampfteam weiterzugeben, und wie Sie reagierten, als Sie dies erfuhren.

d. Hat Paul Manafort Ihnen direkt oder indirekt mitgeteilt, welche Standpunkte die USA nach dem Willen der Ukraine oder Russlands unterstützen sollten? Falls ja, beschreiben Sie, wann er Ihnen diese Standpunkte mitteilte, und den Inhalt dieser Kommunikationen.

e. Erfuhren Sie während des Wahlkampfs von Bestrebungen russischer Amtsträger, sich mit Ihnen oder hochrangigen Mitgliedern Ihres Wahlkampfteams zu treffen? Falls ja, beschreiben Sie, mit wem Sie über dieses Thema gesprochen haben, wann, und was Ihnen gesagt wurde.

f. Haben Sie in irgendeiner Weise Einfluss auf die Änderung des Wahlprogramms der Republikanischen Partei in Bezug auf Waffenlieferungen an die Ukraine auf dem Nominierungsparteitag der Republikaner genommen? Was wussten Sie vor dem Parteitag über diesen Punkt im Wahlprogramm? Wer informierte Sie darüber, dass das Wahlprogramm geändert worden war, wann wurde Ihnen dies mitgeteilt, was sagte man Ihnen über die Gründe für die Änderung, und wer war daran beteiligt?

g. Am 27. Juli 2016 antworteten Sie auf die Frage, ob Sie die Krim als russisches Hoheitsgebiet anerkennen und Sanktionen gegen Russland aufheben würden: »Wir werden uns das ansehen. Ja, wir werden uns das ansehen.« Wollten Sie mit dieser Aussage oder zu irgendeinem anderen Zeitpunkt während des Wahlkampfs die Bereitschaft zum Ausdruck bringen, im Falle Ihrer Wahl Sanktionen aufzuheben und/oder die Annektierung der Krim durch Russland anzuerkennen?

i. Haben Sie für den Fall Ihrer Wahl in Betracht gezogen, Sanktionen aufzuheben und/oder die Annektierung der Krim durch Russland anzuerkennen? Beschreiben Sie, mit wem Sie über dieses Thema sprachen, wann und den Inhalt des Gesprächs / der Gespräche.

V. <u>Kontakte mit Russland und Angelegenheiten mit Russland-Bezug während der Übergangszeit</u>

a. Wurden Sie gebeten, an der Gala anlässlich der Schachweltmeisterschaft am 10. November 2016 teilzunehmen? Falls ja, wer bat Sie, daran teilzunehmen, wann wurden Sie darum gebeten, und was sagte man Ihnen darüber, warum Ihre Anwesenheit erbeten wurde?

i. Haben Sie irgendeinen Teil der Veranstaltung besucht? Falls ja, beschreiben Sie sämtliche Kontakte, die Sie bei der Veranstaltung zu Russen oder Vertretern der russischen Regierung hatten.

b. Haben Sie nach der Verhängung von Sanktionen gegen Russland durch die Regierung Obama im Dezember 2016 (»Russland-Sanktionen«) mit Generalleutnant (LTG) Michael Flynn, K.T. McFarland, Steve Bannon, Reince Priebus, Jared Kushner, Erik Prince oder einer anderen Person, die mit dem Übergang in Verbindung stand, darüber gesprochen, was der russischen Regierung bezüglich der Sanktionen kommuniziert werden sollte? Falls ja, beschreiben Sie, mit wem Sie über diese Frage gesprochen haben, wann und den Inhalt des Gesprächs / der Gespräche.

c. Am 29. und 31. Dezember 2016 führte LTG Flynn Gespräche mit dem russischen Botschafter Sergej Kisljak über die Russland-Sanktionen und die Reaktion Russlands auf die Russland-Sanktionen.

i. Haben Sie angeordnet oder angeregt, dass LTG Flynn mit einem Mitglied der russischen Regierung über die Russland-Sanktionen spricht?

ii. Wurde Ihnen im Vorfeld der Unterredung von LTG Flynn am 29. Dezember 2016 mitgeteilt, dass er mit Botschafter Kisljak sprechen würde? Falls ja, beschreiben Sie, wer Ihnen diese Information gab, wann und was genau Ihnen gesagt wurde. Falls nein, wann und vom wem erfuhren Sie von dem Gespräch, das LTG Flynn am 29. Dezember 2016 mit Botschafter Kisljak führte?

iii. Wann erfuhren Sie von dem Telefonat, das LTG Flynn und Botschafter Kisljak am 31. Dezember 2016 miteinander führten? Wer teilte Ihnen dies mit, und was genau sagte man Ihnen?

iv. Wann erfuhren Sie, dass in den Telefonaten am 29. und 31. Dezember 2016 von LTG Flynn mit Botschafter Kisljak über Sanktionen gesprochen wurde? Wer teilte Ihnen dies mit, und was genau sagte man Ihnen?

d. Hat Ihnen zwischen dem 31. Dezember 2016 und dem 20. Januar 2017 jemand gesagt oder zu verstehen gegeben, dass die Entscheidung Russlands, keine Gegensanktionen zu verhängen, in irgendeiner Weise auf die Gespräche zwischen LTG Flynn und Botschafter Kisljak zurückzuführen sei? Falls ja, identifizieren Sie die Person(en), die Ihnen diese Information gab(en), wann dies geschah, und beschreiben Sie den Inhalt dessen, was Ihnen gesagt wurde.

e. Am 12. Januar 2017 veröffentlichte die Washington Post einen Beitrag, in dem behauptet wurde, LTG Flynn habe am

29. Dezember 2016 mehrfach mit Botschafter Kisljak telefoniert. Haben Sie, nachdem Sie von diesem Beitrag erfuhren, jemanden angewiesen oder jemandem vorgeschlagen, dass LTG Flynn abstreiten solle, mit Botschafter Kisljak über Sanktionen gesprochen zu haben? Falls ja, gegenüber wem äußerten Sie diesen Ratschlag beziehungsweise diese Anweisung, wann, was genau haben Sie gesagt, und warum haben Sie dies getan?

i. Haben Sie, nachdem Sie von dem Beitrag erfuhren, sich mit LTG Flynn über seine Gespräche mit Botschafter Kisljak im Dezember 2016 unterhalten? Falls ja, beschreiben Sie, wann diese Gespräche stattfanden, und den Inhalt der Gespräche.

f. Wurden Sie von einem Treffen zwischen Jared Kushner und Sergej Gorkow, das im Dezember 2016 stattfand, in Kenntnis gesetzt?

i. Falls ja, beschreiben Sie, mit wem Sie gesprochen haben, wann, den Inhalt des Gesprächs / der Gespräche und was Ihrer Meinung nach der Zweck dieses Treffens war.

g. Wurden Sie über ein oder mehrere Treffen zwischen Erik Prince und Kirill Dmitriew oder einem anderen Vertreter der russischen Regierung, das im Janur 2017 stattfand, in Kenntnis gesetzt?

i. Falls ja, beschreiben Sie, mit wem Sie gesprochen haben, wann, den Inhalt des Gesprächs / der Gespräche und was Ihrem Verständnis nach der Zweck des Treffens / der Treffen war.

h. Haben Sie vor dem 20. Januar 2017 mit Steve Bannon, Jared Kushner oder einer anderen Person, die mit dem Übergang in Verbindung stand, über die Einrichtung eines inoffiziellen Kommunikationskanals mit Russland gesprochen?

Falls ja, beschreiben Sie, mit wem Sie gesprochen haben, wann, den Inhalt des Gesprächs / der Gespräche und was nach Ihrem Verständnis der Zweck eines solchen inoffiziellen Kommunikationskanals sein sollte.

US-Justizministerium
~~Juristische Ermittlungen~~ // ~~Kann geschütztes Material gemäß Fed. R. Crim. P. 6(e) enthalten~~

ANTWORTEN VON PRÄSIDENT DONALD J. TRUMP

I. Das Treffen im Trump Tower am 9. Juni 2016

a. Wann haben Sie erfahren, dass Donald Trump jr., Paul Manafort oder Jared Kushner in Betracht zogen, an einem Treffen im Juni 2016 teilzunehmen, bei dem es um potenziell negative Informationen über Hillary Clinton gehen sollte? Von wem haben Sie diese Information erhalten? Beschreiben Sie den Inhalt des Gesprächs.

b. Diesem Dokument sind als Anhang A eine Reihe von E-Mails ab Juni 2016 zwischen, unter anderen, Donald Trump jr. und Rob Goldstone beigefügt. Über die E-Mails, die in Anhang A wiedergegeben sind, hinaus hatte Donald Trump jr. zwischen dem 3. Juni 2016 und dem 9. Juni 2016 weitere Kommunikationen mit Rob Goldstone und Emin Agalarow.

   i. Hat Mr. Trump jr. oder eine andere Person Ihnen von diesen Kommunikationen erzählt oder Ihnen eine dieser Kommunikationen gezeigt? Falls ja, beschreiben Sie, wer mit Ihnen über die Kommunikationen gesprochen hat, wann und den Inhalt des Gesprächs / der Gespräche.

   ii. Wann haben Sie zum ersten Mal alle beziehungsweise einen Teil der in Anhang A wiedergegebenen E-Mails gesehen beziehungsweise davon erfahren?

   iii. Wann haben Sie erfahren, dass es bei dem vorgeschlagenen Treffen um Russland und die Unterstützung der russischen Regierung für Ihre Präsidentschaftskandidatur gehen sollte, beziehungsweise wann wurde dieses Treffen Ihnen gegenüber erstmals in dieser Weise beschrieben?

   iv. Haben Sie jemandem vorgeschlagen oder jemanden angewiesen, sämtliche oder einen Teil der in Anhang A wiedergegebenen E-Mails nicht öffentlich zu erörtern bzw. nicht zu veröffentlichen? Falls ja, beschreiben Sie, mit wem Sie kommunizierten, wann, den Inhalt der Kommunikation(en) und warum Sie so gehandelt haben.

c. Am 9. Juni 2016 nahmen Donald Trump jr., Paul Manafort und Jared Kushner an einem Treffen mit mehreren Personen, darunter auch einer russischen Anwältin namens Natalia Weselnizkaja im Trump Tower teil (das »Treffen vom 9. Juni«).

i. Abgesehen von dem, was Sie in Ihren Antworten auf I.a und I.b ausführten: Was wurde Ihnen gegebenenfalls über dieses mögliche Treffen beziehungsweise über die Planungen für ein solches Treffen mitgeteilt? Beschreiben Sie, mit wem Sie darüber gesprochen haben, wann, und was Ihnen über dieses Treffen mitgeteilt wurde.

ii. Wann erfuhren Sie, dass einige der Personen, die an dem Treffen am 9. Juni teilnahmen, Russen waren beziehungsweise Verbindungen zur russischen Regierung hatten? Beschreiben Sie, von wem Sie dies erfuhren, und den Inhalt des Gesprächs / der Gespräche.

iii. Was sagte man Ihnen darüber, was bei dem Treffen am 9. Juni besprochen worden war? Beschreiben Sie jedes Gespräch, in dem Ihnen mitgeteilt wurde, was bei dem Treffen besprochen worden war, mit wem dieses Gespräch geführt wurde, wann, und den Inhalt der Aussagen der Betreffenden über das Gespräch.

iv. Wurde Ihnen mitgeteilt, dass es bei dem Treffen am 9. Juni ausschließlich oder teilweise um das Thema Adoptionen und/oder den Magnitsky Act ging? Falls ja, beschreiben Sie, mit wem Sie darüber gesprochen haben, wann, und den Inhalt des Gesprächs.

US-Justizministerium
~~Juristische Ermittlungen~~ // ~~Kann geschütztes Material gemäß Fed. R. Crim. P. 6(c) enthalten~~

d. Wie lange hielten Sie sich in der Zeit zwischen dem 6. Juni 2016 und dem 9. Juni 2016 jeden Tag im Trump Tower auf?
   i. Haben Sie am 9. Juni 2016 mit Donald Trump jr., Paul Manafort oder Jared Kushner gesprochen oder sich mit einem oder mehreren von ihnen getroffen? Falls ja, wurde bei einem dieser Gespräche oder Treffen in irgendeiner Weise auf irgendeinen Aspekt des Treffens am 9. Juni Bezug genommen? Falls ja, beschreiben Sie, mit wem Sie gesprochen haben, und den Inhalt des Gesprächs.

e. Haben Sie nach dem 3. Juni 2016 direkt oder indirekt mit einem Mitglied oder Vertreter der Familie Agalarow kommuniziert? Falls ja, beschreiben Sie, mit wem Sie gesprochen haben, wann, und den Inhalt der Kommunikation.

f. Haben Sie Kenntnis erlangt von irgendwelchen Kommunikationen nach dem 9. Juni 2016 zwischen Donald Trump jr., Paul Manafort oder Jared Kushner und einem Mitglied oder Vertreter der Familie Agalarow, Natalia Weselnizkaja, Rob Goldstone oder einem russischen Amtsträger oder einer russischen Kontaktperson über das Treffen am 9. Juni oder Bemühungen Russlands, Ihren Wahlkampf zu unterstützen? Falls ja, beschreiben Sie, von wem und wann Sie die Information bekamen und den Inhalt dieser Information.

g. Am 7. Juni 2016 hielten Sie eine Rede, in der Sie unter anderem sagten: »Ich werde vermutlich Montag nächster Woche eine größere Rede halten, und wir werden über all die Dinge sprechen, die den Clintons passierten.«
   i. Warum haben Sie diese Aussage gemacht?
   ii. Was wollten Sie über die Clintons mitteilen?
   iii. Woher, glaubten Sie, würden Sie diese Information(en) beziehen?

iv. Erwarteten Sie, dass das Treffen am 9. Juni solche Informationen liefern würde?
v. Hat Ihnen jemand bei der Abfassung der von Ihnen erwähnten Rede geholfen? Falls ja, wer?
vi. Weshalb haben Sie die Rede, die Sie am 7. Juni 2016 erwähnten, letztlich nicht gehalten?

h. Hat Sie eine Person oder Organisation während des Wahlkampfs darüber informiert, dass Wladimir Putin oder die russische Regierung Ihre Kandidatur unterstützte beziehungsweise die Kandidatur von Hillary Clinton zu hintertreiben suchte? Falls ja, beschreiben Sie die Quelle(n) der Information, wann Sie informiert wurden und den Inhalt dieses Gesprächs / dieser Gespräche.
i. Hat Sie eine Person oder Organisation während des Wahlkampfs darüber informiert, dass, abgesehen von Russland oder Wladimir Putin, eine ausländische Regierung oder eine ausländische Führungspersönlichkeit Ihrem Wahlkampf konkrete Unterstützung zukommen ließ, dies zu tun wünschte oder ein entsprechendes Angebot machte, womöglich auch dadurch, dass sie anbot, negative Informationen über Hillary Clinton zur Verfügung zu stellen? Falls ja, beschreiben Sie die Quelle(n) der Information, wann Sie informiert wurden und den Inhalt dieses Gesprächs / dieser Gespräche.

Antwort auf Frage I, Teile (a) bis (c)

Ich erinnere mich nicht, damals erfahren zu haben, dass Donald Trump jr., Paul Manafort oder Jared Kushner in Erwägung zogen, im Juni 2016 an einem Treffen teilzunehmen, bei dem es um potenziell negative Informationen über Hillary Clinton gehen sollte. Ebenso wenig entsinne ich mich, während des Wahlkampfs erfahren zu haben, dass das Treffen am 9. Juni 2016 stattgefunden hatte, dass die E-Mails, auf die Bezug genommen wird, existierten oder dass Donald J. Trump jr. zwischen dem 3. Juni 2016 und dem 9. Juni 2016 weitere Kommunikationen mit Emin Agalarow oder Robert Goldstone hatte.

Antwort auf Frage I, Teil (d)

Ich habe keine direkte Erinnerung daran, welchen Teil dieser vier Tage im Juni 2016 ich im Trump Tower verbrachte. Es war einer der vielen, sehr arbeitsreichen Monate in einem hektischen Wahlkampf, als die Saison der Vorwahlen zu Ende ging und wir uns auf den Präsidentschaftswahlkampf vorbereiteten.

Aus meinem Wahlkampfkalender geht hervor, dass ich vom 6. bis 9. Juni 2016 in New York City war. In Kalendern, die in meinem Büro im Trump Tower geführt werden, ist vermerkt, dass an jedem dieser Tage zahlreiche Anrufe und Treffen für mich angesetzt waren. Auch wenn ich nicht mehr weiß, welche dieser Anrufe und Treffen tatsächlich stattfanden, so deuten diese Kalendereinträge doch darauf hin, dass ich während eines Teils jedes dieser Arbeitstage im Trump Tower gewesen bin, und ich habe keinen Grund, daran zu zweifeln. Immer wenn ich in New York City war, wohnte ich in meiner Wohnung im Trump Tower.

Aus meinem Tischkalender für die Trump Organization geht ebenfalls hervor, dass ich mich an diesen Tagen zeitweise außerhalb des Trump Towers aufhielt. Der Kalendereintrag vom 7. Juni 2016 deutet darauf hin, dass ich den Trump Tower planmäßig am frühen Abend verließ, um mich nach Westchester zu begeben, wo ich, nachdem ich die Vorwahlen der Republikaner in Kalifornien, New Jersey, New Mexico, Montana und South Dakota an diesem Tag gewonnen hatte, eine kurze Ansprache hielt. Die Kalendereinträge vom 8. Juni 2016 deuten darauf hin, dass ich den Trump Tower entsprechend der Terminplanung am späten Nachmittag verlassen habe, um an einer Feier in der Schule meines Sohnes teilzunehmen. Die Kalendereinträge vom 9. Juni 2016 deuten darauf hin, dass ich gemäß der Terminplanung gegen Mittag mehrere Treffen und ein Spendenmittagessen im Four Seasons hatte. Zum gegenwärtigen Zeitpunkt ist mir nicht erinnerlich, zu welchen Uhrzeiten diese Veranstaltungen stattfanden, aber ich habe gegenwärtig keinen Grund, daran zu zweifeln, dass sie gemäß den Einträgen in meinem Terminkalender stattfanden.

Allgemein verfügbare Medienberichte einschließlich Fernsehmaterial geben ebenfalls Aufschluss über meine Aktivitäten während dieser Tage. So weiß ich zum Beispiel, dass meine Siegesansprache im Trump National Golf Club in Briarcliff Manor, New York, aufgezeichnet und von den Medien veröffentlicht wurde. Ich erinnere mich daran, dass ich diese Vorwahlen gewonnen habe, und ich erinnere mich ganz allgemein, dass ich an jenem Abend eine Ansprache hielt.

Zum gegenwärtigen Zeitpunkt ist mir nicht erinnerlich, ob ich am 9. Juni 2016 mit Donald Trump jr., Paul Manafort oder Jared Kushner gesprochen oder mich mit ihnen getroffen habe. Aus meinem Tischkalender geht hervor, dass für den Morgen des 9. Juni ein Treffen mit Paul Manafort angesetzt war, aber ich erinnere mich nicht, ob dieses Treffen stattfand. Es liegt mittlerweile mehr als zwei Jahre zurück, und zur damaligen Zeit hatte ich jeden Tag viele Anrufe und Begegnungen.

Antwort auf Frage I, Teil (e)

Ich habe keine direkte Erinnerung an irgendwelche Kommunikationen nach dem 3. Juni 2016 und vor dem Ende des Wahlkampfs mit der Familie Agalarow beziehungsweise mit jemandem, den ich als einen Vertreter der Familie Agalarow angesehen hätte. Im Zuge der Vorbereitung auf die Beantwortung dieser Fragen habe ich mich an schriftliche Kommunikationen mit den Agalarows während des Wahlkampfs erinnert, die von meinen Mitarbeitern gesendet, empfangen und größtenteils verfasst wurden und die Ihnen meines Wissens bereits vorgelegt wurden.

Im Allgemeinen waren unter diesen Dokumenten Glückwunschschreiben zu meinen Vorwahlsiegen, E-Mails über ein

Gemälde, das Emin und Aras Agalarow als Geburtstagsgeschenk in den Trump Tower bringen ließen, und E-Mails über die Zustellung eines von Aras Agalarow geschriebenen Buchs. Aus den Dokumenten geht hervor, dass die Sendungen vom Secret Service überprüft wurden.

Antwort auf Frage I, Teil (f)

Ich erinnere mich nicht, während des Wahlkampfs von Kommunikationen zwischen Donald Trump jr., Paul Manafort oder Jared Kushner und einem Mitglied oder Vertreter der Familie Agalarow, Robert Goldstone, Natalia Weselnizkaja (deren Name mir nicht vertraut war) oder irgendeiner Person, die ich für einen russischen Amtsträger hielt, gewusst zu haben.

Antwort auf Frage I, Teil (g)

In der Ansprache, die ich am Abend des Tages, an dem ich die Vorwahlen der Republikaner in Kalifornien, New Jersey, New Mexico, Montana und South Dakota gewonnen hatte, hielt, sagte ich: »Ich werde wahrscheinlich Montag kommender Woche eine große Rede halten und wir werden über all die Dinge sprechen, die mit den Clintons passiert sind.« Ich hatte die Absicht, eine Rede über die öffentlich zugänglichen, negativen Informationen über die Clintons zu halten, unter anderem über die politischen Misserfolge von Mrs. Clinton, darüber, wie die Clintons das Außenministerium benutzt hatten, um ihre persönlichen Interessen und die Interessen der Clinton Foundation zu fördern, dass Mrs. Clinton vorschriftswidrig einen privaten Server für dienstliche Angelegenheiten des State Department benutzt hatte, über die Löschung von 33 000 E-Mails auf diesem Server und über Mrs. Clintons charakterliche Untauglichkeit für das Präsidentenamt.

Im Zuge der Vorbereitung auf die Beantwortung Ihrer Fragen ist mir bewusst geworden, dass die Wahlkampf-Unterlagen, die

Ihnen bereits vorgelegt wurden, die Konzipierung, die sukzessive Ausarbeitung und die Informationsquellen der Rede, die ich gemäß meinen Äußerungen am 7. Juni »wahrscheinlich« am Montag halten würde, widerspiegeln. Diese Dokumente zeigen im Allgemeinen, dass der Text meiner Rede ursprünglich von Mitarbeitern meines Wahlkampfs aufgesetzt wurde, mit Anregungen durch verschiedene externe Berater, und auf der Grundlage von öffentlich zugänglichem Material, darunter insbesondere Informationen aus dem Buch *Clinton Cash* von Peter Schweizer.

Der Terroranschlag auf den Nachtklub Pulse ereignete sich in den frühen Morgenstunden des Samstags, 12. Juni 2016. Angesichts dieser Tragödie hielt ich eine Rede, in der es vor allem um die Themen nationale Sicherheit und Terrorismus und weniger um die Clintons ging. Ich hielt diese Rede im Saint Anselm College Institute of Politics in Manchester, New Hampshire, und eröffnete sie, wie berichtet, mit folgenden Worten:

> Dies sollte eine Rede über Hillary Clinton werden und darüber, was für eine schlechte Präsidentin sie gerade in diesen Zeiten eines radikalen islamischen Terrorismus sein würde. Selbst ihr ehemaliger Secret Service Agent, der sie unter Druck und in Stresssituationen erlebte, hat erklärt, sie besitze nicht den Charakter und die Integrität, die ein Präsident brauche. Es wird noch zahlreiche Gelegenheiten geben, um diese wichtigen Fragen zu einem späteren Zeitpunkt zu erörtern, und ich werde diese Rede bald nachholen. Aber heute kann es nur ein Thema geben: die wachsende terroristische Bedrohung im Inland.

Ich habe während des gesamten Wahlkampfs immer wieder über die Schwächen von Mrs. Clinton gesprochen, wobei ich die Informationen nutzte, die auch in die Rede einfließen sollten, die ich am 7. Juni 2016 erwähnte.

Antwort auf Frage I, Teil (h)

Es ist mir nicht erinnerlich, dass mir während des Wahlkampfs gesagt worden wäre, Wladimir Putin oder die russische Regierung »unterstützten« meine Kandidatur beziehungsweise »hintertrieben« die Kandidatur Hillary Clintons. Allerdings kannte ich einige Berichte, aus denen hervorgeht, dass Präsident Putin sich anerkennend über mich geäußert hat.

Antwort auf Frage I, Teil (i)

Ich erinnere mich nicht, dass mir während des Wahlkampfs gesagt worden wäre, dass eine ausländische Regierung oder eine ausländische Führungspersönlichkeit meinem Wahlkampfteam konkrete Unterstützung zukommen lasse, den Wunsch habe, dies zu tun, oder ein entsprechendes Angebot gemacht habe.

II. Russische Hackerangriffe/russische Aktivitäten in Social Media/WikiLeaks

a. am 14. Juni 2016 wurde öffentlich berichtet, dass Computerhacker in das Computernetzwerk des Democratic National Committee (DNC) eingedrungen seien und dass russische Nachrichtendienste hinter diesem unbefugten Zugriff bzw. Hackerangriff stünden. Erhielten Sie vor dem 14. Juni 2016 irgendwelche Informationen über potenzielle oder laufende Hackerangriffe auf die Computersysteme oder E-Mail-Konten des DNC, des Democratic Congressional Campaign Committee, des Clinton-Wahlkampfs, Hillary Clintons oder von Personen, die mit dem Clinton-Wahlkampfteam in Verbindung standen? Falls ja, beschreiben Sie, wer diese Information zur Verfügung stellte, wann und den Inhalt dieser Information.

US-Justizministerium
Juristische Ermittlungen // Kann geschütztes Material gemäß Fed. R. Crim. P. 6(c) enthalten

b. Am 22. Juli 2016 veröffentlichte WikiLeaks fast 20 000 E-Mails, die von Funktionären der Demokratischen Partei gesendet oder empfangen worden waren.

   i. Hatten Sie vor der Veröffentlichung am 22. Juli 2016 aus irgendeiner Quelle Kenntnis davon, dass WikiLeaks, Guccifer 2.0, DCLeaks oder Russen im Besitz oder möglichweise im Besitz von E-Mails oder Informationen waren, die Ihrem Wahlkampf helfen beziehungsweise dem Clinton-Wahlkampf schaden könnten, beziehungsweise beabsichtigten, solche E-Mails oder Informationen zu veröffentlichen? Falls ja, beschreiben Sie, mit wem Sie über diese Angelegenheit sprachen und wann sowie den Inhalt des Gesprächs / der Gespräche.

   ii. Hat man Ihnen nach der Veröffentlichung von E-Mails durch WikiLeaks am 22. Juli 2016 mitgeteilt, dass WikiLeaks weitere Informationen besitze oder besitzen könnte, die während des Wahlkampfs veröffentlicht werden könnten? Falls ja, beschreiben Sie, wer Ihnen diese Auskunft gab, wann und was genau Ihnen mitgeteilt wurde.

c. Haben Sie Kenntnis von irgendwelchen direkten oder indirekten Kommunikationen während des Wahlkampfs zwischen Roger Stone, Donald Trump jr., Paul Manafort oder Rick Gates und (a) WikiLeaks, (b) Julian Assange, (c) anderen Vertretern von WikiLeaks, (d) Guccifer 2.0, (e) Vertretern von Guccifer 2.0 oder (f) Vertretern von DCLeaks? Falls ja, beschreiben Sie, wer Ihnen diese Auskunft gab und was Sie über diese Kommunikationen wissen.

d. Am 27. Juli 2016 erklärten Sie auf einer Pressekonferenz: »Russland, falls du zuhören solltest, so hoffe ich, dass du die 30 000 verschwundenen E-Mails finden kannst. Ich glaube, unsere Presse würde dich wahrscheinlich fürstlich dafür belohnen.«

i. Wieso haben Sie diese Bitte an Russland gerichtet und nicht an ein anderes Land, eine andere Organisation oder Person?

ii. Haben Sie, bevor Sie diese Aussage machten, gegebenenfalls mit jemandem über den Inhalt der Aussage gesprochen?

iii. Hat man Ihnen zu irgendeinem Zeitpunkt, bevor oder nachdem Sie diese Aussage machten, mitgeteilt, dass Russland versuche, in Computersysteme oder E-Mail-Konten von Hillary Clinton oder ihrem Wahlkampfteam einzudringen beziehungsweise diese zu hacken? Falls ja, beschreiben Sie, wer Ihnen diese Auskunft gab, wann, und was genau Ihnen gesagt wurde.

e. Am 7. Oktober 2016 wurden E-Mails, die vom Konto von John Podesta gehackt worden waren, von WikiLeaks veröffentlicht.

i. Wo waren Sie am 7. Oktober 2016?

ii. Wurde Ihnen zu irgendeinem Zeitpunkt vor beziehungsweise am Tag der Veröffentlichung, dem 7. Oktober, mitgeteilt, dass WikiLeaks im Besitz oder möglicherweise im Besitz von E-Mails mit Bezug zu John Podesta sei? Falls ja, beschreiben Sie, wer Ihnen dies mitgeteilt hat, wann, und was genau Ihnen mitgeteilt wurde.

iii. Haben Sie Kenntnis davon, dass jemand, der in Verbindung mit Ihnen oder Ihrem Wahlkampfteam steht, einschließlich Roger Stone, am oder um den 7. Oktober 2016 entweder direkt oder durch eine Mittelsperson mit WikiLeaks in Kontakt getreten ist? Falls ja, identifizieren Sie diese Person und beschreiben Sie den Inhalt der Gespräche oder Kontakte.

f. Wurde Ihnen von jemandem, der mit Ihnen oder Ihrem Wahlkampfteam in Verbindung steht, einschließlich Roger Stone, mitgeteilt, dass er/sie direkt oder indirekt Gespräche mit WikiLeaks, Guccifer 2.0 oder DCLeaks über den Inhalt oder den zeitlichen Ablauf der Veröffentlichung gehackter E-Mails geführt hat? Falls ja, beschreiben Sie, wer solche Kontakte hatte, wie und wann Sie Kenntnis von den Kontakten erlangten, und den Inhalt der Kontakte.

g. Wie oft haben Sie zwischen dem 1. Juni 2016 und dem Ende des Wahlkampfs mit Roger Stone kommuniziert? Beschreiben Sie die Art Ihrer Kommunikation(en) mit Mr. Stone.
   i. Welche Anstrengungen hat Mr. Stone während dieser Zeit laut eigenem Bekunden Ihnen gegenüber unternommen, um Ihren Wahlkampf zu unterstützen, und worum haben Sie Mr. Stone gegebenenfalls gebeten?
   ii. Hat Mr. Stone jemals mit Ihnen beziehungsweise, nach Ihrem Kenntnisstand, mit sonst jemandem, der mit Ihrem Wahlkampfteam in Verbindung stand, über WikiLeaks gesprochen? Falls ja, beschreiben Sie, was Ihnen gesagt wurde, von wem und wann.
   iii. Hat Mr. Stone Sie zu irgendeinem Zeitpunkt über Kontakte informiert, die er zu WikiLeaks oder einer Mittelsperson von WikiLeaks hatte, oder über bevorstehende Veröffentlichungen von Informationen? Falls ja, beschreiben Sie, was Stone Ihnen sagte und wann.

h. Haben Sie vor dem 20. Januar 2017 Gespräche über eine mögliche Begnadigung oder eine andere Julian Assange begünstigende Handlung geführt? Falls ja, beschreiben Sie, mit wem Sie diese(s) Gespräch(e) führten, wann, und den Inhalt des Gesprächs / der Gespräche.
   i. Hatten Sie Kenntnis von Bestrebungen ausländischer Personen oder Unternehmen einschließlich solcher

in Russland, Ihren Wahlkampf durch Postings in Social Media oder Organisation von Kundgebungen zu unterstützen? Falls ja, identifizieren Sie die Person(en), mit der/denen Sie über diese Unterstützung gesprochen haben, wann, und beschreiben Sie den Inhalt des Gesprächs / der Gespräche.

Antwort auf Frage II, Teil (a)

Ich erinnere mich nicht an das Datum, an dem öffentlich berichtet wurde, dass das DNC gehackt worden sei, aber soweit ich mich erinnern kann, habe ich zu dem Zeitpunkt Kenntnis von dem Hackerangriff erlangt, als die Medien erstmals darüber berichteten bzw. kurz danach. Ich erinnere mich nicht, dass mir während des Wahlkampfs irgendwelche Informationen über die Hackerangriffe auf die genannten Organisationen oder Personen zur Verfügung gestellt wurden, bevor die Medien darüber berichteten.

Antwort auf Frage II, Teil (b)

Ich erinnere mich, dass in den Monaten vor der Wahl die Medien umfassend über den möglichen Hackerangriff berichteten und dass Informationen, die sich auf den Wahlkampf bezogen, veröffentlicht wurden. Und es wurde viel über diese Angelegenheit geredet. Zum damaligen Zeitpunkt hatte ich Kenntnis von diesen Medienberichten, und ich habe diese Fragen womöglich mit Mitarbeitern meines Wahlkampfteams oder anderen besprochen, aber zum gegenwärtigen Zeitpunkt – mehr als zwei Jahre später – erinnere ich mich nicht an ein bestimmtes Gespräch, wann es stattfand oder wer die Teilnehmer waren.

Antwort auf Frage II, Teil (c)

Es ist mir nicht erinnerlich, während des Wahlkampfs Kenntnis von irgendwelchen Kommunikationen zwischen den in Frage II (c) genannten Personen und irgendjemand, den ich für einen Vertreter von WikiLeaks gehalten hätte, oder irgendeiner der anderen Personen oder Organisationen, die in der Frage erwähnt werden, gehabt zu haben.

Antwort auf Frage II, Teil (d)

Ich habe die in Frage II (d) zitierte Aussage scherzhaft und sarkastisch gemeint, wie es für jeden unvoreingenommenen Beobachter offenkundig ist. Das vollständige Protokoll beziehungsweise die vollständige Videoaufzeichnung der Pressekonferenz am 27. Juli 2016 verdeutlichen den Kontext der Aussage, und ich verweise Sie an das öffentlich zugängliche Transkript und die Videoaufzeichnung dieser Pressekonferenz. Ich erinnere mich nicht, im Vorfeld der Pressekonferenz mit irgendjemandem über den Inhalt der Aussage gesprochen zu haben. Ich erinnere mich nicht, dass mir während des Wahlkampfs von Bestrebungen Russlands, in die Computersysteme oder E-Mail-Konten von Hillary Clinton oder ihrem Wahlkampfteam einzudringen oder diese zu hacken, berichtet worden wäre, bevor diese Gegenstand der Medienberichterstattung wurden, und ich erinnere mich nicht an irgendein konkretes Gespräch in diesem Zusammenhang.

Antwort auf Frage II, Teil (e)

Ich hielt mich am 7. Oktober 2016 im Trump Tower in New York City auf. Ich erinnere mich nicht, dass mir mitgeteilt worden wäre, WikiLeaks sei im Besitz oder möglicherweise im Besitz von E-Mails, die mit John Podesta in Verbindung stünden, bevor die Medien über die Veröffentlichung der E-Mails von Mr. Podesta berichteten. Ebenso wenig erinnere ich mich daran, dass mir mitgeteilt worden wäre, dass Roger Stone oder eine Person, die als Mittelsperson von Roger Stone fungierte, oder irgendjemand, der mit meinem Wahlkampfteam in Verbindung stand, am 7. Oktober 2016 mit WikiLeaks kommuniziert hätte.

Antwort auf Frage II, Teil (f)

Ich erinnere mich nicht, dass mir während des Wahlkampfs mitgeteilt worden wäre, dass Roger Stone oder eine Person, die mit meinem Wahlkampfteam in Verbindung stand, mit einer der in der Frage genannten Organisationen Gespräche über den Inhalt oder den Zeitplan für die Veröffentlichung gehackter E-Mails geführt hätte.

Antwort auf Frage II, Teil (g)

Während des Wahlkampfs tauschte ich mich gelegentlich telefonisch mit Roger Stone aus. Ich erinnere mich nicht an Einzelheiten irgendeines Gesprächs, das ich zwischen dem 1. Juni 2016 und dem 8. November 2016 mit Mr. Stone geführt habe. Ich erinnere mich nicht, mit ihm über WikiLeaks gesprochen zu haben, noch erinnere ich mich, gewusst zu haben, dass Mr. Stone mit Personen, die mit meinem Wahlkampfteam in Verbindung standen, über WikiLeaks gesprochen hätte, obgleich ich Kenntnis davon hatte, dass WikiLeaks damals Gegenstand der Medienberichterstattung und von Diskussionen, die sich auf den Wahlkampf bezogen, war.

Antwort auf Frage II, Teil (h)

Ich erinnere mich nicht, während des Wahlkampfs ein Gespräch geführt zu haben, bei dem es um eine Begnadigung von Julian Assange oder eine diesen begünstigende Handlung gegangen wäre.

US-Justizministerium
~~Juristische Ermittlungen~~ // ~~Kann geschütztes Material gemäß Fed. R. Crim. P. 6(c) enthalten~~

Antwort auf Frage II, Teil (i)

Ich erinnere mich nicht, während des Wahlkampfs Kenntnis von konkreten Bemühungen ausländischer Personen oder Unternehmen gehabt zu haben, meinen Wahlkampf durch Postings in Social Media oder durch die Organisation von Kundgebungen zu unterstützen.

III. Das Moskau-Projekt der Trump Organization

a. Im Oktober 2015 wurde eine »Absichtserklärung«, von der eine Kopie diesem Schriftstück als Anhang B beigefügt ist, über ein geplantes Projekt der Trump Organization in Moskau (das »Trump-Moskau-Projekt«) unterzeichnet.
   i. Wann wurden Sie erstmals über Gespräche über das Moskau-Projekt der Trump Organization unterrichtet? Von wem? Was wurde Ihnen über das Projekt gesagt?
   ii. Haben Sie die Absichtserklärung unterzeichnet?

b. In einer Erklärung gegenüber dem Kongress, die als Anhang C beigefügt ist, erklärte Michael Cohen: »Nach meinem besten Wissen stand Mr. Trump wegen dieses Vorschlags niemals mit jemandem in Kontakt, außer bei drei Gelegenheiten mit mir, wobei er im Jahr 2015 eine nicht bindende Absichtserklärung unterzeichnete.« Beschreiben Sie alle Gespräche, die Sie mit Mr. Cohen oder einer anderen Person, die mit der Trump Organization in Verbindung steht, über das Trump-Moskau-Projekt führten, einschließlich der Personen, mit denen Sie sprachen, wann, und den Inhalt des Gesprächs / der Gespräche.

c. Haben Sie von Kommunikationen zwischen Michael Cohen, Felix Sater und russischen Regierungsvertretern einschließlich Amtsträgern in der Dienststelle von Dmitrij Peskow in Bezug auf das Trump-Moskau-Projekt erfahren?

Falls ja, identifizieren Sie die Person(en), die Ihnen diese Information gaben, wann sie dies tat(en), und beschreiben Sie den Inhalt dieser Information.

d. Haben Sie zwischen Juni 2015 und Juni 2016 irgendwelche Gespräche über eine mögliche Reise von Ihnen selbst und/oder von Michael Cohen nach Russland geführt, deren Gründe mit dem Trump-Moskau-Projekt zusammenhingen? Falls ja, beschreiben Sie, mit wem Sie gesprochen haben, wann und den Inhalt des Gesprächs / der Gespräche.

e. Haben Sie zu irgendeinem Zeitpunkt angeordnet oder vorgeschlagen, die Gespräche über das Trump-Moskau-Projekt zu beenden, oder wurden Sie zu irgendeinem Zeitpunkt davon in Kenntnis gesetzt, dass das Projekt aufgegeben worden war? Falls ja, beschreiben Sie, mit wem Sie gesprochen haben, wann, den Inhalt des Gesprächs / der Gespräche und warum diese Entscheidung getroffen wurde.

f. Haben Sie irgendwelche Gespräche bezüglich der Frage geführt, welche Informationen öffentlich oder aufgrund von investigativen Untersuchungen über potenzielle oder tatsächliche Investitionen oder Geschäfte der Trump Organization in Russland einschließlich des Trump-Moskau-Projekts zur Verfügung gestellt werden sollten? Falls ja, beschreiben Sie, mit wem Sie gesprochen haben, wann und den Inhalt des Gesprächs / der Gespräche.

g. Haben Sie oder die Trump Organization, abgesehen von dem Trump-Moskau-Projekt, während des Wahlkampfs weitere Geschäfte, Investitionen oder Vereinbarungen mit Russland oder mit russischen Interessen oder russischen Staatsbürgern getätigt oder ins Auge gefasst? Falls ja, beschreiben Sie diese Geschäftsinteressen, Investitionen oder Vereinbarungen.

US-Justizministerium
~~Juristische Ermittlungen~~ // ~~Kann geschütztes Material gemäß Fed. R. Crim. P. 6(e) enthalten~~

Antwort auf Frage III, Teile (a) bis (g)

Irgendwann im Verlauf des Jahres 2015 schlug mir Michael Cohen ein mögliches Projekt der Trump Organization in Moskau vor. Meiner Erinnerung nach beschrieb Mr. Cohen dieses mögliche Projekt ganz allgemein als eines der gleichen Art, wie wir es in der Vergangenheit schon an mehreren anderen Standorten realisiert hatten. Ich unterschrieb die unverbindliche Absichtserklärung, die als Anhang B Ihren Fragen beigefügt ist; diese erforderte keinen Kapitaleinsatz oder Ausgaben unsererseits, und sie stand in Einklang mit unseren anhaltenden Bemühungen, in bedeutende Märkte weltweit zu expandieren.

Ich führte mit Mr. Cohen einige Gespräche über dieses Thema. Meiner Erinnerung nach waren sie kurz, und sie sind mir nicht im Gedächtnis geblieben. Ich war von dem Vorschlag nicht sonderlich angetan, und ich erinnere mich nicht an irgendwelche Gespräche über eine Reise nach Russland in Zusammenhang damit. Ich erinnere mich nicht, mit einer anderen Person bei der Trump Organization darüber gesprochen zu haben, obwohl es möglich ist. Ich erinnere mich nicht, damals Kenntnis von irgendwelchen Kommunikationen zwischen Mr. Cohen oder Felix Sater und einem russischen Regierungsvertreter über die Absichtserklärung gehabt zu haben. Im Zuge der Vorbereitung auf die Beantwortung Ihrer Fragen ist mir bewusst geworden, dass Mr. Cohen eine E-Mail bezüglich der Absichtserklärung über ein allgemeines, öffentliches E-Mail-Konto an »Mr. Peskow« sandte, was belegen sollte, dass es keine bedeutsamen Beziehungen zu Verantwortungsträgern in Russland gab. Ich gehe davon aus, dass Ihnen diese Dokumente bereits vorgelegt worden sind.

Ich erinnere mich vage an Presseanfragen und Medienberichte während des Wahlkampfs über die Frage, ob die Trump Organization Geschäftsbeziehungen zu Russland unterhalte. Möglicherweise habe ich mit Mitarbeitern meines Wahlkampfteams oder Angestellten der Trump Organization über Antworten auf Auskunftsersuchen gesprochen, aber ich erinnere mich gegenwärtig nicht an ein bestimmtes Gespräch, daran, mit wem ich gesprochen haben könnte, wann oder an den Inhalt eines Gesprächs. Meiner Erinnerung nach hatten weder ich noch die Trump Organization während des Wahlkampfs, außer der Absichtserklärung, Projekte oder geplante Projekte in Russland.

IV. Kontakte mit Russland und Angelegenheiten mit Russland-Bezug während des Wahlkampfs

a. Erfuhren Sie vor Mitte August 2016, dass Paul Manafort Verbindungen zur ukrainischen Regierung hatte? Falls ja, beschreiben Sie, von wem Sie diese Information erhielten, wann, und den Inhalt dessen, was Ihnen mitgeteilt wurde. Spielten die Beziehungen von Mr. Manafort zur ukrainischen oder russischen Regierung irgendeine Rolle in Ihrer Entscheidung, ihn zu bitten, Ihrem Wahlkampfteam beizutreten? Falls ja, beschreiben Sie diese Rolle.

b. Wussten Sie, dass Paul Manafort Oleg Deripaska anbot, ihn über den Fortschritt Ihres Wahlkampfs zu unterrichten? Falls ja, beschreiben Sie, von wem Sie diese Information erhielten, wann, den Inhalt dessen, was Ihnen gesagt wurde, welcher Zweck Ihrer Einschätzung nach damit verfolgt wurde, Mr. Deripaska derartige Informationen zukommen zu lassen, und wie Sie reagierten, als Sie davon erfuhren.

c. Hatten Sie Kenntnis davon, ob Paul Manafort oder eine andere Person, die mit Ihrem Wahlkampfteam in Verbindung stand, interne Informationen des Trump-Wahlkampfteams an eine Person, die sich in der Ukraine oder in Russland aufhielt oder die mit der ukrainischen oder der russischen Regierung in Verbindung stand, weitergeleitet oder andere angewiesen hat, dies zu tun? Falls ja, identifizieren Sie die Person(en), die Ihnen diese Information gab(en), wann, den Inhalt des Gesprächs / der Gespräche, welcher Zweck

Ihres Erachtens damit verfolgt wurde, interne Informationen aus dem Wahlkampfteam weiterzugeben, und wie Sie reagierten, als Sie dies erfuhren.

d. Hat Paul Manafort Ihnen direkt oder indirekt mitgeteilt, welche Standpunkte die USA nach dem Willen der Ukraine oder Russlands unterstützen sollten? Falls ja, beschreiben Sie, wann er Ihnen diese Standpunkte mitteilte, und den Inhalt dieser Kommunikationen.

e. Erfuhren Sie während des Wahlkampfs von Bestrebungen russischer Amtsträger, sich mit Ihnen oder hochrangigen Mitgliedern Ihres Wahlkampfteams zu treffen? Falls ja, beschreiben Sie, mit wem Sie über dieses Thema gesprochen haben, wann, und was Ihnen gesagt wurde.

f. Haben Sie in irgendeiner Weise Einfluss auf die Änderung des Wahlprogramms der Republikanischen Partei in Bezug auf Waffenlieferungen an die Ukraine auf dem Nominierungsparteitag der Republikaner genommen? Was wussten Sie vor dem Parteitag über diesen Punkt im Wahlprogramm? Wer informierte Sie darüber, dass das Wahlprogramm geändert worden war, wann wurde Ihnen dies mitgeteilt, was sagte man Ihnen über die Gründe für die Änderung, und wer war daran beteiligt?

g. Am 27. Juli 2016 antworteten Sie auf die Frage, ob Sie die Krim als russisches Hoheitsgebiet anerkennen und Sanktionen gegen Russland aufheben würden: »Wir werden uns das ansehen. Ja, wir werden uns das ansehen.« Wollten Sie mit dieser Aussage oder zu irgendeinem anderen Zeitpunkt während des Wahlkampfs die Bereitschaft zum Ausdruck bringen, im Falle Ihrer Wahl Sanktionen aufzuheben und/oder die Annektierung der Krim durch Russland anzuerkennen?

i. Haben Sie für den Fall Ihrer Wahl in Betracht gezogen, Sanktionen aufzuheben und/oder die Annektierung der Krim durch Russland anzuerkennen? Beschreiben Sie, mit wem Sie über dieses Thema sprachen, wann und den Inhalt des Gesprächs / der Gespräche.

Antwort auf Frage IV, Teile (a) bis (d)

Mr. Manafort wurde vor allem wegen seiner Auftragstätigkeiten für frühere Präsidentschaftskandidaten, darunter Gerald Ford, Ronald Reagan, George H.W. Bush und Bob Dole, engagiert. Ich wusste, dass Mr. Manafort Erfahrungen im internationalen Beratungsgeschäft hatte und zu irgendeinem Zeitpunkt, bevor Mr. Manafort das Wahlkampfteam verließ, erfuhr ich, dass er mit Personen zu tun hatte, die mit der Ukraine in Verbindung standen, aber ich erinnere mich nicht an die Einzelheiten dessen, was ich damals wusste. Ich hatte keine Kenntnis davon, dass Mr. Manafort einer Person namens Oleg Deripaska angeboten hatte, sie über den Fortschritt meines Wahlkampfs zu unterrichten, und ich erinnere mich auch nicht daran, gewusst zu haben, dass Mr. Manafort oder eine andere mit meinem Wahlkampf in Verbindung stehende Person interne Informationen des Trump-Wahlkampfteams an eine Person, die sich meines Wissens damals in der Ukraine oder in Russland befand, oder eine Person, die ich für einen ukrainischen oder russischen Regierungsangestellten oder -vertreter ansah, übermittelt hätte oder andere zu übermitteln angewiesen hätte. Ich erinnere mich nicht, dass mir Mr. Manafort irgendwelche konkreten Standpunkte, die die Vereinigten Staaten gemäß den Wünschen der Ukraine oder Russlands unterstützen sollten, mitgeteilt hätte.

US-Justizministerium
~~Juristische Ermittlungen~~ // ~~Kann geschütztes Material gemäß Fed. R. Crim. P. 6(e) enthalten~~

Antwort auf Frage IV, Teil (e)

Ich erinnere mich nicht, dass man mir während des Wahlkampfs von Bemühungen russischer Amtsträger berichtet hätte, sich mit mir oder mit hochrangigen Mitgliedern meines Wahlkampfteams zu treffen. Im Zuge der Vorbereitung auf die Beantwortung dieser Fragen wurde mir bewusst, dass Rhona Graff, meine Assistentin in der Trump Organization, am 17. März 2016 eine E-Mail von Sergej Prichodko erhalten hatte, der sich als Stellvertretender Regierungschef der Russischen Föderation, Roscongress Foundation, vorstellte und mich einlud, am Internationalen Wirtschaftsforum St. Petersburg teilzunehmen, das im Juni 2016 stattfinden sollte. Die Unterlagen zeigen, dass Ms. Graff ein kurzes Antwortschreiben, in dem ich die Einladung ablehnte, aufsetzte und mir zur Unterschrift vorlegte. Ich gehe davon aus, dass Ihnen diese Dokumente bereits vorgelegt wurden.

Antwort auf Frage IV, Teil (f)

Ich erinnere mich nicht im Einzelnen, was, wann oder aus welcher Quelle ich erstmals von dem Antrag auf Änderung des Wahlprogramms bezüglich Waffenlieferungen an die Ukraine erfuhr, aber ich erinnere mich ganz allgemein, dass ich im Zuge der Medienberichterstattung davon erfuhr. Ich erinnere mich nicht, an der Abänderung des Wortlauts des Änderungsantrags beteiligt gewesen zu sein.

Antwort auf Frage IV, Teil (g)

Meine Aussage hat keinen Standpunkt kommuniziert.

V. Kontakte mit Russland und Angelegenheiten mit Russland-Bezug während der Übergangszeit

a. Wurden Sie gebeten, an der Gala anlässlich der Schachweltmeisterschaft am 10. November 2016 teilzunehmen? Falls ja, wer bat Sie, daran teilzunehmen, wann wurden Sie darum gebeten, und was sagte man Ihnen darüber, warum Ihre Anwesenheit erbeten wurde?
   i. Haben Sie irgendeinen Teil der Veranstaltung besucht? Falls ja, beschreiben Sie sämtliche Kontakte, die Sie bei der Veranstaltung zu Russen oder Vertretern der russischen Regierung hatten.

b. Haben Sie nach der Verhängung von Sanktionen gegen Russland durch die Regierung Obama im Dezember 2016 (»Russland-Sanktionen«) mit Generalleutnant (LTG) Michael Flynn, K.T. McFarland, Steve Bannon, Reince Priebus, Jared Kushner, Erik Prince oder einer anderen Person, die mit dem Übergang in Verbindung stand, darüber gesprochen, was der russischen Regierung bezüglich der Sanktionen kommuniziert werden sollte? Falls ja, beschreiben Sie, mit wem Sie über diese Frage gesprochen haben, wann und den Inhalt des Gesprächs / der Gespräche.

c. Am 29. und 31. Dezember 2016 führte LTG Flynn Gespräche mit dem russischen Botschafter Sergej Kisljak über die Russland-Sanktionen und die Reaktion Russlands auf die Russland-Sanktionen.
   i. Haben Sie angeordnet oder angeregt, dass LTG Flynn mit einem Mitglied der russischen Regierung über die Russland-Sanktionen spricht?
   ii. Wurde Ihnen im Vorfeld der Unterredung von LTG Flynn am 29. Dezember 2016 mitgeteilt, dass er mit Botschafter Kisljak sprechen würde? Falls ja, be-

schreiben Sie, wer Ihnen diese Information gab, wann und was genau Ihnen gesagt wurde. Falls nein, wann und vom wem erfuhren Sie von dem Gespräch, das LTG Flynn am 29. Dezember 2016 mit Botschafter Kisljak führte?

iii. Wann erfuhren Sie von dem Telefonat, das LTG Flynn und Botschafter Kisljak am 31. Dezember 2016 miteinander führten? Wer teilte Ihnen dies mit, und was genau sagte man Ihnen?

iv. Wann erfuhren Sie, dass in den Telefonaten am 29. und 31. Dezember 2016 von LTG Flynn mit Botschafter Kisljak über Sanktionen gesprochen wurde? Wer teilte Ihnen dies mit, und was genau sagte man Ihnen?

d. Hat Ihnen zwischen dem 31. Dezember 2016 und dem 20. Januar 2017 jemand gesagt oder zu verstehen gegeben, dass die Entscheidung Russlands, keine Gegensanktionen zu verhängen, in irgendeiner Weise auf die Gespräche zwischen LTG Flynn und Botschafter Kisljak zurückzuführen sei? Falls ja, identifizieren Sie die Person(en), die Ihnen diese Information gab(en), wann dies geschah, und beschreiben Sie den Inhalt dessen, was Ihnen gesagt wurde.

e. Am 12. Januar 2017 veröffentlichte die Washington Post einen Beitrag, in dem behauptet wurde, LTG Flynn habe am 29. Dezember 2016 mehrfach mit Botschafter Kisljak telefoniert. Haben Sie, nachdem Sie von diesem Beitrag erfuhren, jemanden angewiesen oder jemandem vorgeschlagen, dass LTG Flynn abstreiten solle, mit Botschafter Kisljak über Sanktionen gesprochen zu haben? Falls ja, gegenüber wem äußerten Sie diesen Ratschlag beziehungsweise diese Anweisung, wann, was genau haben Sie gesagt, und warum haben Sie dies getan?

i. Haben Sie, nachdem Sie von dem Beitrag erfuhren, sich mit LTG Flynn über seine Gespräche mit Botschafter Kisljak im Dezember 2016 unterhalten? Falls ja, beschreiben Sie, wann diese Gespräche stattfanden, und den Inhalt der Gespräche.

f. Wurden Sie von einem Treffen zwischen Jared Kushner und Sergej Gorkow, das im Dezember 2016 stattfand, in Kenntnis gesetzt?
   i. Falls ja, beschreiben Sie, mit wem Sie gesprochen haben, wann, den Inhalt des Gesprächs / der Gespräche und was Ihrer Meinung nach der Zweck dieses Treffens war.

g. Wurden Sie über ein oder mehrere Treffen zwischen Erik Prince und Kirill Dmitriew oder einem anderen Vertreter der russischen Regierung, das im Janur 2017 stattfand, in Kenntnis gesetzt?
   i. Falls ja, beschreiben Sie, mit wem Sie gesprochen haben, wann, den Inhalt des Gesprächs / der Gespräche und was Ihrem Verständnis nach der Zweck des Treffens / der Treffen war.

h. Haben Sie vor dem 20. Januar 2017 mit Steve Bannon, Jared Kushner oder einer anderen Person, die mit dem Übergang in Verbindung stand, über die Einrichtung eines inoffiziellen Kommunikationskanals mit Russland gesprochen? Falls ja, beschreiben Sie, mit wem Sie gesprochen haben, wann, den Inhalt des Gesprächs / der Gespräche und was nach Ihrem Verständnis der Zweck eines solchen inoffiziellen Kommunikationskanals sein sollte.

US-Justizministerium
~~Juristische Ermittlungen~~ // ~~Kann geschütztes Material gemäß Fed. R. Crim. P. 6(c) enthalten~~

Antwort auf Frage V, Teil (a)

Ich erinnere mich nicht, eine Einladung zur Gala anlässlich der Schachweltmeisterschaften erhalten zu haben, und ich habe nicht an der Veranstaltung teilgenommen. Im Zuge der Vorbereitung auf die Beantwortung dieser Fragen habe ich mich an Dokumente erinnert, aus denen hervorgeht, dass der Präsident des Weltschachbundes im März 2016 der Trump Organization anbot, die Schachweltmeisterschaft 2016, die im November 2016 in New York stattfinden sollten, im Trump Tower auszurichten. Ich habe mich auch daran erinnert, dass die Presse im November 2016 Anfragen an meine Mitarbeiter richtete, in denen sie wissen wollte, ob ich die Absicht hätte, das Turnier zu besuchen, das nicht im Trump Tower stattfand. Ich gehe davon aus, dass Ihnen diese Dokumente bereits vorgelegt wurden.

Errichtet am 20. November 2018
DONALD J. TRUMP
Präsident der Vereinigten Staaten

Response to Question V, Part (a)

I do not remember having been asked to attend the World Chess Championship gala, and I did not attend the event. During the course of preparing to respond to these questions, I have become aware of documents indicating that in March of 2016, the president of the World Chess Federation invited the Trump Organization to host, at Trump Tower, the 2016 World Chess Championship Match to be held in New York in November 2016. I have also become aware that in November 2016, there were press inquiries to my staff regarding whether I had plans to attend the tournament, which was not being held at Trump Tower. I understand these documents have already been provided to you.

Executed on NOVEMBER 20, 2018

DONALD J. TRUMP
President of the United States

US-Justizministerium

~~Juristische Ermittlungen~~ // ~~Kann geschütztes Material gemäß Fed. R. Crim. P. 6(c) enthalten~~

ANHANG D

Anhang D

Fälle, die vom Büro des Sonderermittlers abgegeben wurden, in denen Ermittlungsempfehlungen an andere Behörden ergingen oder die abgeschlossen wurden

In diesem Anhang werden die Verfahren aufgeführt, die das Büro des Sonderermittlers abgegeben hat, in denen Ermittlungsempfehlungen an andere Behörden ergingen, sowie Fälle, in denen das Büro Anklage erhoben hat und die mittlerweile abgeschlossen sind.

A. Abgegebene Verfahren

Das Büro des Sonderermittlers hat seine Ermittlungen über Verbindungen und Absprachen zwischen der russischen Regierung und Personen, die mit der Trump-Kampagne in Verbindung standen, abgeschlossen. Einige Verfahren, die der Geschäftsführende Justizminister dem Büro zugewiesen hat, sind zum Zeitpunkt der Drucklegung dieses Berichts noch nicht abgeschlossen. Nach Beratung mit dem Büro des Stellvertretenden Justizministers hat das Büro die Zuständigkeit für diese Verfahren an andere Dienststellen des US-Justizministeriums und des FBI abgegeben. Zu diesen abgegebenen Verfahren gehören:

1. <u>USA vs. Bijan Rafiekian und Kamil Ekim Alptekin</u>
   US-Bundesanwaltschaft für den Bundesgerichtsbezirk Ost-Virginia
   (In Erwartung der Eröffnung der Hauptverhandlung)

Der Geschäftsführende Justizminister ermächtigte den Sonderermittler, unter anderem mögliche strafbare Handlungen von Michael Flynn bei seiner Tätigkeit als nicht registrierter Vertreter der türkischen Regierung zu untersuchen. Siehe das Memorandum von Rod J. Rosenstein an Robert S. Mueller III vom 2. August 2017. Der Geschäftsführende Justizminister bestätigte später die Befugnis des Sonderermittlers, ein Ermittlungsverfahren gegen Rafiekian und Alptekin zu betreiben, weil sie »möglicherweise gemeinsam« mit Flynn Straftaten im Sinne des Foreign Agents Registration Act (FARA) begangen haben. Siehe das Memorandum des Associate Deputy Attorney General Scott Schools an den Stellvertretenden Justizminister Rod J. Rosenstein. Am 1. Dezember 2017 bekannte sich Flynn schuldig im Sinne einer Strafanzeige, in der ihm zur Last gelegt wurde, gegenüber dem FBI falsche Aussagen über seine Kontakte mit dem russischen Botschafter in den Vereinigten Staaten gemacht zu haben. Im Rahmen dieses Schuldbekenntnisses erklärte sich Flynn zu einer Übereinkunft zum Straftatbestand bereit, in der er zugab, dass die Unterlagen, die er am 7. März 2017 gemäß den Vorschriften des Foreign Agents Registration Act (FARA) vorlegte, »erhebliche falsche Angaben und Auslassungen enthielten«. Flynns Schuldanerkenntnis erfolgte, bevor der Sonderermittler eine endgültige Entscheidung über eine Anklageerhebung gegen Rafiekian oder Alptekin getroffen hatte. Am 27. März 2018 verwies das Büro des Sonderermittlers nach Rücksprache mit dem Büro des Stellvertretenden Justizministers die Ermittlungen im Fall Rafiekian und Alptekin an die Abteilung für Nationale Sicherheit [des Justizministeriums] (ANS), die über das ihr angemessen erscheinende weitere Vorgehen befinden sollte. Das Büro des Sonderermittlers gelangte zu dem Schluss, dass die Verweisung angemessen sei, weil das Ermittlungsverfahren gegen Flynn abgeschlossen worden war, und dieses Ermittlungsverfahren hatte dem Büro zureichende Hinweise für die Einleitung eines Ermittlungsverfahrens gegen Rafiekian und Alptekin geliefert. Auf Ersuchen der ANS hat die für den Bundesgerichtsbezirk East Virginia zuständige Bundesanwaltschaft die Ermittlungen gegen Rafiekian und Alptekin fortgeführt.

2. USA vs. Michael Flynn
   US-Bundesanwaltschaft für den Bundesgerichtsbezirk Columbia
   (In Erwartung der Strafmaßverkündung)

3. USA vs. Richard Gates
   US-Bundesanwaltschaft für den Bundesgerichtsbezirk Columbia
   (In Erwartung der Strafmaßverkündung)

4. USA vs. Internet Research Agency u. a. (Russische Social Media-Kampagne)
   US-Bundesanwaltschaft für den Bundesgerichtsbezirk Columbia
   Abteilung für Nationale Sicherheit
   (nach Eröffnungsbeschluss, vor Festnahme und vor Eröffnung der Hauptverhandlung[1])

5. USA vs. Konstantin Kilimnik
   US-Bundesanwaltschaft für den Bundesgerichtsbezirk Columbia
   (Nach Anklageerhebung, vor Festnahme)

6. USA vs. Paul Manafort
   US-Bundesanwaltschaft für den Bundesgerichtsbezirk Columbia
   US-Bundesanwaltschaft für den Bundesgerichtsbezirk Eastern Virginia
   (Nach Schuldspruch)

---

1 Eine Beschuldigte, Concord Management & Consulting LLC, wird anwaltlich vertreten und befindet sich im Vorfahren.

US-Justizministerium
~~Juristische Ermittlungen~~ // ~~Kann geschütztes Material gemäß Fed. R. Crim. P. 6(c) enthalten~~

7. USA vs. Wiktor Netykscho u. a. (russische Hackerangriffe)
US-Bundesanwaltschaft für den Bundesgerichtsbezirk West-Pennsylvania
Abteilung für Nationale Sicherheit
(Nach Anklageerhebung, vor Festnahme)

8. USA vs. William Samuel Patten
US-Bundesanwaltschaft für den Bundesgerichtsbezirk Columbia
(In Erwartung der Strafmaßverkündung)

Der Geschäftsführende Justizminister ermächtigte den Sonderermittler, Aspekte von Handlungen Pattens zu untersuchen, die mit einer anderen Sache in Verbindung stehen, in der das Büro Ermittlungen eingeleitet hat. Das Ermittlungsverfahren förderte Beweise für eine Straftat zutage; die US-Bundesanwaltschaft für den Bundesgerichtsbezirk Columbia führte das Strafverfahren gegen Patten.

9. Gefährdung laufender Verfahren [redacted]
(Ermittlungsverfahren andauernd)

Der Geschäftsführende Justizminister ermächtigte den Sonderermittler unter anderem, zu untersuchen, ob Zahlungen, die Paul Manafort von der ukrainischen Regierung vor und während der Amtszeit von Präsident Wiktor Janukowytsch erhielt, einen oder mehrere Straftatbestände erfüllten. Siehe das Memorandum von Rod J. Rosenstein an Robert S. Mueller III. vom 2. August 2017. Der Geschäftsführende Justizminister bestätigte später die Befugnis des Sonderermittlers zu Ermittlungen Gefährdung laufender Verfahren [redacted]

[redacted]

Am 27. Oktober 2017 wurde gegen Paul Manafort und Richard Gates vor dem Bundesbezirksgericht Columbia Anklage wegen mehrerer Straftaten (darunter auch Verstößen gegen den FARA) im Zusammenhang mit ihren Dienstleistungen für von Russland unterstützte politische Organisationen in der Ukraine erhoben. Am 22. Februar 2018 wurde gegen Manafort und Gates vor dem Bundesbezirksgericht Eastern Virginia Anklage erhoben wegen Straftaten in Zusammenhang mit den Zahlungen, die sie für Dienstleistungen erhielten, die sie für von Russland unterstützte politische Organisationen in der Ukraine erbrachten. Im Zuge seiner GIV [redacted] hat das Büro des Sonderermittlers hinreichendes Beweismaterial mit Bezug auf Privatpersonen und Organisationen beigebracht, die Gefährdung laufender Verfahren [redacted].[2] Am 23. Februar 2018 bekannte sich Gates vor dem Bundesbezirksgericht Columbia der Verabredung zur Begehung einer Straftat, mit der mehrere (schädliche) Zwecke verfolgt wurden, und Falschaussagen schuldig; die übrigen Anklagepunkte wurden fallen gelassen.[3] Anschließend schloss das Büro des Sonder-

---

2 Gefährdung laufender Verfahren [redacted]

3 Manafort wurde schließlich in der Hauptverhandlung vor dem Bundesbezirksgericht Eastern Virginia verurteilt und bekannte sich vor dem Bundesbezirksgericht Columbia schuldig. *Siehe* Band I, Abschnitt IV.A.8. Die Hauptverhandlung und das Schuldbekenntnis erfolgten nach der hier beschriebenen Entscheidung, das Verfahren abzugeben.

ermittlers nach Rücksprache mit dem Büro des Stellvertretenden Justizministers Gefährdung laufender Verfahren [redacted] und verwies sie GIV [redacted] zu weiteren Ermittlungen, sofern diese als angemessen erschienen. Das Büro stützte seine Entscheidung, diese Verfahren abzuschließen, unter anderem auf sein Mandat, die Anklageerhebungen gegen Manafort, das Schuldeingeständnis Gates' und seine Entschlossenheit, seine Ressourcen in der bestmöglichen Weise zu nutzen; [redacted] Bei Gefährdung laufender Verfahren [redacted] setzte die Ermittlungen in diesen abgeschlossenen Verfahren fort.

10. USA vs. Roger Stone
    US-Bundesanwaltschaft für den Bundesgerichtsbezirk Columbia
    (in Erwartung der Hauptverhandlung)

11. Gefährdung laufender Verfahren [redacted]
    (Ermittlungen dauern an)

B. Ermittlungsempfehlungen an andere Behörden

Im Lauf der Ermittlungen stieß das Büro regelmäßig auf Beweise für potenzielle Straftaten, die außerhalb des Zuständigkeitsbereichs des Sonderermittlers lagen, wie er vom Geschäftsführenden Justizminister festgelegt worden war. Nach Rücksprache mit dem Büro des Stellvertretenden Justizministers leitete das Büro das Beweismaterial an die zuständigen Strafverfolgungsbehörden weiter, hauptsächlich andere Dienststellen des Justizministeriums und des FBI. Diese Fälle, in denen Ermittlungsempfehlungen ausgesprochen wurden, sind, in alphabetischer Reihenfolge der Familiennamen der Angeschuldigten, nachfolgend zusammengefasst.

US-Justizministerium
~~Juristische Ermittlungen~~ // ~~Kann geschütztes Material gemäß Fed. R. Crim. P. 6(c) enthalten~~

1. GIV [redacted]

Gefährdung laufender Verfahren [redacted]

2. <u>Michael Cohen</u>

Im Zuge der Ermittlungen stieß das Büro des Sonderermittlers auf Michael Cohen betreffende Beweise für potenziellen Überweisungsbetrug und Verstöße gegen das US-Bundesgesetz zur Wahlkampffinanzierung (FECA). Dieses Beweismaterial wurde der US-Bundesanwaltschaft für den Bundesgerichtsbezirk Southern New York und der New Yorker Außenstelle des FBI übergeben.

3. GIV [redacted]

Gefährdung laufender Verfahren [redacted]

US-Justizministerium
~~Juristische Ermittlungen~~ // ~~Kann geschütztes Material gemäß Fed. R. Crim. P. 6(c) enthalten~~

4. GIV [redacted]

Gefährdung laufender Verfahren [redacted]

5. Gregory Craig GIV [redacted], Skadden, Arps, Slate, Meagher & Flom LLP

Im Zuge der Ermittlungen gegen Paul Manafort und Rick Gates wegen Verstößen gegen den FARA förderte das Büro des Sonderermittlers Beweise für potenzielle Verstöße gegen den FARA zutage, die GIV [redacted] Gregory Craig, Skadden, Arps, Slate, Meagher & Flom LLP (Skadden) und ihre Tätigkeiten im Auftrag der Regierung der Ukraine betreffen.

Nach Rücksprache mit der ANS wurde das Craig GIV [redacted] betreffende Beweismaterial an die ANS übergeben, und die ANS beschloss, mit der US-Bundesanwaltschaft für den Bundesgerichtsbezirk Southern New York und der New Yorker Außenstelle des FBI zusammenzuarbeiten. Später beschloss die ANS, in der Strafsache Craig mit der US-Bundesanwaltschaft für den Bundesgerichtsbezirk Columbia zusammenzuarbeiten. Die ANS behielt das Verfahren gegen Skadden selbst und führte es eigenständig fort.

US-Justizministerium
~~Juristische Ermittlungen~~ // ~~Kann geschütztes Material gemäß Fed. R. Crim. P. 6(c) enthalten~~

6. GIV [redacted]

Gefährdung laufender Verfahren [redacted]

7. GIV [redacted]

Gefährdung laufender Verfahren [redacted]

8. GIV [redacted]

Gefährdung laufender Verfahren [redacted]

9. GIV [redacted]

Gefährdung laufender Verfahren [redacted]

10. GIV [redacted]

Gefährdung laufender Verfahren [redacted]

11. GIV [redacted]

Gefährdung laufender Verfahren [redacted]

12. GIV [redacted]

Gefährdung laufender Verfahren [redacted]

13. GIV [redacted]

Gefährdung laufender Verfahren [redacted]

14. GIV [redacted]

Gefährdung laufender Verfahren [redacted]

Gefährdung laufender Verfahren [redacted]

C. Abgeschlossene Strafverfahren

In drei Fällen, in denen das Büro des Sonderermittlers Strafverfahren betrieb, haben die Angeklagten ihre Freiheitsstrafen verbüßt oder stehen kurz davor, dies zu tun. Da bei ihnen mit keinen weiteren Strafverfolgungen zu rechnen ist, wurden die Fälle nicht an eine andere Dienststelle abgegeben.

1. USA vs. George Papadopoulos
   Nach Verurteilung, Freiheitsstrafe verbüßt
   (7. Dezember 2018)

2. USA vs. Alex van der Zwaan
   Nach Verurteilung, Freiheitsstrafe verbüßt
   (4. Juni 2018)

3. USA vs. Richard Pinedo
   Nach Verurteilung, befindet sich gegenwärtig in Resozialisierungszentrum
   (Entlassungstermin: 13. Mai 2019)

ERGÄNZENDE DOKUMENTE

Dokumente zur Untersuchung des Sonderermittlers, in chronologischer Reihenfolge und mit Einführungen der *Washington Post*

Kaum eine Ermittlung in der US-amerikanischen Geschichte sorgte für so viel öffentliches Interesse wie die des Sonderermittlers Robert S. Mueller III, obwohl dieser gegenüber den Medien so gut wie nichts darüber verlautbarte. Während seiner Tätigkeit hielt Mueller keine einzige Pressekonferenz ab, und wann immer er gefragt wurde, was es mit der oder jener Geschichte auf sich habe, lautete die Antwort seines Pressesprechers stets »Kein Kommentar«.

Stattdessen äußerten sich Mueller und sein Team mittels gerichtlicher Schriftstücke – Beschlüsse zur Anklageeröffnung und andere gerichtsrelevante Dokumente –, in denen sie darlegten, was sie herausgefunden hatten und wer ihrer Ansicht nach welche Straftat begangen hatte. Laut diverser Rechtsexperten gehen »Muellers ausführliche Anklageschriften (speaking indictments) weit über den eigentlichen Untersuchungsgegenstand hinaus« und scheinen, abgesehen von der Anklageerhebung gegen Einzelne, dafür geschaffen, das Land über Art und Umfang der Beweise zu informieren, die er und sein Team gefunden haben.

Die folgenden Dokumente sind eine Auswahl der wichtigsten Schriftstücke von Muellers Untersuchung: Sie enthüllen, wie der Sonderermittler Schritt für Schritt die Machenschaften der russischen Hacker und deren Operationen in den sozialen Netzwerken verfolgt und im Zuge ihrer Entdeckungen zahlreichen Personen aus Trumps Umfeld diverse Straftaten zur Last gelegt haben.

1.

Ernennung eines Sonderermittlers durch Vize-Justizminister Rod J. Rosenstein 17. Mai 2017

Robert S. Mueller III wurde im Mai 2017 zum Sonderermittler ernannt, als Vize-Justizminister Rod J. Rosenstein seinen Namen unter das einseitige Dokument setzte, das die ergebnisoffene Untersuchung einläutete. Die Kürze des Schriftstücks straft seine Bedeutung Lügen: Rosenstein hat damit eine der wichtigsten Ermittlungen in der US-amerikanischen Geschichte in Bewegung gesetzt, im Zug derer aufgedeckt werden sollte, ob Akteure im Wahlkampf des Präsidenten mit einem ausländischen Staat zusammengearbeitet hatten, mit dem Ziel, die Wahlen zugunsten von Trump zu beeinflussen, und ob der Präsident später Strafverfolgungsbemühungen zu vereiteln versuchte, die zum Ziel hatten, die Geschehnisse aufzudecken.

Rosensteins Anweisung räumte Mueller großen Spielraum ein. Der Vietnam-Veteran und frühere FBI-Direktor wurde bevollmächtigt, sowohl mögliche Absprachen zwischen der russischen Regierung und dem Trump-Wahlkampfteam als auch »alle Angelegenheiten, die sich im Zuge dieser Untersuchung ergaben oder ergeben«, aufzudecken. Es scheint, als sei dies eine Anspielung auf eine Ermittlung – die bereits eröffnet, aber zum Zeitpunkt von Muellers Ernennung zum Sonderermittler noch nicht öffentlich bestätigt worden war –, im Zuge derer herausgefunden werden sollte, ob Präsident Trump versucht hatte, die Justiz zu behindern. Ein paar Monate später sollte Rosenstein eine detailliertere Aktennotiz verfassen, in der er darlegte, wozu Mueller im Einzelnen ermächtigt war, und erklärte, er habe die Bevollmächtigung Muellers zunächst bewusst »allgemein gefasst, um die Veröffentlichung des Dokuments zu ermöglichen, ohne bestimmte Ermittlungen gegen bestimmte Personen offenzulegen«.

Die Ernennungsurkunde wurde später in den Mueller-Report aufgenommen.

Office of the Deputy Attorney General
Washington, D.C. 20530

ORDER NO. 3915-2017

APPOINTMENT OF SPECIAL COUNSEL
TO INVESTIGATE RUSSIAN INTERFERENCE WITH THE
2016 PRESIDENTIAL ELECTION AND RELATED MATTERS

By virtue of the authority vested in me as Acting Attorney General, including 28 U.S.C. §§ 509, 510, and 515, in order to discharge my responsibility to provide supervision and management of the Department of Justice, and to ensure a full and thorough investigation of the Russian government's efforts to interfere in the 2016 presidential election, I hereby order as follows:

(a) Robert S. Mueller III is appointed to serve as Special Counsel for the United States Department of Justice.

(b) The Special Counsel is authorized to conduct the investigation confirmed by then-FBI Director James B. Comey in testimony before the House Permanent Select Committee on Intelligence on March 20, 2017, including:

(i) any links and/or coordination between the Russian government and individuals associated with the campaign of President Donald Trump; and

(ii) any matters that arose or may arise directly from the investigation; and

(iii) any other matters within the scope of 28 C.F.R. § 600.4(a).

(c) If the Special Counsel believes it is necessary and appropriate, the Special Counsel is authorized to prosecute federal crimes arising from the investigation of these matters.

(d) Sections 600.4 through 600.10 of Title 28 of the Code of Federal Regulations are applicable to the Special Counsel.

5/17/17
Date

Rod J. Rosenstein
Acting Attorney General

Office of the Deputy Attorney General
Washington, D.C. 20530

AUFTRAGS-NR. 3915-2017

ERNENNUNG EINES SONDERERMITTLERS
ZUR UNTERSUCHUNG VON RUSSISCHER
EINMISCHUNG IN DIE PRÄSIDENTSCHAFTSWAHLEN VON
2016 UND IN DAMIT VERBUNDENE ANGELEGENHEITEN

Kraft meines Amtes als stellvertretender Justizminister, einschließlich §§ 509, 510 und 515 von Title 28 U.S.C.*, und in Erfüllung meiner Führungs- und Kontrollfunktion im Justizministerium sowie der Aufgabe, eine vollumfängliche und gründliche Untersuchung der möglichen Einmischung der russischen Regierung in die Präsidentschaftswahlen von 2016 zu garantieren, ordne ich Folgendes an:

a. Robert S. Mueller III wird als Sonderermittler des Justizministeriums der Vereinigten Staaten eingesetzt.
b. Der Sonderermittler ist bevollmächtigt, die Untersuchung durchzuführen, die der damalige FBI-Direktor James B. Comey am 20. März 2017 in seiner Zeugenaussage vor dem House Permanent Select Committee on Intelligence** bestätigt hatte. Die Untersuchung beinhaltet:
    i. alle Verbindungen und/oder Absprachen zwischen der russischen Regierung und einzelnen Personen, die in den Wahlkampf von Präsident Donald Trump involviert waren; und

* United States Courts = Bundesgerichte der Vereinigten Staaten (Anm. d. Ü.)

** Geheimdienstausschuss des Repräsentantenhauses der Vereinigten Staaten (Anm. d. Ü.)

ii. alle Angelegenheiten, die sich im Zuge dieser Untersuchung ergaben oder ergeben; und
iii. alle anderen Angelegenheiten, die in den Anwendungsbereich von 28 C.F.R.* § 600.4(a) fallen.

c. Falls der Sonderermittler es für nötig und angebracht hält, ist dieser berechtigt, Straftaten, die im Zusammenhang mit dieser Untersuchung aufgedeckt werden strafrechtlich zu verfolgen.
d. Abschnitte 600.4 bis 600.10 von Verordnung 28 des Code of Federal Regulations sind vom Sonderermittler anwendbar.

17. Mai 2017 *Rod J. Rosenstein*
Acting Attorney General

* Code of Federal Regulations = Sammlung der Bundesverordnungen (Anm. d. Ü.)

2.

Übereinkunft zum Straftatbestand *USA vs. George Papadopoulos* 5. Oktober 2017

Nur wenige Menschen hatten je von George Papadopoulos gehört, einem früheren Wahlkampfberater Donald Trumps, als das Büro des Sonderermittlers am 30. Oktober 2017 verkündete, dieser habe sich drei Wochen zuvor schuldig bekannt, das FBI angelogen zu haben. Papadopoulos' Schuldeingeständnis war ein Vorgeschmack darauf, wie umfangreich Robert S. Muellers Nachforschungen sein würden und wie viel er unter völliger Verschwiegenheit noch zutage befördern sollte. Schließlich war Papadopoulos bereits im Juli am Washingtoner Dulles International Airport verhaftet worden und hatte Anfang Oktober unbemerkt das Gerichtsgebäude betreten, um sein Schuldbekenntnis abzulegen, ohne dass die Öffentlichkeit irgendetwas davon erfuhr.

Das folgende Dokument unterstreicht den Charakter von Papadopoulos' Lügen gegenüber dem FBI, das zum ersten Mal im Januar 2017 bei dem in Chicago wohnhaften Energieberater vorstellig wurde, um ihn im Zusammenhang mit Russland zu befragen. Die Strafverfolger konfrontierten ihn mit Schlüsselinformationen über den »Flirt« von Trumps Wahlkampfteam mit Russland. Papadopoulos gab zu, er habe seine russischen Kontakte gegenüber dem FBI heruntergespielt, um Donald Trump zu schützen. Wie sich herausstellte, hatte sich Papadopoulos, kurz nachdem er im März 2016 zum Wahlkampfberater ernannt worden war, mit einem »ausländischen Professor« angefreundet, der ihm mitteilte, die Russen hätten brisantes Material über die Kandidatin der Demokratischen Partei, Hillary Clinton, und zwar in Form von Tausenden von E-Mails.

Der Professor – der inzwischen als der maltesische Akademiker Joseph Mifsud identifiziert wurde – machte Papadopoulos mit einer »russischen Staatsbürgerin« bekannt, die dem jungen Wahlkampfberater wahrheitswidrig erzählte, sie sei eine Nichte Putins, und einem weiteren Russen, dem »russischen Staatsbürger mit Verbindungen zum russischen Außenministerium«. Papadopoulos kommunizierte ausführlich mit dieser Frau und dem Russen, Iwan Timofejew, dem Geschäftsführer eines Thinktanks –, und bemühte sich gemeinsam mit diesen beiden sowie mit Mifsud, um ein Treffen zwischen Mitgliedern des Trump-Wahlkampfteams und russischen Gesprächspartnern in die Wege zu leiten, womöglich sogar eines zwischen Trump und Putin. Timofejew hat inzwischen behauptet, sein Austausch mit Papadopoulos sei rein akademischer Natur gewesen. Mifsud hat bestätigt, der im Dokument erwähnte Professor zu sein, jedoch ein Fehlverhalten geleugnet; ebenso bestritt er, davon gewusst zu haben, dass Russland im Besitz besagter E-Mails von Hillary Clinton war.

Darüber hinaus offenbart das Dokument der Öffentlichkeit, dass diese »russischen« Interaktionen den meisten hochrangigen Beratern Trumps wohl kaum verborgen geblieben sein können. Zu jenen, denen Papadopoulos von seinen Bemühungen in Bezug auf ein mögliches Treffen berichtete, zählten ein »hochrangiger Wahlkampfmanager« – später als der stellvertretende Wahlkampfleiter Sam Clovis identifiziert – ebenso wie der Wahlkampfmanager Corey Lewandowski (»ein hochrangiges Mitglied des Wahlkampfteams«) und der Wahlkampfleiter Paul Manafort (»ein weiteres hochrangiges Mitglied des Wahlkampfteams«). Dem Dokument zufolge informierte Papadopoulos sogar Trump über seine Bemühungen – er sagte dem Kandidaten bei einer Besprechung am 31. März 2016 in Washington, er könne helfen, ein Treffen mit Putin zu arrangieren.

Case 1:17-cr-00182-RDM *SEALED* Document 19 Filed 10/05/17 Page 1 of 14

UNITED STATES DISTRICT COURT
FOR THE DISTRICT OF COLUMBIA

UNITED STATES OF AMERICA v. GEORGE PAPADOPOULOS, Defendant.	Criminal No.: 17 Cr. 182 (RDM) SEALED Violation: 18 U.S.C. § 1001 (False Statements)

FILED
OCT - 5 2017
Clerk, U.S. District and Bankruptcy Courts

STATEMENT OF THE OFFENSE

Pursuant to Federal Rule of Criminal Procedure 11, the United States of America and the defendant, GEORGE PAPADOPOULOS, stipulate and agree that the following facts are true and accurate. These facts do not constitute all of the facts known to the parties concerning the charged offense; they are being submitted to demonstrate that sufficient facts exist that the defendant committed the offense to which he is pleading guilty.

I. Overview

1. The defendant, GEORGE PAPADOPOULOS, who served as a foreign policy advisor for the presidential campaign of Donald J. Trump (the "Campaign"), made material false statements and material omissions during an interview with the Federal Bureau of Investigation ("FBI") that took place on January 27, 2017. At the time of the interview, the FBI had an open investigation into the Russian government's efforts to interfere in the 2016 presidential election, including the nature of any links between individuals associated with the Campaign and the Russian government, and whether there was any coordination between the Campaign and Russia's efforts. The FBI opened and coordinated the investigation in Washington, D.C.

2. Defendant PAPADOPOULOS made the following material false statements and material omissions to the FBI:

UNITED STATES DISTRICT COURT
FÜR DEN DISTRICT OF COLUMBIA

VEREINIGTE STAATEN VON AMERIKA vs.
GEORGE PAPADOPOULOS, Angeklagter.
Straftat Nr.: 17 Cr. 182 (RDM)
Straftatbestand: 18 U.S.C. § 1001
(Falschaussagen)

ÜBEREINKUNFT ZUM STRAFTATBESTAND

Gemäß der Federal Rule of Criminal Procedure* 11 stimmen die Vereinigten Staaten von Amerika und der Angeklagte GEORGE PAPADOPOULOS darin überein, dass die folgenden Sachverhalte wahr und richtig sind. Diese Fakten stellen nicht die Gesamtheit der Fakten dar, welche die Anklage betreffen und den Parteien bekannt sind; sie werden als Nachweis dafür vorgelegt, dass die Fakten ausreichen, zu beweisen, dass der Angeklagte die Straftat, derer er sich schuldig bekennt, begangen hat.

I. Überblick

1. Der Angeklagte, GEORGE PAPADOPOULOS, der als außenpolitischer Berater im Wahlkampf von Donald J. Trump (»Wahlkampf«) tätig war, machte bei dem Verhör durch das Federal Bureau of Investigation (FBI) vom 27. Januar 2017 wesentliche Falschaussagen bzw. verschwieg wesentliche Informationen. Seine Vernehmung fiel in die Zeit, in der das FBI eine Untersuchung durchführte zu möglichen Beziehungen zwischen Personen, die in den Wahlkampf involviert waren, und der russischen Regierung, und bezüglich der Frage, ob es Abstimmungen zwischen dem Wahlkampf-

* Bundesstrafprozessordnung (Anm. d. Ü.)

team und der russischen Regierung gab. Das FBI eröffnete und koordinierte die Untersuchung in Washington, D.C.

2. Der Angeklagte PAPADOPOULOS machte sich folgender schwerwiegender Falschaussagen und Weglassungen vor dem FBI schuldig:
   a. Der Angeklagte PAPADOPOULOS behauptete, dass seine Kontakte mit einem ausländischen Professor, von dem der Angeklagte PAPADOPOULOS wusste, dass er in enger Verbindung mit Vertretern der russischen Regierung stand, vor der Zeit stattgefunden hätten, in der der Angeklagte PAPADOPOULOS Wahlkampfberater wurde. Der Angeklagte PAPADOPOULOS gab zu, der Professor habe ihm erzählt, dass die Russen »brisante Informationen« über die damalige Kandidatin Hillary Clinton besaßen, und zwar in Form »Tausender E-Mails«, behauptete jedoch mehrfach, er habe diese Informationen erhalten, ehe er zum Wahlkampfteam stieß. Tatsächlich aber erfuhr der Angeklagte PAPADOPOULOS bereits Anfang März, dass er Wahlkampfberater wurde, und traf sich mit dem Professor am oder um den 14. März 2016; der Professor interessierte sich für den Angeklagten PAPADOPOULOS nur wegen dessen Rolle im Wahlkampf; am oder um den 26. April 2016 erzählte der Professor dem Angeklagten PAPADOPOULOS von den »Tausenden E-Mails«. Zu diesem Zeitpunkt war der Angeklagte PAPADOPOULOS bereits seit mehr als einem Monat außenpolitischer Berater im Wahlkampf.
   b. Zudem hatte der Angeklagte PAPADOPOULOS den Ermittlern berichtet, der Professor sei ein »Niemand« und habe sich »mit seinen angeblichen Beziehungen nur wichtigmachen wollen oder so was in der Art«. In Wahrheit wusste der Angeklagte PAPADOPOULOS jedoch, dass der Professor enge Beziehungen zu russischen Regierungsbeamten unterhielt (und sich mit einigen von ihnen in Moskau getroffen hatte, kurz bevor er dem Angeklagten PAPADOPOULOS von den »Tausenden E-Mails« erzählte), und der Angeklagte PAPADOPOULOS ver-

suchte über mehrere Monate hinweg immer wieder, die russischen Verbindungen des Professors zu nutzen, um ein Treffen zwischen Mitgliedern des Wahlkampfteams und der russischen Regierung zu arrangieren.

c. Der Angeklagte PAPADOPOULOS behauptete, er habe eine gewisse russische Staatsangehörige vor seinem Beitritt zum Wahlkampfteam getroffen und ihre Kommunikation habe lediglich aus ein paar harmlosen E-Mails bestanden, nach dem Muster »Hallo, wie geht's?«. In Wahrheit traf sich der Angeklagte PAPADOPOULOS hingegen mit der russischen Staatsangehörigen am oder um den 24. März 2016, als er bereits Wahlkampfberater war; er glaubte, sie habe Verbindungen zu russischen Regierungsbeamten; und er versuchte über mehrere Monate hinweg, ihre russischen Verbindungen zu nutzen, um ein Treffen zwischen Mitgliedern des Wahlkampfteams und russischen Regierungsbeamten zu arrangieren.

3. Aufgrund seiner Falschaussage und des Verschweigens wichtiger Informationen behinderte der Angeklagte PAPADOPOULOS die laufenden Ermittlungen des FBIs bezüglich möglicher Verbindungen oder Absprachen zwischen Personen, die in den Wahlkampf involviert waren, und der russischen Regierung, und der Frage, inwieweit diese versuchte, den Wahlkampf von 2016 zu beeinflussen.

II. Zeitlicher Ablauf einzelner Ereignisse

PAPADOPOULOS' Rolle im Wahlkampf

4. Anfang März 2016 erfuhr der Angeklagte PAPADOPOULOS, dass er zum außenpolitischen Wahlkampfberater berufen wurde. Der Angeklagte PAPADOPOULOS lebte damals in London, England. Anlässlich eines Gesprächs mit einem der Wahlkampfleiter (»leitender Wahlkampfmanager«), das am oder um den 6. März stattfand, erfuhr der Angeklagte PAPADOPOULOS, dass ein außenpolitischer Schwerpunkt des Wahlkampfs verbesserte Beziehungen mit Russland sein würden.

Wie PAPADOPOULOS mit dem Professor und der russischen Staatsbürgerin bekannt gemacht wurde

5. Am oder um den 14. März 2016 traf der Angeklagte PAPADOPOULOS auf einer Italienreise eine Person, die Professor in London war (»Professor«). Zunächst schien der Professor kein Interesse an dem Angeklagten PAPADOPOULOS zu haben. Erst als der Angeklagte PAPADOPOULOS dem Professor erzählte, er sei Mitglied des Wahlkampfteams, schien der Professor großes Interesse an dem Angeklagten PAPADOPOULOS zu zeigen. Der Angeklagte PAPADOPOULOS war unter anderem deswegen an dem Professor interessiert, weil der Professor behauptete, enge Verbindungen zu russischen Regierungsbeamten zu haben, die, wie der Angeklagte PAPADOPOULOS glaubte, ihm mehr Gewicht als Wahlkampfberater verleihen könnten.
6. Am oder um den 21. März 2016 informierte das Wahlkampfteam die *Washington Post*, dass der Angeklagte PAPADOPOULOS einer von fünf außenpolitischen Beratern im Wahlkampf sei.
7. Am oder um den 24. März 2016 traf sich der Angeklagte PAPADOPOULOS mit dem Professor in London. Der Professor brachte eine russische Staatsbürgerin mit (»russische Staatsbürgerin«), die er dem Angeklagten PAPADOPOULOS als Verwandte des russischen Präsidenten Wladimir Putin vorstellte, mit guten Verbindungen zu russischen Regierungsstellen.

PAPADOPOULOS unterhält weiterhin Kontakte mit dem Professor und der russischen Staatsbürgerin

8. Nach seinem Treffen mit dem Professor und der russischen Staatsbürgerin am oder um den 24. März 2016 mailte der Angeklagte PAPADOPOULOS dem leitenden Wahlkampfmanager und anderen Mitgliedern des Wahlkampfteams, er habe gerade seinen guten Freund, den Professor, in London getroffen, der ihn mit einer russischen Staatsbürgerin bekannt gemacht habe (die der Angeklagte PAPADOPOULOS in seiner E-Mail als »Putins Nichte« bezeichnete), so-

wie den russischen Botschafter in London.[1] Der Angeklagte PAPADOPOULOS behauptete, bei dem Treffen sei es darum gegangen, »ein Treffen mit der russischen Führung zu arrangieren, um über die US-amerikanischen Beziehungen unter Präsident Donald Trump zu sprechen«. Der leitende Wahlkampfmanager erwiderte, er werde »es während des Wahlkampfs im Auge behalten«, aber es könnten zu diesem Zeitpunkt keine Zusagen gemacht werden. Der Wahlkampfmanager fügte hinzu: »Großartige Arbeit.«

9. Am oder um den 31. März 2016 nahm der Angeklagte PAPADOPOULOS an einer »Nationalen Sicherheitssitzung« in Washington, D.C., teil, gemeinsam mit dem Kandidaten Trump und weiteren außenpolitischen Wahlkampfberatern. Als sich der Angeklagte PAPADOPOULOS der Gruppe vorstellte, erklärte er sinngemäß, er habe Verbindungen, die nützlich sein könnten, um ein Treffen des Kandidaten Trump mit Präsident Putin zu arrangieren.
10. Nach dieser Reise nach Washington, D.C., versuchte der Angeklagte PAPADOPOULOS zusammen mit dem Professor und der russischen Staatsbürgerin, ein Treffen zwischen Vertretern des Wahlkampfteams und der russischen Regierung in die Wege zu leiten, und begann das Wahlkampfteam über dahingehende Fortschritte zu informieren.
    a. Anfang April 2016 schickte der Angeklagte PAPADOPOULOS mehrere E-Mails an andere Mitglieder des außenpolitischen Wahlkampfberaterteams bezüglich seiner Kontakte zu »den Russen« und seinem »Vorstoß in Richtung Russland«.
    b. Am oder um den 10. April 2016 schrieb der Angeklagte PAPADOPOULOS der russischen Staatsbürgerin eine E-Mail, und diese antwortete am darauffolgenden Tag,

---

1 Später erfuhr der Angeklagte PAPADOPOULOS, dass die russische Staatsbürgerin in Wahrheit keine Verwandte von Präsident Putin ist. Und obwohl der Angeklagte PAPADOPOULOS erwartet hatte, der Professor und die russische Staatsbürgerin würden ihn mit dem russischen Botschafter bekannt machen, taten sie dies nicht.

ungefähr am 11. April 2016, sie »würde sehr gern Ihre Initiative im Hinblick auf unsere beiden Länder unterstützen«. Daraufhin bat der Angeklagte PAPADOPOULOS die russische Staatsbürgerin in einer E-Mail, in der er den Professor in CC setzte, »eine mögliche außenpolitische Reise nach Russland« in die Wege zu leiten.

c. Der Professor erwiderte dem Angeklagten PAPADOPOULOS am selben Tag, ungefähr dem 11. April 2016: »Das ist bereits in die Wege geleitet. Ich fliege am 18. nach Moskau zu einem Treffen des Waldai-Clubs* sowie weiteren Besprechungen in der Duma.« Die Duma ist das russische Parlament.

d. Die russische Staatsbürgerin antwortete: »Ich habe schon meine persönlichen Kontakte auf unsere Unterhaltung und Ihre Bitte aufmerksam gemacht … Wie bereits gesagt, freuen wir uns alle sehr über die Möglichkeit, gute Beziehungen zu Mr. Trump zu unterhalten. Die russische Föderation würde ihn sehr gern willkommen heißen, sobald seine Kandidatur offiziell verkündet wurde.«

Der Professor stellt PAPADOPOULOS einem russischen Staatsbürger vor, der dem russischen Außenministerium nahesteht

11. Am oder um den 18. April 2016 stellte der Professor den Angeklagten PAPADOPOULOS via E-Mail einer Person in Moskau vor, die Verbindungen zum russischen Außenministerium hatte (der »russische Außenministeriumskontakt«). Das Außenministerium ist im Rahmen der Exekutive in Russland zuständig für auswärtige Beziehungen. In den nächsten Wochen verständigten sich der Angeklagte PAPADOPOULOS und der russische Außenministeriumskontakt mehrmals via Skype und E-Mail über die nötige »Vorarbeit«, um ein »potenzielles« Treffen zwischen Vertretern

* Ein alljährlich im Herbst stattfindendes internationales Treffen von russischen und ausländischen Journalisten, Politikern und Wissenschaftlern, zu dessen festem Bestandteil eine Rede und Pressekonferenz des russischen Präsidenten zählt. (Anm. d. Ü.)

des Wahlkampfteams und russischen Regierungsstellen in die Wege zu leiten.

12. Am oder um den 22. April 2016 schickte der russische Außenministeriumskontakt dem Angeklagten PAPADOPOULOS eine E-Mail, in der er ihm für das »ausführliche Gespräch« dankte und vorschlug, »sich in London oder Moskau« zu treffen. Der Angeklagte PAPADOPOULOS regte in seiner Antwort an, »sich hier in London zu treffen, gemeinsam mit dem Botschafter, um das weitere Verfahren zu besprechen«.
13. Am oder um den 25. April 2016 schickte der Angeklagte PAPADOPOULOS einem leitenden Wahlkampfberater (dem »leitenden Wahlkampfberater«) eine E-Mail: »Bei der russischen Regierung liegt eine offene Einladung von Putin zu einem Treffen mit Mr. Trump, sobald dieser dazu bereit ist [...] Der Vorteil meiner Anwesenheit in London besteht darin, dass diese Regierungen in ›neutralen‹ Städten meist ein wenig offener sprechen.«

PAPADOPOULOS erfährt, dass die Russen »brisantes Material« über Clinton besitzen

14. Am oder um den 26. April 2016 traf sich der Angeklagte PAPADOPOULOS mit dem Professor zum Frühstück in einem Londoner Hotel. Während dieses Treffens erzählte der Professor dem Angeklagten PAPADOPOULOS, er sei gerade von einer Reise nach Moskau zurückgekehrt, wo er sich mit hochrangigen Regierungsangehörigen getroffen habe. Auf dieser Reise habe er erfahren, dass die Russen »brisantes Material« bezüglich der damaligen Kandidatin Clinton erhalten hätten. Der Professor sagte zu dem Angeklagten PAPADOPOULOS, wie dieser später dem FBI mitteilte: »Sie [die Russen] haben brisante Infos über sie«; »die Russen haben E-Mails von Clinton«; »sie haben Tausende E-Mails«.
15. Nach dieser Besprechung korrespondierte der Angeklagte PAPADOPOULOS weiterhin mit Mitgliedern des Wahlkampfteams, ebenso wie mit dem Professor und dem russischen Außenministeriumskontakt, um ein mögliches Tref-

fen zwischen einer Abordnung des Wahlkampfteams und der russischen Regierung zu arrangieren.

a. Zum Beispiel mailte der Angeklagte PAPADOPOULOS einen Tag nach seinem Treffen mit dem Professor in einem Hotel, am oder um den 27. April 2016, dem leitenden Wahlkampfberater: »Habe einige interessante Informationen zu einer möglichen Reise (wenn die Zeit reif dafür ist) aus Moskau erhalten.«
b. Ebenfalls am oder um den 27. April 2016 mailte der Angeklagte PAPADOPOULOS einem hochrangigen Mitglied des Wahlkampfteams (das »hochrangige Mitglied des Wahlkampfteams«), er würde gern mit ihm »über das Interesse der Russen, Mr. Trump zu empfangen, diskutieren. Habe im letzten Monat mehrere Telefonanrufe erhalten, dass Putin ihn und das Team gern empfangen würde, sobald die Zeit reif dafür ist.«
c. Am oder um den 30. April 2016 dankte der Angeklagte PAPADOPOULOS dem Professor für seine »ausschlaggebende Hilfe« bei seinen Bemühungen, ein Treffen zwischen dem Wahlkampfteam und der russischen Regierung zu arrangieren, und fügte hinzu: »Wenn es zustande kommt, schreiben wir Geschichte.«

PAPADOPOULOS leitet Informationen vom russischen Außenministeriumskontakt weiter

16. Am oder um den 4. Mai 2016 schickte der russische Außenministeriumskontakt eine E-Mail (die »E-Mail vom russischen Außenministeriumskontakt vom 4. Mai«) an den Angeklagten PAPADOPOULOS und den Professor, in der es hieß: »Ich habe soeben mit meinen Kollegen vom Außenministerium gesprochen. Sie sind offen für eine Kooperation. Eine Möglichkeit wäre, ein Treffen mit Ihnen am Schalter von North American abzuhalten, wenn Sie in Moskau sind.« Der Angeklagte PAPADOPOULOS antwortete, er sei »froh, dass das Außenministerium interessiert ist«. Der Angeklagte PAPADOPOULOS leitete die E-Mail vom russischen Außenministeriumskontakt vom 4. Mai an das hochrangige Mitglied

des Wahlkampfteams weiter und fügte hinzu: »Und, was meinen Sie? Ist das etwas, das wir weiterverfolgen sollten?« Am nächsten Tag, am oder um den 5. Mai 2016, telefonierte der Angeklagte PAPADOPOULOS mit dem Wahlkampfmanager und leitete daraufhin die E-Mail vom russischen Außenministeriumskontakt vom 4. Mai an ihn weiter, indem er oben in der Mail hinzufügte: »Aktuelles zu Russland«.

17. Am oder um den 13. Mai 2016 schickte der Professor dem Angeklagten PAPADOPOULOS »ein Update« zu dem, worüber sie sich in »ihren letzten Gesprächen« unterhalten hatten, unter anderem: »Wir werden weiterhin durch Ihre Person die russischen Stellen wissen lassen, welche Voraussetzungen für ein hochrangiges Treffen zwischen Mr. Trump und der Russischen Föderation erfüllt sein müssen.«
18. Am nächsten Tag, am oder um den 14. Mai 2016, schickte der Angeklagte PAPADOPOULOS dem hochrangigen Mitglied des Wahlkampfteams eine E-Mail, in der stand: »Die russische Regierung [...] hat mich wissen lassen, dass sie interessiert daran ist, Mr. Trump zu empfangen.«
19. Am oder um den 21. Mai 2016 schickte der Angeklagte PAPADOPOULOS einem weiteren hochrangigen Mitglied des Wahlkampfteams eine Mail mit dem Betreff »Russlands Anfrage, Mr. Trump zu treffen«. Die E-Mail vom russischen Außenministeriumskontakt vom 4. Mai hängte er an und fügte hinzu: »Russland ist seit einiger Zeit sehr daran interessiert, Mr. Trump zu treffen, und man hat sich an mich gewandt, um darüber zu beraten.«[2]
20. Am oder um den 1. Juni 2016 schickte der Angeklagte PAPADOPOULOS dem hochrangigen Mitglied des Wahlkampfteams eine E-Mail und fragte ihn, wie man in Sa-

---

[2] Die Regierung merkt an, das Wahlkampfteammitglied habe die E-Mail des Angeklagten Papadopoulos an ein weiteres Wahlkampfteammitglied weitergeleitet (ohne den Angeklagten Papadopoulos in CC zu setzen) und hinzugefügt: »Lassen Sie uns darüber reden. Wir brauchen jemanden, der die Information weitergibt, dass DT derlei Reisen nicht machen wird. Es sollte kein besonders hochrangiges Mitglied des Wahlkampfteams sein, damit keine falschen Signale ausgesandt werden.«

chen Russland verfahren wolle. Dieser verwies ihn an den Wahlkampfmanager, weil er »das Ding managt«. Daraufhin schickte der Angeklagte PAPADOPOULOS dem Wahlkampfmanager eine Mail mit folgendem Betreff: »Re: Nachrichten aus Russland«. Sie lautete: »Das russische Außenministerium hat mich gefragt, ob Mr. Trump daran interessiert ist, Russland zu einem gegebenen Zeitpunkt zu besuchen. Ich leite diese Info an Sie weiter, damit Sie entscheiden, was am besten zu tun ist, und welche Antwort ich senden (oder ob ich die Anfrage einfach ignorieren) soll.«

21. Von Mitte Juni bis Mitte August 2016 verfolgte der Angeklagte PAPADOPOULOS das Zustandekommen »eines inoffiziellen Treffens« zwischen einem oder mehreren Wahlkampfteammitgliedern und »Vertretern aus Putins Büro und dem russischen Außenministerium«.
    a. Zum Beispiel schickte der Angeklagte PAPADOPOULOS, nachdem er mit dem russischen Außenministeriumskontakt mehrere E-Mails ausgetauscht und geskypt hatte, am oder um den 19. Juni dem hochrangigen Wahlkampfmitglied eine E-Mail mit dem Betreff: »Neue Nachricht aus Russland«, in der stand: »Das russische Außenministerium fragt an, ob falls Mr. Trump nicht in der Lage ist, nach Russland zu reisen, vielleicht ein Mitglied des Wahlkampfteams (ich oder jemand anders) zu einem Treffen kommen könnte? Ich bin bereit, inoffiziell dorthin zu reisen, falls es im Interesse von Mr. Trump und des Wahlkampfs ist, bestimmte Personen zu treffen.«
    b. Nachdem mehrere Wochen lang weiter bezüglich eines »inoffiziellen Treffens« mit russischen Stellen kommuniziert wurde, sagte der Wahlkampfmanager dem Angeklagten PAPADOPOULOS am oder um den 15. August 2016, er bestärke ihn und einen weiteren politischen Berater des Wahlkampfs, »die Reise zu machen, falls es sinnvoll ist«.
    c. Die von dem Angeklagten PAPADOPOULOS vorgeschlagene Reise fand nicht statt.

III. Die Falschaussagen des Angeklagten PAPADOPOULOS gegenüber dem FBI

22. Am oder um den 27. Januar 2017 erklärte sich der Angeklagte PAPADOPOULOS bereit, von FBI-Agenten vernommen zu werden.
23. Die Agenten informierten den Angeklagten PAPADOPOULOS, dass das FBI eine mögliche Einmischung der russischen Regierung in den Wahlkampf von 2016 untersuche und die Frage, ob einzelne Personen, die mit dem Wahlkampf zu tun hatten, darin involviert waren. Des Weiteren ließen sie den Angeklagten PAPADOPOULOS wissen, dass er die Wahrheit sagen müsse, und warnten ihn, er »könne Schwierigkeiten bekommen«, falls er lüge. Sie klärten ihn darüber auf, die Agenten zu belügen sei »ein Verstoß gegen Bundesrecht«. Sie bekräftigten, die Vernehmung sei »absolut freiwillig«.
24. Während der Vernehmung machte der Angeklagte PAPADOPOULOS mehrere Falschaussagen und verschwieg wichtige Fakten in Bezug auf sein oben beschriebenes Verhalten und seine Kontakte; er log vor allem bezüglich der zeitlichen Einordnung und des Inhalts seiner Kommunikation mit dem Professor, der russischen Staatsbürgerin und der Kontaktperson des russischen Außenministeriums.

Falschaussage: PAPADOPOULOS behauptete, er habe sich mit dem Professor getroffen und von dem »brisanten Material« der Russen erfahren, bevor er zum Wahlkampfteam stieß

25. Während der Vernehmung durch das FBI räumte der Angeklagte PAPADOPOULOS ein, dass er den Professor getroffen hatte und dieser ihm von dem »brisanten russischen Material« über die damalige Kandidatin Clinton erzählt hatte, den Tausenden E-Mails, aber der Angeklagte PAPADOPOULOS behauptete mehrfach, dieser Austausch sei in der Zeit erfolgt, bevor er zum Wahlkampfteam stieß. Der Angeklagte PAPADOPOULOS erzählte dem FBI: »Es ist nicht so, dass er [der Professor] mir Nachrichten geschickt hat, während ich in Trumps Team war«; »Ich war noch gar nicht in Trumps

Team, er hatte mich noch nicht einmal auf dem Schirm«; »Damals war ich noch nicht einmal in Trumps Dunstkreis«; und »Das war vor einem Jahr, noch bevor ich mit Trump zu tun hatte.« Außerdem sagte er, es sei ein merkwürdiger Zufall, dass er von diesem »brisanten Material« hörte, als er noch gar nicht für den Wahlkampf tätig gewesen sei.

26. In Wahrheit jedoch traf der Angeklagte PAPADOPOULOS den Professor, wie zuvor dargelegt, zum ersten Mal am oder um den 14. März 2016, nachdem der Angeklagte PAPADOPOULOS bereits erfahren hatte, dass dieser als außenpolitischer Berater dem Wahlkampfteam angehören würde; der Professor begann sich erst für den Angeklagten PAPADOPOULOS zu interessieren, als er von dessen Rolle im Wahlkampf wusste; und der Professor erzählte dem Angeklagten PAPADOPOULOS Ende April 2016 von dem »brisanten Material« über die damalige Kandidatin Clinton, das die Russen besäßen, also mehr als einen Monat nachdem der Angeklagte PAPADOPOULOS sich dem Wahlkampfteam anschloss.

Falschaussage: PAPADOPOULOS' Kontakte mit dem Professor seien irrelevant gewesen

27. Während der Vernehmung durch das FBI machte der Angeklagte PAPADOPOULOS auch mehrere Falschaussagen hinsichtlich des Ausmaßes und der Relevanz seines Austauschs mit dem Professor. Zum Beispiel behauptete der Angeklagte PAPADOPOULOS, »[der Professor] ist unwichtig«, er habe gedacht, der Professor sei »einfach nur jemand, der sich mit seinen Beziehungen wichtigmachen will oder so was in der Art«, und dass er ihn habe »verarschen wollen, um ehrlich zu sein«.
28. In Wahrheit jedoch wusste der Angeklagte PAPADOPOULOS, dass der Professor relevante Verbindungen zu hochrangigen Mitgliedern der russischen Regierung hatte und dass der Professor mit einigen seiner Kontakte in Moskau gesprochen hatte, bevor er dem Angeklagten PAPADOPOULOS von dem »brisanten Material« erzählte. Auch führte der Angeklagte PAPADOPOULOS mit dem Profes-

sor weitreichende Gespräche über außenpolitische Themen des Wahlkampfs, zum Beispiel über Bestrebungen, ein »geschichtsträchtiges« Treffen zwischen Mitgliedern des Wahlkampfteams und hochrangigen russischen Regierungsmitgliedern zu arrangieren.

29. Des Weiteren versäumte es der Angeklagte PAPADOPOULOS, die Ermittler darüber zu informieren, dass der Professor ihn mit der Kontaktperson des russischen Außenministeriums bekannt gemacht hatte, obwohl er explizit gefragt wurde, ob er sich während des Wahlkampfs mit Vertretern der russischen Staatsbürger getroffen habe oder überhaupt mit »jemandem mit russischem Akzent«. Und als der Angeklagte PAPADOPOULOS dem FBI erzählte, er habe an verschiedenen Treffen teilgenommen und sich während des Wahlkampfs »ständig in diplomatischer Mission« mit Vertretern verschiedener Länder getroffen, verschwieg er die tatsächliche Natur seines Kontakts mit dem Professor und der Kontaktperson des russischen Außenministeriums, im Bemühen, ein Treffen zwischen dem Wahlkampfteam und Vertretern der russischen Regierung zustande zu bringen.

Falschaussage: PAPADOPOULOS' Behauptung, er habe die russische Staatsbürgerin getroffen, bevor er sich dem Wahlkampfteam anschloss, und seine Kontakte zu ihr seien irrelevant gewesen

30. Während seiner Vernehmung durch das FBI behauptete der Angeklagte PAPADOPOULOS auch fälschlich, er habe die russische Staatsbürgerin getroffen, bevor er zum Wahlkampfteam stieß, und er habe »keinerlei« Beziehung zu ihr. Seine Kommunikation mit ihr habe sich lediglich auf ein paar unbedeutende E-Mails nach dem Muster »Hallo, wie geht's?« beschränkt, das sei alles gewesen.

31. In Wahrheit begegnete der Angeklagte PAPADOPOULOS der russischen Staatsbürgerin jedoch ungefähr am 24. März 2016, nachdem er bereits zum Wahlkampfteam gehörte, und er nahm an, die russische Staatsbürgerin habe Beziehungen zu hochrangigen russischen Regierungsmitgliedern und könne ihm behilflich sein, eine mögliche außenpolitisch rele-

vante Reise nach Russland zuwege zu bringen; und während des Wahlkampfs stand er in regem E-Mail-Austausch mit ihr und kommunizierte mehrmals per Skype bezüglich der möglichen außenpolitischen Reise nach Russland mit ihr.

IV. Ereignisse nach der Vernehmung von PAPADOPOULOS am 27. Januar 2017 durch das FBI

32. Das FBI vernahm den Angeklagten PAPADOPOULOS noch einmal am 16. Februar 2017 unter Anwesenheit seines Rechtsanwalts. Während der Vernehmung erklärte der Angeklagte PAPADOPOULOS erneut, er sei bereit, mit dem FBI zu kooperieren.
33. Am nächsten Tag, am oder um den 17. Februar 2017, deaktivierte der Angeklagte PAPADOPOULOS seinen Facebook-Account, den er ungefähr seit August 2005 pflegte und der Informationen über seine Kommunikation mit dem Professor und der Kontaktperson des russischen Außenministeriums enthielt. Kurz nachdem er den Account deaktiviert hatte, eröffnete PAPADOPOULOS einen neuen Facebook-Account, der keine Kommunikation mit dem Professor und der Kontaktperson des russischen Außenministeriums enthielt.
34. Am oder um den 23. Februar 2017 hörte der Angeklagte PAPADOPOULOS auf, seine alte Handynummer zu benutzen, und legte sich eine neue zu.
35. Am 27. Juli 2017 wurde der Angeklagte PAPADOPOULOS bei seiner Ankunft am Dulles International Airport verhaftet. Nach seiner Verhaftung traf sich der Angeklagte PAPADOPOULOS bei zahlreichen Gelegenheiten mit der Regierung, um Auskunft zu geben und sich den Fragen zu stellen.

ROBERT S. MUELLER, III
Sonderermittler
Mit: *Jeannie S. Rhee*
Andrew D. Goldstein
Aaron S.J. Zelinsky
Büro des Sonderermittlers

35. On July 27, 2017, defendant PAPADOPOULOS was arrested upon his arrival at Dulles International Airport. Following his arrest, defendant PAPADOPOULOS met with the Government on numerous occasions to provide information and answer questions.

ROBERT S. MUELLER, III
Special Counsel

By: ______________________
Jeannie S. Rhee
Andrew D. Goldstein
Aaron S.J. Zelinsky
The Special Counsel's Office

EINWILLIGUNG DES ANGEKLAGTEN

Die vorangegangene Erklärung ist eine Zusammenfassung, die dem Gericht als Faktengrundlage für mein Schuldbekenntnis zu der gegen mich gerichteten Anklage dienen soll. Sie enthält nicht die Gesamtheit der mir bekannten Sachverhalte, die die Anklage betreffen. Dieses Geständnis mache ich freiwillig und weil ich die Straftat, derer ich angeklagt bin, tatsächlich begangen habe. Weder wurde ich bedroht, noch stand ich unter dem Einfluss von irgendetwas, das meine Fähigkeit, diese Erklärung vollumfänglich zu verstehen, beeinträchtigt haben könnte.

Ich habe diese Erklärung vollständig gelesen oder mir vorlesen lassen. Nachdem ich mich mit meinen Anwälten beraten habe, stimme ich ihr gemäß der Federal Rule of Criminal Procedure 11 zu und bestätige in Kenntnis der Strafbarkeit von Falschaussagen, dass sie wahr und korrekt ist.

5. Oktober 2017

George Papadopoulos
Angeklagter

BESTÄTIGUNG DER RECHTSANWÄLTE

Ich habe diese Anklageschrift gelesen und sie mit meinem Mandanten gründlich durchgesehen. Entsprechend dem Wunsch meines Mandanten erkläre ich, dass diese Anklageschrift wahr und fehlerfrei ist.

5. Oktober 2017

Thomas M. Breen
Robert W. Stanley
Anwälte des Angeklagten

DEFENDANT'S ACCEPTANCE

The preceding statement is a summary, made for the purpose of providing the Court with a factual basis for my guilty plea to the charge against me. It does not include all of the facts known to me regarding this offense. I make this statement knowingly and voluntarily and because I am, in fact, guilty of the crime charged. No threats have been made to me nor am I under the influence of anything that could impede my ability to understand this Statement of the Offense fully.

I have read every word of this Statement of the Offense, or have had it read to me. Pursuant to Federal Rule of Criminal Procedure 11, after consulting with my attorney, I agree and stipulate to this Statement of the Offense, and declare under penalty of perjury that it is true and correct.

Date: 10/5/17

George Papadopoulos
Defendant

ATTORNEY'S ACKNOWLEDGMENT

I have read this Statement of the Offense, and have reviewed it with my client fully. I concur in my client's desire to adopt and stipulate to this Statement of the Offense as true and accurate.

Date: 10/5/17

Thomas M. Breen
Robert W. Stanley
Attorneys for Defendant

3.

Übereinkunft zum Straftatbestand

USA vs. Michael T. Flynn

1. Dezember 2017

Am 28. Dezember 2016, als sich seine achtjährige Amtszeit dem Ende zuneigte, verhängte Präsident Obama neue Sanktionen gegen Russland, und zwar aufgrund von Russlands Einmischung in die Präsidentschaftswahlen 2016. Untypisch für ihn, verkündete der russische Präsident Wladimir Putin, er werde von einer unmittelbaren Vergeltungsaktion absehen. Darauf twitterte der designierte Präsident Trump, er halte Putins Entscheidung für »sehr klug«.

Putins Zurückhaltung sorgte in Washington für einige Verwirrung – bis die *Washington Post* berichtete, Trumps designierter Nationaler Sicherheitsberater Michael T. Flynn habe an dem Tag, an dem die neuen Sanktionen verkündet wurden, mehrmals mit dem russischen Botschafter Sergej Kisljak gesprochen. Zuerst behauptete Flynn, sie beide hätten nur ein paar Höflichkeiten ausgetauscht, von den Sanktionen sei nicht die Rede gewesen. Flynn äußerte dies sowohl gegenüber der Öffentlichkeit und privat gegenüber Vizepräsident Pence – als auch vier Tage nach Trumps Amtseinführung gegenüber FBI-Agenten, die ins Weiße Haus geschickt wurden, um ihn über seine Verbindungen zu Kisljak zu vernehmen. Wie sich herausstellte, handelte es sich bei Flynns Erklärungen um Falschaussagen.

Nachdem die *Washington Post* berichtet hatte, dass Flynn tatsächlich mit Kisljak über die Sanktionen gesprochen hatte, trat er am 14. Februar 2017, nach gerade einmal vierundzwanzig Tagen im Amt, von seinem Posten im Weißen Haus zurück. Und zehn Monate später, am 1. Dezember, bekannte er sich des gegen ihn erhobenen Vorwurfs schuldig, das FBI getäuscht zu haben, und erklärte sich bereit, mit Sonderermittler Robert S. Mueller zusammenzuarbeiten. Die sechs Seiten umfassende Übereinkunft zum Straftatbestand zeigt detailliert auf, inwiefern Flynn gelogen hat. Er gab zu, er habe Kisljak darum gebeten, Russland möge auf eine weitere Eskalation der Beziehungen zwischen den beiden Ländern verzichten, und Kisljak habe ihm am nächsten Tag mitgeteilt, dass Putins Zurückhaltung eine direkte Reaktion auf Flynns Bitte sei. Als Flynn zurücktrat, sagte Trump, er habe keine Ahnung davon gehabt, dass Flynn mit Kisljak über die Sanktionen gesprochen habe. Dieses Dokument belegt jedoch, dass Flynn, der zu dem damaligen Zeitpunkt in die Dominikanische Republik reiste, ein »leitendes Mitglied des Übergangsteams« – das später als Flynns Stellvertreter K.T. MacFarland identifiziert wurde – angerufen hatte, um sich über die weitere Strategie abzusprechen, ehe er Kisljak eine Antwort bezüglich der Sanktionen gab. McFarland hielt sich zu dieser Zeit mit anderen leitenden Mitgliedern des Übergangsteams und Trump im Urlaubsresort des designierten Präsidenten in Florida auf.

Ferner räumte Flynn ein, das FBI bezüglich eines weiteren Kontakts mit Kisljak im Dezember 2016 belogen zu haben, eines Telefonats, bei dem Flynn den russischen Botschafter bat, Russland möge sich bei der Verabschiedung einer israelkritischen Resolution der Vereinten Nationen enthalten oder mit Nein stimmen. Flynn gab an, er habe dieses Telefonat auf Veranlassung eines »sehr hochrangigen Mitglieds des Übergangsteams des designierten Präsidenten« getätigt, das später als Trumps Schwiegersohn Jared Kushner identifiziert wurde. Auch räumte Flynn ein, er habe den Justizbehörden falsche Angaben gemacht, indem er sich erst im Nachhinein als Lobbyist für ein anderes Land habe registrieren lassen, nachdem er während des Wahlkampfs im Rahmen eines Wirtschaftsprojekts die türkische Regierung begünstigt hatte.

Flynn war der hochrangigste Amtsträger aus Trumps unmittelbarem Umfeld, der sich der gegen ihn erhobenen Vorwürfe schuldig bekannte und sich bereit erklärte, Mueller zu unterstützen, dessen Ermittler Flynns Kooperation lobten, nachdem er sich im Folgejahr für neunzehn Vernehmungen zur Verfügung gestellt hatte. Doch bei einer aufsehenerregenden Anhörung im Dezember 2018 rief Bundesrichter Emmet G. Sullivan am US District Court dem Land in Erinnerung, wie tief Flynn gesunken war, indem er verdeckt für eine ausländische Regierung tätig gewesen sei und während einer Vernehmung in den heiligen Hallen des Weißen Hauses Bundesermittler belogen habe: »Man könnte sagen, Sie haben Ihr Land verraten«, sagte Sullivan zu Flynn.

FILED
DEC 0 1 2017
Clerk, U.S. District and Bankruptcy Courts

UNITED STATES DISTRICT COURT
FOR THE DISTRICT OF COLUMBIA

UNITED STATES OF AMERICA v. MICHAEL T. FLYNN, Defendant.	Criminal No.: Violation: 18 U.S.C. § 1001 (False Statements)

STATEMENT OF THE OFFENSE

Pursuant to Federal Rule of Criminal Procedure 11, the United States of America and the defendant, MICHAEL T. FLYNN, stipulate and agree that the following facts are true and accurate. These facts do not constitute all of the facts known to the parties concerning the charged offense; they are being submitted to demonstrate that sufficient facts exist that the defendant committed the offense to which he is pleading guilty.

1. The defendant, MICHAEL T. FLYNN, who served as a surrogate and national security advisor for the presidential campaign of Donald J. Trump ("Campaign"), as a senior member of President-Elect Trump's Transition Team ("Presidential Transition Team"), and as the National Security Advisor to President Trump, made materially false statements and omissions during an interview with the Federal Bureau of Investigation ("FBI") on January 24, 2017, in Washington, D.C. At the time of the interview, the FBI had an open investigation into the Government of Russia's ("Russia") efforts to interfere in the 2016 presidential election, including the nature of any links between individuals associated with the Campaign and Russia, and whether there was any coordination between the Campaign and Russia's efforts.

2. FLYNN's false statements and omissions impeded and otherwise had a material impact on the FBI's ongoing investigation into the existence of any links or coordination

UNITED STATES DISTRICT COURT
FÜR DEN DISTRICT OF COLUMBIA

VEREINIGTE STAATEN VON AMERIKA vs.
MICHAEL T. FLYNN, Angeklagter
STRAFTAT NR.: cr-00232-RC
Straftatbestand: 18 U.S.C. § 1001
(Falschaussagen)

ÜBEREINKUNFT ZUM STRAFTATBESTAND

Gemäß der Federal Rule of Criminal Procedure 11 stimmen die Vereinigten Staaten von Amerika und der Angeklagte MICHAEL T. FLYNN darin überein, dass die folgenden Sachverhalte wahr und richtig sind. Diese Fakten stellen nicht die Gesamtheit der Fakten dar, welche die Anklage betreffen und den Parteien bekannt sind; sie werden als Nachweis dafür vorgelegt, dass die Fakten ausreichen, zu beweisen, dass der Angeklagte die Straftat, derer er sich schuldig bekennt, begangen hat.

1. Der Angeklagte, MICHAEL T. FLYNN, der Stellvertreter und Nationaler Sicherheitsberater im Wahlkampf von Donald J. Trump (»Wahlkampf«) war sowie ein hochrangiges Mitglied des Übergangsteams des designierten Präsidenten (»Übergangsteam«) und Nationaler Sicherheitsberater von Präsident Trump, machte während seiner Vernehmung durch das FBI am 24. Januar 2017 in Washington, D.C., schwerwiegende Falschaussagen und verschwieg relevante Informationen. Seine Vernehmung fiel in die Zeit, in der das FBI eine Untersuchung bezüglich der möglichen Einmischung der russischen Regierung (»Russland«) in den Wahlkampf von 2016 durchführte und darüber, ob es Abstimmungen zwischen dem Wahlkampfteam und der russischen Regierung gab.

2. FLYNNS Falschaussagen und sein Verschweigen relevanter Informationen behinderten und beeinflussten die laufenden Ermittlungen des FBI in Bezug auf die Frage, ob es Verbindungen oder Absprachen zwischen Mitgliedern des Wahlkampfteams und Russland in Bezug auf den Wahlkampf von 2016 gab.

Falschaussagen bezüglich FLYNNS Bitte an den russischen Botschafter, auf eine Eskalation der Situation als Antwort auf die US-amerikanischen Sanktionen gegen Russland zu verzichten

3. Am oder um den 24. Januar 2017 stimmte FLYNN einer Vernehmung durch Agenten des FBI zu (»freiwillige Vernehmung vom 24. Januar«). Während der Vernehmung behauptete FLYNN wahrheitswidrig, er habe den russischen Botschafter in den USA (»russischer Botschafter«) nicht gebeten, die Situation nicht weiter zu verschärfen, indem sich Russland für die US-amerikanischen Sanktionen gegen Russland rächte. FLYNN behauptete ebenfalls wahrheitswidrig, er könne sich nicht an ein darauf folgendes Gespräch erinnern, bei dem der russische Botschafter sagte, Russland habe beschlossen, auf FLYNNS Bitte hin nur moderat auf die Sanktionen zu reagieren. In Wahrheit jedoch war FLYNN zu diesem Zeitpunkt über folgende Ereignisse im Bilde:
   a. Am oder um den 28. Dezember 2016 unterschrieb der damalige Präsident Barack Obama das Dekret 13757, das am folgenden Tag in Kraft trat. In dem Dekret wurden Sanktionen gegen Russland verkündet, als Antwort auf Maßnahmen der russischen Regierung, die auf eine Beeinflussung der Präsidentschaftswahlen von 2016 abzielten (»US-Sanktionen«).
   b. Am oder um den 28. Dezember 2016 kontaktierte der russische Botschafter FLYNN.
   c. Am oder um den 29. Dezember 2016 rief FLYNN ein hochrangiges Mitglied des Übergangsteams des Präsidenten (»Übergangsteammitglied«) an, das sich gerade mit anderen hochrangigen Mitgliedern des Übergangsteams im Mar-a-Lago-Resort in Palm Beach, Florida,

aufhielt. FLYNN wollte mit ihm besprechen, ob er dem russischen Botschafter in Bezug auf die US-amerikanischen Sanktionen etwas sagen solle und wenn ja, was. Bei diesem Telefonat sprachen FLYNN und das Übergangsteammitglied über die Sanktionen, u. a. über deren potenzielle Auswirkungen auf die künftige außenpolitische Ausrichtung. Des Weiteren teilte das Übergangsteammitglied FLYNN mit, dass die übrigen Mitglieder des Übergangsteams, die in Mar-a-Lago tagten, nicht wollten, dass Russland etwas unternahm, was die Situation weiter eskalieren ließe.

d. Unmittelbar nach seinem Telefonat mit dem Übergangsteammitglied rief FLYNN den russischen Botschafter an und bat ihn, Russland möge die Situation nicht verschärfen, sondern sich allenfalls auf »spiegelbildliche« Sanktionen beschränken.

e. Kurz nach seinem Telefonat mit dem russischen Botschafter sprach FLYNN mit dem Übergangsteammitglied, um ihm von seinem Telefonat mit dem russischen Botschafter zu berichten, dass sie u. a. die US-Sanktionen erörtert hatten.

f. Am oder um den 30. Dezember 2016 ließ Präsident Wladimir Putin verlautbaren, Russland werde vorläufig auf Vergeltungsmaßnahmen als Reaktion auf die US-Sanktionen verzichten.

g. Am oder um den 31. Dezember 2016 rief der russische Botschafter FLYNN an und informierte ihn, dass Russland beschlossen hatte, FLYNNS Bitte nachzukommen und auf Vergeltungsmaßnahmen zu verzichten.

h. Nach seinem Telefonat mit dem russischen Botschafter sprach FLYNN mit leitenden Mitgliedern des Übergangsteams über seine Gespräche mit dem russischen Botschafter in Bezug auf die US-Sanktionen und Russlands Entscheidung, die Situation nicht zu verschärfen.

Falschaussagen in Bezug auf FLYNNS Appell an Vertreter anderer Staaten, gegen eine bestimmte Resolution des Sicherheitsrats der Vereinten Nationen zu stimmen oder sich zu enthalten

4. Bei der freiwilligen Vernehmung vom 24. Januar machte FLYNN erneut Falschaussagen hinsichtlich seiner Telefonate mit Russland und verschiedenen anderen Staaten, in denen es um die Resolution ging, die Ägypten am 21. Dezember 2016 beim Sicherheitsrat der Vereinten Nationen einbrachte. Im Einzelnen behauptete FLYNN fälschlich, er habe sich nur nach den jeweiligen Positionen der Länder erkundigt, aber nicht gefordert, dass sich diese auf eine bestimmte Weise bei der Abstimmung verhalten sollten. Auch behauptete FLYNN wahrheitswidrig, der russische Botschafter habe ihm nicht mitgeteilt, wie sich Russland auf FLYNNS Aufforderung in Bezug auf die Resolution verhalten werde. In Wahrheit war FLYNN zu diesem Zeitpunkt jedoch über folgende Ereignisse im Bilde:
   a. Am oder um den 21. Dezember 2016 brachte Ägypten eine Resolution beim Sicherheitsrat der Vereinten Nationen ein, bei der es um Israels Siedlungspolitik ging (»Resolution«). Am folgenden Tag sollte im Sicherheitsrat der Vereinten Nationen über die Resolution abgestimmt werden.
   b. Am oder um den 22. Dezember 2016 wies ein sehr ranghohes Mitglied des Übergangsteams FLYNN an, andere hochrangige Vertreter verschiedener Staaten, darunter Russland, zu kontaktieren, um herauszufinden, welche Position die jeweilige Regierung einnahm, und diese dahingehend zu beeinflussen, sich bei der Abstimmung zu enthalten oder gegen die Resolution zu stimmen.
   c. Am oder um den 22. Dezember 2016 kontaktierte FLYNN den russischen Botschafter bezüglich der bevorstehenden Abstimmung. FLYNN informierte den russischen Botschafter, dass die künftige US-Regierung die Resolution ablehne, und forderte Russland auf, ebenfalls mit Nein zu stimmen oder sich zu enthalten.

d. Am oder um den 23. Dezember 2016 sprach FLYNN erneut mit dem russischen Botschafter, der FLYNN informierte, dass Russland, sollte es zu einer Abstimmung kommen, die Resolution nicht ablehnen werde.

Weitere Falschaussagen bezüglich FLYNNS Kontakten mit ausländischen Regierungsvertretern

5. Am 7. März 2017 übergab FLYNN dem Justizministerium mehrere Dokumente, die in den Geltungsbereich des Foreign Agents Registration Act* (»FARA-Gesetz«) fallen und in denen es um ein Projekt ging, das er und seine Firma, die Flynn Intel Group, Inc. (»FIG«), durchgeführt hatten und das der Türkei Vorteile verschaffte (»Türkei-Projekt«). In den FARA-Akten machte FLYNN schwerwiegende Falschaussagen und verschwieg relevante Informationen, u. a. behauptete er fälschlich, (a) FIG habe nicht gewusst, dass und inwieweit die Türkei in das Türkei-Projekt involviert sei, (b) bei dem Türkei-Projekt sei es hauptsächlich darum gegangen, das Vertrauen US-amerikanischer Firmen in die Türkei zu stärken, damit diese dort geschäftlich tätig wurden, und (c) ein Meinungskommentar von FLYNN, der am 8. November 2016 in *The Hill* veröffentlicht wurde, sei seiner eigenen Initiative geschuldet; außerdem verschwieg FLYNN, dass Amtsträger der Republik Türkei das Projekt steuerten und überwachten.

ROBERT S. MUELLER, III
Sonderermittler
Mit:
Brandon L. Van Grack
Zainab N. Ahmad
Senior Assistant Special Counsels
The Special Counsel's Office

* Das FARA-Gesetz wurde 1938 verabschiedet und richtete sich gegen Propagandisten aus Nazideutschland. 1966 vorgenommene Änderungen zielten in erster Linie auf politische Lobbyisten aus dem Ausland ab. Dies können sowohl juristische als auch natürliche Personen sein. (Anm. d. Ü.)

d. On or about December 23, 2016, FLYNN again spoke with the Russian Ambassador, who informed FLYNN that if it came to a vote Russia would not vote against the resolution.

Other False Statements Regarding FLYNN's Contacts with Foreign Governments

5. On March 7, 2017, FLYNN filed multiple documents with the Department of Justice pursuant to the Foreign Agents Registration Act ("FARA") pertaining to a project performed by him and his company, the Flynn Intel Group, Inc. ("FIG"), for the principal benefit of the Republic of Turkey ("Turkey project"). In the FARA filings, FLYNN made materially false statements and omissions, including by falsely stating that (a) FIG did not know whether or the extent to which the Republic of Turkey was involved in the Turkey project, (b) the Turkey project was focused on improving U.S. business organizations' confidence regarding doing business in Turkey, and (c) an op-ed by FLYNN published in *The Hill* on November 8, 2016, was written at his own initiative; and by omitting that officials from the Republic of Turkey provided supervision and direction over the Turkey project.

ROBERT S. MUELLER, III
Special Counsel

By: ______________________
Brandon L. Van Grack
Zainab N. Ahmad
Senior Assistant Special Counsels
The Special Counsel's Office

EINWILLIGUNG DES ANGEKLAGTEN

Die vorangegangene Erklärung ist eine Zusammenfassung, die dem Gericht als Faktengrundlage für mein Schuldbekenntnis zu der gegen mich gerichteten Anklage dienen soll. Sie enthält nicht die Gesamtheit der mir bekannten Sachverhalte, die die Anklage betreffen. Dieses Geständnis mache ich freiwillig und weil ich die Straftat, derer ich angeklagt bin, tatsächlich begangen habe. Weder wurde ich bedroht, noch stand ich unter dem Einfluss von irgendetwas, was meine Fähigkeit, diese Erklärung vollumfänglich zu verstehen, beeinträchtigt haben könnte.

Ich habe jedes Wort dieser Erklärung gelesen oder mir vorlesen lassen. Nachdem ich mich mit meinen Anwälten beraten habe, stimme ich ihr gemäß der Federal Rule of Criminal Procedure 11 zu und bestätige in Kenntnis der Strafbarkeit von Falschaussagen, dass sie wahr und korrekt ist.

30. November 2017 *Michael T. Flynn*
Angeklagter

BESTÄTIGUNG DER RECHTSANWÄLTE

Ich habe diese Anklageschrift gelesen und sie mit meinem Mandanten gründlich durchgesehen. Entsprechend dem Wunsch meines Mandanten erkläre ich, dass diese Anklageschrift wahr und fehlerfrei ist.

30. November 2017 *Robert K. Kelner*
Anwalt des Angeklagten

Stephen P. Anthony
Anwalt des Angeklagten

Case 1:17-cr-00232-RC Document 4 Filed 12/01/17 Page 6 of 6

DEFENDANT'S ACCEPTANCE

The preceding statement is a summary, made for the purpose of providing the Court with a factual basis for my guilty plea to the charge against me. It does not include all of the facts known to me regarding this offense. I make this statement knowingly and voluntarily and because I am, in fact, guilty of the crime charged. No threats have been made to me nor am I under the influence of anything that could impede my ability to understand this Statement of the Offense fully.

I have read every word of this Statement of the Offense, or have had it read to me. Pursuant to Federal Rule of Criminal Procedure 11, after consulting with my attorneys, I agree and stipulate to this Statement of the Offense, and declare under penalty of perjury that it is true and correct.

Date: 11/30/17

Michael T. Flynn
Defendant

ATTORNEYS' ACKNOWLEDGMENT

I have read this Statement of the Offense, and have reviewed it with my client fully. I concur in my client's desire to adopt and stipulate to this Statement of the Offense as true and accurate.

Date: 11/30/17

Robert K. Kelner
Attorney for Defendant

Stephen P. Anthony
Attorney for Defendant

6

4.

Eröffnungsbeschluss zur Anklage *USA vs. Internet Research Agency et al.* 16. Februar 2018

Der erste große Schlag gegen die Russen, die Robert S. Mueller wegen Wahlkampfeinmischung anklagte, erfolgte im Februar 2018, als er einen 37-seitigen Eröffnungsbeschluss zur Anklage einreichte, in dem er und sein Team detailliert darlegten, wie die Internet Research Agency – eine kleine Firma mit Sitz in St. Petersburg, Russland – eine groß angelegte Online-Propaganda-Maschinerie in Gang gesetzt hatte, um Wähler zu beeinflussen, für Donald Trump zu stimmen und sich gegen dessen Rivalin Hillary Clinton, die Kandidatin der Demokraten, zu entscheiden.

Der Plan für diese Verschwörung in den sozialen Netzwerken wurde 2014 ausgebrütet, noch bevor die meisten Amerikaner auch nur einen Gedanken an die nächsten Präsidentschaftswahlen hegten. Laut Anklageschrift beschlossen die beteiligten Russen im Frühjahr 2016, Trump zu unterstützen und Clinton zu schaden.

Die Anklage zeichnet sich durch ihre Detailgenauigkeit aus und legt dar, dass die Ermittler Zugang zu dem Nachrichtenaustausch der Gruppe hatten, einschließlich einer E-Mail vom September 2017, in der eine Mitarbeiterin der beschuldigten Firma an ein Familienmitglied schrieb: »Das FBI ist uns auf die Schliche gekommen (kein Witz).« Ferner machte der Sonderermittler geltend, dass diese Russen auch offline tätig waren, und deckte auf, dass drei der Beschuldigten zehn US-amerikanische Bundesstaaten bereist hatten, um sensible politische Informationen über die USA zu sammeln.

Die Gruppe kommunizierte online mit einer Reihe von Amerikanern, die so zu ihren ahnungslosen Marionetten wurden, wie der Sonderermittler kommentierte. Die beschuldigten Russen überredeten die Amerikaner, Kundgebungen zugunsten von Trump abzuhalten, und bezahlten Kostüme und andere Requisiten, damit bei den Kundgebungen Statisten als Hillary Clinton im Sträflingsanzug posierten.

Weder klagte der Sonderermittler zu diesem Zeitpunkt explizit die russische Regierung wegen illegaler Machenschaften an, noch legt die Anklageschrift die Aktivitäten von russischen Hackern dar. Dies sollte später in einem ebenso detaillierten Beschluss zur Anklage erfolgen, in der Mueller die Geheimdiensteinheit des russischen Militärs ins Visier nahm, die vermutlich die E-Mails von Clintons Wahlkampfmanager John Podesta und des Democratic National Committee* hackte.

Einer der genannten Beschuldigten, Jewgenij Prigoschin, der laut Ermittlern half, Mittel für die Finanzierung dieser Art der Einflussnahme zu beschaffen, sagte gegenüber einer staatlichen russischen Nachrichtenagentur, er nehme die Anklage gegen ihn gelassen. »Die Amerikaner sehen, was sie sehen wollen«, waren seine Worte. Eine Prigoschin nahestehende Firma, die ebenfalls in der Anklage genannt wird, bestreitet die gegen sie erhobenen Vorwürfe und hat US-amerikanische Anwälte mit ihrer Verteidigung vor Gericht beauftragt.

* Oberste Organisation der Demokratischen Partei, die Fundraising betreibt und die Positionen der Partei darlegt. (Anm. d. Ü.)

Case 1:18-cr-00032-DLF Document 1 Filed 02/16/18 Page 1 of 37

IN THE UNITED STATES DISTRICT COURT
FOR THE DISTRICT OF COLUMBIA

UNITED STATES OF AMERICA	*	
	*	CRIMINAL NO.
v.	*	
	*	(18 U.S.C. §§ 2, 371, 1349, 1028A)
INTERNET RESEARCH AGENCY LLC	*	
A/K/A MEDIASINTEZ LLC A/K/A	*	
GLAVSET LLC A/K/A MIXINFO	*	
LLC A/K/A AZIMUT LLC A/K/A	*	
NOVINFO LLC,	*	
CONCORD MANAGEMENT AND	*	
CONSULTING LLC,	*	
CONCORD CATERING,	*	
YEVGENIY VIKTOROVICH	*	
PRIGOZHIN,	*	
MIKHAIL IVANOVICH BYSTROV,	*	
MIKHAIL LEONIDOVICH BURCHIK	*	
A/K/A MIKHAIL ABRAMOV,	*	
ALEKSANDRA YURYEVNA	*	
KRYLOVA,	*	
ANNA VLADISLAVOVNA	*	
BOGACHEVA,	*	
SERGEY PAVLOVICH POLOZOV,	*	
MARIA ANATOLYEVNA BOVDA	*	
A/K/A MARIA ANATOLYEVNA	*	
BELYAEVA,	*	
ROBERT SERGEYEVICH BOVDA,	*	
DZHEYKHUN NASIMI OGLY	*	
ASLANOV A/K/A JAYHOON	*	
ASLANOV A/K/A JAY ASLANOV,	*	
VADIM VLADIMIROVICH	*	
PODKOPAEV,	*	
GLEB IGOREVICH VASILCHENKO,	*	
IRINA VIKTOROVNA KAVERZINA,	*	
and	*	
VLADIMIR VENKOV.	*******	

Defendants.

IM UNITED STATES DISTRICT COURT
FÜR DEN DISTRICT OF COLUMBIA

VEREINIGTE STAATEN VON AMERIKA
vs.
INTERNET RESEARCH AGENCY LLC
alias MEDIASINTEZ LLC alias
GLAVSET LLC alias MIXINFO
LLC alias AZIMUT LLC alias
NOVINFO LLC,
CONCORD MANAGEMENT UND
CONSULTING LLC,
CONCORD CATERING,
JEWGENIJ WIKTOROWITSCH
PRIGOSCHIN,
MICHAIL IWANOWITSCH BYSTROW,
MICHAIL LEONIDOWITSCH BURTSCHIK
alias MIKHAIL ABRAMOV,
ALEXANDRA JURJEWNA
KRYLOWA,
ANNA WLADISLAWOWNA
BOGATSCHEWA,
SERGEJ PAWLOWITSCH POLOSOW,
MARIA ANATOLJEWNA BOWDA
alias MARIA ANATOLJEWNA
BELJAJEVA,
ROBERT SERGEJEWITSCH BOWDA,
DSCHEJCHUN NASIMI OGLY
ASLANOW alias JAYHOON
ASLANOV alias JAY ASLANOV,
WADIM WLADIMIROWITSCH
PODKOPAJEW,
GLEB IGOREWITSCH WASILTSCHENKO,
IRINA WIKTOROWNA KAWERSINA,

und
WLADIMIR WENKOW.

Beschuldigte

STRAFTAT NR.: 18 U.S.C. §§ 2, 371, 1349, 1028A

ERÖFFNUNGSBESCHLUSS ZUR ANKLAGE

Die Grand Jury des District of Columbia klagt an:

Einleitung

1. Die Vereinigten Staaten von Amerika regeln über ihre Ministerien und Behörden die Aktivitäten ausländischer Personen und Organisationen, um eine regelwidrige Einflussnahme auf die Wahlen und das politische System der USA zu verhindern oder offenzulegen bzw. dieser entgegenzuwirken. Die US-amerikanischen Gesetze untersagen ausländischen Staatsbürgern, finanzielle Aufwendungen zu leisten zu dem Zweck, Wahlen zu beeinflussen. Die Gesetze der USA verbieten es auch Vertretern ausländischer Organisationen, sich in den Vereinigten Staaten politisch zu betätigen, ohne dies zuvor beim Justizministerium anzumelden. Ferner verlangen die US-amerikanischen Gesetze von ausländischen Staatsbürgern, die in die USA einreisen wollen, ein Visum zu beantragen und dabei der Regierung wahrheitsgemäße und vollständige Angaben zu machen. Es zählt zu den Aufgaben verschiedener Bundesbehörden – darunter die Bundeswahlbehörde, das Justizministerium und das Außenministerium der USA –, die Einhaltung dieser Gesetze zu überwachen.
2. Die beschuldigte INTERNET RESEARCH AGENCY LLC (»ORGANISATION«) ist eine russische Organisation, deren Operationen den Zweck verfolgen, Wahlen und politische Prozesse zu beeinflussen. Die Beschuldigten MICHAIL IWANOWITSCH BYSTROW, MICHAIL LEONIDOWITSCH BURTSCHIK, ALEXANDRA JURJEWNA KRYLOWA, ANNA WLADISLAWOWNA BOGATSCHEWA, ROBERT SERGEJ PAWLOWITSCH POLOSOW, MARIA ANATOLJEWNA BOWDA, ROBERT SERGEJEWITSCH BOWDA, DSCHEJCHUN NASIMI OGLY ASLANOW, WADIM WLADIMIROWITSCH PODKOPAJEW, GLEB IGOREWITSCH WASILTSCHENKO, IRINA WIKTOROWNA KAWERSINA und WLADIMIR WENKOW waren in ver-

schiedenen Funktionen für die ORGANISATION tätig und führten Operationen aus, die darauf abzielten, sich in die Belange der USA einzumischen. Ungefähr von 2014 bis in die Gegenwart sprachen sich die Beschuldigten (sowie weitere Personen, die der Grand Jury teils bekannt, teils nicht bekannt sind) wissentlich und vorsätzlich ab, um eine Straftat gegen die USA zu begehen, indem sie die gesetzmäßigen Funktionen des US-amerikanischen Staatssystems beeinträchtigten, störten und behinderten sowie die politischen Prozesse und Wahlen, einschließlich der Präsidentschaftswahlen von 2016, durch arglistige Täuschung beeinflussten.

3. Von Anfang 2014 an begann die beschuldigte ORGANISATION, sich in das politische System der USA einzumischen, einschließlich der Präsidentschaftswahlen von 2016. Die beschuldigte ORGANISATION bekam für ihre Operationen Geldmittel vom Beschuldigten JEWGENIJ WIKTOROWITSCH PRIGOSCHIN und von durch ihn gesteuerten Firmen, einschließlich der beschuldigten Firma CONCORD MANAGEMENT AND CONSULTING LLC und CONCORD CATERING (zusammen »CONCORD«). Die Beschuldigten CONCORD und PRIGOSCHIN gaben beträchtliche Summen aus, um die Machenschaften der ORGANISATION zu unterstützen und den übrigen Beschuldigten sowie weiteren nicht beschuldigten Angestellten der ORGANISATION Gehalt und Boni für ihre Tätigkeit für die ORGANISATION zu bezahlen.
4. Einige der Beschuldigten, die sich als US-Amerikaner ausgaben und sich gefälschter US-amerikanischer Identitäten bedienten, betrieben Seiten auf sozialen Netzwerken und riefen fiktive Gruppen ins Leben, um ein US-amerikanisches Publikum anzusprechen. Diese Gruppen und Seiten, die kontroverse politische und soziale Themen aufgriffen, erweckten den irreführenden Eindruck, von US-Aktivisten betrieben zu werden, während sie in Wahrheit von den Beschuldigten gesteuert wurden. Die Beschuldigten benutzten auch gestohlene Identitäten realer US-amerikanischer Bürger, um Botschaften auf von der ORGANISATION gesteu-

erten Accounts sozialer Netzwerke zu posten. Im Laufe der Zeit wurden diese Soziale-Netzwerke-Accounts zu wichtigen Werkzeugen der Beschuldigten, um eine beträchtliche Zahl Amerikaner zu erreichen, mit dem Ziel, das US-amerikanische politische System zu beeinflussen, einschließlich der Präsidentschaftswahlen von 2016.

5. Einige Beschuldigte reisten unter Vorspiegelung falscher Tatsachen in die USA, während sie in Wirklichkeit benötigte Informationen für die Operationen der Beschuldigten sammelten. Die Beschuldigten schufen und nutzten auch Computer-Infrastruktur, deren Standort zum Teil in den USA war, um den russischen Ursprung ihrer Aktivitäten zu verschleiern und zu verhindern, dass sie von den Regulierungs- und Strafverfolgungsbehörden der USA entdeckt wurden.
6. Die beschuldigte ORGANISATION verfolgte das strategische Ziel, Unfrieden im politischen System der USA zu säen, einschließlich der Präsidentschaftswahlen von 2016. Die Beschuldigten posteten herabwürdigende Informationen über einige Kandidaten und begannen ab Anfang oder Mitte 2016, den Wahlkampf des Kandidaten Donald J. Trump (»Trump-Wahlkampf«) zu unterstützen und Hillary Clinton zu verunglimpfen. Um diese Aktivitäten auszuführen, tätigten die Beschuldigten verschiedene Ausgaben, u. a. bezahlten sie Anzeigen in sozialen Netzwerken und verwendeten dafür die Namen von US-Bürgern und -Organisationen. Die Beschuldigten veranstalteten auch politische Kundgebungen in den USA, und indem sie sich als US-amerikanische Graswurzelorganisationen oder US-Bürger ausgaben und ohne ihre russische Identität und Zugehörigkeit zu der ORGANISATION zu enthüllen, stifteten sie US-Bürger dazu an, bestimmte Kandidaten zu unterstützen und andere zu diskreditieren, und bezahlten sie für ihre »Dienste«. Einige Beschuldigte gaben sich als US-Bürger aus und kommunizierten, ohne ihre russische Herkunft zu enthüllen, mit ahnungslosen Personen, die sich im Trump-Wahlkampf engagierten, und mit anderen politischen Aktivisten, mit dem Ziel, die verschiedenen politischen Aktivitäten zu koordinieren.

7. Um ihre Aktivitäten auszuführen und die politischen Prozesse und Wahlen zu beeinflussen, konspirierten die Beschuldigten miteinander, ohne ihre russischen Identitäten zu enthüllen, um durch arglistige Täuschung die gesetzmäßigen Funktionen im US-amerikanischen Staatssystem zu beeinträchtigen, wozu auch ihre finanziellen Ausgaben für die Beeinflussung der Präsidentschaftswahlen von 2016 zählten, ohne die Offenlegungsvorschriften einzuhalten und sich als Vertreter ausländischer Organisationen anzumelden, die politische Aktivitäten in den USA ausführten; und indem sie unter Vortäuschung falscher Tatsachen und mit betrügerischen Angaben Visa erlangten.

ANKLAGEPUNKT EINS
(Verabredung zu einem Verbrechen gegen die Vereinigten Staaten)

8. Paragrafen 1 bis 7 dieser Anklage sind Bestandteil dieses Anklagepunktes, und es wird darauf Bezug genommen, auch wenn sie hier nicht nochmals aufgeführt werden.
9. Ungefähr von 2014 an bis in die Gegenwart verabredeten sich im District of Columbia und anderswo die Beschuldigten gemeinsam mit anderen der Grand Jury teils bekannten, teils nicht bekannten Personen, die Vereinigten Staaten wissentlich und vorsätzlich zu betrügen, indem sie die gesetzmäßigen Funktionen beeinträchtigten, störten und behinderten in Bezug auf die Bundeswahlkommission, das Justizministerium und das Außenministerium der USA bei der Ausübung der bundesstaatlichen Regelung zur Offenlegung von ausländischer Beteiligung an bestimmten innenpolitischen Aktivitäten.

Die Beschuldigten

10. Die Beschuldigte INTERNET RESEARCH AGENCY LLC (Агентство Интернет Исследований) ist eine russische Organisation, deren Ziel es ist, politische Prozesse und Wahlen zu beeinflussen. Ungefähr im Juli 2013 ließ sich die ORGANISATION als russische Kapitalgesellschaft registrieren. Ungefähr von Juni 2014 an verschleierte die ORGANISATION ihre Absichten, indem sie ihre Aktivitäten unter dem Deckmantel verschiedener russischer Firmen auszuüben begann, darunter die Internet Research LLC, MediaSintez LLC, GlavSet LLC, MixInfo LLC, Azimut LLC und NovInfo LLC. Ungefähr ab 2014 unterhielt die ORGANISATION ein Büro in der Sawuschkina-Straße 55 in St. Petersburg, Russland. Dieser Standort wurde zu einer der Schaltzentralen der ORGANISATION, von wo aus die Beschuldigten und weitere Mitverschwörer ihre Aktivitäten ausführten, um das politische System der USA zu stören, einschließlich der Präsidentschaftswahlen von 2016.
    a. Die ORGANISATION beschäftigte für ihre Internet-Operationen Hunderte von Personen, angefangen von Mitarbeitern, die fiktive Personas kreierten, bis zu technischen und administrativen Dienstleistern. Das Jahresbudget der ORGANISATION betrug etliche Millionen Dollar.
    b. Die ORGANISATION stand unter der Federführung einer Management-Gruppe und war in verschiedene Abteilungen gegliedert, darunter eine Grafikabteilung, eine Abteilung für Datenanalyse, Suchmaschinenoptimierung (»SEO«) und Informationstechnologie (»IT«), zuständig für die Instandhaltung der digitalen Infrastruktur, die die ORGANISATION für ihre Operationen nutzte, sowie eine Finanzabteilung für die Budgetierung und Bereitstellung von Finanzmitteln.
    c. Die ORGANISATION verfolgte u. a. das Ziel, einen »Informationskrieg gegen die Vereinigten Staaten von Amerika« zu führen, und zwar mittels fiktiver US-Per-

sonas in sozialen Netzwerken und anderen internetbasierten Medien.

d. Ungefähr im April 2014 gründete die ORGANISATION eine Abteilung, die unter verschiedenen Namen fungierte und häufig das »Übersetzerprojekt« genannt wurde. Dieses Projekt zielte auf die US-amerikanische Bevölkerung ab, und die Beteiligten führten Operationen auf Social-Media-Plattformen wie YouTube, Facebook, Instagram und Twitter aus. Bis ungefähr Juli 2016 arbeiteten mehr als achtzig Angestellte der ORGANISATION an diesem »Übersetzerprojekt«.

e. Ab etwa Mai 2014 zählte zur Strategie der ORGANISATION auch die Einmischung in den Präsidentschaftswahlkampf von 2016, mit dem erklärten Ziel, »Misstrauen gegenüber den Kandidaten und dem politischen System im Allgemeinen zu säen«.

11. Die Beschuldigten CONCORD MANAGEMENT AND CONSULTING LLC (Конкор Менеджмент и Консалтинг) und CONCORD CATERING sind zwei miteinander in Beziehung stehende russische Unternehmen mit diversen Kontakten zur russischen Regierung. CONCORD war die wichtigste Finanzquelle für die Beeinflussungsoperationen der ORGANISATION. CONCORD kontrollierte die Finanzmittel, beriet bei der Personalauswahl und überwachte die Aktivitäten der ORGANISATION mittels Berichtswesen und Interaktion mit dem Management der ORGANISATION.

a. Concord versah die ORGANISATION mit Geldmitteln, und zwar im Rahmen einer größer angelegten Einmischungsoperation mit dem Namen »Lachta-Projekt«. Das Lachta-Projekt umfasste mehrere Komponenten, von denen einige auf Gruppen innerhalb der russischen Föderation abzielten, andere auf Zielgruppen im Ausland, darunter auch in den USA.

b. Ungefähr im September 2016 belief sich das monatliche Budget, das die ORGANISATION der Firma CONCORD für das Lachta-Projekt zur Verfügung stellte, auf über 73 Millionen russische Rubel (mehr als 1,25 Millionen US-Dollar), einschließlich circa einer Million Rubel Bonuszahlungen.

c. Um ihr Engagement zu verschleiern, ließ CONCORD die Zahlungen für das Lachta-Projekt an die ORGANISATION unter dem Betreff Software-Support und -Entwicklung laufen. Um die Quelle der Geldmittel noch besser zu vertuschen, ließ CONCORD den Zufluss der Geldmittel an die ORGANISATION über circa vierzehn Bankkonten laufen, die auf den Namen von Tochtergesellschaften von CONCORD geführt wurden, darunter Glavnaya Liniya LLC, Merkuriy LLC, Obshchepit LLC, Potentsial LLC, RSP LLC, ASP LLC, MTTs LLC, Kompleksservis LLC, SPb Kulinariya LLC, Almira LLC, Pishevik LLC, Galant LLC, Rayteks LLC und Standart LLC.

12. Der Beschuldigte JEWGENIJ WIKTOROWITSCH PRIGOSCHIN (Пригожин Евгений Викторович) ist ein russischer Staatsbürger, der die CONCORD lenkte.

a. PRIGOSCHIN bewilligte die Operationen der ORGANISATION und unterstützte sie, die Beschuldigten und ihre Mitverschwörer wussten von PRIGOSCHINs Rolle.

b. Zum Beispiel heuerten einige der Beschuldigten und ihre Mitverschwörer am oder um den 29. Mai 2016 über einen von der ORGANISATION gesteuerten Account auf einem sozialen Netzwerk einen US-amerikanischen Bürger an, der sich unter Vortäuschung falscher Tatsachen vor das Weiße Haus im District von Columbia stellen und ein Schild mit der Aufschrift »Herzlichen Glückwunsch zum 55. Geburtstag, lieber Boss« in die Höhe halten sollte. Einige der Beschuldigten und ihre Mitverschwörer informierten den US-Bürger, der Gruß sei an »eine Führungsfigur, die unser Boss ist … den Gründer unserer Organisation« gerichtet. Laut PRIGOSCHINs russischem Pass ist sein Geburtstag der 1. Juni 1961.

13. Der Beschuldigte MICHAIL IWANOWITSCH BYSTROW (Быстров Михаил Иванович) trat ungefähr im Februar 2014 in die ORGANISATION ein.

a. Ab ungefähr April 2014 war BYSTROW »Generaldirektor«, die höchste Position innerhalb der ORGANISATION. Später fungierte BYSTROW als führender Kopf verschiedener anderer Unternehmen, derer sich die ORGANISATION bediente, um ihre Aktivitäten zu verschleiern, darunter zum Beispiel die Firma Glavset LLC, als deren Generaldirektor er eingetragen war.
b. Ungefähr 2015 oder 2016 kommunizierte BYSTROW häufig mit PRIGOSCHIN bezüglich der Operationen des Lachta-Projekts und traf sich regelmäßig mit ihm zu Besprechungen.

14. Der Beschuldigte MICHAIL LEONIDOWITSCH BURTSCHIK (Бурчик Михаил Леонидович) alias MICHAIL ABRAMOW trat spätestens im Oktober 2013 in die ORGANISATION ein. Ungefähr ab März 2014 war BURTSCHIK Geschäftsführer, die zweithöchste Position in der ORGANISATION. Während der gesamten Zeit, in der die ORGANISATION durch verschiedene Operationen das politische System der USA zu beeinträchtigen versuchte, u. a. auch die Präsidentschaftswahlen von 2016, war BURTSCHIK als leitender Manager mit der operativen Planung, Infrastruktur und Personalentscheidungen befasst. Um das Jahr 2016 trafen sich BURTSCHIK und PRIGOSCHIN zu persönlichen Besprechungen.
15. Die Beschuldigte ALEXANDRA JURJEWNA KRYLOWA (Крылова Александра Юрьевна) arbeitete ungefähr von September 2013 bis November 2014 für die ORGANISATION. Ab ungefähr April 2014 war KRYLOWA mit in der Geschäftsführung und hatte die dritthöchste Position in der ORGANISATION inne. 2014 reiste KRYLOWA unter Vorspiegelung falscher Tatsachen in die USA, um Informationen zu sammeln, die man für die Operationen der ORGANISATION benötigte.
16. Der Beschuldigte SERGEJ PAWLOWITSCH POLOSOW (Полозов Сергей Павлович) arbeitete ungefähr von April 2014 bis Oktober 2016 für die ORGANISATION. POLOSOW war Leiter der IT-Abteilung und kümmerte sich um

die Bereitstellung von Servern und anderer Computer-Infrastruktur in den USA, die dazu diente, den russischen Standort der ORGANISATION zu verschleiern, während sie in den USA ihre Operationen durchführte.

17. Die Beschuldigte ANNA WLADISLAWOWNA BOGATSCHEWA (Богачева Анна Владиславовна) war von ungefähr April 2014 bis ungefähr Juli 2014 für die ORGANISATION tätig. BOGATSCHEWA arbeitete für das »Übersetzerprojekt« und leitete die Gruppe, die die Datenanalyse durchführte. BOGATSCHEWA reiste ebenfalls unter Vorspiegelung falscher Tatsachen in die USA, um Informationen für die Operationen der ORGANISATION zu sammeln.
18. Die Beschuldigte MARIA ANATOLJEWNA BOWDA (Бовда Мария Анатольевна) alias MARIA ANATOLJEWNA BELJAJEVA (»M. BOWDA«) arbeitete ungefähr von November 2013 bis Oktober 2014 für die ORGANISATION. M. BOWDA fungierte u. a. als Leiterin des »Übersetzerprojekts«.
19. Der Beschuldigte ROBERT SERGEJEWITSCH BOWDA (Бовда Роберт Сергеевич)(»R. BOWDA«) arbeitete ungefähr von November 2013 bis Oktober 2014 für die ORGANISATION. R. BOWDA war u. a. stellvertretender Leiter des »Übersetzerprojekts«. R. BOWDA versuchte unter Vorspiegelung falscher Tatsachen in die USA zu reisen, um Informationen für die Operationen der ORGANISATION zu sammeln, bekam aber kein Visum.
20. Der Beschuldigte DSCHEJCHUN NASIMI OGLY ASLANOW (Асланов Джейхун Насими Оглы) alias JAYHOON ASLANOV alias JAY ASLANOV trat spätestens ungefähr im September 2014 in die ORGANISATION ein. ASLANOW war Leiter des Übersetzerprojekts und steuerte etliche der Operationen, die auf die Präsidentschaftswahlen von 2016 abzielten. ASLANOW war auch eingetragen als Geschäftsführer von Azimut LLC, einer Firma, über die Geldmittel von CONCORD an die ORGANISATION transferiert wurden.

21. Der Beschuldigte WADIM WLADIMIROWITSCH PODKOPAJEW (Подкопаев Вадим Владимирович) trat spätestens ungefähr im Juni 2014 in die ORGANISATION ein. PODKOPAJEW arbeitete als Analyst beim »Übersetzerprojekt« und war verantwortlich für USA-spezifische Recherchen und für das Generieren von Inhalten für die sozialen Netzwerke.
22. Der Beschuldigte GLEB IGOREWITSCH WASILTSCHENKO (Васильченко Глеб Игоревич) arbeitete ungefähr von August 2014 bis September 2016 für die ORGANISATION. WASILTSCHENKO war verantwortlich dafür, die Inhalte für etliche Soziale-Netzwerk-Accounts der ORGANISATION zu posten, zu überwachen und aktuell zu halten, während er sich alternierend als US-Bürger oder als Graswurzelorganisation ausgab. Später war WASILTSCHENKO Geschäftsführer zweier Subgruppen, die sich auf Operationen konzentrierten, bei denen es darum ging, das politische System der USA, einschließlich der Präsidentschaftswahlen von 2016, zu beeinflussen.
23. Die Beschuldigte IRINA WIKTOROWNA KAWERSINA (Каверзина Ирина Викторовна) trat spätestens im Oktober 2014 in die ORGANISATION ein. KAWERSINA arbeitete beim »Übersetzerprojekt« und bediente sich zahlreicher US-Personas, die sie benutzte, um in den sozialen Netzwerken für die ORGANISATION Inhalte zu posten, zu überwachen und aktuell zu halten.
24. Der Beschuldigte WLADIMIR WENKOW (Венков Владимир) kam spätestens im März 2015 in die ORGANISATION. WENKOW arbeitete am »Übersetzerprojekt« mit und bediente sich zahlreicher US-Personas, die er benutzte, um in den sozialen Netzwerken für die ORGANISATION Inhalte zu posten, zu überwachen und aktuell zu halten.

Bundesstaatliche Regulierungsbehörden

25. Die Federal Election Commission ist eine Bundesbehörde, die dafür sorgt, dass der Federal Election Act (»FECA«)* eingehalten wird. Unter anderem verbietet der FECA ausländischen Staatsbürgern, Spenden und finanzielle Ausgaben im Rahmen eines Wahlkampfs zu tätigen, insbesondere für Kommunikationsmaßnahmen, mit denen sie einen bestimmten Kandidaten unterstützen. Der FECA schreibt auch vor, dass Personen, die bei Bundeswahlen einen bestimmten Kandidaten durch Geldspenden oder finanzielle Auslagen unterstützen, dies der Federal Election Commission melden müssen. Die Meldebestimmungen ermöglichen es der Federal Election Commission, ihrer gesetzlichen Pflicht nachzukommen, der Öffentlichkeit detaillierte Angaben über die finanziellen Aktivitäten einzelner Personen und Organisationen, die bestimmte Kandidaten unterstützen, zur Verfügung zu stellen und die Einhaltung der Bestimmungen des FECA, einschließlich des Verbots ausländischer Aufwendungen zu überwachen.
26. Das US-amerikanische Justizministerium ist für die Einhaltung des Foreign Agent Registration Act (»FARA«) zuständig. Dieses Gesetz schreibt Personen, die von ausländischen Auftraggebern abhängig sind (u. a. auch Mitarbeiter ausländischer Nicht-Regierungs-Organisationen und -Unternehmen), vor, sich zu registrieren und über ihre Aktivitäten zu berichten und diese offenzulegen, sodass die US-Regierung und die Bevölkerung der USA über die Quellen der Informationen und die Identität der Personen Kenntnis haben, die versuchen, die öffentliche Meinung, Politik und Gesetzgebung der USA zu beeinflussen. Der FARA verlangt u. a., dass Personen, die unter dessen Bestimmungen fallen, in regelmäßigen Abständen Erklärungen abgeben, die wahrheitsgemäße Informationen über ihre Aktivitäten und die durch diese generierten Einnahmen enthalten. Die

* Bundeswahlgesetz (Anm. d. Ü.)

Offenlegung der erforderlichen Informationen ermöglicht den staatlichen Stellen und der amerikanischen Bevölkerung, die Erklärungen und Aktivitäten dieser Personen hinsichtlich ihrer Funktion als ausländische Agenten einzuschätzen.

27. Das Außenministerium der USA ist für die Ausstellung von Visa an ausländische Personen zuständig, die in die USA einreisen wollen. Ausländische Personen, die ein Visum benötigen, müssen u. a. wahrheitsgemäß die Fragen auf dem Visumsantrag beantworten, wozu auch Informationen zu ihrer beruflichen Tätigkeit und dem Zweck ihres Besuchs in den Vereinigten Staaten zählen.

Zweck der Verabredung zum Betrug

28. Die Verabredung zum Betrug hatte zum Ziel, mit unredlichen Absichten die gesetzmäßigen Regierungsaufgaben der USA zu beeinträchtigen, zu stören und massiv zu behindern, um es den Beschuldigten zu ermöglichen, die politischen Prozesse und den Ablauf von Wahlen in den USA, einschließlich der Präsidentschaftswahlen von 2016, zu beeinflussen.

Art und Weise der Verabredung zum Betrug

Informationsgewinnung für die US-Operationen

29. Spätestens von 2014 an begannen einige der Beschuldigten und deren Mitverschwörer in den sozialen Netzwerken der USA Gruppen ausfindig zu machen und zu beobachten, die sich mit der Politik und mit sozialen Themen der USA beschäftigen. Um den Auftritt verschiedener Gruppen in sozialen Netzwerken einzuschätzen, verfolgte die ORGANISATION bestimmte Metriken wie etwa die Größe der Gruppe, die Häufigkeit, in der die Gruppe Inhalte postete, und die Intensität der Beschäftigung des Adressatenkreises mit diesen Inhalten, wie etwa die durchschnittliche Zahl an Kommentaren oder Antworten zu den Posts.

30. Einige der Beschuldigten und ihre Mitverschwörer unternahmen unter Vorspiegelung falscher Tatsachen Reisen in die USA oder versuchten in die USA zu reisen, um Informationen für ihre Einmischungsoperationen zu sammeln.
    a. KRYLOWA und BOGATSCHEWA planten zusammen mit anderen Beschuldigten und Mitverschwörern die verschiedenen Reisen, besorgten technische Ausrüstung (wie Kameras, SIM-Karten und Einweghandys) und erörterten Sicherheitsmaßnahmen (darunter auch »Evakuierungsszenarios«) für die Beschuldigten, die in die USA reisten.
    b. Um in die USA einzureisen, beantragten KRYLOWA, BOGATSCHEWA und R. BOWDA sowie ein weiterer Mitverschwörer Reisevisa beim US-amerikanischen Außenministerium. Während des Beantragungsprozesses behaupteten KRYLOWA, BOGATSCHEWA, R. BOWDA und ihr Mitverschwörer wahrheitswidrig, sie würden aus privaten Gründen in die USA reisen, und machten keine vollständigen Angaben zu ihrer Arbeitsstelle, um die Tatsache zu verschleiern, dass sie für die ORGANISATION arbeiteten.
    c. Nur KRYLOWA und BOGATSCHEWA erhielten Visa und reisten ungefähr zwischen dem 4. Juni 2014 und dem 26. Juni 2014 in die USA ein, wo sie Reisen unternahmen, u. a. nach Nevada, Kalifornien, New Mexico, Colorado, Illinois, Michigan, Louisiana, Texas und New York, um dort Informationen zu sammeln. Anschließend tauschten KRYLOWA und BOGATSCHEWA ihre Berichte über die illegal zusammengetragenen Informationen aus.
    d. Ein weiterer Mitverschwörer, der für die ORGANISATION arbeitete, reiste ungefähr zwischen dem 26. und 30. November 2014 nach Atlanta, Georgia. Im Anschluss an seine Reise übergab er POLOSOW eine Zusammenfassung des Reiseablaufs und eine Reisekostenaufstellung.

31. Um zusätzliche Informationen zu sammeln, gaben sich einige der Beschuldigten und ihre Mitverschwörer als US-Personen aus und kontaktierten US-amerikanische politische und soziale Aktivisten. Zum Beispiel kommunizierten einige der Beschuldigten und ihre Mitverschwörer ungefähr ab Juni 2016 als vorgebliche US-Bürger mit realen US-Bürgern, die einer Graswurzelorganisation in Texas nahestanden. Durch diesen Austausch erfuhren die Beschuldigten und ihre Mitverschwörer von den realen US-Bürgern, sie sollten ihre Aktivitäten am besten auf die »Purple States«* wie zum Beispiel Colorado, Virginia und Florida konzentrieren. Von da an sprachen einige der Beschuldigten und ihre Mitverschwörer regelmäßig davon, dass die Bemühungen auf die »Purple Staates« gerichtet werden sollten.

Die Nutzung von sozialen Netzwerken

32. Einige der Beschuldigten und ihre Mitverschwörer eröffneten mittels Betrug und Täuschung Hunderte Accounts in sozialen Netzwerken und benutzten diese, um verschiedene fiktive US-amerikanische Personas zu kreieren, mit dem Ziel, diese zu »Meinungsführern« in den USA zu entwickeln.
33. Angestellte der ORGANISATION, die als »Spezialisten« bezeichnet wurden, hatten die Aufgabe, Accounts in sozialen Netzwerken zu eröffnen, die den Anschein erweckten, sie würden von realen US-Bürgern gepflegt. Die Spezialisten waren in Tag- und Nachtschichten eingeteilt und angewiesen, ihre Posts im Einklang mit den verschiedenen Zeitzonen der USA zu machen. Auch verteilte die ORGANISATION eine Liste mit den US-amerikanischen Feiertagen, damit die Spezialisten die verschiedenen Account-Aktivitäten darauf abstimmen konnten. Die Spezialisten waren auch angewiesen, über sensible Themen zu schreiben, zum Beispiel über außenpolitische und wirtschaftliche Aspekte. Des

* Staaten, in denen Republikaner und Demokraten ungefähr gleich viele Anhänger haben. (Anm. d. Ü.)

Weiteren sollten die Spezialisten »die politische Atmosphäre anheizen«, indem sie radikale Gruppen und fiktive Nutzer unterstützten, »die mit der sozialen und wirtschaftlichen Situation unzufrieden« waren, sowie »oppositionelle soziale Bewegungen«.

34. Einige der Beschuldigten und ihre Mitverschwörer kreierten auch spezielle nach Themen konfigurierte Gruppenseiten in den sozialen Netzwerken, insbesondere auf Facebook und Instagram. Die von der ORGANISATION gesteuerten Seiten beinhalteten ein breites Spektrum an Themen, u. a.: Immigration (darunter Gruppennamen wie »Secured Borders«*); die Bewegung Black Lives Matter** (darunter Gruppennamen wie »Blacktivist«); Religion (darunter Gruppennamen wie »United Muslims of America« und »Army of Jesus«); und bestimmte Regionen der USA (darunter Gruppennamen wie »South United«*** und »Heart of Texas«****). Bis 2016 wuchs die Größe zahlreicher Gruppen, die von der ORGANISATION gesteuert wurden, stetig an, manche hatten Hunderte, andere auch Tausende Follower.

35. Spätestens ab 2015 begannen einige der Beschuldigten und ihre Mitverschwörer, bezahlte Anzeigen in sozialen Netzwerken zu schalten, um die von der ORGANISATION gesteuerten Gruppen zu bewerben; die Kosten dafür beliefen sich auf Tausende US-Dollars monatlich. Diese Ausgaben waren Teil der Budgets, die die ORGANISATION der Firma CONCORD zur Verfügung stellte.

36. Einige der Beschuldigten und Mitverschwörer eröffneten und steuerten auch zahlreiche Twitter-Accounts, die so angelegt waren, dass sie den Eindruck erweckten, von realen US-Bürgern oder -Gruppen betrieben zu werden. Zum Beispiel eröffnete und steuerte die ORGANISATION den Twitter-Account »Tennessee GOP«, der das Twitter-Kürzel

* »Gesicherte Grenzen« (Anm. d. Ü.)

** »Schwarze Leben zählen« (Anm. d. Ü.)

*** »Vereinigter Süden« (Anm. d. Ü.)

**** »Das Herz von Texas« (Anm. d. Ü.)

@TEN_GOP benutzte und den falschen Eindruck erweckte, von einer politischen Partei eines US-Staates betrieben zu werden. Mit der Zeit zog der @TEN_GOP-Account mehr als 100 000 Follower an.

37. Um die Effektivität ihrer Operationen in den sozialen Netzwerken zu evaluieren, überprüften die Beschuldigten und ihre Mitverschwörer die Wirksamkeit der von ihnen geposteten Inhalte. Sie verfolgten die Größe des US-amerikanischen Publikums, das sie mit ihren Posts erreichten, die verschiedenen Reaktionen auf ihre Posts (z. B. Likes, Kommentare und Reposts), wie sich die Größe des jeweiligen Publikums veränderte, und andere Metriken. Einige der Beschuldigten und ihre Mitverschwörer erhielten und pflegten Metrikberichte zu bestimmten Gruppenseiten und individualisierten Posts.
38. Die Beschuldigten und ihre Mitverschwörer evaluierten auch regelmäßig die Inhalte, die ihre Spezialisten posteten (häufig unter der Bezeichnung »Content-Analyse«), um sicherzustellen, dass sie authentisch wirkten, so als stammten sie von realen US-Personen. Die Spezialisten erhielten Feedback und Anweisungen, um die Qualität ihrer Posts zu verbessern. Einige der Beschuldigten und ihre Mitverschwörer stellten Handlungsanweisungen aus oder empfingen welche, und zwar in Bezug auf folgende Parameter: welchen Anteil Texte, Grafiken und Videos in den Posts haben sollten; die Zahl der Accounts, mit denen sie operierten; und auf die Rolle der einzelnen Accounts (z. B. einen Haupt-Account zu benutzen, auf dem sie Informationen posteten, und Neben-Accounts, auf denen sie durch Links und Reposts einen Haupt-Account promoteten).

Nutzung US-amerikanischer Computer-Infrastruktur

39. Um ihre russische Identität und ihre Verbindung zur ORGANISATION zu verschleiern, kauften einige der Beschuldigten und ihre Mitverschwörer – insbesondere POLOSOW

und die IT-Abteilung der ORGANISATION – Speicherkapazitäten auf Computer-Servern, die in den USA betrieben wurden, um virtuelle private Netzwerke (»VPNs«) einzurichten. Über diese VPNs wählten sich einige der Beschuldigten und ihre Mitverschwörer von Russland aus ein und verfolgten so ihre Aktivitäten in den USA – u. a. pflegten sie die Accounts in den sozialen Netzwerken, eröffneten neue Accounts und kommunizierten mit realen US-Personen –, um so ihre russische Operationsbasis und die Urheber der Aktivitäten zu verschleiern.

40. Einige der Beschuldigten und ihre Mitverschwörer registrierten und steuerten Hunderte webbasierter E-Mail-Accounts, die von US-amerikanischen E-Mail-Providern gehostet wurden, und zwar benutzten sie falsche Namen, die den Eindruck erweckten, die Accounts würden US-Bürgern oder -Gruppen gehören. Von diesen Accounts registrierten oder verlinkten sich die Beschuldigten und Mitverschwörer mit Accounts auf sozialen Netzwerken, um diese zu verfolgen, sich als reale US-Personen auszugeben, indem sie bei realen US-Personen um Unterstützung baten, Pressekanäle zu kontaktieren, um ihre Aktivitäten in den USA zu bewerben, und um weitere Operationen wie die im Folgenden beschriebenen durchzuführen.

Nutzung gestohlener US-Identitäten

41. Ungefähr ab 2016 besaßen, benutzten oder übermittelten einige der Beschuldigten unberechtigterweise die Sozialversicherungsnummern und Geburtsdaten von US-Bürgern, ohne dass diese davon wussten oder ihr Einverständnis gegeben hatten. Mittels dieser Identifizierungsparameter eröffneten einige der Beschuldigten und Mitverschwörer Konten bei PayPal, einem Online-Bezahlservice; generierten falsche Identitätsdokumente wie z. B. gefälschte Führerscheine; und posteten auf Soziale-Netzwerke-Accounts, die von der ORGANISATION gesteuert wurden, indem sie die Identitäten ihrer US-amerikanischen Opfer benutzten. Einige der Be-

schuldigten und ihre Mitverschwörer besorgten sich (oder versuchten es) falsche Identitätsdokumente, um die Accounts zu pflegen und Social-Media-Anzeigen zu schalten.

Aktionen, die auf die Präsidentschaftswahlen von 2016 abzielten

42. Ungefähr im Mai 2014 erörterten die Beschuldigten und ihre Mitverschwörer Möglichkeiten, wie sie die Präsidentschaftswahlen von 2016 beeinflussen könnten. Einige der Beschuldigten und ihre Mitverschwörer begannen, Soziale-Netzwerke-Accounts und andere Informationsquellen bezüglich der Präsidentschaftswahlen von 2016 systematisch zu beobachten.
43. Ab 2016 benutzten einige der Beschuldigten und ihre Mitverschwörer ihre fiktiven Online-Personas, um die Präsidentschaftswahlen von 2016 zu beeinflussen. Vor allem zielten sie mit ihren Operationen darauf ab, herabwürdigende Informationen über Hillary Clinton zu verbreiten, andere Kandidaten wie Ted Cruz und Marco Rubio zu verleumden und Bernie Sanders und Donald Trump zu unterstützen, der schließlich Kandidat wurde.
    a. Am oder um den 10. Februar 2016 ließen einige der Beschuldigten und ihre Mitverschwörer einen internen Aktionsplan herumgehen, mit Themen für künftige Inhalte, die auf von der ORGANISATION gesteuerten Soziale-Netzwerke-Accounts gepostet werden sollten. Die Spezialisten wurden angewiesen, Botschaften zu platzieren, die sich auf die »Politik in den USA« bezogen, und »jede Gelegenheit zu nutzen, Hillary und die anderen möglichen Kandidaten (bis auf Sanders und Trump – die unterstützen wir) zu kritisieren«.
    b. Am oder um den 14. September 2014 wurde in einer internen Revision einer von der ORGANISATION generierten und gesteuerten Facebook-Gruppe namens »Secured Borders« der verantwortliche Spezialist für die zu geringe Anzahl von »Posts, in denen Hillary Clinton

angeprangert wird«, kritisiert und angewiesen, in künftigen Posts »die Kritik an Hillary Clinton unbedingt zu intensivieren«.

44. Bestimmte Materialien über die Präsidentschaftswahlen von 2016, die von der ORGANISATION produziert wurden, bedienten sich Hashtags, die einen Bezug zu den Wahlen hatten, etwa: »#Trump2016«, »#TrumpTrain«, »#MAGA«, »#IWontProtectHillary« und »#Hillary4Prison«. Die Beschuldigten und ihre Mitverschwörer generierten zusätzliche Soziale-Netzwerke-Accounts, die sich auf die Präsidentschaftswahlen von 2016 konzentrierten, darunter den Twitter-Account »March for Trump« und die Facebook-Accounts »ClintonFRAUDation*« und »Trumpsters United«.

45. Einige der Beschuldigten und Mitverschwörer benutzten auch falsche Personas, um mit nichtsahnenden Mitgliedern, Freiwilligen und lokalen Trump-Wahlkampfhelfern oder Graswurzelgruppen, die den Kandidaten Trump unterstützten, zu kommunizieren. Diese Individuen und Organisationen verbreiteten hin und wieder auf ihren eigenen Accounts Material der ORGANISATION, und zwar mittels Retweets und Reposts usw. Im Anschluss verfolgten die Beschuldigten und ihre Mitverschwörer die Verbreitung der Inhalte durch diese Mitakteure.

46. Ungefähr im zweiten Halbjahr 2016 begannen einige der Beschuldigten und ihre Mitverschwörer durch die von der ORGANISATION gesteuerten Personas, US-amerikanische Minderheitengruppen zu ermuntern, bei den Präsidentschaftswahlen von 2016 nicht an die Urnen zu gehen oder aber für einen Kandidaten einer kleineren Partei zu stimmen.

    a. Am oder um den 16. Oktober 2016 benutzten einige der Beschuldigten und ihre Mitverschwörer den von der ORGANISATION gesteuerten Instagram-Account »Woke Blacks«, um folgende Botschaft zu posten: »[Ein] besonderer Hype um und Hass gegen Trump führt die

* »ClintonBETRUEGEREIEN« (Anm. d. Ü.)

Menschen in die Irre und verleitet die Schwarzen dazu, Killary zu wählen. Wir haben nur die Wahl zwischen Pest und Cholera. Daher sollten wir besser GAR NICHT wählen.«

b. Am oder um den 3. November 2016 schalteten Beschuldigte und ihre Mitverschwörer eine Online-Anzeige, um einen Post auf dem von der ORGANISATION gesteuerten Instagram-Account »Blacktivist« zu bewerben, in dem es u. a. hieß: »Wenn Du für den Frieden bist, wähle Jill Stein. Vertrau mir, Deine Stimme ist nicht vergeudet.«

c. Ungefähr Anfang November 2016 benutzten einige Beschuldigte und ihre Mitverschwörer Soziale-Netzwerke-Accounts von »United Muslims of America«, einer Gruppe, die von der ORGANISATION gesteuert wurde, um Wahlboykott-Botschaften zu verbreiten, etwa: »Amerikanische Muslime boykottieren die Wahlen; die meisten amerikanischen Muslime weigern sich, Hillary Clinton zu wählen, weil sie den Krieg gegen die Muslime im Mittleren Osten weiterführen möchte und für die Invasion im Irak gestimmt hat.«

47. Ungefähr ab dem Sommer 2016 begannen einige der Beschuldigten und ihre Mitverschwörer, Behauptungen hinsichtlich eines Wahlbetrugs durch die Demokratische Partei über ihre fiktiven Personas und Gruppen in den sozialen Netzwerken zu verbreiten. Außerdem schalteten die Beschuldigten und ihre Mitverschwörer kostenpflichtige Anzeigen auf Facebook, um die Behauptungen weiter zu streuen.

a. Ungefähr ab dem 4. August 2016 schalteten einige der Beschuldigten und ihre Mitverschwörer kostenpflichtige Anzeigen, um einen Post auf dem von der ORGANISATION gesteuerten Facebook-Account »Stop A.I.« zu bewerben. Der Post behauptete, »Hillary Clinton hat bereits bei den Vorwahlen der Demokraten in Iowa Wahlbetrug begangen«.

b. Am oder um den 11. August 2016 posteten einige der Beschuldigten und ihre Mitverschwörer auf dem von der ORGANISATION gesteuerten Twitter-Account @TEN_GOP, in North Carolina werde bereits wegen des angeblichen Wahlbetrugs ermittelt.

c. Am oder um den 2. November 2016 verbreiteten einige der Beschuldigten und ihre Mitverschwörer auf ebendiesem Account folgende Behauptung: »#Berichte über Wahlbetrug in Broward County, Florida, wo anscheinend Zehntausende ungültige E-Mails für Hillary mitgezählt wurden«.

Politische Inserate

48. Spätestens ab April 2016 bis November 2016 verschleierten einige der Beschuldigten und ihre Mitverschwörer ihre russische Identität und Zugehörigkeit zur ORGANISATION durch die Nutzung falscher Personas, um kostenpflichtige Anzeigen auf US-amerikanischen sozialen Netzwerken und anderen Online-Seiten zu schalten, in denen sie explizit dafür warben, den Kandidaten Trump zu wählen, oder sich explizit gegen Clinton aussprachen. Weder meldeten die Beschuldigten und ihre Mitverschwörer ihre Aufwendungen bei der Federal Election Commission an, noch waren sie beim Justizministerium als für ausländische Organisationen tätig registriert.

49. Um die politischen Anzeigen zu bezahlen, eröffneten einige der Beschuldigten und ihre Mitverschwörer verschiedene russische Bankkonten und beschafften sich Kreditkarten, ein Großteil davon auf den Namen fiktiver Personas, die die ORGANISATION geschaffen hatte und in sozialen Netzwerken benutzte. Einige der Beschuldigten und ihre Mitverschwörer schalteten auch politische Anzeigen, die sie mittels PayPal-Konten bezahlten.

50. Zu den Anzeigen mit politischem Inhalt zählten u. a. folgende:

Ungefähres Datum	Auszug aus Anzeige
6. April 2016	»Unzählige schwarze Menschen stimmen uns zu, wenn wir sagen #HillaryClintonIstNichtMeinePräsidentin«
7. April 2016	»Ich sage Nein zu Hillary Clinton / Ich sage Nein zu Wahlmanipulation«
19. April 2016	»Mach mit bei #HillaryClintonIns-Gefängnis2016«
10. Mai 2016	»Donald will Terrorismus bekämpfen … Hillary will ihn sponsern«
19. Mai 2016	»Stimme für die Republikaner, wähle Trump und unterstütze den zweiten Zusatzartikel!«*
24. Mai 2016	»Hillary Clinton verdient keine schwarzen Stimmen«
7. Juni 2016	»Trump ist unsere einzige Hoffnung auf eine bessere Zukunft!«
30. Juni 2016	»#NiemalsHillary #HillaryForPrison #Hillary4Prison #HillaryForPrison2016 #Trump2016 #Trump #Trump4President«
20. Juli 2016	»Ohio wünscht Hillary ins Gefängnis«
4. August 2016	»Hillary Clinton hat schon bei Vorwahlen der Demokraten in Iowa Wahlbetrug begangen.«

* Der zweite Zusatzartikel der US-amerikanischen Verfassung verbietet, das Recht auf Besitz und Tragen von Waffen einzuschränken. (Anm. d. Ü.)

Ungefähres Datum	Auszug aus Anzeige
10. August 2016	»Wir glauben nicht, dass sich Hillary Clinton um unsere Veteranen kümmern wird!«
14. Oktober 2016	»Unter allen Kandidaten ist Trump der Einzige, der die Polizei vor Terroristen beschützen kann.«
19. Oktober 2016	»Hillary ist ein Satan, das hat sie mit ihren Straftaten und Lügen bewiesen.«

Inszenierung politischer Kundgebungen in den USA

51. Ungefähr ab Juni 2016 organisierten und koordinierten einige der Beschuldigten und ihre Mitverschwörer politische Kundgebungen in den USA. Um die Tatsache zu verhehlen, dass sie in Russland ansässig waren, gaben sie dabei vor, Graswurzelaktivisten zu sein und zwar in den USA zu wohnen, aber nicht in der Lage zu sein, persönlich an den Kundgebungen teilzunehmen. Die Beschuldigten und ihre Mitverschwörer ließen sich beim Justizministerium nicht als Vertreter ausländischer Organisationen registrieren.
52. Die Beschuldigten und ihre Mitverschwörer warben durch Posts auf den Soziale-Netzwerke-Accounts, die sie unter falschen US-Personas führten, für die Teilnahme an den Kundgebungen. Des Weiteren kontaktierten die Beschuldigten und ihre Mitverschwörer die Administratoren großer Social-Media-Gruppen, die sich auf US-amerikanische Politik konzentrierten, und ermunterten sie, die Kundgebungen zu bewerben.
53. Ungefähr Ende Juni 2016 benutzten einige der Beschuldigten und ihre Mitverschwörer die Facebook-Gruppe »United Muslims of America«, um eine Kundgebung mit dem Namen »Unterstützt Hillary. Schützt amerikanische Muslime« zu bewerben, die am 9. Juli 2016 im District of Columbia

stattfinden sollte. Die Beschuldigten und ihre Mitverschwörer warben eine reale US-Person an, um ein Schild in die Höhe zu halten, auf dem Hillary Clinton abgebildet war, zusammen mit dem Slogan »Ich glaube, wir brauchen die Scharia, wenn wir eine neue Art von Freiheit wollen«, wobei der Eindruck erweckt wurde, dass dies ein Zitat von ihr sei. Drei Wochen später, ungefähr am 26. Juli 2016, posteten die Beschuldigten und ihre Mitverschwörer auf derselben Facebook-Seite: »Muslimische Wähler haben nur die Wahl zwischen Pest und Cholera.«

54. Ungefähr im Juni oder Juli 2016 benutzten einige der Beschuldigten und ihre Mitverschwörer die Facebook-Gruppe »Being Patriotic«, den Twitter-Account @March_for_Trump und weitere von der ORGANISATION betriebene Accounts, um zwei politische Kundgebungen in New York zu organisieren. Die erste hieß »March for Trump« und fand am 25. Juni 2016 statt. Die zweite hatte den Titel »Down With Hillary«* und wurde am 23. Juli 2016 abgehalten.
    a. Ungefähr zwischen Juni und Juli 2016 schalteten einige der Beschuldigten und ihre Mitverschwörer Anzeigen auf Facebook, um die Kundgebungen »March for Trump« und »Down With Hillary« zu bewerben.
    b. Die Beschuldigten und ihre Mitverschwörer benutzten falsche Personas, um realen US-Personen individualisierte Botschaften zu schicken und sie aufzufordern, an der Kundgebung teilzunehmen und sie organisieren zu helfen. Ferner boten die Beschuldigten und ihre Mitverschwörer mittels falscher US-Personas bestimmten realen US-Personen Geld an, um ihnen die Aufwendungen für die Kundgebung zu erstatten.
    c. Am oder um den 5. Juni 2016 benutzten die Beschuldigten und ihre Mitverschwörer den Account @March_for_Trump, um einen Freiwilligen für den Trump-Wahlkampf in New York zu kontaktieren, und gaben sich dabei als US-amerikanische Graswurzelaktivisten

* »Nieder mit Hillary« (Anm. d. Ü.)

aus. Der Freiwillige erklärte sich bereit, Schilder für die »March for Trump«-Kundgebung zu besorgen.

55. Ungefähr Ende Juli 2016 benutzten einige der Beschuldigten und ihre Mitverschwörer die Facebook-Gruppe »Being Patriot«, den Twitter-Account @March_for_Trump und andere falsche US-Personas, um eine Reihe koordinierter Kundgebungen in Florida zu organisieren. Die Kundgebungen standen unter dem Motto »Florida Goes Trump« und fanden am 20. August 2016 statt.
    a. Ungefähr im August 2016 verständigten sich die Beschuldigten und ihre Mitverschwörer mittels falscher US-Personas mit lokalen Helfern des Trump-Wahlkampfs über die »Florida Goes Trump«-Kundgebungen.
    b. Die Beschuldigten und ihre Mitverschwörer schalteten kostenpflichtige Anzeigen auf Facebook und Instagram, um die »Florida Goes Trump«-Kundgebungen zu bewerben.
    c. Die Beschuldigten und ihre Mitverschwörer benutzten auch falsche US-Personas, um zahlreiche Graswurzelgruppen zu kontaktieren, die inoffiziell den Kandidaten Trump unterstützten. Viele dieser Gruppen erklärten sich bereit, bei den »Florida Goes Trump«-Kundgebungen mitzumachen und die Koordination vor Ort zu übernehmen.
    d. Die Beschuldigten und ihre Mitverschwörer benutzten auch falsche US-Personas, um reale US-Personen aufzufordern, an den »Florida Goes Trump«-Kundgebungen teilzunehmen. Die Beschuldigten und ihre Mitverschwörer fragten einige dieser Personen, ob sie bestimmte Aufgaben übernehmen würden. Zum Beispiel baten die Beschuldigten und ihre Mitverschwörer eine US-Person, einen Käfig auf der Ladefläche eines Kleinlasters zu errichten, und eine andere Person, Hillary Clinton in einem Sträflingsgewand zu mimen. Die Beschuldigten und ihre Mitverschwörer bezahlten diese Personen für ihre Dienste.

56. Nach den Kundgebungen in Florida organisierten einige der Beschuldigten und ihre Mitverschwörer mittels falscher US-Personas politische Kundgebungen, mit denen der Kandidat Trump in New York und Pennsylvania unterstützt werden sollte. Die Beschuldigten und ihre Mitverschwörer bedienten sich der gleichen Vorgehensweisen wie zuvor schon bei der Organisation der Kundgebungen in Florida, darunter folgende: Sie schalteten Anzeigen auf Facebook; heuerten US-Personen an, um daran teilzunehmen oder bestimmte Aufgaben zu übernehmen; sie kommunizierten mit US-Personen und Graswurzelorganisationen, die den Kandidaten Trump unterstützten.
57. Nach der Wahl Donald Trumps, ungefähr im November 2016, organisierten einige der Beschuldigten und ihre Mitverschwörer mittels US-Personas, Protestkundgebungen gegen die Ergebnisse der Präsidentschaftswahlen von 2016. Zum Beispiel organisierten die Beschuldigten und ihre Mitverschwörer ungefähr im November 2016 eine Kundgebung in New York, und zwar durch eine von der ORGANISATION gesteuerte Gruppe, die sie eigens geschaffen hatten, um diese Kundgebung ins Leben zu rufen. Sie hatte das Motto »Zeigt eure Unterstützung für den neuen Präsidenten Donald Trump« und fand am oder um den 12. November 2016 statt. Zur gleichen Zeit organisierten die Beschuldigten und ihre Mitverschwörer mittels einer anderen von der ORGANISATION gesteuerten Soziale-Netzwerke-Gruppe eine Kundgebung in New York unter dem Motto »Trump ist nicht mein Präsident«, die ebenfalls ungefähr am 12. November abgehalten wurde. Die Beschuldigten und ihre Mitverschwörer organisierten eine ähnliche Kundgebung mit dem Titel »Charlotte gegen Trump« in Charlotte, North Carolina, die ungefähr am 19. November 2016 stattfand.

Zerstörung von Beweisen

58. Um der Entdeckung zu entgehen und Nachforschungen durch die US-amerikanischen Behörden vorzubauen, löschten und zerstörten die Beschuldigten und ihre Mitverschwörer Daten, etwa E-Mails, Accounts auf sozialen Netzwerken und andere Beweise ihrer Aktivitäten.

a. Ungefähr ab Juni 2014 bis Juni 2015 begannen öffentliche Berichterstattungen über die Operationen der ORGANISATION in den USA. Daraufhin löschten die Beschuldigten und ihre Mitverschwörer E-Mail-Accounts, die sie für ihre Aktivitäten benutzt hatten.

b. Ungefähr ab September 2017 machten US-amerikanische Social-Media-Unternehmen bekannt, allen voran Facebook, sie hätten entdeckt, dass russische Gelder geflossen seien, um Anzeigen zu politischen und sozialen Themen auf ihren Plattformen zu schalten. Zum ersten Mal enthüllte Facebook am 6. September 2017, dass Anzeigen mit russischen Geldern finanziert wurden, und erklärte, es habe die zuständigen US-amerikanischen Behörden über [seine] Entdeckungen informiert.

c. Ungefähr am gleichen Tag berichteten die Medien, Facebook arbeite mit Ermittlern des beim Justizministerium angesiedelten Büros des Sonderermittlers zusammen, das mit der Untersuchung der Einmischungen seitens der russischen Regierung in den Präsidentschaftswahlkampf von 2016 betraut worden war.

d. Von da an zerstörten die Beschuldigten und ihre Mitverschwörer Beweise, um die Ermittlungen zu behindern. Ungefähr am 13. September 2017 schrieb KAWERSINA in einer E-Mail an ein Familienmitglied: »Wir haben ziemlichen Stress im Büro: Das FBI ist uns auf die Schliche gekommen (kein Witz). Daher haben meine Kollegen und ich alle Hände voll zu tun, unsere Spuren zu verwischen.« Außerdem schrieb KAWERSINA: »Ich habe all diese Bilder und Posts kreiert, und die Amerikaner dachten, dass sie von Landsleuten stammen.«

Offenkundige Straftaten

59. Im Rahmen ihrer verschwörerischen Operationen begingen die Beschuldigten und ihre Mitverschwörer folgende offenkundigen Straftaten im Zusammenhang mit der Organisation politischer Kundgebungen in den USA und mit den hier in den Paragrafen 1 bis 7, 9 bis 27 und 29 bis 58 beschriebenen Taten, die Teil dieser Anklage sind und auf die Bezug genommen wird, auch wenn sie hier nicht nochmals aufgeführt werden.
60. Am oder um den 1. Juni 2016 schalteten einige der Beschuldigten und ihre Mitverschwörer Anzeigen auf Facebook für die von ihnen initiierte »March for Trump«-Kundgebung.
61. Am oder um den 4. Juni 2016 verschickten die Beschuldigten und ihre Mitverschwörer unter allforusa@yahoo.com, der E-Mail-Adresse einer falschen US-Persona, Presseerklärungen zur »March for Trump«-Kundgebung an verschiedene Pressekanäle in New York.
62. Am oder um den 23. Juni 2016 benutzten die Beschuldigten und ihre Mitverschwörer den Facebook-Account, den sie auf den Namen der US-Persona »Matt Skiber« eröffnet hatten, um eine reale US-Person zu kontaktieren, dies als Anwerber für die »March for Trump«-Kundgebung fungieren sollte, und boten an, ihr »Geld zu geben, um Plakate drucken zu lassen und ein Megafon zu kaufen«.
63. Am oder um den 24. Juni 2016 schalteten die Beschuldigten und ihre Mitverschwörer Anzeigen auf Facebook, um für die »Support Hillary. Save American Muslims«-Kundgebung zu werben.
64. Am oder um den 5. Juli 2016 gaben die Beschuldigten und ihre Mitverschwörer Plakate für die »Support Hillary. Save American Muslims«-Kundgebung in Auftrag, darunter das Plakat mit dem wahrheitswidrig Hillary Clinton zugeschriebenen Zitat »Ich glaube, wir brauchen die Scharia, wenn wir eine neue Art von Freiheit wollen«.
65. Am oder um den 8. Juli 2016 kommunizierten die Beschuldigten und ihre Mitverschwörer mit realen US-Personen

bezüglich der Plakate, die sie für die »Support Hillary. Save American Muslims«-Kundgebung drucken ließen.

66. Am oder um den 12. Juli 2016 schalteten die Beschuldigten und ihre Mitverschwörer Anzeigen auf Facebook für die »Down With Hillary«-Kundgebung in New York.

67. Am oder um den 23. Juli 2016 benutzten die Beschuldigten und ihre Mitverschwörer die E-Mail-Adresse einer falschen US-Persona, joshmilton024@gmail.com, um an mehr als dreißig Pressekanäle Mitteilungen über die »Down With Hillary«-Kundgebung in New York zu verschicken.

68. Am oder um den 28. Juli 2016 setzten die Beschuldigten und ihre Mitverschwörer mittels des falschen US-Persona-Accounts @March_for_Trump eine Reihe von Tweets mit folgendem Wortlaut ab: »Wir planen gerade eine Reihe von Kundgebungen in ganz Florida«, und fügten hinzu, dass sie freiwillige Helfer suchten.

69. Am oder um den 2. August 2016 benutzten die Beschuldigten und ihre Mitverschwörer den Facebook-Account der falschen US-Persona »Matt Skiber«, um private Botschaften an einen realen Facebook-Account zu posten, in denen es um die »Florida for Trump«-Kundgebungen im Staat Florida ging. Im ersten Post hieß es:

> »Hallo! Ich bin ein Mitglied der Being-Patriotic-Online-Community. Hör mal, wir haben da eine Idee. Florida ist noch immer ein Purple State, und wir müssen dafür sorgen, dass er rot wird. Wenn wir Florida verlieren, verlieren wir Amerika. Das dürfen wir nicht zulassen, oder? Was hältst du davon, wenn wir in jeder Stadt in Florida einen RIESIGEN Pro-Trump-Flashmob hinkriegen? Wir wenden uns an alle Aktivisten vor Ort und haben Leute, die fast überall in FL einen Event organisieren können. Aber wir brauchen noch mehr Unterstützung. Und, was meinst du? Bist du an Bord?«

70. Am oder um den 2. August 2016 oder 3. August 2016 verschickten die Beschuldigten und ihre Mitverschwörer über die gestohlene Identität einer realen US-Person, T. W., E-Mails an verschiedene Graswurzelgruppen in Florida, in denen es unter anderem hieß:

> »Mein Name ist [T. W.] und ich gehöre einer konservativen patriotischen Community mit dem Namen ›Being Patriotic‹ an … Wir werden einen Flashmob in ganz Florida auf die Beine stellen, um Mr. Trump zu unterstützen. Wir wissen, dass die Präsidentschaftswahlen von den Purple States entschieden werden. Und deswegen müssen wir Florida gewinnen … Wir haben schon jede Menge Freiwillige an ca. 25 Orten, aber das ist erst der Anfang. Im Moment sind wir dabei, nach geeigneten Veranstaltungsorten in den jeweiligen Städten zu suchen und weitere Aktivisten zusammenzutrommeln. Daher bitten wir dich, diese Info weiterzuverbreiten und am Flashmob teilzunehmen.«

71. Am oder um den 4. August 2016 schalteten die Beschuldigten und ihre Mitverschwörer Anzeigen auf Facebook, um für die »Florida Goes Trump«-Kundgebung zu werben. Die Anzeigen erreichten mehr als 59 000 Facebook-Nutzer in Florida, und mehr als 8300 Facebook-Nutzer klickten die Anzeigen an, wodurch die Nutzer auf die von der ORGANISATION betriebenen Seite »Being Patriotic« weitergeleitet wurden.
72. Am oder um den 18. August 2016 nutzten die Beschuldigten und ihre Mitverschwörer den gefälschten Twitter-Account @March_for_Trump, um gegen Bezahlung eine reale US-Person anzuheuern, damit diese bei einer Kundgebung in West Palm Beach in einem Sträflingsanzug Hillary Clinton mimte.
73. Ungefähr vom 11. August 2016 an benutzten die Beschuldigten und ihre Mitverschwörer den US-Persona-Facebook-Account »Matt Skiber«, um eine reale US-Person anzuwerben, die bereit war, Schilder zu besorgen und in einem Sträflingsanzug Hillary Clinton darzustellen.

74. Am oder um den 15. August 2016 erhielten einige der Beschuldigten und ihre Mitverschwörer eine E-Mail auf einem ihrer falschen US-Persona-Accounts von einer realen US-Person, einem politischen Aktivisten aus Florida, den sie als »Leiter des Trump-Wahlkampfs« in einem der Countys von Florida ausgemacht hatten. Der Aktivist schlug zwei weitere geeignete Veranstaltungsorte für Kundgebungen vor. In der Folge nutzten die Beschuldigten und ihre Mitverschwörer ihre gefälschten US-Persona-Accounts, um sich mit dem Aktivisten über die Logistik und eine zusätzliche Kundgebung in Florida zu verständigen.
75. Am oder um den 16. August 2016 benutzten die Beschuldigten und ihre Mitverschwörer den falschen US-Persona-Account auf Instagram, um sich mit der von der ORGANISATION ins Leben gerufenen »Tea Party News« zu verbinden und Anzeigen für den »Florida Goes Trump«-Wahlkampf zu schalten.
76. Am oder um den 18. August 2016 antwortete der Nutzer des realen Facebook-Accounts »Florida for Trump« auf Botschaften des gefälschten US-Persona-Accounts »Matt Skiber«, und schlug vor, ein Mitglied des Trump-Wahlkampfteams (»Trump-Wahlkämpfer 1«) zu kontaktieren, das in die Organisation des Wahlkampfs in Florida involviert war; außerdem nannte er die E-Mail-Adresse von Trump-Wahlkämpfer 1 in der Wahlkampf-Domain donaldtrump.com. Vermutlich am selben Tag benutzten die Beschuldigten und ihre Mitverschwörer die E-Mail-Adresse einer gefälschten US-Persona, joshmilton024@gmail.com, um eine Mail an den E-Mail-Account von Trump-Wahlkämpfer 1 bei donaldtrump.com zu verschicken; darin hieß es:

> »Hallo [Trump-Wahlkämpfer 1], wir organisieren für den 20. August eine floridaweite Veranstaltung, um Trump zu unterstützen. Zunächst wollen wir uns dir vorstellen: ›Being Patriotic‹ ist eine konservative Graswurzelorganisation, die versucht, Gleichgesinnte offline zusammenzubringen … Wir haben schon jede

> Menge Follower und haben beschlossen, Mr. Trump ins Präsidentenamt zu verhelfen. Einfach nur laut im Internet schreien reicht eben nicht. Wir müssen mehr tun. Daher haben wir bereits in New York Kundgebungen organisiert. Und jetzt konzentrieren wir uns auf Florida und andere Purple States.«

Ferner wurden in dieser E-Mail dreizehn »bestätigte Veranstaltungsorte« in Florida aufgezählt, und die jeweiligen Wahlkampfteams aufgefordert, bei den »Veranstaltungen mitzuhelfen«.

77. Am oder um den 18. August 2016 schickten die Beschuldigten und ihre Mitverschwörer mittels interstaatlicher telegrafischer Überweisung und unter Nutzung einer falschen US-Persona einer anderen realen US-Person Geld, die die ORGANISATION angeworben hatte, um einen Käfig auf der Ladefläche eines Trucks zu errichten, der groß genug war, damit eine Schauspielerin darin Platz hatte, die Hillary Clinton in einem Sträflingsgewand darstellen sollte.
78. Am oder um den 19. August 2016 schickte der Unterstützer des Trump-Wahlkampfs eine Botschaft an den von der ORGANISATION gesteuerten »March for Trump«-Twitter-Account, in der er auf einen weiteren lokalen Wahlkampfhelfer Trumps in Florida verwies (»Trump-Wahlkämpfer 2«) und dessen E-Mail-Adresse in der Domain donaldtrump.com mitteilte. Vermutlich am selben Tag schickten die Beschuldigten und ihre Mitverschwörer über den falschen US-Persona-Account joshmilton024@gmail.com eine E-Mail an Trump-Wahlkämpfer 2 in der Domain donaldtrump.com.
79. Am oder um den 19. August 2016 schickte der reale »Florida for Trump«-Facebook-Account der gefälschten US-Persona »Matt Skiber« eine weitere Mail mit dem Vorschlag, ein Mitglied des Trump-Wahlkampfteams in Florida (»Trump-Wahlkämpfer 3«) zu kontaktieren. Am oder um den 20. August 2016 benutzten die Beschuldigten und ihre Mitver-

schwörer den »Matt Skiber«-Facebook-Account, um sich mit Trump-Wahlkämpfer 3 in Verbindung zu setzen.

80. Am oder um den 19. August 2016 benutzten die Beschuldigten oder Mitverschwörer den Account der gefälschten US-Persona »Matt Skiber«, um einer realen Person, die einer Graswurzelorganisation in Florida nahestand und zuvor der gefälschten US-Persona geraten hatte, sich auf Purple States wie »Colorado, Virginia & Florida« zu konzentrieren, eine Nachricht. Darin erklärten die Beschuldigten und ihre Mitverschwörer: »Wir haben über deinen Rat, uns auf die Purple States zu fokussieren, nachgedacht und konzentrieren unsere Aktivitäten jetzt auf FL.« Die Beschuldigten und Mitverschwörer fügten einen Link zu der Facebook-Seite der Kundgebungen in Florida ein und baten diese Person, die Information an Tea-Party-Mitglieder in Florida weiterzuleiten. Die reale US-Person antwortete, sie/er werde ihre/seine Soziale-Netzwerke-Kontakte informieren und diese bitten, sie weiterzuleiten.
81. Am oder um den 24. August 2016 updateten die Beschuldigten und ihre Mitverschwörer eine interne Liste der ORGANISATION mit über 100 realen US-Personen, die über von der ORGANISATION gesteuerte Accounts gefälschter US-Personas kontaktiert und weiterverfolgt wurden, um zu überprüfen, inwieweit die Anwerbebemühungen erfolgreich waren und sie den Aufforderungen zur Unterstützung gefolgt waren. Die Liste umfasste Kontaktinformationen zu den US-Personen, eine Zusammenfassung ihrer politischen Ansichten und der Aktivitäten, die die Beschuldigten und ihre Mitverschwörer ihnen vorgeschlagen hatten.
82. Am oder um den 31. August 2016 telefonierte ein Beschuldigter oder Mitverschwörer unter dem Namen einer US-Persona mit einer realen US-Person, die einer Graswurzelbewegung in Florida angehörte. Diese Person bat um Unterstützung bei der Organisation einer Kundgebung in Miami, Florida. Am oder um den 9. September 2016 schickten die Beschuldigten und ihre Mitverschwörer mittels interstaatlicher telegrafischer Überweisung der Gruppe Geld,

um die Kosten für Materialien zu bezahlen, die für die am oder um den 11. September geplanten Kundgebungen in Florida gebraucht wurden.

83. Am oder um den 31. August 2016 schalteten die Beschuldigten und ihre Mitverschwörer Anzeigen auf Facebook für eine Kundgebung, die am 11. September 2016 in New York geplant war.
84. Am oder um den 9. September 2016 kontaktierten Beschuldigte und ihre Mitverschwörer die reale US-Person, die bei der Kundgebung in West Palm Beach Clinton verkörpert hatte. Beschuldigte und ihre Mitverschwörer schickten dieser Person mittels interstaatlicher telegrafischer Überweisung Geld, damit diese von Florida nach New York reiste und sich bei einer weiteren Kundgebung kostümierte.
85. Am oder um den 22. September 2016 schalteten die Beschuldigten und ihre Mitverschwörer Anzeigen auf Facebook für eine Reihe von Kundgebungen, die sie in Pennsylvania unter dem Slogan »Miners for Trump« am 2. Oktober 2016 planten.

All dies verstößt gegen Title 18, United States Code, Abschnitt 371.

ANKLAGEPUNKT ZWEI
(Verabredung zu Überweisungsbetrug und Bankbetrug)

86. Die zuvor beschriebenen Paragrafen 1 bis 7, 9 bis 27 und 29 bis 85 sind Teil dieses Anklagepunktes, und es wird darauf Bezug genommen, auch wenn sie hier nicht nochmals aufgeführt werden.
87. Von ungefähr 2016 bis in die Gegenwart verabredeten sich die Beschuldigten INTERNET RESEARCH AGENCY LLC, DSCHEJCHUN NASIMI OGLY ASLANOW und GLEB IGOREWITSCH WASILTSCHENKO zusammen mit anderen Personen, die der Grand Jury teils bekannt, teils nicht bekannt sind, um wissentlich und absichtlich folgende Straftaten gegenüber den USA zu begehen:

a. vorsätzlich einen Plan zu ersinnen oder dies zu versuchen, der darauf abzielt, in betrügerischer Absicht und unter Vorspiegelung falscher Tatsachen, durch falsche Schilderungen und Versprechungen Geld und Vermögenswerte zu erwerben, und zwar mittels telegrafischer Überweisungen im Rahmen des Interstate- und internationalen Zahlungsverkehrs, Schreiben, Zeichen, Signalen, Bildern und Lauten, mit dem Ziel, den ersonnenen Plan unter Verletzung von Title 18 United States Code, Abschnitt 1343 auszuführen; und

b. vorsätzlich einen Plan auszuführen oder dies zu versuchen, der darauf abzielt, dem staatlichen Einlagenversicherungsfonds angehörende Institute zu betrügen und Geld, Fonds, Darlehen, Vermögenswerte, Sicherheiten und andere Arten von Vermögen von besagtem Finanzinstitut zu erhalten, mittels betrügerischer und falscher Angaben, Schilderungen und Versprechungen, all das unter Verletzung von Title 18, United States Code, Abschnitt 1344.

Ziel der Verabredung zum Betrug

88. Die Verabredung zum Betrug hatte zum Ziel, unter falschen Namen Konten bei US-amerikanischen Geldinstituten und einem Online-Bezahldienst zu eröffnen, um Geldbeträge in die oder von den USA zu überweisen oder zu erhalten, mit denen die Operationen der ORGANISATION in den USA unterstützt wurden, und um sich zu bereichern.

Art und Weise der Verabredung zum Betrug

89. Spätestens ab 2016 benutzten die Beschuldigten und ihre Mitverschwörer ohne legale Befugnis die Sozialversicherungsnummern, Privatadressen und Geburtsdaten realer US-Personen ohne deren Wissen oder Einwilligung. Unter Nutzung dieser gestohlenen Identitäten eröffneten die Beschuldigten und Mitverschwörer Konten bei einem dem

US-amerikanischen Einlagensicherungsfonds angehörigen Finanzinstitut (»Bank 1«), einschließlich folgender Konten:

Ungefähres Datum	Name des Accounts	Identifikation mittels
16. Juni 2016	T.B.	Sozialversicherungsnummer Geburtsdatum
21. Juli 2016	A.R.	Sozialversicherungsnummer Geburtsdatum
27. Juli 2016	T.C.	Sozialversicherungsnummer Geburtsdatum
2. August 2016	T.W.	Sozialversicherungsnummer Geburtsdatum

90. Auch benutzten die Beschuldigten und ihre Mitverschwörer ohne legale Befugnis die Privatadressen und Geburtsdaten realer US-Personen, um Konten bei PayPal, einem Online-Bezahldienst, zu eröffnen, u. a.:

Ungefähres Datum	Initialen des bestohlenen Opfers	Identifikation mittels
16. Juni 2016	T.B.	Sozialversicherungsnummer Geburtsdatum
21. Juli 2016	A.R.	Sozialversicherungsnummer Geburtsdatum
2. August 2016	T.W.	Sozialversicherungsnummer Geburtsdatum
11. November 2016	J.W.	Privatadresse
18. Januar 2017	V.S.	Sozialversicherungsnummer

Die Beschuldigten und ihre Mitverschwörer eröffneten weitere Konten auf den Namen gefälschter und fiktiver US-Personas bei PayPal. Einige Personas, derer sie sich zur Registrierung bei PayPal bedienten, waren dieselben, die die ORGANISATION in Verbindung mit den Accounts in den sozialen Netzwerken benutzten.

91. Die Beschuldigten und ihre Mitverschwörer erwarben von Online-Händlern die Nummern von Kreditkarten- und Bankkonten, um rechtswidrig die Sicherheitsvorkehrungen von PayPal zu umgehen, da der Bezahlservice mittels Kontonummern die Identität ihrer Nutzer überprüfte. Viele der Bankkontennummern, die die Beschuldigten und ihre Mitverschwörer erwarben, wurden mit gestohlenen Identitäten realer US-Personen erzeugt. Nachdem sie diese Kontonummern erworben hatten, teilten sie die Kontennummern PayPal mit.

92. Ungefähr zu den im Folgenden aufgeführten Daten erhielten die Beschuldigten und ihre Mitverschwörer die danebenstehenden Kontonummern und benutzten diese, um die Sicherheitsmaßnahmen von PayPal zu umgehen:

Ungefähres Datum	**Karten-/Bank-Kto. Nr.**	**Finanz-institut**	**E-Mail, mit der Kto. Nr gekauft wurde**
13. Juni 2016	xxxxxxxxx8902	Bank 2	wemakeweather@gmail.com
16. Juni 2016	xxxxxx8731	Bank 1	allforusa@yahoo.com
21. Juli 2016	xxxxxx2215	Bank 3	antwan_8@yahoo.com
2. August 2016	xxxxxx5707	Bank 1	xtimwaltersx@gmail.com
18. Oktober 2016	xxxxxxxxx5792	Bank 4	unitedvetsofamerica@gmail.com

Ungefähres Datum	Karten-/Bank-Kto. Nr.	Finanz-institut	E-Mail, mit der Kto. Nr gekauft wurde
18. Oktober 2016	xxxxxxxxx4743	Bank 4	patriototus@gmail.com
11. November 2016	xxxxxxxxx2427	Bank 4	beautifullelly@gmail.com
11. November 2016	xxxxxxxxx7587	Bank 5	staceyredneck@gmail.com
11. November 2016	xxxxxxxx7590	Bank 5	ihatecrime1@gmail.com
11. November 2016	xxxxxxxx1780	Bank 6	staceyredneck@gmail.com
11. November 2016	xxxxxxxx1762	Bank 6	ihatecrime1@gmail.com
13. Dezember 2016	xxxxxxxx6168	Bank 6	thetaylorbrooks@aol.com
30. März 2017	xxxxxxxxx6316	Bank 3	wokeaztec@outlook.com
30. März 2017	xxxxxx9512	Bank 3	wokeaztec@outlook.com

93. Des Weiteren kauften die Beschuldigten und ihre Mitverschwörer falsche Identitätspapiere, u. a. US-amerikanische Führerscheine, um ihre Konten bei PayPal und anderen Instituten zu nutzen und u. a. Kryptowährungstransaktionen durchzuführen. Einige der falschen Identitätspapiere, die sich die Beschuldigten und ihre Mitverschwörer beschafften, basierten auf den gestohlenen Identitäten realer US-Personen, darunter die Personen T.W. und J.W.
94. Nachdem die Beschuldigten und ihre Mitverschwörer Konten bei Bank 1 und PayPal eröffnet hatten, benutzten sie

diese, um bestimmte Summen zu erhalten oder zu überweisen, die sie für verschiedene Zwecke benötigten, u. a. um bestimmte Ausgaben der ORGANISATION zu bezahlen. Einige PayPal-Konten wurden benutzt, um Anzeigen auf Facebook zu schalten, mit denen verschiedene Accounts der ORGANISATION bei sozialen Netzwerken beworben wurden. Die Konten dienten auch dazu, andere Ausgaben der ORGANISATION zu bezahlen, etwa Ansteckbuttons, Flaggen und Transparente für Kundgebungen.

95. Die Beschuldigten und ihre Mitverschwörer führten die Konten auch, um Geld von realen US-Personen zu empfangen, im Austausch dafür, dass sie auf den Soziale-Netzwerke-Seiten der ORGANISATION für deren Zwecke geworben hatten. Die Beschuldigten und ihre Mitverschwörer berechneten den US-amerikanischen Händlern und Inhabern bestimmter Soziale-Netzwerke-Seiten in der Regel zwischen 25 und 50 US-Dollar pro Werbeinhalt, den sie auf den populären Accounts von gefälschten US-Personas wie etwa Being Patriotic, Defend the 2nd und Blacktivist posteten.

All dies verstößt gegen Title 18, United States Code, Abschnitt 1349.

ANKLAGEPUNKT DREI BIS ACHT
(Schwerwiegender Identitätsdiebstahl)

96. Die Paragrafen 1 bis 7, 9 bis 27, 29 bis 85 und 89 bis 95 dieses Eröffnungsbeschlusses zur Anklage sind Teil dieses Anklagepunktes, und es wird auf sie Bezug genommen, auch wenn sie hier nicht nochmals aufgeführt werden.

97. Die Beschuldigten INTERNET RESEARCH AGENCY LLC, DSCHEJCHUN NASIMI OGLY ASLANOW, GLEB IGOREWITSCH WASILTSCHENKO, IRINA WIKTOROWNA KAWERSINA und WLADIMIR WENKOW besaßen und benutzten ungefähr zu den im Folgenden aufgelisteten Zeitpunkten im District of Columbia und anderswo ohne legale Befugnis die Identitäten anderer Personen, und zwar im

Zusammenhang mit einer schweren Straftat, wie sie unter 18 U.S.C. § 1028 A(c) aufgeführt ist, nämlich des Überweisungs- und Bankbetrugs, wohl wissend, dass die benutzten Identifizierungsparameter einer anderen, realen Person gehören:

Anklagepunkt	**Ungefähres Datum**	**Initialen des Bestohlenen**	**Identifikation mittels**
3	16. Juni 2016	T.B.	Sozialversicherungsnummer Geburtsdatum
4	21. Juli 2016	A.R.	Sozialversicherungsnummer Geburtsdatum
5	27. Juli 2016	T.C.	Sozialversicherungsnummer Geburtsdatum
6	2. August 2016	T.W.	Sozialversicherungsnummer Geburtsdatum
7	18. Januar 2017	V.S.	Sozialversicherungsnummer
8	19. Mai 2017	J.W.	Privatadresse Geburtsdatum

All dies verstößt gegen Title 18, United States Code, Abschnitte 1028 A (a)(1) und (2).

FORDERUNG DER EINZIEHUNG VON VERMÖGENSWERTEN

98. Gemäß Federal Rule of Criminal Procedure 32.2 werden die Beschuldigten darauf aufmerksam gemacht, dass die Vereinigten Staaten eine Einziehung von Vermögenswerten beabsichtigen, als Teil des jeweiligen Strafmaßes und gemäß Title 18, United States Code, Abschnitte 981 (a)(1)(C) und 982(a)(2) sowie Title 28, United States Code, Abschnitt 2461(c), im Fall einer Verurteilung der Beschuldigten gemäß Anklagepunkt zwei dieser Anklageschrift. Bei einer Verurteilung aufgrund der in Anklagepunkt zwei vorgeworfenen Straftat haben die Beschuldigten INTERNET RESEARCH AGENCY LLC, DSCHEJCHUN NASIMI OGLY ASLANOW und GLEB IGOREWITSCH WASILTSCHENKO den Vereinigten Staaten gegenüber alle Vermögenswerte verwirkt, ob Grundbesitz oder persönlicher Besitz, die nachweisbar durch die verurteilte Straftat generiert wurden. Bei einer Verurteilung aufgrund der in Anklagepunkten Drei bis Acht vorgeworfenen Straftaten haben die INTERNET RESEARCH AGENCY LLC, DSCHEJCHUN NASIMI OGLY ASLANOW, GLEB IGOREWITSCH WASILTSCHENKO, IRINA WIKTOROWNA KAWERSINA und WLADIMIR WENKOW den Vereinigten Staaten gegenüber alle Vermögenswerte verwirkt, ob Grundbesitz oder persönlicher Besitz, die nachweisbar durch die verurteilte Straftat generiert wurden. Außerdem wird darauf hingewiesen, dass bei einer Verurteilung die Vereinigten Staaten eine Geldstrafe gegen jeden einzelnen Beschuldigten erwirken wollen, in einer Höhe, die dem in diesem Paragrafen beschriebenen Besitz entspricht, sofern er dem jeweiligen Beschuldigten zuweisbar ist (und der mit der Beschlagnahme von etwaigen Vermögenswerten verrechenbar ist).

Ersatzvermögenswerte

99. Falls einer oder mehrere der zuvor beschriebenen Vermögenswerte, die Gegenstand der Einziehung sind, aufgrund einer Handlung oder Unterlassung eines der Beschuldigten
   a. nicht auffindbar ist nach Maßgabe der Sorgfaltspflicht;
   b. an einen Dritten übertragen oder verkauft oder bei diesem in Verwahrung gegeben wurde;
   c. aus dem Zuständigkeitsbereich des Gerichts entfernt wurde;
   d. erheblich an Wert verloren hat oder
   e. mit einem anderen Besitz vermischt wurde, von dem er nicht ohne Schwierigkeiten getrennt werden kann,

ist es die Absicht der Vereinigten Staaten von Amerika gemäß Title 18, United States Code, Abschnitt 982(b) und Title 28, United States Code, Abschnitt 2461(c) unter Berücksichtigung von Title 21, United States Code, Abschnitt 853, ein anderes Vermögen des betreffenden Beschuldigten einzuziehen.

(18 U.S.C. §§ 981(a)(1)(C) und 982; 28 U.S.C. § 2461(c))

Robert S. Mueller, III
Sonderermittler
US-Justizministerium

it is the intent of the United States of America, pursuant to Title 18, United States Code, Section 982(b) and Title 28, United States Code, Section 2461(c), incorporating Title 21, United States Code, Section 853, to seek forfeiture of any other property of said Defendant.

(18 U.S.C. §§ 981(a)(1)(C) and 982; 28 U.S.C. § 2461(c))

Robert S. Mueller, III
Special Counsel
U.S. Department of Justice

A TRUE BILL:

____
Foreperson

Date: February ___, 2018

5.
Eröffnungsbeschluss zur Anklage *USA vs. Wiktor Borissowitsch Netykscho et al.* 13. Juli 2018

Im Zentrum der Ermittlungen zur Russlandaffäre stand von Anfang an der Hackerangriff auf das Democratic National Committee, die nationale Organisation der Demokratischen Partei, und Hillary Clintons Wahlkampfmanager John Podesta sowie die anschließende Veröffentlichung von gestohlenen E-Mails im Jahr 2016. Im Januar 2017 schrieben US-Beamte die Attacke Russland zu und erklärten, die Operation sei von Präsident Wladimir Putin persönlich gesteuert worden. Es wurde Robert S. Mueller überlassen, die näheren Umstände zu klären und zu entscheiden, ob sich auch Amerikaner schuldig gemacht hatten.

Nachdem er etwas mehr als ein Jahr ermittelt hatte, konnte Mueller immerhin so viel festhalten: Er wusste, wer den Hack ausgeführt hatte und wie die Sache vor sich gegangen war. In diesem 29-seitigen Eröffnungsbeschluss der Grand Jury zur Anklage gegen ein Dutzend Offiziere des russischen Militärnachrichtendienstes GRU beschreibt Mueller geradezu akribisch, wie die Gruppe die E-Mails hackte und die gestohlenen Nachrichten dann über erfundene Online-Personas verbreitete mit dem Ziel, Wähler zu beeinflussen.

Auffällig ist, dass Mueller keine Amerikaner in die Anklage mit aufgenommen und auch die Enthüllungsplattform WikiLeaks ausgespart hat, die in dem Dokument lediglich als »Organisation 1« auftaucht.

Allerdings beschreibt Mueller einen Online-Kontakt zwischen der GRU, die sich hier für eine Person namens Guccifer 2.0 ausgibt, und einer »Person, die in regelmäßigem Kontakt zu leitenden Mitarbeitern des Präsidentschaftswahlkampfs von Donald J. Trump stand«. Roger Stone hat eingeräumt, dass diese Beschreibung auf ihn verweist.

Mueller deckte außerdem ein Detail auf, das – mag auch der reine Zufall im Spiel sein – bemerkenswert erscheint. Am 27. Juli 2016 gab Trump eine Pressekonferenz, bei der er seiner Hoffnung, die abhandengekommenen E-Mails von Hillary Clinton würden gefunden und veröffentlicht werden, mit den Worten Ausdruck verlieh: »Russland, falls ihr zuhört: Ich hoffe, ihr könnt die dreißigtausend fehlenden E-Mails finden.« Den Russen schien dieser Wunsch Befehl zu sein. Muellers Anklageerhebung zufolge versuchten die am Hack Beteiligten noch am selben Tag »zum ersten Mal, E-Mail-Konten einer Domain, die auf den Servern eines externen Dienstleisters gehostet und von Clintons Büro genutzt wurde, auszuspähen«.

Und dann folgt der Vorwurf: »Etwa zur gleichen Zeit nahmen sie sechsundsiebzig E-Mail-Adressen bei der Domain für den Clinton-Wahlkampf ins Visier.«

Die in der Anklageerhebung benannten russischen Offiziere haben sich zu den Vorwürfen nicht geäußert.

Case 1:18-cr-00215-ABJ Document 1 Filed 07/13/18 Page 1 of 29

IN THE UNITED STATES DISTRICT COURT
FOR THE DISTRICT OF COLUMBIA

UNITED STATES OF AMERICA	*	
	*	CRIMINAL NO.
v.	*	
	*	(18 U.S.C. §§ 2, 371, 1030, 1028A, 1956,
VIKTOR BORISOVICH NETYKSHO,	*	and 3551 et seq.)
BORIS ALEKSEYEVICH ANTONOV,	*	
DMITRIY SERGEYEVICH BADIN,	*	
IVAN SERGEYEVICH YERMAKOV,	*	
ALEKSEY VIKTOROVICH	*	
LUKASHEV,	*	
SERGEY ALEKSANDROVICH	*	
MORGACHEV,	*	
NIKOLAY YURYEVICH KOZACHEK,	*	
PAVEL VYACHESLAVOVICH	*	
YERSHOV,	*	
ARTEM ANDREYEVICH	*	
MALYSHEV,	*	
ALEKSANDR VLADIMIROVICH	*	
OSADCHUK,	*	
ALEKSEY ALEKSANDROVICH	*	
POTEMKIN, and	*	
ANATOLIY SERGEYEVICH	*	
KOVALEV,	*	
	*	
Defendants.	*	
	*	

****

INDICTMENT

The Grand Jury for the District of Columbia charges:

COUNT ONE
(Conspiracy to Commit an Offense Against the United States)

1. In or around 2016, the Russian Federation ("Russia") operated a military intelligence agency called the Main Intelligence Directorate of the General Staff ("GRU"). The GRU had multiple units, including Units 26165 and 74455, engaged in cyber operations that involved the staged releases of documents stolen through computer intrusions. These units conducted large-scale cyber operations to interfere with the 2016 U.S. presidential election.

IM UNITED STATES DISTRICT COURT
FÜR DEN DISTRICT OF COLUMBIA

VEREINIGTE STAATEN VON AMERIKA
vs.
WIKTOR BORISSOWITSCH NETYKSCHO,
BORIS ALEXEJEWISCH ANTONOW,
DMITRIJ SERGEJEWITSCH BADIN,
IWAN SERGEJEWITSCH JERMAKOW,
ALEXEJ WIKTOROWITSCH LUKASCHEW,
SERGEJ ALEXANDROWITSCH MORGATSCHEW,
NIKOLAJ JURJEWITSCH KOSATSCHEK,
PAWEL WJATSCHESLAWOWITSCH JERSCHOW,
ARTJOM ANDREJEWITSCH MALYSCHEW,
ALEXANDER WLADIMIROWITSCH OSADTSCHUK,
ALEXEJ ALEXANDROWITSCH POTEMKIN und
ANATOLIJ SERGEJEWITSCH KOWALEW,

Beschuldigte

STRAFTAT NR.:
(18 U.S.C. §§ 2, 371, 1030, 1028A, 1956 und 3551 und folgende)

ERÖFFNUNGSBESCHLUSS ZUR ANKLAGE

Die Grand Jury für den District of Columbia klagt an:

PUNKT EINS
(Verschwörung zur Begehung einer Straftat gegen die Vereinigten Staaten)

1. Im oder um das Jahr 2016 unterhielt die Russische Föderation (»Russland«) einen Militärnachrichtendienst unter dem

Namen »Hauptverwaltung des Generalstabes der Streitkräfte der Russischen Föderation« (»GRU«). Innerhalb der GRU gab es eine Vielzahl von Einheiten, darunter die Einheiten 26165 und 74455, für Operationen im Cyberspace, wozu auch die stufenweise Veröffentlichung von Dokumenten gehörte, die durch unerlaubten Computerzugriff erlangt wurden. Diese Einheiten führten groß angelegte Cyberoperationen durch, um Einfluss auf die US-Präsidentschaftswahlen von 2016 zu nehmen.

2. Die Beschuldigten WIKTOR BORISSOWITSCH NETYKSCHO, BORIS ALEXEJEWITSCH ANTONOW, DMITRIJ SERGEJEWITSCH BADIN, IWAN SERGEJEWITSCH JERMAKOW, ALEXEJ WIKTOROWITSCH LUKASCHEW, SERGEJ ALEXANDROWITSCH MORGATSCHEW, NIKOLAJ JURJEWITSCH KOSATSCHEK, PAWEL WJATSCHESLAWOWITSCH JERSCHOW, ARTJOM ANDREJEWITSCH MALYSCHEW, ALEXANDER WLADIMIROWITSCH OSADTSCHUK UND ALEXEJ ALEXANDROWITSCH POTEMKIN waren GRU-Offiziere, die bewusst und vorsätzlich miteinander und mit anderen, der Grand Jury teils bekannten, teils nicht bekannten Personen (zusammenfassend »die Verschwörer«) konspirierten, um unerlaubt Zugriff auf Computer von an der Präsidentschaftswahl 2016 beteiligten US-Personen und -Körperschaften zu nehmen (»hacken«), Dokumente von diesen Computern zu entwenden und die gestohlenen Dokumente gezielt zu veröffentlichen, um Einfluss auf die US-Präsidentschaftswahl 2016 zu nehmen.
3. Ab spätestens März 2016 hackten die Verschwörer auf verschiedenen Wegen die Mail-Accounts von freiwilligen und angestellten Helfern des Präsidentschaftswahlkampfs von Hillary Clinton (»Clinton-Wahlkampf«), darunter auch das Mail-Konto von Clintons Wahlkampfmanager.
4. Im oder um den April 2016 hackten die Verschwörer sich außerdem in die Computernetzwerke des Wahlkampfkomitees der Demokraten (Democratic Congressional Campaign Committee – »DCCC«) und der nationalen Organisation der

Partei (Democratic National Committee – »DNC«) ein. Die Verschwörer überwachten heimlich Dutzende Computer von Mitarbeitern von DCCC und DNC, implantierten Hunderte von Dateien, die Schadsoftware enthielten, und stahlen E-Mails und andere Dokumente von DCCC und DNC.

5. Im oder um den April 2016 begannen die Verschwörer, die Veröffentlichung des dem Clinton-Wahlkampfteam, dem DCCC und dem DNC gestohlenen Materials zu planen.
6. Im oder um den Juni 2016 veröffentlichten die Verschwörer nach und nach Zehntausende von gestohlenen E-Mails und Dokumenten. Zu diesem Zweck verwendeten sie fiktive Online-Personas, zum Beispiel »DCLeaks« und »Guccifer 2.0«.
7. Die Persona Guccifer 2.0 nutzten die Verschwörer außerdem, um weitere gestohlene Dokumente über eine Website zu verbreiten, die von einer Organisation (»Organisation 1«) betrieben wurde, welche bereits zuvor Dokumente gepostet hatte, die US-Personen und -Körperschaften und der US-Regierung gestohlen worden waren. Die Verschwörer setzten diese Einmischung in den US-Wahlkampf bis etwa November 2016 fort.
8. Um ihre Verbindungen nach Russland und zur russischen Regierung zu verschleiern, nutzten die Verschwörer falsche Identitäten und machten falsche Angaben zu ihrer Identität. Um ihre Enttarnung zu verhindern, nutzten die Verschwörer zudem ein über die ganze Welt, einschließlich der Vereinigten Staaten, verstreutes Computernetzwerk und zahlten für diese Infrastruktur mit Kryptowährung.

Beschuldigte

9. Der Beschuldigte WIKTOR BORISSOWITSCH NETYKSCHO (Нетыкшо Виктор Борисович) war der russische Militäroffizier, der die Einheit 26165 mit Sitz am Komsomolski Prospekt 20 in Moskau, Russland, kommandierte. Die Einheit 26165 war hauptverantwortlich für die Hackerangriffe auf DCCC, DNC und die E-Mail-Konten von Personen, die zum Clinton-Wahlkampf gehörten.

10. Der Beschuldigte BORIS ALEXEJEWITSCH ANTONOW (Антонов Борис Алексеевич) war ein der Einheit 26165 zugewiesener Major im russischen Militär. ANTONOW beaufsichtigte eine Abteilung innerhalb der Einheit 26165, spezialisiert darauf, mittels Spear-Phishing-Mails und anderer Methoden Angriffe auf die Computersysteme militärischer, politischer sowie von Regierungs- und Nichtregierungsorganisationen auszuüben. ANTONOW führte den Titel eines »Abteilungsleiters«. Im oder um das Jahr 2016 überwachte ANTONOW andere Mitverschwörer, die es auf DCCC, DNC und Einzelpersonen im Umfeld des Clinton-Wahlkampfs abgesehen hatten.
11. Der Beschuldigte DMITRIJ SERGEJEWITSCH BADIN (Бадин Дмитрий Сергеевич) war ein der Einheit 26165 zugewiesener russischer Militär mit dem Titel eines »Stellvertretenden Abteilungsleiters«. Im oder um das Jahr 2016 beaufsichtigte BADIN gemeinsam mit ANTONOW andere Mitverschwörer, die DCCC, DNC und Einzelpersonen im Umfeld des Clinton-Wahlkampfs ins Visier nahmen.
12. Der Beschuldigte IWAN SERGEJEWITSCH JERMAKOW (Ермаков Иван Сергеевич) war ein ANTONOWS Abteilung innerhalb der Einheit 26165 zugewiesener russischer Militär. Seit etwa 2010 verwendete JERMAKOW verschiedene Online-Personas, darunter »Kate S. Milton«, »James McMorgans« und »Karen W. Millen«, um Hackerangriffe im Auftrag der Einheit 26165 durchzuführen. Etwa im März 2016 war JERMAKOW an Hackerangriffen auf mindestens zwei Mail-Accounts beteiligt, von denen auf den Wahlkampf bezogene Dokumente über DCLeaks in Umlauf gebracht wurden. Etwa im Mai 2016 war JERMAKOW außerdem an einem Hackerangriff auf den Mail-Server des DNC und dem Diebstahl von E-Mails beteiligt, die später über Organisation 1 veröffentlicht wurden.
13. Der Beschuldigte ALEXEJ WIKTOROWITSCH LUKASCHEW (Лукашев Алексей Викторович) war ein ANTONOWS Abteilung innerhalb der Einheit 26165 zugewiesener Oberleutnant des russischen Militärs. LUKASCHEW ver-

wendete mehrere Online-Personas, darunter »Den Katenberg« und »Yuliana Martynowa«. Um das Jahr 2016 schickte LUKASCHEW Spear-Phishing-Mails an Mitglieder und Helfer von Clintons Wahlkampfteam, u. a. den Wahlkampfmanager.

14. Der Beschuldigte SERGEJ ALEXANDROWITSCH MORGATSCHEW (Моргачев Сергей Александрович) war ein der Einheit 26165 zugewiesener Oberstleutnant des russischen Militärs. MORGATSCHEW beaufsichtigte eine Abteilung innerhalb der Einheit 26165, die mit der Entwicklung und Anwendung von Schadsoftware befasst war, darunter ein von der GRU eingesetztes, unter dem Namen »X-Agent« bekanntes Spähprogramm. Im Rahmen des Hackerangriffs auf die DCCC- und DNC-Netzwerke beaufsichtigte MORGATSCHEW die Mitverschwörer, die die auf diese Computer geschleuste X-Agent-Software entwickelten und steuerten.
15. Der Beschuldigte NIKOLAJ JURJEWITSCH KOSATSCHEK (Козачек Николай Юрьевич) war ein MORGATSCHEWS Abteilung innerhalb der Einheit 26165 zugewiesener Hauptmann des russischen Militärs. KOSATSCHEK verwendete eine Reihe von Spitznamen, darunter »kazak« und »blablabla1234565«. KOSATSCHEK entwickelte, überprüfte und passte X-Agent-Software an, die im oder um den April 2016 bei Hackerangriffen auf die DCCC- und DNC-Netzwerke zum Einsatz kam.
16. Der Beschuldigte PAWEL WJATSCHESLAWOWITSCH JERSCHOW (Ершов Павел Вячеславович) war ein MORGATSCHEWS Abteilung innerhalb der Einheit 26165 zugewiesener russischer Militär. Im oder um das Jahr 2016 assistierte JERSCHOW KOSATSCHEK und anderen Mitverschwörern bei der Erprobung und Anpassung von X-Agent-Software, bevor sie später zum Einsatz kam.
17. Der Beschuldigte ARTJOM ANDREJEWITSCH MALYSCHEW (Малышев Артём Андреевич) war ein MORGATSCHEWS Abteilung innerhalb der Einheit 26165 zugewiesener Leutnant des russischen Militärs. MALYSCHEW verwendete eine Reihe von Spitznamen, darunter »django-

magicdev« und »realblatr«. Im oder um das Jahr 2016 kontrollierte MALYSCHEW die in die Netzwerke von DCCC und DNC eingeschleuste X-Agent-Software.

18. Der Beschuldigte ALEXANDER WLADIMIROWITSCH OSADTSCHUK (Осадчук Александр Владимирович) war ein Oberst des russischen Militärs und befehlshabender Offizier der Einheit 74455. Die Einheit 74455 hatte ihren Sitz in der Kirowastraße 22 in Chimki bei Moskau, in einem Gebäude, das innerhalb der GRU »Turm« genannt wurde. Die Einheit 74455 unterstützte die Veröffentlichung gestohlener Dokumente über DCLeaks und Guccifer 2.0, die Verbreitung dieser Dokumente und die Veröffentlichung von Clinton-feindlichen Inhalten auf Social-Media-Konten, die von der GRU betrieben wurden.
19. Der Beschuldigte ALEXEJ ALEXANDROWITSCH POTEMKIN (Потемкин Алексей Александрович) war ein der Einheit 74455 zugewiesener russischer Militär. POTEMKIN war Leiter einer Abteilung innerhalb der Einheit 74455, die für die Betreuung der bei der Cyberspionage zum Einsatz kommenden Computerinfrastruktur verantwortlich war. Von POTEMKINS Abteilung betreute Infrastruktur und Social-Media-Konten wurden unter anderem eingesetzt, um die Veröffentlichung gestohlener Dokumente über DCLeaks und Guccifer 2.0 zu unterstützen.

Ziel der Verschwörung

20. Ziel der Verschwörung war es, die Computer US-amerikanischer Personen und Körperschaften, die an der US-Präsidentschaftswahl 2016 beteiligt waren, zu hacken, Dokumente von diesen Computern zu stehlen und die gestohlenen Dokumente gezielt zu veröffentlichen, um Einfluss auf die US-Präsidentschaftswahl 2016 zu nehmen.

Art und Weise der Verschwörung

Spear-Phishing

21. ANTONOW, BADIN, JERMAKOW, LUKASCHEW und ihre Mitverschwörer wendeten die Methode des sogenannten Spear-Phishings gegen ihre Opfer an, um Passwörter zu stehlen oder auf andere Art Zugang zu ihren Computern zu erlangen. Seit spätestens März 2016 nahmen die Verschwörer über 300 Personen ins Visier, die zum Clinton-Wahlkampfteam, zum DCCC oder zum DNC gehörten.
    a. Zum Beispiel fertigten und versandten LUKASCHEW und seine Mitverschwörer am oder um den 19. März eine Spear-Phishing-Mail an Clintons Wahlkampfmanager. LUKASCHEW benutzte dafür das Konto »john356gh« bei einem Online-Anbieter, der längere Webadressen abkürzte (sogenannter »URL-Shortening-Dienst«). LUKASCHEW nutzte das Konto, um einen in der Spear-Phishing-Mail enthaltenen Link zu tarnen, der den Empfänger auf eine von der GRU angelegte Website leitete. LUKASCHEW veränderte das Erscheinungsbild der Absenderadresse, um den Eindruck zu erwecken, die E-Mail sei eine Sicherheitsbenachrichtigung von Google (eine als »Spoofing« bekannte Methode) mit der Aufforderung an den Teilnehmer, durch Anklicken des beigefügten Links sein Passwort zu ändern. Diese Aufforderung wurde befolgt. Am oder um den 21. März 2016 stahlen LUKASCHEW, JERMAKOW und ihre Mitverschwörer den auf dem E-Mail-Konto des Wahlkampfmanagers befindlichen Inhalt, der über 50 000 Mails umfasste.
    b. Am oder um den 19. März 2016 sandten LUKASCHEW und seine Mitverschwörer Spear-Phishing-Mails an die privaten Konten anderer Mitglieder des Clinton-Wahlkampfteams, darunter der Wahlkampfleiter und eine hochrangige außenpolitische Beraterin. Am oder um den 25. März 2016 nutzte LUKASCHEW wiederum das Konto »john356gh«, um weitere Links in Spear-

Phishing-Mails zu tarnen, die an weitere Helfer des Clinton-Wahlkampfteams gingen, darunter Opfer 1 und 2. LUKASCHEW versandte diese Mails von dem russischen Mail-Account »hi.mymail@yandex.com«, den er per Spoofing als Google-Absender erscheinen ließ.

c. Am oder um den 28. März 2016 ermittelte JERMAKOW die Namen der Opfer 1 und 2 und ihre Verbindung zu Clinton auf diversen Social-Media-Plattformen. Mithilfe ihrer Spear-Phishing-Aktionen gelang es LUKASCHEW, JERMAKOW und ihren Mitverschwörern, Zugangsdaten und Tausende von E-Mails von zahlreichen Wahlkampfhelfern Clintons zu stehlen. Viele dieser gestohlenen E-Mails, darunter die der Opfer 1 und 2, wurden von den Verschwörern später über DCLeaks in Umlauf gebracht.

d. Am oder um den 6. April 2016 richteten die Verschwörer ein E-Mail-Konto unter dem Namen (mit einer um einen Buchstaben abweichenden Schreibweise) einer als Clinton-Wahlkampfhelfer bekannten Person ein. Dieses Konto nutzten die Verschwörer sodann, um Spear-Phishing-Mails an die geschäftlichen Mail-Adressen von mehr als dreißig Angestellten des Clinton-Wahlkampfteams zu senden. Die Spear-Phishing-Mails enthielten einen Link, mit dem die Empfänger vorgeblich ein Dokument namens »hillary-clinton-favorable-rating.xlsx« öffnen konnten. In Wahrheit aber leitete der Link die Computer der Empfänger auf eine von der GRU geschaffene Webseite.

22. Den ganzen Sommer 2016 über betrieben die Verschwörer Spear-Phishing gegen Personen, die im Clinton-Wahlkampf engagiert waren. Am oder um den 27. Juli 2016 zum Beispiel versuchten die Verschwörer nach Geschäftsschluss zum ersten Mal, E-Mail-Konten einer Domain, die auf den Servern eines externen Dienstleisters gehostet und von Clintons Büro genutzt wurde, auszuspähen. Etwa zur gleichen Zeit nahmen sie sechsundsiebzig E-Mail-Adressen bei der Domain für den Clinton-Wahlkampf ins Visier.

Hackerangriff auf das DCCC-Netzwerk

23. Zusätzlich zu ihren Spear-Phishing-Aktivitäten forschten die Verschwörer ab etwa März 2016 die Computer-Netzwerke von DCCC und DNC aus, um technische Daten und Schwachstellen zu ermitteln.
    a. Zum Beispiel führte JERMAKOW am oder um den 15. März 2016 eine technische Suchanfrage nach den Konfigurationen des Internetprotokolls der DNC durch, um angeschlossene Geräte zu identifizieren.
    b. Am oder um denselben Tag suchte JERMAKOW nach Open-Source-Informationen über das DNC-Netzwerk, die Demokratische Partei und Hillary Clinton.
    c. Am oder um den 7. April 2016 führte JERMAKOW eine technische Suchanfrage nach den Konfigurationen des Internetprotokolls des DCCC durch, um angeschlossene Geräte zu identifizieren.
24. Im oder um den April 2016, wenige Tage nach JERMAKOWS auf den DCCC bezogenen Suchanfragen, hackten die Verschwörer sich in das Computer-Netzwerk des DCCC ein. Sobald sie Zugang erlangt hatten, installierten und verwalteten sie verschiedene Arten von Schadsoftware, um das DCCC-Netzwerk auszuforschen und Daten zu stehlen.
    a. Am oder um den 12. April 2016 gelangten die Verschwörer mithilfe der gestohlenen Zugangsdaten einer DCCC-Angestellten (»DCCC-Angestellte 1«) in das DCCC-Netzwerk. Die DCCC-Angestellte 1 hatte am oder um den 6. April 2016 eine Spear-Phishing-Mail von den Verschwörern erhalten und nach Anklicken des Links ihr Passwort eingegeben.
    b. Zwischen etwa April und Juni 2016 installierten die Verschwörer mehrere Versionen ihrer Schadsoftware X-Agent auf mindestens zehn DCCC-Computern, wodurch es ihnen möglich war, die Computeraktivitäten einzelner Angestellter zu verfolgen, Passwörter zu stehlen und sich dauerhaft Zugang zum DCCC-Netzwerk zu verschaffen.

c. Die ins DCCC-Netzwerk geschleuste X-Agent-Software übermittelte Daten von den Computern der Opfer auf einen von der GRU gemieteten Server mit Sitz in Arizona. Die Verschwörer bezeichneten diesen Server als ihre »AMS«-Systemsteuerung. KOSATSCHEK, MALYSCHEW und ihre Mitverschwörer loggten sich in die AMS-Systemsteuerung ein, um mithilfe der Keylogger- und Screenshot-Funktionen der Schadsoftware die Aktivitäten auf den DCCC-Computern zu überwachen. Die Keylogger-Funktion ermöglichte es den Verschwörern, die Tastenanschläge der DCCC-Angestellten zu protokollieren. Die Screenshot-Funktion diente dazu, den Computerbildschirm der DCCC-Angestellten abzufotografieren.

d. Am oder um den 14. April 2016 zum Beispiel aktivierten die Verschwörer mehrfach die Keylogger- und Screenshot-Funktionen der X-Agent-Software, um die Computeraktivitäten der DCCC-Angestellten 1 über einen Zeitraum von acht Stunden zu überwachen. Während dieser Zeit griffen die Verschwörer auf die Kommunikation der DCCC-Angestellten 1 mit Mitarbeitern und auf die Passwörter zu, die sie im Zusammenhang mit Spendensammlungen und Wählerwerbung eingegeben hatte. In ähnlicher Weise aktivierten die Verschwörer am oder um den 22. April 2016 die Keylogger- und Screenshot-Funktionen der X-Agent-Software, um Erörterungen einer weiteren DCCC-Angestellten (»DCCC-Angestellte 2«) über die Finanzen des DCCC sowie ihre persönlichen Bankdaten und andere private Angelegenheiten zu erfassen.

25. Am oder um den 19. April 2016 konfigurierten KOSATSCHEK, JERSCHOW und andere Mitverschwörer aus der Ferne einen Computer in Übersee zur Übermittlung von Daten zwischen der X-Agent-Software und der AMS-Systemsteuerung und testeten anschließend die Fähigkeit der X-Agent-Software, sich mit diesem Computer zu verbinden. Die Verschwörer bezeichneten diesen Computer als »mittleren Server«. Der mittlere Server diente als Proxy (Stellver-

treter, Vermittlungsserver), um die Verbindung zwischen der Schadsoftware beim DCCC und der AMS-Systemsteuerung der Verschwörer zu verschleiern. Am oder um den 20. April 2016 gaben die Verschwörer der X-Agent-Software auf den DCCC-Computern den Befehl, sich mit diesem mittleren Server zu verbinden und Anweisungen von den Verschwörern entgegenzunehmen.

Hackerangriff auf das DNC-Netzwerk

26. Am oder um den 18. April 2016 hackten sich die Verschwörer über ihren Zugang zum DCCC-Netzwerk in die Computer des DNC ein. Anschließend installierten und verwalteten die Verschwörer verschiedene Arten von Schadsoftware (wie zuvor auch im DCCC-Netzwerk), um das DNC-Netzwerk auszuspionieren und Dokumente zu stehlen.
   a. Am oder um den 18. April 2016 aktivierten die Verschwörer die Keylogger- und Screenshot-Funktionen der X-Agent-Software, um Zugangsdaten eines DCCC-Angestellten zu stehlen, der autorisiert war, auf das DNC-Netzwerk zuzugreifen. Vom DCCC-Netzwerk aus hackten die Verschwörer sich unter Verwendung gestohlener Zugangsdaten in das DNC-Netzwerk ein. Im oder um den Juni 2016 erlangten sie Zugriff auf ungefähr dreiunddreißig DNC-Computer.
   b. Im oder um den April 2016 installierten die Verschwörer die X-Agent-Software im DNC-Netzwerk, darunter auch die im DCCC-Netzwerk eingesetzten Versionen. MALYSCHEW und seine Mitverschwörer kontrollierten die X-Agent-Software über die AMS-Systemsteuerung und erfassten Daten von den Computern der Betroffenen. Die AMS-Systemsteuerung sammelte Tausende von Keylogger- und Screenshot-Ergebnissen von Computern des DCCC und der DNC, zum Beispiel Screenshots und Tastenanschlagsprotokolle vom Rechner der DCCC-Angestellten 2 beim Abruf von Online-Banking-Daten des DCCC.

Diebstahl von DCCC- und DNC-Dokumenten

27. Die Verschwörer machten Computer innerhalb der DCCC- und DNC-Netzwerke ausfindig, auf denen Informationen mit Bezug auf die US-Präsidentschaftswahl 2016 gespeichert waren. Am oder um den 15. April 2016 durchforsteten die Verschwörer zum Beispiel einen gehackten DCCC-Computer anhand von Suchbegriffen wie »hillary«, »cruz« und »trump«. Die Verschwörer kopierten außerdem ausgewählte DCCC-Ordner, darunter einen mit dem Titel »Bengasi-Untersuchungen«. Die Verschwörer nahmen Computer ins Visier, die Informationen enthielten etwa zum Thema »Opposition Research« (Gegnerbeobachtung) oder zu Einsatzplänen für die Wahlen 2016.
28. Damit der auf einen Schlag erfolgte Diebstahl einer umfangreichen Datenmenge unbemerkt blieb, nutzten die Verschwörer ein frei zugängliches Programmtool, um zahlreiche Dokumente aus den DCCC- und DNC-Netzwerken zu sammeln und zu komprimieren. Anschließend nutzten die Verschwörer eine weitere, unter dem Namen »X-Tunnel« bekannte GRU-Schadsoftware, um die gestohlenen Dokumente durch verschlüsselte Kanäle aus den DCCC- und DNC-Netzwerken herauszuschleusen.
    a. Am oder um den 22. April 2016 zum Beispiel komprimierten die Verschwörer Daten von DNC-Computern im Umfang von Gigabytes, etwa zum Stichwort »Opposition Research« – Material, das geeignet ist, dem politischen Gegner zu schaden. Später verschoben die Verschwörer die komprimierten DNC-Daten mithilfe von X-Tunnel auf einen von der GRU gemieteten Computer in Illinois.
    b. Am oder um den 28. April 2016 verbanden die Verschwörer sich mit ebendiesem in Illinois stationierten Computer und testeten ihn. Im weiteren Verlauf des Tages verbanden die Verschwörer sich mithilfe von X-Tunnel mit diesem Computer, um weitere Dokumente aus dem DCCC-Netzwerk zu stehlen.

29. Zwischen etwa dem 25. Mai und dem 1. Juni 2016 hackten die Verschwörer den Microsoft Exchange Server des DNC und stahlen Tausende von E-Mails von den Accounts etlicher DNC-Angestellter. Während dieser Zeit informierte JERMAKOW sich über PowerShell-Befehle in Verbindung mit dem Zugriff auf den Microsoft Exchange Server und dessen Verwaltung.
30. Am oder um den 30. Mai 2016 griff MALYSCHEW auf die AMS-Systemsteuerung zu, um kundenspezifische AMS-Software auf dem Server zu aktualisieren. Am selben Tag empfing die AMS-Systemsteuerung Updates von ungefähr dreizehn verschiedenen auf DCCC- und DNC-Computern eingeschleusten X-Agent-Programmen.
31. Während des Hackerangriffs auf die DCCC- und DNC-Netzwerke verwischten die Verschwörer ihre Spuren, indem sie vorsätzlich Protokolle und Dateien löschten. Am oder um den 13. Mai 2016 zum Beispiel entfernten die Verschwörer die Ereignisprotokolle von einem DNC-Computer. Am oder um den 20. Juni 2016 löschten die Verschwörer Protokolle von der AMS-Systemsteuerung, die ihre lokalen Aktivitäten dokumentierten, einschließlich der Zugriffsstatistik.

Maßnahmen zum Einnisten in den DCCC- und DNC-Netzwerken

32. Trotz aller Bemühungen der Verschwörer, ihre Aktivitäten zu verbergen, bemerkten DCCC und DNC ab etwa Mai 2016, dass sie gehackt worden waren, und beauftragten eine Sicherheitsfirma (»Firma 1«), das Ausmaß der Eingriffe zu bestimmen. Im oder um den Juni 2016 traf Firma 1 Maßnahmen, um Eindringlinge aus den Netzwerken auszuschließen. Trotz dieser Bemühungen verblieb jedoch eine Linux-basierte Version der X-Agent-Software, darauf programmiert, mit der von der GRU angemeldeten Domain linuxkrnl.net zu kommunizieren, bis etwa Oktober 2016 im DNC-Netzwerk.

33. In Reaktion auf die Bemühungen der Firma 1 ergriffen die Verschwörer Gegenmaßnahmen, um ihren Zugriff auf die DCCC- und DNC-Netzwerke aufrechtzuerhalten.
    a. Am oder um den 31. Mai 2016 unternahm JERMAKOW eine Open-Source-Recherche über Firma 1 und ihre Berichte zur X-Agent- und X-Tunnel-Software. Am oder um den 1. Juni 2016 versuchten die Verschwörer mithilfe des Computerprogramms CCleaner, Spuren ihrer Anwesenheit im DCCC-Netzwerk zu löschen.
    b. Am oder um den 14. Juni 2016 meldeten die Verschwörer die Domain actblues.com an, als Nachahmung der Domain einer Plattform für politisches Fundraising, die auch eine DCCC-Spendenseite enthielt. Kurz darauf manipulierten die Verschwörer mithilfe gestohlener Zugangsdaten die DCCC-Website und leiteten Besucher auf die Domain actblues.com um.
    c. Nachdem Firma 1 die X-Agent-Software im DCCC-Netzwerk deaktiviert hatte, versuchten die Verschwörer am oder um den 20. Juni 2016 sieben Stunden lang vergeblich, sich mit X-Agent zu verbinden. Zusätzlich versuchten die Verschwörer, mithilfe zuvor gestohlener Zugangsdaten auf das DCCC-Netzwerk zuzugreifen.
34. Im oder um den September 2016 erlangten die Verschwörer Zugriff auf DNC-Computer, die auf einem externen Cloud-Server gehostet waren. Diese Computer enthielten Testanwendungen im Zusammenhang mit der Analytik des DNC. Nachdem sie eine Sichtung durchgeführt hatten, sammelten die Verschwörer Daten, indem sie Backups oder »Snapshots« der Cloud-basierten Systeme des DNC erstellten und dazu die eigene Technologie des Cloud-Dienstleisters nutzten. Anschließend leiteten die Verschwörer die Snapshots an Cloud-basierte, beim selben Server angemeldete Konten weiter, stahlen also somit die Daten vom DNC.

Veröffentlichung gestohlener Dokumente über DCLeaks

35. Über einen Monat vor den ersten Veröffentlichungen erstellten die Verschwörer die Online-Persona DCLeaks, um gestohlene, auf die Wahlen bezogene Dokumente in Umlauf zu bringen. Nach einem Versuch, die Domain electionleaks.com registrieren zu lassen, meldeten die Verschwörer am oder um den 19. April 2016 die Domain dcleaks.com über einen Server an, der den Registranten anonymisierte. Das Geld für die Finanzierung der Domain dcleaks.com kam von einem Konto bei einem Kryptowährungsdienst, welchen die Verschwörer auch nutzten, um die Miete für einen virtuellen privaten Server zu bezahlen, welcher auf das operationale E-Mail-Konto dirbinsaabol@mail.com registriert war. Über die dirbinsaabol-Adresse war auch der User john356gh bei dem URL-Shortening-Dienst angemeldet, den LUKASCHEW nutzte, um Spear-Phishing-Mails an Clintons Wahlkampfvorsitzenden und andere am Wahlkampf beteiligte Personen zu senden.
36. Am oder um den 8. Juni 2016 starteten die Verschwörer die öffentliche Internetseite dcleaks.com, auf der sie gestohlene E-Mails veröffentlichten. Bevor sie ungefähr im März 2017 abgeschaltet wurde, war die Seite über eine Million Mal aufgerufen worden. Auf der Seite behaupteten die Verschwörer wahrheitswidrig, DCLeaks sei von einer Gruppe »amerikanischer Hacktivisten« ins Leben gerufen worden, obwohl es sich tatsächlich um das Werk der Verschwörer handelte.
37. Seit etwa Juni 2016 und fortdauernd bis zur US-Präsidentschaftswahl nutzten die Verschwörer DCLeaks, um E-Mails zu veröffentlichen, die sie von Personen im Umfeld des Clinton-Wahlkampfs gestohlen hatten. Die Verschwörer veröffentlichten außerdem Dokumente, die sie im Zuge weiterer Spear-Phishing-Operationen gestohlen hatten, darunter auch E-Mails aus dem Lager der Republikanischen Partei, die aus dem Jahr 2015 stammten.
38. Am oder um den 8. Juni 2016 und ungefähr zeitgleich mit dem Auftritt der Internetseite DCLeaks erstellten die Ver-

schwörer eine DCLeaks-Facebook-Seite, wofür sie einen bereits bestehenden Social-Media-Account unter dem fiktiven Namen »Alice Donovan« verwendeten. Zusätzlich zur DCLeaks-Facebook-Seite nutzten die Verschwörer noch weitere Social-Media-Accounts im Namen fiktiver US-Personen wie »Jason Scott« oder »Richard Gingrey«, um für die DCLeaks-Website zu werben. Auf diese Konten griffen die Verschörer von Computern aus zu, die von POTEMKIN und seinen Mitverschwörern verwaltet wurden.

39. Am oder um den 8. Juni 2016 erstellten die Verschwörer den Twitter-Account @dcleaks_. Diesen Twitter-Account führten die Verschwörer von demselben Computer aus, den sie auch für andere Versuche nutzten, die US-Präsidentschaftswahl 2016 zu beeinflussen. Zum Beispiel nutzten die Verschwörer diesen Computer dazu, unter dem Twitter-Account @BaltimoreIsWhr, das amerikanische Publikum aufzufordern, sich »unserem Flashmob« gegen Clinton anzuschließen und Bilder mit dem Hashtag #BlacksAgainstHillary zu posten.

Veröffentlichung gestohlener
Dokumente über Guccifer 2.0

40. Am oder um den 14. Juni 2016 gab die DNC – vertreten durch Firma 1 – eine öffentliche Erklärung ab, dass sie von russischen staatlichen Akteuren gehackt worden sei. In Reaktion darauf erstellten die Verschwörer die Online-Persona Guccifer 2.0, in deren Namen sie wahrheitswidrig behaupteten, ein einzelner rumänischer Hacker zu sein, um den Vorwürfen zu begegnen, Russland sei für die Übergriffe verantwortlich.

41. Am oder um den 15. Juni 2016 loggten die Verschwörer sich in einen von der Einheit 74455 benutzten und verwalteten Server in Moskau ein und stellten zwischen 16:19 Uhr und 16:56 Uhr Moskauer Zeit Suchanfragen unter anderem nach folgenden Wörtern und Wendungen:

(englische) Suchbegriff(e)	**(übersetzt)**
»some hundred sheets«	»einige hundert Seiten«
»some hundreds of sheets«	»Hunderte von Seiten«
dcleaks	
Illuminati	
широко известный перевод (allgemein bekannte Übersetzung)	
»worldwide known«	»weltweit bekannt«
»think twice about«	»sich Gedanken machen«
»company's competence«	»Kompetenz der Firma«

42. Noch am selben Tag, um 19:02 Uhr Moskauer Zeit, veröffentlichte die Online-Persona Guccifer 2.0 ihren ersten Post auf einer mit WordPress erstellten Blog-Seite. Unter der Überschrift »DNC-Server von einzelnem Hacker gehackt« verwendete der Beitrag zahlreiche (englische) Wörter und Wendungen, die die Verschwörer wenige Stunden zuvor in die Suchmaschine eingegeben hatten (im Folgenden fett angezeigt – Text in deutscher Übersetzung):

> **Weltweit bekannte** Firma für Cybersicherheit [Firma 1] gab bekannt, dass die Server des Democratic National Committee (DNC) von »versierten« Hackergruppen gehackt worden seien.
>
> Ich freue mich sehr, dass die Firma meine Fähigkeiten derart hoch einschätzt))) […]
>
> Hier sind nur ein paar von vielen Tausend Doks, die ich bei meinem Hack aus dem DNC-Netzwerk gezogen habe. […]

> **Einige hundert Seiten!** Der Fall ist ernst, oder? […]
>
> Mir scheint, die Kunden [der Firma 1] **sollten sich mal Gedanken machen über die Kompetenz der Firma.**
>
> Sch[***] auf die **Illuminati** und ihre Verschwörungen!!!!!!!! Sch[***] auf [Firma 1]!!!!!!!!!

43. Zwischen etwa Juni und Oktober 2016 nutzten die Verschwörer Guccifer 2.0, um über WordPress Dokumente in Umlauf zu bringen, die sie von DCCC und DNC gestohlen hatten. Sich für Guccifer 2.0 ausgebend, teilten die Verschwörer außerdem gestohlene Dokumente mit bestimmten Einzelpersonen.
    a. Am oder um den 15. August 2016 erhielten die Verschwörer in ihrer Rolle als Guccifer 2.0 die Anfrage eines Kandidaten für den US-Kongress, der an gestohlenen Dokumenten interessiert war. Die Verschwörer antworteten als Guccifer 2.0 und schickten dem Kandidaten gestohlene Dokumente, die sich auf seinen Kontrahenten bezogen.
    b. Am oder um den 22. August 2016 übermittelten die Verschwörer, sich für Guccifer 2.0 ausgebend, vom DCCC gestohlene Daten im Umfang von annähernd 2,5 Gigabytes an einen zu dem Zeitpunkt registrierten Lobbyisten und Betreiber eines Online-Nachrichtendienstes. Die gestohlenen Daten umfassten Spenderlisten und personenbezogene Daten von mehr als 2 000 Geldgebern der Demokratischen Partei.
    c. Am oder um den 22. August 2016 ließen die Verschwörer, sich für Guccifer 2.0 ausgebend, einem Reporter gestohlene Dokumente mit Bezug auf die »Black Lives Matter«-Bewegung zukommen. In seiner Reaktion stellte der Reporter Überlegungen an, wann die Dokumente zu veröffentlichen seien, und bot an, darüber einen Artikel zu verfassen.

44. Sich für Guccifer 2.0 ausgebend, kommunizierten die Verschwörer auch mit anderen US-Personen über die Veröffentlichung gestohlener Dokumente. Am oder um den 15. August 2016 schrieben die Verschwörer, sich für Guccifer 2.0 ausgebend, an eine Person, die in regelmäßigem Kontakt zu leitenden Mitarbeitern des Präsidentschaftswahlkampfs von Donald J. Trump stand: »danke für die rückmeldung … irgendetwas interessant für euch in den doks, die ich gepostet hab?« Am oder um den 17. August 2016 fügten die Verschwörer hinzu: »bitte sagt bescheid, wenn ich irgendwie helfen kann … wäre mir eine große freude.« Am oder um den 9. September 2016 verwiesen die Verschwörer, sich wiederum für Guccifer 2.0 ausgebend, auf ein im Internet gepostetes, gestohlenes Dokument und fragten die Person: »was halten Sie von der info über die wählermobilisierung der demokraten im präsidentschaftswahlkampf.« Die Person antwortete: »ist so ziemlich das übliche.«
45. Die Verschwörer führten Aktionen als Guccifer 2.0 und DCLeaks durch, indem sie sich überlappender Computer-Infrastruktur und Finanzierung bedienten.
    a. Etwa zwischen dem 14. März und dem 28. April 2016 griffen die Verschwörer jeweils auf denselben Vorrat an Bitcoins zurück, um ein Konto für ein virtuelles privates Netzwerk (VPN) zu erwerben und einen Server in Malaysia zu mieten. Im oder um den Juni 2016 nutzten die Verschwörer den malaysischen Server zum Hosten der Webseite dcleaks.com. Am oder um den 6. Juli 2016 nutzten die Verschwörer das VPN, um sich in das Twitter-Konto @Guccifer_2 einzuloggen. Die Verschwörer eröffneten dieses Konto von demselben Server aus, der auch dazu diente, arglistige Domains für Hackerangriffe auf die DCCC- und DNC-Netzwerke anzumelden.
    b. Am oder um den 27. Juni 2016 kontaktierten die Verschwörer, sich für Guccifer 2.0 ausgebend, einen US-Reporter mit dem Angebot, gestohlene E-Mails aus »Hillary Clintons Mitarbeiterstab« zu liefern. Anschließend schickten die Verschwörer das Passwort für den Zugang

zu einem nicht öffentlichen, kennwortgeschützten Bereich von dcleaks.com, in dem sich E-Mails von Opfer 1 befanden, die LUKASCHEW, JERMAKOW und ihre Mitverschwörer im oder um den März 2016 gestohlen hatten.

46. Am oder um den 12. Januar 2017 veröffentlichten die Verschwörer eine Erklärung auf dem WordPress-Blog von Guccifer 2.0, in der sie unzutreffend behaupteten, dass die Hackerangriffe und die Veröffentlichung gestohlener Dokumente »in keinerlei Beziehung zur russischen Regierung« stünden.

Einsatz von Organisation 1

47. Um ihre Einflussnahme auf die US-Präsidentschaftswahl 2016 auszuweiten, leiteten die Verschwörer viele der Dokumente, die sie vom DNC und Clintons Wahlkampfvorsitzenden gestohlen hatten, an die Organisation 1 weiter. Sich für Guccifer 2.0 ausgebend, erörterten die Verschwörer mit Organisation 1 die Veröffentlichung der gestohlenen Dokumente und den geeigneten Zeitpunkt dafür, um die Wirkung ihrer Aktivitäten auf die US-Präsidentschaftswahl 2016 zu erhöhen.
   a. Am oder um den 22. Juni 2016 sandte Organisation 1 eine private Nachricht an Guccifer 2.0 mit der Aufforderung: »schicken Sie uns alles neue material [vom DNC gestohlen], damit wir es begutachten können, das wird eine viel größere wirkung haben als das, was Sie tun.« Am oder um den 6. Juli 2016 fügte Organisation 1 hinzu: »falls Sie irgendwas über hillary haben, brauchen wir es möglichst in den nächsten zwei tagen, weil der parteitag der demokraten ansteht, und sie die bernie-anhänger hinter sich scharen will.« Die Verschwörer antworteten: »ok … verstehe.« Organisation 1 erläuterte: »wir glauben, trump hat nur eine chance von 25 %, gegen hillary zu gewinnen … daher ist konflikt zwischen bernie und hillary interessant für uns.«

b. Nach gescheiterten, ab Ende Juni 2016 unternommenen Versuchen, die gestohlenen Dokumente zu übermitteln, sandten die Verschwörer, sich für Guccifer 2.0 ausgebend, am oder um den 14. Juli 2016 eine E-Mail an Organisation 1 mit einem Anhang unter der Bezeichnung »wk dnc link1.txt.gpg«. Die Verschwörer erläuterten, dass die verschlüsselte Datei Anweisungen enthalte, wie Organisation 1 sich Zugriff auf ein Online-Archiv der gestohlenen Dokumente verschaffen könne. Am oder um den 18. Juli 2016 bestätigte Organisation 1, sie habe »das archiv von ungefähr 1 GB« geöffnet und werde einen Teil der gestohlenen Dokumente »noch diese woche« veröffentlichen.

48. Am oder um den 22. Juli 2016 veröffentlichte Organisation 1 über 20 000 E-Mails und andere von den Verschwörern aus dem DNC-Netzwerk gestohlenen Dokumente. Die Veröffentlichung erfolgte ungefähr drei Tage vor Beginn des Parteitags der Demokratischen Partei. Organisation 1 gab keinerlei Hinweise auf die Rolle von Guccifer 2.0 bei der Bereitstellung des Materials. Die zeitlich letzte durch Organisation 1 veröffentlichte E-Mail datierte vom 25. Mai 2016, ungefähr demselben Tag, an dem die Verschwörer den Microsoft Exchange Server des DNC hackten.

49. Am oder um den 7. Oktober 2016 veröffentlichte Organisation 1 einen ersten Satz von E-Mails des Clinton-Wahlkampfmanagers, die LUKASCHEW und seine Mitverschwörer gestohlen hatten. Zwischen etwa dem 7. Oktober und dem 7. November 2016 veröffentlichte Organisation 1 in ungefähr dreiunddreißig Teillieferungen Dokumente, die dem Wahlkampfmanager gestohlen worden waren. Insgesamt wurden mehr als 50 000 Dokumente in Umlauf gebracht.

Anklagevorwürfe

50. Die Paragrafen 1 bis 49 des vorliegenden Eröffnungsbeschlusses sind Teil dieser Anklagevorwürfe, und es wird darauf Bezug genommen, ohne sie erneut aufzuführen.

51. Seit spätestens März 2016 bis in den Oktober 2016 haben die Beschuldigten NETYKSCHO, ANTONOW, BADIN, JERMAKOW, LUKASCHEW, MORGATSCHEW, KOSATSCHEK, JERSCHOW, MALYSCHEW, OSADTSCHUK und POTEMKIN, gemeinsam mit anderen, der Grand Jury teils bekannten, teils nicht bekannten Personen im District of Columbia und anderswo, sich bewusst und vorsätzlich verschworen, Straftaten gegen die Vereinigten Staaten zu begehen, namentlich:
   a. Sich wissentlich nicht autorisierten Zugriff oder über die Autorisierung hinausgehenden Zugriff auf einen Computer zu verschaffen und dadurch Informationen von einem geschützten Computer zu erhalten, wobei der Wert der erlangten Information mehr als $ 5 000 betrug und damit ein Verstoß gegen Title 18, United States Code, Abschnitte 1030(a)(2)(C) und 1030(c)(2)(B) vorliegt; und
   b. Wissentlich die Übermittlung eines Programms, einer Information, eines Codes oder eines Befehls zu veranlassen und als Ergebnis dieses Verhaltens Schaden ohne Genehmigung an einem geschützten Computer zu verursachen, wobei dieses Vergehen einen Wertverlust von zusammengenommen $ 5 000 für mindestens eine Person verursachte oder, sofern vollendet, verursacht hätte während eines Zeitraums von einem Jahr seit einem vergleichbaren Vorgehen mit Folgen für einen geschützten Computer und der Verursachung von Schäden an mindestens zehn geschützten Computern im Zeitraum von einem Jahr, was einen Verstoß gegen Title 18, United States Code, Abschnitte 1030(a)(5)(A) und 1030(c)(4)(B) darstellt.
52. Zur Förderung der Verschwörung und um ihre illegalen Ziele zu erreichen, begingen die Verschwörer die offenkundigen, in den Paragrafen 1 bis 19, 21 bis 49, 55 und 57 bis 64 dargelegten Handlungen, welche Teil dieser Anklagevorwürfe sind, auf die Bezug genommen wird, ohne sie erneut aufzuführen.

53. Zur Förderung der Verschwörung, und wie in den Paragrafen 1 bis 19, 21 bis 49, 55 und 57 bis 64 ausgeführt, meldeten die Verschwörer wissentlich zu Täuschungszwecken einen Domain-Namen an und verwendeten wissentlich diesen Domain-Namen zur Begehung einer strafbaren Handlung; namentlich meldeten die Verschwörer Domains wie dcleaks.com und actblues.com unter falschen Namen und Adressen an und verwendeten diese Domains zur Begehung der ihnen in Anklagepunkt eins zur Last gelegten schweren Straftat.

All dies verstößt gegen Title 18, United States Code, Abschnitte 371 und 3559(g)(1).

ANKLAGEPUNKTE ZWEI BIS NEUN
(Schwerer Identitätsdiebstahl)

54. Die zuvor dargelegten Paragrafen 1 bis 19, 21 bis 49 und 57 bis 64 sind Teil dieser Anklagevorwürfe, auf sie wird Bezug genommen, ohne sie erneut aufzuführen.
55. An den oder um die unten aufgeführten Daten haben, im District of Columbia und anderswo, die Beschuldigten WIKTOR BORISSOWITSCH NETYKSCHO, BORIS ALEXEJEWITSCH ANTONOW, DMITRIJ SERGEJEWITSCH BADIN, IWAN SERGEJEWITSCH JERMAKOW, ALEXEJ WIKTOROWITSCH LUKASCHEW, SERGEJ ALEXANDROWITSCH MORGATSCHEW, NIKOLAJ JURJEWITSCH KOSATSCHEK, PAWEL WJATSCHESLAWOWITSCH JERSCHOW, ARTJOM ANDREJEWITSCH MALYSCHEW, ALEXANDER WLADIMIROWITSCH OSADTSCHUK und ALEXEJ ALEXANDROWITSCH POTEMKIN ohne rechtmäßige Befugnis Identifizierungsdaten einer anderen Person wissentlich sich angeeignet und benutzt zur Ausübung eines schweren Vergehens, wie aufgeführt in Title 18, United States Code, Abschnitt 1028A(c), namentlich Computerbetrug als Verstoß gegen Title 18, United States Code, Abschnitte 1030(a)(2)(C) und 1030(c)(2)(B), im Wissen, dass die Identifizierungsdaten einer anderen realen Person gehörten:

Anklagepunkt	**Ungefähres Datum**	**Opfer**	**Identifizierungsdaten**
2	21. März 2016	Opfer 3	Nutzername und Passwort für persönliches E-Mail-Konto
3	25. März 2016	Opfer 1	Nutzername und Passwort für persönliches E-Mail-Konto
4	12. April 2016	Opfer 4	Nutzername und Passwort für DCCC-Computernetzwerk
5	15. April 2016	Opfer 5	Nutzername und Passwort für DCCC-Computernetzwerk
6	18. April 2016	Opfer 6	Nutzername und Passwort für DCCC-Computernetzwerk
7	10. Mai 2016	Opfer 7	Nutzername und Passwort für DNC-Computernetzwerk
8	2. Juni 2016	Opfer 2	Nutzername und Passwort für persönliches E-Mail-Konto
9	6. Juli 2016	Opfer 8	Nutzername und Passwort für persönliches E-Mail-Konto

Jeweils Verstoß gegen Title 18, United States Code, Abschnitte 1028A(a)(1) und 2.

ANKLAGEPUNKT ZEHN
(Verabredung zur Geldwäsche)

56. Die zuvor dargelegten Paragrafen 1 bis 19, 21 bis 49 und 55 sind Teil dieses Anklagepunkts, auf sie wird Bezug genommen, ohne sie erneut aufzuführen.
57. Zum Zweck des Erwerbs der für die Hackeraktivitäten – unter anderem das Eindringen in die Computer von an der Präsidentschaftswahl 2016 beteiligten US-Personen und US-Körperschaften sowie die Veröffentlichung der gestohlenen Dokumente – benötigten Infrastruktur unternahmen es die Beschuldigten, den Gegenwert von mehr als $ 95 000 durch ein Geflecht von Transaktionen zu waschen, das darauf ausgelegt war, sich die vermeintliche Anonymität von Kryptowährungen wie Bitcoin zunutze zu machen.
58. Zwar achteten die Verschwörer darauf, Transaktionen in verschiedenen Währungen zu tätigen, doch verwendeten sie überwiegend Bitcoins für den Kauf von Servern, die Anmeldung von Domains und andere Aufwendungen zur Beförderung ihrer Hackeraktivitäten. Viele dieser Zahlungen wurden von in den Vereinigten Staaten ansässigen Firmen abgewickelt, Bezahldiensten für Hosting-Firmen, Domain-Registrare und andere Anbieter, ob national oder international. Die Verwendung von Bitcoins erlaubte es den Verschwörern, den direkten Kontakt zu herkömmlichen Finanzinstituten zu vermeiden und damit einer genaueren Überprüfung ihrer Identitäten und Geldquellen zu entgehen.
59. Alle Bitcoin-Transaktionen werden einem öffentlichen Register namens Blockchain zugefügt, doch die Blockchain identifiziert die Beteiligten einer jeden Transaktion allein durch eine alphanumerische Kennung, die sogenannte Bitcoin-Adresse. Um auf keinen Fall eine verfolgbare Dokumentenspur all ihrer Anschaffungen zu erzeugen, benutzten die Verschwörer zum Kauf ihrer Infrastruktur Hunderte von verschiedenen E-Mail-Konten, teilweise legten sie für jeden Kauf ein neues Konto an. Die Verschwörer verwendeten fik-

tive Namen und Adressen, um ihre Identität und ihre Verbindung zu Russland und zur russischen Regierung zu verschleiern. Zum Beispiel wurde die Domain dcleaks.com von einer fiktiven Person »Carrie Feehan« mit Adresse in New York angemeldet und bezahlt. In einigen Fällen statteten die Verschwörer Anbieter für den Zahlungsvorgang mit unsinnigen Adressen aus wie »usa Denver AZ«, »gfhgh ghfhgfh fdgfdg WA« oder »1 2 dwd District of Columbia«.

60. Die Verschwörer nutzten mehrere eigens dafür eingerichtete E-Mail-Konten, um grundlegende Daten über Bitcoin-Transaktionen abzurufen und Bitcoin-Zahlungen an Verkäufer zu ermöglichen. Auf einem dieser Spezialkonten, unter dem Nutzernamen »gfadel47« angemeldet, gingen Hunderte von Bitcoin-Zahlungsaufforderungen von ungefähr 100 verschiedenen E-Mail-Konten ein. Am oder um den 1. Februar 2016 empfing das gfadel47-Konto beispielsweise die Anweisung, »bitte *exakt* **0,026043** Bitcoins« an eine bestimmte, vierunddreißig Zeichen umfassende Bitcoin-Adresse zu senden. Kurz darauf wurde eine dieser genauen Anweisung entsprechende Transaktion der Blockchain zugefügt.

61. Hin und wieder führten die Verschwörer Bitcoin-Zahlungen unter Verwendung derselben Computer durch, die sie für ihre Hackeraktivitäten nutzten, etwa um Spear-Phishing-Mails zu entwerfen und testweise zu verschicken. Zusätzlich wurde eins der Spezialkonten von den Verschwörern um das Jahr 2015 dazu genutzt, die Anmeldung einer Domain (linuxkrnl.net) zu verlängern, die in bestimmte X-Agent-Schadsoftware einkodiert war.

62. Teilweise finanzierten die Verschwörer den Kauf von Computerinfrastruktur durch das »Schürfen« von Bitcoins. Einzelpersonen und Körperschaften können Bitcoins schürfen, indem sie Rechnerleistung zur Verfügung stellen, um Zahlungen auf Bitcoins öffentlichem Konto zu verifizieren und zu erfassen, ein Dienst, für den sie mit frisch »geprägten« Bitcoins belohnt werden. Der durch die Schürfaktivität der GRU erzeugte Bitcoin-Vorrat wurde beispielsweise einge-

setzt, um eine rumänische Firma für die Registrierung der Domain dcleaks.com über einen in den Vereinigten Staaten ansässigen Bezahldienst zu bezahlen.

63. Über das Schürfen hinaus verschafften die Verschwörer sich Bitcoins auch auf allerlei anderen Wegen, um die Herkunft der Zahlungsmittel zu verschleiern. So wurden zum Beispiel Bitcoins im Peer-to-Peer-Austausch gekauft, Zahlungsmittel durch andere digitale Währungen geschleust und Prepaid-Karten verwendet. Außerdem nahmen sie die Hilfe eines oder mehrerer spezialisierter Wechseldienste in Anspruch, die mehrstufige Transaktionen über digitale Währungswechsel-Plattformen unter erhöhter Anonymität ermöglichten.

64. Die Verschwörer nutzten dieselbe Finanzierungsstruktur – und in einigen Fällen genau denselben Zahlungsmittelvorrat – um Key-Accounts, Server und Domains zu erwerben, die sie für ihre auf die Wahlen abzielenden Hacks einsetzten.

    a. Aus der Bitcoin-Schürfaktion, die die Anmeldung von dcleaks.com finanzierte, flossen auch frisch erworbene Bitcoins zur Bitcoin-Adresse von »Daniel Farell«, der Persona, die zum Einsatz kam, um die Domain linuxkrnl.net zu aktualisieren. Die Bitcoin-Schürfaktion finanzierte außerdem, über dieselbe Bitcoin-Adresse, den Kauf von Servern und Domains, unter anderem accounts-qooqle.com und account-gooogle.com, die für Spear-Phishing-Attacken der GRU genutzt wurden.
    b. Am oder um den 14. März 2016 kauften die Verschwörer von den Mitteln aus einer Bitcoin-Adresse ein VPN-Konto, das sie später nutzten, um sich in den Twitter-Account @Guccifer_2 einzuloggen. Die verbleibenden Mittel dieser Bitcoin-Adresse nutzten sie am oder um den 28. April 2016, um den Server in Malaysia zu mieten, auf dem die dcleaks.com-Website gehostet wurde.
    c. Eine Reihe von anderen fiktiven Namen (u. a. »Ward DeClaur« und »Mike Long«) verwendeten die Verschwörer für Bitcoin-Zahlungen an eine US-Firma, von

der sie einen Server mieteten, um die in die DCCC- und DNC-Netzwerke geschleuste X-Tunnel-Software zu verwalten, und zwei weitere Server, um das Cloud-Netzwerk des DNC zu hacken.

Anklagevorwürfe

65. Spätestens ab etwa 2015 bis 2016 haben, im District of Columbia und anderswo, die Beschuldigten WIKTOR BORISSOWITSCH NETYKSCHO, BORIS ALEXEJEWITSCH ANTONOW, DMITRIJ SERGEJEWITSCH BADIN, IWAN SERGEJEWITSCH JERMAKOW, ALEXEJ WIKTOROWITSCH LUKASCHEW, SERGEJ ALEXANDROWITSCH MORGATSCHEW, NIKOLAJ JURJEWITSCH KOSATSCHEK, PAWEL WJATSCHESLAWOWITSCH JERSCHOW, ARTJOM ANDREJEWITSCH MALYSCHEW, ALEXANDER WLADIMIROWITSCH OSADTSCHUK und ALEXEJ ALEXANDROWITSCH POTEMKIN, gemeinsam mit anderen, der Grand Jury teils bekannten, teils nicht bekannten Personen, sich wissentlich und vorsätzlich verschworen, monetäre Werte und Finanzmittel an einen Ort in den Vereinigten Staaten von und über einen Ort außerhalb der Vereinigten Staaten sowie von einem Ort in den Vereinigten Staaten an und über einen Ort außerhalb der Vereinigten Staaten zu übertragen, übermitteln und überweisen, mit der Absicht, die Durchführung spezifizierter rechtswidriger Handlungen zu befördern, namentlich in Verletzung von Title 18, United States Code, Abschnitt 1030, entgegen Title 18, United States Code, Abschnitt 1956(a)(2)(A).

All dies verstößt gegen Title 18, United States Code, Abschnitt 1956(h).

ANKLAGEPUNKT ELF
(Verabredung zur Begehung einer Straftat gegen die Vereinigten Staaten)

66. Paragrafen 1 bis 8 dieses Eröffnungsbeschlusses zur Anklage sind Teil dieses Anklagepunktes, es wird darauf Bezug genommen, ohne sie erneut aufzuführen.

Beschuldigte

67. Paragraf 18 dieses Eröffnungsbeschlusses zur Anklage bezüglich ALEXANDER WLADIMIROWITSCH OSADTSCHUK ist Teil dieses Anklagepunktes, es wird darauf Bezug genommen, ohne ihn erneut aufzuführen.
68. Der BeschuldigteANATOLIJ SERGEJEWITSCH KOWALEW (Ковалев Анатолий Сергеевич) war ein der Einheit 74455 zugewiesener russischer Militär, dessen Arbeitsplatz sich im GRU-Gebäude (dem »Turm«) in der Kirowastraße 22 befand.
69. Die Beschuldigten OSADTSCHUK und KOWALEW waren Offiziere der GRU, die sich wissentlich und vorsätzlich miteinander und mit anderen, der Grand Jury teils bekannten, teils nicht bekannten Personen in verschwörerischer Absicht verabredet haben, die Computer von US-Personen und -Körperschaften zu hacken, die mit der Durchführung von US-Wahlen im Jahr 2016 befasst waren, zum Beispiel Wahlkommissionen der Bundesstaaten, Minister und US-Firmen, die Software und andere für die Durchführung von US-Wahlen benötigte Technik lieferten.

Ziel der Verabredung in verschwörerischer Absicht

70. Ziel der Verabredung in verschwörerischer Absicht war es, in geschützte Computer von Personen und Körperschaften einzudringen, die mit der Durchführung von US-Wahlen 2016 betraut waren, um sich Zugriff auf diese Computer zu verschaffen und Wählerdaten und andere auf diesen Computern gespeicherte Informationen zu stehlen.

Vorgehen der Verschwörer

71. Im oder um den Juni 2016 suchten KOWALEW und seine Mitverschwörer Domains von US-Wahlkommissionen der Bundesstaaten, Ministern und anderen mit den Wahlen befassten Körperschaften nach Schwachstellen ab. KOWALEW und seine Mitverschwörer forschten außerdem nach Mail-Adressen von bundesstaatlichen Parteiorganisationen, etwa durch gefilterte Abfragen nach Mail-Adressen, die auf Webseiten der Republikanischen Partei aufgelistet waren.
72. Im oder um den Juli 2016 hackten KOWALEW und seine Mitverschwörer die Webseite einer Wahlkommission (»SBOE 1«)* und stahlen personenbezogene Daten von annähernd 500 000 Wählern, u. a. Namen, Adressen, Teile von Sozialversicherungsnummern, Geburtsdaten und Führerscheinnummern.
73. Im oder um den August 2016 hackten KOWALEW und seine Mitverschwörer die Computer eines US-Anbieters (»Anbieter 1«) von Software, die zur Datenüberprüfung bei der Wählerregistrierung für die US-Wahlen 2016 genutzt wurde. Beim Hackerangriff auf Anbieter 1 nutzten KOWALEW und seine Mitverschwörer teilweise dieselbe Infrastruktur wie beim Angriff auf SBOE 1.
74. Im oder um den August 2016 gab das Federal Bureau of Investigations (FBI) eine Warnmeldung wegen eines Hackerangriffs auf SBOE 1 aus und identifizierte einen Teil der für den Hack verwendeten Infrastruktur. Daraufhin löschte KOWALEW seinen Suchverlauf. KOWALEW und seine Mitverschwörer löschten außerdem Protokolle von Konten, die bei den Angriffen auf Wahlkommissionen und ähnlichen mit Wahlen befassten Körperschaften eingesetzt worden waren.
75. Im oder um den Oktober 2016 nahmen KOWALEW und seine Mitverschwörer abermals Ämter auf Bundesstaats-

* »SBOE« steht für »state board of elections«: Wahlkommission. (Anm. d. Ü.)

und Distriktsebene ins Visier, denen die Durchführung der Wahlen 2016 oblag. Am oder um den 28. Oktober 2016 besuchten KOWALEW und seine Mitverschwörer beispielsweise die Webseiten bestimmter Bezirke in Georgia, Iowa und Florida, um Schwachstellen aufzuspüren.

76. Im oder um den November 2016 und noch vor der Präsidentschaftswahl nutzten KOWALEW und seine Mitverschwörer ein E-Mail-Konto, das wie eine Mail-Adresse von Anbieter 1 auftrat, um über 100 Spear-Phishing-Mails an Organisationen und Mitarbeiter zu senden, die mit der Durchführung von Wahlen in zahlreichen Distrikten von Florida befasst waren. Die Spear-Phishing-Mails enthielten Schadsoftware, eingebettet in Word-Dokumente mit dem Logo des Anbieters 1.

Anklagevorwürfe

77. Etwa zwischen Juni und November 2016 verabredeten sich, im District of Columbia und anderswo, die Beschuldigten OSADTSCHUK und KOWALEW, gemeinsam mit anderen, der Grand Jury teils bekannten, teils nicht bekannten Personen, in verschwörerischer Absicht, wissentlich und vorsätzlich zu Straftaten gegen die Vereinigten Staaten, namentlich:
    a. Sich wissentlich nicht autorisierten Zugriff oder über die Autorisierung hinausgehenden Zugriff auf einen Computer zu verschaffen und dadurch Informationen von einem geschützten Computer zu erhalten, wobei der Wert der erlangten Information mehr als $ 5 000 betrug und damit ein Verstoß gegen Title 18, United States Code, Abschnitte 1030(a)(2)(C) und 1030(c)(2)(B) vorliegt; und
    b. Wissentlich die Übermittlung eines Programms, einer Information, eines Codes oder eines Befehls zu veranlassen und als Ergebnis dieses Verhaltens Schaden ohne Genehmigung an einem geschützten Computer zu verursachen, wobei dieses Vergehen einen Wertverlust von zusammengenommen $ 5 000 für mindestens eine Per-

son verursachte oder, sofern vollendet, verursacht hätte während eines Zeitraums von einem Jahr seit einem vergleichbaren Vorgehen mit Folgen für einen geschützten Computer und der Verursachung von Schäden an mindestens zehn geschützten Computern im Zeitraum von einem Jahr, was einen Verstoß gegen Title 18, United States Code, Abschnitte 1030(a)(5)(A) und 1030(c)(4)(B) darstellt.

78. Zur Förderung der Verschwörung und um ihre illegalen Ziele zu erreichen, begingen OSADTSCHUK, KOWALEW und ihre Mitverschwörer die offenkundigen, in den Paragrafen 67 bis 69 und 71 bis 76 dargelegten Handlungen, welche Teil dieser Anklagevorwürfe sind, auf die Bezug genommen wird, ohne sie erneut aufzuführen.

All dies verstößt gegen Title 18, United States Code, Abschnitt 371.

FORDERUNG DER EINZIEHUNG VON VERMÖGENSWERTEN

79. Gemäß Federal Rule of Criminal Procedure 32.2 wird den Beschuldigten hiermit bekannt gegeben, dass die Vereinigten Staaten eine Einziehung von Vermögenswerten beabsichtigen, als Teil des Strafmaßes im Fall einer Verurteilung der Beschuldigten im Sinne der Anklagepunkte eins, zehn und elf dieses Eröffnungsbeschlusses. Gemäß Title 18, United States Code, Abschnitte 982(a)(2) und 1030(i) haben die Beschuldigten NETYKSCHO, ANTONOW, BADIN, JERMAKOW, LUKASCHEW, MORGATSCHEW, KOSATSCHEK, JERSCHOW, MALYSCHEW, OSADTSCHUK, POTEMKIN und KOWALEW, sofern schuldig gesprochen im Sinne der Anklagepunkte eins und elf, allen Besitz, beweglich oder unbeweglich, der einen Gewinn darstellt oder aus einem Gewinn resultiert, der direkt oder indirekt aus den bezeichneten Gesetzesübertretungen hervorgegangen ist, sowie allen beweglichen Besitz, der eingesetzt wurde oder werden

sollte, um solche Straftaten zu begehen oder zu begünstigen, an die Vereinigten Staaten verwirkt. Gemäß Title 18, United States Code, Abschnitt 982(a)(1) werden die Beschuldigten NETYKSCHO, ANTONOW, BADIN, JERMAKOW, LUKASCHEW, MORGATSCHEW, KOSATSCHEK, JERSCHOW, MALYSCHEW, OSADTSCHUK und POTEMKIN, sofern schuldig gesprochen im Sinne des Anklagepunkts zehn, allen Besitz, beweglich oder unbeweglich, der im Zusammenhang steht mit solchen Straftaten, sowie allen auf solchen Besitz zurückführbaren Besitz an die Vereinigten Staaten verlieren. Ferner wird bekannt gegeben, dass die Vereinigten Staaten gegen jeden Beschuldigten eine gerichtlich verordnete Strafzahlung anstreben, die dem in diesem Abschnitt beschriebenen Besitz entspricht (zu verrechnen mit jedem eingezogenen Besitz).

Ersatzvermögenswerte

80. Falls einer oder mehrere der zuvor beschriebenen Vermögenswerte, die Gegenstand der Einziehung sind, aufgrund einer Handlung oder Unterlassung eines der Beschuldigten
   a. nicht auffindbar ist nach Maßgabe der Sorgfaltspflicht;
   b. an einen Dritten übertragen oder verkauft oder bei diesem in Verwahrung gegeben wurde;
   c. aus dem Zuständigkeitsbereich des Gerichts entfernt wurde;
   d. erheblich an Wert verloren hat oder
   e. mit anderem Besitz vermischt wurde, von dem er nicht ohne Schwierigkeit getrennt werden kann;

ist es die Absicht der Vereinigten Staaten, gemäß Title 18, United States Code, Abschnitt 982(b) und Title 28, United States Code, Abschnitt 2461(c), unter Einbeziehung von Title 21, United States Code, Abschnitt 853 den Einzug sonstiger Vermögenswerte des betreffenden Beschuldigten zu verlangen.

Gemäß 18 U.S.C. §§ 982 und 1030(i); 28 U.S.C. § 2461(c).

Robert S. Mueller, III
Sonderermittler
US-Justizministerium

13. Juli 2018

982(b) and Title 28, United States Code, Section 2461(c), incorporating Title 21, United States Code, Section 853, to seek forfeiture of any other property of said Defendant.

Pursuant to 18 U.S.C. §§ 982 and 1030(i); 28 U.S.C. § 2461(c).

Robert S. Mueller, III
Special Counsel
U.S. Department of Justice

A TRUE BILL:

Foreperson

Date: July 13, 2018

6.

Übereinkunft zu den Straftatbeständen und sonstigen Handlungen
USA vs. Paul J. Manafort jr.
14. September 2018

Paul Manaforts Gesetzesverstöße bildeten den zähesten Abschnitt der Untersuchungen des Sonderermittlers. Ab dem 30. Oktober 2017 stand er vor dem Bundesgericht in Washington, D.C., im Zusammenhang mit seiner Arbeit als Politikberater in der Ukraine, dann erneut im Februar in Virginia, wo er lebte, konfrontiert mit weiteren Vorwürfen, die u. a. betrügerische Darlehensanträge bei verschiedenen Banken betrafen. Des Versuches beschuldigt, Zeugenaussagen zu seinen Gunsten zu beeinflussen, wurde er im Juni 2018 in Haft genommen, dann in Virginia vor Gericht gestellt und in acht Punkten schwerer Straftaten für schuldig befunden. Schließlich bekannte er sich im September 2018, um einen weiteren Prozess zu vermeiden, für schuldig in Anklagepunkten, die in Washington gegen ihn erhoben wurden.

Diese 24-seitige Übereinkunft beschreibt sämtliche Straftaten Paul Manaforts. Er bestätigte, sich an einer Verschwörung gegen die Vereinigten Staaten beteiligt zu haben, indem er die zwischen 2006 und 2016 für seine Arbeit in der Ukraine eingestrichenen 60 Millionen US-Dollar illegal über Offshore-Konten schleuste und wusch. Er hinterzog 15 Millionen US-Dollar Steuern in den USA, indem er es unterließ, wie vorgeschrieben diese Konten bei der Steuerbehörde anzugeben, und indem er seine eigenen Buchhalter und Steuerberater belog. Er ließ sich nicht als ausländischer Lobbyist registrieren, während er in Washington für die Interessen seiner ukrainischen Klienten warb, und machte auf Befragung gegenüber dem Justizministerium falsche Angaben zu seiner Tätigkeit.

Bei der ukrainischen Präsidentschaftswahl 2010 hatte Manafort Wiktor Janukowytsch zum Sieg verholfen, doch nachdem dieser den Plan, eine Mitgliedschaft seines Landes in der Europäischen Union anzustreben, verworfen hatte, wurde er im Zuge massiver öffentlicher Proteste aus dem Amt gejagt und floh nach Russland. Manaforts ukrainische Geldquelle war versiegt. Außerstande, seinen luxuriösen Lebensstil weiter aufrechtzuerhalten, gab Manafort zu, bei Darlehensanträgen falsche Angaben gemacht und damit Bankbetrug begangen zu haben. Nachdem Robert S. Mueller Vorwürfe gegen ihn erhoben hatte, versuchte Manafort, in Kooperation mit Konstantin Kilimnik, einem langjährigen russischen Partner, Zeugen zu beeinflussen. (Kilimnik, der in Moskau lebt, hat Mueller zufolge Verbindungen zum russischen Geheimdienst. Ihm wird ebenfalls vorgeworfen, Zeugen beeinflusst zu haben.) Kilimnik befindet sich in Russland und hat sich zu dem Vorwurf der Justizbehinderung nicht öffentlich geäußert, doch laut Gerichtsunterlagen hat Manafort gegenüber Anklagevertretern erklärt, Kilimnik sei nicht der Ansicht, dass er zum Meineid angestiftet habe, und er halte es für »verrückt«, dass er unter Anklage gestellt werden solle.

Die von Mueller umrissenen Aktivitäten zeichnen ein niederschmetterndes Porträt des Wahlkampfmanagers von Donald Trump. Manafort hatte sich erboten, umsonst für Trump zu arbeiten, gleichzeitig aber wuchsen ihm die Schulden über den Kopf. Womöglich ging es ihm darum, seine Rolle im Wahlkampf zu nutzen, um seinen reichen Gönnern in der Ukraine und in Russland Geld aus der Tasche zu locken, mutmaßlich im Zusammenwirken mit Geheimdienstmitarbeitern. Seine Arbeit für Trump fiel zusammen mit der Intensivierung russischer Eingriffe in die US-Wahlen und der Verschärfung von Trumps russlandfreundlicher Rhetorik im Wahlkampf. Aus all diesen Gründen wurde Manaforts Entschluss, sich schuldig zu bekennen und mit Mueller zu kooperieren, als möglicher Wendepunkt für den Sonderermittler angesehen. Doch im Dezember 2018 verkündete Mueller eine neuerliche Kehrtwende. Manafort hatte, nach zwölf Befragungsrunden und zwei Sitzungen mit der Grand Jury, den angepeilten Deal aufgekündigt: Muellers Mitarbeitern zufolge log er noch immer zu Fragen, die für die Ermittlungen wesentlich waren.

FILED
SEP 14 2018
Clerk, U.S. District & Bankruptcy Courts for the District of Columbia

IN THE UNITED STATES DISTRICT COURT
FOR THE DISTRICT OF COLUMBIA

UNITED STATES OF AMERICA *
 * CRIMINAL NO. 17-201-1 (ABJ)
 *
v. * Violations: 18 U.S.C. § 371
 * (Conspiracy Against the United States
 * and Conspiracy to Obstruct Justice)
PAUL J. MANAFORT, JR., *
 *
Defendant. *
****

STATEMENT OF THE OFFENSES AND OTHER ACTS

Pursuant to the Federal Rules of Criminal Procedure 11, the United States and the defendant PAUL J. MANAFORT, JR. (MANAFORT) stipulate and agree that the following facts are true and accurate. These facts do not constitute all of the facts known to the parties concerning the charged offense and covered conduct. This statement is being submitted by the parties to demonstrate that sufficient facts exist to establish that the defendant committed the offenses to which he is pleading guilty.

Count 1: Conspiracy Against the United States (18 U.S.C. § 371)

1. At all relevant times herein, MANAFORT was an owner of Davis Manafort Partners, Inc. (DMP) or DMP International, LLC (DMI) or both. MANAFORT engaged in a variety of criminal schemes, and knowingly, intentionally, and willfully conspired with Richard W. Gates, Konstantin Kilimnik, and others to carry out the criminal schemes that make up Counts One and Two of the Information, as more fully set forth below.

A. FARA Conspiracy
22 U.S.C. §§ 612 and 618(a)(1)

MANAFORT's Lobbying in the United States on Behalf of the Government of Ukraine

IM UNITED STATES DISTRICT COURT
FÜR DEN DISTRICT OF COLUMBIA

VEREINIGTE STAATEN VON AMERIKA
vs.
PAUL J. MANAFORT JR., Angeklagter

STRAFTAT NR. 17-201-1 (ABJ)
Verstoß gegen: 18 U.S.C. § 371
(Verschwörung gegen die Vereinigten Staaten
und Justizbehinderung)

ÜBEREINKUNFT ZU DEN STRAFTATBESTÄNDEN UND SONSTIGEN HANDLUNGEN

Gemäß Federal Rules of Criminal Procedure 11 stimmen die Vereinigten Staaten und der Angeklagte PAUL J. MANAFORT JR. (MANAFORT) darin überein, dass die folgenden Sachverhalte wahr und richtig sind. Diese Fakten stellen nicht die Gesamtheit der Fakten dar, welche die Anklage betreffen und den Parteien bekannt sind; sie werden als Nachweis dafür vorgelegt, dass die Fakten ausreichen, zu beweisen, dass der Angeklagte die Straftat, derer er sich schuldig bekennt, begangen hat.

Anklagepunkt 1: Verabredung gegen die Vereinigten Staaten in verschwörerischer Absicht (18 U.S.C. § 371)

1. Zu jedem hier infrage stehenden Zeitpunkt war MANAFORT einer der Inhaber von Davis Manafort Partners Inc. (DMP) oder DMP International LLC (DMI) oder beider Firmen. MANAFORT beteiligte sich an diversen kriminellen Machenschaften und verabredete sich in verschwörerischer Absicht, wissentlich, vorsätzlich und mutwillig mit Richard

W. Gates, Konstantin Kilimnik und anderen, um die kriminellen Vorhaben durchzuführen, die die Punkte eins und zwei des Strafantrags bilden, wie unten detaillierter ausgeführt.

A. Verabredung zu einem Verstoß gegen FARA (22 U.S.C. §§ 612 und 618 (a)(1))

MANAFORTS Lobbytätigkeit in den Vereinigten Staaten für die Regierung der Ukraine

2. MANAFORT wusste, dass es illegal war, in den Vereinigten Staaten und im Interesse einer ausländischen Regierung oder politischen Partei Regierungsbeamte zu beeinflussen oder Öffentlichkeitsarbeit zu betreiben (im Folgenden unter dem Begriff Lobbying zusammengefasst), ohne sich gemäß dem Foreign Agents Registration Act (FARA) bei der Regierung der USA registrieren zu lassen. MANAFORT wusste, dass er in den Vereinigten Staaten Lobbying für die ukrainische Regierung, Präsident Wiktor Janukowytsch, die Partei der Regionen und den Oppositionsblock (die beiden Letzteren sind Parteien in der Ukraine) betrieb und daher verpflichtet war, dem US-Justizministerium eine schriftliche Registrierungserklärung vorzulegen. MANAFORT wusste, dass in der Anmeldung neben anderen Informationen der vertretene ausländische Staat benannt, alle Zahlungen an den Lobbyisten offengelegt und die im Interesse des ausländischen Staates konkret unternommenen Schritte aufgeführt werden mussten.
3. MANAFORT wusste, dass die Ukraine ein starkes Interesse daran hatte, dass die Vereinigten Staaten eine Ukraine-freundliche Wirtschafts- und Außenpolitik verfolgten und beispielsweise keine Sanktionen gegen die Ukraine verhängten. MANAFORT wusste auch, dass das Vorgehen und der Prozess gegen Präsident Janukowytsch' politische Rivalin, Ex-Ministerpräsidentin Julia Timoschenko, von führenden Regierungsbeamten und Parlamentariern aufs Schärfste missbilligt wurde und ein beträchtliches Hindernis für die

Verbesserung der Beziehungen zwischen den Vereinigten Staaten und der Ukraine darstellte.

4. Von 2006 bis 2015 leitete MANAFORT eine viele Millionen Dollar schwere, von der ukrainischen Regierung, Präsident Janukowytsch, der Partei der Regionen und dem Oppositionsblock veranlasste Lobbykampagne in den Vereinigten Staaten. Dabei unterließ er es bewusst, sich zu registrieren und die gesetzlich vorgeschriebenen Auskünfte zu erteilen.
5. Zum Plan gehörte es auch, dass MANAFORT zahlreiche Firmen und Personen anheuerte, seine Lobbykampagne in den Vereinigten Staaten zu unterstützen. So engagierte er u. a. die Firmen A, B, C, D und E sowie die Anwaltskanzlei A, sich an einer, wie er es in einem Schreiben an Präsident Janukowytsch nannte, globalen Lobbykampagne »Engage Ukraine« (»Für die Ukraine«) zu beteiligen, die er konzipierte und anführte. Diese Firmen und die Anwaltskanzlei erhielten für ihre Ukraine-Arbeit den Gegenwert von über 11 Millionen US-Dollar ausbezahlt.
6. Im Interesse der Wirksamkeit der von ihm inszenierten Lobbying-Offensive für die Ukraine hielt MANAFORT es für zwingend geboten, dass seine und die Tätigkeit seiner Lobbyisten nicht öffentlich wurde. Eine Anmeldung gemäß dem Foreign Agents Registration Act war nicht mit der Geheimhaltung vereinbar, die MANAFORT anstrebte, um eine wirksame Kampagne zugunsten der Ukraine durchführen zu können und damit sowohl amerikanische Spitzenpolitiker als auch die amerikanische Öffentlichkeit in seinem Sinne zu beeinflussen.
7. MANAFORT tat einiges, um zu vermeiden, dass die von ihm engagierten Firmen und Personen ihre Lobbyarbeit gemäß dem Foreign Agents Registration Act bekannt machten. So versuchte MANAFORT, die Firma E, obwohl er sie im Jahr 2007 ausdrücklich dafür angeheuert hatte, Lobbyarbeit in den Vereinigten Staaten für die Ukraine zu leisten, davon abzuhalten, sich gemäß dem Foreign Agents Registration Act registrieren zu lassen. Erst nachdem MANAFORT im Herbst 2007 aufgehört hatte, sich ihrer zu bedienen, legte

die Firma E ihre Arbeit für die Ukraine offen, indem sie sich nachträglich gemäß dem Registration Act registrieren ließ.

8. MANAFORT traf weitere Maßnahmen, um die Lobbyarbeit für die Ukraine so geheim wie möglich zu halten. Zum Beispiel wies MANAFORT seine Lobbyisten (u. a. die Personen D 1 und D 2, die für Firma D arbeiteten) am oder um den 16. Mai 2013 an, Artikel zu schreiben und in den Vereinigten Staaten zu verbreiten, in denen behauptet wurde, Timoschenko habe den Mord an einem ukrainischen Amtsträger in Auftrag gegeben. MANAFORT betonte, der Bericht dürfe »keine Fingerabdrücke« tragen. »Es ist sehr wichtig, dass keine Verbindung zu uns besteht.« MANAFORT erklärte, »mein Ziel ist es, dass ein bisschen Dreck an Timo hängen bleibt«. Person D 1 hatte Einwände gegen den Plan, doch letzten Endes fügten die Personen D 1 und D 2 sich MANAFORTS Anweisungen. Der Foreign Agents Registration Act verpflichtete MANAFORT, derartige Lobbytätigkeit offenzulegen, wie MANAFORT bekannt war. Er unterließ es dennoch.

Die Hapsburg Group und Firma D

9. Im Rahmen seiner Lobbystrategie beauftragte MANAFORT ab 2011 heimlich die Firma D und eine Gruppe von vier ehemaligen europäischen Spitzenpolitikern (darunter ein österreichischer Ex-Kanzler, ein italienischer Ex-Ministerpräsident und ein polnischer Ex-Präsident), zugunsten der Ukraine Lobbyarbeit in den Vereinigten Staaten und Europa zu leisten. Die ehemaligen Politiker, von MANAFORT als »Hapsburg Group« bezeichnet, erweckten den Anschein, lediglich ihre unabhängige Einschätzung ukrainischer Regierungspolitik mitzuteilen, während sie in Wahrheit von der Ukraine bezahlt wurden. Etwa im Juni 2012 erklärte MANAFORT in einem nicht öffentlichen Memorandum, dass es seine Absicht sei, »eine kleine Gruppe von hochrangigen europäischen Einflussträgern und politisch glaubwürdigen Freunden zu versammeln, die informell und ohne erkennbare Verbindung zur ukrainischen Regierung agieren können«.

10. Über MANAFORT verpflichtete die ukrainische Regierung eine weitere Gruppe von Lobbyisten (Firma D und Personen D 1 und D 2). Zusätzlich zur eigenen Lobbytätigkeit diente Firma D heimlich auch als vermittelndes Glied zwischen der Hapsburg Group, MANAFORT und der ukrainischen Regierung. Von etwa 2012 bis 2013 ließ MANAFORT den Gegenwert von mehr als 700 000 Euro von mindestens drei seiner Offshore-Konten an die Firma D überweisen, um sie heimlich für ihre Dienste zu bezahlen.
11. Von MANAFORT unterwiesen und mit seiner direkten Unterstützung, vertraten alle vier Mitglieder der Hapsburg Group in Gesprächen mit US-Abgeordneten, Interviews mit US-Journalisten und unter ihrem Namen publizierten Gastkolumnen Ukraine-freundliche Positionen. Von etwa 2012 bis 2014 ließ MANAFORT mehr als 2 Millionen Euro von mindestens vier seiner Offshore-Konten für heimliche Zahlungen an die Hapsburg Group überweisen. Um eine Besteuerung in Europa zu vermeiden, setzte der Vertrag mit der Hapsburg Group unzutreffend fest, dass keine ihrer Tätigkeiten in Europa stattfinden würde.
12. Ein Mitglied der Hapsburg Group, ein ehemaliger polnischer Präsident, war gleichzeitig als Vertreter des Europäischen Parlaments offizieller Beobachter der Entwicklung in der Ukraine. MANAFORT erbat von ihm Insider-Informationen zur Haltung des Europäischen Parlaments in der Frage der Beziehungen zur Ukraine. Auch machte MANAFORT sich die Verbindung dieses Mitglieds der Hapsburg Group zum Europäischen Parlament zunutze, um bei amerikanischen Gesprächspartnern die Ukraine in ein günstiges Licht zu setzen. In einer im Herbst 2012 diskutierten und schließlich verabschiedeten Resolution kritisierte der US-Senat Präsident Janukowytschs Vorgehen gegen die ehemalige Ministerpräsidentin Julia Timoschenko. MANAFORT setzte eine massive Kampagne in Gang, um die Annahme dieser Resolution zu verhindern oder wenigstens zu verzögern. Unter anderem ließ er die Mitglieder der Hapsburg Group bei US-Senatoren vorsprechen und veranlasste auch

die Firmen A und B, das Gespräch mit Senatoren zu suchen, um der Resolution »Einhalt zu gebieten«. MANAFORT wies seine Lobbyisten an, gegenüber den Senatoren besonders hervorzuheben, dass der ehemalige polnische Präsident, der sich entschieden gegen die Resolution aussprach, zukünftig als Repräsentant des Präsidenten des Europäischen Parlaments fungieren werde. Mit diesem Hinweis sollte seiner vorgeblich unabhängigen Kritik an der Resolution des Senats zusätzliches Gewicht verliehen werden. Zu keinem Zeitpunkt offenbarte MANAFORT gegenüber den Senatoren oder der amerikanischen Öffentlichkeit, dass diese Lobbyisten oder Mitglieder der Hapsburg Group von der Ukraine bezahlt wurden.

13. Am 16. Mai 2013, um ein weiteres Beispiel anzuführen, machte ein anderes Mitglied der Hapsburg Group in den Vereinigten Staaten Lobbyarbeit für die Ukraine. Dieses Gruppenmitglied begleitete den Ministerpräsidenten seines Landes bei einem Besuch im Oval Office, wobei er mit dem Präsidenten und Vizepräsidenten der Vereinigten Staaten ebenso zusammentraf wie mit hochrangigen Beamten von Exekutive und Legislative. In einem Schreiben an MANAFORT berichtete Person D 1, das Mitglied der Hapsburg Group habe dafür geworben, nicht zuzulassen, dass »die Russen dem Westen die Ukraine wegnehmen«. Der Foreign Agents Registration Act verpflichtete MANAFORT, derlei Lobbytätigkeit offenzulegen, wie MANAFORT sehr wohl wusste. Dennoch tat er es nicht.

Gutachten der Anwaltskanzlei und Timoschenko

14. Zu MANAFORTS Lobbystrategie gehörte auch, dass er 2012 im Namen von Präsident Janukowytsch und des ukrainischen Justizministeriums bei einer US-Anwaltskanzlei ein Gutachten über den Prozess gegen Janukowytschs politische Kontrahentin Julia Timoschenko in Auftrag gab. MANAFORT riet der Ukraine, die Anwaltskanzlei zu engagieren, damit deren Gutachten in den Vereinigten Staaten und anderswo ins Feld geführt werden konnte, um den Strafprozess

gegen Timoschenko zu verteidigen und zu argumentieren, dass keine selektive Strafverfolgung vonseiten Präsidentus Janukowytschs und der Ukraine vorliege.

15. MANAFORT beauftragte eine PR-Agentur (Firma C), ein Konzept für die mediale Verbreitung des Gutachtens zu erarbeiten. MANAFORT nutzte eines seiner Offshore-Konten, um der Firma C für ihre Dienstleistung den Gegenwert von mehr als 1 Million US-Dollar zu zahlen.
16. MANAFORT arbeitete eng mit Firma C zusammen, um einen detaillierten Plan zu entwickeln und schriftlich festzuhalten, wie das Gutachten am besten zu »verkaufen« sei, wie MANAFORT sich ausdrückte. Die Idee war, das Gutachten an die amerikanische Presse »auszusäen « – d. h., man wollte es vor seiner offiziellen Veröffentlichung einer prominenten Zeitung zuspielen und deren ersten Artikel darüber nutzen, um die Berichterstattung weltweit zu beeinflussen. Um eine weite Verbreitung zu sichern, sorgte MANAFORT dafür, dass die Anwaltskanzlei zeitgleich mit der Veröffentlichung des Gutachtens am 13. Dezember 2012 Papierausdrucke an zahlreiche Regierungsbeamte verteilte, darunter hochrangige Amtsträger aus Exekutive und Legislative.
17. MANAFORT erstattete Präsident Janukowytsch und anderen Regierungsvertretern der Ukraine Bericht über die Erstellung des Gutachtens durch die Anwaltskanzlei und die Lobbyarbeit der Firma C. In einem Memorandum an Präsident Janukowytschs Stabschef vom 27. Juli 2012 berichtete MANAFORT zum Beispiel über »die globale Verbreitungsstrategie für das Rechtsgutachten [der Anwaltskanzlei]« und stellte einen »detaillierten Aktionsplan« vor, der u. a. vorsah, die Lobbytätigkeit in den Vereinigten Staaten Schritt für Schritt auszuweiten.
18. Auf MANAFORTS Anweisung sollten die Lobbyisten das Gutachten als Beweis dafür anpreisen, dass Präsident Janukowytsch keine selektive Strafverfolgung gegen Timoschenko betrieben habe. Allerdings hatte die Anwaltskanzlei MANAFORT im November 2012 in einem privaten Schreiben mitgeteilt, dass Beweise für Timoschenkos verbrecherische

Absichten »praktisch nicht existieren« und dass selbst unter Rechtsexperten Unklarheit darüber bestand, ob Timoschenko überhaupt die Macht hatte, ein Verhalten an den Tag zu legen, wie es im Mittelpunkt der ukrainischen Strafsache stand. Diese Tatsachen, die MANAFORT bekannt waren, wurden der Öffentlichkeit nicht offengelegt.

19. Auch legte das Gutachten, wie MANAFORT wusste, nicht offen, dass die Anwaltskanzlei nicht nur damit beauftragt war, das Gutachten zu erstellen, sondern auch damit, die Ukraine selbst zu vertreten und im Zusammenhang mit dem Fall Timoschenko insbesondere damit, das Team der Strafverfolger für die Anklage gegen Timoschenko zu schulen.
20. MANAFORT wusste auch, dass die ukrainische Regierung nicht offenlegen wollte, was das Gutachten kostete. Mehr als 4,6 Millionen US-Dollar wurden der Kanzlei für ihre Dienste gezahlt. MANAFORT nutzte eines seiner Offshore-Konten, um der Kanzlei 4 Millionen US-Dollar zufließen zu lassen, eine Tatsache, die MANAFORT nicht öffentlich machte. Stattdessen erklärte die ukrainische Regierung wahrheitswidrig, das Gutachten habe lediglich 12 000 US-Dollar gekostet.
21. MANAFORT und andere wussten, dass die Charakterisierung des Gutachtens als unabhängige Stellungnahme nicht mehr haltbar wäre, falls seine wahren Kosten und der Umfang der Tätigkeit der Anwaltskanzlei bekannt würden. In einem solchen Fall wäre es MANAFORT unmöglich geworden, das Gutachten als effektives Werkzeug für seine Lobbybemühungen zu nutzen, die auf Betreiben von Präsident Janukowytsch verhängte Haft gegen seine politische Widersacherin zu rechtfertigen.
22. Neben der Bestellung des Rechtsgutachtens unternahm MANAFORT noch weitere Schritte, um im Interesse der ukrainischen Regierung den Ruf Timoschenkos in den Vereinigten Staaten zu beflecken. Während er weiterhin Gerüchte über den oben erwähnten, angeblich von ihr bestellten Mord streute, setzte er einen Plan ins Werk, bei dem es, wie er in einem Schreiben aus der Zeit formulierte, darum

ging, »Obama-Juden« zu bewegen, dass sie Druck auf die Regierung ausübten, sich von Timoschenko zu distanzieren und Janukowytsch zu unterstützen. Um die amerikanische Unterstützung für Timoschenko zu untergraben, ließ MANAFORT verbreiten, der hochrangige Regierungsbeamte, der als prominenter Kritiker von Janukowytschs Verfahren gegen Timoschenko aufgetreten war, fördere antisemitische Tendenzen ebenso wie Timoschenko selbst, die eine politische Allianz mit einer ukrainischen Partei eingegangen war, deren Programm antisemitisch sei. Mit einem hochrangigen israelischen Regierungsbeamten traf MANAFORT eine private Verabredung, eine schriftliche Stellungnahme zu veröffentlichen, in der diese Vorgänge thematisiert wurden. Mit dem geheimen Vorabwissen um die israelische Erklärung arbeitete MANAFORT daran, die Story in den Vereinigten Staaten zu verbreiten, und schrieb an Person D 1: »Ich habe jemanden, der die Sache in der New York Post bringt. Schwuppdiwupp.« MANAFORTS Ziel war es, der Regierung begreiflich zu machen, dass »die jüdische Gemeinde Obama bei der nächsten Wahl, falls er nichts unternehme, die Quittung geben« werde. Seinen US-Lobbyisten wies MANAFORT an, die Regierung darüber zu informieren, dass die Ukraine darauf hingewirkt habe, polemische Passagen zu streichen, die der Gegenkandidat um das Präsidentenamt in der israelischen Erklärung unterbringen wollte, um der Regierung zu schaden. So würde Janukowytsch der Regierung gegenüber in ein schmeichelhaftes Licht gerückt.

Firma A und Firma B

23. In einem dritten Schritt im Rahmen der Lobbystrategie beauftragte MANAFORT im Februar 2012 zwei in Washington, D.C., ansässige Lobby-Unternehmen (Firma A und Firma B), in den Vereinigten Staaten die Interessen von Präsident Janukowytsch, seiner Partei der Regionen und der ukrainischen Regierung zu vertreten. Anfang 2012, kurz nach Aufnahme der Geschäftsbeziehung, sprach Firma B in einer Mail an ihre Mitarbeiter von einer »möglichen Vertretung

der Ukraine«. Der Kontakt sei hergestellt worden »auf Vorschlag von Paul Manafort, der bei den dort gerade laufenden Wahlen tätig gewesen ist«.

24. MANAFORT veranlasste Zahlungen von über 2 Millionen US-Dollar von seinen Offshore-Konten an die Firmen A und B für ihre Lobbyarbeit in den Vereinigten Staaten zugunsten der Ukraine.
25. MANAFORT nahm Einfluss auf die Tätigkeit der Firmen A und B, indem er sich zum Beispiel um Unterstützung für zahlreiche USA-Besuche von zahlreichen hochrangigen ukrainischen Amtsträgern kümmerte. Angeleitet von MANAFORT, nahmen die Firmen A und B eine umfassende Lobbytätigkeit in den Vereinigten Staaten auf. Unter anderem sprachen sie Dutzende von Kongressmitgliedern, deren Mitarbeiter sowie Beamte des Weißen Hauses und des Außenministeriums an zu Themen wie die Sanktionen gegen die Ukraine, die Wertigkeit der ukrainischen Wahlen und die Frage, inwieweit die Gefängnisstrafe gegen Präsident Janukowytschs politische Rivalin Timoschenko gerechtfertigt sei.
26. Mit Unterstützung von Firma A betrieb MANAFORT auch persönlich Lobbyarbeit in den Vereinigten Staaten. Er entwarf und redigierte als Ghostwriter zahlreiche Kolumnen, um sie in amerikanischen Zeitungen erscheinen zu lassen. Ferner traf er persönlich im März 2013 in Washington, D.C., mit einem Kongressabgeordneten zusammen, der Mitglied eines Unterausschusses war, dessen Zuständigkeitsbereich die Ukraine umfasste. In einem anschließend verfassten Bericht für Präsident Janukowytsch erklärte MANAFORT, das Treffen sei »gut gelaufen« und werde eine Reihe von positiven Entwicklungen für die Ukraine zeitigen.
27. Tatsächlich kommunizierte MANAFORT wiederholt persönlich oder auf schriftlichem Wege mit Präsident Janukowytsch und seinem Mitarbeiterstab über die Lobbytätigkeit der Firmen A und B und wies diese an, ihm Berichte über ihre Tätigkeit vorzulegen, damit er wiederum Präsident Janukowytsch in Kenntnis setzen konnte. So schickte MANAFORT zum Beispiel ein auf den 8. April 2012 datiertes Me-

morandum an Präsident Janukowytsch, in dem er von den neuesten Entwicklungen in den Bemühungen seiner Lobby-Partner »seit dem Beginn des Projekts vor einigen Wochen« berichtete. »Es ist meine Absicht, Sie weiter wöchentlich auf dem Laufenden zu halten.« Im November 2012 teilte Gates den Firmen A und B schriftlich mit, sie sollten eine Bewertung ihrer bisherigen und zukünftigen Lobbyarbeit erstellen, damit der »Präsident« von »Paul« darüber informiert werden könne, »was die Ukraine gut gemacht habe und was sie im Hinblick auf 2013 besser machen könne«. In dem daraufhin gelieferten Memorandum, das Beiträge von Gates enthielt, stellten die Firmen A und B u. a. fest, dass der »Klient« weniger erfolgreich gewesen sei als erhofft, angesichts der Tatsache, dass er eine Botschaft in Washington habe.

28. Um keine Verbindung ihrer Lobbyarbeit in den Vereinigten Staaten zur ukrainischen Regierung erkennen zu lassen und um zu vermeiden, dass sie sich als Interessenvertreter der Ukraine gemäß dem Foreign Agents Registrations Act registrieren lassen mussten, sorgte MANAFORT mithilfe anderer dafür, dass die Firmen A und B von einer neu gegründeten Brüsseler Organisation namens »Europäisches Zentrum für eine moderne Ukraine« (»das Zentrum«) anstatt von der ukrainischen Regierung selbst engagiert wurden.
29. MANAFORT beschrieb das Zentrum als »Brüsseler Nichtregierungsorganisation, die wir gebildet haben«, um die Lobbyarbeit für die Ukraine zu koordinieren. Das Zentrum wurde von einem Mitglied der Partei der Regionen und Ersten Vize-Ministerpräsidenten der Ukraine gegründet. Erster Vorsitzender war ein weiteres Mitglied der Partei der Regionen und späterer Außenminister.
30. Trotz dieser Verbindungen zur Ukraine gab das Zentrum, auf Anregung von MANAFORT und anderen, in seiner Selbstdarstellung wahrheitswidrig an, es werde weder »direkt noch indirekt«, im Ganzen oder zu großen Teilen von der ukrainischen Regierung oder der Partei der Regionen »beaufsichtigt, geleitet [oder] gesteuert«. MANAFORT wusste, dass diese falsche und irreführende Darstellung die

Firmen A und B veranlassen würde, ihre Aktivitäten nicht gemäß dem Foreign Agents Registration Act anzumelden.

31. Obwohl das Zentrum nach außen hin Klient der Firmen A und B war, wusste MANAFORT, dass das Zentrum deren Arbeit weder lenkte noch beaufsichtigte. Die Firmen erhielten Anweisungen von MANAFORT und seinem Untergebenen Gates, im Namen der ukrainischen Regierung.
32. Von seinen Kontakten zu den Firmen A und B und aus dem hier vorliegenden Ermittlungsbericht weiß MANAFORT, dass diverse Angestellte der Firmen A und B sich darüber im Klaren waren, dass sie Anweisungen von MANAFORT und Präsident Janukowytsch erhielten, nicht vom Zentrum, das noch nicht einmal seine Tätigkeit aufgenommen hatte, als die Firmen A und B mit der Lobbyarbeit für die Ukraine begannen. MANAFORT, Gates und Angestellte beider Firmen sprachen über den Klienten auf eine Art, die klar erkennen ließ, dass es sich um die Ukraine handelte, indem sie etwa vermerkten, der »Klient« habe eine Botschaft in Washington, D.C. Der Chef der Firma B sagte seinen Mitarbeitern, sie sollten den Präsidenten der Ukraine »als Klienten« betrachten. Wie ein Angestellter der Firma A gegenüber einem Arbeitskollegen bemerkte: Die Lobbytätigkeit für das Zentrum sei »nur Fassade. Man darf sich von diesem Unfug nicht täuschen lassen (…) Es ist wie Alice im Wunderland.« Ein Angestellter der Firma B beschrieb das Zentrum als Feigenblatt und die schriftliche Versicherung des Zentrums, es sei nicht mit der Partei der Regionen verbunden, als »Feigenblatt auf einem Feigenblatt«, und in einer E-Mail bezeichnete er das Zentrum als die »europäische Hotdog-Bude für eine moderne Ukraine«.

Verschwörung zur Behinderung der Justiz: Wahrheitswidrige und irreführende Auskünfte gegenüber dem Justizministerium

33. Im September 2016, nachdem im August zahlreiche Presseberichte über MANAFORT erschienen waren, teilte die National Security Division des Justizministeriums MANAFORT, Gates und DMI schriftlich mit, dass sie untersuchen

werde, ob die Adressaten als Interessenvertreter eines ausländischen Auftraggebers gemäß dem Foreign Agents Registration Act gehandelt hätten, ohne sich registrieren zu lassen. Im November 2016 und Februar 2017 verabredeten sich MANAFORT und Gates in verschwörerischer Absicht, wissentlich und vorsätzlich dem Justizministerium über MANAFORTS ahnungslosen Rechtsanwalt wahrheitswidrige und irreführende Erklärungen brieflich zukommen zu lassen. Die Briefe, beide von MANAFORT abgesegnet, bevor durch seinen Anwalt übermittelt, stellten u. a. fälschlich dar, dass:

a. zu den »Bemühungen im Namen der Partei der Regionen« von DMI keine Treffen oder Initiativen innerhalb der USA gehörten;
b. MANAFORT keine »Erinnerung [habe] an Treffen mit oder Gesprächsanfragen an US-Regierungsbeamte oder US-Medien im Namen des [Zentrums], und auch nicht daran, derartige Kontakte vermittelt oder gefördert zu haben. Vielmehr entspricht es der Erinnerung und dem Verständnis der Herren Gates und Manafort, dass solche Kontakte durch die US-Berater [des Zentrums] nach Maßgabe [des Zentrums] angebahnt und durchgeführt worden wären …«
c. MANAFORT lediglich als Kontaktvermittler zwischen den Firmen A und B und dem Zentrum gedient und dem Zentrum eine Liste »potenzieller Berater mit Sitz in den USA – einschließlich [Firma A] und [Firma B] – zur Verwendung und weiteren Erwägung [durch das Zentrum]« geliefert habe.
d. DMI »schriftlichen und elektronischen Verkehr nicht länger als dreißig Tage« aufbewahre und infolge dieser Regel eine »Suche keine verwertbaren Dokumente« zutage gefördert habe. Dem Brief vom November 2016 war ein einseitiges undatiertes Dokument beigefügt, das bei DMI als die »Richtlinie für E-Mail-Speicherung« firmierte.

34. In Wirklichkeit hatte Manafort u. a.: die Firmen A und B ausgewählt; mit den Firmen A und B allwöchentlich Telefonate geführt und häufig E-Mails gewechselt, um ihnen Anweisungen zur Ausführung ihrer Lobbytätigkeit zu geben; ausführliche mündliche und schriftliche Berichte von den Firmen über ihre Arbeit verlangt und erhalten; mit Janukowytsch kommuniziert, um ihn über ihre Lobbybemühungen zu informieren; den Firmen A und B zu ihrer Lobbyarbeit gratuliert und sie dafür getadelt; im Zusammenhang mit dieser Tätigkeit direkt mit US-Amtsträgern kommuniziert; und den Lobbyunternehmen über 2,5 Millionen US-Dollar von Offshore-Konten gezahlt, über die er verfügte.
35. Obwohl MANAFORT dem Justizministerium im November 2016 und im Februar 2017 dargelegt hatte, dass er keine relevanten Dokumente besitze, befanden sich in Wahrheit zahlreiche belastende Dokumente in seinem Besitz, wie ihm zur fraglichen Zeit auch bekannt war. Das FBI (Federal Bureau of Investigations) führte im Sommer 2017 eine richterlich genehmigte Hausdurchsuchung in MANAFORTS Wohnsitz in Virginia durch. Die in der Anlage als Beweisstücke 503, 504, 517, 532, 594, 604, 606, 616, 691, 692, 697, 706 und 708 beigefügten Dokumente befanden sich, neben zahlreichen anderen, sämtlich in MANAFORTS Besitz (und wurden bei der Hausdurchsuchung entdeckt) und waren durchweg älter als der Brief vom November 2016.

B. Verabredung zur Geldwäsche

36. Ungefähr zwischen 2006 und 2016 verabredete MANAFORT sich mit anderen, wissentlich und vorsätzlich (a) zwischenstaatlichen und Außenhandel betreffende finanzielle Transaktionen durchzuführen, die Gewinne aus bestimmten ungesetzlichen Aktivitäten umfassten, nämlich schweren Verstößen gegen FARA in Verletzung von Title 22, United States Code, Abschnitte 612 und 618, im Wissen, dass der für die Transaktion verwendete Besitz Gewinn irgendeiner Art aus ungesetzlicher Tätigkeit darstellte, mit dem Vorsatz, Handlungen zu begehen, die einen Verstoß gegen die Abschnitte 7201 und 7206 des Internal Revenue Code von 1986 darstellen, und (b) monetäre Werte und Geldmittel von Orten außerhalb der Vereinigten Staaten über und an Orte in den Vereinigten Staaten sowie von Orten in den Vereinigten Staaten über und an Orte außerhalb der Vereinigten Staaten zu übertragen, zu übermitteln und zu überweisen mit der Absicht, die weitere Ausübung bestimmter ungesetzlicher Handlungen zu fördern, nämlich: einen schweren Verstoß gegen FARA, in Verletzung von Title 22, United States Code, Abschnitte 612 und 618, entgegen Title 18, United States Code, Abschnitt 1956(a)(1)(A)(ii) und (a)(2)(A).
37. MANAFORT veranlasste die folgenden Transaktionen im Wissen, dass sie an Organisationen gingen zu dem Zweck, Aktivitäten fortzusetzen, die gemäß dem Foreign Agents Registration Act fristgerecht hätten angemeldet werden müssen, was aber nicht geschah.

Zahlungsempfänger	Datum	Einzahler	Ausgangskonto	Ursprungsland	Bestimmungsland	Summe (USD)
Firma A	2.8.2012	Bletilla Ventures Ltd.	Bank of Cyprus Account -0480	Cyprus	US	$ 270 000,00
	10.10.2012	Bletilla Ventures Ltd.	Bank of Cyprus Account -0480	Cyprus	US	$ 90 000,00
	16.11.2012	Bletilla Ventures Ltd.	Bank of Cyprus Account -0480	Cyprus	US	$ 120 000,00
	20.11.2012	Bletilla Ventures Ltd.	Bank of Cyprus Account -0480	Cyprus	US	$ 182 968,07
	21.12.2012	Bletilla Ventures Ltd.	Bank of Cyprus Account -0480	Cyprus	US	$ 25 000,00
	15.3.2013	Bletilla Ventures Ltd.	Hellenic Bank Account -2501	Cyprus	US	$ 90 000,00
	18.9.2013	Global Endeavour Inc.	Loyal Bank Limited Account -1840	SVG*	US	$ 135 937,37
	31.10.2013	Jeunet Ltd.	Loyal Bank Limited Account -4978	SVG*	US	$ 167 689,40
Firma A	28.3.2014	Jeunet Ltd.	Loyal Bank Limited Account -4978	SVG*	US	$ 135 639,65
	3.4.2014	Jeunet Ltd.	Loyal Bank Limited Account -4978	SVG*	US	$ 82 979,93
Gesamtsumme Überweisungen Firma A						**$ 1 300 214,42**
Firma B	30.5.2012	Bletilla Ventures Ltd.	Bank of Cyprus Account -0480	Cyprus	US	$ 130 000,00
	2.8.2012	Bletilla Ventures Ltd.	Bank of Cyprus Account -0480	Cyprus	US	$ 195 000,00
	10.10. 2012	Bletilla Ventures Ltd.	Bank of Cyprus Account -0480	Cyprus	US	$ 130 000,00
	16.11.2012	Bletilla Ventures Ltd.	Bank of Cyprus Account -0480	Cyprus	US	$ 50 000,00
	21.12.2012	Bletilla Ventures Ltd.	Bank of Cyprus Account -0480	Cyprus	US	$ 54 649,51

Zahlungsempfänger	**Datum**	**Einzahler**	**Ausgangskonto**	**Ursprungsland**	**Bestimmungsland**	**Summe (USD)**
Firma B	15.3.2013	Bletilla Ventures Ltd.	Bank of Cyprus Account -0480	Cyprus	US	$ 150 000,00
	3.9.2013	Bletilla Ventures Ltd.	Bank of Cyprus Account -0480	Cyprus	US	$ 175 857,51
	31.10.2013	Jeunet Ltd.	Loyal Bank Limited Account -4978	SVG*	US	$ 195 857,51
	12.3.2014	Jeunet Ltd.	Loyal Bank Limited Account -4978	SVG*	US	$ 26 891,78
	21.3.2014	Jeunet Ltd.	Loyal Bank Limited Account -4978	SVG*	US	$ 138 026,00
	15.4.2014	Jeunet Ltd.	Loyal Bank Limited Account -4978	SVG*	US	$ 4 728,81
	25.4.2014	Jeunet Ltd.	Loyal Bank Limited Account -4978	SVG*	US	$ 4 739,23
Gesamtsumme Überweisungen Firma B						**$ 1 255 750,35**
Anwaltskanzlei A	19.4.2012	Black Sea View Limited	Bank of Cyprus Account -7412	Cyprus	US	$ 2 000 000,00
	30.5.2012	Black Sea View Limited	Bank of Cyprus Account -7412	Cyprus	US	$ 1 000 000,00
	13.7.2012	Black Sea View Limited	Bank of Cyprus Account -7412	Cyprus	US	$ 1 000 000,00
Gesamtsumme Überweisungen Anwaltskanzlei A						**$ 4 000 000,00**
Gesamtsumme Überweisungen						**$ 6 555 964,77**

* SVG bezieht sich auf St. Vincent und die Grenadinen

C. Steuerhinterziehung und nicht gemeldetes Auslandskonto
26 U.S.C. § 7206(1)
31 U.S.C. §§ 5314 und 5322(a)

38. Von 2008 bis 2014 veranlasste MANAFORT Banküberweisungen von Offshore-Treuhandkonten über Millionen von Dollar, ohne dass diese Einnahmen versteuert worden wären. Die Zahlungen wurden für Güter, Dienstleistungen und Immobilien getätigt. MANAFORT versteckte Einnahmen auch dadurch, dass er diverse Überseezahlungen als »Darlehen« deklarierte und auf diese Weise Steuerzahlungen auf diese Einnahmen vermied.
39. MANAFORT täuschte wiederholt, persönlich oder über Gates, seinen Buchhalter und seine Steuerberater, u. a. indem er seine Überseekonten und seine Einnahmen nicht offenlegte. Ferner deklarierten MANAFORT und Gates, letzterer auf Manaforts Anweisung, Überseezahlungen an MANAFORT wahrheitswidrig als »Darlehen«, um zusätzlich anfallende Steuern auf diese Einnahmen zu vermeiden.
40. MANAFORT besaß und verfügte über eine Reihe von ausländischen Bankkonten auf Zypern, den Grenadinen und in Großbritannien. MANAFORT unterhielt diese Konten persönlich oder über Gates, etwa indem er sie verwaltete oder indem er substanzielle Überweisungen von den Konten sowohl an sich selbst als auch an Anbieter tätigte, von denen er Waren für den privaten Gebrauch kaufte. Es war MANAFORT bewusst, dass der maximale Saldo vieler dieser Konten in jedem Jahr ihres Bestehens im Ganzen deutlich über $ 10 000 lag. MANAFORT unterließ es, diese Konten bei seinem Buchhalter und seinen Steuerberatern anzugeben, im Bestreben, ihre Existenz zu verheimlichen und sie nicht durch Einreichung eines FBAR-Formulars offenlegen zu müssen.
41. MANAFORT wusste, dass es illegal war, Einnahmen vor dem Internal Revenue Service (Bundessteuerbehörde, IRS) zu verbergen, indem er meldepflichtige Einnahmen in seiner Einkommenssteuererklärung nicht angab. MANAFORT

wusste ferner, dass es illegal war, gegenüber dem IRS Angaben über die Existenz ausländischer Bankkonten zurückzuhalten, in Missachtung von Schedule B des IRS-Formulars 1040. Auch war sich MANAFORT darüber im Klaren, dass eine US-Person, die ein finanzielles Interesse an oder Zeichnungsberechtigung für bzw. sonstige Vollmachten hat über ein Bankkonto oder andere Konten im Ausland, deren maximaler Saldo im Laufe eines Jahres zusammen mehr als $ 10 000 beträgt, verpflichtet ist, das Konto beim Finanzministerium anzumelden. MANAFORT war sich nach 2010 auch bewusst, dass das Versäumnis einer solchen Anmeldung eine Straftat darstellt.

42. Im Wissen um die Existenz seiner anmeldepflichtigen Auslandskonten und seiner versteckten Einnahmen reichte MANAFORT von 2006 bis 2015, selbstständig oder in Verabredung, inkorrekte Steuererklärungen insofern ein, als er wider besseres Wissen angab, keine anmeldepflichtigen Auslandskonten zu besitzen, Einnahmen nicht aufführte, von denen er wusste, dass sie ihm zugeflossen waren, und er keinen Foreign Bank Account Report einreichte. MANAFORT versäumte es, Einnahmen von über 15 Millionen US-Dollar im Zeitraum von 2010 bis 2014 anzumelden.

VERMÖGENSEINZUG

43. Die folgenden Vermögenswerte stellen Gewinne dar aus MANAFORTS Verschwörung zum Verstoß gegen den Foreign Agents Registration Act oder gingen aus diesen hervor, und/oder sie stellen Besitz dar, der im Zusammenhang steht mit MANAFORTS Verschwörung zur Geldwäsche in Verstoß gegen 18 U.S.C. § 1956 oder darauf zurückführbar ist, und/oder sie stellen Ersatzwerte dar für solchen Besitz, der durch Handlungen oder Unterlassungen MANAFORTS einer Beschlagnahme entzogen wurde.
    a. Haus und Grundstück, gemeinhin bekannt als 377 Union Street, Brooklyn, New York 11231 (Block 429, Parzelle 65), einschließlich allen Zubehörs, aller Ein- und Anbauten und allen darauf zurückführbaren Besitzes;

b. Haus und Grundstück, gemeinhin bekannt als 29 Howard Street, #4D, New York, New York 10013 (Block 209, Parzelle 1104), einschließlich allen Zubehörs, aller Ein- und Anbauten und allen darauf zurückführbaren Besitzes;
c. Haus und Grundstück, gemeinhin bekannt als 174 Jobs Lane, Water Mill, New York 11976, einschließlich allen Zubehörs, aller Ein- und Anbauten und allen darauf zurückführbaren Besitzes;
d. Alles unter der Kontonummer xxxxxx0969 bei der Federal Savings Bank geführte Guthaben und jeder darauf zurückführbare Besitz;
e. Alles vom Konto mit der Nummer xxxxxx1388 bei der Capital One N.A. beschlagnahmte Guthaben und jeder darauf zurückführbare Besitz;
f. Alles vom Konto mit der Nummer xxxxxx9952 bei der Federal Savings Bank beschlagnahmte Guthaben und jeder darauf zurückführbare Besitz;
g. Universelle Lebensversicherungspolice bei Northwestern Mutual [Lücke] und jeder darauf zurückführbare Besitz;
h. Haus und Grundstück, gemeinhin bekannt als 123 Baxter Street, #5D, New York, New York 10016, anstelle von 1046 N. Edgewood Street; und
i. Haus und Grundstück, gemeinhin bekannt als 721 Fifth Avenue, #43G, New York, New York 10022, anstelle allen Guthabens unter der Kontonummer [Lücke] bei Charles Schwab & Co. Inc. und jeder darauf zurückführbare Besitz.

Anklagepunkt zwei: Verschwörung zur Zeugenbeeinflussung (18 U.S.C. § 371)

44. Zwischen etwa dem 23. Februar 2018 und April 2018 (ungefährer Zeitraum, inkl. Anfangs- und Enddatum), im District of Columbia und anderswo, verabredete der Beschuldigte PAUL J. MANAFORT JR. mit anderen, darunter Konstantin Kilimnik, wissentlich und vorsätzlich mit Mitteln der Bestechung auf eine andere Person, nämlich: Personen D 1 und D 2, einzuwirken, mit der Absicht, die Zeugenaussage von Personen in einem öffentlichen Verfahren zu beeinflussen, zu verzögern oder zu verhindern, in Verstoß gegen 18 U.S.C. § 1512(b)(1). Auf die hinsichtlich Punkt eins dargelegten Fakten wird hier Bezug genommen.
45. Am 22. Februar 2018 wurde im District of Columbia ein neues, das vorangegangene ersetzendes Klageverfahren gegen MANAFORT eingeleitet, das zum ersten Mal Vorwürfe erhob hinsichtlich der Hapsburg Group und des Gebrauchs, den MANAFORT von dieser Gruppe machte, um in den Vereinigten Staaten illegal Lobbyarbeit zu betreiben in Verstoß gegen den Foreign Agents Registration Act. MANAFORT wusste, dass dieses Gesetz sich nur auf die Lobbyarbeit in den Vereinigten Staaten bezog. Unmittelbar nach dem 22. Februar trat MANAFORT direkt und indirekt mit den Personen D 1 und D 2 in Kontakt, um sie zu veranlassen, wahrheitswidrig auszusagen, dass sie im Rahmen der Lobbykampagne nicht in den Vereinigten Staaten tätig gewesen seien, obwohl MANAFORT genau wusste, dass sie in den Vereinigten Staaten Lobby gemacht hatten.
46. MANAFORT beging die folgenden offensichtlichen Handlungen direkt oder durch seine Mitverschwörer.

Datum/ Uhrzeit*	Sender	Empfänger	Ereignis
MANAFORT kontaktierte Person D 1 per Telefon und eine Messaging-App			
24.2.2018 15:51 (UTC)	MANAFORT	Person D 1	Anruf (Versuch): Keine Dauer
24.2.2018 15:51 (UTC)	MANAFORT	Person D 1	Anruf: 1 Min. 24 Sek.
24.2.2018 15:53 (UTC)	MANAFORT	Person D 1	Text: »Hier ist Paul«
25.2.2018 18:41 (UTC)	MANAFORT	Person D 1	Anruf (Versuch): Keine Dauer
26.2.2018 23:56 (UTC)	MANAFORT	Person D 1	Text: »http://www.businessinsider.com/former-european-leaders-manafort-hapsburg-group-2018-2?r = UK&IR = T«
26.2.2018 23:57 (UTC)	MANAFORT	Person D 1	Text: »Wir sollten reden. Ich habe klargemacht, dass sie in Europa tätig waren.«
27.2.2018 11:03 (UTC)	MANAFORT	Person D 1	Anruf (Versuch): Keine Dauer
27.2.2018 11:31 (UTC)	MANAFORT	Person D 1	Anruf (Versuch): Keine Dauer
Kilimnik kontaktierte Person D 2 über eine Messaging-App und schickte vier Nachrichten			
28.2.2018 01:49 (CEST)	Kilimnik	Person D 2	»[Person D 2], hallo! Wie geht's? Gut, hoffe ich. ;))«
28.2.2018 01:51 (CEST)	Kilimnik	Person D 2	»Mein Freund P versucht [Person D 1] zu erreichen, um ihn zu informieren, was los ist.«
28.2.20018 01:51 (CEST)	Kilimnik	Person D 2	»Falls Sie die Möglichkeit haben, es [Person D 1] zu erzählen – wäre großartig!«
28.2.2018 01:53 (CEST)	Kilimnik	Person D 2	»Im Grunde möchte P ihm kurz zusammenfassen, was er zu allen sagt (was wahr ist), dass unsere Freunde nie in USA Lobby gemacht haben und Zweck der Sache die EU war.«
Kilimnik kontaktierte Person D 2 über eine andere Messager-App und sendete fünf Nachrichten:			
28.2.2018 06:01 (CEST)	Kilimnik	Person D 2	»Hallo, wie geht's? Hier ist K.«
28.2.2018 06:01 (CEST)	Kilimnik	Person D 2	»Hoffe, es geht gut.«

Datum/ Uhrzeit*	**Sender**	**Empfänger**	**Ereignis**
28.2.2018 06:01 (CEST)	Kilimnik	Person D 2	»Mein Freund P versucht [Person D 1] zu erreichen, um ihn zu informieren, was los ist.«
28.2.2018 06:02 (CEST)	Kilimnik	Person D 2	»Im Grunde möchte P ihm kurz zusammenfassen, was er zu allen sagt (was wahr ist), dass unsere Freunde nie in USA Lobby gemacht haben und Zweck der Sache die EU war.«
28.2.2018 06:03 (CEST)	Kilimnik	Person D 2	»Falls Sie die Möglichkeit haben, es [Anfangsbuchstabe des Namens von Person D 1] zu erzählen – das wäre großartig. Es wäre gut, wenn sie sich zusammensetzen könnten. P ist sein Freund.«
Kilimnik kontaktierte Person D 2 über zwei verschiedene Apps und sendete drei Nachrichten:			
4.4.2018 08:53 (CEST)	Kilimnik	Person D 2	»Hey. Hier ist Konstantin. Mein Freund P hat mich noch mal gebeten, ihn in Kontakt mit [Person D 1] zu bringen. Können Sie helfen?«
4.4.2018 08:54 (CEST)	Kilimnik	Person D 2	»Hey. Mein Freund P hat mich noch mal gefragt, ob es irgendeine Möglichkeit gibt, Kontakt zu [Person D 1] zu vermitteln.«
4.4.2018 08:54 (CEST)	Kilimnik	Person D 2	»Hab unter allen Nummern versucht, ihn zu erreichen.«
Kilimnik kontaktierte Person D 1 über eine Messaging-App:			
4.4.2018 13:00 (UTC)	Kilimnik	Person D 1	»Hi. K hier. Mein Freund P möchte mit Ihnen in Verbindung treten, um Ihnen einige Nachrichten zukommen zu lassen. Können wir das arrangieren.«

* UTC = Koordinierte Weltzeit. CEST = Mitteleuropäische Sommerzeit

Sonstige Handlungen

1. Bank / Verschwörung zum Bankbetrug
18 U.S.C. §§ 1344 und 1349

Verschwörung zum Bankbetrug / Citizens Bank / Darlehen 3,4 Millionen US-Dollar
(Als Punkt 24 der neu erhobenen Anklagevorwürfe im Eastern District of Virginia)

47. Zwischen Dezember 2015 und März 2016 verabredete sich MANAFORT, die Citizens Bank im Zusammenhang mit der Beantragung einer Hypothek über 3,4 Millionen US-Dollar vorsätzlich zu betrügen. Die Hypothek bezog sich auf eine Eigentumswohnung in der Howard Street im Stadtteil Soho, Manhattan, New York. Im Zuge der Verschwörung machte und veranlasste MANAFORT eine Reihe von falschen und betrügerischen Angaben gegenüber der Bank, um das Darlehen zu erlangen, darunter die folgenden: (a) MANAFORT gab den Umfang bestehender Schulden falsch an, indem er es unterließ, auf seinem Darlehensantrag die Existenz einer Hypothek auf den Besitz in der Union Street (bei der Genesis Capital) offenzulegen; (b) MANAFORT veranlasste einen Versicherungsmakler, der Citizens Bank falsche Informationen zu übermitteln, nämlich einen veralteten Versicherungsbericht, der das Union-Street-Darlehen (von Genesis Capital) nicht aufführte; (c) MANAFORT erklärte wahrheitswidrig, ein Darlehen von Peranova über 1,5 Millionen US-Dollar sei 2015 erlassen worden; und (d) MANAFORT gab gegenüber dem Darlehensgeber und seinen Vertretern wahrheitswidrig an, der Besitz in der Howard Street sei ein Zweitwohnsitz, der als solcher von seiner Tochter und seinem Schwiegersohn genutzt werde und nicht als Mietobjekt diene. Diese Erklärungen waren für die Citizens Bank entscheidungsrelevant.
48. Die Citizens Bank war ein von den Vereinigten Staaten zertifiziertes Finanzinstitut.

Verschwörung zum Bankbetrug / Bank of California / Darlehen über 1 Million Dollar
(Als Punkt 26 der neu erhobenen Anklagevorwürfe im Eastern District of Virginia)

49. Ungefähr im Februar 2016 verabredete sich MANAFORT in verschwörerischer Absicht, die Banc of California im Zusammenhang mit der Beantragung eines Geschäftsdarlehens vorsätzlich zu betrügen. Im Zuge der Verschwörung machte und veranlasste MANAFORT eine Reihe von falschen und betrügerischen Angaben gegenüber der Bank, darunter die folgenden: (a) die Einreichung einer falschen Vermögensübersicht, in der das Darlehen auf den Besitz in der Union Street (von Genesis Capital) nicht aufgeführt und u. a. die Höhe der Hypothek auf den Besitz in der Howard Street falsch angegeben wurde; und (b) die Einreichung einer frisierten Gewinn- und Verlustrechnung (G&V) für seine Firma DMI, welche die Einnahmen von DMI im Jahr 2015 um über 4 Millionen US-Dollar zu hoch ansetzte. Diese Erklärungen waren für die Banc of California entscheidungsrelevant.
50. Die Banc of California war ein von den Vereinigten Staaten zertifiziertes Finanzinstitut.

Verschwörung zum Bankbetrug / Citizens Bank / Darlehen über 5,5 Millionen Dollar
(Als Punkt 28 der neu erhobenen Anklagevorwürfe im Eastern District of Virginia)

51. Zwischen Dezember 2015 und März 2016 verabredete sich MANAFORT in verschwörerischer Absicht, die Citizens Bank im Zusammenhang mit der Beantragung einer Hypothek über ungefähr 5,5 Millionen US-Dollar auf einen Besitz in der Union Street in Brooklyn, New York, vorsätzlich zu betrügen. Im Zuge der Verschwörung machte und veranlasste MANAFORT gegenüber der Bank eine Reihe von falschen und betrügerischen Angaben in wesentlichen Punkten, um das Darlehen zu erlangen, darunter die folgenden: (a) die Einreichung einer falschen Vermögensübersicht, die, neben

anderen Verbindlichkeiten, ein früheres Darlehen auf den Besitz in der Union Street (von Genesis Capital) nicht aufführte; und (b) die Einreichung einer gefälschten DMI-G&V für das Jahr 2016, welche die Einnahmen von DMI um mehr als 2 Millionen US-Dollar zu hoch ansetzte.

Bankbetrug / Verschwörung zum Bankbetrug / The Federal Savings Bank / Darlehen über 9,5 Millionen Dollar und Darlehen über 6,5 Millionen Dollar
(Als Punkte 29, 30, 31 & 32 der neu erhobenen Anklagevorwürfe im Eastern District of Virginia)

52. Zwischen April 2016 und Januar 2017 plante und verwirklichte MANAFORT einen Betrug zulasten der Federal Savings Bank im Zusammenhang mit der Beantragung folgender zwei Darlehen: (a) ein Darlehen über ungefähr 9,5 Millionen US-Dollar in Verbindung mit diversem Besitz, darunter ein Haus in Bridgehampton, New York, und (b) ein Darlehen über ungefähr 6,5 Millionen US-Dollar in Verbindung mit seinem Besitz in der Union Street. In Verfolgung des betrügerischen Plans machte und veranlasste MANAFORT gegenüber der Bank eine Reihe von falschen und betrügerischen Angaben in wesentlichen Punkten, um beide Darlehen zu erlangen, darunter folgende: (a) MANAFORT lieferte der Bank frisierte G&Vs der DMI für die Jahre 2015 und 2016, die ihre Einnahmen um mehrere Millionen Dollar zu hoch ansetzten; und (b) MANAFORT gab der Bank gegenüber wahrheitswidrig an, er habe seine Kreditkarte einem Freund geliehen, der diese im Zusammenhang mit dem Erwerb von Eintrittskarten für die Yankees mit über 200 000 US-Dollar belastet habe.
53. Beide Darlehen wurden von der Federal Savings Bank gewährt.

54. Die Federal Savings Bank war ein von den Vereinigten Staaten zertifiziertes Finanzinstitut.

ROBERT S. MUELLER, III
Sonderermittler
Mit:
Andrew Weissmann
Jeannie S. Rhee
Greg D. Andres
Kyle R. Freeny
Büro des Sonderermittlers

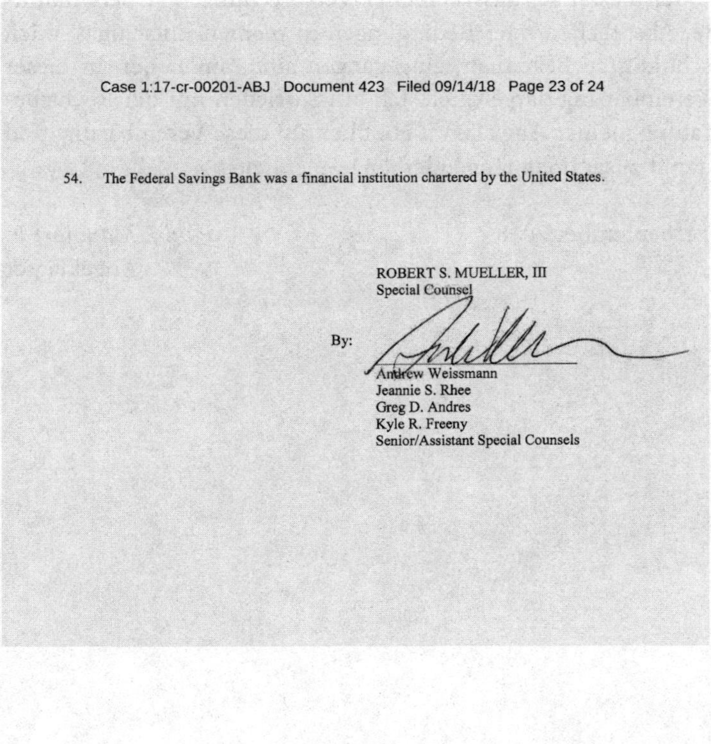

Case 1:17-cr-00201-ABJ Document 423 Filed 09/14/18 Page 23 of 24

54. The Federal Savings Bank was a financial institution chartered by the United States.

ROBERT S. MUELLER, III
Special Counsel

By:

Andrew Weissmann
Jeannie S. Rhee
Greg D. Andres
Kyle R. Freeny
Senior/Assistant Special Counsels

EINWILLIGUNG DES ANGEKLAGTEN

Ich habe diese Vereinbarung vollständig gelesen und mich mit meinen Anwälten Kevin Downing, Thomas Zehnle und Richard Westling darüber beraten. Ich bin vollauf zufrieden mit der rechtlichen Vertretung dieser Anwälte, die ich selbst ausgewählt habe. Mein Entschluss, mich in dieser Sache schuldig zu bekennen, ist nicht von den Darlegungen anderer Prozessbeteiligter beeinflusst. Ich habe diese Vereinbarung voll und ganz verstanden und stimme ihr ohne Vorbehalte zu. Ich tue dies freiwillig und aus eigenem Entschluss, in der Absicht, eine rechtsverbindliche Abmachung zu treffen. Weder wurde ich bedroht, noch stehe ich unter dem Einfluss von irgendetwas, das meine Fähigkeit, diese Vereinbarung vollumfänglich zu verstehen, beeinträchtigt haben könnte.

Ich bestätige, dass keinerlei Versprechungen, Übereinkünfte, Absprachen oder Bedingungen in meinen Entschluss, mich schuldig zu bekennen, eingegangen sind, außer den in dieser Vereinbarung dargelegten. Ich bin zufrieden mit der Rechtsberatung meiner Anwälte im Hinblick auf diese Vereinbarung und damit zusammenhängender Angelegenheiten.

14. September 2018 *Paul J. Manafort Jr.*
Angeklagter

DEFENDANT'S ACCEPTANCE

I have read every page of this Agreement and have discussed it with my attorneys Kevin Downing, Thomas Zehnle, and Richard Westling. I am fully satisfied with the legal representation by them, who I have chosen to represent me herein. Nothing about the quality of the representation of other counsel is affecting my decision herein to plead guilty. I fully understand this Agreement and agree to it without reservation. I do this voluntarily and of my own free will, intending to be legally bound. No threats have been made to me nor am I under the influence of anything that could impede my ability to understand this Agreement fully. I am pleading guilty because I am in fact guilty of the offense identified in this Agreement.

I reaffirm that absolutely no promises, agreements, understandings, or conditions have been made or entered into in connection with my decision to plead guilty except those set forth in this Agreement. I am satisfied with the legal services provided by my attorneys in connection with this Agreement and matters related to it.

Date: 9-14-18

Paul J. Manafort, Jr.
Defendant

BESTÄTIGUNG DER RECHTSANWÄLTE

Ich habe diese Vereinbarung vollständig gelesen, sie mit meinem Mandanten Paul J. Manafort besprochen und die Bestimmungen dieser Vereinbarung gründlich mit ihm erörtert. Dem Wunsch meines Mandanten, sich schuldig zu bekennen, wie in dieser Vereinbarung dargelegt, schließe ich mich an.

14. September 2018

Kevin M. Downing
Richard W. Westling
Thomas E. Zehnle
Rechtsanwälte

ATTORNEYS' ACKNOWLEDGMENT

I have read every page of this Agreement, reviewed this Agreement with my client, Paul J. Manafort, and fully discussed the provisions of this Agreement with my client. These pages accurately and completely set forth the entire Agreement. I concur in my client's desire to plead guilty as set forth in this Agreement.

Date: 9-14-18

Kevin M. Downing
Richard W. Westling
Thomas E. Zehnle
Attorneys for Defendant

Page **24** of **24**

PM

7.
Darlegung der Straftat
USA vs. Michael Cohen
29. November 2018

Von allen Trump-Verbündeten, die mit dem Sonderermittler kooperierten, war Michael Cohen, der persönliche Anwalt des Präsidenten, vielleicht der interessanteste. Lange Zeit war es seine unbedingte Loyalität zu Trump, was Cohen ausmachte, und er betrachtete sich eher als Problemlöser und Beschützer denn als Rechtsbeistand.

Doch als die Ermittler sich in Cohens finanzielle Verhältnisse vertieften – und auf Steuer- und Bankbetrug stießen, die ihm eine beträchtliche Haftstrafe einbringen konnten –, da verwandelte Trumps Problemlöser sich in ein weiteres Problem für den Präsidenten. Cohen bekannte sich schließlich in mehreren Punkten schuldig – zum einen gab er zu, Schweigegeldzahlungen arrangiert zu haben, um angebliche Affären des Präsidenten zu vertuschen, zum anderen gestand er, den Kongress über ein geplantes Geschäftsprojekt Trumps in Moskau belogen zu haben. Er begann, mit dem Team des Sonderermittlers zu kooperieren.

Cohens Lüge vor dem Kongress – in diesem Dokument im Einzelnen beschrieben – war bemerkenswert. Sie zeigte, dass er willens war, die Öffentlichkeit zu täuschen – und dann eine Straftat zu begehen –, um den Zeitrahmen seiner Kontakte mit dem Kreml im Dunkeln zu lassen. Cohen hatte, wie er zugab, gegenüber dem Kongress erklärt, die Arbeit an dem Moskau-Projekt sei im Januar 2016 aufgegeben worden – tatsächlich war sie bis Juni 2016 fortgeführt worden, also noch nachdem Trump sich die Nominierung zum Präsidentschaftskandidaten der Republikaner gesichert hatte. Cohen räumte ferner ein, er habe, um Hilfe für das Projekt zu erbitten, den direkten Kontakt mit einem Funktionär des Kreml gesucht und am Telefon mit einer Assistentin von Dmitrij Peskow gesprochen, einem einflussreichen Vertrauten Putins. Das Dokument deutet an, dass sich die Assistentin Notizen gemacht und versprochen habe, andere russische Stellen einzuschalten. Peskow hat erklärt, russische Beamte hätten die Angelegenheit einer geschäftsmäßigen Routinebetrachtung unterzogen.

Das Dokument beschreibt Trump als »Individuum 1« und die Trump Organization als eine »in Manhattan ansässige Immobilienfirma«.

In später eingereichten Gerichtsunterlagen sollte das Büro des Sonderermittlers offenlegen, dass Cohen sieben Mal mit den Ermittlern zusammengetroffen ist und Informationen »über zentrale Gegenstände der Ermittlungen« geliefert hat, die als »glaubwürdig und im Einklang mit anderen Hinweisen« beurteilt wurden. Strafverfolger vermuteten als Motiv für seine Lügen vor dem Kongress, die Verbindungen zwischen dem Moskau-Projekt und Trump »herunterzuspielen«.

Das musste Trump Sorgen bereiten. Cohen, einer seiner engsten Vertrauten, befand sich in regem Austausch mit dem Amt, das gegen Trump ermittelte. Zwar wäre dieser vielleicht in der Lage gewesen, Cohens Glaubwürdigkeit in Zweifel zu ziehen – immerhin war Cohen ein unbestrittener Lügner –, aber das Büro des Sonderermittlers hatte geheimnisvolle Andeutungen gemacht, wonach man über Hinweise verfüge, die stützen würden, was der Problemlöser des Präsidenten behauptete.

JUDGE CARTER

UNITED STATES DISTRICT COURT
SOUTHERN DISTRICT OF NEW YORK

- x

UNITED STATES OF AMERICA :

\- v. - :

MICHAEL COHEN, :

Defendant. :

:

- x

INFORMATION

18 Cr.

18 CRIM 850

The Special Counsel charges:

Background

The Defendant

1. From in or around 2007 through in or around January 2017, MICHAEL COHEN, the defendant, was an attorney and employee of a Manhattan-based real estate company (the "Company"). COHEN held the title of "Executive Vice President" and "Special Counsel" to the owner of the Company ("Individual 1").

False Statements to the U.S. Congress

2. On or about January 13, 2017, the U.S. Senate Select Committee on Intelligence ("SSCI") announced that it would conduct an investigation into Russian election interference and possible links between Russia and individuals associated with political campaigns. On or about January 25, 2017, the House of Representatives Permanent Select Committee on Intelligence ("HPSCI") announced that it also was conducting an investigation

UNITED STATES DISTRICT COURT
SOUTHERN DISTRICT OF NEW YORK

VEREINIGTE STAATEN VON AMERIKA
vs.
MICHAEL COHEN
Beschuldigter

DARLEGUNG DER STRAFTAT 18 CRIM 850

Der Sonderermittler klagt an:

HINTERGRUND

Der Beschuldigte

1. Von etwa 2007 bis etwa Januar 2017 war MICHAEL COHEN, der Beschuldigte, Anwalt und Angestellter einer in Manhattan ansässigen Immobilienfirma (»Firma«). COHEN trug den Titel eines »Executive Vice President« (leitender Vizepräsident) und eines »Special Counsel« (Sonderberater, Vertrauensanwalt) des Eigentümers der Firma (»Individuum 1«).

Falschaussage vor dem US-Kongress

2. Am oder um den 13. Januar 2017 verkündete der Geheimdienstausschuss des Senats (»U.S. Senate Select Committee on Intelligence« – »SSCI«), er werde eine Untersuchung anstrengen über russische Einmischungen in die Wahlen und mögliche Verbindungen zwischen Russland und Personen, die in den Wahlkampf involviert waren. Am oder um den 25. Januar 2017 verkündete der Geheimdienstausschuss des Repräsentantenhauses (»House of Representatives Permanent Select Committee on Intelligence« – »HPSCI«), es wer-

de ebenfalls eine Untersuchung über russische Einmischungen in die Wahlen und mögliche Verbindungen zwischen Russland und Personen anstrengen, die in den Wahlkampf involviert waren.

3. Am oder um den 28. August 2017 veranlasste COHEN die Zustellung eines zweiseitigen Briefes in seinem Namen an SSCI und HPSCI. Der Brief thematisierte seine Bemühungen in der Firma, ein Bauprojekt in Moskau, Russland, zu realisieren (das »Moskau-Projekt«). Zweck des Briefes, erklärte COHEN, sei es, »dem Ausschuss zusätzliche Informationen in Bezug auf den Plan zu liefern«, womit er sich auf das Projekt bezog.
4. In dem Brief an SSCI und HPSCI machte COHEN wissentlich und vorsätzlich die folgenden falschen Angaben:
   a. **Das Moskau-Projekt sei im Januar 2016 eingestellt und mit anderen Mitarbeitern der Firma nicht ausführlich erörtert worden.** »Der Plan stand [in der Firma] von September 2015 bis Ende Januar 2016 zur Diskussion. Ende Januar entschied ich, dass der Plan aus verschiedenen geschäftlichen Gründen nicht durchführbar sei und nicht mehr weiterverfolgt werden sollte. Auf der Grundlage meiner geschäftlichen Erwägungen gab [die Firma] den Plan [des Moskau-Projekts] auf … Nach meinem besten Wissen stand [Individuum 1] hinsichtlich des Plans nie in Kontakt mit irgendwem, außer bei drei Gelegenheiten mit mir … Ich habe [Individuum 1] oder irgendein Mitglied seiner Familie weder gefragt noch informiert, bevor ich die Entscheidung traf, die Planungen zu beenden.«
   b. **COHEN habe nie eingewilligt, im Zusammenhang mit dem Moskau-Projekt nach Russland zu reisen, und »zu keinem Zeitpunkt erwogen«, Individuum 1 zu bitten, eine solche Reise im Interesse des Projekts zu unternehmen.** »Ich habe in erster Linie mit der Entwicklungsgesellschaft in Moskau kommuniziert … über einen amerikanischen Mittelsmann [Individuum 2] … [Individuum 2] hat immer wieder angefragt, ob ich nicht nach Moskau kommen wolle, um ihm zu helfen, den Plan voranzutrei-

ben. Letzten Endes bin ich zu dem Schluss gekommen, dass der Plan nicht durchführbar sei, und war daher nicht bereit, nach Russland zu reisen … Trotz entsprechender Vorschläge von [Individuum 2] habe ich zu keinem Zeitpunkt erwogen, [Individuum 1] zu bitten, im Zusammenhang mit diesem Plan nach Russland zu reisen.«

c. **COHEN könne sich nicht erinnern, dass es irgendeine Rückmeldung der russischen Regierung oder einen Kontakt hinsichtlich des Moskau-Projekts gegeben habe.** »Mitte Januar 2016 schlug [Individuum 2] vor, dass ich eine E-Mail an [russischer Funktionär 1] sende, dem Pressesprecher des russischen Präsidenten, denn die Pläne würden eine Bewilligung durch die russische Regierung erfordern, die noch nicht erfolgt war. Eine solche Genehmigung wurde nie erteilt. Knapp zwei Wochen später beschloss ich, den Plan aus geschäftlichen Gründen fallen zu lassen, und ich kann mich weder an eine Reaktion auf meine E-Mail noch an andere Kontakte zwischen mir und [russischer Funktionär 1] oder anderen russischen Regierungsbeamten in dieser Angelegenheit erinnern.«

5. Am oder um den 19. September 2017 sollte COHEN, in anwaltlicher Begleitung, vor dem SSCI erscheinen. In einer vorbereiteten Erklärung für die Öffentlichkeit sagte COHEN: »Ich nehme an, wir werden über den abgelehnten Plan eines [firmeneigenen] Bauprojekts in Moskau sprechen, das im Januar 2016 aufgegeben wurde; das geschah noch vor der Wahlversammlung in Iowa und Monate vor den allerersten Vorwahlen. Hier ging es ganz allein um einen Immobiliendeal und sonst nichts. Ich habe nur meine Arbeit gemacht. Ich möchte darum bitten, dass die zweiseitige Erklärung zu den Moskau-Plänen, die ich dem Ausschuss im August zugeschickt habe, ins Protokoll aufgenommen und ihm beigefügt werden.«
6. Am oder um den 25. Oktober 2017 sagte COHEN vor dem SSCI aus, u. a. über das Moskau-Projekt, wobei seine Aussagen mit den vorbereiteten Statements und der zweiseitigen Erklärung übereinstimmten.

7. Die Wahrheit aber ist, wie COHEN sehr wohl wusste, dass COHENS Stellungnahmen zum Moskau-Projekt vor dem SSCI und dem HPSCI falsch und irreführend waren. COHEN machte seine Falschaussagen, um (1) die Verbindung zwischen dem Moskau-Projekt und Individuum 1 herunterzuspielen und um (2) den falschen Eindruck zu erwecken, das Moskau-Projekt sei vor »der Wahlversammlung in Iowa … und den allerersten Vorwahlen« fallen gelassen worden, in der Hoffnung, die laufenden Russland-Ermittlungen einzugrenzen. Durch seine Falschaussagen versuchte COHEN, die folgenden Tatsachen zu verschleiern oder herunterzuspielen:
   a. **Das Moskau-Projekt wurde innerhalb der Firma viele Male diskutiert und nicht im Januar 2016 fallen gelassen.** Vielmehr besprachen COHEN und Individuum 2 noch etwa im Juni 2016 geeignete Maßnahmen, um die Einwilligung der russischen Regierung für das Moskau-Projekt zu erlangen. COHEN erörterte den Stand und den Fortschritt in Sachen Moskau-Projekt mit Individuum 1 häufiger als bei lediglich drei Gelegenheiten, wie er dem Ausschuss gegenüber behauptete, und er informierte auch in der Firma tätige Angehörige von Individuum 1 über das Projekt.
   b. **COHEN erklärte sich bereit, im Zusammenhang mit dem Moskau-Projekt nach Russland zu reisen und traf auch Vorbereitungen für eine mögliche Russlandreise von Individuum 1.** COHEN und Individuum 2 erörterten mehrfach die Möglichkeit einer Reise nach Russland, um das Moskau-Projekt voranzutreiben.
   i. COHEN fragte Individuum 1, ob es ihm möglich sei, im Zusammenhang mit dem Moskau-Projekt nach Russland zu reisen, und befragte auch ein hochrangiges Mitglied des Wahlkampfteams über die Möglichkeit einer Geschäftsreise nach Russland.
   ii. Am oder um den 4. Mai 2016 schrieb Individuum 2 an COHEN: »Hab mich mit Moskau unterhalten. ANGENOMMEN, die Reise findet statt, ist die

Frage, ob vor oder nach dem Parteitag … Das Vorbereitungstreffen (nur Sie) kann natürlich jederzeit stattfinden, wann immer Sie wollen, aber wie ist es mit den 2 hohen Tieren, war die Frage. Ich sagte, ich würde die Sache festmachen und mich wieder melden.« COHEN antwortete: »Meine Reise vor Cleveland. [Individuum 1], sobald er die Nominierung hat, nach dem Parteitag.«

iii. Am oder um den 5. Mai 2016 meldete Individuum 2 sich erneut bei COHEN und schrieb: »[Russischer Funktionär 1] würde Sie gern als seinen Gast beim St. Petersburg Forum begrüßen, das ist das russische Davos, läuft vom 16.-19. Juni. Er möchte sich dort mit Ihnen treffen und Sie möglicherweise entweder [russischer Präsident] oder [russischer Premierminister] vorstellen, aber noch ist nicht sicher, ob einer von ihnen oder beide dort sein werden … Er sagte, es kann alles auf den Tisch kommen, was Sie besprechen wollen.«

iv. Am oder um den 6. Mai 2016 bat Individuum 2 COHEN zu bestätigen, ob die besprochenen Reisedaten ihm passen würden. COHEN schrieb zurück: »Passen mir gut.«

v. Etwa vom 9. bis 14. Juni 2016 schickte Individuum 2 COHEN zahlreiche Nachrichten bezüglich der Reise, darunter Formulare, die von COHEN auszufüllen waren. Doch am oder um den 14. Juni traf sich COHEN im Empfangsbereich des Firmenhauptquartiers mit Individuum 2, um mitzuteilen, er werde die Reise zum fraglichen Zeitpunkt nicht antreten.

c. **COHEN erinnerte sich sehr wohl, dass er etwa im Januar 2016 aus dem Büro des russischen Funktionärs 1, Pressesprecher des russischen Präsidenten, Antwort erhalten und mit einer seiner Mitarbeiterinnen über das Moskau-Projekt gesprochen hatte.**

i. Am oder um den 14. Januar 2016 sandte COHEN eine E-Mail ans Büro des russischen Funktionärs 1 mit der Bitte um Unterstützung im Zusammenhang mit dem Moskau-Projekt. Am oder um den 16. Januar 2016 sandte COHEN eine zweite E-Mail an das Büro des russischen Funktionärs 1, in der er erklärte, er versuche einen anderen hochrangigen russischen Beamten zu erreichen, und darum bat, dass jemand mit englischen Sprachkenntnissen ihn kontaktieren möge.

ii. Am oder um den 20. Januar 2016 empfing COHEN eine E-Mail von der persönlichen Assistentin des russischen Offiziellen 1 (»Assistentin 1«), in der es hieß, sie habe bereits versucht, COHEN zu erreichen, und bitte darum, sie unter einer Moskauer Telefonnummer anzurufen, die sie ihm nannte.

iii. Kurz nach Empfang der E-Mail rief COHEN Assistentin 1 an und unterhielt sich ungefähr 20 Minuten lang mit ihr. Während dieses Gesprächs beschrieb COHEN seine Stellung in der Firma und erläuterte das geplante Moskau-Projekt, unter Einbeziehung der russischen Entwicklungsgesellschaft, mit der die Firma zusammenarbeitete. COHEN bat um Unterstützung sowohl bei der Beschaffung eines geeigneten Grundstücks für den Bau des geplanten Hochhauses als auch bei der Finanzierung, damit das Projekt in Gang gebracht werden könne. Assistentin 1 stellte detaillierte Fragen, machte sich Notizen und erklärte, sie werde sich mit anderen Stellen in Russland in Verbindung setzen.

iv. Einen Tag nach COHENS Telefonat mit Assistentin 1 meldete Individuum 2 sich bei ihm und bat um Rückruf. Individuum 2 schrieb an COHEN: »Es geht um (russischer Präsident), sie haben ihn heute angerufen.«

ANKLAGEPUNKT 1
(Falschaussagen)

8. Die Absätze 1 bis 7 dieser Darlegung sind Teil dieses Anklagepunktes, es wird darauf verwiesen, ohne sie erneut aufzuführen.
9. Am oder um den 28. August 2017 machte der Beschuldigte MICHAEL COHEN, im District of Columbia und anderswo, in einer Angelegenheit, die in die Zuständigkeit der gesetzgebenden Instanz der Vereinigten Staaten fällt, willentlich und vorsätzlich eine in wesentlichen Punkten falsche, frei erfundene und betrügerische Aussage; namentlich ließ COHEN dem SSCI eine schriftliche Erklärung vorlegen, die Falschaussagen in wesentlichen Punkten über das Moskau-Projekt enthielt, darunter falsche Aussagen über den Zeitrahmen des Moskau-Projekts, über Erörterungen des Moskau-Projekts mit Personen in der Firma und in Russland und über in Betracht gezogene Reisen nach Russland im Zusammenhang mit dem Moskau-Projekt.

(Title 18, United States Code, Abschnitt 1001(a)(2).)

ROBERT S. MUELLER, III
Sonderermittler

8.

Protokoll der Urteilsverkündung *USA vs. Michael Cohen* 12. Dezember 2018

Michael Cohen, Donald Trumps persönlicher Anwalt, hatte zugegeben, geheime Geldzahlungen an Frauen veranlasst zu haben, damit diese über angebliche Affären mit Trump schwiegen, und über ein Geschäftsvorhaben von Trump in Moskau gelogen zu haben, das noch während der Kernzeit von Trumps Wahlkampf weiterverfolgt worden war. An einem kalten und windigen Tag im Dezember 2018 stand er vor einem Bundesrichter in Manhattan, um zu erfahren, welche Strafe er für diese Verbrechen erhalten sollte.

Die Urteilsverkündung, die in folgender Abschrift Wort für Wort wiedergegeben wird, war bemerkenswert. Cohen, in einem anthrazitfarbenen Anzug mit hellblauer Krawatte, schniefte und unterdrückte Tränen, als er Richter William H. Pauley III um Milde bat. Cohen sagte, er habe sich verpflichtet gefühlt, Trumps »schmutzige Machenschaften« zu vertuschen; in gewisser Weise würde sein Leben von vorn beginnen, und nun sei er frei von der »persönlichen und mentalen Gefangenschaft«, die mit seiner Arbeit für Trump einherging.

Ein Staatsanwalt des Southern Court in Manhattan kritisierte Cohen scharf für seine persönlichen Verfehlungen. Ein Anwalt aus dem Büro des Sonderermittlers war da gnädiger und sprach davon, dass Cohen bei den Nachforschungen des Sonderermittlers »hilfreich« gewesen sei.

Pauley verurteilte Cohen zu drei Jahren Gefängnis, zusammen mit Geldstrafen in Höhe von beinah zwei Millionen Dollar, wobei er zwar berücksichtigte, dass Cohen umfänglich kooperiert hatte, Cohens Bitte um völlige Haftverschonung aber ablehnte.

»Zwar hat Mr. Cohen Schritte unternommen, sein kriminelles Verhalten zu entschärfen, indem er sich schuldig bekannt und der Staatsanwaltschaft freiwillig nützliche Informationen gegeben hat, doch macht das noch nicht reinen Tisch«, sagte Pauley.

1

ICCQCOHs

UNITED STATES DISTRICT COURT
SOUTHERN DISTRICT OF NEW YORK
------------------------------x
UNITED STATES OF AMERICA
v.

18 CR 602 (WHP)
18 CR 850 (WHP)
Sentence

MICHAEL COHEN

Defendant
------------------------------x

New York, N.Y.
December 12, 2018
11:00 a.m.

Before:

HON. WILLIAM H. PAULEY III
District Judge

APPEARANCES

ROBERT KHUZAMI
Acting United States Attorney for the
Southern District of New York
NICOLAS ROOS
THOMAS McKAY
RACHEL MAIMIN
ANDREA GRISWOLD
Assistant United States Attorneys

UNITED STATES DEPARTMENT OF JUSTICE
Special Counsel's Office
JEANNIE S. RHEE
ANDREW D. GOLDSTEIN
L. RUSH ATKINSON
Assistant United States Attorneys

PETRILLO KLEIN & BOXER LLP
Attorneys for Defendant
GUY PETRILLO
AMY LESTER

-Also Present-
HEATHER D'AGOSTINO, FBI
MICKEY ROBINSON, FBI

UNITED STATES DISTRICT COURT
SOUTHERN DISTRICT OF NEW YORK

VEREINIGTE STAATEN VON AMERIKA vs.
MICHAEL COHEN
Angeklagter

18 CR 602 (WHP)
18 CR 850 (WHP)
Urteil

New York, N.Y.
12. Dezember 2018
11:00 Uhr

VOR DEM EHRENWERTEN WILLIAM H. PAULEY III,
BUNDESRICHTER ERSCHEINEN

ROBERT KHUZAMI
Amtierender Bundesstaatsanwalt für den
Southern District von New York
NICOLAS ROOS
THOMAS McKAY
RACHEL MAIMIN
ANDREA GRISWOLD
Stellvertretende Bundesstaatsanwälte

JUSTIZMINISTERIUM DER VEREINIGTEN STAATEN
Büro des Sonderermittlers
JEANNIE S. RHEE
ANDREW D. GOLDSTEIN
L. RUSH ATKINSON
Stellvertretende Bundesstaatsanwälte

PETRILLO KLEIN & BOXER LLP
Verteidiger des Angeklagten
GUY PETRILLO
AMY LESTER

– Ebenfalls anwesend –
HEATHER D'AGOSTINO, FBI
MICKEY ROBINSON, FBI

(Der Fall wird aufgerufen)

STELLVERTRETENDER GERICHTSSCHREIBER: Vor dem Gericht im Namen der Bundesstaatsanwaltschaft der Vereinigten Staaten erschienen.

MR. ROOS: Vertreter der Bundesstaatsanwaltschaft, guten Morgen.
Nicks Roos, Thomas McKay, Rachel Maimin und Andrea Griswold.

STELLVERTRETENDER GERICHTSSCHREIBER: Vor dem Gericht im Namen des Büros des Sonderermittlers erschienen.

MS. RHEE: Jeannie Rhee seitens des Büros des Sonderermittlers. Ich komme heute in Begleitung von Andrew Goldstein und Rush Atkinson. Des Weiteren haben sich uns hinten im Gerichtssaal vom FBI Heather D'Agostino und Mickey Robinson angeschlossen.

STELLVERTRETENDER GERICHTSSCHREIBER: Vor dem Gericht im Namen des Angeklagten erschienen.

MR. PETRILLO: Guten Morgen, Euer Ehren.
Guy Petrillo und Amy Lester für Michael Cohen.

DAS GERICHT: Ihnen allen einen guten Morgen, und wie ich sehe, ist der Angeklagte, Mr. Cohen, anwesend am Tisch der Verteidigung.
Im vorliegenden Fall geht es um das Strafmaß. Sind die beteiligten Seiten bereit fortzufahren?

MR. ROOS: Ja, Euer Ehren.

MR. PETRILLO: Ja, Euer Ehren.

MS. RHEE: Ja, Euer Ehren.

DAS GERICHT: Als Erstes, Mr. Petrillo, sind Sie mit Ihrem Mandanten den hier vor der Verurteilung vorgelegten Untersuchungsbericht durchgegangen?

MR. PETRILLO: Das bin ich, Euer Ehren.

DAS GERICHT: Gibt es irgendwelche Fakten, die in diesem Bericht aufgeführt sind, die Ihrer Meinung nach geändert oder korrigiert werden müssen?

MR. PETRILLO: Derzeit nicht, Euer Ehren. Danke.

DAS GERICHT: Mr. Roos, gibt es irgendwelche Fakten, die nach Ansicht des Staates geändert oder korrigiert werden müssen?

MR. ROOS: Nein, Euer Ehren.

DAS GERICHT: Und was ist mit dem Büro des Sonderermittlers?

MS. RHEE: Nein, Euer Ehren.

DAS GERICHT: Sehr gut.

MR. PETRILLO: Euer Ehren, nur um sicherzugehen: Hat das Gericht unseren Brief von gestern Abend erhalten?

DAS GERICHT: Das habe ich.

MR. PETRILLO: Sehr gut.

DAS GERICHT: Das habe ich.

Also, die beiden Parteien, bevor sie zu Wort kommen, haben unterschiedliche Auffassungen hinsichtlich der Bemessungsrichtlinien, vor allem, was die Zusammenlegung im Aktenzeichen 18 CR 602 betrifft.

Die Verteidigung argumentiert, dass der Tatbestand der Steuerhinterziehung nicht eng mit den anderen Tatbeständen verknüpft ist und deshalb nicht damit verbunden werden sollte. Von Staatsseite wird entgegnet, dass Paragraf 3D1.2 ganz konkret Fälle aufzählt, die verbunden werden können, darunter auch Paragraf 2T1.1 bei Fällen von Steuerhinterziehung, Paragraf 2B1.1 für Falschaussage und Paragraf 2C1.8 für die Fälle von illegalen Wahlkampfspenden.

Das Gericht befindet die Argumentation der Staatsanwaltschaft von Rechts wegen für korrekt, worin der Grad der Straftatbestände prinzipiell nach der Höhe des Verlustes bemessen wird. Siehe *Vereinigte Staaten* vs. *Gordon*, 291 F.3d 181, 192 (2d. Cir 2002).

Dementsprechend hält das Gericht folgende Bemessungsrichtlinien fest: Alle acht Tatbestände nach 18 CR 602 zusammen ergeben einen Grad von 7. Da der Verlust 1,5 Millionen Dollar überschritten hat, aber unter 3,5 Millionen Dollar geblieben ist, ist eine Erhöhung von 16 Graden angemessen.
Des Weiteren ist eine Anhebung um weitere zwei Grade angemessen, da das Vergehen den Einsatz von ausgeklügelten Mitteln beinhaltete, darunter Mr. Cohens Gründung von Briefkastenfirmen und das Ausstellen falscher Rechnungen.
Abschließend ist eine weitere Anhebung um zwei Grade angezeigt, da Mr. Cohen seine Kenntnisse als zugelassener Anwalt dazu einsetzte, die Durchführung und Verschleierung dieser Vergehen zu ermöglichen. Daraus ergibt sich der Grad der Straftatbestände in der ersten Gruppe, also jene aus Aktenzeichen 18 CR 602, von 27.
Da Mr. Cohen sich dieser Tat zeitgerecht vor mir für schuldig erklärt hat, gewähre ich ihm eine Reduktion um drei Grade für die Übernahme der Verantwortung. So ergibt sich ein Grad der Straftatbestände von 24. Der Angeklagte hat keinerlei Vorstrafen, daher wird er in die Vorstrafenkategorie I eingestuft. Bei einem Grad der Straftatbestände von 24 und der Vorstrafenkategorie I ergibt sich für die acht Anklagen wegen Steuerhinterziehung, Falschaussage gegenüber Banken und den beiden Finanzvergehen im Wahlkampf eine Bemessungsrichtlinie von 51 bis 63 Monaten Haft.
Nun, hinsichtlich Mr. Cohens Geständnis, vor dem Kongress falsch ausgesagt zu haben, wird dies separat eingestuft und mit einem Grad des Straftatbestandes von 6 bewertet. Das Gericht stimmt mit dem Büro des Sonderermittlers und mit Mr. Cohen darin überein, dass eine Anhebung dieses Grades nicht angemessen ist. Mr. Cohen hat sich in Anwesenheit meines Kollegen, Richter Carter, schuldig bekannt, dementsprechend gewähre ich ihm in diesem Punkt eine Reduktion um zwei Grade für die Übernahme der Verantwortung für diese Straftat. Bei einem Grad des Straftatbestandes von 4 und einer Vorstrafenkategorie I bewegt sich die Bemessungsrichtlinie für Falschaussagen vor dem Kongress zwischen null und

sechs Monaten Haft. Des Weiteren kommt keine Anpassung aufgrund von Mehrfachvergehen zum Tragen.
Nachdem nun die Bemessungsrichtlinie geklärt ist, werde ich mir beide Seiten anhören.
Mr. Petrillo, möchten Sie im Namen von Mr. Cohen angehört werden?

MR. PETRILLO: Das möchte ich, Euer Ehren. Danke.
Euer Ehren, wenn es dem Gericht recht ist, danke.
Meine Partnerin Amy Lester und ich haben die Ehre, Michael Cohen zu vertreten und die Ehre, einige seiner Angehörigen kennengelernt zu haben, die heute hier anwesend sind. Es sind mehr, als ich kennengelernt habe, doch zählen dazu seine Mutter und sein Vater, seine Schwiegermutter und sein Schwiegervater, seine Frau und Kinder, sein Bruder und seine Schwestern, zusammen mit weiteren Verwandten.
Euer Ehren, wir haben eine Vorlage zur Strafzumessung eingereicht, darunter zahlreiche Briefe, die sich zugunsten von Mr. Cohens Charakter aussprechen, und es liegt heute nicht in unserer Absicht, all das zu wiederholen, was wir bereits schriftlich eingereicht haben. Stattdessen möchte ich, falls Euer Ehren nicht wünscht, dass ich anderweitig fortfahren soll, als Erstes auf die bemerkenswerte Art und Bedeutung der Lebensentscheidung zu sprechen kommen, die Mr. Cohen getroffen hat, mit dem Sonderermittler des Justizministeriums zusammenzuarbeiten und ergebenst auf die Bedeutung dieser Kooperation hinweisen, nicht nur für diese Person und die Einschätzung dieser Person durch Euer Ehren, sondern auch für die Abwägung des Gerichts, ob Mr. Cohens Kooperation nicht die Achtung vor dem Gesetz und den Mut des Einzelnen befördert, sich Macht und Einfluss entgegenzustellen.
Als Mr. Cohen uns im Juli beauftragte, mit dem Büro des Sonderermittlers in Verbindung zu treten, tat er dies, um wichtige Informationen zu den Ermittlungen anzubieten, wobei er wusste, dass er einem Trommelfeuer von Vorwürfen durch den Präsidenten ausgesetzt sein würde, wenn dieses Angebot öffentlich bekannt würde. Er wusste, dass der Präsident die Ermittlungen möglicherweise beenden würde, und er wuss-

te, dass er eines Tages vor Gericht erscheinen müsse und sich dort kein Sonderermittler vor ihn stellen würde wie heute.
Er hat sich dennoch dazu bereit erklärt. Es stimmt zwar, dass Mr. Cohens Bereitschaft zur Aussage dem ähnelt, was viele Menschen angesichts zu erwartender Anklagen tun würden. Darauf hat die Staatsanwaltschaft hingewiesen. Zu jenem Zeitpunkt räumte er ein, dass es mehr als wahrscheinlich sei, dass sein Fall über die reinen Ermittlungen hinaus zu Anklagen führen könnte und dass ihm sein Angebot zur Mithilfe in gewisser Hinsicht helfen würde, falls es zu einer Anklage und zu einem Verfahren käme. Es stimmt allerdings ebenso, dass sich seine Entscheidung von den sonst üblichen Entscheidungen zu kooperieren maßgeblich unterschied. Er erklärte sich dazu bereit, Beweise gegen die mächtigste Person in unserem Land zu liefern. Dies tat er, ohne zu wissen, wie das Ergebnis lauten würde, ohne die weiteren politischen Entwicklungen zu kennen, und ohne zu wissen, ob die Sonderermittlungen überhaupt zu Ende geführt werden könnten; ebenso wenig konnte er absehen, welches Ausmaß die Angriffe gegen ihn annehmen würden, nicht nur durch den Präsidenten, der immer wieder erklärt, dass Personen wie Mr. Cohen, die mit dem Sonderermittler kooperieren, Schwächlinge seien, und jene, die standhaft schweigen, Helden, sondern auch durch Parteigänger und Bürger, die auf einer Linie mit dem Präsidenten stehen. Zu diesen Angriffen gehören auch Drohungen gegen seine Person und seine Familie.
Es handelt sich hier also nicht um den üblichen Fall einer Kooperation. Die Kooperation im vorliegenden Fall sollte nicht als Standardfall und abseits üblicher Kooperationen betrachtet werden. Die Ermittlungen des Büros des Sonderermittlers, die Ermittlungen des Sonderermittlers sind von allergrößter nationaler Bedeutung, nicht geringer als jene von vor über vierzig Jahren in den Tagen von Watergate. Im Lichte dieser Gegebenheiten, Euer Ehren, ist es wichtig, dass andere in Mr. Cohens Lage, die diese historisch bedeutsamen Ermittlungen ebenfalls unterstützen können, frischen Mut aus diesem Verfahren schöpfen, und dass der Gesetzesvollzug und die Beför-

derung des Respekts vor dem Gesetz ebenfalls aus dem, was heute hier geschieht, Auftrieb erfährt. Mr. Cohen bittet mich darum zu betonen, dass er die Durchsetzung des Gesetzes stets respektiert und unterstützt hat.

In der Absprache mit dem Sonderermittler hat sich der Sonderermittler verpflichtet, zu Bedingungen, die umfassend erfüllt worden sind, die Aufmerksamkeit Euer Ehren zur Urteilsfindung in beiden Fällen auf die Art und den Umfang von Mr. Cohens Kooperation mit dem Büro zu richten. Der Sonderermittler sagt, dass Mr. Cohen in beträchtlichem Umfang zu den Ermittlungen beigetragen hat, indem er Informationen zu den Kernthemen der Ermittlungen geliefert und sich verpflichtet hat, weiterhin zur Verfügung zu stehen.

Das Büro erklärt, dass die zur Verfügung gestellten Informationen glaubwürdig sind und in Einklang mit anderen Beweisen stehen, die bei diesen Ermittlungen eingeholt worden sind. Das Büro sagt weiter, dass die Kooperation in vier bestimmten Punkten nützlich war, die im Brief des Sonderermittlers an das Gericht im Detail aufgeführt sind. Und schließlich, so der Sonderermittler, hat Mr. Cohen beträchtliche und ernsthafte Anstrengungen unternommen, um sein Fehlverhalten zu korrigieren, die Verantwortung für seine Taten zu übernehmen und bei den Ermittlungen des Sonderermittlers behilflich zu sein.

Selbst die Staatsanwaltschaft New York, Bezirk Süd (Southern District*), die ein recht scharf formuliertes Memo bei Gericht eingereicht hat, zu dem ich mich in ein paar Minuten noch äußern werde, pflichtet uns bei, dass Mr. Cohens Hilfe bei den Sonderermittlungen bedeutsam ist. Es findet sich auf Seite 17 dieses Memos. Und dass seine Bereitstellung von Informationen zur Strafverfolgung in Belangen von nationalem Interesse verdienstvoll ist. Das findet sich auf Seite 37 des Memos.

Euer Ehren, wir schlagen vor, dass in dieser außergewöhn-

* Die USA sind in vierundneunzig Gerichtsbezirke aufgeteilt. Das Bezirksgericht und die Bundesstaatsanwaltschaft von New York Süd, mit Sitz in Manhattan, ist eine der wichtigsten Justizbehörden der Vereinigten Staaten, kurz »Southern District« genannt. (Anm. d. Ü.)

lich wichtigen Angelegenheit Mr. Cohens Kooperation der bedeutsamste Faktor ist, der sich deutlich strafmildernd auswirken sollte, denn seine Tat steht in deutlichem Gegensatz zu den Entscheidungen mancher anderer Personen, die nicht kooperieren und angeblich ein doppeltes Spiel spielen, bei dem sie nur so tun, als würden sie kooperieren.

Doch dies ist noch nicht alles. Wir möchten das Gericht ergebenst darum bitten, bei der Urteilsfindung Mr. Cohens Leben voller wohltätiger Werke zu berücksichtigen. Wie wir in unserem Memo angeführt und mit Briefen als Anlage zum Memo gestützt haben, ist er ein außerordentlich erfolgreicher Spendensammler für das St. Jude's Children's Hospital gewesen.

Er war in einer Privatschule in Manhattan der Hauptakteur, als es darum ging, finanzielle Unterstützung für Schüler zu beschaffen, die nicht die Mittel haben, diese Schule zu besuchen und ohne seine Anstrengungen diese Schule nicht hätten besuchen können.

Ebenso hat er immense Spenden für Operation Smile gesammelt und die Sportler-Organisation Weatherford Foundation aktiv unterstützt, ihr vorbildliches Programm voranzubringen. Euer Ehren hat zweifellos von der Hilfe und Unterstützung gelesen, die Mr. Cohen regelmäßig Kindern und Freunden zukommen lässt, die medizinische Hilfe benötigen. Er steht ihnen in Zeiten von Krankheit und Not bei.

Wie viele Tausend Worte auch über Mr. Cohen gesagt und geschrieben werden, täglich wird in der Zeitung über ihn berichtet, im Fernsehen manchmal rund um die Uhr, haben wir hier einen großherzigen Menschen vor uns. Die Einreichungen bei Gericht zeigen das deutlich.

Im Memo des Southern District findet sich eine Bemerkung über den Stellenwert seiner eigenen finanziellen Zuwendungen, doch findet sich davon nichts in unserem Memo. Kernpunkt unserer Aussage bleibt, dass er sich große Mühe gibt, Geld für sehr, sehr sinnvolle Organisationen aufzutreiben. Da hinein steckt er all seine Kraft; dies ist ein Mann, dessen vorrangiger Impuls es ist, zu helfen.

Wenn es um Mr. Cohens Fähigkeit geht, mit seinem Ent-

schluss ernst zu machen, ein gutes, gesetzestreues Leben zu führen, möchte auch ich unterstreichen, worüber das Gericht von mehreren Mitgliedern der Anwaltschaft informiert worden ist. Sie alle schildern einen integren Mann mit ehrenhaften Absichten, der sich für Benachteiligte einsetzt, keinen Mann, der sich mit unseriösen Geschäftspraktiken abgibt.
Zwar weist das Southern District darauf hin, dass Mr. Cohen, wie viele Mandanten, mit denen es Juristen immer mal wieder zu tun haben, gelegentlich vor Enttäuschung außer sich war, wenn er etwas für falsch hielt. So wurde er zum Beispiel, wie Southern District ausführt, äußerst wütend, als eine Bank sich weigerte, sich auf eine Transaktion zu konzentrieren, die es ihm ermöglicht hätte, seine Taxilizenzen zu einem Zeitpunkt zu verkaufen, als dies lukrativ gewesen wäre. Diese Bank hatte so lange gezögert, bis sie der Transaktion zustimmte, dass die Transaktion bei fallendem Markt im Sande verlief. Er äußerte seine Verärgerung darüber, was wiederum im Memo von Southern District als Beweis für seinen schlechten Charakter angeführt wird. Ich habe derart viele Mandanten in meinem Büro, die sich regelmäßig vom Leben enttäuscht zeigen. Meiner Meinung nach ist diese Beobachtung unbedacht und bedeutungslos hinsichtlich seines Charakters. Sie ist grob vereinfachend und unfair.
Mr. Alpstein, ein Anwalt, der mit Mr. Cohen bei Transaktionen zusammengearbeitet hat, sagt: »Jeder Verkäufer, dem gegenüber ich Michael bei einem Geschäft vertreten habe, schildert ihn ohne Einschränkung als ehrlichen, verantwortungsbewussten und fairen Geschäftsmann.«
Der Mann ist 52 Jahre alt. Es lässt sich weit zurückverfolgen, wie er sich bei Geschäften und gegenüber Finanzinstituten verhalten hat. Keine Bank, die mit Michael Cohen zu tun hatte, hat jemals Geld verloren. Um dies noch einmal zu wiederholen: Keine Bank, die mit Michael Cohen zu tun hatte, hat jemals Geld verloren. Kein Freund in Not ist jemals abgewiesen worden.
Euer Ehren, wir haben das Tatverhalten angesprochen, und eigentlich hatte ich nicht geplant, mehr als nur ein paar Worte

darüber zu verlieren, bis ich das Memo von der Staatsanwaltschaft Southern District gelesen habe; nun möchte ich doch ein paar Worte als Reaktion auf das Memo sagen. Ich möchte auch gar nicht darauf herumreiten; ich weiß, dass Sie das gesamte Material gelesen haben. Niemand, vor allem Michael Cohen nicht, sagt oder hat gesagt, dass falsche Angaben einer Bank gegenüber kein ernstes Vergehen sind. In diesem Falle haben wir einfach darauf hingewiesen, dass das Darlehen, zu dem der Antrag mit falschen Angaben versehen war, zum Zeitpunkt der Beantragung zehnfach gedeckt war und daraus kein finanzieller Schaden entstanden ist. Wird es dadurch richtig? Nein. Das nicht. Aber es rückt das Verhalten ein wenig ins richtige Licht.

Niemand von uns, vor allem Michael Cohen nicht, sagt, dass Steuerhinterziehung kein ernstes Vergehen ist. Die wichtigste Information in diesem Fall lautet allerdings, dass der Hauptpunkt im Tatverhalten darin bestand, gegenüber einer Buchhaltung, die Bankauszüge erhalten hat, Einlagen nicht als Einkommen ausgewiesen zu haben. Wird es dadurch richtig? Nein. Das nicht. Aber es rückt das Verhalten ein wenig ins richtige Licht und zeigt, dass das Gericht es hier nicht mit einem Superhirn der Steuerhinterziehung zu tun hat.

Ms. Lester und ich hatten drei bis vier Tage Zeit, die Steuervergehen in diesem Fall anzusprechen, bevor sie zu den Akten genommen wurden. Die Vergehen wurden nicht weiter ausgeführt. Als ich Fragen danach stellte, was diese Punkte beinhalten, bekam ich nur eisiges Schweigen zur Antwort, aber keine realistische Gelegenheit, mich mit der Steuerbehörde zu treffen, wie üblich. Ich glaube, dass wir sehr gute Chancen gehabt hätten, zu zeigen, dass es sich in diesem Fall nicht um ein kriminelles Vergehen handelt, wenn wir Gelegenheit dazu gehabt hätten.

Doch das Leben ist hart, und Michael Cohen nimmt das hin. Wir nehmen das so hin. Es geht uns nicht darum, das Vergehen wegzudiskutieren. Es geht uns darum, darauf hinzuweisen, dass sich das Vergehen problemlos Fällen zuordnen lässt, die üblicherweise nicht als Verbrechen behandelt werden, al-

lein damit Euer Ehren das beim Strafmaß für die kriminelle Steuerhinterziehung, die eingeräumt wurde, berücksichtigen kann, und dass niemand versucht, dieses Vergehen jemand anderem in die Schuhe zu schieben.
Ich werde sehr wenig sagen zu den Wahlkampfanschuldigungen, den Anschuldigungen bezüglich der Wahlkampffinanzierung und der Aussagen vor dem Kongress. Ich möchte darauf verweisen, was Mr. Gerber, Anwalt in New York, dem Gericht schreibt. Er ist ehemaliges Mitglied des Beschwerdeausschusses, und er hat über Mr. Cohen geschrieben, dass er schon viele Anwälte gesehen habe, die sich den Wünschen eines besonders überzeugungskräftigen Mandanten gebeugt hätten. »Mr. Cohen«, so schreibt er, »hatte einen Klienten, dessen außergewöhnliche Überzeugungskraft dazu geführt hat, dass er in das höchste Amt dieses Landes gewählt worden ist.« Auch hier ist das Vergehen durchaus ernst, doch sollte man Mr. Gerbers Erfahrung durchaus in Betracht ziehen, damit das Gericht die menschliche Seite dessen berücksichtigt, was hier geschehen ist.
Auf Grundlage all dieser Faktoren, Euer Ehren, insbesondere der Kooperation, der wohltätigen Arbeit und der Art der Vergehen, weisen wir ergebenst darauf hin, dass Sie in Ihrem Urteil über unseren Mandanten Michael Cohen in diesem Fall unbedingt in Betracht ziehen sollten, größtmögliche Milde walten zu lassen.
Ein paar Worte zu dem, was die Staatsanwaltschaft Southern District vorgelegt hat. Es trifft nicht zu, dass Mr. Cohen sich geweigert hat, Fragen des Southern District oder des ordnungsgemäß ermächtigten Büros der Staatsanwaltschaft, der Strafverfolgungsbehörden und des Kongresses zu beantworten. Er ist bereit, dies zu tun. Er scheut aus persönlichen Gründen eine langfristige Verpflichtung zur Kooperation, auch weil er seine Familie und sich selbst aus dem Rampenlicht nehmen möchte und versuchen will, für sie und sich selbst aus dieser Situation heraus wieder hin zu einem normalen Leben zu finden. Die Zeit für eine solche Verpflichtung wäre unbestimmt. Die Presse in diesem Fall ist überwältigend. Doch das

bedeutet in keinem Fall, dass er nicht für Befragungen bei den Ermittlungen zur Verfügung steht, und wie Sie ja wissen, hat er sich zu einer dieser Fragen bereits mit dem Southern District getroffen.

Allerdings ist es genauso unfair und reine Mutmaßung, dass Mr. Cohen sein Fehlverhalten nicht einräumt, von dem die Staatsanwaltschaft zwei Mal sagt, »wenn es überhaupt eines gibt«. Sicher ist sich das Gericht der Tatsache bewusst, dass in diesem Falle Durchsuchungsbefehle ergangen sind. Infolgedessen wurden all seine Unterlagen, Computer, Laufwerke, Telefone und Mitschnitte beschlagnahmt, und Dutzende von Agenten und mindestens vier stellvertretende Bundesstaatsanwälte und Aufsichtsbeamte haben Dutzende und Aberdutzende von Zeugen befragt und das Beweismaterial gesichtet. Sie wissen, was dort zu finden ist. Er hat sich weiterhin stets der gleichen Vergehen schuldig bekannt, und die Absprache zwischen Staatsanwaltschaft und Verteidigung immunisiert ihn für die Vergehen, die in der Absprache aufgeführt sind. Wenn die Staatsanwaltschaft wiederholt erklärt, Mr. Cohen würde sich weigern, seine früheren Vergehen offenzulegen, »falls es welche gab«, so legt sie doch nichts vor, das darauf hinweist, sie wüsste nicht bereits alles, geschweige denn, dass dort irgendetwas zu finden sei.

Doch letztlich ist das nicht sonderlich wichtig, Euer Ehren. Ich halte es nur nicht für fair. Ich verstehe den scharfen Ton des Memos nicht, und beim Versuch, einen Zusammenhang herzustellen, lande ich beim Anfang dieses Falls. Erst die mangelnde Bereitschaft, die Anklagepunkte präzise zu umreißen, mit der Behauptung, ich wisse ja bereits, worum es sich handle. Wenige Tage Zeit für eine Antwort, nachdem drei Kategorien mutmaßlicher Vergehen vorgebracht wurden. Und dann, nach der Antwort des Angeklagten, eine Pressekonferenz im Gericht zu einem Schuldeingeständnis des Angeklagten. Ich möchte vorbringen, Euer Ehren, dass kein anderer Angeklagter bei solchen Vergehen auf diese Weise behandelt werden würde, doch Mr. Cohen hatte das Pech, Anwalt des Präsidenten gewesen zu sein.

Die hastige Anklage und die Pressedarstellungen deuten mit Verlaub darauf hin, dass das Gericht die Behauptungen von Southern District, Mr. Cohen habe sie vor dem Altar einer Kooperationsvereinbarung allein stehen lassen, mit Vorsicht genießen sollte. Tatsächlich hat er die persönliche, vernünftige Entscheidung getroffen, dass er alle Fragen im Rahmen der Ermittlungen wahrheitsgemäß beantworten würde, es aber nicht in seinem Interesse oder dem seiner Familie sei, ständig im Rampenlicht zu stehen und sich den Bedingungen einer Kooperationsvereinbarung unterzuordnen, die monate-, wenn nicht jahrelang Bestand haben könnte. Er hat sich mit der Bundesanwaltschaft Southern District zusammengesetzt, und er wurde für »offen und glaubwürdig« befunden, Seite 15.

Die Regeln des Southern District, nach denen Kooperationen stets abzulaufen haben, sind uns natürlich von den minderen Gottheiten übergeben worden, und wehe jenen, die ihren Schriften nicht folgen. Doch das heißt nicht, dass sie in allen Situationen funktionieren, unabhängig von den Fakten und unabhängig von den jeweiligen Umständen. Das heißt nicht, dass der Staatsanwalt immer richtigliegt, wie das Verfahren umgesetzt wird.

Tatsächlich, Euer Ehren, sieht es Southern District gern, wenn dieses Gericht Mr. Cohen dafür bestraft, dass er nicht ihrem Standardabkommen und ihrer Verfahrensweise folgt, obwohl er doch mit dem Sonderermittler kooperiert, sie mit klaren und glaubwürdigen Informationen versorgt und angeboten hat, und weiterhin anbietet, auf alle weiteren Fragen zu antworten, und dies tun sie, ohne irgendetwas vorzubringen, das darauf hindeuten würde, dass es frühere Straftaten geben könnte. Dieser Ansatz, Euer Ehren, ist abwegig. Es ist ein Fehler, bereits in Betracht zu ziehen, was Sie erst gebeten sind, in Betracht zu ziehen. Es ist zutiefst unfair, dass ein Ankläger ein Gericht darum bittet, einen Angeklagten aufgrund von hypothetischen Fakten und Umständen zu verurteilen, statt auf Grundlage der Fakten und Umstände, von denen das Gericht Kenntnis hat. Diese Fakten und Umstände bleiben nicht im

Dunkeln, wie es das Memo der Staatsanwaltschaft nahelegt. Ich weiß nicht, was dahintersteckt; es ist äußerst sonderbar im Kontext der Tatsache, dass ein zum Justizministerium gehöriges Büro bestätigt, dass Mr. Cohen der Vereinbarung entsprechend kooperiert hat und dies auch aus dem Brief des Sonderermittlers an Euer Ehren hervorgeht.

Ich werde nicht übermäßig darüber spekulieren, was hier vor sich geht. Ich denke, das Gericht hat in diesen Dingen ebenso viel Erfahrung wie ich, aber ich unterstelle Southern District genug Macht, den Fall aufzubauschen, wenn sie das wollen, Gott segne sie. Vielleicht geht es hier auch um ein wenig verletzten Stolz, nicht im Zentrum des Geschehens zu stehen. Wer weiß? Vielleicht ist das alles irgendwie enttäuschend, die vielen Artikel über einen schweren Fall von Finanzbetrug und Betrug mit Taxilizenzen, und dann die Schuldeingeständnisse. Dazu kann ich nichts sagen.

Wir bitten ergebenst darum, Euer Ehren, von den Bemessungsrichtlinien abzuweichen und beim Strafmaß für Mr. Cohen Milde walten zu lassen, wir bitten im Namen unseres Mandanten und seiner Familie darum. Michael hat große Hilfe geleistet, nicht nur dem Sonderermittler, sondern auch vielen anderen Menschen. Er ist ein hochanständiger Mann. Danke.

DAS GERICHT: Danke, Mr. Petrillo.

Ms. Rhee, wünscht das Büro des Sonderermittlers, gehört zu werden?

MS. RHEE: Ja, Euer Ehren.

Danke, Euer Ehren. In Namen des Büros des Sonderermittlers werden unsere Bemerkungen kurz sein. Wir stützen uns ganz auf unsere Schriftsätze, die dem Gericht bereits vorliegen, und sprechen durch sie. In Ergänzung dazu haben wir nur zwei separate, wichtige Punkte, die wir der Aufmerksamkeit des Gerichts antragen.

Erstens, das Vergehen, dessen sich Mr. Cohen unter Aktenzeichen 18 CR 850 bekannte, war ein schweres Vergehen. Wie Mr. Petrillo schon erwähnte, geht es hier um den Punkt, dass Mr. Cohen den Kongress in Fragen von nationaler Bedeutung und nationalem Interesse aktiv irregeführt hat und dass Mr. Cohen anfangs absichtlich viele der wahrheitswidrigen Angaben vor uns im Büro des Sonderermittlers wiederholt hat, als wir uns im Juli mit ihm trafen. Diese Falschaussagen zielten darauf ab, die laufenden Untersuchungen zur russischen Einmischung in eine Präsidentschaftswahl der USA und die Fragen nach irgendwelchen Verbindungen oder Abstimmungen des Wahlkampfs mit einer ausländischen Regierung zu begrenzen. Unsere schriftliche Mitteilung erläutert, warum diese Lügen juristisch relevant und warum sie folgenreich waren.

Vor allem aber möchten wir dem Gericht heute zur weiteren Begutachtung Mr. Cohens Zusammenarbeit mit dem Büro des Sonderermittlers seit dem ersten freiwilligen Gespräch im Juli übermitteln. Die Behörden sind mit Mr. Cohen übereingekommen, ihre Aufmerksamkeit zur gebührlichen Beachtung bei der Festlegung des Strafmaßes auf seine Mithilfe zu richten; dazu möchten wir festhalten, dass Mr. Cohen sich ab der zweiten Sitzung mit uns im September diesen Jahres bis zum heutigen Tag auf vielerlei Weise bemüht hat, Verantwortung für seine kriminellen Vergehen zu übernehmen. Er hat vollumfänglich die Verantwortung für die Lügen übernommen, die er vor dem Kongress erzählt hat. Er hat unser Büro mit glaubwürdigen und zuverlässigen Informationen zu russlandrelevanten Kernfragen versorgt, zu denen wir ermitteln und die in den Zuständigkeitsbereich des Büros des Sonderermittlers fallen. Zum gegebenen Zeitpunkt können wir nichts weiter zu den Einzelheiten unserer fortlaufenden Ermittlungen sagen, doch wir hoffen, dass wir dem Gericht gegenüber ausreichend deutlich gemacht haben, dass sie breit gefächert und hilfreich waren.

Schließlich, Euer Ehren, möchten wir diesem Gericht gegenüber Folgendes betonen: Eines der Dinge, die wir und das Büro des Sonderermittlers am meisten an Mr. Cohens Hilfe zu würdigen wussten, ist die Tatsache, dass er wertvolle Informationen beigesteuert hat, investigative Informationen, und gleichzeitig sorgsam darauf geachtet und dies entsprechend mitgeteilt hat, was er weiß und was er nicht weiß. Statt also den Wert etwaiger Informationen aufzublähen, die er vorgebracht hat, hat Mr. Cohen sich darum bemüht, uns die Wahrheit zu sagen, was für uns von größtem Wert ist, da wir im Büro des Sonderermittlers festzustellen versuchen, was tatsächlich geschehen ist.

Deshalb möchten wir diesen Punkt dem Gericht gegenüber herausstellen und unterstreichen, was wir in unseren Schriftsätzen hinsichtlich des Werts, der Art, der Zuverlässigkeit und der Glaubwürdigkeit von Mr. Cohens Hilfe ausgeführt haben.

DAS GERICHT: Danke, Ms. Rhee.

MS. RHEE: Danke, Euer Ehren.

DAS GERICHT: Mr. Roos, wünscht die Bundesstaatsanwaltschaft gehört zu werden?

MR. ROOS: Ja, Euer Ehren. Danke.

Euer Ehren, ich möchte dort beginnen, wo Mr. Petrillo geendet hat, und ein paar Worte verlieren über die Informationen, die Mr. Cohen den Vollzugsbehörden gegeben hat, und die entsprechende Anerkennung.

Wir pflichten bei, dass Mr. Cohens Entschluss, dem Büro des Sonderermittlers in Fragen von nationalem Interesse Informationen zukommen zu lassen, Beachtung verdient, und wir verweisen auf die Schilderung des Büros des Sonderermittlers von Mr. Cohens Hilfe für sie und ihre Ermittlungen. Wir stellen keine dieser Einschätzungen infrage, ebenso wenig jene, die die Verteidigung vorgebracht hat.

Doch aus Gründen, die wir in unserem Memorandum zum Strafmaß ausgeführt haben, sollten mildernde Abweichungen für Mr. Cohen bescheiden ausfallen. Die erfolgreiche Hilfe, die Mr. Cohen geleistet hat, bewegte sich im Kontext eines Falls, dessen Bemessungsrichtlinie sich im Rahmen von null bis sechs Monaten bewegt. Sie bewegte sich im Rahmen des Falls des Sonderermittlers.

Hier sieht er sich jedoch drei weiteren Verbrechenskategorien gegenüber, insgesamt acht Anklagepunkte, und war weit davon entfernt, uns bei unseren Ermittlungen behilflich zu sein. Daran ist nichts Geheimnisvolles. Niemand versucht, Mr. Co-

hen dafür abzustrafen, dass er nicht kooperiert hat. Ganz im Gegenteil, es gibt keine Verpflichtung zu kooperieren, doch bei all der Hypothesen-Aufstellerei, die Mr. Petrillo betrieben hat, Mr. Cohen kann nicht beides haben. Es gibt die übliche Vorgehensweise in unserem Haus, wie Kooperationen durchzuführen sind. Euer Ehren sind damit vertraut. Es gibt keinen Grund für uns, von dieser Praxis abzuweichen, ganz gleich, wie bedeutend der Fall ist, welcher Art er ist und ob er öffentliche Aufmerksamkeit erregt oder nicht. Wir haben Mr. Cohen genauso behandelt, wie wir jeden Angeklagten behandeln, der mit dem Büro des Bundesstaatsanwalts zu tun hat.
Mr. Cohen hat entschieden, den Weg einer umfassenden Kooperation nicht einzuschlagen. Er hat bei diesen Ermittlungen den Behörden gegenüber keinerlei substanzielle Hilfe geleistet und hat demnach von unserer Seite keine schriftliche Vereinbarung zur Reduzierung der Haftstrafe nach Paragraf 5K1.1 erhalten. Aus diesen Gründen ist unserer Ansicht nach eine signifikante Abweichung der Art, wie sie die Verteidigung hier wünscht, nicht angezeigt. Das würde ein falsches Signal senden. Es würde das Signal senden, dass ein Angeklagter, der einen abweichenden Weg einschlägt, nämlich eine selektive Kooperation nur in einzelnen Punkten, dieselbe Würdigung erhält, die auch viele andere Angeklagte zu erreichen versuchen, wenn sie sich den Behörden völlig offenbaren.
Ich möchte zwei Punkte erwähnen, zwei der Faktoren aus Paragraf 3553(a), die nach Ansicht der Staatsanwaltschaft hier von großer Bedeutung sind und die tatsächlich auf das abzielen, was Mr. Petrillo über die Art und Schwere dieser Vergehen gesagt hat.
Erstens, der Angeklagte bekannte sich vierer Verbrechen schuldig, Euer Ehren, und Mr. Petrillo steckte Bereiche ab, innerhalb derer gewisse Verbrechen ihrer Ansicht nach als nicht so schwer einzustufen sind, doch er bekannte sich vierer Verbrechen schuldig, und Euer Ehren verurteilt Mr. Cohen nicht nur wegen vier verschiedener Straftaten, sondern für vier unterschiedliche Verbrechen. Jede einzelne dieser Straftaten wiegt an sich schon schwer. Jede einzelne fordert an sich

schon eine Verurteilung. Jeder einzelne Fall hat erkennbaren Schaden angerichtet, was sich in der Kombination erschwerend auswirkt. Gemeinsam zeichnen die Anklagen ein Muster aus Täuschung, Schamlosigkeit und Gier, das sich in zahlreichen Aspekten im Berufsleben von Mr. Cohen zeigt.
Besonders schwer sind Mr. Cohens Vergehen in Zusammenhang mit der Präsidentschaftswahl wegen der ungeheuren gesellschaftlichen Kosten, die mit Straftaten im Rahmen der Wahlkampffinanzierung und den Lügen vor dem Kongress einhergehen. Mr. Cohen hat diese Täuschungsmanöver begangen, um den Wahlkampf vor Anschuldigungen von Unregelmäßigkeiten zu schützen, und er hat, wie er selbst zugegeben hat, die Verstöße bei der Wahlkampffinanzierung begangen, um die Wahl zu beeinflussen.
Er hat zudem der Steuerbehörde ziemlich unverfroren mehrere Millionen Dollar an Einkommen gestohlen. Die Vorgehensweise in diesem Fall beschreibt der Verteidiger so, dass es tatsächlich kaum mehr als eine Zivilsache ist. Aber das ist nicht der Fall, Euer Ehren. Diese Steuervergehen erstreckten sich über einen Zeitraum von mindestens fünf Jahren. Es geht darin um Millionen von Dollar an Einkommen, die der Steuerbehörde vorsätzlich nicht gemeldet wurden. Hier geht es nicht um veranlagte Steuern, die nicht entrichtet wurden. Hier geht es um etwas ganz anderes. Es war vorsätzlich, es war absichtlich, und das spiegelt sich im Schuldeingeständnis des Angeklagten wider.
Zusammen betrachtet, rühren diese Verbrechen an den Kern unserer Demokratie: eine vom Volk finanzierte Regierung, freie und transparent gestaltete Wahlen. Mit seinen Verbrechen hat Mr. Cohen das Vertrauen in das Wahlverfahren erschüttert und die Rechtsstaatlichkeit gefährdet. Zwar bittet er für das, was er für die Republik zu tun behauptet, um Milde, doch könnte man für die Art, wie er sie unterminiert hat, das Gegenteil fordern. All diese Fakten, Euer Ehren, sprechen für eine hohe Freiheitsstrafe.
Der zweite Grund, warum hier eine hohe Freiheitsstrafe angezeigt ist, besteht in der abschreckenden Wirkung. Bei Mr.

Cohen hätte schon seine Ausbildung und Erfahrung als Anwalt Abschreckung genug sein müssen, um solche Verbrechen zu begehen. Stattdessen hat er seine juristische Zulassung zur Beförderung seiner Verbrechen eingesetzt, ein entscheidender Punkt, der beim Strafmaß berücksichtigt werden sollte. Ein hohes Strafmaß würde bei diesem Angeklagten abschreckend wirken vor künftigen Vergehen.

Vor allem aber, Euer Ehren, würde eine beträchtliche Strafe als allgemeine Abschreckung vor zukünftige Vergehen durch Personen wie Mr. Cohen dienen. Dies ist vor allem im Hinblick auf die Steuerhinterziehungen und die Verstöße bei der Wahlkampffinanzierung wichtig, Verbrechen, die schwierig aufzudecken sind und häufig über private, vor der Öffentlichkeit verborgene Transaktionen abgewickelt werden. Das ist nicht Mr. Cohen gegenüber unfair. Es ist der Öffentlichkeit gegenüber unfair. Vor allem angesichts des öffentlichen Interesses an diesem Fall ist eine aussagekräftige Freiheitsstrafe angemessen, eine, die ein Signal aussendet, ein angemessenes Signal über die Schwere dieser Verbrechen. In diesem Fall muss das Signal gesendet werden, dass selbst mächtige und privilegierte Personen die Gesetze nicht einfach ungestraft brechen können.

Wenn das Gericht keine weiteren Fragen an die Staatsanwaltschaft hat, bleiben wir bei unserem Schriftsatz.

DAS GERICHT: Danke, Mr. Roos.

MR. PETRILLO: Nur zur Klarstellung, wenn ich darf, Euer Ehren.

DAS GERICHT: Ja. Legen Sie los, Mr. Petrillo.

MR. PETRILLO: Ich möchte nur klarstellen, weil ich mir nicht sicher bin, ob Mr. Roos bestätigt oder nicht bestätigt hat, dass die Staatsanwaltschaft, also Southern District, in einem Brief vom 29. November, übertitelt mit der Aktennummer dieses Falls, soll heißen, das erste Geständnis vor Euer Ehren, beipflichtet, dass die Bereitstellung von Informationen durch den Angeklagten an den Sonderermittler ein Faktor ist, der vom Gericht berücksichtigt werden sollte, und zwar nach Title 18 U.S. Code, Abschnitt 3553(a) im ersten Fall, nicht nur im zweiten Fall. Ich bin mir nicht sicher, ob ich recht verstanden habe, dass Mr.

Roos zwischen den beiden Fällen unterschieden hat. Ich mag mich verhört haben, aber ich möchte das nur klarstellen.

MR. ROOS: Euer Ehren, wenn ich darf?

DAS GERICHT: Sie dürfen.

MR. ROOS: Ich glaube, das war der erste Punkt, den ich angesprochen hatte, doch um jegliches Missverständnis auszuräumen, es ist die Ansicht der Staatsanwaltschaft, dass der Angeklagte Informationen zur Verfügung gestellt hat, die dem Büro des Sonderermittlers dienlich waren. Das bestreiten wir nicht. Das ist auch der Grund, warum die Staatsanwaltschaft in diesem Fall eine geringe Strafmilderung wünscht und empfiehlt und nicht eine Verurteilung gemäß des empfohlenen Strafrahmens laut Bemessungsrichtlinie vorschlägt. Ich nehme also an, die Antwort auf Mr. Petrillos Frage lautet Ja.

DAS GERICHT: Gut. Danke.

Mr. Petrillo, möchte sich Ihr Mandant vor dem Gericht äußern, bevor das Urteil verkündet wird?

MR. PETRILLO: Das möchte er, Euer Ehren, und er hat mich gebeten zu klären, weil er vernommen hat – und womöglich habe ich mich ebenfalls verhört, dass – die Höhe der Rückforderung in diesem Fall; also, die ungefähre Höhe der Summe, die der Steuerbehörde geschuldet ist, beträgt 1,393 Millionen Dollar, und er meint sich zu erinnern, das Gericht habe gesagt, dass die Bemessungsrichtlinie dort ansetzt, weil die Verlustsumme unter anderthalb Millionen Dollar liegt. Er wollte nur sicherstellen, dass dieser Punkt dokumentiert wird. Das ändert nichts an unserer Haltung zum Bemessungsspielraum, und ich vermerke das nur für die Unterlagen.

Und Mr. Cohen möchte gehört werden, Euer Ehren.

DAS GERICHT: Schön. Ich höre jetzt Mr. Cohen.

DER ANGEKLAGTE: Euer Ehren, soll ich hier stehen oder aufs Podium kommen?

DAS GERICHT: Ich denke, es wäre am besten, wenn Sie aufs Podium kommen.

DER ANGEKLAGTE: Danke, Euer Ehren.

Ich stehe in aller Demut vor Euer Ehren und bin mir schmerzlich bewusst, dass wir hier aus einem einzigen Grund sind:

Wegen meiner Taten, für die ich mich am 21. August und erneut am 29. November für schuldig erklärt habe.
Ich übernehme die volle Verantwortung für jede Tat, die ich begangen habe, meine persönlichen Taten ebenso wie jene, die den Präsidenten der Vereinigten Staaten betreffen. Viktor Frankl schrieb in seinem Buch *… trotzdem Ja zum Leben sagen**: »… dass man dem Menschen alles nehmen kann, nur nicht: die letzte menschliche Freiheit, sich zu den gegebenen Verhältnissen so oder so einzustellen«.
Euer Ehren, es mag schwer zu glauben sein, doch heute ist einer der bedeutungsvollsten Tage meines Lebens. Die Ironie dabei ist, heute ist der Tag, an dem ich meine Freiheit zurückerhalte, während Sie dort an der Richterbank sitzen und über mein Schicksal nachdenken.
Seit jenem schicksalhaften Tag, als ich das Angebot annahm, für einen berühmten Immobilienmogul zu arbeiten, dessen Geschäftssinn ich wahrhaft bewunderte, habe ich in persönlicher und mentaler Gefangenschaft gelebt. Heute weiß ich, dass an ihm tatsächlich wenig zu bewundern ist. Ich möchte etwas klarstellen. Ich gebe mir selbst die Schuld für das Verhalten, das mich heute hierhergeführt hat, und es war meine eigene Schwäche und eine blinde Loyalität gegenüber diesem Mann, die mich dazu verleitet hat, einen Weg der Dunkelheit statt den des Lichts einzuschlagen. Aus diesen Gründen entschied ich, an den Handlungen des Präsidenten teilzunehmen, statt auf meine innere Stimme zu hören, die mich davor hätte warnen sollen, dass die Verstöße bei der Wahlkampffinanzierung, derer ich mich später schuldig bekannt habe, heimtückisch waren.
Kürzlich nannte mich der Präsident in einem Tweet schwach, und er hatte recht, wenn auch aus einem ganz anderen Grund als dem, worauf er anspielte. Ich war schwach, weil ich immer

* Viktor E. Frankl: »… trotzdem Ja zum Leben sagen. Ein Psychologe erlebt das Konzentrationslager.« dtv 30050, 1982, Seite 108. Cohen zitiert aus der englischsprachigen Ausgabe mit dem Titel »Man's Search for Meaning«. (Anm. d. Ü.)

wieder für meine Pflicht gehalten habe, seine schmutzigen Machenschaften zu vertuschen, statt auf meine eigene innere Stimme und meinen moralischen Kompass zu hören. Man könnte meine Schwäche auch blinde Loyalität Donald Trump gegenüber nennen; ich war schwach, weil ich nicht die Stärke besaß, zu hinterfragen und seine Forderungen abzulehnen. Ich habe bereits Jahre in persönlicher und mentaler Gefangenschaft verbracht, und ganz gleich, was heute entschieden wird, diesen Fehler einzugestehen wird mich frei machen, wieder der Mensch zu werden, der ich in Wirklichkeit bin.

Euer Ehren, ich liebe meine Familie mehr als alles andere auf der Welt: meinen Vater, der heute hier ist, meine Mutter, meine Schwiegereltern, Geschwister, die Liebe meine Lebens, meine Frau Laura, mein ganzer Stolz und meine Freude, meine Tochter Samantha und meinen Sohn Jake. Keine Strafe kann das Leid aufwiegen, mit dem ich Tag für Tag leben muss: zu wissen, dass meine Taten unverdienten Schmerz, unverdiente Schande über meine Familie gebracht haben. Ich verdiene diesen Schmerz. Sie nicht.

Ich stehe außerdem hier vor meinen Kindern, damit sie sehen, dass ihr Vater Verantwortung für seine Fehler übernimmt, Fehler, wegen der sie auf beschämende Weise ins Rampenlicht gezogen wurden, was sie nicht verdient haben, und das bricht mir das Herz. Die größte Strafe für mich ist der unerträgliche Schmerz, den meine Taten und meine Verbindungen meiner ganzen Familie zugefügt haben. Meine Mutter, mein Vater, so etwas im hohen Alter noch erleben zu müssen, haben sie nicht verdient, noch dazu, da sie uns allen gegenüber in unserer Kindheit den Unterschied zwischen Richtig und Falsch immer wieder betont haben. Es tut mir leid.

Während dieses Prozesses habe ich daran geglaubt, dass es nur zwei Dinge gibt, die den Schmerz für meine Familie lindern könnten: meine Schuld eingestehen und dieses Verfahren voranzutreiben. Das ist der Grund, warum ich keine Kooperationsvereinbarung getroffen habe. Ich habe mich entschieden, verurteilt zu werden, ohne um Aufschub zu bitten. In zahllosen Stunden in Sitzungen mit Staatsanwälten habe ich Informationen weitergegeben, die als substanziell, bedeutsam und glaubwürdig zitiert wurden. Ich habe mich für diesen ungewöhnlichen Weg entschieden, denn je schneller ich verurteilt werde, umso früher kann ich zu meiner Familie zurückkehren, der Vater sein, der ich sein möchte, der Gatte, der ich sein möchte, und ein nützliches Mitglied der Gesellschaft. Ich benötige keine Vereinbarung, um in der Lage zu sein, das Richtige zu tun. Und ich werde weiterhin mit den staatlichen Behörden zusammenarbeiten und so viele Informationen bieten, wie ich wahrheitsgemäß habe.

Ich stehe zu meiner Aussage, die ich George Stephanopoulos gegenüber gemacht habe, dass meiner Frau, meiner Tochter, meinem Sohn meine größte Loyalität gilt und immer gelten wird. Familie und Land zuerst. Meine Abkehr als treuer Soldat des Präsidenten verlangt einen sehr hohen Preis.

Seit Monaten schon macht sich der Präsident der Vereinigten Staaten, einer der mächtigsten Männer der Welt, öffentlich über mich lustig, beschimpft mich als dreckigen Verräter und Lügner und pocht darauf, dass das Gericht mich zur absoluten Höchststrafe verurteilt. Das ist nicht nur höchst unangemessen; es erweckt auch den falschen Eindruck, der Präsident könnte den Ausgang von Gerichtsverfahren beeinflussen, in die er selbst verwickelt ist. Obwohl ich seit fast zwei Jahren von der Presse denunziert und mit Rufmorden überschüttet werde, stehe ich heute noch immer, und ich bin entschlossen, meine Integrität zu beweisen und dafür zu sorgen, dass die Geschichte mich nicht als den Bösewicht in dieser Sache in Erinnerung behält. Heute weiß ich, dass ich von nun an mein Handeln gut abwägen muss, nur mit ehrenwerten Absichten, weil ich weiteren Fehlern in meinem Leben keinen Raum mehr lassen möchte.

Und so flehe ich Euer Ehren an, den Weg, den ich nun eingeschlagen habe, bei der heutigen Urteilsfindung zu berücksichtigen. Und ich möchte mich bei meiner ganzen Familie dafür entschuldigen, was sie meiner Taten wegen erdulden musste. Meine Familie hat daheim und in der Welt draußen ungeheuer gelitten. Ich weiß, dass ich sie alle enttäuscht habe; es wird meine Lebensaufgabe sein, das wiedergutzumachen und der bestmögliche Mensch zu werden, zu dem ich imstande bin.

Vor allen Dingen möchte ich mich bei den Bürgern der Vereinigten Staaten entschuldigen. Sie verdienen es, die Wahrheit zu erfahren; sie zu belügen war unrecht. Ich möchte mich bei Ihnen, Euer Ehren, für all die Zeit bedanken, die Sie in diese Angelegenheit gesteckt haben, und für die Überlegungen, die Sie über meine Zukunft angestellt haben.

Ich möchte noch einmal meiner Familie danken, meinen Freunden, vielen, die heute hier sind, mir zur Seite stehen, vor allem auch all den Menschen, die in meinem Namen Briefe geschrieben haben. Außerdem möchte ich den Zehntausenden Fremden danken, die, obwohl sie mich nicht kennen, mich nicht persönlich kennen, freundliche und mitfühlende Briefe geschrieben haben und Unterstützung angeboten und Gebete geschickt haben. Und ich danke Ihnen, Euer Ehren, es tut mir ehrlich leid, und ich verspreche, mich zu bessern.

DAS GERICHT: Sie dürfen sich setzen, Mr. Cohen.

DER ANGEKLAGTE: Danke.

DAS GERICHT: Michael Cohen, der Angeklagte, steht vor diesem Gericht und hat sich in fünf Fällen von Steuerhinterziehung, einem Fall von Falschangaben gegenüber einem Bankinstitut, einem Fall von rechtswidrigen Firmenzuwendungen und einem Fall von überhöhten Wahlkampfspenden in der Strafsache Aktenzeichen 18 CR 602 und einem Fall von Falschaussage vor dem Kongress, Aktenzeichen 18 CR 850, schuldig bekannt. Jedes dieser Verbrechen gilt in den Vereinigten Staaten als schwerwiegende Straftat.

Ich habe den vor der Verurteilung vorgelegten Ermittlungsbericht geprüft und übernehme die in diesem Bericht aufgeführten Tatsachen als die meinen. Ich werde veranlassen, dass der Bericht in jedem dieser Fälle als Teil der Unterlagen klassifiziert und versiegelt zu den Akten genommen wird. Ich habe ebenfalls alle Memoranden gelesen, die von den Anwälten der Parteien eingereicht wurden, ebenso die Briefe, die im Namen von Mr. Cohen vorgelegt wurden.

Ich habe zuvor mit Ihnen allen den Rahmen für das empfohlene Strafmaß geprüft. An dieser Stelle möge der Hinweis genügen, dass im Hinblick auf den ersten Fall das empfohlene Strafmaß zwischen 51 und 63 Monaten Haft liegt und im zweiten Fall bei null bis sechs Monaten Haft. Natürlich stellen die Bemessungsrichtlinien nur den Ausgangspunkt und eine erste Orientierung dar.

Wenden wir uns den Faktoren aus Paragraf 3553(a) zu, dann lautet die Frage für dieses Gericht, wie eine angemessene und gerechte Strafe für diese Verbrechen und den Angeklagten lautet. Mr. Cohen bekannte sich eines regelrechten Sammelsuriums an betrügerischen Taten schuldig: vorsätzliche Steuerhinterziehung, Falschangaben gegenüber einer Finanzeinrichtung, illegale Wahlkampfspenden und Falschaussage vor dem Kongress. Jedes dieser Verbrechen erforderte arglistige Täuschung, und sie alle scheinen von persönlicher Gier und Ehrgeiz getrieben.

Sein extensives kriminelles Verhalten hat auch breitere öffentliche Konsequenzen. Mr. Cohen hinterzog in den Fiskaljahren 2012 bis 2016 über 1,3 Millionen Dollar Einkommensteuer. Er hat es vorsätzlich versäumt, 4 Millionen Dollar anzugeben, die er über zahlreiche Einkommensquellen verdient hat, von der Verpachtung von Taxilizenzen bis hin zu Beratungshonoraren und Maklerprovisionen. Wie Richter Oliver Wendell Holmes schon sagte: »Steuern sind der Preis, den wir für eine zivilisierte Gesellschaft zahlen.«

Mr. Cohen machte zudem eine Reihe von Falschangaben gegenüber Finanzinstituten hinsichtlich seiner Verbindlichkeiten und monatlichen Ausgaben, um so ein Darlehen von 500 000 Dollar bewilligt zu bekommen.

Des Weiteren beging Mr. Cohen zwei Finanzverbrechen im Vorfeld der Präsidentschaftswahlen von 2016, mit der Absicht, das Ergebnis jener Wahlen zu beeinflussen. Er leistete oder ermöglichte Zahlungen, um zwei Frauen zum Schweigen zu bringen, die damit drohten, mit Einzelheiten zu angeblichen außerehelichen Affären an die Öffentlichkeit zu gehen, und Mr. Cohen gab zu, dass er dies in Übereinstimmung mit und auf Anweisung von Individuum Eins getan hat.

Schließlich gab Mr. Cohen in einem separaten Ermittlungsverfahren des Büros des Sonderermittlers zu, dass er bei der Untersuchung zur Frage einer möglichen Einmischung der Russischen Regierung in den Präsidentschaftswahlkampf 2016 vor Kongresskomitees falsche Aussagen über ein geplantes Bauvorhaben in Moskau gemacht habe. Jedes einzelne dieser Verbrechen verlangt für sich gesehen eine schwere Bestrafung. Die finanziellen Schäden sind leicht zu bestimmen. Durch Mr. Cohens Steuerdelikte wurde die Bundesregierung um 1 393 858 Dollar betrogen. Seine Täuschung brachte eine Bank dazu, ihm unrechtmäßig ein Darlehen über 500 000 Dollar zu gewähren. Und selbst seine Wahlkampffinanzierungsdelikte könnten nach der Höhe der unrechtmäßigen Zuwendungen bemessen werden: Die 150 000 Dollar Schweigegeld, die er organisierte, und die 130 000 Dollar Schweigegeld, die er aus seinem Darlehen über eine Scheinfirma auszahlte.

Zwar handelt es sich um eine Erstverurteilung, doch verlangen Größe, Umfang und Dauer dieses kriminellen Verhaltens eine besondere Abschreckung. Steuerbetrugs- und Wahlkampfspendenanklagen sind selten, doch anders als durchschnittliche Steuerhinterziehungen oder Wahlkampfspendenvergehen, haben Mr. Cohens Verbrechen einen erheblich heimtückischeren Schaden an unseren demokratischen Einrichtungen zur Folge, vor allem im Hinblick auf sein folgendes Geständnis, vor dem Kongress Falschaussagen gemacht zu haben. In diesem Fall ist deshalb die Notwendigkeit einer Abschreckung umso größer.

Mr. Cohen hatte eine angenehme Kindheit und genoss sämtliche Privilegien einer Kindheit und Jugend in einem eng zusammengewachsenen Oberschichtvorort auf Long Island. Seine Geschwister und er hatten liebende Eltern, die hart dafür arbeiteten, ihren Kindern alles bieten zu können. Er schloss das Jurastudium ab und praktizierte in einer Reihe von Kanzleien, bis ihn die Trump-Organisation 2007 als Anwalt anheuerte. Danach drehte sich sein gesamtes Berufsleben offenbar um die Trump-Organisation. Er profitierte vom Zugang zu den Reichen und Mächtigen und wurde selbst einer von ihnen.

Die zu seinen Gunsten eingereichten Briefe zeigen einen Mann, der sich seiner Familie verschrieben hat und, großzügig mit Zeit und Geld, Menschen aus seinem direkten Umfeld unterstützt. Eine Reihe von Personen haben mir geschrieben und erklärt, dass Mr. Cohen ihnen zu Hilfe gekommen sei, ohne etwas dafür zu erwarten. Natürlich ist diese Art von Großzügigkeit lobenswert. Doch irgendwo auf dem Weg scheint Mr. Cohen seinen moralischen Kompass verloren zu haben und bemühte sich stattdessen darum, seinen neu gewonnenen Einfluss zu Geld zu machen. Dieser Weg hat ihn leider heute hier in diesen Gerichtssaal geführt.

Zwar ist Mr. Cohen keine formelle Kooperationsvereinbarung mit dem Büro der Bundesstaatsanwaltschaft eingegangen, doch hat er sich bei einer Reihe von Gelegenheiten mit Staatsanwälten getroffen. Das Büro des Sonderermittlers merkt an, dass er freiwillig Informationen »zu seinem eigenen Verhalten und dem anderer Personen in Kernfragen der Ermittlungen« des Sonderermittlers geliefert hat und dass diese Informationen »relevant und nützlich« seien. Des Weiteren bittet der Sonderermittler dringend darum, dass jedes Urteil in Verbindung mit Aktenzeichen 18 CR 850 gleichzeitig zum Urteil in dem früheren Fall zu verbüßen ist.

Zwar räumt das Büro der Bundesstaatsanwaltschaft ein, dass Mr. Cohens Zutun im Büro des Sonderermittlers »bedeutsam« sei und eine bescheidene Abweichung vom Bemessungsrahmen verdiene, doch bringt es vor, dass diese Abweichung nicht an die Art von Anerkennung herankommen solle, die in diesem Gerichtsbezirk normalerweise kooperierenden Zeugen zuteilwird.

Allerdings sollte Kooperation selbst dann, wenn sie nicht Ergebnis einer formellen Vereinbarung ist, unterstützt werden, wenn Informationen bereitgestellt werden, die die Ermittlungen befördern. Unser Justizsystem wäre weniger robust ohne die Berücksichtigung von kooperierenden Zeugen, die der Strafverfolgung assistieren.

Auf Grundlage der Eingaben der Parteien, pflichtet das Gericht bei, dass Mr. Cohens Zutun im Büro des Sonderermittlers Beachtung verdient. Zwar verpflichtet sich Mr. Cohen, dem Büro des Sonderermittlers auch bei weiteren Ermittlungen zu helfen, doch ist dies ein Punkt, den das Gericht zum jetzigen Zeitpunkt nicht berücksichtigen kann.

Es ist an dieser Stelle dringend erforderlich, dass das Strafmaß die Schwere der Taten widerspiegelt und den Respekt vor dem Gesetz untermauert. Als Anwalt hätte Mr. Cohen es besser wissen müssen. Steuerhinterziehungen untergraben die Fähigkeit des Staates, grundlegende Leistungen zu erbringen, von denen wir alle abhängen. Falsche Angaben bei Finanzinstituten schwächen die Integrität unseres Finanzsystems. Verstöße gegen das Wahlkampfspendengesetz gefährden gerechte Wahlen, und Falschaussagen vor dem Kongress beeinträchtigen den Wahrheitsfindungsprozess in Fragen von nationaler Bedeutung.

Zwar hat Mr. Cohen Schritte unternommen, sein kriminelles Verhalten zu entschärfen, indem er sich schuldig bekannt und der Staatsanwaltschaft freiwillig nützliche Informationen gegeben hat, doch macht das noch nicht reinen Tisch. Mr. Cohen wählte die Informationen sorgfältig aus, die er dem Staat weitergab. Dieses Gericht kann der Beteuerung des Angeklagten nicht zustimmen, dass eine Haftstrafe nicht angezeigt sei. Tatsächlich ist dieses Gericht der festen Überzeugung, dass eine erhebliche Haftstrafe in diesem umfassend publizierten Fall vollumfänglich berechtigt ist, zur Abschreckung für alle, die darüber nachdenken, Steuern zu hinterziehen, Gesetzen der Wahlkampffinanzierung zuwiderzuhandeln oder Banken oder dem Kongress gegenüber zu lügen. Unsere demokratischen Institutionen sind auf die Ehrlichkeit ihrer Bürger im Umgang mit dem Staat angewiesen. Vor diesem Hintergrund bin ich bereit, das Urteil über den Angeklagten zu sprechen.

Mr. Cohen, ich bitte Sie, sich zu erheben.

Mr. Cohen, Sir, mein Urteil lautet, dass Sie nach Aktenzeichen 18 CR 602 in jedem einzelnen Fall zu einer Freiheitsstrafe von 36 Monaten verurteilt werden, gefolgt von einer dreijährigen Bewährungsstrafe unter Auflagen, gleichzeitig zu verbüßen mit der Strafe, die ich in Kürze zum Aktenzeichen 18 CR 850 verhängen werde. Ich verordne die üblichen Bedingungen einer Bewährungsstrafe unter Auflagen, ergänzt durch folgende Bedingung: Sie gewähren der Bewährungsabteilung Zugang zu allen gewünschten finanziellen Informationen.

Des Weiteren ordne ich in diesem Fall die Einziehung in Höhe von 500 000 Dollar an, und ich werde eine Anordnung erlassen auf Rückzahlung der Summe von 1 393 858 Dollar. Darüber hinaus erlege ich eine Geldstrafe von 50 000 Dollar auf, zuzüglich der vorgeschriebenen Sonderveranlagung von 800 Dollar.

Im Hinblick auf Aktenzeichen 18 CR 850 verurteile ich Sie zu zwei Monaten Haft, gleichzeitig zu verbüßen mit der Freiheitsstrafe nach Aktenzeichen 18 CR 602, gefolgt von drei Jahren Bewährung, ebenfalls gleichzeitig mit der Dauer nach Aktenzeichen 18 CR 602, gemäß den üblichen Auflagen einer Bewährungsstrafe.

Im Fall Aktenzeichen 18 CR 850 verhänge ich des Weiteren zur Berücksichtigung der Schwere des Schadens, der hinsichtlich der nationalen Bedeutung durch die Lügen vor dem Kongress entstanden ist, eine Geldstrafe von 50 000 Dollar. Auch hier verhänge ich die vorgeschriebene Sonderveranlagung von 100 Dollar.

Nur um das klarzustellen, die Haftstrafe im ersten Fall wird in allen Punkten zeitgleich abgeleistet.

Damit, Mr. Cohen, ist das Urteil des Gerichts gesprochen. Ich kläre Sie darüber auf, dass Sie das Recht auf Berufung haben, sofern Sie nicht schon zuvor auf das Recht zur Berufung verzichtet haben. Ich kläre Sie des Weiteren darüber auf, dass Ihnen kostenfrei ein Rechtsbeistand gestellt wird, falls Sie sich keinen leisten können. Mr. Petrillo hat ausgezeichnete Arbeit geleistet, Sie durch diese Angelegenheit zu begleiten und die Einlassungen zur Strafbemessung vor das Gericht zu bringen. Ich bin zuversichtlich, dass Ms. Lester und er Sie weiter über Ihre Berufungsrechte beraten werden. Sie dürfen sich setzen, Sir.

Gibt es zu diesem Zeitpunkt noch weitere Anträge?

MR. ROOS: Nicht von Staatsseite, Euer Ehren.

DAS GERICHT: Ms. Rhee.

MS. RHEE: Euer Ehren, das Büro des Sonderermittlers möchte gern bestätigt wissen, dass es sich um eine separate Geldstrafe von 50 000 Dollar handelt.

DAS GERICHT: Ja.

MS. RHEE: Nicht zusammenfallend.

DAS GERICHT: Nein, es handelt sich um eine separate Geldstrafe. Es ist ein separater Schaden, und die Bemessungsrichtlinie umfasst meiner Ansicht nach nicht die Schwere des Vergehens, vor dem Kongress falsche Aussagen zu machen.

MS. RHEE: Vielen Dank für die Klarstellung.

DAS GERICHT: Mr. Petrillo.

MR. PETRILLO: Euer Ehren, würden Sie, würde das Gericht einen freiwilligen Haftantritt des Angeklagten in Erwägung ziehen und als Haftanstalt womöglich Otisville empfehlen?

DAS GERICHT: Ich werde diese Empfehlung geben und ich werde in diesem Fall einen freiwilligen Haftantritt der Freiheitsstrafe zulassen. Welches Datum streben Sie an?

MR. PETRILLO: Ich habe noch kein festes Datum im Auge, aber nach bisherigen Erfahrungen dauert es etwa zehn bis zwölf Wochen, bis die Gefängnisverwaltung – –

DAS GERICHT: Richtig. Wäre der 6. März in Ordnung? Und sollten Sie aus irgendeinem Grund nicht von einer festgelegten Haftanstalt benachrichtigt werden, schreiben Sie mir bitte eine kurze Notiz, und ich werde das Datum des Antritts verschieben.

MR. PETRILLO: Sehr gut.

DAS GERICHT: Fahren Sie fort.

MR. PETRILLO: Ich habe noch einen Punkt für das Protokoll, der keinerlei Richterspruch bedarf, doch wie Sie wissen, obliegt es nach *Vereinigte Staaten* vs. *Ganais* dem Angeklagten, seine Habe nach einer Durchsuchungsaktion zurückzufordern, dies zum Schutz seiner Rechte nach dem Vierten Zusatz zur Verfassung. Und ebenfalls für das Protokoll möchte ich diese Forderung gleich stellen, um in dieser Sache keine Missverständnisse aufkommen zu lassen.

DAS GERICHT: In Ordnung. Ich bin zuversichtlich, dass es

nach Abschluss dieses Verfahrens hier weitere Anweisungen zu diesem Punkt geben wird, und ich erwarte den Empfang eines Antrags.

Dieser Fall ist hiermit abgeschlossen. Einen schönen Nachmittag.

(Ende der Sitzung)

9.
Eröffnungsbeschluss zur Anklage *USA vs. Roger Jason Stone jr.* 24. Januar 2019

Die wohl schillerndste Figur in den Ermittlungen von Robert S. Mueller war Roger Stone, ein Freund von Donald Trump und langjähriger Politfunktionär der Republikaner, der eine Tätowierung von Richard Nixon auf dem Rücken trägt. Stone, der öffentlich auf WikiLeaks jubelte, als die Organisation die während des Wahlkampfs gehackten E-Mails der Demokraten veröffentlichte, hatte schon monatelang gesagt, er würde wohl vom Sonderermittler angeklagt werden. Am 24. Januar 2019 sollte sich diese Vorhersage bewahrheiten.

Früh am nächsten Morgen klopfte ein Team des FBI – bewaffnet und in kugelsicheren Westen – an der Tür von Stones Haus in Florida und nahm ihn in Haft. Der Sonderermittler hatte die sieben Punkte umfassende Anklageschrift gegen den 66-jährigen Politfunktionär genau prüfen lassen, aus der hervorging, dass Stone versucht habe, die Ermittlungen des Kongresses zu der russischen Einmischung in den Wahlkampf zu hintertreiben. Die Anklage lautete auf Falschaussage vor dem Kongress, Behinderung und Beeinflussung von Zeugen.

Stone erklärte sich für nicht schuldig und wollte gegen die Anklage vorgehen.

In der Anklageschrift wurde behauptet, dass Stone versucht habe, die Gesetzeshüter daran zu hindern, seine Bemühungen zu entdecken, Informationen darüber zu erhalten, ob WikiLeaks beabsichtige, die gehackten E-Mails zu veröffentlichen, nachdem öffentlich vermutet worden war, dass der Hackerangriff im Auftrag der russischen Regierung durchgeführt worden sei. Die Anklageschrift verwies dezidiert darauf, dass ein hochrangiger

Vertreter des Trump-Wahlkampfteams »den Auftrag bekommen« hatte, Stone wegen der WikiLeaks-Veröffentlichungen und der möglicherweise schädigenden Informationen zu kontaktieren, die die Gruppe über Hillary Clintons Wahlkampf hatte. Die Ermittler bezeichneten in ihren Schriftstücken WikiLeaks nur als »Organisation 1«. Um wen es sich bei dem hochrangigen Vertreter handelte, war unklar.

»STONE berichtete dem Trump-Wahlkampfteam daraufhin von möglichen weiteren Veröffentlichungen schädigenden Materials durch Organisation 1«, so lautete der Vorwurf der Anklage.

Der Eröffnungsbeschluss zur Anklage beschrieb ausführlich vor allem Stones Kommunikation mit Steve Bannon, dem damaligen Chefstrategen Trumps, der in der Anklage als »hochrangiger Vertreter von Trumps Wahlkampfteam« aufgeführt ist, daneben jene mit zwei von Stones Partnern – Jerome Corsi, einem konservativen Schreiber, der in der Anklageschrift als »Person 1« aufgeführt ist, und Randy Credico, ein New Yorker Komiker und Radiomoderator, der in der Anklageschrift als »Person 2« aufgeführt ist. Stone hatte versucht, über Credico und Corsi an Informationen über WikiLeaks und seinen Gründer Julian Assange zu gelangen, auch wenn er später den Abgeordneten gegenüber unzutreffend sagte, er habe keinerlei Unterlagen darüber.

Corsis Anwälte bestätigten, dass er die Person 1 in der Anklageschrift sei, hielten aber fest, dass »Dr. Corsi [darin] keinerlei Fehlverhalten beschuldigt [wird], was ja auch der Fall ist«. Die Anwälte von Bannon und Credico gaben keinerlei Kommentar dazu ab. Alle drei wurden von Personen identifiziert, die sich mit dem Fall auskennen, und die beschriebenen Kommunikationen, die in der Anklageschrift angegeben werden, decken sich mit ihren öffentlich bekannten Kommunikationen.

Zwar wurde in der Anklageschrift Stone nicht wegen möglicher Verschwörung mit Russland angeklagt, doch die Anschuldigungen deuten darauf hin, dass das Wahlkampfteam gewillt war, nach Nachrichten zu forschen, die von einer ausländischen Macht gehackt worden waren, und diese als politische Waffe einzusetzen. Und sie geben lebhaftes Zeugnis davon, wie Stone sich bemühte, die Arbeit der Ermittler zu behindern. Zum Beispiel wird in der Anklageschrift behauptet, dass Stone im November 2017 Credico geraten hatte zu »mauern«, nachdem das Komitee um seine Aussage bat. Einen Monat später beschwor er eine Figur aus *Der Pate: Teil II* herauf, der während einer Anhörung vor dem Kongress aussagt: »Davon weiß ich gar nichts.«

»Und wenn Sie dem FBI irgendetwas weitergereicht haben, dann sind Sie ein Dummkopf«, sagte Stone der Anklageschrift zufolge zu Credico.

IN THE UNITED STATES DISTRICT COURT
FOR THE DISTRICT OF COLUMBIA

UNITED STATES OF AMERICA	*	CRIMINAL NO.
	*	
v.	*	Grand Jury Original
	*	
ROGER JASON STONE, JR.,	*	18 U.S.C. §§ 1001, 1505, 1512, 2
	*	
Defendant.	*	
	*	
	*	
	*	
	*******	

Case: 1:19-cr-00018
Assigned To : Judge Amy B Jackson
Assign. Date : 01/24/2019
Description: INDICTMENT (B)
Related Case: 18cr215 (ABJ)

INDICTMENT

The Grand Jury for the District of Columbia charges:

Introduction

1. By in or around May 2016, the Democratic National Committee ("DNC") and the Democratic Congressional Campaign Committee ("DCCC") became aware that their computer systems had been compromised by unauthorized intrusions and hired a security company ("Company 1") to identify the extent of the intrusions.

2. On or about June 14, 2016, the DNC—through Company 1—publicly announced that it had been hacked by Russian government actors.

3. From in or around July 2016 through in or around November 2016, an organization ("Organization 1"), which had previously posted documents stolen by others from U.S. persons, entities, and the U.S. government, released tens of thousands of documents stolen from the DNC and the personal email account of the chairman of the U.S. presidential campaign of Hillary Clinton ("Clinton Campaign").

UNITED STATES DISTRICT COURT
FÜR DEN DISTRICT OF COLUMBIA

VEREINIGTE STAATEN VON AMERIKA vs.
ROGER JASON STONE JR.,
Beschuldigter

Straftat Nr. 19-cr-00018-ABJ
Grand Jury Original
18 U.S.C. §§ 1001, 1505, 1512, 2

ERÖFFNUNGSBESCHLUSS ZUR ANKLAGE

Die Grand Jury für den District of Columbia klagt an:

Einleitung

1. Ungefähr im Mai 2016 bemerkten das Demokratische Nationale Komitee (»DNC«) und der Demokratische Wahlkampfausschuss im Kongress (»DCCC«), dass unerlaubt auf ihre Computersysteme zugegriffen worden war, und beauftragten eine Sicherheitsfirma (»Firma 1«) damit, das Ausmaß des Zugriffs zu ermitteln.
2. Am oder um den 14. Juni 2016 erklärte das DNC öffentlich – durch Firma 1 –, dass es von Akteuren aus der russischen Regierung gehackt worden sei.
3. Ungefähr von Juli 2016 bis November 2016 veröffentlichte eine Organisation (»Organisation 1«), die schon zuvor von anderen US-Bürgern, Unternehmen und der Regierung gestohlene Dokumente gepostet hatte, Zehntausende Dokumente, die vom DNC gestohlen worden waren, ebenso wie den privaten E-Mail-Account des Vorsitzenden des Präsidentschaftswahlkomitees von Hillary Clinton (»Clinton-Wahlkampfteam«).

a. Am oder um den 22. Juli 2016 veröffentlichte Organisation 1 Dokumente, die vom DNC gestohlen worden waren.
b. Ungefähr zwischen dem 7. Oktober 2016 und dem 7. November 2016 veröffentlichte Organisation 1 etwa 33 Tranchen an Dokumenten, die aus dem persönlichen E-Mail-Account des Vorsitzenden des Clinton-Wahlkampfteams stammten, insgesamt etwa 50 000 gestohlene Dokumente.

4. ROGER JASON STONE JR. war politischer Berater, der jahrzehntelang in der amerikanischen Politik und in den Wahlkämpfen gearbeitet hatte. STONE gehörte offiziell bis zum August 2015 zum Präsidentschaftswahlkomitee Donald J. Trumps (»Trump-Wahlkampfteam«), zu dem er während des Wahlkampfs 2016 regelmäßige Kontakte unterhielt und ihn öffentlich unterstützte.
5. Im Sommer 2016 sprach STONE mit hochrangigen Vertretern des Trump-Wahlkampfteams über Organisation 1 und Informationen, die diese hätte, um dem Clinton-Wahlkampf zu schaden. STONE wurde von hochrangigen Vertretern des Trump-Wahlkampfteams kontaktiert, um herauszufinden, ob es auch in Zukunft Veröffentlichungen durch Organisation 1 geben würde.
6. Ungefähr Anfang August 2016 behauptete STONE öffentlich und privat, er habe mit Organisation 1 kommuniziert. Ungefähr Mitte August 2016 leugnete Organisation 1 öffentlich, je in direktem Kontakt zu STONE gestanden zu haben. Danach erklärte STONE, dass seine Kommunikation mit Organisation 1 über eine Person gelaufen sei, die STONE als »gemeinsamen Freund«, »Mittelsmann« und »Vermittler« bezeichnete. STONE kommunizierte weiterhin mit Mitgliedern des Trump-Wahlkampfteams über Organisation 1 und deren beabsichtigten Veröffentlichungen.
7. Nach den Präsidentschaftswahlen 2016 eröffneten der Permanente Geheimdienstausschuss des Repräsentantenhauses (»HSPCI«), der Geheimdienstausschuss des Senats (»SSCI«) und die Bundesermittlungsbehörde (»FBI«) jeweils Ermitt-

lungen zu einer russischen Einmischung in die Präsidentschaftswahlen von 2016 oder kündigten solche Ermittlungen an, darunter auch zu STONES Behauptungen, Kontakt zu Organisation 1 zu haben.

8. Als Reaktion darauf unternahm STONE Schritte, um diese Ermittlungen zu behindern. Dazu gehörte unter anderem, dass STONE:
   a. Zahlreiche Falschaussagen dem HSPCI gegenüber machte, was seine Kontakte zu Organisation 1 betraf, und wahrheitswidrig leugnete, Unterlagen zu besitzen, aus denen hervorging, dass es diese Kontakte gegeben hatte, und
   b. Versuchte, einen Zeugen zu überreden, wahrheitswidrig auszusagen und den Ermittlungen sachdienliche Informationen vorzuenthalten.

Weitere einschlägige Personen

9. Person 1 war ein politischer Berichterstatter, der während des Präsidentschaftswahlkampfes von 2016 bei einer Online-Publikation arbeitete. Person 1 sprach während des Wahlkampfs regelmäßig mit STONE, unter anderem auch über die Freigabe gestohlener Dokumente durch Organisation 1.
10. Person 2 war ein Radiomoderator, der STONE seit über einem Jahrzehnt kannte. Bei seiner Aussage vor dem HPSCI am oder um den 26. September 2017 beschrieb STONE Person 2 (ohne einen Namen zu nennen) als »Mittelsmann«, »Vermittler« und »Freund« des führenden Kopfs von Organisation 1. In einem darauf folgenden Brief an HPSCI gab STONE den Namen von Person 2 an und behauptete, Person 2 sei »der Herr, der Stone bestätigte«, dass der führende Kopf der Organisation 1 »E-Mails in Bezug auf Hillary Clinton hat, die vor der Veröffentlichung stehen«.

Hintergrund
STONES Mitteilungen über Organisation 1 während des Wahlkampfs

11. Ungefähr im Juni und Juli 2016 informierte STONE hochrangige Vertreter des Trump-Wahlkampfteams darüber, dass er Informationen darüber besäße, Organisation 1 verfüge über Dokumente, deren Veröffentlichung den Clinton-Wahlkampf beschädigen würde. Der führende Kopf der Organisation 1 befand sich während der ganzen Zeit in der Botschaft Ecuadors in London, Großbritannien.
12. Nach der Veröffentlichung gestohlener DNC-E-Mails durch Organisation 1 am 22. Juli 2016, wurde ein hochrangiger Vertreter des Trump-Wahlkampfteams gebeten, STONE zu kontaktieren, nach weiteren Veröffentlichungen zu fragen und welche sonstigen schädigenden Informationen Organisation 1 in Bezug auf den Clinton-Wahlkampf besäße. STONE berichtete dem Trump-Wahlkampfteam daraufhin von möglichen weiteren Veröffentlichungen schädigenden Materials durch Organisation 1.
13. Stone korrespondierte ebenfalls mit Verbündeten darüber, Organisation 1 zu kontaktieren, um weiteres Material zu erhalten, das den Clinton-Wahlkampf schädigen sollte.
    a. Am oder um den 25. Juli 2016 schickte STONE eine E-Mail an Person 1 mit dem Betreff: »Geh zu [dem führenden Kopf von Organisation 1].« Der Text lautete: »Geh zu [dem führenden Kopf von Organisation 1] in der Botschaft Ecuadors in London und besorge die ausstehenden E-Mails [der Organisation 1] … angeblich geht es um die Stiftung.« Am selben Tag leitete Person 1 STONES E-Mail an einen Verbündeten weiter, der in Großbritannien lebte und Trumps Wahlkampf unterstützte.
    b. Am oder um den 31. Juli 2016 schrieb STONE eine E-Mail an Person 1 mit dem Betreff: »Ruf mich MON an.« In der E-Mail stand unter anderem, dass der Verbindungsmann von Person 1 in Großbritannien »[den führenden Kopf von Organisation 1] aufsuchen soll.«

c. Am oder um den 2. August 2016 schrieb Person 1 eine E-Mail an STONE. Person 1 schrieb, dass er im Augenblick in Europa sei und vorhabe, gegen Mitte August zurückzukehren. Person 1 schrieb unter anderem: »Es heißt, Freund in Botschaft plant 2 weitere Datenausgaben. Die erste kurz nach meiner Rückkehr. 2. im Oktober. Voraussichtliche Wirkung sehr schädigend.« Der Ausdruck »Freund in der Botschaft« bezieht sich auf den führenden Kopf der Organisation 1. Person 1 fügte in derselben E-Mail an: »Zeit, mehr als nur [den Vorsitzenden des Clinton-Wahlkampfteams] als im Bett mit dem Feind bloßzustellen, wenn sie nicht bereit sind, HRC fallen zu lassen. Sieht so aus, als seien die Spielehacker an der Arbeit. Würde nicht schaden anzudeuten, HRC alt, schlechtes Gedächtnis, hat Schlaganfall – weder ihm noch ihr geht es gut. So etwas erwarte ich von der nächsten Ausgabe, bereitet die Bühne für das Debakel mit der Stiftung.«

14. Ab Anfang August 2016, nach Erhalt der E-Mail von Person 1 vom 2. August 2016, gab STONE wiederholt Stellungnahmen ab über Informationen, von denen er behauptete, sie vom führenden Kopf der Organisation 1 zu haben.

a. Am oder um den 8. August 2016 nahm STONE an einem öffentlichen Ereignis teil, bei dem er erklärte: »Ich habe direkt mit [dem führenden Kopf der Organisation 1] kommuniziert. Ich nehme an, dass die nächste Tranche seiner Dokumente mit der Clinton-Stiftung zu tun haben wird, aber man kann ja nie wissen, was die Überraschung im Oktober sein wird.«

b. Am oder um den 12. August 2016 erklärte STONE während eines Interviews, dass er »in Kontakt mit [dem führenden Kopf der Organisation 1] stehe«, es ihm aber »nicht gestattet ist, darüber zu diskutieren, was ich habe«.

c. Am oder um den 16. August 2016 erklärte STONE während eines Interviews, dass es »in diesem Programm bekannt geworden ist, dass ich inoffiziell mit [Organisation 1] und [dem führenden Kopf der Organisation 1] in Verbindung stand«. In einem zweiten Interview um dieselbe Zeit erklärte STONE, dass er »mit [dem führenden Kopf der Organisation 1] kommuniziere« und dass sie einen »gemeinsamen Bekannten [haben], einen echten Gentleman«.

d. Am oder um den 18. August 2016 erklärte STONE während eines Fernsehinterviews, dass er mit dem führenden Kopf der Organisation 1 gesprochen habe, »über einen Vermittler, jemand, der ein gemeinsamer Freund ist«.

e. Am oder um den 23. August 2016 fragte Person 2 STONE während eines Radiointerviews: »Sie stehen indirekt in Kontakt mit [dem führenden Kopf der Organisation 1]. … Können Sie uns irgendeinen Einblick liefern? Wird es im Oktober eine Überraschung geben?« STONE erwiderte: »Nun, vorab möchte ich in keiner Weise andeuten, dass ich Kontrolle über oder Einfluss auf [den führenden Kopf der Organisation 1] habe, denn das habe ich nicht … Wir haben einen gemeinsamen Freund, jemanden, dem wir beide vertrauen, deshalb erhalte ich wirklich gute Informationen.«

15. Am oder um den 19. August 2016 tauschte sich STONE schriftlich mit Person 2 über Organisation 1 aus und darüber, was der führende Kopf der Organisation 1 vorhatte, darunter in Textnachrichten und E-Mails.

a. Am oder um den 19. August 2016 schickte Person 2 eine Textnachricht an STONE, in der unter anderem steht: »Ich werde in meiner Show nächsten Donnerstag [den führenden Kopf der Organisation 1] zu Gast haben.« Am oder um den 21. August 2016 schickte Person 2 eine weitere Textnachricht an STONE, in der unter anderem steht: »Ich habe [den führenden Kopf der Organisation 1] am Donnerstag, da bin ich komplett verhindert.«

b. Am oder um den 25. August 2016 war der führende Kopf der Organisation zum ersten Mal zu Gast in der Radiosendung von Person 2. Am oder um den 26. August 2016 schickte Person 2 eine Textnachricht an STO-

NE, in der stand: »[der führende Kopf der Organisation 1] sprach letzte Nacht von Ihnen.« STONE fragte, was der führende Kopf der Organisation 1 denn gesagt hätte, worauf Person 2 antwortete: »Er hat nichts Schlechtes gesagt, wir unterhielten uns darüber, das die Presse das Ganze so aussehen lassen will, als würden er und Sie gemeinsame Sache machen.«

c. Am oder um den 27. August 2016 schrieb Person 2 mehrere Textnachrichten an STONE des Inhalts: »Wir arbeiten an einer eigenen Radioshow von [dem führenden Kopf der Organisation 1]«, und er (Person 2) sei »verantwortlich« für das Projekt. In einer Textnachricht später am selben Tag fügte Person 2 hinzu: »[Der führende Kopf der Organisation 1] hat Kryptonit gegen Hillary.«

d. Am oder um den 18. September 2016 schickte STONE eine Textnachricht an Person 2 des Inhalts: »Ich maile Ihnen eine Anfrage mit der Bitte um Weitergabe an [den führenden Kopf der Organisation l].« Person 2 antwortete: »Ok« und fügte in einer späteren Textnachricht an: »Denken Sie daran, mich nicht als Ihren Kontaktmann zu [dem führenden Kopf der Organisation 1] zu benennen, Sie hatten davor jemanden, auf den Sie verwiesen haben.«

    i. Ungefähr am selben Tag, um den 18. September 2016, mailte STONE Person 2 einen Artikel, in dem Behauptungen über die damalige Kandidatin Clinton im Hinblick auf ihren Dienst als Außenministerin aufgestellt wurden. STONE erklärte: »Fragen Sie bitte [den führenden Kopf der Organisation 1] nach irgendwelchen Regierungsmails oder Privatmails von HRC vom 10. August bis zum 30. August – vor allem vom 20. August 2011, die [das Thema des Artikels] erwähnen oder dessen Inhalt bestätigen.«

    ii. Am oder um den 19. September 2016 schrieb STONE Person 2 erneut eine Textnachricht: »Geben Sie meine Nachricht … an [den führenden Kopf der Organisation 1] weiter.« Person 2 antwortete: »Habe ich.«

Am oder um den 20. September 2016 leitete Person 2 die Bitte an einen Freund weiter, einen Anwalt, der Zugang zu dem führenden Kopf der Organisation 1 hatte. Person 2 schickte STONE eine Blindkopie der weitergeleiteten E-Mail.

e. Am oder um den 30. September 2016 schickte Person 2 per Textnachricht ein Foto von Person 2, wie sie außerhalb der Botschaft von Ecuador in London steht, in der sich der führende Kopf der Organisation 1 befand.

f. Am oder um den 1. Oktober 2016, einem Samstag, schickte Person 2 STONE mehrere Textnachrichten des Inhalts: »Große Neuigkeiten Mittwoch … tun Sie so, als wenn Sie mich nicht kennen … Hillarys Wahlkampf stirbt diese Woche.« In den Tagen vor diesen Nachrichten hatte die Presse berichtet, dass der führende Kopf der Organisation 1 plante, am oder um den Dienstag, den 4. Oktober 2016 eine öffentliche Erklärung abzugeben, die am zehnten Jahrestag der Gründung von Organisation 1 herausgegeben werden sollte.

g. Am oder um den 2. Oktober 2016 schickte STONE Person 2 eine E-Mail mit dem Betreff »WTF?« und einem Link zu einem Artikel, in dem berichtet wird, dass Organisation 1 »ihre mit Spannung erwartete Ankündigung aus Sicherheitsgründen« absagen würde. Person 2 antwortete STONE: »Schlagzeile fake.«

h. Ungefähr am selben Tag, um den 2. Oktober 2016, schickte STONE eine Textnachricht an Person 2 und fragte: »Ist [der führende Kopf der Organisation 1] zurückgewichen.« Am oder um den 3. Oktober 2016 antwortete Person 2 erst: »Ich kann nicht darüber reden.« Nach weiterem Austausch mit STONE sagte Person 2: »Ich glaube, es ist für morgen dran.« Person 2 fügte später am Tag hinzu: »Inoffiziell Hillary und ihre Leute geben eine große Pressekonferenz sie [*sic*] halten [den führenden Kopf der Organisation 1] davon ab, die nächste Ladung zu liefern … Mehr kann ich dazu nicht sagen … Bitte halten Sie meinen Namen aus der Sache raus.«

16. Ungefähr im Oktober 2016 gab STONE Erklärungen über künftige Veröffentlichungen der Organisation 1 ab, darunter Erklärungen, die jenen gleichen, die Person 2 ihm gegenüber gegeben hatte. Zum Beispiel:
    a. Am oder um den 3. Oktober 2016 schrieb STONE einem Unterstützer des Trump-Wahlkampfs: »Habe gestern Nacht mit meinem Freund in London gesprochen. Die Ladung kommt noch.«
    b. Ebenfalls am oder um den 3. Oktober 2016 erhielt STONE eine E-Mail von einem Reporter mit Verbindungen zu einer hochrangigen Person aus Trumps Wahlkampfteam mit der Frage: »[der führende Kopf der Organisation 1] – was hat er in der Hand? Ich hoffe es ist gut.« STONE antwortete unter anderem: »Das ist es. Ich würde es ja [der hochrangigen Person aus Trumps Wahlkampfteam] selbst sagen, aber er ruft nicht zurück.«
    c. Am oder um den 4. Oktober 2016 hielt der führende Kopf der Organisation 1 eine Pressekonferenz ab, veröffentlichte aber kein neues Material zum Clinton-Wahlkampf. Kurz darauf erhielt STONE eine E-Mail von einem hochrangigen Angehörigen des Trump-Wahlkampfteams, der anfragte, wie es denn um weitere Veröffentlichungen der Organisation 1 bestellt sei. STONE antwortete, dass der führende Kopf der Organisation 1 »ernsthafte Bedenken um die Sicherheit« habe, dass die Organisation 1 aber »jede Woche eine große Menge« veröffentlichen würde.
    d. Später am selben Tag, den 4. Oktober 2016, fragte der Unterstützer des Trump-Wahlkampfs per Textnachricht bei STONE an, ob er »noch etwas aus London« gehört habe.« STONE erwiderte: »Ja – möchte auf einer sicheren Leitung sprechen – haben Sie WhatsApp?« STONE berichtete dem Unterstützer später, dass weiteres Material veröffentlicht werden würde, welches dem Clinton-Wahlkampf schaden würde.
17. Am oder um den 7. Oktober 2016 veröffentlichte die Organisation 1 den ersten Schwung E-Mails, die dem Vorsitzen-

den des Clinton-Wahlkampfteams gestohlen worden waren. Kurz nach dieser Veröffentlichung kam aus dem Büro des hochrangigen Angehörigen des Trump-Wahlkampfteams eine Textnachricht des Inhalts: »Gut gemacht.« In darauf folgenden Unterhaltungen mit hochrangigen Angehörigen des Trump-Wahlkampfteams, rechnete STONE es sich als Verdienst an, die Veröffentlichung vom 7. Oktober korrekt vorausgesagt zu haben.

Die Ermittlungen

18. Im oder um das Jahr 2017 gaben Regierungsvertreter offiziell bekannt, dass es Untersuchungen zur russischen Einmischung in die Präsidentschaftswahlen von 2016 und zu möglichen Verbindungen einzelner Personen mit den Wahlkampfteams gebe.
    a. Am oder um den 13. Januar 2017 verkündeten der Vorsitzende und der stellvertretende Vorsitzende des SSCI, dass das Komitee eine Untersuchung durchführen würde, die unter anderem ermitteln solle, ob es irgendwelche Informationen hinsichtlich einer Verbindung zwischen Russland und Personen gebe, die mit den Wahlkampfteams verbunden seien, oder zu russischen Cyberaktivitäten und anderen »aktiven Maßnahmen«, die im Zusammenhang mit den Wahlen von 2016 gegen die Vereinigten Staaten gerichtet gewesen seien.
    b. Am oder um den 25. Januar 2017 verkündeten der Vorsitzende und ein führendes Mitglied des HPSCI, dass das HPSCI ähnliche Ermittlungen wie jene des SSCI durchgeführt hatte.
    c. Am oder um den 20. März 2017 sagte der damalige Direktor des FBI bei einer Anhörung des HPSCI aus und enthüllte öffentlich, dass das FBI hinsichtlich möglicher russischer Einmischung in den Wahlkampf von 2016 ermittle, ebenso zu möglichen Verbindungen und Koordinierungen zwischen dem Trump-Wahlkampfteam und der russischen Regierung.

d. Im oder um den August 2017 meldeten die Nachrichten, dass eine Grand Jury auf Bundesebene Ermittlungen zu Fragen im Zusammenhang mit Bemühungen der russischen Regierung begonnen habe, sich in die Wahlen von 2016 einzumischen, darunter auch mögliche Verbindungen und Koordinierungen zwischen Trumps Wahlkampfteam und der russischen Regierung.

STONES Falschaussage vor dem HPSCI

19. Im oder um den Mai 2017 verschickte das HPSCI einen Brief, in dem STONE aufgefordert wurde, freiwillig vor dem Komitee zu erscheinen und:

> Alle Dokumente, Aufzeichnungen, elektronisch gespeicherte Informationen, darunter E-Mails, Nachrichten, Aufzeichnungen, Daten und konkrete Dinge (darunter – aber nicht beschränkt auf – Schaubilder, Diagramme, Fotografien, Darstellungen und andere Dokumente), ganz gleich in welcher Form, abgesehen von jenen, die allgemein zugänglich sind (z. B. Zeitungsartikel) [beizubringen], die zur Aufdeckung von Fakten führen könnten, die innerhalb die öffentlich bekanntgegebenen Rahmenbedingungen der Ermittlungen fallen.

Am oder um den 22. Mai 2017 ließ STONE einen Brief beim HPSCI einreichen, in dem stand, dass »Mr. Stone keine Dokumente, Aufzeichnungen oder elektronisch gespeicherte Informationen [hat], ganz gleich in welcher Form, abgesehen von jenen, die allgemein zugänglich sind, die zur Aufdeckung von Fakten führen könnten, die innerhalb der öffentlich bekannt gegebenen Rahmenbedingungen der Ermittlungen fallen.«

20. Am oder um den 26. September 2017 sagte STONE vor dem HPSCI in Washington, D.C., im Rahmen der fortlaufenden Untersuchungen des Komitees aus. In seiner einleitenden

Erklärung hielt STONE fest: »Diese Anhörungen basieren großenteils auf den noch unbewiesenen Behauptungen, dass der russische Staat für den Hackerangriff auf den DNC und [den Vorsitzenden des Clinton-Wahlkampfteams] und den Transfer dieser Informationen an [Organisation l] verantwortlich ist.« STONE führte weiter aus, dass »Mitglieder dieses Komitees« gewisse »Behauptungen gegen mich [getätigt hätten], die hier und heute zurückgewiesen werden«, darunter »der Vorwurf, dass ich vorzeitig von dem Hackerangriff auf die E-Mail des Vorsitzenden des Clinton-Wahlkampfteams gewusst und diesen vorausgesagt habe [und] dass ich frühzeitige Kenntnis von der Quelle oder dem tatsächlichen Inhalt der Enthüllungen [der Organisation 1] in Bezug auf Hillary Clinton gehabt habe«.

21. Im Verlauf seiner Aussage vor dem HPSCI machte STONE dem Komitee gegenüber wissentlich wahrheitswidrige und irreführende Aussagen, unter anderem was den Besitz von Dokumenten betraf, die für die Ermittlungen des HPSCI sachdienlich gewesen wären; die Quelle seiner im frühen August 2016 getätigten Aussagen zu Organisation 1; die Bitten, die er an den führenden Kopf der Organisation 1 um weitere Informationen richtete; seine Kommunikation mit seinem namentlich bekannten Vermittler; und seine Kommunikation mit dem Trump-Wahlkampfteam über Organisation 1.

STONES wahrheitswidrige und irreführende Zeugenaussage über den Besitz von Dokumenten, die für die Ermittlungen des HPSCI sachdienlich gewesen wären

22. Während seiner Aussage vor dem HPSCI wurde STONE gefragt: »Sie haben also keinerlei E-Mails an jemanden, die sich mit den Angaben von gehackten Dokumenten befassen … oder irgendwelche Diskussionen mit dritter Seite über [den führenden Kopf der Organisation 1]? Sie haben keinerlei E-Mails, keine Textnachricht, keine Dokumente irgendwelcher Art, nichts in dieser Hinsicht?« STONE ant-

wortete darauf wahrheitswidrig und irreführend: »Das ist richtig. Meines Wissens nicht.«

23. Tatsächlich hatte STONE während des Wahlkampfs 2016 zahlreiche E-Mails und Textnachrichten gesendet und empfangen, in denen es um Organisation 1, dessen führenden Kopf und dessen Besitz gehackter E-Mails ging. Zum Zeitpunkt der Falschaussage war STONE noch immer im Besitz dieser E-Mails und Textnachrichten, darunter:
    a. Die E-Mail von STONE an Person 1 vom 25. Juli 2016, in der unter anderem steht: »Geh zu [dem führenden Kopf von Organisation 1] in der Botschaft Ecuadors in London und besorge die ausstehenden E-Mails [der Organisation 1] … angeblich geht es um die Stiftung.«;
    b. Die E-Mail von STONE an Person 1 vom 31. Juli 2016, in der steht, dass der Bekannte von Person 1 »[den führenden Kopf von Organisation 1] aufsuchen soll«.;
    c. Die E-Mail von Person 1 an STONE vom 2. August 2016, in der unter anderem stand: »Es heißt, Freund in Botschaft plant 2 weitere Datenausgaben. Die erste kurz nach meiner Rückkehr. 2. im Oktober. Voraussichtliche Wirkung sehr schädigend«;
    d. Dutzende von Textnachrichten und E-Mails, beginnend am 19. August 2016 und durch den Wahlkampf hindurch, zwischen STONE und Person 2, in denen sie über die Organisation 1 und den führenden Kopf der Organisation 1 sprachen;
    e. Die E-Mail von STONE vom 3. Oktober 2016 an den Unterstützer des Trump-Wahlkampfs, in der unter anderem stand: »Habe gestern Nacht mit meinem Freund in London gesprochen. Die Ladung kommt noch.«; und
    f. Die E-Mails vom 4. Oktober 2016 zwischen STONE und dem hochrangigen Mitglied vom Trump-Wahlkampfteam, darunter STONES Erklärung, dass die Organisation 1 »jede Woche eine große Menge« veröffentlichen würde.«

24. Durch die falsche Behauptung, er habe keine E-Mails oder Textnachrichten in seinem Besitz, die sich auf den führen-

den Kopf der Organisation 1 bezögen, unterließ STONE es, dem HPSCI die Grundlagen dafür zu liefern, Unterlagen aus seinem Besitz zu beschlagnahmen, die hätten zeigen können, dass auch andere Aspekte seiner Aussage wahrheitswidrig und irreführend waren.

STONES wahrheitswidrige und irreführende Aussage über seine Aussagen von Anfang August 2016

25. Während seiner Aussage vor dem HPSCI am 26. September 2017 wurde STONE gebeten, seine Aussagen von Anfang August 2016 zu erklären, er würde in Kontakt mit dem führenden Kopf der Organisation 1 stehen. STONE wurde besonders nach seiner Erklärung vom 8. August 2016 befragt, »Ich habe direkt mit [dem führenden Kopf der Organisation 1] kommuniziert«, ebenso nach seiner Erklärung vom 12. August 2016, dass er »in Kontakt mit [dem führenden Kopf der Organisation 1] stehe«, es ihm aber »nicht gestattet ist, darüber zu diskutieren, was ich habe«.
26. STONE antwortete darauf, dass seine in der Öffentlichkeit gemachten Anmerkungen, Möglichkeiten zu haben, die Organisation 1 zu kontaktieren, sich allein auf seinen Kontakt zu einem Journalisten stützten, den STONE als »Mittelsmann, als Vermittler, als gemeinsamen Freund« zum führenden Kopf der Organisation 1 bezeichnete. STONE erklärte, dass er diese Person, seinen Vermittler, gebeten habe »zu bestätigen, was [der führende Kopf der Organisation 1] am 21. Juli selbst getweetet hatte, dass er die Clinton-E-Mails habe und sie veröffentlichen würde«. STONE erklärte weiter, dass der Vermittler, »jemand war, von dem ich wusste, dass er [den führenden Kopf der Organisation 1] interviewt hatte. Ich wollte einfach nur die Bestätigung dessen, was er am 21. getweetet hatte.« STONE weigerte sich, dem HPSCI den Namen seines »Vermittlers« zu nennen, doch gab er in seiner Aussage eine Beschreibung, auf die Person 2 passt.
27. Am oder um den 13. Oktober 2017 ließ STONE einen Brief an den HPSCI übermitteln, in dem Person 2 namentlich

benannt wurde als der »Herr, der für Mr. Stone bestätigen ließ«, dass der führende Kopf der Organisation 1 »›E-Mails zu Hillary Clinton [hatte], die der Veröffentlichung harrten‹«.

28. STONES Erläuterung seiner Erklärungen vom August 2016 über die Kommunikation mit dem führenden Kopf der Organisation 1 war wahrheitswidrig und irreführend. Tatsächlich interviewte Person 2 den führenden Kopf der Organisation 1 zum ersten Mal am 25. August 2016, also nachdem STONE seine öffentlichen Erklärungen vom 8. August und 12. August 2016 abgegeben hatte. Zudem hatte STONE zu dem Zeitpunkt, als er seine Erklärungen im August 2016 abgegeben hatte, Person 1 – nicht Person 2 – angewiesen, den Kontakt zum führenden Kopf der Organisation 1 herzustellen. Und Person 1 – nicht Person 2 – hatte STONE schon vor STONES Erklärungen vom 8. August und 12. August 2016 mitgeteilt: »Es heißt, Freund in Botschaft plant 2 weitere Datenausgaben«, darunter jene im Oktober. Zu keinem Zeitpunkt identifizierte STONE Person 1 dem HPSCI gegenüber als weitere Person, die STONE kontaktiert hatte, um als »Mittelsmann«, »Vermittler« oder sonstige Informationsquelle zu Organisation 1 zu fungieren. STONE enthüllte auch zu keinem Zeitpunkt seinen Austausch mit Person 1, als er die Fragen des HPSCI zu STONES Erklärungen vom 8. August und 12. August 2016 beantwortete.

STONES wahrheitswidrige und irreführende Aussage hinsichtlich seiner Anfragen nach Informationen vom führenden Kopf der Organisation 1

29. Während seiner Zeugenaussage vor dem HPSCI wurde STONE gefragt: »Welchen Umfang hatte die Kommunikation mit [dem Vermittler]?« STONE antwortete: »Ich bat ihn um die Bestätigung, … dass der Tweet [des führenden Kopfes der Organisation 1] vom 21. akkurat sei, dass sie tatsächlich … Hillary Clinton-E-Mails hätten und dass sie die auch veröffentlichen würden.« STONE wurde dann gefragt:

»Haben Sie [den Vermittler] gebeten, noch etwas anderes an [den führenden Kopf der Organisation 1] zu übermitteln?« STONE antwortete wahrheitswidrig und irreführend darauf: »Das habe ich nicht.« STONE wurde dann gefragt: »Haben Sie [den Vermittler] gebeten, irgendetwas in Ihrem Namen zu tun?« STONE antwortete darauf wahrheitswidrig und irreführend: »Das habe ich nicht.«

30. Tatsächlich wies STONE Person 1 und Person 2 an, Bitten an den führenden Kopf der Organisation 1 um Dokumente auszurichten, von denen STONE glaubte, dass sie dem Clinton-Wahlkampf schaden würden. Zum Beispiel:
    a. Wie oben beschrieben, schickte STONE am oder um den 25. Juli 2016 Person 1 eine E-Mail des Inhalts: »Geh zu [dem führenden Kopf von Organisation 1] in der Botschaft von Ecuador in London und besorge die ausstehenden E-Mails [der Organisation 1] … angeblich geht es um die Stiftung.«
    b. Am oder um den 18. September 2016 schickte STONE eine Textnachricht an Person 2 des Inhaltes: »Ich maile Ihnen eine Anfrage mit der Bitte um Weitergabe an [den führenden Kopf der Organisation l]«, und mailte Person 2 einen Artikel, in dem Behauptungen über die damalige Kandidatin Clinton im Hinblick auf ihren Dienst als Außenministerin aufgestellt wurden. STONE erklärte: »Fragen Sie bitte [den führenden Kopf der Organisation 1] nach irgendwelchen Regierungsmails oder Privatmails von HRC vom 10. August bis zum 30. August – vor allem vom 20. August 2011, die [das Thema des Artikels] erwähnen oder dessen Inhalt bestätigen.«
    c. Am oder um den 19. September 2016 schrieb STONE Person 2 erneut eine Textnachricht: »Geben Sie meine Nachricht … an [den führenden Kopf der Organisation 1] weiter.« Person 2 antwortete: »Habe ich.« Am nächsten Tag leitete Person 2 die Bitte an einen Anwalt weiter, der Zugang zu dem führenden Kopf der Organisation 1 hatte.

STONES wahrheitswidrige und irreführende Zeugenaussage hinsichtlich seiner Kommunikation mit seinem identifizierten Vermittler

31. Während seiner Zeugenaussage vor dem HPSCI wurde STONE wiederholt nach seiner Kommunikation mit der Person gefragt, die er als Vermittler identifizierte. STONE erklärte wahrheitswidrig und irreführend, dass er mit dem Vermittler nie in schriftlicher Form kommuniziert habe. An einer Stelle behauptete STONE wahrheitswidrig und irreführend, mit dem Vermittler nur telefoniert zu haben:

Frage: Wie haben Sie mit dem Vermittler kommuniziert?
Antwort: Per Telefon.
F: Und haben Sie auch andere Kommunikationsmittel benutzt, um mit dem Vermittler in Kontakt zu treten?
A: Nein.
F: Keine Textnachrichten, keine – nichts aus der Liste, richtig?
A: Nein.

Auch später während der Befragung, leugnete STONE erneut wahrheitswidrig und irreführend, jemals schriftlich mit seinem Vermittler kommuniziert zu haben:

F: Sie haben also niemals in schriftlicher Form mit Ihrem Vermittler kommuniziert?
A: Nein.
F: Haben ihm niemals eine E-Mail geschrieben oder eine Textnachricht?
A: Er ist nicht der E-Mail-Typ.
Q: Ihre Kontakte waren also alle persönlich oder per Telefon.
A: Korrekt.

32. Tatsächlich unterhielten STONE und Person 2 (den STONE dem HPSCI gegenüber als seinen Vermittler bezeichnete), wie oben beschrieben, zahlreiche schriftliche Kontakte per E-Mail und Textnachricht. STONE unterhielt ebenfalls zahl-

reiche schriftliche Kontakte per E-Mail und Textnachricht mit Person 1, die STONE ebenfalls mit Informationen in Bezug auf Organisation 1 versorgte.

33. Die schriftliche Kommunikation zwischen STONE und Person 1 und zwischen STONE und Person 2 ging auch während STONES Zeugenaussage vor dem HPSCI weiter. So wechselten am 26. September 2017 – dem Tag, an dem STONE vor dem HPSCI aussagte und bestritt, jemals E-Mails oder Textnachrichten an Person gesendet oder von Person 2 empfangen zu haben, über dreißig Textnachrichten.
34. Gewisse elektronische Nachrichten zwischen STONE und Person 1 und zwischen STONE und Person 2 wären Material für das HPSCI gewesen. Zum Beispiel:
    a. Etwa im Juli 2016 mailte STONE zu Person 1, zum führenden Kopf der Organisation 1 »zu gehen« und die fraglichen E-Mails zu beschaffen.
    b. Etwa im September 2016 schickte STONE Nachrichten an Person 2, eine Bitte an den führenden Kopf der Organisation 1 zu richten.
    c. Am oder um den 6. Januar 2017 schickte Person 2 STONE eine E-Mail mit dem Betreff: »Inoffizieller Sch***«. In der E-Mail schrieb Person 2: »Also ich habe Zeitachsen zusammengestellt [] und Sie [] sagten, Sie hätten einen inoffiziellen Zugang, einen Monat, bevor ich [den führenden Kopf der Organisation 1] in meiner Show hatte … Abgesehen von meiner Radio Show habe ich nie mit [dem führenden Kopf der Organisation 1] gesprochen … ich habe alles zusammengebastelt … Sie können also genauso gut die Wahrheit sagen, dass Sie keinen inoffiziellen Zugang hatten, aber da wäre ja noch der Kerl, von dem wir Anfang August sprachen.«

STONES wahrheitswidrige und irreführende Aussage hinsichtlich der Kontakte zum Trump-Wahlkampfteam

35. Während seiner Zeugenaussage vor dem HPSCI wurde STONE gefragt: »Haben Sie Ihre Unterhaltungen mit dem Vermittler mit irgendjemandem diskutiert, der mit Trumps Wahlkampf zu tun hat?« STONE antwortete wahrheitswidrig und irreführend: »Das habe ich nicht.« Tatsächlich sprach STONE, wie oben beschrieben, mit zahlreichen Personen, die mit Trumps Wahlkampf zu tun hatten, über das, was er von seinem Vermittler zur Organisation 1 erfahren zu haben behauptete, darunter auch Folgendes:
   a. Bei zahlreichen Gelegenheiten berichtete STONE hochrangigen Vertretern des Trump-Wahlkampfteams über Material, das die Organisation 1 habe, und über das Timing zukünftiger Veröffentlichungen.
   b. Am oder um den 3. Oktober 2016 schrieb STONE einem Unterstützer, der mit dem Trump-Wahlkampfteam zu tun hatte: »Habe gestern Nacht mit meinem Freund in London gesprochen. Die Ladung kommt noch.«
   c. Am oder um den 4. Oktober 2016 teilte STONE einem hochrangigen Vertreter des Trump-Wahlkampfteams mit, dass der führende Kopf der Organisation 1 »ernsthafte Bedenken um die Sicherheit« habe, aber »jede Woche eine große Menge« veröffentlichen würde.

Versuche, Person 2 daran zu hindern, STONES Falschaussage vor dem HPSCI zu widersprechen

36. Am oder um den 19. Oktober 2017 schickte STONE einen Auszug seines Briefes an das HPSCI, in dem Person 2 als sein »Vermittler« zur Organisation 1 benannt wird. STONE drängte Person 2, bei einer möglichen Anfrage des HPSCI wahrheitswidrig zu bestätigen, was STONE schon zuvor bezeugt hatte, darunter der Punkt, dass es Person 2 gewesen sei, der STONE mit den Informationen zu STONES Erklärungen vom Anfang August 2016 über Kontakte zur Orga-

nisation 1 versorgt habe. Person 2 teilte STONE wiederholt mit, dass seine Aussage falsch sei, und sagte ihm, er solle seine Aussage vor dem HPSCI korrigieren. STONE tat dies nicht. STONE unternahm dann ausgedehnte Anstrengungen, Person 2 daran zu hindern, STONES falschen Erklärungen vor dem HPSCI zu widersprechen.

37. Ungefähr im November 2017 erhielt Person 2 eine Aufforderung des HPSCI, freiwillig vor dem Komitee auszusagen. Nachdem Person 2 von HPSCI kontaktiert worden war, sprach sie wiederholt mit STONE und schrieb mehrere Textnachrichten. Bei diesen Unterredungen versuchte STONE, Person 2 dazu zu bringen, wahrheitswidrig auszusagen, dass entweder Person 2 jener identifizierte Vermittler gewesen sei, oder dass Person 2 sich nicht daran erinnern könne, was sie zu STONE gesagt habe. Alternativ dazu versuchte STONE Person 2 dazu zu bringen, sich auf den Fünften Verfassungszusatz zu berufen, sich nicht selbst beschuldigen zu müssen. Zum Beispiel:

    a. Am oder um den 19. November 2017 teilte Person 2 in einer Textnachricht an STONE mit, dass sein Anwalt ihn (Person 2) sehen wolle. STONE antwortete: »›Mauern. Auf den Fünften berufen. Alles, um den Plan zu retten‹ … Richard Nixon.« Am oder um den 20. November 2017 informierte Person 2 das HPSCI, er lehne die Anfrage des HPSCI ab, freiwillig auszusagen.
    b. Am oder um den 21. November 2017 schrieb Person 2 STONE eine Textnachricht: »Mir wurde mitgeteilt, dass der Anwalt des Komitees des Hauses meinem Anwalt mitgeteilt hat, ich würde eine Vorladung erhalten.« STONE antwortete: »Das ist der Punkt, an dem Ihre Anwälte ihnen mitteilen sollten, dass Sie sich auf Ihre Rechte nach dem 5. Verfassungszusatz berufen, wenn Sie gezwungen werden zu erscheinen.«
    c. Am oder um den 28. November 2017 erhielt Person 2 eine Vorladung, die ihn dazu zwang, vor dem HPSCI auszusagen. Person 2 informierte STONE über die Vorladung.

d. Am oder um den 30. November 2017 bat STONE Person 1, sich schriftlich über Person 2 an die Öffentlichkeit zu wenden. Person 1 antwortete: »Sind Sie sicher, dass Sie ein Riesending daraus machen wollen? Warum nicht abwarten und sehen, was [Person 2] macht. Womöglich verteidigen Sie sich zu sehr – was neue Fragen aufwirft, die neue Ermittlungen befeuern. Vielleicht ist es an der Zeit, weniger zu sagen, nicht mehr.« STONE antwortete darauf Person 1, dass Person 2 »den Fünften nehmen wird, aber warten wir noch einen Tag ab«.*

e. Bei zahlreichen Gelegenheiten, darunter auch am oder um den 1. Dezember 2017, teilte STONE Person 2 mit, Person 2 solle einen »Frank Pentangeli« vor dem HPSCI machen, um so zu vermeiden, STONES Aussage zu widersprechen. Frank Pentangeli ist eine Figur aus *Der Pate, Teil II*, über die STONE und Person 2 gesprochen hatten; er sagt vor einem Kongresskomitee aus und behauptet in seinen Aussagen, keinerlei relevante Informationen zu kennen, die er in Wahrheit aber kennt.

f. Am oder um den 1. Dezember 2017 schrieb STONE eine Textnachricht an Person 2: »Und wenn Sie dem FBI irgendetwas überlassen haben, dann sind Sie ein Dummkopf.« Später an dem Tag schrieb Person 2 eine Textnachricht an STONE: »Sie müssen Ihre Aussage er-

* Anspielung auf den Fünften Zusatzartikel (Fifth Amendment) der Verfassung der Vereinigten Staaten: »Niemand darf wegen eines Kapitalverbrechens oder eines sonstigen schimpflichen Verbrechens zur Verantwortung gezogen werden, es sei denn auf Grund eines Antrages oder einer Anklage durch eine Grand Jury. Hiervon ausgenommen sind Fälle, die sich bei den Land- oder Seestreitkräften oder bei der Miliz ereignen, wenn diese in Kriegszeit oder bei öffentlichem Notstand im aktiven Dienst stehen. Niemand darf wegen derselben Straftat zweimal durch ein Verfahren in Gefahr des Leibes oder des Lebens gebracht werden. Niemand darf in einem Strafverfahren zur Aussage gegen sich selbst gezwungen noch des Lebens, der Freiheit oder des Eigentums ohne vorheriges ordentliches Gerichtsverfahren nach Recht und Gesetz beraubt werden. Privateigentum darf nicht ohne angemessene Entschädigung für öffentliche Zwecke eingezogen werden.« (Anm. d. Ü.)

gänzen, bevor ich am 15. aussage.« STONE antwortete: »Wenn Sie aussagen, sind Sie ein Dummkopf. Wegen all dem ›Getrumpel‹ komm ich niemals mit einer gewissen [*sic*] meines Fünften Zusatzes durch, aber Sie. Ich garantiere Ihnen, wenn Sie so dumm sind auszusagen, werden Sie wegen Meineids angeklagt.«

38. Am oder um den 12. Dezember 2017 informierte Person 2 das HPSCI, dass er seine Rechte, nicht gegen sich selbst auszusagen, nach dem Fünften Verfassungszusatz geltend machen werde, falls er durch eine Vorladung gezwungen werde zu erscheinen. Person 2 machte seine Rechte nach dem Fünften Zusatz unter anderem deswegen geltend, um nicht Beweise vorlegen zu müssen, die zeigten, dass STONES bisherigen Aussagen vor dem Kongress falsch waren.

39. Nach der Berufung auf die Rechte nach dem Fünften Verfassungszusatz, nicht vor dem HPSCI auszusagen, diskutierten STONE und Person 2 weiter miteinander über die verschiedenen Ermittlungen zu russischer Einmischung in den Wahlkampf von 2016 und welche Informationen Person 2 den Ermittlern geben könne. Während dieser Gespräche machte STONE wiederholt Aussagen, um Person 2 davon abzubringen, bei den Ermittlungen zu kooperieren. Zum Beispiel:
    a. Am oder um den 24. Dezember 2017 schrieb Person 2 STONE eine Textnachricht: »Ich habe [den führenden Kopf der Organisation 1] zum ersten Mal am 7. Sept. dieses Jahres getroffen … Doks beweisen das … Sie sollten mit fbi ehrlich sein … es gab keinen informellen Zugang … seien Sie ehrlich.« STONE antwortete etwa zwei Minuten später: »Ich werde nicht mit dem FBI reden, und wenn Sie klug sind, dann tun Sie das auch nicht.«
    b. Am oder um den 9. April 2018 schrieb STONE eine E-Mail an Person 2: »Sie sind ein Verräter. Ein Spitzel. Sie erdolchen Ihre Freunde von hinten – Machen Sie den Mund auf, brennen meine Anwälte darauf, Sie in Stücke zu reißen.« STONE schrieb ebenfalls, er werde »Ihnen den Hund wegnehmen«, womit er den Hund von Person 2 meinte. Am selben Tag schrieb STONE an Person

2: »Ich bin so was von bereit. Also los. Machen Sie sich zum Sterben bereit [Kraftausdruck].«

c. Am oder um den 21. Mai 2018 schrieb Person 2 in einer E-Mail an STONE: »Sie hätten einfach ehrlich sein müssen vor dem House Intel Committee … Sie haben sich wie ein Trottel für Klagen wegen Meineides angreifbar gemacht.“ STONE antwortete: »Sie sind voller [Kraftausdruck]. Sie haben nichts. Wenn Sie weiter den Mund aufmachen, reiche ich bei der Rechtsanwaltskammer Beschwerde ein gegen Ihren Freund [den Anwalt, der die Gelegenheit hatte, den führenden Kopf der Organisation 1 zu kontaktieren].«

ANKLAGEPUNKT EINS
(Behinderung des Verfahrens)

40. Die Abschnitte 1 bis 39 dieser Anklageschrift werden erneut zur Geltung gebracht und durch Verweis eingefügt, wie wenn sie hier vollständig schriftlich niedergelegt wären.

41. Von Mai 2017 bis zumindest Dezember 2017 hat der Angeklagte ROGER JASON STONE JR. innerhalb des District of Columbia und anderswo die nötige und angemessene Durchführung der Vollmacht zu Ermittlungen, wie sie von beiden Häusern, jedem Komitee der beiden Häuser und jedem parteiübergreifenden Komitee des Kongresses ausgeübt werden kann, korrupterweise beeinflusst, behindert, erschwert und versucht zu beeinflussen, behindern und erschweren, und zwar: STONE sagte wahrheitswidrig und irreführend bei einer Anhörung des HPSCI im September 2017 aus; STONE unterließ es, nach Anfragen des HPSCI hinsichtlich von Dokumenten, relevante Unterlagen vorzulegen und log, was die Existenz solcher Dokumente anging; STONE reichte und ließ einreichen einen Brief an das HPSCI, in dem er die Kommunikation mit Person 2 wahrheitswidrig und irreführend beschreibt; und STONE versuchte Person 2 dazu zu bringen, vor dem HPSCI falsch auszusagen oder ihn von der Aussage abzuhalten.

All dies verstößt gegen Title 18, United States Code, Abschnitte 1505 und 2.

ANKLAGEPUNKTE ZWEI BIS SECHS
(Falschaussagen)

42. Die Abschnitte 1 bis 39 dieser Anklageschrift werden erneut zur Geltung gebracht und durch Verweis eingefügt, wie wenn sie hier vollständig schriftlich niedergelegt wären.
43. Am oder um den 26. September 2017 machte der Angeklagte ROGER JASON STONE JR. innerhalb des District of Columbia und anderswo in einer Angelegenheit, die innerhalb der Jurisdiktion des Justizministeriums der Regierung der Vereinigten Staaten liegt, wissentlich und vorsätzlich in erheblichem Umfang wahrheitswidrige, erfundene und betrügerische Aussagen und Darstellungen und sorgte dafür, dass solche gemacht wurden, und zwar:

Anklagepunkt	Falschaussagen
2	STONE sagte wahrheitswidrig aus, dass er keine E-Mails mit Dritten besitze über den führenden Kopf der Organisation 1 und auch keine Dokumente, E-Mails oder Textnachrichten, die Bezug nehmen auf den führenden Kopf der Organisation 1.
3	STONE sagte wahrheitswidrig aus, dass sein Hinweis im August 2016, er würde in Kontakt mit dem führenden Kopf der Organisation 1 stehen, sich darauf bezog, dass er Kontakt habe zu einem einzelnen »Mittelsmann«, »gemeinsamen Freund« und »Vermittler«, den STONE als Person 2 identifizierte.

Anklage-punkt	**Falschaussagen**
4	STONE sagte wahrheitswidrig aus, dass er die Person, die er als seinen »Mittelsmann«, »gemeinsamen Freund« und »Vermittler« bezeichnete, nicht gebeten habe, Kontakt zu dem führenden Kopf der Organisation 1 aufzunehmen, und den Mittelsmann nicht gebeten habe, etwas in STONES Namen zu unternehmen.
5	STONE sagte wahrheitswidrig aus, dass er und die Person, die er als seinen »Mittelsmann«, »gemeinsamen Freund« und »Vermittler« bezeichnete, nicht per Textnachricht über Organisation 1 kommuniziert hätten.
6	STONE sagte wahrheitswidrig aus, dass er seine Unterredungen mit der Person, die er als seinen »Mittelsmann«, »gemeinsamen Freund« und »Vermittler« bezeichnete, niemals mit irgendjemandem diskutiert habe, der mit Trumps Wahlkampfteam zu tun hatte.

All dies verstößt gegen Title 18, United States Code, Abschnitte 1001(a)(2) und 2.

ANKLAGEPUNKT SIEBEN
(Zeugenbeeinflussung)

44. Die Abschnitte 1 bis 39 dieser Anklageschrift werden erneut zur Geltung gebracht und durch Verweis eingefügt, wie wenn sie hier vollständig schriftlich niedergelegt wären.
45. Zwischen ungefähr September 2017 und dem heutigen Tag hat der Angeklagte ROGER JASON STONE JR. innerhalb des District of Columbia und anderswo wissentlich und vorsätzlich korrupterweise eine andere Person überredet und versucht zu überreden, und zwar: Person 2, mit der Absicht, die Aussage einer Person in einem offiziellen Verfahren zu beeinflussen, verzögern und verhindern.

All dies verstößt gegen Title 18, United States Code, Abschnitt 1512(b)(l).

Robert S. Mueller, III
Sonderermittler
US-Justizministerium
24. Januar 2019

COUNT SEVEN
(Witness Tampering)

44. Paragraphs 1 through 39 of this Indictment are re-alleged and incorporated by reference as if fully set forth herein.

45. Between in or around September 2017 and present, within the District of Columbia and elsewhere, the defendant ROGER JASON STONE, JR., knowingly and intentionally corruptly persuaded and attempted to corruptly persuade another person, to wit: Person 2, with intent to influence, delay, and prevent the testimony of any person in an official proceeding.

All in violation of Title 18, United States Code, Section 1512(b)(1).

Robert S. Mueller, III
Special Counsel
U.S. Department of Justice

A TRUE BILL:

Foreperson

Date: January 24, 2019

10.

Schreiben von Justizminister William P. Barr an die Justizausschüsse des US-Senats und des Repräsentantenhauses 24. März 2019

Am Freitag, dem 22. März 2019, kurz bevor ein plötzlicher Hagelsturm über Washington, D.C., hereinbrach, kam ein Sicherheitsbeamter aus dem Büro von Robert S. Mueller III in das Justizministerium, um den Abschlussbericht des Sonderermittlers zu übergeben. Die Untersuchung war vorbei.

Justizminister William P. Barr machte diese Nachricht in einem Schreiben von nur einer Seite an die Abgeordneten publik, in dem er sagte, er würde daran arbeiten, ihnen Muellers »wesentliche Schlussfolgerungen« vor Ablauf des Wochenendes mitzuteilen. Etwa 48 Stunden später erfüllte er seine Zusage, indem er ihnen diese vierseitige Zusammenfassung der wichtigsten Ergebnisse des Sonderermittlers gab.

Der Brief sei ein politischer Glücksfall für Präsident Trump. Keine weiteren Personen würden angeklagt, schrieb Barr, und Mueller habe nicht befunden, dass sich Trump oder irgendjemand mit Verbindungen zu seinem Wahlkampfteam mit Russland verschworen hätte, um die Wahl zu beeinflussen. Dies lieferte dem Präsidenten starken Rückhalt für seine wiederholte Behauptung: »Keine Absprachen«.

Darüber hinaus habe Mueller es abgelehnt, wie Barr schrieb, aus Sicht der Strafverfolgung eine Einschätzung zu der Frage zu geben, ob Trump die Justiz behindert hätte. Stattdessen habe er die Fakten beschrieben, die er gefunden habe, und angemerkt: »Dieser Bericht kommt zwar nicht zu dem Ergebnis, dass der Präsident eine strafbare Handlung begangen habe, aber er entlastet ihn auch nicht davon.« Barr schrieb, dass er und der Stellvertretende Justizminister Rod J. Rosenstein diese Frage selbst überprüft hätten und zu dem Schluss gekommen seien, dass die Beweise »nicht ausreichen, um nachzuweisen, dass der Präsident ein Vergehen der Justizbehinderung begangen hat«.

Trump nutzte diesen Brief, um sich als entlastet zu erklären, und er und seine Verbündeten nahmen daraufhin diejenigen ins Visier, die sie für die Aufnahme der Ermittlungen verantwortlich sahen, sowie Journalisten und Kommentatoren, die in ihren Augen aggressiv darüber berichtet hatten. Unterdessen griffen demokratische Politiker Barr dafür an, dass er eine persönliche Einschätzung lieferte, nach der ihrer Meinung nach niemand gefragt hatte. Sie forderten den Justizminister auf, Muellers vollständigen Bericht zu veröffentlichen – von dem sie hofften, er könnte für den Präsidenten unvorteilhafte Informationen enthalten.

Umfragen hatten gezeigt, dass die Bevölkerung in ihrer Ansicht zu Muellers Ermittlungen deutlich entlang den Parteilinien gespalten war und die Reaktionen auf Barrs Schreiben bestätigten, dass seine Schlussfolgerungen durch die parteipolitische Brille beurteilt werden würden. Die Zusammenfassung des Justizministers verlagerte den Kampfschauplatz von der Justiz ins Parlament, und es gab keinerlei Hinweise, dass die massive Spaltung des Landes in Bezug auf Trump in näherer Zukunft abnehmen würde.

The Attorney General
Washington, D.C.

March 24, 2019

The Honorable Lindsey Graham
Chairman, Committee on the Judiciary
United States Senate
290 Russell Senate Office Building
Washington, D.C. 20510

The Honorable Jerrold Nadler
Chairman, Committee on the Judiciary
United States House of Representatives
2132 Rayburn House Office Building
Washington, D.C. 20515

The Honorable Dianne Feinstein
Ranking Member, Committee on the Judiciary
United States Senate
331 Hart Senate Office Building
Washington, D.C. 20510

The Honorable Doug Collins
Ranking Member, Committee on the Judiciary
United States House of Representatives
1504 Longworth House Office Building
Washington, D.C. 20515

Dear Chairman Graham, Chairman Nadler, Ranking Member Feinstein, and Ranking Member Collins:

As a supplement to the notification provided on Friday, March 22, 2019, I am writing today to advise you of the principal conclusions reached by Special Counsel Robert S. Mueller III and to inform you about the status of my initial review of the report he has prepared.

The Special Counsel's Report

On Friday, the Special Counsel submitted to me a "confidential report explaining the prosecution or declination decisions" he has reached, as required by 28 C.F.R. § 600.8(c). This report is entitled "Report on the Investigation into Russian Interference in the 2016 Presidential Election." Although my review is ongoing, I believe that it is in the public interest to describe the report and to summarize the principal conclusions reached by the Special Counsel and the results of his investigation.

The report explains that the Special Counsel and his staff thoroughly investigated allegations that members of the presidential campaign of Donald J. Trump, and others associated with it, conspired with the Russian government in its efforts to interfere in the 2016 U.S. presidential election, or sought to obstruct the related federal investigations. In the report, the Special Counsel noted that, in completing his investigation, he employed 19 lawyers who were assisted by a team of approximately 40 FBI agents, intelligence analysts, forensic accountants, and other professional staff. The Special Counsel issued more than 2,800 subpoenas, executed nearly 500 search warrants, obtained more than 230 orders for communication records, issued almost 50 orders authorizing use of pen registers, made 13 requests to foreign governments for evidence, and interviewed approximately 500 witnesses.

1

Der Justizminister
Washington, D.C.

24. März 2019

Der ehrenwerte Lindsey Graham
Vorsitzender, Justizausschuss
Senat der Vereinigten Staaten
290 Russell Senate Office Building
Washington, D.C. 20510

Die ehrenwerte Dianne Feinstein
Stellvertretende Vorsitzende, Justizausschuss
Senat der Vereinigten Staaten
331 Hart Senate Office Building
Washington, D.C. 20510

Der ehrenwerte Jerrold Nadler
Vorsitzender, Justizausschuss
Repräsentantenhaus der Vereinigten Staaten
2132 Rayburn House Office Building
Washington, D.C. 20515

Der ehrenwerte Doug Colling
Stellvertretender Vorsitzender, Justizausschuss
Repräsentantenhaus der Vereinigten Staaten
1504 Longworth House Office Building
Washington, D.C. 20515

Sehr geehrter Vorsitzender Graham, sehr geehrter Vorsitzender Nadler, sehr geehrte stellvertretende Vorsitzende Feinstein und sehr geehrter stellvertretender Vorsitzender Collins,

als Ergänzung zu der Bekanntmachung, die Ihnen am Freitag, dem 22. März 2019, zugestellt wurde, schreibe ich Ihnen heute, um Ihnen die wesentlichen Schlussfolgerungen mitzuteilen, zu denen Sonderermittler Robert S. Mueller III gelangt ist, und um Sie bezüglich des Standes meiner ersten Begutachtung seines Berichts in Kenntnis zu setzen.

Der Bericht des Sonderermittlers

Am Freitag legte mir der Sonderermittler einen »vertraulichen Bericht zur Erklärung der Entscheidungen über strafrechtliche Verfolgung oder das Absehen davon«, zu denen er gelangt war, vor, wie es 28 C.F.R. § 600.8(c) verlangt. Dieser Bericht ist überschrieben mit »Bericht über die Untersuchung zu russischer Einflussnahme auf die Präsidentschaftswahl 2016«. Auch wenn meine Begutachtung noch andauert, meine ich, dass es im öffentlichen Interesse ist, wenn ich diesen Bericht beschreibe und die wesentlichen Schlussfolgerungen, zu denen der Sonderermittler gelangt ist, sowie die Ergebnisse seiner Untersuchung zusammenfasse.

Der Bericht führt aus, wie der Sonderermittler und sein Team sorgfältig Vorwürfe untersucht haben, wonach Mitarbeiter des Präsidentschaftswahlkampfs von Donald J. Trump oder andere, die damit in Verbindung standen, mit der russischen Regierung bei deren Bemühungen, die US-Präsidentschaftswahl von 2016 zu beeinflussen, zusammengearbeitet oder die damit verbundenen Bundesermittlungen zu behindern versucht hätten. In dem Bericht merkt der Sonderermittler an, dass er zum Abschluss der Untersuchungen 19 Juristen beschäftigt hat, die von ungefähr 40 FBI-Agenten, Geheimdienstanalysten, kriminologischen Prüfern und weiteren Experten unterstützt wurden. Der Sonderermittler hat mehr als 2800 Vorladungen ausgestellt, mehr als 500 Durchsuchungsbefehle vollstrecken lassen, in mehr als 230 Fällen durch Anordnungen Einsicht in Telefon- und Internetprotokolle erhalten, annähernd 50 Anordnungen ausgestellt, um Einzelverbindungsnachweise zu speichern, 13 Anfragen bei ausländischen Regierungen nach Beweismaterial gestellt und ungefähr 500 Zeugen interviewt.

Der Sonderermittler hat eine Reihe an Anklageerhebungen gegen und Verurteilungen von Einzelpersonen und Vereinigungen mit Verbindung zu diesen Ermittlungen erreicht, von denen alle öffentlich bekannt gemacht wurden. Im Laufe der Ermittlungen hat der Sonderermittler zudem mehrere Angelegenheiten an andere Stellen zur weiteren Bearbeitung übergeben. Es werden weder im Bericht weitere Anklagen empfohlen, noch hat der Sonderermittler geheime Anklageerhebungen erlangt, die bislang nicht bekannt gemacht wurden. Im Folgenden fasse ich die wesentlichen Schlussfolgerungen, wie sie im Bericht des Sonderermittlers dargelegt werden, zusammen.

Russische Einflussnahme auf die US-Präsidentschaftswahl 2016. Der Bericht des Sonderermittlers ist in zwei Abschnitte unterteilt. Der erste beschreibt die Ergebnisse der Ermittlung des Sonderermittlers zu Russlands Einflussnahme auf die US-Präsidentschaftswahl 2016. Der Bericht beschreibt die Versuche Russlands, die Wahl zu beeinflussen, und dokumentiert Straftaten, die von Personen mit Verbindungen zur russischen Regierung in diesem Zusammenhang begangen wurden. Des Weiteren wird im Bericht ausgeführt, dass für die Ermittlung des Sonderermittlers grundsätzlich zu erwägen galt, inwiefern amerikanische Staatsbürger – solche mit Verbindungen zum Trump-Wahlkampf eingeschlossen – sich der russischen Verschwörung angeschlossen hatten, was ein Bundesvergehen wäre. Die Ermittlung des Sonderermittlers hat nicht ergeben, dass Trumps Wahlkampf oder irgendjemand mit Verbindungen dazu sich mit Russland bei dessen Versuchen, die Präsidentschaftswahl 2016 zu beeinflussen, verschworen oder abgesprochen hatte. Wie es im Bericht heißt: »[D]ie Untersuchung hat jedoch nicht ergeben, dass sich Mitglieder des Trump-Wahlkampfteams mit der russischen Regierung zu einer Straftat verabredet oder sich mit dieser bezüglich deren Wahlkampfmanipulation abgestimmt hätten.«[1]

Die Ermittlung des Sonderermittlers hat nachgewiesen, dass es hauptsächlich zwei Bemühungen russischerseits gab, um die Wahl 2016 zu beeinflussen. Die erste umfasste Versuche eines

[1] Bei seiner Einschätzung möglicher Anklagen wegen Verschwörung hat der Sonderermittler auch abgewägt, inwiefern Angehörige des Trump-Wahlkampfs sich mit den Handlungen zur Beeinflussung der Wahl durch Russland »abgestimmt« hatten. Der Sonderermittler definiert »Abstimmung« als eine »Vereinbarung – stillschweigend oder ausdrücklich – zwischen Trumps Wahlkampf und der russischen Regierung, um die Wahl zu beeinflussen«.

russischen Unternehmens, der ›Internet Research Agency‹ (IRA), Fehlinformationen zu streuen und Einsätze in den Social Media in den Vereinigten Staaten, die darauf ausgelegt waren, Zwietracht zu säen mit dem Ziel, die Wahl zu beeinflussen. Wie oben angemerkt, hat der Sonderermittler nicht feststellen können, dass ein US-Staatsbürger oder ein Mitglied des Trump-Wahlkampfteams oder jemand mit Verbindungen zu diesem sich mit der IRA bei ihren Bemühungen verschworen oder mit ihr wissentlich zusammengearbeitet hat, auch wenn der Sonderermittler Anklage gegen eine Reihe russischer Staatsbürger und Körperschaften in Zusammenhang mit diesen Aktivitäten erhoben hat.

Der zweite Bestandteil umfasst die Bemühungen der russischen Regierung, eine Computer-Hacking-Operation durchzuführen, die darauf angelegt war, Informationen zu sammeln und zu verbreiten und so die Wahl zu beeinflussen. Der Sonderermittler fand heraus, dass sich Akteure der russischen Regierung erfolgreich in Computer hackten und E-Mails von Personen beschafften, die mit dem Clinton-Wahlkampfteam in Verbindung standen. Dieses Material verbreiteten sie durch verschiedene Mittelsmänner, darunter WikiLeaks, in der Öffentlichkeit. Aufgrund dieser Vorgänge hat der Sonderermittler Anklage gegen eine Reihe russischer Militärs erhoben, da sie sich zum Hacken von Computern mit dem Ziel, die Wahl zu beeinflussen, verabredet hatten. Wie zuvor aber schon angeführt, hat der Sonderermittler nicht feststellen können, dass sich das Trump-Wahlkampfteam oder jemand mit Verbindungen dazu mit der russischen Regierung bei diesen Bemühungen verschworen oder abgesprochen hätten, trotz vielfacher Angebote von Personen mit Verbindungen zu Russland, den Trump-Wahlkampf zu unterstützen.

Behinderung der Justiz. Der zweite Teil des Berichts befasst sich mit einer Reihe von Handlungen des Präsidenten – die meisten von diesen sind Gegenstand der öffentlichen Berichterstattung gewesen –, die der Sonderermittler untersucht hat, da sie potenziell Bedenken hinsichtlich der Justizbehinderung hervorrufen. Nachdem er eine »gründliche, sachliche Untersuchung«

dieser Angelegenheiten unternommen hatte, erwog der Sonderermittler, ob er das Verhalten unter den Richtlinien des Ministeriums, die Entscheidungen zur Aufnahme oder Ablehnung einer Strafverfolgung regeln, bewerten sollte, entschied sich aber letzten Endes dazu, keine herkömmliche Einschätzung hinsichtlich der Strafverfolgung zu geben. Der Sonderermittler hat keine Schlussfolgerung – in die eine Richtung oder die andere – dazu gegeben, ob das untersuchte Verhalten Justizbehinderung darstellt. Stattdessen legt der Bericht bei jeder der untersuchten maßgeblichen Handlungen Beweise für beide Seiten der Angelegenheit dar und lässt unbeantwortet, was der Sonderermittler als »schwierige Fragen« von Recht und Tatsachen beschreibt: ob die Handlungen und Absichten des Präsidenten als Justizbehinderung angesehen werden könnten. Der Sonderermittler erklärt: »Dieser Bericht kommt zwar nicht zu dem Ergebnis, dass der Präsident eine strafbare Handlung begangen habe, aber er entlastet ihn auch nicht davon.«

Die Entscheidung des Sonderermittlers, die Sachverhalte seiner Behinderungs-Ermittlungen darzulegen, ohne zu rechtlichen Schlussfolgerungen zu gelangen, überlässt es dem Justizminister, zu entscheiden, ob das in dem Bericht beschriebene Verhalten den Bestand einer Straftat erfüllt. Im Laufe der Untersuchung hat das Büro des Sonderermittlers sich mit verschiedenen Vertretern des Ministeriums über vielerlei rechtliche Fragen und Sachverhalte ausgetauscht, die in den Behinderungs-Ermittlungen des Sonderermittlers zur Debatte standen. Nachdem wir den Abschlussbericht des Sonderermittlers in diesen Fragen überprüft, uns mit Beamten des Ministeriums, einschließlich der Rechtsabteilung, beraten und die Grundsätze der Strafverfolgung auf Bundesebene, die unsere Entscheidungen über Anklageerhebungen leiten, angewendet haben, sind der Stellvertretende Justizminister Rod Rosenstein und ich zu dem Ergebnis gekommen, dass die Beweise, die während der Untersuchung des Sonderermittlers zusammengetragen wurden, nicht ausreichen, um zu nachzuweisen, dass der Präsident ein Vergehen der Justizbehinderung begangen hat. Unsere Feststellung wurde ohne Berücksichtigung oder Zugrundelegung der verfassungsrechtlichen Überlegungen getroffen, die mit der Anklageerhebung und strafrechtlichen Verfolgung gegen einen amtierenden Präsidenten in Zusammenhang stehen.[2]

Beim Zustandekommen dieser Entscheidung haben wir beachtet, dass der Sonderermittler erkannt hat, dass »die Beweise nicht belegen, dass der Präsident an einer zugrundeliegenden Straftat im Rahmen der russischen Einmischung in die Wahl beteiligt war«, und dass, wenn es dies auch nicht endgültig festlegt, die Abwesenheit solcher Beweise eine Bedeutung für die Absichten des Präsidenten in Hinsicht auf die Justizbehinderung hat. Um eine Verurteilung wegen Justizbehinderung zu erreichen und auch aufrechtzuerhalten, würde der Staat, allgemein gesagt, über einen begründeten Zweifel hinaus beweisen müssen, dass eine Person eine die Justiz behindernde Handlung mit unlauterer Absicht ausgeführt hat und dabei eine ausreichende Verbindung zu einem schwebenden oder beabsichtigten Verfahren besteht. In seiner Auflistung der Handlungen des Präsidenten, von denen viele im Licht der Öffentlichkeit stattgefunden haben, zeigt der Bericht keine Handlungen auf, die unserem Urteil nach eine die Justiz behindernde Handlung darstellen, eine ausreichende Verbindung zu einem schwebenden oder beabsichtigten Verfahren hatten oder mit unlauterer Absicht ausgeführt wurden. All dies müsste, nach den Grundsätzen des Ministeriums zur Strafverfolgung auf Bundesebene, die bezüglich der Entscheidung über eine Anklageerhebung eine Orientierungshilfe geben, über einen begründeten Zweifel hinaus bewiesen werden müssen, um ein Vergehen der Justizbehinderung beweisen zu können.

Status der Überprüfung durch das Ministerium

Die maßgeblichen Bestimmungen sehen den Bericht des Sonderermittlers als einen »vertraulichen Bericht« an den Justizminister an. Vgl. *Amt für Sonderermittlungen*, Office of Special Counsel, 64

[2] Vgl. *Die Zugänglichkeit eines amtierenden Präsidenten für Anklage und Strafverfolgung:* A Sitting President's Amenability to Indictment and Criminal Prosecution, 24 Op. O.L.C. 222 (2000).

Fed. Reg. 37,038, 37,040-41 (9. Juli 1999). Wie ich allerdings zuvor bereits erklärt habe, bin ich mir des öffentlichen Interesses in dieser Angelegenheit bewusst. Aus diesem Grund ist es mein Ziel und meine Absicht, so viel von dem Bericht des Sonderermittlers freizugeben, wie mir im Rahmen des geltenden Rechts, der Vorschriften und der Richtlinien des Ministeriums möglich ist.

Nach meinen Gesprächen mit dem Sonderermittler und meiner ersten Begutachtung ist es offensichtlich, dass der Bericht Material enthält, das unter die Regel der Bundesstrafprozessordnung 6(e) fällt oder fallen könnte, die Einschränkungen für das Nutzen und Freigeben von »Angelegenheiten, die vor einer Grand Jury verhandelt wurden«, auferlegt. Fed. R. Crim. P. 6(e)(2)(B). Regel 6(e) beschränkt grundsätzlich die Freigabe bestimmter Grand-Jury-Informationen in einer Strafermittlung und -verfolgung. *Ebd.* Die Freigabe von derart geschütztem Material über die engen Grenzen dieser Regel hinaus kann unter bestimmten Umständen eine Straftat darstellen. *Vgl. z. B.* 18 U.S.C. § 401(3). Diese Beschränkung schützt die Unabhängigkeit von Verfahren mit einer Grand Jury und garantiert, dass die einzigartigen und unschätzbaren Untersuchungsbefugnisse einer Grand Jury ausschließlich für ihre beabsichtigte strafrechtliche Aufgabe genutzt werden.

Unter diesen Beschränkungen hängt der Zeitplan, um den Bericht zu bearbeiten, zum Teil davon ab, wie schnell das Ministerium solches 6(e)-Material identifizieren kann, das von Rechts wegen nicht veröffentlicht werden darf. Ich habe den Sonderermittler zur Unterstützung aufgefordert, um alle 6(e)-Informationen, die im Bericht enthalten sind, ausfindig zu machen. Davon abgesehen muss ich auch sämtliche Angaben ausmachen, die andere laufende Angelegenheiten beeinflussen könnten, einschließlich derjenigen, die der Sonderermittler an andere Stellen übergeben hat. Sobald dieser Vorgang abgeschlossen ist, bin ich in der Lage, zügig damit fortzufahren, zu bestimmen, was im Rahmen des geltenden Rechts, der Vorschriften und der Richtlinien des Ministeriums veröffentlicht werden darf.

* * *

Wie ich in meiner ursprünglichen Benachrichtigung angemerkt habe, bieten die Bestimmungen für einen Sonderermittler die Möglichkeit, dass »der Justizminister zu dem Schluss kommen kann, dass die Veröffentlichung von« Benachrichtigungen an Ihre jeweiligen Komitees »im Interesse der Öffentlichkeit liegt«. 28 C.F.R. § 600.9(c). Ich bin zu diesem Schluss gekommen und ich werde diesen Brief der Öffentlichkeit bekannt machen, nachdem er Ihnen zugestellt worden ist.

Hochachtungsvoll,

William P. Barr
Justizminister

37,040-41 (July 9, 1999). As I have previously stated, however, I am mindful of the public interest in this matter. For that reason, my goal and intent is to release as much of the Special Counsel's report as I can consistent with applicable law, regulations, and Departmental policies.

Based on my discussions with the Special Counsel and my initial review, it is apparent that the report contains material that is or could be subject to Federal Rule of Criminal Procedure 6(e), which imposes restrictions on the use and disclosure of information relating to "matter[s] occurring before [a] grand jury." Fed. R. Crim. P. 6(e)(2)(B). Rule 6(e) generally limits disclosure of certain grand jury information in a criminal investigation and prosecution. *Id.* Disclosure of 6(e) material beyond the strict limits set forth in the rule is a crime in certain circumstances. *See, e.g.*, 18 U.S.C. § 401(3). This restriction protects the integrity of grand jury proceedings and ensures that the unique and invaluable investigative powers of a grand jury are used strictly for their intended criminal justice function.

Given these restrictions, the schedule for processing the report depends in part on how quickly the Department can identify the 6(e) material that by law cannot be made public. I have requested the assistance of the Special Counsel in identifying all 6(e) information contained in the report as quickly as possible. Separately, I also must identify any information that could impact other ongoing matters, including those that the Special Counsel has referred to other offices. As soon as that process is complete, I will be in a position to move forward expeditiously in determining what can be released in light of applicable law, regulations, and Departmental policies.

* * *

As I observed in my initial notification, the Special Counsel regulations provide that "the Attorney General may determine that public release of" notifications to your respective Committees "would be in the public interest." 28 C.F.R. § 600.9(c). I have so determined, and I will disclose this letter to the public after delivering it to you.

Sincerely,

WPBarr

William P. Barr
Attorney General

4

Glossar juristischer Fachbegriffe

Anklageschrift (indictment): Schriftstück, in dem die Anklagepunkte gegen den Beschuldigten detailliert aufgeführt sind. Es wird nach einem Eröffnungsbeschluss der Grand Jury (»grand jury indictment«) eingereicht, wenn dieser von den ermittelnden Strafverfolgern genügend Beweise vorgetragen wurden, die einen hinreichenden Tatverdacht gegen den Beschuldigten begründen.

Ausführliche Anklageschrift (speaking indictment): Eine Anklageschrift, die mehr Einzelheiten angibt, als für die Anklageerhebung nötig wären. Auf diese Weise kann die strafverfolgende Behörde Informationen bekannt machen, die sonst vielleicht nicht an die Öffentlichkeit gelangen würden. Mueller nutzte diesen Umweg offenbar vor allem in seinen Anklageschriften gegen russische Bürger, die sich vermutlich nicht in die USA begeben werden, um sich dort einem ordentlichen Gerichtsverfahren zu stellen.

Darlegung der Straftat (criminal information): Schriftstück, in dem jemand unstreitig geltender Straftatbestände beschuldigt wird. Es wird in der Regel erstellt, wenn der Beschuldigte die Absicht hat, sich schuldig zu bekennen. Die strafrechtliche Information enthält gewöhnlich nur wenige Einzelheiten und zählt die Straftatbestände auf, deren der Betroffene beschuldigt wird und deren er sich dann schuldig bekennt. Das Schriftstück wird von den anklagenden Staatsanwälten eingereicht, ohne dass eine Grand Jury im Vorfeld die Anklage prüft.

Einziehung der Vermögenswerte: Vermögenswerte, die durch kriminelle Aktivitäten erworben wurden, darf der Staat in den USA beschlagnahmen.

Exekutivprivileg: Eine höchst undurchsichtige Machtbefugnis des Präsidenten, die es ihm erlaubt, anderen Vertretern des Regierungsapparates Informationen vorzuenthalten mit der Begründung, dass diese vertraulich seien. Trumps Anwälte haben erwogen, sich auf das Exekutivprivileg zu berufen, um den Sonderermittler davon abzuhalten, bestimmte Ergebnisse zu veröffentlichen, die unter das Amtsprivileg fallende Informationen enthalten.

Falschaussagen: Unter diesen Anklagepunkt fallen alle wahrheitswidrigen Angaben gegenüber Ermittlungsbeamten der Regierung. Das Büro von Sonderermittler Mueller beschuldigte Personen der Falschaussage, die während der Verhöre gelogen hatten. Auch Falschaussagen vor dem Kongress sind strafbar.

Foreign Agents Registration Act (FARA): Ein Gesetz, das Personen, die politisch und öffentlichkeitswirksam für eine fremde Regierung oder politische Parteien aus dem Ausland tätig sind, verpflichtet, diese Tätigkeit im Justizministerium anzumelden. Man spricht hier auch von »Offenlegungspflicht«.

Geldwäsche: Bemühungen zur Verschleierung des illegalen Ursprungs von Geldmitteln und anderen Vermögenswerten.

Grand Jury: Eine Gruppe von Bürgern, die den Beweisaufnahmeprozess begleiten. Die Strafverfolger legen den Geschworenen der »Grand Jury« Beweise vor und lassen sie Zeugen vernehmen. Das Verfahren vor der Grand Jury findet unter Ausschluss der Öffentlichkeit statt. Am Ende entscheidet die Grand Jury darüber, ob die Beweise ausreichen, um Anklage zu erheben. Die Anklage erfolgt mittels eines »Eröffnungsbeschlusses«, mit der das Strafverfahren gegen eine bestimmte Person eingeleitet wird. Aus Gründen der Rücksicht auf die Ermittler hat der Beschuldigte nicht das Recht, sich bei der Aussage vor der Grand Jury von einem Anwalt vertreten zu lassen.

Hochverrat oder Landesverrat (treason): Hilfe und Unterstützung für Feinde der Vereinigten Staaten. Als Straftatbestand ist der Verrat auf Handlungen beschränkt, die Ländern Unterstützung bieten, gegen die der Kongress eine Kriegserklärung ausgesprochen oder den Einsatz von Gewalt genehmigt hat.

Immunität: Garantie, dass eine Person vor Strafverfolgung geschützt ist. Es gibt hier einen Unterschied zwischen der »full immunity« (volle Immunität), bei der die Strafverfolger einwilligen, diese Person nicht wegen eines bestimmten Verbrechens zur Rechenschaft zu ziehen, und der »use immunity«, bei der eine Person den Ermittlern Rede und Antwort steht unter der Voraussetzung, dass nichts, was sie sagt, gegen sie verwendet werden kann.

Justizbehinderung (obstruction of justice): Alles, was dazu beiträgt, die Ermittlungen oder das Verfahren selbst zu beeinträchtigen.

Justizminister (attorney general): Der oberste Strafverfolgungsbeamte der Vereinigten Staaten und Leiter des Justizministeriums.

Memorandum zur Strafzumessung: Ein Schriftstück, das vor der Strafanhörung einer Person eingereicht wird und Einzelheiten des Falls darlegt sowie das gewünschte Strafmaß begründet. Sowohl Strafverfolger als auch Verteidiger reichen beim Gericht solche Memoranden ein, um ihre Argumente darzulegen und dem zuständigen Richter ein Bild vom Hintergrund zu geben, vor dem die Handlungen des Angeklagten erfolgten.

Proffer Session: Ein Treffen zwischen den Strafverfolgern und einem Verdächtigen im Rahmen eines Ermittlungsverfahrens, bei dem der Verdächtige zu den Fragen der Ermittler Stellung nimmt unter der Maßgabe, dass nichts von dem, was er sagt, strafrechtlich gegen ihn verwendet wird. Solche »proffer sessions« finden häufig statt, um einen sogenannten »Deal« vorzubereiten, bei dem der Verdächtige sich in einigen Anklagepunkten schuldig bekennt, um ein geringeres Strafmaß zu erlangen.

Sonderermittler: Ein Anwalt, der vom Justizminister – oder von seinem Stellvertreter, falls sich der Justizminister für befangen erklärt – ernannt wird, um die unabhängige Strafverfolgung eines bestimmten Tatbestandes zu leiten. Die Aufgaben des Sonderermittlers werden vom Justizministerium geregelt, seit das Gesetz über die mögliche Einsetzung von unabhängigen Ermittlern 1999 außer Kraft trat. Ein Sonderermittler unterliegt nicht der allgemeinen Kontrolle durch das Justizministerium, doch anders als die Ermittler unter dem bis 1999 geltenden Gesetz unterliegen die Sonderermittler gewissen Kontrollbefugnissen durch den Justizminister. So muss der Sonderermittler den Justizminister über wichtige Schritte vorab unterrichten, und dieser kann sein Veto einlegen, wenn diese Schritte nicht den Usancen des Justizministeriums entsprechen.

Stellvertretender Justizminister (deputy attorney general, DAG): Die Nummer zwei im Justizministerium, die mit den praktischen Aufgaben der Leitung betraut ist. Außerdem wird der Stellvertretende Justizminister mit Aufgaben betraut, die der Justizminister (attorney general) wegen Befangenheit ablehnt.

Übereinkunft zum Straftatbestand (statement of offense): Ein Dokument, das dem Gericht vorgelegt wird, wenn ein Angeklagter sich schuldig bekennt. Hier wird das Fehlverhalten des Angeklagten genau beschrieben. Im US-amerikanischen Recht gilt der Angeklagte als rechtskräftig verurteilt, wenn er unter Eid ein Schuldbekenntnis ablegt.

Verabredung zur Begehung einer Straftat gegen die Vereinigten Staaten (conspiracy to defraud the United States): Ein Straftatbestand, bei dem Menschen sich in betrügerischer Absicht zusammentun, um der US-Regierung in irgendeiner Weise Schaden zuzufügen, zum Beispiel durch Behinderung der Federal Election Commission (Wahlkommission), die die Wahlkampffinanzierung durch die einzelnen Kandidaten kontrolliert, oder durch Behinderung einer anderen Behörde. Das Büro von Sonderermittler Mueller erhob aufgrund eines solchen Straftatbestands Anklage gegen Trumps ehemaligen Wahlkampfmanager Paul Manafort und seinen Stellvertreter Rick Gates. Anklage wurde auch gegen ein russisches Unternehmen erhoben, das eine Kampagne in den sozialen Medien orchestrierte, um die Präsidentschaftswahl von 2016 zu beeinflussen. Dieser Anklagevorwurf ist meist gemeint, wenn Experten von »geheimer Abrede« (»collusion«) sprechen. In diesem Fall ging es um die Verabredung zwischen russischen und amerikanischen Bürgern, das US-Wahlsystem betrügerisch zu manipulieren.

5K1-Brief: Ein Schriftstück, in dem die Strafverfolger dem Richter darlegen, in welcher Weise ein Beschuldigter zum Erfolg der Ermittlungen beigetragen hat, damit dies unter Umständen beim Strafmaß mildernd einfließen kann. Natürlich sind diese Schriftstücke nach § 5 K.1.1 der United States Sentencing Guidelines (Richtlinien zum empfohlenen Strafmaß) bei den Beschuldigten heiß begehrt.

Die Originalausgabe erschien 2019 unter dem Titel
The Mueller Report
bei Scribner, Simon & Schuster, New York.

Die hier vorgelegte Übersetzung der Originaldokumente soll dem deutschen Leser die Wege und Ergebnisse der Ermittlungen sowie die dafür notwendigen juristischen Erwägungen und die daraus sich ergebenden juristischen Konsequenzen veranschaulichen. Angesichts der Unterschiede zwischen den Rechtssystemen der USA und der Länder des deutschen Sprachraums haben viele Begriffe des amerikanischen Englisch keine eindeutige Entsprechung im Deutschen. Der Verlag weist ausdrücklich darauf hin, dass diese Übersetzung nicht den Anspruch einer »Gerichtsfestigkeit« erhebt.

MIX
Papier aus verantwortungsvollen Quellen
FSC® C014496

ISBN: 978-3-550-20055-7

Lektorat: Gisela Fichtl und Kristian Wachinger
Gesetzt aus der Minion Pro und Meta
Satz: L42 AG, Berlin
Druck und Bindearbeiten: GGP Media GmbH, Pößneck
Printed in Germany